Manuale di diritto privato

IUSTITIAM COLIMUS

Pasquale Stanzione

Manuale di diritto privato

QUINTA EDIZIONE

Giappichelli

VIA PO, 21 - TEL. 011-81.53.111 - FAX 011-81.25.100
http://www.giappichelli.it

ISBN/EAN 978-88-921-3937-4

G. Giappichelli Editore

Questo libro è stato stampato su
carta certificata, riciclabile al 100%

Stampa: Rotolito S.p.A. - Pioltello (MI)

Ristampa effettuata nel mese di ottobre 2024

Cupidae legum iuventuti
(Corpus iuris civilis, *Institutiones*)

Il manuale, pur nel rispetto delle insopprimibili diversificazioni di un gruppo di studiosi, esprime ed è frutto di un metodo unitario di ricerca e d'insegnamento, basato sulla condivisione di valori e di finalità.

Comunque, le varie parti vanno così attribuite:

a Pasquale Stanzione, i capitoli 1-11 e 50-59;
a Pasquale Stanzione e Francesca Naddeo, i capitoli 12-26;
a Gabriella Autorino Stanzione, i capitoli 29-39;
a Bruno Meoli, i capitoli 65-86;
a Federica Resta, il capitolo 28;
ad Angelo Saturno, i capitoli 40-49;
a Giovanni Sciancalepore, il capitolo 60
a Salvatore Sica e Virgilio D'Antonio, i capitoli 61-64;
a Claudia Troisi, il capitolo 27.

Un cordiale ringraziamento degli autori a Claudia Troisi, nonché a Ilaria Ferlito, Olindo Lanzara e Ersilia Trotta per la preziosa collaborazione.

Parte I
L'ORDINAMENTO GIURIDICO

CAPITOLO 1

L'ORDINAMENTO GIURIDICO E LE NORME

1. *L'ordinamento giuridico e i caratteri delle norme*

Ogni gruppo di persone organizzato, e cioè ogni società, al fine di assicurare la pacifica convivenza e l'ordinato svolgimento delle relazioni interindividuali, si dà delle regole di comportamento che vincolano tutti i consociati. Tali regole sono espresse, in genere, attraverso precetti, vale a dire attraverso comandi che impongono a chiunque si trovi in una particolare situazione di comportarsi in un determinato modo, e che stabiliscono altresì, per il caso in cui il precetto normativo sia violato, una serie di conseguenze che possono anche consistere in vere e proprie sanzioni.

Precetti

I precetti in questione si definiscono *norme*. Essi, per la maggior parte, sono, almeno nella nostra tradizione giuridica, posti da una o più autorità titolari appunto di potere normativo, e sono rivolti a tutti i cittadini, sicché sono dotati del carattere della *generalità*, in ciò distinguendosi da altri comandi, quali quelli che promanano dalle sentenze o dagli atti amministrativi, che sono, invece, normalmente rivolti ad uno o più soggetti determinati.

Norme

Proprio perché indirizzate a tutti i consociati, le norme sono, sotto il profilo del contenuto, individuate da regole o proposizioni *astratte*: chiunque si trovi, infatti, nella situazione prevista dalla disposizione normativa deve comportarsi secondo quanto da essa prescritto o deve soggiacere alle conseguenze in essa contemplate. Da ciò consegue che la norma è, in ipotesi, passibile di essere applicata un numero indefinito di volte, e cioè tutte le volte che si verifichi, in concreto, il caso o, come si

Caratteristiche della norma

suol dire, la *fattispecie astratta* in essa disciplinata. Un esempio può forse aiutare a chiarire questo facile concetto. L'art. 2043 c.c. stabilisce che chiunque leda un diritto di un altro soggetto provocandogli un danno è tenuto a risarcire i danni cagionati. Tale proposizione, così come riassunta in modo peraltro incompleto, costituisce la regola. Essa, infatti, impone a tutti i cittadini di non ledere i diritti altrui e, nel caso di violazione, sancisce la conseguenza risarcitoria a carico di chiunque commetta l'atto lesivo (*generalità*), e tutte le volte che tale atto venga commesso (*astrattezza*). Siffatta previsione normativa, proprio per i suoi caratteri di generalità e astrattezza, viene definita, come già accennato, *fattispecie astratta*; se, poi effettivamente, una persona ponga in essere un atto col quale leda i diritti altrui, restando assoggettato alla conseguenza prevista dalla norma, il suo gesto viene definito fattispecie concreta.

I caratteri in esame – e cioè, appunto, quelli della generalità e dell'astrattezza – distinguono i precetti normativi da altri tipi di precetto, come ad esempio quelli derivanti da sentenza o da atto amministrativo, che, di norma, riguardano fattispecie specifiche e ben individuate: ad esempio, l'atto col quale la pubblica amministrazione, per realizzare un'opera pubblica (una strada, una scuola, ecc.) espropria determinati beni di proprietà di un altro soggetto, si riferisce ad una persona specifica (il titolare, appunto, dei beni oggetto di espropriazione, alla quale l'atto è diretto); allo stesso modo, la sentenza del giudice che condanni un soggetto a pagare una determinata somma è anch'essa riferita ad una persona particolare. In entrambi i casi, il comando promanante dall'atto amministrativo e dalla sentenza – che, correlativamente, impone un obbligo di comportamento a carico del destinatario – vincola solamente le persone indicate nell'atto ed è passibile di essere applicato, una sola volta, unicamente a loro riguardo. Peraltro, non tutti gli atti amministrativi hanno contenuto specifico: esistono atti amministrativi (e cioè atti promananti dalla pubblica amministrazione, la quale è costituita da quegli enti incaricati di attuare interessi di tipo generale), che sono dotati dei caratteri della generalità e dell'astrattezza e che impongono vere e proprie norme: tali sono i c.d. regolamenti che, infatti, proprio perché pongono in essere norme giuridiche, sono considerati fonti del diritto (v. paragrafi successivi).

2. *Gli strumenti di attuazione della norma*

Di regola, il precetto sancito da una norma giuridica è anche corredato di strumenti volti a garantirne l'osservanza: essi sono costituiti da *mezzi di coazione* o da *sanzioni* che l'ordinamento commina in danno del soggetto renitente. Tali strumenti sono finalizzati o ad assicurare,

Sanzioni

anche attraverso l'uso della forza, l'effettiva adozione, da parte dei cittadini, dei comportamenti imposti dalla disposizione normativa, o ad indurre comunque lo spontaneo rispetto di quest'ultima. Essi sono costituiti:

a) *dalla pena o dalla sanzione*, e cioè dalla minaccia di una privazione da infliggere a colui che violi i precetti della norma. Essa può consistere nella privazione di una libertà personale: ad esempio, la libertà di movimento del soggetto cui è comminata (come nel caso della detenzione), ovvero la libertà di intraprendere determinate attività lavorative o anche di concludere validi contratti con altri soggetti privati (v. l'istituto della *interdizione legale* di cui si tratterà nei prossimi paragrafi). Può poi essere data da una *sanzione pecuniaria* e cioè dalla inflizione dell'obbligo di pagare una somma di danaro.

Strumenti di attuazione della norma

Di regola, le pene devono essere scontate in favore dello Stato o di un'autorità pubblica e sono comminate quando la norma di comportamento violata sia posta a tutela di interessi considerati di rilievo generale.

Anche nel campo del diritto privato, che come vedremo disciplina i rapporti tra soggetti privati, sono previsti strumenti di attuazione della norma. Essi non seguono lo schema della pena da pagare in favore dello Stato o di altra autorità pubblica perché, di regola, le norme che li prevedono non coinvolgono interessi di tipo generale. Essi sono costituiti:

a) *dall'invalidità*, che priva di efficacia i contratti o gli atti di autonomia che sono assunti dai consociati in violazione di precetti normativi;

b) *dai mezzi ripristinatori*, che ricostituiscono la situazione di fatto preesistente alla modifica che un soggetto abbia compiuto con una propria azione contraria al comando di legge. È ad esempio il caso della tutela del possesso. Il possesso, come si illustrerà più compiutamente di seguito, è costituito dall'esercizio di un diritto: chi esercita, ad esempio, il diritto di proprietà e cioè si comporta come proprietario di un determinato bene, è possessore di quel diritto. Nessuno può arbitrariamente turbare il possesso altrui: questa è una regola di comportamento e, dunque, una norma giuridica. Se taluno, violando il precetto, sottragga il bene al suo legittimo possessore o comunque arrechi molestie allo stesso, in presenza di determinate condizioni stabilite dal codice, ha l'obbligo di reintegrare il soggetto leso nella sua situazione precedente. In tal caso, lo strumento di attuazione del comando di legge è costituito da una misura reintegratoria;

c) *da strumenti risarcitori*. Quando non è possibile il ripristino, l'autore dell'azione illecita è obbligato a riparare, con una somma di danaro e dunque per equivalente, tutti i pregiudizi (e cioè tutti i danni, di qualunque genere) provocati al soggetto leso. L'impossibilità del ripristino può essere di tipo materiale, quando non è più possibile fisicamente ricostituire lo *status quo ante*, ovvero di tipo giuridico, quando l'ordinamento vieta che l'attuazione del precetto sia garantita da una misura ricostruttiva e impone, invece, una riparazione per equivalente dell'interesse leso dal comportamento contrario alla norma;

d) *dalle pene private*: è possibile che una pena pecuniaria debba essere espiata a vantaggio di un soggetto privato – di norma il soggetto leso dal comportamento illecito altrui – piuttosto che dello Stato: in tal caso, essa viene, appunto, definita *pena privata*. Nel diritto romano, ad esempio, la commissione di un illecito civile comportava risarcimenti pari al doppio ovvero al triplo o al quadruplo del danno provocato al soggetto leso e, dunque, assolveva a funzione eminentemente penale. Il concetto di danno punitivo (*punitive damages*) è, inoltre, ampiamente diffuso nella cultura giuridica anglosassone. Nel nostro ordinamento, un esempio può essere dato dal risarcimento dei c.d. *danni morali* (art. 2059 c.c.): quando la lesione di un interesse privato è particolarmente grave e lede interessi meritevoli di speciale tutela, l'ordinamento impone, a chi li ha lesi, non solo di riparare il danno – e cioè di ricostituire la situazione patrimoniale del soggetto offeso così com'essa era prima dell'illecito – ma anche di risarcire ulteriori danni detti morali, con i quali si attua una sanzione a carico dell'autore dell'illecito medesimo.

La sanzione e ogni strumento di attuazione del precetto sancito dalla norma contribuiscono a completare il dettato normativo. Essi sono dettati da disposizioni che si definiscono *secondarie* perché la loro efficacia è subordinata alla presenza di una disposizione *primaria*, appunto il comando, dalla cui violazione discende l'applicazione della sanzione medesima. Secondo la dottrina, possono poi esistere anche norme che, pur imponendo un precetto, non sono tuttavia assistite da alcuna sanzione: esse, proprio per questo motivo, sono dette *norme imperfette*.

Norme imperfette

In quanto assistita da una sanzione, la norma assume i caratteri della *giuridicità* e si distingue da altri tipi di norme (come quella morale o religiosa), il rispetto delle quali è invece garantito da altri strumenti, quali ad esempio la riprovazione sociale o la pena spirituale. Ciò peraltro non vuol dire necessariamente che le regole non giuridiche siano assistite da un corredo di sanzioni dotato di un minor grado di efficienza. Basti al riguardo evidenziare che, in determinati ambienti (si pensi ad alcuni settori economici o professionali) e in determinate civiltà giuridiche (quale ancora oggi quella orientale), la riprovazione morale o il discredito sociale vengono percepiti dai cittadini come sanzioni molto gravi, anche per le ulteriori conseguenze che esse possono comportare, come ad esempio l'esclusione dagli ambienti nei quali il cittadino medesimo svolge la propria attività lavorativa o coltiva i propri interessi di tipo esistenziale.

3. *L'applicazione degli strumenti di attuazione del precetto e il principio di legalità*

L'applicazione della sanzione o degli effetti giuridici previsti da una norma viene garantita attraverso un atto che si chiama *sentenza*. Esso, nelle esperienze giuridiche occidentali, è adottato da soggetti che compongono un corpo o un potere autonomo: i giudici. La sentenza rappresenta l'applicazione, al caso concreto, delle conseguenze che la legge riconnette alla fattispecie astratta. Essa, dunque, dal punto di vista sia logico che cronologico, segue la disposizione normativa: costituisce, infatti, una sua mera attuazione. Ciò significa che la sentenza, almeno in via di principio, applica una regola che è ad essa preesistente; significa, in altre parole, che i giudici non creano la norma ma si limitano ad attuarla. In ciò consiste quello che viene normalmente definito *principio di legalità*. Tale principio non è però assoluto. L'applicazione di una norma presuppone infatti la sua interpretazione (v. paragrafi successivi): in tale attività ermeneutica, a volte, il giudice è influenzato da una serie di fattori (la sua formazione culturale ad esempio) che possono condurre, e spesso conducono, a risultati concreti diversi da quelli previsti dall'autorità che ha posto la regola. Sentenza

In alcuni casi, poi, i giudici possono essere chiamati a giudicare secondo *equità*, e cioè ad applicare, al caso concreto, una regola che non è sancita, con lo strumento della fattispecie astratta, da una norma preesistente, ma che essi stessi creano proprio per quel particolare caso. Ciò però non significa che il principio di legalità sia, in tali ipotesi, del tutto superato. Infatti, anche quando giudicano secondo equità, i giudici non possono violare i principi desumibili dalle norme fondamentali vigenti.

L'insieme delle norme giuridiche forma l'*ordinamento giuridico*, che viene normalmente indicato anche con il termine di *diritto oggettivo*. Il diritto oggettivo, come vedremo, si articola in branche a seconda dell'oggetto della sua regolamentazione. Diritto oggettivo

Normalmente un insieme di norme che regolano un particolare argomento è chiamato *istituto*: ad esempio, le regole che disciplinano il caso in cui un soggetto non concluda un contratto personalmente, ma ricorra ad una persona che lo sostituisca nella conclusione dell'accordo, costituiscono l'istituto della *rappresentanza*.

4. *Norme a contenuto non precettivo. La funzione promozionale del diritto*

Non tutte le norme che concorrono a formare l'ordinamento rispecchiano però la definizione che è stata data e che, peraltro, risponde ad una risalente tradizione giuridica. E invero, non tutte le norme disciplinano i comportamenti umani e dunque pongono comandi ai cittadini. Ad esempio, molte disposizioni (c.d. *organizzative*) regolano l'organizzazione degli enti pubblici e cioè delle strutture attraverso le quali lo Stato persegue i propri obiettivi.

Norme definitorie

Altre disposizioni hanno, poi, un contenuto semplicemente *definitorio*, in quanto costituiscono esplicazione di un termine utilizzato in altre disposizioni. L'art. 1470 c.c., ad esempio, definisce la compravendita come il «*contratto che ha per oggetto il trasferimento della proprietà di una cosa o il trasferimento di un altro diritto verso il corrispettivo di un prezzo*». Esso non impone, direttamente, alcun precetto ma si limita a definire la funzione di quel particolare contratto denominato compravendita. Le *norme definitorie* concorrono però alla individuazione del contenuto di altri precetti che presuppongono il concetto da esse definito. Ad esempio, l'art. 1476 c.c. elenca e sancisce gli obblighi posti a carico del venditore (che sono, in sostanza, quello di consegnare la cosa venduta o far in modo che il compratore ne acquisisca il diritto, nonché di garantirne la mancanza di vizi e di diritti altrui): tali obblighi gravano su chi ponga in essere, appunto come venditore, il contratto di compravendita descritto dall'art. 1470 c.c.; il quale, dunque, con la sua definizione, contribuisce ad integrare il precetto posto dall'art. 1476 c.c.

In altri casi, soprattutto nel campo del diritto privato, la norma contempla una fattispecie astratta non allo scopo di imporre un comando e, dunque, una regola di comportamento, bensì per l'opposta finalità di consentire ai privati di esercitare, con effetti giuridici rilevanti, il proprio diritto di autonomia. Così, ad esempio, ciascun individuo può disporre, con testamento, dei propri beni per il periodo successivo alla propria morte, individuando le persone chiamate alla sua successione. Il codice regola l'istituto del testamento attribuendo ad esso efficacia (art. 587 c.c.). Le norme che regolano tale istituto non pongono, dunque, un comando, ma assecondano un'aspirazione ed una manifestazione di volontà di un soggetto privato. Lo schema della norma è comunque rispettato, nel senso che anche in tale ipotesi vengono riconnesse alla verificazione di un fatto previsto dalla fattispecie astratta (nella specie il testamento) delle conseguenze giuridiche, anche se non di tipo sanzionatorio.

Distinzione tra norme

Proprio per evidenziare il diverso contenuto e significato che può assumere una norma, si può, dunque, ancora attribuire valore alla distinzione tra *norme proibitive*, che appunto interdicono l'assunzione di un comportamento; *norme precettive*, che, al contrario, lo impongono, e *norme permissive*, che infine ne consentono l'assunzione. Funzione ancora diversa può essere, inoltre, assegnata alle norme costituenti il c.d. *diritto premiale*, che, anziché punire l'inosservante, premiano chi rispetta la legge o, in alcuni casi, chi semplicemente ammetta di averla violata. Ad esempio, le norme che consentono il c.d. *condono fiscale*.

Diritto premiale

In effetti, da ormai diversi decenni, il nostro ordinamento – come, in generale, quelli occidentali – ha fatto registrare l'introduzione di disposizioni normative a contenuto positivo. Ciò è soprattutto dovuto al temperamento che, appunto nell'esperienza occidentale, l'idea liberale ha subìto ad opera di concezioni politiche a contenuto più o meno marcatamente sociale.

In effetti, l'idea classica di stampo liberale, di cui il moderno concetto di norma giuridica e di ordinamento è pur sempre figlio, assegnava allo Stato solamente talune funzioni di salvaguardia dell'ordine pubblico (interno e internazionale): in tale ottica, tutti i comportamenti che non fossero contrastanti con la descritta esigenza venivano considerati leciti e ammessi. In altre parole, secondo tale teoria, ciò che non è vietato è da ritenere permesso. Dunque, l'ordinamento conosce solo due paradigmi normativi: il divieto (che è eccezionale) e la libertà (che è, invece, la regola: da cui appunto la denominazione *liberale* dell'ideale in esame). Tale concezione, negli ultimi decenni, è stata però modificata da una diversa impostazione di tipo sociale che non è fondata sul solo binomio libertà\divieto, ma che utilizza le norme giuridiche al fine di *promuovere* l'effettivo acquisto ed esercizio dei diritti da parte dei cittadini. Di fondamentale rilievo, in tale ottica, è ad esempio la previsione dell'art. 3, 2° comma, Cost., secondo cui «*È compito della Repubblica rimuovere gli ostacoli di ordine economico e sociale che, limitando di fatto la libertà e l'eguaglianza dei cittadini, impediscono il pieno sviluppo della persona umana e l'effettiva partecipazione di tutti i lavoratori all'organizzazione politica, economica e sociale del Paese*». Tale disposizione evidenzia come all'ordinamento sia oggi assegnata una funzione anche *promozionale*: le norme sono utilizzate non solo in funzione di divieto di comportamenti ritenuti contrastanti con le esigenze di garanzia dell'ordine pubblico, ma come strumento per attribuire ai cittadini *diritti a contenuto positivo*, finalizzati al raggiungimento degli obiettivi di eguaglianza sostanziale e di effettiva libertà. L'ordinamento sociale persegue, dunque, una funzione che è, altresì, *promozionale*; il che determina che il contenuto delle disposizioni normative, da negativo (fondato cioè sul divieto), può tramutarsi anche in positivo e cioè può essere costituito da una specifica posizione di diritto del cittadino rispetto a prestazioni e riconoscimenti di prerogative, finalizzate al raggiungimento degli obiettivi sociali riassunti dalla previsione costituzionale sopra riportata.

5. *La derogabilità della previsione normativa. Le norme speciali e le norme eccezionali*

Tutti i tipi di norma indicati sono pur sempre disposizioni normative, atteso che partecipano della più generale funzione che l'ordinamento persegue, e cioè la regolazione di un corpo sociale organizzato e dunque di una società.

Ciò significa che le norme possono perseguire, nell'ambito di tale generalissima funzione, obiettivi e finalità differenti.

Nel campo del diritto privato, ad esempio, può dirsi che la funzione preminente perseguita dall'ordinamento sia quella della regolamentazione dei conflitti di interesse che sorgono o che potrebbero sorgere tra privati cittadini, e che riguardano determinati beni della vita. Data la scarsità di tali beni, è possibile che tra due o più cittadini possa sorgere un conflitto a riguardo di chi possa soddisfare il proprio interesse. Il diritto privato, con le sue regole e con il suo principale strumento, che vedremo essere il rapporto giuridico, risolve tali contrapposizioni, stabilendo chi (e in quali termini) si trovi nella condizione di poter realizzare l'interesse in questione.

Peraltro il nostro ordinamento giuridico, come tutti gli altri, non esclude che il conflitto tra privati possa essere regolato autonomamente dagli stessi interessati. Sicché molteplici norme giuridiche sono *derogabili*, nel senso che i soggetti possono stabilire di adottare, nei loro rapporti, anche una regola difforme da quella legale. In tali casi, secondo la terminologia corrente, la norma si chiama *dispositiva*, quando pone una regola che si applica se non derogata dalle parti, o *suppletiva*, quando la regola è lasciata alla libera determinazione dei soggetti titolari degli interessi, e l'ordinamento provvede solamente, in via appunto di supplenza, se la regola privata manchi.

Norme derogabili

Le norme che non ammettono deroghe sono invece chiamate *cogenti*.

Norme cogenti

Rilevante anche a fini pratici è, infine, la distinzione tra norme generali, speciali ed eccezionali.

Norme generali, speciali, eccezionali

Le norme *speciali* sono quelle che si applicano soltanto ad una determinata materia o ad una determinata categoria di soggetti. Ad esempio: le norme sul fallimento del debitore insolvente, e cioè di colui che non può far fronte ai propri debiti, si applicano solamente a coloro che rivestano la qualità di imprenditore commerciale non piccolo, e dunque sono norme speciali. Tali norme sono pur sempre dotate del carattere della generalità e astrattezza, nel senso che si applicano a *tutti gli imprenditori insolventi*, e non dunque a soggetti ben individuati.

Sono invece *generali* le norme che non subiscono una riduzione, oggettiva o soggettiva, del loro campo di applicazione.

Le norme sono infine *eccezionali* quando il loro contenuto si ispiri ad un principio contrastante con quello generale che è sotteso a tutte le altre norme che regolano una determinata materia. Ad esempio, nei rapporti tra privati, nessuno può, con un proprio atto unilaterale, modificare il patrimonio altrui, senza che l'interessato vi acconsenta: nessuno può, in termini pratici, acquistare un bene altrui senza che il proprietario decida di venderlo. Questa regola, detta della *relatività delle sfere giuridiche*, è una concreta applicazione del principio di autonomia e di libertà del soggetto. L'enfiteuta, che come vedremo è il titolare di un diritto reale limitato, è però autorizzato a comprare, attraverso l'esercizio del c.d. *diritto di affrancazione*, il bene dal proprietario, pagando un prezzo determinato dalla legge, anche senza o contro la volontà di quest'ultimo. È questa un'eccezione alla regola: la norma che disciplina l'affrancazione è dunque norma eccezionale. Le norme eccezionali sono assoggettate ad un particolare regime: ad esempio sono applicabili nei soli casi previsti dalla legge.

6. *Le clausole generali e la certezza del diritto*

Si è già evidenziato che le norme sono costituite da fattispecie astratte cui sono ricondotte conseguenze giuridiche. Esse, ad esempio, impongono una regola di comportamento ai cittadini, e sanciscono la sanzione, cioè la punizione in ipotesi di inosservanza. La tecnica con la quale viene redatta una norma è generalmente di tipo *casistico* o *regolamentare*; la disposizione, infatti, individua e prevede, in modo più o meno analitico, la fattispecie astratta, descrivendo specifici fatti o comportamenti cui sono riconnesse le conseguenze giuridiche. Tale tecnica chiaramente costituisce un vincolo per il giudice, il quale, se nel caso concreto manchi uno o più presupposti previsti dalla fattispecie astratta, non potrà evidentemente applicare la norma e far dunque discendere le conseguenze da essa contemplate.

Tecnica di redazione della norma

Il legislatore moderno utilizza però anche una diversa tecnica di redazione delle norme, quella c.d. delle *clausole generali*. È bene subito chiarire che anche tali clausole regolano fattispecie astratte, che però non sono dettagliatamente precisate dal legislatore, ma sono in un certo senso incomplete, perché hanno un contenuto generico che deve essere specificato, in concreto, dal giudice in sede applicativa.

Ad esempio, molte disposizioni del codice civile stabiliscono che le parti che stipulano un contratto devono comportarsi, nella fase delle trattative come in quella della sua esecuzione, secondo *buona fede*. Il comportamento dunque che i contraenti devono osservare non è precisato nel suo contenuto e non è dettagliatamente individuato.

Altra clausola generale è quella dell'*ordine pubblico*. L'ordinamento giuridico vieta una serie di contratti attraverso delle norme imperative che ne stabiliscono la nullità. Esso però sancisce la nullità anche dei contratti contrari all'ordine pubblico, e cioè a quei principi che, pur non essendosi tradotti in specifiche disposizioni di divieto, sono comunque deducibili dai valori ispiratori dell'intero ordinamento giuridico e sono considerati inderogabili.

Le clausole generali sono pertanto definite *norme-valvola*, perché assicurano la completezza dell'ordinamento. Data la difficoltà per il legislatore di prevedere ed elencare ogni comportamento che potrebbe considerarsi rilevante per il diritto, viene lasciato al giudice il potere di completare la disposizione di legge, specificandone il concreto contenuto.

Ciò però non contrasta con il principio di legalità. La clausola generale è pur sempre costituita da un contenuto o da un nocciolo normativo che vincola l'interprete. Il concetto di buona fede, infatti, individua con chiarezza un modello etico ispirato a canoni di lealtà: il giudice dunque ha solamente il compito di individuare in concreto quei comportamenti non rispondenti a tale modello, il quale è comunque sancito dalla norma.

Il contenuto delle clausole generali è però *elastico*. Anche qui bisogna intendersi. Tutte le norme possiedono un certo grado di elasticità: pur in mancanza di modifiche del suo testo, il contenuto della disposizione normativa può variare in conseguenza dell'introduzione di nuove disposizioni, soprattutto se di portata generale.

Le clausole generali sono però dotate di un più elevato grado di modificabilità, proprio per la loro formulazione aperta e generica.

Senza dubbio il ricorso alle clausole generali può, in alcuni casi, contrastare con il principio della *certezza del diritto*, pure accolto nel nostro ordinamento.

Tale espressione è invero polisensa e molteplici sono le accezioni che possono ad essa attribuirsi. In senso oggettivo e tradizionale essa significa che la norma deve essere intellegibile e conoscibile prima della sua applicazione, e ciò anche in considerazione del fatto che il nostro ordinamento accoglie la regola secondo cui *ignorantia legis non excusat*, sicché nessuno può sottrarsi alle conseguenze collegate da una norma ad un suo comportamento, invocando la mancata conoscenza della disposizione. Dal che naturalmente deriva la necessità di sancire, a garanzia dei cittadini, norme che siano da tutti conoscibili. La certezza del diritto è poi un valore ancillare all'osservanza del principio di legalità, cui già sopra si è fatto riferimento.

Ma il possibile contrasto tra la tecnica delle clausole generali e la certezza del diritto è in un certo senso attutito dalla valorizzazione del contenuto normativo di tali clausole, le quali, come detto, non sono norme in bianco, ma devono considerarsi regole non definite, da riempire dei contenuti che il giudice ricava comunque da principi e regole fondamentali del nostro ordinamento.

Con tale precisazione può dunque apprezzarsi l'utilità della tecnica delle clausole generali sotto due profili. Per un verso, infatti, essa consente di adeguare molto rapidamente le previsioni normative alle circostanze del caso concreto, certamente più mutevoli ed eterogenee di quelle che il legislatore può prevedere. Per l'altro, garantisce la risposta dell'ordinamento alla richiesta di giustizia anche nei casi non espressamente regolati, contribuendo, con altri istituti, ad assicurare quella completezza del diritto oggettivo, che è specificazione proprio del principio di certezza del diritto in un'altra delle sue accezioni, quella cioè secondo cui l'ordinamento non può omettere di regolare un conflitto di interessi insorto tra i consociati, al quale una risposta normativa deve sempre essere data.

7. *Diritto pubblico e diritto privato: le branche del diritto*

Nell'ordinamento giuridico, tradizionalmente, si distinguono le norme di *diritto pubblico* da quelle di *diritto privato*.

La distinzione è normalmente fondata su aspetti di tipo oggettivo. Ed infatti si definiscono di *diritto pubblico* tutte quelle norme che regolano, per un verso, la costituzione e il funzionamento degli enti pubblici, e, per l'altro, il rapporto tra tali enti e i privati cittadini. Al riguardo è opportuno evidenziare che gli enti pubblici sono costituiti da apparati ed organizzazioni dotati di personalità giuridica, sono cioè considerati, nel campo giuridico, veri e propri soggetti che perseguono interessi pubblici. Tali enti sono autorizzati ad esercitare, nell'ambito delle loro competenze, poteri autoritativi nei confronti dei privati, e sono dunque posti, nei rapporti con questi ultimi, in una posizione di sovraordinazione. Ad esempio, alcuni enti pubblici, se lesi nei loro diritti, sono abilitati ad adottare strumenti c.d. di *autotutela*, possono cioè difendere da soli gli interessi lesi, cosa che è invece preclusa ai privati. Se, per esempio, un terreno di proprietà di un Comune viene occupato illegittimamente da un privato, l'amministrazione può disporne lo sgombero, facendo ricorso all'intervento della polizia municipale. Tutti invece sanno che se il fondo occupato appartiene ad un privato, costui, per ottenerne il rilascio, può solo invocare l'intervento del giudice. Pertanto le norme di diritto pubblico, che regolano i rapporti tra enti pubblici e soggetti privati, sono anche caratterizzate da una tendenziale disparità di posizioni. Ciò non significa però che esse legittimino abusi o prevaricazioni: le disposizioni in questione infatti stabiliscono anche le modalità del legittimo esercizio del potere amministrativo e autoritativo degli enti pubblici, al fine di garantire la posizione dei privati.

Norme di diritto privato

Si definiscono, invece, di *diritto privato* le norme che disciplinano i rapporti e i conflitti di interesse tra privati. In tale campo, secondo la definizione consegnata alla tradizione giuridica occidentale, i rapporti tra le parti sono caratterizzati da tendenziale uguaglianza e dunque dall'assenza di poteri di sovraordinazione di un soggetto rispetto all'altro.

Occorre però precisare che non tutti i rapporti tra enti pubblici e soggetti privati sono disciplinati dal diritto pubblico. E ciò perché la pubblica amministrazione possiede, comunque, una generale capacità di diritto privato, può cioè rinunciare ad utilizzare i propri poteri autoritativi e trattare con i privati in regime di parità. Può, come si dice, agire *iure privatorum*. Ad esempio è abilitata a stipulare contratti, a partecipare alla costituzione di società di capitali, a compiere attività che sono regolate, in tendenziale regime di eguaglianza, da norme tradizionalmente qualificate di diritto privato. Ed occorre avvertire che tali attività possono essere esercitate anche in sostituzione di atti autoritativi: in altre parole l'amministrazione può realizzare, attraverso strumenti privatistici, i medesimi risultati perseguibili con i propri atti amministrativi. Può per esempio comprare, al fine di destinarli alla pubblica utilità, beni che potrebbero essere oggetto di espropriazione.

Peraltro, la tendenziale disparità di posizione tra Amministrazione pubblica e privato cittadino ha subito, recentemente, una consistente attenuazione in conseguenza dell'imposizione, a carico della prima, di obblighi di informazione e di audizione del soggetto interessato dai suoi provvedimenti. In pratica, il privato, che viene coinvolto dagli effetti del provvedimento amministrativo, deve essere messo in condizione di conoscere l'avvio del relativo procedimento, sì da potervi partecipare attivamente. Ciò ha determinato ricadute sulla complessiva considerazione del rapporto tra P.A. e privato cittadino, non più valutato in termini gerarchici bensì quale relazione tra due soggetti tendenzialmente eguali, ma titolari di interessi, l'uno pubblico e l'altro privato, che si confrontano e che possono anche prevalere l'uno sull'altro

Inoltre, se non può dirsi che sia più corrispondente al vero l'affermazione secondo cui l'amministrazione pubblica è posta in condizione di superiorità gerarchica rispetto al privato cittadino, è, allo stesso modo, vero che i privati non sono sempre, tra loro, in posizione di parità. Molte disposizioni, proprio per l'attuazione di quella funzione promozionale cui sopra si è fatto riferimento, attribuiscono ad alcuni soggetti diritti e prerogative speciali rispetto a quelle di altri privati. Ad esempio, l'ordinamento, al fine di riequilibrare il rapporto esistente tra professionista e consumatore, attribuisce a quest'ultimo una serie di diritti che il professionista invece non ha: il consumatore (soltanto) ha, così, diritto ad avere particolari informazioni; ha diritto di recedere, ad alcune condizioni, dai contratti stipulati col professionista. La tutela dei consumatori, in sostanza, è espressione di un diritto formalmente diseguale che tende a rimettere in equilibrio un rapporto che, nella realtà economica, è squilibrato a favore del professionista.

Branche del diritto pubblico

Per completezza di esposizione occorre dunque evidenziare che il diritto pubblico si articola in branche. Esse sono: il *diritto costituzionale*, che è costituito dalle norme di organizzazione dei principali poteri dello Stato nonché dalle disposizioni che pongono i principi fondamentali su cui si fonda l'intero ordinamento giuridico nazionale; il *diritto penale*, che individua i comportamenti dei privati che sono considerati antisociali e lesivi di interessi pubblici (i reati), e li punisce; il *diritto amministrativo*, che disciplina il funzionamento e l'attività della pubblica amministrazione, e cioè di quegli enti che hanno la funzione di perseguire le finalità di pubblico interesse, e regola altresì il rapporto della stessa con i privati.

È considerato normalmente di diritto pubblico anche il *diritto processuale*, il quale regola l'attività giurisdizionale, e cioè lo svolgimento dei processi in tutte le branche dell'ordinamento (civile, penale, amministrativa e tributaria).

Anche il diritto privato è articolato in branche, le più importanti delle quali sono tradizionalmente costituite dal *diritto civile*, che disciplina i rapporti tra soggetti che non esercitano attività di impresa, e dal *diritto commerciale*, che regola l'impresa e i rapporti degli imprenditori tra di loro o con soggetti non imprenditori. Tale partizione del diritto privato, un tempo a tal punto rilevante da far luogo a due codici, l'uno civile e l'altro commerciale, ha, con l'adozione del codice civile ancora vigente, mantenuto una funzione soprattutto di tipo didattico. Altre branche importanti del diritto privato sono costituite dal *diritto del lavoro*, che disciplina il contratto di lavoro subordinato, dal *diritto agrario*, dal *diritto industriale* e dal *diritto della navigazione*.

8. *Unitarietà dell'ordinamento*

La distinzione tra diritto pubblico e privato, cui sovente si ricorre a fini soprattutto didattici o di specializzazione professionale, è però da accogliere solo a condizione che se ne percepisca e chiarisca la sua storicità o relatività, e, soprattutto, la sua evidente caratterizzazione politica.

La considerazione in termini di separazione e quasi di incomunicabilità tra le due grandi branche dell'ordinamento giuridico è infatti frutto di un'impostazione ideologica che trova le sue radici nell'Ottocento europeo e cioè nel secolo dell'affermazione dell'ideale liberale. Secondo tale concezione, infatti, il ruolo dello Stato doveva limitarsi soltanto a garantire il mantenimento dell'ordine pubblico interno ed internazionale, doveva ridursi, in altri termini, principalmente all'esercizio delle funzioni di polizia e di difesa. Esso non poteva, se non in casi eccezionali, toccare gli interessi dei privati e soprattutto il diritto fondamentale ad essi riconosciuto, e cioè la proprietà privata. In tale contesto, i concetti di supremazia del diritto privato, di residualità e limitazione del campo di applicazione del diritto pubblico, e soprattutto di distinzione tra pubblico e privato, erano strumentali alla realizzazione del modello sociale e statale dell'epoca: la divisione tra le due branche del diritto garantiva, in altre parole, l'intangibilità degli interessi dei privati, l'assoluta separazione tra interesse dello stato e interesse dei proprietari. E tale garanzia venne, dal punto di vista della filosofia politica, esaltata dall'idea che l'intera organizzazione sociale fosse in effetti stata fondata in forza del più tipico degli accordi privatistici: il *contratto sociale*, come ben sa chi ha letto la fondamentale opera di Rousseau.

Impostazione ideologica

È noto che le esperienze nazionalistiche che hanno caratterizzato la storia del nostro Paese, ma, infine, anche la stagione dello Stato sociale imposto dalla nostra Carta costituzionale, hanno modificato l'equilibrio ottocentesco e dunque i rapporti di forza tra diritto pubblico e diritto privato, a favore del primo ed a scapito del secondo. Si è così assistito ad un massiccio intervento pubblico nell'economia, attraverso lo strumento delle partecipazioni statali; all'emanazione di normative di sostegno che, limitando la libertà contrattuale di alcuni soggetti, hanno favorito altre categorie considerate deboli, e hanno, così, realizzato un effetto redistributivo (si pensi alla legislazione delle locazioni ad uso abitativo).

D'altro canto, anche dal punto di vista degli strumenti caratterizzanti le due branche, si è assistito ad un fenomeno di osmosi, in virtù del quale tecniche e istituti propri dell'uno sono stati recepiti nell'altro settore del diritto. Si pensi, a solo titolo di esempio, alla recente utilizzazione, in campo amministrativo, dello strumento del contratto nel caso di cosiddetta *amministrazione per accordi*, nella quale il perseguimento della finalità pubblica avviene per il tramite di un istituto di marca civilistica, il contratto appunto, che coinvolge una molteplicità di enti pubblici ma anche di soggetti privati. Si pensi ancora, all'inverso, all'istituto dell'*officium*, che il diritto privato ha mutuato dal diritto pubblico.

Recentemente, invero, a seguito di scelte politiche adottate soprattutto in campo europeo, l'invadenza del diritto pubblico nella sfera del privato sembra oggetto di un fenomeno di ritrazione. Il neoliberismo di mercato, che ha preso il posto della tecnica della programmazione eco-

Neoliberismo

nomica, ha determinato una riduzione dell'intervento pubblico nell'economia, nella convinzione che il mercato, se regolato in modo da impedirne i cosiddetti fallimenti, ha la capacità di assicurare, da sé e senza necessità di compromettere l'iniziativa privata, anche alcune delle esigenze di crescita economica e sociale perseguite da enti o imprese pubbliche. E, per dare soltanto un esempio di tale fenomeno di ritrazione, basti pensare alla stagione delle privatizzazioni che ha di fatto smantellato gran parte dell'intervento statale nell'economia.

Ma ciò nonostante, non pare più possibile oramai sostenere, se non per finalità didattiche, la separazione tra diritto pubblico e diritto privato.

Come abbiamo visto, non sono gli strumenti tecnici (ad esempio il contratto) a distinguere le due sfere.

Ma non sono nemmeno gli interessi, pubblici o privati, perseguiti dalle rispettive norme, a fondare la distinzione. Basti pensare che, con l'entrata in vigore della Costituzione, gli interessi fondamentali dell'ordinamento non sono più soltanto quelli della difesa o dell'ordine interno, ma anche quelli di promozione e sviluppo della persona umana, la quale è posta al centro della regolazione sia pubblicistica che privatistica, costituendo dunque l'elemento unificatore dell'ordinamento. Il diritto privato non è più soltanto la sede della regolazione dei rapporti patrimoniali, ma anche quello della tutela e dello sviluppo degli interessi esistenziali, che lo Stato si fa carico di promuovere, anche contro la consuetudine e le differenti convinzioni culturali dei consociati.

La c.d. *funzione promozionale del diritto* – cui si è già sopra accennato – sta, pertanto, a confermare che l'ordinamento si fa carico di perseguire anche interessi di alcune categorie di privati, che spesso vengono poste in una posizione di miglior trattamento. Ciò fa chiaramente capire che l'osservazione secondo la quale, nel diritto privato, a differenza di quello pubblico, i soggetti sono in posizione di parità ed eguaglianza formale, non è sempre vera.

Dunque l'*unitarietà dell'ordinamento* costituisce non soltanto un dato tecnico o semplicemente di fatto, ma anche un valore giuridico che è garanzia della attuazione degli interessi e dei principi posti a base della nostra costituzione.

CAPITOLO 2
LE FONTI DEL DIRITTO

1. *La pluralità delle fonti del diritto e il principio di gerarchia*

In ogni ordinamento esistono delle disposizioni che individuano le autorità dotate del potere di emanare le norme giuridiche e regolano i procedimenti che devono essere seguiti per la loro concreta adozione. Nel nostro ordinamento, come in molti altri, tali disposizioni sono scritte nella Costituzione la quale, come già detto, è la norma fondamentale che disciplina i poteri dei principali organi dello Stato. Come in altri ordinamenti di derivazione liberale, anche nel nostro Paese il potere normativo è attribuito principalmente ad assemblee rappresentative, e cioè elette dal corpo elettorale a suffragio universale.

Quasi sempre la norma costituisce il contenuto di un atto di volontà (comando) espresso dall'autorità cui compete il potere normativo. Esso deve essere adottato con il rispetto di specifiche procedure, denominate *fonti di produzione*. Nel nostro ordinamento è infatti prevista una pluralità di atti a contenuto normativo, e dunque una pluralità di fonti. Esse sono tipiche e cioè sono un *numerus clausus*. Sono inoltre caratterizzate da marcati elementi di natura formale, sì da garantire, per un verso, la loro facile riconoscibilità e dunque la certezza del diritto, e per l'altro il corretto funzionamento dell'organo emanante e, in definitiva, l'assetto istituzionale disegnato dalla Costituzione.

Fonti di cognizione e di produzione

Una volta adottata, la norma deve essere pubblicata e resa conoscibile ai cittadini. Gli strumenti attraverso i quali avviene tale forma di pubblicità sono chiamati *fonti di cognizione*.

Le singole fonti di produzione previste nel nostro ordinamento sono elencate nell'art. 1 delle *Disposizioni preliminari al codice civile*: esse sono 1) *le leggi*; 2) *i regolamenti*; 3) *le norme corporative*; 4) *gli usi*. Tale disposizione, entrata in vigore, insieme al codice, nel 1942, è stata parzialmente abrogata: con la fine del fascismo, infatti, le norme corporative, emanate da enti che rappresentavano categorie di imprenditori e lavoratori, sono state espunte dal nostro sistema delle fonti. Essa deve essere inoltre integrata. Con l'entrata in vigore della costituzione repubblicana, si sono infatti aggiunte all'elenco delle fonti anche la *Costituzione* medesima e le *leggi costituzionali*. A seguito dell'adesione dell'Italia alle Comunità Europee fanno parte del sistema delle fonti anche le cosiddette *fonti comunitarie*. Infine, con l'attuazione del decentramento regionale, anche le *leggi regionali* sono divenute effettivamente fonti del diritto.

Come si vede, il nostro ordinamento è caratterizzato da un complesso sistema nel quale esiste una pluralità di fonti dalle quali promanano le norme giuridiche.

La pluralità di fonti implica la necessità di un loro coordinamento e di un'armonizzazione: essa determina infatti il rischio che possano crearsi antinomie e cioè contrasti tra i precetti posti in essere da differenti atti normativi. Il coordinamento avviene, in primo luogo, in virtù di un principio gerarchico, che assegna alle varie fonti un diverso peso nell'ambito dell'ordinamento giuridico; peso che dipende anche dall'importanza dell'organo da cui promana la norma o dalla particolare rilevanza delle procedure richieste per la sua adozione.

Gerarchia delle fonti

Gerarchia delle fonti significa, non senza un certo grado di approssimazione, che la norma derivante da fonte di grado inferiore non può contrastare con la norma derivante da fonte superiore. E se tale contrasto dovesse sussistere, allora l'ordinamento provvede ad eliminare l'antinomia, attraverso vari strumenti che, nel nostro caso, sono costituiti dall'*annullamento* ovvero dalla *disapplicazione* della norma di grado inferiore.

In particolare, l'*annullamento* consiste in una procedura in virtù della quale la norma che si sospetti sia contrastante col dettato di disposizioni di rango superiore, viene assoggettata ad un giudizio di legittimità da parte di un organo giudicante. Se, all'esito dello stesso, risulta accertata l'esistenza del contrasto, la norma viene dichiarata illegittima e, conseguentemente, viene annullata sicché il suo precetto diventa inefficace. Lo strumento dell'annullamento postula l'esistenza di un giudice dotato di una specifica competenza: quella appunto di vagliare la legittimità degli atti normativi sotto il profilo della eventuale violazione della regola riassunta dal principio di gerarchia delle fonti. Ogni volta che si ritenga che vi sia stata violazione di tale principio, la norma deve essere rimessa al giudizio di tale giudice, il quale è spesso costituito da un organo unitario che esercita in forma accentrata le sue funzioni.

La *disapplicazione* è invece un sistema di valutazione della legittimità delle norme di tipo non accentrato ma *diffuso*. Si è già evidenziato nel precedente capitolo che l'applicazione della norma è rimessa, di regola, al giudice: costui, in caso di contestazione, verifica se il precetto normativo è stato osservato e, eventualmente, dà attuazione alle conseguenze giuridiche (ad es., le sanzioni) che la norma stessa contempla. In alcuni casi, il giudice che è chiamato ad applicare la norma ha anche il potere di verificarne la legittimità sotto il profilo della violazione del principio di gerarchia. Se tale giudizio dà esito positivo, nel senso che la norma effettivamente contrasta con le disposizioni di rango superiore, il giudice stesso, senza pronunciare un giudizio di annullamento della disposizione, si limita a disapplicarla e cioè a renderla inefficace in quel particolare giudizio di cui egli è investito. Questo sistema non presuppone l'esistenza di un giudice dotato di particolare competenza in ordine all'accertamento delle antinomie tra norme di grado differente, ma rimette ad ogni giudice il potere di effettuare tale verifica e, eventualmente, di rendere inefficace la norma illegittima.

2. *Le fonti interne*

Costituzione e leggi costituzionali

Il primo posto nella gerarchia delle fonti è occupato dalla *Costituzione* e dalle *leggi costituzionali*. La Costituzione è stata approvata da una speciale assemblea. Essa è modificabile solo dal Parlamento attraverso una procedura che è detta *aggravata*, perché impone che la modifica sia adottata con doppia votazione e con *quorum* deliberativi, cioè con maggioranze, particolarmente elevati, nonché con la possibilità che si faccia anche ricorso al corpo elettorale, attraverso un *referendum*. Tali procedure garantiscono che le norme fondamentali del nostro ordinamento siano espressione della volontà della più ampia maggioranza dei cittadini.

La fonte costituzionale non è indicata nell'art. 1 delle *Disposizioni preliminari* perché, prima della fondazione della Repubblica, il testo costituzionale, il c.d. *Statuto albertino*, aveva il rango di legge ordinaria, poteva in altre parole essere modificato con le stesse procedure richieste per l'approvazione di una normale legge. Proprio per tale motivo la legge veniva anche denominata – e, per tradizione, lo è ancora oggi – *fonte primaria*, perché essa in effetti non era subordinata a nessun'altra fonte.

Nel sistema attuale, invece, la Costituzione ha, nella gerarchia, una posizione sovraordinata alla legge ordinaria e a tutte le altre fonti, le quali non possono infatti modificarla: è, come si suol dire, una Costituzione *rigida*.

Essa ha un importante rilievo anche nel campo del diritto privato. Soprattutto i primi articoli (artt. 1-47) sanciscono una serie di principi che riguardano i rapporti tra i cittadini e a cui devono ispirarsi tutte le norme derivanti da fonte di grado inferiore. Tali principi riguardano, in primo luogo, la tutela dei diritti fondamentali della persona e la sua promozione. Essi però attengono anche ai rapporti economici, familiari, di lavoro. Cioè a rapporti che sono – come si preciserà *infra* – di tipo privatistico.

Le norme costituzionali non hanno funzione programmatica, ma sono direttamente applicabili anche nei rapporti tra privati, e dunque costituiscono, sotto il profilo dei valori giuridici, il principale dato normativo anche nel campo del diritto privato.

La legge ordinaria

La più importante tra le fonti subordinate alla Costituzione è la *legge*. Essa è emanata dal Parlamento, e cioè dalle Camere (Camera dei Deputati e Senato) dei rappresentanti eletti dal popolo a suffragio universale: il procedimento per la sua approvazione è stabilito dagli artt. 72 ss. Cost. (approvazione del disegno di legge da parte di ciascuna delle due Camere del Parlamento, promulgazione della legge ad opera del Presidente della Repubblica, pubblicazione sulla gazzetta ufficiale). Alla legge del Parlamento, denominata anche *legge in senso formale*, sono equiparati i decreti legislativi e i decreti legge. Essi sono emanati dal Governo – e cioè da quell'organo che è posto al vertice dell'Amministrazione pubblica –, ma sotto il controllo dell'organo che detiene il potere legislativo primario, e cioè il Parlamento. I *decreti legge* sono adottati dal Governo in casi straordinari di necessità ed urgenza, quando cioè è necessaria l'immediata emanazione di una disposizione normativa ma non ci sono i tempi tecnici per seguire il complesso *iter* di approvazione parlamentare. Essi, però, devono essere immediatamente presentati al Parlamento il quale li deve convertire in legge – e cioè, in un certo senso, ratificare – entro sessanta giorni dalla loro pubblicazione. In mancanza della conversione, perdono efficacia in modo retroattivo e, cioè, come se non fossero mai stati emanati.

Decreti legge e decreti legislativi

Anche i *decreti legislativi* sono emanati dal Governo, ma su delega del Parlamento, che deve definirne l'oggetto e indicare i princìpi e le direttive cui devono attenersi. Essi non hanno bisogno successivamente di alcuna conversione, poiché ci si muove nell'ambito dei criteri forniti preventivamente dal Parlamento stesso. I decreti legge e i decreti legislativi sono anche detti *leggi in senso sostanziale*.

Leggi regionali

Sono equiparate alle leggi dello Stato nella gerarchia delle fonti, le *leggi regionali* emanate dalle regioni in tutte le materie che l'art. 117 Cost. non riservi alla potestà legislativa esclusiva dello Stato. Le leggi regionali, oltre ad essere subordinate alla fonte costituzionale cui non possono derogare, devono anche osservare, con diverso grado di vincolatività a seconda che si tratti di regioni a statuto speciale o ordinario, i principi fondamentali stabiliti dalla legge ordinaria.

Le leggi (statali o regionali) che contrastino con la costituzione sono illegittime. Il controllo di costituzionalità delle leggi è di tipo *accentrato* (v. paragrafo prec.), nel senso che l'illegittimità può essere rilevata soltanto da uno speciale giudice, che è la Corte costituzionale. Tale organo è previsto direttamente dalla costituzione e può essere adito solamente seguendo speciali procedure, che impediscono al privato di potersi direttamente rivolgere alla Corte. In altre parole, il giudice che è, in un normale giudizio, chiamato ad applicare una norma, se ritiene non manifestamente infondata la questione della sua illegittimità per contrasto con la Costituzione – se, cioè, sospetta fondatamente che sia illegittima –, la sottopone al vaglio della Corte, la quale ha il potere di annullarla. Il giudizio dinanzi alla Corte può essere dunque introdotto solo da un altro giudice (detto *giudice a quo*) che sia chiamato ad applicare la disposizione illegittima. In altri casi, esso può poi essere introdotto anche da altri soggetti istituzionali.

3. *Le fonti comunitarie*

Trattati istitutivi

Se, come detto, la fonte regionale è stata introdotta dalla Costituzione, un'altra serie di fonti del diritto sono state introdotte con l'adesione del nostro paese alle Comunità prima e all'Unione europea dopo. Le principali norme europee sono quelle dettate dai *Trattati* istitutivi. Si pensi, così, alle disposizioni contenute nei due Trattati firmati a Roma il 25 marzo 1957 (che hanno istituito, rispettivamente, la Comunità economica europea e la Comunità europea dell'energia atomica), i quali, unitamente, al trattato, firmato a Parigi il 18 aprile del 1951 (istitutivo della Comunità europea del carbone e dell'acciaio), rappresentano il momento costitutivo delle Comunità europee. In particolare il Trattato di Roma istitutivo della CEE prevede che gli Stati membri debbano osservare non solo le norme del Trattato stesso ma anche i regolamenti emanati dal Consiglio e dalla Commissione.

Gli organi europei sono, infatti, dotati di potestà normativa che esercitano attraverso due atti tipici: *i regolamenti*, appunto, e le *direttive*.

Regolamenti e direttive

I *regolamenti*, al pari dei trattati, sono atti normativi direttamente efficaci nell'ordinamento dei singoli Stati membri, senza bisogno del loro recepimento per mezzo di un atto normativo interno. Sia le norme dei trattati che quelle dei regolamenti hanno immediata efficacia di tipo *orizzontale*: ciò significa che dettano precetti che devono essere rispettati anche dai cittadini.

Le *direttive* sono invece atti normativi rivolti agli Stati i quali sono, in conseguenza della loro adozione, tenuti ad emanare provvedimenti normativi interni (e cioè leggi) di attuazione dei principi da esse sanciti. Se la direttiva stabilisce regole precise può, però, avere anche efficacia immediata negli Stati membri. Tale efficacia è, però, di tipo solo *verticale*: ciò significa che la direttiva si applica nei soli rapporti tra i cittadini e lo Stato; essa pone precetti che vincolano lo Stato verso i cittadini e non i cittadini medesimi.

Altri atti normativi europei sono costituiti dai *pareri* e dalle *raccomandazioni*: essi non hanno efficacia cogente.

Alle fonti comunitarie, a seguito di un lungo *iter* interpretativo, è stato attribuito valore sovraordinato anche alla legge ordinaria, oltre che a tutte le fonti secondarie e cioè subordinate alla legge (v. par. successivo). Le disposizioni normative interne, contrastanti con le norme comunitarie direttamente efficaci, sono oggetto di un controllo che può essere esercitato da qualsiasi giudice che sia chiamato ad applicarle, e che pertanto è di tipo *diffuso* e non accentrato come quello di costituzionalità. Ogni autorità giudiziaria, se riscontra tale contrasto tra norma interna e norma europea, può infatti provvedere alla *disapplicazione* della prima. La norma comunitaria non può però contrastare con i principi fondamentali della Costituzione nazionale.

4. *Le fonti secondarie*

Sono dette *fonti secondarie* quelle che, nella gerarchia delle fonti, occupano un posto subordinato rispetto alle leggi dello stato e agli atti ad esse equiparati (*decreti legge e decreti legislativi delegati*). Si tratta di fonti interne e sono costituite principalmente dai *regolamenti*. Essi sono adottati da autorità che esercitano funzioni amministrative, quali il Governo, gli organi amministrativi regionali, ma anche le province e i comuni.

Formalmente i regolamenti sono atti amministrativi. Il loro contenuto è però normativo, perché da essi sono poste disposizioni generali ed astratte.

Esistono varie categorie di regolamenti. Possono, in particolare, essere: Regolamenti

1) *esecutivi* o *attuativi* rispettivamente di disposizioni di legge o di principi sanciti dalla legge. In tal caso integrano il contenuto di una norma prevista da fonte primaria;

2) *organizzativi* delle pubbliche amministrazioni, quando regolano il funzionamento di un ente.

I regolamenti sono fonti secondarie per due fondamentali ragioni.

In primo luogo perché la loro emanazione deve essere autorizzata, anche implicitamente, da una norma di legge. In secondo luogo perché non possono violare le norme di grado superiore (costituzione, leggi, norme comunitarie). Può però avvenire che una disposizione legislativa autorizzi il regolamento a derogare ad una o più norme di legge. In tal caso si parla di *delegificazione*, il che significa che la legge dismette la regolazione di una materia per lasciarla ai regolamenti.

Il regolamento che contrasti con disposizioni di grado superiore è illegittimo. Il controllo sulla sua legittimità è *diffuso*, nel senso che il giudice può direttamente provvedere, a seconda dei poteri spettantigli, ad annullarlo o a disapplicarlo.

La disciplina regolamentare può riguardare anche rapporti privatistici.

In alcuni casi però la Costituzione riserva la disciplina di alcune materie alla legge (ad es. art. 60, 2° comma, Cost.): in tali ipotesi si parla appunto di *riserva di legge*.

Vi sono, infine, i regolamenti *autonomi*, i quali sono chiamati a regolare una materia che non è disciplinata da specifiche disposizioni o da principi dettati dalla legge. In tal caso costituiscono l'unica fonte di disciplina della materia e non possono essere considerati fonti di rango secondario.

5. *La consuetudine*

Ultima fonte normativa prevista dal nostro ordinamento è la *consuetudine* o *uso normativo*. Diversamente dalle altre fonti, essa non consiste in un atto di volontà manifestato da un'autorità con potestà normativa. La consuetudine si forma infatti quando i consociati mantengono spontaneamente un comportamento, ritenendolo giuridicamente vincolante. Due sono dunque i suoi elementi costitutivi. Il primo è di tipo *materiale* e consiste nella ripetizione costante di un comportamento da parte della generalità dei cittadini. Tale ripetizione deve protrarsi per un periodo di tempo sufficiente a farne apprezzare la stabilità. Il secondo elemento è di tipo *psicologico* e consiste nella convinzione dei consociati di osservare, con l'assunzione di quella condotta, un precetto normativo (*opinio iuris ac necessitatis*).

Elementi costitutivi

Gli usi normativi sono produttivi di norme giuridiche. Il comportamento, benché in origine osservato spontaneamente, diviene, infatti, con la ripetizione, vincolante per tutti i consociati. In ciò si distinguono dunque dagli *usi negoziali*, che sono soltanto prassi contrattuali che due o più contraenti normalmente adottano nei loro frequenti rapporti, ma che non sono costitutivi di vere e proprie norme vincolanti.

Gli usi normativi, quale fonte subordinata a tutte le altre, non possono contrastare con nessuna di queste, compresi i regolamenti. È opportuno ricordare, comunque, che non può esistere una consuetudine *contra legem*, cioè un uso normativo che confligga con una disposizione esplicita di legge, né è possibile un'abrogazione della legge stessa per desuetudine o uso contrario tenuto dalla collettività. Lo spazio di applicazione della consuetudine, dunque, è quello consentito dalle fonti sovraordinate che richiamino espressamente la consuetudine stessa (*consuetudo secundum legem*). È inoltre ammissibile il ricorso all'uso normativo laddove esistano vuoti dell'ordinamento non colmati neanche da regolamenti (consuetudine *praeter legem*).

Usi e leggi

Chi voglia far valere una norma consuetudinaria deve provare in giudizio l'esistenza dell'uso. A facilitare tale compito sono istituite, presso le camere di commercio, specifiche raccolte, le quali non hanno valore costitutivo, nel senso che una consuetudine non esiste per il sol fatto di essere stata iscritta in tali raccolte, se non sussistono anche gli elementi materiali e soggettivi che concorrono a formarla.

6. *Le cc.dd.* fonti indirette*: la giurisprudenza, le* authorities *e la dottrina*

Oltre alle fonti che sono state elencate nel paragrafo precedente, esistono altri fattori che concorrono a costituire la complessa realtà giuridica. Essi non sono formalmente strumenti di produzione di norme. Tuttavia influenzano, direttamente o indirettamente, il contenuto della regola che concretamente viene applicata e che costituisce l'effettiva disposizione normativa. Proprio per questo sono anche definiti *fonti indirette* del diritto.

Tra tali fonti, in primo luogo, può essere annoverata la *giurisprudenza*, intesa come l'insieme delle decisioni assunte dall'autorità giudiziaria. Il nostro ordinamento, a differenza di altri, non contempla alcuna disposizione che conferisca ai giudici potere creativo nella formazione del diritto. I giudici però, nell'applicare una norma, la interpretano, specificandone, dunque, il concreto contenuto che a volte può anche divergere dal tenore letterale della disposizione interpretata. L'interpretazione giudiziale, soprattutto se proveniente dalle più alte autorità giurisdizionali come ad esempio la Corte di Cassazione, pur non vincolando formalmente il giudice chiamato a decidere un caso analogo, può però esercitare sullo stesso una consistente forza persuasiva. I precedenti giudiziali, se ripetuti costantemente, diventano, come si suol dire, *ius receptum*, e in tal caso essi costituiscono vere e proprie regole cristallizzate, la cui conoscenza è indispensabile per poter individuare, an-

Interpretazione giudiziale

che al di là della lettera del testo normativo, l'effettiva portata della c.d. *regola giuridica operativa*.

Un importante ruolo nel sistema delle fonti è poi rivestito dalla Corte costituzionale. E ciò non soltanto perché essa esercita una funzione normativa di tipo negativo, nel senso che, con la declaratoria di incostituzionalità delle leggi, espunge queste ultime dall'ordinamento, ma anche perché, con le sue c.d. *sentenze interpretative*, spesso conferma la legittimità di una norma indicandone, però, tra varie possibili interpretazioni, quella che considera conforme a costituzione e che dunque diviene vincolante per tutti i giudici.

Particolare importanza nella formazione del diritto ha poi la giurisprudenza in quei casi in cui essa è autorizzata a decidere secondo *equità* (es. art. 114 c.p.c.). L'equità, come già detto nel precedente capitolo, costituisce una norma che non preesiste alla decisione del giudice. Viene creata dal giudice stesso per il caso concreto, ma comunque nel rispetto dei principi generali dell'ordinamento: il che consente di ritenere non violato il principio di legalità di cui si è detto in precedenti paragrafi.

Autorità indipendenti

Importante ruolo nella produzione giuridica è, infine, assegnato alle cosiddette *Autorità indipendenti*. Esse sono costituite, in via di principio, da organi amministrativi che non sono subordinati a nessun'altra autorità facente parte della Pubblica Amministrazione. Tra le più importanti, si ricorda: l'*Autorità Garante della concorrenza e del mercato*, che controlla e reprime le operazioni che limitino la concorrenza tra imprese; l'*Autorità Garante per la protezione dei dati personali*, che tutela la privacy dei cittadini e controlla la legittimità del trattamento dei dati personali; l'*Autorità di regolazione dei servizi di pubblica utilità*, che ha vari compiti tra cui quello del controllo e della regolazione delle tariffe e della qualità dei servizi nel settore dell'elettricità, del gas e delle telecomunicazioni; l'*Autorità per le Garanzie nelle comunicazioni*, che garantisce livelli minimi di concorrenza nel settore di sua competenza. E ancora, si ricorda la *Banca d'Italia* che svolge varie funzioni tra cui anche quella di vigilanza sull'esercizio dell'attività bancaria; la *Consob* che controlla i mercati finanziari e la borsa. Tutte queste Autorità hanno vari compiti. Esse sono spesso delegate ad emanare regolamenti attuativi di disposizioni di legge: è quanto avviene, ad esempio, nel settore dei mercati finanziari dove disposizioni di settore molto rilevanti sono poste in essere dalla Consob. Altre volte promuovono l'adozione di *Codici di comportamento* che sono atti che pongono regole di condotta e, dunque, hanno contenuto normativo. La particolarità di tali *Authorities* risiede nel fatto che ad esse sono conferiti anche poteri di tipo *quasi giurisdizionale*, nel senso che sono chiamate a dare attuazione, esattamente come i giudici, alle previsioni normative che regolano i settori di rispettiva competenza.

Anche la *dottrina*, e cioè l'opinione o l'interpretazione espressa dagli studiosi del diritto, può influenzare la realtà giuridica. La dottrina, a differenza che nel diritto romano, non è fonte diretta di regole giuridiche. Non si può negare, tuttavia, che il pensiero degli autori più illustri può condizionare indirettamente le decisioni dell'autorità giudiziaria e può inoltre essere recepito dall'autorità legislativa.

7. *Il codice civile*

La principale fonte normativa del diritto privato è costituita dal codice civile, il quale è stato adottato con legge ordinaria. Tale tipo di fonte possiede un'indubbia caratterizzazione ideologica: il codice, nel secolo XIX, ha rappresentato la concretizzazione dell'aspirazione liberale ad un testo normativo che regolasse e tutelasse i diritti dei privati e principalmente la proprietà. Altra caratteristica riconosciuta, non senza una certa enfasi, al codice, può dirsi costituita dalla sua completezza, dal fatto cioè che in esso si riteneva essere contenuto l'intero ordinamento dei rapporti privatistici.

Caratteristiche

La centralità e la completezza di tale testo è però oggi assai discutibile. Nel nostro ordinamento, infatti, ruolo fondamentale, anche ai fini della regolazione dei rapporti privatistici, deve essere riconosciuto alla carta costituzionale, la quale, come già sopra avvertito, non si limita a disciplinare i poteri dello Stato, ma sancisce regole cogenti che riguardano rapporti personali, familiari ed economici dei cittadini, e soprattutto si fa carico di promuovere e tutelare la persona umana. Pertanto può dirsi che lo statuto privatistico, e cioè la fonte principale da cui dedurre i valori su cui si fonda l'ordinamento civilistico, non può più essere identificato nel codice. Ciò dunque comporta la necessaria ed indiscutibile subordinazione del codice alla costituzione: il che ha peraltro legittimato una serie di interventi di modifica di rilevanti istituti codicistici. Basti pensare alla rivoluzione copernicana attuata con la riforma del diritto di famiglia del 1975, che ha adeguato il regime dei rapporti familiari ai principali valori dettati dalla costituzione in tema, ad esempio, di eguaglianza tra coniugi o di tutela dei figli nati fuori dal matrimonio.

D'altro canto la centralità del codice risulta oggi messa in discussione anche dall'estesa legislazione speciale, che disciplina numerosi istituti privatistici, ispirandosi spesso a principi non perfettamente congruenti con le regole fondamentali degli analoghi istituti regolati dal codice.

Materia commerciale

Il codice civile italiano regola anche la materia commerciale. Il *diritto commerciale*, tradizionalmente considerato una delle principali branche del diritto privato, prima del 1942 trovava la sua disciplina in un apposito testo, il codice di commercio, emanato nel 1882. Per motivazioni storiche che sarebbe impossibile riassumere nella presente sede, il settore commerciale, e cioè la disciplina dei commercianti e dei contratti da questi conclusi con altri commercianti o con privati (i c.d. *atti di commercio*), è stata per molti anni sottoposta a regole diverse da quelle applicabili ai rapporti tra privati non commercianti: regole finalizzate a garantire maggiore sicurezza nei traffici, laddove le norme di diritto privato perseguivano principalmente l'obiettivo di tutelare la proprietà e l'intangibilità delle sfere private. Peraltro le norme di diritto commerciale erano di derivazione consuetudinaria, nel senso che esse trovavano la loro principale fonte negli *usi di commercio*.

Il codice del 1942, riunificando diritto privato e diritto commerciale, ha anche sancito la fine di un regime differenziato tra atti privati e atti di commercio.

Peraltro la possibilità che le norme di diritto privato, soprattutto nel campo contrattuale, si ispirino a principi differenti a seconda della qualità rivestita dal soggetto implicato nel conflitto regolato dalla norma, oggi è riemersa con la introduzione nel nostro ordinamento di regole poste a tutela del *consumatore*, e cioè di colui che nel contratto non agisce per la soddisfazione di un interesse professionale. I consumatori, infatti, sono destinatari di particolari forme di tutela che li garantiscono in quanto parti deboli. In tal modo, invero, il legislatore si fa carico anche di assicurare il corretto funzionamento dei mercati. La riemersione di tale statuto differenziato si inserisce peraltro nel già segnalato abbandono di quell'impostazione astrattizzante che, assoggettando tutti i consociati ad un regime di eguaglianza formale, non considera in modo adeguato le differenti condizioni di partenza in cui si trovano i soggetti che sono protagonisti di una relazione giuridicamente rilevante. Basti pensare, ad esempio, alla difficoltà per il consumatore di acquisire le informazioni necessarie ai fini di una completa valutazione dell'opportunità e convenienza di un affare; informazioni che invece sono facilmente acquisibili dal produttore di un bene o dal suo rivenditore. In tal caso si verificano quelle che oggi, con terminologia mutuata dalle scienze economiche, sono chiamate comunemente *asimmetrie* informative. Tali asimmetrie possono però riguardare molti altri aspetti della relazione contrattuale o giuridica tra professionisti e consumatori, che la disciplina a tutela di questi ultimi si fa carico dunque di riequilibrare, con l'attribuzione di maggiori diritti e strumenti di tutela a chi si trovi nella posizione deteriore.

8. *L'efficacia delle norme giuridiche*

L'efficacia delle norme giuridiche incontra limiti di tipo temporale e spaziale.

Sotto il primo profilo è proprio l'ordinamento a stabilire il momento dal quale una disposizione inizia ad avere efficacia. Le leggi ordinarie, ad esempio, producono effetti dopo quindici giorni dalla loro pubblicazione sulla gazzetta ufficiale, che è edita a cura dell'amministrazione statale. Tale termine di quindici giorni viene detto *vacatio legis* e il suo decorso dovrebbe consentire la conoscenza della norma da parte dei cittadini, al fine di metterli in condizione di osservarla.

La durata della *vacatio legis* può essere abbreviata o prolungata in virtù di una scelta discrezionale del legislatore: in altre parole ogni legge può anche stabilire quale sia il momento in cui acquista efficacia. Le motivazioni che giustificano la modifica della *vacatio* possono essere molteplici. Ad esempio una norma che disciplina una questione particolarmente allarmante può entrare in vigore subito: ed infatti i decreti legge, che possono essere emanati soltanto in casi di necessità e di urgenza, entrano di norma in vigore il giorno successivo alla pubblicazione. L'efficacia di una disposizione che per esempio comporti obblighi di adeguamento di uffici amministrativi o di procedure burocratiche può essere invece differita nel tempo.

Abrogazione

Quando una norma perde efficacia si dice che viene *abrogata*. L'abrogazione può riguardare un'intera legge o una sola parte di essa. Può essere *espressa*, quando una norma esplicitamente priva di efficacia una disposizione precedente. Può essere invece *tacita*, allorché la nuova norma abbia un contenuto incompatibile con quello di norme precedenti, o quando disciplina nuovamente l'intera materia. L'abrogazione, sia espressa che tacita, deve essere disposta da fonte che occupa, nella gerarchia, una posizione analoga o superiore rispetto a quella che ha posto in essere la norma abrogata: in caso contrario, infatti, il contrasto sarebbe sanzionato con l'illegittimità della nuova disposizione.

In definitiva può dirsi che nel contrasto tra norme di pari grado, quella posteriore prevale sempre su quella anteriore, determinandone la caducazione (art. 15 disp. prel. c.c.). Il contrasto tra norme di grado differente è invece risolto dal principio gerarchico.

Soltanto apparente è invece un altro tipo di contrasto: quello tra norma generale e norma speciale. Come si è detto, la norma speciale è quella che disciplina una particolare materia o che si applica solamente a particolari soggetti. Tale disposizione, nel suo specifico campo di applicazione, prevale sempre, anche se è in contrasto con una disposizione generale, in quanto essa ha proprio la funzione di regolare in modo differenziato il caso o la materia oggetto delle sue previsioni.

Altra ipotesi di abrogazione è costituita dal *referendum abrogativo*, disciplinato dall'art. 75 Cost.

Anche la declaratoria di incostituzionalità di una legge o l'annullamento di un regolamento comportano l'eliminazione dall'ordinamento di una norma: ma in tali casi, a differenza di quanto accade con l'abrogazione, la norma perde efficacia retroattivamente (*ex tunc*), come se non fosse mai stata posta in essere.

Quando una nuova disposizione entra in vigore, sostituendosi ad una anteriore, si pone un problema di regolazione dei rapporti nati sotto la vigenza della precedente norma. Si pensi al caso in cui un contratto prima considerato lecito venga successivamente vietato: quale sarà la sorte dei contratti validamente stipulati sotto la vigenza della precedente normativa? Le disposizioni che disciplinano tali aspetti sono dette di *diritto transitorio*. Spesso è proprio il legislatore a regolare il passaggio dall'uno all'altro regime. In mancanza di tali previsioni, bisogna invece far ricorso al principio generale secondo cui la legge è normalmente irretroattiva (art. 11 disp. prel. c.c.), sicché non può che disciplinare i rapporti futuri e non quelli già sorti sotto la vigenza della precedente norma. Tale principio fa dunque salvi i c.d. *diritti quesiti*.

L'applicazione di tale regola comporta però alcuni problemi applicativi, il più importante dei quali è dato dalla individuazione dei criteri in base ai quali stabilire se il rapporto sia nato prima o dopo l'entrata in vigore della legge. Se per esempio il contratto oggi vietato è stato concluso o, come si dice, si è perfezionato prima dell'entrata in vigore del divieto, esso può considerarsi valido. Il problema è che però non è sempre facile stabilire se il diritto sia stato già acquisito al momento della emanazione della nuova disposizione. Come vedremo, infatti, la nascita di un diritto è la conseguenza di un fatto che è detto giuridico proprio in virtù di tale sua particolare efficacia. Spesso tra la verificazione del fatto e la nascita del diritto intercorre un certo lasso di tempo, durante il quale il soggetto interessato al diritto si trova in una situazione di aspettativa. Il problema che si pone è dunque quello di distinguere il diritto dall'aspettativa, cosa che nel concreto non è facile, e poi di stabilire se anche tale aspettativa sia da considerare tutelata dalla regola dei diritti quesiti.

L'irretroattività della legge riguarda soltanto gli acquisti dei diritti e non il trattamento giuridico ad essi riservato. Ad esempio l'istituto del divorzio si applica anche ai matrimoni contratti prima dell'entrata in vigore della legge n. 898 del 1970, atteso che tale istituto attiene al regolamento del rapporto matrimoniale e non alla sua costituzione.

Irretroattività

La regola dell'irretroattività, essendo sancita da una norma che ha valore di legge ordinaria, è derogabile da disposizione dettata da fonte avente almeno pari grado. Ciò significa che le leggi ordinarie possono attribuire a se stesse anche efficacia retroattiva. Soltanto per le norme penali incriminatrici, invece, la regola dell'irretroattività è sancita a livello costituzionale (art. 25, 2° comma, Cost.), e ciò a garanzia della libertà dei cittadini, che non possono essere puniti per una condotta tenuta quando la legge ancora non la considerava rilevante a fini penali.

Ogni norma ha efficacia in un ambito territoriale ben determinato, il quale è costituito dall'estensione dello Stato del cui ordinamento la norma medesima fa parte.

Quando però il rapporto da regolare coinvolge interessi che hanno una dimensione internazionale o soggetti appartenenti a paesi differenti, si pongono problemi di individuazione dell'ordinamento applicabile.

Tali problemi sono risolti dal *diritto internazionale privato*, le cui norme erano prima contenute nelle disposizioni preliminari del codice civile. Oggi sono invece dettate dalla legge n. 218 del 1995.

9. *Interpretazione, creazione della norma e principio di legalità*

Come già sopra anticipato, l'applicazione di una norma presuppone la sua interpretazione ossia un'attività volta ad attribuire ad essa un contenuto, un significato concreto.

La disposizione, infatti, è quasi sempre data da un'espressione verbale alla quale è necessario attribuire un senso. Tale senso spesso va di là dal significato che si potrebbe letteralmente assegnare alle parole usate dal legislatore. Tradizionalmente si insegna che un risultato siffatto è la conseguenza dell'applicazione di regole logiche, le quali consentono di individuare quale sia la reale intenzione e volontà dell'autorità che ha emanato la legge, di là dal suo tenore letterale. Se si pensa che il principale interprete della norma è colui che è chiamato ad applicarla, e cioè il giudice, si capisce anche che l'espressione secondo cui interpretare equivale a scoprire il senso di quanto il legislatore ha *effettivamente* voluto, significa anche fare salvo il principio di legalità, e cioè quel principio che considera il potere giudiziario (e, a maggior ragione, la dottrina) estraneo al fenomeno di produzione della norma, riservato invece al potere legislativo.

Correnti dottrinali

Tale impostazione è stata sottoposta a critica soprattutto da correnti dottrinali ispirate dagli insegnamenti di una scuola chiamata del *realismo giuridico*, la quale ha avuto il merito di mettere in evidenza come interpretare la norma voglia dire spesso modificarla, adattarla ad un caso concreto, limitarne o ampliarne la portata. Pertanto, in tale ottica, l'attività ermeneutica del giudice o dello studioso, ma anche del burocrate, sarebbe spesso attività concorrente con quella del legislatore: sarebbe attività *creativa* del diritto. Chiaramente l'incidenza che essa ha sul testo normativo è più o meno ampia a seconda del rapporto di forza che esiste tra i vari interpreti del mondo giuridico. Una burocrazia poco controllabile dal potere politico può, ad esempio, più facilmente usare l'arma interpretativa per sottrarsi al comando di una norma, senza timore di subire conseguenze. Ma anche nella relazione tra potere legislativo e giudiziario si può dire che i *rapporti di forza* sono rilevanti.

Invero tale impostazione in un certo senso contribuisce ad apprezzare un aspetto molto importante del fenomeno giuridico in generale. Essa però non può certo legittimare il superamento di un principio di legalità, che sia fondato non sulla stretta applicazione della norma nella sua lettera, ma sulla gerarchia di valori che emerge dal patto fondativo della società, e cioè dalla Costituzione. Ed allora è senz'altro legittimo pensare che il contenuto della norma sia manipolabile, o più semplicemente adattabile al caso concreto. Nel passare dalla fattispecie astratta prevista dalla norma a quella concreta, tale adattamento è anzi necessario. Ma esso non può avvenire se non in ossequio ai principi e valori fondamentali. È questo forse il senso attuale del *principio di legalità costituzionale*. Ove, in sede interpretativa, la gerarchia delle fonti e dei valori sia superata, non è pensabile che non debbano scattare idonee misure di controllo giuridico o, in mancanza, politico.

10. *Il procedimento interpretativo e i risultati dell'interpretazione*

La norma fondamentale che regola il procedimento interpretativo è data dall'art. 12 disp. prel. c.c., secondo cui: «*nell'applicare la legge non si può ad essa attribuire altro senso che quello fatto palese dal significato proprio delle parole secondo la connessione di esse, e dalla intenzione del legislatore*».

Lettera della norma

L'oggetto dell'interpretazione è dunque costituito pur sempre dalla lettera della norma, dalle parole utilizzate dal legislatore. A tali parole deve essere comunque attribuito il significato tecnico che esse assumono nel linguaggio giuridico, così come definitosi nella nostra risalente tradizione.

Ma, come emerge dal tenore del citato art. 12, l'analisi letterale della disposizione normativa non è sufficiente, perché essa deve essere integrata dalla valutazione della c.d. *ratio legis*, cioè della finalità che il legislatore intendeva perseguire attraverso la norma oggetto di interpretazione. Ad esempio, l'art. 235 c.c. stabilisce che il marito può disconoscere il figlio partorito dalla propria moglie, quando quest'ultima abbia commesso *adulterio*; la norma è ritenuta applicabile anche al caso in cui il rapporto della madre con persona diversa dal marito sia avvenuto prima del matrimonio, se chiaramente il figlio sia nato in costanza di matrimonio. In tal caso, benché non possa parlarsi letteralmente di adulterio, atteso che il rapporto con altra persona è avvenuto quando non era ancora costituito il legame matrimoniale, la norma trova comunque applicazione, perché ciò risponde alla *ratio legis* che è quella di consentire al marito di disconoscere i figli di cui non sia padre.

Tecnicamente, l'interpretazione aderente alla lettera della norma è detta *letterale*; quella che invece fa riferimento all'intenzione del legislatore distaccandosi dal significato del testo normativo, è detta *logica* o anche *teleologica*. Non deve però ritenersi che i due procedimenti interpretativi siano separati o distinti. In effetti, anche quando l'attività ermeneutica si ferma alla sola espressione letterale ed aderisce ad essa, deve pur sempre compiersi una valutazione teleologica della norma, anche se al solo fine di accertare l'assoluta congruenza tra espressione verbale e finalità perseguita. In tal senso deve dunque ritenersi che tutte le norme, anche quelle apparentemente più chiare, debbano comunque essere interpretate. Sicché il noto brocardo per cui *in claris non fit intepretatio* deve considerarsi non attuale.

Significato del testo normativo

A seconda poi del risultato, l'interpretazione si distingue in:

1) *dichiarativa*, quando appunto alla norma è attribuito un significato completamente congruente con la sua lettera;

2) *estensiva*, quando alla norma viene attribuito un significato più ampio di quello letterale;

3) *restrittiva* nel caso inverso, di significato meno esteso di quello emergente dal testo;

4) generalmente si ritiene poi non possibile un'*interpretazione* c.d. *abrogante*, che arrivi cioè fino a privare di effetto la disposizione normativa.

11. *Gli strumenti interpretativi*

L'individuazione della *ratio legis* avviene anche attraverso l'ausilio di strumenti interpretativi. Si tratta di metodi e argomentazioni che aiutano ad individuare il significato della norma ed a giustificare il risultato ermeneutico ottenuto.

Tra i metodi tradizionalmente utilizzati si ricorda:

Metodi interpretativi

1) *il metodo storico*, che consiste nel calare la norma nel contesto di circostanze in cui il legislatore fu spinto ad emanarla. In tal modo se ne può apprezzare non solo l'effettiva portata ma anche l'attualità;

2) *il metodo sistematico*, in virtù del quale il senso della legge deve essere chiarito alla luce di tutte le altre norme dell'ordinamento. A tal riguardo particolare importanza hanno le disposizioni costituzionali, che devono sempre guidare il giudice nella sua interpretazione conforme a costituzione. Particolare rilievo hanno, in tal senso, le sentenze interpretative della Corte costituzionale.

Il procedimento ermeneutico, soprattutto se condotto con l'ausilio del metodo sistematico, mette dunque in evidenza un altro carattere della norma, la sua *relatività*. Ed infatti il suo contenuto non è immutabile. Pur in mancanza di una modifica della sua lettera, il senso della disposizione può infatti variare in conseguenza della introduzione di nuovi testi normativi. Basti al riguardo pensare alla radicale innovazione che l'entrata in vigore della costituzione ha comportato sulla portata di molte norme del codice. Quando l'interpretazione adegua una norma al mutato senso complessivo dell'ordinamento, essa viene anche chiamata *interpretazione evolutiva*.

Recentemente, poi, un'altra ipotesi di interpretazione sistematica è stata introdotta dalla giurisprudenza della Corte di Giustizia europea, la quale ha sancito l'obbligo per i giudici di interpretare le norme alla luce dei principi di diritto comunitario.

12. *Ragionevolezza e analisi economica del diritto*

I criteri interpretativi che si rifanno al concetto di *ragionevolezza* e di *analisi economica del diritto*, si fondano, a differenza di quelli che sono stati analizzati nel precedente paragrafo, su una valutazione degli effetti dell'applicazione della norma.

1) *L'interpretazione secondo ragionevolezza* cerca di dare alla norma un significato che eviti conseguenze appunto irragionevoli, e cioè gravose per alcuni soggetti rispetto a quelle riservate dalla norma medesima ad altri. Può dirsi che il controllo di ragionevolezza sia una specifica affermazione del principio di eguaglianza, atteso che esso cerca di evitare o limitare le sperequazioni di trattamenti giuridici.

2) *L'analisi economica del diritto* interpreta e, in un certo senso, *misura* le norme alla stregua di criteri di efficienza nell'allocazione delle risorse. Deve al riguardo partirsi dall'assunto che le risorse sono scarse; che, cioè, esse non sono disponibili in misura sufficiente per tutti. Il diritto privato, in generale, regola i conflitti di interessi dei privati cittadini a riguardo dei beni e cioè di quelle risorse che, proprio perché scarse, sono contese da vari soggetti che fanno valere pretese ed esigenze contrapposte. Nello svolgimento di tale funzione il diritto assegna la risorsa ad un soggetto, consentendogli di sfruttarla e di soddisfare il suo interesse sulla stessa. Deve altresì premettersi che i beni hanno differente valore a seconda del soggetto a cui sono assegnati; e ciò in quanto determinate persone sono in grado di utilizzare o di apprezzare un bene più di altre e, pertanto, sono anche disposte a pagarlo di più degli altri: un bene produttivo è valutato da un imprenditore di più di quanto non lo valuti chi,

non essendo imprenditore, non riesca ad utilizzarlo per finalità redditizie. Se una risorsa è assegnata ad un soggetto che la valuta di più di altri, la sua allocazione è detta *efficiente* perché essa è in grado di far aumentare la ricchezza complessiva esistente. L'analisi economica del diritto misura il grado di efficienza economica di una norma, nel senso che essa valuta se l'attribuzione del bene sia più o meno in grado di far aumentare la ricchezza complessiva. Si tratta di una valutazione di tipo solo allocativo, nel senso che essa prescinde da ogni profilo di giustizia sostanziale e di equità nella distribuzione dei beni e della ricchezza.

13. *L'interpretazione autentica*

Occorre infine evidenziare che, a volte, è lo stesso legislatore a chiarire il senso della disposizione emanata attraverso un proprio atto a contenuto normativo. Si parla in tal caso di *interpretazione autentica* perché essa proviene proprio dall'autorità che ha posto in essere la legge; essa è vincolante per tutti gli altri interpreti ed ha efficacia retroattiva, nel senso che la norma interpretata deve essere intesa nel significato indicato dal legislatore fin dal giorno della sua entrata in vigore. Appare evidente che ci troviamo dinanzi non ad un vero procedimento ermeneutico bensì ad una integrazione del testo della disposizione interpretata, ai fini della sua corretta applicazione.

14. *L'analogia*

L'interpretazione è un procedimento che attribuisce un significato ad una norma che regola un particolare caso. Essa cioè presuppone che il legislatore abbia previsto e regolato una determinata fattispecie. Pertanto interpretare una norma significa applicarla ai casi che essa ha effettivamente disciplinato.

Quando invece il legislatore non abbia assolutamente previsto un determinato fenomeno e dunque manchi una norma specifica che regoli il caso concreto, si ricorre al procedimento analogico, descritto negli artt. 13 e 14 disp. prel. c.c. Il giudice, infatti, non può mai sottrarsi alla decisione della controversia sottopostagli, adducendo la mancanza di una disposizione *ad hoc.* Deve pur sempre, in osservanza del principio di legalità, applicare al conflitto di interessi sottopostogli una regola giuridica.

Tale regola sarà in primo luogo ricavata con lo strumento della c.d. *analogia legis*.

Essa consiste nell'applicazione di una norma ad una fattispecie diversa da quella direttamente disciplinata, ma simile a quest'ultima. È necessario dunque che tra le due fattispecie, quella regolata e quella non regolata, esista similitudine, nel senso che deve esistere la medesima *ratio*. Ciò significa che al caso non disciplinato deve essere estesa analogicamente la norma che soddisfa la medesima esigenza di giustizia, emersa nel caso non previsto dal legislatore. Ad esempio le norme sulla navigazione marittima sono state per molto tempo estese alla navigazione aerea. E ciò perché le regole dettate per la prima fattispecie hanno la stessa *ratio*, soddisfano la medesima esigenza di regolazione (il corretto svolgimento della navigazione) sotteso alla seconda fattispecie.

Peraltro, non tutte le norme sono passibili di essere applicate analogicamente. Ed infatti, ai sensi dell'art. 14 disp. prel. c.c., tale procedimento è escluso per le norme penali e per le norme eccezionali. Nel primo caso, l'esclusione è giustificata dal fatto che in materia penale vige un principio di stretta legalità, in virtù del quale nessuno può essere punito per una condotta che non sia prevista come reato da una esplicita disposizione di legge: e ciò evidentemente a tutela della libertà dei cittadini. La *ratio* del divieto di estendere analogicamente le disposizioni eccezionali è da ricercare invece nella natura stessa di tali disposizioni. Esse, come sopra già evidenziato, costituiscono una deroga ai principi generali che regolano il loro campo di applicazione. Sicché, proprio per questo loro carattere derogatorio, si deve presumere che il legislatore le abbia ritenute applicabili nelle sole fattispecie contemplate, e dunque non estensibili ad altre non espressamente previste.

Eccezioni

Quando non è possibile nemmeno ricorrere all'*analogia legis*, il giudice risolverà il caso non previsto dal legislatore applicando i principi generali dell'ordinamento. In altre parole creerà lui stesso la norma, deducendola dai fondamentali valori che regolano il sistema. Tale procedimento è detto di *analogia iuris*.

PARTE II

STRUTTURA E CONTENUTO DEL RAPPORTO GIURIDICO

CAPITOLO 3
IL RAPPORTO GIURIDICO

1. *Definizione e struttura del rapporto giuridico*

Come già anticipato, il diritto privato, almeno secondo un'impostazione tradizionale nata nel XIX secolo, ha la funzione di regolare i conflitti di interesse tra soggetti, in relazione ad un determinato bene della vita. Molto spesso infatti due o più persone avanzano, a riguardo di una specifica cosa, pretese che sono tra loro incompatibili, nel senso che non possono essere tutte contemporaneamente soddisfatte. Si crea allora un conflitto che l'ordinamento giuridico risolve stabilendo chi ed entro quali limiti possa soddisfare il proprio interesse, e chi invece debba astenersi dal far valere la propria contrapposta pretesa, e debba anzi, in alcuni casi, concretamente attivarsi per consentire la realizzazione dell'interesse altrui.

Ogni soggetto coinvolto nella relazione regolata dal diritto si dice dunque che sia titolare di una *posizione* o di una *situazione giuridica soggettiva*: ciò significa che, per l'ordinamento, rispetto ad un determinato bene, ogni soggetto interessato occupa appunto una posizione, che può essere *attiva*, se l'interesse del relativo titolare è tutelato, mentre è *passiva* se al titolare è preclusa la realizzazione della sua pretesa.

Il legame tra le due posizioni, attiva e passiva, costituisce pertanto il *rapporto giuridico*.

In tale rapporto è possibile individuare profili *strutturali*, quali: Elementi

a) l'*oggetto*, che come vedremo è anche detto bene giuridico e che è dato dalla cosa su cui si appuntano i contrapposti interessi dei soggetti;

b) gli *interessi regolati*, che sono necessari ai fini della esistenza stessa del rapporto giuridico: ove, ad esempio, mancassero interessi in contrapposizione rispetto ad un determinato bene, il diritto non avrebbe alcuna funzione da realizzare e dunque il rapporto non potrebbe configurarsi. Ciò è quanto avviene (ma forse sarebbe, per quanto si dirà di seguito, più corretto dire *avveniva*) con riguardo a beni diffusi in quantità tale da non poter essere oggetto di pretese appropriative da parte di persone determinate. Ad esempio, l'aria è una risorsa addirittura vitale: ove fosse scarsa diventerebbe senz'altro oggetto di una contesa tra portatori di interessi contrapposti. Visto invece che essa, in situazioni fisiologiche, abbonda, non innesca alcun conflitto, sicché non può costituirsi – proprio per la mancanza di contrapposizione di interessi – alcun rapporto giuridico. Ciò vale, all'inverso (e a maggior ragione), nell'ipotesi in cui l'oggetto della contesa manchi del tutto: un rapporto senza oggetto non può nemmeno astrattamente configurarsi.

Attiene al momento strutturale anche:

c) il *contenuto del rapporto*. Esso è costituito, in sostanza, dalla regola di condotta che, nel conflitto di interessi, i soggetti del rapporto devono tenere. Si è già detto che ogni norma giuridica è costituita da un precetto e cioè da una regola di comportamento che i cittadini devono rispettare. Anche il rapporto giuridico è attuato attraverso norme giuridiche con le quali l'ordinamento – come più volte ripetuto – disciplina un conflitto di interessi. In sostanza, la norma, attraverso il rapporto giuridico, individua quali sono i comportamenti che le parti in conflitto possono o devono tenere.

Si pensi, per fare un esempio molto semplice, alla previsione dell'art. 832 c.c. secondo cui «*Il proprietario ha diritto di godere e di disporre della cosa in modo pieno ed esclusivo*». Si tratta di una norma che crea il rapporto giuridico di proprietà. Essa individua la regola di comportamento che il proprietario è abilitato a mantenere: egli può *godere* e *disporre* del bene oggetto della proprietà e cioè utilizzarlo in senso economico e giuridico: ad es., venderlo o darlo in locazione.

Di converso, abbiamo, invece, l'art. 2043 c.c. secondo cui (e qui è il caso di parafrasare) se una persona lede un diritto soggettivo (e dunque, anche la proprietà) altrui, deve risarcire i danni: questa norma, in sostanza, vieta a chi proprietario non è, di impedire che il proprietario goda e disponga del proprio bene o comunque di limitarne le legittime pretese. Rappresenta anch'essa una regola di condotta che impone non facoltà bensì obblighi e doveri. L'art. 2043 c.c. individua l'aspetto passivo del rapporto di proprietà che l'art. 832 c.c. definisce dal lato attivo.

Contenuto del rapporto

Ora, l'insieme dei comportamenti che, secondo la regola del rapporto giuridico, possono o devono essere tenuti dai soggetti interessati, è definito *contenuto del rapporto*. Sotto il profilo *attivo*, esso è dato da tutti i comportamenti che il titolare della posizione attiva può assumere per soddisfare le proprie pretese; tali comportamenti, proprio perché autorizzati dall'ordinamento, sono anche detti *facoltà* (es., art. 833 c.c.). Dal lato passivo, invece, il contenuto del rapporto è dato dalla condotta che il titolare o i titolari della posizione passiva devono mantenere perché sia consentita la soddisfazione altrui (es., art. 2043 c.c.).

In alcuni casi, come in quello che si è visto del rapporto di proprietà, è l'ordinamento a determinare il contenuto del rapporto.

Altre volte il contenuto del rapporto può essere stabilito dalle parti, le quali possono riempire di sostanza uno schema tipico previsto dal legislatore. È il caso dei diritti di credito, cui i soggetti interessati possono, con un loro atto di autonomia detto contratto, attribuire un qualunque contenuto considerato lecito dall'ordinamento o comunque possibile.

2. *La funzione del rapporto giuridico*

Il rapporto giuridico possiede anche un profilo *funzionale* costituito dalla regolazione degli interessi in conflitto. Ciò implica che in ogni rapporto giuridico esiste un interesse prevalente o meritevole che è tutelato rispetto ad altri. Ma tale tutela non è necessariamente assoluta. Spesso il legislatore nel consentire la soddisfazione di un interesse meritevole, sancisce a carico del titolare della c.d. situazione attiva, limiti o anche veri e propri doveri da osservare nell'interesse altrui. Tale profilo per così dire negativo o passivo della situazione giuridica attiva è reso evidente da specifiche disposizioni di legge. Ad esempio il creditore, nel momento dell'attuazione del rapporto obbligatorio, deve comportarsi secondo buona fede, deve dunque adempiere a veri e propri obblighi di comportamento in modo da preservare l'interesse del debitore (art. 1175 c.c.). La previsione dell'art. 2 Cost., alla cui stregua ogni cittadino deve osservare doveri di solidarietà, ha poi generalizzato l'obbligo per tutti i titolari di posizioni attive e dunque di diritti, di esercitare le relative facoltà in modo da consentire anche la realizzazione dell'interesse altrui. E molte altre disposizioni costituzionali precisano, in singoli settori, tale previsione di principio.

Limiti

Se la posizione attiva può essere dunque caricata di contenuti passivi, allo stesso modo quella c.d. passiva si qualifica anche per un contenuto attivo. Il relativo titolare potrà infatti pretendere l'osservanza, da parte del titolare della situazione attiva, degli specifici comportamenti di buona fede o di solidarietà cui sopra si è fatto cenno.

Posizione passiva

In altre parole, il profilo funzionale del rapporto, così come sopra specificato, mette in evidenza che lo stesso è formato da posizioni che si qualificano attive o passive soltanto in considerazione del loro contenuto principale e solamente ai fini della individuazione del loro regime tipico. Invero tali posizioni si caratterizzano per una marcata complessità. Il rapporto giuridico che le unisce, dunque, può considerarsi, dal punto di vista funzionale, come la disciplina di un conflitto di interessi, realizzata attraverso il riconoscimento ai soggetti interessati, di un complesso di facoltà, doveri o veri e propri obblighi. In tal senso le posizioni giuridiche che costituiscono il rapporto assumono la qualificazione di posizioni *complesse*.

3. *Le singole situazioni giuridiche: il diritto soggettivo assoluto*

Le posizioni o situazioni giuridiche che costituiscono il rapporto possiedono differenti caratteri, in considerazione dei quali la dottrina civilistica ha provveduto a catalogarle, attribuendo a ciascuna di esse uno specifico nome.

Prima di analizzare i particolari attributi delle diverse posizioni, è opportuno sottolineare che le stesse possono essere ripartite in due grandi categorie, a seconda che realizzino un interesse di natura *personale* o di natura *patrimoniale*. La distinzione assume grande rilevanza perché, come vedremo, il sistema di tutela dei diritti disegnato dal nostro legislatore è ritagliato sul modello del rapporto patrimoniale e del suo paradigma che è il diritto soggettivo: il che ha creato non pochi problemi di individuazione del regime per la difesa degli interessi di natura personale.

Categorie

Quanto alle singole posizioni catalogate dalla dottrina, può evidenziarsi che la più importante, tra quelle attive, è data senz'altro dal *diritto soggettivo*, che consiste appunto in una situazione che consente al titolare di soddisfare il proprio interesse su di un determinato bene. I diritti soggettivi sono stati tradizionalmente distinti in due fondamentali categorie: i diritti *assoluti* e i diritti *relativi*.

I primi, quelli *assoluti*, sono caratterizzati dal fatto che il titolare è autorizzato a soddisfare il proprio interesse attraverso una *relazione diretta* e *immediata* sul bene; egli può, in altre parole, autonomamente realizzare le proprie pretese sull'oggetto del rapporto. Conseguentemente il titolare di un diritto assoluto non pretenderà dai consociati nient'altro se non l'astensione da ogni comportamento che possa interrompere o turbare la diretta soddisfazione dei suoi interessi. Ma tale pretesa sarà chiaramente rivolta verso tutti, atteso che qualunque consociato è astrattamente in grado di impedire la realizzazione del diritto. Ecco dunque che emerge un altro carattere fondamentale del diritto assoluto, quello di essere rivolto *erga omnes* e cioè verso tutti. Esempio tipico di diritto assoluto è dato dalla proprietà: il proprietario, come già anticipato, può godere e disporre direttamente della cosa. Egli soddisfa la sua pretesa se nessuno lo turba nelle facoltà riconosciutegli dalla legge; dunque pretende il rispetto del suo diritto da tutti.

Peraltro l'assolutezza di tali diritti si apprezza anche sotto un altro profilo, che è quello della *ambulatorietà*. Tale carattere è proprio dei diritti c.d. *in re aliena*, detti anche *diritti reali parziali*. Esistono infatti alcuni diritti assoluti che possono essere esercitati su un bene appartenente ad altro proprietario. Tipico esempio di tale posizione è l'usufrutto, che è il diritto di usare e far propri i frutti di una cosa altrui. L'assolutezza dell'usufrutto consente al titolare non solo di esercitare le proprie facoltà (uso e apprensione dei frutti) direttamente sulla cosa, ma anche di far valere la propria pretesa contro chiunque divenga proprietario del bene. In ciò dunque consiste l'ambulatorietà c.d. attiva, cioè nel fatto che la successione nella proprietà del bene non fa estinguere il diritto *in re aliena*, il quale invece segue il bene nei suoi passaggi da un proprietario all'altro.

Caratteri

Al diritto assoluto corrisponde una posizione passiva detta *dovere*. Tale posizione ha come contenuto l'obbligo per ogni cittadino di astenersi dal turbare la soddisfazione che il titolare trae dalla sua utilizzazione diretta del bene. La relazione tra diritto assoluto e dovere costituisce il rapporto giuridico innescato da tale figura di diritto.

I *diritti assoluti a contenuto patrimoniale* sono tipici: sono cioè stabiliti dalla legge e sono costituiti dal diritto di *proprietà* e dagli altri *diritti reali*, di godimento (artt. 952 ss. c.c.) o di garanzia (artt. 2784 ss. c.c.), di cui parleremo *infra*.

Anche i *diritti della personalità* sono, in via di principio, tutti diritti assoluti.

L'individuazione dei caratteri peculiari del diritto soggettivo assoluto non è però sufficiente a delinearne completamente la figura. Se un diritto è infatti un interesse tutelato dall'ordinamento, appare allora evidente che anche gli strumenti che l'ordinamento medesimo appronta per la sua effettiva protezione contribuiscono a qualificarlo ed individuarlo.

Strumenti di tutela

Tali strumenti sono disciplinati dal codice sotto forma di azioni giudiziarie, cioè di mezzi da far valere dinanzi al giudice. In via generale essi sono costituiti:

a) da azioni di *reintegra*, che consentono al titolare del diritto di ottenere il ripristino della sua diretta relazione con il bene, ove essa sia stata turbata (ad es., le azioni a tutela della proprietà: artt. 948 ss. c.c.);

b) da azioni *risarcitorie*, che assicurano al titolare il risarcimento del danno subito per la turbativa o la lesione, e dunque una reintegra soltanto per equivalente e cioè in danaro;

c) da azioni *inibitorie*, per mezzo delle quali si può ottenere, nei casi previsti dalla legge (e sempre, se si tratti di diritti della personalità), un provvedimento che impedisca a determinati soggetti di continuare nel loro comportamento lesivo (ad es. nel caso delle immissioni intollerabili disciplinate dall'art. 844 c.c.);

d) nonché da azioni di *accertamento* del diritto, che sono chiaramente finalizzate ad acclarare l'esistenza della situazione giuridica ove essa sia contestata.

4. (segue) *Il diritto soggettivo relativo*

I diritti soggettivi *relativi* consentono invece al titolare di soddisfare l'interesse sul bene solamente per il tramite di un'attività che deve essere eseguita da un'altra persona ben individuata. Paradigma di questa fattispecie è costituito dal credito; il rapporto giuridico innescato da tale situazione è detto *obbligazione*, la cui struttura e le cui vicende saranno analizzate più avanti. Per ora basti evidenziare che in ogni obbligazione, il titolare della posizione attiva può pretendere da uno o più soggetti, detti debitori, il compimento di attività che comportano la soddisfazione del suo interesse: tale attività è detta *prestazione*.

Il credito però non può farsi valere verso chiunque, ma soltanto nei confronti di una persona o di una pluralità di persone determinate: per tale motivo esso è appunto *relativo*, perché vale solo *inter partes*. Ad esempio, se un soggetto vanta un credito verso un altro, perché ha venduto a quest'ultimo un bene e chiede che gli sia pagato il prezzo, appare evidente che la soddisfazione del suo interesse passa per la prestazione che deve essere effettuata da una persona ben individuata (l'acquirente del bene), e solo da quella, cioè il debitore.

Profilo passivo

Al diritto soggettivo relativo corrisponde, sotto il profilo passivo, l'*obbligo*. Il contenuto dell'obbligo è costituito dalla prestazione che soddisfa l'interesse del titolare del diritto.

I principali strumenti di tutela del diritto relativo sono costituiti:

a) dall'*esecuzione in forma specifica*, con la quale il titolare può ottenere l'effettiva attuazione della prestazione;

b) nonché dal *risarcimento del danno* che assicura invece una reintegra per equivalente del patrimonio del creditore, ove quest'ultimo non abbia potuto ottenere la prestazione.

Esistono poi strumenti di tipo contrattuale che pure sono finalizzati alla tutela del diritto. Essi, come vedremo, sono principalmente costituiti:

c) dalla *risoluzione del contratto* e dall'*eccezione di inadempimento*, e riguardano il caso in cui il debitore sia obbligato a fare una prestazione, ma abbia a sua volta diritto ad ottenere una c.d. controprestazione da parte del suo stesso creditore: si tratta in altre parole dei c.d. *contratti sinallagmatici* o di *scambio*, in cui ogni rapporto obbligatorio trova il suo corrispettivo in altro rapporto contrapposto. In tali casi colui che non abbia ottenuto la controprestazione può chiedere ed ottenere di essere liberato dal proprio debito (risoluzione); può inoltre legittimamente rifiutarsi di effettuare la propria prestazione e cioè di adempiere al proprio debito verso il creditore, se quest'ultimo non si dimostri, a sua volta, pronto ad effettuare la controprestazione dovuta contestualmente (eccezione di inadempimento). Si tratta pur sempre di una tutela che, se non consente al creditore di ottenere la realizzazione della propria pretesa e, dunque, del proprio diritto soggettivo, lo mette quantomeno in condizioni di evitare la perdita patrimoniale costituita dalla effettuazione della prestazione posta a suo carico.

Rapporti personali

Come detto, la principale figura di diritto relativo di tipo patrimoniale è rappresentata dall'obbligazione. Esistono poi anche rapporti relativi di tipo personale. Ad esempio nel campo familiare l'obbligo di coabitazione, assistenza e fedeltà dei coniugi costituisce un rapporto relativo. È evidente che gli strumenti di tutela dei diritti relativi personali sono diversi da quelli apprestati per i diritti patrimoniali, che abbiamo sopra elencato. Tali strumenti saranno analizzati nei successivi capitoli.

5. *Il problema dell'attualità della distinzione tra diritti soggettivi assoluti e relativi*

La distinzione tra diritti assoluti e diritti relativi appare oggi messa in crisi. E ciò soprattutto perché anche ai diritti relativi viene sempre più spesso riconosciuta rilevanza *erga omnes*. Basti, per citare un dato codicistico, ricordare che il diritto del locatario – che è un diritto relativo se non altro perché non è contenuto nell'elenco dei diritti reali tipici – può essere fatto valere nei confronti di qualunque proprietario dell'oggetto della locazione. In altre parole a tale diritto, che è pur sempre un credito, si riconosce uno degli attributi propri dell'assolutezza, e cioè l'ambulatorietà.

Occorre inoltre evidenziare che anche al diritto relativo è attribuita tutela c.d. *aquiliana*. In altre parole, pur essendo vero che tale diritto deve essere soddisfatto per mezzo di una prestazione dovuta da un soggetto determinato, è anche vero che se un terzo impedisce, con il proprio comportamento colpevole, l'esecuzione della prestazione, è obbligato, secondo un ormai consolidato orientamento giurisprudenziale, a risarcire i danni sofferti dal creditore. Ciò significa che, sotto tale profilo, il credito è rilevante anche nei rapporti tra il creditore e tutti i consociati. In altre parole: la prestazione oggetto dell'obbligazione deve essere adempiuta soltanto dal debitore, ma tutti devono astenersi dal tenere comportamenti impeditivi dell'adempimento.

Tutto questo non vuol dire che la distinzione in parola, quella tra diritti assoluti e relativi, non abbia più un valore. Semplicemente significa che gli strumenti di tutela che l'ordinamento appresta per un tipo di diritto (ad esempio quello assoluto) possono essere utilizzati per la protezione anche dell'altra fattispecie. Si tratta dunque di verificare la compatibilità tra strumenti di tutela (ad esempio quello del risarcimento dei danni *ex* art. 2043 c.c., applicato nell'esempio di c.d. *tutela aquiliana del credito* che abbiamo visto), al fine di verificarne la possibile estensione dall'uno all'altro tipo di posizione, sì da garantire effettività di tutela agli interessi meritevoli. Ciò peraltro conferma che l'analisi di una situazione giuridica non può essere slegata dalla verifica degli strumenti di tutela ad essa offerti dall'ordinamento.

Tutela aquiliana

6. *Il diritto potestativo, la potestà, l'onere e l'interesse legittimo, l'aspettativa, lo* status

Si può passare dunque all'analisi delle altre posizioni catalogate dalla nostra tradizione giuridica, le quali invero corrispondono a tipologie di rapporti regolati dall'ordinamento.

Definizione

Tra queste è necessario ricordare in primo luogo il *diritto potestativo*. Esso consiste nel potere attribuito ad un soggetto di modificare la sfera giuridica altrui, con una propria unilaterale dichiarazione di volontà. Tale posizione dunque costituisce un'eccezione al principio di *relatività delle sfere giuridiche*, il quale, come detto, sancisce che i rapporti giuridici che fanno capo ad un soggetto, non possono essere modificati senza la sua volontà. In casi eccezionali, però, l'ordinamento consente tale invasione dell'altrui patrimonio. Ed è proprio in tali casi che si riscontra l'esistenza del diritto potestativo. Già si è fatto sopra cenno alla fattispecie del diritto di affrancazione che compete all'enfiteuta: costui, che è titolare di un diritto assoluto *in re aliena*, può acquistare con una propria dichiarazione unilaterale, la proprietà del fondo oggetto del suo diritto, anche senza o contro la volontà del proprietario; può in altre parole espropriarlo, purché paghi il prezzo determinato dalla legge.

Soggetto passivo

Colui che è obbligato a subire l'esercizio dell'altrui potere, si trova in una situazione che è detta *soggezione*, e che naturalmente è una situazione passiva. Peraltro i diritti potestativi non sono autonomi, nel senso che essi sono, quasi sempre, facoltà facenti parte di una più ampia situazione giuridica. Ad esempio proprio il potere di affrancazione è una facoltà che compete al titolare del più ampio diritto assoluto, costituito dall'enfiteusi.

Potestà

Anche nel caso della *potestà* sono riconosciuti ad un soggetto poteri di incidere nella sfera giuridica altrui. Essa è però posizione giuridica molto diversa dal diritto potestativo. Ed infatti, nel diritto potestativo, il potere di agire nell'altrui patrimonio è attribuito ad un soggetto per la soddisfazione di un interesse proprio: l'enfiteuta, per restare nell'esempio già fatto, può riscattare la proprietà altrui per soddisfare una propria aspirazione. Nella potestà, invece, il potere invasivo è concesso per la realizzazione di un interesse che è proprio del titolare della sfera giuridica invasa. E così, ad esempio, tipica potestà è quella dei genitori (oggi si parla più correttamente di responsabilità genitoriale), i quali possono, a norma dell'art. 320 c.c., amministrare i beni del figlio minore. Tali poteri i genitori però esercitano proprio al fine di preservare gli interessi economici del figlio, il quale, in quanto minore, non è in grado di provvedervi autonomamente. Inoltre la potestà è una posizione nella quale la complessità del contenuto è particolarmente evidente. Infatti i relativi titolari non soltanto possono ma addirittura devono esercitare i poteri ad essi attribuiti: e tale doverosità impedisce di qualificare in termini assolutamente attivi la posizione medesima.

Onere ed obbligo

L'*onere* è invece una posizione ibrida, più che complessa. Essa consiste in un comportamento che un soggetto *deve* tenere, ma per la realizzazione di un interesse proprio. Mentre nel dovere o nell'obbligo, dunque, la doverosità del comportamento è finalizzata all'attuazione dell'altrui esigenza, nell'onere essa soddisfa proprio l'interesse dell'onerato. Tipico esempio di onere è quello della prova. Chi vuole ottenere in giudizio tutela di un proprio diritto deve dimostrare di esserne titolare. Tale definizione generica, sulla quale si ritornerà nella opportuna sede, fa però capire che il comportamento doveroso è qui finalizzato alla tutela di un diritto, che compete proprio al soggetto gravato di eseguire il comportamento dovuto.

Rilevante infine è la posizione dell'*interesse legittimo*. Essa è nata in campo principalmente pubblicistico, nel quale si collega all'esercizio di potestà amministrative. Abbiamo già sopra evidenziato che gli enti pubblici possono perseguire le loro finalità attraverso l'esercizio di una serie di poteri. Tali poteri devono però essere esercitati nel rispetto di norme che l'ordinamento ha posto a tutela dell'interesse pubblico e non di soggetti privati. La legge per esempio stabilisce una serie di regole e procedure per la scelta del c.d. contraente privato della Pubblica Amministrazione, cioè di colui che dovrà concludere con la P.A. medesima un contratto, come ad esempio quello di appalto per la realizzazione di un'opera pubblica. In altre parole, mentre un privato può contrattare con chi vuole, gli enti pubblici devono di regola rispettare procedure c.d. di evidenza pubblica (ad es. la gara tra gli aspiranti al contratto), che sono finalizzate a garantire che la scelta ricada sul soggetto più qualificato, onde assicurare la migliore realizzazione delle pubbliche finalità. Tali regole e procedure sono dunque fissate dal legislatore nell'interesse proprio dell'ente e non dei soggetti che aspirano ad ottenere il contratto o la commessa. Se però la P.A. viola le procedure e compie, conseguentemente, atti che sono illegittimi, tutti i partecipanti alla procedura o alla gara possono chiederne l'annullamento. Essi sono dunque in una posizione di interesse legittimo, la quale si caratterizza proprio per consentire ad un soggetto (nell'esempio, il partecipante alla gara) di far valere una norma posta nell'interesse della P.A. (le norme sulla gara di evidenza pubblica) ma per la realizzazione di un interesse proprio del soggetto che la invoca (l'interesse ad ottenere il contratto).

Tali interessi legittimi, in primo luogo, consentono al soggetto titolare, di ottenere che la legittimità dell'agire della P.A. sia ristabilita attraverso l'annullamento degli atti illegittimi. In origine, nessun altro strumento di tutela era riconosciuto. Proprio perché le norme invocate da chi ha l'interesse sono norme poste a tutela della P.A., l'unico obiettivo dell'ordinamento era quello della caducazione degli atti compiuti in violazione di tali norme.

Strumenti di tutela

Ma recentemente la situazione giuridica in esame ha assunto un rilievo anche privatistico. Ciò in primo luogo perché è stata riconosciuta, in virtù di orientamenti giurisprudenziali prima e di specifiche disposizioni di legge poi, anche la possibilità per il titolare dell'interesse di ottenere, in caso di atti illegittimi, il risarcimento dei danni subiti a causa appunto dell'illegittimità. Così, ad esempio, il partecipante alla gara per l'assegnazione del contratto che sia stato illegittimamente escluso può chiedere il risarcimento di tutte le spese che ha dovuto sostenere per partecipare inutilmente alla gara, nonché della perdita di altre opportunità di lavoro.

In secondo luogo, poi, si è ipotizzata l'esistenza di specifiche posizioni di interesse legittimo anche nel campo del diritto privato, e cioè collegate non all'esercizio di potestà pubbliche bensì di potestà private, quali quella dei genitori sopra già indicata.

Nozione

L'*aspettativa* di diritto è invece una posizione strumentale. Essa si configura allorché un soggetto non è ancora titolare di un diritto soggettivo, ma è destinatario dello stesso, nel senso che potrebbe divenirne titolare. Non ogni aspettativa è però tutelata dall'ordinamento. Quando essa lo è, gli strumenti di tutela sono di norma costituiti da rimedi di tipo puramente *conservativo*. È, ad esempio, il caso dell'acquisto fatto sotto condizione sospensiva. Chi compera un bene a condizione che sopravvenga un evento futuro ed incerto non è ancora titolare dello stesso, ma potrà diventarlo ove l'evento sopravvenga effettivamente. Così se una persona acquista un immobile in una determinata città a condizione che le venga colà offerto un posto di lavoro, egli non è proprietario del bene finché non troverà effettivamente il lavoro. Egli dunque non è titolare del diritto, ma è in una situazione di aspettativa, atteso che può diventarlo. Tale situazione è tutelata: ove vi sia la necessità di evitare possibili atti di dispersione giuridica del bene, l'acquirente sotto condizione può chiedere al giudice l'adozione di atti conservativi al fine di preservare il suo possibile acquisto (art. 1356 c.c.). Ma l'aspettativa giuridica può anche essere oggetto di atti di disposizione, proprio perché è una posizione rilevante. Così l'acquisto sotto condizione è diritto che può essere venduto.

Se l'aspettativa non è tutelata essa è di *mero fatto* e non costituisce una posizione rilevante per l'ordinamento. Ad esempio chi attende di acquistare l'eredità di una persona vivente non è titolare di un'aspettativa di diritto. Proprio per questo non gli è riconosciuta alcuna azione conservativa, mentre la vendita di tale futura eredità integra un patto successorio che, come vedremo, è nullo (art. 458 c.c.).

Definizione

Anche lo *status* costituisce una situazione a sé stante. Esso in effetti consiste nella posizione che un determinato soggetto riveste nell'ambito di una formazione sociale e cioè di una comunità organizzata e determinata. Ad esempio, ad ogni ruolo assolto da una persona nell'ambito familiare, corrisponde uno *status* (quello di padre, marito, figlio e via enumerando); ed ancora, chi ha la nazionalità italiana, è cioè cittadino italiano, ha un ruolo ben determinato che è diverso da quello che, nel nostro paese, è riconosciuto a chi è straniero o apolide. La titolarità di uno *status* comporta l'assunzione di una serie di diritti e di obblighi ben determinati: ad esempio il marito ha obblighi e diritti reciproci verso il proprio coniuge (fedeltà, coabitazione, assistenza morale e materiale); il cittadino ha diritti (elettorato attivo e passivo) e obblighi (obbligo di contribuire alle spese pubbliche) di cui non è titolare chi cittadino non è. In caso di contestazione, al soggetto interessato basta dimostrare la posizione occupata nella formazione sociale, per ottenere riconoscimento di tutti i diritti e gli obblighi che ne costituiscono il contenuto.

Vicende

Le vicende che incidono sui principali *status* sono assoggettate ad una particolare pubblicità nell'ambito di registri pubblici, che sono i registri dello stato civile. Essi sono conservati presso gli uffici dei comuni, e vi vengono registrati i principali atti relativi alla nascita, alla cittadinanza, al matrimonio e alla morte dei cittadini.

7. *Interessi diffusi e collettivi*

Occorre infine evidenziare che la tutela degli interessi giuridicamente rilevanti sembra oggi non essere più effettivamente garantita attraverso gli strumenti tipici conosciuti dall'ordinamento, e costituiti, in particolar modo, dal paradigma di tutte le posizioni giuridiche attive, e cioè dal diritto soggettivo.

Ciò perché, come già sopra accennato, tale posizione presuppone l'esistenza di un rapporto di appartenenza e di esclusività tra il titolare e l'oggetto del diritto. Ciò significa che per la configurazione del diritto soggettivo, è necessaria un'appropriazione, e cioè la possibilità di considerare un bene di esclusiva pertinenza del soggetto che aspira ad ottenere soddisfazione dell'interesse.

Ma negli ultimi decenni si è manifestata, con sempre maggiore chiarezza, l'esistenza di interessi che pure meritano tutela, e che sono anzi considerati meritevoli soprattutto da norme e principi costituzionali; ma che tuttavia sono interessi rivolti a beni della vita non passibili di appropriazione esclusiva, e dunque non possono costituire l'oggetto di un diritto soggettivo, che, come detto, tal appropriazione presuppone.

Sono questi i c.d. *interessi diffusi*, i quali fanno capo ad un numero imprecisato di persone non facilmente individuabili. Ad esempio l'interesse alla salubrità dell'ambiente, che è anche collegato a specifiche disposizioni costituzionali quale quella che garantisce la salute dei cittadini (art. 32 Cost.).

Strumenti di tutela

Tali interessi non sono tutelabili con i normali strumenti posti a salvaguardia del diritto soggettivo. Nessuno può pretendere il risarcimento di danni per l'inquinamento atmosferico che è stato prodotto da un'industria, atteso che l'aria che è stata inquinata non appartiene a nessuna persona in particolare, non è passibile di specifica appropriazione da parte di un soggetto e dunque non può, secondo l'impostazione tradizionale, formare oggetto di diritto soggettivo. Ma se, come detto, gli interessi diffusi sono pur sempre interessi giuridicamente rilevanti, allora è necessario individuare strumenti di tutela appropriati, che devono necessariamente essere diversi dagli strumenti di tutela del diritto soggettivo o devono comunque essere caricati di finalità e caratteristiche differenti.

Così, in alcuni casi, è l'ordinamento che individua soggetti c.d. *esponenziali*, che cioè rappresentano tutti i titolari di tali interessi e sono legittimati ad agire, a nome di tutti, per la tutela degli stessi. È questo il caso, sempre in materia ambientale, dell'art. 18 della legge n. 349 del 1986, che individuava nello Stato e negli enti pubblici i soggetti legittimati a chiedere il risarcimento del c.d. *danno ambientale*. Oggi, con l'entrata in vigore del d.lgs. n. 152 del 2006 (c.d. *Codice dell'ambiente*), tale legittimazione è stata attribuita esclusivamente allo Stato il quale, peraltro, può ingiungere, direttamente con un proprio provvedimento, all'autore del danno – e cioè a colui che abbia compromesso una risorsa ambientale – di risarcirlo in forma specifica (e cioè attraverso la sua eliminazione) ovvero per equivalente (e dunque, in danaro).

Sulla falsariga di alcune esperienze straniere, poi, l'art. 140 *bis* del Codice del consumo (d.lgs. 6 settembre 2005, n. 206) ha introdotto, anche nell'ordinamento italiano, l'azione collettiva (o *class action*) che consente ad un numero più o meno ampio di soggetti, di chiedere l'inibitoria di comportamenti lesivi di interessi diffusi o il risarcimento dei danni. *Class action*

Ma i problemi di tutela degli interessi diffusi non sono soltanto costituiti dalla individuazione del soggetto legittimato a farli valere. Gli strumenti predisposti dal codice a garanzia del diritto soggettivo, che abbiamo sopra elencato, possono essere inadeguati. Ad esempio, l'esigenza di tutela può spesso essere realizzata attraverso un'*azione inibitoria*, che impedisca la produzione della lesione, piuttosto che attraverso l'azione risarcitoria che è il tipico e generale strumento di protezione del diritto.

Altra figura analoga a quella degli interessi diffusi è costituita dagli *interessi collettivi*. Essi appartengono ad un numero imprecisato di soggetti, che però costituiscono un gruppo o una c.d. comunità intermedia. È per esempio il caso degli interessi dei lavoratori dipendenti o degli appartenenti ad una categoria professionale. Un particolare tipo di interesse collettivo è quello che appartiene ai consumatori e cioè a tutti coloro che, nella conclusione di contratti di scambio, agiscono per finalità non professionali e, dunque, sono forniti di minori informazioni e attenuata forza contrattuale rispetto al professionista con cui contrattano. A costoro l'ordinamento, per una serie di motivazioni che saranno più volte riprese nei prossimi capitoli, assicura un particolare trattamento giuridico di favore, al fine di ridurre le conseguenze pregiudizievoli che possono originare dalla situazione di squilibrio in cui versano rispetto al professionista con cui entrano in relazione giuridica. Gli artt. 139 ss. del d.lgs. n. 206 del 2005 (il c.d. *Codice del consumo*), individuano nelle associazioni maggiormente rappresentative dei consumatori iscritte in apposito elenco tenuto presso il Ministero delle Attività Produttive, l'ente esponenziale che può agire a tutela dell'interesse collettivo dei consumatori. Esse sono infatti abilitate a chiedere al giudice l'adozione, nei confronti dei professionisti (e cioè, principalmente, di imprese), di provvedimenti inibitori dei comportamenti lesivi per la categoria che rappresentano.

CAPITOLO 4

I SOGGETTI DEL RAPPORTO GIURIDICO: LA CAPACITÀ GIURIDICA

1. *La titolarità del rapporto giuridico*

Si è visto che le situazioni giuridiche soggettive fanno normalmente capo ad un soggetto. Il rapporto esistente tra il soggetto e la situazione è detto *titolarità*. Una situazione peraltro può essere anche trasmessa da un soggetto ad un altro. In tal caso, colui che cede il diritto viene normalmente chiamato *dante causa* o anche *autore*, colui che, invece, tale diritto riceve è detto *avente causa* o *successore*.

Trasmissione

In genere tale fenomeno di trasmissione non incide in alcun modo sulla struttura e sul contenuto del rapporto o delle singole situazioni di cui esso si compone; ciò che si modifica è solo il legame con il soggetto e, dunque, la titolarità.

Quando una situazione può essere liberamente trasferita da un soggetto ad un altro, si dice che la titolarità è *occasionale*. La trasmissibilità è evidentemente un attributo del rapporto; essa è però, allo stesso tempo, anche una facoltà che compete al titolare sicché costituisce parte integrante del suo contenuto. Ciò emerge con chiarezza, ad esempio, dal tenore dell'art. 832 c.c. che definisce il contenuto della proprietà quale diritto di *godere* e di *disporre* di una cosa; il che significa che, tra le facoltà che il proprietario può esercitare per soddisfare il proprio interesse, vi è anche quella di cedere, dietro corrispettivo ovvero gratuitamente, il suo diritto. Ma il potere di cedere la situazione compete, in via di principio, anche al titolare di quella passiva, il quale normalmente sarà liberato dal proprio obbligo soltanto con il consenso del soggetto attivo. Nel campo patrimoniale le situazioni giuridiche sono generalmente *disponibili* e *trasmissibili*, possono cioè essere cedute da un soggetto ad un altro per atto tra vivi, cioè per contratto. Esse, poi, sono anche trasmissibili per causa di morte, e cioè in conseguenza della scomparsa e, dunque, della perdita della capacità giuridica del titolare. In tal caso il trasferimento non è però la conseguenza di un atto di disposizione.

Diritti intrasmissibili

Molti diritti non possono però essere in alcun modo trasferiti ad altro soggetto. In tal caso la titolarità in ordine agli stessi è detta *organica* o *istituzionale*. Ciò significa che essi non possono formare oggetto di cessione per atto tra vivi e che, alla morte del titolare, di norma si estinguono. Sono intrasmissibili, in genere, i diritti a contenuto personale, i quali, proprio per tale loro caratteristica, non possono nemmeno formare oggetto di rinuncia o di transazione.

Esistono, come già sopra avvertito, anche situazioni giuridiche che non appartengono ad alcun soggetto, ma che tuttavia sono esistenti. Ad esempio: i rapporti oggetto di una successione ereditaria non ancora accettata esistono pur non essendo ancora nella titolarità di alcuno. Ciò conferma che il soggetto, almeno nei diritti a contenuto patrimoniale, è necessario per l'attuale titolarità della posizione, non per la sua esistenza.

L'insieme delle posizioni giuridiche appartenenti ad un determinato soggetto costituisce quella che viene normalmente definita *sfera giuridica*; il *patrimonio* è invece l'insieme delle sole situazioni a contenuto patrimoniale.

2. *La capacità giuridica: le persone fisiche*

Il concetto di titolarità indica, dunque, la relazione esistente tra un soggetto ed un rapporto. Non ogni entità è però idonea ad essere titolare di una situazione giuridica, attiva o passiva che sia. È l'ordinamento, infatti, che si fa carico di individuare quali siano i *soggetti di diritto* e cioè quali siano le entità cui possono riferirsi rapporti giuridici di qualsiasi genere. E tale individuazione avviene attraverso l'attribuzione ai soggetti idonei di una particolare qualità che prende il nome di *capacità* o *personalità giuridica*.

La capacità, pertanto, è un attributo che l'ordinamento giuridico riconosce ad un ente, in virtù del quale lo stesso risulta abilitato ad essere titolare di situazioni giuridiche soggettive. Tutti gli enti che non sono dotati di tale capacità non possono considerarsi soggetti e sono eventualmente oggetto di un rapporto giuridico. Una cosa, ad esempio, può essere soltanto oggetto del diritto di una persona, ma non può esserne a sua volta titolare.

Entità soggettive

Le entità cui è riconosciuta capacità o personalità giuridica sono dette *persone*. Esse sono, in primo luogo, tutti gli esseri umani, definiti, precisamente, nel Titolo I del libro I del codice civile, *persone fisiche*, per distinguerli da altre entità diverse pur dotate di capacità, vale a dire le *persone giuridiche*.

Il termine *persona* deriva – come è noto – dal mondo greco, dove in origine indicava la "maschera teatrale". Identico significato ad esso attribuiva il diritto romano, che per primo, peraltro, ne chiarì il significato nella nota definizione di Gaio (*Inst.*, I, 9): *summa divisio personarum haec est, quod omnes homines aut liberi de iure aut servi sunt*. La persona, dunque, è l'uomo, il quale nei tempi più antichi poteva essere libero oppure schiavo. Lo *status personae*, la qualità cioè assunta dall'individuo in relazione alla posizione occupata di volta in volta nell'ambito della comunità sociale, si fondava così inizialmente sulla contrapposizione dei liberi (*liberi ingenui*), che godono della massima capacità di essere soggetti di diritto, ai *servi* ed ai *liberti*. La capacità di essere titolare di diritti e di doveri spettava soltanto ai primi, vale a dire agli uomini liberi.

I moderni ordinamenti riconoscono, invece, in linea generale, la capacità giuridica a tutti gli individui. Il progresso e l'evoluzione sociale hanno, infatti, determinato un'ampia espansione del concetto di persona, soprattutto per quanto concerne il valore della personalità e la tutela delle situazioni esistenziali. Gli odierni interventi legislativi, in materia di consumatore, di capacità, di procreazione assistita, di *privacy*, di adozione, mostrano e confermano questa tendenza, dando espressione e protezione ad esigenze e bisogni che non si arrestano al profilo economico e patrimoniale ma interessano principalmente la sfera personale dei soggetti. La persona, quale valore giuridico generale, è, anzi, posta al vertice dell'ordinamento dalla stessa Carta costituzionale.

L'art. 2 Cost., in particolare, riconosce e garantisce i diritti inviolabili dell'uomo, sia come singolo sia nelle formazioni sociali in cui si svolge la sua personalità. La consacrata centralità della persona umana trascorre poi dalla Costituzione al codice civile, le cui norme – appunto – devono essere interpretate e lette alla luce dei valori espressi dalla Carta fondamentale.

Centralità della persona

In quest'ottica, la stessa impostazione di stampo patrimoniale, propria del codice civile del 1942 (ampiamente incentrato sulla disciplina del contratto, delle obbligazioni e della proprietà), assume oggi un significato diverso. Le situazioni giuridiche di contenuto patrimoniale, infatti, possono dirsi, nel quadro dei valori costituzionali, subordinate a quelle di carattere personale. Esse, cioè, ricevono tutela e protezione se e nella misura in cui garantiscono lo sviluppo della personalità dell'individuo.

3. (segue) *Nozione e contenuto della capacità giuridica*

Il diritto romano non conosceva una definizione ampia della capacità quale posizione generale del soggetto nell'ambito dell'ordinamento giuridico. Esso, infatti, non aveva elaborato una nozione completa e comune del concetto alla quale ricollegare l'insieme delle attività poste in essere dall'uomo nel mondo del diritto. I giuristi romani erano piuttosto propensi a rifuggire dalle teorizzazioni astratte e preferivano ricollegare il termine capacità ad ipotesi concrete. In particolare, con *capax* indicavano, in tema di successioni, chi poteva prendere (*capere*) un'eredità, un legato, un fidecommesso. Diritto romano

Sulla scia della tradizione giustinianea, il nostro codice civile non ha formulato la definizione della capacità giuridica. L'art. 1 c.c. si limita ad individuare, come preciseremo di qui a poco, il momento dell'acquisto e quello della perdita.

Pur nel silenzio del codice, tuttavia, la capacità giuridica è generalmente indicata quale *presupposto della titolarità di diritti e di doveri*. In ragione di tale natura, essa presenta una serie di caratteristiche, prima fra tutte la *generalità*: la capacità giuridica è, infatti, *generale*, spetta cioè in via indistinta a tutti gli uomini. Il nostro ordinamento ha, così, eliminato l'istituto della *morte civile*, per effetto del quale era possibile, in passato, privare della capacità giuridica chi avesse riportato una condanna penale. Nozione

La capacità giuridica è, poi, *insopprimibile*. Una simile qualità è espressamente affermata a livello positivo dall'art. 22 Cost., che stabilisce – appunto – la insopprimibilità della capacità giuridica per motivi politici. Gli ulteriori contenuti della nozione in esame emergono anche da altri due precetti costituzionali quali gli artt. 2 e 3 Cost. La prima norma tutela, in via generale, la persona e si preoccupa di assicurarne l'armonico sviluppo; la seconda, in maniera più specifica, afferma il principio di eguaglianza, impedendo forme di discriminazione tra individui provvisti ed individui non provvisti della capacità giuridica.

I moderni ordinamenti considerano, così, la capacità giuridica quale *attributo essenziale* della persona. Si tratta di una importantissima conquista di civiltà giuridica realizzatasi con la rivoluzione francese e con la nascita dello Stato liberale.

Il riconoscimento ad ogni uomo della capacità giuridica ha, precisamente, un duplice significato. Per un verso, esso esprime il ripudio del fenomeno dello schiavismo e cioè della considerazione dell'uomo quale possibile oggetto della proprietà di un altro uomo. Per l'altro, invece è presupposto per l'effettiva attuazione del ricordato principio di eguaglianza formale: ciò perché i privilegi e la distinzione in classi sono attuati proprio dallo strumento della differenziata idoneità dei soggetti alla titolarità di rapporti. Si pensi, soltanto per fare un esempio che non coinvolge specifiche conoscenze giuridiche, alla c.d. *regola dei quattro quarti*, sancita, nella Francia di Luigi XVI, da un editto del 1781, e cioè pochi anni prima della rivoluzione. Essa consentiva la diretta assunzione dei gradi di ufficiale nell'esercito solamente a coloro che possedessero i quattro quarti di sangue nobile. Sanciva in altre parole un privilegio attraverso la limitazione della capacità giuridica di chi non avesse il necessario grado di nobiltà: costui era infatti reso inidoneo alla titolarità di un rapporto, quello di comando nell'esercito.

Il riconoscimento della capacità a tutti gli uomini è, invece, oggi principio che – come si diceva – è entrato a far parte in modo definitivo della civiltà giuridica occidentale: nel nostro ordinamento, la capacità giuridica viene considerata un vero e proprio *diritto inviolabile*, anzi il principale diritto che compete ad ogni uomo in quanto tale, data appunto la sua insopprimibilità, secondo il dettato del richiamato art. 22 Cost.

Questa definizione, con la carica ideologica che possiede, consente di capire quali siano le ragioni di fondo che hanno indotto alcuni teorici, i sostenitori della c.d. *teoria organica della capacità*, a definire la personalità giuridica quale attributo generale riconosciuto agli esseri umani, o ancora quale valore non comprimibile né graduabile.

Teorie

La capacità giuridica, secondo la teoria organica, si identifica con la soggettività giuridica, con l'essere, cioè, l'individuo soggetto di diritto. Una simile equazione (capacità giuridica/soggettività) si fonda sull'analisi del dato empirico e di quello giuridico: il soggetto, in altri termini, risulta composto da un substrato materiale e da un riconoscimento formale da parte dell'ordinamento, per effetto del quale egli penetra nel sistema dei fenomeni giuridici. La capacità giuridica, o capacità di legittimazione soggettiva, assume, di conseguenza, la funzione di indice dell'esistenza o della rilevanza giuridica del soggetto.

In questa sede, tuttavia, è possibile unicamente accennare alle critiche mosse alla teoria organica soprattutto dai più autorevoli esponenti della scuola del positivismo giuridico ed, in particolare, dai sostenitori della c.d. *teoria atomistica* della capacità. Costoro hanno in un certo senso scomposto la capacità in tanti specifici attributi quanti sono i diritti che l'ordinamento riconosce al soggetto. Si afferma, così, che la persona fisica o giuridica che "ha" (come titolare dei medesimi) doveri giuridici e diritti soggettivi, "è" questi doveri giuridici e questi diritti soggettivi, la cui unità si esprime, appunto, in modo figurato nel concetto di persona. La capacità, pertanto, non è un *prius* riconosciuto all'essere umano, che gli consente di acquisire ogni tipo di rapporto, ma è piuttosto la somma delle singole posizioni giuridiche, che l'ordinamento, una per una, gli ha assegnato.

Non è il caso di indugiare nella ricerca dei limiti e soprattutto delle connotazioni ideologiche di tali impostazioni. Nella presente sede è sufficiente evidenziare come esse colgano due aspetti diversi, ma non necessariamente incompatibili tra loro, della personalità. Per un verso essa è effettivamente un valore, un sostrato ineliminabile degli uomini quali soggetti protagonisti della vita giuridica in condizione di eguaglianza; ma per l'altro essa si compone anche di una serie di riconoscimenti specifici.

Elementi che incidono sulla capacità

Ciò d'altronde contribuisce anche a chiarire dal punto di vista sistematico, come sia possibile che alcune circostanze, quali il sesso, la salute, l'età, l'onore di una persona, incidano, per specifici rapporti, sulla sua idoneità a diventarne titolari. In tali casi si parla anche di cc.dd. *capacità speciali*, proprio per alludere al fatto che singoli tipi di rapporto possono entrare nella titolarità di una persona solamente se questa, oltre alla capacità giuridica, possieda alcuni particolari caratteri ulteriori.

La *salute*, ad esempio, può incidere sulla capacità giuridica, come può argomentarsi dall'art. 350 c.c., che esclude dall'assunzione dell'ufficio tutelare gli interdetti e gli inabilitati, che sono soggetti affetti da un dichiarato vizio di mente.

Altra circostanza capace di influire sulla capacità giuridica è l'*onore*: si pensi, ad esempio, all'art. 26 del d.lgs. n. 385 del 1993, il c.d. *testo unico bancario*, secondo cui i soggetti che svolgono funzione di amministrazione, direzione e controllo di una banca devono possedere i requisiti di onorabilità, oltre che di professionalità e di indipendenza, stabiliti con regolamento del ministro del tesoro.

Ma anche il *sesso* incide, oramai in fattispecie residuali, sulla capacità: il codice civile prevede, così, il c.d. *lutto vedovile* (art. 89 c.c.), vale a dire l'impossibilità per la donna di contrarre matrimonio prima che siano decorsi trecento giorni dallo scioglimento, dall'annullamento o dalla cessazione degli effetti civili di un precedente matrimonio. Le donne, poi, non sono assoggettate all'obbligo del servizio militare (peraltro oggi venuto meno anche per gli uomini).

Ed ancora l'*età*: i minori di una certa età, stabilita a seconda del tipo di attività, non possono essere titolari di rapporti di lavoro.

In tutte queste ipotesi, invero, sembrano configurarsi limitazioni alla capacità. In effetti la capacità non è comprimibile, se le si attribuisce il senso di presidio della libertà ed eguaglianza. Ma, allo stesso tempo, essa è anche una qualità che l'ordinamento riconosce e specifica per singole circostanze: il che contribuisce a chiarire il ruolo delle capacità speciali, senz'altro ammissibili purché ragionevolmente finalizzate a dare rilevanza agli specifici attributi delle persone che condizionano la loro attitudine alla titolarità di particolari situazioni.

Peraltro il discorso sulla capacità giuridica, come vedremo, risulta oggi strettamente connesso al profilo dell'esercizio del diritto, piuttosto che a quello della idoneità alla titolarità. Il problema fondamentale, indotto soprattutto dai principi costituzionali, è quello di assicurare che le persone, più che essere staticamente titolari di una situazione giuridica, possano effettivamente esercitarne il contenuto. Il discorso dunque coinvolge un altro concetto, che è quello della capacità d'agire, sul quale si avrà modo di ritornare di qui a poco.

4. *L'acquisto della capacità giuridica*

Le persone fisiche acquistano la capacità giuridica con la *nascita*. Considerato che non è ipotizzabile l'esistenza di una persona fisica priva di capacità giuridica, il concetto di acquisto della personalità da parte di un essere umano sembra tecnicamente non appropriato. In effetti gli esseri umani nascono già muniti di personalità, per cui la problematica che la norma dell'art. 1 affronta è costituita dalla individuazione del *se* e del *quando* un uomo o una donna nascano.

Dato il tenore letterale dell'art. 1, per la nascita di una persona fisica è sufficiente che il feto venga alla luce vivo. Colui che nasce morto non è, infatti, persona, dal momento che *qui mortui nascuntur neque nati neque procreati videntur*. Sotto altro profilo, ciò significa che, secondo il legislatore, la vita prenatale, benché giuridicamente rilevante sotto molteplici aspetti, non è però sufficiente a costituire un soggetto di diritto, non ha dunque valore dal punto di vista dell'attribuzione di capacità giuridica. Tale affermazione è oggi oggetto di molteplici dibattiti anche polemici: bisogna però evidenziare che il codice civile si ispira a logiche quasi esclusivamente patrimonialistiche, atteso che esso intende regolare principalmente i rapporti economici. E ciò senz'altro rileva ai fini dell'attribuzione del giusto valore sistematico alla norma in esame.

Vita prenatale

Sul piano giuridico, peraltro, affinché un soggetto possa dirsi "nato", è necessario che, una volta venuto al mondo, abbia anche vitalità, sia cioè in grado di sopravvivere per un lasso di tempo più o meno lungo. Anche un solo attimo di esistenza, infatti, è sufficiente a far nascere, e subito dopo morire, un soggetto di diritto. È poi compito della medicina legale indicare i criteri per poter accertare se vita vi sia stata o meno, come ad esempio con la tradizionale prova di galleggiamento dei polmoni, che consente di verificare se vi sia stata respirazione.

Anche prima della nascita, però, alla persona fisica può essere attribuito un certo rilievo giuridico: essa può essere destinataria di diritti, sebbene il loro concreto acquisto avverrà soltanto in un secondo momento, e cioè quando il soggetto effettivamente nascerà. Qui bisogna, peraltro, distinguere tra soggetto che non è ancora nato ma è stato già concepito (c.d. *nasciturus*), e soggetto che non è stato ancora nemmeno concepito (c.d. *concepturus*). Al nascituro già concepito, infatti, l'ordinamento riconosce una generale capacità di essere destinatario di un diritto: il nascituro, prima della nascita, può acquistare qualunque bene con qualunque atto, che chiaramente sarà compiuto dai suoi genitori, i quali esercitano la legale rappresentanza (art. 320 c.c.). L'acquisto è però subordinato, come detto, alla nascita. Al *concepturus* tale capacità è invece riconosciuta solo in relazione a due specifici atti: il testamento e la donazione. È possibile, infatti, che un bene sia donato o lasciato per testamento ad un soggetto non ancora concepito, purché si tratti del futuro figlio di una persona vivente al momento della donazione o della morte del testatore. Anche in tal caso, chiaramente, l'acquisto è subordinato alla nascita ed al preventivo concepimento del beneficiario.

Nascituro

Accanto ai profili di carattere patrimoniale, peraltro, le moderne tendenze della dottrina e della giurisprudenza si rivelano propense a riconoscere tutela altresì agli interessi di natura personale del nascituro. La conferma, sul piano positivo, è offerta dalla legge sulla procreazione assistita (legge 19 febbraio 2004, n. 40), il cui art. 1 espressamente "assicura i diritti di tutti i soggetti coinvolti, compreso il concepito".

L'individuazione delle situazioni giuridiche soggettive non patrimoniali di chi è soltanto concepito avviene soprattutto attraverso la lettura delle norme costituzionali. Da queste è dato desumere, ad esempio, l'esistenza nel nostro ordinamento di un vero e proprio interesse del nascituro ad avere entrambi i genitori, i quali provvedano al suo mantenimento, alla sua istruzione ed alla sua educazione (art. 30 Cost.). In quest'ottica, va riguardata la stessa previsione dell'art. 254, 1° comma, c.c. che consente il riconoscimento del figlio naturale anche in un momento antecedente alla nascita *purché successivo al concepimento*, mediante apposita dichiarazione resa all'ufficiale dello stato civile ovvero contenuta in un atto pubblico od in un testamento.

Dal dettato letterale dell'art. 32 Cost. (che discorre, in via generale, di *individuo* e non già di persona già venuta ad esistenza), si evince poi l'interesse del concepito a vedere tutelata la propria salute. Una applicazione del principio può, peraltro, essere scorta negli artt. 13 e 14 della legge n. 40 del 2004. La prima delle due norme, infatti, vieta qualsivoglia sperimentazione sull'embrione umano che non risponda a finalità terapeutiche e diagnostiche; la seconda, d'altra parte, ne impedisce la crioconservazione e la soppressione. In tal modo, dunque, la legge si preoccupa di proteggere la salute anche di chi non è ancora concepito.

Discusso, tuttavia, è il c.d. *danno da procreazione*, che consegue ad una malattia genetica o ad altra patologia comunque trasmessa dal genitore al figlio all'atto del concepimento. Parte della dottrina nega che nella specie vi sia un danno risarcibile, poiché quest'ultimo presuppone pur sempre l'esistenza, al momento del fatto lesivo, del bene che viene danneggiato, mentre la vita in salute, ossia il bene in concreto protetto, segue all'atto procreativo e non lo precede.

Diritto alla vita ed aborto

Diverso discorso è, invece, se, nel nostro ordinamento, sia configurabile in capo al nascituro un *diritto alla vita*. L'art. 1 della legge 22 maggio 1978, n. 194 in tema di interruzione volontaria della gravidanza, solennemente afferma il principio secondo il quale: «lo Stato (...) tutela la vita umana sin dal suo inizio». Tale affermazione, tuttavia, incontra un limite ben preciso negli articoli successivi della legge. Il limite, precisamente, è rappresentato dalla tutela del diritto alla salute della madre. Costei, infatti, ogniqualvolta la gravidanza possa metterne a rischio l'integrità fisica e/o psichica, ha diritto ad interromperla. Può, in altri termini, ricorrere all'*aborto terapeutico*. L'art. 4 della legge n. 194 del 1978 consente l'interruzione volontaria della gravidanza nei primi novanta giorni dal concepimento, ad iniziativa della sola gestante, se vi è un serio pericolo "medicalmente accertato e non altrimenti evitabile" per la propria salute, in relazione altresì alle sue condizioni economiche, sociali, familiari ovvero alle circostanze in cui è avvenuto il concepimento (violenza carnale, incesto, ecc.).

5. *La perdita della capacità giuridica*

Se la nascita rappresenta il momento iniziale dell'esistenza di un soggetto di diritto, la morte ne costituisce il momento finale. Anche qui è la medicina legale che stabilisce i criteri per accertare se e quando un soggetto sia morto. La morte dell'uomo, infatti, non sempre coincide con quella dell'intero organismo (la c.d. *morte biologica*), per cui si è reso necessario ricorrere al concetto di *morte clinica*. Quest'ultima – secondo l'iniziale impostazione della scienza medica – si verificava all'atto dell'esalazione dell'ultimo respiro e quindi con l'arresto dell'attività respiratoria. Oggi, invece, l'art. 1 della legge 1° aprile 1999, n. 91, recante *Disposizioni in materia di prelievi e di trapianti di organi e tessuti*, fa coincidere la fine dell'esistenza con la cessazione di ogni attività del sistema nervoso centrale (c.d. *morte celebrale* o cervello piatto).

Morte

L'accertamento della morte, con l'ausilio del medico c.d. *necroscopo*, viene effettuato dall'ufficiale di stato civile, il quale provvede anche a redigere l'atto di morte, dopo aver verificato il decesso direttamente o a seguito di denuncia fatta da altra persona (artt. 71 ss. del d.p.r. 3 novembre 2000, n. 396, recante *Regolamento per la revisione dell'ordinamento dello stato civile*).

Data la molteplicità degli effetti che conseguono al suo verificarsi, il legislatore ha ritenuto opportuno predisporre una specifica pubblicità dell'evento morte. L'atto di morte, pertanto, deve essere inserito nei registri dello stato civile e la sua esibizione costituisce prova della morte. Da esso, infatti, è possibile evincere il luogo, il giorno e l'ora del decesso della persona. La regola non è priva di eccezioni. Non sempre, infatti, la dimostrazione dell'avvenuta "fine" può essere offerta attraverso le risultanze degli atti dello stato civile. Quando ciò non sia possibile, perché ad esempio non si sono tenuti i registri dello stato civile o gli stessi sono andati distrutti o smarriti o perché la registrazione è mancata per qualsiasi altra causa, il verificarsi della morte di una persona può essere dimostrato con qualsiasi mezzo di prova (art. 452 c.c.).

Atto di morte

L'estinzione del soggetto di diritto determina una duplice tipologia di effetti. Alcuni rapporti che appartenevano al defunto si estinguono con il soggetto. Si tratta, in genere, di diritti di carattere personale, quale il diritto all'integrità fisica, al nome, all'onore, alla riservatezza. Ovvero, ancora, si tratta di rapporti e di stati familiari: si pensi allo *status* di coniuge, di padre, di madre, di figlio. L'intrasmissibilità interessa, tuttavia, anche taluni rapporti di natura patrimoniale: con la morte del titolare si estinguono ad esempio i diritti reali legati alla durata della sua esistenza, come l'uso, l'abitazione, l'usufrutto. Analoga sorte interessa i rapporti c.d. *intuitu personae*, quali il mandato (art. 1722, n. 4, c.c.); la qualità di socio nella società semplice (art. 2284 c.c.).

Effetti della morte

Cessano, con la morte del loro titolare, anche i rapporti di diritto pubblico: l'obbligo di pagamento di una multa o di una ammenda, infatti, viene meno con la morte del reo, in quanto circostanza che determina l'estinzione della pena.

Altri rapporti, in genere quelli a contenuto patrimoniale, vengono, invece, trasmessi in successione per causa di morte agli eredi o ai legatari della persona estinta.

Occorre però evidenziare che alcuni diritti, pur non cadendo in successione ereditaria, non si estinguono con la morte del titolare. È il caso del diritto morale d'autore: esso può essere infatti esercitato da alcuni parenti dell'autore defunto. Ciò evidentemente potrebbe far sorgere dubbi sull'assolutezza ed inderogabilità del principio per cui alla morte di una persona corrisponda la perdita della sua capacità giuridica. Ma tali dubbi riguardano solo la sfera personale del soggetto e non i rapporti patrimoniali, per i quali d'altronde il concetto stesso di capacità giuridica è stato originariamente pensato.

Il principio secondo cui la capacità giuridica della persona si estingue con la sua morte non è neppure contraddetto da quelle disposizioni che sembrano ugualmente tutelare il defunto o la sua volontà quale espressa in vita. In tal senso, la *ratio* dell'art. 587 c.c. – che disciplina, appunto, il testamento – non va ricercata nell'esigenza di rispettare la personalità del *de cuius* ma nella possibilità, normativamente riconosciuta all'individuo, di regolare in vita la propria successione. Analogamente, la norma che consente il riconoscimento del figlio premorto (artt. 255 ss.) è destinata a produrre effetti unicamente in favore dei suoi discendenti legittimi e dei suoi figli naturali riconosciuti e non già di chi non è più in vita.

Commorienza

Per completezza e per seguire la sistemazione fornita dal codice, è necessario infine un riferimento all'istituto della *commorienza*, che è regolato da un'unica disposizione, l'art. 4 c.c. Essa, invero, ha più stretta attinenza con la materia successoria che non con quella dell'acquisto e della perdita della capacità. In effetti, quando sussistono particolari legami tra due persone, la sopravvivenza dell'una rispetto all'altra può avere rilievo proprio nel campo delle successioni per causa di morte. Si pensi al rapporto tra due coniugi: ciascuno di essi è erede di quello che muore per primo, per cui è importante stabilire chi sia morto e chi sia sopravvissuto. Ove non sia possibile accertare la premorienza di un soggetto rispetto ad un altro, e se tale accertamento abbia rilevanza giuridica, l'art. 4 del codice stabilisce che i due soggetti interessati si considerano morti nello stesso momento. Il che significa che nessuno dei due succederà all'altro.

Presunzione

L'art. 4 c.c. pone, sotto certi aspetti, una vera e propria presunzione di "non sopravvivenza". Con la scelta di un criterio di ordine temporale, il legislatore ha mostrato di abbandonare la tradizione romanistica basata, invece, su presunzioni legate all'età ed al sesso. Il diritto giustinianeo, infatti, prevedeva che, in caso di infortunio riguardante più persone (come nel caso di un naufragio o di una eruzione vulcanica) occorresse considerare premorto al genitore il figlio impubere ed il genitore al figlio pubere, in considerazione della diversa forza fisica di ognuno in relazione all'età.

6. *L'incertezza dell'esistenza di una persona: la scomparsa*

Si è visto che le persone fisiche costituiscono, in via di principio, soggetti di diritto dal momento della nascita fino al momento della morte. Con la fine di una persona fisica si producono una serie di effetti: essi sono estintivi di alcuni rapporti giuridici, che non sopravvivono al loro titolare, o traslativi di altri rapporti, soprattutto di natura patrimoniale.

Interessi contrapposti

L'ordinamento disciplina anche le ipotesi in cui non vi sia certezza circa l'esistenza di una persona fisica, perché questa è *scomparsa*. In casi di tal genere, sussistono due contrapposti interessi: da un lato quello dello scomparso alla conservazione dei suoi beni in vista di un eventuale ritorno; dall'altro quello dei possibili successori dello scomparso medesimo ad essere immessi nel possesso o nella titolarità dei suoi rapporti giuridici. L'ordinamento prevede dunque una serie di strumenti che sanciscono un graduale passaggio dalla tutela del primo a quella del secondo degli interessi individuati.

Il primo di tali strumenti è disciplinato dall'art. 48 c.c. Quando una persona si sia allontanata dal proprio domicilio o dalla propria residenza, cioè dai luoghi dove lavora o abita abitualmente, e non se ne hanno più notizie, su istanza di alcuni soggetti indicati dalla legge o del pubblico ministero (cioè di un'autorità che fa parte del corpo giudiziario) è possibile chiedere al tribunale la nomina di un curatore speciale, che viene incaricato di amministrare, previo il loro inventario, i beni dello scomparso al fine della loro conservazione. Unico presupposto per la nomina del curatore è la scomparsa del soggetto; non è necessario che essa si protragga per un tempo determinato: sarà il tribunale a valutare, in base alle circostanze di fatto, se sussiste o meno quell'allarme che giustifica l'adozione della misura prevista dall'art. 48 c.c.

Presupposto

La scomparsa, dunque, è una *situazione di fatto*, che legittima l'intervento del giudice in funzione conservativa del patrimonio dello scomparso. Regole specifiche sono, poi, dettate per l'ipotesi in cui la persona di cui si ignori l'esistenza sia a sua volta chiamata a succedere ad altra persona in qualità di erede. Il principio generale è che non si possono invocare diritti successori in nome di tale persona, e ciò perché l'ordinamento vuole assicurare la successione a favore di chi sia effettivamente sopravvissuto al defunto. Dispone, infatti, l'art. 70 c.c. che quando si apre una successione alla quale sarebbe chiamata in tutto od in parte una persona di cui si ignora l'esistenza (lo scomparso, appunto), l'eredità è devoluta ad altri soggetti e precisamente a coloro ai quali sarebbe comunque spettata in mancanza di detta persona, salvo il diritto di rappresentazione.

L'art. 70 c.c. costituisce applicazione del principio più generale posto dall'art. 69 c.c., il quale stabilisce che nessuno può reclamare un diritto spettante ad una persona di cui si ignora l'esistenza, se non provi che tale persona esisteva nel momento in cui il diritto è sorto. Si consideri il seguente esempio. Tizio, ultranovantenne, muore, nominando erede di tutto il suo patrimonio Filano e legando il fondo Tusculano all'amico Caio, del quale tuttavia da mesi non si hanno più notizie. In tal caso, qualora non sia possibile dimostrare che Caio era in vita al momento dell'apertura della successione di Tizio, il bene a lui devoluto sarà acquisito dallo stesso Filano, al quale soltanto andrà l'intera eredità.

Art. 69 c.c.

7. (segue) *L'assenza*

Se la scomparsa della persona si protrae per più di due anni, sempre su istanza dei soggetti indicati dalla legge o del pubblico ministero, il tribunale può dichiararne l'*assenza*, alla quale l'ordinamento ricollega una serie di importanti effetti (artt. 49 ss. c.c.). Tali effetti però non si verificano in conseguenza del semplice passaggio del biennio: è necessario uno specifico provvedimento giudiziale che può essere emesso anche se non sia stata in precedenza richiesta o disposta la nomina del curatore dello scomparso. Legittimati a richiedere la dichiarazione di assenza al tribunale competente sono i presunti successori legittimi e chiunque ragionevolmente creda di avere sui beni dello scomparso diritti dipendenti dalla morte di lui (art. 49 c.c.).

Effetti giuridici

Gli effetti giuridici che conseguono al provvedimento giudiziale consistono principalmente nella immissione degli eredi dell'assente nei suoi beni, previo il loro inventario (art. 50 c.c.). Per l'individuazione degli eredi, d'altronde, la legge autorizza che siano aperte le carte testamentarie del soggetto interessato dal provvedimento. Come già anticipato, si passa da un regime finalizzato alla conservazione del patrimonio, ad un regime che inizia a tutelare più direttamente i possibili eredi. L'assenza non determina però l'apertura della successione: ciò vuol dire che coloro che sono immessi nel *possesso temporaneo*, a differenza dei successori veri e propri, non diventano titolari dei rapporti che facevano capo alla persona di cui non si hanno più notizie. Il possesso, come avremo modo di vedere, consiste nella mera possibilità di esercitare i diritti che sono dell'assente, senza che però i possibili eredi ne divengano titolari; tali diritti, in altre parole, sono considerati pur sempre nella titolarità dell'assente e dovranno a lui essere restituiti in caso di ritorno; proprio a garanzia di tale restituzione, coloro che sono immessi nel possesso devono prestare idonea cauzione. Allo stesso modo, i debitori dell'assente che sarebbero liberati in caso di sua morte, sono temporaneamente esonerati dall'eseguire la prestazione: anche qui si tratta di una misura soltanto provvisoria, che però non libera ancora i soggetti obbligati.

Immessi nel possesso temporaneo

Coloro che sono immessi nel possesso possono godere e amministrare i beni. Possono anche chiedere di essere autorizzati a venderli ove se ne ravvisi la necessità. La richiesta deve essere proposta al tribunale, che stabilisce al tempo stesso le modalità di reimpiego del prezzo. I frutti prodotti dai beni sono acquisiti da coloro che sono nel relativo possesso, nella misura indicata dall'art. 53 c.c.

Particolarmente rilevante è poi il regime del matrimonio dell'assente e dello scomparso. La regola vuole che un matrimonio si sciolga per morte di uno dei coniugi. Sicché, fino a quando non viene dichiarata la morte presunta, il coniuge superstite non può ritenersi libero di stato, a meno che non abbia, frattanto, ottenuto il divorzio. Ma, visto che in effetti nessuno può sapere se lo scomparso come l'assente sia vivo o morto, il matrimonio non può essere annullato finché egli non ritorni: si tratta di un'applicazione del principio del c.d. *favor matrimonii*. Tuttavia, qualora il coniuge dell'assente riesca ugualmente a contrarre un nuovo matrimonio, questo non può essere impugnato fino a quando dura l'assenza.

Cessazione dell'assenza

L'assenza cessa o con il ritorno del soggetto o con l'accertamento della sua morte. Nel primo caso cessano gli effetti della dichiarazione di assenza ed il soggetto, come detto, avrà diritto alla restituzione dei beni e dei frutti. Nel secondo caso, si aprirà la successione con decorrenza dal momento della morte; ciò ha significativi effetti pratici, atteso che il tempo del decesso incide sulla individuazione dei successori, sicché essi potrebbero anche essere diversi da coloro che, con la dichiarazione di assenza, sono stati immessi nel possesso temporaneo dei beni.

8. (segue) *La dichiarazione di morte presunta*

Sentenza

Se la scomparsa si protrae per almeno dieci anni, il tribunale, sempre su istanza delle persone legittimate o del p.m., può dichiarare la morte presunta (art. 58 c.c.). La dichiarazione avviene con sentenza, con la quale la morte è fissata nel giorno al quale risale l'ultima notizia (art. 58 c.c.). Si tratta di una forma di accertamento indiretto della morte i cui effetti hanno carattere retroattivo.

In taluni casi, peraltro, la limitata probabilità di sopravvivenza del soggetto in relazione al verificarsi di eventi eccezionali giustifica la previsione della dichiarazione di morte presunta in tempi più brevi rispetto al decorso dei dieci anni. Così, ad esempio, se la scomparsa è avvenuta nel corso di operazioni belliche o in occasione di sciagure o infortuni, normalmente la morte può essere dichiarata subito dall'ufficiale di stato civile, previa la redazione di un verbale da parte del p.m. (art. 78 del d.p.r. n. 396 del 2000). Se tale dichiarazione non può avvenire, allora il tempo dopo il quale è possibile ottenere il provvedimento giudiziale è, come si accennava, notevolmente ridotto (art. 60 c.c.). Il regime che il codice civile introduce agli artt. 58 ss. è di chiaro favore per gli eredi di una persona che, essendo ormai irreperibile da molto tempo, si deve ritenere con quasi certezza deceduta.

Effetti

Alla dichiarazione di morte presunta conseguono, infatti, i medesimi effetti della morte accertata di una persona: si apre la successione e gli eredi acquistano la proprietà, e non il semplice possesso, dei beni.

L'unica garanzia per il presunto morto sta nel fatto che di tali beni deve essere redatto inventario. Se infatti egli ritornasse avrebbe diritto alla loro restituzione nello stato in cui si trovano, nonché al prezzo ancora non consumato ricavato dalla loro vendita. Ciò significa che gli eredi possono liberamente consumare tali beni, i quali, in effetti, sono di loro esclusiva proprietà, e devono restituire al presunto morto che ritorni soltanto ciò che residua.

Quanto agli effetti di carattere personale, la dichiarazione di morte scioglie il matrimonio ed il coniuge del presunto morto può risposarsi. Tuttavia, in caso di ritorno dello scomparso, tale matrimonio è dichiarato invalido, ma sono salvi gli effetti civili fino a quel momento prodotti. L'invalidità del secondo matrimonio contratto dal coniuge superstite del presunto morto, tuttavia, non può essere dichiarata nel caso in cui sia effettivamente accertata la morte, anche se avvenuta in data successiva a quella del matrimonio stesso (art. 68 c.c.).

CAPITOLO 5

LA CAPACITÀ DI AGIRE

1. *Titolarità e legittimazione: la disposizione del rapporto giuridico*

L'art. 1 del codice civile definisce in via generale la nozione di capacità giuridica. Essa, in particolare, è indicata come possibilità del soggetto di diventare destinatario degli effetti giuridici posti da una norma di legge. La capacità, pertanto, non è individuata in riguardo a singole disposizioni, ma in relazione a tutte le norme dell'ordinamento, siano esse di diritto privato, ovvero di diritto pubblico, ovvero ancora di diritto penale.

Distinzione

In ragione di tali caratteristiche, peraltro, la nozione si distingue da quella di *titolarità*: la prima (la capacità, appunto) è una *qualità astratta* attribuita *a priori* al soggetto; la seconda, invece, va valutata in concreto. La titolarità, cioè, presuppone che un fatto giuridico si sia già verificato e che determinati effetti si siano ormai prodotti. Essa, infatti, sorge nel momento in cui si crea il legame tra il soggetto e la situazione giuridica.

Riguardata sotto il profilo della mera *appartenenza*, la titolarità, al pari della capacità giuridica, assume valenza statica. Dal lato dinamico, essa, invece, presuppone l'agire del soggetto. Questi, salvo le precisazioni di cui si dirà, ha la capacità di compiere atti giuridici, di esercitare i diritti e le situazioni di cui sia titolare, nonché di disporre dei rapporti giuridici di cui sia parte. Egli, in altri termini, può far valere i propri interessi e svolgere l'attività giuridica che concerne la propria sfera di interessi. L'art. 2 c.c. definisce questa idoneità del soggetto come *capacità d'agire*.

Il singolo può provvedere all'autoregolamentazione dei propri interessi in maniera assai varia: può, ad esempio, stipulare contratti, disporre dei propri beni, conferire procura, fare testamento. Con ciascuno di tali atti, il soggetto produce le modificazioni volute nei rapporti giuridici esistenti e rimane vincolato alle conseguenze del proprio agire. Egli è, infatti, titolare di un *potere di disposizione*; può, pertanto, decidere la destinazione del suo diritto: così, chi dispone di un diritto su di un bene può cederlo a terzi e può addirittura privarsi di esso.

Legittimazione

Ciò che è importante è che la persona agente sia legittimata ad agire. Con il termine *legittimazione* si indica, precisamente, il potere che una persona ha di manifestare la propria volontà con effetti rispetto ad una determinata situazione giuridica. La nozione, infatti, esprime l'attitudine del soggetto a compiere il singolo atto o ad essere parte di uno specifico rapporto. Così, mentre la capacità di agire è pur sempre una qualità astratta riconosciuta al soggetto in via generale, senza riferimento al singolo atto, la *legittimazione* riguarda la idoneità in concreto a far valere i propri interessi. Proprio per le sue caratteristiche, la figura viene per lo più ricondotta al *potere di disporre* o *di ricevere*: si discorre, in tali casi, di legittimazione del soggetto a disporre ovvero ad essere destinatario degli effetti dell'atto.

Spesso – a ben vedere – il codice civile sembra confondere le due nozioni. Non di rado, infatti, esso pur alludendo alla capacità intende riferirsi ad ipotesi di legittimazione. Si pensi all'art. 1966 c.c., dove si discorre espressamente di "capacità di disporre" dei diritti che formano oggetto di una lite, per indicare uno dei presupposti per la conclusione di una valida stipulazione.

Nella specie, in realtà, il codice non si riferisce ad una capacità astratta o generale, ma disciplina il potere del soggetto in relazione ad una determinata situazione e ad un determinato rapporto (quello appunto oggetto di controversia tra le parti). Si tratta, in altri termini, di un'ipotesi di legittimazione. In senso negativo, un altro esempio è offerto dall'art. 1471 c.c. La norma individua una serie di soggetti che per il particolare ruolo che occupano (amministratori dei beni dello Stato, pubblici ufficiali, ecc.) non possono essere acquirenti di determinati beni. Essi sono, cioè, sprovvisti di legittimazione, in quanto non hanno il potere di modificare una concreta situazione giuridica.

La legittimazione, dunque, non è una qualità del soggetto, come invece la capacità. Essa, inoltre, non incide sulla validità dell'atto ma sulla sua efficacia.

Non sempre, peraltro, il soggetto è legittimato ad agire per effetto di una semplice dichiarazione, potendo la legge richiedere ulteriori requisiti in assenza dei quali non si verifica la modificazione della situazione giuridica. Così la disciplina dei titoli di credito presuppone il possesso del titolo, qualificato da alcuni particolari requisiti, diversi a seconda che si tratti di titoli all'ordine, al portatore o nominativi.

Pertanto, qualora non risultano rispettate le leggi dettate per la loro circolazione, ed in particolare precipuamente stabilite per ciascun tipo (appunto: titoli all'ordine, al portatore o nominativi), il soggetto titolare non può far valere il diritto incorporato nel documento (non può, in altri termini, dirsi *legittimato* a riscuotere il credito indicato).

La legittimazione compete, di regola, al titolare del relativo diritto o rapporto giuridico. È possibile, tuttavia, che essa – come si dirà – sia attribuita ad un terzo. Ciò può derivare dalla volontà del soggetto, come nel caso della rappresentanza volontaria, ovvero dalla legge, come nell'ipotesi della rappresentanza legale degli incapaci.

2. *La capacità d'agire: profili generali*

Si è già accennato a come la comparsa di una persona nel mondo giuridico non possa essere sufficientemente descritta attraverso il semplice concetto di capacità giuridica. Tale qualità, infatti, individua solamente l'aspetto statico della idoneità di un soggetto alla titolarità di rapporti, ma non pone sufficientemente l'accento sul diverso profilo per così dire dinamico, quello dell'effettivo esercizio del contenuto del rapporto e cioè delle facoltà che consentono al titolare di soddisfare il proprio interesse.

Profilo dinamico

L'istituto che disciplina l'aspetto dinamico è quello della *capacità d'agire*. L'art. 2 c.c. stabilisce che tale capacità si acquista con la maggiore età, salvo che la legge non stabilisca un'età diversa. A differenza della nozione di capacità giuridica che non è definita nel codice né nella Costituzione, la definizione della capacità di agire si desume dal contesto della norma. Se si coordina, infatti, la rubrica ("Maggiore età. Capacità di agire") con il contenuto del 1° comma dell'articolo si ricava il significato della capacità di agire, quale capacità di compiere tutti gli atti per i quali non sia richiesta una età diversa da quella indicata, vale a dire diciotto anni.

La disposizione è, sotto molti aspetti, simmetrica a quella dell'art. 1 c.c.: quest'ultima norma individua nella nascita il momento a partire dal quale il soggetto può acquistare diritti ed assumere doveri; l'art. 2 c.c., dal canto suo, segna il termine (diciotto anni) a decorrere dal quale il soggetto stesso può agire con effetti sulla propria sfera giuridica. L'astratto riconoscimento di diritti non può prescindere, del resto, dalla necessità di predisporre un adeguato meccanismo che consenta la penetrazione nel mondo dei rapporti concreti: questo meccanismo è, appunto, la capacità di agire.

Anche la capacità di agire indica una *qualità* del soggetto che si aggiunge a quella definita dall'art. 1 c.c. Tale qualità consiste, precisamente, nell'attitudine a compiere validi contratti o atti negoziali in genere, e cioè ad amministrare i propri diritti o a disporne. È capace di agire chi è riconosciuto idoneo dall'ordinamento a porre in essere tali atti.

Nozione

La capacità d'agire è dunque un istituto dalle caratteristiche ben definite.

Essa in primo luogo ha una *finalità di protezione*. L'ordinamento intende infatti tutelare coloro che sono d'età molto giovane o che, pur essendo adulti, non sono comunque capaci di intendere e di volere. Tutti costoro sono reputati non sufficientemente idonei a provvedere alla cura dei propri interessi.

Per tale ragione la legge li considera sforniti di capacità di agire, ovverosia li priva della suddetta possibilità di amministrare i loro diritti o di disporne, provvedendo al contempo anche ad individuare le persone che, o per volontà diretta della legge o perché investite di tale compito da un provvedimento del giudice, sono incaricate ed onerate di compiere, al posto del soggetto incapace (o in sua assistenza) e con le modalità o autorizzazioni previste dalla legge, gli atti di amministrazione del patrimonio dell'incapace medesimo.

Incapacità di agire

In realtà, lo stato di incapacità di agire non determina un'effettiva privazione dei poteri di amministrazione. In termini generali, può dirsi, infatti, che gli incapaci possono ugualmente compiere atti di gestione o disposizione del loro patrimonio. Tali atti, tuttavia, sono tecnicamente *annullabili*, possono cioè essere resi inefficaci con sentenza del giudice e soltanto su istanza di colui che rappresenti l'incapace, dei suoi eredi o aventi causa, o dell'incapace in persona dopo che abbia acquisito la capacità.

Un simile aspetto tecnico consente di apprezzare ancor meglio la funzione di tutela che l'istituto della capacità d'agire svolge: in effetti colui che ne è privo, ove lui stesso o chi ne gestisce il patrimonio lo ritenga opportuno, potrà ottenere che gli atti di amministrazione conclusi divengano inefficaci, potrà dunque scegliere se dare esecuzione al contratto o liberarsene definitivamente.

A volte, tuttavia, è la legge stessa che autorizza il soggetto incapace a compiere da solo taluni atti giuridici o a prevedere la possibilità che la persona sia autorizzata dal giudice a farlo. In tali ipotesi, gli atti non possono essere annullati. Così ad esempio il beneficiario dell'amministrazione di sostegno – ossia del nuovo istituto di protezione di cui si dirà a breve – può compiere, entro i limiti della residua capacità, atti di gestione ed in ogni caso atti necessari a soddisfare le esigenze della vita quotidiana, come acquistare generi alimentari, vestiti, quotidiani. Così, ancora, l'art. 427 c.c. stabilisce che anche l'interdetto può essere autorizzato dal giudice a compiere da solo alcuni atti di ordinaria amministrazione e l'inabilitato alcuni atti di straordinaria amministrazione.

Il legislatore vuole in tal modo favorire la partecipazione della persona affetta da incapacità alla vita sociale ed alla vita di relazione. Non v'è dubbio, infatti, che l'incapacità determina anche una sorta di spinta verso l'emarginazione personale di colui che ne è colpito. Nella nostra cultura giuridica non di rado alle nozioni di anomalia psichica e di infermità si accompagna una valutazione negativa e talvolta punitiva. L'incapace è spesso visto come un soggetto pericoloso (folle o pazzo, ad esempio).

Minore età

La stessa minore età, dall'altro lato, può comportare l'isolamento del minore per quanto concerne i traffici giuridici. Gli altri consociati, sapendo che i contratti da lui stipulati sono annullabili, sono propensi a non concluderli per non esporsi alla conseguenza dell'annullamento. La sola eccezione che il codice civile conosce a questa regola è contenuta nell'art. 1426 c.c. La norma prevede l'ipotesi del minore che con raggiri ed artifici, e non con la semplice bugia, inganni la controparte di un contratto sulla sua vera età. In tal caso il contratto non è annullabile, ma si considera valido, secondo la nota regola latina per cui *malitia supplet aetatem*.

Si tratta, tuttavia, di una situazione marginale, nella quale il minore stesso volutamente occulta la propria condizione. Nella generalità dei casi, invece, si assiste al rischio di una sostanziale esclusione dell'incapace dalla realtà dei traffici giuridici.

Tale notazione mette in evidenza una seconda caratteristica dell'istituto in questione. Esso è stato pensato e formulato dal legislatore del 1942 esclusivamente per i rapporti di tipo patrimoniale. L'incapacità è strumento formidabile per tutelare i diritti economici del soggetto che ne è affetto: tali diritti infatti possono essere pacificamente esercitati, nel suo interesse, da un'altra persona che l'ordinamento, come detto, provvede ad individuare o a far nominare.

E ciò senza minimamente limitare le esigenze o la personalità dell'incapace, il cui precipuo interesse è proprio e soltanto quello alla conservazione ed alla utile gestione del patrimonio. Si pensi, al riguardo, agli artt. 320, 374 e 375, 394 c.c.: tali norme individuano una serie di atti di contenuto patrimoniale relativi all'incapace ed indicano la persona legittimata a porli in essere ed il regime delle corrispondenti autorizzazioni giudiziarie.

Ma il paradigma si rivela immediatamente non sufficiente e non adeguato allorché si tratti di diritti di natura personale. In tali casi, infatti, si deve escludere la possibilità di un loro esercizio da parte di terzi, perché normalmente per gli stessi non è ammessa la rappresentanza, attesa la loro inerenza con interessi che solamente il relativo titolare può apprezzare e gestire secondo le sue personali convinzioni. Si pensi alle scelte di tipo familiare, come la decisione di contrarre matrimonio o di vivere con uno dei propri genitori ove essi siano separati, o ancora alle scelte relative alla fede religiosa ovvero ad un trattamento sanitario per un particolare tipo di malattia.

Spesso, in realtà, il codice affida ad estranei anche tali scelte, come accade nel caso dell'art. 371 c.c., dove è addirittura il giudice tutelare a stabilire il luogo presso il quale il minore soggetto a tutela deve essere allevato ed educato, nonché a decidere circa il suo futuro professionale. Ma un ruolo decisivo dovrebbe ugualmente avere in tali casi la volontà della persona e la considerazione delle sue aspirazioni. Diversamente ragionando, infatti, si rischia di penalizzare eccessivamente l'incapace.

Diritti personali

A ciò aggiungasi, del resto, che allorquando entrano in gioco interessi personali ed esistenziali, la privazione della capacità di agire determina per il soggetto incapace una vera e propria limitazione della capacità giuridica: essere titolare di un diritto personale ha senso soltanto se esso può essere esercitato. Dunque, nel campo dei diritti personali, è impossibile distinguere la capacità giuridica da quella di agire, perché la possibilità di esercizio di un diritto e la sua titolarità sono in effetti la stessa cosa.

Orbene, tali aspetti certamente non potevano essere presi in considerazione dal legislatore che nel 1942 ha redatto il codice, atteso che, come tutte le codificazioni che hanno visto la luce tra il XIX e la prima metà del XX secolo, anche quella nostra ha principale riguardo ai diritti di tipo patrimoniale e disciplina spesso i diritti personali soltanto per le loro implicazioni di tipo economico. Ad esempio, l'art. 5 c.c. prende in considerazione l'integrità fisica delle persone al solo fine di indicare quando le parti del corpo possano essere oggetto di atti di cessione gratuita o anche onerosa.

Ma dopo l'entrata in vigore della costituzione repubblicana, che ha posto al centro dell'ordinamento la persona con i suoi interessi di tipo eminentemente esistenziale oltre che economico, tale prospettiva è risultata assolutamente inadeguata.

Più concretamente può evidenziarsi che quello della capacità di agire è uno schema di tipo formale: esso, indipendentemente dalla effettiva maturità del soggetto, gli conferisce il potere di amministrare e disporre dei propri beni soltanto al compimento dei diciotto anni, e dunque in un momento nel quale la necessità di compiere scelte esistenziali può essersi già manifestata da parecchio tempo, nelle varie fasi di maturazione del minore, che pure ha esigenza di essere tutelato.

Ma ciò è vero anche per l'interdetto, e cioè per colui che, pure essendo maggiorenne, viene privato della capacità d'agire perché affetto da grave vizio di mente. Anche costui, indipendentemente da eventuali momenti di lucidità, non può – salvo diversa autorizzazione – compiere alcun atto di tipo patrimoniale come personale, benché possa eventualmente essere, occasionalmente, in grado di capirne il senso e la portata.

3. (segue) *Gli interventi di riforma*

La riscoperta della centralità della persona umana, alla luce dei valori espressi dalla Carta costituzionale, ha, così, determinato un sostanziale e progressivo ripensamento della categoria della capacità di agire ed in particolare degli strumenti di tutela a vantaggio dei soggetti che ne siano sprovvisti. Un simile ripensamento ha riguardato in primo luogo i *profili di carattere personale ed esistenziale* dell'incapace, come detto, quasi del tutto sacrificati dal legislatore del 1942.

In realtà, già da tempo la dottrina e lo stesso legislatore avevano provveduto ad individuare formule giuridiche per assicurare il coinvolgimento e la partecipazione dell'incapace alle scelte che direttamente interessano la propria sfera giuridica. Al riguardo occorre distinguere la condizione del minore di età da quella degli altri soggetti incapaci. Sotto il primo profilo, si è stabilito di abbassare l'età per l'autorizzazione al compimento di alcuni atti che hanno rilievo nel campo esistenziale: ad esempio colui che ha compiuto 14 anni deve prestare il proprio consenso all'adozione; colui che ha compiuto 16 anni può porre in essere alcuni atti di tipo familiare, come il riconoscimento del figlio naturale.

In alcuni ordinamenti stranieri, peraltro, tale criterio di cc.dd. *capacità di agire speciali*, che molto assomigliano a quelle capacità speciali che già abbiamo analizzato discorrendo di capacità giuridica, è adottato anche in materia patrimoniale. Ma esso in effetti mostra i suoi limiti perché non considera adeguatamente le concrete condizioni del minore, che anche prima dell'età indicata per i singoli casi dal legislatore, potrebbe avere interesse a gestire, avendone la maturità, le scelte esistenziali. Inoltre è difficile ipotizzare che il legislatore sia in grado di stabilire casisticamente, per ogni tipo di atto personale, una specifica età che ne legittimi il compimento, ed in effetti ciò lo stesso legislatore ha fatto soltanto in casi numericamente marginali.

Ed allora viene in evidenza il secondo strumento, che può forse meglio garantire l'effettiva tutela dei diritti personali dei soggetti privi del requisito formale della capacità di agire. Esso consiste nella c.d. *capacità* di *discernimento*; tale capacità è quella che possiede chiunque sia, indipendentemente dall'età, maturo per assumere specifiche decisioni. E l'accertamento della sua esistenza non può che essere rimesso al giudice caso per caso. Il riconoscimento normativo della figura è stato previsto, di recente, nella legge 28 marzo 2001, n. 149, di riforma della disciplina delle adozioni. Siffatta legge prevede, appunto, la possibilità per il giudice di sentire il minore anche se di età inferiore ai dodici anni, qualora sia dotato di maturità di giudizio, al fine di accertare la situazione di abbandono nella quale versi. Ma analoga previsione è oggi contenuta nello stesso codice civile. Il novellato art. 155 *sexies* c.c., in tema di affidamento condiviso della prole, prevede, parimenti, l'audizione del minore dotato di capacità di discernimento.

Capacità di discernimento

Una simile capacità, peraltro, sembra attagliarsi alle esigenze di esercizio dei diritti personali non soltanto dei minori, ma altresì degli adulti i quali siano tuttavia privi di capacità di agire. Prima dell'entrata in vigore della legge 9 gennaio 2004, n. 6 di riforma della disciplina sulla capacità, il richiamo alla maturità di discernimento – non a caso – è stato utilizzato per favorire e consentire la partecipazione degli incapaci anche ai traffici giuridici. In questo senso sempre più ampi sono i riconoscimenti anche giurisprudenziali per il compimento di atti di tipo patrimoniale sebbene di minimo rilievo economico.

Tali atti, quali quello ad esempio di comperare un giornale o un vestito, sono spesso *necessari* per lo svolgimento dell'esistenza di un soggetto, oltre a rivelarsi funzionali alle scelte esistenziali. Sicché, come accade attraverso vie differenti in quasi tutti gli ordinamenti occidentali, deve ritenersi che essi possano essere legittimamente compiuti da chi sia capace di intendere e di volere, e cioè da chi sia maturo anche se non abbia raggiunto il diciottesimo anno di età o sia comunque privo di capacità di agire. Con riguardo ai soggetti maggiorenni sprovvisti tuttavia della capacità di agire, il legislatore ha invece introdotto una serie di accorgimenti e di forme di protezione meno "invasive" e meno limitative delle facoltà di azione e decisione.

Pertanto egli, in primo luogo, ha circoscritto ad un numero esiguo di ipotesi il ricorso ad un istituto completamente invalidante quale quello della interdizione ovvero a quello della inabilitazione. Nella generalità dei casi, così, si prevede oggi la possibilità di applicare un nuovo strumento di protezione, flessibile ed elastico, del quale si dirà a breve. Tale istituto è l'*amministrazione di sostegno*. Esso consente di privare il soggetto infermo della propria capacità soltanto con riguardo a singoli e determinati atti, con riguardo cioè agli atti al cui compimento egli non sia in grado di provvedere da solo.

In secondo luogo, il legislatore ha riformulato l'art. 427 c.c. Il novellato testo della norma amplia le possibilità di partecipazione dell'interdetto e dell'inabilitato alla vita di relazione, con riguardo ad atti di contenuto personale e patrimoniale. L'interdetto può oggi essere autorizzato dal giudice a compiere da solo atti di ordinaria amministrazione, come fare la spesa, acquistare un giornale od un vestito, o soddisfare i piccoli bisogni personali della vita quotidiana. L'inabilitato, invece, può perfino ottenere che il giudice gli riconosca la possibilità di porre in essere atti eccedenti l'ordinaria amministrazione anche senza l'intervento del curatore, come ad esempio accettare una eredità o acquistare una automobile o una casa.

4. *Gli incapaci di agire: il minore*

Si è detto che la capacità di agire si acquista con il compimento del diciottesimo anno. Il codice del 1942 aveva fissato il momento dell'acquisto della capacità di agire in una fase successiva, al raggiungimento cioè del ventunesimo anno di età. La legge 8 marzo 1975, n. 39, ha invece abbassato la soglia agli attuali diciotto anni.

Calcolo degli anni

Il decorso dell'età inizia, come è ovvio, dalla nascita. Il calcolo degli anni avviene seguendo il *computo civile*. Ciò significa, in altri termini, che la maggiore età si acquista alla mezzanotte del giorno corrispondente a quello della nascita e non già allo scoccare dell'ora coincidente con quella indicata nell'atto di nascita, che appare dai registri dello stato civile (cfr. art. 29, d.p.r. 3 novembre 2000, n. 396). Così ad esempio se Tizia è nata il 24 giugno 2006 alle ore 19, acquisterà, tuttavia, la capacità d'agire alla mezzanotte del 24 giugno 2024.

Nel fissare un momento temporale ben preciso (il diciottesimo anno, appunto) il legislatore ha voluto seguire un criterio obiettivo per l'acquisto della capacità di agire. Egli, in conseguenza, ha preferito non dare rilievo a singole situazioni soggettive ed ha adottato al contrario un concetto unitario ed univoco di sviluppo mentale. In questo contesto, peraltro, la capacità di discernimento assume ugualmente rilievo, ma soltanto nelle forme e nelle ipotesi indicate nel paragrafo precedente.

Eccezioni

Il minore di diciotto anni è del tutto incapace. La regola non è, tuttavia, priva di eccezioni. Come si è già accennato, in alcune ipotesi, concernenti il diritto di famiglia, la volontà del minore è giuridicamente rilevante. Così, il riconoscimento del figlio naturale può essere effettuato dal genitore che abbia compiuto i sedici anni di età, salvo che il giudice non lo autorizzi se di età inferiore (art. 250, 5° comma, c.c.); l'inserimento del figlio naturale nella famiglia legittima di uno dei genitori non può avvenire senza il consenso degli altri figli legittimi conviventi che abbiano compiuto sedici anni (art. 252, 2° comma, c.c.).

Il minore di sedici anni può, poi, essere ammesso a contrarre matrimonio dal tribunale, quando ricorrano gravi motivi (art. 84 c.c.). In tal caso egli acquista automaticamente anche la capacità di stipulare, con l'assistenza prevista dall'art. 165 c.c., le convenzioni matrimoniali, le quali, come vedremo, sono quei contratti con cui si stabilisce il regime patrimoniale dei coniugi. Si applica, infatti, la nota regola latina secondo cui *habilis ad nuptias, habilis ad pacta nuptialia*. Con il matrimonio, il minore acquisisce, peraltro, lo stato di *minore emancipato* che – come si preciserà più avanti – costituisce una situazione di capacità attenuata o relativa.

Legislazione speciale

Anche la legislazione speciale prevede ipotesi specifiche in cui è richiesto l'intervento attivo del minore di età. Dispone così l'art. 7 della legge 28 marzo 2001, n. 149, in tema di adozione, che il minore, il quale ha compiuto quattordici anni di età, non può essere adottato se non presta personalmente il proprio consenso. Analogamente, il minore che abbia compiuto i quattordici anni deve manifestare il proprio espresso assenso all'affidamento preadottivo (art. 19, 6° comma, legge n. 149 del 2001).

La legge sull'aborto (legge 22 maggio 1978, n. 194) riconosce poi l'autonomia della donna minore di chiedere l'interruzione della gravidanza con l'assenso di chi esercita la responsabilità genitoriale o con l'autorizzazione del giudice tutelare. Mentre la legge sul diritto d'autore riconosce al minore che abbia compiuto sedici anni la possibilità di compiere atti relativi alle opere di ingegno (art. 108, legge 22 aprile 1942, n. 633).

In altre ipotesi, il minore deve invece essere *sentito* dal giudice, in sede di adozione di provvedimenti che lo riguardino: così, nel caso di adozione o di affidamento preadottivo quando il minore abbia compiuto i dodici anni. Analogamente, l'art. 145 c.c. richiede che il minore che abbia compiuto sedici anni sia sentito dal giudice in caso di dissenso dei genitori sull'indirizzo della vita familiare; l'art. 155 *sexies* c.c., a sua volta, dispone l'audizione del minore che abbia compiuto gli anni dodici o, se di età inferiore, che sia dotato di discernimento per l'adozione dei provvedimenti concernenti l'affidamento in caso di separazione tra i coniugi.

Dai quattordici ai sedici anni si acquista invece la capacità lavorativa. L'art. 2 c.c. attribuisce espressamente al minore che ha la capacità di prestare il proprio lavoro l'abilitazione all'esercizio dei diritti e delle azioni che dipendono dal contratto di lavoro. Le ipotesi considerate evidenziano la moderna tendenza ad anticipare le possibilità di partecipazione attiva del minore alla vita di relazione.

Come conferma il ricordato riconoscimento normativo della capacità di discernimento, l'orientamento generale, espresso anche in altri ordinamenti, è nel senso di abbassare l'età prevista per l'acquisto della capacità di agire. In quest'ottica, la Convenzione europea per l'affidamento dei minori, resa esecutiva in Italia con la legge 15 gennaio 1994, n. 64, definisce "minore" una persona che non abbia ancora raggiunto i sedici anni (art. 1).

Convenzione di New York

Nello stesso senso è orientata la Convenzione di New York, ratificata nel nostro paese con legge 27 maggio 1991, n. 176, la quale riconosce anch'essa una serie di diritti al "fanciullo", intendendo come tale ciascun essere umano di età inferiore a diciotto anni. Da ultimo, infine, la legge 20 marzo 2003, n. 77, ha dato attuazione alla Convenzione di Strasburgo, con la quale sono stati disciplinati i diritti dei minori nelle procedure giurisdizionali. In particolare sono stati riconosciuti il diritto all'informazione, il diritto ad esprimere la propria opinione e ad essere consultato nei procedimenti che lo riguardano, il diritto ad essere assistito da un rappresentante speciale.

5. *Gli atti compiuti dal minore. La responsabilità genitoriale*

Prima del compimento della maggiore età, il minore non può compiere da solo alcun *atto di tipo personale*. Sui limiti di tale affermazione peraltro già si è detto in precedenza. Per quanto riguarda, invece, gli *atti di tipo patrimoniale*, essi sono di norma compiuti per il minore dai genitori che esercitano la relativa responsabilità genitoriale.

Atti non negoziali

I contratti conclusi da solo dal minore infradiciottenne sono, come già anticipato, annullabili. Al minore poi è preclusa la possibilità di fare testamento (art. 591, 2° comma, n. 1, c.c.). Egli invece può porre in essere atti non negoziali, atti cioè nei quali non rileva la volontà consapevole dell'uomo. Si pensi, ad esempio, al compimento di un atto dovuto come l'adempimento. L'art. 1191 c.c. considera, infatti, valido il pagamento che il minore, anche se incapace, esegua nei riguardi del proprio creditore.

Non v'è dubbio che il minore possa compiere un *atto illecito*: in tal caso, però, è necessario che sia capace di intendere e di volere nel momento in cui agisce (art. 2046 c.c.). Egli, inoltre, può porre in essere fatti umani nei quali la volontà non assume alcun valore, come ritrovare una cosa smarrita e consegnarla alle competenti autorità o rinvenire un tesoro (artt. 927, 932 c.c.).

Responsabilità genitoriale

Per tutti gli altri atti egli deve essere assistito dai propri genitori, che esercitano su di lui la responsabilità genitoriale. La responsabilità genitoriale è una situazione giuridica complessa, e ciò perché essa è costituita sia da obblighi che da poteri e diritti verso un determinato soggetto, il minore appunto, che devono però essere esercitati nel suo interesse. Tali doveri riguardano sia la sfera personale del minore, che peraltro i genitori devono mantenere, istruire ed educare (art. 147 c.c.), sia quella patrimoniale. Del loro specifico contenuto si tratterà nella parte che più diffusamente si occupa del diritto di famiglia.

Ciò che qui invece interessa sottolineare è che i genitori devono anche amministrare i beni del figlio, e per adempiere ai doveri di amministrazione, sono anche muniti di un *potere rappresentativo* nei confronti del minore medesimo. La rappresentanza, precisamente, è un istituto che consente ad un soggetto, detto rappresentante, di compiere atti giuridici in nome e nell'interesse di un altro soggetto, detto rappresentato. Gli effetti di tali atti però riguardano la sfera giuridica del rappresentato. Gli atti di amministrazione del patrimonio del minore, in altri termini, vengono compiuti dai genitori esercenti la responsabilità genitoriale, ma producono effetti giuridici direttamente nel patrimonio del minore, il quale è dunque escluso, in quanto chiaramente incapace di agire, dall'esercizio di ogni potere di gestione dei suoi beni o rapporti.

Atti di straordinaria amministrazione

Peraltro i genitori non possono compiere liberamente ogni tipo di atto. In via di principio, infatti, essi possono esercitare da soli e anche disgiuntamente l'ordinaria amministrazione. Per gli atti di straordinaria, invece, è necessaria l'autorizzazione del giudice tutelare. Grosso modo la distinzione tra le due tipologie di atti consiste nel fatto che i primi sono finalizzati al mantenimento dei beni ed alla percezione dei frutti da essi prodotti; mentre gli altri comportano una disposizione, anche soltanto potenziale, degli stessi, dunque una modifica della consistenza patrimoniale del minore: appare però evidente che il *discrimen* in questione è di tipo economico, sicché anche il valore dell'oggetto dell'atto non potrà non influenzare la qualificazione di quest'ultimo in termini di ordinaria o straordinaria amministrazione.

Nel caso in questione, l'ordinamento ha elencato in modo analitico anche se soltanto esemplificativo, i singoli atti che i genitori possono esercitare solamente con l'autorizzazione del giudice tutelare (art. 320, 3° comma, c.c.): tra essi vi sono la compravendita di beni del minore, la costituzione di garanzie reali, l'accettazione di eredità, la contrazione di mutui. La locazione infranovennale deve essere stipulata congiuntamente dai genitori anche senza consenso dell'autorità giudiziaria; quella ultranovennale necessita di tale consenso.

Attività commerciali

Il minore, essendo privo di capacità di agire, è anche privo della capacità di avviare attività imprenditoriali. Tali attività, essendo finalizzate alla produzione ed allo scambio di beni o servizi, non possono infatti essere esercitate da chi non è in grado di concludere i necessari contratti. Anche ai genitori è assolutamente precluso l'avvio di un'attività d'impresa in nome e per conto del figlio. Essi possono però continuarla, nel caso in cui il minore l'abbia ad esempio ereditata, ma soltanto con l'autorizzazione del tribunale.

Come già più volte detto, gli atti compiuti dal minore ovvero dai suoi genitori senza le necessarie autorizzazioni, sono annullabili entro il termine di cinque anni, che decorre da quando il minore ha raggiunto la maggiore età (art. 1442, 2° comma, c.c.). L'istanza può essere proposta dal minore medesimo, dopo il raggiungimento della maggiore età, o dai genitori esercenti la responsabilità genitoriale, dagli eredi e dagli aventi causa. Essa non può essere invece proposta dalla controparte contrattuale, vale a dire da colui che ha concluso il contratto con il minore, atteso che l'incapacità d'agire è istituto di protezione di quest'ultimo, di cui non possono valersi altri soggetti.

Si è, peraltro, già menzionato il solo caso in cui l'atto compiuto dal minore non è annullabile: quando egli abbia con astuzia occultato la sua minore età ingenerando, in persona dal comportamento diligente, la convinzione che in realtà fosse maggiorenne (art. 1426 c.c.).

La responsabilità dei genitori e i correlati poteri di amministrazione cessano con il raggiungimento della maggiore età del figlio o con la sua emancipazione, della quale si parlerà nei prossimi paragrafi. Essa può cessare anche prima che il minore acquisti la capacità, ad esempio per morte di entrambi i genitori o per decadenza, come si preciserà nei paragrafi che riguardano il diritto di famiglia. In tal caso, al fine di assicurare la gestione dei beni e la cura della persona dell'incapace, si provvede all'apertura della *tutela del minore*, che, come vedremo, è un istituto che pure garantisce la protezione degli incapaci e sarà trattata congiuntamente all'istituto della interdizione.

6. (segue) *La responsabilità genitoriale nei confronti dei figli nascituri*

L'art. 320 c.c., nell'elencare gli atti che i genitori esercenti la responsabilità genitoriale possono compiere in nome e per conto dei propri figli minori, menziona anche i figli nascituri. Il termine *nascituro*, designa, nel gergo comune, colui che sta per nascere. In senso giuridico la parola ha un significato più ampio: essa, cioè, indica non soltanto i soggetti concepiti, ma anche quelli non ancora concepiti.

Rappresentanza

Il codice civile, specificamente, stabilisce che i genitori *rappresentano* i figli nati e nascituri in tutti gli atti civili e ne amministrano i beni. Esso, dunque, utilizzando il termine *rappresentanza* con riguardo ad una persona che ancora non è venuta ad esistenza, sembra prevedere un'ipotesi di rappresentanza di un soggetto futuro. I genitori, infatti, agiscono in nome e nell'interesse di un individuo che non è ancora titolare della capacità giuridica ma lo sarà soltanto alla nascita. E soltanto da tale momento gli effetti degli atti posti in essere si produrranno nella sua sfera giuridica.

Si tratta di un fenomeno (quello, appunto, della *rappresentanza di un soggetto futuro*) previsto dal codice civile anche in differenti fattispecie. Si pensi, a titolo esemplificativo, all'art. 2331 c.c., che disciplina l'ipotesi in cui il procedimento di formazione della società per azioni non si sia perfezionato e la società, di conseguenza, non abbia ancora una propria soggettività giuridica distinta da quella dei singoli soci che la compongono. Nonostante, dunque, ci si trovi in una fase antecedente alla perfetta venuta ad esistenza dell'ente, le operazioni compiute dai soci in nome della società *prima della sua iscrizione* nel registro delle imprese sono ugualmente valide. Di esse, tuttavia, non è responsabile la società (non ancora giuridicamente "nata"), ma lo sono, in via solidale ed illimitata, verso i terzi coloro che hanno agito in suo nome e per suo conto.

L'esercizio della responsabilità genitoriale nei confronti di soggetti nascituri – come si è avuto modo di anticipare trattando della capacità giuridica – è, in realtà, circoscritto dal codice a fattispecie ben determinate. I futuri genitori del nascituro, infatti, sono tenuti ad agire nel suo interesse allorquando il nascituro sia chiamato ad una successione a causa di morte ovvero sia donatario di un bene. Nell'uno come nell'altro caso, occorre distinguere a seconda che si tratti di nascituri concepiti o di nascituri non concepiti, dal momento che il codice civile stabilisce regole diverse.

Concepito

I primi (vale a dire i *nascituri concepiti*), infatti, possono essere sia eredi legittimi che testamentari: essi cioè possono vantare diritti ereditari non soltanto nel caso in cui il defunto, morendo, non abbia lasciato alcuna disposizione scritta e sia tuttavia legato loro da un vincolo di parentela, ma anche quando egli li abbia espressamente contemplati nel proprio testamento.

L'amministrazione dei beni lasciati in eredità spetta, in tal caso, ai genitori futuri (art. 643 c.c.). I nascituri concepiti, inoltre, possono, come detto, essere beneficiari di una donazione in loro favore.

Non concepito

Diverso discorso vale per i *nascituri non concepiti*, i quali, invece, possono succedere solo per testamento e solo se figli di una determinata persona vivente al momento dell'apertura della successione (art. 462, ultimo comma, c.c.) o, se si tratta di donazione in loro favore, della liberalità (art. 784, 1° comma, c.c.).

L'amministrazione dei beni lasciati in eredità a favore di nascituri non concepiti è attribuita, invece, ai soggetti indicati all'art. 642 c.c. (richiamato dall'art. 643 c.c.), vale a dire dalle persone ugualmente interessate all'eredità. Quella dei beni donati spetta, invece, sempre al donante ed ai suoi eredi fino al momento della nascita, senza distinguere tra nascituri concepiti e non concepiti.

Norme particolari, infine, detta l'art. 715 c.c. per la divisione ereditaria, alla quale siano chiamati a partecipare dei nascituri. Allorquando, infatti, tra gli eredi vi sia un *concepito*, la divisione dei beni ricevuti non può avvenire fino al verificarsi della nascita, salvo che l'autorità giudiziaria non l'autorizzi, fissando le opportune cautele.

7. *L'amministrazione di sostegno: profili introduttivi*

Accanto alla responsabilità dei genitori, che mira – come detto – alla protezione dei figli minori, il codice civile prevede una serie di istituti finalizzati a tutelare i maggiori di età, i quali, tuttavia, si trovino in condizioni fisiche o psichiche tali da renderli inidonei a provvedere da soli alla cura dei propri interessi. Tali istituti di protezione sono, precisamente: l'amministrazione di sostegno, l'interdizione e l'inabilitazione.

L'acquisto della piena capacità di agire, infatti, presuppone accanto al compimento del diciottesimo anno di età, l'ulteriore condizione che il soggetto sia perfettamente in grado di intendere e di volere, in modo da riuscire a badare da solo a se stesso ed alla amministrazione e gestione del proprio patrimonio. Tutte le volte in cui una simile situazione non si verifichi, perché – appunto – la persona presenti una infermità fisica o psichica o una menomazione fisica, si rende necessario ricorrere ad uno dei ricordati istituti di protezione.

La legge 9 gennaio 2004, n. 6

Il codice civile menziona per primo l'amministrazione di sostegno, che disciplina agli artt. 404 ss. Si tratta di un nuovo strumento di tutela dei soggetti deboli, introdotto in Italia con la più volte ricordata legge 9 gennaio 2004, n. 6. Con tale legge il nostro ordinamento si è allineato, ispirandosi, alle principali esperienze europee in materia, quali, ad esempio, la legge francese 3 gennaio 1968, n. 68-5, che ha disciplinato la misura della *sauvegarde de justice* oppure la legge tedesca del 1° gennaio 1992 con la quale si è prevista una nuova forma di assistenza per l'incapace, la *Betreuung*.

La legge italiana, in particolare, si propone come finalità (art. 1) quella di «tutelare con la minore limitazione possibile della capacità di agire, le persone prive in tutto o in parte dell'autonomia nell'espletamento delle funzioni della vita quotidiana, mediante interventi di sostegno temporaneo o permanente». L'istituto dell'amministrazione di sostegno ha, pertanto, carattere *flessibile* ed *elastico*, si presta cioè a far fronte alla varietà di situazioni di debolezza e fragilità in cui può trovarsi un soggetto. In ragione di tali caratteristiche, esso rappresenta una sorta di "vestito su misura" tagliato per rispondere alle differenti esigenze di cura della persona del disabile e del suo patrimonio.

Di qui, come si dirà, la sua natura di misura di protezione *ad acta*: l'amministratore di sostegno, in altri termini, non ha il potere di compiere tutti gli atti di cura e di gestione del patrimonio dell'incapace, come avviene nella tutela, ma soltanto i singoli atti espressamente indicati dal giudice nel decreto contenente la sua nomina. Per il resto, vale a dire per tutti gli altri atti non menzionati dall'autorità giudiziaria, il beneficiario (ossia l'incapace) conserva la sua capacità di agire. Egli, pertanto, può compierli personalmente senza necessità di alcuna assistenza o rappresentanza (art. 409 c.c.).

Funzioni di rappresentanza e/o di assistenza

Quando, invece, si renda necessaria la nomina di un amministratore di sostegno, questi può svolgere sia funzioni di rappresentanza dell'incapace nel compimento degli atti per i quali è stato nominato, sia semplicemente funzioni di assistenza, sia, ancora, funzioni di assistenza e di rappresentanza, al tempo stesso.

Nel primo caso (quello, cioè) in cui egli sia nominato dal giudice tutelare in qualità di rappresentante dell'incapace, si realizza una forma di *rappresentanza legale*, analoga a quella svolta dai genitori nei riguardi dei figli minori o dal tutore nei confronti dell'interdetto. L'amministratore di sostegno, vale a dire, agisce in nome e per conto dell'incapace.

Nel secondo caso, invece, egli interviene al compimento dell'atto per il quale è stato nominato in veste di *assistente* dell'incapace il quale partecipa in prima persona all'atto ma è aiutato dall'amministratore di sostegno, come accade per l'inabilitato e per il minore emancipato assistiti, invece, dal curatore.

Può, infine, verificarsi che l'amministratore di sostegno svolga ora funzioni di assistenza del disabile con riguardo a determinati atti ora compiti di rappresentanza in relazione ad altri più complessi o gravosi. Nel decreto cioè con il quale si provvede alla sua nomina, il giudice può assegnargli funzioni diverse (ora solo di rappresentanza, ora invece solo di assistenza) in relazione alla residua capacità del soggetto infermo di compiere atti giuridici. Dunque, mentre il tutore *rappresenta* l'interdetto ed il curatore *assiste* l'inabilitato, l'amministratore di sostegno può *rappresentare* ed *assistere* (in ragione di quanto stabilito dal giudice) il *beneficiario* dell'amministrazione di sostegno.

8. *I presupposti dell'amministrazione di sostegno. Il decreto del giudice tutelare*

Presupposti

L'amministrazione di sostegno rappresenta uno strumento di protezione per coloro che a causa di una *infermità* ovvero di una *menomazione fisica* o *psichica* si trovano nell'impossibilità, *parziale* o *temporanea*, di provvedere alla cura dei propri interessi. Il nuovo istituto, pertanto, è diretto ad assicurare tutela non soltanto all'incapace che presenti una infermità mentale, come accade nel caso dell'interdizione, ma anche una infermità fisica e di movimento. Il soggetto a favore del quale è disposta l'amministrazione di sostegno è detto *beneficiario*.

Le situazioni nelle quali si può ricorrere all'amministrazione di sostegno, di conseguenza, sono molteplici e varie: anziani, portatori di handicap, soggetti costretti a lunghe degenze ospedaliere, persone affette da schizofrenia o paranoia, malati di Alzheimer o di Parkinson, e via enumerando. La stessa nozione di infermità mentale, richiamata dall'art. 404 c.c., è molto ampia e non è limitata alla sola *infermità mentale abituale* richiesta dall'art. 414 c.c. per la pronuncia di interdizione. Essa, al contrario, comprende ogni genere di disagio psichico, anche temporaneo, di cui la persona soffre e che è in grado di limitarne o escluderne l'attitudine alla cura dei propri bisogni.

L'infermità o la menomazione possono poi riguardare anche la sfera fisica. La persona che ha difficoltà di deambulazione o di movimento, sebbene conservi la propria lucidità mentale, può avere bisogno di una assistenza nel compimento degli atti che la riguardano. È vero che, in questi casi, il soggetto potrebbe anche avvalersi di diversi strumenti giuridici, come la procura o il mandato. Egli, tuttavia, può preferire il ricorso all'amministrazione di sostegno al fine non soltanto di risparmiare i costi legati alla stipula di un mandato o al conferimento di una procura, ma soprattutto di sottoporre al controllo giudiziario l'operato del rappresentante.

Mandato e procura

Al pari dell'interdizione e dell'inabilitazione, l'amministrazione di sostegno può essere disposta nei confronti di una persona maggiorenne: il minore di età, infatti, è per legge completamente incapace di agire ed è soggetto, di conseguenza, alla responsabilità dei genitori. Ciò non esclude, tuttavia, che il provvedimento di nomina dell'amministratore di sostegno possa essere pronunciato anche nei suoi riguardi, onde evitare che, una volta raggiunta la maggiore età, il minore possa trovarsi privo di protezione. In tal caso, tuttavia, il decreto di nomina può essere emesso nell'ultimo anno della minore età ma produce effetti solo a decorrere dal raggiungimento del diciottesimo anno di età (art. 405, 2° comma, c.c.).

Minore di età

L'amministrazione di sostegno è pronunciata con decreto del giudice tutelare. Legittimato a richiedere la nomina dell'amministratore è, innanzitutto, l'incapace, anche se minore, interdetto o inabilitato. Quest'ultima previsione è stata introdotta con la legge n. 6 del 2004 e risponde alla necessità, sempre più avvertita, di favorire la partecipazione dell'incapace alla vita sociale e di relazione, specie quando si tratti di scelte che lo riguardano personalmente. Ma legittimati sono anche il *coniuge*, la *persona stabilmente convivente*, taluni parenti stretti ed affini, nonché

Soggetti legittimati

il tutore, il curatore ed il pubblico ministero. L'espressione "persona stabilmente convivente", in particolare, indica innanzitutto il convivente *more uxorio*, all'interno della famiglia di fatto, in ragione del vincolo affettivo che lega i *partners* anche se non coniugati. Ma non vi è dubbio che – proprio in ragione della sua genericità (cfr. invece art. 155 *quater* c.c.) – possa considerarsi stabilmente convivente altresì ogni altro soggetto che coabiti abitualmente con l'incapace e che dello stesso abbia cura, come ad esempio un domestico o un badante. Il codice civile riconosce, poi, una particolare legittimazione anche ai responsabili dei servizi sanitari e sociali direttamente impegnati nella cura della persona. Questi, infatti, qualora siano a conoscenza di fatti e di circostanze che possano suggerire la necessità dell'amministrazione di sostegno devono presentare ricorso al giudice o farlo presente al pubblico ministero.

La varietà di situazioni nelle quali può essere disposta l'amministrazione di sostegno giustifica l'assenza di una previsione generale ed astratta relativa ai poteri dell'amministratore di sostegno. Il giudice tutelare gode, sul punto, di ampia discrezionalità. Egli, infatti, definisce nel decreto di nomina i poteri dell'amministratore di sostegno ed indica gli atti che egli può compiere, precisando, in particolare, gli atti che l'amministratore di sostegno deve compiere da solo, in nome e per conto del beneficiario (c.d. *rappresentanza legale dell'incapace*), e quelli, invece, nei quali deve intervenire nella semplice funzione di assistente, al fine di aiutare l'incapace a realizzarli.

Poteri dell'amministratore di sostegno

Con riguardo a tutti gli altri atti non espressamente indicati nel decreto del giudice, il beneficiario dell'amministrazione di sostegno conserva la propria capacità di agire. Egli, pertanto, ove nulla sia disposto in merito, può compiere da solo anche atti eccedenti l'ordinaria amministrazione, come acquistare o vendere un bene immobile, accettare una eredità, costituire una garanzia. In ogni caso, poi, può provvedere personalmente alle piccole necessità della vita quotidiana (art. 409 c.c.). La scelta del legislatore, infatti, è quella di ridurre nella misura minore possibile la capacità di agire della persona, per consentirle, pur in presenza di una menomazione fisica o psichica, di godere di una certa autonomia ed autodeterminazione.

Durata

La durata dell'incarico dell'amministratore di sostegno può essere a tempo *determinato* o *indeterminato*, ma in ogni caso il giudice è tenuto a vigilare sull'operato dell'amministratore. Il decreto del giudice è, poi, emesso *rebus sic stantibus*, sulla base cioè delle circostanze e delle condizioni in cui versa la persona nel momento in cui lo stesso viene pronunciato. Esso, pertanto, può essere modificato o integrato in qualsiasi momento, al mutare delle situazioni di fatto che ne giustificano i contenuti.

Il decreto di nomina, infine, è soggetto a *pubblicità*, affinché i terzi estranei possano venire a conoscenza della eventuale incapacità del soggetto e degli atti per i quali egli deve essere rappresentato o assistito dall'amministratore di sostegno. A tal fine, l'art. 405, nei suoi due ultimi commi, c.c. con previsione analoga a quella dettata per l'interdizione e l'inabilitazione, stabilisce che il decreto di nomina deve essere annotato dal cancelliere nel *registro* delle amministrazioni di sostegno; deve poi essere comunicato, entro dieci giorni, all'ufficiale dello stato civile affinché lo annoti, a sua volta, a margine dell'atto di nascita.

9. *La scelta dell'amministratore di sostegno. La designazione in previsione dell'incapacità*

La nomina dell'amministratore di sostegno avviene, di regola, ad opera del giudice che provvede con apposito decreto dopo avere sentito l'interessato e le persone a lui vicine. La scelta dell'amministratore di sostegno deve rispondere esclusivamente all'interesse dell'incapace e pertanto ricadere su chi più di ogni altro dimostri di essere in grado di aiutarlo nella cura dei propri affari e delle proprie esigenze di carattere personale.

La centralità della persona e la tutela della propria sfera esistenziale è, anzi, a tal punto avvertita che il legislatore della riforma ha ritenuto di dover riconoscere ampia espressione alla autodeterminazione anche nella individuazione dell'amministratore di sostegno. Egli, cioè, ha espressamente contemplato la possibilità per il soggetto di scegliere da solo e personalmente il proprio amministratore di sostegno.

Secondo una recente pronuncia della Corte di Cassazione, al giudice, chiamato a vigilare sul rispetto dell'autodeterminazione della persona interessata, è demandato il compito di discernere a seconda dei casi: «se cioè la pur riscontrata esigenza di protezione della persona (capace ma in stato di fragilità) risulti già assicurata da una rete familiare all'uopo organizzata e funzionale, oppure se, al contrario, non vi sia per essa alcun supporto e alcuna diversa adeguata tutela; nel secondo caso il ricorso all'istituto può essere giustificato, mentre nel primo non lo è affatto, in specie ove all'attivazione si opponga, in modo giustificato, la stessa persona del cui interesse si discute» (Cass. civ., sez. I, 31 dicembre 2020, n. 29981).

Negozio di designazione preventiva

A tal fine, pertanto, il codice civile disciplina al richiamato art. 408 c.c. la designazione *in previsione dell'incapacità*. Si tratta di un istituto nuovo, attraverso il quale si valorizza l'autonomia decisionale del soggetto. Questi, infatti, quando ancora nel pieno possesso delle proprie facoltà mentali e, dunque, pienamente capace di agire, può, con apposito atto scritto, designare colui che dovrà prendersi cura di lui nell'ipotesi in cui venga a trovarsi in una condizione di completa o parziale incapacità, in una condizione vale a dire nella quale non possa manifestare la propria volontà o non possa da solo provvedere ai propri bisogni. Il soggetto capace, in altri termini, sceglie *ora per allora* chi dovrà assisterlo e curarlo nel caso in cui diventi incapace. La designazione in previsione dell'incapacità pertanto non produce subito effetti e ben potrebbe non produrne mai alcuno, qualora, in concreto, il suo autore non venga mai a trovarsi in una situazione di incapacità. Se, invece, un tale stato si verifica, la designazione acquista efficacia sin dal suo manifestarsi.

Si consideri ad esempio l'ipotesi di Tizio che, privo di familiari ovvero in rapporti non buoni con i propri congiunti, sia preoccupato per il suo avvenire; tema cioè che, una volta giunto molto in avanti con gli anni e non più perfettamente in grado di intendere e di volere o qualora vittima di un incidente o di una malattia che possano compromettere la sua salute fisica o mentale, nessuno possa prendersi cura di lui o nessuno lo faccia in maniera adeguata. Ed egli può sin da subito redigere un apposito atto nel quale indicare il soggetto dal quale vorrà essere assistito al verificarsi eventuale della situazione da lui ipotizzata o comunque al verificarsi della propria futura incapacità.

Forma

Tale designazione, precisamente, deve essere fatta mediante *atto pubblico* o *scrittura privata* le cui sottoscrizioni siano autenticate da un notaio. Nell'atto, la persona interessata può indicare non soltanto il proprio futuro (ed eventuale) amministratore di sostegno, ma anche i poteri (o taluni di essi) che intende conferirgli, come ad esempio il potere di riscuotere la pensione o di adottare in suo luogo scelte di carattere medico. Tali indicazioni, tuttavia, rappresentano per il giudice tutelare soltanto dei suggerimenti, dei quali tenere conto. Il giudice, infatti, è vincolato unicamente a rispettare – salvo quanto si dirà – la scelta relativa alla persona dell'amministratore, ma è poi libero di definirne, nel decreto, i poteri, nel modo ritenuto più opportuno in relazione alle concrete necessità dell'incapace.

Quando sussistano *gravi motivi* che consiglino la nomina di una persona diversa, il giudice tutelare può, peraltro, disattendere anche la designazione relativa ad una determinata persona. Si pensi, ad esempio, al caso in cui il soggetto designato nell'atto dall'interessato gli sia premorto o sia assente o scomparso. Ovvero si consideri l'ipotesi in cui le circostanze effettive siano differenti da quelle ipotizzate nell'atto di designazione e suggeriscano la scelta di una persona diversa. In tutti questi casi il giudice tutelare può prescindere dall'atto scritto redatto in previsione dell'incapacità.

Revoca della designazione

La persona designante può, poi, in ogni momento revocare con le stesse forme (vale a dire l'atto pubblico o la scrittura privata autenticata) la propria designazione. Può, così, indicare una persona diversa da quella inizialmente individuata o non sceglierne alcuna. Ma ben potrebbe accadere che egli non abbia la possibilità o il tempo ed il modo di farlo, come allorquando sia vittima di un improvviso ed inatteso incidente (come un incidente automobilistico) o di una grave malattia (come un aneurisma o un ictus) che lo privi della capacità di agire. Di qui, dunque, l'importante ruolo svolto dal giudice tutelare nel valutare le effettive condizioni dell'incapace e di decidere nel suo esclusivo interesse. Egli, pertanto, nella scelta dell'amministratore di sostegno per l'infermo, deve preliminarmente verificare se l'incapace abbia provveduto, nelle forme di legge, a designare la persona deputata ad assisterlo. Soltanto qualora una simile designazione non vi sia stata ovvero sussistano nella specie *gravi motivi* che suggeriscano di non preferire il soggetto indicato, nomina con proprio decreto altra persona più idonea.

È importante, peraltro, distinguere nella scelta dell'amministratore di sostegno i due momenti della *designazione* e della *nomina*: la prima, come detto, è quella posta in essere dallo stesso soggetto interessato in previsione della sua futura incapacità ed avviene con atto pubblico o con scrittura privata autenticata; la seconda, invece, è compiuta dal giudice con proprio decreto e ricorre soltanto quando sia mancata la designazione dell'interessato ovvero quando le circostanze concrete suggeriscano di nominare una persona diversa.

Mentre l'interessato è libero, nell'atto di designazione, di scegliere chi vuole come proprio amministratore, anche ad esempio un caro amico, il giudice tutelare deve preferire determinati soggetti. L'art. 408 c.c., a tal fine, si riferisce ancora una volta al coniuge, non separato legalmente, alla persona stabilmente convivente, al padre, alla madre, al figlio, al fratello, alla sorella e ad altri stretti parenti dell'incapace. Tuttavia, il giudice tutelare, qualora ne ravvisi l'opportunità, può nominare una persona diversa da quelle indicate. La legge prevede, poi, anche la possibilità che sia nominato amministratore di sostegno una persona giuridica, come ad esempio un ente di assistenza o di cura.

Rinvio

L'art. 411 c.c., infine, dichiara applicabili all'amministrazione di sostegno talune norme dettate in materia di interdizione ed in particolare relative alla scelta del tutore. Si tratta precisamente delle disposizioni che definiscono gli adempimenti cui è tenuto l'amministratore di sostegno una volta assunto l'incarico (art. 349 c.c.) e delle disposizioni che indicano le ipotesi nelle quali non è possibile la nomina all'ufficio ovvero nelle quali, invece, è possibile essere dispensati dal ricoprire l'incarico (artt. 350-353 c.c.).

10. *Gli atti compiuti dal beneficiario dell'amministrazione di sostegno*

L'amministrazione di sostegno, come si è detto più volte, non priva completamente il beneficiario della capacità di agire. Egli è incapace di agire solo relativamente agli atti indicati dal giudice tutelare nel decreto di nomina dell'amministratore di sostegno. Al di fuori di tali atti, il soggetto, ancorché infermo fisicamente o psichicamente, conserva la capacità di agire e può provvedere da solo alla tutela dei propri interessi ed alla gestione del proprio patrimonio. In ogni caso poi è considerato capace di compiere gli atti della vita quotidiana.

Capacità di testare

Il beneficiario dell'amministrazione di sostegno, inoltre, è capace di fare testamento. L'art. 591 c.c., infatti, preclude una simile possibilità soltanto ai minori, agli interdetti per infermità di mente ed agli incapaci naturali. Il giudice tutelare, tuttavia, può restringere la sua capacità di agire, decidendo di applicare anche all'amministrazione di sostegno le norme più rigorose dettate dal codice civile con riguardo alla interdizione o all'inabilitazione. Tali norme, come si dirà a breve, pongono espresse restrizioni all'agire dell'incapace. E così, qualora venga disposta la loro estensione all'amministrazione di sostegno, il beneficiario vedrà fortemente ridotta le proprie possibilità di azione.

Capacità di donare

È dubbio, invece, se la persona sottoposta ad amministrazione di sostegno possa donare i propri beni. L'art. 774 c.c., che disciplina la capacità di donare, richiede infatti il possesso nel donante della piena capacità di agire. Ciò vuol dire, ad esempio, che non può donare l'incapace soggetto ad amministrazione di sostegno per infermità di mente, mentre non vi è ragione per estendere il divieto alla persona che abbia soltanto una infermità fisica, come nel caso di colui che sia costretto all'immobilità a causa di una frattura o di una malattia che non interessi le facoltà intellettive.

Il beneficiario dell'amministrazione di sostegno conserva, invece, una piena capacità per quanto concerne la propria sfera personale ed esistenziale. Egli, così, può contrarre matrimonio, dal momento che il legislatore non ha esteso nei suoi riguardi il divieto posto dall'art. 85 c.c. per l'interdetto.

Più complesso, invece, si presenta il discorso per quanto concerne gli atti per i quali è prevista l'assistenza o la rappresentanza dell'amministratore di sostegno. Questi, in primo luogo, deve comunque rendere partecipe l'incapace, informarlo del loro compimento, tener conto del suo parere ed agire nel suo esclusivo interesse.

Bisogna peraltro distinguere gli atti di ordinaria e di straordinaria amministrazione. Una simile distinzione non è posta direttamente dal codice civile ma si ricava dall'art. 411 c.c., che, appunto, estende all'amministrazione di sostegno talune norme e regole dettate con riguardo all'interdizione e tra queste, in particolare, quelle che disciplinano le autorizzazioni per il compimento dei singoli atti.

Se, pertanto, l'amministratore di sostegno è nominato per il compimento di atti che eccedono l'ordinaria amministrazione, come acquistare beni o accettare eredità o donazioni o assumere obbligazioni, egli deve ottenere una specifica autorizzazione dal giudice tutelare. Se poi, invece, si tratta di atti di disposizione, che incidono cioè sulla composizione del patrimonio, perché ne riducono o modificano la consistenza, come una vendita di beni immobili o la costituzione di un pegno o di una ipoteca, egli deve essere autorizzato dal tribunale, su parere del giudice tutelare, data appunto l'importanza dell'atto (art. 375 c.c.).

Specifica autorizzazione

Gli atti compiuti dall'amministratore di sostegno violando le norme di legge o non attenendosi alle direttive impartite dal giudice tutelare nel decreto di nomina sono annullabili, su istanza dell'amministratore stesso, del pubblico ministero, del beneficiario, dei suoi eredi o aventi causa. Analogamente possono essere annullati gli atti compiuti da solo dal beneficiario e per i quali, invece, era stata prevista dal giudice la necessaria assistenza o rappresentanza dell'amministratore di sostegno. L'azione per far dichiarare l'annullamento dell'atto, nell'uno come nell'altro caso, si prescrive nel termine di cinque anni da quando è cessata l'amministrazione di sostegno.

11. *L'interdizione*

Accanto all'amministrazione di sostegno, il nostro ordinamento prevede altri due istituti di protezione delle persone incapaci: l'interdizione e l'inabilitazione. In realtà, si tratta di due istituti che hanno oggi un ambito di applicazione limitato e residuale. Ad essi, infatti, si ricorre soltanto nelle esigue ipotesi nelle quali non sia possibile disporre una amministrazione di sostegno.

Sia l'interdizione che l'inabilitazione, al pari di quanto previsto per l'amministrazione di sostegno, possono essere disposte a tutela della persona maggiore di età, la quale, tuttavia, non sia capace di provvedere da sola alla propria cura. Precisamente, il codice civile, all'art. 414 c.c., stabilisce che il *maggiore di età* ed il *minore emancipato* sono *interdetti* quando si trovino in condizioni di *abituale infermità di mente* che li rende *incapaci di provvedere ai propri interessi*.

Presupposti

Tuttavia, anche quando vi siano i due requisiti della infermità e della incapacità, l'*interdizione giudiziale* può essere stabilita dall'autorità giudiziaria solo se effettivamente necessaria ad assicurare una *adeguata protezione* all'infermo. Si vuole cioè restringere il ricorso all'interdizione alle situazioni più sfortunate e disperate, nelle quali il più flessibile strumento dell'amministrazione di sostegno non risulti *idoneo* a rispondere alle esigenze dell'incapace.

La ragione di una simile scelta di politica legislativa può ravvisarsi nelle caratteristiche proprie dell'interdizione. Tale istituto, infatti, confina il disabile in una condizione di pressoché completa incapacità, anche sul piano personale, con il rischio di lederne la dignità e di impedirne lo sviluppo della personalità. Si tratta, cioè, di una misura di protezione pensata – come detto in precedenza – principalmente con riguardo a finalità di tutela del patrimonio.

Essa, pertanto, può essere dichiarata solo quando effettivamente ne ricorrano i presupposti. Questi sono: *l'abituale infermità di mente*, la (conseguente) *incapacità di provvedere alla cura dei propri interessi*, *l'inidoneità* di ogni altra misura ad assicurare adeguata protezione all'incapace. La sola infermità di mente non giustifica di per sé la pronuncia di interdizione, neppure quando sia particolarmente grave: si può, infatti, essere malati di mente eppure aver cura dei propri interessi. In questo caso però l'ordinamento non interviene, proprio perché mancano le esigenze di tutela del soggetto malato.

Infermità psichica

La nozione di infermità psichica va intesa in senso ampio. Non sempre essa consiste in una malattia mentale con caratteristiche ben definite, ma può anche ravvisarsi in presenza semplicemente di una alterazione delle facoltà mentali, tale da dar luogo alla incapacità, totale o parziale, di provvedere ai propri interessi. Inoltre, non involge necessariamente le facoltà intellettive, ma può riguardare anche quelle volitive.

L'infermità deve, poi in ogni caso, essere *abituale*, deve cioè durare nel tempo ed avere carattere *stabile* e non transitorio, e non è esclusa dalla presenza di lucidi intervalli.

Dal punto di vista soggettivo, l'interdizione, come accennato, può riguardare solamente i maggiorenni, atteso che i minori sono già di per sé incapaci e sono assoggettati alla responsabilità genitoriale dei genitori. Tuttavia è possibile chiedere l'interdizione anche di chi abbia compiuto il diciassettesimo anno e ciò per evitare che, tra il raggiungimento della maggiore età e la sentenza di interdizione, vi possa essere uno spazio temporale nel quale il malato di mente sia privo di una protezione. Per la stessa finalità, inoltre, il tribunale, prima ancora della sentenza, una volta esaminato l'interdicendo, può disporre la nomina di un *tutore provvisorio* perché provveda alla cura della sua persona e del suo patrimonio nelle more del giudizio.

Sentenza

L'interdizione è dichiarata con sentenza dal tribunale. Legittimato a chiederne la pronuncia è, innanzitutto, lo stesso interdicendo. Si tratta di una previsione nuova ed innovativa, in sintonia con i dettami della disciplina sull'amministrazione di sostegno e con la finalità, perseguita dal legislatore della riforma dell'incapacità, di limitare nella misura minore possibile la capacità di agire delle persone prive di autonomia. Se, infatti, lo scopo del provvedimento di interdizione è quello di tutelare gli interessi personali e patrimoniali dell'infermo, non si può prescindere dalla considerazione della volontà dell'infermo quante volte egli abbia ancora una residua capacità di intendere e di volere.

Legittimati a richiedere il provvedimento di interdizione sono altresì le persone indicate all'art. 417 del codice: il coniuge, la *persona stabilmente convivente*, alcuni stretti parenti ed affini della persona incapace, nonché il pubblico ministero. L'inclusione tra i soggetti legittimati della persona stabilmente convivente rappresenta una ulteriore novità rispetto alla disciplina previgente. Sono inoltre legittimati a promuovere l'istanza anche il tutore del minore, che come detto viene nominato quando lo stesso non sia assoggettato a responsabilità dei genitori, nonché il curatore dell'inabilitato, di cui si tratterà più avanti.

Il giudice può pronunziare l'interdizione solo dopo avere esaminato l'interdicendo ed averlo ascoltato al fine di valutare, anche con l'aiuto di un consulente, le condizioni di salute e la residua capacità. Non è escluso, poi, che all'esito di un simile esame, egli non ritenga di potere interdire la persona incapace, ma preferisca proteggerlo nominandogli un amministratore di sostegno.

12. *La tutela: designazione e poteri del tutore*

Dichiarata l'interdizione, si procede all'apertura della *tutela*. Conseguentemente il giudice tutelare deve provvedere alla nomina del *tutore*, scegliendo la *persona più idonea all'incarico* tra i soggetti e con i criteri indicati all'art. 408 c.c. Un simile rinvio normativo determina l'applicazione delle regole previste per l'amministratore di sostegno anche alla tutela.

Il giudice tutelare, di conseguenza, deve preliminarmente verificare se l'interdetto, in epoca anteriore rispetto al verificarsi dell'incapacità ed in previsione di un simile evento, abbia provveduto ad individuare, in un atto pubblico o in una scrittura privata autenticata, la persona da nominare eventualmente quale tutore. In caso affermativo, egli deve, ove possibile, rispettare la volontà espressa ed affidare l'ufficio tutorio al soggetto indicato.

Non vi è, infatti, ragione per negare all'interdetto la possibilità, riconosciuta al beneficiario dell'amministrazione di sostegno, di indicare personalmente il soggetto dal quale vorrà essere rappresentato ed assistito. Nel caso in cui, invece, non vi sia stata una preventiva indicazione da parte dell'incapace e *comunque* qualora ricorrano *gravi motivi*, il giudice tutelare deve incaricare della tutela altra persona, preferibil-

Scelta del tutore

mente tra quelle persone indicate dal codice al predetto art. 408 c.c.: vale a dire il coniuge, che non sia separato legalmente, la persona stabilmente convivente, il padre, la madre, il figlio o il fratello o la sorella, i parenti dell'incapace entro il quarto grado e la persona indicata dal genitore superstite con testamento, atto pubblico o scrittura privata autenticata (art. 424, 3° comma, c.c.).

Incapacità all'ufficio tutorio

Qualora, invece, il tutore sia nominato ad un minore privo dei genitori esercenti la responsabilità genitoriale, egli deve essere scelto dal giudice secondo i criteri dettati dall'art. 348 c.c. Il giudice tutelare, di conseguenza, deve preferire la persona designata dal genitore che per ultimo ha esercitato la tutela. Se manca una simile designazione o se gravi motivi consiglino una scelta diversa, egli deve affidare l'ufficio tutelare ad un ascendente o ad un parente prossimo o, ancora, ad un affine del minore. In ogni caso il tutore deve essere persona dall'ineccepibile condotta e non deve essere colpito da alcuna delle cause di incapacità o incompatibilità previste dall'art. 350. Non possono, infatti, essere nominati tutori e se nominati decadono dall'ufficio: coloro che non hanno la libera amministrazione del proprio patrimonio; coloro che sono stati esclusi dalla tutela per disposizione scritta del genitore il quale per ultimo ha esercitato la responsabilità genitoriale; coloro che (o i cui parenti prossimi) sono in lite con l'incapace; coloro che sono incorsi nella perdita della responsabilità genitoriale o nella decadenza; il fallito che non è stato cancellato dal registro dei falliti.

La tutela costituisce per il soggetto nominato un ufficio *gratuito* e *non rifiutabile*. Ne sono infatti dispensate solamente alcune alte cariche ecclesiastiche e dello Stato indicate dall'art. 351 c.c. Ove non sia possibile procedere alla nomina di un tutore, i relativi poteri possono essere anche affidati ad un ente o istituto assistenziale.

L'interdetto versa in una situazione di assoluta incapacità di agire: egli non può compiere alcun atto né di tipo personale né di tipo patrimoniale. La regola, come detto, non è assoluta. L'art. 427 c.c. prevede che l'autorità giudiziaria può disporre che alcuni atti di ordinaria amministrazione possano essere compiuti dall'interdetto senza l'intervento del tutore ovvero con la sua assistenza (c.d. *contrattualità minima dell'interdetto*). Di regola, tuttavia, il tutore deve provvedere alla cura personale dell'incapace e ad amministrarne il suo patrimonio utilizzando, all'uopo, i necessari poteri di rappresentanza, che vengono esercitati sotto il controllo e le direttive impartite dal giudice tutelare con proprio decreto (art. 371 c.c.).

Autorizzazione giudiziaria

Il tutore non può compiere da solo tutti gli atti di amministrazione del patrimonio dell'incapace. Per gli atti più rilevanti i suoi poteri devono essere integrati con l'autorizzazione dell'autorità giudiziaria. Il codice prevede una tripartizione di tipologie di atti. Quelli di ordinaria amministrazione, il tutore li può compiere liberamente; per quelli di straordinaria (si pensi all'acquisto di beni immobili, alla riscossione di capitali, all'accettazione di una eredità) è invece necessaria l'autorizzazione del giudice tutelare; ma se gli atti sono particolarmente rilevanti, determinano vale a dire una *disposizione* del patrimonio, come nel caso di vendite o di costituzione di diritti reali di garanzia, è necessaria anche l'autorizzazione del tribunale (art. 375 c.c.).

I contratti conclusi dall'interdetto direttamente e quelli compiuti dal tutore senza le necessarie autorizzazioni sono annullabili. Anche in tal caso l'annullabilità è, come si dice, *relativa*, perché essa può essere fatta valere soltanto dal tutore, dall'interdetto (dopo che sia cessata l'incapacità) o dai suoi eredi ed aventi causa: in altre parole non può chiedere l'annullamento colui che abbia contrattato con l'interdetto e cioè la controparte contrattuale. L'azione di annullamento deve essere esercitata entro cinque anni dal giorno in cui l'incapace ha riacquistato la capacità ovvero sia morto. Sul piano personale, poi, l'interdetto non può compiere da solo alcun atto.

L'interdizione, infatti, determina una incapacità generale non soltanto per i negozi patrimoniali, ma altresì per quelli di natura familiare, ben più grave di quella prevista per il minore di età. L'interdetto non solo non può fare testamento, ma non può neppure riconoscere un figlio naturale o contrarre matrimonio. Anche all'indomani della legge n. 6 del 2004, il codice civile ha mantenuto una delle più odiose discriminazioni a danno dell'interdetto, quella appunto della impossibilità di sposarsi (art. 85 c.c.).

Protutore

Al fine di assicurare all'incapace una migliore protezione, il codice civile stabilisce che, accanto al tutore, il giudice tutelare provveda anche alla nomina del *protutore*. Costui rappresenta l'incapace per il compimento di atti per i quali vi sia conflitto d'interessi con il tutore, e provvede a chiedere la sostituzione di quest'ultimo in caso di cessazione dell'ufficio.

Lo stato di interdizione ha fine con l'eventuale sentenza di revoca che il tribunale adotta in caso di guarigione dell'infermo. Il giudice, se tale guarigione non sia completa, può però anche disporre, con la revoca dell'interdizione, che il soggetto sia sottoposto ad amministrazione di sostegno, al fine di aiutarlo con riguardo agli atti per i quali egli non sia ancora in grado di provvedere da solo.

13. *L'inabilitazione*

L'inabilitazione è anch'essa una misura di protezione prevista dal codice civile in favore di soggetti maggiorenni incapaci. Essa presenta caratteristiche analoghe ad un'altra fattispecie pur disciplinata dalla legge quale l'emancipazione. In entrambi i casi, infatti, la capacità di determinati soggetti, per opposte ragioni, risulta semplicemente limitata ma non del tutto soppressa.

Presupposti

L'inabilitazione riguarda i soggetti che, pur essendo affetti da vizio abituale di mente, non sono però considerati del tutto inetti ad amministrare il proprio patrimonio o comunque a compiere atti a contenuto personale. Si tratta pertanto di una situazione di incapacità di grado inferiore rispetto a quella che legittima l'interdizione. In particolare, ai sensi dell'art. 415 c.c. possono essere inabilitati: il maggiore di età infermo di mente, il cui stato di salute non sia tuttavia talmente grave da legittimare la pronuncia di interdizione; coloro che per prodigalità (ossia per non conoscenza del valore del denaro) o per abuso di sostanze alcoliche o di stupefacenti espongono se stessi o la propria famiglia a gravi pregiudizi economici; il *sordo* ed il *cieco* dalla nascita che non abbiano ricevuto una adeguata educazione, tale cioè da renderli autosufficienti.

L'inabilitazione, in realtà, non ha subito grandi modifiche a seguito della legge n. 6 del 2004 che, come detto, ha introdotto nel nostro ordinamento l'ulteriore strumento di protezione rappresentato dall'amministrazione di sostegno. Essa è stata oggetto di riforma soltanto limitatamente ad una aumentata duttilità dei suoi effetti. Ed, infatti, al pari di quanto stabilito con riguardo all'interdizione, la sentenza che pronuncia l'inabilitazione o successivi provvedimenti del giudice tutelare possono stabilire che l'inabilitato compia da solo taluni atti eccedenti l'ordinaria amministrazione, senza l'assistenza del curatore (art. 427 c.c.).

In realtà, sotto molti profili, i presupposti applicativi dell'inabilitazione sembrano coincidere con quelli dell'amministrazione di sostegno. Così ad esempio è a dirsi con riguardo alla infermità mentale richiesta dall'art. 415 c.c., che non sembra differire nei contenuti da quella prevista dall'art. 404 c.c.

La prodigalità

Conserva, invece, una sua distinta autonomia la nozione di *prodigalità*, non esplicitamente menzionata tra i presupposti dell'amministrazione di sostegno. Essa, anzi, nel contesto dell'art. 415 c.c., sembra mantenere una collocazione propria ed ulteriore anche rispetto allo stesso concetto di infermità psichica. Parimenti è a dirsi in relazione all'ipotesi dell'uso abituale di sostanze alcoliche o di stupefacenti. Ancora una volta la preoccupazione del legislatore è di porre rimedio alla irrefrenabile tendenza del soggetto ad agire in modo pregiudizievole per se stesso o per i propri familiari.

L'inabilitazione è disposta dal tribunale con procedure e formalità del tutto analoghe a quelle che disciplinano l'interdizione. Anzi, l'autorità giudiziaria, ai sensi dell'art. 418 c.c., può d'ufficio dichiarare l'inabilitazione anche se sia stata ad essa domandata la misura dell'interdizione, e viceversa. Parimenti, non è da escludere che il giudice tutelare, pur richiesto di procedere alla dichiarazione di inabilitazione, ritenga invece di pronunciare un'amministrazione di sostegno. In altre parole, dunque, egli ha il potere di stabilire d'ufficio la misura che ritiene più opportuna, secondo il principio detto della *circolarità degli istituti.*

Scelta del curatore

Nella scelta del curatore il giudice tutelare deve individuare la persona ritenuta più idonea all'ufficio, seguendo i criteri dettati dall'art. 408 c.c. Egli, pertanto, deve prediligere – come già illustrato in sede di amministrazione di sostegno e di interdizione – il coniuge, che non sia separato legalmente, la persona stabilmente convivente, il padre, la madre, il figlio, il fratello, la sorella e taluni stretti parenti. In ogni caso poi il giudice deve previamente verificare se l'inabilitando ha provveduto in epoca anteriore al verificarsi della sua incapacità, ed in previsione di tale evento, a designare la persona del curatore. Come noto, infatti, l'autorità giudiziaria può discostarsi da una simile indicazione solo in presenza di gravi motivi ovvero qualora le circostanze concrete lo suggeriscano.

14. *L'emancipazione*

In una situazione analoga a quella dell'inabilitato si trova, per ragioni diametralmente opposte, il c.d. *minore emancipato.* L'emancipazione consegue di diritto quale effetto automatico all'autorizzazione del tribunale al matrimonio del minore. Essa pertanto, a differenza di quanto avviene con l'inabilitazione, non è una misura tendente a ridurre la capacità di una persona non perfettamente sana di mente, ma è al contrario una misura che accresce la capacità di un soggetto, il minore appunto, che altrimenti ne sarebbe completamente sfornito.

Effetti

Per effetto dell'emancipazione, il minore acquista la piena capacità nei rapporti personali. Per quanto concerne, invece, gli atti di natura patrimoniale, egli può compiere da solo quelli di ordinaria amministrazione, che riguardano le sue piccole necessità quotidiane. Il minore emancipato, infatti, non è più sostituito nell'esercizio dell'attività che interessa la propria sfera giuridica dai genitori esercenti la responsabilità genitoriale su di lui o da un tutore, ma è affiancato ed assistito da un *curatore.* Quest'ultimo non necessariamente è il genitore. Ed, infatti, dal momento che l'emancipazione consegue al matrimonio, di regola curatore del minore emancipato è il *coniuge*, se maggiorenne. Se, invece, entrambi gli sposi sono minori di età, il giudice tutelare può nominare ad entrambi anche un unico curatore, scelto preferibilmente tra i loro genitori. In mancanza, il giudice può scegliere altra persona ritenuta idonea a rivestire l'ufficio (art. 392 c.c.).

15. (segue) *Il curatore dell'inabilitato e dell'emancipato*

Sia l'inabilitato che il minore emancipato sono, dunque, assoggettati ad una potestà che è detta *curatela*. Il curatore è scelto, nell'uno come nell'altro caso, secondo le modalità e con i criteri in precedenza illustrati. Egli, tuttavia, non interviene per il compimento di tutti gli atti, personali o patrimoniali, dal momento che l'inabilitato e l'emancipato sono, pur sempre, parzialmente capaci di agire.

Essi cioè possono compiere da soli qualunque atto di natura personale nonché gli atti patrimoniali di ordinaria amministrazione. In altre ipotesi, invece, il codice prescrive l'assistenza del curatore, il quale, a differenza del tutore, non esercita poteri di rappresentanza, non si sostituisce – vale a dire – all'incapace, ma lo aiuta semplicemente in un'attività giuridica che è pur sempre posta in essere dall'inabilitato o dall'emancipato. Così, il minore emancipato può con l'assistenza del curatore riscuotere i capitali, sotto condizione di un idoneo impiego e può stare in giudizio, sia come convenuto che come attore.

L'assistenza del curatore è richiesta anche per gli atti di straordinaria amministrazione, per i quali tuttavia è necessaria anche l'autorizzazione del giudice tutelare o del tribunale a seconda dell'importanza dell'atto (art. 394 c.c.). Non è da escludere, tuttavia, che nella sentenza che pronuncia l'inabilitazione, il giudice autorizzi l'inabilitato a compiere da solo, senza l'assistenza del curatore, determinati atti eccedenti l'ordinaria amministrazione (art. 427, 1° comma, c.c.).

Attività d'impresa

Il minore emancipato può infine essere autorizzato all'esercizio dell'attività di impresa. In tal caso la sua condizione giuridica addirittura può essere equiparata a quella del soggetto pienamente capace. Egli infatti potrà compiere da solo tutti gli atti patrimoniali, anche di straordinaria amministrazione ed anche se estranei all'impresa. Non potrà tuttavia donare. L'inabilitato non può invece ottenere tale autorizzazione, atteso che essa costituirebbe una revoca dell'inabilitazione medesima. Egli può essere autorizzato solamente a continuare un'attività di impresa avviata prima del provvedimento inabilitativo o eventualmente ricevuta in successione o donazione, ma in tal caso non riacquista il potere di compiere gli atti di straordinaria amministrazione estranei all'impresa.

L'inabilitato può infine fare da solo testamento; tale possibilità è preclusa al minore emancipato.

16. *La circolarità degli istituti. I rapporti tra interdizione, inabilitazione ed amministrazione di sostegno*

Il codice civile non indica dei criteri sicuri per stabilire quando debba essere applicata una determinata misura di protezione in luogo di un'altra. Esso, in altri termini, non chiarisce esattamente se, in presenza ad esempio di una infermità mentale, il giudice debba tutelare l'incapace disponendo l'amministrazione di sostegno, ovvero l'interdizione ovvero ancora l'inabilitazione. Il problema si pone soprattutto in caso di malattia o infermità psichica. Come si è visto, infatti, in tali ipotesi, i presupposti dei diversi istituti di protezione ed in particolare dell'interdizione e dell'amministrazione di sostegno sembrano coincidere.

In argomento sono state suggerite varie soluzioni: si è riconosciuta, da taluni, una sorta di "priorità" temporale dell'amministrazione di sostegno rispetto all'interdizione. Il giudice, in altri termini, dovrebbe inizialmente disporre l'amministrazione di sostegno e solo se questa si riveli inadeguata ricorrere all'interdizione o all'inabilitazione (*ex* art. 413 c.c.). Da altri, invece, si è ritenuto di poter scorgere un elemento di distinzione tra gli istituti nella maggiore o minore gravità del disagio. Per effetto di tale criterio, pertanto, l'interdizione dovrebbe essere applicata nei casi più gravi, quando la persona appaia totalmente incapace di provvedere alla cura dei propri interessi; l'inabilitazione, invece, sarebbe riservata ai casi in cui il soggetto è in grado di provvedere alla cura dei propri interessi solo con l'assistenza di altri; l'amministrazione di sostegno, infine, riguarderebbe una persona tendenzialmente capace di compiere da sola le scelte personali e patrimoniali, ma bisognosa comunque di un'assistenza per così dire di "supporto materiale". Teorie

In realtà, la legge che ha introdotto nel nostro ordinamento l'amministrazione di sostegno non ha voluto fare riferimento ad alcuna forma di gradazione o di classificazione tra le misure di protezione. Essa, per certo, ha invece inteso restringere fortemente l'ambito di applicazione dell'interdizione, rendendola, come più volte detto, una misura residuale. Il ricordato art. 414 c.c., infatti, legittima il ricorso all'istituto solo se effettivamente necessario per la protezione della persona. Con l'introduzione della legge n. 6 del 2004, è cambiata la prospettiva dalla quale muoveva il codice civile nella disciplina dell'incapacità. Se prima, infatti, si riteneva di poter proteggere la persona debole attraverso la privazione della sua capacità (si pensi, appunto, all'interdetto che non può compiere da solo alcun atto personale o patrimoniale), oggi invece si tende a conservare in capo al soggetto la titolarità della capacità di agire.

L'art. 409, 2° comma, c.c., in tal senso, prevede che anche la persona fisicamente o mentalmente inferma sottoposta ad amministrazione di sostegno conservi comunque la capacità di agire per tutti quegli atti per i quali non sia stata ritenuta dal giudice incapace. Lo spirito della nuova disciplina è dunque quello di evitare di privare il soggetto della capacità, a tutela altresì della sua dignità e del suo armonico sviluppo. Nella scelta, pertanto, della misura di protezione da applicare il giudice deve considerare principalmente ed essenzialmente il benessere e l'interesse dell'incapace e quindi disporre l'istituto di protezione *più idoneo*, in relazione alle circostanze del caso concreto, a rispondere alle sue esigenze. Il criterio, cioè, che deve orientare la scelta è quello della *idoneità della misura*.

Ciò vuol dire, in altri termini, che il giudice deve innanzitutto interrogarsi circa l'idoneità, appunto, di un provvedimento di amministrazione di sostegno – variamente articolato – a rispondere alle esigenze del disabile, a tutelarne e promuoverne gli interessi; e solo in caso di esito negativo di tale analisi, aprire le prospettive dell'incapacitazione. Ne consegue, pertanto, che anche in presenza di situazioni molto gravi (quale, il caso di un paziente in coma vegetativo) non vi è ragione per applicare automaticamente l'interdizione, quando la totale privazione della sua capacità di agire non sia funzionale alla sua effettiva tutela.

Infermità fisica

La scelta tra gli istituti di protezione è, invece, più semplice in presenza di una sola infermità fisica, dal momento che nella specie è la stessa legge a prevedere l'amministrazione di sostegno. Qualche dubbio potrebbe sorgere con riguardo alla prodigalità ed all'uso di sostanze stupefacenti o alcoliche. Se è vero, infatti, che l'art. 415 c.c. le considera come presupposti per la dichiarazione di inabilitazione, non è da escludere che esse, potendo incidere sulla salute psichica della persona, possano legittimare ugualmente il ricorso all'amministrazione di sostegno. La valutazione del caso concreto spetta sempre al giudice tutelare.

In ogni caso, il codice civile prevede agevoli meccanismi procedurali per passare da una misura di protezione all'altra, senza particolari difficoltà o differimenti di tempo. Gli istituti di protezione, cioè, sono stati resi *circolari*, dal momento che in qualsiasi momento, la considerazione delle concrete condizioni dell'incapace può giustificare una modifica della misura disposta nei suoi riguardi, come si desume, ad esempio, dagli artt. 413 e 429 c.c.

17. *L'interdizione legale. Il fallimento*

L'interdizione legale rappresenta, sotto molti aspetti, un istituto anomalo. Esso, infatti, non è una forma di protezione del maggiorenne incapace, ma è, invece, una *pena accessoria* comminata a chi è stato condannato all'ergastolo o alla reclusione per un tempo non inferiore a cinque anni e per un reato doloso. Si tratta, in altri termini, di un istituto punitivo di un soggetto che si sia macchiato di reati infamanti, e non di uno strumento di protezione. L'interdetto legale non può compiere i soli atti di natura patrimoniale; però, nonostante sia detenuto, può compiere gli atti di natura personale (ad esempio, può contrarre matrimonio o riconoscere il figlio naturale). La sua capacità, pertanto, è più ampia di quella riconosciuta dalla legge all'interdetto giudiziale.

Atti di natura patrimoniale

Ove, poi, l'interdetto legale compia atti a contenuto patrimoniale, essi sono affetti da *annullabilità* c.d. *assoluta*, che può cioè essere fatta valere da chiunque, anche dalla controparte contrattuale. Tale caratteristica dell'azione di annullamento si spiega proprio in virtù del fatto che si tratta di istituto con funzione punitiva, sicché di esso possono valersi tutti.

Non determina, invece, una situazione di incapacità di agire il *fallimento* cui possa andare incontro, nell'esercizio della sua attività professionale, l'imprenditore commerciale. Quando questi non è più in grado di soddisfare con regolarità le proprie obbligazioni e di pagare i propri debiti, il tribunale può con sentenza dichiararne appunto il fallimento. Per effetto di tale dichiarazione, l'imprenditore ormai fallito viene privato dell'amministrazione e della disponibilità dei beni esistenti nel suo patrimonio alla data della sentenza e di quelli che gli pervengono successivamente a tale data. Gli atti da lui compiuti e che concernono simili beni sono di conseguenza validi ma *inefficaci*, non producono cioè effetto nei confronti dei creditori. Sono in altri termini ad essi *inopponibili*.

Per la gestione del suo patrimonio viene nominato un *curatore*. Il fallito, invece, può compiere gli atti di natura personale e familiare.

18. *L'incapacità non dichiarata*

Si è già avuto modo di rilevare che la capacità d'agire costituisce un attributo formale che compete a tutte le persone che siano maggiorenni e che non siano state interdette o inabilitate. Tali soggetti sono infatti considerati in grado di compiere validi atti e dunque sono dotati di c.d. *capacità legale*. Viceversa coloro che sono privi di tale capacità sono affetti da *incapacità legale o di agire*.

L'ordinamento però disciplina anche una diversa situazione di fatto: quella che si verifica quando un soggetto, pur essendo munito di tale requisito formale e cioè essendo legalmente capace di agire, versi, al momento della stipula dell'atto, in una concreta situazione di incapacità di intendere e di volere, non sia cioè capace di comprendere la realtà e non sia dunque in grado di determinarsi conseguentemente. Tale situazione è disciplinata dall'art. 428 c.c., ed è normalmente detta *incapacità naturale* o *non dichiarata*, proprio per significare che si tratta di uno

Nozione

stato di incapacità che riguarda un soggetto legalmente capace di agire, in quanto è maggiorenne e non è stato mai destinatario di una sentenza di interdizione o inabilitazione.

Non è importante, ai fini dell'applicazione di tale norma, individuare da quale causa sia determinato lo stato di incapacità. È possibile che si tratti di un soggetto che sia affetto da stabile vizio di mente ma che ciò nonostante non sia stato mai interdetto, perché nessuno abbia mai provveduto a proporre la relativa istanza. È possibile ancora che la persona incapace lo sia per una causa puramente occasionale e passeggera, perché ad esempio, pur non essendo dedito all'alcool, abbia una volta tanto ecceduto nell'assumere bevande di tal genere e non sia più in grado di capire cosa sta facendo.

Atti e contratti

Ove un incapace naturale compia un atto a contenuto personale o patrimoniale, questo è annullabile, ma sulla base di presupposti diversi da quelli richiesti nel caso di incapacità legale. In quest'ultima ipotesi, trattandosi di incapacità dichiarata e dunque conoscibile dai terzi, il contratto è annullabile per il solo fatto dello stato di incapacità. Viceversa, nel caso di incapacità non dichiarata, è necessaria, per quanto riguarda gli atti unilaterali, anche la dimostrazione da parte dell'autore di aver subìto, in conseguenza dell'atto, un grave danno patrimoniale; se poi si è in presenza di un contratto, e cioè di un atto bilaterale, è richiesta come condizione ulteriore la mala fede dell'altro contraente, ovverosia la sua consapevolezza di concludere un negozio con un soggetto incapace e l'approfittamento di questo stato.

Vi sono atti che però sono considerati annullabili dall'ordinamento anche in mancanza di danno per il loro autore o di approfittamento della controparte. Essi sono il matrimonio (art. 85 c.c.), il testamento (art. 591 c.c.) e la donazione (art. 775 c.c.). In questi casi il grave pregiudizio è, secondo il legislatore, *in re ipsa*.

L'annullamento dell'atto compiuto dall'incapace naturale deve essere proposto entro il termine di cinque anni da quando l'atto è stato compiuto. Il matrimonio risulta invece sanato dopo un anno di convivenza dei coniugi.

19. *La condizione giuridica dello straniero*

Il nostro legislatore si è preoccupato in più di una disposizione di definire la condizione dello straniero e la sua capacità di essere destinatario di diritti ed obblighi in Italia. Straniero è, appunto, colui che non è cittadino italiano, il quale nondimeno può, per le più svariate ragioni, risiedere nel nostro Paese. L'art. 10 Cost. stabilisce, al 2° comma, che «la condizione giuridica dello straniero è regolata dalla legge in conformità delle norme e dei trattati internazionali». Esso, poi, gli riconosce, in ogni caso, il diritto di asilo sul nostro territorio quando nel suo paese gli sia impedito l'effettivo esercizio delle libertà democratiche, quale in particolare la libertà di pensiero, di espressione, di opinione, di associazione, di religione.

Diritti inviolabili

Alla luce del dettato costituzionale, pertanto, si ritiene generalmente che lo straniero sia ammesso a godere pienamente dei diritti costituzionalmente garantiti, soprattutto di quelli inviolabili, il cui godimento vale a dire non può essere negato a nessun uomo. Si pensi, primo fra tutti, al diritto di eguaglianza (art. 3 Cost.). Per quanto concerne i *diritti civili* spettanti, di regola, ai cittadini italiani, invece, l'art. 16 delle disposizioni sulla legge in generale – preliminari al codice civile – pone una condizione di *reciprocità*: lo straniero, in altri termini, è ammesso al loro godimento nella forma e nella misura in cui il suo Stato di appartenenza li riconosca al cittadino italiano che ivi si trovi.

Con l'espressione *diritti civili* si intendono tutti quei diritti che, in contrapposizione ai diritti politici (quale, ad esempio, il diritto al voto), riguardano la sfera privata e patrimoniale della persona: essi, vale a dire, concernono profili quali il matrimonio, la famiglia, la proprietà, le obbligazioni, i diritti reali, l'impresa, le successioni. Tale riconoscimento riguarda non soltanto lo straniero che sia persona fisica ma anche – compatibilmente con la loro natura – la persona giuridica (vale a dire gli enti stranieri) che operi in Italia. La disciplina della capacità giuridica e di agire dello straniero è, in ogni caso, disciplinata dalla sua legge nazionale, secondo quanto dispongono gli artt. 20 e 23 della legge 31 maggio 1995, n. 218 che detta norme in materia di *diritto internazionale privato*.

CAPITOLO 6

LE PERSONE GIURIDICHE

1. *Le persone giuridiche*

Si è già detto che gli attributi della capacità giuridica e di agire, ovverosia dell'idoneità ad essere titolari di rapporti giuridici nonché a compiere atti di gestione e disposizione dei propri diritti, non competono solamente alle persone fisiche. L'ordinamento infatti li riconosce anche ad altri enti che, proprio in quanto non identificati da un essere umano, sono detti *persone giuridiche*. Il codice civile dedica ad essi – sulla falsariga del codice tedesco – un intero Titolo (il Titolo II del libro I) e tuttavia non offre una nozione generale della categoria.

Per molti anni, così, la dottrina ha dibattuto la questione relativa al carattere reale o fittizio di tali soggetti. In particolare, secondo una prima impostazione, le persone giuridiche esisterebbero già nella realtà sociale, sarebbero in altre parole soggetti già nella generale convinzione dei consociati, sicché l'ordinamento si limiterebbe a dare ad esse rilevanza. Secondo invece un'altra impostazione, esse sarebbero una *finzione* cui il legislatore ricorre per poter attribuire, a soggetti diversi dalle persone fisiche, la titolarità di determinati rapporti.

Carattere

In effetti in questa sede, a fini esplicativi della sostanza e della disciplina delle persone giuridiche, pare più proficua una valutazione funzionale dell'istituto, che ne metta in evidenza i caratteri precipui.

Funzione

E pertanto può dirsi che la funzione delle persone giuridiche è quella di consentire la costituzione di un centro di imputazione di rapporti giuridici, autonomo rispetto a tutti gli altri soggetti, compresi quelli che hanno contribuito o contribuiscono a formarlo. In altre parole, quando nasce una persona giuridica, una serie di posizioni giuridiche soggettive (diritti su determinati beni, crediti, obblighi) entrano o possono essere conferite nella titolarità di un soggetto indipendente, e dunque costituiscono un patrimonio del tutto autonomo rispetto a quello di ogni altra persona: tale carattere proprio delle persone in questione è definito infatti *autonomia patrimoniale*.

La ragione fondamentale per la quale viene di regola costituito tale autonomo centro di imputazione di rapporti è data dal perseguimento di una particolare finalità che costituisce lo *scopo* della persona giuridica. Può anzi dirsi che l'essenza primaria della persona giuridica è il suo stesso scopo, che essa *è* uno scopo personificato. I beni e i rapporti di cui la persona giuridica è titolare sono, infatti, utilizzati per il raggiungimento di tale finalità; anche la sua organizzazione di uomini compie attività che hanno la medesima funzione.

Rispetto al raggiungimento dello scopo, dunque, l'autonomia patrimoniale si pone quale mero strumento: essa, in altri termini, garantisce che i rapporti conferiti nell'ente non siano distratti dal fine cui sono destinati. Un esempio può forse aiutare a specificare tale concetto: anche una persona fisica può decidere di destinare alcuni beni al raggiungimento di uno scopo, morale o di lucro che sia. In tal caso però, la destinazione è condizionata dalle vicende che riguardano il patrimonio del soggetto. Se egli, ad esempio, fosse oberato di debiti, i suoi creditori potrebbero, come avremo modo di vedere, aggredire i suoi beni, ivi compresi quelli destinati allo scopo, per soddisfare le proprie ragioni di credito. Se egli morisse, tutti i beni, compresi questi ultimi, andrebbero in successione e sarebbero dunque trasferiti agli eredi i quali potrebbero utilizzarli anche per altre finalità.

La creazione di una persona giuridica, invece, assicura una stabile destinazione dei beni allo scopo, proprio perché l'autonomia patrimoniale impedisce ogni commistione di vicende.

Vantaggi

Peraltro, i vantaggi di tale autonomia si apprezzano anche potremmo dire in direzione inversa. Con la costituzione di una persona giuridica, coloro che hanno destinato i beni allo scopo sono anche sicuri che il loro patrimonio non subirà alcuna conseguenza connessa agli esiti dell'attività dell'ente: se ad esempio l'ente fosse costretto a contrarre debiti per l'esercizio della sua attività, di tali debiti non risponderà colui che ha costituito la persona giuridica, proprio perché essi sono debiti che riguardano un altro soggetto e non lui direttamente.

La legge promuove e favorisce la creazione di persone giuridiche. La Carta costituzionale, in particolare, prevede tra i diritti dei cittadini quello di associarsi liberamente per fini che non sono vietati dalla legge penale (art. 18 Cost.) e quello di professare liberamente la propria fede religiosa, in qualsiasi forma, individuale o associata (art. 19 Cost.). Il codice civile, dal canto suo, prevede una serie di enti: associazioni, fondazioni, comitati, società, i quali ricevono riconoscimento se perseguano una finalità meritevole di tutela secondo l'ordinamento giuridico.

Estinzione e trasformazione

Se manca lo scopo o se si è esaurito, la persona giuridica si estingue o si trasforma. Tanto accade per esempio alle fondazioni (art. 28 c.c.), la cui trasformazione può essere disposta dall'autorità governativa quando lo scopo si è esaurito o è diventato impossibile o di scarsa utilità o il patrimonio è diventato insufficiente. Ma il fenomeno della trasformazione connota anche altre situazioni, nelle quali – appunto – si assiste al passaggio da un tipo di ente ad un altro. È così possibile la trasformazione di una società di capitali in una fondazione o in una associazione non riconosciuta (art. 2500 *septies* c.c.) e la trasformazione di associazione riconosciuta o di una fondazione in una società di capitali (art. 2500 *octies* c.c.).

2. *Gli elementi strutturali della persona giuridica. Il riconoscimento*

L'essenza primaria della persona giuridica consiste nel perseguimento di uno scopo preciso. Si tratta in genere di finalità che ben difficilmente o a condizioni meno favorevoli potrebbero essere perseguite dal singolo individuo, mentre sono realizzate con più facilità attraverso la creazione di un ente distinto, dotato di una propria struttura organizzativa su base personale e materiale. Lo *scopo* deve risultare dall'atto costitutivo e dallo statuto (art. 16, 1° comma, c.c.) e può avere qualsiasi natura, purché sia lecito e determinato o determinabile. Non deve però trattarsi di uno scopo di lucro, altrimenti, non si avrà una persona giuridica in senso stretto ma una società.

Scopo

Insieme allo scopo, costituiscono elementi strutturali della persona giuridica: le persone fisiche, il patrimonio, la denominazione, la sede.

Le *persone fisiche* caratterizzano soprattutto le associazioni ma esse non possono mancare neppure nelle fondazioni. I romani ritenevano che il numero minimo di persone necessario per la costituzione di una associazione fosse di tre persone (*tres faciunt collegium*) ma un simile requisito oggi non è più richiesto. Le stesse società di capitali possono essere costituite con un solo socio (cfr. artt. 2328 e 2463 c.c.).

Elementi costitutivi

Il *patrimonio* è costituito, invece, dall'insieme dei beni necessari al perseguimento dello scopo istituzionale, rispetto al quale deve essere conferito in misura adeguata, non potendo altrimenti la persona giuridica ottenere il riconoscimento. In tal senso dunque può ancora asserirsi che il patrimonio è elemento essenziale della struttura della persona giuridica, in quanto la sua mancanza o inadeguatezza comporta l'inidoneità dell'ente ad entrare nel mondo del diritto. Ciò peraltro è confermato anche dal fatto che l'impossibilità di raggiungimento dello scopo, per insufficienza sopravvenuta del patrimonio, costituisce, in tutti i tipi di persona giuridica e in virtù di diverse disposizioni, causa di scioglimento dell'ente.

La *denominazione* è, poi, il segno distintivo che identifica la persona giuridica e la contraddistingue nei rapporti con i terzi. Essa, in altri termini, ne costituisce il nome da spendere all'esterno (Fondazione Veronesi, Associazione "Amici della Musica", ecc.). La denominazione può avere contenuto più vario e può consistere in un nome di fantasia, purché non sia falsa né tragga in inganno i terzi.

La *sede*, infine, come si dirà, individua il luogo in cui opera l'organo amministrativo principale dell'ente.

La presenza di tutti gli elementi strutturali è condizione affinché l'ente possa richiedere il *riconoscimento* da parte dello Stato. Il riconoscimento serve (o almeno serviva in origine) non soltanto a corredare della necessaria formalità l'ingresso di un nuovo soggetto nel mondo del diritto, sì da evitare eventuali incertezze a riguardo della titolarità di determinati rapporti, ma anche a consentire un controllo da parte dell'autorità amministrativa in ordine alla liceità e meritevolezza dello scopo perseguito. Tale controllo verte – appunto – anche sulla adeguatezza del patrimonio rispetto allo scopo medesimo, atteso che, ove i mezzi economici stanziati per il suo perseguimento fossero insufficienti, l'ordinamento non avrebbe alcun interesse a riconoscere un nuovo soggetto di diritto.

Acquisto della capacità

Peraltro, in alcuni casi, come ad esempio in quello delle società commerciali, l'acquisto della capacità giuridica non è condizionato ad un esplicito atto amministrativo, bensì al semplice possesso di alcuni requisiti sostanziali nonché all'adempimento di una serie di formalità. Questi presupposti consentono automaticamente all'ente di acquisire la capacità. Si dice che tale tipo di riconoscimento sia *normativo*, perché effettuato direttamente dal legislatore. Ciò però non vuol dire che, in tali casi, l'ordinamento abbia abdicato alla propria funzione di controllo: significa soltanto che, se vengono rispettate le condizioni di legge, ha considerato *a priori* e dunque una volta per tutte meritevole lo scopo tipico perseguito dall'ente e la sua struttura. Vi sono, poi, anche altre ipotesi nelle quali il riconoscimento non è necessario: ciò accade per gli enti costituiti in epoca preunitaria e per gli enti costituiti all'estero e dotati di personalità giuridica secondo la loro legge nazionale (art. 25, legge 31 marzo 1995, n. 128).

Iscrizione

Il riconoscimento viene conferito con l'iscrizione in un apposito albo tenuto presso le prefetture o, per gli enti che operano nell'ambito delle materie attribuite alla potestà amministrativa delle regioni o delle province autonome di Trento e Bolzano, rispettivamente presso tali enti. Entro centoventi giorni dalla domanda il prefetto o l'autorità regionale e provinciale devono provvedere, se sussistono i presupposti di liceità e meritevolezza dello scopo nonché di adeguatezza del patrimonio, ad iscrivere l'ente nel registro, con il che lo stesso acquista la personalità giuridica.

3. *Personalità giuridica ed autonomia patrimoniale*

Il riconoscimento comporta l'acquisto della *personalità giuridica.* Questa, a sua volta, è fonte dell'*autonomia patrimoniale perfetta*, vale a dire della completa separazione tra il patrimonio dell'ente e quello dei suoi partecipanti. Ciò significa, in altri termini, che il patrimonio della persona giuridica è completamente insensibile ai debiti ed alle vicende obbligatorie che interessino il patrimonio della persona fisica che di esso è parte; a sua volta, quest'ultimo rimane estraneo alle vicende relative al patrimonio dell'ente. Il creditore di un associato di una associazione riconosciuta oppure del socio di una società di capitali, così, non può vantare alcuna pretesa sui beni dell'associazione o della società; viceversa, un creditore dell'associazione o della società non può aggredire il patrimonio dell'associato o del socio per soddisfare le proprie pretese creditizie.

Negli enti *non riconosciuti* (come, ad esempio, nel caso di una associazione di fatto), invece, questa reciproca insensibilità tra i patrimoni non è poi così completa. Con riguardo ad essi, pertanto, si discorre di

Creditori

autonomia patrimoniale imperfetta. I creditori dell'ente, infatti, dopo avere aggredito il c.d. *fondo comune* (vale a dire il patrimonio dell'associazione) possono rivalersi, ove lo stesso non sia sufficiente, sui beni di coloro che hanno agito in nome e per conto dell'associazione (art. 38 c.c.). Nella società semplice, poi, il creditore sociale, oltre a potersi soddisfare sul patrimonio sociale, può – salvo patto contrario – rivalersi verso tutti i soci, anche se non abbiano agito in nome e per conto della società, mentre il creditore particolare del socio può in ogni momento chiedere la liquidazione della quota del suo debitore.

Il riconoscimento della personalità giuridica rappresenta così un indubbio vantaggio per i partecipanti alla vita dell'ente. Esso, tuttavia, implica il rispetto e l'osservanza di numerose formalità nonché la soggezione a regole di controllo ben precise. Così, ad esempio, le persone giuridiche senza scopo di lucro sono sottoposte ad un penetrante controllo da parte della Pubblica Amministrazione o del Pubblico Ministero.

Una volta ottenuto il riconoscimento, tuttavia, la persona giuridica ha non soltanto *soggettività*, vale a dire capacità giuridica e di agire, ma anche *personalità*, ossia, appunto, completa autonomia patrimoniale.

Capacità: contenuto e limiti

La capacità giuridica della persona giuridica ha carattere generale. La persona giuridica, in altri termini, può essere destinataria di qualsiasi diritto e di qualsiasi dovere, purché compatibili con la propria struttura e con l'assenza nella specie di una propria fisicità. Essa, in particolare, ha diritto alla denominazione, all'onore, alla dignità, al decoro, allo sfruttamento di un'opera di ingegno, e via enumerando, ma non può ad esempio contrarre matrimonio o riconoscere un figlio naturale od adottare.

Anche la capacità di agire ha carattere generale e come tale non è *funzionale*, non è cioè circoscritta al compimento di quegli atti necessari al perseguimento dello scopo. In ambito patrimoniale, le persone giuridiche hanno, pertanto, piena capacità, salvo le limitazioni dovute alla personalità del rapporto. Di guisa che esse, tra l'altro, non possono essere titolari di diritti di uso o di abitazione né possono fare testamento. Possono, invece, qualora perseguano uno scopo di assistenza, essere nominate tutore del minore che non abbia nel proprio domicilio parenti conosciuti capaci di esercitare l'ufficio (art. 354 c.c.) ovvero ancora possono essere nominate amministratore di sostegno (art. 408, ultimo comma, c.c.).

4. *Enti pubblici ed enti privati*

A seconda del tipo di scopo perseguito, le persone giuridiche si distinguono in varie categorie che sono assoggettate a differenti regimi giuridici.

In primo luogo esse si dividono in persone giuridiche *pubbliche* e *private*.

Definizione incompleta

Il codice definisce come pubblici i comuni e le province e, genericamente, gli altri enti pubblici riconosciuti come persone giuridiche (art. 11 c.c.). Appare evidente che la definizione codicistica è incompleta nel senso che rimanda, per la individuazione degli enti in questione, ad altri criteri che possano consentire una loro qualificazione appunto pubblica. In effetti tra questi criteri, come sopra accennato, viene tradizionalmente annoverato quello dello scopo, sicché le persone in questione sarebbero quelle onerate di perseguire finalità generali. Esso sembra però inadeguato soprattutto in considerazione del fatto che, sempre più spesso, enti senz'altro privati perseguono le stesse finalità assegnate agli enti pubblici. Basti pensare alle cc.dd. organizzazioni *no profit*, le quali perseguono scopi di solidarietà sociale attraverso l'esercizio di attività analoghe a quelle svolte da persone giuridiche pubbliche, nel campo ad esempio della sanità, dell'assistenza sociale e via discorrendo. Allo stesso modo esistono enti pubblici che perseguono finalità tipicamente private: ad esempio i cc.dd. *enti pubblici economici*, oggi invero quasi tutti estinti, esercitano attività di impresa in modo del tutto analogo a quello proprio delle società commerciali, che come vedremo sono enti privati.

Criteri

Pertanto sembra più opportuno ritenere che il carattere pubblico di un ente debba individuarsi alla stregua di una molteplicità di criteri, quali, in primo luogo, la fonte costitutiva, che per le persone private è normalmente un contratto o un atto privato, mentre per quelle pubbliche consiste in una disposizione di legge o in un atto autoritativo di altra pubblica amministrazione; altro carattere rilevante è poi costituito dall'eventuale riconoscimento all'ente di poteri sovraordinati rispetto ai privati, che caratterizzano proprio i soggetti di diritto pubblico.

La definizione di *enti privati* è invece di tipo residuale: sono tali tutte quelle persone giuridiche che non siano pubbliche.

Gli enti privati, a loro volta, si distinguono in *enti morali* e *società commerciali*.

Alle due diverse tipologie corrispondono due diversi statuti. I primi sono infatti disciplinati dal libro I del codice (artt. 14 ss.), mentre i secondi sono disciplinati nel libro V (artt. 2247 ss.), che è specificamente dedicato al diritto commerciale.

Qui il criterio discretivo tra le due fattispecie è dato esclusivamente dallo scopo, che nelle società deve necessariamente essere costituito dal lucro dei soci. Infatti le società commerciali esercitano attività economica di impresa, al fine della divisione degli utili tra questi ultimi (art. 2247 c.c.); gli enti morali invece possono esercitare sia l'attività di impresa che una diversa attività (culturale, sportiva, ecc.); ma, quando esercitano attività di impresa, è ad essi precluso di dividere gli utili tra associati o altri soggetti fondatori dell'ente: essi devono dunque essere destinati ad altre finalità.

Non costituiscono poi autonome categorie di enti privati, quelle contemplate da alcune disposizioni legislative, a fini soprattutto fiscali. Ci si riferisce in particolar modo alle cc.dd. *organizzazioni non lucrative di utilità sociale* (O.N.L.U.S.) disciplinate dall'art. 10 del d.lgs. n. 460 del 1997. Tali organizzazioni possono avere una qualunque struttura compatibile con la finalità *no profit*, e dunque non possono essere costituite nelle forme delle società commerciali, le quali, come detto, sono istituzionalmente lucrative. Esse sono destinatarie di trattamenti fiscali di favore e possono essere beneficiarie di previdenze pubbliche, purché rispettino determinati parametri, quale quello della democraticità del loro funzionamento, e si assoggettino a particolari controlli pubblici, soprattutto relativi al loro bilancio.

5. *Le associazioni*

Sotto il profilo della struttura, gli enti morali possono assumere la forma dell'associazione o della fondazione: tali tipi di ente sono disciplinati dal libro I del codice (artt. 14 ss.). Essi costituiscono dunque lo schema tipico cui può essere ricondotta ogni persona giuridica morale.

Le associazioni (dette anche corporazioni) sono di origine romana e sono gruppi di persone riunite per il perseguimento di uno scopo (si pensi ad una associazione culturale o sportiva ovvero ancora ad un sindacato). Esse sono caratterizzate dalla prevalenza dell'elemento personale (i soggetti, appunto) su quello patrimoniale. Prevalenza non vuol dire, tuttavia, esclusività. Ciò significa che anche nelle associazioni non può mancare un patrimonio ed una organizzazione di mezzi per il conseguimento dello scopo. Quest'ultimo è interno all'ente e riguarda gli stessi associati. Definizione

Le associazioni, che intendono chiedere il riconoscimento ed ottenere, di conseguenza, la personalità giuridica, devono essere costituite con atto pubblico (art. 14 c.c.), al quale di regola si accompagna uno statuto finalizzato a disciplinare l'organizzazione e l'attività dell'ente. L'atto costitutivo è, sul piano tecnico, un *contratto plurilaterale*, di durata ed a struttura aperta, in quanto – salvo diverso accordo tra gli associati – è possibile sempre l'adesione di altri soggetti. Una simile possibilità non si traduce, peraltro, in indifferenza verso la persona dell'associato: il rapporto associativo, al contrario, ha *natura personale* e non può essere trasmesso neppure in via ereditaria. L'atto costitutivo e statuto possono, tuttavia, prevedere eccezionalmente la possibilità del trasferimento, anche per atto tra vivi ed a titolo oneroso. Si tratta di una delle possibili clausole che ne costituiscono il contenuto, il quale deve, invece, necessariamente contenere una serie di indicazioni che consentano di identificare, nei suoi elementi essenziali, l'associazione. Tali elementi identificativi sono precisamente: la denominazione dell'ente, l'indicazione dello scopo, del patrimonio e della sede, le norme sull'ordinamento e l'amministrazione, nonché i diritti e gli obblighi degli associati e le condizioni per la loro ammissione (art. 16 c.c.). Clausole

L'organizzazione di un'associazione contempla due organi fondamentali. In primo luogo gli *amministratori*, che sono coloro che compiono le attività necessarie per il raggiungimento dello scopo e, come si dice, rappresentano l'ente nei confronti dei terzi, cioè concludono contratti a nome dell'ente o stanno in giudizio per conto dello stesso. Essi compiono attività giuridica i cui effetti si producono direttamente nella sfera giuridica dell'associazione, e dunque costituiscono l'organo attraverso il quale l'associazione medesima esercita le facoltà che ad essa derivano dall'essere titolare della capacità d'agire. Organi

Altro organo fondamentale è l'*assemblea*: essa è composta da tutti gli associati ed assume le sue delibere con le maggioranze richieste dall'art. 21 c.c. Nomina ed eventualmente revoca gli amministratori, approva il bilancio annuale da questi ultimi predisposto, decide sulla esclusione degli associati, delibera lo scioglimento dell'associazione. In generale poi impartisce direttive agli amministratori sullo svolgimento dell'attività finalizzata alla realizzazione dello scopo sociale. Dunque gli associati, nel corso della vita dell'associazione, rappresentano e costituiscono un organo fondamentale, che in un certo senso *completa* il contratto di associazione, adottando tutte le decisioni che ritiene opportune per il raggiungimento dell'obiettivo fissato nell'atto costitutivo.

L'elemento personale nelle associazioni è evidenziato, infine, dal fatto che il suo venir meno determina l'estinzione dell'associazione medesima.

Peraltro, nelle associazioni, proprio per tale perdurante impegno degli associati, si pone un problema di tutela dei diritti degli stessi che invece non riguarda le fondazioni. Il problema ha a che fare in generale con il fenomeno denominato *associazionismo*, il quale è costituito dalla naturale tendenza degli uomini appunto ad associarsi, per realizzare le finalità che più ritengono opportune e che possono essere raggiunte soltanto attraverso la formazione di un gruppo organizzato, di una formazione sociale. La tutela dell'associato assume oggi anche rilievo costituzionale, dato che l'art. 2 Cost. tutela i diritti fondamentali della persona anche in tali tipi di formazioni, considerate luoghi nei quali si *svolge* la personalità dell'uomo. Ciò evidentemente introduce il delicato problema del diritto a partecipare a tali associazioni, che non può essere affrontato in questa sede. Per restare nell'ambito della disciplina codicistica, bisogna evidenziare che le norme costituzionali rafforzano l'esigenza di garantire il principio democratico nell'adozione delle delibere assembleari, e dunque la regola maggioritaria, nonché di assicurare che l'esclusione dell'associato avvenga soltanto in presenza di gravi motivi (art. 24 c.c.), valutabili in sede giurisdizionale su ricorso dell'escluso.

Vicende

Durante la sua vita, l'associazione può subire diverse vicende: può conseguire il suo scopo ovvero estinguersi. Il singolo socio a sua volta può decidere di non far più parte della compagine sociale e recedere da essa ovvero esserne escluso. Quanto alle cause che determinano l'estinzione dell'associazione riconosciuta persona giuridica, esse sono previste nell'atto costitutivo e nello statuto e consistono nel raggiungimento dello scopo, nell'impossibilità sopravvenuta di conseguirlo e nel venire meno di tutti gli associati. Dichiarata l'estinzione della persona giuridica o disposto il suo scioglimento, si procede alla liquidazione del patrimonio secondo quanto stabilito dalle norme d'attuazione al codice civile (artt. 11-21). La liquidazione dell'ente consiste, precisamente, nel pagamento dei debiti e nella eventuale vendita dei beni. Il residuo attivo del patrimonio viene attribuito secondo quanto stabilito dall'atto costitutivo o dall'assemblea dell'associazione.

Recesso del socio

Il singolo socio, dal canto suo, può decidere di *recedere* dall'associazione, se non ha però assunto l'obbligo di farne parte per un tempo determinato (art. 24, 2° comma, c.c.). Il recesso è un *atto unilaterale recettizio*. Esso, cioè, deriva da una decisione del soggetto e deve essere comunicato, per essere efficace, agli amministratori per iscritto. Al diritto di recesso dell'associato, corrisponde, dall'altra parte, il potere di esclusione da parte del gruppo. L'esclusione è deliberata dall'assemblea quando sussistano gravi motivi (come ad esempio una condotta pregiudizievole, un grave inadempimento delle obbligazioni che derivano dalla legge o dal contratto sociale, la condanna ad una pena che comporti l'interdizione, anche temporanea, dai pubblici uffici). L'associato, tuttavia, può sempre ricorrere all'autorità giudiziaria entro sei mesi da quando gli è stata notificata la decisione.

6. *Le fondazioni*

Le *fondazioni* (dette anche istituzioni) sono, invece, di origine medievale e sono enti creati dalla volontà di un fondatore allo scopo di amministrare determinati beni e di destinarli ad un preciso fine: si pensi, ad esempio, alla fondazione Veronesi per la lotta ai tumori ovvero alla fondazione Treccani o più in generale alle fondazioni di studio e di diffusione della cultura. Nelle fondazioni prevale l'elemento patrimoniale, a differenza di quanto abbiamo visto nelle associazioni. Tuttavia, non può mancare neppure l'elemento personale. La volontà del fondatore, infatti, è sempre necessaria e serve ad individuare lo scopo alla cui realizzazione sono destinati i beni. Può dirsi, pertanto, che la rilevanza delle persone si esaurisce nel momento genetico dell'ente.

Volontà del fondatore

La fondazione si costituisce con *atto unilaterale* o anche per *testamento*. Nel caso, poi, in cui alla costituzione della fondazione partecipino più soggetti fondatori, si ha una pluralità di negozi unilaterali, anche se contenuti in un medesimo documento. L'atto costitutivo, se *inter vivos*, deve avere la forma pubblica: la finalità è quella di garantire la spontaneità dell'atto del disponente, al pari di quanto accade in tema di donazioni. Qualora, invece, la costituzione della fondazione avvenga mediante testamento, non è necessaria la forma pubblica, potendo trattarsi anche di un testamento olografo. Autonomo rispetto al negozio di fondazione è, invece, il *negozio di dotazione*, che ha la funzione di attribuire determinati beni a favore dell'ente da istituire. Dunque, mentre il negozio di fondazione ha carattere personale ed è diretto unicamente a

Patrimonio

manifestare la volontà di far sorgere l'ente, il negozio di dotazione ha contenuto patrimoniale ed è finalizzato a dotare l'ente del patrimonio necessario al conseguimento dello scopo. Tra il negozio di fondazione e quello di dotazione esiste, di conseguenza, un collegamento (c.d. *collegamento negoziale bilaterale*) nel senso che le vicende dell'uno incidono su quelle dell'altro.

Una volta che il fondatore o i fondatori abbiano costituito l'ente, la gestione del patrimonio e il perseguimento dello scopo sono affidati agli amministratori; non esiste, a differenza di quanto accade nelle associazioni, un organo, quale l'assemblea, che eserciti attività di controllo ed indirizzo nei confronti dell'amministratore. Tale attività è infatti svolta dall'autorità governativa ai sensi dell'art. 25 c.c.; essa può anche provvedere al coordinamento ed all'unificazione di fondazioni destinate a scopi analoghi (art. 26 c.c.).

Estinzione

La fondazione, al pari dell'associazione, si estingue per le cause previste dall'art. 27 c.c. Tuttavia, quando lo scopo per il quale la fondazione è stata costituita è divenuto impossibile o di scarsa utilità ovvero il patrimonio è diventato insufficiente, l'autorità governativa, anziché dichiarare estinta la fondazione, può provvedere alla sua trasformazione, rispettando comunque la volontà del fondatore (art. 28 c.c.).

Per le fondazioni, poi, è previsto anche un potere dell'autorità amministrativa in ordine alla c.d. *devoluzione* dei beni della fondazione a favore di altri enti che perseguano scopi analoghi (art. 31 c.c.).

7. (segue) *Fondazioni di impresa. Fondazioni di famiglia*

Le fondazioni non perseguono, di regola, uno scopo di lucro. Si ammette, tuttavia, che esse, in assenza di un divieto contenuto nello statuto o nell'atto costitutivo, possano svolgere anche attività di impresa. In tal caso, i proventi ottenuti sono destinati interamente al perseguimento dello scopo: si parla, pertanto, al riguardo, di *fondazioni di impresa*.

Scopi

L'attività svolta deve essere coerente con gli scopi della fondazione. Essa, perciò, è – almeno nella generalità dei casi – in rapporto immediato e diretto con gli scopi istituzionali dell'ente, come, ad esempio, nell'ipotesi della fondazione culturale la quale gestisca un'impresa editoriale. La fondazione non è tuttavia soggetta agli stessi obblighi ai quali sono tenute le società commerciali, pur quando svolga una attività economica diretta alla produzione e/o allo scambio di beni e servizi. Essa, così, non ha l'obbligo di depositare i bilanci ed, a giudizio della giurisprudenza, non può, in caso di insolvenza, essere dichiarata fallita.

Le *fondazioni di famiglia*, invece, sono incidentalmente previste dall'art. 28 c.c. Si tratta, precisamente, di fondazioni destinate a vantaggio di una o più famiglie determinate. È cioè possibile la costituzione di una fondazione che preveda l'erogazione di somme per premi di nuzialità o di natalità, a vantaggio di una precisa famiglia o che eroghi sussidi per l'avviamento ad una professione o ad un'arte ovvero che compia opere di assistenza o altri fini di pubblica utilità in favore di persone da scegliersi entro una determinata categoria o tra i discendenti di specifiche famiglie. Al verificarsi di una causa di estinzione, non è possibile la trasformazione della fondazione di famiglia: essa è inevitabilmente destinata a venire meno.

L'istituto delle fondazioni di famiglia rappresenta comunque un relitto storico, la cui validità è condizionata dalla sussistenza di ben definite circostanze, nelle quali vi sia la necessità del perseguimento di uno scopo meritevole di tutela, sebbene relativo ad una collettività più ristretta. Non può, infatti, riconoscersi validità all'istituto ogniqualvolta esso rappresenti lo strumento per eludere i limiti posti dal divieto di sostituzione fedecommissaria (art. 692 c.c.) e di usufrutto successivo (art. 698 c.c.), dei quali si dirà nei capitoli successivi.

8. (segue) *Le fondazioni di partecipazione*

A metà strada tra la struttura tipica delle associazioni e quella propria delle fondazioni si collocano le *fondazioni di partecipazione*, le quali rappresentano una nuova figura del diritto privato. Esse, infatti, sono caratterizzate dalla equilibrata presenza dell'elemento personale proprio delle associazioni e di quello patrimoniale, senza che possa ravvisarsi una prevalenza dell'uno sull'altro come accade nella generalità delle altre ipotesi. Sul piano personale, le fondazioni di partecipazione si connotano per la presenza di più soggetti fondatori e per la possibilità di affiancare ad essi, anche in una fase successiva, altre persone. Di regola, in tali enti si realizza una compartecipazione di soggetti pubblici e privati per il perseguimento di una finalità comune. L'atto costitutivo, infatti, non esclude ma anzi prevede il possibile ingresso di nuovi soci fondatori che apportino un ulteriore contributo alla dotazione patrimoniale iniziale, secondo lo schema delle associazioni.

Compartecipazione

Organi dell'ente sono, così, in primo luogo, i *fondatori promotori*, i quali costituiscono la fondazione e ne individuano lo scopo. Vi sono poi i *nuovi fondatori*, che sono ammessi successivamente in forza di una specifica previsione dell'atto costitutivo. La gestione è affidata ad uno o più *amministratori*, ma tra gli organi dell'ente figura anche l'*assemblea*, che riunisce tutti i partecipanti e che ha tuttavia poteri limitati.

Le fondazioni di partecipazione si prestano alla realizzazione di una pluralità di finalità, soprattutto in ambito sociale e solidaristico.

9. *Le associazioni non riconosciute*

Il codice regola anche le associazioni che non siano state riconosciute in quanto non abbiano ottenuto il riconoscimento ovvero perché non abbiano mai provveduto a richiederlo. Occorre al riguardo evidenziare che il codice del 1942, per motivi storici legati alla c.d. *eversione della feudalità*, non considerava certo favorevolmente la possibilità che un ente potesse essere titolare di un consistente patrimonio: ciò perché una persona giuridica, essendo in ipotesi immortale, è in grado, per la sua stessa natura, di restare per lungo tempo titolare di beni, soprattutto immobili, sì da sottrarli a quei fenomeni di circolazione su cui si fonda il funzionamento dei mercati. E d'altronde, l'accentramento della proprietà fondiaria, il c.d. *latifondo*, era stato giuridicamente consentito proprio dal riconoscimento di istituzioni, soprattutto ecclesiastiche, che potessero essere titolari di enormi estensioni di terreno, oltre che da istituti di tipo successorio (soprattutto il *fedecommesso*), che si analizzeranno nelle opportune sedi.

Il *sospetto* del legislatore verso le persone giuridiche è reso evidente da alcune disposizioni normative che sono state abrogate (artt. 17, 600, 786 c.c.): esse in sostanza consentivano alle persone giuridiche l'acquisto di beni immobili, di eredità e di donazioni soltanto previo il loro riconoscimento e con l'autorizzazione governativa. In altre parole l'ordinamento autorizzava tali persone ad effettuare detti acquisti soltanto se le stesse si assoggettavano a controlli pubblici.

In tale quadro normativo, le associazioni non riconosciute, non essendosi assoggettate al controllo che la P.A. effettua appunto con il riconoscimento, sono dal codice considerate una sorta di schema ritagliato per piccoli sodalizi, meritevoli perché espressione del libero associazionismo, oggi garantito a livello costituzionale dall'art. 18 Cost., ma limitate quanto alla capacità. A tali associazioni, che non sono tecnicamente munite della personalità giuridica, in quanto quest'ultima consegue soltanto al riconoscimento, il codice riconosce tuttavia una certa qual *autonomia patrimoniale*, che è detta *imperfetta*. Ciò emerge con evidenza dalle disposizioni ad esse dedicate. Anche le associazioni hanno un patrimonio che viene definito però *fondo comune* e che è costituito dai versamenti degli associati (art. 37 c.c.). La rappresentanza spetta al presidente o al direttore, mentre il funzionamento degli organi sociali è rimesso alle determinazioni pattizie degli associati (art. 36 c.c.). Quanto poi al regime delle obbligazioni contratte dall'associazione non riconosciuta, esso mette in evidenza un ulteriore aspetto di autonomia patrimoniale, seppure attenuata. Si è detto che le persone giuridiche, in quanto autonomi centri di imputazione di rapporti, rispondono delle proprie obbligazioni, alle quali sono invece estranei, data l'alterità sog-

Autonomia patrimoniale imperfetta

gettiva e patrimoniale, i soggetti che concorrono a formarle (ad esempio gli associati nel caso di associazione riconosciuta). Nelle associazioni non riconosciute, invece, di tali obbligazioni rispondono solamente gli amministratori che le hanno contratte, e rispondono insieme (come si dice *in solido*) all'associazione: ciò vuol dire che i creditori possono soddisfare le proprie ragioni sul patrimonio degli amministratori oltre che sul fondo dell'associazione. In tal senso dunque l'associazione ha limitata autonomia: perché delle sue obbligazioni non rispondono gli associati, ma soltanto gli amministratori.

Ma il sospetto del legislatore del 1942 per tali associazioni si evidenziava soprattutto nel fatto che, seppure in modo implicito, esso non riconosceva alle stesse la possibilità di acquistare beni immobili.

Oggi tali limitazioni non esistono più, come ormai dimostra la norma dell'art. 2659 c.c. che implicitamente consente la trascrizione (che è una forma di pubblicità di cui si parlerà in seguito) dei contratti che le associazioni non riconosciute compiono a riguardo di immobili, sicché ammette che ne possano essere titolari.

Trascrizione

Peraltro il problema delle associazioni non riconosciute sembra oggi consistere più che altro nel garantire la democraticità del loro funzionamento, che è rimesso agli accordi tra gli associati, attesa la loro natura di formazioni nelle quali si svolge la personalità degli stessi (art. 2 Cost.).

10. *I comitati*

Il codice disciplina, infine, un altro tipo di ente non riconosciuto: *i comitati*. Essi, precisamente, sono enti che hanno come scopo il soccorso o l'assistenza, ovvero la promozione della realizzazione di un'opera pubblica (art. 39 c.c.). Tra i loro compiti vi è principalmente quello di raccogliere fondi per destinarli a tale finalità. I soggetti che danno vita al comitato, per mezzo di un contratto di natura associativa, sono detti *promotori*, in quanto promuovono le sottoscrizioni e la raccolta dei fondi per lo scopo voluto. Devono, inoltre, redigere il programma del comitato, ossia il documento con il quale viene reso pubblico il contenuto degli accordi (lo scopo, i contributi da versare, le regole di gestione, ecc.).

Scopo

Solo dopo che i terzi siano stati portati a conoscenza dei contenuti del programma, inizia la raccolta dei fondi presso gli stessi, i quali, ove intendano aderire, sottoscrivono il programma medesimo e provvedono all'oblazione, ossia all'esecuzione delle prestazioni promesse. I beni da essi trasferiti al comitato sono, poi, utilizzati per il perseguimento dello scopo. Gli organizzatori e coloro che assumono la gestione dei fondi raccolti e provvedono alla loro conservazione ed al loro impiego in maniera conforme alle finalità del comitato sono responsabili nei riguardi dei terzi per gli atti di gestione compiuti in nome e per conto del comitato medesimo (art. 40 c.c.). Qualora, infatti, il comitato non abbia ottenuto il riconoscimento, delle obbligazioni contratte rispondono i promotori, mentre non rispondono i sottoscrittori.

Capacità processuale

Tali enti non sono dunque dotati di autonomia patrimoniale. Essi sono invece muniti di capacità processuale, nel senso che possono stare in giudizio in persona di chi li rappresenta. Il comitato si estingue per insufficienza dei fondi raccolti, per l'attuazione o il raggiungimento dello scopo e per l'inattuabilità sopravvenuta di esso (art. 42 c.c.).

11. *Gli enti* non profit. *Le O.N.L.U.S.*

Gli enti privati, non di rado, perseguono interessi propri della collettività. Come noto, una simile prerogativa è tipica degli enti pubblici i quali, tuttavia, non sempre sono in grado di arrivare o di agire in maniera efficace in determinati settori. Pertanto, non è infrequente che i privati affianchino lo Stato nella produzione di molti servizi socio-assistenziali e sanitari, creando l'economia sociale. Si parla, in tali casi, di "Terzo settore", per designare – appunto – il fenomeno per il quale enti privati perseguono interessi di rilevanza collettiva. Esso si distingue sia dal settore pubblico (il c.d. *Primo settore*) sia da quello privato che rappresenta il mercato (il c.d. *Secondo settore*).

In considerazione dei fini di utilità sociale, lo Stato favorisce e promuove la nascita di simili enti, detti *non profit* dal momento che la loro attività non produce utili e non è finalizzata alla realizzazione di un lucro. Gli stessi avanzi di gestione, infatti, sono interamente reinvestiti per gli scopi organizzativi. L'idea del *non profit* si è sviluppata nella seconda metà del XX secolo all'interno dei paesi economicamente più progrediti, nei quali si è progressivamente sviluppata una sempre crescente attenzione e sensibilità per le attività di solidarietà, vuoi alla luce del miglioramento delle condizioni economiche generali, vuoi grazie alla diffusione dell'informazione che ha consentito la conoscenza di particolari situazioni di disagio.

Origine

Lo Stato, negli ultimi anni, ha intrapreso una politica di sostegno e di agevolazione finanziaria di tali enti, attraverso vari provvedimenti legislativi: si pensi, ad esempio, alla legge 11 agosto 1991, n. 266, in tema di organizzazioni di volontariato; alla legge 8 novembre 1991, n. 381, relativa alle cooperative sociali; al d.lgs. 4 dicembre 1997, n. 460 sul "Riordino della disciplina tributaria degli enti non commerciali e delle organizzazioni non lucrative di utilità sociale". In realtà, l'assenza di finalità di lucro connota anche altre persone giuridiche come le società cooperative o le associazioni. In tal casi, tuttavia, è pur sempre possibile scorgere un legittimo, sebbene indiretto, interesse dei soci o comunque dei sodali rispetto alle attività dell'ente. All'interno degli enti *non profit*, invece, vi è unicamente una vocazione solidaristica: non soltanto non vi è distribuzione di utili ai soci, ma qualsiasi utilità prodotta (anche in forma di beni o servizi) è destinata con carattere di esclusività in favore di terzi. L'ente, poi, non svolge attività commerciale, salvo che la stessa non sia meramente strumentale al conseguimento degli scopi sociali.

Tra gli enti *non profit* spiccano, in particolare, le O.N.L.U.S. L'acronimo individua, propriamente, le Organizzazioni Non Lucrative di Utilità Sociale. Esse sono state create dal predetto d.lgs. 4 dicembre 1997, n. 460 sul "Riordino della disciplina tributaria degli enti non commerciali e delle organizzazioni non lucrative di utilità sociale". Non si tratta di un nuovo tipo associativo, ma di uno schema neutro nel quale possono rientrare figure già disciplinate dal codice civile o da leggi speciali, le quali intendano usufruire di particolari incentivi fiscali ed a tal fine si assoggettano a determinate regole nello svolgimento della loro attività finalizzata al perseguimento dello scopo sociale. L'art. 10 del d.lgs. stabilisce, infatti, che sono organizzazioni non lucrative di utilità sociale le associazioni, i comitati, le fondazioni, le società cooperative e gli altri enti di carattere privato, con o senza personalità giuridica. Non possono, invece, mai essere considerate O.N.L.U.S. gli enti pubblici, le società commerciali diverse dalle cooperative, le fondazioni bancarie, i partiti, i movimenti politici, le associazioni di categoria, le organizzazioni sindacali. Le O.N.L.U.S. possono operare unicamente in uno dei settori indicati dalla legge, i quali attengono, precisamente, all'assistenza sociale e socio-sanitaria, all'assistenza sanitaria, alla beneficenza, all'istruzione, alla formazione, allo sport dilettantistico, alla tutela promozione e valorizzazione delle cose di interesse storico, artistico o ambientale, alla ricerca scientifica di particolare interesse sociale. La loro denominazione ed i loro segni distintivi devono sempre contenere il termine "O.N.L.U.S.", il quale del resto deve essere impiegato anche in ogni comunicazione rivolta ai terzi.

O.N.L.U.S.

L'art. 11 del d.lgs. n. 460 del 1997 prevede poi per le O.N.L.U.S. l'iscrizione in un'Anagrafe tenuta dal ministero delle Finanze, la quale ha carattere costitutivo della qualificazione dell'ente come O.N.L.U.S.

Le organizzazioni *non profit* sono state, peraltro, ulteriormente definite con la legge 7 dicembre 2000, n. 383 recante la "disciplina delle associazioni di promozione sociale". In particolare, l'art. 2 della legge stabilisce che sono considerate associazioni di promozione sociale le associazioni riconosciute e non riconosciute, i movimenti, i gruppi e i loro coordinamenti o federazioni, costituiti al fine di svolgere attività di utilità sociale a favore di associati o di terzi, senza finalità di lucro e nel pieno rispetto della libertà e dignità degli associati. L'atto costitutivo deve essere redatto per iscritto e da esso, soprattutto, deve emergere l'assenza di finalità di lucro e la previsione che i proventi dell'attività in nessun caso possono essere destinati.

11.1. *Il Terzo settore*

Il Codice del Terzo settore, d.lgs. 3 luglio 2017, n. 117, ha provveduto al riordino e alla revisione organica della disciplina vigente in materia, definendo il perimetro del c.d. Terzo settore e gli enti che ne fanno parte.

Secondo quanto previsto dall'art. 4 del Codice, sono enti del Terzo settore le organizzazioni di volontariato, le associazioni di promozione sociale, gli enti filantropici, le imprese sociali, incluse le cooperative sociali, le reti associative, le società di mutuo soccorso, le associazioni, riconosciute o non riconosciute, le fondazioni e gli altri enti di carattere privato diversi dalle società costituiti per il perseguimento, senza scopo di lucro, di finalità civiche, solidaristiche e di utilità sociale mediante lo svolgimento, in via esclusiva o principale, di una o più attività di interesse generale in forma di azione volontaria o di erogazione gratuita di denaro, beni o servizi, o di mutualità o di produzione o scambio di beni o servizi, ed iscritti nel Registro Unico Nazionale del Terzo settore.

Non sono enti del Terzo settore le amministrazioni pubbliche, di cui al d.lgs. 30 marzo 2001, n. 165, art. 1, 2° comma, le formazioni e le associazioni politiche, i sindacati, le associazioni professionali e di rappresentanza di categorie economiche e le associazioni di datori di lavoro.

Gli enti religiosi civilmente riconosciuti possono essere considerati del Terzo settore qualora perseguano attività di interesse generale ed adottino le formalità previste dal Codice.

La riforma del Codice del Terzo settore ha comportato l'abrogazione della legge sul volontariato (legge n. 266 del 1991) e della legge sulle associazioni di promozione sociale (legge n. 383 del 2000). Le O.N.L.U.S., invece, continueranno ad essere soggette alla disciplina prevista dal d.lgs. n. 460 del 1997, fino a quando non troveranno applicazione le nuove disposizioni fiscali recate dal Titolo X del Codice.

Queste ultime e gli enti del Terzo settore già esistenti possono scegliere se adeguarsi alla nuova normativa, conformando il proprio statuto ed eleggendo una delle forme previste dal Codice, oppure rinunciare ai benefici fiscali, restando semplici enti non commerciali.

Il legislatore ha altresì previsto l'iscrizione obbligatoria per tutti gli enti del Terzo settore al Registro Unico Nazionale (RUNTS); tale iscrizione ha effetto «costitutivo relativamente all'acquisizione della qualifica di ente del Terzo settore e costituisce presupposto ai fini della fruizione dei benefici previsti dal Codice e dalle vigenti disposizioni in favore degli enti del Terzo settore», così come disposto dall'art. 7 del decreto ministeriale n. 106 del 2020.

Il Registro è soggetto a revisione triennale e gli atti *ivi* contenuti sono opponibili ai terzi a seguito della pubblicazione nel citato Registro.

12. *La segregazione patrimoniale come alternativa alla persona giuridica: i* trusts *e i patrimoni separati*

La creazione dell'ente assicura una stabile destinazione dei beni allo scopo: l'autonomia patrimoniale impedisce ogni commistione di vicende tra il patrimonio dei singoli partecipanti e quello della persona giuridica medesima. Un insieme di beni, infatti, viene materialmente staccato dalla sfera di appartenenza di un soggetto per essere destinato alla costituzione di un altro soggetto. Il patrimonio della persona giuridica costituisce, cioè, un *patrimonio autonomo*.

Definizione

Occorre però evidenziare che una simile finalità (quella, vale a dire, della completa separazione di patrimoni appartenenti ad uno stesso soggetto) può essere perseguita anche attraverso altre tecniche, alcune delle quali largamente diffuse nei paesi anglosassoni, che non contemplano la costituzione di una persona e dunque la personificazione dello scopo. Tali tecniche consistono principalmente nei cosiddetti *patrimoni dedicati* e cioè in un insieme di rapporti destinati ad uno scopo che sono nella titolarità di una persona, ma sono allo stesso tempo separati rispetto alla sua restante consistenza patrimoniale; il che vuol dire che non sono coinvolti dalle vicende che riguardano quest'ultima. Il codice civile conosce diverse ipotesi di destinazione patrimoniale: il fondo patrimoniale (art. 167), l'eredità giacente (art. 459), il patrimonio dedicato ad uno specifico affare (art. 2447 *bis*) o i vincoli di destinazione (art. 2645 *ter*).

Le rilevanti deroghe che simili istituti apportano al regime della responsabilità fissato dall'art. 2740 c.c. giustificano l'ambito normativamente predefinito e circoscritto del fenomeno della separazione patrimoniale, senza che, peraltro, ciò si traduca in un suo esclusivo verificarsi *ope legis*. Decisiva resta, infatti, la volontà del *dominus*, anche al solo fine di mettere in moto il meccanismo previsto e regolato dalla legge.

Ciò peraltro non vuol dire che esista nel nostro ordinamento una categoria unitaria di patrimoni dedicati: le singole fattispecie richiamate, infatti, pur presentando elementi in comune, si distinguono poi per quanto concerne il profilo della gestione dei beni, della comunicazione (diretta o indiretta) tra il patrimonio separato e quello di origine, della coincidenza proprietaria. Si pensi così al fondo patrimoniale, con riguardo al quale è dato scorgere pur sempre una "comunicazione mediata", un collegamento, cioè, tra i beni in esso conferiti e gli altri di cui siano ugualmente titolari i coniugi. Questi ultimi, infatti, sebbene in misura differente a seconda del regime patrimoniale prescelto, rispondono anche con il proprio patrimonio personale per le obbligazioni contratte al fine di soddisfare i bisogni della famiglia.

Effetti

In altri istituti, invece, si realizza una completa segregazione patrimoniale. Ciò accade, in particolare, nel *trust*: figura di origine anglosassone, oggi entrata a far parte anche del nostro ordinamento. Il *trust* consiste in un rapporto fiduciario in virtù del quale un determinato soggetto, denominato *trustee*, gestisce un patrimonio ovvero uno o più beni che gli sono stati trasmessi da un altro soggetto, denominato *disponente*, per uno scopo prestabilito, purché lecito e non contrario all'ordine pubblico. La gestione dei beni, in particolare, avviene di regola a vantaggio di uno o più soggetti e per un fine specifico. Il *trustee*, per effetto della costituzione del *trust*, diviene il solo e legittimo proprietario dei beni in *trust* e deve scrupolosamente attenersi a quanto stabilito nell'atto istitutivo stesso. Ma l'effetto più caratteristico che consegue alla creazione di un *trust* è appunto la c.d. *segregazione patrimoniale*. I beni posti in *trust*, infatti, costituiscono un patrimonio separato rispetto ai beni residui che compongono il patrimonio del disponente, del *trustee* e dei beneficiari. Ne consegue, pertanto, che qualunque vicenda personale e patrimoniale colpisca questa figura non travolge mai i beni in *trust*.

I beni in *trust* sono, così, soggetti ad un duplice vincolo: di *destinazione* (rappresentato dallo scopo che il disponente intende perseguire con il *trust*) e di *separazione* (in quanto sono distinti completamente dal patrimonio residuo del disponente e del *trustee*). Essi cioè, sono, secondo terminologia anglosassone *earmarking*, vale a dire "marchiati". Il *trust* è stato disciplinato dalla Convenzione dell'Aja del 1° luglio 1985, resa esecutiva in Italia con legge 16 ottobre 1989, n. 364. La Convenzione, in particolare, reca norme relative alla disciplina applicabile all'istituto e al suo riconoscimento. In realtà, il nostro ordinamento non contiene una normativa interna sul *trust* e di conseguenza la loro costituzione in Italia implica il necessario rinvio alla disciplina straniera per la regolamentazione del rapporto.

Art. 2645 *ter* c.c.

Figura similare a quella del *trust*, è disciplinata, all'interno del nostro ordinamento, dall'art. 2645 *ter* c.c. La norma, infatti, contempla anch'essa un'ipotesi di segregazione patrimoniale derivante precisamente dalla costituzione di un vincolo di destinazione di beni per una precisa finalità. Essa, cioè, riconosce espressamente, la "meritevolezza" della causa di destinazione, e quindi la liceità, validità ed efficacia del negozio che programma tale destinazione (detto, appunto, *negozio di destinazione patrimoniale*).

Un soggetto può, pertanto, mediante un atto pubblico, *destinare* determinati beni immobili o beni mobili iscritti in pubblici registri alla realizzazione di interessi meritevoli di tutela, a vantaggio di uno o più beneficiari. Questi possono essere soggetti con disabilità o pubbliche amministrazioni ovvero ancora, più in generale, enti o persone fisiche. Importante è soltanto che la destinazione patrimoniale risponda ad un interesse meritevole di protezione secondo l'ordinamento giuridico, come si desume dal rinvio all'art. 1322, 2° comma, c.c. contenuto nell'art. 2465 *ter* c.c. La durata del vincolo di destinazione non può eccedere i novanta anni o comunque la durata della vita della persona beneficiaria. Il vincolo poi può essere trascritto al fine di essere portato a conoscenza dei terzi e di essere loro opponibile. Ciò significa che i terzi ed in particolare i creditori personali del costituente non possono distogliere i beni dalla loro destinazione, né soddisfare su di essi le proprie pretese creditorie derivanti da debiti contratti per ragioni che non attengono alla finalità per la quale il vincolo stesso è stato costituito. I possibili impieghi, meritevoli di tutela, che può avere la figura introdotta dall'art. 2645 *ter* c.c. sono molteplici. Si pensi, ad esempio, all'ipotesi in cui un soggetto (detto, appunto, disponente) trasferisca un determinato bene ad una associazione con il vincolo per la stessa di destinarne le rendite a scopi di beneficenza ovvero ne disponga a vantaggio di una fondazione affinché questa ne consenta la fruizione al pubblico e provveda, al tempo stesso, alla sua manutenzione e conservazione. Ma applicazioni della fattispecie possono individuarsi anche nell'ambito del diritto di famiglia, come nel caso in cui due conviventi *more uxorio*, al fine di regolare i loro rapporti patrimoniali, anche in ragione di tutelare i figli nati dalla loro unione, costituiscano un vincolo (mantenendo la proprietà dei beni) su determinati beni al fine di destinarli ai bisogni della famiglia di fatto, con l'obbligo di impiegarne le rendite ed i proventi per le spese familiari, prevedendo al tempo stesso che, nel caso di cessazione della convivenza, il vincolo sui beni duri comunque fino al raggiungimento dell'indipendenza economica di tutti i figli.

Durata

Applicazioni

Capitolo 7

I LUOGHI DELLA PERSONA

Sommario: 1. Residenza, domicilio e dimora. – 2. La sede delle persone giuridiche.

1. *Residenza, domicilio e dimora*

Ogni persona, fisica o giuridica, ha dei luoghi nei quali svolge la sua attività o la sua esistenza. Questi luoghi sono rilevanti a diversi effetti giuridici. Ad esempio per individuare dove deve essere notificato un atto giudiziario; dove deve essere aperta la successione di un defunto e dunque quale sia l'autorità giudiziaria competente per una serie di procedure che tale successione riguardano.

Con riferimento alla persona fisica, il luogo dove essa dimora abitualmente, e cioè dove vive, è detto in termine tecnico *residenza* (art. 43, 2° comma, c.c.). La residenza, dunque, è un *quid facti* ed è caratterizzata dall'intenzione del soggetto di stabilirsi, in maniera permanente, in un determinato luogo.

Quid facti

Tale residenza è annotata nei registri dell'ufficio anagrafe di ogni comune. Ma la relativa risultanza non ha che valore di presunzione; essa cioè non è costitutiva della residenza. In altre parole una persona risiede dove effettivamente vive. Ciò che emerge dai registri dell'anagrafe fa soltanto presumere che la sua residenza sia in quel luogo, ed è dunque uno strumento di prova della stessa. Peraltro, un soggetto può avere anche due o più residenze, ove viva abitualmente, e cioè stabilmente seppure in modo alternato, in due o più luoghi. In caso di trasferimento della residenza, il soggetto è tenuto a darne comunicazione sia al comune del luogo dove risiede sia a quello nel quale intende stabilire la nuova permanente dimora. Simile pubblicità è necessaria per rendere noto ai terzi il cambiamento, affinché cioè lo stesso sia loro opponibile.

Quid iuris

Il *domicilio* (art. 43, 1° comma, c.c.) è il luogo dove la persona svolge la sua attività di lavoro o i suoi affari. Esso, pertanto, è un *quid iuris* e può tanto coincidere con la residenza quanto essere diverso. Il domicilio è *speciale* se è eletto dal soggetto per un suo singolo affare (art. 47 c.c.). All'interno della famiglia, ciascuno dei coniugi ha il proprio domicilio nel luogo in cui ha stabilito la sede principale delle proprie attività o dei propri affetti. Il minore, invece, ha il domicilio nel luogo di residenza della famiglia.

Regole particolari valgono, in genere, per l'incapace. L'interdetto, così, ha il domicilio del tutore.

Infine la *dimora* è il luogo dove un soggetto soggiorna occasionalmente: ad esempio il luogo della villeggiatura.

L'ordinamento attribuisce rilievo, per specifici effetti, a volte all'uno a volte all'altro dei luoghi indicati. Le pubblicazioni per il matrimonio, ad esempio, devono essere fatte nei comuni di residenza degli sposi. Analogamente, la notificazione degli atti giudiziari deve essere fatta nel comune di residenza del destinatario (art. 139 c.p.c.). La successione di una persona, invece, si apre nel luogo del suo domicilio (art. 456 c.c.). Al domicilio del creditore deve, poi, essere adempiuta l'obbligazione di consegnare una somma di denaro (art. 1182 c.c.). Effetti

In altri casi, poi la legge si riferisce alternativamente alla residenza ed al domicilio, nel senso che, qualora non sia nota la prima, occorre fare riferimento alla seconda. Così, il ricorso per la nomina dell'amministratore di sostegno va fatto nel luogo in cui l'incapace ha la residenza o il domicilio. La dimora, invece, assume rilevanza quando non siano noti né il domicilio né la residenza della persona. È il caso, ancora una volta, delle notificazioni degli atti giudiziari, che devono avvenire appunto nel luogo di dimora, quando non siano conosciuti la residenza o il domicilio (art. 139 c.p.c.).

2. *La sede delle persone giuridiche*

La persona giuridica ha un proprio luogo denominato *sede* (art. 16 c.c.). Essa emerge dall'atto costitutivo e si chiama pertanto *legale*. La sede individua, precisamente, il luogo dove opera l'organo amministrativo della persona giuridica. Peraltro un ente può anche avere una *sede effettiva* diversa da quella legale. In tal caso i terzi possono considerare la sede effettiva come quella rilevante ad ogni effetto giuridico. Per sede effettiva deve intendersi quella dove in concreto si svolgono le attività amministrative e di direzione dell'ente e dove operano i suoi organi con poteri di direzione.

La persona giuridica può poi avere delle *sedi secondarie*. Il codice le menziona espressamente nel disciplinare la società in nome collettivo, all'art. 2299 c.c. Esse individuano, precisamente, le filiali o le succursali della società nelle quali esiste una rappresentanza stabile. Come per le persone fisiche, così per le persone giuridiche l'ordinamento attribuisce rilevanza alla sede in numerose ipotesi. Ad esempio essa vale a determinare la competenza del tribunale in caso di dichiarazione di fallimento dell'imprenditore (art. 9 legge fall.).

CAPITOLO 8

OGGETTO E CONTENUTO DEL RAPPORTO GIURIDICO

SOMMARIO: 1. L'oggetto e il contenuto del rapporto giuridico. – 2. Rapporti patrimoniali e non patrimoniali.

1. *L'oggetto e il contenuto del rapporto giuridico*

Si è più volte ripetuto che il rapporto giuridico regola un conflitto di interessi a riguardo di un bene della vita e cioè di una cosa sulla quale si appuntano contrapposti interessi di vari soggetti. La regolazione avviene attraverso l'individuazione di colui o di coloro che possono soddisfare i propri bisogni sul bene e, di converso, di coloro che non possono soddisfarsi o devono cooperare per la soddisfazione altrui.

Definizione

L'*oggetto* del rapporto giuridico è costituito appunto dal bene che è al centro della disciplina del conflitto. Non esiste nel nostro codice una definizione generale del concetto in questione. L'art. 810 c.c. definisce i beni come le «*cose che possono formare oggetto di diritto*». Esso si riferisce specificamente all'oggetto di quel particolare diritto che è la proprietà e che, come si è già detto, costituisce il paradigma del diritto soggettivo assoluto a contenuto patrimoniale. Si ricorderà che i diritti assoluti sono quelli che consentono al relativo titolare di soddisfarsi direttamente sul bene: la cosa da cui, dunque, il proprietario o il titolare di qualunque altro diritto reale può trarre direttamente l'utilità a cui ha interesse, costituisce l'oggetto del rapporto giuridico.

L'art. 1174 c.c. individua nella *prestazione* l'oggetto dell'obbligazione. Si ricorderà che il diritto soggettivo relativo (ad es. il credito) si configura quando il suo titolare non è abilitato a soddisfare le sue pretese direttamente sul bene ma, per ottenere ciò, deve comunque attendere un'attività (positiva o anche negativa) da parte di un altro soggetto, che è il titolare della situazione giuridica passiva (detta *debito*). L'attività che consente al titolare del diritto di appagare i suoi bisogni giuridicamente tutelati si chiama dunque prestazione. Essa costituisce, più che l'oggetto del diritto di credito, lo strumento attraverso cui il creditore ottiene la soddisfazione del suo interesse su di un bene.

Diverso dall'oggetto del rapporto è, invece, il suo contenuto che, come già detto, è costituito dall'insieme dei comportamenti che i soggetti titolari delle situazioni giuridiche rispettivamente attiva e passiva possono o devono tenere. In alcuni casi, il contenuto è stabilito dalla legge (si pensi ai diritti patrimoniali assoluti); in altri casi, può essere determinato dalla volontà delle parti (si pensi all'obbligazione). Il contenuto dei singoli rapporti giuridici sarà oggetto di specifica analisi nei prossimi capitoli.

Contenuto del rapporto

2. *Rapporti patrimoniali e non patrimoniali*

I rapporti giuridici non hanno tutti contenuto patrimoniale. Alcuni infatti sono funzionali alla soddisfazione di interessi di tipo personale e cioè non economico. I diritti della personalità, tutelati già a livello di testo costituzionale, sono ad esempio diritti soggettivi assoluti di tipo non patrimoniale. In tali tipi di rapporto è difficile individuare un bene specifico che ne costituisca l'oggetto. Esso si confonde con l'interesse stesso che l'ordinamento riconosce come meritevole di tutela: così, ad esempio, il diritto alla salute ha ad oggetto proprio l'interesse di ogni soggetto a stare bene.

Anche i rapporti relativi possono essere di tipo non patrimoniale. Così, ad esempio, molti rapporti di tipo familiare hanno struttura di diritti relativi ma oggetto di tipo personale: si pensi agli obblighi che discendono dal matrimonio, quale quello di fedeltà o di coabitazione. Anche nei rapporti relativi di tipo familiare o non patrimoniale in genere è difficile individuare uno specifico oggetto con autonoma identità e consistenza fisica. L'oggetto di tali rapporti si confonde con l'interesse tutelato.

Differenza

La differenza tra rapporti patrimoniali e non patrimoniali rileva, in primo luogo, al fine della individuazione degli strumenti di tutela. Ad esempio, i diritti relativi di tipo patrimoniale sono, di regola, attuabili attraverso l'esecuzione in forma specifica e cioè attraverso una procedura che consente al creditore di ottenere, attraverso l'utilizzazione di mezzi di coazione, esattamente quella prestazione a cui ha diritto. L'esecuzione non è invece prevista, e nemmeno forse ipotizzabile, per i diritti relativi a contenuto non patrimoniale.

Nei successivi capitoli, dopo aver esaminato la dinamica delle vicende del rapporto, si analizzerà il contenuto e gli strumenti di tutela dei singoli rapporti distinguendoli a seconda del loro contenuto patrimoniale o non patrimoniale.

PARTE III

LA DINAMICA DEL RAPPORTO GIURIDICO: I FATTI E LE VICENDE GIURIDICHE

CAPITOLO 9
L'ASPETTO DINAMICO DEL RAPPORTO GIURIDICO: LE VICENDE

1. *Le vicende del rapporto giuridico*

Funzione

Il rapporto giuridico è lo strumento attraverso cui l'ordinamento svolge la sua funzione di regolare una relazione tra privati: esso risolve un conflitto individuando, tra vari interessi contrapposti, quello che considera meritevole di tutela. È dunque l'esigenza di tutela di un interesse a far nascere un rapporto giuridico; ogni volta che essa si manifesti, l'ordinamento provvede a costituirlo. Se per esempio nasce un essere umano, l'ordinamento, poiché considera rilevanti e meritevoli gli interessi della persona, provvede a far sorgere automaticamente tutti i diritti della personalità.

È però possibile che l'esigenza di tutela si modifichi durante la vita del rapporto, sicché anch'esso subisce delle variazioni del proprio contenuto, in modo da adattarsi ai nuovi bisogni di protezione. Può infine accadere che l'esigenza venga meno o che l'interesse sia stato definitivamente soddisfatto: allora anche il rapporto giuridico non avrà più alcuna funzione da svolgere, dunque si potrà estinguere.

Ogni volta che si manifesta, muta o viene meno la necessità di tutelare un interesse, il rapporto giuridico rispettivamente nasce, si modifica o si estingue. Tali rilevanti momenti della sua vita sono le *vicende* del rapporto, le quali possono essere *costitutive*, *modificative* o infine *estintive*.

Esse riguardano il rapporto stesso, atteso che incidono sulla sua esistenza e sul suo contenuto.

Esistono poi altre importanti vicende che riguardano, generalmente, non il rapporto in sé ma quel particolare legame che esiste con il soggetto, e cioè la *titolarità*. Esse sono l'*acquisto* e la *perdita*, che indicano i momenti in cui un soggetto rispettivamente acquisisce o dismette la titolarità di una situazione giuridica soggettiva, e cioè il profilo attivo o passivo del rapporto.

Vi sono, inoltre, come vedremo, molteplici vicende acquisitive, le quali sono assoggettate a differenti regimi. Proprio in considerazione della diversa regolazione, esse sono state catalogate dalla nostra tradizione giuridica. Gli acquisti dunque possono essere a *titolo originario* o a *titolo derivativo.*

2. *L'acquisto del rapporto*

Costituzione ed acquisto

Il concetto di costituzione del rapporto è diverso da quello di acquisto. Il primo indica la venuta ad esistenza della relazione giuridica prima non esistente; il secondo, invece, implica che il rapporto venga assunto nella titolarità di un determinato soggetto: la nascita incide sull'esistenza del rapporto; l'acquisto sulla sua titolarità.

L'acquisto di un diritto è a *titolo originario* quando il momento costitutivo e quello acquisitivo coincidono. Ciò significa che il rapporto, prima inesistente, nasce e viene automaticamente acquisito nella titolarità di un determinato soggetto, il quale ne diventa dunque il primo titolare.

I rapporti patrimoniali si acquistano a titolo originario in conseguenza di una relazione diretta tra il soggetto e l'oggetto della situazione giuridica, la quale è in genere un diritto soggettivo. È il caso, facilmente comprensibile, dell'occupazione di una cosa che non appartiene ad alcuno. Chi trova la c.d. *res nullius* può farla propria semplicemente acquisendone il materiale possesso, con l'intenzione appunto di acquistarla (art. 922 c.c.). La relazione diretta tra soggetto e cosa crea un nuovo diritto di proprietà sul bene a favore dell'occupante; ed esso nasce direttamente nella titolarità dell'occupante medesimo, in modo appunto originario.

Tutti i diritti della personalità si acquistano a titolo originario, perché essi hanno origine con la persona stessa.

L'acquisto è invece a *titolo derivativo* allorché si verifica un mero passaggio del rapporto, e cioè della situazione attiva o passiva, da un soggetto ad un altro. In tal caso, la vicenda traslativa è del tutto slegata da quella costitutiva, che invece si è già verificata in precedenza. Ad esempio: chi compra un bene diviene titolare di un diritto di proprietà che già prima esisteva ed apparteneva al venditore, il quale viceversa se ne priva. Si tratta di un fenomeno puramente *traslativo.*

L'acquisto avrà effetto soltanto se colui che cede il rapporto, il c.d. *dante causa*, sia effettivamente titolare dello stesso.

Sotto tale profilo, l'acquisto a titolo originario è, pertanto, un acquisto certo, nel senso che, in presenza delle condizioni di legge, esso senz'altro consente all'acquirente di divenire titolare della situazione; e ciò anche se la stessa sia stata, in precedenza, di un altro titolare. Tutti gli acquisti a titolo originario hanno infatti un'altra importante caratteristica, quella di produrre il c.d. *effetto purgativo*: ciò significa che essi, nel momento stesso in cui si verificano, determinano anche l'automatica estinzione di tutti i diritti precedentemente esistenti sul bene. Ad esempio, chi usucapisce un bene – e l'usucapione è un altro modo di acquisto a titolo originario che consegue al possesso di una cosa per un determinato periodo di tempo – lo acquisisce libero da ogni altro precedente diritto, che automaticamente si estingue.

Tale effetto non consegue invece agli acquisti a titolo particolare: qui la vicenda traslativa si realizza soltanto se il cedente sia titolare della situazione ceduta.

Gli acquisti a titolo derivativo si distinguono poi in *mortis causa* o per *atto tra vivi*. I primi si verificano quando la ragione del trasferimento del rapporto è la morte del relativo titolare. In tutti gli altri casi invece l'acquisto è per atto tra vivi. Così, ancora, l'acquisto a titolo derivativo è *universale* allorché riguarda l'intera massa dei rapporti del cedente o una quota di essi; è *particolare* negli altri casi. Ma tali aspetti saranno approfonditi nei capitoli che trattano il diritto delle successioni per causa di morte, ai quali si rinvia.

3. *L'estinzione del rapporto: la prescrizione*

Le specifiche vicende costitutive, modificative o estintive sono disciplinate dal codice con riferimento alle particolari tipologie di rapporto giuridico cui si riferiscono. Il codice, disciplina, ad esempio, la costituzione della proprietà (artt. 922 ss.) e la costituzione delle obbligazioni (art. 1173 c.c.); allo stesso modo ne regola le particolari vicende estintive.

Esiste poi una vicenda estintiva che ha rilievo generale perché essa riguarda, in via di principio, qualunque tipo di rapporto: essa è la prescrizione, i cui tratti è opportuno tracciare in questa sede generale.

La *prescrizione* è una vicenda estintiva dei diritti soggettivi e quindi del rapporto giuridico che questi costituiscono: essa anzi rappresenta un generale modo di estinzione di quasi tutti i diritti patrimoniali, che consegue al mancato esercizio delle rispettive facoltà.

Chi infatti omette di esercitare, per un lungo periodo di tempo, il contenuto dei diritti, dimostra di non esserne più interessato: ciò rende evidente che l'esigenza di tutela, che aveva giustificato la nascita del rapporto, viene meno. E pertanto l'ordinamento consente che il rapporto medesimo possa essere estinto, così peraltro realizzando due diverse esigenze. In primo luogo, quella pubblica di garantire la certezza delle situazioni giuridiche e il pacifico svolgimento delle relazioni interindividuali, che potrebbero essere turbati ove il titolare del diritto avanzasse una pretesa dopo un lungo periodo di inerzia. In secondo luogo, quella del titolare della posizione giuridica passiva, il quale, dato il tempo trascorso, ha potuto fare affidamento sulla sua liberazione dall'obbligo.

Nella concreta disciplina dettata dal codice, l'ultima esigenza si può dire che prenda il sopravvento sulle altre. Ed infatti la prescrizione è un effetto estintivo che non può essere rilevato d'ufficio: ciò significa che se, nonostante il tempo trascorso, il titolare del diritto pretenda di farlo valere, è solamente il titolare della situazione passiva (normalmente il debitore) a poter eccepire la prescrizione, così paralizzando l'altrui pretesa (art. 2938 c.c.). In altre parole, l'ordinamento mette nella disponibilità del debitore (o comunque del titolare della situazione passiva) di far valere l'effetto prescrittivo che è a lui favorevole, sicché in mancanza di una sua dichiarazione di volerne profittare, avanzata sotto forma di eccezione alla richiesta del titolare della situazione attiva, tale effetto non potrà essere fatto valere dal giudice.

Presupposti

Perché la prescrizione maturi sono necessari alcuni presupposti. Essi sono costituiti, in termini sintetici, dal mancato esercizio, per un periodo di tempo stabilito dalla legge, di tutte le facoltà che costituiscono il contenuto di un diritto che poteva essere esercitato.

In primo luogo, dunque, l'inerzia del titolare deve essere *assoluta*, nel senso che essa deve riguardare l'intero contenuto del diritto. Si è già detto che il contenuto del diritto è costituito dalle facoltà, e cioè dai comportamenti che l'ordinamento consente al titolare di assumere per soddisfare il suo interesse. Orbene, perché maturi la prescrizione, è necessario che nessuna di tali facoltà venga esercitata: se il titolare ne esercitasse anche una sola, il diritto resterebbe in vita integralmente.

In secondo luogo, è necessario che l'inerzia del titolare non sia stata determinata da un *ostacolo giuridico*, che impedisca l'esercizio del diritto (art. 2935 c.c.). E pertanto la prescrizione non matura, e cioè il relativo termine non decorre, finché il diritto non nasca, e cioè finché non si sia completamente verificata la vicenda costitutiva del rapporto; pertanto chi è titolare soltanto di un'aspettativa, ma non ha ancora acquistato il diritto, non potrà subire l'effetto estintivo in questione.

Impedimenti

Allo stesso modo, essa non decorre se il diritto è subordinato a termine o condizione, se vale a dire il suo concreto esercizio dipende dal passaggio di un determinato periodo di tempo o dal verificarsi di un evento futuro ed incerto. È il caso di chi ha concesso una dilazione al debitore per il pagamento di una somma di danaro; o, ancora, di chi ha diritto di ottenere una prestazione a condizione che sopravvenga un determinato accadimento. Costui, per il periodo della dilazione o fino a che l'accadimento non si avvererà, non potrà subire la prescrizione perché non si può a lui imputare il mancato esercizio di un diritto che non è esercitabile.

Nei casi visti, l'impedimento è di tipo giuridico, perché è precluso al titolare il legittimo esercizio della situazione soggettiva; esso impedisce in modo assoluto la prescrizione che decorre solo da quando l'impedimento è rimosso.

Ma un ostacolo all'esercizio può anche essere di mero fatto o dipendere da motivi di carattere morale o personale. Essi sono, in primo luogo, costituiti:

a) dalla esistenza di una particolare relazione che impedisce, non giuridicamente ma solo moralmente, al titolare del diritto di esercitarlo. Si pensi al caso del rapporto tra coniugi; del rapporto tra il tutore o del curatore e colui che è assoggettato alla loro potestà; delle persone giuridiche e dei rispettivi amministratori;

b) dalla esistenza di una situazione di fatto che rende impossibile o particolarmente difficile l'esercizio del diritto. Si pensi al caso dell'incapace cui non sia stato attribuito un rappresentante ovvero del militare che si trova in guerra;

c) dal comportamento stesso del titolare della situazione passiva (e cioè del debitore) che abbia dolosamente nascosto al titolare del diritto la sua esistenza. Qui l'ostacolo ad esercitare il diritto è dovuto esclusivamente al comportamento del soggetto interessato a liberarsi dall'obbligo.

L'impedimento di fatto – a differenza di quello di diritto – ha rilievo soltanto nei casi tassativamente elencati dal codice agli artt. 2941 e 2942 c.c. e che sono stati sopra riassunti. Esso determina un effetto che è definito *sospensione*. La *sospensione* comporta che il decorso del termine di prescrizione si fermi per tutto il periodo per cui sussiste l'impedimento previsto dalla disposizione di legge. Ciò significa che il tempo di non esercizio del diritto maturato prima che si verificasse l'ostacolo (ad esempio prima del matrimonio tra creditore e debitore), si cumuli a quello che matura successivamente alla rimozione dell'ostacolo medesimo (ad esempio dopo il divorzio). I due periodi di tempo devono dunque essere sommati per verificare se la prescrizione è maturata. La sospensione è, in definitiva, una sorta di parentesi nel decorso della prescrizione, che non deve essere tenuta in conto ai fini dell'accertamento della sua verificazione.

Ogni altro ostacolo di fatto all'esercizio del diritto, ad esempio una malattia del relativo titolare, non ha alcun rilievo e non blocca l'effetto estintivo.

Decorso del tempo

Infine, perché maturi la prescrizione, è necessario il decorso del tempo. Il tempo di prescrizione è stabilito dalla legge con una disposizione generale, cui sono però apportate consistenti deroghe. Il termine generale, detto *ordinario*, è *decennale*. Ma esistono prescrizioni più brevi. Più precisamente, oltre alla prescrizione ordinaria decennale, esistono:

a) Prescrizioni *quinquennali*, come nel caso del credito al risarcimento dei danni per responsabilità extracontrattuale; nei casi previsti dall'art. 2948 c.c. che riguardano, in generale, le prestazioni che devono eseguirsi periodicamente (annualità di rendite; interessi monetari) e le indennità di fine rapporto di lavoro; o, ancora, in materia societaria.

b) Prescrizioni *annuali*, come quelle dei diritti che nascono da contratti di mediazione e trasporto (artt. 2950, 2951 c.c.).

I diritti derivanti da assicurazione si prescrivono, poi, in due anni ovvero in uno a seconda dei casi indicati dall'art. 2952 c.c.

Esistono infine prescrizioni più lunghe, quali quelle dei diritti reali *in re aliena*, che si estinguono per non uso *ventennale*.

I termini di prescrizione sono stabiliti dalla legge in modo inderogabile (art. 2936 c.c.). È sotto tale profilo che si apprezza l'interesse generale alla certezza dei rapporti, che sopra abbiamo indicato. Non è dunque possibile che i privati si accordino per allungare o abbreviare i termini. Il relativo patto è nullo, così come nulla è la rinunzia preventiva alla prescrizione. Invero, l'effetto estintivo è rimesso alla disponibilità del titolare della situazione passiva, che può decidere se approfittarne o meno. Ma la decisione può essere validamente presa soltanto se il termine di prescrizione già è decorso. Una rinuncia prima di tale momento significherebbe infatti una modifica del termine medesimo; essa equivarrebbe ad una sua proroga all'infinito, sicché è nulla (art. 2937 c.c.).

Perché la prescrizione maturi, l'inerzia del titolare deve protrarsi per tutto il periodo, senza interruzioni. L'*interruzione* (art. 2943 c.c.) è infatti determinata da un atto di esercizio del diritto, il quale fa decorrere nuovamente e daccapo il termine previsto dalla legge. L'esercizio deve consistere nella pretesa avanzata dal titolare nelle forme di un atto giudiziario e cioè di una domanda, anche cautelare, rivolta al giudice e nei confronti del titolare della situazione passiva. Per i crediti, basta una semplice richiesta scritta di pagamento. Determina altresì l'effetto interruttivo il riconoscimento del diritto altrui da parte del titolare della situazione passiva (art. 2944 c.c.).

È importante infine notare che resta sospesa la prescrizione del diritto per tutto il tempo necessario alla definizione del giudizio in cui esso è controverso (art. 2945, 2° comma, c.c.). Si è già evidenziato che la sospensione della prescrizione si verifica in tutte le ipotesi in cui sussista un impedimento all'esercizio del diritto: essa comporta che il termine di prescrizione non decorra per tutto il tempo per cui esiste l'impedimento, mentre lo stesso ricomincia a decorrere da quando l'impedimento cessa. Differente è invece il concetto di interruzione, il quale, in conseguenza dell'esercizio del diritto da parte del titolare, fa decorrere nuovamente il termine prescrizionale.

La fattispecie dell'art. 2945, 2° comma, c.c., costituisce, in effetti, un fenomeno non di sospensione ma di interruzione. Durante il processo nel quale il titolare del diritto lo fa valere, è come se si verificasse una sorta di esercizio permanente del diritto medesimo, il quale produce un duplice effetto: interrompe la prescrizione e dunque azzera i termini già maturati prima dell'inizio del giudizio; ma allo stesso tempo fa sì che tali termini riprendano non subito, ma dal momento in cui il giudizio finisce. Si verifica, cioè, una sorta di *interruzione permanente* della prescrizione per tutto il tempo del giudizio. Ciò accade però soltanto se quest'ultimo è definito con una decisione. Se, invece, si estingue per altro motivo di tipo procedurale (perché, ad esempio, la parte interessata non lo coltivi), il termine di prescrizione inizia a decorrere non dal giorno dell'estinzione ma da quello – anteriore – in cui è stata proposta la domanda.

Tutti i diritti patrimoniali sono soggetti a prescrizione, salvo che la proprietà.

I diritti della personalità sono invece di norma imprescrittibili.

Prescrizione presuntiva

Differisce, infine, dall'istituto fin qui analizzato quello della c.d. *prescrizione presuntiva*. La prescrizione in esame integra, infatti, una vicenda che estingue, per non esercizio, il diritto e, di conseguenza, il rapporto giuridico in cui esso è dedotto: se il creditore non esercita la propria pretesa, perde il credito, ancorché lo stesso non sia stato soddisfatto. Proprio per questo, viene detta *prescrizione estintiva*. La *prescrizione presuntiva*, come si vedrà nei prossimi capitoli, ha in comune con quella estintiva esclusivamente il fatto che, anch'essa, si fonda sul decorso del tempo; dal punto di vista funzionale, però, attua una finalità del tutto differente se non opposta, che è di tipo esclusivamente probatorio. La prescrizione presuntiva consente infatti al debitore di dimostrare che, essendo passato un certo lasso di tempo da quando il credito è venuto ad esistenza, lo stesso si è estinto per adempimento. In altre parole, col decorso del tempo, l'ordinamento presume che alcune tipologie di crediti siano stati soddisfatti dal debitore. Dunque, si tratta esclusivamente di un mezzo di prova dimostrativo dell'adempimento e non di un fenomeno estintivo conseguente al non esercizio del diritto.

4. *La decadenza*

Istituto assimilabile alla prescrizione è costituito dalla *decadenza*. Anche esso determina una vicenda estintiva del rapporto, che consegue al mancato compimento di un atto entro un determinato periodo di tempo.

Esiste però una differenza di natura e di regime tra prescrizione e decadenza. Nella prescrizione, infatti, l'inerzia deve riguardare il contenuto del diritto, e cioè tutte le facoltà che consentono al titolare di soddisfare il proprio interesse; anche l'esercizio di una sola di esse impedisce l'effetto estintivo.

Nella decadenza, invece, il titolare del diritto è onerato di compiere un solo atto determinato dalla legge; in mancanza il diritto si estinguerà anche se le facoltà che ne costituiscono il contenuto siano state esercitate. Si pensi al classico esempio della decadenza dalla garanzia per vizi della cosa venduta. Il compratore ha diritto ad essere garantito dal venditore che la cosa venduta sia immune da vizi che ne diminuiscano il valore o l'utilità. Ove tali vizi siano scoperti, il compratore li deve denunziare al venditore entro otto giorni dalla scoperta, pena la decadenza dalla garanzia (art. 1495 c.c.). Qui l'omissione che determina l'effetto estintivo è relativa ad un atto, la denunzia, che non costituisce una facoltà inerente al contenuto del diritto, e che peraltro deve essere compiuto dal titolare del diritto medesimo nell'interesse non proprio bensì del compratore, al fine di metterlo in condizione di accertarsi immediatamente dell'esistenza dei vizi.

Alla decadenza non si applicano né le norme sull'interruzione né quelle sulla sospensione. La decadenza può essere prevista dalla legge ma anche dalle parti, dato che non è assoggettata al regime di inderogabilità che riguarda la prescrizione. Si discorre in tal caso di *decadenza convenzionale*, la quale non può riguardare i diritti della personalità e non può contemplare termini che rendano eccessivamente oneroso l'esercizio del diritto (art. 2965 c.c.).

CAPITOLO 10

I FATTI GIURIDICI

SOMMARIO: 1. I fatti giuridici. – 2. Meri fatti, atti e negozi. – 3. Struttura e contenuto del negozio.

1. *I fatti giuridici*

Si è già detto che un rapporto giuridico è lo strumento attraverso il quale l'ordinamento regola un conflitto di interessi. Esso è soggetto a vicende che possono essere costitutive, modificative o estintive. È soggetto infine a vicende acquisitive o traslative, le quali di norma non incidono sulla sua vita o sul suo contenuto bensì sulla titolarità.

Vicende del rapporto

Ogni vicenda si verifica allorché rispettivamente nascono, si modificano o si estinguono le esigenze di tutela di un interesse meritevole, e dunque di regolazione del conflitto tra quest'ultimo e gli altri interessi antagonisti o comunque concorrenti. Pertanto, sotto un profilo che potremmo definire dinamico, è proprio il verificarsi, il modificarsi o l'estinguersi di un'esigenza di tutela, che condiziona e fa effettivamente produrre tutte le vicende del rapporto giuridico, che abbiamo elencato nel precedente capitolo.

L'ordinamento prevede una serie molto ampia di ipotesi nelle quali ritiene sussistente la necessità di tutelare un interesse, così come prevede ipotesi in cui tale necessità si modifichi o venga meno; e da ognuno di questi eventi esso fa conseguire una vicenda relativa ad un rapporto giuridico, che potrà essere, a seconda dei casi, costitutiva, modificativa o estintiva. Tale previsione è di tipo astratto, come d'altronde è ogni previsione effettuata da una norma, i cui caratteri, si ricorderà, sono proprio quelli della generalità e astrattezza. Ogni volta che in concreto si verifichi la fattispecie astratta prevista dalla disposizione di legge (l'evento relativo all'esigenza di tutela), conseguentemente si produrrà in concreto l'effetto che l'ordinamento vi riconnette (la vicenda del rapporto).

Con l'espressione *fatto giuridico* si indica dunque l'evento preso in considerazione dalla legge, al cui verificarsi viene collegata una vicenda

Nozione e cioè la nascita, la modificazione o l'estinzione di un rapporto giuridico. È in pratica fatto giuridico ogni evento, naturale o umano, cui viene ricollegata una vicenda nel senso che abbiamo individuato. Tale vicenda, proprio perché conseguenza di un fatto, è anche detta *effetto* giuridico. Il fatto dunque individua tutti i momenti dell'esigenza di tutela, che condizionano, in virtù di una previsione normativa, la vita o il contenuto del rapporto giuridico.

Un esempio, peraltro già proposto in precedenza, può forse chiarire la definizione. La nascita di un essere umano fa venire in rilievo un'esigenza di tutela, considerata dal legislatore meritevole: quella relativa ai suoi attributi e interessi personali. Sicché l'ordinamento fa ad essa conseguire tutta una serie di rapporti giuridici, che sono i diritti della personalità. La nascita di un uomo è dunque il fatto giuridico, preso in considerazione dalla norma e che produce l'effetto costitutivo di rapporti. Allo stesso modo, alla morte di un soggetto, la necessità di proteggere i suoi interessi personali, quale ad esempio quello all'integrità fisica, viene meno. Anche la morte è un fatto giuridico, perché essa determina la vicenda estintiva dei diritti che erano nati con la venuta ad esistenza dell'essere umano.

2. *Meri fatti, atti e negozi*

L'ordinamento valuta in molte ipotesi la necessità e l'opportunità di tutelare un determinato interesse. A tal fine prevede astrattamente una serie di fatti che considera rilevanti, e al cui verificarsi consegue la vicenda giuridica. Ma esso, allo stesso tempo, concede anche ai consociati di regolare in modo autonomo i conflitti di interessi, di provvedere, con propri atti di volontà, a far nascere, modificare o estinguere rapporti giuridici. L'autonomia contrattuale, che è un principio riconosciuto dal nostro ordinamento anche a livello costituzionale (arg. *ex* art. 41 Cost.), significa dunque proprio questo: che, entro i limiti stabiliti dalla legge e che saranno studiati nei prossimi capitoli, ai soggetti è concesso, soprattutto in campo patrimoniale, di provvedere a gestire le loro relazioni giuridiche incidendo, con un proprio atto di volontà, sulla nascita, la modificazione o l'estinzione di un rapporto.

Se negli esempi che abbiamo fatto nel precedente paragrafo, si è visto che è l'ordinamento ad intervenire per proteggere gli interessi esistenziali della persona che viene ad esistenza, possiamo ora immaginare molti altri facili esempi nei quali si può apprezzare l'intervento dei soggetti di diritto, nella produzione delle vicende giuridiche. Basti pensare ad un qualunque contratto, ad esempio una locazione, una compravendita e via discorrendo, per capire che sono i soggetti interessati a far produrre vicende quali la costituzione del rapporto obbligatorio tra locatore e conduttore, o ancora il trasferimento del diritto da venditore a compratore.

A seconda che la valutazione dell'esigenza di tutela dell'interesse sia fatta dall'ordinamento o dai diretti interessati, varia la natura del fatto produttivo dell'effetto giuridico. Più precisamente, se è l'ordinamento che direttamente prevede il fatto giuridico e gli effetti ad esso conseguenti, allora il fatto stesso prende, nella nostra tradizione giuridica, il nome di *mero fatto* o di *mero atto*. La distinzione tra le due fattispecie dipende dal ruolo che, nel rispettivo ambito, l'ordinamento attribuisce alla volontà umana. Più precisamente, se la volontà è irrilevante, nel senso che il fatto previsto dalla norma produce i suoi effetti indipendentemente dalla circostanza che esso sia stato voluto, come fatto in sé, da un soggetto, allora esso si chiamerà mero fatto. La morte di un uomo, ad esempio, produce una serie di vicende giuridiche (trasferimento *mortis causa* dei diritti patrimoniali, estinzione di quelli personali): tali effetti si verificano indipendentemente dalla circostanza che la morte sia stata voluta da un soggetto. La morte naturale, come quella provocata da omicidio o da suicidio, ai fini della verificazione delle vicende che si sono esemplificate, ha la stessa rilevanza, produce sempre i medesimi effetti.

Natura del fatto

Nella fattispecie del *mero atto*, invece, l'ordinamento impone che l'evento, cui è ricollegata la vicenda, sia voluto da un soggetto di diritto. Tale volontà non concorre però nella individuazione degli effetti: questi infatti sono pur sempre la conseguenza di una valutazione che è fatta esclusivamente dalla norma, sicché non siamo in presenza di atti di autonomia e cioè di autoregolazione. Nei meri atti dunque è l'ordinamento a valutare le esigenze di tutela ed a prevedere l'effetto costitutivo, modificativo o estintivo. Gli effetti però si producono soltanto se l'evento considerato come fatto sia stato voluto da un soggetto. Si pensi, ad esempio, all'atto illecito colpevole, individuato dall'art. 2043 c.c. È atto illecito la lesione dell'altrui diritto. Essa deve essere volontaria (colposa o dolosa). Ma la rilevanza della volontà si ferma all'evento, appunto alla lesione. Gli effetti, e cioè la nascita dell'obbligo di risarcire i danni, sono stabiliti dalla norma, ed essi si producono anche se non voluti dal soggetto. Anzi di norma, proprio nell'atto illecito, essi non sono voluti, perché è da escludere che l'autore dell'atto medesimo intenda con esso assumersi il debito risarcitorio verso il danneggiato.

Distinzioni

I meri atti possono consistere in *operazioni* e cioè in meri comportamenti, come avviene appunto nel caso di atto illecito e del pagamento del debito; oppure in *dichiarazioni*. Queste ultime possono essere a loro volta dichiarazioni di *scienza*, allorché un soggetto si limiti ad enunciare un fatto di sua conoscenza, come ad es. nel caso della confessione; oppure di *volontà*, allorché invece vi si esprima l'intenzione di realizzare un effetto giuridico, che però l'ordinamento non asseconda affatto o asseconda non completamente. Qui la natura di atto della dichiarazione si apprezza proprio perché la legge, privandola dell'efficacia giuridica che il dichiarante vorrebbe realizzare, produce in effetti vicende differenti da quelle programmate dall'autonomia privata. È ad esempio il caso della promessa di matrimonio, con la quale taluno dichiara di volersi assumere l'obbligo di contrarre appunto matrimonio. L'ordinamento però non asseconda tale volontà: il promittente, infatti, in conseguenza della promessa medesima, non rimane obbligato a sposarsi, ma dovrà soltanto pagare un risarcimento per il caso di ingiustificato rifiuto. Come si vede, l'esigenza di tutela dell'interesse (nella specie quella della persona che abbia ricevuto la promessa di matrimonio) è disciplinata dalla legge in modo diverso da come le parti avrebbero voluto.

Meri fatti e atti meri sono dunque assimilabili sotto il profilo della valutazione delle esigenze di tutela, che è sempre rimessa all'ordinamento. La necessità della distinzione riposa dunque su un altro profilo. Nel mero atto, infatti, proprio perché vi deve essere una partecipazione volitiva del soggetto in ordine alla produzione dell'evento, normalmente l'effetto si produce soltanto se il soggetto autore dell'atto sia *capace di intendere e di volere*. Non è cioè necessaria la capacità d'agire, perché non si tratta di atti di disposizione, ma l'ordinamento richiede che vi sia almeno *capacità* c.d. *naturale* (ad es. art. 2046 c.c. per gli atti illeciti).

Volontà

Quando invece i soggetti manifestano la propria volontà anche in relazione all'effetto giuridico, cioè individuano gli effetti costitutivi, modificativi o estintivi che intendono far produrre, e dichiarano espressamente di volerli, siamo in presenza di un *negozio giuridico*. Il negozio è dunque una manifestazione di volontà di effetti giuridici con la quale i privati regolano autonomamente il conflitto di interessi. Tutti i contratti sono ad esempio negozi. È infatti evidente che se taluno dice voglio vendere, voglio obbligarmi o voglio rimettere un debito, esprime una propria volontà in ordine ad effetti giuridici rispettivamente traslativo, costitutivo o estintivo. Indica egli stesso le vicende. L'ordinamento provvede a produrre tali vicende perché un soggetto le ha volute, al fine dunque di assecondare l'esigenza di autoregolazione privata.

Peraltro la definizione risente in modo evidente della sua matrice storica e dell'ambiente culturale nel quale è nata, tendente ad esaltare il ruolo della volontà individuale. Occorre pertanto fare alcune precisazioni. In primo luogo è necessario notare che l'ordinamento, se riconosce l'autonomia privata, e cioè la possibilità di regolazione appunto privata dei conflitti di interessi attraverso l'atto negoziale, l'ammette però

Limiti

entro precisi limiti, i quali sono più stringenti se i rapporti giuridici oggetto della regolazione medesima sono di tipo personale. In tali casi, infatti, spesso all'autonomia è lasciato solamente il potere di decidere se far produrre la vicenda costitutiva, modificativa o estintiva, ma è precluso di stabilire il contenuto del rapporto, il quale è tipico ed inderogabile. Ciò avviene ad esempio nel caso di negozi familiari, quali il matrimonio o il riconoscimento di figlio naturale.

Ma anche nell'ambito dei rapporti patrimoniali, esistono limiti più o meno stringenti all'autonomia privata, che non sono qui riassumibili e su cui si ritornerà, seppure in modo sintetico, nel prossimo capitolo. In ogni caso è importante fin da ora evidenziare che la regolazione che i privati danno dei propri rapporti non è quasi mai rimessa alla loro esclusiva volontà. Tale volontà è in primo luogo vagliata dall'ordinamento sotto il profilo della liceità e della meritevolezza. Essa è poi integrata (art. 1374 c.c.) dalla volontà della legge o, in mancanza, da usi ed equità. In altre parole, anche quando sono i privati a disciplinare i loro rapporti, l'ordinamento considera esistenti esigenze di tutela di interessi – non necessariamente privati – che persegue affiancando alla regolazione pattizia una sua regolazione che spesso è cogente.

3. *Struttura e contenuto del negozio*

I negozi possono avere differente struttura. Essi sono *unilaterali* se la regolazione degli interessi è fatta da una sola parte e cioè da un solo centro di interessi. I negozi unilaterali si distinguono poi in *recettizi* e *non recettizi*. I primi sono quelli che producono effetti quando pervengono a conoscenza di un soggetto destinatario (art. 1334 c.c.). Non è necessario però che essi siano effettivamente conosciuti da quest'ultimo. È sufficiente, ai sensi dell'art. 1335 c.c., che giungano al suo indirizzo (residenza o domicilio), dove cioè sono a lui conoscibili. In tale momento infatti si reputano conosciuti salvo che il destinatario medesimo dimostri di non aver potuto, senza sua colpa, averne notizia. Deve cioè sussistere un evento eccezionale ed imprevedibile che ha impedito al destinatario di prendere visione dell'atto a lui inviato. Altrimenti, in applicazione del principio di responsabilità, egli non potrà che imputare a se stesso di non aver vigilato sull'eventuale arrivo di atti a lui destinati, e si considererà come se ne avesse avuto conoscenza ad ogni effetto di legge.

Distinzioni

I negozi *non recettizi* producono effetti da quando è emessa la dichiarazione.

I negozi possono poi essere *bilaterali* o *plurilaterali*, quando cioè la regolazione degli interessi avviene d'accordo tra due o più soggetti. In tal caso, i rapporti che si costituiscono riguardano normalmente tutti i soggetti interessati, che il contratto mette infatti in relazione tra di loro.

Dal punto di vista del contenuto, i negozi sono di tipo *patrimoniale* o *personale* a seconda della natura dei rapporti giuridici che ne sono oggetto.

Il negozio giuridico è oggetto di una specifica *teoria*. Essa è costituita da tutti quegli istituti che regolano la manifestazione della volontà, la validità e l'efficacia dell'atto negoziale. Il nostro ordinamento non contempla una regolazione generale del negozio, che cioè disciplini tali aspetti. Regola in modo generale soltanto un particolare negozio: il *contratto*, che è un atto negoziale bilaterale o plurilaterale a contenuto patrimoniale (art. 1321 c.c.). Le disposizioni che lo riguardano in generale, si applicano, in quanto compatibili, anche ai negozi unilaterali (art. 1324 c.c.) nonché a quelli a contenuto personale, attesa la identità di *ratio* sottesa alle rispettive esigenze di regolazione.

CAPITOLO 11

LA PROVA DEI FATTI GIURIDICI

1. *La prova dei fatti giuridici*

Un diritto soggettivo (od in genere una situazione attiva) si caratterizza non soltanto per il suo contenuto ma soprattutto per gli strumenti di tutela, che l'ordinamento appronta per il caso della sua lesione. Le tipologie di tutela sono state già elencate nel capitolo che ha delineato i caratteri del rapporto giuridico. Esse saranno approfondite nelle parti che trattano il contenuto dei vari tipi di rapporto.

Strumenti di tutela

Ogni strumento di tutela può farsi valere dai privati solamente in sede giudiziale. Soltanto eccezionalmente, infatti, un privato è abilitato alla c.d. *autotutela* che è invece prerogativa degli enti pubblici.

Il giudice cui venga chiesta la tutela deve in primo luogo accertare che effettivamente sussista la posizione di diritto invocata, e che essa sia stata inoltre lesa. L'accertamento viene compiuto in un giudizio che, proprio per questo, si definisce di *cognizione*. Ma il giudice non è abilitato ad accertare i fatti d'ufficio, se non in casi eccezionali. Egli deve essere in primo luogo investito di un'esplicita richiesta di tutela da parte del soggetto interessato. La richiesta deve però essere proposta nei confronti di un altro soggetto, vale a dire del titolare della situazione passiva (debito, dovere o soggezione che sia) contro cui il diritto viene fatto valere. A seguito di tale domanda si instaura un giudizio ovverosia un processo che si svolge nel contraddittorio di due o più parti.

Se dunque un rapporto giuridico è controverso, sarà necessario che le parti del processo, rispettivamente interessate all'accertamento della sua esistenza o inesistenza, dimostrino che si sono verificati i fatti giuridici che ne hanno determinato la costituzione, la modificazione o l'estinzione. Tale dimostrazione è necessaria. Se è il fatto (naturale o umano) a determinare la vicenda, in mancanza della dimostrazione del primo non potrà considerarsi verificata la seconda. Ma la dimostrazione non compete al giudice. Nel processo civile trova infatti applicazione il c.d. *principio dispositivo*, il quale sancisce due fondamentali regole: 1) che sono le parti a dover avanzare le proprie richieste, mentre il giudice non può, in generale, dare seguito a nessuna forma di tutela senza l'istanza dell'interessato; 2) che sono sempre le parti – e questo è quanto a noi in questa sede interessa – che sono onerate di dimostrare i fatti che hanno eventualmente prodotto le vicende invocate in giudizio.

2. *La ripartizione dell'onere della prova*

La dimostrazione di un fatto giuridico costituisce, per i soggetti su cui grava, un *onere* in senso tecnico. Il soggetto interessato deve adempiervi infatti per la realizzazione di un proprio interesse: la tutela del suo diritto.

Onere della prova

L'ordinamento ripartisce l'*onere della prova*, nel senso che stabilisce, a seconda del tipo di fatto oggetto di contestazione, chi deve darne dimostrazione. La norma che regola la ripartizione è l'art. 2697 c.c. Essa sancisce che chi vuole far valere un diritto, e cioè chi si afferma titolare della situazione attiva deve dimostrarne i fatti costitutivi. Una volta dimostrata l'esistenza del diritto, e cioè tutti gli eventi di cui si compone il fatto costitutivo, l'ordinamento presume una sorta di persistenza dello stesso. È infatti chi invoca un'eventuale vicenda estintiva o modificativa del diritto a dover dimostrare il fatto che l'ha prodotta. Ad esempio, chi si afferma creditore di un'altra persona, perché assume di aver ad essa prestato una somma di danaro, deve dimostrare il prestito (fatto costitutivo). Se il debitore dichiara invece che il credito si è estinto, ad esempio perché ha già provveduto al pagamento (che è fatto estintivo dell'obbligazione), dovrà dare la relativa prova. L'onere della prova costituisce dunque un *rischio* per il soggetto che ne è gravato. Se non vi adempirà, non otterrà tutela, anche se ne fosse in effetti meritevole. Questo rischio è ripartito, di regola, a seconda dell'interesse: colui che ha interesse a far valere un fatto a sé favorevole deve darne dimostrazione.

In alcuni casi però gli oneri della prova possono essere come si dice invertiti e dunque trasferiti dal soggetto onerato alla controparte. L'*inversione dell'onere della prova* comporta che non sia la parte interessata a dover dare dimostrazione del fatto a sé favorevole, ma è la controparte a dover provare che esso non si è verificato. Essa può essere stabilita per accordo tra le parti (art. 2698 c.c.). L'accordo è ammesso dall'ordinamento a condizione che riguardi diritti disponibili e che non determini un eccessivo aggravamento della posizione dell'onerato.

L'inversione può anche avvenire per volontà della legge. Si è già detto che, in definitiva, l'onere della prova costituisce un rischio per colui che ne è gravato perché costui, se non è in condizioni di dimostrare un fatto a sé favorevole, non potrà giovarsene ancorché lo stesso sia effettivamente avvenuto: il debitore che non può dimostrare il pagamento, ad esempio, dovrà, se il creditore avanzi una nuova richiesta, pagare una seconda volta. Vi sono ipotesi nelle quali l'ordinamento ritiene giusto o comunque opportuno sgravare alcune categorie di soggetti del rischio della prova di un fatto giuridico, e trasferirlo sull'altra parte del rapporto giuridico. Ciò avviene nei casi di c.d. *presunzioni relative* di cui si parlerà oltre.

3. *I mezzi di prova*

Gli strumenti attraverso cui è possibile dimostrare in giudizio i fatti giuridici sono detti *mezzi di prova*; essi sono in via di principio *tipici*, sono cioè stabiliti dalla legge. In pratica, il codice prevede singoli strumenti di prova e a ciascuno di essi attribuisce un'efficacia e cioè una *forza probatoria*.

Mezzi di prova preesistenti al processo

Il mezzo di prova può preesistere al processo, può cioè essere costituito da un fatto dimostrativo che sussiste anche prima e indipendentemente dall'avvio di un eventuale giudizio a riguardo dei fatti giuridici cui esso si riferisce. Ad esempio, un atto scritto col quale il creditore dichiara di aver ricevuto un pagamento – che è un tipico mezzo attraverso cui si prova l'estinzione del credito e che si chiama *quietanza* – viene di norma rilasciato dal creditore nel momento in cui riceve il pagamento e indipendentemente dall'inizio di un giudizio. Tali mezzi sono detti *prove costituite*: essi possono essere portati in giudizio dalla parte interessata salvo poi la valutazione, da parte del giudice, in ordine alla loro attinenza ai fatti che si intendono dimostrare e alla loro capacità di provarli.

Prove create nel processo

Altre prove sono invece create direttamente nel processo: esse, dunque, non possono esistere se il giudice non ne abbia disposto quella che tecnicamente si definisce *assunzione* e cioè la loro costituzione nel corso del giudizio. Proprio per questo, tali mezzi di prova si chiamano *costituendi*: ad esempio, una testimonianza – che consiste nella dichiarazione, da parte di un soggetto estraneo al giudizio, relativa a fatti che lo stesso affermi essere a sua conoscenza – esiste solamente se il giudice la assuma chiamando il teste a fare, dinanzi a lui, le sue dichiarazioni.

Le prove costituende, per trovare accesso nel processo, devono essere, in primo luogo, articolate dalle parti con una loro istanza (*principio dispositivo della prova*); l'istanza è vagliata dal giudice il quale le può ammettere se le ritiene ammissibili e rilevanti. *Ammissibile* significa che il mezzo di prova articolato dalla parte è idoneo, per legge, a dare dimostrazione del fatto. Invero, taluni fatti giuridici non possono essere dimostrati che con specifici strumenti di prova. Se il mezzo articolato dalla parte è inidoneo, esso non viene ammesso dal giudice. *Rilevante* significa che lo strumento articolato è orientato a dare dimostrazione di un fatto che il giudice ritiene utile ai fini della sua decisione, perché dalla sua dimostrazione dipendono conseguenze attinenti alle richieste articolate dalle parti.

Una volta ammessi ed esperiti, i mezzi di prova producono un risultato che è dato dalla dimostrazione del fatto oggetto di causa. Alcuni di essi sono in un certo senso vincolanti perché hanno *efficacia probatoria legale*: vale a dire che, sperimentato positivamente il mezzo, il giudice è obbligato a dare allo stesso uno specifico valore. Altri invece sono mezzi il cui valore dimostrativo è liberamente apprezzabile dal giudice.

4. *La confessione e il giuramento*

Tra le prove ad efficacia c.d. *legale* devono annoverarsi in primo luogo la confessione ed il giuramento.

Definizione

La *confessione* è il riconoscimento che una parte faccia di un fatto a sé sfavorevole (art. 2730 c.c.). Il debitore che per esempio riconosce di aver ricevuto un prestito, o, all'opposto, il creditore che ammette il pagamento del debitore affermano un fatto giuridico che ha prodotto una vicenda per loro sfavorevole. E l'ordinamento attribuisce particolare credito a tale ammissione: il giudice infatti non può contestare il risultato del mezzo di prova e deve giudicare dando per certo il fatto ammesso.

Con la confessione una parte in effetti dispone del suo diritto: se dichiara un fatto a sé sfavorevole, l'effetto negativo che esso produce si verifica in modo definitivo. Se, ad esempio, un creditore dichiari di aver ricevuto un pagamento, il suo credito si estinguerà definitivamente e non potrà più essere esercitato. Per tale motivo essa può essere resa solo da chi sia capace di agire (art. 2731 c.c.). Ciò, però, non trasforma la confessione in atto negoziale: essa è e rimane un mero atto giuridico le cui conseguenze (probatorie e sostanziali) sono stabilite dalla legge e si producono anche in mancanza di una effettiva volontà del confitente al riguardo. La confessione può riguardare diritti disponibili e diritti indisponibili: in quest'ultimo caso, però, ha valenza probatoria ridotta perché perde il carattere di prova legale e può, di conseguenza, essere liberamente apprezzata dal giudice.

La confessione può essere *giudiziale*, se fatta in giudizio: essa è, in tal caso, stimolata dalla parte interessata la quale può chiedere che sia ammesso, dal giudice, l'interrogatorio formale della controparte; quest'ultima, viene, in pratica, ascoltata sui fatti ad essa sfavorevoli e deve dire se li riconosce – e cioè se li confessa – o meno. La confessione può però essere anche *stragiudiziale* se fatta fuori dal giudizio, ad esempio attraverso una lettera rivolta alla controparte. In entrambi i casi ha analoga forza probatoria. Ma se essa è rivolta ad un terzo e non alla controparte, o è contenuta in un testamento, è liberamente apprezzabile dal giudice e non ha forza di prova legale.

Il *giuramento*, al contrario, è una dichiarazione che una parte fa in giudizio di fatti a sé favorevoli. Invero, nessuno può addurre, a dimostrazione di un proprio diritto, le proprie stesse dichiarazioni. Il giuramento viene però prestato con particolari formalità; esso è inoltre assistito da una sanzione di tipo penale (art. 371 c.p.), per cui chi giura il falso può, in separato processo, essere condannato ad una pena detentiva nonché al risarcimento dei danni a favore della controparte. Proprio per tali motivi, il giuramento ha efficacia di prova c.d. *legale*: esso vincola il giudice il quale dovrà ritenere provati i fatti oggetto di giuramento. Se dunque il debitore giura di aver pagato o il creditore giura di aver effettuato il prestito, rispettivamente i fatti estintivi e costitutivi dell'obbligazione si considereranno verificati. Il giuramento non può però essere espletato (come si dice *ammesso*) se una parte non lo *deferisca* all'altra. Il deferimento è una sorta di sfida. Chi ritiene di aver ragione può appunto sfidare l'altra parte a giurare che i fatti da essa opposti siano veri. La controparte può accettare la sfida e giurare, in tal caso le circostanze oggetto di giuramento restano definitivamente accertate. Se non giura, invece, i fatti si considereranno mai verificati. Ma colui a cui è deferito il giuramento ha anche una terza possibilità: può *riferirlo* a chi glielo ha deferito, può cioè ribaltare la sfida proprio sulla sua controparte. Questa potrà soltanto accettare e giurare sulle proprie ragioni, o rifiutare, sì da far ritenere definitivamente fondate le ragioni della controparte. In ogni caso il giuramento definisce la controversia perché vincola il giudice: e pertanto esso è detto *decisorio* (art. 2736, 1° comma, n. 1, c.c.). Non può pertanto che riguardare diritti disponibili. In effetti, con il deferimento del giuramento, il giudizio si avvia ad una decisione. E infatti, qualunque sia la reazione della parte cui viene deferito – indipendentemente cioè dal fatto che essa giuri, si rifiuti di giurare o riferisca il giuramento alla controparte – si arriverà comunque a fare chiarezza sulla esistenza (o sull'inesistenza) del fatto oggetto di controversia. Proprio per questa sua valenza, il giuramento può essere deferito, reso e deferito da chi abbia la capacità di agire; come per la confessione, ciò però non lo trasforma in atto negoziale.

Definizione

Oltre al giuramento decisorio, esiste anche un altro tipo di giuramento che è invece detto *suppletorio*. Esso è deferito dal giudice alla parte, e serve solamente ad integrare le prove già acquisite o a determinare il valore di un bene (art. 2736, 1° comma, n. 2, c.c.). In tal caso, si verifica una deroga al principio di disponibilità della prova perché il mezzo è ammesso dal giudice d'ufficio. Il giudice può però deferirlo soltanto se ritiene non del tutto sfornite di prova le circostanze oggetto del giudizio.

5. *La prova scritta*

Mezzo di prova molto importante è costituito dal documento e cioè dalla *prova scritta*. Esso riguarda i contratti e gli atti negoziali in genere. La prova scritta dimostra infatti l'effettiva conclusione del contratto o del negozio che è da essa documentato.

L'atto scritto può essere redatto da un notaio o da un altro pubblico ufficiale autorizzato. In tal caso esso ha forma come si dice di *atto pubblico*. Il pubblico ufficiale, nel redigerlo, attesta che effettivamente alcuni soggetti, della cui identità egli è certo, hanno fatto una dichiarazione negoziale in sua presenza. Tale atto ha valenza di *prova legale*. Fino a querela di falso, cioè fino a quando non sia accertato in apposito giudizio civile, che il pubblico ufficiale ha dichiarato il falso, esso fa piena prova, non valutabile liberamente dal giudice, del fatto che il negozio sia stato effettivamente compiuto (art. 2700 c.c.). Valore probatorio più limitato ha invece la *scrittura privata autenticata*. Qui l'ufficiale si limita ad attestare che l'atto è stato sottoscritto in sua presenza. Pertanto l'attestazione fa piena prova, sempre fino a querela di falso, solamente della sottoscrizione.

Valore probatorio

Anche la *scrittura privata*, e cioè l'atto scritto non redatto da pubblico ufficiale, ha efficacia di prova legale, ma soltanto nei confronti della parte contro cui è fatta valere. Infatti nessuno può utilizzare uno scritto che ha lui stesso redatto, come prova a suo favore. Lo scritto vale come prova solamente nei confronti della controparte, se quest'ultima lo ha sottoscritto.

Come anticipato, anche la scrittura privata ha efficacia probatoria vincolante. Essa non può essere liberamente valutata dal giudice, il quale deve ritenere il documento senz'altro proveniente dalla parte che lo ha sottoscritto. Ciò però a due condizioni: *a*) che la parte contro cui è fatta valere non disconosca la sottoscrizione; *b*) che, ove vi sia stato disconoscimento, sia stata accertata l'autenticità della sottoscrizione medesima con sentenza. L'accertamento si fa in un apposito giudizio che è detto di verificazione della scrittura, col quale si verifica, anche con l'ausilio di strumenti tecnici (quali la consulenza grafica) se la sottoscrizione apposta all'atto sia o meno autentica.

Particolare rilevanza probatoria ha inoltre il c.d. *documento informatico*, che è cioè redatto con strumenti appunto informatizzati. Si deve al riguardo distinguere il documento con *sottoscrizione elettronica* dal documento con *sottoscrizione digitale*. Quest'ultimo si ha quando, con una particolare procedura che si attiva attraverso l'uso di chiavi di cui una è segreta (c.d. *chiavi asimmetriche*), si garantisca, in virtù di un avanzato sistema di validazione, la provenienza dell'atto da parte del soggetto titolare della chiave o che ne sia comunque in possesso. Il documento ha la stessa efficacia probatoria di una scrittura privata e si presume sia stato sottoscritto dal titolare della chiave fino a prova contraria fornita da quest'ultimo (art. 21 del d.lgs. n. 82 del 2005).

Quando invece la sottoscrizione non è digitale e dunque non vi è la garanzia della provenienza ottenuta per il tramite della chiave, il documento è liberamente apprezzabile dal giudice (art. 21, 1° comma, d.lgs. n. 82 del 2005).

Copie

Infine, il codice regola l'efficacia probatoria delle copie di un atto. In genere, le riproduzioni di un atto, qualunque sia il mezzo con cui sono effettuate, fanno piena prova – come se fossero gli originali – ma a condizione che la parte contro cui sono prodotte non ne disconosca la conformità (art. 2712 c.c.). Diversamente, le copie autenticate di documenti che, in originale, sono conservati presso uffici pubblici depositari o presso pubblici ufficiali, hanno lo stesso valore probatorio del documento originale da cui sono tratte: sicché hanno valenza di atto pubblico o di scrittura privata a seconda della natura dell'atto che riproducono.

6. *La data certa del documento*

Molto rilevante, a fini giuridici, è spesso la individuazione del momento in cui un atto è stato posto in essere. La dimostrazione della data incide, infatti, su molteplici profili. Ad esempio, per stabilire se colui che ha posto in essere un atto negoziale fosse, nel momento della conclusione, capace di agire. Si pensi all'ipotesi di una persona che sia stata interdetta: a seconda della data (anteriore o posteriore alla sentenza di interdizione) in cui il negozio è stato concluso, lo stesso può essere, rispettivamente, valido ovvero annullabile.

Data apposta sul documento

Tra le parti, vale la data apposta sul documento. Se le parti hanno sottoscritto il documento dando atto che lo stesso è stato stipulato in un determinato giorno, la sottoscrizione, con suo valore confermativo della dichiarazione, si estende anche a tale aspetto. Diversa è invece la situazione rispetto ai terzi e cioè a coloro che sono estranei al documento. Se la scrittura è autenticata, la dichiarazione del notaio che, nell'attestare l'apposizione della firma in sua presenza indichi anche il giorno in cui essa è avvenuta, si estende anche a tale ultimo aspetto, sicché l'atto avrà *data certa* (rispetto ai terzi) al giorno dell'autenticazione. Negli altri casi, quando cioè la sottoscrizione non sia autenticata, la c.d. *data certa* si ha dal giorno della registrazione del documento. La registrazione è un adempimento di tipo fiscale che riguarda, in generale, i contratti: se l'atto viene registrato, la stampigliatura dell'avvenuta registrazione, apposta dall'ufficio cui viene presentato, indica che, almeno in quel giorno, esso era stato già sottoscritto. Infine, l'atto acquisisce data certa dal giorno in cui sia intervenuto qualsiasi altro evento successivamente al quale non sarebbe stata più possibile la sua sottoscrizione: ad esempio, la morte di una delle parti fa dedurre, inconfutabilmente, che la sottoscrizione sia avvenuta in un momento anteriore, sicché l'atto acquisisce data certa appunto al momento del decesso del suo autore (art. 2704 c.c.).

7. *Le scritture contabili (*rinvio*)*

Il principio per cui l'atto scritto fa prova solamente contro la parte da cui proviene trova peraltro un'eccezione nel caso di scritture contabili tenute dall'imprenditore: esse, soltanto nei rapporti con altri imprenditori, fanno prova anche a favore di chi le ha redatte (art. 2709 c.c.). Di tali documenti si tratterà più diffusamente nelle parti di questo volume dedicate al diritto dell'impresa, cui pertanto si rinvia.

8. *La prova testimoniale*

La *prova testimoniale* è costituita dalla narrazione, che un terzo estraneo alla causa faccia dinanzi al giudice, di un fatto o di una circostanza cui egli stesso ha assistito. L'ordinamento non valuta con particolare favore tale mezzo. Infatti esso è liberamente valutabile dal giudice, che può anche non ritenere attendibile quanto riferito dal teste. Inoltre la prova testimoniale non è ammissibile, cioè il giudice non può farvi ricorso legittimamente, in molte ipotesi. Vi sono, come vedremo, alcuni contratti come la transazione, che non possono essere provati per testi, per cui per la loro dimostrazione è necessaria la forma scritta c.d. *ad probationem*. In genere poi essa non è ammessa per i contratti di valore economico molto elevato; non potendo più valere l'esiguo limite di € 2,58 ancora sancito dal codice (art. 2721 c.c.), è il giudice a dover decidere quando, in relazione appunto al valore o ad altre circostanze, la prova può, a suo giudizio, essere ammessa: unico limite a tale potere discrezionale è costituito dalla congrua motivazione della decisione. Limiti

La prova per testi non è poi ammessa nei casi previsti dagli artt. 2722 ss. del codice. Si tratta principalmente del caso in cui s'intenda dimostrare con testi un patto aggiunto ad un contratto stipulato per iscritto, che si afferma essere stato sottoscritto prima o contestualmente al documento. L'ordinamento infatti considera poco credibile che il patto non sia stato dedotto nello scritto, visto che gli è coevo o antecedente. Un'applicazione specifica del principio è, come vedremo, data dall'impossibilità per le parti di un contratto di dimostrarne per testi la simulazione (art. 1417 c.c.).

9. *Le presunzioni semplici*

Ultimo mezzo di prova previsto dal codice è costituito dalle *presunzioni* (artt. 2727 ss. c.c.). Esse sono prove di carattere logico perché non si basano su di una diretta rappresentazione, scritta o orale, del fatto giuridico, bensì integrano dei ragionamenti logici in virtù dei quali da un fatto certo si giunge, deduttivamente, a scoprire un fatto ignoto, e cioè il fatto giuridico oggetto di dimostrazione, il c.d. *thema probandum*. Il giudice può per esempio dedurre, dalla presenza di una traccia di violenta frenata, che un'automobile procedesse a forte velocità. Qui la prova del fatto rilevante è il risultato di un procedimento logico che stesso il giudice compie: per questo tali prove si chiamano anche presunzioni semplici o *praesumptiones iudicis*. Ad esse il giudice può però fare ricorso nei soli casi in cui è ammissibile la prova per testi.

10. *L'inversione dell'onere della prova: le presunzioni legali*

La distribuzione dell'onere probatorio, come sancita dall'art. 2697 del codice, trova talune deroghe. Alcune, come detto, possono essere pattizie, purché siano contenute nei limiti previsti dall'art. 2698. Altre sono invece *legali*, perché sono stabilite dalla legge.

L'inversione legale dell'onere della prova viene normalmente realizzata attraverso uno strumento tecnico, che è detto *presunzione legale*. Come abbiamo sopra evidenziato, l'adempimento dell'onere della prova è un rischio che grava su una determinata parte: questa infatti, ove non possa dimostrare il fatto a sé favorevole, costitutivo, modificativo o estintivo che sia, non potrà avvantaggiarsi dello stesso, anche se per ipotesi esso si sia effettivamente verificato.

In alcuni casi, però, l'ordinamento esonera da tale rischio una delle parti, stabilendo che un fatto, in presenza di determinate condizioni, deve ritenersi verificato, e dunque ribaltando sulla controparte l'onere (ed il rischio) di dare la contraria dimostrazione. Si parla in tal caso anche di *presunzione legale*, perché l'inversione si presenta come una sorta di ragionamento logico effettuato direttamente dal legislatore, il quale da un fatto certo deduce l'esistenza di un fatto ignoto. È il caso tipico della presunzione di paternità: l'ordinamento considera padre di una persona il marito della madre, ove il concepimento sia avvenuto in costanza di matrimonio (art. 231 c.c.). Dunque, sarà il marito che intenda disconoscere la paternità ad essere onerato della prova contraria.

L'inversione dell'onere probatorio avviene molto spesso in osservanza di un principio che potremmo definire di *regolarità*: visto che normalmente (secondo l'*id quod plerumque accidit*), in presenza di determinati presupposti, si verifica un evento, allora l'ordinamento presume che, in quel caso, quest'ultimo sia effettivamente accaduto. Molto spesso, però, la presunzione non risponde ad alcun principio di regolarità o di tipo logico. Essa è piuttosto l'espressione di una sorta di *favor* che il legislatore dimostra verso una determinata parte. Si pensi, ad es., alle presunzioni in materia di responsabilità c.d. aggravate di cui si parlerà nel capitolo dedicato alla responsabilità civile. In tali ipotesi (ad es. art. 2050 c.c.), la legge presume la colpa del danneggiante al fine di favorire il danneggiato.

Quando la *presunzione* può essere vinta da prova contraria, si dice che essa sia *relativa* (o *praesumptio iuris tantum*), al fine di distinguerla dalla c.d. *presunzione assoluta*, la quale invece non è in alcun modo vincibile. In tali fattispecie l'ordinamento, in presenza di determinate circostanze, ritiene senz'altro verificato un particolare evento, senza possibilità che se ne dia la contraria dimostrazione. Ad esempio, le garanzie prestate contestualmente alla nascita di un credito, si considerano atti a titolo oneroso ai sensi dell'art. 2901, 2° comma, c.c.: ciò significa che, agli specifici fini della revocatoria (di cui si parlerà *infra*), non è possibile dimostrarne la natura eventualmente gratuita. L'ordinamento invero, in tali ipotesi, non consente che le circostanze presunte possano essere oggetto di prova diretta o contraria, sicché esse, pur essendo considerate strumenti di prova, in effetti escludono determinate circostanze – quelle presunte – dal fenomeno probatorio in generale.

11. *La prescrizione presuntiva*

Particolare fattispecie di presunzione relativa è data dalla c.d. *prescrizione presuntiva*, la quale, a dispetto del suo *nomen iuris* e benché sia regolata nella stessa sezione che disciplina la prescrizione c.d. *estintiva*, è un istituto che riguarda esclusivamente un aspetto probatorio.

La prescrizione presuntiva è, infatti, un meccanismo in virtù del quale, decorso un determinato periodo di tempo dalla nascita di un credito, l'ordinamento presume che esso sia stato estinto per pagamento: si tratta dunque di una *presunzione di pagamento*. Normalmente il debitore può dimostrare di aver pagato il proprio debito attraverso un atto che ha diritto di farsi rilasciare dal creditore, e che si chiama *quietanza*; in mancanza di quietanza è però possibile dare la dimostrazione con qualunque altro mezzo di prova (confessione, testimoni e così via). In ogni caso, trattandosi di fatto estintivo, è il debitore, ovverosia colui contro cui è fatto valere il credito, ad essere onerato della prova. Ma succede spesso che, per debiti che di norma vengono estinti subito, il debitore si privi della quietanza o non la richieda nemmeno. Pertanto, in tali ipotesi, l'ordinamento, decorso un periodo di tempo dalla nascita del credito, presume, a favore del debitore, che costui abbia adempiuto al proprio obbligo. La presunzione si verifica nei casi sanciti dall'art. 2954 ss. c.c.: i termini decorsi i quali essa opera variano a seconda del tipo di credito. Essi, più precisamente, sono di *sei mesi*, come nel caso del credito dell'oste o dell'albergatore; di *un anno*, come nel caso delle retribuzioni degli insegnanti privati; o di *tre anni*, come nel caso degli onorari dei professionisti.

Anche tali presunzioni sono relative. Il creditore può infatti offrire la prova negativa e cioè può dimostrare che il pagamento, che la legge presume, non è stato mai effettuato. Ma la prova contraria può essere data solamente con due specifici mezzi: deferendo il giuramento al debitore o stimolando la sua confessione.

PARTE IV

IL CONTRATTO

CAPITOLO 12

AUTONOMIA CONTRATTUALE

SOMMARIO: 1. Concetto ed estensione dell'autonomia contrattuale. – 2. I limiti all'autonomia: il principio causalistico. – 3. Tipicità ed atipicità del contratto: il giudizio di meritevolezza. – 4. Il contratto imposto e l'inserzione automatica di clausole.

1. *Concetto ed estensione dell'autonomia contrattuale*

Come già detto precedentemente, l'ordinamento consente ai privati di regolare autonomamente i loro interessi, attraverso proprie manifestazioni di volontà produttive di effetti giuridici, che sono dette *negozi giuridici*.

Contratto e negozio giuridico

Si ricorda che il nostro codice non disciplina né definisce il negozio in generale ma dà una serie di regole che riguardano il contratto. Esse concernono più specificamente la manifestazione di volontà contrattuale nonché i requisiti di validità e di efficacia. Tali regole, ai sensi dell'art. 1323 c.c., costituiscono la disciplina comune a tutti i contratti, tipici ed atipici, cui si aggiungono le disposizioni specifiche previste dal legislatore per alcuni determinati contratti.

Contratto: nozione

Secondo la definizione dell'art. 1321 c.c., il contratto è l'accordo con cui due o più parti creano, modificano o estinguono tra loro un rapporto giuridico patrimoniale. I suoi caratteri precipui sono dunque costituiti dal fatto di essere un *atto negoziale*, e cioè una manifestazione di volontà produttiva di effetti giuridici; di essere, dal punto di vista della struttura, un negozio necessariamente *bilaterale* o *plurilaterale*; e infine, di avere un *contenuto patrimoniale*, dunque di produrre effetti che concernono rapporti economicamente valutabili. Sebbene per tradizione giuridica il contratto venga considerato eminentemente quale fonte di rapporti di natura obbligatoria (*ex* art. 1173 c.c.), esso può avere anche efficacia reale, cioè costituire, modificare o estinguere rapporti reali.

Esso è una figura paradigmatica di negozio giuridico. Le disposizioni che lo concernono sono pertanto applicabili ad ogni altro atto negoziale non contrattuale, e cioè ai negozi unilaterali patrimoniali (art.

Disciplina e principio di compatibilità

1324 c.c.) nonché a tutti i negozi a contenuto personale, purché siano con essi compatibili. Il giudizio di compatibilità è particolarmente rigido per gli atti di espressione dell'autonomia negoziale a contenuto personale ed in particolar modo a contenuto familiare i quali, per la peculiarità degli interessi di natura esistenziale coinvolti, non tollerano un'acritica trasposizione di regole e di concetti elaborati con esclusivo riferimento a negozi dispositivi di interessi patrimoniali.

Autonomia collettiva

Dall'*autonomia privata*, intesa come potere dei singoli di autoregolamentare i propri interessi, va distinta l'*autonomia collettiva*, che indica il potere attribuito dalla legge ai cc.dd. enti esponenziali di regolare interessi di cui risultano titolari gli appartenenti alle categorie professionali o sociali che essi rappresentano: si pensi, ad es., al potere riconosciuto alle associazioni sindacali dei datori di lavoro e dei prestatori d'opera di stipulare contratti collettivi di lavoro che vincoleranno i singoli appartenenti a ciascuna associazione nella predisposizione del contenuto dei loro accordi individuali.

Le regole poste dall'autonomia privata hanno *forza di legge* tra le parti (art. 1372 c.c.): ciò significa che esse devono *stare pactis*, ovverosia osservare quanto hanno esse stesse pattuito, non potendosi di norma liberare unilateralmente dal vincolo assunto.

Il concetto di autonomia contrattuale racchiude in sé una serie di aspetti, comprendendo:

Libertà contrattuali

1) la libertà di concludere o meno il contratto (*libertà di contrarre*);
2) la libertà di scegliere la persona dell'altro contraente;
3) la libertà di determinare il contenuto del contratto (*libertà contrattuale*);
4) la libertà di scelta della forma da dare all'accordo;
5) la libertà di creare contratti atipici (art. 1322, 2° comma, c.c.).

Autonomia contrattuale e rilievo costituzionale

Il potere di autoregolazione è un valore fondamentale riconosciuto dal nostro ordinamento. Esso è sancito, nel codice civile, dall'art. 1322 il quale stabilisce appunto che le parti possono *liberamente determinare il contenuto del contratto nei limiti imposti dalla legge*; possono cioè decidere *se* regolare i propri interessi economici e in *quale modo* gestirli. Ma anche l'art. 41 Cost., riconoscendo la libertà di iniziativa economica, evidentemente ammette, entro gli stessi termini e con gli stessi limiti imposti a quest'ultima, anche la libertà contrattuale, che è lo strumento necessario per l'esercizio di un'impresa.

Anche nel campo non imprenditoriale si deve ammettere poi che la libertà di contrattare è un presupposto necessario per la realizzazione di una serie di interessi personali, riconosciuti e tutelati dalla Carta costituzionale (art. 2 Cost.): sicché non si può revocare in dubbio il suo valore di principio fondamentale.

Si è già messo tuttavia in evidenza che il potere di autoregolazione riconosciuto ai privati non è illimitato. L'ordinamento, ad esempio, pone limiti abbastanza consistenti all'autonomia negoziale in campo non patrimoniale, limiti che sono stati già individuati o saranno comunque segnalati nei capitoli che più specificamente trattano del contenuto di tali rapporti. Limiti

Ma l'autonomia privata, e cioè il potere riconosciuto ai soggetti privati di regolare liberamente i propri interessi, subisce importanti limitazioni anche nel campo patrimoniale, in rapporto a ciascuna delle libertà che si è visto costituirne il contenuto. La libertà di concludere o meno il contratto e di scegliere la persona dell'altro contraente può, ad es., essere esclusa dalla presenza di un *obbligo a contrarre*, che può essere posto dalla stessa autonomia privata – come nel caso, che sarà studiato più avanti, del vincolo nascente da un contratto preliminare – oppure dalla legge, nel qual caso ricorre la figura del c.d. *contratto imposto*, che di qui a poco verrà esaminato. La libertà di determinare il contenuto del contratto può incontrare dei limiti in norme imperative di legge che stabiliscono una disciplina inderogabile. La libertà di forma presenta, come vedremo, numerose eccezioni: infatti, per la conclusione di determinati contratti la legge richiede, a pena di invalidità, il rispetto di particolari requisiti formali. Di seguito si analizzeranno le limitazioni più significative dell'autonomia contrattuale.

2. *I limiti all'autonomia: il principio causalistico*

La più importante delle limitazioni che riguardano il contenuto del contratto e cioè il modo attraverso cui le parti regolano i loro interessi (*quomodo*) è la previsione, tra gli elementi essenziali del contratto, richiesti cioè per la sua validità, della *causa*. Sicché si profila l'opportunità di esaminare già in questa sede il significato di tale concetto. La causa è la ragione giuridica ed economica che giustifica ogni effetto prodotto dal contratto. Con l'imposizione di tale requisito l'ordinamento ha, infatti, sancito che non basta una mera dichiarazione di volontà di un soggetto per dare vita all'effetto costitutivo, modificativo o estintivo di un rapporto. L'effetto deve, infatti, essere giustificato da una *ragione giuridica ed economica apprezzabile da parte dell'ordinamento*. Non basta che l'autore del contratto dica «*voglio* obbligarmi o *voglio* trasferire un bene», perché questa volontà venga recepita dall'ordinamento e dunque assecondata. È altresì necessario che l'effetto sia giustificato dal fatto che esso persegue, insieme con tutti gli effetti essenziali e rilevanti del contratto, un obiettivo, un interesse apprezzabile. Nozione

Questo può essere lo *scambio*: si può ad esempio volere il trasferi-

Autonomia di scambio e autonomia associativa

mento ad altri di un proprio diritto perché in cambio si ottiene il pagamento del prezzo. Ciò è quanto in effetti avviene nella maggioranza dei contratti; ma esistono anche contratti detti a *titolo gratuito* (ad esempio il mandato gratuito o il comodato) o addirittura di *liberalità*, in cui l'ordinamento, pur non essendo presente una controprestazione che giustifichi lo spostamento di ricchezza da un soggetto ad un altro, ritiene comunque sussistente un'apprezzabile causa. Questa consiste, come vedremo, nel caso dei contratti a titolo gratuito, in un interesse economico di chi subisce la diminuzione patrimoniale opposto e reciproco rispetto a quello della controparte, mentre nel caso degli atti di liberalità nell'interesse del disponente (ad es. del donante) ad arricchire il beneficiario dell'atto.

Esistono inoltre dei contratti, cc.dd. *a causa associativa*, nei quali, a differenza di quanto avviene nei contratti di scambio – ove le parti muovono da posizioni opposte per perseguire interessi non coincidenti (come ad es. nel contratto di compravendita in cui il venditore ha interesse a vendere il bene al più alto prezzo, mentre il compratore ha interesse ad acquistarlo al corrispettivo più basso) e dunque l'accordo è lo strumento tramite il quale si compone tale conflitto di interessi –, lo scopo dei contraenti è comune. Tipico esempio è rappresentato dal contratto di società, con il quale le parti conferiscono beni o servizi per l'esercizio in comune di un'attività economica, allo scopo di dividerne gli utili (art. 2247 c.c.).

Negozi giuridici familiari

Nello specifico settore del diritto di famiglia, inoltre, sempre più frequente è il richiamo dottrinale alla nozione di *causa familiare*, intesa come la sintesi degli interessi personali e patrimoniali che caratterizzano la gestione del *ménage* familiare. Tale funzione costituirebbe idonea ragione giustificativa degli spostamenti di ricchezza tra i componenti della famiglia laddove non sia possibile individuare un tipo contrattuale prevalente.

Nell'ambito delle convivenze *more uxorio*, la possibilità per le parti di regolamentare i loro rapporti patrimoniali ed alcuni aspetti dei rapporti personali, nonché le conseguenze patrimoniali della cessazione della convivenza, già ammessa dalla dottrina e dalla giurisprudenza, è stata riconosciuta a livello legislativo con la legge n. 76 del 2016, che ha tipizzato i cc.dd. *contratti di convivenza*.

Principio causalistico e inderogabilità

Il principio causalistico è assolutamente inderogabile, per cui non possono esistere, nel nostro ordinamento, contratti o negozi giuridici che siano privi di causa: la conseguenza, infatti, sarebbe la nullità radicale dell'atto (art. 1418 c.c.).

L'ordinamento non si limita ad imporre l'esistenza della causa; sancisce altresì che essa deve essere lecita, non deve cioè integrare una funzione o perseguire un interesse contrastante con norme imperative o con i principi dell'ordine pubblico o del buon costume. Anche la *liceità* co-

Liceità

stituisce uno dei più importanti limiti all'autonomia negoziale, su cui avremo modo di ritornare oltre.

Recentemente, poi, un altro limite si sta manifestando con contorni sempre più netti: quello della c.d. *abusività*. Esso riguarda, come vedremo, principalmente i contratti stipulati tra un professionista ed un consumatore, sancendo la nullità delle clausole contrattuali per quest'ultimo eccessivamente gravose, e in quanto tali "abusive", che il primo abbia imposto approfittando della sua maggiore forza contrattuale.

Abusività

3. *Tipicità ed atipicità del contratto: il giudizio di meritevolezza*

La libertà, riconosciuta dalla legge alle parti, di stabilire il contenuto del contratto si può esplicare innanzitutto nell'ambito degli schemi predeterminati dal legislatore. Il codice ha infatti previsto una serie di contratti che hanno *causa tipica*, che cioè perseguono apprezzabili interessi già considerati tali dall'ordinamento, ed ha predisposto per essi una disciplina che peraltro lascia all'autonomia privata un margine più o meno ampio di specificazione ed anche di deroga delle norme previste dalla legge: ad esempio, nel contratto di compravendita l'art. 1476 c.c. individua fra i vari obblighi del venditore anche quello di garantire il compratore dai vizi della cosa; tuttavia, l'art. 1490 c.c. dà alle parti il potere di escludere o limitare pattiziamente tale garanzia, anche se il patto non ha effetto ove il venditore abbia in mala fede taciuto al compratore i vizi della cosa. Chiaramente, la libertà delle parti di modellare il contenuto di un contratto tipico è comunque circoscritta agli elementi che non ineriscono al profilo causale già fissato *ex lege*, perché se i privati lo alterassero sino a stravolgere la funzione tipicamente perseguita dall'atto non potrebbe più individuarsi quel dato schema contrattuale tipizzato dal legislatore, con le ovvie conseguenze in ordine all'individuazione della disciplina applicabile.

Contratti tipici

I privati però sono abilitati a concludere non solamente contratti tipici, i quali, ove perseguano effettivamente l'interesse tipizzato dal legislatore, sono senz'altro dotati di idonea causa. Essi possono concludere anche *contratti atipici*, non riconducibili ad alcuno degli schemi previsti e disciplinati dal legislatore (art. 1322, 2° comma, c.c.), ma a condizione che gli stessi perseguano *interessi meritevoli di tutela*, ovverosia abbiano anch'essi un'idonea causa che giustifichi il *perché* le parti vogliono che si producano determinati effetti. In altre parole, secondo il nostro legislatore, *ex nudo pacto non oritur ius*, ossia non basta la semplice dichiarazione perché l'effetto si produca. È necessaria anche la causa: il che, come tradizionalmente si insegna, significa che è necessario poter dare un'adeguata risposta alla domanda «*cur contractum est*?», e cioè al-

Contratti atipici

l'interrogativo relativo alla ragione per la quale si vuole l'effetto. La risposta può però essere data se l'interesse perseguito risulti meritevole alla stregua di criteri che sono normativi: dunque, si tratta di un limite all'autonomia negoziale.

Meritevolezza

Si è già anticipato, ed è opportuno precisarlo in questa sede, che il giudizio di meritevolezza sulla sussistenza di una causa idonea deve essere espresso in relazione ad ogni contratto, anche se esso persegua una causa tipica. Ed infatti anche il contratto tipico potrebbe, in concreto, essere privo di idonea ragione. Ciò perché la causa è la *funzione concreta* che il contratto svolge, la quale deve essere valutata con riferimento al singolo rapporto negoziale. Un esempio elementare può forse chiarire tale aspetto: chi promette di pagare il prezzo in cambio di una cosa che è già sua, conclude sì un contratto di compravendita, che è, potremmo dire, il più tipico dei contratti regolati dal codice (artt. 1470 ss. c.c.), ma esso è privo di una causa perché evidentemente non può in concreto realizzare lo scambio. Pertanto, la valutazione di meritevolezza dell'interesse deve essere compiuta anche con riferimento ai contratti tipici.

Utilità sociale

Occorre infine evidenziare che al giudizio di *meritevolezza* si è anche attribuito, sin dai tempi della redazione del codice e anche dopo, con l'entrata in vigore della Costituzione, un significato ulteriore: quello della funzionalizzazione del contratto a finalità superindividuali o generali. Tale orientamento dottrinale, sul quale non è possibile qui soffermarsi, ha messo in evidenza l'ulteriore aspetto della relazione esistente tra autonomia negoziale e funzione sociale, ricavando da una interpretazione sistematica ed assiologica dell'art. 1322 c.c. la necessità che l'autoregolamento di interessi realizzi i valori fondamentali dell'ordinamento giuridico.

Nella medesima direzione, alcune recenti pronunce della giurisprudenza di legittimità hanno ritenuto immeritevoli di tutela pattuizioni contrattuali che avevano per scopo o per effetto di attribuire alle parti vantaggi ingiusti o sproporzionati, di porre una delle parti in una posizione di indeterminata soggezione rispetto all'altra o di costringere una delle parti a tenere condotte contrastanti con i superiori doveri di solidarietà sociale.

4. *Il contratto imposto e l'inserzione automatica di clausole*

Obbligo legale di contrarre e monopolio legale

La libertà per il soggetto di scegliere in primo luogo l'*an* della contrattazione, e cioè di decidere *se* contrattare oppur no e, in caso positivo, di scegliere *con chi* contrattare, subisce, come si è detto, in casi eccezionali, limiti legali che comportano l'obbligo per un soggetto di concludere un contratto: si discorre in tal caso anche di *contratto imposto.* La più importante ipotesi di *obbligo legale di contrarre* è disciplinata dall'art. 2597 c.c., che impone al c.d. *monopolista legale*, e cioè all'imprenditore che opera in un settore economico che gli è riservato per legge e nel quale non vi è concorrenza, di concludere contratti con chiunque gli faccia richiesta e di osservare la parità di condizioni con tutti i clienti. Qui il limite è triplice: *a*) il monopolista non può rifiutarsi di contrattare con chi glielo richieda; *b*) non può conseguentemente sceglersi il contraente ma deve soddisfare le richieste di tutti, salva la sussistenza di limiti di disponibilità del bene o del servizio, nel qual caso dovrà accettare le proposte contrattuali secondo l'ordine in cui gli sono state avanzate; *c*) deve infine osservare la parità di trattamento tra tutti i clienti, per cui non è nemmeno libero di determinare diversamente il contenuto dei vari contratti che stipula.

Inadempimento e rimedi

In caso di inadempimento all'obbligo di contrarre, il monopolista è assoggettato all'esecuzione prevista dall'art. 2932 c.c., applicabile a tutte le ipotesi di obbligo a contrarre: colui che non ha ottenuto la stipula del contratto potrà chiedere al giudice l'emissione di una sentenza che si sostituisca al contratto medesimo e produca gli stessi effetti che esso avrebbe dovuto realizzare, ad esempio trasferendo al cliente il bene che il monopolista si è illegittimamente rifiutato di vendere.

Pubblici servizi di linea

Analoga disciplina è prevista dall'art. 1679 c.c. a proposito dei pubblici servizi di linea: coloro che esercitano per concessione amministrativa servizi di linea per il trasporto di persone o cose sono infatti obbligati ad accettare tutte le richieste di trasporto compatibili con i mezzi ordinari dell'impresa. I trasporti devono eseguirsi secondo l'ordine delle richieste; in caso di più richieste simultanee, va preferita quella di percorso maggiore. Anche in tal caso, all'obbligo del concessionario di concludere il contratto con chiunque ne faccia domanda si aggiunge l'obbligo per lo stesso di rispettare la parità di condizioni, applicando le condizioni generali di contratto previste nell'atto di concessione oppure, ove questo ammetta speciali concessioni in deroga, applicando anche queste ultime a tutti i richiedenti.

Inserzione automatica di clausole

Un'*imposizione* del contenuto del contratto si verifica anche quando la legge, per esigenze di tutela considerate preponderanti rispetto a quelle contemplate dai privati, prevede determinate clausole e cioè parte del regolamento degli interessi, imponendole ai soggetti che abbiano deciso di concludere il contratto. In tal caso è salva la libertà contrattuale relativa all'*an*; tuttavia, se i contraenti concludono l'accordo, devono osservare le clausole previste dall'ordinamento, le quali prevalgono, ai sensi dell'art. 1339 c.c., su quelle difformi eventualmente stabilite dalle parti (c.d. *inserzione automatica di clausole*), ovverosia si inseriscono di diritto nel contratto sostituendosi automaticamente a quelle pattuite che sono nulle per contrarietà a norme imperative: un esempio è dato dal prezzo di generi di monopolio.

Integrazione del contratto

L'ordinamento prescrive infine limiti di *contenuto* all'autonomia contrattuale anche attraverso il fenomeno della *integrazione* del contratto. Si è già detto nel precedente capitolo che in effetti la regolazione privata degli interessi non è mai lasciata alla sola autonomia delle parti. L'art. 1374 c.c. stabilisce infatti che il contratto produce non soltanto gli effetti voluti dalle parti ma anche quelli che derivano dalla legge o, in mancanza, dagli usi e dall'equità: l'ordinamento dunque ravvisa esigenze di tutela di interessi anche quando i rapporti siano disciplinati direttamente dai privati e provvede ad integrare le previsioni di questi ultimi. Così il complessivo regolamento contrattuale non ha esclusivamente fonte autonoma, ma a quest'ultima si affiancano le *fonti eteronome*.

CAPITOLO 13

IL PERFEZIONAMENTO DEL CONTRATTO: LA FASE DELLE TRATTATIVE

SOMMARIO: 1. Trattative e perfezionamento del contratto. – 2. Gli accordi preliminari. – 3. La responsabilità precontrattuale. – 4. La prelazione.

1. *Trattative e perfezionamento del contratto*

Requisiti essenziali

Ai sensi dell'art. 1325 c.c., un contratto deve possedere una serie di requisiti che sono definiti *essenziali*, nel senso che la loro mancanza ne determina la nullità, sicché esso non potrà produrre i suoi effetti. I requisiti sono: l'*accordo*, la *causa*, l'*oggetto* e la *forma* ove prescritta dalla legge a pena, appunto, di invalidità.

Consenso e accordo

Il primo di essi individua l'essenza stessa del contratto, il quale è infatti costituito dall'accordo di due o più parti. In effetti, la regolazione pattizia degli interessi patrimoniali che riguardano due o più soggetti può avvenire solamente per il tramite del loro consenso in merito ai concreti effetti che essi intendono perseguire. Il contratto mette infatti in relazione due o più sfere giuridiche, consentendo che uno o più rapporti patrimoniali che le riguardano subisca vicende costitutive, modificative o estintive. Si pensi ad esempio alla compravendita: essa determina il passaggio di un diritto dalla sfera del venditore a quella del compratore, e allo stesso tempo la nascita di un rapporto obbligatorio in virtù del quale il compratore deve pagare il prezzo al venditore. Si tratta dunque di effetti relativi a rapporti che attengono alle sfere patrimoniali di due parti, quelle che concludono il contratto. Perché gli effetti possano prodursi è necessario di norma il consenso dei titolari delle sfere: serve cioè il contratto che è appunto l'accordo degli interessati. Ed infatti, come abbiamo più volte potuto verificare, il nostro ordinamento prevede il generale principio di relatività delle sfere giuridiche, che impedisce, salvo che in casi eccezionali, l'unilaterale ingerenza nell'altrui patrimonio. È proprio per tale motivo che il contratto, quale accordo bilaterale o plurilaterale, costituisce il più importante negozio, ed esso è stato infatti espressamente disciplinato, anche dal punto di vista generale, dal nostro ordinamento.

Il codice regola in modo analitico il procedimento conclusivo dell'accordo, il quale è anche detto *perfezionamento del contratto*, proprio ad evidenziare che, in mancanza di consenso delle parti, un contratto non può nemmeno considerarsi esistente.

Trattative e obblighi di buona fede

Esso però regola anche la fase antecedente all'accordo, che è detta delle *trattative*. Questa è una fase eventuale – invero non riscontrabile nella maggioranza dei rapporti di limitato rilievo economico – nella quale già sorgono delle relazioni giuridiche tra i soggetti interessati. L'ordinamento, infatti, la prende in considerazione in primo luogo al fine di sancire un generale obbligo etico: le parti, in pendenza di trattative, devono comportarsi secondo *buona fede* (art. 1337 c.c.). La nozione di buona fede che ivi rileva è, dunque, quella *oggettiva*, da tenere distinta dalla buona fede in senso *soggettivo*, intesa quale atteggiamento psicologico delle parti. L'art. 1337 c.c. rappresenta un'applicazione specifica del generale principio di correttezza che grava su entrambe le parti del rapporto obbligatorio *ex* art. 1175 c.c.

Come già anticipato, la buona fede è una clausola generale che impone ai contraenti l'osservanza di una regola di lealtà. Il concreto contenuto della regola è dunque specificato dal giudice il quale deve individuare, nella singola ipotesi, i comportamenti con essa contrastanti. La dottrina ha comunque individuato alcuni obblighi tipici di buona fede durante lo svolgimento delle trattative, il primo dei quali è rappresentato dal *dovere di informazione*. Ciascuna delle parti, infatti, è tenuta a rendere note alla controparte le circostanze rilevanti che concernono l'operazione economica da porre in essere. Inoltre, il dovere di buona fede impone la *chiarezza* del linguaggio, onde assicurare la piena comprensione da parte del destinatario delle dichiarazioni negoziali. Ancora, sulle parti grava un obbligo di *segreto* circa le informazioni riservate che abbiano appreso durante le trattative e che richiedono di non essere divulgate. Infine, ciascun contraente ha l'obbligo di porre in essere gli atti che gli competono ai fini della validità o efficacia del contratto, come ad esempio eventuali richieste di pubbliche autorizzazioni.

Perfezionamento del contratto

Le trattative possono considerarsi terminate ed il contratto concluso quando le parti raggiungono un accordo definitivo su tutti i punti in discussione. Non è necessario, tuttavia, che i contraenti definiscano qualsiasi aspetto, anche secondario, del contratto, a condizione che vi siano quanto meno la determinazione della causa negoziale, la volontà di concludere l'accordo, pur se altri elementi siano rimasti in sospeso, e la possibilità di determinare tali elementi legalmente tramite gli strumenti di eterointegrazione del contratto, su cui ci si soffermerà più avanti.

2. *Gli accordi preliminari*

Intese preparatorie

Nello svolgimento delle trattative possono intercorrere tra le parti degli accordi che, pur non contenendo l'assetto finale degli interessi cui esse mirano, rappresentano degli *atti preparatori* dell'operazione economica che intendono realizzare. Innanzitutto, i futuri contraenti possono raggiungere delle intese su alcuni punti del contenuto del contratto da concludere, continuando le trattative per definire i rimanenti elementi contrattuali. Queste intese sono provvisorie e come tali non vincolanti, potendo essere sempre rivedute da ciascuna delle parti nella prosecuzione della contrattazione, fino al momento della stipula del contratto. In tale momento, poi, le intese raggiunte sono totalmente riassorbite nel contratto stesso, essendo prive di qualsiasi autonomia. È anche possibile che gli accordi interlocutori vengano documentati in *minute* o *puntuazioni* contrattuali, ovverosia dei testi provvisori di contratto da integrare in alcuni elementi, essenziali o secondari. Secondo la giurisprudenza, comunque, nella nozione di minuta rientra anche l'ipotesi in cui il documento contrattuale sia completo in tutti i suoi elementi ma le parti si siano ancora riservate di acconsentirvi (c.d. *puntuazione completa*). Ove, infatti, manchi l'intenzione di vincolarsi, l'accordo, seppur completo, non può dirsi perfezionato. Secondo il costante orientamento giurisprudenziale, peraltro, in caso di puntuazione completa vi è una presunzione semplice di perfezionamento del contratto, superabile dalla prova contraria della effettiva volontà delle parti di non addivenire alla conclusione dell'accordo.

La giurisprudenza di legittimità ha recentemente affermato la vincolatività delle puntuazioni in relazione ai profili sui quali si è raggiunto un accordo irrevocabile, con la conseguenza che la violazione di tali intese, consistente nel rimettere successivamente in discussione obblighi precedentemente determinati, comporterebbe una responsabilità contrattuale da inadempimento di un'obbligazione specifica sorta nel corso della formazione del contratto, riconducibile alla terza categoria delle obbligazioni di cui all'art. 1173 c.c., cioè alle obbligazioni derivanti da ogni altro fatto o atto idoneo a produrle in conformità all'ordinamento giuridico.

Contratto preliminare: forma

Durante le trattative, poi, le parti possono decidere di raggiungere un accordo che, pur non costituendo il contratto vero e proprio, le obblighi comunque a concluderlo in un secondo momento. L'accordo prende il nome di *contratto preliminare* ed è contemplato dal codice civile all'art. 1351 che, pur non contenendone la definizione, ne disciplina la forma, sottoponendolo ad un vincolo formale c.d. *per relationem*. Ai sensi della disposizione citata, infatti, il contratto preliminare deve rivestire a pena di nullità la stessa forma che la legge impone per il contratto che le parti si obbligano a concludere successivamente.

Causa

Tale fattispecie in effetti realizza un interesse meritevole di tutela delle parti, le quali non vogliono o non possono ancora addivenire alla definizione dell'affare, eppure intendono, come si dice, *assicurarselo* attraverso un idoneo strumento giuridico. I motivi che inducono i contraenti alla stipula di un impegno solo provvisorio possono essere i più vari, come ad esempio quello di attendere l'esito dell'accertamento dell'esistenza dei presupposti di fatto e di diritto per la validità e l'efficacia della fattispecie contrattuale finale, senza sobbarcarsi già gli oneri fiscali della programmata operazione economica.

Oggetto

Il contratto preliminare ha, dunque, ad oggetto l'obbligo di un *facere* e più precisamente l'obbligo delle parti di prestare il consenso ad un futuro contratto, detto *definitivo*, il cui contenuto essenziale è stato già determinato nel preliminare medesimo. Il preliminare di cui stiamo discorrendo è quello c.d. *bilaterale*, che vincola alla conclusione del contratto definitivo entrambe le parti dell'accordo. È ipotizzabile, peraltro, anche un contratto preliminare *unilaterale*, in cui il vincolo alla stipula del definitivo venga assunto da uno solo dei contraenti: in tal caso siamo pur sempre in presenza di un contratto, perché la manifestazione di volontà proviene da due parti, risiedendo l'unilateralità nella nascita di obbligazioni *ex uno latere*.

Preliminare unilaterale e patto di opzione

Il preliminare unilaterale non va confuso con l'opzione, in quanto da quest'ultima, come si vedrà più avanti, nasce in capo all'*opzionario*, o contraente favorito, un diritto potestativo di concludere il successivo contratto (anche in questo caso, alle condizioni già "bloccate" nel relativo patto di opzione) mediante la propria unilaterale manifestazione di volontà; nel caso di preliminare unilaterale, invece, il definitivo si perfezionerà solo con una nuova manifestazione di consenso di entrambe le parti.

C.d. preliminare di preliminare

La Cassazione, a Sezioni Unite, è intervenuta a risolvere un annoso contrasto giurisprudenziale in merito alla validità del c.d. preliminare di preliminare, ovverosia del contratto con il quale le parti si obbligano ad addivenire alla stipulazione di un successivo contratto preliminare. La Suprema Corte, esaminando la questione sul piano della causa in concreto, ha affermato la meritevolezza di tutela dell'interesse delle parti ad una formazione progressiva del contratto, purché il primo accordo non costituisca un'inutile duplicazione del contenuto del preliminare, ma i due contratti si differenzino nei contenuti negoziali, coprendo il primo un'area più ristretta del regolamento di interessi e rinviando al secondo per la determinazione compiuta degli elementi del contratto definitivo. Come la stessa Corte ha anche successivamente ribadito, tale interesse ad una formazione progressiva del contratto si specifica nell'obiettivo di giungere ad una negoziazione consapevole e informata.

In ogni caso, dal contratto preliminare scaturiscono effetti meramente obbligatori e in un certo senso strumentali, mentre il contratto definitivo può essere sia ad effetti obbligatori che ad effetti reali. In ipotesi di inadempimento, peraltro, la legge prevede uno strumento di reazione molto più incisivo dei generali rimedi della risoluzione del contratto e del risarcimento del danno. Infatti, ai sensi dell'art. 2932 c.c. – che è norma applicabile a tutte le fattispecie di inadempimento di un obbligo a contrarre, sia esso di fonte volontaria che legale –, se colui che è obbligato a concludere il contratto non adempie l'obbligazione, l'altra parte, qualora sia possibile e non sia escluso dal titolo, può ottenere una sentenza che produca gli effetti del contratto non concluso. Il provvedimento del giudice ha dunque natura costitutiva (art. 2908 c.c.) e non di mera condanna a stipulare, perché dà vita allo stesso rapporto giuridico che era destinato a sorgere dal contratto definitivo. Così ad esempio, se chi promette di vendere un bene (e in gergo costui si chiamerà *promittente*) si rifiuti poi di concludere il definitivo contratto di vendita, l'altra parte (che si chiama *promissario*) potrà ottenere dal giudice un provvedimento con il quale il bene in questione gli venga trasferito: in tal senso, dunque, può dirsi che la sentenza *tiene luogo* del contratto definitivo, perché appunto lo sostituisce.

Inadempimento e sentenza costitutiva

Occorre precisare che il promissario, se vuole vedere accolta in giudizio la propria domanda, ha l'onere di eseguire la controprestazione che è a suo carico o quanto meno di farne offerta nei modi previsti dalla legge, salvo il caso in cui la controprestazione stessa non sia ancora esigibile: è quanto dispone l'art. 2932, 2° comma, c.c., con riguardo a tutti i contratti aventi ad oggetto il trasferimento della proprietà di una cosa determinata o la costituzione o il trasferimento di un altro diritto.

Risarcimento del danno

Quanto al risarcimento del danno nel caso in cui non possa ottenersi l'esecuzione in forma specifica, la giurisprudenza ha evidenziato come al contratto preliminare, che costituisce un accordo perfettamente compiuto, benché proteso alla stipulazione di un ulteriore contratto, non è applicabile l'art. 1337 c.c., che limita il risarcimento al solo interesse negativo, ma si applica la disciplina generale in tema di responsabilità contrattuale.

Trascrizione

L'efficacia meramente obbligatoria del contratto preliminare lo rendeva in passato, nel silenzio della legge, insuscettibile di trascrizione, anche qualora riguardasse un contratto definitivo soggetto alla stessa. Ciò comportava il rischio per il promissario acquirente di un bene immobile di non conseguirne la proprietà nel caso in cui, dopo la stipula del preliminare, il bene stesso fosse trasferito a terzi. Il codice civile, peraltro, allo scopo di tutelare gli interessi del promissario, aveva già previsto, all'art. 2652, n. 2, la possibilità per il medesimo di trascrivere la domanda diretta ad ottenere l'esecuzione in forma specifica dell'obbligo di contrarre in caso di inadempimento del preliminare da parte del promittente, con la conseguenza di vedere prevalere la successiva trascrizione della sentenza di accoglimento della domanda sulle trascrizioni e iscrizioni eseguite contro il convenuto dopo la trascrizione della domanda stessa. In altri termini, la trascrizione della domanda *ex* art. 2932 c.c. consente di far retroagire l'effetto costitutivo della relativa sentenza di accoglimento al momento della suddetta trascrizione, rendendo l'acquisto del promissario opponibile ai terzi aventi causa dal promittente prima della trascrizione della sentenza ma dopo la trascrizione della relativa domanda (efficacia prenotativa).

Una tutela ancora più incisiva è stata in seguito apprestata dal legislatore il quale, con l'introduzione dell'art. 2645 *bis* c.c. ad opera dell'art. 3, d.l. 31 dicembre 1996, n. 669 (convertito nella legge 28 febbraio 1997, n. 30), ha sancito la trascrivibilità dell'accordo preliminare avente ad oggetto la conclusione di un contratto di trasferimento della proprietà di un bene immobile o di costituzione o trasferimento di un diritto reale su immobile. L'effetto di tale trascrizione è anticipatorio delle conseguenze giuridiche della trascrizione del contratto definitivo o della sentenza che ne tiene luogo, comportandone la prevalenza sulle trascrizioni o iscrizioni eseguite contro il promittente alienante dopo la trascrizione del contratto preliminare.

Preliminare ad effetti anticipati

Sebbene di regola dal contratto preliminare nasca solo l'obbligo di stipulare il contratto definitivo, le parti, nell'esercizio della loro autonomia privata, potrebbero prevedere delle clausole di anticipazione di taluni effetti del definitivo, creando così obbligazioni aggiuntive rispetto alla principale (c.d. *preliminare ad effetti anticipati*): ad esempio, in caso di contratto preliminare di compravendita, i contraenti potrebbero pattuire il pagamento anticipato del prezzo o di una sua parte, oppure la consegna immediata del bene. Tale pattuizione non altera la natura del contratto, a meno che le parti non anticipino tutti gli effetti del contratto definitivo – nel qual caso ci troveremmo in presenza di un contratto di per sé definitivo che i contraenti si impegnano a ripetere in un secondo momento –.

Preliminare improprio o compromesso

Appunto da non confondere con il contratto preliminare è il contratto stipulato in una data forma che le parti si impegnano a riprodurre in altra forma: fattispecie denominata anche *contratto preliminare improprio* o *compromesso*, sebbene in effetti si tratti di un contratto già definitivo. È il caso, ad esempio, della vendita immobiliare conclusa per scrittura privata che le parti si impegnano a documentare successivamente per atto pubblico. Come si vedrà più avanti, gli atti che riguardano beni immobili devono essere fatti per iscritto a pena di nullità: non è necessario che essi rivestano la forma pubblica, è sufficiente quella privata. Pertanto, se le parti adottano tale ultima forma, il contratto è valido e produce immediatamente i suoi effetti. Tuttavia, alcuni contratti sempre attinenti a beni immobili necessitano a taluni fini di essere trascritti: la trascrizione è una pubblicità che non incide sulla validità ed efficacia del contratto, ma soltanto sulla sua *opponibilità* ai terzi (efficacia dichiarativa), che è concetto di cui tratteremo nei capitoli successivi. La trascrizione può essere effettuata solamente se l'atto è stato rogato in forma pubblica o se è stato accertato con sentenza. Pertanto, se dopo la scrittura privata una delle parti si rifiuti di ripetere l'atto dinanzi a notaio per dotarlo di forma idonea alla trascrizione, l'altra parte ha diritto di ottenere dal giudice una sentenza che accerti l'avvenuta vendita e costituisca dunque titolo idoneo per la suddetta pubblicità. È evidente che tale sentenza si differenzia da quella *ex* art. 2932 c.c., perché essa non produce gli effetti del contratto (nell'esempio, il trasferimento del bene) che si sono già verificati, ma ne accerta semplicemente l'avvenuta verificazione. Data però la somiglianza tra tale fattispecie e quella di contratto preliminare, è opportuno sempre distinguere le due ipotesi.

Contratto normativo

Altra figura, delineata dalla dottrina, che è da tenere ben distinta dal contratto preliminare, sebbene abbia in comune con quest'ultimo il riferimento ad un futuro *contrahere*, è il *contratto normativo*. Con tale strumento le parti si accordano sul contenuto di futuri rapporti contrattuali tra le stesse che peraltro i soggetti rimangono pienamente liberi di instaurare o meno. Dal contratto normativo non nasce, cioè, l'obbligo di concludere successivi contratti, ma solo l'obbligo, qualora si decida di addivenire alla stipula di essi, di regolamentare gli interessi sottostanti così come stabilito nel precedente accordo. Un importante esempio è rappresentato dal contratto collettivo di lavoro fra le associazioni dei lavoratori e quelle dei datori di lavoro, il quale fissa il contenuto dei contratti individuali di lavoro che i singoli associati eventualmente concluderanno. Poiché il contratto normativo non costituisce alcun obbligo di contrarre in capo a nessuna delle parti, sarebbe inammissibile il ricorso all'art. 2932 c.c. nell'ipotesi in cui una di esse si rifiutasse di stipulare il successivo contratto.

3. *La responsabilità precontrattuale*

Natura

Come si è già detto, le parti hanno l'obbligo di comportarsi secondo buona fede durante lo svolgimento delle trattative. La violazione di tale obbligo di comportamento determina la nascita in capo all'agente dell'ulteriore obbligo di risarcire i danni cagionati alla controparte. La responsabilità in questione è detta *precontrattuale* o per *culpa in contra-*

hendo. Si tratta, secondo l'opinione prevalente, di responsabilità da atto illecito di tipo *extracontrattuale*, anche detta *aquiliana* (art. 2043 c.c.), di cui si tratterà nei prossimi capitoli. Infatti, sebbene il dovere di buona fede si inserisca nel contesto di un rapporto tra soggetti determinati, esso in realtà preesiste al "contatto sociale" fra le parti, imponendosi *erga omnes* come applicazione specifica del più generale precetto del *neminem laedere*. In altre parole, l'interesse tutelato dalla legge non è quello individuale di un determinato creditore, bensì quello generale alla libertà negoziale. La qualificazione della responsabilità precontrattuale come *species* del *genus* "responsabilità aquiliana" comporta l'applicazione della disciplina dettata per quest'ultima, in particolare con riguardo al termine di prescrizione della relativa azione che, secondo quanto prevede l'art. 2947 c.c., non sarà decennale, come nella responsabilità da illecito contrattuale, bensì quinquennale.

Dovere di informazione

Il codice civile si limita a prevedere una sola fattispecie di comportamento di malafede, quella che si verifica allorché una parte, pur essendo a conoscenza di una causa di invalidità del contratto o dovendola conoscere, la taccia alla controparte, inducendola così a concludere un accordo inutile, perché già destinato a subire le tipiche conseguenze dell'invalidità (art. 1338 c.c.). Questa disposizione rappresenta applicazione del più ampio dovere di informazione che, come si è già detto, deve ritenersi gravare su entrambe le parti del rapporto precontrattuale.

La giurisprudenza ha dal canto suo tipizzato altre specifiche fattispecie nelle quali è possibile individuare la violazione della regola della buona fede. La più importante di esse, perché consolidatasi in un risalente orientamento, è costituita dall'ingiustificato *recesso dalle trattative*. Per comprenderne la portata bisogna ricordare che il principio dell'autonomia contrattuale comporta anche la libertà per le parti di decidere *se* concludere o meno un contratto. Pertanto esse sono, in via di principio, libere anche di abbandonare, in qualunque momento, una trattativa già avviata. Il recesso diviene però illecito, in quanto contrastante con la regola della buona fede, se viene esercitato senza una giustificata ragione e in uno stadio avanzato delle trattative medesime, e cioè quando la controparte possa legittimamente credere o *fare affidamento* nella serietà della intenzione dell'altro contraente. È il giudice a dover valutare, caso per caso, se la trattativa poteva considerarsi *affidante*.

Recesso ingiustificato dalle trattative

Viola il dovere di comportarsi secondo buona fede anche chi inizia delle trattative senza alcuna intenzione di concludere il contratto, ma solo per far perdere tempo alla controparte o per acquisire notizie che la riguardano (*trattative non serie o sleali*).

Una responsabilità precontrattuale può nascere anche nel caso in cui le trattative abbiano portato alla conclusione di un valido contratto e non soltanto nelle ipotesi di suo mancato perfezionamento o di sua invalidità. Infatti, costituisce violazione del dovere di buona fede anche il comportamento di chi induca la controparte alla conclusione del contratto mediante artifici o raggiri che, pur non essendo tali da concretare un'ipotesi di dolo *causam dans* – ovverosia, come si vedrà più avanti, di dolo causa di invalidità del contratto perché influente sulla volontà della vittima di concluderlo –, hanno determinato la controparte a concluderlo a condizioni diverse da quelle che avrebbe accettato se non fosse stato soggetto al dolo (c.d. *dolum incidens*). Mentre nel primo caso il soggetto che ha subito il dolo potrà richiedere il risarcimento del danno in aggiunta all'annullamento del contratto, nel secondo l'azione di responsabilità precontrattuale costituirà l'unico rimedio contro l'illecito comportamento altrui.

Dolo incidente

Recentemente la clausola della buona fede ha dimostrato una sorprendente capacità espansiva: il suo campo di applicazione sembra essersi esteso fino ad abbracciare anche ipotesi in cui una parte, senza artifizi o raggiri ma semplicemente approfittando della propria maggiore forza contrattuale, abbia imposto un contratto con prestazioni squilibrate.

Abuso di forza contrattuale

Peraltro, parte della giurisprudenza, facendo leva sulla natura di principio di ordine pubblico della regola in questione, sembra orientata a sanzionare la violazione dell'obbligo di comportarsi secondo buona fede, oltre che col risarcimento, anche con la invalidità, sotto forma di nullità o di annullabilità, del contratto eventualmente concluso.

Per pacifico orientamento giurisprudenziale, una responsabilità precontrattuale può configurarsi anche nei confronti della pubblica amministrazione, nell'ambito delle procedure di evidenza pubblica, qualora essa, nel corso delle trattative con i terzi, abbia tenuto comportamenti attivi od omissivi in contrasto con i principi della correttezza e della buona fede. Il Consiglio di Stato in adunanza plenaria è intervenuto a chiarire i presupposti di tale responsabilità, stabilendo che il dovere di comportarsi secondo buona fede sussiste, anche prima e a prescindere dall'aggiudicazione, nell'ambito di tutte le fasi della procedura ad evidenza pubblica e che, dunque, la responsabilità precontrattuale è configurabile anche se i singoli provvedimenti nei quali si articola il procedimento siano legittimi. Essa, inoltre, può derivare non solo da comportamenti anteriori al bando, ma anche da qualsiasi comportamento successivo che risulti contrario ai suddetti doveri. Sul privato che intenda far valere la responsabilità della P.A. grava la prova della propria buona fede soggettiva, intesa come affidamento incolpevole circa l'esistenza di un presupposto su cui ha fondato la scelta di compiere attività economicamente onerose; della lesione di tale affidamento incolpevole a cagione di una condotta oggettivamente contraria ai doveri di correttezza e di lealtà e soggettivamente imputabile alla P.A. in termini di

Responsabilità precontrattuale della P.A.

colpa o dolo; dell'esistenza sia di un danno-evento (la lesione della libertà di autodeterminazione negoziale), sia di un danno-conseguenza (le perdite economiche subite a causa delle scelte negoziali illecitamente condizionate), sia infine del rapporto di causalità fra tali danni e il comportamento scorretto della P.A.

Poiché l'interesse tutelato dall'ordinamento non è quello del creditore all'adempimento, bensì quello di ciascuna parte al rispetto della propria libertà negoziale, il danno che deve essere risarcito non è rappresentato, come nella responsabilità contrattuale, dal c.d. *interesse positivo* – ovverosia dalla perdita patrimoniale cagionata dalla mancata esecuzione del rapporto contrattuale (*danno emergente*) e dal mancato guadagno conseguito all'inadempimento (*lucro cessante*) – ma dal mero *interesse negativo*. Quest'ultimo è costituito dal pregiudizio arrecato al soggetto dall'avere confidato nella conclusione o nella validità del contratto, oppure dall'aver stipulato un contratto che senza l'illecito comportamento altrui non avrebbe concluso o avrebbe concluso a condizioni diverse. In pratica, nell'ipotesi di ingiustificato recesso dalle trattative o di stipula di un contratto invalido, oggetto di risarcimento saranno solamente le spese che la parte in buona fede ha affrontato per le trattative nonché il danno determinato dalla perduta opportunità di concludere contratti con terzi soggetti. Nell'ipotesi in cui la mala fede non abbia inciso sulla conclusione o sulla validità del contratto ma solo sul suo contenuto, il danno è invece rappresentato dalle migliori condizioni che sarebbero state presumibilmente pattuite senza l'illecita ingerenza altrui.

Risarcimento e interesse negativo

4. *La prelazione*

Prelazione volontaria

Figura molto frequente nella prassi della contrattazione commerciale, sebbene non disciplinata dal codice civile, è la c.d. *prelazione volontaria*. Con il patto di prelazione una parte, detta *promittente*, si obbliga nei confronti di un'altra parte, detta *prelazionario*, a preferirla rispetto ad altri soggetti, a parità di condizioni, nell'ipotesi in cui decida di stipulare un determinato contratto. Il promittente conserva, dunque, la propria libertà negoziale circa l'*an* ed il *quomodo* della contrattazione, essendo vincolato soltanto nella scelta dell'eventuale futuro contraente. Ciò vale a differenziare la prelazione sia dal contratto preliminare unilaterale – in cui il promittente assume nei confronti del promissario l'obbligo di addivenire alla stipula del contratto definitivo – sia dal patto di opzione, dal quale scaturisce per l'opzionario il diritto potestativo di concludere il contratto con una propria unilaterale manifestazione di volontà, senza che la parte che si è vincolata a mantenere ferma la propria proposta possa fare alcunché per impedirlo. Pertanto, deve reputarsi lecito qualsiasi comportamento da parte del promittente che cagioni l'impossibilità di concludere il contratto *de quo*, come ad esempio la trasformazione o distruzione del bene oggetto della prelazione.

Causa

Sotto il profilo causale, dunque, autonomo rilievo assume l'interesse del promittente ad assicurare al prelazionario il vantaggio economico della preferenza rispetto ad altri possibili contraenti. Tale vantaggio – che si traduce tecnicamente nell'attribuzione al prelazionario di un diritto potestativo ad essere preferito – non deve necessariamente trovare la propria giustificazione in un corrispettivo, potendo la prelazione essere anche gratuita.

Obblighi del promittente

Come è stato evidenziato dalla giurisprudenza, il soddisfacimento dell'interesse del prelazionario si realizza tramite l'imposizione al promittente di due distinte obbligazioni: la prima, positiva, è di comunicare al prelazionario, una volta maturata, l'intenzione di addivenire all'accordo a certe condizioni (c.d. *denuntiatio*). La seconda, a contenuto negativo, è di non concludere con terzi il contratto cui la prelazione si riferisce fino a quando il prelazionario non abbia dichiarato di non voler accettare o comunque non abbia accettato nel termine convenuto la proposta di controparte.

Effetti

Gli effetti del patto di prelazione sono meramente obbligatori e come tali non sono opponibili ai terzi. Pertanto, l'inadempimento del promittente comporta in capo al medesimo l'obbligo di risarcire i danni cagionati al prelazionario, ma non anche il potere per quest'ultimo di riscattare il bene oggetto della prelazione nei confronti dei terzi acquirenti. In ciò la prelazione volontaria differisce dalla *prelazione legale*, ovverosia dal diritto di prelazione attribuito al soggetto dalla legge, come ad esempio nelle ipotesi di c.d. retratto successorio, ovverosia di diritto di preferenza dei coeredi in caso di alienazione della quota di eredità da parte di uno di essi (art. 732 c.c.), o di prelazione agraria in favore dei coltivatori diretti affittuari o confinanti in caso di alienazione del fondo rustico (art. 8, legge 26 maggio 1965, n. 590 e successive modifiche), o di prelazione urbana a favore del conduttore di un immobile adibito ad attività imprenditoriali e commerciali che prevedano il contatto con il pubblico (artt. 38 s., legge n. 392 del 1978). La prelazione legale, infatti, ha *efficacia reale* e dunque è opponibile anche al terzo acquirente del bene, che vedrà caducato il suo acquisto nell'ipotesi in cui il titolare del diritto di prelazione eserciti il diritto potestativo di riscatto attribuitogli dalla legge nei confronti del bene oggetto della prelazione.

CAPITOLO 14

L'ACCORDO E LA SUA FORMA

1. *La conclusione del contratto: proposta e accettazione*

Parte contrattuale

Il codice disciplina il c.d. *perfezionamento dell'accordo*, che costituisce il momento nel quale il contratto viene ad esistenza. Tale momento è costituito dal raggiungimento del consenso tra tutte le parti, e cioè dalla manifestazione da parte delle stesse di un'unica e concorde volontà in ordine agli effetti che il contratto produrrà. Occorre a tal punto precisare che il concetto di *parte* non si identifica con quello di soggetto di diritto. Abbiamo più volte evidenziato che il contratto integra una regolazione pattizia di interessi. Gli interessi regolati possono però anche appartenere a più persone che ne siano titolari congiuntamente. Si pensi all'ipotesi di compravendita di un bene di proprietà di due soggetti, ad esempio due coniugi. Se costoro decidono di venderlo e dunque di scambiarlo con un prezzo, è evidente che essi risultano, nell'ambito dell'atto contrattuale, nella medesima posizione di interesse, sono in effetti titolari dello stesso interesse che regolano, attraverso lo scambio, con l'acquirente, il quale è infatti la controparte. Nonostante la presenza di tre soggetti, il contratto è sempre bilaterale; i venditori costituiscono un'unica parte contrattuale anche se *plurisoggettiva*.

Proprio perché trattasi di un'unica parte, la dichiarazione di volontà, benché proveniente da più soggetti, si manifesta, nell'ambito del contratto e quindi verso la controparte, in modo unitario. La dichiarazione viene anche definita *collettiva* o *atto collettivo* proprio per indicare il fatto che essa proviene da più persone.

Atti collettivi e atti complessi

Non bisogna confondere questa ipotesi con quella in cui la volontà di una parte è espressa da più soggetti i quali però non sono tutti titolari dell'interesse. È ad esempio il caso dell'atto dell'inabilitato, cui deve partecipare anche il curatore. Qui la volontà del curatore non viene espressa perché egli sia titolare dell'interesse, ma soltanto perché è necessario integrare, per fini di protezione, la volontà dell'incapace. Anche se con ruoli e per finalità differenti, tutte le volontà espresse, anche in questo caso, fanno capo ad un unico centro di interessi. La dichiarazione da esse posta in essere viene normalmente definita *complessa* o *atto complesso*.

Dai contratti bilaterali con parte plurisoggettiva vanno distinti, poi, i *contratti plurilaterali*, ovverosia quelli nei quali le parti contrattuali sono più di due: tali contratti non deviano dalla disciplina generale quanto al loro perfezionamento, ma sono assoggettati a regole particolari per quanto concerne, ad es., le conseguenze giuridiche dell'invalidità che colpisca il vincolo di una sola delle parti (artt. 1420 e 1446 c.c.), oppure l'inadempimento o l'impossibilità sopravvenuta della prestazione di uno solo dei contraenti (artt. 1459 e 1466 c.c.). Contratti plurilaterali

La conclusione del contratto si realizza attraverso l'accordo o il consenso. Esso si raggiunge allorché vengono espresse congruenti dichiarazioni. Il codice regola analiticamente, all'art. 1326, le due dichiarazioni, provenienti da ciascuna parte, che costituiscono l'accordo. Esse sono la proposta e l'accettazione. Si tratta non di due autonomi negozi giuridici unilaterali, bensì di due *atti prenegoziali*, i quali sono destinati a fondersi costituendo il contratto. Scambio dei consensi

La *proposta* è la dichiarazione che promana da colui che assume l'iniziativa contrattuale (c.d. *proponente*) offrendo all'altra (c.d. *oblato*) di concludere l'accordo. Essa deve rivestire la forma richiesta dalla legge per il contratto che si vuole stipulare e contenere tutti gli elementi di tale contratto, deve cioè indicare il suo oggetto e la sua causa: ad esempio, in caso di vendita, deve almeno prevedere il bene oggetto dello scambio ed il prezzo. In mancanza, la stessa si qualifica in termini di mero invito ad instaurare delle trattative o, come si dice, *invitatio ad offerendum*. Ciò significa che ad essa dovrà seguire una vera e propria proposta che, per la conclusione del contratto, dovrà essere poi accettata da chi la riceve. Proposta

La proposta può essere rivolta ad una persona individuata, la quale è dunque l'unica che può accettarla, ma può anche rivolgersi al pubblico, nel qual caso può essere accettata da chiunque. Ai sensi dell'art. 1336 c.c., infatti, l'*offerta al pubblico*, ove contenga gli estremi essenziali del contratto alla cui conclusione è diretta, vale come proposta, salvo che risulti diversamente dalle circostanze o dagli usi. Un esempio di offerta al pubblico è rappresentato dalla merce esposta in vendita in un supermercato con l'indicazione del prezzo. Offerta al pubblico

Il contratto si conclude *quando* la proposta sia stata integralmente accettata e nel *luogo* in cui essa sia stata accettata, che normalmente coincide con l'indirizzo del proponente. Un'*accettazione parziale* equivale ad una *controproposta*, che dovrà a sua volta essere accettata dal Accettazione primo proponente. Essa inoltre deve essere data, oltre che nelle forme imposte dalla legge (di cui si parlerà nei prossimi paragrafi), anche nelle eventuali forme particolari richieste dal proponente. Se tali ultime forme non sono osservate, l'accettazione rimane senza effetto e il contratto non si considera concluso, a meno che essa non venga ripetuta nei modi richiesti dal proponente.

Termine

L'accettazione deve inoltre essere data entro i termini previsti dal proponente medesimo o, in mancanza, dagli usi o dalla natura dell'affare. Un'*accettazione tardiva* non conclude di per sé il contratto, salvo che il proponente non la ritenga efficace, dandone immediata notizia alla controparte (art. 1326, 3° comma, c.c.).

Contratti aperti

Una regola particolare è dettata dal codice per i cc.dd. *contratti aperti*, ovverosia quei contratti bilaterali o plurilaterali nei quali sia inserita una *clausola di adesione* che consenta ai terzi di aderire successivamente all'accordo, aggiungendosi alle originarie parti contrattuali: si tratta di contratti associativi, stipulati cioè per uno scopo comune, non essendo possibile che si concludano in tal modo i contratti di scambio. L'art. 1332 c.c. stabilisce, a tale riguardo, che se nel contratto non sono state determinate le modalità dell'adesione, questa dovrà essere diretta all'organo costituito per l'attuazione del contratto oppure, in mancanza di esso, a tutti i contraenti originari. Ci troviamo dunque in presenza di un'accettazione che segue il perfezionamento del contratto, producendo l'effetto di estendere il vincolo contrattuale ad altre parti senza necessità di stipulare un nuovo accordo.

È bene sottolineare che la clausola di adesione inserita nei contratti aperti non va assolutamente confusa con i cc.dd. *contratti per adesione*, di cui si parlerà più avanti, che sono contratti di scambio il cui contenuto è già predisposto interamente da una parte, mentre l'altra ha solo facoltà di accettare o rifiutare la proposta, senza poter contrattare le condizioni dell'affare.

Contratti tra persone lontane

Se le parti non sono presenti nello stesso luogo e dunque si scambiano proposta e accettazione attraverso mezzi di comunicazione (cc.dd. *contratti tra persone lontane*), valgono le regole che disciplinano i c.d. *negozi recettizi*: proposta e accettazione producono i loro effetti quando giungono all'indirizzo del destinatario (artt. 1334 e 1335 c.c.); ciò significa che il contratto si conclude quando l'accettazione è ricevuta dal proponente (a prescindere dal fatto che egli ne abbia effettivamente preso conoscenza).

Caducazione degli atti prenegoziali

Sia la proposta che l'accettazione *si caducano*, ovverosia perdono efficacia, se la parte che ha emesso la relativa dichiarazione muore o diviene incapace prima della conclusione del contratto. Tuttavia, tale regola subisce un'eccezione per l'ipotesi in cui la proposta o l'accettazione siano fatte da un imprenditore nell'esercizio della propria attività d'impresa, nel qual caso l'atto prenegoziale conserva la sua efficacia, a meno che non si tratti di piccolo imprenditore oppure diversamente risulti dalla natura dell'affare o da altre circostanze (art. 1330 c.c.).

2. *La revoca della proposta e dell'accettazione*

Nozione e forma

La proposta e l'accettazione possono essere revocate finché il contratto non sia concluso (art. 1328 c.c.). La *revoca* è un negozio giuridico unilaterale con il quale un soggetto contraddice una propria precedente dichiarazione negoziale, privandola così della sua efficacia. Si ritiene che essa non sia a forma vincolata, nemmeno *per relationem*, non dovendo dunque rivestire necessariamente la medesima forma che aveva la dichiarazione contraddetta. L'unico limite alla libertà di forma individuato dalla giurisprudenza è che la revoca deve essere espressa, non potendosi desumere da fatti concludenti: ad es., l'alienazione ad altri del bene offerto in vendita non potrebbe valere come tacita revoca della proposta.

Principio di ricezione e principio di spedizione

Anche la revoca dovrebbe essere un negozio unilaterale recettizio, sicché la sua ricezione da parte del destinatario, con la quale essa diviene efficace, dovrebbe precedere il momento in cui il contratto si perfeziona, e cioè dovrebbe arrivare prima che al proponente giunga l'accettazione. Tale asserzione non è tuttavia condivisa dalla dottrina e dalla giurisprudenza dominanti le quali, facendo leva sul dettato codicistico, stabiliscono una regola diversa per la revoca della proposta. Mentre, infatti, l'art. 1328, 2° comma, dice che l'accettazione può essere revocata «purché la revoca giunga a conoscenza del proponente prima dell'accettazione», richiamando così espressamente il principio della *ricezione* (in base al quale, ad es., se l'accettazione è stata spedita per lettera il suo autore dovrà revocarla per telefono o telegramma prima che la lettera stessa giunga all'indirizzo del proponente), il 1° comma della medesima disposizione stabilisce che «la proposta può essere revocata finché il contratto non sia concluso». Si afferma dunque che valga per la proposta l'opposto principio della *spedizione*, per cui è sufficiente che la revoca esca dalla sfera del proponente prima che a questi giunga l'accettazione (se ad es. la revoca venga fatta tramite lettera, questa dovrà essere spedita prima che l'accettazione arrivi all'indirizzo del proponente).

Dal momento in cui si perfeziona il contratto la revoca è preclusa: con la conclusione, infatti, le manifestazioni di volontà divengono vincolanti per le parti, le quali di regola non possono recedere. Se la revoca giunge tempestivamente, invece, il contratto non si conclude.

Tuttavia, a tutela dell'accettante che in buona fede abbia intrapreso

Esecuzione in buona fede e indennizzo

l'esecuzione prima di aver notizia della revoca della proposta, la legge stabilisce l'obbligo per il proponente di indennizzarlo delle spese affrontate e delle perdite subite per l'iniziata esecuzione del contratto (cc.dd. *interessi negativi*). Poiché la revoca, rappresentando esercizio di un diritto, non cagiona un danno ingiusto ai sensi dell'art. 2043 c.c., l'obbligo in questione può qualificarsi come *responsabilità per atto lecito*, che mira a contemperare l'interesse del proponente a revocare la sua proposta con l'interesse dell'oblato ad iniziare l'esecuzione subito dopo l'accettazione e cioè anche prima che il contratto si concluda.

Revoca dell'offerta al pubblico

Nel caso di offerta al pubblico, la revoca deve poi essere pubblicizzata negli stessi modi della proposta (art. 1336, 2° comma, c.c.): così, se la proposta era stata ad esempio pubblicata con inserto su un giornale, un analogo inserto dovrà divulgare la revoca. Se, dunque, la revoca viene fatta nelle *stesse forme* dell'offerta o in *forme equipollenti* (forma *per relationem*), la legge sancisce che essa ha effetto anche nei confronti di chi non ne sia venuto a conoscenza. Ciò si spiega con la natura *non recettizia* dell'offerta al pubblico, a cagione dell'indeterminatezza dei suoi destinatari.

3. *La proposta irrevocabile ed il contratto di opzione*

Come si è detto, la proposta contrattuale, così come l'accettazione, è di norma liberamente revocabile fino a quando il contratto non è concluso. Vi sono peraltro una serie di ipotesi in cui la proposta acquista il carattere della *irrevocabilità*, o per *volontà unilaterale* del proponente, o per *volontà concorde* delle parti, o infine per *volontà di legge*. In questi casi, un'eventuale revoca non produce alcun effetto, sicché non preclude la conclusione del contratto ove sopraggiunga l'accettazione.

Proposta irrevocabile ed effetti giuridici

Questo è quanto il codice prevede espressamente nel caso in cui sia lo stesso autore della proposta ad impegnarsi a mantenerla ferma per un certo periodo di tempo. Sebbene l'art. 1329 c.c. parli di obbligo a mantenere ferma la proposta, tecnicamente non siamo di fronte all'assunzione di un'obbligazione di non fare (cioè di non revocare la proposta), che comporterebbe, in ipotesi di inadempimento e dunque di revoca, il mero risarcimento dei danni, fermo restando che il contratto non potrebbe concludersi. Si è detto, infatti, che la conseguenza giuridica della proposta irrevocabile è molto più incisiva e specificamente è l'inidoneità di un'eventuale revoca ad impedire la stipula del contratto: in altre parole, l'efficacia della dichiarazione di irrevocabilità della proposta va riscontrata nella *perdita del potere di revoca* da parte del suo autore. Tale perdita è peraltro solo *temporanea*, non potendosi assoggettare a tempo indefinito il proponente al potere della controparte di concludere il contratto. Ove il dichiarante non abbia fissato il termine di efficacia della proposta irrevocabile, la prevalente giurisprudenza ritiene che essa sia nulla come tale e che si converta in proposta pura e semplice, liberamente revocabile.

Altra caratteristica della proposta irrevocabile è quella di rimanere ferma anche in caso di morte o sopravvenuta incapacità del suo autore, a meno che la natura dell'affare o altre circostanze non escludano tale efficacia (art. 1329, 2° comma, c.c.).

Causa

L'interesse tutelato dall'ordinamento attraverso l'attribuzione al proponente della possibilità di rendere ferma la proposta mediante una propria dichiarazione unilaterale è quello del medesimo proponente ad aumentare le probabilità di stipula dell'accordo, fornendo all'oblato la tranquillità per riflettere sull'affare senza correre il rischio di un mutamento di volontà della controparte. L'interesse di quest'ultima è tutelato invece solo indirettamente e non tramite l'acquisto di una specifica posizione di vantaggio.

Patto di opzione

Diversamente avviene nel *patto di opzione*: esso è un contratto con il quale le parti si accordano affinché una di esse rimanga vincolata alla propria dichiarazione, mentre l'altra sia libera di accettarla o meno. Dal patto di opzione nasce in capo a quest'ultima parte un vero e proprio *diritto potestativo* di concludere il contratto mediante la propria unilaterale dichiarazione di volontà; mentre la controparte si trova in una situazione di *soggezione*, non potendo più impedire il perfezionamento dell'accordo.

Funzione ed effetti

Il patto di opzione non è dunque semplicemente un accordo volto a rendere irrevocabile una proposta: in realtà, il contratto che l'opzione prepara non si conclude secondo lo schema generale proposta/accettazione ma con quello particolare contratto di opzione/esercizio del diritto potestativo attribuito all'opzionario. L'intento comune delle parti, cioè, non è solo quello di stabilire la vincolatività di un distinto atto di iniziativa emesso contestualmente da una delle due, bensì quello di definire in maniera completa contenuto e modalità di un futuro assetto di interessi fra le stesse, subordinando però la conclusione del contratto ad una ulteriore manifestazione di volontà del contraente favorito, laddove la controparte ha già espresso la sua definitiva adesione all'autoregolamento predisposto.

La legge, nel parificare quanto agli effetti la dichiarazione di chi si vincola con il patto di opzione alla proposta irrevocabile (art. 1331 c.c.: la dichiarazione «si considera proposta irrevocabile per gli effetti previsti dall'art. 1329»), non intende affatto dire che il patto di opzione contiene in sé una proposta irrevocabile ma solo che l'accordo in questione non ha efficacia meramente obbligatoria, rendendo piuttosto irrilevante, al pari della proposta irrevocabile, un'eventuale, successiva manifestazione di volontà contraria proveniente da chi si vincola.

Opzione a titolo oneroso e gratuito

Mentre la proposta irrevocabile è per sua stessa natura *gratuita*, ovverosia non corrispettivata, il patto di opzione è naturalmente *oneroso*: chi si vincola alla propria dichiarazione riceve infatti in cambio normalmente una controprestazione, come ad esempio una somma di danaro, dalla controparte. Tuttavia, deve ritenersi configurabile anche un'opzione a titolo gratuito, che comunque si distingue dalla proposta irrevocabile sia dal punto di vista strutturale, perché è bilaterale, sia dal punto di vista funzionale, perché (come si spiegherà meglio a proposito della differenza tra contratti a titolo oneroso e contratti a titolo gratuito) è comunque volta a comporre un conflitto di interessi di natura patrimoniale facenti capo ad entrambe le parti del rapporto, mentre la proposta irrevocabile, come si è detto, mira a soddisfare solo l'interesse del suo autore.

Forma

La forma che deve rivestire il patto di opzione, così come la dichiarazione dell'*opzionario*, è la stessa forma richiesta per il contratto che le parti intendono concludere (forma *per relationem*). Altra differenza tra il patto di opzione e la proposta irrevocabile risiede nel termine di efficacia dell'atto: se, infatti, le parti non hanno fissato alcun termine entro il quale l'opzionario dovrà accettare, questo può essere stabilito dal giudice (art. 1331, 2° comma, c.c.).

Irrevocabilità *ex lege*

Infine, vi sono delle ipotesi in cui l'irrevocabilità è sancita per legge. È così ad esempio nel contratto di assicurazione (art. 1887 c.c.). È ancora il caso del c.d. *contratto con obbligazioni a carico del solo proponente* (art. 1333 c.c.), del quale si parlerà nel prossimo paragrafo.

4. *Il perfezionamento dei cc.dd. contratti unilaterali*

I contratti possono essere a prestazioni corrispettive e cioè prevedere obblighi contrapposti per entrambe le parti, ma possono anche essere gratuiti, e cioè contemplare prestazioni a carico di uno solo dei contraenti. Si pensi al mandato gratuito col quale un soggetto si obbliga a fare atti giuridici a favore della controparte senza alcun corrispettivo. Si dice che in tal caso il contratto è *unilaterale*, nel senso che esso, pur essendo comunque, dal punto di vista strutturale, un negozio bilaterale fondato sull'accordo tra le parti, comporta obblighi in una sola direzione e cioè per una sola di esse. Orbene, se la proposta proviene proprio dall'unica parte che si obbliga, la legge stabilisce che essa è *naturalmente* irrevocabile dal momento in cui giunge a conoscenza dell'oblato – cioè, considerata la presunzione di conoscenza di cui all'art. 1335 c.c., dal momento in cui perviene al suo indirizzo –.

Contratti unilaterali: irrevocabilità della proposta

L'altra peculiarità del contratto con obbligazioni a carico del solo proponente risiede nel fatto che l'accettazione di colui cui la proposta è indirizzata è considerata superflua, atteso che costui non rimane vincolato ad alcuna prestazione od onere, ma riceve esclusivamente vantaggi. Pertanto, ai sensi dell'art. 1333, 2° comma, c.c. il contratto si conclude se la proposta non venga rifiutata entro un termine giudicato congruo in considerazione della natura dell'affare o degli usi. Il *silenzio* dell'oblato, cioè, viene equiparato dalla legge ad una dichiarazione di accettazione, consentendo il perfezionamento dell'accordo, laddove al contrario il *rifiuto* costituisce elemento *impeditivo* della conclusione del contratto.

Rifiuto e mancato rifiuto

Sebbene non sia richiesta una dichiarazione di accettazione del destinatario della proposta, ma sia sufficiente il mancato rifiuto, deve ritenersi che la legge consideri comunque rilevante la volontà dell'oblato e che dunque la fattispecie di cui all'art. 1333 c.c. sia pur sempre, secondo la definizione generale del contratto, un *accordo* tra le due parti, contrariamente a quanto sostiene altra corrente dottrinale secondo la quale tale disposizione disciplinerebbe un contratto a formazione unilaterale, composto, cioè, dalla manifestazione di volontà di una parte sola – figura inaccettabile nel nostro sistema contrattuale – o addirittura un negozio unilaterale risolutivamente o sospensivamente condizionato al rifiuto o, rispettivamente, al mancato rifiuto del destinatario.

Natura della fattispecie

Pertanto, gli effetti del contratto c.d. unilaterale non si producono nel momento in cui la proposta viene a conoscenza dell'oblato, ma solo quando sia decorso il congruo termine senza che questi abbia rifiutato – oppure, chiaramente, nel momento in cui questi dichiari di accettare, dato che un'eventuale accettazione espressa, seppure non necessaria, è sicuramente rilevante ai fini della conclusione del contratto –.

Come si è detto, tutti i contratti con obbligazioni a carico del solo proponente sono contratti a titolo gratuito. Tuttavia, non tutti i contratti a titolo gratuito possono perfezionarsi tramite il peculiare procedimento di formazione del contratto c.d. unilaterale previsto dall'art. 1333 c.c. Innanzitutto, dall'ambito di operatività di questa disposizione è escluso il contratto di donazione per il quale, come si vedrà, la legge richiede di regola la forma solenne, stabilendo espressamente che anche l'accettazione vada fatta per atto pubblico (art. 782 c.c.). Inoltre, l'art. 1333 c.c. non è applicabile ai cc.dd. contratti *reali*, cioè quelli per il cui perfezionamento non è sufficiente l'incontro di volontà delle parti ma è necessaria anche la *traditio*, o consegna materiale del bene oggetto del contratto (come ad es. il contratto di comodato): infatti, in tali casi l'oblato non potrà tenere un comportamento meramente omissivo, ma dovrà collaborare con il proponente per ricevere la cosa da lui offerta. La giurisprudenza ha inoltre negato che i contratti traslativi di diritti reali possano perfezionarsi con le modalità

Ambito di applicazione

previste dell'art. 1333 c.c., a meno che non venga accertato che l'acquirente ne tragga esclusivamente vantaggio.

5. *La forma del contratto*

La forma è il mezzo con il quale i soggetti esprimono il loro consenso. In effetti un accordo deve pur sempre avere uno strumento e dunque una forma attraverso cui manifestarsi. Esso può dunque essere espresso attraverso comportamenti inequivocabili (*facta concludentia*) dai quali si desume la volontà contrattuale senza che i soggetti la dichiarino: ed allora la sua forma è detta *tacita*. Può essere invece manifestato a parole o altri *simboli* che abbiano come scopo *diretto* quello di dichiarare la propria volontà ad altri, ed allora la forma si chiama *espressa*. Il criterio di distinzione, a ben vedere, non poggia sulla natura del comportamento significante (parola o altro gesto), ma sul rapporto tra questo e la volontà contrattuale: così, si può anche avere una dichiarazione espressa che non sia costituita da parole (ad esempio, l'alzata di mano in un'asta pubblica, che ha il significato predeterminato di accettazione) e all'opposto una manifestazione tacita che avvenga tramite una dichiarazione diretta ad un scopo diverso, dalla quale però si inferisca indirettamente la volontà negoziale (un esempio è rappresentato dall'alienazione della cosa legata da parte del testatore, che fa presumere la volontà di revocare il legato).

Forma espressa e tacita

Valore giuridico del silenzio

Anche il *silenzio* può costituire manifestazione tacita di volontà, se accompagnato da circostanze che lo rendano significante (c.d. *silenzio circostanziato*), ovvero dichiarazione espressa, qualora le parti o la legge gli attribuiscano un determinato significato: ad es., le parti in un precedente accordo possono stabilire che le future proposte contrattuali emesse da una delle due si intenderanno accettate se l'oblato non restituisce la merce spedita dal proponente (è il caso di sottolineare che una medesima conseguenza non può mai essere prevista dalla volontà unilaterale del proponente, per cui nessuna rilevanza giuridica va ascritta, ad es., alle dichiarazioni, spesso accluse alla spedizione di numeri di saggio di riviste, per cui la mancata restituzione equivale a volontà di aderire all'offerta di abbonamento dell'editore). Quanto alla legge, si è già precedentemente citato l'art. 1333 c.c., che prevede un'ipotesi di silenzio equiparato ad un'accettazione.

Forma orale e scritta

La dichiarazione espressa che avviene tramite il linguaggio può essere *orale*, se le parole sono pronunciate a voce; *scritta* se sono redatte appunto per *iscritto* e l'atto reca la sottoscrizione – cioè la firma autografa – dei dichiaranti. La dichiarazione scritta integra gli estremi dell'*atto pubblico* se è raccolta da un pubblico ufficiale, che di norma è il notaio, il quale è abilitato ad ogni tipo di atto, ma può anche essere, per specifiche ipotesi, un altro pubblico ufficiale (cancelliere, segretario comunale) (art. 2699 c.c.). La *scrittura privata autenticata* è invece il documento redatto e sottoscritto dalle parti senza la partecipazione del pubblico ufficiale il quale si limita ad attestare che le parti hanno sottoscritto il documento in sua presenza e che le firme sono autentiche (art. 2703 c.c.).

Libertà delle forme e contratti solenni

Di norma un contratto può essere concluso con qualsiasi forma: vige cioè il *principio della libertà delle forme.*

La legge richiede però che alcuni contratti ne rivestano una particolare (*forma solenne*), la quale pertanto diventa elemento essenziale degli stessi, perché è prescritta per la loro validità: in particolare è richiesta, come si dice, *ad substantiam*, cioè a pena di nullità.

L'art. 1350 c.c., ad esempio, prevede la necessità almeno della forma scritta relativamente ad una serie di atti concernenti i beni immobili.

L'art. 782 c.c., come si è già detto, stabilisce che la donazione deve essere rogata da notaio e dunque deve rivestire forma pubblica.

Forma e pubblicità

È importante inoltre distinguere la forma richiesta per la validità dell'atto da quella richiesta per la sua *pubblicità*. Già si è detto, per esempio, che le vendite immobiliari devono essere concluse per atto scritto e dunque anche per scrittura privata, ma esse possono essere trascritte soltanto se siano redatte per atto pubblico o scrittura privata autenticata. La forma scritta non è dunque in questo caso requisito di validità del contratto, ma serve per la pubblicità dell'atto nei confronti dei terzi.

Forma e opponibilità

In altre ipotesi la forma è richiesta ai fini dell'*opponibilità* del contratto ai terzi: ad es., la riserva di proprietà apposta ad una compravendita di beni mobili è opponibile ai creditori dell'acquirente solo se risulta da atto scritto avente data certa anteriore al pignoramento (art. 1524, 1° comma, c.c.).

Forma *ad probationem*

La forma è a volte richiesta dalla legge *ad probationem*. Il mancato rispetto della prova scritta da parte dei soggetti non importa in questo caso la nullità dell'atto. Ma, in caso di contestazione dinanzi all'autorità giudiziaria, gli interessati devono dare prova dell'esistenza e del contenuto del contratto con l'atto scritto o, in mancanza, con la confessione o deferendo il giuramento. Non sono ammesse prove per testi o presunzioni. Esempi di forma richiesta *ad probationem* si rintracciano in tema di transazione (art. 1967 c.c.), di appalto (art. 1659, 2° comma, c.c.), di assicurazione (art. 1888 c.c.).

Forma *per relationem*

La forma è invece *per relationem* quando riguarda i negozi strumentali, quei negozi che sono posti in essere in collegamento ed in funzione di altri negozi, detti principali. Se la legge richiede una determinata forma per il negozio principale, anche il negozio strumentale deve essere redatto nella medesima forma. È il caso, già evidenziato, del contratto preliminare.

Forma convenzionale

Forma convenzionale è quella pattuita dalle parti per i loro futuri contratti (art. 1352 c.c.). L'accordo vincola le parti al rispetto della forma da esse stesse stabilita e, salvo che non disponga diversamente, la sua violazione comporta la nullità del contratto: si presume dunque che le parti l'abbiano prevista *ad substantiam*.

Ripetizione e rinnovazione

Le parti, all'atto della stipula di un contratto, possono anche vincolarsi a ripetere lo stesso contratto in forma diversa, come avviene spesso nella prassi per i contratti che, pur validi in forma orale, richiedono la forma scritta per la pubblicità dell'atto (ad es., un contratto di compravendita di un bene mobile registrato quale un'autovettura). La *ripetizione*, oltre a distinguersi, come si è già visto, dalla stipula di un contratto definitivo in adempimento di un preliminare, si differenzia anche dalla *rinnovazione* del contratto, che si ha quando le parti hanno posto in essere un contratto nullo per difetto di forma e dunque lo concludono nuovamente nella forma richiesta dalla legge (ad es., un contratto di compravendita immobiliare stipulato oralmente). In quest'ultimo caso, infatti, il precedente contratto è assolutamente improduttivo di effetti ed il nuovo lo sostituisce *in toto*.

6. *La forma elettronica*

Accanto ai modi tradizionali di esternazione della volontà contrattuale, il progresso della tecnologia ha condotto alla possibilità di stipulare contratti anche per via telematica, ovverosia tramite l'utilizzazione di computer. Si parla, al riguardo, di *forma elettronica* per descrivere l'insieme dei segni di linguaggio rappresentati da impulsi magnetici impressi su un supporto elettronico. Mentre la forma elettronica non suscita problemi nei casi in cui il contratto può essere stipulato anche oralmente, sono sorti dubbi in passato sulla sua ammissibilità per quanto riguarda i negozi giuridici da compiersi necessariamente per iscritto. Data l'importanza del fenomeno, è intervenuto in merito il legislatore il quale, con un primo intervento normativo del 1997, ha riconosciuto la validità e la rilevanza a tutti gli effetti di legge degli atti sia pubblici che privati posti in essere con strumenti telematici o informatici e dei contratti stipulati nelle medesime forme. La materia è stata poi oggetto di una regolamentazione organica che ha specificato i requisiti legali del documento telematico o informatico, prima con il d.p.r. 28 dicembre 2000, n. 445, contenente il Testo unico delle disposizioni legislative e regolamentari in materia di documentazione amministrativa, poi con il d.lgs. 7 marzo 2005, n. 82 recante il Codice dell'amministrazione digitale, successivamente modificato dal d.lgs. n. 235 del 2010, dal d.l. n. 201 del 2011, dal d.l. n. 179 del 2012, dal d.lgs. 26 agosto 2016, n. 179 – che, in

Contratto telematico e forma elettronica

attuazione della delega conferita dalla legge di riforma della pubblica amministrazione (legge n. 124 del 2015, c.d. "Legge Madia"), ha inciso sulla maggior parte delle disposizioni del C.A.D., al fine di coordinarle con il Regolamento UE 23 luglio 2014, n. 910 (Regolamento EIDAS – *Electronic IDentification Authentication and Signature*) –, dal d.lgs. 13 dicembre 2017, n. 217 e, da ultimo, dal d.l. 16 luglio 2020, n. 76, convertito, con modificazioni, dalla legge 11 settembre 2020, n. 120.

Documento informatico

Della precedente normativa viene, peraltro, mantenuta la definizione di documento informatico quale «documento elettronico che contiene la rappresentazione informatica di atti, fatti o dati giuridicamente rilevanti» (art. 1, lett. p).

Firma elettronica, firma elettronica avanzata, qualificata e digitale

Sono state, invece, abrogate le definizioni delle firme elettroniche avanzate e qualificate, per rinviare a quelle contenute nel Regolamento EIDAS, mantenendo solo la previsione della firma digitale, ricondotta tuttavia al novero delle firme elettroniche qualificate.

Il Regolamento eIDAS, infatti, dopo aver stabilito che per firma elettronica si intendono «i dati in forma elettronica, acclusi oppure connessi tramite associazione logica ad altri dati elettronici e utilizzati dal firmatario per firmare», definisce la Firma Elettronica Avanzata (FEA) come la firma elettronica che soddisfi i seguenti requisiti: «*a*) è connessa unicamente al firmatario; *b*) è idonea ad identificare il firmatario; *c*) è creata mediante dati che il firmatario può, con un elevato livello di sicurezza, utilizzare sotto il proprio esclusivo controllo; *d*) è collegata ai dati sottoscritti mediante una connessione che permette di rilevare qualsiasi successiva modifica dei predetti dati».

La Firma Elettronica Qualificata (FEQ) è, invece, una «firma elettronica avanzata creata da un dispositivo per la creazione di una firma elettronica qualificata e basata su un certificato qualificato per firme elettroniche».

Ai sensi dell'art. 1, lett. s, del C.A.D., infine, per firma digitale si intende «un particolare tipo di firma qualificata basata su un sistema di chiavi crittografiche, una pubblica e una privata, correlate tra loro, che consente al titolare di firma elettronica tramite la chiave privata e a un soggetto terzo tramite la chiave pubblica, rispettivamente, di rendere manifesta e di verificare la provenienza e l'integrità di un documento informatico o di un insieme di documenti informatici».

Forma e valore probatorio del documento informatico

Il comma 1° *bis* dell'art. 20 del C.A.D., come modificato dal d.lgs. 13 dicembre 2017, n. 217, stabilisce che «il documento informatico soddisfa il requisito della forma scritta e ha l'efficacia prevista dall'articolo 2702 del Codice civile quando vi è apposta una firma digitale, altro tipo di firma elettronica qualificata o una firma elettronica avanzata o, comunque, è formato, previa identificazione informatica del suo autore, attraverso un processo avente i requisiti fissati dall'AgID ai sensi dell'articolo 71 con modalità tali da garantire la sicurezza, integrità e immodificabilità del documento e, in maniera manifesta e inequivoca, la sua riconducibilità all'autore. In tutti gli altri casi, l'idoneità del documento informatico a soddisfare il requisito della forma scritta e il suo valore probatorio sono liberamente valutabili in giudizio, in relazione alle caratteristiche di sicurezza, integrità e immodificabilità. La data e l'ora di formazione del documento informatico sono opponibili ai terzi se apposte in conformità alle Linee guida» contenenti le regole tecniche e di indirizzo per l'attuazione del presente Codice adottate, ai sensi dell'art. 71 del C.A.D., dalla stessa AgID (Agenzia per l'Italia digitale).

Ai sensi dell'art. 25, la firma elettronica o qualsiasi altro tipo di firma elettronica avanzata autenticata dal notaio o da altro pubblico ufficiale a ciò autorizzato si ha per riconosciuta, ai sensi dell'art. 2703 c.c. L'autenticazione della firma elettronica, anche mediante l'acquisizione digitale della sottoscrizione autografa o di qualsiasi altro tipo di firma elettronica avanzata, consiste nell'attestazione, da parte del pubblico ufficiale, che la firma è stata apposta in sua presenza dal titolare, previo accertamento della sua identità personale, della validità dell'eventuale certificato elettronico utilizzato e del fatto che il documento sottoscritto non è in contrasto con l'ordinamento giuridico.

L'art. 21, comma 2° *bis*, C.A.D. prevede che, salvo il caso di sottoscrizione autenticata, le scritture private di cui all'art. 1350, 1° comma, nn. da 1 a 12, c.c., se fatte con documento informatico, debbano essere sottoscritte, a pena di nullità, con firma elettronica qualificata o con firma digitale. Per gli atti di cui all'art. 1350, n. 13), c.c. è, invece, sufficiente a soddisfare il requisito della forma scritta anche la firma elettronica avanzata, oppure il rispetto delle ulteriori modalità di formazione di cui all'art. 20, comma 1° *bis*, primo periodo.

Per gli atti pubblici redatti su documento informatico è prevista la sottoscrizione da parte del pubblico ufficiale, a pena di nullità, con firma qualificata o digitale. Le parti, i fidefacenti, l'interprete e i testimoni devono sottoscrivere personalmente l'atto, in presenza del pubblico ufficiale, con firma avanzata, qualificata o digitale ovvero con firma autografa acquisita digitalmente e allegata agli atti (art. 21, comma 2° *ter*).

I contratti telematici o informatici sono chiaramente contratti stipulati tra persone lontane, per cui occorre determinare il momento della loro conclusione. Al riguardo, l'art. 45, 2° comma del C.A.D. stabilisce che il documento informatico trasmesso per via telematica si intende spedito dal mittente se inviato al proprio gestore, e si intende consegnato al destinatario se reso disponibile all'indirizzo elettronico da questi dichiarato, nella casella di posta elettronica del destinatario messa a disposizione dal gestore (c.d. domicilio informatico).

Domicilio informatico

CAPITOLO 15

LE ECCEZIONI ALLA REGOLA DEL CONSENSO

SOMMARIO: 1. Il principio consensualistico. – 2. Le eccezioni al principio consensualistico: i contratti reali. – 3. (*segue*) Le condizioni generali di contratto. – 4. I contratti conclusi per moduli e formulari. – 5. L'abuso delle condizioni generali: le clausole vessatorie. – 6. L'abuso nei contratti con i consumatori: le clausole abusive (*rinvio*).

1. *Il principio consensualistico*

La disciplina finora analizzata si riferisce ad ipotesi in cui il contratto venga concluso per accordo tra due parti le quali, dopo una trattativa più o meno lunga o articolata, si scambiano reciprocamente proposta ed accettazione.

Questo procedimento, peraltro, non è l'unico messo a disposizione dalla legge per addivenire alla formazione dell'accordo. Per un'esigenza particolarmente avvertita nell'ambito degli scambi commerciali che è quella di *celerità*, infatti, il codice civile prevede anche un altro schema di conclusione del contratto, *mediante inizio di esecuzione*. Ad esso si ricorre allorché, per la natura dell'affare o in base ad altre circostanze, non appare possibile o economico procedere secondo il normale *iter* di realizzazione dell'affare stesso, il quale è scandito da due momenti: quello conclusivo dell'accordo attraverso lo scambio proposta e accettazione, e quello esecutivo, in cui il regolamento contrattuale viene attuato. A volte l'esigenza di celerità consiglia, se non di omettere il momento dell'accettazione, quanto meno di farlo per così dire appiattire su quello dell'esecuzione. A tali esigenze viene incontro l'art. 1327 c.c. secondo cui, ove su richiesta del proponente o per la natura dell'affare o secondo gli usi non sia necessaria una preventiva accettazione, colui che ha ricevuto la proposta può darvi immediatamente esecuzione. L'inizio dell'esecuzione segna il momento conclusivo del contratto, il quale peraltro si considera perfezionato nel luogo in cui esso avviene. Come si vede esecuzione e perfezionamento coincidono. Ma l'accettante deve anche provvedere a dare immediata comunicazione dell'avvenuta esecuzione al proponente. In mancanza dovrà risarcire i danni che quest'ultimo

Conclusione mediante inizio di esecuzione

abbia eventualmente sofferto per avere confidato nella mancata accettazione dell'oblato. Si tratta dunque di un mero obbligo informativo che serve, ad esempio, ad evitare che, a causa del silenzio, il proponente medesimo possa, per l'urgenza, rivolgersi ad altre persone per la conclusione del medesimo affare.

Nella conclusione del contratto mediante inizio di esecuzione sono comunque riscontrabili gli estremi dell'accordo, dal momento che il comportamento dell'oblato rappresenta una tacita accettazione della proposta contrattuale. Pertanto, la fattispecie disciplinata dall'art. 1327 c.c. non può considerarsi una deroga al *principio consensualistico*. Con quest'ultima espressione si intende fare riferimento alla regola generale esistente nel nostro ordinamento, in base alla quale ai fini del *perfezionamento* del contratto è *necessario* e *sufficiente* l'incontro di volontà delle parti. Ciò vale sia per i contratti *ad efficacia obbligatoria*, ossia gli accordi volti a produrre esclusivamente effetti costitutivi di obbligazioni a carico di una o entrambe le parti, sia per i contratti *ad efficacia reale*, ovverosia gli accordi aventi ad oggetto il trasferimento della proprietà di una cosa determinata, la costituzione o il trasferimento di un diritto reale oppure il trasferimento di un altro diritto. Con riguardo a questi ultimi, l'art. 1376 c.c. sancisce espressamente che «la proprietà o il diritto si trasmettono e si acquistano per effetto del consenso delle parti legittimamente manifestato» (c.d. principio del *consenso traslativo*).

Principio consensualistico

La consegna del bene, se di regola non è necessaria al perfezionamento dell'accordo ed alla conseguente produzione degli effetti reali, è peraltro richiesta in talune ipotesi ai fini dell'*opponibilità* dell'acquisto ai terzi: è quanto avviene in caso di *conflitto tra più aventi causa* dal medesimo autore, quando cioè il proprietario aliena il bene a più soggetti successivamente. Sebbene, infatti, con il primo atto di trasferimento il dante causa si sia già spogliato del suo diritto e dunque non sia più legittimato ad alienare il bene, che è stato ormai trasferito all'acquirente, la legge, in caso di beni mobili, considera inopponibile l'acquisto di quest'ultimo a chi, pur acquistando per secondo, consegua per primo il possesso in buona fede (art. 1155 c.c.).

2. *Le eccezioni al principio consensualistico: i contratti reali*

Il perfezionamento dei contratti reali

Una rilevante deroga alla regola del consenso è costituita dalle fattispecie dei cc.dd. *contratti reali*. In particolari ipotesi, senz'altro eccezionali, l'ordinamento infatti non ritiene sufficiente l'accordo perché il contratto possa dirsi perfezionato, ma richiede un elemento ulteriore e cioè la consegna del bene dedotto in contratto (*traditio*) dall'uno all'altro dei contraenti. La categoria dei contratti reali non deve assolutamente confondersi con quella dei contratti *ad efficacia reale*: la distinzione tra contratti consensuali e contratti reali attiene infatti al modo di perfezionamento del contratto, mentre la differenziazione tra contratti ad effetti obbligatori e contratti ad effetti reali riguarda la tipologia di conseguenze giuridiche che scaturiscono dal contratto. I due criteri di classificazione sono destinati a combinarsi e così, come i contratti consensuali possono essere tanto ad efficacia obbligatoria (ad es., locazione) quanto ad efficacia reale (ad es., compravendita); nella categoria dei contratti reali rientrano sia alcuni contratti ad efficacia reale – come ad esempio il mutuo, il quale si perfeziona allorquando il mutuante, e cioè colui che presta una somma di danaro o altre cose fungibili, consegna tali cose alla controparte (mutuatario), o il pegno, che si conclude, come vedremo, con lo spossessamento del debitore che consegna in garanzia al creditore un suo bene –, sia alcuni contratti ad efficacia obbligatoria (ad esempio il comodato oppure il deposito).

Funzione della *traditio*

La *ratio* della prescrizione della *traditio* quale coelemento perfezionativo del contratto, accanto al consenso, è molteplice. Si è detto che, in linea generale, il valore della consegna va riscontrato in un modello sociale tradizionale, ormai in via di superamento nella prassi commerciale, che vi riconnette il significato di definitività del volere. Da un punto di vista più pratico, la consegna del bene ha in questi contratti una funzione in primo luogo di pubblicità, serve cioè a far conoscere ai terzi che il contratto è stato concluso: è così nel caso del pegno. Infine, per quanto concerne i contratti reali a titolo gratuito, come ad es. il comodato, la giustificazione della consegna è stata da taluno individuata nell'esigenza di rafforzare la volontà, supplendo ad una ipotetica carenza di causa che caratterizzerebbe tali fattispecie. In realtà, i contratti a titolo gratuito non sono affatto privi di causa poiché la prestazione di una delle parti, pur in assenza di controprestazione, trova comunque la sua causa nell'esistenza di un suo interesse di natura patrimoniale. Piuttosto, può sostenersi che il carattere gratuito della promessa rende equivoca la volontà delle parti di creare un vincolo giuridico o viceversa di mantenere sul piano esclusivamente sociale il rapporto, per cui la consegna ha lo scopo di "giuridicizzare" quest'ultimo.

3. (segue) *Le condizioni generali di contratto*

Funzione

Altra deroga al principio consensualistico, in direzione peraltro inversa rispetto a quella dei contratti reali, è rappresentata dalle cc.dd. *condizioni generali di contratto*, rispetto alle quali la volontà di uno dei contraenti, come vedremo, non è ritenuta necessaria dalla legge per la produttività di effetti.

L'esigenza che è alla base della disciplina in questione è quella, molto avvertita nel campo commerciale, dell'*uniformità*. L'attività di impresa si svolge infatti attraverso una serie di contratti che l'imprenditore conclude con i suoi clienti. Contratti che hanno ad oggetto lo scambio di beni o la prestazione di servizi. Proprio per l'alto numero di contrattazioni che pone in essere, l'imprenditore ha necessità di uniformarne il contenuto, e cioè di stabilire una serie di regole che valgano per tutti i clienti e che, per un verso, disciplinino tutti gli aspetti dell'affare, per l'altro gli facciano risparmiare i tempi e i costi delle trattative e della negoziazione singola. A tale esigenza vengono dunque incontro le condizioni generali di contratto (art. 1341 c.c.). Esse sono infatti clausole contrattuali che un contraente ha *unilateralmente* predisposto per la *generalità* dei suoi contratti e cioè per tutti i suoi affari. Anche se la legge non specifica che il contraente predisponente debba essere un imprenditore e dunque la disciplina in questione si applica anche a chi non riveste tale qualifica, sicuramente le ipotesi più frequenti concernono l'attività di impresa.

Disciplina

Le clausole hanno efficacia anche se non accettate dalla controparte e cioè dal cliente. È sufficiente che esse siano conosciute o anche semplicemente *conoscibili* da parte del cliente medesimo usando l'*ordinaria diligenza*. Ciò significa che l'imprenditore ha l'onere di pubblicizzarle adeguatamente, cioè di mettere un cliente dotato di ordinaria diligenza in condizione di poterne prendere visione. Ma tale pubblicazione è sufficiente a farle diventare efficaci. Se cioè il cliente conclude il contratto dovrà osservare, come parte integrante dello stesso, le clausole predisposte dall'imprenditore, anche se non le abbia accettate e addirittura se non le abbia, per sua negligenza, nemmeno conosciute. Pertanto, il principio del consenso in senso stretto viene derogato perché non l'accettazione, come normalmente avviene, ma la mera conoscibilità fa sì che una clausola entri nel contenuto del contratto.

Presupposti

Perché però ciò accada, è bene ricordare che devono sussistere tutti i presupposti sopra indicati. Si deve trattare di condizioni predisposte *unilateralmente* e cioè che non siano oggetto di specifica trattativa; esse devono inoltre riguardare tutti i contratti che l'imprenditore in via di principio intende concludere, e in ciò appunto si apprezza il requisito della *generalità*. Infine, deve ritenersi che la mera conoscibilità non possa sostituire l'accettazione laddove si tratti del c.d. *contenuto minimo* del contratto, ovverosia delle clausole contrattuali concernenti l'oggetto e la causa dello stesso, che sono elementi essenziali della fattispecie negoziale.

4. *I contratti conclusi per moduli e formulari*

L'esigenza di uniformità può essere anche perseguita attraverso un altro mezzo: la predisposizione di *moduli* o *formulari* e cioè di modelli contrattuali scritti, che vengono sottoposti ai clienti per la sola sottoscrizione (art. 1342 c.c.). In tal caso non viene in evidenza il meccanismo delle condizioni generali. Chi sottoscrive il modulo ne accetta espressamente il contenuto e dunque non si verifica una fattispecie di deroga alla regola dell'accordo. Tuttavia, il contratto concluso mediante moduli o formulari è normalmente un *contratto per adesione* o *contratto di massa*, nel quale dunque è totalmente assente la fase delle trattative, poiché la libertà del cliente risiede solo nella possibilità di accettare o meno la proposta, essendo esclusa ogni libertà di scelta sul contenuto del contratto.

Nozione e disciplina

Il codice disciplina la fattispecie al solo fine di sancire che le eventuali clausole aggiunte al modulo prevalgono su quelle prestampate di contenuto contrastante, anche se queste ultime non siano state cancellate: la volontà concorde in altre parole ha il sopravvento su quella imposta unilateralmente.

Il 2° comma dell'art. 1342, peraltro, estende ai contratti conclusi mediante moduli o formulari la norma dettata dall'art. 1341, 2° comma, c.c., relativamente alle condizioni generali di contratto che siano vessatorie per uno dei contraenti. Anche se, infatti, le condizioni generali di contratto ed i contratti conclusi mediante moduli o formulari sono due fattispecie distinte ed autonome, esse hanno evidentemente in comune l'eliminazione della libertà di scelta di uno dei contraenti in merito al concreto regolamento di interessi. Pertanto, il legislatore ritiene opportuno che, ove tale regolamento posto in via unilaterale contenga delle clausole eccessivamente onerose per il non predisponente, si applichi anche alla fattispecie di cui all'art. 1342 c.c. la medesima disciplina prevista per le condizioni generali di contratto che ora illustreremo.

5. *L'abuso delle condizioni generali: le clausole vessatorie*

Nozione

Come si è visto, l'imprenditore ha un potere molto rilevante: quello di uniformare i suoi contratti predisponendone il contenuto, che i clienti dovranno osservare anche se non lo hanno accettato. Di tale potere egli però non può abusare al fine di imporre clausole che siano particolarmente gravose per i clienti e, conseguentemente, vantaggiose per lui. Per evitare tali forme di abuso già il codice civile aveva previsto una specifica disciplina che appunto riguarda le cc.dd. *clausole vessatorie*. L'art. 1341, 2° comma, elenca infatti una serie di condizioni che ritiene troppo vantaggiose per il predisponente e gravose per la controparte, e cioè: *a)* condizioni che stabiliscono, *a favore del predisponente*, limitazioni di responsabilità, facoltà di recedere dal contratto o di sospenderne l'esecuzione; *b)* condizioni che sanciscono *a carico del non predispo-*

nente decadenze, limitazioni alla facoltà di opporre eccezioni, restrizioni alla sua libertà contrattuale nei rapporti con i terzi, tacita proroga o rinnovazione del contratto, clausole compromissorie o deroghe alla competenza dell'autorità giudiziaria.

Disciplina

Tali clausole non soltanto non sono assoggettate al regime ordinario delle condizioni generali di contratto analizzato nel precedente paragrafo, ma all'opposto, per essere valide, necessitano di un'apposita accettazione *per iscritto*: devono cioè essere sottoscritte dal cliente in modo autonomo e separato rispetto al resto del contratto. Ove dunque il contratto sia stato già predisposto in forma scritta, ad esempio mediante modulo, sarà necessaria la c.d. *doppia sottoscrizione*. Il requisito formale suddetto è richiesto *ad substantiam*, per cui la clausola vessatoria non specificamente approvata per iscritto è radicalmente nulla.

È opinione comune, ma criticabile, che l'elenco in questione sia tassativo, non potendosi dunque applicare la disciplina in questione ad ipotesi non previste dalla suddetta norma. L'onere formale previsto dalla disposizione citata costituirebbe infatti un'eccezione al principio della libertà di forma e dunque non sarebbe suscettibile di applicazione analogica. La giurisprudenza, tuttavia, ha ammesso con una certa larghezza l'interpretazione estensiva dell'elencazione su esposta, includendo così nelle clausole vessatorie anche altre clausole non espressamente previste dal codice civile.

Presupposti

L'operatività della disciplina di cui all'art. 1341, 2° comma, c.c. prescinde dal riscontro di un'effettiva disparità di forza economica e contrattuale tra le parti, così come dalla qualifica imprenditoriale del predisponente. Si può anzi notare come, in seguito all'entrata in vigore della normativa in tema di contratti dei consumatori, l'ambito applicativo dell'art. 1341, 2° comma, c.c. sia elettivamente divenuto quello dei contratti conclusi tra due imprenditori o tra due consumatori, poiché i contratti stipulati tra un imprenditore ed un consumatore sono assoggettati alle nuove disposizioni. Secondo parte della dottrina, peraltro, l'art. 1341, 2° comma, c.c., dovrebbe ritenersi tuttora applicabile anche ai contratti dei consumatori, sia pure in via residuale: se, infatti, la clausola è giudicata abusiva ai sensi della disciplina dei contratti dei consumatori questa prevarrà, in quanto norma speciale, sulla regolamentazione codicistica; se, però, la clausola supera il giudizio di abusività, sarebbe comunque possibile che essa venga ritenuta nulla, se non specificamente sottoscritta, qualora rientri nell'elenco dettato dall'art. 1341, 2° comma, c.c.

È bene però chiarire che, perché si applichi tale regime formale, le clausole vessatorie devono essere anch'esse condizioni generali. Deve cioè trattarsi di condizioni predisposte unilateralmente e per la generalità dei contratti dell'imprenditore. Ove mancasse uno solo di tali requisiti non si applicherebbero né l'art. 1341, 2° comma, né le disposizioni relative ai contratti dei consumatori che dopo esamineremo. In particolare, se la clausola ha costituito oggetto di trattativa individuale viene meno la caratteristica dell'unilateralità della predisposizione.

6. *L'abuso nei contratti con i consumatori: le clausole abusive* (rinvio)

Il regime sancito dall'art. 1341, 2° comma, c.c., apprestando per il non predisponente una tutela esclusivamente formale, ha dimostrato evidenti limiti: ove infatti il cliente non abbia la possibilità o la forza per contrattare con l'imprenditore, è evidente che l'obbligo dell'accettazione scritta non ha alcuna efficacia. È di comune esperienza che, ad es., le clausole delle polizze assicurative o dei contratti bancari non sono trattabili dal normale cliente il quale non ha alternative: può solamente accettare il contratto così com'è, oppure rinunciare al servizio, cosa francamente poco ipotizzabile in certi settori.

Proprio per questo, in attuazione di una direttiva comunitaria, il codice civile è stato novellato con l'aggiunta degli artt. da 1469 *bis* a 1469 *sexies* – ora trasfusi, con alcune modifiche, negli artt. da 33 a 38 cod. consumo (d.lgs. n. 206 del 2005 e successive modifiche) –, contenenti la disciplina delle cc.dd. *clausole abusive*, ovverosia delle clausole vessatorie riversate *in mala fede* dall'imprenditore (c.d. *professionista*) nei contratti con i consumatori. Dato l'ambito di applicabilità della disciplina in questione, si ritiene opportuno rinviare, per una sua analisi dettagliata, al capitolo dedicato ai contratti dei consumatori. Nozione

CAPITOLO 16

LA VOLONTÀ

1. *Volontà e dichiarazione*

Si è già detto che il contratto è un accordo e cioè una concorde manifestazione di volontà diretta alla produzione di effetti giuridici. Esso dunque è un negozio, che produce i suoi effetti in quanto i soggetti dichiarano di volerli.

Il codice, oltre a disciplinare i momenti attraverso cui si perfeziona il consenso, dedica una serie di disposizioni alla volontà.

In primo luogo esso si occupa, in modo invero non sistematico, del problema relativo al rapporto che esiste tra la volontà medesima e la sua manifestazione, cioè la sua esternazione ai terzi. Perché ci sia negozio giuridico, infatti, la volontà non può restare inespressa ma deve essere esternata e comunicata ai terzi; se non c'è manifestazione, non c'è negozio.

Divergenza tra volontà e dichiarazione

Può però accadere che tra volontà e dichiarazione vi siano incongruenze, che cioè quanto un soggetto ha detto di volere non corrisponda a ciò che egli effettivamente vuole.

In casi di tal genere vengono in conflitto due opposti interessi. Per un verso, quello dell'autore della dichiarazione il quale, non avendo effettivamente voluto il negozio, pretende che questo non produca effetti. Per l'altro, quello di chi la dichiarazione l'ha ricevuta: della controparte la quale, avendo fatto *affidamento* sull'altrui manifestazione di volontà e non essendo in grado di procedere ad un'introspezione dell'effettiva intenzione del dichiarante, pretende che il contratto abbia efficacia. Tale ultimo interesse corrisponde peraltro anche ad un ulteriore interesse di tipo generale: quello alla *sicurezza dei traffici*. Se chi conclude un contratto potesse poi sottrarsi alla sua efficacia per il sol fatto di non averlo voluto, gli scambi e gli affari non sarebbero più sicuri, quindi essi sarebbero disincentivati.

Il conflitto è stato in effetti risolto dall'ordinamento in base a regole di *responsabilità*, di *buona fede* e di *diligenza* che in un certo senso bilanciano gli interessi in gioco. In altre parole, l'ordinamento tutela l'*affidamento* e cioè la fiducia che ciascuno ripone nella serietà di un intento dichiarato da un altro soggetto; ma lo tutela fino al limite della *buona fede* e della *diligenza* e cioè soltanto se colui che riceve la dichiarazione non abbia saputo (*buona fede*) o non sia stato nella possibilità di sapere (*diligenza*) della divergenza tra dichiarazione e volontà. Allo stesso tempo, però, l'ordinamento tutela anche il dichiarante, nelle ipotesi in cui tale divergenza dipenda da fattori esterni cui egli non abbia potuto resistere: quando cioè egli non abbia al riguardo alcuna *responsabilità*.

Autoresponsabilità e affidamento

È in tale quadro che possono dunque analizzarsi le varie fattispecie di divergenza disciplinate dal codice o individuate dalla nostra tradizione giuridica.

La prima di queste è tradizionalmente quella delle dichiarazioni fatte *ioci causa* o *docendi causa,* ovverosia per gioco, o durante una rappresentazione teatrale, o per scopo didattico. In tali casi si è invero ritenuto che non si possa nemmeno parlare di dichiarazione. Nessuno studente che ascolta un docente proporre, a titolo di esempio, la vendita di un proprio bene ha mai ritenuto che quella fosse un'effettiva proposta contrattuale e si è minimamente chiesto se fosse il caso di accettarla. Quella proposta non è nemmeno una dichiarazione e poiché non vi è ragione di tutelare l'affidamento di alcuno, non avrà efficacia: sarà, sotto il profilo giuridico, inesistente.

Dichiarazioni rese *ioci* o *docendi causa*

Diversa è la fattispecie della *violenza fisica*: l'ipotesi di scuola è quella del soggetto che accompagna con la forza la mano di un altro per fargli sottoscrivere un negozio. Qui la dichiarazione esiste ed è materialmente imputabile al dichiarante; non esiste invece la volontà che è stata estorta. Ma il dichiarante medesimo non è *responsabile* dell'incongruenza, quindi merita tutela. Ed infatti il contratto estorto con violenza fisica è assolutamente nullo e, come vedremo, non produce alcun effetto.

Violenza fisica

Anche nell'*errore ostativo* si ha incongruenza tra dichiarazione e volontà. Poiché, tuttavia, il legislatore ha previsto che si applichino ad esso le medesime regole dettate in materia di errore vizio, tale fattispecie sarà analizzata in seguito.

Errore ostativo

Del tutto valido è invece il contratto che taluno concluda con *riserva mentale*, cioè manifestando consapevolmente una volontà che non vuole. Qui non vi sono esigenze di tutela del dichiarante, il quale è l'unico responsabile della divergenza (regola della responsabilità).

Riserva mentale

2. *Il contratto simulato*

Anche nel contratto simulato vi è in un certo senso divergenza tra volontà e dichiarazione. Tuttavia, tale divergenza è volontaria: essa sussiste tra ciò che le parti si sono reciprocamente dichiarate, che corrisponde al loro reale volere, e ciò che esse hanno intenzionalmente dichiarato ai terzi, che in realtà non vogliono. Riguarda cioè il rapporto tra la dichiarazione *interna*, che le parti si sono fatte reciprocamente, e quella *esterna*, pubblicizzata ai terzi, che non corrisponde alla prima.

Accordo simulatorio

Sussiste in tale ipotesi dunque un *accordo simulatorio* che le parti hanno posto in essere per creare l'apparenza.

Il contratto apparente dichiarato ai terzi si chiama *contratto simulato*; quello interno si chiama *dissimulato* e l'atto che lo contempla, e che è normalmente segreto, si chiama tecnicamente *controdichiarazione* o *scrittura di verità*.

Simulazione assoluta e relativa

La simulazione può essere assoluta o relativa. È *assoluta* quando le parti dichiarano tra loro di non volere il negozio simulato e di non voler nessun altro negozio in sostituzione di quello; è *relativa* quando dichiarano tra loro, invece, di volere un negozio diverso da quello apparente, intendendo dunque sostituire al primo il secondo.

La simulazione relativa può concernere il tipo negoziale, se, ad esempio, le parti simulano una compravendita ma in realtà vogliono una locazione; oppure può concernere l'oggetto del contratto, come quando si finga di concludere una compravendita ad un certo prezzo, mentre il prezzo pattuito nella controdichiarazione risulta modificato.

Simulazione oggettiva e soggettiva

In tutti questi casi la simulazione è *oggettiva*. Si ha invece simulazione *soggettiva* quando il negozio simulato risulta stipulato con un soggetto diverso da quello indicato nella controdichiarazione, così che il primo soggetto svolga le funzioni di un semplice prestanome, mentre il secondo quelle di vero contraente (c.d. interposizione fittizia di persona).

Per quanto riguarda gli *effetti* del contratto simulato, vanno distinte le ipotesi di efficacia tra le parti, verso i terzi e verso i creditori.

Effetti della simulazione tra le parti

Tra le parti vale quanto effettivamente voluto e cioè quanto emerge dalla controdichiarazione. Pertanto, se la simulazione è assoluta, tra esse non si avrà alcun effetto. Se, invece, è relativa, avrà efficacia il negozio dissimulato, purché sussistano i requisiti di sostanza e di forma richiesti dalla legge, purché cioè esso sia valido (art. 1414 c.c.). Tali requisiti, pur riferendosi al negozio dissimulato, in pratica devono essere contenuti nel negozio simulato: se, ad es., le parti concludono una compravendita per simulare una donazione, poiché la donazione necessita dell'atto pubblico per la sua validità, sarà la compravendita a dover rivestire la forma solenne.

Effetti verso i terzi

Per quanto riguarda l'aspetto dell'efficacia della simulazione rispetto ai *terzi*, e cioè rispetto a coloro che non hanno preso parte al negozio, l'ordinamento applica due diverse regole, a seconda che costoro abbiano ricevuto un vantaggio ovvero un danno dal negozio simulato. In particolare, hanno ricevuto vantaggio coloro che hanno acquistato un bene dal simulato acquirente, cioè da colui che soltanto apparentemente risulta titolare di un bene o di un diritto, per averlo acquisito in modo simulato, ma che in effetti non lo è. L'acquisto è salvo, se compiuto in buona fede (art. 1415 c.c.). In pratica, in tal caso, è tutelato l'affidamento dei terzi che, essendo estranei all'accordo simulato, hanno diritto di poter conservare l'acquisto effettuato: ma, come in tutti i casi in cui la legge tutela l'affidamento, anche in tale ipotesi il limite alla tutela è costituito dalla buona fede.

Coloro che invece hanno subìto un pregiudizio dall'atto simulato possono in ogni caso far accertare la simulazione per rimuoverlo. È la classica ipotesi dell'avente causa dal simulato alienante, cioè di colui che ha acquistato successivamente dal proprietario lo stesso bene che questi aveva venduto col contratto simulato: poiché, infatti, il primo acquisto è fittizio, il terzo può agire per far valere la persistente legittimazione del suo dante causa.

Nel contrasto tra terzo acquirente e terzo danneggiato, prevale sempre il primo. Le ragioni della certezza degli affari dunque prevalgono, ma ad una condizione, che cioè l'acquisto sia opponibile al terzo danneggiato. Come vedremo l'opponibilità di un atto è la possibilità di ottenere dai terzi il rispetto dei suoi effetti. Per gli atti che riguardano beni immobili essa è data dalla relativa trascrizione. Pertanto, in caso di simulazione, il terzo acquirente di buona fede prevale sui terzi danneggiati dalla simulazione, se ha trascritto il suo acquisto prima della trascrizione della pretesa (domanda giudiziale) di costoro.

Effetti verso i creditori

I rapporti con i *creditori* sono regolati dall'art. 1416 c.c., che si ispira in effetti ai medesimi principi ora esposti. Da un lato, infatti, la simulazione non è opponibile ai creditori del simulato acquirente che abbiano in buona fede compiuto atti di esecuzione sui beni che sono stati oggetto del contratto simulato: sebbene, dunque, il bene sia entrato solo fittiziamente nel patrimonio del simulato acquirente, l'ordinamento tutela l'affidamento dei creditori che abbiano in buona fede confidato su tale garanzia patrimoniale.

Dall'altro lato, però, i creditori del simulato alienante possono agire in giudizio perché sia dichiarata la simulazione che pregiudica i loro diritti: si pensi, ad es., al creditore di colui che in modo simulato venda un bene. Come è a tutti noto, la garanzia che il debitore offre al creditore è costituita dai suoi beni; pertanto la vendita, anche se soltanto apparente, pregiudica il creditore medesimo che non può, in linea di principio, soddisfarsi sul bene che ne costituisce l'oggetto. Proprio per questo il creditore avrà un interesse, tutelato dall'ordinamento, a svelare la simulazione. In caso di conflitto tra creditori del simulato alienante e creditori del simulato acquirente – quando cioè entrambe le categorie vogliono rivalersi sul bene oggetto del contratto simulato –, i creditori del simulato alienante prevalgono sui creditori chirografari (cioè non muniti di pegno o ipoteca) del simulato acquirente, a patto peraltro che il credito che vantano sia anteriore al contratto simulato: solo in tal caso, infatti, il creditore ha potuto fare affidamento, all'atto della nascita del credito, sul bene che non era ancora uscito nemmeno apparentemente dal patrimonio del debitore.

Prova della simulazione

Per quanto concerne la *prova* della simulazione, i soggetti *terzi* o *creditori* danneggiati dalla simulazione stessa, non potendo normalmente disporre della controdichiarazione, che come detto è segreta, potranno dare la relativa dimostrazione con ogni mezzo e dunque anche con presunzioni o con testimoni (art. 1417 c.c.). Così non è, invece, per le *parti*. Come già precedentemente detto, infatti, l'art. 2722 c.c. esclude la prova per testimoni per quei patti aggiunti o contrari al contenuto di un documento, che le parti assumono di aver concluso anteriormente o contemporaneamente al documento stesso: essi devono dunque essere provati per mezzo di un atto scritto. Tale norma si applica anche alla scrittura di verità che rappresenta, appunto, un patto aggiunto al contenuto del negozio simulato. L'art. 1417 c.c. pone peraltro un'eccezione alla norma, stabilendo che la prova può essere data con qualunque mezzo se tesa ad accertare che il contratto vero, quello dissimulato, sia illecito e cioè contrario a norme imperative, ordine pubblico e buon costume.

La Suprema Corte a Sezioni Unite, risolvendo un contrasto interpretativo, ha ritenuto applicabile l'art. 2722 c.c. anche all'ipotesi in cui l'accordo simulatorio investa solo il prezzo di una compravendita immobiliare, dal momento che esso è un elemento essenziale della vendita e dunque deve risultare per iscritto nella sua interezza.

La simulazione nei negozi unilaterali

La disciplina della simulazione si applica anche ai negozi unilaterali recettizi (art. 1414, 3° comma, c.c.): poiché, infatti, tali atti sono destinati ad una persona determinata, è comunque configurabile un accordo simulatorio, diversamente dai negozi unilaterali non recettizi in cui la simulazione degrada a riserva mentale, come tale irrilevante.

3. *I vizi della volontà*

Il negozio, quanto al requisito della volontà, può essere colpito anche da un'altra patologia: i vizi del volere. Si tratta di ipotesi – l'errore, la violenza e il dolo – nelle quali non si ha divergenza tra volontà e manifestazione, bensì un'alterazione del regolare processo formativo della volontà negoziale. Quest'ultima è infatti viziata da taluni fattori che ne hanno condizionato l'*iter* di formazione, facendole prendere una direzione che non avrebbe imboccato in loro assenza. Il negozio, la cui volontà non si è formata liberamente ma è stata turbata dalla presenza di vizi, è pertanto annullabile.

4. *L'errore*

Errore vizio

L'*errore vizio* – detto anche *errore motivo* – si verifica quando l'ignoranza o la falsa conoscenza della realtà empirica (*errore di fatto*), oppure l'ignoranza o falsa conoscenza della realtà giuridica (*errore di diritto*), hanno indotto il soggetto ad emettere una dichiarazione che egli non avrebbe fatto o avrebbe fatto in maniera diversa, se tale realtà avesse rettamente conosciuto. La presenza di un errore altera dunque il normale corso psicologico che la volontà compie per giungere ad una determinazione volitiva definitiva.

Si pensi a chi compri un orologio ritenendolo idoneo all'immersione subacquea; o a chi prenda in locazione una casa a viale Mazzini pensando che essa si trovi invece a viale Manzoni. In entrambi i casi il soggetto ha dichiarato di voler stipulare il contratto in quanto tale era la sua volontà; tuttavia essa non si sarebbe formata o non si sarebbe formata allo stesso modo, se egli avesse conosciuto correttamente la realtà.

Essenzialità dell'errore

L'errore è rilevante per l'ordinamento soltanto se è *essenziale*, se ha cioè effettivamente spinto il contraente a volere ciò che altrimenti non avrebbe voluto. È però la legge a stabilire quando vi sia essenzialità (art. 1429 c.c.). Essa è in particolare ravvisata quando l'errore ha riguardato la *natura* del contratto e cioè gli effetti tipici da esso prodotti, oppure l'*identità* o una *qualità essenziale* dell'oggetto. Anche l'errore sull'identità o sulla qualità dell'altro contraente (c.d. *error in persona)* è rilevante, a condizione però che sia stato determinante del consenso: deve in pratica trattarsi di cc.dd. contratti *intuitu personae*, nei quali cioè le qualità o l'identità della controparte sono rilevanti, come avviene ad es. nella prestazione d'opera intellettuale, quale quella di un chirurgo o di un avvocato.

Errore di diritto

Anche l'*errore di diritto*, quello che cada su una norma, può essere essenziale quando è stata la ragione unica o principale per la conclusione del contratto. Come vedremo, l'errore di diritto è un errore sui motivi. Deve cioè trattarsi della mancata o cattiva conoscenza di una norma che impedisca all'errante di realizzare il motivo per il quale il contratto è stato concluso. Si pensi a chi acquisti all'estero una merce, ignorando che ne sia vietata l'importazione in Italia. Tale norma, il divieto di importazione, impedisce all'acquirente di realizzare il c.d. motivo finale e cioè l'ulteriore obiettivo che egli voleva perseguire con il contratto (appunto l'importazione). Se dunque il motivo irrealizzabile per impedimento di legge è stato l'unico che ha spinto l'errante, esso è essenziale e porta all'annullabilità. Al di fuori di questa ipotesi, peraltro, l'errore *sui motivi* è assolutamente irrilevante.

Riconoscibilità

L'errore deve essere inoltre *riconoscibile* alla controparte. Esso è tale quando una persona di normale diligenza avrebbe potuto rilevarlo (art. 1431 c.c.). Nonostante l'assenza di una espressa disposizione di legge, deve ritenersi causa di annullabilità anche l'errore che, seppur non riconoscibile in astratto, fosse in concreto *conosciuto* dalla controparte che dunque abbia concluso in mala fede il contratto: l'ordinamento infatti tutela l'affidamento del destinatario della dichiarazione, ma con i soliti limiti della buona fede e della diligenza.

Errore di calcolo

Non dà luogo, di regola, all'annullamento del contratto l'*errore di calcolo* (art. 1430 c.c.). Esso è invece rilevante se consiste in un errore sulla quantità che sia stato determinante per il consenso; negli altri casi il contratto sarà *rettificato*.

Come detto, il contratto viziato da errore è annullabile, su domanda della parte in errore. L'annullamento può essere evitato se la controparte offra di modificare le condizioni contrattuali, uniformandole a quelle alle quali l'errante intendeva concludere. Anche in tal caso si parla di *rettifica* (art. 1432 c.c.), ma in altro senso rispetto a quello su indicato.

Rettifica

Una disciplina speciale in tema di errore è stabilita per il testamento e per la donazione, rispetto ai quali costituisce causa di annullamento anche l'errore *sui motivi*, quando il motivo che ha indotto il testatore o il donante a disporre risulta espressamente dall'atto ed è l'unico che ha determinato la volontà dell'autore (artt. 624, 2° comma, e 787 c.c.). Anche il matrimonio è assoggettato a regole specifiche, per le quali si rinvia alla relativa trattazione.

Errore sui motivi

5. *L'errore ostativo*

Nozione

Come si è anticipato, la legge parifica nelle conseguenze giuridiche all'errore vizio il c.d. *errore ostativo*, che si verifica quando la volontà si è formata correttamente ma viene inesattamente dichiarata o trasmessa. Nel primo caso, a commettere l'errore è il soggetto che intendeva concludere il negozio e che dichiara ciò che non vuole assolutamente o non vuole nei termini dichiarati: ad esempio, per cattiva conoscenza di una lingua costui dice "compro", mentre intendeva dire "vendo". Nel secondo caso, l'errore è invece commesso dalla persona o dall'ufficio incaricati di trasmettere la dichiarazione del soggetto: ad esempio il telegrafista scrive 1.000 mentre il dichiarante aveva detto 100. L'errore ostativo è dunque un'ipotesi di divergenza tra la volontà e la dichiarazione. Tuttavia, al fine di tutelare l'affidamento del ricevente, il codice civile commina una forma meno grave di invalidità e cioè la mera annullabilità piuttosto che la nullità del contratto.

Caratteri

Anche l'errore ostativo, per essere causa di invalidità del contratto, deve avere i caratteri previsti dalla legge per l'errore vizio (art. 1433 c.c.). Esso, dunque, deve essere essenziale e cioè cadere su uno degli elementi elencati nell'art. 1429 c.c. Inoltre, l'errore sarà rilevante soltanto se colui che ha ricevuto la dichiarazione l'abbia riconosciuto o fosse in grado di riconoscerlo usando l'ordinaria diligenza. Ancora una volta, la tutela dell'affidamento del terzo prevale, ma fino all'individuato limite della buona fede e della diligenza.

6. *La violenza*

Violenza morale

Anche la *violenza morale* o violenza psichica è un vizio della volontà. Essa consiste nella minaccia di un male ingiusto e notevole contro la persona o i suoi beni, tale da far volere a costui un contratto che altrimenti non avrebbe voluto (art. 1435 c.c.). Anche in tal caso, la dichiarazione resa dal soggetto non diverge dalla sua volontà, ma quest'ultima è stata distorta dal timore della violenza.

La violenza morale, o *vis compulsiva*, è diversa dalla violenza *fisica*, o *vis absoluta*, per la quale il soggetto è materialmente costretto a esternare una dichiarazione senza averne alcuna intenzione. La violenza fisica, di conseguenza, è causa di nullità del contratto per assenza dell'elemento essenziale della volontà, mentre la violenza psichica è causa di annullabilità.

Caratteri

La violenza deve consistere nella minaccia di un male ingiusto e notevole.

Il male è *notevole* quando sia in grado di impressionare qualsiasi persona sensata: il grado della sua capacità distorsiva della volontà va dunque valutato in base a criteri oggettivi. Si deve però tener conto anche delle condizioni personali del soggetto minacciato (età, salute, sesso, ecc.): ad esempio una minaccia rivolta ad un soggetto malato o anziano può risultare ben più grave della stessa minaccia rivolta ad una persona sana.

Timore riverenziale

Non si considera notevole il c.d. *timore riverenziale* avvertito dal dichiarante nei confronti di una persona particolarmente autorevole (art. 1437 c.c.), salvo che tale persona non costituisca di per sé, anche senza alcuna esplicita coazione psicologica, una minaccia per il dichiarante medesimo, come nel caso di un noto delinquente.

Ingiustizia del male significa che esso deve essere *contra ius*. Il male minacciato deve cioè consistere in un comportamento illecito: ad es., minaccia di percosse o di distruzione di beni. Non è tale, specifica l'art. 1438 c.c., la minaccia di far valere un proprio diritto, a meno che non sia diretta a conseguire vantaggi ingiusti. Il vantaggio è ingiusto innanzitutto quando realizza interessi del tutto diversi da quelli che l'ordinamento intende tutelare con l'attribuzione del diritto. Si pensi a chi minaccia di denunciare una persona che ha commesso un reato, se questa non gli vende un bene di sua proprietà. Tutti hanno il diritto di denunciare chi delinque, ma non possono certo usarlo per ottenere la stipula di un contratto che il delinquente non intende concludere spontaneamente. Inoltre, l'ingiustizia del vantaggio può riscontrarsi nella oggettiva iniquità del risultato conseguito rispetto a quello perseguibile tramite l'esercizio del diritto in questione. Ad esempio, un creditore ben potrebbe minacciare di esperire l'azione di inadempimento contro il proprio debitore se questi non gli concede una garanzia, poiché in tal caso c'è omogeneità tra l'interesse tutelato dalla legge con l'azione di inadempimento e l'interesse realizzato tramite la stipula del contratto di garanzia. Tuttavia, se quest'ultima fosse spropositata rispetto all'ammontare del credito, si ricadrebbe nell'ingiustizia del vantaggio.

La minaccia è di solito diretta alla persona del contraente: in tal caso essa è sempre rilevante. Essa può essere però diretta anche ai terzi. Se la minaccia è rivolta alla persona o ai beni del coniuge, dei discendenti o degli ascendenti del contraente, questo ha sempre diritto ad annullare il contratto, presumendo la legge che la minaccia perpetrata verso questi soggetti ha ugualmente viziato la sua volontà. Invece, se il male minacciato concerne altre persone, legate da vincoli meno stretti al contraente, è lasciato al prudente apprezzamento del giudice accertarne la rilevanza (art. 1436 c.c.).

Violenza del terzo

La violenza può provenire anche da un terzo estraneo alle parti negoziali. In tal caso l'ordinamento consente ugualmente alla parte minacciata di esercitare l'azione di annullamento (art. 1434 c.c.).

7. *Il dolo*

Nozione

Il *dolo* è il terzo ed ultimo vizio della volontà. Esso consiste nell'inganno ordito da un soggetto ai danni di un altro soggetto al fine di indurlo in errore e spingerlo a concludere un contratto (art. 1439 c.c.). Il processo di formazione della volontà negoziale del soggetto ingannato risulta pertanto alterato perché condizionato dai raggiri di cui egli è stato vittima. È opportuno sottolineare che il dolo di cui stiamo parlando, anche detto *dolo contrattuale*, va tenuto distinto dal dolo inteso quale atteggiamento psicologico che può connotare un dato comportamento: ad esempio, nel caso della responsabilità extracontrattuale (art. 2043 c.c.), il dolo consiste nella intenzione dell'autore dell'illecito di arrecare ad altri un danno ingiusto.

Dolo commissivo e dolo omissivo

Si suole distinguere tra *dolo commissivo*, che consiste in un comportamento attivo e dinamico del soggetto, il quale attua una macchinazione fraudolenta per indurre l'altra parte in errore, e *dolo omissivo*, ovverosia un comportamento passivo, quale il silenzio o la reticenza, che miri al medesimo effetto. Ad esempio, in tema di contratto di assicurazione, è espressamente previsto che la reticenza dell'assicurato su informazioni importanti per l'assicuratore integra una fattispecie di dolo e può portare all'annullamento del contratto.

Dolus malus e *dolus bonus*

Altra distinzione è quella tra *dolus malus*, che conduce all'annullabilità, e *dolus bonus*, consistente in quelle esagerazioni pubblicitarie finalizzate a reclamizzare un prodotto e che in quanto facilmente riconoscibili come tali, sono irrilevanti ai fini della validità del contratto.

Il dolo ingenera un errore nella persona che ne sia vittima (*deceptus*). La differenza rispetto all'errore, quale autonomo vizio del volere, consiste nel fatto che in questo caso l'errore è indotto da altri e non è un fatto accidentale. Ciò comporta che mentre l'errore-vizio, per essere rilevante, deve avere i requisiti della riconoscibilità, l'errore causato dal dolo altrui non ha bisogno di tali caratteristiche e conduce senz'altro all'annullabilità del negozio. Inoltre, mentre l'errore è causa di annullabilità del contratto solo quando ricada su uno degli elementi elencati dalla legge (errore essenziale), in caso di dolo vengono in rilievo tutte le circostanze che hanno indotto il soggetto a contrarre e quindi anche i motivi.

Dolo determinante e dolo incidente

Il dolo che conduce all'annullamento del contratto è però soltanto il *dolo determinante*, quello che ha indotto la vittima a concludere un contratto che altrimenti non avrebbe voluto. Si parla di *dolo incidente*, invece, quando il soggetto avrebbe comunque concluso il contratto anche senza quei raggiri, ma lo avrebbe concluso a condizioni diverse e più vantaggiose. Ad esempio, l'esaltazione fraudolenta delle qualità di un oggetto da parte di un commerciante può spingere l'acquirente, il quale aveva già intenzione di comprarlo, a pagarlo più del prezzo effettivo. Il *dolus incidens*, di conseguenza, non comporta l'annullabilità del contratto ma soltanto l'obbligo di risarcire il danno sofferto dal soggetto raggirato (*deceptus*) (art. 1440 c.c.). Come si è già detto, la giurisprudenza di legittimità inquadra tale ipotesi nella responsabilità precontrattuale, ritenendo che l'art. 1337 c.c. si applichi in tutti i casi in cui il contratto concluso, pur valido, sia pregiudizievole per la vittima del comportamento contrario a buona fede.

Se il dolo non proviene dalla controparte ma da un terzo, cioè da una persona estranea al contratto, esso rileva ai fini dell'annullabilità del contratto solamente se la controparte medesima ne sia stata a conoscenza e, quindi, sia stata in mala fede (art. 1439, 2° comma, c.c.). In caso contrario, l'autore del raggiro dovrà risarcire i danni alla vittima, ma il contratto resterà valido.

CAPITOLO 17

LA SOSTITUZIONE NELLA MANIFESTAZIONE DELLA VOLONTÀ CONTRATTUALE

1. *Il fenomeno della sostituzione nella manifestazione della volontà contrattuale*

Parte in senso formale e parte in senso sostanziale

Si è già visto a proposito della conclusione del contratto come le manifestazioni di volontà destinate a comporlo provengano da due o più *parti*. Più precisamente, quando si fa riferimento agli autori del contratto, si discorre di parti *in senso formale*, intendendo appunto gli emittenti delle dichiarazioni contrattuali. Una seconda accezione del termine "parte" ha invece riguardo ai titolari del rapporto nascente dal contratto, ovverosia ai soggetti cui vengono imputati gli effetti giuridici del negozio (cc.dd. parti *in senso sostanziale*). Di regola, chi è parte dell'atto è anche parte del rapporto, cioè chi emette la manifestazione di volontà è anche il soggetto nella cui sfera giuridica ricadranno le conseguenze del contratto: ad esempio, il soggetto che dichiara di voler acquistare un bene è anche colui che diverrà titolare del diritto di proprietà sul bene stesso in seguito al contratto di trasferimento. Ciò si spiega perché in linea generale ciascuno può disporre delle situazioni che afferiscono alla propria sfera giuridica, ma non di quelle che appartengono alla sfera giuridica altrui. Il potere di disporre dell'oggetto del contratto prende tecnicamente il nome di *legittimazione* contrattuale. La mancanza di legittimazione non produce l'invalidità del contratto, bensì la sua *inefficacia*.

Sostituzione in nome proprio e in nome altrui

Vi sono, tuttavia, delle ipotesi in cui assistiamo ad una dissociazione tra la parte in senso formale e la parte in senso sostanziale, per cui chi manifesta la volontà contrattuale non è anche il soggetto cui verranno imputati gli effetti dell'atto. Quando la legittimazione a disporre dell'oggetto del contratto viene attribuita, dalla legge o dalla volontà privata, ad un soggetto diverso dal titolare della situazione di cui si dispone si parla di *sostituzione* nella manifestazione della volontà contrattuale. La sostituzione può avvenire *in nome proprio* o *in nome altrui*. Come esempio del primo tipo si può pensare al potere di agire che nasce dal contratto estimatorio (art. 1556 c.c.), con il quale una parte consegna all'altra una o più cose mobili e quest'ultima si obbliga a pagarne il prezzo, a meno che non decida di restituirle entro il termine stabilito. In tal caso, infatti, chi riceve il bene (c.d. *accipiens*), pur non acquistando all'atto della consegna la proprietà dello stesso, che rimane al *tradens*, viene legittimato da quest'ultimo a disporne e può dunque anche alienarlo a terzi – nel qual caso si avrà l'effettivo trasferimento della proprietà e l'*accipiens* avrà l'obbligo di pagare il corrispettivo –. La figura più importante di legittimazione ad agire in nome altrui è, invece, costituita dalla *rappresentanza*.

2. *La rappresentanza: fonte, esercizio e cessazione dei poteri rappresentativi*

Come si è detto, la volontà negoziale è normalmente manifestata dal soggetto interessato, cioè da colui i cui interessi vengono regolati con l'atto di autonomia. Costui potrebbe però avere bisogno o potrebbe preferire che tale volontà sia espressa da altri. L'istituto che consente di realizzare tale esigenza è la rappresentanza, con la quale la legge o lo stesso interessato conferiscono ad un soggetto, detto *rappresentante*, il potere di concludere contratti o in generale atti con i terzi, i quali producono però effetti nella sfera giuridica del *rappresentato*. In alcune ipotesi è l'ordinamento a prevedere che, a cagione delle peculiari condizioni in cui si trova un soggetto, debbano essere altri a compiere in suo nome gli atti giuridici necessari od opportuni per la tutela dei suoi interessi: si parla a tal riguardo di *rappresentanza legale*, che trova cioè la sua fonte nella legge. Gli esempi più importanti sono già stati esaminati a proposito degli istituti di tutela degli incapaci.

Rappresentanza legale e volontaria

Quando, invece, il potere rappresentativo trova la sua fonte nella volontà del soggetto interessato, o *dominus*, si parla di *rappresentanza volontaria*. Sebbene l'art. 1387 c.c., che apre il capo del codice sulla rappresentanza, faccia riferimento ad entrambe le fonti del potere rappresentativo, le norme che seguono e che ora esamineremo sono destinate eminentemente a regolare l'istituto della rappresentanza volontaria, poiché quella legale ha una sua specifica e distinta disciplina.

Rappresentanza organica

Occorre ricordare, inoltre, che fenomeno differente da entrambe le forme rappresentative è la c.d. *rappresentanza organica*, termine con il quale si definisce il rapporto tra una persona giuridica e l'organo amministrativo con poteri esterni di questa. In tal caso, infatti, pur se in comune con le altre due forme è il potere del rappresentante di compiere atti in nome e per conto dell'ente che rappresenta, la peculiarità è che la persona giuridica non può, per sua stessa natura, avere una volontà diversa da quella della persona fisica che la rappresenta.

Volontà

Viceversa, nella rappresentanza vera e propria si riscontra una duplicità di volontà, una delle quali si sostituisce però all'altra. È in ciò che il rappresentante si distingue dal *nuncius*, il quale non esprime una propria volontà in sostituzione del rappresentato, ma riporta e trasmette fedelmente ad altri la volontà del rappresentato medesimo, come farebbe un qualunque altro mezzo di comunicazione.

Proprio in virtù del fatto che la volontà che sorregge gli atti compiuti dal rappresentante è quella del rappresentante medesimo, si spiega perché è con riferimento ad essa che dovrà essere valutata la sussistenza di vizi del volere. Il contratto concluso dal rappresentante, quindi, è annullabile se è viziata la volontà di costui e non quella del rappresentato, a meno che il vizio non concerna elementi predeterminati da quest'ultimo: se, cioè, il rappresentato, nel conferire il potere rappresentativo, ha specificato preventivamente alcune clausole da inserire nel futuro contratto, la volontà che sorregge tali clausole e di cui dunque va valutata la corretta formazione è quella del *dominus* (art. 1390 c.c.). Analogamente, quando occorre valutare la buona o mala fede della parte oppure la conoscenza o l'ignoranza di determinate circostanze, è allo stato soggettivo del rappresentante che occorre fare riferimento, a meno che non si tratti, ancora una volta, di elementi predeterminati dal rappresentato (art. 1391 c.c.). La legge precisa, peraltro, che giammai il rappresentato che sia in mala fede può giovarsi dello stato d'ignoranza o di buona fede del rappresentante (se, ad esempio, il rappresentante acquista in buona fede un bene da un simulato acquirente, il rappresentato che fosse a conoscenza della simulazione già prima della stipula del contratto non potrà invocare la tutela prevista per i terzi di buona fede dall'art. 1415, 1° comma, c.c.).

Capacità

Per quanto concerne, invece, la capacità richiesta per il compimento dell'atto da parte del rappresentante, occorre partire dalla considerazione che gli effetti di esso sono destinati a prodursi nella sfera giuridica del rappresentato, ragion per cui l'ordinamento ritiene necessaria la capacità di agire di quest'ultimo, mentre si accontenta della mera capacità di intendere e di volere del rappresentante: dunque, ad esempio, anche un minorenne potrebbe validamente concludere un contratto nell'esercizio del potere rappresentativo, purché il soggetto che gli ha conferito tale potere sia legalmente capace di agire (art. 1389 c.c.).

Perché gli atti compiuti dal rappresentante producano direttamente effetti nella sfera del rappresentato, è necessario che il primo agisca *in nome* e *per conto* del secondo (art. 1388 c.c.). Bisogna quindi che vi sia in primo luogo la c.d. *spendita del nome* del rappresentato, che il rappresentante in altre parole dichiari ai terzi che sta concludendo il negozio in sostituzione di un altro soggetto, di cui indichi le generalità.

Spendita del nome

In mancanza di spendita del nome si avrà un altro fenomeno di sostituzione, detto *rappresentanza indiretta*. In tal caso, gli effetti del contratto si producono nella sfera del rappresentante indiretto, che dovrà poi trasferirli al rappresentato o *dominus*. Così, se una persona compra un bene nel nome di un altro soggetto, l'acquisto sarà effettuato direttamente da quest'ultimo, riguarderà direttamente la sua sfera patrimoniale e il rappresentante ne resterà estraneo. Se la spendita del nome manca e il rappresentante agisce in nome proprio, anche se per conto altrui, allora sarà lui stesso ad effettuare l'acquisto: il bene entrerà nel suo patrimonio e dovrà essere poi trasferito al rappresentato. Costui peraltro avrà un diritto ad ottenere tale trasferimento e potrà, in via di principio, richiedere al giudice, ai sensi dell'art. 2932 c.c., una sentenza che gli trasmetta il bene nel caso in cui il c.d. rappresentante sia inadempiente. Se però si tratta di beni mobili, eccezionalmente il codice consente al *dominus* di rivendicarli (art. 1706, 1° comma, c.c.). Come vedremo, la rivendica è azione a tutela della proprietà. In tal caso dunque, anche senza la sentenza che determini il trasferimento, il codice considera i beni mobili acquistati dal rappresentante indiretto come già appartenenti al *dominus*.

Rappresentanza indiretta

I poteri rappresentativi sono conferiti al rappresentante con un atto che si chiama *procura*. Esso è negozio unilaterale recettizio che deve essere comunicato al rappresentante e non ai terzi. La procura si accompagna spesso ad un mandato. Il mandato, come vedremo, è un contratto con cui una parte, il mandatario, si obbliga a compiere atti giuridici nell'interesse altrui e cioè del mandante. In pratica mandato e procura operano su due piani differenti. Il mandato *vincola* il mandatario a compiere tali atti: è dunque un contratto (negozio bilaterale) a contenuto obbligatorio. La procura invece è un negozio unilaterale con cui si conferisce un mero *potere* rappresentativo verso i terzi. Mandato e procura possono coesistere: in tal caso si discorre di mandato con rappresentanza, sicché il mandatario non solo *deve* compiere gli atti, ma *può* anche qualificarsi quale procuratore e dunque spendere il nome del rappresentato, con gli effetti che abbiamo già indicato. Se il mandato non è accompagnato da procura, si ricade nell'ipotesi su descritta di c.d. rappresentanza indiretta, o *interposizione reale* di persona.

Procura: nozione

La procura deve avere la medesima forma richiesta per l'atto che il rappresentante deve concludere (art. 1392 c.c.): si tratta dunque di *forma per relationem*. Se, pertanto, l'atto da compiere non richiede la forma solenne, la procura potrà essere emessa verbalmente e potrà anche

Forma

essere tacita, risultando da *facta concludentia*. In ogni caso, il terzo che contratta con il rappresentante può sempre esigere che questi giustifichi i suoi poteri e, se la rappresentanza risulta da atto scritto, che gliene dia una copia da lui firmata (art. 1393 c.c.).

Procura generale e speciale

La procura è *generale*, se conferita per una generalità di atti di pertinenza del rappresentato. È *speciale* se conferita per specifici atti. La procura generale riguarda normalmente gli atti di ordinaria amministrazione, di cui già si è detto. Per quelli di straordinaria è necessaria specifica indicazione.

Revoca e modificazioni

La procura è *revocabile*. Si applicano, al riguardo, le norme sul mandato che saranno illustrate nell'opportuna sede (artt. 1723 ss. c.c.). L'art. 1396, 1° comma, c.c. prevede, peraltro, che sia le modificazioni che la revoca della procura debbano essere rese note ai terzi con mezzi idonei, a pena di inopponibilità, a coloro che non si dimostri essere stati a conoscenza delle stesse al momento della conclusione del contratto.

Estinzione della rappresentanza: disciplina

Anche le altre cause di estinzione del potere rappresentativo sono regolate dalla disciplina dettata per il contratto di mandato (art. 1722 c.c.). In ogni caso, la legge tutela il legittimo affidamento altrui stabilendo che esse non sono opponibili ai terzi che le abbiano ignorate senza colpa (art. 1396, 2° comma, c.c.). All'atto della cessazione del potere di rappresentanza, il rappresentante ha l'obbligo di restituire al *dominus* il documento dal quale risultano i suoi poteri.

Quando il rappresentante agisce senza poteri, perché non gli è stata conferita procura, o perché eccede i limiti di questa, si parla rispettivamente di *difetto* o *eccesso di potere* e il rappresentante è denominato *falsus procurator*. Costui è privo di legittimazione a concludere contratti in nome e per conto del *dominus*, il quale dunque non potrà essere vincolato da quelli eventualmente compiuti in suo nome. Tuttavia, poiché un'attività giuridica vi è stata, l'ordinamento cerca pragmaticamente di salvarla, nei limiti del possibile, alla stregua del principio dell'economia degli atti e delle dichiarazioni. Così, secondo l'art. 1399 c.c., è possibile che il *dominus*, tramite la *ratifica* dell'atto compiuto dal rappresentante senza poteri, faccia propri gli effetti dell'atto stesso, consentendo così ad un negozio inefficace di produrre i suoi effetti fin dal giorno della sua conclusione e cioè retroattivamente. La ratifica è un negozio unilaterale recettizio indirizzato al terzo contraente, che produce conseguenze analoghe a quelle della procura, legittimando successivamente il soggetto che ha agito in nome del *dominus*. Pertanto, anch'essa deve avere la stessa forma prescritta per il contratto che si è concluso.

Carenza di legittimazione e ratifica

Il rappresentato può ratificare il contratto nei termini ordinari di prescrizione. È consentito però al terzo contraente di assegnare al *dominus* un termine scaduto il quale, nel silenzio di quest'ultimo, la ratifica si intende negata ed il terzo si libera dal contratto. Di comune accordo, il terzo ed il rappresentante possono anche sciogliere il contratto prima della ratifica (art. 1399, 3° comma, c.c.).

Responsabilità del *falsus procurator*

Poiché il *falsus procurator* ha concluso il contratto in nome del *dominus* e non in nome proprio, è evidente che l'atto non ratificato, oltre a non essere efficace nei confronti del rappresentato, non potrà produrre alcun effetto nemmeno nella sfera giuridica del rappresentante. Tuttavia, il terzo che abbia contrattato con il rappresentante senza poteri ha diritto a ricevere da costui il risarcimento del danno sofferto per aver confidato senza colpa nella "validità" – *rectius*, efficacia – del contratto (art. 1398 c.c.). La responsabilità in questione ha natura precontrattuale, per cui il danno risarcibile sarà contenuto nei limiti del c.d. interesse negativo quale risultante dalla sommatoria del danno emergente (si pensi alle spese inutilmente affrontate dalla parte che ha concluso il contratto con il *falsus procurator*, ad es. quelle legali) e del lucro cessante, rappresentato da quanto il terzo avrebbe guadagnato dalla conclusione del medesimo affare con soggetti diversi dal rappresentante senza potere.

3. (segue) *La tutela dell'interesse del rappresentato*

Il rappresentante deve anche agire per *conto* del rappresentato e cioè nel suo *interesse*. Ove infatti egli curi un interesse proprio o di terzi contrastante con quello del *dominus*, si configura l'ipotesi di *abuso del potere rappresentativo*. La conseguenza del *conflitto di interessi* tra rappresentante e rappresentato consiste nell'annullabilità del contratto, che potrà essere fatta valere soltanto dal rappresentato, ma a condizione che il conflitto fosse conosciuto o riconoscibile anche da parte del terzo, e cioè di colui che ha concluso con il rappresentante il contratto in questione (art. 1394 c.c.). Il rappresentato, per ottenere l'annullamento, dovrà però dimostrare l'effettiva esistenza del conflitto ed il danno, anche soltanto potenziale, subìto in conseguenza dello stesso.

Abuso di potere

Contratto con se stesso

Particolare ipotesi di conflitto di interessi è data dalla fattispecie del *contratto con se stesso*. Essa si verifica allorché il rappresentante, utilizzando i suoi poteri, concluda il contratto appunto con se stesso, in proprio o quale rappresentante di altro soggetto: per esempio, compri per se stesso o in nome di altri il bene oggetto della procura a vendere conferitagli dal *dominus*. In tal caso il conflitto si presume. Il contratto realizza infatti una composizione degli interessi che ogni parte cerca di regolare nel modo a sé più favorevole: se il rappresentante conclude l'accordo con se stesso, si presume che abbia preferito le sue ragioni a quelle del rappresentato. Anche nel caso di contratto con se stesso l'impugnazione può essere proposta dal solo rappresentato.

Peraltro, il contratto in questione è valido quando ricorrono alternativamente le circostanze previste dall'art. 1395 c.c., e cioè: 1) che il rappresentato medesimo lo abbia specificamente autorizzato; 2) che il contenuto del contratto sia determinato in modo tale da escludere ogni possibilità di conflitto. Quest'ultima circostanza può sussistere nel caso di vendita di beni che hanno prezzo risultante da listini di borsa o di contratti già predisposti dal *dominus*: in queste ipotesi, infatti, risulta irrilevante l'identità del compratore o del venditore. Spetta tuttavia al rappresentante la dimostrazione della sussistenza delle condizioni di validità del contratto con se stesso. Pertanto la presunzione di conflitto determina anche in tal caso un'inversione dell'onere della prova: essa è dunque una presunzione relativa.

4. *Il contratto per persona da nominare e il contratto per conto di chi spetta*

Riserva di nomina

Strettamente collegato all'istituto della rappresentanza è quello del *contratto per persona da nominare*. Esso è contemplato dall'art. 1401 c.c., il quale consente che una parte, al momento della conclusione del contratto, si riservi di nominare successivamente la persona che acquisterà i diritti e assumerà gli obblighi nascenti dal contratto stesso. In tal caso accade che il soggetto nella cui sfera si dovranno produrre gli effetti del contratto, ossia il *dominus negotii*, sia identificato in un secondo momento e possa così rimanere nell'ombra durante la fase delle trattative. È anche possibile, peraltro, che non vi sia alcun accordo precedente fra la parte che appone la riserva di nomina ed un terzo, ma che la prima concluda il contratto per persona da nominare sperando di individuare successivamente un soggetto interessato a ricevere gli effetti di quel contratto, in modo da evitare così gli oneri fiscali di un doppio trasferimento. L'utilità pratica di questa seconda operazione economica è stata, tuttavia, pressoché vanificata dalla legislazione fiscale la quale, allo scopo di evitare fenomeni di evasione, ha stabilito che se la riserva di nomina non viene sciolta nel termine perentorio di tre giorni, la nomina successiva equivale a nuovo trasferimento.

Termine

Anche il codice civile dispone che la dichiarazione di nomina (c.d. *electio amici*) debba essere comunicata all'altra parte entro il termine di tre giorni dalla stipulazione del contratto; ma l'art. 1402 c.c. è norma suppletiva, che si applica cioè solo se le parti non abbiano pattuito un termine diverso. In sostanza, le parti ben potrebbero accordarsi affinché la dichiarazione di nomina possa sopraggiungere in un momento successivo, ma in tal caso dovranno comunque scontare una doppia tassazione.

La dichiarazione di nomina non produce alcun effetto se non è accompagnata da un'*accettazione* della persona nominata che può però essere anche precedente al contratto: in tal caso la legge la definisce *procura*, anche se essa tecnicamente va tenuta distinta dalla procura quale fonte del potere rappresentativo (art. 1402, 2° comma, c.c.). La nomina e l'accettazione devono avere la stessa forma che le parti hanno usato per il contratto concluso, anche se non prescritta dalla legge; inoltre, se il contratto è soggetto ad un determinato regime pubblicitario, nello stesso modo andrà pubblicizzata la dichiarazione di nomina con l'indicazione dell'accettazione preventiva o successiva (art. 1403 c.c.).

Accettazione

La persona nominata diviene parte del contratto dal momento in cui questo è stato stipulato, mentre colui che lo ha originariamente concluso ne viene estromesso retroattivamente (art. 1404 c.c.). Se, al contrario, la dichiarazione di nomina non è fatta validamente nel termine previsto dalle parti o dalla legge, il contratto produce i suoi effetti tra i contraenti originari (art. 1405 c.c.).

Effetti

Ambito di applicazione

La riserva di nomina può essere tendenzialmente apposta a qualsiasi contratto, sia ad effetti reali che ad effetti obbligatori. Il contratto per persona da nominare non è dunque un tipo contrattuale a sé stante, bensì un accordo che accede ad un contratto, tipico o atipico (ad es., compravendita, locazione, ecc.), determinandone un'incertezza dal punto di vista dell'individuazione di una delle parti. Esso si differenzia dalla rappresentanza perché il contraente che si riserva la facoltà di nomina, a differenza del rappresentante, diviene a tutti gli effetti parte del contratto, anche se potrà perdere retroattivamente questa qualità in seguito alla dichiarazione di nomina ed alla sua accettazione nei termini.

Contratto per conto di chi spetta

Una vera e propria ipotesi di rappresentanza *in incertam personam* è invece costituita dal contratto per conto di chi spetta. In tal caso, infatti, ad una persona viene conferito il potere di agire in rappresentanza del soggetto che risulterà successivamente titolare di una data situazione giuridica; di tale soggetto si ignora, al momento della conclusione del contratto, l'identità, ma esso verrà successivamente identificato in base a fatti oggettivi sopravvenuti. Un esempio di contratto per conto di chi spetta è previsto, in tema di compravendita di cose mobili, dall'art. 1513 c.c., secondo il quale, nel caso in cui sorga una controversia fra il venditore ed il compratore in merito alla qualità e condizione della cosa venduta ed uno dei due chieda la verifica giudiziale, il giudice, su istanza della parte interessata, può ordinare, oltre che il deposito o il sequestro della cosa, anche che essa sia venduta "per conto di chi spetta": ovverosia, per conto del soggetto che risulterà, in seguito all'accertamento giudiziale, l'avente diritto. Analogamente, l'art. 1690 c.c., in tema di contratto di trasporto di cose, prevede che ove sorga una controversia tra più destinatari delle cose trasportate o circa il diritto del destinatario alla riconsegna, il vettore, nel caso in cui esse siano a rapido deterioramento, può farle vendere "per conto dell'avente diritto". Altre ipotesi sono rappresentate dalla vendita dei beni ereditari da parte del curatore dell'eredità giacente, il quale agisce in rappresentanza del soggetto che risulterà erede (art. 529 c.c.), nonché della vendita, da parte del chiamato all'eredità in possesso dei beni ereditari che venga autorizzato dall'autorità giudiziaria, dei beni che non si possono conservare o la cui conservazione importa grave dispendio (art. 460 c.c.).

A differenza che nel contratto per persona da nominare, colui che stipula il contratto per conto di chi spetta non è assolutamente, all'atto della conclusione dell'accordo, parte in senso sostanziale del contratto. Inoltre, l'individuazione di quest'ultima non avviene sulla base di una scelta soggettiva di chi conclude il contratto ma dipende, come si è visto, da circostanze esterne.

È opportuno precisare, da ultimo, che, nonostante l'omonimia, non rientra nella figura in questione l'assicurazione per conto di chi spetta, che è invece un contratto a favore di terzo: lo stipulante, infatti, lungi dal rimanere estraneo alle conseguenze del contratto, deve adempiere gli obblighi nascenti da quest'ultimo, salvo quelli che per loro natura non possono essere adempiuti che dall'assicurato (art. 1891 c.c.).

Capitolo 18

LA CAUSA DEL CONTRATTO

Sommario: 1. Concetto di causa: corrispettività e aleatorietà, gratuità, liberalità. – 2. I contratti astratti. – 3. Causa e tipo. – 4. (*segue*) I contratti tipici e atipici; i contratti misti. – 5. (*segue*) I negozi indiretti e i negozi fiduciari. – 6. Il collegamento negoziale. – 7. La causa illecita. – 8. Norme imperative, ordine pubblico e buon costume. – 9. Contratti in frode alla legge.

1. *Concetto di causa: corrispettività e aleatorietà, gratuità, liberalità*

Abbiamo già avuto modo di definire la *causa* quale *ragione o funzione giuridico-economica* del negozio. Essa è un elemento essenziale del contratto nel senso che la sua mancanza, come vedremo anche in seguito, ne determina la nullità. La mera dichiarazione, infatti, non è considerata dall'ordinamento sufficiente a produrre effetti per il sol fatto che proviene da un soggetto di diritto. Essa deve essere giustificata da un interesse oggettivo alla produzione degli effetti medesimi che l'ordinamento valuti adeguato.

Causa e giustificazione degli effetti

La causa svolge dunque la funzione di *giustificare*, appunto, la produzione degli effetti. Se un soggetto dichiara di volere un effetto giuridico è necessario che la dichiarazione serva a realizzare una funzione che sia considerata meritevole dall'ordinamento. Se ad esempio una persona si limiti a dire che vuole trasferire un bene ad altra persona, appare evidente che manca la causa, cioè non si capisce quale sia l'interesse realizzato con la dichiarazione perché non se ne individua una funzione. Se però il trasferimento è giustificato ad esempio da uno scambio, allora tale funzione si manifesta e, essendo essa adeguata e meritevole, il contratto sarà valido.

Contratti a prestazioni corrispettive

La funzione giuridico-economica dell'atto può consistere in primo luogo nello *scambio*: la maggior parte dei contratti hanno anzi causa di scambio, sono cioè *a prestazioni corrispettive*. In tal caso l'interesse gestito dal contratto è considerato normalmente adeguato. Ogni effetto, quale la cessione di un rapporto da un soggetto ad un altro, si giustifica infatti per l'esistenza di una controprestazione. Le parti sanciscono dunque un regolamento di interessi che risponde ad uno schema idoneo.

Il legame reciproco esistente in tali contratti fra la prestazione e la controprestazione prende il nome di *sinallagma* ed esprime l'interdipendenza costante tra le due prestazioni che caratterizza tanto il momento genetico quanto quello funzionale del vincolo contrattuale. Più precisamente, con il termine *sinallagma genetico* si intende definire il rapporto reciproco di giustificazione causale che intercorre tra l'una e l'altra prestazione al momento della conclusione del contratto: così, ad esempio, nel contratto di locazione la concessione temporanea del godimento di un bene ed il corrispettivo di un prezzo si giustificano reciprocamente ed insieme costituiscono la causa del contratto. L'espressione *sinallagma funzionale* designa invece il legame che esiste tra prestazione e controprestazione durante tutta la vita del rapporto contrattuale, per cui se successivamente alla stipula dell'accordo una delle due prestazioni viene meno, l'altra non ha più ragione di esistere: per rimanere all'esempio fatto, se un incendio distrugge la cosa data in locazione, la prestazione del locatore si estingue per impossibilità sopravvenuta e dunque la corrispondente obbligazione del conduttore di pagare il prezzo, pur essendo astrattamente possibile, non trova più la sua giustificazione nella controprestazione, per cui il contratto, come si dirà più avanti, si risolve.

Sinallagma genetico e funzionale

I contratti sinallagmatici o a prestazioni corrispettive sono normalmente *contratti commutativi*, nel senso che il rapporto tra la prestazione e la controprestazione è definito già all'atto della stipula del contratto: ad esempio, il locatore ed il conduttore conoscono esattamente sia il valore del bene dato in locazione che l'ammontare del corrispettivo. Sebbene il nostro ordinamento non richieda come condizione indispensabile per la validità di un contratto commutativo che esista una proporzione fra le rispettive prestazioni, qualora il sinallagma genetico presenti un eccessivo squilibrio a causa dell'abuso da parte di un contraente della situazione di difficoltà in cui si trovasse la controparte, la legge consente a quest'ultima di porre nel nulla il vincolo tramite il rimedio della *rescissione* del contratto (artt. 1447 e 1448 c.c.). Durante la vita del rapporto, poi, la proporzione tra i rispettivi sacrifici economici può mutare per circostanze sopravvenute (come ad es. l'inflazione), ma anche in tal caso il sinallagma funzionale non potrà essere squilibrato oltre un certo limite: se, infatti, la prestazione di una delle parti diviene eccessivamente onerosa per il verificarsi di eventi straordinari ed imprevedibili, l'altra parte può avvalersi della *risoluzione* del contratto (art. 1467 c.c.).

Contratti commutativi

Esistono, tuttavia, anche contratti cc.dd. *aleatori*, nei quali è presente sin dalla stipula del negozio un fattore d'incertezza (*alea*) circa la determinazione della prestazione o della controprestazione: in altri termi-

Contratti aleatori

ni, almeno una delle parti corre il rischio di un evento casuale che influisca sul contenuto del suo diritto alla controprestazione. Tipico esempio è il contratto di assicurazione (art. 1882 c.c.), in cui l'assicuratore, verso pagamento di un corrispettivo, si obbliga a rivalere l'assicurato, entro i limiti pattuiti, del danno ad esso cagionato da un sinistro (*assicurazione contro i danni*), oppure a pagare un capitale o una rendita alla morte dell'assicurato (*assicurazione sulla vita*). Nel primo caso, è incerto lo stesso verificarsi dell'evento casuale (danno) da cui dipende la prestazione dell'assicuratore; nel secondo caso, è incerto solo il momento del suo verificarsi e dunque l'ammontare dei premi che dovranno essere pagati fino a quel momento. Fra i contratti atipici, la giurisprudenza ha qualificato come aleatorio il contratto di vitalizio alimentare, il quale postula l'esistenza di una situazione di incertezza circa il vantaggio o lo svantaggio economico che potrà alternativamente realizzarsi nello svolgimento e nella durata del rapporto.

Oltre ai contratti tipicamente previsti dalla legge come aleatori, anche contratti normalmente commutativi possono divenire tali per volontà delle parti: è il caso della vendita di cosa futura (art. 1472 c.c.), nella quale l'alea può riguardare la stessa venuta ad esistenza del bene (*emptio spei*), oppure la quantità o la qualità del bene o entrambe (*emptio rei speratae*). Ad esempio, la vendita di un futuro raccolto può essere conclusa con l'accordo che il corrispettivo sarà dovuto anche se non matura nessun frutto (*emptio spei*), oppure fissando un prezzo globale che sarà dovuto solo se i frutti verranno ad esistenza ma qualsiasi quantità si raccolga, o infine stabilendo un prezzo al chilo, ma prescindendo dalla qualità dei frutti raccolti.

Disciplina

I contratti aleatori sono pur sempre contratti a prestazioni corrispettive, ma ad essi non si applicano i rimedi che abbiamo precedentemente descritto per lo squilibrio del sinallagma genetico o funzionale. Poiché, infatti, per la natura stessa del contratto o per volontà delle parti non esiste un rapporto predeterminato tra prestazione e controprestazione, mancano gli elementi per valutare l'equilibrio iniziale o successivo tra le stesse.

Corrispettività e onerosità

I contratti a prestazioni corrispettive, o sinallagmatici, sono tutti *contratti onerosi*, nei quali cioè vi sono sacrifici patrimoniali a carico di entrambe le parti. Non sarebbe vera però l'affermazione inversa, perché le due categorie non sono coincidenti ma la prima costituisce una *species* rispetto alla seconda: esistono, infatti, contratti onerosi che non sono a prestazioni corrispettive perché, pur essendoci prestazioni da entrambe le parti, esse non sono legate da un nesso di interdipendenza a livello causale. Il contratto di mandato, ad esempio, trova la sua causa nell'interesse del mandante al compimento di uno o più atti giuridici per suo conto da parte del mandatario (art. 1703 c.c.); tale causa non subisce alterazioni a seconda che sia previsto o meno un compenso per l'attività svolta dal mandatario, per cui tale compenso non assurge a corrispettivo della prestazione.

Contratti gratuiti

Esistono inoltre anche contratti *gratuiti*. Nell'esempio appena fatto, il mandato è un contratto *naturalmente* oneroso, che cioè prevede di norma la presenza di un compenso, ma può essere anche gratuito, se le parti così pattuiscono. Ancora, il comodato è un contratto *essenzialmente* gratuito, nel senso che la previsione di una controprestazione in cambio del godimento del bene altererebbe la causa del contratto, trasformandolo in un tipo diverso quale la locazione (art. 1803, 2° comma, c.c.). Nei contratti a titolo gratuito un soggetto assume un'obbligazione o si assoggetta ad un onere economico senza alcun corrispettivo. Tuttavia anche in questi contratti l'ordinamento ritiene che vi possa essere un interesse adeguato di colui che si assume detti oneri: interesse che d'altronde è dimostrato dalla risalente diffusione, nell'ambito sociale, dei relativi schemi. L'interesse deve però essere apprezzato in concreto, come si preciserà anche di qui a poco.

Rapporti di cortesia

Ove esso manchi, l'accordo non potrà dirsi giuridicamente rilevante, ma si tratterà esclusivamente di un rapporto di *cortesia*, cioè fondato sullo spontaneo adempimento da parte dei soggetti interessati. E così il contratto di trasporto può anche essere gratuito. L'albergatore che si obbliga ad esempio a trasportare senza corrispettivo i propri clienti dall'aeroporto all'albergo medesimo, assume gratuitamente un obbligo, perché vi ha un oggettivo interesse. Il contratto svolge una funzione adeguata per l'ordinamento: dunque si tratta di contratto con idonea causa giuridica anche se gratuita. Chi invece dà un passaggio ad un autostoppista o ad un amico non ha alcun interesse: realizza un rapporto di mera cortesia che, pur avendo importanti conseguenze, non ha però valore, o almeno così si ritiene, di vero contratto.

Atti di liberalità

La causa può essere ancora di *liberalità* in due casi, la donazione ed il testamento. Qui un soggetto assume una prestazione o un onere senza alcun interesse ulteriore che quello di beneficiare un'altra persona: soltanto il suo intento di liberalità giustifica gli effetti dichiarati. Si ritiene invero difficile individuare in tali ipotesi una causa nel senso che abbiamo visto prima, tanto che l'ordinamento impone che l'atto sia rivestito di una particolare forma, come accade ad esempio nella donazione, che deve essere fatta per atto pubblico.

Contratti associativi

Come si è già precedentemente detto, infine, l'ordinamento considera meritevoli anche le cause *associative*, in cui gli interessi delle parti convergono per il raggiungimento di uno scopo comune, come avviene nei contratti di società.

Causa in concreto

L'apprezzamento della causa deve essere fatto in modo *concreto* e oggettivo. Occorre cioè in primo luogo verificare in ogni contratto se sussista una ragione concreta, quale *sintesi degli interessi reali* che l'atto è diretto a realizzare, secondo la definizione recentemente accolta anche dalla Suprema Corte. Pertanto, anche quando un contratto ricalca schemi tipici collaudati, che in astratto sono dotati di idonea causa, è sempre necessario valutarne in concreto la meritevolezza: come ad esempio nel caso di vendita di cosa propria che si è già illustrato.

Causa e motivi

In secondo luogo, la causa è la funzione che il contratto svolge *oggettivamente* e non è individuata dall'interesse che ciascun contraente soggettivamente persegue: tale interesse individuale, come vedremo, costituisce il *motivo* che non è di regola rilevante.

2. *I contratti astratti*

Nozione

La mancanza di causa rende il contratto nullo. Ciò significa che esso non deve essere eseguito e se una delle parti ne chiede l'esecuzione all'altra, ad esempio chiede l'adempimento di un'obbligazione contemplata dal contratto, quest'ultima può legittimamente rifiutarsi di adempiervi, eccependo, come si dice, la mancanza di causa. Vi sono però alcuni contratti nei quali sembra che gli effetti si producano anche in mancanza di una causa, perché in essi chi è chiamato ad adempiere non può sottrarsi all'obbligo, anche se la causa del contratto manchi. Tali sono i negozi c.d. *astratti*. Per comprenderne i caratteri è necessario evidenziare che essi sono costituiti da manifestazioni di volontà che producono effetti passibili di coinvolgere anche i terzi e cioè soggetti diversi dall'autore dell'atto. Un esempio è la cambiale. Essa rappresenta un credito: se cioè una persona assume, in virtù di un contratto o in altro modo, un debito verso un creditore, può solennemente promettere il pagamento sottoscrivendo un titolo di credito detto cambiale. Tale titolo è destinato alla circolazione, nel senso che può essere ceduto, e con esso viene chiaramente ceduto il credito oggetto della promessa. Orbene, nei confronti dei terzi che acquistano la cambiale, ma nei confronti soltanto di costoro e non invece di colui che l'abbia ricevuta per primo (c.d. primo prenditore), il promittente non può eccepire l'eventuale mancanza di causa, deve solamente pagare il debito e poi eventualmente richiederne la restituzione al primo prenditore. Non si tratta di deroga al principio causale; colui che ha preso la cambiale senza causa alla fine dovrà rimborsare quanto il promittente ha pagato: si tratta invero di una disciplina finalizzata a garantire la certezza e la celerità dei traffici e della circolazione del credito.

Non può dunque affermarsi assolutamente che nei negozi astratti sia irrilevante la giustificazione causale, ma solo che l'eventuale carenza di causa non rilevi *immediatamente nei confronti dei terzi*, venendo la causa momentaneamente "accantonata" per consentire la produzione degli effetti dell'atto (c.d. *astrazione materiale*).

Astrazione materiale e astrazione processuale

Dal fenomeno ora descritto va distinta la c.d. *astrazione processuale*, che in realtà non comporta alcuna scissione tra il negozio e la sua causa ma produce solo un effetto di natura processuale: l'*inversione dell'onere della prova* a carico dell'autore dell'atto. Ne sono esempi tipici la *promessa di pagamento* e la *ricognizione di debito*, ossia gli atti unilaterali con cui un soggetto promette ad un altro di pagare un debito che ha nei suoi confronti oppure riconosce di avere tale debito. Sebbene l'art. 1988 c.c., che disciplina tali atti, sia contenuto nel Titolo IV del Libro delle obbligazioni, rubricato "Delle promesse unilaterali" – ossia dei negozi unilaterali produttivi di obbligazioni a carico dell'autore –, in realtà dalla promessa di pagamento o dalla ricognizione di debito non nasce alcuna obbligazione, ma si "rafforza" sul piano processuale un'obbligazione preesistente. Il creditore, infatti, non sarà più tenuto a provare in giudizio il rapporto fondamentale, cioè l'esistenza di un titolo da cui deriva il suo diritto all'adempimento, ma dovrà essere chi si è dichiarato debitore o ha promesso il pagamento a dimostrare che non è mai esistito un debito o che questo si sia già estinto. L'esistenza del rapporto obbligatorio sottostante alla promessa di pagamento o alla ricognizione di debito si presume, dunque, fino a prova contraria (art. 1988 c.c.).

Di negozi astratti si discorre anche in un'altra accezione, per descrivere quei contratti o atti unilaterali che non hanno una causa interna, desumibile cioè dal contenuto dell'operazione economica posta in essere, ma sono a *causa esterna*, ovverosia trovano la loro giustificazione causale in un'altra fattispecie cui sono collegati. Ad esempio, mentre il trasferimento di un bene a titolo di compravendita trova la sua causa all'interno dello stesso contratto di compravendita, nello scambio di cosa verso il corrispettivo del prezzo, il trasferimento di un bene effettuato dal mandatario senza rappresentanza a favore del mandante rinviene la sua causa all'esterno, nel precedente contratto di mandato stipulato fra le parti, in esecuzione del quale il mandatario trasferisce la proprietà del bene. Per la validità di questi negozi è sufficiente che vi sia la c.d. *expressio causae*, che cioè risulti dall'atto lo scopo dell'autore di collegare causalmente quest'ultimo alla vicenda esterna. Nell'esempio fatto, dovrà dunque ricavarsi dal contesto negoziale l'intenzione del mandatario di operare il trasferimento in adempimento dell'obbligo assunto col contratto di mandato. Se, poi, la causa esterna manchi, ciò inciderà, così come nel caso di astrazione materiale, solo sulla conservazione degli effetti dell'atto e non sulla loro produzione, nel senso che l'attribuzione patrimoniale effettuata sarà indebita e l'autore potrà chiederne la restituzione.

Negozi a causa esterna

3. *Causa e tipo*

Nozione di tipo

La nozione di causa, quale ragione o funzione giuridico-economica del contratto, va tenuta distinta da quella di *tipo*, inteso come astratto schema regolamentare predisposto dalla legge per disciplinare determinate operazioni economiche che si sono diffuse nella prassi. Innanzitutto, infatti, l'ambito operativo del concetto di causa è più ampio, essendo riferibile tanto ai contratti tipici quanto a quelli atipici. Inoltre, anche in riferimento ai contratti tipici può individuarsi un significato della causa che non rimanga assorbito dal tipo contrattuale. È vero, infatti, che nei contratti tipici la causa viene preventivamente individuata dal legislatore che considera giuridicamente rilevanti e meritevoli di tutela degli interessi astrattamente identificati e ne predispone in linea generale un assetto. È anche vero, tuttavia, che nell'ambito del singolo contratto posto in essere dalle parti, alla causa presa in considerazione in astratto deve far riscontro una causa *in concreto*, quale risultante dalla sintesi degli interessi individuali concretamente perseguiti dai contraenti.

In tal modo si spiega come, se il tipo in sé non può mai essere illecito, sia possibile tuttavia che in un singolo contratto tipico sia illecita la causa, avuto riguardo agli interessi specifici delle parti contrattuali. È quanto avviene, ad esempio, nel negozio in frode alla legge, in cui, come vedremo, i contraenti utilizzano uno schema tipico per raggiungere uno scopo ulteriore vietato dalla legge: in tal caso, pur se la causa in astratto tipizzata dalla legge è lecita, la causa in concreto voluta dalle parti è diretta alla realizzazione di interessi individuali diversi da quelli tutelati dal legislatore nel predisporre la disciplina del tipo e non meritevoli di tutela.

4. (segue) *I contratti tipici e atipici; i contratti misti*

Contratti tipici

L'ordinamento prevede una serie di contratti cosiddetti *nominati* o con *causa tipica*. Se un contratto effettivamente realizza la funzione prevista dal legislatore, esso viene *qualificato* secondo tale schema tipico. La *qualificazione*, che è la riconduzione del contratto al tipo legale, ha una funzione ben precisa, quella di consentire l'applicazione al rapporto della disciplina che la legge contempla per quello schema. Infatti l'ordinamento, proprio perché tali contratti sono ampiamente diffusi per risalente tradizione, appronta per gli stessi un regolamento che ha la funzione di disciplinare il rapporto tra i contraenti. Il regolamento normalmente è integrativo, nel senso che esso, con norme suppletive o dispositive, completa l'insufficiente disciplina prevista dalle parti; per cui il contratto produrrà, oltre agli effetti da queste voluti, anche quelli appunto integrativi o cc.dd. *naturali* predisposti dalla legge. Ma in molti casi la disciplina legale è cogente. Essa non può essere derogata dalle parti e, in caso contrario, viene di norma sostituita alla clausola pattizia quella legale (art. 1339 c.c.).

Emerge dunque la seconda funzione della causa: quella di consentire la *qualificazione* del contratto e dunque l'individuazione della sua disciplina legale.

Contratti atipici

Come già detto, le parti possono però concludere anche contratti atipici, purché essi siano dotati di idonea causa. Tali contratti spesso hanno larga diffusione nel mondo degli affari e dunque essi sono detti *socialmente tipici*, perché la loro tipicità è appunto soltanto sociale e non legale. Essi sono soggetti alle norme generali sul contratto dettate dal codice civile, in virtù del disposto dell'art. 1323 c.c., ma per il resto la loro disciplina deve trarsi dalla concreta funzione svolta dall'operazione economica. Non è da escludere, peraltro, che, pur prescindendo da una qualificazione parziale del contratto secondo schemi tipici, si possano ad esso applicare alcune norme previste per dei contratti nominati, qualora sussista l'*eadem ratio* che permetta il ricorso all'*analogia legis*.

Contratti misti

Il passaggio però da uno schema tipico legale ad uno atipico prevede una serie di tappe intermedie che, come dire, scandiscono la *fuga dalla tipicità*. In effetti molti contratti, pur non essendo completamente assimilabili all'uno o all'altro schema previsto dalla legge, presentano con essi alcune somiglianze. È per questo che vengono individuate tradizionalmente una serie di *figure* potremmo dire *intermedie* tra la tipicità e l'atipicità assoluta, ammesso che essa possa configurarsi. Tra queste vi è in primo luogo quella del *contratto misto*. Esso ha una causa che è la fusione delle funzioni proprie di due schemi legali. Se una persona si obblighi a custodire un'automobile e contestualmente a ripararla, è evidente che tale rapporto somma in sé i caratteri del deposito con quelli della prestazione d'opera. Per molto tempo la giurisprudenza ha ritenuto che in tali casi si dovesse individuare il c.d. *tipo prevalente* ed applicare al contratto soltanto la disciplina di questo (c.d. *teoria dell'assorbimento*). Oggi invece si ritiene che la disciplina applicabile possa anche essere tratta dalle norme che riguardano entrambi i contratti (c.d. *teoria della combinazione*), purché peraltro esse siano *compatibili* con l'interesse manifestato in concreto dalle parti.

In un'altra accezione, di contratto misto si parla anche quando in un unico contratto concorrano due autonome cause: è quanto avviene, ad esempio, nella vendita mista a donazione, in cui i contraenti pongono in essere un contratto di compravendita ove il corrispettivo del bene è di gran lunga inferiore al suo valore di mercato (c.d. vendita *nummo uno*), oppure di gran lunga superiore, con l'intento di beneficare parzialmente l'acquirente o rispettivamente l'alienante. In questo caso i due schemi tipici individuabili nell'unica operazione economica non si fondono, peraltro, in una sola causa, perché sono tra di essi incompatibili. Deve piuttosto ritenersi che l'attribuzione patrimoniale realizzata con il contratto rimanga giustificata in parte dalla causa di scambio ed in parte dalla causa di liberalità.

5. (segue) *I negozi indiretti e i negozi fiduciari*

Negozi indiretti

L'allontanamento dal tipo può essere però realizzato anche attraverso altre figure. La principale di esse è il c.d. *negozio indiretto*. In effetti, tale figura mette in evidenza la possibilità di scollamento tra la funzione tipica del contratto utilizzato dalle parti e quella concreta che esso persegue. Può verificarsi infatti che i contraenti adottino un contratto tipico, che dunque ha una sua precipua funzione, per la realizzazione di finalità diverse, che vengono attuate attraverso alcune clausole tendenti in un certo senso a snaturare tale funzione o attraverso più negozi collegati tra di loro. La tipica ipotesi è data dal mandato irrevocabile a vendere, senza rendiconto. La funzione del mandato, come sopra detto, è quella di obbligare un soggetto a compiere atti nell'interesse di un altro: la sua causa è dunque quella di assicurare al mandante che un altro soggetto, il mandatario, amministrerà i suoi interessi. È noto a tutti però che quando un soggetto compri un bene intendendo rivenderlo immediatamente, al fine di evitare il doppio passaggio di proprietà con i conseguenti oneri fiscali, si fa dare dal venditore un mandato a vendere il bene con rappresentanza e senza rendiconto. Così potrà rivenderlo ai terzi quale rappresentante del proprio venditore attraverso un unico passaggio. Qui lo schema tipico del mandato realizza, in quanto piegato attraverso idonee clausole, una funzione completamente differente, quella della compravendita, le cui disposizioni saranno dunque applicabili. Se peraltro lo schema tipico viene utilizzato per una finalità illecita, come si è già detto e come vedremo meglio più avanti, si ha la figura del *contratto in frode alla legge* e quindi esso, benché il tipo utilizzato sia lecito, sarà considerato nullo appunto per illiceità della causa concreta.

Negozi fiduciari

Come nel negozio indiretto, così anche nel *negozio fiduciario*, lo scopo pratico che spinge i soggetti a contrarre è ulteriore e diverso rispetto a quello tipico del negozio posto in essere. Tuttavia, a differenza che nel negozio indiretto – ove tale scopo viene perseguito tramite un arricchimento della struttura negoziale e viene soddisfatto tramite gli effetti stessi prodotti dall'atto –, nel negozio fiduciario la realizzazione dello scopo pratico voluto dalle parti è affidata ad un patto accessorio (*pactum fiduciae*) che riduce *inter partes* gli effetti tipici che il negozio principale posto in essere produce *erga omnes*.

Più specificamente, il negozio fiduciario è un negozio di trasferimento della titolarità di un diritto il cui esercizio viene però limitato da un accordo interno tra le parti, con cui l'avente causa si obbliga ad esercitare il diritto stesso secondo quanto pattuito con il dante causa. Un soggetto, detto *fiduciante*, può trasferire ad un altro, detto *fiduciario*, la proprietà di un bene affinché l'acquirente lo amministri nell'interesse dello stesso dante causa o di altri, per poi ritrasferirlo alla scadenza di un dato termine o a semplice richiesta (*fiducia cum amico*). Lo schema del negozio fiduciario può, inoltre, essere utilizzato in vece della costituzione di una garanzia reale: in tal caso, il fiduciante, debitore di un soggetto, trasferisce a questi un proprio bene a scopo di garanzia, con l'accordo interno che il creditore-fiduciario ritrasferisca il bene nel momento in cui il suo credito sarà soddisfatto (*fiducia cum creditore*).

Fiducia *cum amico* e fiducia *cum creditore*

Il meccanismo fiduciario si caratterizza per l'eccesso del mezzo utilizzato rispetto allo scopo perseguito dalle parti: il negozio principale, infatti, produce effetti reali, cosicché *erga omnes* il fiduciario acquista la proprietà del bene, mentre il *pactum fiduciae*, che restringe tali effetti tra le parti, ha efficacia meramente obbligatoria. Ciò significa che se il fiduciario non adempie agli obblighi nascenti dal *pactum fiduciae* ed in particolare se dispone del bene, alienandolo a terzi, il fiduciante potrà solo chiedere il risarcimento del danno, ma non potrà agire nei confronti del terzo acquirente per riprendersi il bene, dal momento che il dante causa era perfettamente legittimato a venderlo. Perciò il negozio fiduciario – così come pure il negozio indiretto – si distingue nettamente dal negozio simulato, ove se il terzo acquirente non è in buona fede gli si può opporre la simulazione: in quest'ultimo caso, infatti, le parti non vogliono le conseguenze giuridiche del contratto e dunque la sua inefficacia può essere fatta valere anche nei confronti dei terzi, con il limite della tutela dell'affidamento. Nel negozio indiretto e nel negozio fiduciario, invece, le parti vogliono gli effetti tipici del contratto, anche se come mezzo per perseguire uno scopo diverso, ed essi dunque si producono secondo le modalità previste dalla legge, mentre l'accordo interno non è opponibile ai terzi, in base alla regola generale dell'art. 1372 c.c.

Effetti

La Suprema Corte a Sezioni Unite, assimilando il *pactum fiduciae* al mandato senza rappresentanza, ha statuito che esso, producendo solo effetti obbligatori, non richiede la forma scritta *ad substantiam* anche qualora concerna beni immobili.

Forma del *pactum fiduciae*

6. *Il collegamento negoziale*

Altra ipotesi in cui la causa dell'operazione economica finale è ulteriore rispetto a quella tipica dei contratti posti in essere si verifica nel caso di c.d. *collegamento negoziale volontario*. Qui le parti, per realizzare un complesso ed ampio interesse, utilizzano una serie di contratti strutturalmente autonomi ma tutti finalizzati ad uno scopo pratico unitario. In tal caso, gli interessi sottesi ai singoli contratti sono strumentali al perseguimento dell'interesse finale, che peraltro concorre a determinare la causa concreta di ciascun contratto collegato. Un esempio può essere dato da un contratto di trasporto collegato ad uno di somministrazione di vitto, come avviene nei viaggi aerei o marittimi, oppure da un contratto di compravendita di merci collegato ad un contratto di noleggio della nave per trasportarle. A creare l'interdipendenza tra i vari contratti non è sufficiente, dunque, il mero intento soggettivo delle parti ma è necessario che dal contesto dell'operazione economica si ricavi in via interpretativa la connessione causale fra le fattispecie.

Collegamento negoziale volontario

La conseguenza è che i contratti sono legati anche nelle vicende: per cui se uno di essi è ad esempio invalido, saranno invalidi anche gli altri (*simul stabunt simul cadent*). Di norma l'interdipendenza è reciproca, per cui le sorti di ciascun contratto condizionano quelle degli altri. Si parla di *interdipendenza unilaterale*, invece, quando le vicende di un rapporto contrattuale influiscono su quelle degli altri ma non viceversa.

Interdipendenza

I contratti collegati, comunque, mantengono la loro distinta identità, per cui tale fenomeno va distinto da quello del c.d. *contratto complesso*, nel quale vi è una sola fattispecie contrattuale dotata di un'unica causa, ma caratterizzata da una pluralità di prestazioni. Un esempio può essere costituito dal contratto concluso tra un organizzatore di viaggi ed un cliente in cui il primo si impegni a procurare al secondo l'uso di un alloggio per le vacanze nonché ad assicurare la prenotazione del viaggio e l'accoglienza sul posto.

Contratto complesso

Dal collegamento negoziale volontario si distingue, poi, quello *necessario* il quale non è creato dalla volontà delle parti fra contratti in sé perfettamente autonomi ma è insito, invece, nella funzione stessa del negozio, il quale nella maggior parte dei casi si presenta come *accessorio* rispetto ad un altro principale.

Collegamento negoziale necessario

Nell'ambito del collegamento necessario possono ricondursi figure di vario tipo. Una prima categoria è quella dei *negozi preparatori*, che costituiscono il presupposto per la stipula di un altro negozio: è il caso del contratto preliminare, che crea l'obbligo di concludere il definitivo, o della procura, che legittima il rappresentante alla stipula degli atti in nome e per conto del rappresentato.

Negozi preparatori

Una seconda è quella dei *negozi integrativi*, che vanno a completare gli elementi di validità ed efficacia di una fattispecie, come ad esempio la convalida, che sana il vizio di invalidità di un negozio annullabile, oppure la ratifica, che consente al contratto concluso dal rappresentante senza poteri di produrre effetti. Negozi integrativi

Ancora, la dottrina parla di *negozi complementari*, intendendo quei negozi posti in essere nell'esercizio di un potere attribuito dal negozio principale e dai quali dipende la realizzazione dell'effetto finale di quest'ultimo: è l'ipotesi dell'accettazione o della rinunzia compiuta dal chiamato all'eredità rispetto al testamento che gli attribuisce lo *ius adquirendae hereditatis*, oppure della dichiarazione del terzo di voler profittare o di non voler profittare della stipulazione nel contratto a favore di terzo. Negozi complementari

Altri tipi di negozi collegati sono i negozi *ausiliari*, che concorrono a determinare il contenuto del negozio principale, come è il caso dell'arbitramento; i negozi *modificativi*, che intervengono successivamente sul contenuto del negozio principale, mutando qualche elemento accessorio; i negozi *revocatori*, che pongono nel nulla il negozio principale; i negozi *risolutori*, che invece agiscono sugli effetti di questo, eliminandoli *ex nunc* o anche *ex tunc*. Negozi ausiliari, modificativi, revocatori, risolutori

Una menzione a parte meritano, infine, i *negozi di garanzia*, che accedono ad un negozio principale costitutivo di un vincolo obbligatorio per rafforzare la tutela dell'interesse del creditore all'attuazione del proprio diritto: si pensi, ad esempio, alla fideiussione, contratto col quale un soggetto, detto fideiussore, si obbliga personalmente verso il creditore al pagamento di un debito altrui (art. 1936 c.c.). I negozi di garanzia, come tutti i negozi accessori, sono legati al rapporto principale da un nesso di interdipendenza unilaterale, per cui il rapporto principale non è influenzato, di norma, dalle sorti dei primi. Tuttavia, questa regola subisce delle eccezioni perché vi sono delle ipotesi in cui le vicende del negozio accessorio condizionano quelle del rapporto cui accedono: un esempio è rappresentato dall'art. 1186 c.c., secondo cui se per colpa del debitore diminuiscono le garanzie prestate, il creditore può esigere immediatamente la prestazione, quantunque vi fosse un termine di adempimento fissato a favore del debitore (c.d. *decadenza dal beneficio del termine*). Negozi di garanzia

7. *La causa illecita*

La causa, oltre che esistente, deve anche essere lecita. In caso contrario, infatti, il contratto è nullo (art. 1418 c.c.). Emerge dunque la terza funzione che viene assegnata dall'ordinamento a tale elemento: quel- Giudizio di illiceità la di consentire una valutazione dell'atto di autonomia in relazione a norme e principi posti a tutela di interessi generali. La causa del contratto è infatti illecita allorché essa contrasti con norme imperative, ordine pubblico e buon costume (art. 1343 c.c.).

Di tale triade si parlerà specificamente di qui a poco. Occorre però innanzitutto definire l'ambito di applicazione del giudizio di liceità ed i suoi connotati distintivi rispetto al giudizio di meritevolezza. Si è già detto, nel differenziare la causa dal tipo, che la funzione giuridico-economica del singolo contratto non va valutata solo in astratto, ma avendo anche riguardo ai concreti interessi perseguiti dai contraenti (c.d. *causa in concreto*). Se ciò è vero, il giudizio di liceità della causa non investe i soli contratti atipici, nei quali l'assetto di interessi predisposto dai contraenti è totalmente nuovo rispetto agli schemi conosciuti e disciplinati dalla legge, ma anche i contratti tipici. In essi, evidentemente non sarà il tipo contrattuale a poter contrastare con norme imperative, ordine pubblico e buon costume – dal momento che l'astratta funzione del contratto è già stata preventivamente vagliata ed approvata dal legislatore –, ma sarà il modo con cui lo schema tipico viene concretamente utilizzato dai contraenti a poter risultare in contrasto con i dettami della legge, perché lo scopo pratico perseguito dalle parti è diverso da quello astrattamente tutelato dalla regolamentazione del tipo.

Una riprova di quanto affermato viene dallo stesso codice civile allorché, all'art. 2126 c.c., nel sancire che la nullità o l'annullamento del contratto di lavoro non produce effetto per il periodo in cui il rapporto ha avuto esecuzione, fa salva l'ipotesi in cui la nullità derivi da illiceità dell'oggetto o della causa: quindi è lo stesso legislatore ad ammettere che un contratto tipico come quello di lavoro possa nel caso concreto avere causa illecita.

Giudizio di meritevolezza

Se, dunque, il giudizio di liceità investe tanto i contratti tipici quanto quelli atipici, esso va peraltro distinto dal vaglio di meritevolezza previsto dall'art. 1322, 2° comma, c.c. Tuttavia, non si ritiene, ancora una volta, che il criterio discretivo risieda nell'ambito di applicazione, quanto piuttosto nei parametri valutativi. In altri termini, non potrebbe sostenersi che il giudizio di meritevolezza riguardi stavolta i soli contratti atipici, come sembrerebbe emergere dalla lettera della disposizione citata. Come si è già detto, infatti, tutti i contratti sono sottoposti al duplice controllo di liceità e di meritevolezza: il primo volto a verificare, *in negativo*, che lo scopo pratico perseguito dalle parti non sia in contrasto con norme e principi dell'ordinamento; il secondo volto ad accertare, *in positivo*, che gli interessi concreti dei contraenti costituiscano un'adeguata causa giustificativa dell'operazione economica.

8. *Norme imperative, ordine pubblico e buon costume*

Il primo parametro di valutazione della liceità della causa è costituito dalle *norme imperative*, cioè da quelle disposizioni che pongono un divieto assolutamente inderogabile dalle parti. La conseguenza della nullità può essere contenuta nella stessa norma che pone il divieto (*nullità testuale*): ad esempio la disposizione dell'art. 2744 c.c. vieta, dichiarandoli nulli, i patti commissori e cioè quelli in virtù dei quali, in caso di inadempimento, il creditore è abilitato a far proprio un bene del debitore inadempiente. Non è necessario, peraltro, che l'invalidità radicale del contratto posto in essere in violazione del divieto sia espressamente sancita dalla singola norma, poiché, stante il disposto dell'art. 1418, 2° comma, c.c., la sanzione della nullità può derivare implicitamente dalla natura imperativa della norma medesima, a meno che non sia la stessa legge a disporre diversamente (c.d. *nullità virtuale*).

Nullità testuale e nullità virtuale

L'*ordine pubblico* è invece una clausola generale, il cui contenuto deve dunque essere specificato dal giudice. In effetti i principi di ordine pubblico sono quelli desumibili dal sistema giuridico e politico, sono cioè regole che emergono dal senso complessivo delle norme e dei principi su cui si fonda il nostro ordinamento. Si pensi ai valori della famiglia e della persona che sono ricavabili dalle norme della Costituzione; o ancora agli interessi sociali tutelati dall'art. 3, 2° comma, Cost. (c.d. *ordine pubblico politico*); o infine ai principi su cui si fonda la c.d. *costituzione economica* e cioè le fondamentali norme dell'intero sistema dei rapporti patrimoniali e di impresa del nostro ordinamento (c.d. *ordine pubblico economico*). Ad esempio, la giurisprudenza ha ritenuto contrastanti con l'ordine pubblico le clausole riversate dalle banche nei propri moduli per imposizione dell'associazione dei banchieri, perché contrastanti con il principio di ordine pubblico della concorrenza.

Ordine pubblico

Anche il *buon costume* è una clausola generale. Il suo nocciolo o contenuto è normalmente definito in negativo: è contrario al buon costume ciò che ripugna alla coscienza sociale o alla morale collettiva, non soltanto nel campo sessuale. La matrice dunque di tale clausola è da ricercare al di fuori dell'ordinamento, anche se evidentemente non può contrastare con i principi che l'ordinamento pone. Ad esempio, il patto con cui un candidato alle elezioni si impegni, dietro corrispettivo, a far convergere i voti dei suoi sostenitori a favore di altro candidato, è stato considerato contrastante con il buon costume.

Buon costume

Per quanto concerne le conseguenze giuridiche dell'illiceità, è da sottolineare che il contratto la cui causa sia contraria al buon costume (c.d. *contratto immorale*) presenta una peculiarità rispetto ai contratti contrari a norme imperative o all'ordine pubblico. Ai sensi dell'art. 2035 c.c., infatti, chi ha eseguito una prestazione per uno scopo che, anche da parte

Contratto immorale

sua, costituisca offesa al buon costume non può ripetere quanto ha pagato. Questa disposizione rappresenta un'eccezione alla regola per cui, non producendo il contratto nullo alcun effetto, le prestazioni già eseguite in adempimento del contratto in questione sono senza titolo e dunque possono essere soggette alla *condictio indebiti*. La legge, nel caso di contratto immorale, vuole infatti sanzionare ulteriormente la condotta dei contraenti negando loro i rimedi restitutori; dice così un antico brocardo che «*in pari causa turpitudinis melior est condicio possidentis*».

9. *Contratti in frode alla legge*

Frode alla legge

Il codice civile, dopo aver dato, nell'art. 1343 c.c., la definizione di causa illecita, aggiunge, alla disposizione successiva, che «si reputa altresì illecita la causa quando il contratto costituisce il mezzo per eludere l'applicazione di una norma imperativa» (art. 1344 c.c.). Tale fattispecie, definita *contratto in frode alla legge*, si verifica cioè quando il risultato tipico del contratto non è vietato dalla legge (altrimenti si avrebbe l'illiceità per contrarietà a norma imperativa), ma lo scopo pratico indirettamente perseguito dalle parti tramite la stipula di quel contratto è invece contrastante con un divieto legislativo.

Un esempio classico è quello della vendita con patto di riscatto posta in essere in luogo di un mutuo ipotecario con patto commissorio. Come si è già detto, il patto commissorio, ossia l'accordo con il quale debitore e creditore convengono che, in caso di inadempimento, la proprietà del bene dal primo dato in pegno o in ipoteca a garanzia del credito passi al creditore, è vietato dalla legge (art. 2744 c.c.). La *ratio* del divieto, secondo l'impostazione tradizionale, è quella di evitare che il creditore approfitti della sua posizione per imporre al debitore un accordo a lui svantaggioso – dal momento che il valore della cosa data in pegno o in ipoteca è normalmente superiore rispetto all'ammontare del credito garantito –. Secondo l'orientamento dottrinale e giurisprudenziale attualmente prevalente, peraltro, l'intento legislativo sarebbe piuttosto quello di garantire la *par condicio creditorum*, dato che l'attuazione del bene oggetto di pegno o ipoteca ad un solo creditore potrebbe, ove il valore della *res* superi l'ammontare del credito, frodare l'interesse degli altri creditori a rivalersi in via sussidiaria sull'eccedenza. Il patto commissorio, inoltre, realizzando un auto-soddisfacimento del creditore, si porrebbe in contrasto con l'attribuzione esclusiva dell'azione esecutiva allo Stato.

Se, dunque, un soggetto prende in prestito una somma di denaro e dà in ipoteca un suo bene immobile a garanzia dell'adempimento, non può accordarsi con il creditore che in caso di mancato pagamento nel termine prefissato questi acquisti la proprietà del bene, perché il contratto sarebbe nullo per contrarietà a norma imperativa.

Tali soggetti, tuttavia, potrebbero perseguire il medesimo scopo concludendo un contratto di compravendita con patto di riscatto: il debitore, cioè, potrebbe vendere immediatamente il proprio bene al creditore, riservandosi il diritto potestativo di riaverlo entro un certo termine. Così, la somma che il debitore vuole prendere in prestito figurerebbe quale corrispettivo dell'alienazione e la sua restituzione nel termine convenuto risulterebbe quale restituzione del prezzo. Il mezzo utilizzato in tal caso (compravendita con patto di riscatto) è di per sé lecito, ma lo scopo pratico perseguito dalle parti è il medesimo sotteso al patto commissorio e quindi è illecito.

Se si richiama alla mente quanto detto a proposito del concetto di causa del contratto, ci si rende conto che qui ad essere illecita è la causa in concreto, cioè la funzione giuridico-economica del contratto quale risulta dalla sintesi degli specifici interessi individuali sottesi al singolo regolamento di interessi.

Occorre precisare che il negozio in frode alla legge non ha niente a che vedere con il negozio simulato, sebbene pure il negozio simulato possa essere usato per aggirare un divieto normativo. In quest'ultimo caso, peraltro, ciò avviene fingendo di volere degli effetti mentre in realtà se ne vogliono altri; nel negozio in frode alla legge, invece, gli effetti dell'atto sono realmente voluti dalle parti.

Frode ai creditori

Il contratto in frode alla legge deve inoltre distinguersi dal contratto *in frode ai creditori*. Quest'ultimo negozio, infatti, non elude alcuna norma imperativa, ma è volto a sottrarre alla garanzia patrimoniale generica dei creditori alcuni beni del debitore il quale, per evitare che essi vengano aggrediti dai creditori medesimi, li fa fuoriuscire dal suo patrimonio mediante atti di disposizione, quali ad esempio un contratto di compravendita o una donazione. In tal caso, il contratto stipulato in frode ai creditori è perfettamente valido, ma ove ricorrano le condizioni previste dall'art. 2901 c.c., ciascun creditore potrà agire in revocatoria per far dichiarare l'inefficacia dell'atto nei propri confronti.

CAPITOLO 19

L'OGGETTO DEL CONTRATTO

1. *Oggetto e contenuto del contratto*

Altro elemento essenziale del contratto, ai sensi dell'art. 1325 c.c., è l'*oggetto*, di talché, se esso manca o è privo di uno dei requisiti previsti dalla legge, ne deriva la nullità dell'autoregolamento, in base al combinato disposto degli artt. 1346 e 1418 c.c.

Oggetto del contratto e oggetto della prestazione

Così come avviene anche per la causa, il significato del termine oggetto non è definito dal codice. La dottrina civilistica ne ha dunque offerto varie ricostruzioni, le quali si possono riassumere in due grandi tendenze. La prima è quella che individua nell'oggetto il *bene*, inteso come l'*utilità economica* che attrae l'interesse delle parti gestito dal contratto. In tale accezione, l'oggetto del contratto va ulteriormente distinto dalla prestazione alla quale uno o entrambi i contraenti si vincolano per contratto. La prestazione, infatti, costituisce l'oggetto del rapporto obbligatorio e consiste nel comportamento dovuto dal debitore per soddisfare l'interesse del creditore, per realizzare cioè quel risultato utile che rappresenta l'oggetto della prestazione stessa. Quando l'obbligo di eseguire una prestazione discende da un contratto, l'*oggetto della prestazione* e l'*oggetto del contratto* coincidono, perché l'utilità economica che le parti con l'autoregolamento intendono realizzare è anche il risultato cui tende la prestazione del debitore. I due concetti vanno tuttavia mantenuti comunque distinti, perché non tutti i contratti prevedono come effetto un obbligo di prestazione: nei contratti ad efficacia reale, infatti, l'utilità economica perseguita dai contraenti non è il risultato mediato di un comportamento del debitore, ma è rappresentata direttamente dal diritto costituito o trasferito dal contratto.

Un esempio servirà a chiarire le idee: nel contratto di locazione, che ha efficacia obbligatoria, la prestazione del locatore consiste nel far godere al conduttore una cosa mobile o immobile per un dato periodo e la prestazione del conduttore è di pagare il corrispettivo (art. 1571 c.c.). Il godimento del bene ed il corrispettivo del prezzo rappresentano dunque le utilità economiche perseguite dai contraenti con l'autoregolamento, cioè l'oggetto del contratto, ma sono anche i risultati dovuti del comportamento delle parti, cioè l'oggetto della prestazione. Nel contratto di compravendita, che ha efficacia reale, l'oggetto del contratto è invece costituito dal trasferimento della proprietà del bene e dal corrispettivo del prezzo, ma il primo bene non costituisce oggetto di una prestazione a carico dell'alienante bensì è l'effetto diretto dello scambio dei consensi.

Bene in senso materiale e bene in senso giuridico

Il bene quale utilità economica oggetto del regolamento d'interessi deve ancora distinguersi dal bene quale cosa che forma oggetto di diritti, secondo la definizione dell'art. 810 c.c. Nei due esempi fatti della locazione e della compravendita, la cosa che forma oggetto dei diritti dell'acquirente e del conduttore può essere identica (ad es., un appartamento), ma l'utilità economica che se ne ricava è diversa, perché diverso è il contenuto del diritto. Fra i due concetti vi è comunque uno stretto rapporto, poiché il bene inteso in senso materiale, come porzione della realtà su cui ricadono gli effetti del contratto (nell'esempio fatto, l'appartamento che viene venduto o dato in locazione), entra a comporre il bene in senso giuridico, come utilità economica che il soggetto trae da quella cosa.

Oggetto e causa

Occorre precisare che in questa accezione l'oggetto del contratto è nettamente distinto dalla causa, pur se lo stesso legislatore usa talvolta impropriamente il primo termine al posto del secondo: ad esempio, l'art. 1470 c.c. definisce la vendita come «il contratto che ha per oggetto il trasferimento della proprietà della cosa o il trasferimento di un altro diritto verso il corrispettivo di un prezzo», ma in realtà questa è la descrizione della causa o funzione economico-giuridica del contratto (scambio di cosa contro prezzo), mentre l'oggetto è rappresentato dalla proprietà di una cosa, da un lato, e dal corrispettivo del prezzo, dall'altro.

Oggetto e contenuto

Alla teoria che individua l'oggetto del contratto con il bene si contrappone quella che attribuisce al termine "oggetto" il significato di *contenuto*, cioè insieme delle clausole che costituiscono il regolamento di interessi. In questa seconda accezione, l'oggetto è riferibile a tutti i negozi giuridici, anche non patrimoniali, laddove l'oggetto inteso nel senso di utilità economica perseguita si attaglia ai soli negozi a carattere patrimoniale. Tuttavia, è difficile a questo punto considerare l'oggetto un elemento essenziale del contratto, cioè una parte di quest'ultimo, perché così invece esso finisce per identificarsi con l'intero regolamento, cioè con il negozio stesso. Ove per oggetto si intenda il contenuto del contratto, inoltre, diventa meno agevole distinguere tale concetto da quello di causa, dal momento che la funzione economico-giuridica dell'atto compendia l'assetto di interessi in cui consiste l'autoregolamento. Tuttavia, la nozione di contenuto è più ampia, poiché comprende tutte le clausole, anche accessorie, componenti il contratto, mentre la causa è la sintesi degli effetti essenziali di questo: ad es., nel contenuto del contratto di compravendita non rientra solo lo scambio di cosa contro prezzo, ma anche le pattuizioni circa le modalità di consegna del bene, le garanzie dovute dall'alienante, eventuali elementi accidentali apposti all'atto, ecc.

Se dal piano dottrinale passiamo all'analisi delle disposizioni codicistiche, ci accorgiamo che il termine oggetto non è usato sempre nella medesima accezione. Si è già visto come l'art. 1470 c.c. descriva in termini di oggetto quella che in realtà è la causa e quindi una parte del contenuto del contratto. Altre volte, invece, il legislatore prende in considerazione il bene reale, come ad es. nell'art. 1472 c.c., ove si legge che «se oggetto della vendita sono gli alberi o i frutti di un fondo, la proprietà si acquista quando gli alberi sono tagliati o i frutti sono separati». Gli artt. 1347-1349 c.c., invece, che disciplinano in linea generale l'oggetto del contratto, fanno costante riferimento alla prestazione – *rectius*, dunque, come si è spiegato, all'oggetto della prestazione medesima –, ma in realtà i requisiti dettati dall'art. 1346 c.c. e specificati dalle disposizioni successive riguardano non solo i contratti ad effetti obbligatori e dunque l'oggetto della prestazione, ma anche i contratti ad effetti reali e quindi, più in genere, il *bene* in senso giuridico.

2. *La determinazione dell'oggetto*

Determinatezza e determinabilità

L'oggetto, ai sensi dell'art. 1346 c.c., deve essere *determinato* o quanto meno *determinabile*, pena la nullità del contratto *ex* art. 1418 c.c. I criteri per la determinazione dell'oggetto possono essere forniti dalla legge o possono essere previsti dalle stesse parti nel contesto del regolamento contrattuale.

Nella prima ipotesi si assiste al fenomeno dell'*integrazione eteronoma* del contenuto del contratto da parte di norme imperative o suppletive. Si è già detto, infatti, che l'art. 1339 c.c. prevede l'inserimento di diritto nel contratto delle clausole o dei *prezzi di beni e servizi* imposti dalla legge; tale *inserzione automatica di clausole* opera non solo qualora le parti pattuiscano condizioni difformi da quelle imperativamente fissate dalla legge – nel qual caso la clausola legale si sostituisce a quella convenzionale –, ma anche quando non vi sia alcuna determinazione pattizia. Inoltre, il legislatore detta spesso delle disposizioni suppletive, destinate ad intervenire solo nel caso in cui l'autoregolamento non preveda alcunché. Ad esempio, l'art. 1474 c.c. stabilisce che, qualora il contratto di compravendita abbia ad oggetto cose che il venditore vende abitualmente e le parti non abbiano determinato il prezzo né abbiano convenuto il modo di determinarlo, né infine esso sia stabilito per atto della pubblica autorità, occorra fare riferimento al prezzo normalmente praticato dal venditore, a meno che non si tratti di cose che hanno un prezzo di borsa o di mercato, nel qual caso il corrispettivo del bene oggetto del contratto andrà ricavato dai listini o dalle mercuriali del luogo in cui deve essere eseguita la consegna o da quelli della piazza più vicina. Il 3° comma della disposizione citata prevede, poi, che se dall'interpretazione del contratto risulta che le parti abbiano inteso riferirsi al giusto prezzo e non ricorrono i casi appena previsti, il prezzo, in mancanza di accordo, debba essere determinato da un terzo nominato, ai sensi dell'art. 1473, 2° comma, c.c., dal presidente del tribunale del luogo in cui è stato concluso il contratto.

Arbitraggio

La determinazione dell'oggetto del contratto da parte di un terzo, che si chiama *arbitratore*, non è prevista solo da norme specifiche quale quella appena esaminata, ma è generalmente ammessa dall'art. 1349 c.c. nell'ipotesi in cui siano le stesse parti a prevederla: come avviene ad esempio nel caso in cui le parti, essendo legate da vincoli di amicizia, stabiliscano la vendita di un bene al prezzo che sarà stabilito da un terzo quale un tecnico. In tal caso il terzo deve decidere secondo il suo *equo apprezzamento* (*arbitrium boni viri*): egli deve in effetti far riferimento al giusto prezzo, tenendo in considerazione esclusivamente le prestazioni dedotte in contratto e nessun'altra circostanza esterna allo stesso. In mancanza di sua decisione, o se la decisione è erronea o manifestamente iniqua, le parti potranno rivolgersi al giudice, il quale assumerà lui stesso la decisione.

Le parti possono però autorizzare l'arbitratore a decidere secondo il suo *mero arbitrio*. In tal caso, l'unico limite che egli incontra è costituito dalla mala fede e cioè dal fatto che egli non può decidere scientemente in danno di una delle parti. In caso di mala fede, la sua decisione è impugnabile, ma non sostituibile con quella del giudice, sicché, se le parti non si accordano per sostituire l'arbitratore, il contratto sarà nullo.

Atti di liberalità

Dei limiti alla determinazione dell'oggetto del contratto da parte di un terzo sono però previsti dalla legge, a tutela del disponente, in materia di atti di liberalità: gli artt. 631 e 632 c.c. dichiarano, infatti, nulli la disposizione testamentaria ed il legato in cui si fa dipendere dall'arbitrio di un terzo la determinazione della quota di eredità o dell'oggetto del legato (salvo, in quest'ultimo caso, che il legato sia fatto a titolo di rimunerazione per i servizi prestati al testatore). Analogamente, l'art. 778 c.c. dichiara nullo il mandato con cui si demanda completamente al terzo la determinazione dell'oggetto della donazione. È, invece, valida la donazione che ha per oggetto una cosa da determinarsi ad opera di un terzo fra più cose indicate dal donante o entro i limiti di valore fissati da quest'ultimo.

3. *Liceità e possibilità dell'oggetto*

Liceità

L'oggetto inoltre deve essere *lecito* e cioè non deve contrastare con norme imperative, ordine pubblico e buon costume. Se tuttavia si tiene presente che la valutazione di disfavore dell'ordinamento, più che concernere un bene in sé e per sé considerato, si dirige sempre contro gli interessi che le parti mirano a realizzare tramite quel bene e quindi contro il contenuto del contratto, diventa difficile distinguere l'illiceità dell'oggetto da quella della causa: le due ipotesi, invero, sembrano destinate a coincidere.

Possibilità

L'oggetto deve infine essere *possibile*. Si distingue tradizionalmente tra possibilità *fisica* e *giuridica*. La prima indica la materiale idoneità del bene ad essere oggetto dell'autoregolamento negoziale e comprende innanzitutto la possibilità di esistenza del bene stesso: se, ad esempio, un soggetto vende un bene già perito l'oggetto del contratto è impossibile. L'ordinamento, comunque, non richiede l'attuale esistenza del bene, ma solo l'astratta possibilità che esso venga ad esistere: il codice civile, infatti, stabilisce che anche beni futuri possono costituire oggetto del contratto, salvi peraltro i particolari divieti della legge, come il divieto di donare beni futuri (art. 771 c.c.). È dunque possibile, ad esempio, la vendita di un immobile non ancora costruito (c.d. *vendita sulla carta*), purché chiaramente le parti lo abbiano considerato tale. Il contratto potrà però produrre effetti solamente nel momento in cui la cosa venga ad esistenza.

È difficile, invece, distinguere l'ipotesi dell'impossibilità giuridica da quella dell'illiceità: essa si verificherebbe allorché un bene non può essere oggetto di contrattazione per un divieto giuridico che tuttavia non trova la sua *ratio* nella riprovevolezza da parte dell'ordinamento giuridico dell'assetto di interessi, ma nell'inidoneità di quest'ultimo a realizzare gli scopi previsti dal legislatore. Ad esempio, la vendita di beni cc.dd. *extra commercium*, che cioè sono sottratti alla libera disponibilità del titolare (come i beni demaniali), integrerebbe un'ipotesi di impossibilità giuridica ma non di illiceità, perché l'ordinamento non reputa riprovevoli gli interessi dei contraenti, ma considera prevalenti le esigenze della collettività o dello Stato al godimento di quei beni.

Possibilità sopravvenuta

La possibilità dell'oggetto deve essere *originaria*, deve cioè sussistere al momento della conclusione del contratto. La sopravvenuta possibilità dopo la stipula del contratto non ne sana l'invalidità, salvo che esso fosse sottoposto a condizione sospensiva o a termine iniziale. Come vedremo, sia la condizione sospensiva che il termine iniziale impediscono che il contratto produca i suoi effetti fin quando rispettivamente non si verifichi l'evento futuro ed incerto dedotto in condizione o non scada il termine convenuto. In tali casi, pertanto, se l'oggetto diviene possibile prima della verificazione della condizione o della scadenza del termine – come ad es. nell'ipotesi in cui il divieto normativo che determina l'impossibilità giuridica venga successivamente eliminato – il contratto risulta valido (art. 1347 c.c.).

CAPITOLO 20

I MOTIVI E GLI ELEMENTI ACCIDENTALI DEL CONTRATTO

1. *I motivi e la loro (limitata) rilevanza legale*

La causa, quale funzione oggettiva che il contratto svolge, non deve essere confusa con le individuali finalità, con gli obiettivi che ciascuna delle parti persegue con il contratto. Essi sono infatti i *motivi* e non sono normalmente rilevanti per l'ordinamento. Chi acquista una casa in una città perché pensa di essere colà trasferito con il proprio lavoro conclude un contratto che ha la funzione di scambio tipica della compravendita. Il trasferimento con il lavoro è il motivo che lo spinge a concludere l'accordo. La distinzione fra causa e motivi, che è evidente ove se si prenda in considerazione l'astratta funzione economico-giuridica dell'atto, è configurabile anche nei confronti della nozione di causa in concreto, intesa, come si è visto, quale scopo pratico concretamente perseguito dai contraenti. Anche se, infatti, questo si colora necessariamente delle circostanze oggettive e soggettive che accompagnano la conclusione del contratto, resta pur sempre il risultato immediatamente e direttamente realizzato dal regolamento, mentre i motivi sono quelle finalità ulteriori che ciascuna delle parti si prefigge e la cui attuazione è mediata, dipende cioè dalla realizzazione della funzione oggettiva del contratto.

Errore sui motivi

Irrilevanza dei motivi significa che la loro mancata attuazione non influenza la validità o l'efficacia del contratto. L'*errore sui motivi* non ne determina infatti l'annullabilità, anche se esso sia riconoscibile dalla controparte. In pratica ogni parte sopporta il rischio della mancata attuazione del suo progetto e se, nell'esempio sopra fatto, l'acquirente dell'immobile non dovesse essere trasferito o dovesse addirittura essere licenziato, ciò non comporterebbe alcuna conseguenza sul contratto, che rimarrebbe valido ed efficace.

Non così avviene, come vedremo, nel caso di *atti di liberalità* e cioè di donazione e testamento. In tali casi la causa dell'attribuzione di un bene o di un diritto al donatario ovvero al successore è da individuare proprio nell'intento del donante o del testatore: soltanto l'intenzione di costui di beneficiare gratuitamente un'altra persona giustifica l'effetto giuridico. Proprio per questo le motivazioni dell'autore della liberalità non possono non avere rilievo: se esse pertanto siano state espresse nell'atto e siano altresì determinanti, costituiscano cioè l'unico motivo della liberalità, l'errore a riguardo di esse comporta l'annullabilità dell'atto negoziale (artt. 624, 2° comma e 787 c.c.).

A tale ipotesi deve poi aggiungersi quella di c.d. *errore di diritto* che, come già detto, integra sempre un errore sui motivi.

Illiceità dei motivi

Quanto finora osservato concerne il motivo *lecito*. Viceversa, il *motivo illecito* è in genere rilevante, a determinate condizioni. Nei contratti lo è quando abbia rappresentato l'unico motivo comune ad entrambe le parti: in tal caso l'ordinamento non può ignorare il fatto che il programma negoziale è stato da tutti finalizzato alla realizzazione di un progetto illecito. Chi concede in locazione una propria abitazione ad un canone molto alto perché nella stessa venga esercitata un'attività illecita, partecipa a tale fine ricavandone anche beneficio. I fini illeciti non possono non colorare di illiceità anche lo strumento utilizzato per la loro realizzazione, sicché il contratto è nullo (art. 1345 c.c.).

Negli atti di liberalità invece l'illiceità del motivo, se esso risulta dall'atto, rende sempre nullo il negozio se il motivo è determinante, se è cioè l'unico che ha spinto l'autore a fare la donazione o il testamento (artt. 626, 788 c.c.).

2. *La rilevanza volontaria dei motivi: gli elementi accidentali*

Requisiti di efficacia

Si è detto che i motivi sono di regola irrilevanti e che ciascuna parte, salvo che nei negozi di liberalità, si assume il rischio della mancata attuazione delle finalità che aveva progettato di realizzare attraverso il contratto. Questa regola non è però inderogabile. Ed infatti non la considera tale il codice, che attribuisce alle parti la possibilità di far emergere i motivi nell'ambito del contratto, di dare cioè ad essi rilievo attraverso meccanismi in virtù dei quali la loro mancata attuazione incida sul contratto medesimo, facendone venir meno gli effetti. Tali meccanismi sono costituiti dai cc.dd. *elementi accidentali del contratto* che, come vedremo, sono la condizione, il termine ed il *modus*. Occorre subito chiarire che essi sono definiti accidentali per distinguerli da quelli essenziali. Mentre questi ultimi sono richiesti a pena di nullità e la loro eventuale mancanza condiziona la validità del contratto, gli altri possono essere previsti dalle parti in modo facoltativo. In effetti, proprio perché tali elementi modificano il regime ordinario di rilevanza dei motivi, le parti sono semplicemente abilitate a dedurli in contratto. Quando però ciò avviene, allora essi formano parte integrante del regolamento contrattuale, subordinandone l'efficacia alla realizzazione del motivo: proprio per questo sono anche definiti *condizioni* o *requisiti* di efficacia, perché incidono appunto su tale aspetto del contratto.

Negozi puri

Non tutti i negozi tollerano però l'apposizione di elementi accidentali; ai negozi puri, infatti, detti anche *actus legitimi*, le parti non possono liberamente apporre alcuna clausola accidentale: si pensi al matrimonio o, nel campo dei negozi patrimoniali, all'accettazione e alla rinuncia all'eredità. Altri negozi tollerano alcuni elementi accidentali ma non altri: all'istituzione di erede, per esempio, non può essere apposto un termine. Si tenga conto, infine, del fatto che il *modus* si applica ai soli negozi a titolo gratuito.

3. *La condizione*

Nozione

Il primo degli elementi accidentali è costituito dalla condizione: ai sensi dell'art. 1353 c.c., «*le parti possono subordinare l'efficacia o la risoluzione del contratto o di un singolo patto a un avvenimento futuro e incerto*». Tale avvenimento è proprio costituito, di norma, dal raggiungimento del motivo che ha spinto una parte a contrarre. Si pensi all'esempio sopra riportato: chi vuole comperare una casa in una città perché intende trasferirsi con il proprio lavoro può concludere il contratto subordinandone l'efficacia all'effettivo trasferimento.

Condizione sospensiva e risolutiva

La condizione può essere *sospensiva*, quando il contratto resta inefficace finché non si verifichi l'evento dedotto in condizione, e soltanto dopo tale momento inizi a produrre effetti. È *risolutiva*, quando invece tali effetti si producono, ma vengono retroattivamente eliminati se l'evento posto in condizione sopravviene. Così, ad esempio, è possibile dire che si acquista una casa a condizione del trasferimento in altra città; ma si può anche stabilire di acquistarla da subito e, in caso di assunzione presso altra azienda o datore entro la fine dell'anno, il contratto si risolverà, cosicché l'immobile ritornerà nella sfera del venditore il quale dovrà restituire il prezzo.

Incertezza e futurità dell'evento

Perché si abbia condizione è necessario che l'evento presenti alcune caratteristiche. In primo luogo deve essere un evento *incerto*: le parti non devono assolutamente essere in condizione di sapere se esso si verificherà oppur no. Si tratta dunque di *incertezza oggettiva*. Non esclude l'incertezza il fatto che sia certo il momento del tempo nel quale l'evento potrà o meno verificarsi: ad esempio, se l'evento dedotto in condizione è la vittoria di un concorso di cui sono già fissate le date delle prove, si sa *quando* si potrà produrre l'evento ma non si sa *se* si produrrà (evento *incertus an* ma *certus quando*). Se invece accade il contrario, per cui è certo il verificarsi di un evento, ma è incerto il momento nel quale esso si produrrà (evento *certus an* ma *incertus quando*), non avremo una condizione ma un termine.

Esso deve essere poi un evento *futuro*. Non possono essere dedotti in condizione eventi presenti o passati, anche se le parti ne ignorino la verificazione, perché in tal caso mancherebbe il requisito dell'incertezza oggettiva (c.d. *condicio in praesens vel in praeteritum collata*).

L'evento posto in condizione può essere costituito da un fatto naturale o umano. Si distingue tradizionalmente al riguardo la condizione: *a*) *casuale*, qualora il verificarsi dell'evento dipenda dal caso o dalla volontà di un terzo estraneo alle parti negoziali (ad esempio, acquisterò la casa se verrò trasferito col lavoro); *b*) *potestativa*, quando l'avverarsi della condizione è legato alla decisione discrezionale di una delle due parti negoziali, sempre che questa decisione abbia i caratteri della serietà e dell'obiettività (ad esempio, acquisterò il libro se deciderò di fare l'esame); *c*) *mista*, quando l'avverarsi della condizione dipende insieme dalla volontà di una delle parti e dal caso (ad esempio, ti donerò un gioiello se verrai promosso all'esame).

Condizione casuale, potestativa e mista

La condizione potestativa, detta anche *potestativa semplice*, si differenzia da quella *meramente potestativa*. Quest'ultima si verifica, quando la parte dalla cui volontà dipenda l'efficacia del contratto, non abbia alcun apprezzabile motivo che ne influenzi la decisione, ma sia abilitata a decidere in base a valutazioni del tutto arbitrarie. Così, se taluno dice di voler comprare una casa in altra città a condizione che deciderà di accettare una proposta lavorativa in quella sede, l'evento dipende dalla sua volontà, ma essa è condizionata da un motivo apprezzabile. È legittimo infatti assicurarsi l'acquisto, ma riservarsi di prendere una decisione definitiva in base ad una più attenta o comunque successiva valutazione dei propri meritevoli interessi. Viceversa, se qualcuno dice: «*Voglio acquistare se vorrò*», allora tale apprezzabile interesse non emerge e la condizione è meramente potestativa, dipendendo da una valutazione arbitraria del soggetto in questione.

Condizione meramente potestativa

Ai sensi dell'art. 1355 c.c., *l'alienazione di un diritto* o *l'assunzione di un obbligo sospensivamente* condizionata alla mera volontà dell'alienante o del debitore è nulla. La mera potestatività è considerata in termini negativi dall'ordinamento soltanto se dipende dalla volontà di alienante e debitore, non dunque se dipende dalla volontà di chi riceve una prestazione o un bene (creditore o acquirente). Nel silenzio della legge, è invece considerata valida dalla giurisprudenza la condizione meramente potestativa con effetto risolutivo.

Condizione illecita

Occorre ora esaminare quanto accade al negozio se la condizione che vi è apposta risulta illecita perché l'evento, e cioè il motivo perseguito, è contrario a norme imperative, ordine pubblico o buon costume. Deve ricordarsi, al riguardo, che la condizione è un motivo; esso è senz'altro comune, se è vero come è vero che entrambe le parti hanno condizionato l'efficacia del contratto al suo avveramento. Detto ciò, è dunque naturale che la condizione illecita, secondo l'art. 1354, 1° comma, c.c., se apposta ad un negozio *inter vivos*, dia sempre luogo alla nullità del contratto, sia essa sospensiva o risolutiva.

Se essa risulta inserita, invece, in una disposizione testamentaria, si considera come non apposta: la condizione illecita è nulla, ma la disposizione testamentaria cui essa era stata apposta sopravvive. Se però la condizione illecita ha costituito l'unica motivazione che ha determinato il testatore ad effettuare la disposizione testamentaria e se ciò risulta espressamente dall'atto – se cioè esistono i normali presupposti perché un motivo illecito sia rilevante nel testamento –, la sanzione della nullità travolge non soltanto la condizione ma l'intera disposizione.

Condizione impossibile

La condizione è invece *impossibile* quando l'evento non potrà mai realizzarsi. Se essa è apposta ad atti tra vivi, le conseguenze sono diverse a seconda che la condizione sia sospensiva o risolutiva. Nel primo caso ci sarà nullità del negozio, poiché nella fase della formazione del vincolo negoziale le parti, subordinando la produzione degli effetti ad un evento impossibile che mai potrà condurre il negozio all'efficacia, hanno testimoniato l'assenza di una seria determinazione. Nel secondo caso, invece, se la condizione impossibile è risolutiva, essa si considera come non apposta, perché le parti, subordinando la risoluzione del negozio ad un evento che non potrà mai verificarsi, hanno voluto rimandare in modo indefinito la produzione di effetti.

Se la condizione impossibile si ritrova nel testamento, essa è sempre data come non apposta e non inficia mai la validità delle singole disposizioni, e ciò per il principio c.d. di *favor testamenti*, in virtù del quale il legislatore cerca di salvare per quanto possibile gli effetti di un atto non ripetibile (art. 634 c.c.).

Pendenza della condizione

La fase che intercorre tra la conclusione del contratto e l'eventuale verificarsi dell'evento posto in condizione è detta di *pendenza* della condizione; durante tale fase le parti devono comportarsi secondo *buona fede*, devono cioè preservare le ragioni che l'altra parte acquisterà in caso di avveramento della condizione (art. 1358 c.c.).

Si tratta di *buona fede oggettiva*, nel senso che essa è costituita da un obbligo di comportamento diligente e accorto, al fine di salvaguardare le ragioni della controparte, e cioè di chi acquisterà il diritto ove si verifichi l'evento. Costui è dunque titolare di un'aspettativa, la quale è anche giuridicamente tutelata: egli potrà infatti compiere atti conservativi ove insorga il pericolo di sottrazione del bene oggetto del suo eventuale acquisto (art. 1356 c.c.).

Applicazione concreta del principio di buona fede è data dalla c.d. *finzione di avveramento della condizione*: se quest'ultima è infatti mancata per una causa imputabile alla parte che aveva interesse contrario al suo avveramento, si considera avverata (art. 1359 c.c.). L'ordinamento sanziona il comportamento scorretto della parte facendo produrre effetti al contratto, come se dunque l'evento fosse sopraggiunto, e ciò indipendentemente dalla prova che, in mancanza dell'atto impeditivo della parte, esso si sarebbe effettivamente verificato.

Finzione di avveramento

Ai sensi dell'art. 1360 c.c., gli effetti dell'avveramento della condizione retroagiscono fino al momento della conclusione del contratto il quale, dunque, acquista o perde efficacia dal giorno della sua stipula; a meno che, per accordo delle parti o per la natura del rapporto, tali effetti non debbano essere riportati ad un momento diverso. Inoltre, l'avveramento di una condizione risolutiva apposta ad un contratto ad esecuzione continuata o periodica, in mancanza di patto contrario, non produce effetto riguardo alle prestazioni già eseguite che dunque non potranno essere ripetute.

Effetti dell'avveramento

La legge specifica che i diritti nascenti da un contratto subordinato a condizione sospensiva o risolutiva possono costituire oggetto di disposizione da parte del titolare; ma, ovviamente, l'efficacia dell'atto di disposizione sarà a sua volta condizionata dall'avveramento oppur no della condizione: l'acquirente sotto condizione sospensiva o risolutiva può, ad esempio, alienare il bene a terzi, ma nel primo caso, se e fin quando l'evento dedotto in condizione non si avveri, l'alienazione non produrrà effetti; nel secondo, il trasferimento del diritto si produrrà immediatamente, ma sarà suscettibile di essere posto nel nulla *ex tunc* in caso di avveramento della condizione risolutiva.

Esercizio dei diritti

In ogni caso, comunque, la legge fa salvi gli atti di amministrazione compiuti dalla parte cui, in pendenza della condizione, spettava l'esercizio del diritto.

La condizione normalmente è esplicita, deve cioè essere prevista espressamente dalle parti del negozio. Vi sono però casi nei quali il motivo che una parte persegue non soltanto è indiscutibile, ma è l'unica ragione che attribuisce un valore concreto alla prestazione dedotta in contratto. In tal caso, chi ha contrattato con la persona il cui motivo non si realizza non può in buona fede negare che esso fosse il fondamento del contratto medesimo e non può dunque esigere la prestazione. Si pensi all'ormai famoso caso di scuola di chi paghi un corrispettivo per affacciarsi, nel giorno di una manifestazione, da un balcone onde potervi assistere. Se la manifestazione non si tiene, non soltanto non viene raggiunto il motivo di una delle parti (lo spettatore deluso), ma

Presupposizione

non v'è dubbio che la prestazione stessa che era dedotta nel contratto, l'affitto del posto, non ha più alcun valore e senso. Si ritiene dunque che in questo caso il contratto sia assoggettato ad una c.d. *presupposizione*, e cioè ad una condizione tacita che in buona fede non può essere negata dalle parti. Pertanto, in caso di mancata verificazione dell'evento il contratto si intende risolto o, secondo la giurisprudenza di legittimità, soggetto al rimedio del recesso da parte dell'interessato.

Actus legitimi

Non tutti i negozi sopportano la condizione. I cc.dd. *actus legitimi*, ad esempio, non possono esservi assoggettati. In caso contrario alcuni di essi sono radicalmente nulli, come nel caso dell'accettazione di eredità (art. 475 c.c.). Altre volte l'atto è valido, ma la condizione si considera non apposta: è il caso del matrimonio e del riconoscimento di figlio naturale.

Talvolta la subordinazione dell'efficacia di un negozio al verificarsi di un evento futuro non è stabilita dalle parti, bensì dalla legge stessa.

Condizione legale

In tal caso si parla di *condicio iuris* o condizione legale. La morte, ad esempio, è la condizione legale per l'efficacia del testamento.

4. *Il termine*

Il termine è un evento futuro ma certo al cui verificarsi il contratto

Nozione

comincerà a produrre i suoi effetti (*termine iniziale*) o cesserà di produrne (*termine finale*). Il termine regola dunque la durata degli effetti del contratto.

Caratteristica peculiare del termine è la sua *certezza*: il termine è certo nell'*an*, nel se: esso certamente si verificherà. L'incertezza del termine può riguardare soltanto il *quando*. Se, ad esempio, qualcuno è titolare di un usufrutto vita natural durante, il termine senz'altro scadrà con la sua morte, soltanto che non si può sapere quando essa sopraggiungerà. Se invece vi è incertezza anche sul *se* l'evento si verifichi, allora, come si è già detto, siamo in presenza di una condizione.

Il termine, a differenza della condizione, non ha efficacia retroattiva,

Effetti

ma gli effetti del contratto si produrranno o, rispettivamente, cesseranno di prodursi *ex nunc*.

Actus legitimi

Come per la condizione, anche per il termine vi sono *actus legitimi* che non ne tollerano l'apposizione: si pensi all'istituzione di erede (art. 637 c.c.). Quando un termine è inserito in un negozio che non lo tollera, esso si considera sempre come non apposto.

Il termine di cui qui si tratta, quale elemento accidentale del nego-

Termine di efficacia e termine di adempimento

zio, è detto *termine di efficacia* e regola, appunto, i tempi di efficacia del negozio. Esso va distinto dal *termine di adempimento*, che è inserito nell'ambito di un rapporto obbligatorio e che regola i tempi di esecuzione della prestazione da parte del debitore.

5. *Il* modus

Nozione

Il *modus* è un peso imposto dall'autore di un negozio di liberalità o comunque a titolo gratuito al beneficiario affinché questi compia una certa prestazione. Il *modus* è dunque una clausola accessoria che limita la liberalità o la gratuità del negozio, imponendo al beneficiario un determinato comportamento a favore del disponente o anche di un terzo. Si pensi ad una istituzione di erede gravata dal *modus* che l'erede costruisca a favore del disponente un monumento funebre. Il *modus* prende anche il nome di *onere*, ma non ha niente a che vedere con quella specifica situazione soggettiva che si è visto essere caratterizzata da un comportamento libero ma necessitato per soddisfare un interesse dello stesso agente: qui il termine, infatti, è utilizzato per designare un vero e proprio obbligo giuridico di prestazione. Il *modus* si distingue, inoltre, dalla condizione perché non incide sulla produttività degli effetti principali del negozio (come si suol dire, obbliga ma non sospende, mentre la condizione sospende ma non obbliga).

Ambito di applicazione

Secondo parte della dottrina, il *modus* può essere apposto soltanto alla donazione, all'istituzione di erede o all'istituzione di legato. L'affermazione non è però condivisibile, poiché, come già detto, il *modus* può essere apposto ad ogni negozio gratuito, ad esempio anche al comodato.

Inadempimento

Il *modus*, proprio perché caratterizza i negozi gratuiti, non può essere considerato un corrispettivo. Se così fosse, esso avrebbe il potere di trasformare un negozio a titolo gratuito in un negozio oneroso. Pertanto l'inadempimento del *modus* non comporta, così come accadrebbe in un contratto a prestazioni corrispettive, qualora una delle due prestazioni rimanesse inadempiuta, la risoluzione dell'atto; a meno che questa non sia stata prevista espressamente dal disponente e, per le sole disposizioni testamentarie, a meno che l'adempimento dell'onere non abbia costituito il solo motivo determinante della disposizione stessa. In altre parole il *modus* rimane pur sempre un motivo che ha spinto il disponente a fare il beneficio e non la controprestazione di esso.

Obblighi del beneficiario

Dal *modus* nasce tuttavia un obbligo del beneficiario verso terzi, sia pure un obbligo accessorio e non un corrispettivo; pertanto il suo adempimento può essere richiesto, secondo l'art. 648 c.c., in tema di onere testamentario, e 793 c.c., in tema di donazione, da chiunque vi abbia interesse. Le norme qui enunciate testimoniano la duplice preoccupazione del legislatore di evitare, da un lato, che l'onere si traduca in una prestazione corrispettiva e di garantire, dall'altro, che sia rispettata la volontà del disponente. Per quanto concerne la donazione modale, è inoltre da sottolineare che il donatario è tenuto all'adempimento dell'onere solo entro i limiti del valore della cosa donata (art. 793, 2° comma, c.c.).

Illiceità e impossibilità del *modus*

Se il *modus* è illecito o impossibile, esso si dà come non apposto; se però esso ha rappresentato l'unico motivo che ha spinto il disponente a fare l'atto e se tale motivo risulta espressamente dall'atto, l'illiceità o l'impossibilità del *modus* rendono nullo l'intero negozio.

CAPITOLO 21
L'EFFICACIA DEL CONTRATTO

1. *L'interpretazione del contratto*

Volontà privata ed effetti contrattuali

Il contratto è una manifestazione di volontà di effetti giuridici che le parti esprimono di comune accordo al fine di regolare i loro interessi. Esso è un regolamento che, una volta adottato, diventa impegnativo. La regola della libertà e dell'autonomia che caratterizza la fase precontrattuale cede dunque il posto, dopo il perfezionamento dell'accordo, ad una diversa ed opposta regola, quella che potremmo definire della forza vincolante dell'atto contrattuale al quale anzi il codice, non senza una certa enfasi, attribuisce *forza di legge* (art. 1372).

Gli effetti cui le parti risultano assoggettate in virtù del loro consenso sono per un verso di fonte pattizia, nella misura in cui essi siano direttamente voluti dai contraenti medesimi, ma possono, per l'altro, anche essere *legali* o *naturali*, dunque disposti dall'ordinamento per integrare la volontà negoziale privata.

L'individuazione delle concrete conseguenze giuridiche che le parti hanno manifestato di volere è effettuata attraverso un procedimento ermeneutico che ha come oggetto la dichiarazione negoziale e che è detto di *interpretazione*: esso consiste nell'attribuzione di un significato alla comune volontà contrattuale così come è stata espressa.

Interpretazione e qualificazione

L'interpretazione svolge anche un altro ruolo fondamentale: essa infatti consente di determinare, attraverso l'analisi dell'accordo, quale sia la funzione e dunque la causa che il contratto persegue, sì da poterlo qualificare e cioè ricondurre ad uno dei tipi disciplinati dalla legge. La *qualificazione*, come già si è detto, è un'operazione molto rilevante al fine della determinazione degli effetti legali del contratto: a seconda del tipo cui un contratto è assimilato, sarà infatti applicabile la disciplina che per quel particolare schema è prevista dal legislatore. L'interpretazione, dunque, essendo un momento funzionale a quello qualificativo e con esso intimamente connesso, svolge un'importante funzione anche nella definizione degli effetti naturali, oltre che di quelli volontari. È opportuno al riguardo sottolineare che ai fini della qualificazione è del tutto irrilevante il *nomen iuris* che le parti hanno attribuito all'operazione economica, spettando al giudice l'inquadramento della fattispecie concreta negli schemi astratti predisposti dall'ordinamento: così, ad es., seppure i contraenti avessero denominato locazione l'accordo stipulato tra loro in base al quale una parte ha conferito all'altra il godimento di un bene senza alcun corrispettivo, all'esito del procedimento ermeneutico il giudice dovrà qualificare tale operazione economica come un comodato.

L'attività ermeneutica è regolata da disposizioni normative contenute negli artt. 1362 ss. c.c. Esse sono vincolanti per il giudice il quale, nell'attribuire un senso all'atto di autonomia, deve rispettarne le previsioni. In caso contrario la sua decisione (la sentenza) risulta affetta da un vizio che potrà essere fatto valere con l'impugnazione, anche in sede di sindacato di legittimità.

Scopo ed oggetto dell'interpretazione

L'interpretazione dell'atto contrattuale ha come fine l'individuazione della *comune intenzione* delle parti contraenti (art. 1362 c.c.). Con l'aggettivo *comune* la norma del codice intende esplicitare due particolari concetti. Per un verso, essa chiarisce che è oggetto di interpretazione soltanto ciò che fa parte dell'intesa e che dunque è stato accettato da entrambe le parti: il che è congruente con l'essenza stessa del contratto che è appunto costituito dall'accordo dei contraenti. Ma, per l'altro, la disposizione lascia intendere che il regolamento negoziale cui deve attribuirsi un senso è dato dalla manifestazione esteriorizzata: se infatti l'intenzione deve essere comune, è necessario che essa sia costituita da ciò che le parti hanno dichiarato reciprocamente e non da ciò che, pur essendo voluto, non è stato tuttavia esplicitato.

Buona fede e tutela dell'affidamento

L'interpretazione deve dunque avere riguardo all'oggettivo contenuto dell'atto contrattuale per come espresso. Qui è peraltro possibile riprendere un discorso che già è stato abbozzato quando si è parlato appunto del rapporto esistente tra volontà e dichiarazione. Anche in sede interpretativa si ribadisce una regola già in quella sede enunciata: quella per cui vale tra le parti la volontà dichiarata e cioè la manifestazione, sicché l'ordinamento tutela principalmente l'*affidamento* e dunque la posizione di colui che ha ricevuto la dichiarazione il quale, non potendo verificarne la congruenza con l'interno volere del dichiarante, ha potuto fidarsi della sua serietà ed effettività. Ma la tutela dell'affidamento trova il suo solito limite nella buona fede e nella diligenza: il senso oggettivo delle parole utilizzate dal dichiarante non può vincolarlo se la controparte sia o debba essere a conoscenza della sua reale intenzione.

Questo è il senso fondamentale della disposizione dell'art. 1366 c.c. secondo cui appunto il contratto deve essere interpretato secondo *buona fede*. Tale ci sembra essere l'accezione principale del concetto di *buona fede interpretativa*, pure se deve avvertirsi che ad esso sono stati attribuiti anche significati diversi, quale soprattutto quello di costituire un criterio finale di valutazione del regolamento contrattuale.

Regole di interpretazione soggettiva

La comune intenzione deve essere individuata alla stregua non soltanto della lettera del contratto (*interpretazione letterale*), ma altresì di elementi extratestuali, quale il comportamento che i contraenti hanno tenuto anche posteriormente alla conclusione dell'accordo (*interpretazione globale*: art. 1362, 2° comma, c.c.), e ciò perché si presume che le parti diano ad esso esecuzione in modo conforme a quanto effettivamente pattuito. Le norme del codice prevedono inoltre: che le clausole e cioè le singole previsioni di cui il contratto si compone non vanno interpretate separatamente, ma in modo complessivo perché il senso di ciascuna di esse può chiarire il contenuto anche delle altre (c.d. *interpretazione sistematica*: art. 1363 c.c.); e che non è possibile un'interpretazione per così dire estensiva, nel senso che, per quanto siano generali le espressioni usate dai contraenti, il contenuto del contratto non può essere esteso ad oggetti diversi da quelli su cui le parti si sono proposte di trattare (art. 1364 c.c.). Peraltro, il legislatore avverte che se le parti hanno utilizzato un caso esemplificativo per spiegare una pattuizione, non si presumono esclusi i casi non espressi ai quali può ragionevolmente estendersi la medesima pattuizione (art. 1365 c.c.).

I canoni ermeneutici fin qui analizzati sono anche detti *soggettivi* e ciò perché essi indicano le regole che devono essere applicate per la ricostruzione della volontà dei contraenti.

Regole di interpretazione oggettiva

In caso di insufficienza di tali regole, se cioè il significato del contratto rimane ancora oscuro, il giudice dovrà invece fare applicazione delle ulteriori regole dettate dagli artt. 1367 ss. c.c., che sono dette di *interpretazione oggettiva* perché impongono l'attribuzione alla clausola dubbia di un senso che prescinde dall'intenzione delle parti e che in un certo senso è imposto dall'ordinamento. Tale è, ad esempio, il canone sancito dall'art. 1367 c.c., secondo cui la clausola non può essere interpretata in modo che essa non abbia alcun effetto, e ciò in applicazione di un principio detto di *conservazione del contratto*. Di tipo oggettivo è anche il criterio costituito dai cc.dd. *usi interpretativi* (art. 1368 c.c.). In tal caso alla clausola dubbia si attribuisce un significato conforme a ciò che usualmente si pratica nel luogo dove è stato concluso il contratto oppure, nei contratti in cui una delle parti è un imprenditore, nel luogo in cui è la sede dell'impresa. Ancora, se le espressioni utilizzate dai contraenti possono avere più sensi, esse devono essere interpretate nel senso più conveniente alla natura e all'oggetto del contratto (art. 1369 c.c.).

Equilibrio contrattuale

Gli artt. 1370 e 1371 c.c. sanciscono infine regole interpretative che fanno riferimento all'equilibrio contrattuale. La prima di esse stabilisce che le condizioni generali di contratto inserite in moduli e formulari predisposti da uno dei contraenti si interpretano sempre a favore della controparte. Analogamente, nei contratti dei consumatori, l'art. 35, 2° comma, cod. consumo stabilisce che le clausole dubbie vanno interpretate nel senso più favorevole al consumatore. Occorre però evidenziare che se l'interpretazione è fatta nell'ambito di un giudizio di inibitoria delle clausole abusive ai sensi dell'art. 37 cod. consumo, allora la clausola non va interpretata in senso favorevole al consumatore bensì in suo danno: ciò al fine di consentire che essa sia qualificata come abusiva e dunque sia eliminata dai moduli, il che costituisce ovviamente una miglior tutela per la parte contrattuale debole.

Regola finale

L'art. 1371 stabilisce invece una regola finale. Ove il dubbio interpretativo persista, la clausola dovrà essere valutata nel senso meno oneroso per l'obbligato, se trattasi di contratti a titolo gratuito, o in modo da contemperare equamente gli interessi delle parti, se il contratto è invece oneroso.

2. *Gli effetti del contratto: fonti e tipologia*

Fonti del regolamento contrattuale

Quando si parla di effetti del contratto ci si riferisce alle conseguenze giuridiche prodotte dal regolamento di interessi, indipendentemente dal fatto che esse siano volute dalle parti oppure siano predisposte dall'ordinamento in aggiunta o in sostituzione rispetto agli effetti previsti dall'autonomia privata. Si è già accennato al fatto che l'interpretazione è un momento essenziale non soltanto per l'individuazione degli effetti voluti dalle parti, ma anche per la qualificazione del contratto e dunque per la determinazione di altri effetti di tipo legale (*effetti naturali*) che la legge, con disposizioni derogabili o cogenti, prevede per quel particolare schema contrattuale. Invero le parti potrebbero avere omesso di regolare particolari aspetti del loro rapporto che pure sono rilevanti. Il legislatore, proprio per tale motivo, ha predisposto una disciplina dispositiva o suppletiva che completa la volontà carente dei contraenti. In alcuni casi, inoltre, vi sono interessi che emergono in occasione del contratto e che il legislatore si fa carico di tutelare: essi possono riguardare una delle parti contraenti ma anche i terzi, o, infine, possono essere di tipo generale. Per la loro tutela l'ordinamento prevede dunque una disciplina cogente che integra il contratto, la cui violazione comporta la sostituzione della clausola contrastante con quella legale (art. 1339 c.c.). Si è già citato l'esempio dell'art. 1490, 2° comma, c.c. che vieta il patto di esclusione della garanzia per vizi se vi è stata malafede del venditore.

Tipologie di effetti

Quanto alla *tipologia degli effetti* scaturenti dal contratto, essi, come si è già detto, si distinguono in *costitutivi*, *modificativi* o *estintivi*, a seconda che diano vita ad un rapporto giuridico tra le parti, ne modifichino elementi non essenziali o infine ne determinino la cessazione.

Inoltre, in base ad un diverso criterio gli effetti si distinguono tradizionalmente in *effetti obbligatori* ed *effetti reali*. I primi si verificano quando dal contratto nasce un rapporto obbligatorio. Ove invece si produca la costituzione di diritti reali ovvero il *trasferimento* di diritti di qualunque genere, il contratto è detto ad efficacia reale o *traslativo*.

Effetti reali e consenso traslativo

Ai sensi dell'art. 1376 c.c., nei contratti ad efficacia reale il semplice consenso è sufficiente a determinare l'acquisto o il passaggio del diritto dalla titolarità del cedente a quella dell'acquirente, senza che siano necessarie ulteriori formalità quali la consegna del bene o l'adempimento di oneri formali e di pubblicità. Si vedrà meglio, parlando della compravendita, che con il perfezionamento del contratto il compratore diviene proprietario della cosa acquistata, la cui consegna da parte del venditore è soltanto una conseguenza di tale passaggio, ma non serve a determinarlo.

Perché il consenso determini l'effetto traslativo deve però trattarsi di contratto che abbia ad oggetto una cosa specifica e cioè individuata nella sua identità. Ove essa sia determinata solamente per genere, quantità e qualità, si tratti cioè di c.d. *cosa generica*, l'effetto traslativo non consegue al consenso, ma è necessaria anche l'*individuazione* fatta nei modi stabiliti dall'art. 1378 c.c.: è cioè necessario che l'oggetto venga specificato nella sua identità. Analogamente, la compravendita ha un'*efficacia reale differita* nel tempo nelle ipotesi di alienazione di *cosa altrui* e di *cosa futura*. Nel primo caso, il contratto produce immediatamente l'obbligo a carico del venditore di acquistare la proprietà del bene, che verrà poi automaticamente trasferito al compratore nel momento stesso in cui entrerà nel patrimonio del venditore. Nel secondo caso, l'effetto traslativo si verificherà non appena la cosa verrà ad esistenza.

La determinazione del momento del tempo in cui si produce l'effetto traslativo è importante al fine di stabilire le conseguenze dell'impossibilità sopravvenuta della prestazione per causa non imputabile al debitore. Dal momento in cui la proprietà del bene viene trasferita all'acquirente, infatti, in virtù del principio *res perit domino*, questi sopporta anche il rischio per il perimento della cosa per caso fortuito o forza maggiore, non essendo dunque liberato dall'obbligo di pagare il prezzo anche se l'alienante non può più consegnargli il bene (art. 1465 c.c.). La medesima regola, per espressa disposizione dell'art. 1465, 2° comma, c.c., si applica anche se al contratto è apposto un termine iniziale di efficacia. Viceversa, se il contratto era sottoposto a condizione sospensiva e l'impossibilità sopravvenga prima che si verifichi l'evento

Res perit domino

dedotto in condizione, il rischio del perimento rimane in capo all'alienante e dunque l'acquirente è liberato dall'obbligo di eseguire la controprestazione.

Contratti ad esecuzione immediata e contratti ad esecuzione differita

Il concetto di efficacia, quale produttività di effetti giuridici, è strettamente collegato a quello di *esecuzione* del contratto. Con tale termine, infatti, si esprime la realizzazione del risultato programmato e dunque il soddisfacimento degli interessi delle parti sottesi all'operazione economica. Da questo punto di vista, si possono distinguere i contratti ad *esecuzione immediata*, destinati ad essere attuati nel momento stesso della perfezione dell'accordo, dai contratti ad *esecuzione differita*, destinati ad essere attuati in un momento successivo. Di norma, sono ad esecuzione immediata i contratti ad efficacia reale, nei quali il soddisfacimento degli interessi delle parti avviene con la stessa produzione dell'effetto essenziale, e ad esecuzione differita i contratti ad efficacia obbligatoria, nei quali la nascita dell'obbligo in cui consiste l'effetto del contratto è solo strumentale al risultato finale che si avrà con l'adempimento della prestazione. Come si è visto, peraltro, a proposito della compravendita, la volontà privata può anche rendere ad esecuzione differita un contratto ad efficacia reale, posticipando nel tempo la produttività dell'effetto traslativo.

Contratti ad esecuzione istantanea e contratti di durata

Secondo un altro criterio basato sempre sull'efficacia, si possono distinguere i contratti ad *esecuzione istantanea* dai contratti *di durata*: nei primi il risultato programmato si realizza in un solo momento, esaurendo così gli effetti del contratto, mentre negli altri l'efficacia è destinata a protrarsi in un periodo più o meno lungo di tempo. A loro volta, i contratti di durata si differenziano a seconda che siano ad *esecuzione continuata*, laddove la prestazione di una delle parti continua ininterrottamente nel tempo (ad esempio, la locazione), oppure ad *esecuzione periodica*, dove la prestazione viene ripetuta più volte nel tempo (ad esempio, il contratto di somministrazione).

3. *Le condizioni legali di efficacia del contratto: la c.d. pubblicità costitutiva*

Coelementi di efficacia

Talvolta il contratto, pur essendo validamente perfezionato, non produce immediatamente i suoi effetti per mancanza di un elemento estraneo alla struttura dell'atto stesso che tuttavia concorre, per volontà delle parti o dell'ordinamento, alla sua efficacia. Si è già detto, parlando degli elementi accidentali del negozio, che i contraenti possono subordinare, tramite l'apposizione all'accordo di una condizione sospensiva, la produttività di effetti del contratto al verificarsi di un evento futuro ed incerto. Si è anche specificato che la condizione, oltre che dalla volontà privata, può essere apposta dalla legge (c.d. *condicio iuris*). In genere, quando l'efficacia di un atto completo dei suoi elementi costitutivi è subordinata dall'ordinamento all'esistenza di altri presupposti esterni all'atto stesso si discorre anche di *coelementi di efficacia*. Tra questi coelementi un ruolo particolarmente importante assume la c.d. *pubblicità costitutiva*. Per comprendere tale istituto occorre preliminarmente spiegare, tuttavia, in che cosa consista la pubblicità.

Forme di pubblicità

Con tale espressione si intende, genericamente, l'insieme dei meccanismi volti a rendere conoscibile alla collettività l'esistenza di determinati fatti o atti giuridicamente rilevanti. La pubblicità può concernere la condizione giuridica dei soggetti di diritto oppure la condizione giuridica dei beni immobili o mobili registrati. Un esempio della prima tipologia è costituito dai registri dello stato civile, i quali sono destinati a riportare notizia di fondamentali accadimenti riguardanti le persone fisiche fra i quali la nascita, il matrimonio, la morte. Quanto alla seconda, vengono in rilievo ad es. i pubblici registri immobiliari, che si riferiscono ad un complesso di vicende inerenti alla circolazione giuridica dei beni immobili.

Funzioni: pubblicità notizia, dichiarativa, costitutiva

I modelli di pubblicità sono molteplici e correlativamente plurime sono le funzioni perseguite. Se, infatti, comune a tutte le forme di pubblicità è la finalità di rendere noti alla collettività determinati fatti o atti, alcuni tipi di pubblicità esauriscono in ciò la loro funzione: si parla, al riguardo, di *pubblicità notizia*, come ad es. gli atti di stato civile cui sopra si accennava. Accanto a questa finalità, la pubblicità può inoltre avere l'effetto di rendere opponibile ai terzi estranei all'atto l'esistenza di quest'ultimo: su tale tipo di pubblicità, che prende il nome di *pubblicità dichiarativa*, ci si soffermerà specificamente nel prossimo capitolo. Infine, in alcune ipotesi, la pubblicità serve alla stessa produttività di effetti dell'atto, cosicché in sua assenza le situazioni giuridiche che dall'atto dovrebbero scaturire non vengono ad esistenza. Sono queste le fattispecie in cui si discorre di *pubblicità costitutiva*. Un esempio riguardante la condizione giuridica dei soggetti è costituito dalla iscrizione delle società di capitali nel registro delle imprese: fino a quando essa non avviene, l'ente non può acquistare, infatti, la personalità giuridica (art. 2331 c.c.). Un esempio che concerne la condizione giuridica dei beni è invece rappresentato dall'iscrizione dell'ipoteca nei registri immobiliari: il diritto reale di garanzia infatti non sorge quando il debitore o il terzo garante lo concedono mediante contratto o atto unilaterale, ma solo quando l'ipoteca viene iscritta nel relativo registro (art. 2808, 2° comma, c.c.). Da questo punto di vista, dunque, l'iscrizione concorre alla produttività di effetti del negozio giuridico con il quale la parte o le parti dichiarano di voler costituire il relativo diritto.

4. *L'integrazione degli effetti*

Si è precedentemente spiegato che spesso il contenuto del contratto non viene ad essere determinato solo dalla volontà delle parti (*fonte autonoma*), ma anche da singoli precetti normativi a carattere dispositivo, suppletivo e imperativo: questi fanno parte delle cc.dd. *fonti eteronome* del regolamento contrattuale, individuate dall'art. 1374 c.c. La norma suddetta, che disciplina appunto il fenomeno dell'*integrazione del contratto*, stabilisce che il contratto obbliga le parti non solo a quanto è nel medesimo espresso, ma anche a tutte le conseguenze che ne derivano secondo la legge o, in mancanza, secondo gli *usi* e *l'equità*.

Fonti eteronome del regolamento contrattuale

Legge

Il riferimento alla legge, dunque, è da intendersi come richiamo di tutte le puntuali disposizioni legislative che concorrono ad integrare il contenuto del contratto, siano esse derogabili o cogenti, avendo pertanto un mero carattere riassuntivo. Viceversa, il riferimento agli usi e all'equità serve ad attribuire ad essi il ruolo di fonti generali di disciplina del contratto, seppure in via residuale, poiché intervengono ad integrare il regolamento contrattuale solo in mancanza di idonee pattuizioni o di regole legali.

Usi normativi

Gli *usi* cui fa riferimento la norma sono quelli *normativi*, disciplinati dall'art. 8 disp. prel. c.c. Quest'ultima disposizione stabilisce che gli usi, nelle materie regolate dalla legge, hanno efficacia solo se da essa richiamati. L'art. 1374 c.c. svolge dunque il ruolo di norma di richiamo a carattere generale, che consente l'applicazione degli usi normativi in materia contrattuale, di là dai singoli richiami effettuati da specifiche norme di legge, ogni qualvolta manchi una regolamentazione legale. Infatti, nella gerarchia, gli usi occupano una posizione subordinata ad ogni altra fonte del diritto e dunque non possono avere efficacia ove esista una norma, di legge o regolamentare, che disciplini la materia, anche se essa sia derogabile.

Proprio per questo bisogna tenere distinto l'uso normativo, cui fa riferimento l'art. 1374 citato, dagli *usi negoziali* o *contrattuali* disciplinati dall'art. 1340 c.c. (cc.dd. *clausole d'uso*). Questi sono costituiti da prassi instaurate tra imprenditori in una determinata zona o in un determinato settore. Si formano con la ripetizione costante di un comportamento ma, a differenza degli usi normativi, non sono osservati dai consociati con la convinzione di adempiere ad un obbligo di legge. Si pensi alla prassi riguardante le modalità di consegna di una determinata merce o a quelle bancarie relative ai costi di accensione di taluni rapporti. Anche tali usi fanno parte del contenuto del contratto. Le parti possono però escluderli: il che in via di principio non è possibile invece per gli usi normativi. Inoltre gli usi negoziali possono derogare anche a norme dispositive di legge, il che invece non è ammissibile per quelli normativi che sono vincolati per la loro posizione subordinata nell'ambito della gerarchia delle fonti.

In mancanza di usi normativi, il giudice può integrare il contratto ricorrendo all'*equità* e dunque creando, per il caso concreto, una norma che contemperi gli interessi ispirandosi comunque a principi e regole ricavabili dall'ordinamento giuridico. Equità

Durante l'esecuzione del contratto le parti devono poi comportarsi secondo *buona fede* (art. 1375 c.c.). Devono cioè agire in modo da preservare l'interesse altrui. Si pensi al caso del creditore che non cooperi con il debitore ma ostacoli l'adempimento; o ancora al contraente che ometta di comunicare una circostanza importante per la controparte che consentirebbe a quest'ultima di evitare un danno: la violazione di tali obblighi, che sono detti di *cooperazione* e di *protezione*, costituisce secondo la giurisprudenza sintomo di comportamento di malafede. Anche la buona fede nell'esecuzione del contratto in effetti ne integra il contenuto, poiché comporta la nascita, in fase esecutiva, di quegli obblighi a carattere accessorio che servono a garantire l'interesse della controparte, sicché può considerarsi, insieme alle altre, una delle fonti che concorrono a determinare il regolamento negoziale. Buona fede nell'esecuzione

Recentemente la Suprema Corte, nell'affrontare la problematica del c.d. diritto "emergenziale" anti-Covid 19 in ambito contrattuale, ha individuato, infine, nel principio di buona fede *in executivis* la base legale sulla quale fondare un obbligo di rinegoziazione del contenuto del contratto ogniqualvolta una sopravvenienza alteri l'assetto economico-giuridico originariamente predisposto dalle parti, così da evitare il ricorso allo scioglimento del contratto per impossibilità sopravvenuta o per eccessiva onerosità sopravvenuta. Buona fede e rinegoziazione

CAPITOLO 22

IL CONTRATTO E I TERZI

SOMMARIO: 1. Efficacia ed opponibilità del contratto. – 2. (*segue*) Il contratto a favore di terzo. – 3. Le condizioni di opponibilità. – 4. La c.d. pubblicità dichiarativa: la trascrizione. – 5. (*segue*) Le altre condizioni di opponibilità.

1. *Efficacia ed opponibilità del contratto*

L'art. 1372 c.c., dopo aver sancito, al 1° comma, che il contratto ha forza di legge *tra le parti*, specifica nel 2° comma che esso non produce effetti *rispetto ai terzi* se non nei casi previsti dalla legge. Tale disposizione esprime in modo esplicito quel principio di *relatività delle sfere giuridiche* cui più volte si è fatto riferimento: l'atto contrattuale crea una relazione tra le sfere giuridiche dei contraenti, ma non può spiegare *effetti diretti* in quelle dei terzi e cioè di chi non ha preso parte all'accordo. I terzi possono tuttavia subire, in conseguenza della stipula di quest'ultimo, delle ripercussioni che hanno un certo rilievo giuridico. Si pensi all'ipotesi della vendita di un immobile locato: gli effetti diretti di tale contratto, e precisamente il trasferimento del diritto di proprietà da venditore a compratore, si verificano solamente nelle sfere delle parti. Ma il conduttore, che rispetto alla vendita è terzo, dal momento della sua stipula sarà obbligato a pagare il canone al nuovo proprietario: si verificherà dunque una modifica del rapporto contrattuale locatizio che è conseguenza della vendita; è cioè un *effetto indiretto o riflesso* di quest'ultima. L'efficacia riflessa indica cioè la *rilevanza esterna* del contratto quale presupposto di posizioni giuridiche concernenti i terzi.

Effetti diretti ed effetti riflessi

Inoltre, sebbene il contratto abbia efficacia diretta solamente tra le parti, queste ultime sono interessate ad ottenere che i terzi prendano atto degli effetti che sono stati prodotti dall'atto e siano tenuti in un certo senso a rispettarli, non potendo vantare diritti con essi incompatibili. Un esempio può chiarire tale esigenza dei contraenti. Si è più volte detto che il debitore risponde dei debiti con il proprio patrimonio, sicché, in caso di inadempimento, egli subisce gli atti esecutivi del creditore che può in pratica far vendere all'asta i suoi beni per soddisfarsi sul ricavato. È evidente che tali atti il creditore può esercitare se i beni effettivamente appartengono al debitore ma non se essi sono di terzi che li abbiano eventualmente da lui acquistati. Gli acquirenti dunque hanno interesse ad ottenere il rispetto del loro acquisto da parte del creditore, pretendono cioè che quest'ultimo prenda atto che il bene che era una volta del debitore è stato ad essi ceduto e che pertanto non costituisce più la garanzia dei crediti azionati.

Opponibilità

Il concetto di *opponibilità* degli effetti del contratto è quello che garantisce l'interesse in esame. Un contratto è infatti opponibile quando le parti di un accordo contrattuale possono ottenere che i terzi rispettino gli effetti da esso prodotti, ovverosia quando il titolo contrattuale di acquisto del diritto prevale sul titolo vantato dal terzo.

L'opponibilità dunque si distingue dall'efficacia. Quest'ultima riguarda infatti i rapporti tra le parti; la prima riguarda i rapporti con i terzi. I due aspetti poi non coincidono: un contratto efficace tra le parti può non essere opponibile ai terzi, se non si sono realizzate le condizioni di opponibilità di cui parleremo tra poco.

2. (segue) *Il contratto a favore di terzo*

Nozione

In alcuni casi i contratti possono produrre per i terzi anche effetti diretti, purché questi siano giuridicamente ed economicamente degli effetti per essi favorevoli. Ciò può avvenire attraverso lo schema del contratto a *favore di terzi* regolato dagli artt. 1411 ss. c.c., che è un accordo concluso tra due parti, di cui una è detta *stipulante* e l'altra è detta *promittente*. Si tratta normalmente di un contratto a prestazioni corrispettive e cioè di scambio (pur se è possibile che il promittente si obblighi ad eseguire la prestazione a titolo gratuito). Il promittente si impegna però ad effettuare la propria prestazione in favore di un terzo anziché dello stipulante. In tal modo è evidente che si verifica un'attribuzione patrimoniale dallo stipulante al terzo, il quale infatti beneficerà di una prestazione sostenuta economicamente proprio dallo stipulante, che ha provveduto a procurarsela presso il promittente. Così è ad esempio nel caso in cui una persona (stipulante) acquisti presso un'agenzia (promittente) un pacchetto turistico, indicando quale beneficiario dello stesso un terzo; quest'ultimo dunque riceverà una prestazione che lo stipulante gli ha procurato. Perché il contratto sia valido è necessario però che lo stipulante vi abbia un *interesse*: in altre parole è necessario che vi sia una ragione giuridicamente apprezzabile che giustifichi l'attribuzione patrimoniale al terzo beneficiario.

Nella fattispecie in esame il contratto dunque produce un effetto favorevole direttamente nella sfera di una persona che contraente non è: questa infatti resta estranea all'accordo, ma subisce immediatamente gli effetti favorevoli da esso prodotti, acquistando il diritto nei confronti del promittente per effetto della stipulazione. Proprio per questo la sua accettazione non è necessaria per il perfezionamento del contratto: il contratto a favore di terzo non è un contratto trilaterale. Ed infatti, ai sensi dell'art. 1411, 2° comma, c.c., la dichiarazione del terzo di voler profittare del beneficio ha quale conseguenza solamente quella di rendere la stipulazione, di norma, immodificabile ed irrevocabile. Se viceversa il terzo dichiara di non voler profittare della stipulazione, il suo *rifiuto* comporta che il promittente dovrà effettuare la prestazione a vantaggio dello stipulante, a meno che le parti non abbiano stabilito diversamente o ciò non sia possibile per la natura del contratto, come ad es. nel caso di *intuitus personae*, ove cioè siano rilevanti le caratteristiche personali del creditore. Analoghe conseguenze produce la *revoca* da parte dello stipulante manifestata prima che il terzo si pronunci.

Struttura

Le parti possono anche pattuire che la prestazione oggetto del contratto a favore di terzo debba essere eseguita dopo la morte dello stipulante: un tipico esempio è quello dell'assicurazione sulla vita. In tal caso, lo stipulante può revocare il beneficio in qualunque momento, anche con disposizione testamentaria, pur se il terzo abbia già dichiarato di volerne profittare, a meno che, in quest'ultima ipotesi, lo stipulante stesso non abbia precedentemente dichiarato per iscritto di rinunciare al potere di revoca. Se, poi, il terzo muoia prima dello stipulante, il promittente dovrà eseguire la prestazione a favore degli eredi del terzo, ma anche in questo caso lo stipulante può revocare prima il beneficio o pattuire diversamente.

Esecuzione dopo la morte dello stipulante

Poteri del terzo

Come si è detto, il terzo non diviene, nemmeno dopo la dichiarazione di voler profittare della stipulazione, parte del rapporto contrattuale, ma semplicemente titolare di un diritto di credito nei confronti del promittente: in ciò sta la differenza rispetto al contratto per persona da nominare, di cui si è precedentemente parlato. In ogni caso, però, poiché il diritto del terzo nasce dal contratto concluso tra promittente e stipulante, il primo può opporre al terzo tutte le eccezioni fondate su tale contratto. Se, ad esempio, l'accordo tra promittente e stipulante è viziato da nullità, il primo, convenuto in giudizio dal terzo per l'adempimento della prestazione, può ben eccepire che il diritto non è mai sorto, essendo il contratto radicalmente improduttivo di effetti. Invece, il promittente non può opporre eccezioni fondate su altri rapporti tra lui e lo stipulante.

Se dunque è possibile che un contratto produca effetti favorevoli nella sfera di altri soggetti, non è invece ammesso che esso ne produca di sfavorevoli e cioè di economicamente negativi. A tale principio risponde la disciplina della c.d. *promessa del fatto del terzo*: se, infatti, qualcuno promette ad un altro che un terzo si assumerà un'obbligazione o terrà un certo comportamento, ciò non vincola assolutamente il terzo senza la sua accettazione (art. 1381 c.c.). La conseguenza della promessa è invece che il suo autore è tenuto ad indennizzare l'altro contraente se il terzo rifiuta di obbligarsi o di compiere il fatto promesso. In sostanza, dunque, il dichiarante assume su di sé un obbligo di garantire colui cui la promessa è stata fatta per il caso di inadempimento. L'indennità che il promittente deve corrispondere alla controparte in caso di rifiuto del terzo consiste in una somma pari al valore dell'utilità economica che la stessa controparte avrebbe conseguito nell'ipotesi inversa.

Promessa del fatto del terzo

3. *Le condizioni di opponibilità*

Effetti traslativi e opponibilità

Come si è detto, il concetto di opponibilità concerne la soluzione dei conflitti che possono sorgere tra contraenti e terzi ove le situazioni giuridiche soggettive nascenti dal contratto siano incompatibili con situazioni giuridiche soggettive vantate da questi ultimi. Più precisamente, il problema dell'opponibilità si pone con riguardo ai contratti traslativi, qualora l'acquisto avvenuto in base al contratto sia contestato da un terzo che vanti diritti sul medesimo bene. Le ipotesi di conflitto possono riguardare diverse categorie di terzi.

Acquisti *a non domino*

Innanzitutto, l'acquirente può entrare in conflitto con chi assume di essere il legittimo proprietario del bene. Ciò può accadere quando il contratto di alienazione sia stato stipulato con chi non era in realtà legittimato a vendere (si pensi, ad esempio, al ladro che vende il bene rubato): in tal caso, poiché l'acquirente ha contrattato con chi non era proprietario del bene (c.d. acquisto *a non domino*), in base al principio per cui nessuno può trasferire ad altri un diritto che non ha, egli non avrebbe, in teoria, alcun titolo da opporre al vero proprietario; tuttavia, la legge tempera, nelle ipotesi che vedremo, questo principio, per esigenze di certezza della circolazione giuridica e di tutela dell'affidamento dell'acquirente, rendendo comunque opponibile al *dominus* il contratto.

Subacquirenti

Ancora, può accadere che il conflitto si ponga tra l'avente causa dall'acquirente e l'alienante, quando il bene sia stato trasferito all'acquirente in base ad un titolo poi rivelatosi invalido o inefficace, ma nel frattempo l'acquirente stesso lo abbia alienato a sua volta a terzi: secondo la regola *resoluto iure dantis resolvitur et ius accipientis* – ovverosia, caduto il primo acquisto, deve cadere anche quello del subacquirente – i terzi non potrebbero vantare alcun diritto nei confronti del proprietario, ma ancora una volta interviene la legge, a garanzia della celerità e sicurezza dei traffici, a dirimere il conflitto in base ai criteri dell'opponibilità.

Alienazioni successive

Il conflitto può poi sorgere tra più aventi causa dal medesimo alienante, quando il legittimo proprietario alieni il bene a più soggetti successivamente: anche in questa ipotesi, sebbene in teoria chi conclude successivamente il contratto di alienazione acquista da chi non è più legittimato ad alienare perché si è già spogliato della titolarità del diritto, la soluzione del conflitto avviene secondo regole diverse da quella *prior in tempore potior in iure*.

Creditori dell'alienante

Infine, come si è già visto, l'acquirente può entrare in conflitto con i terzi creditori dell'alienante i quali vantino il diritto di esercitare la loro garanzia patrimoniale sul bene alienato.

L'ordinamento non conosce una sola regola di soluzione dei conflitti suddetti, ma detta viceversa una serie di criteri per l'opponibilità dell'atto. L'opponibilità è normalmente la conseguenza dell'adempimento di un onere di pubblicità ulteriore che, portando a conoscenza dei terzi il contratto, fa sì che essi debbano rispettarlo, ma tale pubblicità è differente a seconda del tipo di bene o rapporto gestito dal contratto. Uno dei più importanti strumenti di pubblicità di un atto che incide sulla opponibilità dei suoi effetti è dato dalla *trascrizione*, che analizzeremo qui di seguito.

4. *La c.d. pubblicità dichiarativa: la trascrizione*

Ambito di applicazione e principio di tassatività

La trascrizione è regolata dagli artt. 2643 ss. c.c. e riguarda principalmente gli atti che incidono su rapporti giuridici aventi ad oggetto beni immobili. Sono soggetti a trascrizione i contratti che producono effetti traslativi della proprietà nonché gli atti che costituiscono, modificano o estinguono diritti reali o diritti personali di godimento ultranovennale sui beni in questione. Vanno parimenti trascritte le sentenze che operano la costituzione, il trasferimento o la modificazione dei diritti summenzionati ed ogni altro atto o provvedimento che produce in relazione ai beni immobili taluno degli effetti dei contratti precedentemente citati. Infine, sono soggette a trascrizione anche alcune domande giudiziali che si riferiscono ai diritti in questione, allo scopo di rendere la successiva sentenza opponibile ai terzi che abbiano acquistato il diritto controverso durante il processo (c.d. funzione di *prenotazione*). Funzione di prenotazione svolge anche la trascrizione dei contratti preliminari aventi ad oggetto il trasferimento, la costituzione o la modificazione della proprietà e di altri diritti reali di godimento su beni immobili, secondo la disciplina introdotta con l'art. 2645 *bis* c.c., di cui abbiamo già parlato.

Vige in materia di trascrizione il principio di *tassatività*, per cui soltanto gli atti e le domande elencate dal codice o quelli che producano effetti analoghi sono trascrivibili.

La trascrizione, che di norma è un obbligo per il notaio che roghi un atto avente tali effetti, per le parti costituisce un *onere* che esse devono adempiere se intendono ottenere il rispetto da parte dei terzi dell'atto che hanno concluso. Essa infatti è una forma di pubblicità di tipo c.d. *dichiarativo*, cioè, come si è già detto, una pubblicità che non incide sulla validità o sull'efficacia del contratto, ma solo sull'*opponibilità* dei suoi effetti. Più precisamente, la funzione principale della trascrizione è quella di dirimere i *conflitti fra più aventi causa* dallo stesso autore. Nell'ipotesi in cui un soggetto venda a più persone il medesimo bene immobile, l'acquisto prevalente dovrebbe essere quello di colui che per primo lo abbia concluso: dopo il perfezionamento del contratto, in virtù del principio del consenso traslativo, costui è infatti diventato proprietario della cosa e il venditore ha perso conseguentemente ogni disponibilità a riguardo della stessa. Se quest'ultimo la venda nuovamente a terzi, tale atto non dovrebbe dunque avere alcun effetto. L'ordinamento però stabilisce che, tra i vari acquisti effettuati da più acquirenti, non prevale il primo in ordine cronologico, bensì quello che per primo è stato trascritto, anche se stipulato successivamente. La regola è una mera applicazione del principio di opponibilità. Gli acquisti relativi ai beni immobili sono infatti opponibili se sono trascritti. Il primo acquirente, dunque, se non ha provveduto alla pubblicità dell'atto, non può opporre l'acquisto ai terzi, cioè non può ottenere che gli altri eventuali acquirenti rispettino il suo contratto e riconoscano che egli è divenuto proprietario. L'effetto della trascrizione si produce anche se il secondo acquirente che trascrive per primo sia in mala fede, sia cioè a conoscenza del precedente trasferimento.

Funzione: pubblicità dichiarativa

Perché scatti il meccanismo dell'opponibilità è necessario, tuttavia, che sia rispettato il *principio di continuità delle trascrizioni*. Per comprendere tale regola occorre tenere presente che il sistema di pubblicità dichiarativa in questione è organizzato su base personale e non su base reale: ciò significa che i registri non riportano i beni, con l'indicazione di tutti gli atti che li riguardano, ma riportano le persone che hanno compiuto l'atto trascritto; più precisamente, per ogni atto viene effettuata una doppia trascrizione, una *a favore* di chi acquista il diritto ed una *contro* chi lo perde. Ora, l'art. 2650 c.c. stabilisce che la trascrizione operata a carico di un soggetto non produce effetto se non è stato trascritto l'atto anteriore di acquisto. Ad es., se Tizio vende un bene immobile a Caio e questi lo rivende a Sempronio, la trascrizione dell'acquisto effettuata da Sempronio *contro* Caio non produce effetto se prima non risulta trascritto *a favore* di Caio l'acquisto da Tizio. A sua

Principio di continuità

volta, la trascrizione a favore di Caio e contro Tizio sarà improduttiva di effetti se prima non vi è la trascrizione dell'atto di acquisto del bene a favore di Tizio e contro il suo dante causa, e così via. Pertanto, se un soggetto acquista un bene, perché il suo titolo sia opponibile ai terzi non è sufficiente che egli trascriva il proprio atto di acquisto, ma è necessario che a monte vi sia una catena continua di trascrizioni che consenta di risalire fino ad un acquisto a titolo originario, che cioè non presuppone la titolarità di un precedente dante causa.

Effetto prenotativo

In ogni caso, la trascrizione effettuata dall'acquirente non è irrilevante anche se manchi la precedente trascrizione a favore dell'alienante, perché la legge prevede che, se questa sopraggiunge in un momento successivo, la trascrizione effettuata dall'acquirente diventi efficace dalla data in cui è stata eseguita (art. 2650, 2° comma, c.c.): in altri termini, se Sempronio trascrive a suo favore e contro Caio l'atto di acquisto del bene prima che sia trascritto l'atto di acquisto anteriore avvenuto a favore di Caio e contro Tizio, realizza una sorta di *prenotazione* per il caso in cui l'acquisto contro Tizio venga successivamente trascritto, consentendo così allo stesso Sempronio di prevalere su altri eventuali aventi causa da Caio che trascrivano dopo.

È importante notare che la trascrizione vale a dirimere i conflitti tra più aventi causa da un medesimo titolare e non anche quelli tra un avente causa *a non domino* ed il legittimo proprietario del bene: in tal caso, infatti, quest'ultimo potrà rivendicare la proprietà anche nei confronti di chi abbia trascritto il proprio acquisto, salvi gli effetti di un'eventuale usucapione. Per quanto concerne, poi, il conflitto tra l'avente causa dall'acquirente e l'alienante, quando il bene sia stato trasferito all'acquirente in base ad un titolo poi rivelatosi invalido o inefficace, in linea di principio la trascrizione non sana i vizi del titolo e dunque anche in tal caso il subacquisto, pur se trascritto, sarà inopponibile al primo dante causa; tuttavia, la legge prevede un temperamento alla regola nelle ipotesi cc.dd. di pubblicità sanante, che esamineremo successivamente.

Conflitto tra acquirente e creditori dell'alienante

Infine, quanto al conflitto tra acquirente e creditori dell'alienante, la trascrizione non vale a rendere opponibile a questi ultimi l'acquisto se effettuata dopo che sia avvenuto il pignoramento (art. 2914, n. 2, c.c.). Se l'azione esecutiva non è ancora iniziata, è applicabile la disciplina dettata in tema di azione revocatoria dagli artt. 2901 ss. c.c.

Altre funzioni

Vi sono dei casi particolari in cui la trascrizione ha una funzione diversa da quella di pubblicità dichiarativa: ad esempio, ove si tratti di acquisti *mortis causa* o di sentenze di accertamento dell'avvenuta usucapione immobiliare, la trascrizione ha il limitato scopo di pubblicità-notizia (artt. 2648 e 2651 c.c.). All'opposto, in caso di atti interruttivi dell'usucapione immobiliare, la trascrizione è indispensabile alla produzione dell'effetto interruttivo (art. 2653, n. 5, c.c.). Ancora, nell'ipotesi di usucapione abbreviata, la trascrizione è coelemento costitutivo della fattispecie che produce l'effetto dell'acquisto a titolo originario della proprietà dell'immobile o del bene mobile registrato (artt. 1159 e 1162 c.c.). Natura di pubblicità costitutiva viene attribuita da una parte della dottrina anche alla trascrizione degli atti di destinazione di cui all'art. 2643 *ter* c.c., in base alla considerazione che l'effetto di separazione patrimoniale non si produce affatto in assenza della stessa.

La trascrizione deve essere effettuata presso l'ufficio dei registri immobiliari nella cui circoscrizione sono situati i beni oggetto dei diritti di cui all'art. 2643 c.c. Per poterla ottenere occorre avere un *titolo*, cioè una sentenza, un atto pubblico o una scrittura privata con sottoscrizione autenticata o accertata giudizialmente (art. 2657 c.c.). Alla domanda vanno allegati copia dell'atto o della sentenza da trascrivere e una *nota* in doppio originale che contenga i dati identificativi delle parti, il titolo di cui si chiede la trascrizione e la sua data, il nome del pubblico ufficiale che ha redatto l'atto o l'autorità giudiziaria che ha pronunciato la sentenza, la natura e la situazione dei beni a cui si riferisce il titolo (art. 2659 c.c.).

Modalità

Un sistema di pubblicità analogo è previsto, ai medesimi effetti, dagli artt. 2683 ss. c.c. per i beni mobili registrati.

Dal sistema di pubblicità dichiarativa fin qui descritto si differenzia, invece, il regime pubblicitario immobiliare esistente nelle province di Trieste, Trento, Bolzano e Gorizia, il quale innanzitutto è su base reale e non personale, ed inoltre prevede che l'iscrizione nei libri fondiari abbia efficacia costitutiva (c.d. *sistema tavolare*).

Sistema tavolare

5. (segue) *Le altre condizioni di opponibilità*

Se la trascrizione è il regime di pubblicità che garantisce l'opponibilità degli atti inerenti a beni immobili o mobili registrati, per le altre categorie di beni vigono meccanismi pubblicitari diversi ed eterogenei.

Per quanto concerne gli atti di trasferimento della proprietà o di costituzione dei diritti di usufrutto, uso e pegno sui mobili, l'opponibilità è garantita dal principio *possesso vale titolo* di cui all'art. 1153 c.c. Tale norma risolve sia i conflitti tra più aventi causa dal medesimo alienante, sia i conflitti tra acquirente *a non domino* e proprietario del bene, consentendo la prevalenza di chi abbia conseguito in buona fede il possesso del bene in base ad un titolo astrattamente idoneo. Nel conflitto tra acquirente e creditori dell'alienante, invece, il primo può opporre il suo acquisto ai secondi quando l'acquisto ha *data certa* anteriore al pignoramento. Se manca la data certa, l'acquisto è opponibile ancora una vol-

Beni mobili

ta quando l'acquirente abbia conseguito il possesso del bene (art. 2914, n. 4, c.c.). Se il pignoramento è già stato effettuato, le successive alienazioni del bene sono inopponibili ai creditori, salva tuttavia l'applicazione del principio possesso vale titolo a favore dell'acquirente di buona fede, per esigenze di sicurezza della circolazione mobiliare.

Universalità di mobili

La regola possesso vale titolo non trova applicazione nel caso di alienazione di universalità di mobili, per le quali vige la regola della prevalenza dell'atto di data anteriore.

Quando oggetto del contratto traslativo sia un diritto di credito, l'opponibilità è garantita dalla *notificazione* della cessione al debitore ceduto o dalla *accettazione* di quest'ultimo con atto avente data certa.

Diritto di credito

Se, dunque, il creditore cede il credito successivamente a più soggetti, non prevale il cessionario che abbia stipulato per primo il contratto col cedente, bensì il cessionario che per primo abbia notificato la cessione al debitore o ne abbia ricevuto l'accettazione. La medesima regola è applicabile ai contratti con i quali si costituiscono diritti di usufrutto o di pegno sul credito (art. 1265 c.c.) e deve ritenersi valevole anche nelle ipotesi in cui venga ceduta l'intera posizione contrattuale. Notificazione ed accettazione valgono a dirimere anche i conflitti tra il cessionario ed i creditori del cedente (art. 2914, n. 2, c.c.). Di contro, se il credito viene ceduto da chi non ne è in realtà titolare, l'acquisto non è mai opponibile al vero creditore.

Titoli di credito

Se il diritto di credito è incorporato in un titolo, prevale chi abbia conseguito il possesso del documento e risulti legittimato secondo la disciplina del singolo titolo (art. 1992 c.c.): ad esempio, se il titolo è all'ordine, come la cambiale, l'opponibilità è garantita dal possesso del titolo accompagnato da una serie continua di girate (art. 2008 c.c.), mentre se il titolo è nominativo è necessaria l'intestazione a favore del possessore contenuta nel titolo e nel registro dell'emittente (art. 2021 c.c.).

Diritti personali di godimento

Nell'ipotesi in cui il contratto abbia ad oggetto la concessione di un diritto personale di godimento, nel conflitto tra più concessionari prevale quello che per primo abbia conseguito il godimento del bene: se, ad esempio, il proprietario abbia dato in locazione la stessa casa a più soggetti con successivi contratti, è opponibile agli altri il contratto stipulato dal conduttore che per primo sia andato ad abitarvi. Se nessuno dei contraenti ha conseguito il godimento, viene preferito quello che ha il titolo di data certa anteriore (art. 1380 c.c.). Occorre ricordare che qualora la locazione sia ultranovennale e riguardi un bene immobile, il regime pubblicitario è invece quello della trascrizione. Ove, invece, il conflitto si instauri fra concessionari di diritti personali di godimento e acquirenti di diritti reali di godimento sullo stesso bene, il criterio di opponibilità deve ritenersi quello della priorità temporale del contratto, come può desumersi dalla disciplina della locazione, secondo la quale il contratto di locazione è opponibile al terzo acquirente quando ha data certa anteriore all'alienazione (art. 1599, 1° comma, c.c.). La legge fa salvi, peraltro, in caso di beni mobili, gli effetti del conseguimento del possesso in buona fede da parte di quest'ultimo (art. 1599, 2° comma, c.c.): se, cioè, l'acquirente in possesso del bene non era a conoscenza dell'esistenza di un diritto personale di godimento sulla *res* e tale diritto non è menzionato nel titolo di acquisto della proprietà, il contratto di concessione del diritto personale di godimento in questione non è a lui opponibile.

CAPITOLO 23

L'INVALIDITÀ DEL CONTRATTO

SOMMARIO: 1. L'invalidità in generale. – 2. Invalidità, inefficacia, inopponibilità. – 3. La nullità. – 4. La nullità relativa. – 5. Conversione e sanatoria del negozio nullo: la c.d. pubblicità sanante. – 6. L'annullabilità.

1. *L'invalidità in generale*

Nozione

Un contratto è invalido quando riporta una valutazione negativa da parte dell'ordinamento il quale non considera possibile od opportuno che esso produca tutti i suoi effetti o alcuni di essi. Il regolamento negoziale può infatti risultare sprovvisto dei requisiti necessari per la sua stessa configurazione (come ad esempio nel caso di mancanza di oggetto) ovvero imposti dall'ordinamento (si pensi alla mancanza della forma scritta *ad substantiam*); è ancora possibile che esso persegua finalità e funzioni che la legge vieta sicché risulti illecito; o può accadere che sia viziato in un elemento rilevante quale può essere la volontà (come accade nel caso di vizi). In tutti questi casi l'ordinamento esprime un giudizio di disvalore sull'atto di autonomia negoziale e lo colpisce con l'invalidità.

Invalidità e inesistenza

L'invalidità deriva dunque dalla *difformità* del contratto rispetto al modello legale. Il giudizio sulla validità di un atto giuridico negoziale presuppone che questo sia stato previamente valutato come giuridicamente rilevante e sia stato dunque qualificato *sub specie iuris*. Laddove invece la fattispecie non presenti nemmeno gli elementi materiali sufficienti a consentire la sua identificazione, parte della dottrina ritiene debba parlarsi, più che di invalidità, di *inesistenza* del contratto, termine con cui si esprime la mancanza di un fatto che alla stregua della valutazione sociale, prima ancora che giuridica, risponda alla nozione di contratto. Un esempio potrebbe essere dato dalla dichiarazione di volontà fatta *ioci o docendi causa*, cioè per scopi ludici o didattici: in tal caso, infatti, già in base alla coscienza sociale tale manifestazione non riveste alcun valore vincolante.

La distinzione tra invalidità ed inesistenza rileverebbe sotto il profilo dell'applicabilità alla prima ma non alla seconda del *principio di conservazione* degli effetti del negozio, in base al quale l'ordinamento cerca di salvare per quanto possibile l'efficacia della fattispecie, mitigando, in presenza di determinate condizioni, le conseguenze dell'invalidità. Un negozio inesistente non potrebbe dunque in nessun caso essere recuperato, nemmeno parzialmente.

A seconda del grado di difformità del contratto dal modello legale l'ordinamento reagisce comminando forme più o meno gravi di invalidità: laddove, infatti, la divergenza dalle regole predisposte dal legislatore sia più marcata, la reazione è quella della *nullità* dell'atto di autonomia privata; mentre ove l'irregolarità sia meno radicale la sanzione è quella dell'*annullabilità* del contratto. I relativi regimi giuridici sono diversi, come diversi sono gli interessi tutelati dall'ordinamento nelle varie ipotesi.

Nullità e annullabilità

2. *Invalidità, inefficacia, inopponibilità*

La conseguenza dell'invalidità è normalmente l'inefficacia del contratto, poiché la valutazione negativa da parte dell'ordinamento impedisce che l'atto di autonomia privata possa produrre vicende giuridicamente rilevanti. Il rapporto che esiste tra invalidità ed inefficacia è dunque di causa ad effetto, atteso che è la prima a determinare la seconda. Da ciò consegue la necessità di tenere distinti i due aspetti. Per *inefficacia in senso lato* si intende, infatti, l'improduttività degli effetti del negozio, a prescindere dalla causa da cui essa derivi, che può essere tanto l'invalidità quanto altra circostanza. Ed infatti esistono ipotesi di inefficacia che non sono prodotte dall'invalidità, come avviene nel caso del contratto sottoposto a condizione sospensiva o di quello stipulato dal c.d. *falsus procurator*, i quali, pur essendo validi, sono ciò nonostante privi di effetti. In questi casi si parla di *inefficacia in senso stretto*, a significare che il contratto di per sé è conforme allo schema legale, ma mancano ulteriori requisiti, esterni all'atto, necessari per la produzione dell'effetto.

Inefficacia in senso lato e in senso stretto

Se, dunque, è possibile che un contratto valido sia provvisoriamente o definitivamente inefficace, deve notarsi, ad ulteriore riprova del fatto che i concetti di invalidità ed inefficacia non coincidono, come sia anche possibile il contrario e cioè che un negozio invalido produca immediatamente degli effetti. Se è vero, infatti, che la reazione dell'ordinamento all'irregolarità giuridica del contratto è la definitiva improduttività di conseguenze giuridiche dello stesso, tale conseguenza non è sempre automatica ed immediata. Come vedremo nel caso dell'annulla-

Invalidità e inefficacia

bilità, il contratto affetto da tale patologia è dotato di efficacia, sia pur precaria, poiché suscettibile di essere posta nel nulla dalla sentenza di annullamento – ma anche consolidabile se la relativa azione non venga proposta entro il termine di prescrizione –.

Invalidità e inopponibilità

La nozione di invalidità va tenuta distinta anche da quella di inopponibilità del contratto. Mentre, infatti, la prima concerne l'esistenza di un vizio intrinseco all'atto, la seconda riguarda l'assenza di quelle ulteriori condizioni previste dalla legge affinché gli effetti di un contratto validamente perfezionatosi possano essere fatti valere dalle parti nei confronti dei terzi: ad es., un contratto di vendita immobiliare stipulato per iscritto è valido ed efficace tra le parti, ma finché non venga trascritto è inefficace rispetto ai terzi che abbiano acquistato diritti sull'immobile in base ad un atto trascritto o iscritto anteriormente al negozio di trasferimento (art. 2644, 1° comma, c.c.). L'inopponibilità non va confusa, in particolare, con l'*invalidità relativa* – termine con cui si descrivono le ipotesi in cui la legittimazione a far valere l'invalidità del negozio è attribuita solo a determinati soggetti –: si pensi, ad esempio, al contratto affetto da un vizio del volere, che può essere annullato solo su richiesta della parte la cui manifestazione di volontà si è formata in maniera distorta. In quest'ultimo caso, dunque, è la carenza di effetti che non può essere fatta valere da tutti.

3. *La nullità*

La forma più grave di invalidità comminata dall'ordinamento è la *nullità* che, di là dai casi singolarmente ed espressamente previsti da determinate disposizioni di legge (cui rinvia, con norma di chiusura, l'art. 1418, 3° comma, c.c.), è stata pensata dal legislatore come conseguenza generale per i casi in cui il contratto manchi di uno degli elementi essenziali o sia illecito.

Carenza di un requisito strutturale

Per quanto concerne la prima categoria di ipotesi, la nullità deriva da una *carenza di un requisito strutturale* dell'atto. Si sono già analizzati gli elementi essenziali del contratto rappresentati, ai sensi dell'art. 1325 c.c., dall'accordo, dalla causa, dall'oggetto e dalla forma quando sia richiesta dalla legge *ad substantiam*. La mancanza di accordo può verificarsi innanzitutto quando non si raggiunge l'incontro dei consensi per manifesta difformità tra proposta e accettazione, riconosciuta dalle parti (c.d. *dissenso palese*), o per equivoco sull'apparente esistenza del consenso, determinato dall'errata interpretazione dell'altrui dichiarazione da parte di uno dei contraenti (c.d. *dissenso occulto*). Inoltre, la manifestazione di volontà deve ritenersi mancante quando, pur essendo materialmente esistente, non è giuridicamente imputabile al suo autore poiché non è sorretta da una corrispondente volizione, come nel caso di violenza fisica (*vis absoluta*). Un'eccezione alla regola per cui l'assenza di una volontà corrispondente alla dichiarazione comporta la nullità del negozio è rappresentata, come si è visto, dalla disciplina dell'errore ostativo, per il quale il legislatore commina la mera annullabilità. Viceversa, come pure si è detto, nell'ipotesi di dichiarazione non seria, fatta cioè *ioci* o *docendi causa*, la conseguenza è l'assoluta inesistenza del contratto.

Quanto alla mancanza della causa, essa si verifica sia quando non è possibile identificare nella fattispecie concreta alcun interesse sotteso all'operazione economica (come ad es. ove si stipulasse una fideiussione per un debito inesistente), sia quando gli interessi dei contraenti, pur essendo leciti, sono giudicati non meritevoli di tutela dall'ordinamento giuridico.

La nullità per mancanza dell'oggetto ricomprende, poi, le ipotesi di indeterminatezza e indeterminabilità, nonché di impossibilità originaria del medesimo.

Illiceità

La seconda categoria di fattispecie per le quali la legge ha previsto la sanzione della nullità sono quelle in cui si può riscontrare una forma di illiceità *lato sensu* intesa. L'art. 1418 c.c., infatti, dichiara nullo il contratto quando la sua causa o il suo oggetto siano contrari a norme imperative, ordine pubblico o buon costume; a tali ipotesi bisogna aggiungere quelle di illiceità della causa concreta e cioè di contratto in frode alla legge (art. 1344 c.c.); quelle in cui i motivi illeciti siano rilevanti (art. 1345 c.c.) e quelle in cui sia illecita la condizione apposta al contratto (art. 1354, 1° comma, c.c.).

Nullità virtuale

Il 1° comma dell'art. 1418 c.c. stabilisce, più in genere, che il contratto è nullo quando il suo contenuto è contrario a norme imperative, salvo che la legge disponga diversamente: la nullità è dunque una forma *generale* di invalidità, che consegue a qualsiasi violazione di legge per la quale non sia prevista dall'ordinamento una diversa conseguenza. Non occorre, come si è già detto, che la sanzione della nullità sia testuale, poiché essa si può ricavare anche implicitamente dalla natura della norma violata o dal sistema (c.d. *nullità virtuale*).

Funzione della nullità

Proprio per la tipologia delle cause che la determinano, si può dire che l'invalidità in esame sia conformata dall'ordinamento come uno strumento di tutela di un interesse di tipo generale: l'interesse ad evitare che possa avere riconoscimento giuridico un contratto carente nei suoi requisiti necessari, ovvero che trovino attuazione finalità contrarie ai principi fondamentali dell'ordinamento.

Ciò evidentemente influenza il regime della nullità. Essa determina automaticamente l'inefficacia del contratto: il che significa che non è di norma necessario che una delle parti o un eventuale altro soggetto impugni l'atto perché esso perda i suoi effetti. L'improduttività delle con-

Effetto legale

seguenze giuridiche è come si dice *effetto legale* della nullità, che consegue alla sua verificazione e che dunque non ha bisogno dell'intervento giudiziale perché si verifichi: il giudice, ove chiamato a giudicare il contratto nullo, non dovrà far altro che accertarne la nullità e la sua conseguente inefficacia già attuale, con una sentenza di natura *dichiarativa* e non costitutiva. Correlativamente, l'accertamento della nullità ha effetto retroattivo nei confronti sia delle parti che dei terzi. Se il contratto ha di fatto avuto esecuzione, le prestazioni eseguite saranno dunque *sine titulo*, saranno cioè prive di un titolo giustificativo e pertanto andranno restituite in base alle regole dettate per la ripetizione dell'indebito. A questo principio fa eccezione, come si è detto, l'ipotesi in cui le prestazioni siano state eseguite in base ad un contratto nullo per contrarietà della causa al buon costume, nel qual caso l'art. 2035 c.c. non ammette ripetizione di quanto pagato.

Declaratoria d'ufficio

La nullità può essere dichiarata anche d'ufficio: ove al giudice sia per esempio domandata l'esecuzione di un contratto nullo, egli può, anche senza alcuna eccezione o contestazione, rilevarne l'invalidità e dunque rigettare la domanda, così come può negare ogni richiesta su di esso fondata. Tale principio di doverosa rilevabilità d'ufficio della nullità, precedentemente limitato dalla giurisprudenza di legittimità ai soli giudizi in cui fosse chiesta l'esecuzione del contratto, è stato successivamente ritenuto valevole dalle Sezioni Unite, con le sentenze gemelle n. 2642 e 2643 del 2014, in tutte le ipotesi di impugnativa negoziale, sia che si tratti di patologie funzionali come inadempimento o risoluzione, che presuppongono la validità del contratto, sia che si tratti di patologie genetiche, come rescissione e annullamento, ed anche quando si tratti di forme di nullità speciale o di nullità di protezione.

Legittimazione assoluta, imprescrittibilità e insanabilità

L'azione di nullità, e cioè il potere di chiedere al giudice il relativo accertamento, è inoltre di regola *assoluta* (art. 1421 c.c.), nel senso che qualunque parte o altro interessato possono esercitarla, peraltro senza alcun limite temporale atteso che essa è altresì *imprescrittibile* (art. 1422 c.c.).

Infine, la nullità è *insanabile*, nel senso che chi ha posto in essere il negozio non può attribuirvi successivamente validità né con una propria dichiarazione di volontà né dando volontaria esecuzione all'atto (art. 1423 c.c.). Anche un'eventuale rinuncia all'azione di nullità sarebbe improduttiva di effetti, per l'indisponibilità del relativo diritto.

Nullità parziale

La nullità può riguardare l'intero negozio o soltanto una parte di esso. La *nullità parziale*, quella che cioè coinvolge solamente alcune clausole del contratto, non si estende all'intero atto negoziale se risulta che essa non è stata determinante del consenso (art. 1419 c.c.). Anche in tal caso l'ordinamento tende, finché possibile, a salvare il regolamento privato, ma asseconda altresì la comune intenzione dei contraenti perché evita di imporlo contro la loro volontà: ed infatti ove si accerti che essi non avrebbero voluto il contratto senza le clausole nulle, allora l'invalidità riguarderà l'intero regolamento. Analoga disciplina è prevista dall'art. 1420 c.c. con riferimento alla nullità parziale *in senso soggettivo*, quella cioè che non riguarda singole clausole del contratto bensì, nei contratti plurilaterali, il vincolo di una sola delle parti contraenti. In tal caso, il contratto plurilaterale rimane vincolante per le altre parti, a meno che la partecipazione di quella il cui vincolo è affetto da nullità non debba considerarsi essenziale, in base alle circostanze concrete.

Sostituzione automatica di clausole

La volontà privata non può però essere assecondata quando la legge preveda la sostituzione delle pattuizioni invalide con clausole legali ai sensi dell'art. 1339 c.c., di cui si è già più volte parlato. Il legislatore spesso impone condizioni contrattuali che non possono essere derogate e che prevalgono rispetto alla difforme volontà delle parti, nel senso che si sostituiscono al diverso regolamento pattizio. In tal caso non si può dare luogo al giudizio di essenzialità previsto per la nullità parziale: il contratto, così come integrato dalla legge, avrà dunque senz'altro effetto (art. 1419, 2° comma, c.c.).

Allo stesso modo la nullità delle clausole abusive non si estende mai all'intero contratto (art. 36, 1° comma, cod. consumo).

4. *La nullità relativa*

Nozione

Se quello sopra descritto è il regime generale della nullità, molte sono però le deroghe che varie leggi speciali hanno ad esso apportato, tanto che oggi i contorni dell'istituto sembrano più che sbiadirsi in un certo senso differenziarsi, così da far configurare varie forme e tipologie di nullità dai diversi regimi, adeguati alle rispettive funzioni. Nell'ambito delle nullità speciali un ruolo importante è rivestito dalla c.d. *nullità relativa*, espressione con la quale si definiscono le ipotesi in cui la legittimazione ad esercitare la relativa azione non spetta a qualsiasi interessato, ma ad uno solo dei contraenti. Tale possibilità è ammessa dallo stesso art. 1421 c.c. che, nel sancire la regola per cui la nullità è normalmente assoluta, fa salve diverse disposizioni di legge.

Ad esempio, in materia bancaria, l'invalidità per vizio di forma dei contratti che stabiliscono le condizioni economiche non può essere eccepita dalla banca, ma soltanto dal cliente (art. 127, d.lgs. n. 385 del 1993); analogamente, la nullità delle clausole abusive è rilevabile d'ufficio, ma soltanto a vantaggio del consumatore: sicché della stessa non può valersi il professionista predisponente (art. 36, 3° comma, cod. consumo). La figura della nullità relativa ha fatto ingresso nel codice civile con la disciplina della vendita dei beni di consumo, introdotta col sistema della novella dal d.lgs. 2 febbraio 2002, n. 24: l'art. 1519 *octies* c.c., infatti, prevedeva (v., ora, artt. 128-135 cod. consumo) che qualsiasi patto volto ad escludere o limitare, anche in modo indiretto, i diritti riconosciuti all'acquirente dalla normativa in questione, stipulato anteriormente alla comunicazione al venditore, da parte del compratore, del difetto di conformità del bene acquistato, fosse nullo ma che la nullità potesse essere fatta valere solo dal consumatore nonché rilevata d'ufficio dal giudice.

Funzione

In effetti, in tali ipotesi, la nullità sembra finalizzata alla tutela di interessi non soltanto generali, ma anche individuali di una delle parti (la parte debole): sicché il suo regime si conforma alla diversa *ratio* che la giustifica. Da tale punto di vista, la nullità relativa rientra nel più ampio concetto di *nullità di protezione*, col quale si definiscono le ipotesi in cui la sanzione dell'invalidità radicale non deriva dalla mancanza o dall'illiceità di un requisito strutturale dell'atto (c.d. nullità *organica*), bensì dall'esigenza di proteggere il contraente debole nei confronti dell'abuso della propria forza contrattuale da parte dell'altro. È tuttavia da specificare che l'interesse tutelato non è solo quello individuale, poiché si riscontra pur sempre, come in tutte le ipotesi di nullità, un interesse generale dell'ordinamento a reprimere comportamenti negoziali reputati socialmente dannosi.

Regime

La nullità relativa si differenzia dalla nullità assoluta unicamente per il fatto che essa può essere fatta valere da uno o più soggetti interessati e non da tutti. Per il resto, il regime a cui è sottoposta è lo stesso dettato per la nullità assoluta, sia per quanto concerne la natura meramente dichiarativa della sentenza del giudice, sia per quanto riguarda la sua imprescrittibilità e l'insuscettibilità di sanatoria.

5. *Conversione e sanatoria del negozio nullo: la c.d. pubblicità sanante*

Proprio perché la nullità tutela interessi di tipo generale non è ammessa, come si è detto, la convalida del contratto nullo. Le parti cioè non hanno la disponibilità in ordine alle conseguenze che l'invalidità in esame produce e non possono rimuoverle con un proprio atto di volontà, dichiarando ad esempio di voler rendere valido ciò che la legge considera nullo. L'art. 1423 c.c. fa salve, peraltro, specifiche norme di legge che dispongano diversamente e la dottrina ha creduto di poter parlare di *sanatoria eccezionale* del negozio nullo con riferimento a due ipotesi, previste rispettivamente in materia di testamento e donazione. L'art. 590 c.c. stabilisce che la nullità della disposizione testamentaria, da qualunque causa dipenda, non può essere fatta valere da chi, conoscendo la causa della nullità, ha, dopo la morte del testatore, confermato la disposizione o dato ad essa volontaria esecuzione. L'art. 799 c.c. prevede

Sanatoria eccezionale

analogamente che la nullità della donazione per qualsiasi causa non può essere fatta valere dagli eredi o aventi causa del donante che, essendo a conoscenza della causa di nullità, abbiano confermato la donazione o l'abbiano volontariamente eseguita, dopo la morte del donante. È da sottolineare, tuttavia, che l'efficacia sanante della conferma o della volontaria esecuzione si manifesta solo nei confronti di chi ha tenuto i suddetti comportamenti, ferma restando la possibilità per tutti gli altri legittimati di far valere l'invalidità radicale del negozio.

Conversione del contratto nullo

La normale impossibilità di convalidare il contratto nullo non significa, peraltro, che l'ordinamento non contempli anche in questa ipotesi le esigenze di c.d. *conservazione del contratto* che, in ossequio al riconoscimento dell'autonomia negoziale, inducono a salvare l'atto per quanto possibile dalle gravi conseguenze che la nullità produce. È così ammessa la c.d. *conversione del contratto nullo* (art. 1424 c.c.). Infatti il giudice, su richiesta di una delle parti o anche d'ufficio, verificata l'esistenza dei presupposti che diremo di seguito, può dichiarare che il contratto invalido produca gli effetti di un altro contratto valido con funzione diversa anche se simile a quella del primo. Si ha dunque l'utilizzazione dell'atto nullo per costruire un diverso contratto: è possibile ad esempio che il giudice converta in usufrutto vitalizio il contratto di costituzione di usufrutto perpetuo, nullo ai sensi dell'art. 979 c.c.

Perché avvenga la conversione è necessario che sussistano tre elementi: 1) il nuovo contratto che nasce dalla conversione deve essere di per sé valido e tutti i suoi elementi costitutivi devono essere contenuti nell'atto nullo; 2) deve sussistere la c.d. *volontà ipotetica*, si deve cioè accertare che le parti, se avessero saputo dell'invalidità (che dunque non conoscevano), avrebbero voluto il diverso contratto; 3) la nullità non deve derivare da illiceità perché l'ordinamento non asseconda l'intento illecito nemmeno indirettamente. Tale conversione è detta *sostanziale* perché essa incide appunto sulla sostanza dell'atto, cioè sul suo contenuto che ne risulta modificato.

Conversione formale

Non configura invece vera fattispecie di conversione quella c.d. *formale* che si verifica quando un contratto non ha i requisiti formali che le parti volevano attribuirgli, ma possiede tuttavia una forma sufficiente per la sua validità. Ad esempio, un atto notarile di vendita immobiliare rogato da chi non sia notaio non vale come atto pubblico. Esso però può valere come scrittura privata se è stato sottoscritto dalle parti e dunque è valido e produce tutti i suoi effetti. Qui in pratica non si verifica alcuna conversione: nell'esempio fatto il contratto non è nullo, esso ha solamente una valida forma (scrittura privata) diversa da quella di cui le parti avrebbero voluto dotarlo (atto pubblico).

Infine, si parla impropriamente di sanatoria del contratto invalido con riguardo all'ipotesi prevista dagli artt. 2652, n. 6 e 2690, n. 3, c.c.,

Pubblicità sanante

dettati in materia di trascrizione (c.d. *pubblicità sanante*). Si è già detto, infatti, che la funzione principale del regime pubblicitario in questione è quella di rendere opponibili ai terzi gli effetti di determinati atti o provvedimenti, ma che la pubblicità non vale in alcun modo a dotare di validità un contratto che non l'abbia di per sé. Il contratto nullo rimane dunque tale per le parti e per i terzi anche se trascritto. Tuttavia, l'esigenza di certezza dei traffici ha spinto il legislatore a prevedere un temperamento della regola dell'assoluta improduttività di effetti del negozio nullo nei confronti dei terzi di buona fede aventi causa dall'acquirente. Se, infatti, un soggetto acquista un bene immobile o mobile registrato da colui al quale tale bene sia stato trasferito in virtù di un contratto nullo, l'originario proprietario non potrà far valere la nullità nei confronti del subacquirente se costui sia stato in buona fede al momento dell'acquisto e abbia trascritto l'acquisto stesso prima della trascrizione della domanda volta a far dichiarare la nullità, purché siano trascorsi almeno cinque anni, per i beni immobili, e tre, per i beni mobili registrati, fra la data di trascrizione dell'atto nullo e quella di trascrizione della domanda giudiziale di nullità. Se, ad es., il contratto di compravendita di un bene immobile da Tizio a Caio è stato trascritto il 1° gennaio 2002 e l'azione volta a far dichiarare la nullità di tale contratto viene proposta il 10 gennaio 2007, Tizio non potrà far valere la nullità nei confronti di Sempronio che nel frattempo ha acquistato da Caio ed ha trascritto il suo acquisto.

La medesima regola vige anche in caso di annullabilità del contratto, salvo che questa dipenda da una causa diversa dall'incapacità legale ed il terzo abbia acquistato il diritto a titolo oneroso: in presenza di tali condizioni, infatti, non è necessario il decorso di alcun termine tra la data di trascrizione del contratto invalido e quella della trascrizione della domanda giudiziale di annullamento, ma è sufficiente, perché si verifichino gli effetti della c.d. pubblicità sanante, che il terzo di buona fede abbia trascritto il suo acquisto prima della trascrizione di tale domanda. La ragione per cui il terzo che ha subìto un esborso patrimoniale in cambio del bene non è tutelato in caso di annullabilità derivante da incapacità legale è di facile comprensione: tale causa di annullabilità, a differenza delle altre, è conoscibile da tutti poiché risulta da atti soggetti per legge ad un regime di pubblicità, e dunque in tal caso l'affidamento non è ragionevole.

6. *L'annullabilità*

Tassatività

L'annullabilità è una fattispecie di invalidità a carattere *tassativo* nel senso che trova applicazione nei soli casi espressamente previsti dalla legge, a differenza di quanto avviene per la nullità che, come si è visto, ha invece portata applicativa generale.

Funzione

Nel disegno del legislatore la sua funzione è quella di tutelare una delle due parti contrattuali: costituisce un vero e proprio istituto di protezione. Ed infatti è prevista in linea generale nei casi di incapacità di agire o naturale di una delle parti, ovvero quando sussistano vizi della volontà (artt. 1425 ss. c.c.). A queste ipotesi devono aggiungersi, poi, quelle disciplinate da singole disposizioni di legge relativamente a particolari fattispecie. Tra queste si ricordino, ad esempio, il contratto concluso dal rappresentante in conflitto di interessi con il rappresentato ed il contratto con se stesso (artt. 1394 e 1395 c.c.).

Malitia supplet aetatem

A dimostrazione che non esiste alcun interesse superindividuale sotteso al regime dell'annullabilità può richiamarsi l'art. 1426 c.c., che esclude l'impugnabilità per incapacità di agire del contratto concluso da un minorenne, qualora questi abbia occultato con raggiri la sua minore età (non è sufficiente, peraltro, che egli abbia semplicemente dichiarato di essere maggiorenne): in tal caso, infatti, l'ordinamento non reputa meritevole di protezione il soggetto che abbia tenuto un comportamento doloso e dunque, non essendovi altre ragioni per invalidare il contratto, non concede azione.

Regime

La funzione perseguita dall'annullabilità ne condiziona chiaramente anche il regime giuridico: essa infatti, a differenza della nullità, non opera automaticamente o come si dice *ipso iure*, ma è necessaria una specifica azione da parte di uno dei contraenti, è necessario cioè che venga espressamente chiesto al giudice, cui è precluso il rilievo d'ufficio, di pronunziarla, previo l'accertamento dell'esistenza dei presupposti di legge. La sentenza del giudice, dunque, non si limita ad accertare l'annullabilità ma produce l'effetto dell'annullamento, il quale è conseguenza diretta dell'atto del giudice.

L'azione non può essere avanzata da qualunque interessato: come detto, l'annullabilità costituisce un istituto di protezione sicché una sola è di norma la parte nel cui interesse è stabilita. Così, nel caso di incapacità, è evidente che l'annullabilità è sancita a favore del solo incapace; analogo discorso può farsi per i casi di vizi della volontà dove il soggetto tutelato è chiaramente colui la cui volontà risulti appunto viziata. Soltanto la parte nel cui interesse è prevista può dunque esercitare l'azione di annullamento, che non compete alla controparte.

Annullabilità assoluta

Se, dunque, la *legittimazione relativa* costituisce la regola, esistono peraltro delle ipotesi di *annullabilità assoluta*, in cui il potere di impugnare l'atto è attribuito a qualunque interessato: un esempio è rappresentato dagli atti compiuti da un condannato in stato di interdizione legale, *ex* art. 1441, 2° comma, c.c. La norma si spiega perché l'istituto dell'interdizione legale, a differenza dell'interdizione giudiziale, non è posto a tutela dell'incapace, bensì come sanzione nei suoi confronti e dunque l'interesse sotteso all'azione di annullamento è generale.

Nei casi di annullabilità relativa, la parte tutelata ha anche la disponibilità dell'azione: può infatti rinunciarvi e così far sanare il contratto. E tale sanatoria può essere ottenuta in tre specifici modi.

Prescrizione dell'azione

In primo luogo attraverso l'inerzia, e cioè facendo maturare la prescrizione, atteso che l'annullabilità può farsi valere soltanto entro il termine di cinque anni dal giorno indicato dall'art. 1442 c.c., che di regola è il giorno della conclusione del contratto, ma che in caso di vizi del volere e di incapacità legale è, rispettivamente, il giorno in cui è cessata la violenza, è stato scoperto l'errore o il dolo, è cessato lo stato di interdizione o di inabilitazione o il minore ha raggiunto la maggiore età.

Imprescrittibilità dell'eccezione

Occorre però precisare che tale termine decorre soltanto se il contratto è stato eseguito: se invece la parte legittimata a chiedere l'annullamento non abbia ancora fatto la sua prestazione, potrà in qualunque momento e senza limiti temporali *eccepire* l'annullabilità del contratto e così rifiutarsi di adempierlo anche se sia frattanto scaduto il termine di cinque anni. Proprio per questo si dice che l'eccezione in questione è *perpetua*, laddove l'azione e cioè il diritto di chiedere l'annullamento del contratto eseguito è prescrittibile nel detto termine abbreviato.

Convalida espressa

L'invalidità può essere, in secondo luogo, sanata con la *convalida espressa* (art. 1444, 1° comma, c.c.) e cioè mediante una dichiarazione negoziale con la quale sempre la parte nel cui interesse è sancita rimuove l'invalidità rendendo dunque valido il contratto che prima non lo era. L'atto di convalida deve contenere la menzione del contratto che si intende convalidare e del motivo di annullabilità dello stesso. Naturalmente colui che convalida il negozio annullabile deve avere la capacità di concluderlo, altrimenti anche l'atto di sanatoria risulterebbe invalido: per esempio, il minore può convalidare il negozio soltanto dopo il raggiungimento della maggiore età.

Convalida tacita

Ma l'effetto della convalida può essere raggiunto anche in modo *tacito*, allorché la parte legittimata a far valere l'annullabilità esegua volontariamente il contratto pur essendo a conoscenza della causa di invalidità, dimostrando così di non volersi valere dello strumento di protezione: in tal caso l'atto viene sanato a condizione che la parte che lo ha eseguito sia capace.

Effetti della sentenza

La sentenza del giudice che dichiara l'annullamento ha, come detto, *effetto costitutivo*: essa cioè produce l'inefficacia del contratto annullabile che, fino all'annullamento, risulta invece efficace. Essa ha inoltre effetto *retroattivo*, cioè rende il negozio privo di effetti con decorrenza dal giorno della sua stipula, e di norma travolge non solamente gli effetti prodotti dal contratto annullato, ma anche gli acquisti effettuati dai terzi.

La legge prevede, peraltro, due temperamenti alla regola. Innanzitutto, per quanto concerne i rapporti tra le parti, se il contratto è stato annullato per incapacità di agire, l'incapace non è tenuto a restituire all'altro la prestazione ricevuta se non nei limiti in cui è stata rivolta a suo vantaggio (art. 1443 c.c.).

Prestazione all'incapace

Inoltre, quanto agli effetti dell'annullamento nei confronti dei terzi, l'art. 1445 c.c. sancisce che l'annullamento per cause diverse dall'incapacità legale non pregiudica i diritti acquistati a titolo oneroso dai terzi di buona fede, salvo che, in caso di atti soggetti a trascrizione, questi abbiano trascritto dopo la trascrizione della domanda di annullamento. Se, al contrario, l'annullamento dipende da incapacità legale o i terzi hanno acquistato a titolo gratuito, gli effetti dell'annullamento si producono anche nei loro confronti, facendo venire meno *ex tunc* il loro acquisto, a meno che non ci siano i presupposti della c.d. pubblicità sanante, di cui si è precedentemente parlato.

Terzi di buona fede

È discussa la possibilità di configurare un'annullabilità parziale che riguardi il contenuto del contratto (annullabilità parziale *in senso oggettivo*). La legge stessa, invece, contempla un'annullabilità parziale *in senso soggettivo* nei contratti plurilaterali, prevedendo, con disposizione analoga a quella dettata dall'art. 1420 c.c. per l'ipotesi di nullità, che il contratto possa rimanere valido per il resto anche se il vincolo di una sola delle parti sia annullabile, salvo che, secondo le circostanze, la sua partecipazione debba considerarsi essenziale (art. 1446 c.c.).

Annullabilità parziale

CAPITOLO 24

L'EQUILIBRIO SOSTANZIALE DEL CONTRATTO

1. *Equilibrio soggettivo ed oggettivo delle prestazioni*

Nei contratti a prestazioni corrispettive o sinallagmatici, ciascuna prestazione trova la sua giustificazione causale nell'esistenza di una controprestazione. Nel disegno dei redattori del codice, la valutazione dell'adeguatezza del corrispettivo delle prestazioni è rimessa unicamente alle parti (equivalenza *soggettiva*), mentre è escluso qualsiasi controllo statuale sull'equivalenza *oggettiva* delle prestazioni in base al valore di mercato. Nel pensiero liberistico che anima il codice civile, infatti, la giustizia dell'operazione economica viene sufficientemente garantita dai principi di autonomia e di eguaglianza formale dei privati: vige, cioè, il principio per cui l'equilibrio dello scambio è garantito dal libero accordo delle parti. Al giudice è pertanto preclusa ogni valutazione in merito all'equità dello scambio, sicché, se un soggetto si assume degli obblighi sproporzionati rispetto alla controprestazione, il contratto è di norma perfettamente valido.

Equivalenza soggettiva

Il legislatore si preoccupa, tuttavia, di garantire che la formazione del consenso avvenga liberamente. Se la sussistenza di un vizio del volere rende annullabile il contratto a prescindere dall'equità o meno dello scambio, vi sono invece altre situazioni nelle quali l'alterazione della libertà negoziale non è tale da integrare gli estremi della causa di annullabilità, eppure rileva proprio perché ha determinato l'iniquità della stipulazione. In questi casi, cioè, l'ordinamento prende in considerazione lo squilibrio tra le prestazioni in ragione del fatto che questo è stato determinato da un approfittamento, ad opera di una parte, della condizione di debolezza della controparte.

Iniquità dello scambio e patologia negoziale

Alle ipotesi di patologia negoziale già conosciute dal codice civile – in cui si assiste ad una preponderanza dell'elemento soggettivo rappresentato dall'alterazione della libertà decisionale –, la legislazione speciale ha poi aggiunto altre fattispecie nelle quali acquista rilevanza autonoma l'oggettiva condizione di disparità contrattuale di una delle parti, comportando la progressiva revisione dell'idea liberistica dell'eguaglianza formale a favore della garanzia dell'eguaglianza sostanziale dei contraenti e dunque di un sempre più penetrante controllo statuale sull'equità della contrattazione.

2. *La rescissione*

Nozione e funzione

Il primo istituto che viene in rilievo quale rimedio allo squilibrio tra le prestazioni contrattuali è rappresentato dalla rescissione. Essa riguarda i contratti a prestazioni corrispettive e cioè di scambio e si verifica quando la sproporzione economica tra prestazione e controprestazione dipende dall'approfittamento, da parte di uno dei contraenti, di una situazione di difficoltà della controparte. Pertanto, la funzione dell'istituto è a metà strada tra la tutela della libertà di autodeterminazione del soggetto contro elementi perturbatori del processo di formazione della volontà negoziale e la garanzia dell'equilibrio sostanziale della contrattazione.

I casi di rescissione sono tassativi e sono regolati dagli artt. 1447 e 1448 c.c.

Stato di pericolo

Il primo di essi è costituito dal contratto concluso in *stato di pericolo*. Nell'art. 1447 c.c. si prevede l'ipotesi che una parte abbia acconsentito a concludere un contratto a condizioni inique, per la necessità, nota alla sua controparte, di salvare sé o altri dal pericolo attuale di un danno grave alla persona. Elementi della fattispecie sono: *a)* l'esistenza di un attuale stato di pericolo, intendendosi per tale una situazione di eccezionale gravità che minaccia la persona – e mai le cose – di uno dei contraenti o anche di altri; *b)* la conoscenza dello stato di pericolo da parte dell'altro contraente; *c)* le *condizioni inique* alle quali la parte è costretta a contrarre in cambio dell'aiuto che la controparte promette di fornire. L'iniquità viene valutata discrezionalmente dal giudice alla luce delle circostanze concrete. Esempio emblematico di tale fattispecie è quello di chi sta per affogare e si obblighi al pagamento di una somma elevatissima in cambio di aiuto.

Pericolo putativo

Non è necessario, comunque, che il pericolo sia reale poiché è sufficiente anche il convincimento soggettivo di trovarsi in una situazione di pericolo (c.d. *pericolo putativo*). Inoltre, non è nemmeno richiesto che il pericolo non sia stato cagionato volontariamente dalla stessa vittima, né che fosse altrimenti evitabile, come invece la legge prescrive all'art. 2045 c.c. per lo stato di necessità, ove lo stato di pericolo rileva a diversi fini e precisamente come esimente dalla responsabilità per fatto illecito.

Il secondo caso è regolato dall'art. 1448 c.c. che disciplina la rescissione *per lesione*. Tale fattispecie sussiste quando un contratto viene concluso con lesione *ultra dimidium*, nel senso che la prestazione di una delle parti ecceda di più della metà il valore della controprestazione. È però necessario che tale lesione sia la conseguenza dell'*approfittamento* che una parte abbia fatto dello *stato di bisogno* dell'altra. Per stato di bisogno si intende la difficoltà economica del soggetto vittima dell'approfittamento altrui. La lesione *ultra dimidium* deve esistere al momento della conclusione del contratto, ma deve anche permanere fino al tempo in cui la domanda è proposta (art. 1448, 2° e 3° comma, c.c.); se, dunque, per circostanze sopravvenute, come ad es. una forte svalutazione monetaria, la sproporzione tra le due prestazioni viene meno prima che il contraente leso impugni il contratto, quest'ultimo non è più rescindibile.

Stato di bisogno

Regime

La rescissione non determina, come effetto legale, l'inefficacia del contratto; è dunque necessaria, come per il caso dell'annullabilità, la sentenza del giudice che, accertata l'esistenza dei presupposti di legge, privi di effetti il contratto altrimenti efficace. È peraltro precluso il rilievo d'ufficio e dunque la rescissione deve essere necessariamente richiesta perché possa essere dichiarata. L'azione è *relativa*, può cioè essere proposta soltanto dalla persona che versava in stato di pericolo o di bisogno e dai suoi eredi o aventi causa, ma non dalla controparte e cioè dall'approfittatore.

Sanatoria

Il contratto rescindibile non può essere convalidato in modo espresso, sicché è nullo l'eventuale atto con cui la parte interessata dichiari di voler rinunciare agli effetti di tale invalidità. Ma la sanatoria può comunque conseguire all'inerzia perché l'azione di rescissione si prescrive in un anno dalla conclusione del contratto, così come in un anno si prescrive l'eccezione (art. 1449 c.c.). Sicché, decorso tale termine, l'interessato non potrà più farla valere anche se il contratto non sia stato ancora eseguito. Se, peraltro, il comportamento della controparte integra gli estremi di un reato (ad esempio, come si dirà più avanti, quello di usura) e per il reato è stabilita una prescrizione più lunga, questa si applica anche all'azione civile.

Equo compenso

Il giudice che rescinde il contratto concluso in stato di pericolo può però stabilire a favore di colui che abbia prestato l'opera di salvataggio un equo compenso.

Riconduzione ad equità

Nel caso di rescissione per stato di bisogno è invece possibile evitare le conseguenze dell'invalidità attraverso l'offerta di modificazione del contratto (c.d. *reductio ad aequitatem*: art. 1450 c.c.). Colui che ha approfittato dello stato di bisogno altrui può infatti offrire di integrare la propria prestazione riportando l'equilibrio nello scambio. In tal caso non si verifica una convalida, la quale presuppone la rimozione dell'invalidità senza alcuna modifica del contenuto del contratto. Ciò che viene eliminato nella riduzione ad equità è la causa stessa dell'invalidità e cioè la sproporzione. È opportuno precisare che lo squilibrio va eliminato completamente e non semplicemente ridotto nei limiti della metà.

Il contratto rescisso non va più eseguito e, se esso abbia già avuto esecuzione, quanto prestato va restituito in base alle norme sulla ripetizione dell'indebito, dal momento che la sentenza di rescissione ha efficacia retroattiva. Tale retroattività, tuttavia, vale solo per le parti, mentre non pregiudica i diritti acquistati dai terzi, anche se questi fossero in mala fede ed avessero acquistato a titolo gratuito, sempre che, ove si tratti di diritti immobiliari, essi abbiano trascritto il loro acquisto prima della trascrizione della domanda di rescissione (art. 1452 c.c.).

Diritti dei terzi

La rescissione non si applica ai *contratti aleatori* nei quali il rischio di una possibile sproporzione tra le due prestazioni è insito nella causa stessa del negozio: si pensi ai contratti di assicurazione.

Contratti aleatori

Una particolare disciplina è dettata, poi, per il contratto di divisione ereditaria, che può essere rescisso quando uno dei coeredi provi semplicemente di essere stato leso oltre il quarto, senza necessità che ricorra il presupposto dello stato di bisogno (artt. 763 ss. c.c.). In questa ipotesi, dunque, il rimedio prescinde da qualsiasi esigenza di tutela della libertà del volere, fondandosi esclusivamente sull'iniquità contrattuale.

Divisione ereditaria

3. *Il contratto usurario*

È oggetto di dibattito l'individuazione del rapporto esistente tra l'istituto della rescissione per lesione e la disposizione dell'art. 644 c.p. in tema di *usura*, la quale punisce come reato comportamenti del tutto assimilabili a quelli che danno luogo a tale tipo di rescissione. Secondo la disposizione citata, infatti, così come riformulata dalla legge 7 marzo 1996, n. 108, commette il reato in questione chiunque si faccia dare o promettere, sotto qualsiasi forma, per sé o per altri, in corrispettivo di una prestazione di denaro o di altre utilità, interessi o altri vantaggi usurari. Cosa si debba intendere per interessi usurari è poi spiegato dal 3° comma dell'art. 644, il quale prevede che sia la legge a stabilire il limite oltre il quale gli interessi sono sempre tali. In particolare, l'art. 2, legge n. 108 del 1996 definisce usurari gli interessi che superano del 50% il tasso medio fissato dal Ministero del Tesoro con riferimento alla categoria di operazioni finanziarie cui il credito appartiene e risultante dall'ultima rilevazione pubblicata nella Gazzetta Ufficiale. Sempre l'art. 644, 3° comma, c.p. dispone che sono altresì usurari gli interessi, anche se inferiori a tale limite, e gli altri vantaggi o compensi che, avuto riguardo alle concrete modalità del fatto e al tasso medio praticato per operazioni similari, risultano co-

Usura

munque sproporzionati rispetto alla prestazione di denaro o di altre utilità, quando chi li ha promessi si trova in condizione di difficoltà economica o finanziaria.

Contratto rescindibile e contratto usurario

Come si può notare, sia il contratto rescindibile che il *contratto usurario* sono caratterizzati da uno squilibrio originario tra le prestazioni dal quale deriva un ingiustificato arricchimento di una delle parti a danno dell'altra. Tuttavia, mentre ai fini dell'esperibilità dell'azione di rescissione si richiede che il difetto genetico sia stato cagionato dall'approfittamento, da parte di uno dei contraenti, dello stato di pericolo o di bisogno dell'altro e si concretizzi in una lesione *ultra dimidium*, per la configurazione del reato di usura è sufficiente il mero dato oggettivo del superamento del limite legale, a prescindere dalla sussistenza o meno di uno stato di bisogno e dal dato soggettivo dell'approfittamento della controparte (elementi che possono rilevare come aggravante, nonché rendere penalmente perseguibile anche la lesione *infra dimidium*).

Prima della riforma dell'art. 644 c.p., anche per l'usura si richiedeva l'approfittamento dello stato di bisogno e ciò rendeva quasi coincidenti le due fattispecie, sollevando il problema del coordinamento tra sanzione penale e sanzione civile. Parte della dottrina ha creduto di dover tracciare una differenza tra il contratto rescindibile, in cui viene in rilievo la mera consapevolezza dello stato di bisogno, ed il contratto usurario, in cui vi sarebbe, invece, uno specifico intento di ledere la controparte: quest'ultimo contratto dovrebbe, secondo tale dottrina, considerarsi radicalmente nullo per illiceità della causa, contrastando con una norma imperativa penalmente sanzionata. Il prevalente orientamento, tuttavia, riteneva che la previsione del comportamento dell'usuraio quale reato non influisse sul piano civilistico, nel quale la sproporzione tra le prestazioni doveva ritenersi tutelata con il solo strumento della rescissione del contratto *ex* art. 1448 c.c.

Sanzione penale e sanzione civile

Attualmente, con il venir meno, in seguito alla riformulazione degli estremi del delitto di usura, della rilevanza dello stato di bisogno e dell'approfittamento, si è riproposta la questione se sia in qualche modo sanzionabile sul piano civile un contratto che sia usurario ai sensi dell'art. 644 c.p., ma che non sia suscettibile di azione generale di rescissione per lesione, in quanto carente degli elementi della lesione *ultra dimidium*, dello stato di bisogno e dell'approfittamento. Parte della dottrina ha risposto negativamente evidenziando che, se si ritenesse nullo per illiceità della causa il contratto usurario, si arriverebbe alla conseguenza di apprestare per tali ipotesi una tutela più incisiva rispetto a quella prevista nell'art. 1448 c.c. per i casi, più gravi, in cui il contraente debole versi in stato di bisogno e vi sia l'approfittamento della controparte.

Mutuo ad interessi usurari

È inoltre da tenere presente che per l'ipotesi di contratto di mutuo ad interessi usurari la legge prevede una apposita sanzione civile, distinta sia dalla rescissione che dalla nullità totale, a maggiore tutela della posizione del debitore che non è interessato a porre nel nulla il contratto, bensì ad avere il prestito a condizioni non usurarie. Pertanto, già nel vigore del precedente art. 1815, 2° comma, c.c. si prevedeva la nullità della sola clausola che conveniva interessi usurari e si stabiliva che questi si riducessero automaticamente al tasso legale. La legge n. 108 del 1996, mossa da un chiaro intento sanzionatorio nei confronti del comportamento usurario, ha riformulato la disposizione in questione, confermando la nullità parziale, ma dettando una disciplina molto più sfavorevole per il creditore: il nuovo art. 1815, 2° comma, c.c. prevede infatti che, nel caso in cui siano convenuti interessi usurari, la clausola è nulla e non sono dovuti affatto interessi. La nuova disciplina, dunque, offre al debitore una tutela molto più ampia, segnando un significativo distacco dalla funzione di normalizzazione dell'affare, tipica dell'istituto civilistico della rescissione.

4. *L'abuso di dipendenza economica*

Nozione

In alcune ipotesi particolari lo squilibrio contrattuale è sanzionato dall'ordinamento con la nullità. È il caso dell'*abuso di dipendenza economica*, regolato dall'art. 9 della legge n. 192 del 1998 (legge sulla *subfornitura*), che si verifica quando «*un'impresa sia in grado di determinare, nei rapporti commerciali con un'altra impresa, un eccessivo squilibrio di diritti e di obblighi*». Il divieto, dettato in materia di contratto di subfornitura, colpisce tutte le pattuizioni particolarmente gravose imposte a proprio vantaggio da un'impresa committente ad un'impresa cliente o fornitrice che si trova in uno stato di dipendenza economica dalla prima. La posizione di dipendenza, ai sensi del citato art. 9, va valutata tenendo conto anche della reale possibilità per la parte che abbia subito l'abuso di reperire sul mercato alternative soddisfacenti.

Contratto di subfornitura

Occorre chiarire che il contratto di subfornitura, secondo la definizione data dall'art. 1 della legge in questione, è quello con il quale «un imprenditore si impegna a effettuare per conto di una impresa committente lavorazioni su prodotti semilavorati o su materie prime forniti dalla committente medesima, o si impegna a fornire all'impresa prodotti o servizi destinati ad essere incorporati o comunque ad essere utilizzati nell'ambito dell'attività economica del committente o nella produzione di un bene complesso, in conformità a progetti esecutivi, conoscenze tecniche e tecnologiche, modelli o prototipi forniti dall'impresa committente».

La caratteristica comune alle due ipotesi contemplate dalla norma – rappresentate dalla *lavorazione* di prodotti della committente e dalla *fornitura* di beni o servizi alla stessa – è che la controparte e cioè il c.d. *subfornitore* svolge la propria attività in funzione esclusiva delle esigenze e delle richieste del committente, predisponendo alcune parti del prodotto finale di questo o svolgendo alcune fasi del suo processo produttivo, ma non potendo immettere direttamente sul mercato i risultati di tale attività. Egli, dunque, si trova, nei confronti del committente, in una situazione di debolezza contrattuale che la legge prende in considerazione al fine di evitare che si verifichi uno squilibrio delle rispettive posizioni. Pertanto, oltre a dettare particolari prescrizioni in merito alla forma del contratto (che deve essere scritta, a pena di nullità), alla necessaria determinatezza del prezzo pattuito, ai suoi termini massimi di pagamento, nonché a colpire con la sanzione della nullità specifiche clausole vessatorie in esso inserite, prevede il divieto di abuso di dipendenza economica che sopra si è illustrato, sancendo la nullità dei patti con i quali esso è esercitato.

Ambito di applicazione

Si è posto in dottrina il problema dell'ambito di applicabilità del divieto in questione che, seppur dettato nel contesto della disciplina della subfornitura, secondo alcuni potrebbe essere riferito, data l'ampia formula normativa, a tutte le ipotesi in cui, nei rapporti contrattuali tra imprese, un contraente più forte limiti la libertà del contraente più debole. In particolare, si è recentemente proposta l'estensione del divieto di abuso di dipendenza economica ai c.d. contratti di *franchising* – anche se nella legge n. 129 del 2004 (c.d. legge *franchising*), manca un'apposita disciplina –, in considerazione del fatto che nei rapporti tra *franchisor* e *franchisee* è frequente il verificarsi di ipotesi in cui il primo pone in essere situazioni squilibrate a svantaggio del secondo.

Abuso di posizione dominante

È da sottolineare che una figura generale di *abuso di posizione dominante* era già conosciuta nel nostro ordinamento e vietata dall'art. 3 della legge n. 287 del 1990 (c.d. *legge antitrust*), che prevede tra l'altro tra le ipotesi esemplificative di abuso l'imposizione di condizioni contrattuali ingiustificatamente gravose. Tuttavia, tale divieto si colloca nell'ambito della disciplina pubblicistica della concorrenza e del mercato e non prevede, in caso di violazione, sanzioni di carattere privatistico.

CAPITOLO 25

LO SQUILIBRIO NORMATIVO E I CONTRATTI DEI CONSUMATORI

1. *Il consumatore*

Nozione

Il nostro ordinamento, prima dell'emanazione del d.lgs. 6 settembre 2005, n. 206, contenente il codice del consumo, si caratterizzava per l'assenza di una nozione generale di consumatore. Ciascuno dei diversi provvedimenti normativi emanati nel tempo in materia di rapporti di consumo, spesso sotto l'impulso della legislazione comunitaria, recava infatti una definizione settoriale, volta a delimitare l'ambito di applicabilità soggettiva della singola normativa in questione. La nozione prevalente identificava il consumatore nella controparte contrattuale non professionale dell'impresa, come ad esempio nella disciplina delle clausole abusive. In altri casi il significato del termine si ampliava fino a ricomprendere chiunque venisse in relazione con l'impresa in una qualsiasi delle fasi che vanno dalla produzione alla commercializzazione del bene o servizio: così, nella disciplina della pubblicità ingannevole, i destinatari di tutela venivano individuati in tutte le persone fisiche o giuridiche alle quali il messaggio pubblicitario era rivolto o che esso raggiungeva.

La pluralità di accezioni sembrerebbe ora ridotta ad unità dall'art. 3 cod. consumo (come modificato dal d.l. 2 agosto 2007, n. 146) che definisce, ai fini del codice stesso, il consumatore o utente come «la persona fisica che agisce per scopi estranei all'attività imprenditoriale, commerciale, artigianale o professionale eventualmente svolta»; di contro al professionista, «persona fisica o giuridica che agisce nell'esercizio della propria attività imprenditoriale, commerciale, artigianale o professionale, ovvero un suo intermediario».

In realtà, diverse nozioni a carattere particolare ricompaiono in altre norme del codice, come nell'art. 5 che, ai fini dell'applicabilità delle disposizioni a tutela del diritto all'informazione, allarga il significato del termine a ricomprendere anche la persona fisica alla quale sono dirette le informazioni commerciali, o nell'art. 18 (come modificato dal d.l. 2 agosto 2007, n. 146) che, in materia di pratiche commerciali, pubblicità e altre comunicazioni commerciali, intende per consumatore «qualsiasi persona fisica che, nelle pratiche commerciali oggetto del presente titolo, agisce per fini che non rientrano nel quadro della sua attività commerciale, industriale, artigianale o professionale».

L'accezione di cui all'art. 3 rimane, comunque, quella di portata generale, che si applica ove non espressamente derogata da altre disposizioni.

Rispetto a chi agisce nell'esercizio della propria attività imprenditoriale, commerciale o artigianale o professionale, il consumatore viene ritenuto dal legislatore in una condizione di "debolezza strutturale" o meglio di *asimmetria contrattuale*, che richiede l'intervento statuale al fine di garantire un riequilibrio delle posizioni contrattuali ed in particolare di tutelare i diritti fondamentali dei consumatori elencati dall'art. 2 cod. consumo. Si è dunque sentita l'esigenza di disegnare un quadro di principi destinati a reggere le relazioni contrattuali fra i professionisti ed i consumatori, non limitandosi peraltro a disciplinare il momento della formazione ed esecuzione del contratto, ma regolando tutte le fasi dell'attività imprenditoriale in cui il consumatore è coinvolto in relazioni giuridiche con i soggetti della catena di produzione e distribuzione di prodotti e servizi.

Asimmetria contrattuale

Inoltre, con il d.lgs. n. 130 del 2015, che ha recepito la direttiva 2013/11/UE del 21 maggio 2013 sulla risoluzione alternativa delle controversie dei consumatori, nel codice del consumo è stato inserito un apposito Titolo (II *bis*) dedicato alla risoluzione extragiudiziale delle controversie nazionali e transfrontaliere tra consumatori e professionisti residenti e stabiliti nell'Unione europea. L'obiettivo del legislatore è quello di garantire al consumatore uno strumento, quale quello dell'ADR (*Alternative Dispute Resolution*), più rapido ed economico di difesa dei suoi diritti. L'art. 141, 10° comma, a rafforzamento di tale tutela, prevede che il consumatore stesso non può essere privato in nessun caso del diritto di adire il giudice competente, qualunque sia l'esito della procedura di composizione extragiudiziale.

2. *Le asimmetrie informative; l'informazione del consumatore e dell'utente; la pubblicità ingannevole; i contratti a distanza*

Diritto del consumatore ad una scelta consapevole

La prima asimmetria che sconta il consumatore rispetto al professionista è quella *informativa*, poiché spesso egli non è in grado di conoscere tutti i dettagli dell'operazione economico-giuridica in cui viene coinvolto, a partire dalle caratteristiche dei prodotti e dei servizi offerti. Il legislatore mira, dunque, ad ottenere innanzitutto che la formazione del giudizio nella fase prodromica alla contrattazione o al consumo del bene avvenga correttamente e compiutamente, in modo da garantire una *scelta consapevole*. Tra i diritti fondamentali dei consumatori, pertanto, l'art. 2 cod. consumo, lett. c, enuncia quello ad una *adeguata informazione* e ad una *corretta pubblicità*.

Obblighi di informazione

L'ordinamento cerca innanzitutto di ridurre l'asimmetria informativa tramite una serie di *obblighi di informazione* che hanno come contenuto essenziale la sicurezza, la composizione e la qualità dei prodotti e dei servizi destinati al consumatore. L'art. 5, 3° comma, cod. consumo detta una prescrizione di carattere generale finalizzata ad assicurare la consapevolezza di quest'ultimo, imponendo che le informazioni a lui rivolte, da chiunque provengano, siano adeguate alla tecnica di comunicazione impiegata e siano espresse in modo chiaro e comprensibile, tenuto conto anche delle modalità di conclusione del contratto e delle caratteristiche del settore. Le disposizioni successive si preoccupano di indicare il *contenuto minimo* delle informazioni che devono essere apposte sulle confezioni o sulle etichette dei prodotti posti in vendita, oppure contenute in una documentazione illustrativa allegata. In particolare, devono essere indicate in modo chiaramente visibile e leggibile ed in lingua italiana la denominazione legale o merceologica del prodotto; il nome o ragione sociale o marchio e la sede legale del produttore o di un importatore stabilito nell'Unione europea; il Paese di origine se situato fuori dell'Unione europea; l'eventuale presenza di materiali o sostanze che possono arrecare danno all'uomo, alle cose o all'ambiente; i materiali impiegati ed i metodi di lavorazione, ove questi siano determinanti per la qualità o le caratteristiche merceologiche del prodotto; le istruzioni, le eventuali precauzioni e la destinazione d'uso, ove utili ai fini di fruizione e sicurezza del prodotto. Specifiche prescrizioni riguardano poi l'indicazione dei prezzi che, salvi i casi particolari previsti dalla legge, deve contenere per ogni prodotto (alimentare e non) offerto sul mercato, accanto al prezzo di vendita, anche il prezzo per unità di misura.

Per quanto concerne, specificamente, le informazioni precontrattuali, l'art. 48 cod. consumo – integralmente riscritto dall'art. 1, 1° comma, d.lgs. 21 febbraio 2014, n. 21 – prevede, con riguardo ai contratti diversi dai contratti a distanza o negoziati fuori dei locali commerciali, che prima che il consumatore sia vincolato da un contratto diverso da un contratto a distanza o negoziato fuori dei locali commerciali o da una corrispondente offerta, il professionista debba fornire al consumatore, in modo chiaro e comprensibile, una serie di informazioni di seguito elencate, fra le quali le caratteristiche principali dei beni o servizi, l'identità del professionista, il prezzo totale dei beni o servizi comprensivo delle imposte, le modalità di pagamento, consegna ed esecuzione, la durata del contratto o, se il contratto è a tempo indeterminato o è un contratto a rinnovo automatico, le condizioni di risoluzione del contratto stesso.

In secondo luogo, il controllo ordinamentale si esercita su quella particolare modalità di veicolazione delle informazioni che, nella vecchia formulazione del codice di consumo (art. 20, d.lgs. n. 106 del 2005), era rappresentata dalla *pubblicità commerciale* e definita come «qualsiasi forma di messaggio che sia diffuso, in qualsiasi modo, nell'esercizio di un'attività commerciale, industriale, artigianale o professionale allo scopo di promuovere la vendita di beni mobili o immobili, la costituzione o il trasferimento di diritti ed obblighi su di essi oppure la prestazione di opere o di servizi». Questa forma di comunicazione commerciale si caratterizzava, dunque, per lo spiccato *scopo promozionale*, cosicché il profilo informativo era strumentale e servente al raggiungimento dell'obiettivo dell'induzione del consumatore all'acquisto. In tal modo, il legislatore si preoccupava di garantire la libera e consapevole formazione della volontà negoziale del consumatore sancendo tre obblighi generali a carico della pubblicità che, ai sensi dell'art. 19 cod. consumo, doveva essere *palese*, *veritiera* e *corretta*.

Pubblicità commerciale

Il d.lgs. n. 246 del 2007 ha, invero, sostituito con una nuova formulazione le norme di cui agli artt. 18-27 cod. consumo, inserendole all'interno del Titolo III, rubricato "Pratiche commerciali, pubblicità ed altre comunicazioni commerciali".

Pratica commerciale

La nozione di pubblicità, per l'effetto, risulta ormai assorbita all'interno di quella, più ampia, di "pratica commerciale", definita dall'art. 18 cod. consumo come «qualsiasi azione, omissione, condotta o dichiarazione, comunicazione commerciale ivi compresa la pubblicità e la commercializzazione del prodotto, posta in essere da un professionista, in relazione alla promozione, vendita o fornitura di un prodotto ai consumatori». Con riguardo a tale nozione, il legislatore ha dettato una nuova disciplina, a vocazione chiaramente omnicomprensiva, tesa ad individuare tutte le azioni (ed omissioni) che, in quanto "ingannevoli", debbano considerarsi scorrette e, pertanto, facciano sorgere un'esigenza di maggior tutela in capo al consumatore. L'ambito di applicazione soggettivo della suddetta disciplina è stato successivamente ampliato nel 2012 ricomprendendo, fra i soggetti destinatari della tutela, le cc.dd. microimprese, definite, all'art. 18 (così come modificato dal d.l. 24 gennaio 2012, n. 1, convertito con modificazioni dalla legge 24 marzo 2012, n. 27) come quelle «entità, società o associazioni che, a prescindere dalla forma giuridica, esercitano un'attività economica, anche a titolo individuale o familiare, occupando meno di dieci persone e realizzando un fatturato annuo oppure un totale di bilancio annuo non superiori a due milioni di euro».

Pratiche ingannevoli

La norma di cui all'art. 21, in particolare, considera, al 1° comma, ingannevole la pratica che contiene informazioni non rispondenti al vero o, seppure di fatto corretta, in qualsiasi modo, anche nella sua presentazione complessiva, induce o è idonea ad indurre in errore il consumatore medio riguardo ad una serie di elementi successivamente elencati – tra i quali, ad esempio, l'esistenza, la natura e le caratteristiche principali del prodotto, la portata degli impegni del professionista, la natura, le qualifiche e i diritti del professionista o del suo agente, i diritti del consumatore – e, in ogni caso, lo induce o è idonea a indurlo ad assumere una decisione di natura commerciale che non avrebbe altrimenti preso. I commi 3° e 4° della medesima disposizione estendono la nozione di pratica ingannevole anche a quella che, riguardando prodotti suscettibili di porre in pericolo la salute e la sicurezza dei consumatori, omettano di darne notizia in modo da indurre i consumatori a trascurare le normali regole di prudenza e vigilanza; o ancora che, in quanto suscettibili di raggiungere bambini ed adolescenti, possono, anche indirettamente, minacciare la loro sicurezza.

Una disciplina particolare è dettata per la pubblicità ingannevole delle tariffe marittime dall'art. 22 *bis*, inserito dalla legge 23 luglio 2009, n. 99, il quale considera ingannevole «la pubblicità che, riguardando le tariffe praticate da compagnie marittime che operano sul territorio italiano direttamente o in *code-sharing*, reclamizzi il prezzo del biglietto dovuto alla compagnia marittima separatamente dagli oneri accessori, dalle tasse portuali e da tutti gli oneri comunque destinati a gravare sul consumatore, dovendo la compagnia marittima pubblicizzare un unico prezzo che includa tutte queste voci».

Non meno gravi possono considerarsi le omissioni, allorché perpetrate per pratica commerciale secondo una delle modalità e caratteristiche descritte dalla norma di cui all'art. 22.

La norma di cui all'art. 23, infine, elenca tutta una serie di ipotesi in cui le pratiche devono considerarsi, in ogni caso, ingannevoli.

Pratiche aggressive

Le successive disposizioni di cui agli artt. 24, 25 e 26 individuano, poi, le fattispecie in cui una pratica commerciale debba essere considerata addirittura "aggressiva", ovvero tale da limitare considerevolmente la libertà di scelta o di comportamento del consumatore medio in relazione al prodotto, inducendolo o essendo idonea ad indurlo ad assumere una decisione di natura commerciale che altrimenti non avrebbe preso.

Pubblicità comparativa

Particolari condizioni sono inoltre stabilite per la liceità della *pubblicità comparativa*, che mette a confronto il bene o servizio reclamizzato con quelli di altri professionisti. Fra le altre, si ricorda l'obbligo di confrontare oggettivamente caratteristiche essenziali, pertinenti, verificabili e rappresentative di beni e servizi che soddisfano gli stessi bisogni o si propongono gli stessi obiettivi; il divieto di ingenerare confusione sul mercato fra l'operatore pubblicitario ed i concorrenti o fra i segni distintivi ed i prodotti dell'uno e degli altri; il divieto di denigrare i segni distintivi, i beni o servizi ed in genere attività o circostanze degli altri concorrenti; il divieto di trarre indebitamente vantaggio dalla notorietà connessa ai segni distintivi di un concorrente.

Ricorso al Garante

Contro la pubblicità ingannevole o la pubblicità comparativa illecita la legge consente il ricorso all'Autorità garante della concorrenza e del mercato da parte dei consumatori, dei concorrenti e delle loro associazioni ed organizzazioni, oltre che del Ministero delle attività produttive e di ogni altra pubblica amministrazione che ne abbia interesse in relazione ai propri compiti istituzionali, al fine di ottenere che la pubblicità vietata sia *inibita* e ne siano eliminati gli effetti. Con la pronuncia che accoglie il ricorso l'Autorità può, in particolare, ordinare la pubblicazione della pronuncia ed eventualmente di un'apposita dichiarazione rettificativa per rendere noto a tutti il carattere ingannevole del messaggio pubblicitario in questione.

Contratti a distanza e negoziati fuori dei locali commerciali

L'asimmetria informativa tra consumatore e professionista può essere vieppiù aggravata nei casi in cui non vi sia un contatto personale fra le parti, ma la contrattazione avvenga con tecniche di comunicazione a distanza, ovverosia con qualunque mezzo che consenta di concludere il contratto senza la presenza fisica e simultanea del professionista e del consumatore, come ad esempio la lettera, la posta elettronica o il fax, oppure quando il contratto sia negoziato al di fuori dei locali commerciali. In ragione di tale considerazione, il legislatore ha imposto per tali contratti particolari obblighi informativi. La materia, già disciplinata nella prima versione del Codice del consumo, è stata rivisitata dal d.lgs. n. 21 del 2014 il quale, in attuazione della direttiva 2011/83/UE sui diritti dei consumatori, ha radicalmente revisionato l'architettura del capo I del Titolo III del codice medesimo, del quale è, innanzitutto, mutata la rubrica. La più generale formula "Dei diritti dei consumatori nei contratti", raccordandosi al disposto normativo dell'art. 2 del codice – che sancisce i diritti fondamentali dei consumatori – vale ad individuare il nuovo e più ampio contenuto della disciplina dettata dagli artt. 45-67, integralmente riscritti.

Ai sensi dell'art. 45, lett. g, per contratto a distanza si intende «qualsiasi contratto concluso tra il professionista e il consumatore nel quadro di un regime organizzato di vendita o di prestazione di servizi a distanza senza la presenza fisica e simultanea del professionista e del consumatore, mediante l'uso esclusivo di uno o più mezzi di comunicazione a distanza fino alla conclusione del contratto, compresa la conclusione del contratto stesso». Secondo la lett. h della medesima disposizione, invece, per contratto negoziato fuori dei locali commerciali si intende «qualsiasi contratto tra il professionista e il consumatore: 1) concluso alla presenza fisica e simultanea del professionista e del consumatore, in un luogo diverso dai locali del professionista; 2) per cui è stata fatta un'offerta da parte del consumatore, nelle stesse circostanze di cui al numero 1; 3) concluso nei locali del professionista o mediante qualsiasi mezzo di comunicazione a distanza immediatamente dopo che il consumatore è stato avvicinato personalmente e singolarmente in un luogo diverso dai locali del professionista, alla presenza fisica e simultanea del professionista e del consumatore; 4) concluso durante un viaggio promozionale organizzato dal professionista e avente lo scopo o l'effetto di promuovere e vendere beni o servizi al consumatore». È esclusa l'applicazione della disciplina, peraltro, per i contratti elencati dall'art. 47 cod. consumo.

Informazioni precontrattuali

La prima innovazione significativa operata dal d.lgs. n. 21 del 2014 riguarda l'uniformazione della disciplina dei contratti a distanza e di quelli stipulati fuori dei locali commerciali, i quali ultimi, prima della riforma, erano regolamentati solo con riferimento all'obbligo informativo in tema di esercizio del diritto di recesso. Il nuovo art. 49, 1° comma, contiene invece una puntuale enucleazione degli obblighi di informazione posti a carico del professionista, tenuto – tanto nei contratti a distanza quanto nei contratti negoziati fuori dei locali commerciali – a fornire al consumatore una serie di informazioni più dettagliate rispetto a quelle previste dall'art. 48 per i contratti diversi dai contratti a distanza e negoziati fuori dei locali commerciali, come ad esempio il numero di telefono, di fax e l'indirizzo elettronico del professionista, ove disponibili, per consentire al consumatore di contattarlo rapidamente e comunicare efficacemente con lui; il costo dell'utilizzo del mezzo di comunicazione a distanza per la conclusione del contratto, quando tale costo è calcolato su una base diversa dalla tariffa di base; le informazioni concernenti il diritto di recesso e, in particolare, in caso di sussistenza di un diritto di recesso, le condizioni, i termini e le procedure per esercitare tale diritto conformemente all'art. 54, 1° comma; l'informazione che il consumatore dovrà sostenere il costo della restituzione dei beni in caso di recesso e in caso di contratti a distanza qualora i beni per loro natura non possano essere normalmente restituiti a mezzo posta; mentre, se non è previsto un diritto di recesso ai sensi dell'art. 59, l'informazione che il consumatore non beneficerà di un diritto di recesso o, se del caso, le circostanze in cui il consumatore perde il diritto di recesso.

Inoltre, gli artt. 50 e 51, rispettivamente per i contratti negoziati fuori dei locali commerciali e per i contratti a distanza, prescrivono requisiti formali aggiuntivi, riguardanti il linguaggio utilizzato, il supporto (scritto, digitale o comunque appropriato e durevole) su cui devono essere fornite le informazioni e l'evidenza che deve caratterizzare alcune di esse.

Modalità

Tutte le informazioni – il cui scopo commerciale deve essere *inequivocabile*, in virtù del già menzionato principio di trasparenza applicabile a tutte le comunicazioni commerciali – vanno fornite in modo *chiaro* e *comprensibile*, conformemente ai principi di *buona fede* e di *lealtà* nelle transazioni commerciali, valutati alla stregua delle esigenze di protezione delle categorie di consumatori particolarmente vulnerabili, come ad es. gli anziani o le tipologie di soggetti socialmente più sprovveduti.

Particolarmente significativo è il disposto dell'art. 49, 5° comma, cod. consumo, secondo il quale «le informazioni di cui al comma 1 formano parte integrante del contratto a distanza o del contratto negoziato fuori dei locali commerciali e non possono essere modificate se non con accordo espresso delle parti». Nel silenzio del legislatore in merito alle conseguenze del mancato adempimento degli obblighi informativi, la dottrina ha infatti creduto di poter desumere dalla suddetta disposizione che, nei contratti a distanza o negoziati fuori dei locali commerciali, a differenza che nei contratti "diversi" di cui all'art. 48, la violazione degli obblighi informativi e delle prescrizioni formali sia idonea ad incidere sulla validità del contratto, impedendone il perfezionamento.

Altra nota caratterizzante la disciplina dei contratti a distanza o negoziati fuori dei locali commerciali concerne l'onere della prova che grava sul professionista, tenuto *ex* art. 49, 10° comma a provare il corretto adempimento degli obblighi informativi, mentre nei contratti "diversi" grava sul consumatore, tenuto a dare dimostrazione dell'omesso o inesatto adempimento del professionista.

Diritto di recesso

Il quadro di tutela dei consumatori nell'ambito dei contratti a distanza o negoziati fuori dei locali commerciali si completa, infine, con la previsione legislativa del *diritto di recesso* a favore del consumatore. La legge, infatti, al fine di garantire a quest'ultimo la possibilità di ripensamento nei confronti di un affare che è stato sollecitato a concludere tramite tecniche considerate più "aggressive" di quella tradizionale, gli consente di sciogliersi dal contratto senza alcuna penalità e senza specificarne il motivo. Anche in *subiecta materia* il d.lgs. n. 21 del 2014 ha innovato profondamente il codice del consumo, conformandosi alle indicazioni del legislatore comunitario ed anzi innalzando il livello di protezione del consumatore, con un trattamento più favorevole di quello garantito dallo standard UE, grazie alla facoltà espressamente riconosciuta dalla direttiva di derogare *in melius* il principio della *maximum harmonisation* in essa sancito.

A tal fine, il d.lgs. n. 21 del 2014 ha notevolmente rafforzato ed ulteriormente ampliato la portata del diritto di recesso, mantenendone inalterata la sua configurazione – sotto il profilo sostanziale – alla stregua di un vero e proprio *ius poenitendi*. Tra le novità più rilevanti rispetto al regime previgente devono segnalarsi: *l'allungamento del ter-*

mine di esercizio del diritto di recesso da dieci a quattordici giorni lavorativi che decorrono, nel caso dei contratti di servizi e di contratti di fornitura di acqua, gas o elettricità, di teleriscaldamento o di contenuto digitale non fornito su un supporto materiale, dal giorno della conclusione del contratto; nel caso di contratti di vendita, dal giorno in cui il consumatore o un terzo, diverso dal vettore e designato dal consumatore, acquisisce il possesso fisico dei beni, salve le più dettagliate prescrizioni contenute nei successivi nn. 1), 2) e 3).

Nel caso in cui il professionista non adempia all'obbligo di informazione sul diritto di recesso, l'art. 53, 1° comma, prevede un notevole allungamento del periodo di recesso: il consumatore, infatti, a partire dalla scadenza del termine ordinario per l'esercizio dello *jus poenitendi*, ha a propria disposizione altri 12 mesi per poter recedere dal contratto.

Ai sensi del secondo comma della citata disposizione, peraltro, qualora il professionista adempia in ritardo il suo obbligo, fornendo al consumatore le informazioni di cui al 1° comma entro dodici mesi dalla data ordinaria, il termine per l'esercizio del diritto di recesso si accorcia nuovamente a quattordici giorni decorrenti dal giorno in cui il consumatore riceve le informazioni.

Il d.lgs. n. 21 del 2014 ha anche *eliminato i precedenti vincoli formali stabiliti per l'esercizio del diritto di recesso*, disponendo, all'art. 54, che, ai fini di tale esercizio, non sia più necessario l'invio al professionista di una lettera raccomandata con avviso di ricevimento, ma sia sufficiente una dichiarazione esplicita della volontà di recedere, resa in qualsiasi forma ed inviata al professionista nel rispetto dei termini previsti dall'art. 52 e dall'art. 53, ed altresì riconoscendo l'ulteriore facoltà del consumatore di utilizzare il "modulo tipo di recesso" allegato al d.lgs. n. 21 del 2014.

Il diritto di recesso si considera esercitato nei termini se la relativa comunicazione è inviata dal consumatore prima della scadenza del periodo di recesso. L'onere della prova incombe sul consumatore.

Quanto agli effetti del recesso, l'art. 55 distingue a seconda che esso sia avvenuto dopo la conclusione del contratto oppure dopo l'emissione di una proposta – evidentemente irrevocabile – del consumatore: nel primo caso, l'esercizio del diritto di recesso pone termine agli obblighi delle parti di eseguire il contratto a distanza o negoziato fuori dei locali commerciali; nel secondo caso, libera il consumatore dall'obbligo di concludere il contratto.

Dallo scioglimento del contratto derivano, peraltro, in capo alle parti, nel caso in cui le prestazioni siano già state in tutto o in parte eseguite, obblighi di rimborso e restituzione, disciplinati dettagliatamente dagli artt. 56 e 57 cod. consumo.

3. *Lo squilibrio normativo: le clausole abusive*

Contratti dei consumatori e tutela dell'equilibrio contrattuale

Si è già visto come il codice civile, di fronte al fenomeno delle condizioni generali di contratto predisposte da una sola parte per regolare in maniera uniforme l'insieme dei suoi rapporti contrattuali, appresti una tutela di tipo formale nei confronti del non predisponente, richiedendo la specifica approvazione per iscritto di quelle clausole che siano particolarmente onerose per tale parte. La disciplina in questione si applica, peraltro, solo se le due parti sono almeno in astratto dotate di pari forza contrattuale, sono cioè due professionisti o due consumatori. Qualora il contratto sia stipulato tra un professionista ed un consumatore, invece, l'istituzionale situazione di debolezza in cui quest'ultimo si trova fa sì che la legge non si accontenti più di garantire semplicemente il consenso informato alle clausole vessatorie, ma piuttosto intervenga a garanzia dell'effettivo equilibrio contrattuale. Infatti, le condizioni generali di contratto che, in tali rapporti, determinino un significativo squilibrio dei diritti e degli obblighi nascenti dal contratto sono considerate vessatorie, pur se non contrarie a buona fede, e come tali sono dichiarate nulle, mentre il contratto rimane valido per il resto (artt. 33, 1° comma e 36 cod. consumo). Come si vede, il regime di tutela è particolarmente incisivo, perché esso elimina dal contratto tali clausole e non si limita a richiedere una particolare accettazione che, ove pure vi fosse, non ne sanerebbe l'invalidità.

Squilibrio normativo

Lo squilibrio preso in considerazione dal legislatore può definirsi come *squilibrio normativo*, per differenziarlo dallo squilibrio che rileva in sede di rescissione del contratto, il quale è uno *squilibrio economico* o sostanziale, riguardante cioè l'entità delle prestazioni, mentre il primo concerne le posizioni giuridiche nascenti dal regolamento di interessi. A conferma della distinzione tra i due profili, l'art. 34, 2° comma, cod. consumo specifica che la valutazione del carattere vessatorio di una clausola non attiene alla determinazione dell'oggetto del contratto né all'adeguatezza del corrispettivo dei beni o dei servizi, purché tali elementi siano individuati in modo chiaro e comprensibile.

Clausole abusive

A differenza della previsione dell'art. 1341, 2° comma, c.c., il codice non elenca in modo tassativo le clausole abusive: è il giudice che deve, nel caso concreto, accertare l'esistenza del significativo squilibrio, tenendo conto delle altre clausole contrattuali, della natura del bene o del servizio oggetto del contratto e delle circostanze esistenti al momento della sua conclusione (art. 34 cod. consumo). L'art. 33, n. 2, cod. consumo elenca però una serie di clausole che sono considerate abusive fino a prova contraria; prova che dovrà essere data dall'imprenditore predisponente. Fra queste possono ricordarsi quelle che: escludono o limitano la responsabilità del professionista in caso di morte o danno alla persona del consumatore cagionato da un fatto o da un'omissione del professionista; escludono o limitano le azioni o i diritti del consumatore in caso di inadempimento del professionista; escludono o limitano l'opponibilità al professionista, da parte del consumatore, della compensazione o dell'eccezione di inadempimento; riconoscono al solo professionista e non anche al consumatore la facoltà di recedere dal contratto o stabiliscono termini eccessivamente anticipati rispetto alla scadenza del contratto per comunicare la disdetta al fine di evitare la tacita proroga o rinnovazione; prevedono l'estensione dell'adesione del consumatore a clausole che non ha avuto la possibilità di conoscere prima della conclusione del contratto, o consentono al professionista di modificare unilateralmente le clausole dell'accordo ovvero le caratteristiche del bene o servizio senza un giustificato motivo indicato nel contratto stesso; sanciscono a carico del consumatore decadenze, limitazioni della facoltà di opporre eccezioni, deroghe alla competenza dell'autorità giudiziaria, limitazioni all'adduzione di prove, inversioni o modificazioni dell'onere della prova, restrizioni alla libertà contrattuale nei rapporti con i terzi.

Trattativa individuale

È opportuno ribadire che – come prevede espressamente l'art. 34, n. 4, cod. consumo – se le clausole sono state oggetto di trattativa individuale esse non sono abusive. Nei contratti per adesione l'onere di provare che le clausole sono state oggetto di specifica trattativa con il consumatore incombe sul professionista. Tuttavia, il legislatore elenca alcune clausole che sono sempre considerate onerose e che dunque sono sempre nulle, anche se siano state oggetto di specifica contrattazione e non possano dunque essere considerate condizioni generali (art. 36, 2° comma, cod. consumo). Si tratta delle clausole che escludono o limitano la responsabilità dell'imprenditore per il caso di morte o danno alla persona fisica del consumatore; che impediscono al consumatore di agire per i casi di inadempimento contrattuale; che impongono al consumatore di accettare patti che non abbia potuto conoscere prima della conclusione del contratto.

Nullità relativa

Come si è già avuto modo di dire, la nullità prevista dall'art. 36 cod. consumo è una *nullità relativa*, che cioè opera solo a vantaggio del consumatore, anche se può essere rilevata d'ufficio dal giudice.

Azione inibitoria

Importante è evidenziare che le clausole abusive possono essere oggetto anche di una specifica *azione inibitoria* esercitata dalle associazioni rappresentative dei consumatori o dei professionisti. Se, cioè, un imprenditore utilizza condizioni generali di contratto contenenti clausole vessatorie, tali enti possono chiedere al giudice di intervenire preventivamente, vietando al soggetto l'uso di siffatte condizioni. Se il giudice accerta l'abusività delle clausole, ordina dunque al professionista di eliminarle dai suoi contratti (art. 37 cod. consumo). L'art. 140 cod. consumo, che regolava la procedura, è stato peraltro abrogato dalla legge n. 31 del 2019, in vigore dal 19 aprile 2020, la quale ha dettato una disciplina generale ed organica della *class action*, introducendo nel codice di procedura civile gli artt. da 840 *bis* a 840 *sexiesdecies*. Secondo la nuova disciplina, chiunque abbia interesse alla pronuncia di una inibitoria di atti e comportamenti, posti in essere in pregiudizio di una pluralità di individui o enti, può agire in giudizio per ottenere l'ordine di cessazione o il divieto di reiterazione della condotta omissiva o commissiva.

Azione collettiva risarcitoria

È opportuno, al riguardo, segnalare che pure l'azione collettiva risarcitoria prevista dall'art. 140 *bis* c.c. – anch'esso abrogato dalla legge n. 31 del 2019 – in favore dei consumatori lesi in "diritti individuali omogenei" ed esperibile dalle loro associazioni rappresentative contro gli imprenditori, è stata resa oggi strumento di applicazione generale dall'art. 840 *bis*, 1° comma, c.p.c., secondo cui le organizzazioni o associazioni senza scopo di lucro, iscritte nell'apposito elenco istituito presso il Ministero della Giustizia, che abbiano fra gli obiettivi statutari la tutela di diritti individuali omogenei, nonché ciascun componente della classe, possono esperire la *class action* risarcitoria a tutela di tali diritti.

4. *Le vendite stipulate fuori dei locali commerciali*

Nozione

Una specifica situazione di debolezza in cui il consumatore può trovarsi a cagione delle circostanze nelle quali viene effettuata la contrattazione è quella considerata dal legislatore nelle ipotesi di *contratti negoziati fuori dei locali commerciali*. La caratteristica di tali contratti è, infatti, che l'iniziativa contrattuale è normalmente presa dal professionista, cogliendo di sorpresa il consumatore il quale si trova impreparato di fronte alla proposta e spesso non ha la possibilità di confrontarla con altre offerte. Il legislatore mira dunque ad impedire che il consumatore sia vittima di "tecniche aggressive" di vendita che lo inducano a concludere il contratto senza aver sufficientemente ponderato la convenienza dell'operazione economica. Nella categoria dei contratti negoziati fuori dei locali commerciali sono ricompresi i contratti tra un professionista ed un consumatore, riguardanti la fornitura di beni o la prestazione di servizi, stipulati: *a*) durante la visita del professionista al domicilio del consumatore o di un altro consumatore ovvero sul posto di lavoro del consumatore o nei locali nei quali il consumatore si trovi, anche temporaneamente, per motivi di lavoro, di studio o di cura; *b*) durante una escursione organizzata dal professionista al di fuori dei propri locali commerciali; *c*) in area pubblica o aperta al pubblico, mediante la sottoscrizione di una nota d'ordine, comunque denominata; *d*) per corrispondenza o, comunque, in base ad un catalogo che il consumatore ha avuto modo di consultare senza la presenza del professionista. Questi ultimi contratti, peraltro, hanno la peculiarità di essere anche contratti a distanza e perciò la legge dichiara applicabili le disposizioni dettate per tale categoria contrattuale, se più favorevoli (art. 45 cod. consumo).

Il campo di applicazione della normativa in questione è esteso, dall'art. 45, 2° comma, cod. consumo anche alle proposte contrattuali effettuate dal consumatore nelle stesse condizioni e non ancora accettate dal professionista: in tal caso formalmente l'iniziativa è presa dal consumatore, il quale viene indotto a sottoscrivere una proposta, revocabile o irrevocabile, da un soggetto che opera per conto del professionista, ma non è munito di poteri rappresentativi, per cui dovrà fare seguito l'accettazione di quest'ultimo: è il caso della clausola "salvo approvazione della casa". La legge, per evitare elusioni della disciplina, parifica tali ipotesi a quelle del contratto già stipulato, attribuendo al consumatore i medesimi diritti.

Diritto di recesso

In particolare, il legislatore ha attribuito al consumatore il *diritto di recesso* dai contratti negoziati fuori dei locali commerciali, alle stesse condizioni e nei medesimi termini già esaminati con riguardo ai contratti a distanza. Occorre precisare, peraltro, che tale diritto assume connotazioni peculiari nel caso di mere proposte contrattuali provenienti dal consumatore: poiché, infatti, in tal caso il contratto non si è ancora perfezionato, appare improprio parlare di recesso, mentre in realtà siamo in presenza, tecnicamente, di una *revoca*. Ove la proposta sia già di per sé revocabile, la previsione normativa rafforza la posizione del consumatore consentendogli di usufruire comunque di uno spazio predefinito di riflessione sulla convenienza del contratto; qualora la proposta sia stata, invece, formulata come irrevocabile, la legge priva di effetto la rinunzia al potere di revoca. I termini che già abbiamo illustrato decorrono, in caso di contratti o proposte contrattuali negoziati fuori dei locali commerciali, dalla data di sottoscrizione della nota d'ordine contenente le informazioni o, se questa manchi, dalla data di ricezione delle informazioni stesse. Se, però, nei contratti riguardanti la fornitura di beni, questi non sono stati preventivamente mostrati o illustrati dal professionista, i termini decorrono dalla data di ricevimento della merce.

In conformità con il principio più generale sancito dall'art. 1373, 2° comma, c.c., l'art. 48 cod. consumo prescrive che, nei contratti riguardanti la prestazione di servizi, il diritto di recesso non può essere esercitato nei confronti delle prestazioni che siano già state eseguite.

Diritto all'informazione

L'art. 47 cod. consumo tutela il *diritto all'informazione* del consumatore, prevedendo che il professionista debba metterlo a conoscenza del diritto di recesso. L'informazione deve essere fornita *per iscritto* e deve contenere l'indicazione dei termini, delle modalità e delle eventuali condizioni per l'esercizio del diritto di recesso, nonché l'indicazione del soggetto nei cui confronti va esercitato il diritto di recesso ed il suo indirizzo (o, se si tratti di società o altra persona giuridica, la denominazione e la sede della stessa), ed infine l'indicazione del soggetto al quale deve essere restituito il prodotto eventualmente già consegnato, se diverso dal primo. La legge prevede poi analiticamente le modalità grafiche di inserimento delle suddette informazioni nel contratto, nella nota d'ordine o nel catalogo inviato al consumatore, in modo da garantire che la sua attenzione sia richiamata su di esse.

Contratti esclusi

Dall'ambito di applicazione delle disposizioni in tema di contratti negoziati fuori dei locali commerciali sono esclusi una serie di accordi, individuati secondo due criteri, uno oggettivo ed uno economico. In base al primo di tali criteri, la normativa in questione non si applica: *a*) ai contratti per la costruzione, vendita e locazione di beni immobili ed ai contratti relativi ad altri diritti concernenti beni immobili, con eccezione dei contratti relativi alla fornitura di merci e alla loro incorporazione in beni immobili e dei contratti relativi alla riparazione di beni immobili; *b*) ai contratti relativi alla fornitura di prodotti alimentari o bevande o di altri prodotti di uso domestico corrente consegnati a scadenze frequenti e regolari; *c*) ai contratti di assicurazione; *d*) ai contratti relativi a strumenti finanziari.

Nel caso *sub a*) l'esclusione si spiega in ragione della presunta maggior ponderatezza, da parte del consumatore, di un acquisto concernente un immobile, data la maggiore rilevanza economica dell'affare. Nell'ipotesi *sub b*), invece, la *ratio legis* si basa sulla regolarità e frequenza delle consegne, che comportano l'instaurazione di relazioni di conoscenza e di fiducia fra le parti tali da scongiurare il rischio di approfittamento da parte del professionista. Infine, i contratti assicurativi e finanziari sono sottratti al raggio d'azione della disciplina in ragione delle loro caratteristiche peculiari che richiedono disposizioni specifiche.

Secondo il criterio economico, invece, sono esclusi dall'ambito di operatività della disciplina tutti i contratti per i quali il corrispettivo globale che deve essere pagato da parte del consumatore non superi l'importo di 26 euro, a meno che non si tratti di più contratti stipulati contestualmente tra le medesime parti, nel qual caso, onde evitare che il professionista eluda il dettato normativo frazionando l'operazione economica, la legge dispone che l'entità del corrispettivo globale, indipendentemente dall'importo dei singoli contratti, non debba superare l'importo di 26 euro (art. 46 cod. consumo).

CAPITOLO 26

LA RISOLUZIONE DEL CONTRATTO

1. *La risoluzione volontaria; il recesso*

La risoluzione del contratto, ossia lo scioglimento del vincolo contrattuale che lega le parti, può essere provocata volontariamente da entrambe o da una soltanto di esse.

Mutuo dissenso

Nel primo caso, il contratto è sciolto per *mutuo dissenso*, ossia per concorde volontà delle parti che non intendono mantenere fermo tra loro quel determinato assetto di interessi. L'art. 1372 c.c. consente infatti che il contratto sia sciolto per reciproco consenso delle parti interessate. Ciò, tuttavia, è possibile, nei contratti ad effetti reali, solo se l'effetto traslativo o costitutivo non si sia ancora prodotto, come ad es. nel caso di vendita sottoposta a condizione sospensiva non ancora verificatasi o a termine iniziale non ancora scaduto. Per quanto concerne, poi, i contratti ad effetti obbligatori, normalmente il mutuo dissenso opera *ex nunc*, non incidendo quindi sulle prestazioni già eseguite, salva una diversa volontà delle parti.

Recesso unilaterale

Nel secondo caso il contratto è sciolto per l'esercizio unilaterale del diritto potestativo di *recesso*. Tale diritto può essere costituito a favore di uno o di entrambi i contraenti con lo stesso contratto. Al riguardo, l'art. 1373 c.c. prevede che se ad una delle due parti è attribuita la facoltà di recedere dal contratto, tale facoltà può essere esercitata finché il contratto non abbia avuto un principio di esecuzione. Nei contratti ad esecuzione continuata o periodica, invece, il contraente può recedere anche successivamente, ma il recesso non ha effetto per le prestazioni già eseguite o in corso di esecuzione, salvo patto contrario. Se, inoltre, è previsto un corrispettivo per il recesso, quest'ultimo non ha effetto fin quando non è eseguita la controprestazione. Il corrispettivo da versare al momento del recesso prende il nome di *multa penitenziale*, mentre quello versato anticipatamente, al momento della conclusione del contratto, viene chiamato *caparra penitenziale* ed è disciplinato dall'art. 1386 c.c., il quale stabilisce che se a recedere è chi ha dato caparra, la perde, mentre ove il diritto di recesso venga esercitato da chi l'ha ricevuta, questi deve restituire il doppio.

Il diritto di recesso è talora attribuito ad una delle parti dalla legge, in casi espressamente previsti. Già si è analizzato, nell'ambito dei contratti dei consumatori, il diritto di recesso del consumatore dai contratti a distanza e dai contratti negoziati fuori dei locali commerciali. Ancora, nel contratto d'appalto, ad es., il committente può recedere dal contratto anche se è già iniziata l'esecuzione dell'opera o la prestazione del servizio, purché tenga indenne l'appaltatore delle spese sostenute, dei lavori eseguiti e del mancato guadagno (art. 1671 c.c.). Analoga disciplina è dettata dall'art. 2227 c.c. per il recesso unilaterale del committente nel contratto d'opera. La disciplina del mandato prevede che la "rinunzia" – *rectius*, recesso – del mandatario produca sempre l'effetto dello scioglimento del rapporto, salvo l'obbligo, nell'ipotesi in cui non vi sia una giusta causa, di risarcire i danni al mandante (art. 1727 c.c.). Si ritiene, inoltre, che un generale potere di *disdetta* spetti a ciascuna delle parti nei contratti di durata indeterminata, così come è espressamente previsto per il contratto di lavoro a tempo indeterminato dall'art. 2118 c.c.

2. *La risoluzione per inadempimento*

La risoluzione del contratto si verifica poi, per i soli contratti a prestazioni corrispettive, nei casi in cui un avvenimento sopravvenuto impedisca la realizzazione dello scambio di prestazioni. I contratti a prestazioni corrispettive, come si è già visto, sono anche detti *contratti sinallagmatici*. Il *sinallagma* è quel legame di interdipendenza che lega le prestazioni che le parti devono scambiarsi. Tale legame caratterizza il contratto sia nella sua fase costitutiva, poiché l'una prestazione viene pattuita proprio in ragione dello scambio che deve attuarsi con l'altra, e sia nella sua fase esecutiva, poiché l'adempimento dell'una prestazione è dovuto solamente in ragione del fatto che sia adempiuta anche l'altra prestazione. Il sinallagma può dunque venire pregiudicato da un avvenimento sopravvenuto alla costituzione del contratto e che interessa la vita del rapporto negoziale. Gli avvenimenti che possono turbare l'equilibrio sinallagmatico e condurre il contratto alla sua risoluzione sono tre e sono previsti dagli artt. 1453 ss. c.c.

Risoluzione per inadempimento

Il primo di essi è dato dall'inadempimento di una delle parti che infatti conduce alla *risoluzione* cosiddetta *per inadempimento*.

Occorre a tal punto precisare che, nel caso in cui una parte non adempia la sua prestazione, la controparte ha vari strumenti di tutela del suo diritto. Può infatti agire in giudizio per ottenere l'adempimento e dunque l'esecuzione del contratto, ove sia ancora interessata all'affare; può, al contrario, chiedere la risoluzione e così sciogliersi dal vincolo. In ambedue i casi è fatto salvo il suo diritto al risarcimento dei danni derivanti dall'inadempimento della controparte (art. 1453, 1° comma, c.c.).

Mutamento di domanda

L'azione per la risoluzione può essere proposta anche quando il giudizio è stato promosso per ottenere l'adempimento: la parte può dunque mutare il suo proposito e, dopo aver chiesto l'adempimento, domandare la risoluzione. Al riguardo, le Sezioni Unite della Cassazione, con la pronuncia n. 8510 del 2014, risolvendo un precedente contrasto giurisprudenziale, hanno precisato che, contestualmente all'esercizio dello *ius variandi*, può essere richiesto, oltre alla restituzione della prestazione eseguita, anche il risarcimento dei danni derivanti dalla cessazione degli effetti del regolamento negoziale.

Non sarà però possibile il contrario, cioè che la parte chieda l'adempimento quando ha già promosso l'azione per la risoluzione del contratto, poiché in tal caso il creditore ha già dimostrato di non aver più interesse alla prestazione (art. 1453, 2° comma, c.c.). Inoltre, dal momento in cui la parte chiede la risoluzione, l'altra parte non può più adempiere tardivamente la propria obbligazione.

Importanza dell'inadempimento

L'inadempimento di uno dei contraenti consente la risoluzione del contratto perché esso pregiudica il naturale svolgimento del vincolo sinallagmatico. È indispensabile però che l'inadempimento, ai sensi dell'art. 1455 c.c., non abbia scarsa importanza. L'importanza dell'inadempimento va sempre valutata in relazione agli interessi della parte lesa: un inadempimento non grave non giustifica la risoluzione dell'intero contratto. Inoltre, nei contratti plurilaterali, l'inadempimento di una delle parti non importa la risoluzione del contratto anche nei confronti delle altre, a meno che la prestazione mancata non debba considerarsi essenziale in base alle circostanze concrete (art. 1459 c.c.).

Come la Suprema Corte ha precisato, inoltre, il rigetto della domanda di risoluzione per scarsa importanza dell'inadempimento non comporta necessariamente il rigetto della domanda di risarcimento, dal momento che anche da un inadempimento di scarsa importanza può scaturire un danno risarcibile.

Effetti della sentenza

L'ipotesi di risoluzione fin qui esposta, decretata dal giudice su domanda di parte, è detta *risoluzione giudiziale*. La sentenza del giudice ha effetto costitutivo nel senso che determina lo scioglimento del rapporto con effetto retroattivo, salvo il caso di contratti ad esecuzione continuata o periodica, nei quali gli effetti della risoluzione non travolgono le prestazioni già eseguite. Inoltre, la risoluzione non pregiudica i diritti acquistati dai terzi purché, nel caso di atti soggetti a trascrizione, questi abbiano trascritto prima della trascrizione della domanda giudiziale di risoluzione (art. 1458 c.c.).

La risoluzione può operare anche indipendentemente da una sentenza del giudice: in tal caso è detta *risoluzione legale* perché essa avviene automaticamente ed il giudice, in caso di contestazione, è soltanto chiamato ad accertare la vicenda risolutiva ormai già avvenuta.

Risoluzione legale

Diffida ad adempiere

La prima fattispecie di risoluzione legale è costituita dalla *diffida ad adempiere*, contemplata dall'art. 1454 c.c. Ai sensi di detto articolo, la parte non inadempiente può intimare per iscritto alla controparte inadempiente di adempiere entro un congruo termine, di norma non inferiore a quindici giorni, con espressa avvertenza che l'inutile decorso del termine darà luogo alla risoluzione di diritto del contratto. In tal caso, l'effetto liberatorio della risoluzione opererà automaticamente in virtù della diffida ad adempiere e del conseguente mancato rispetto dell'ulteriore termine di adempimento concesso dalla parte diligente, risultando quindi superflua la proposizione di una specifica azione giudiziale.

Clausola risolutiva espressa

Anche la *clausola risolutiva espressa* contemplata dall'art. 1456 c.c. comporta risoluzione di diritto. Essa si configura ove i contraenti abbiano espressamente convenuto che il contratto si risolva nel caso che una determinata obbligazione non sia adempiuta secondo le modalità stabilite. In tal caso la risoluzione consegue non soltanto all'inadempimento da parte di uno dei contraenti, ma anche ad un atto d'iniziativa della controparte, consistente nella dichiarazione, resa al contraente inadempiente, di volersi avvalere della clausola risolutiva. Con la dichiarazione la risoluzione del contratto opera automaticamente, risultando anche in tal caso inutile il ricorso al giudice.

Termine essenziale

L'art. 1457 c.c. contempla infine l'ipotesi di risoluzione per mancato rispetto del *termine essenziale*. Il termine è essenziale per gli interessi di una parte quando il mancato rispetto dello stesso fa sì che la prestazione non risulti più di alcuna utilità: tipico esempio è quello del contratto con cui una parte si obblighi a consegnare una torta per il banchetto nuziale, la quale chiaramente non può più interessare il creditore il giorno successivo. In tal caso, il mancato rispetto del termine provoca la risoluzione di diritto del contratto. La risoluzione opera automaticamente anche se le parti non l'hanno espressamente prevista e senza che sia necessario che la parte interessata dichiari di volersene avvalere. Al contrario, se la parte nel cui interesse è previsto il termine essenziale vuole evitare l'effetto risolutivo, è tenuta a comunicare all'altra, entro tre giorni dalla scadenza del termine, di essere ancora interessata all'adempimento della prestazione. In tal caso le parti rimarranno legate all'adempimento di tutti i loro obblighi contrattuali.

Eccezione d'inadempimento

Prima di rivolgersi al giudice per domandare l'adempimento della prestazione o la risoluzione del contratto, la parte diligente può sperimentare la proposizione di un mezzo di autotutela: *l'eccezione d'inadempimento*. L'art. 1460 c.c. prevede che nei contratti a prestazioni corrispettive ciascuno dei contraenti possa rifiutarsi di adempiere la prestazione se l'altro non adempie o non offre di adempiere contemporaneamente la propria. Una parte può dunque legittimamente eccepire, alla richiesta di adempimento fatta dalla controparte, l'inadempimento di quest'ultima e così tutelarsi, evitando l'esecuzione della sua prestazione, dinanzi al rischio di non riceverne il corrispettivo.

L'eccezione di inadempimento non può però essere sollevata nel caso in cui dal contratto o dalla natura dell'affare risultino termini diversi di adempimento per ciascuna delle parti, ossia nel caso in cui la parte che chiede l'adempimento non sia pronta ad effettuare a sua volta la propria controprestazione poiché ha a disposizione un tempo maggiore per il suo adempimento. Non può inoltre essere proposta quando il rifiuto è contrario a buona fede, quando sia cioè occasionato da motivi pretestuosi e al solo scopo di sfuggire all'efficacia del contratto.

Sospensione dell'esecuzione

Qualora, inoltre, il contraente diligente abbia già iniziato l'esecuzione della prestazione, può sospenderla se le condizioni patrimoniali della controparte sono peggiorate al punto tale da porre in pericolo il conseguimento della controprestazione, a meno che non venga prestata idonea garanzia (art. 1461 c.c.).

L'eccezione di inadempimento è però soltanto un rimedio temporaneo; essa non ha il potere di risolvere il contratto: entrambe le parti restano pertanto ancora vincolate ai propri obblighi. La situazione di attesa che si viene così a creare, nella quale nessuna delle due parti prende l'iniziativa dell'adempimento, è destinata ad un definitivo chiarimento. La sua evoluzione potrà consistere o nell'adempimento ritardato e, quindi, nella ripresa della piena funzionalità del rapporto, ovvero – persistendo l'inadempienza – nella risoluzione definitiva del contratto.

Clausola *solve et repete*

Occorre infine ricordare che in genere le parti possono pattuire l'inopponibilità di eccezioni volte ad evitare o ritardare l'esecuzione della prestazione dovuta, ma una siffatta clausola, detta del *solve et repete*, non ha effetto per le eccezioni di nullità, di annullabilità e di rescissione del contratto. Inoltre, anche nelle ipotesi in cui la clausola è efficace, la legge attribuisce al giudice il potere di sospendere la condanna all'adempimento ove ricorrano gravi motivi, imponendo, se del caso, una cauzione (art. 1462 c.c.).

3. *La risoluzione per impossibilità sopravvenuta della prestazione*

Impossibilità sopravvenuta e scioglimento del contratto

L'impossibilità *sopravvenuta* della prestazione, determinata da causa non imputabile al debitore, comporta l'estinzione dell'obbligazione. Se tale obbligazione rappresenta il corrispettivo di un contratto sinallagmatico, l'impossibilità sopravvenuta della stessa provoca la risoluzione del contratto. Lo scioglimento del contratto opera *di diritto*, cosicché la sentenza del giudice richiesto di pronunziarsi sulla vicenda ha carattere di mero accertamento.

Impossibilità totale

L'art. 1463 c.c., interessandosi in particolare all'ipotesi di *impossibilità totale* della prestazione, stabilisce che la parte liberata non può chiedere la controprestazione e deve restituire quella che abbia già ricevuta, secondo le norme relative alla ripetizione dell'indebito. L'una parte è dunque liberata per il sopraggiungere di una impossibilità sopravvenuta ad essa non imputabile, l'altra parte è liberata per la risoluzione del contratto. L'effetto risolutivo trova giustificazione in un evento obiettivo che irrompe nel sinallagma impedendo la corrispettività tra prestazione e controprestazione e pregiudicando irrimediabilmente la ragione giustificativa del rapporto contrattuale. Se l'impossibilità totale non è *definitiva* bensì *temporanea*, essa non produce l'estinzione dell'obbligazione e dunque lo scioglimento del rapporto contrattuale salvo che essa non perduri fino a quando, avuto riguardo alla natura ed al contenuto del contratto, il debitore non possa più essere ritenuto obbligato ad eseguire la prestazione o il creditore non abbia più interesse a conseguirla (art. 1256, 2° comma, c.c.).

Impossibilità parziale

Qualora l'*impossibilità* sia soltanto *parziale*, persiste l'obbligo dell'una parte di corrispondere quanto è ancora possibile, ma la controparte avrà diritto alla corrispondente e proporzionale riduzione della propria prestazione; essa potrà però recedere dal contratto qualora non abbia più un interesse apprezzabile all'adempimento parziale (art. 1464 c.c.). Ne deriva, dunque, che l'impossibilità parziale non dà luogo alla risoluzione del contratto; consente invece il rimedio della riduzione della controprestazione perché sia ripristinato l'equilibrio economico tra le prestazioni. Tale soluzione può essere però adoperata soltanto se persiste l'interesse dell'una parte all'adempimento parziale della prestazione: il venir meno di tale interesse giustifica la richiesta della parte di essere sciolta dal vincolo. Si discute, peraltro, se il recesso possa avvenire stragiudizialmente oppure sia necessaria una domanda giudiziale volta a far pronunciare lo scioglimento. In quest'ultimo caso la sentenza non avrà natura dichiarativa, come nel caso di impossibilità totale, bensì carattere costitutivo.

L'impossibilità sopravvenuta nei contratti ad efficacia reale

La risoluzione per impossibilità sopravvenuta opera nelle modalità appena esposte nei soli contratti ad efficacia obbligatoria. Diversa è l'ipotesi in cui l'impossibilità sopravvenuta si verifichi per un contratto ad efficacia reale. Invero, secondo l'art. 1465 c.c. – di cui si è già parlato –, se nei contratti che trasferiscono la proprietà di una cosa determinata si verifichi il perimento della stessa per causa non imputabile all'alienante, questo non perde il diritto ad ottenere il corrispettivo, anche se la cosa non era stata ancora consegnata all'acquirente. Poiché il consenso ha determinato il verificarsi dell'effetto traslativo e poiché dunque l'acquirente è già titolare dell'oggetto del contratto e ne sopporta ogni rischio, il perimento di questa deve gravare sul suo patrimonio e non su quello dell'alienante. In sostanza l'acquirente rimane obbligato a pagare il corrispettivo. La stessa regola vale anche se al contratto è stato apposto un termine iniziale. Viceversa, ove il trasferimento sia stato sospensivamente condizionato e l'impossibilità sopravviene prima che si verifichi la condizione, il contratto si scioglie. Infine, se oggetto del trasferimento è una cosa determinata solo nel genere, l'acquirente è liberato dalla propria obbligazione solo se l'impossibilità si verifica prima della consegna o dell'individuazione del bene – momento in cui, come si è detto, si verifica l'effetto traslativo –.

L'impossibilità sopravvenuta nei contratti plurilaterali

Nei contratti plurilaterali l'impossibilità sopravvenuta di una delle parti, così come si è visto per l'inadempimento, non importa scioglimento del contratto rispetto alle altre, sempre salvo che la prestazione mancata non debba, secondo le circostanze, considerarsi essenziale (art. 1466 c.c.).

4. *La risoluzione per eccessiva onerosità*

Ambito di applicazione

L'ipotesi di *risoluzione* per *eccessiva onerosità* concerne soltanto i contratti ad esecuzione continuata o periodica, ovvero quelli ad esecuzione differita. L'art. 1467 c.c. prevede che, se la prestazione di una delle parti è divenuta nel tempo eccessivamente onerosa, a causa del sopraggiungere di avvenimenti *straordinari* e *imprevedibili*, la parte che deve tale prestazione può domandare la risoluzione del contratto, sempre che la sopravvenuta onerosità non rientri nell'alea normale del contratto. La perdita di efficacia del contratto è qui ricollegata al sopraggiungere di un avvenimento imprevisto che, rompendo l'equilibrio voluto dalle parti in merito al valore di entrambe le prestazioni, vizia il sinallagma dal quale esse sono tenute insieme.

Presupposti

Sono dunque necessari due presupposti: *a*) l'*eccessiva onerosità sopravvenuta*, considerandosi tale l'esistenza, al momento dell'esecuzione del contratto, di una consistente sproporzione tra le prestazioni rispetto a quanto previsto in accordo; *b*) l'*imprevedibilità* e la *straordinarietà* degli eventi che hanno causato tale squilibrio.

Effetti

La risoluzione ha effetto, chiaramente, solo per le prestazioni eccessivamente onerose ancora da eseguire. Essa può in ogni caso essere evitata qualora il contraente contro il quale è domandata offra un'equa modificazione del regolamento negoziale convenuto, riportando al primitivo equilibrio il valore delle prestazioni (c.d. *reductio ad aequitatem*).

Tale rimedio è identico a quello apprestato dall'art. 1450 c.c. per l'ipotesi di contratto rescindibile, essendo in presenza di un'analoga sproporzione tra le prestazioni, anche se le due fattispecie sono ben diverse: nel caso di rescissione, infatti, lo squilibrio concerne il sinallagma *genetico*, ovverosia si realizza all'atto stesso della conclusione del contratto, per volontà delle parti; viceversa, nell'ipotesi di risoluzione per eccessiva onerosità, lo squilibrio concerne il sinallagma *funzionale*, cioè si verifica durante lo svolgimento del rapporto, per cause diverse dalla volontà delle parti.

Contratti aleatori

Il rimedio non si applica ai *contratti aleatori*. Essi, come detto, sono contratti nei quali le parti si assumono il *rischio* di un'eventuale sproporzione tra le prestazioni conseguente ad eventi che non possono prevedere. Così è nel contratto di assicurazione: chi assicura la propria auto contro il furto, sa che pagherà una somma di danaro ogni anno e che tale somma sarà evidentemente perduta se l'auto non sarà mai rubata; allo stesso tempo l'assicuratore sa che se dopo un mese dalla stipula della polizza sopravviene il furto, allora, in cambio di un solo premio, egli deve indennizzare l'intero valore dell'auto. Il rischio fa parte della causa del contratto di assicurazione, quindi esso non può essere risolto per sopravvenuta eccessiva onerosità.

Contratti unilaterali

Se il contratto non è a prestazioni corrispettive bensì con obbligazioni a carico di una sola delle parti (c.d. *contratto unilaterale*), l'eccessiva onerosità sopravvenuta non rileva ai fini della risolubilità del contratto, ma solo della possibilità per la parte obbligata di chiedere una riduzione della sua prestazione ovvero una modificazione delle modalità di esecuzione sufficienti a ricondurre ad equità il rapporto contrattuale (art. 1468 c.c.).

Parte V
I RAPPORTI NON PATRIMONIALI

CAPITOLO 27

I DIRITTI DELLA PERSONALITÀ

1. *I diritti della personalità. Fondamento normativo, struttura e caratteri*

I diritti della personalità, anche denominati diritti fondamentali o diritti inviolabili dell'uomo, sono quei diritti che tutelano l'individuo nei suoi valori essenziali.

Tali diritti si basano su una condivisione di valori generalmente accettati che presuppongono una concezione dell'uomo comune a culture giuridiche in diversi Paesi e sono formalmente riconosciuti in varie convenzioni internazionali, tra i quali la *Dichiarazione universale dei diritti dell'uomo* adottata dall'Assemblea delle Nazioni Unite nel 1948, la *Convenzione europea per la salvaguardia dei diritti dell'uomo e delle libertà fondamentali* sottoscritta a Roma nel 1950, e la *Carta dei diritti fondamentali dell'Unione europea* proclamata a Nizza nel 2000.

Fondamento costituzionale

Nel nostro ordinamento i diritti della personalità ricevono espressa tutela e riconoscimento attraverso il dettato dell'art. 2 Cost., secondo il quale "*La Repubblica riconosce e garantisce i diritti inviolabili dell'uomo, sia come singolo, sia nelle formazioni sociali ove si svolge la sua personalità*".

Tale norma costituisce una clausola generale di tutela della persona umana, visto che la sua formula aperta ed elastica consente il riconoscimento e la salvaguardia di tutti quegli interessi, inerenti alla persona, che, secondo le esigenze del tempo e dell'evoluzione sociale, sono ritenuti fondamentali per l'uomo.

Struttura

Si discute se esista un unico diritto della personalità (teoria monista) che considera l'unicità dell'uomo in ogni sua espressione esistenziale e lo protegge a prescindere dalla singola norma, oppure sussistano tanti diritti della personalità (teoria pluralista) quanti sono i diversi diritti espressamente disciplinati dall'ordinamento.

L'entrata in vigore della Costituzione garantisce riconoscimento e tutela a qualsiasi interesse funzionalmente collegato alla realizzazione della personalità dell'individuo.

La concezione monista è stata considerata, anche dalla giurisprudenza, maggiormente rispondente all'esigenza di tutelare l'individuo nella sua varietà di manifestazioni, altresì in relazione alla necessità di adeguare la sfera di applicabilità ai nuovi interessi emergenti dalla realtà sociale.

Ne deriva l'opportunità di individuare nell'art. 2 Cost. una clausola generale di tutela della persona umana in grado di offrire tutela a ogni nuovo interesse considerato meritevole di tutela alla luce dell'evoluzione sociale e culturale, che consenta, dunque, l'ingresso di nuovi diritti in una prospettiva di sempre maggiore tutela della dignità umana.

Atipicità

Conseguentemente si desume che l'elencazione dei diritti della personalità non può esaurirsi nelle previsioni contenute nella Costituzione e nella legge ordinaria, bensì proprio in virtù della clausola generale e aperta dell'art. 2 Cost. i diritti della personalità sono da ritenersi caratterizzati dalla atipicità, in modo da riuscire ad assolvere la funzione di tutela di tutte quelle manifestazioni e espressioni della persona umana che emergono dalla progressiva trasformazione della società.

La complessità della persona umana e la molteplicità dei suoi interessi implica che la sua tutela non può essere scomposta in autonome situazioni giuridiche, ma deve essere ricostruita unitariamente perché è unitario il valore di riferimento, cioè la persona.

Caratteri

Tra i caratteri comuni ai diritti della personalità c'è l'assolutezza, nel senso che si tratta di diritti assoluti, che possono essere fatti valere *erga omnes*, nei confronti cioè di qualsiasi soggetto appartenente alla collettività.

Altra caratteristica tipica di questa categoria è l'indisponibilità, nel senso che, trattandosi di diritti che tutelano valori essenziali della persona, il loro titolare non può rinunciarvi, non può cederli ad altri, né, in linea di principio, trasmetterli *mortis causa*. Eccezionali ipotesi derogatorie (es. donazione di sangue) devono comunque essere rispettose del preminente principio di salvaguardia della dignità umana.

Ulteriore carattere comune è quello della imprescrittibilità dell'azione volta a far valere il diritto in sé considerato, che può essere iniziata in qualunque momento a prescindere dal tempo in cui il fatto lesivo è stato compiuto. Da non confondere con l'azione di risarcimento dei danni eventualmente conseguenti alla violazione del diritto, che segue la disciplina dettata dall'art. 2043 c.c., dunque, con prescrizione quinquennale.

Anche la non patrimonialità rappresenta caratteristica fondamentale dei diritti della personalità, nel senso che essi non hanno valore di scambio e non sono commerciabili (cedibili dietro compenso). Ovviamente il carattere della non patrimonialità del diritto non va confusa con la eventuale patrimonialità o valutabilità economica della prestazione spettante al titolare del diritto stesso.

2. *Strumenti di tutela*

La tutela civilistica dei diritti della personalità consiste nei rimedi offerti dall'azione inibitoria e dall'azione risarcitoria.

Tutela inibitoria

Se la violazione del diritto della personalità non si è ancora compiuta, essendoci tuttavia fondato motivo di temere che si verifichi, o sia persistente nel tempo, è possibile fare ricorso a provvedimenti cautelari che abbiano lo scopo di inibire il comportamento lesivo.

L'azione inibitoria costituisce, dunque, rimedio preventivo volto a reprimere o evitare comportamenti antigiuridici lesivi di un valore riconosciuto e protetto dall'ordinamento.

Tutela risarcitoria

Accanto alla tutela inibitoria si pone il rimedio offerto dalla tutela risarcitoria, poiché la lesione dei diritti della personalità integra gli estremi dell'illecito extracontrattuale *ex* art. 2043 c.c.

Il risarcimento in oggetto può avvenire sia per equivalente (riconoscendo al danneggiato una somma di denaro che costituisca l'equivalente economico del danno subito), sia in forma specifica (pubblicazione di smentite, distruzione di stampati, ecc.) quando sia possibile intervenire con un'attività positiva che abbia la funzione di rimuovere o quantomeno attenuare il pregiudizio subìto.

Esempio di risarcimento in forma specifica è lo strumento della rettifica, rivolto a favore del soggetto al quale siano stati attribuiti, attraverso una pubblicazione, atti, pensieri o affermazioni ritenuti lesivi della dignità o comunque non veri. Alla rettifica deve essere attribuita la stessa evidenza grafica data alla notizia errata.

3. *Il diritto alla vita*

Il diritto alla vita tutela l'interesse dell'individuo alla propria esistenza quale fenomeno naturale dell'esistenza fisica.

Che la scelta del nostro ordinamento sia inequivocabilmente orientata verso l'affermazione dell'intangibilità del diritto alla vita emerge innanzitutto dalla totale abolizione della pena di morte (anche in quei casi precedentemente previsti dalle leggi militari di guerra), nonché da una serie di disposizioni contenute nel codice penale che reprimono ad esempio l'omicidio del consenziente (art. 579 c.p.) o qualsiasi altro atto compiuto con lo scopo di compromettere la vita o l'integrità fisica della persona (artt. 575 ss. c.p.).

La vita, dunque, rappresenta il presupposto indispensabile per il godimento di qualunque altra libertà umana.

Inoltre, l'inquadramento della persona umana quale valore fondamentale prioritariamente tutelato nel nostro ordinamento conduce ad una sua protezione anche a prescindere dall'esistenza giuridica del soggetto titolare. In tale prospettiva si pone la disciplina dell'interruzione volontaria di gravidanza (legge n. 194 del 1978) che fissa un punto di equilibrio tra il potere di autodecisione della donna in ordine alla scelta di interrompere la gravidanza e il rispetto della vita futura fin dal concepimento. La legge infatti stabilisce dei limiti temporali (entro 90 giorni dall'inizio della gravidanza) e obiettive ragioni di pericolo per la sua salute fisica o psichica della donna per giustificare la richiesta di interruzione volontaria della gravidanza.

Interruzione di gravidanza

Tutti i diritti fondamentali riconosciuti dalla Costituzione coesistono in un rapporto di integrazione reciproca e, pertanto, la tutela ad essi apprestata deve essere frutto di una costante armonizzazione sul piano sistematico, al fine di evitare un'illimitata e aprioristica espansione di uno sugli altri. Infatti, il bilanciamento tra situazioni soggettive costituzionalmente protette va effettuato non in termini di prevalenza assoluta, bensì in un'ottica di coordinamento, poiché sono tutte espressione della dignità umana, intesa quale diritto inviolabile da rispettarsi e tutelarsi. L'emersione di un diritto alla libertà-dignità della persona postulerebbe, secondo un recente indirizzo giurisprudenziale, anche sovranazionale, l'inconfigurabilità di una tutela della vita "a tutti i costi" ed in qualsiasi condizione. Il diritto alla vita si intreccia con le garanzie dell'individualità umana, di cui gli artt. 2, 13 e 32 Cost., della quale è elemento essenziale l'autodeterminazione. Ogniqualvolta l'autodeterminazione venga meno, ad esempio, a causa dell'incoscienza irreversibile del malato, occorre assicurarsi che la dignità, a cui fa riferimento l'art. 3, 1° comma, Cost. e, dunque, almeno il nucleo essenziale dell'individualità umana non vada perduta, cosa che accadrebbe se una persona diversa da quella che deve vivere potesse illimitatamente decidere il mantenimento di funzioni vitali di base, altrimenti perdute. Ciò si verificherebbe in tutti quei casi in cui si concretizza un vero e proprio *accanimento*, che si traduce in un'ostinazione irragionevole di trattamento, ossia il perseverare in cure, ivi compresi i trattamenti nutrizionali meccanici (c.d. "sondino naso-gastrico"), per cui non sia accertabile un beneficio o un miglioramento nella qualità della vita.

In materia di c.d. "fine-vita", occorre richiamare le novità più rilevanti introdotte dalla legge 22 dicembre 2017, n. 219 (Norme in materia di consenso informato e di disposizioni anticipate di trattamento). In particolare, l'art. 4 consente ad ogni persona maggiorenne, capace di intendere e di volere, in previsione di una sua eventuale incapacità di autodeterminarsi, di esprimere, attraverso disposizioni anticipate di trattamento (DAT), le proprie convinzioni e preferenze in materia di trattamenti sanitari, nonché il consenso o il rifiuto rispetto a scelte diagnostiche o terapeutiche e a singoli trattamenti sanitari, comprese le pratiche di nutrizione e idratazione artificiali. A tal proposito si parla anche di "testamento biologico" o "biotestamento", ma si tratta di espressioni tecnicamente improprie. Le DAT, infatti, non disciplinano gli interessi del soggetto per il tempo in cui avrà cessato di vivere (art. 587 c.c.); al contrario, integrano una manifestazione di volontà destinata ad avere efficacia quando l'autore è ancora in vita, riguardando le cure alle quali egli intende (o non intende) sottoporsi. Ad ogni modo, si tenga presente che le DAT non sono sempre vincolanti per il medico: l'art. 4, 5° comma, consente al medico di disattenderle, in accordo con il fiduciario, qualora appaiano palesemente incongrue, non corrispondenti all'attuale situazione clinica del paziente o qualora sopraggiunga la possibilità di terapie non prevedibili all'atto della sottoscrizione, capaci di offrire concrete possibilità di miglioramento delle condizioni di vita. Ai sensi dell'art. 4, 6° comma, le DAT possono essere revocate o modificate.

Disposizioni Anticipate di Trattamento

Il giudice delle leggi ha affermato che al malato affetto da patologia irreversibile, fonte di sofferenze psichiche o fisiche assolutamente intollerabili e tenuto in vita a mezzo di trattamenti di sostegno vitale, purché pienamente capace di autodeterminarsi in maniera libera e consapevole, si presenta la possibilità di *lasciarsi morire*, richiedendo l'interruzione del trattamento di sostegno vitale in atto e la contestuale sottoposizione a sedazione profonda continua; richiesta che risulta vincolante nei confronti dei terzi, in forza della disciplina in materia di consenso informato, oggi cristallizzata nella succitata legge n. 219 del 2017. Tali condizioni e modalità di esecuzione devono essere appositamente verificate da una struttura pubblica del servizio sanitario nazionale, previo parere del comitato etico territorialmente competente. Entro tali limiti, dunque, la possibilità per il malato di ricorrere alla "sedazione palliativa profonda continua" può essere associata alla richiesta di terapie palliative, allo scopo di alleviare le sofferenze provocate dal suo legittimo rifiuto a trattamenti di sostegno vitale. L'effetto del rifiuto è quello di innescare un processo di indebolimento delle funzioni organiche il cui esito – non necessariamente rapido – è la morte. In questi termini, il giudice delle leggi ha dichiarato l'illegittimità costituzionale dell'art.

Eutanasia consensuale passiva

580 c.p. ("Istigazione o aiuto al suicidio") nella parte in cui non esclude la punibilità di chi, con le modalità sopraesposte, ovvero, ai sensi degli artt. 1 e 2 della legge n. 219 del 2017, agevola l'esecuzione del proposito di suicidio, autonomamente e liberamente formatosi, di una persona tenuta in vita da trattamenti di sostegno vitale e affetta da una patologia irreversibile (Corte cost., sentenza del 22 novembre 2019, n. 242, c.d. "Caso Cappato"). Una siffatta opzione ermeneutica è compatibile con il diritto che spetta a chiunque di decidere liberamente se curarsi o meno.

Eutanasia attiva

Al di fuori di tale ambito, deve considerarsi pienamente vigente nel nostro ordinamento il divieto di eutanasia attiva, anche consensuale, essendo ogni comportamento attivo diretto a provocare la morte, anche su richiesta, punibile *ex* art. 579 c.p. ("Omicidio del consenziente"). La legittimazione costituzionale di tale divieto è rintracciabile nell'esigenza di stroncare qualsiasi relazione intersoggettiva che metta in conto la morte di uno dei soggetti coinvolti, oppure una menomazione non terapeutica; situazione che farebbe vestire al medico i panni di un boia, minando gravemente il suo ruolo e la sua funzione all'interno della società civile.

4. *Diritto all'integrità fisica*

L'art. 32, 1° comma, Cost., affermando la salute come fondamentale diritto dell'individuo e interesse della collettività, sia nei confronti dello Stato che della generalità dei consociati, tutela il diritto all'integrità fisica quale garanzia dell'inviolabilità fisica della persona. Inoltre, l'integrità fisica è presa in considerazione dall'art. 5 c.c., il quale sancisce che gli atti di disposizione del proprio corpo non devono cagionare una diminuzione permanente dell'integrità personale, o essere altrimenti contrari alla legge, all'ordine pubblico e al buon costume.

Atti di disposizione del proprio corpo

Nel codice civile, dunque, l'integrità fisica viene in rilievo sia come limite all'autonomia privata nel caso in cui un atto possa determinare un danno permanente al corpo, sia come diritto inviolabile della persona rispetto a fatti dannosi perpetrati da terzi nei suoi confronti. Entro tali limiti, l'uomo è libero di autodeterminarsi sotto ogni aspetto che coinvolge il suo bene-vita e non è gravato da alcun dovere giuridico di curare in un modo o in un altro la sua salute. Ai sensi dell'art. 32, 2° comma, infatti, nessuno può essere obbligato ad un determinato trattamento sanitario se non per disposizione di legge, e sempre nel rispetto della persona umana. A tal proposito, la legge 13 maggio 1978, n. 180, sancisce regole generali con riferimento alla volontarietà degli accertamenti sanitari, che sono obbligatori solamente in presenza di ma-

Trattamenti sanitari

lattie mentali ma ciononodimeno subordinati all'osservanza di specifiche garanzie per la libertà del paziente.

Trapianto d'organi

In deroga al disposto di cui al summenzionato art. 5 c.c., peculiare rilevanza assume la normativa speciale sui trapianti di organi e tessuti. La legge 1° aprile 1999, n. 91, ha disciplinato la materia relativa ai prelievi e ai trapianti di organi e di tessuti *ex cadavere*, sancendo la necessità del previo consenso dell'interessato, mediante apposita dichiarazione di volontà, sulla donazione di organi *post mortem*. Si ricordi che anche nella carta d'identità può esservi l'indicazione del consenso ovvero del diniego a donare i propri organi in caso di decesso (art. 3 del T.U. delle leggi di pubblica sicurezza, modificato dalla legge 26 febbraio 2010, n. 125). È interessante rilevare che l'art. 3, 2° comma, della legge in parola vieta il trapianto delle gonadi e dell'encefalo, in quanto si tratta di organi particolarmente sensibili e delicati, attraverso il cui trapianto può trasferirsi anche il patrimonio genetico.

Regole specifiche si applicano in ipotesi di trapianti che implicano un prelievo tra persone viventi (legge 26 giugno 1967, per il trapianto del rene e la legge 19 settembre 2012, n. 167, sul trapianto di parti di polmone, pancreas ed intestino), la cui liceità è ricondotta al fondamentale principio di solidarietà sociale. Le attività trasfusionali e produzione di emoderivati (legge 21 ottobre 2005, n. 219) sono, altresì, consentite per le persone di almeno diciotto anni di età, previa espressione del consenso informato e verifica della loro idoneità fisica. Tutte le attività trasfusionali sono fondate sulla donazione volontaria, periodica, responsabile, anonima e gratuita.

Cadavere

Rientrerebbero nell'alveo dell'art. 5 c.c. anche gli atti di disposizione in merito alla custodia e/o al trattamento del cadavere per il futuro. A tale riguardo, occorre rilevare che ciascun uomo ha il diritto di decidere il trattamento che sarà riservato al proprio cadavere, nonché il luogo e le modalità di eventuale tumulazione. Con riguardo alla scelta del luogo, è configurabile un vero e proprio diritto della personalità (*ius eligendi sepulchrum*), variamente declinabile, che trova il suo fondamento non in una norma di legge ma in un'antica consuetudine (ad esempio, il diritto del componente di una famiglia ad essere sepolto nella tomba di famiglia, in assenza di disposizioni contrarie da parte del fondatore: in questo caso si parla di *ius inferendi mortuum*).

Sempre con riguardo all'applicabilità dell'art. 5 c.c., è d'uopo osservare che la pratica di sterilizzazione volontaria della donna è stata legalizzata a seguito dell'entrata in vigore della legge 22 maggio 1978, n. 194 in materia di aborto, anche se vi è chi distingue tra sterilizzazione terapeutica e di comodo, considerando quest'ultima in aperto contrasto con la norma codicistica.

Occorre sottolineare che, nelle fattispecie derogatorie sopra richiamate, la "logica proprietaria", cioè orientata al mercato e strettamente connessa alla nozione di "autonomia privata", che informa e connota l'intero impianto codicistico in materia di rapporti economici, appare recessiva rispetto all'impostazione personalistica, di matrice costituzionale, nella quale predominano libertà e gratuità.

Consenso informato

Una peculiare ipotesi applicativa del diritto *de quo* viene in rilievo con riferimento alle lesioni dell'integrità fisica dovute a trattamenti medico-sanitari. Al fine di circoscrivere l'ambito di liceità dell'attività del professionista sanitario e stabilire fino a che punto questi possa agire anche contro l'integrità fisica del paziente, il legislatore ha razionalizzato il principio del c.d. "consenso informato".

La legge 8 marzo 2017, n. 24, sulla sicurezza delle cure e responsabilità degli operatori sanitari, all'art. 1 stabilisce che nessun trattamento sanitario può essere iniziato o proseguito se privo del consenso libero ed informato della persona interessata (salvo che nei casi espressamente previsti dalla legge). Il paziente in possesso delle capacità intellettive e volitive, dunque, ha la libera disponibilità del bene salute, secondo una totale autonomia di scelte che può comportare anche il sacrificio del bene vita medesimo e che deve essere sempre rispettato dal sanitario. Il fondamento del consenso informato è rinvenibile nei principi espressi dagli artt. 2, 13, 32, 2° comma, Cost., che garantiscono il rispetto dell'individualità umana, della quale è componente essenziale l'autodeterminazione.

Mediante l'esercizio del consenso informato, il paziente aderisce al trattamento sanitario proposto dal medico, facendo venir meno la barriera dell'intangibilità della propria sfera personale in presenza di una piena consapevolezza di tutte le implicazioni che ne potrebbero derivare. Pertanto, il medico ha l'obbligo di informare in modo completo, aggiornato e comprensibile il paziente circa la diagnosi, la prognosi, i benefici ed i rischi dei trattamenti diagnostici e sanitari indicati. Deve, inoltre, rendere edotto il paziente di possibili alternative e delle conseguenze dell'eventuale rifiuto al trattamento sanitario o all'accertamento diagnostico e alla rinuncia ai medesimi. L'inadempimento dell'obbligo informativo può essere fonte di un danno costituito dalle sofferenze patite dal paziente per essere stato sottoposto a terapie o interventi dei cui rischi non era stato completamente edotto. Il danno scaturente dalla mancata informazione viene visto come aggressione alla libertà di disporre, fisicamente e psichicamente, di sé stesso e del proprio corpo e può formare oggetto di richiesta di risarcimento del danno. Le conseguenze dannose della violazione dell'obbligo di informazione possono portare alla sofferenza per la contrazione della libertà di disporre di sé stesso, alla menomazione fisica e psichica, oltre che alla perdita di chance di ricevere altro trattamento in altra struttura e da altro sanitario. La privazione di queste possibilità di scelta produce una sofferenza psichica in capo al paziente risarcibile quanto un danno fisico.

5. *Il diritto alla salute*

L'art. 32 Cost. considera la salute come un diritto fondamentale dell'individuo, sancisce che i trattamenti sanitari obbligatori possono essere previsti soltanto dalla legge ed aggiunge che la legge medesima "*non può in nessun caso violare i limiti imposti dal rispetto della persona umana*". Il Costituente ha delineato per la salute una duplice tutela, l'una di carattere oggettivo (cioè riferita al bene-salute in sé), l'altra come vero e proprio diritto individuale. Inoltre, assume rilievo anche la dimensione soggettiva della collettività, il cui interesse alla salute è pienamente tutelato. Da ciò si è desunto il carattere complesso del diritto in questione. Infatti, con l'unica locuzione "diritto alla salute" è possibile ricomprendere in maniera sintetica e complessiva posizioni giuridiche differenti per struttura e contenuto, o comunque non totalmente sovrapponibili. Dal dettato costituzionale, il diritto alla salute si connota come libertà negativa (libertà da) e, quindi, come protezione, efficace *erga omnes* dell'integrità e dell'equilibrio psico-fisico dell'essere umano rispetto a qualsiasi forma di impedimento, comportamento o condizionamento lesivo proveniente da altri soggetti, anche con riferimento alla scelta di sottoporsi (o meno) a taluni trattamenti sanitari. Siffatta libertà pretende l'astensione altrui e respinge ogni forma di ingerenza o aggressione riferita alla sfera della salute individuale. D'altra parte, il diritto alla salute si manifesta, altresì, come pretesa dell'individuo (libertà di) ad ottenere determinate prestazioni sanitarie, necessarie per la tutela della propria salute. Tale pretesa, per i soggetti "indigenti", si qualifica ulteriormente come diritto alla gratuità delle prestazioni sanitarie. A tal proposito, si parla di aspetto "prestazionale", o sociale, del diritto, che presuppone e richiede interventi positivi, consistenti in attività di prevenzione, riabilitazione e cura della salute del paziente. In una prima fase, il concetto di salute *ex* art. 32 Cost. veniva fatto coincidere con uno stato di "assenza di malattie" (dapprima esclusivamente fisiche, successivamente anche di natura psichica). La tutela del diritto alla salute, dunque, si risolveva nella conservazione di tale stato, attraverso interventi che prevenissero il rischio d'insorgenza o la diffusione di malattie, ovvero interventi di natura curativa finalizzati al ripristino dello stato di salute pregresso, compromesso da una malattia in atto. Si trattava di una visione statica della salute, gradualmente superata a partire dagli anni Settanta del secolo scorso in favore di un approccio dinamico, mirato ad evidenziarne la dimensione biologica ed etico sociale. Così è emerso chiaramente il carattere relazionale del diritto costituzionale alla salute, non più focalizzato su una mera conservazione dell'integrità fisica. Secondo questo nuovo approccio, infatti, la salute coincide con uno stato di benessere derivante dall'equilibrio psico-fisico, del tutto scollegato dalla guarigione come unica finalità. Il legislatore ordinario si è confrontato e adeguato alla nuova interpretazione del concetto di salute, tante sono state infatti le leggi varate al fine di tutelare il benessere mentale e non solo fisico, si pensi alla recente legge 29 maggio 2017, n. 71, recante "*Disposizioni a tutela dei minori per la prevenzione e il contrasto del fenomeno del cyber bullismo*", oppure al d.lgs. 19 settembre 1994, n. 626, a tutela dell'integrità psicofisica del lavoratore e delle lavoratrici, il quale contempla e previene anche rischi di natura psicosociale (*stress*, *mobbing*, *burn-out*).

Di particolare rilievo è la legge 22 maggio 1978, n. 194, recante "*Norme per la tutela sociale della maternità e sull'interruzione volontaria della gravidanza*", che attribuisce alla donna il diritto di interrompere la gravidanza qualora accusi circostanze per le quali la prosecuzione della gravidanza, il parto o la maternità comporterebbero un serio pericolo per la sua salute fisica o psichica, in relazione al suo stato di salute ovvero alle sue condizioni economiche, sociali, familiari, o alle circostanze in cui è avvenuto il concepimento, o a previsioni di anomalie o malformazioni del concepito (art. 4). Ci si è chiesto, a fronte di siffatto quadro normativo, se sia postulabile, in capo al concepito, un "diritto a nascere". La tutela del concepito nell'ordinamento trova un riscontro indiretto negli artt. 2 (impegno della Repubblica nel riconoscere e garantire i diritti inviolabili dell'uomo) e 31 (protezione della maternità) della Costituzione ed esplicita affermazione nell'art. 1 della legge n. 194 del 1978. L'art. 1, in termini perentori e inequivocabili, stabilisce che "*lo Stato garantisce il diritto alla procreazione cosciente e responsabile, riconosce il valore sociale della maternità e tutela la vita umana dal suo inizio*". Anche l'art. 1 della legge 19 febbraio 2004, n. 40 (sulla procreazione medicalmente assistita) "*assicura i diritti di tutti i soggetti coinvolti, compreso il concepito*", il quale riceve protezione anche prima dell'impianto degli embrioni attraverso il divieto, sanzionato penalmente, di crioconservazione e soppressione degli embrioni (art. 14) e il divieto di sperimentazione (art. 13).

Diritto a nascere

La risposta, dunque, deve essere affermativa. Un *vulnus* a tale diritto può ammettersi soltanto quando entra in conflitto con il diritto alla salute della madre. Per questo la legge in esame pone stretti limiti cronologici che vincolano le scelte del ginecologo – non obiettore di coscienza – , ai fini dell'induzione dell'aborto, la cui liceità mette sempre in primo piano l'obbligo di tutelare il diritto alla salute della madre, che è già persona in senso tecnico-giuridico (art. 1 c.c.), laddove l'embrione o il feto ancora tale non è. Ciò sempre che non sia la madre stessa a rinunciare consapevolmente alla tutela della sua salute, pur di portare a termine la sua gravidanza (libera espressione del diritto alla salute *in negativo*).

Diritto a nascere sano

Alla luce del presente quadro normativo, ci si è chiesto, ancora, se sia configurabile in capo al nascituro un vero e proprio "diritto a nascere sano". A parere della giurisprudenza, esso è configurabile esclusivamente nella sua positiva accezione, nel senso che nessuno può procurare al nascituro lesioni o malattie con comportamento omissivo o commissivo, colposo o doloso. Il nascituro, quindi, può essere destinatario di tutela anche senza essere soggetto dotato di capacità giuridica in senso tecnico, *ex* art. 1 c.c. e cioè considerando lo stesso come "oggetto di tutela", dotato di una peculiare rilevanza giuridica. Diversamente, non è postulabile, ragionando *a contrario*, l'esistenza di un diritto a "non nascere" o a "non nascere se non sani". A far chiarezza sul punto sono intervenute le Sezioni Unite della Corte di Cassazione, con la sent. n. 25767 del 22 dicembre 2015. Partendo dalla nozione di danno-conseguenza, come desumibile dall'art. 1223 c.c. ("*il risarcimento del danno* [...] *deve comprendere così la perdita subita...*") si è rilevato che esso è riassumibile nell'espressione empirica dell'"avere di meno" a seguito dell'illecito; ma, analizzando il contenuto del diritto in esame, il danno provocato dalla condotta omissiva del medico (mancata diagnosi di un'anomalia fetale) sarebbe la nascita, il che postulerebbe la morte come assenza di danno. L'esistenza di un tale diritto, nel nostro ordinamento, si presterebbe ad un paradosso, giacché, analizzando i termini di paragone prima e dopo "l'illecito", la "non vita da interruzione della gravidanza" non potrà mai configurare, *ex* art. 1223 c.c., una situazione più favorevole rispetto all'alternativa-nascita, per quanto affetta da malformazioni congenite. Quindi, non è riconoscibile un diritto alla non vita, per la contraddizione insuperabile che lo stesso porta con sé: ossia, l'assunto per cui la non-nascita costituirebbe un'alternativa più favorevole alla nascita. Se si ammettesse pregio giuridico a tale orientamento, si finirebbe "con l'assegnare al risarcimento del danno un'impropria funzione vicariale, suppletiva di misure di previdenza e assistenza sociale", e si assisterebbe ad una "reificazione dell'uomo", la cui vita risulterebbe degna di apprezzamento solo in ragione dell'integrità psicofisica.

Il diritto alla salute non è efficace esclusivamente nei rapporti tra soggetto privato e pubblici poteri ma opera anche all'interno dei rapporti tra privati, quale diritto assoluto, con efficacia *erga omnes*. Ciò implica una necessaria rilettura e riconsiderazione delle norme civilistiche alla luce del dettato costituzionale, soprattutto in presenza di conflitti tra quest'ultimo e diritti di rango inferiore, specie se a contenuto patrimoniale. La giurisprudenza si è resa protagonista di un'attività di rinnovata interpretazione di talune norme del codice civile, la cui portata viene integrata tenendo conto dalla immediata operatività della disposizione costituzionale in esame. Si pensi, ad esempio, all'art. 1580 c.c. in materia di rapporti di locazione, che contiene un espresso riferimento alla nozione di "salute".

6. *Il diritto all'identità personale*

Il diritto all'identità personale può essere definito, in linea generale, come il diritto a che non sia travisata la propria immagine etica, sociale o politica con l'attribuzione di azioni non compiute dal soggetto o di convinzioni da lui non professate. Questo diritto "ad essere sé stessi", che si rifà all'art. 2 Cost. come clausola generale, immediatamente precettiva, di tutela della personalità individuale, può essere invocato anche se le attribuzioni non veritiere appaiono migliorative della personalità ("*the false light need not necessarily to be a defamatory one*"). A tal riguardo, la giurisprudenza parla di "*diritto di ciascuno a non vedersi disconosciuta la paternità delle proprie azioni e, soprattutto, a non sentirsi attribuire la paternità di azioni non proprie, a non vedersi, cioè, travisare la propria personalità individuale*", anche a prescindere da una lesione della reputazione. Tale peculiare aspetto lo distingue dal diritto all'onore, il quale viene leso soltanto per notizie che screditano la persona.

Il diritto in esame si distingue dal diritto al nome, giacché quest'ultimo tutela il soggetto sul piano dell'esistenza materiale e della condizione civile e legale, mentre il primo rappresenta una formula sintetica, diretta ad esprimere la concreta ed effettiva personalità individuale, globalmente intesa e come essa si sta delineando o si è delineata nella vita di relazione. Il diritto all'identità personale va altresì distinto dal diritto alla riservatezza: il primo assicura la fedele rappresentazione alla propria proiezione sociale, il secondo, invece, la non rappresentazione all'esterno delle proprie vicende personali, che non ricoprono per i terzi un interesse socialmente apprezzabile.

L'obbiettivo del diritto all'identità personale è quello di assicurare, specialmente alle personalità esposte all'interesse pubblico, una protezione contro l'attribuzione di fatti, di idee politiche e religiose, di situazioni personali riguardanti il sesso (in senso lato) o la capacità dell'individuo, non corrispondenti alla realtà o, anche se singolarmente veritieri, in modo scorretto o parziale da parte di mass media, *opinion makers*, agenzie di informazioni e altri soggetti che divulgano notizie, in piena libertà di azione e di espressione. Si badi che tale diritto non deve essere percepito come limite alla formazione dell'opinione pubblica, ma piuttosto come sollecitazione e completezza dell'informazione, nel rispetto della complessità ideologica dei singoli e della collettività. Oggetto del diritto, dunque, è l'immagine morale della persona, nozione necessariamente sfuggente, indeterminata e mutevole nel tempo, infatti a ciascuno è consentito non solo di mutare le proprie opinioni e di contraddirsi, ma anche di plasmare e deformare la propria immagine, presentandosi anche in vesti diverse da quelle che assume essere le proprie. Al diritto del singolo, poi, corrisponde la generale libertà di opinione, ed in particolare la libertà dei mezzi di informazione di esercitare il diritto di cronaca e di critica (art. 21 Cost.), mediante l'interpretazione ed il commento dell'altrui opinione. Sotto quest'ultimo aspetto, è opinione costante che il contemperamento ed il bilanciamento dei due interessi confliggenti deve risolversi in favore del diritto di cronaca, sempre che siano rispettati i limiti dell'interesse sociale della notizia, della verità dei fatti narrati e della continenza.

Diritto a conoscere le proprie origini

Una peculiare declinazione del diritto all'identità personale è rappresentata dal diritto individuale a conoscere le proprie origini biologiche, nei casi in cui, per motivi sociali, la madre aveva deciso, al momento del parto, di mantenere l'anonimato. Sul punto, è intervenuta la Corte costituzionale (sent. 22 novembre 2013, n. 278), che ha dichiarato l'illegittimità costituzionale della disposizione legislativa (art. 28, 7° comma, legge 4 maggio 1983, n. 184) che vieta al giudice, su istanza del figlio, di interpellare la madre che abbia dichiarato, al momento del parto, di non voler essere nominata (c.d. "parto anonimo"), ai fini di un'eventuale revoca di tale dichiarazione. È stato osservato che la sostanziale irrevocabilità della scelta della madre azzera del tutto il diritto del figlio a conoscere la propria storia parentale e, di conseguenza, la propria identità. Pertanto, la Corte ha auspicato un intervento del Legislatore affinché approntі un procedimento di interpello *ad hoc* che, nel pieno rispetto della *privacy* della madre, consenta a quest'ultima di *cambiare idea* e di rivelare al figlio istante la propria identità. A fronte della perdurante inerzia del legislatore, la giurisprudenza ha cercato soluzioni per i singoli casi concreti che, di volta in volta, vengono sottoposti all'esame della magistratura. Di particolare rilevanza è posizione assunta dalla giurisprudenza di legittimità, la quale ha statuito, in caso di morte della donna, il carattere recessivo dell'interesse della madre alla segretezza, manifestato al momento del parto di fronte al diritto del figlio a conoscere le proprie origini biologiche. Infatti, in tale particolare ipotesi, l'evento morte della madre renderebbe del tutto impraticabile l'equo bilanciamento suggerito dalla Corte costituzionale, individuato nella procedura di interpello, cristallizzando irrimediabilmente l'irrevocabilità della scelta della madre e sacrificando ingiustificatamente il diritto fondamentale e personalissimo del figlio a conoscere la propria identità attraverso la ricostruzione della propria storia parentale.

Diritto all'identità sessuale e transessualismo

Un corollario del diritto all'identità personale è il diritto all'identità sessuale, da intendersi come il diritto a veder tutelata la propria caratterizzazione sessuale. Il dibattito dottrinale e giurisprudenziale ha delineato un vero e proprio diritto soggettivo che, ponendosi a garanzia di un valore collegato alla personalità umana (art. 2 Cost.), ha acquisito il crisma di inviolabilità ad essa costituzionalmente collegata, portando all'emanazione della legge 14 aprile 1982, n. 164. Tale intervento normativo ha accolto un innovativo concetto di identità sessuale, attribuendo maggiore importanza alla componente psicologica e sociale della persona, a scapito della mera conformazione degli organi genitali. Il diritto all'identità sessuale è, infatti, inteso come diritto a veder riconosciuto dall'ordinamento giuridico un profilo essenziale della personalità umana, quello della sessualità, superiore e prevalente rispetto a caratteristiche anatomiche puramente esteriori. Tale diritto si esplica non solo come *libertà negativa*, cioè come mera pretesa alla non ingerenza altrui nel proprio diritto, ma anche come pretesa a che lo Stato intervenga attivamente nel riconoscere valore giuridico al proprio atto di autodeterminazione, poiché elemento imprescindibile che consente il pieno svolgimento della personalità, di cui la sfera sessuale è parte integrante. Sulla base di tale portato argomentativo si è pronunciata la Corte costituzionale, mediante una sentenza interpretativa di rigetto (n. 221 del 21 ottobre 2015), in riferimento alla questione di legittimità costituzionale dell'art. 1, 1° comma, della legge n. 164 del 1982, in materia di rettificazione anagrafica di sesso. La valorizzazione della dignità umana e del dato personale su quello prettamente biologico, nonché la prevalenza di un concetto di salute (art. 32 Cost.) comprensivo anche della sfera psicologica, ha portato il giudice delle leggi a riconoscere che la richiesta di accesso alla rettificazione anagrafica del sesso può prescindere dall'intervento chirurgico. A giudizio della Corte costituzionale, infatti, la necessità dell'intervento chirurgico al fine della rettificazione del sesso è in contrasto con una nozione di salute psicofisica da intendere in senso *positivo* di libera esplicazione dei bisogni che determinano il palinsesto personale e nel senso *negativo* di libertà dello stesso da qualsiasi tipo di costrizione, fisica o psicologica. In questo senso, è necessario che il percorso di transizione debba attuarsi in maniera da tutelare il valore supremo della dignità umana, tenendo conto delle legittime aspirazioni personali e delle contingenze concrete nelle quali l'individuo conduce la sua vita di relazione. Così ragionando, dunque, l'intervento chirurgico rappresenta solamente *uno* strumento funzionale al perseguimento di un maggior livello di benessere psicofisico, ma non l'*unico* mezzo cui ricorrere per realizzare la tensione alla propria identità nelle ipotesi in cui il divario tra sesso biologico e sesso psicologico risulti immodificabile e, anzi, rischierebbe di acuire il profondo disagio in cui versa il soggetto che vive una condizione di *frazionamento* della propria identità. In altre parole, le modalità operative attraverso cui provvedere al riconoscimento ed all'arricchimento del percorso di costruzione dell'identità personale devono essere rimesse alla libera scelta del soggetto, in modo da non ingerire in una scelta personalissima di realizzazione e di maturazione della personalità. Pertanto, sarà il giudice a verificare le condizioni nelle quali vive il soggetto e ad avallare, se del caso, la volontà di questi a sottoporsi alla procedura di rettificazione senza preventivo intervento chirurgico demolitivo dei caratteri sessuali.

7. *Il diritto al nome*

Il nome identifica il singolo all'interno di una comunità organizzata e risponde ad un'esigenza basilare e fondamentale dell'individuo. Gli ordinamenti statali moderni hanno recepito tale esigenza, predisponendo appositi meccanismi di attribuzione e di tutela del nome alle persone fisiche e di altri segni distintivi alle persone giuridiche.

Il nome, sotto il profilo civilistico e personalistico, è componente dell'identità personale dell'individuo e costituisce un diritto soggettivo assoluto della persona, nel quale sono ricomprese anche esigenze, di natura pubblicistica, di identificazione nell'interesse generale.

La Costituzione menziona il diritto al nome nell'art. 22, stabilendo che "*nessuno può essere privato, per motivi politici, della cittadinanza, della capacità giuridica, del nome*". L'art. 22 va letto in combinato disposto con l'art. 2 Cost., che garantisce i diritti inviolabili dell'uomo, e con l'art. 3 Cost., che sancisce il principio di uguaglianza.

Il codice civile, all'art. 6, prevede che "*ogni persona ha diritto al nome*", comprensivo del prenome (o nome individuale) e del cognome, che designa l'appartenenza alla famiglia. Per quest'ultimo non sono ammessi cambiamenti o rettifiche se non nei casi e con le formalità richieste dalla legge.

Il prenome è dativo, viene dichiarato da uno dei genitori, da un loro procuratore speciale o da chi altri faccia la dichiarazione di nascita. In caso di disaccordo tra i genitori sulla scelta, è ammesso il ricorso al giudice, ai sensi dell'art. 316, 3° comma, c.c. Se la dichiarazione del prenome non viene effettuata, vi provvede l'ufficiale di stato civile (artt. 29 ss., d.p.r. 3 novembre 2000, n. 396 di revisione e semplificazione dell'ordinamento dello stato civile). Se i genitori sono ignoti, sarà l'ufficiale di stato civile a stabilire il prenome ed il cognome da imporre. La legge fissa dei limiti nella scelta del prenome. In particolare, al figlio non può essere attribuito il prenome del genitore vivente, se non è seguito dal suffisso *junior*, né di un fratello o di una sorella viventi. Inoltre, non possono essere attribuiti nomi ricoli o vergognosi (art. 34, 3° comma, ord. st. civ.) o idonei a creare situazioni discriminanti o difficoltà di inserimento sociale. Il prenome deve altresì corrispondere al sesso del nato (art. 35, 1° comma, ord. st. civ.). In caso di genitori sconosciuti, anche il cognome stabilito non deve essere ridicolo, vergognoso, contrario all'ordine pubblico, riprodurre nomi geografici o che rivelino l'origine naturale o che appartengono a famiglie illustri (art. 34 ord. st. civ.).

Il cognome è il nome della famiglia, che viene acquisito dai figli come conseguenza legale del rapporto di filiazione, senza bisogno di speciale attribuzione, salvo diversa volontà dei genitori. A tal proposito, la Corte costituzionale, con la sent. n. 286 del 2016, ha dichiarato l'illegittimità costituzionale del meccanismo di attribuzione automatica del cognome paterno (desumibile dal combinato disposto degli artt. 237, 262 e 299 c.c.) nel caso in cui entrambi i genitori, di comune accordo, vogliano trasmettere al figlio, al momento della nascita, anche il cognome materno. Inoltre, la Corte ha dichiarato l'illegittimità costituzionale dell'art. 262, 1° comma, c.c., nella parte in cui non consente ai genitori, di comune accordo, di trasmettere al figlio nato fuori dal matrimonio, al momento della nascita, anche il cognome materno; nonché ha dichiarato l'illegittimità costituzionale dell'art. 299, 3° comma, c.c. nella parte in cui non consente ai coniugi, in caso di adozione compiuta da entrambi, di attribuire, di comune accordo, anche il cognome materno al momento dell'adozione.

Come accennato *supra*, il prenome o il cognome può essere modificato, ai sensi dell'art. 6, 3° comma, c.c., su domanda e per giustificati motivi (ad es. perché vergognoso o ridicolo), mediante decreto del prefetto (artt. 89 ss., d.p.r. n. 396 del 2000, modificati dal d.p.r. n. 54 del 2012), oppure in seguito al verificarsi di determinate vicende della vita. Si veda, ad esempio, quanto previsto per i fenomeni di transessualismo (legge 4 aprile 1982, n. 164, modificata dal d.lgs. 1° settembre 2011, n. 150), oppure per il mutamento del nome e dei dati anagrafici per i pentiti (d.lgs. 29 marzo 1993, n. 119). Quanto ai primi, si ricordi che, in Italia, il transito è sottoposto integralmente al controllo dell'autorità giudiziaria ed è accertato con sentenza. Il figlio nato fuori dal matrimonio assume il cognome del genitore che per primo lo ha riconosciuto. Se il riconoscimento è contemporaneo da parte di entrambi i genitori, il figlio assume il cognome del padre, salvo che i genitori, di comune accordo, non vogliano attribuirgli anche il cognome materno. Quando la paternità è accertata successivamente al riconoscimento della madre, spetta al figlio decidere se vuole assumere il cognome paterno anteponendolo, aggiungendolo o sostituendolo a quello della madre; se la filiazione è stata accertata dopo l'attribuzione del cognome da parte dell'ufficiale dello stato civile, il figlio può decidere di mantenere il cognome precedentemente assegnatogli se è divenuto ormai segno della sua identità personale, aggiungendolo, sostituendolo od anteponendolo a quello del genitore che l'ha successivamente riconosciuto. Se il figlio è minorenne, la decisione spetta al giudice, previo ascolto del minore se abbia compiuto il dodicesimo anno di età o anche di età inferiore, ove capace di discernimento (art. 262 c.c.).

La moglie, ai sensi dell'art. 143 *bis* c.c., aggiunge al proprio il cognome quello del marito e lo conserva durante lo stato vedovile, fino a che non passi a nuove nozze. L'aggiunta del cognome configura una modificazione *ex lege* e non è soltanto una facoltà. Il giudice può vietare alla moglie separata l'uso del cognome del marito, quando ciò risulti pregiudizievole per il marito, così come può autorizzare la moglie a non utilizzarlo, qualora dall'uso possa derivare grave pregiudizio (art. 156 *bis* c.c.). In caso di divorzio, la legge prevede espressamente che la moglie perda il cognome del marito, sciogliendosi definitivamente il vincolo coniugale. Tuttavia, la moglie può chiedere al giudice di conservare il cognome del marito in aggiunta al proprio, se sussiste un interesse suo o dei figli meritevole di tutela. Alle unioni civili non si applica l'art. 143 *bis* c.c. Le parti dell'unione civile, una volta formalizzato il loro rapporto, possono scegliere liberamente quale cognome assumere dei loro due o mantenerli entrambi nell'ordine preferito (art. 1, 10° comma, legge 20 maggio 2016, n. 76).

Tutela

La tutela del diritto al nome è contenuta all'art. 7 c.c. Essa si attua mediante l'esperimento di un'azione di reclamo o inibitoria, qualora vi sia contestazione sul diritto all'uso del proprio nome ovvero in caso di usurpazione (uso illegittimo da parte di un terzo), accompagnato da un pregiudizio, anche se eventuale, per il vero titolare. La sentenza che riconosce l'abuso condanna al risarcimento dei danni, anche non patrimoniali, e viene pubblicata in uno o più giornali. La difesa del nome può essere invocata anche da soggetti diversi dal titolare del nome, che abbiano un interesse in virtù di apprezzabili ragioni familiari (art. 8 c.c.). Infine, l'art. 9 c.c. estende allo pseudonimo, che abbia acquistato l'importanza del nome, le medesime forme di tutela, purché abbia acquistato l'importanza di un nome.

8. *Diritto all'immagine*

L'art. 10 c.c. sancisce che "qualora l'immagine di una persona o dei genitori, del coniuge o dei figli sia stata esposta o pubblicata" fuori fai casi consentiti, "ovvero con pregiudizio al decoro e alla reputazione della persona stessa o dei diritti dei congiunti, l'autorità giudiziaria, su richiesta dell'interessato, può disporre che cessi l'abuso, salvo il diritto al risarcimento".

L'immagine, che è oggetto del diritto, è da intendere in senso ampio, come raffigurazione dell'aspetto di una persona nella sua componente fisica, in qualsiasi modo realizzata, compresa la riproduzione televisiva, teatrale o cinematografica. La norma, nel fare riferimento alle ipotesi consentite, richiama implicitamente gli artt. 96 e 97 della legge sul diritto d'autore (legge 22 aprile 1941, n. 633), secondo cui il ritratto della persona non può essere pubblicato o esposto senza consenso di questa qualora la riproduzione dell'immagine non sia giustificata dalla notorietà o dall'incarico pubblico ricoperto, da necessità di giustizia o di polizia, da scopi scientifici, didattici e culturali, ovvero dal collegamento a fatti, avvenimenti o cerimonie di interesse pubblico o svoltesi in pubblico ovvero qualora l'esposizione o la messa in commercio dell'immagine rechi pregiudizio all'onore, alla reputazione e al decoro della persona ritratta. Inoltre, ai sensi degli artt. 10 c.c., 96 e 97, legge n. 633 del 1941, il diritto all'immagine ricomprende il diritto allo sfruttamento esclusivo della propria immagine a fini commerciali e la divulgazione dell'immagine senza il consenso dell'interessato è lecita soltanto qualora risponda ad esigenze di pubblica informazione. In ipotesi di abuso dell'immagine altrui, l'interessato potrà esperire un'azione inibitoria al fine di ottenerne giudizialmente la cessazione, salvo sempre il risarcimento del danno.

Tutela Dal combinato disposto delle norme sopra richiamate si evince che l'ordinamento giuridico offre una duplice tutela: l'una "diretta", finalizzata a garantire ai consociati il diritto di non essere lesi da terzi nell'utilizzo della propria immagine; l'altra "indiretta", volta, invece, a garantire il prestigio della persona, cioè la considerazione che la società ha di ciascun individuo. Ogni soggetto, dunque, è titolare di un diritto ad apparire a sé e agli altri nei modi che si ritengono più appropriati ed opportuni, nonché di un diritto a preservare l'idea che gli altri hanno di sé.

Alcuni negano un'autonomia dogmatica al diritto *de quo*, considerandolo una delle espressioni del più generale diritto all'identità personale, da intendersi come modo di essere della personalità nel suo complesso, ovvero come manifestazione del diritto di ciascun individuo sul proprio corpo (art. 5 c.c.), come forma di utilizzazione indiretta che la persona fa di quest'ultimo. Altri, risentendo della concezione proprietaria che ha ispirato il codice civile, hanno adoperato una oggettivizzazione e materializzazione dell'immagine, arrivando a considerare il diritto all'immagine come un vero e proprio diritto di proprietà su tutti i ritratti esistenti del soggetto.

Tuttavia, con l'affermazione dei valori e dei principi costituzionali, l'essenza del diritto all'immagine ha subìto una metamorfosi che ha condotto gli interpreti ad una rilettura dei testi normativi previgenti in una prospettiva diversa. Si è fatto strada in maniera sempre più decisa un nuovo inquadramento del diritto in esame all'interno dell'ambito dei diritti afferenti alla sfera di intimità della persona. Infatti, è stato osservato che la *ratio* sottesa alla disposizione in esame è strettamente connessa all'esigenza di tutelare una sfera di riserbo della persona, ragion per cui l'oggetto del diritto sarebbe individuabile nella riservatezza dell'immagine personale. Nella medesima prospettiva, la giurisprudenza ha affermato un più ampio e generale diritto alla riservatezza, cioè alla protezione della sfera privata dell'individuo da qualsiasi forma di intrusione ed indiscrezione altrui, quale vero e proprio diritto fondamentale. Con la modernizzazione delle forme di vita e di organizzazione sociale, il diritto alla riservatezza ha assunto un rilievo centrale nel catalogo dei diritti fondamentali affermati in numerosi documenti internazionali e sovranazionali. Proprio a tale riguardo, un importante contributo per la riflessione sul concetto di immagine personale e delle sue interpretazioni giunge nel nostro ordinamento grazie ad una terza fonte legislativa nazionale: il d.lgs. 30 giugno 2003, n. 196 (*Codice della Privacy*), come modificato dal d.lgs. 10 agosto 2018, n. 101 di armonizzazione delle norme introdotte dal Regolamento europeo 2016/679 (c.d. *GDPR*). Può accadere, infatti, che l'immagine personale coincida a tutti gli effetti con la definizione di dato personale e, in virtù di questo, in tali casi, deve soggiacere alle regole dettate in materia di corretto e lecito trattamento di dati personali.

Già il Codice Privacy pre-Regolamento riconduceva implicitamente l'immagine personale al concetto di dato personale, prevedendo all'art. 4, lett. b che tale fosse "*qualunque informazione relativa a persona fisica, identificata o identificabile, anche indirettamente, mediante riferimento a qualsiasi altra informazione*" e, sebbene la citata disposizione sia stata abrogata con l'introduzione del d.lgs. n. 101 del 2018, la definizione di dato personale è di fatto stata mantenuta (ed estesa) nel più recente art. 4 del Regolamento europeo, il quale così recita: "*qualsiasi informazione riguardante una persona fisica identificata o identificabile ('interessato'); si considera identificabile la persona fisica che può essere identificata, direttamente o indirettamente, con particolare riferimento a un identificativo come il nome, un numero di identificazione, dati relativi all'ubicazione, un identificativo online o a uno o più elementi caratteristici della sua identità fisica, fisiologica, genetica, psichica, economica, culturale o sociale*". A tale riguardo, occorre segnalare che le fotografie non costituiscono sistematicamente un trattamento di categorie particolari di dati personali. Esse rientrano nella definizione di "dato biometrico" soltanto quando siano state trattate attraverso un dispositivo tecnico specifico che consente l'identificazione univoca o l'autenticazione di una persona fisica (Considerando n. 51).

Ai fini pratici, l'assoggettamento di questo diritto personale fondamentale (l'immagine) a più normative rende necessario, in capo all'utilizzatore, la raccolta di un consenso valido ai sensi di entrambe le leggi citate. A tal riguardo, la normativa sul trattamento dei dati personali richiede un consenso esplicito e consapevole, nella misura in cui espresso mediante un atto positivo inequivocabile con il quale l'interessato manifesti l'intenzione libera, specifica, informata e inequivocabile di assoggettare il proprio dato personale (per l'appunto, ad esempio, la sua immagine personale).

Purtuttavia, è d'uopo precisare che il consenso non è sempre necessario. Ai sensi del GDPR, infatti, vi sono dei casi in cui costituisce una valida base giuridica per il trattamento dei dati la sussistenza di un legittimo interesse da parte del titolare, purché venga effettuato previamente un equo bilanciamento con i diritti e la libertà del soggetto interessato. Ciò si verifica, ad esempio, nelle ipotesi in sussiste tra il titolare e l'interessato una "pertinente ed appropriata relazione", quale il rapporto di dipendenza, di subordinazione ovvero di clientela tale da far desumere l'esistenza di un potenziale vantaggio dall'essere ritratti da parte del soggetto, anche per scopi divulgativi o promozionali (Considerando n. 47).

D'altra parte la vigente normativa sul diritto d'autore prevede che il consenso della persona ritratta alla diffusione della sua immagine possa essere (implicitamente e tacitamente) dedotta dal suo comportamento, purché questo sia inequivocabile e non diversamente interpretabile, senza osservare alcuna particolare forma vincolata.

Pertanto, alla luce delle disposizioni civilistiche e sovranazionali sopra descritte: *a)* al fine di poter pubblicare o diffondere una foto o video che ritragga una persona è necessario un consenso; *b)* non è necessario il consenso laddove il soggetto ritratto sia un soggetto noto oppure quando la riproduzione dell'immagine è giustificata dalla notorietà o dall'ufficio pubblico coperto, da necessità di giustizia o di polizia, da scopi scientifici, didattici o culturali, o quando la riproduzione è collegata a fatti, avvenimenti, cerimonie di interesse pubblico o svoltisi in pubblico (art. 97 legge Aut.); *c)* nei casi in cui sia necessario il consenso, è consigliabile far sottoscrivere una liberatoria, anche in ottica GDPR, che contenga i rimandi all'informativa sull'utilizzo delle immagini e dei video quali dati personali dell'interessato (allorché rientrino in tale categoria); *d)* l'informativa dovrà contenere l'enunciazione dei diritti di cui gode il soggetto interessato, con particolare riferimento alla possibilità di revoca del consenso.

Nel caso di lesione del diritto all'immagine è risarcibile, oltre all'eventuale danno patrimoniale, il danno non patrimoniale (art. 2059 c.c.), costituito dalla diminuzione della considerazione della persona da parte dei consociati in genere o di settori o categorie di essi, con i quali il danneggiato abbia ad interagire. Si tenga presente, comunque, che il danno non patrimoniale, anche quando abbia determinato la lesione di diritti inviolabili della persona, come in ipotesi di lesione del diritto alla reputazione, non è *in re ipsa* ma costituisce un danno-conseguenza che, pertanto, deve essere puntualmente allegato e provato dal soggetto che ne domanda il risarcimento.

9. *Diritto all'integrità morale*

Il diritto all'integrità morale o all'onore è un diritto essenziale della persona, tutelato dal legislatore in via diretta nelle leggi speciali e nel codice penale. Infatti, a norma dell'art. 4, 1° comma, lett. a del d.lgs. 15 gennaio 2016, n. 7, soggiace alla sanzione pecuniaria civile da € 100 a € 8.000 "*chi offende l'onore e il decoro di una persona presente, ovvero mediante comunicazione telegrafica, telefonica, informatica o telematica, o con critti e disegni, diretti alla persona offesa*". Questi fatti, se dolosi, obbligano non solo al pagamento di una sanzione pecuniaria, ma anche "*alle restituzioni e al risarcimento del danno secondo le leggi civili*". Inoltre, l'art. 595 c.p. prevede che "*chiunque ... comunicando con più persone, offende l'altrui reputazione, è punito con la reclusione fino a un anno o con la multa fino a euro 1032*". Se l'offesa consiste nell'attribuzione di un fatto determinato, la pena è della reclusione fino a due anni, ovvero della multa fino ad € 2065. Se l'offesa è recata con il mezzo della stampa o con qualsiasi altro mezzo di pubblicità, ovvero in atto pubblico, la pena è della reclusione da sei mesi a tre anni o della multa non inferiore a € 516. Se l'offesa è arrecata a un Corpo politico, amministrativo o giudiziario, o ad una sua rappresentanza, o ad una Autorità costituita in collegio, le pene sono aumentate.

L'obbiettivo del diritto della personalità in questione è tutelare l'onore, il decoro e la reputazione di una persona. Per quanto qui di interesse, è sufficiente rilevare che per "onore" si intende la considerazione che ognuno ha di sé stesso e delle proprie qualità morali, per "reputazione" la rappresentazione della personalità del soggetto in una cerchia di consociati, per "decoro" la considerazione che ognuno ha delle sue doti, morali e fisiche. Tali nozioni hanno un carattere relativo, concorrendo nella loro individuazione le circostanze concrete attraverso cui l'offesa è arrecata, nonché l'ambiente sociale ed il contesto storico. La violazione del diritto all'integrità morale comporta, in capo all'autore del fatto, l'obbligo al risarcimento del danno, anche non patrimoniale. Il giudice, inoltre, qualora lo ritenga opportuno ai fini della riparazione del danno, può ordinare la pubblicazione della sentenza su uno o più giornali. Qualora si concretizzi la fattispecie di diffamazione a mezzo della stampa, la vittima, oltre al risarcimento del danno, può domandare la corresponsione di una somma a titolo di riparazione, per la cui determinazione bisogna tenere conto della gravità dell'offesa, nonché della diffusione che la notizia offensiva ha avuto (art. 12, legge 8 febbraio 1948, n. 47). Ad ogni modo, si tenga presente che, nel corso del giudizio di diffamazione, l'autore della dichiarazione offensiva dell'onore altrui può giovarsi dell'*exceptio veritatis*, adducendo che i fatti narrati sono veri e le valutazioni appropriate. Tuttavia, si è osservato che tale istituto ha perduto grandissima parte della sua pregnanza normativa con l'entrata in vigore della Costituzione, per effetto del principio della libera manifestazione del pensiero, di cui all'art. 21 Cost. L'ampia operatività di suddetto principio, infatti, consente di scriminare non solo tutte le situazioni nelle quali l'attribuzione all'offeso di un fatto determinato presenta profili di interesse pubblico o di rilevanza sociale, ma anche le ipotesi di diffamazione generica per le quali viene in considerazione l'esercizio del diritto di critica o del diritto di cronaca.

CAPITOLO 28

DIRITTO PRIVATO E NUOVE TECNOLOGIE

1. *Il digitale e la "datificazione" della vita*

Le nuove tecnologie hanno profondamente mutato i rapporti economici, sociali, persino politici e hanno avuto un'incidenza determinante nelle nostre vite, cambiando usi, costumi, simboli, offrendo molte opportunità, ma anche esponendoci a nuovi rischi e vulnerabilità. Basti pensare, in questo senso, a internet: straordinario strumento di accesso al sapere e di libera espressione del sé, ma anche teatro (e cassa di risonanza) di abusi, vessazioni, discriminazioni, *hate speech*.

Di fronte all'intrinseca ambivalenza delle nuove tecnologie e delle loro implicazioni sull'uomo e sulla società, compito del diritto è quello di disciplinarle in funzione del benessere collettivo e, soprattutto, della tutela della persona e dei suoi diritti, che non devono subirne danno ma, quanto più possibile, vantaggio. Non si tratta di un compito facile, soprattutto per le diverse dinamiche che caratterizzano il processo normativo da un lato e l'evoluzione tecnica, dall'altro; molto più complesse e, per ciò, lente, le prime; molto più immediate e veloci le seconde. Questo comporta un'intrinseca difficoltà del diritto nello stare al passo della tecnica, con il rischio di costante ritardo del primo sulla seconda e, quindi, della sostanziale inadeguatezza della norma a disciplinare la realtà, come un'istantanea che fotografa sempre e soltanto il passato. Di qui la principale caratteristica della legislazione in questo settore: una combinazione articolata tra norme primarie sufficientemente duttili da non cristallizzare una realtà dalla costante dinamica – fondate sull'ampio ricorso a clausole generali, principi e regole tecnologicamente neutre – e norme secondarie (o comunque atti subordinati *anche* non normativi ma amministrativi generali, come i decreti non regolamentari) attuative delle prime, connotate da notevole tecnicismo e ibridazione con nozioni tecnico-informatiche.

Dal punto di vista del diritto privato, le nuove tecnologie determinano profonde innovazioni (e possono essere, a loro volta, analizzate) essenzialmente sotto tre distinti profili: la rilevanza dei beni immateriali, del loro regime di circolazione e delle relative forme di appartenenza; le forme dell'autonomia negoziale; i diritti della personalità. Si tratta di innovazioni che hanno imposto – come vedremo – discipline parimenti innovative o che, secondo i casi, hanno determinato l'esigenza di un'interpretazione evolutiva degli istituti e delle categorie del diritto privato ovvero che, ancora, attendono una compiuta definizione (si pensi agli *smart-contracts* o al *blockchain*, per i quali si annoverano soltanto la previsione, all'art. 8 *ter*, d.l. 14 dicembre 2018, n. 135, convertito, con modificazioni, dalla legge 11 febbraio 2019, n. 12, che definisce "*smart contract*" "un programma per elaboratore che opera su tecnologie basate su registri distribuiti e la cui esecuzione vincola automaticamente due o più parti sulla base di effetti predefiniti dalle stesse. Gli *smart contracts* soddisfano il requisito della forma scritta previa identificazione informatica delle parti interessate attraverso un processo avente i requisiti fissati dall'Agenzia per l'Italia digitale con linee guida (….)" e, rispettivamente, «tecnologie basate su registri distribuiti»: le tecnologie e i protocolli informatici che usano un registro condiviso, distribuito, replicabile, accessibile simultaneamente, architetturalmente decentralizzato su basi crittografiche, tali da consentire la registrazione, la convalida, l'aggiornamento e l'archiviazione di dati sia in chiaro che ulteriormente protetti da crittografia verificabili da ciascun partecipante, non alterabili e non modificabili.

Non potendo qui compiutamente analizzare le implicazioni delle nuove tecnologie, in ogni loro profilo, sul diritto privato, ci limiteremo ad approfondirne alcune assumendo – come punto di partenza che incrocia, trasversalmente, ogni aspetto – i beni informazionali.

Come prima considerazione possiamo anzitutto rilevare come la digitalizzazione della vita, privata e pubblica, determinata dalle nuove tecnologie, abbia introdotto, conferendo loro progressivamente sempre più valore, nuove oggettività giuridiche: i dati, le informazioni. Essi sono ad un tempo all'origine e al termine della catena economica in quanto i principali processi produttivi, nell'epoca del capitalismo digitale, si alimentano di dati e ne producono altrettanti.

Benché risorse oggettivamente funzionali e, anzi, ormai indispensabili per il capitalismo digitale, i "beni" informazionali hanno uno statuto giuridico ancora incerto, anzitutto ai fini della riconducibilità alla nozione di beni di cui all'art. 810 c.c., ovvero quali cose che possono formare oggetto di diritti in quanto suscettibili di appropriazione, aventi valore di scambio o d'uso, meritevoli di tutela da parte dell'ordinamento.

L'acquisizione di un valore economico non è, infatti, di per sé sola sinonimo e presupposto necessario e sufficiente per il riconoscimento come bene giuridicamente rilevante secondo il diritto privato. A quest'ultimo fine è necessaria, infatti, una scelta autonoma dell'ordinamento che soppesi il valore economico del bene, la sua suscettibilità di appropriazione e quindi, anche, la sua funzionalità alla conclusione di contratti, aventi efficacia obbligatoria o reale.

Ebbene, tralasciando la questione della suscettibilità dei dati a rappresentare beni giuridici secondo il codice civile, vanno invece analizzati il regime di circolazione e le forme di appartenenza dei dati stessi, che costituiscono questioni complesse ma importanti per comprendere il funzionamento della società digitale nell'ottica del diritto civile.

Sotto questo profilo, va anzitutto ricordato che l'ordinamento dell'Unione europea ha inteso introdurre una prima disciplina essenziale dei dati come beni giuridici, dapprima considerando (già nel 1995) i soli dati personali e, soltanto recentemente, nel 2018, anche i dati non personali.

Questa prima distinzione di massima è importante per comprendere, anzitutto, il rango degli interessi giuridici coinvolti e le differenze profonde che caratterizzano i due principali plessi normativi di riferimento, articolati ciascuno sulle rispettive peculiarità.

Se, infatti, i dati personali – come meglio si dirà – costituiscono l'oggetto di un diritto fondamentale (appunto, alla protezione dei dati personali) che ne conforma, tuttavia, in modo assolutamente peculiare il regime circolatorio e le condizioni di disponibilità, i dati non personali presentano una natura più complessa e ambivalente.

2. *I dati non personali: forme di appartenenza e regime di circolazione*

La disciplina più organica in materia è, come detto, recente: si tratta del Regolamento 2018/1807/UE (*infra*: NPDR) sulla libera circolazione dei dati non personali nell'Unione europea, il cui obiettivo essenziale è appunto promuovere il più possibile un regime circolatorio aperto e dinamico dei dati, pur salvaguardando i diritti individuali suscettibili di esserne in varia misura incisi,

Anzitutto, sotto il profilo definitorio i dati non personali sono qualificati – dall'art. 3 del NPDR – in negativo, come "i dati diversi dai dati personali definiti all'articolo 4, punto 1, del Regolamento (UE) 2016/679", dunque qualsiasi informazione non riguardante una persona fisica identificata o identificabile, alla quale è per contro applicabile, appunto, il Regolamento sui dati personali n. 2016/679 (GDPR).

Pertanto, la macro-categoria dei dati è composta, da un lato, dai dati personali, come definiti dall'art. 4, punto 1, del GDPR (qualsiasi informazione riguardante una persona fisica identificata o identificabile); dall'altro, dai dati non personali, costitutivi di un insieme definito appunto in via residuale e complementare rispetto a quello dei dati personali e a sua volta articolato in due sotto-categorie, sulla base della fonte da cui origina l'informazione (questa è la tassonomia indicata dalla Commissione europea con la Comunicazione *Guidance on the Regulation on a framework for the free flow of non-personal data in the European Union* (COM (2019) 250 final). Si distinguono, quindi: a) i dati inizialmente personali, perché inerenti persone fisiche identificate o identificabili, come tali personali e, solo in seguito, sottoposti a un processo di anonimizzazione; b) i dati che "in origine non si riferivano a una persona fisica identificata o identificabile", qualificabili come industriali o a-personali.

Riguardo ai dati *sub* a) (anonimizzati), va chiarito che – secondo quanto indicato dal Considerando 26 del GDPR – essi possono ritenersi effettivamente tali, soggiacendo così alla disciplina del NPDR, solo se il processo cui sono sottoposti è tale da non consentire più, al suo termine, di ricondurli a una persona fisica identificata o identificabile, neppure con il ricorso a informazioni aggiuntive.

Proprio questa impossibilità di reidentificazione distingue i dati anonimizzati – come tali non personali – da quelli pseudonimizzati, definiti tali in quanto sottoposti a una procedura di sostituzione, con pseudonimi, di alcuni dei riferimenti a una persona fisica, in maniera tale da consentirne ancora la reidentificabilità, sia pur indiretta e con l'ausilio di informazioni aggiuntive (art. 4, n. 5, GDPR).

La categoria *sub* b) comprende invece dati che si potrebbero definire a-personali perché privi di ogni legame, sia pur solo originario, con la persona, spesso derivanti dal processo produttivo in cui sono inseriti o relativi, ad esempio, alle condizioni ambientali circostanti.

Riguardo agli insiemi di dati misti – costituiti cioè da dati sia personali che non – il NPDR si applica, ai sensi del suo art. 2, § 2, solo alla parte dei dati non personali.

Nelle ipotesi, poi, nelle quali gli insiemi di dati siano "indissolubilmente legati", si applicherà solamente il GDPR, "anche quando i dati personali rappresentano soltanto una piccola parte dell'insieme di dati". La Commissione UE ha chiarito che la fattispecie degli insiemi indissolubilmente legati ricorre nell'ipotesi in cui "separarli sarebbe impossibile o ritenuto dal titolare del trattamento economicamente inefficiente o non tecnicamente realizzabile" (*Guidance*, cit.).

I dati non personali (cui corrispondono i c.d. *machine generated data* o i dati industriali, dunque un'amplissima quota delle informazioni parte del processo produttivo) sono pertanto soggetti a una normativa, quale quella del NPDR, ad applicazione residuale, che ne disciplina prioritariamente il regime di circolazione, promuovendone la dinamica e regolamentando gli obblighi di localizzazione, la messa a disposizione dei dati alle autorità competenti e la portabilità dei dati stessi per gli utenti professionali. La base giuridica su cui poggia il Regolamento è, infatti, l'art. 114 del TFUE, che attribuisce al Parlamento ed al Consiglio la competenza di armonizzazione al fine di ravvicinare le norme nazionali che rappresentano un ostacolo alla libera circolazione. L'obiettivo principale del NPDR è, dunque, favorire la libera circolazione, promuovendo così l'economia, i processi produttivi e in genere l'innovazione.

Come ha chiarito la stessa Commissione, i due Regolamenti (GDPR e NPDR) sono complementari e recano una disciplina complessivamente volta a promuovere la libera circolazione dei dati, in vista della costituzione – poi più puntualmente affermata con il, presentato a novembre 2020 – di uno spazio comune europeo dei dati. La complementarietà dei due regolamenti è tale da configurare, secondo alcuni, una vera e propria quinta libertà, aggiunta alle quattro libertà espressamente definite quali finalità proprie del Mercato Unico Digitale: relative alla libera circolazione di beni, capitali, servizi, lavoro.

Nonostante questo intervento normativo (e le ulteriori innovazioni proposte dal citato *Data Governance Act*), il regime giuridico dei "dati non personali" presenta taluni margini di incertezza.

Essa è imputabile soprattutto all'assenza di una disciplina ad hoc delle forme di appartenenza dei beni informazionali e, di contro, all'incidenza, sulla categoria ampia e trasversale dei dati, di una pluralità di normative e istituti di settore (diritto d'autore, diritto sui generis relativo alle banche dati, tutela brevettuale, segreti commerciali). In assenza di norme specifiche per il regime di appartenenza e circolazione dei dati non personali, ci si è chiesti se sul dato, in quanto tale, possano avanzarsi pretese di natura proprietaria, conferendo così loro anche un valore patrimoniale esplicito, oltre che il valore economico che hanno in quanto elementi funzionali al processo produttivo nell'età digitale.

La Commissione europea muoveva, inizialmente, dall'esigenza di costituire, rispetto ai *machine-generated-data* (ovvero ai dati industriali e a quelli prodotti, ad esempio, da sistemi d'intelligenza artificiale o dell'*internet of things*) un diritto esclusivo atipico, tale da superare i limiti propri della posizione giuridica riconosciuta al costitutore di banche dati o al titolare di segreto industriale (è la proposta contenuta nella Comunicazione al Parlamento europeo e al Consiglio del 2017 su "*Building a European Data Economy*").

Naturalmente, questa posizione sottendeva una lettura peculiare del principio del *numerus clausus* dei diritti reali come limitata, per i beni immateriali, ai soli diritti primari di costituzione e non anche a quelli "derivati" aventi ad oggetto lo sfruttamento dei beni immateriali stessi. Con tale lettura, infatti, che ammette la costituzione di nuove forme di appartenenza esclusiva, anche non codificate, sui beni immateriali, è possibile coniugare l'interesse del titolare al godimento in forma esclusiva dei frutti (in questo caso, le informazioni) della propria attività e dei propri investimenti con l'interesse della società tutta alla libera circolazione delle idee e al libero accesso alle risorse intangibili.

Orientandosi in questa direzione, la Commissione suggeriva la previsione di un nuovo "diritto del produttore di dati" (*data producer's right*) quale presupposto della "ownership in data", ovvero di una peculiare forma di appartenenza esclusiva sui dati generati dall'*internet of things*, ovvero dagli oggetti in vario modo connessi alla rete.

Tale posizione rifletteva la tendenza, tuttora consolidata nei sistemi giuridici nei loro vari formanti, a considerare quasi come "naturale" o, comunque, prioritario lo schema proprietario quale regola di appartenenza in forma esclusiva di ogni utilità determinata dall'attività privata, purché dotata di valore economicamente valutabile. Si sarebbe trattato, in ogni caso, di uno schema proprietario del tutto peculiare, che avrebbe configurato una forma di privativa intellettuale particolarmente "dinamica", tale cioè da coniugare l'esclusività dell'appartenenza con l'esigenza di circolazione delle informazioni.

A sostegno dell'introduzione di tale regime, pur peculiare, di appartenenza dei dati si adduceva l'esigenza di correggere lo squilibrio derivante altrimenti dall'affidare il regime giuridico dei beni informazionali alla sola logica del mercato. Essa infatti, in assenza di interventi correttivi del diritto, rischia di attribuire un potere negoziale sproporzionato a quanti, per ragioni commerciali, detengano grandi quantità di dati, relegando tutti gli altri (ivi inclusi enti, soprattutto di ricerca, che dei dati necessiterebbero per fini di interesse generale) in una posizione di sostanziale soggezione ai *big player* dell'economia digitale.

Il controllo di fatto sui dati, proprio di chi ne disponga, ha infatti un carattere esclusivo tale da determinare un rilevante vantaggio competitivo, fondato sulla conoscenza del contenuto dei dati stessi, che rischia di alterare le fisiologiche dinamiche di mercato ma anche l'economia "della conoscenza".

La regolazione della titolarità del dato e delle sue forme di appartenenza contribuirebbe quindi, – osservavano e osservano tuttora i sostenitori della previsione di una "*ownership in data*" – a realizzare un'allocazione ottimale dei beni informativi, riducendone notevolmente i costi di transazione.

Tuttavia, nella scelta del regime giuridico da approntare in questa materia non può prescindersi dalla considerazione delle peculiarità dei dati stessi: immaterialità, non rivalità (caratteristica, connessa alla natura immateriale, secondo cui il godimento del bene da parte di un soggetto non ne impedisce di per sé l'utilizzo da parte di altri a un costo marginale pari a zero) e potenziale escludibilità (Quale possibilità di escludere i terzi dall'accesso di un determinato bene; in questo caso, dalla conoscenza di determinate informazioni). Tali caratteristiche dei dati, infatti, rendono lo schema proprietario probabilmente inadeguato a disciplinarle, anche nella forma peculiare della *ownership in data*.

Chi dispone del dato, infatti, con il ricorso a specifiche misure di carattere tecnico-informatico, può vantare sul bene un diritto esclusivo dall'estensione sostanzialmente equivalente a quella del diritto di proprietà, nonostante non sia esattamente tale la sua posizione giuridica. Del dato (non personale) egli, infatti, può godere e disporre liberamente, escluderne i terzi dal godimento, cederli a titolo oneroso. E se gli altri diritti di proprietà intellettuale hanno un'efficacia generalmente limitata nel tempo, l'appartenenza esclusiva del dato rischia di non incontrare alcun limite temporale.

Non è agevole, inoltre, individuare il soggetto cui, in ragione del ruolo svolto nel processo produttivo, spetterebbe la titolarità sul dato, con il rischio, oltretutto, di limitare fortemente la conoscenza e la diffusione delle informazioni, con effetti sociali largamente disfunzionali.

Tutte queste particolarità dei dati non personali e le implicazioni che avrebbero sul loro regime giuridico laddove si intendesse introdurre un diritto di appartenenza esclusiva, di stampo proprietario, sui dati stessi, rendono questa ipotesi normativa oggi molto più remota di quanto invece apparisse nel 2017, quando la Commissione accennò alla istituzione di un diritto (esclusivo) del produttore dei dati.

Queste ed altre ragioni parrebbero essere, infatti, alla base dell'abbandono, da parte della Commissione, dell'idea di introdurre un *data producer's right* sui dati, cui nella successiva, già citata, *Guidance* del 2019, non si fa più riferimento.

Lo schema concettuale che, secondo la dottrina maggioritaria, meglio si attaglia al regime circolatorio dei dati non personali sembra essere, infatti, quello della licenza di accesso, con la previsione di specifici obblighi di condivisione dei dati funzionali ad esigenze di pubblico interesse e, per altro verso, con l'introduzione di una disciplina chiara delle possibilità di negoziazione dell'accesso remunerato ai dati stessi (vi sono impliciti accenni nel citato *Data Governance Act*). Le licenze di accesso ai dati dovrebbero, in ogni caso, essere disciplinate in modo da rispettare criteri essenziali di equità, ragionevolezza e non discriminatorietà (riassumibili nell'acronimo FRAND), precisando le finalità e i limiti dell'utilizzo e le condizioni per il riutilizzo. Questa soluzione sembra destinata a riscuotere, almeno in un prossimo futuro, maggior successo in quanto sottende un'accezione più inclusiva e meno esclusivista di appartenenza.

Si tratterebbe, in altri termini, di configurare la posizione del titolare come diritto di gestione dei dati volto a favorirne, a certe condizioni e in presenza di esigenze socialmente rilevanti, la condivisione, secondo uno schema molto simile a quello del trust cui si ricorre, ad esempio, per le biobanche (archivi di materiale biologico utilizzato a fini di ricerca).

Per completare questa breve analisi della disciplina dei beni informazionali, va ricordato che alcuni sviluppi interessanti potranno venire dall'approvazione della proposta di regolamento "*Data Governance Act*", presentato dalla Commissione Ue a novembre 2020, che si applica tanto ai dati non personali quanto a quelli personali, senza pregiudizio delle rispettive discipline di riferimento (appunto il GDPR e il NPDR). Esso prevede l'istituzione di un sistema per il riutilizzo di alcune categorie di dati protetti del settore pubblico; la fornitura di servizi di *data sharing* per promuovere la libera condivisione dei dati nello Spazio economico europeo tra soggetti pubblici e privati; la promozione del "*data altruism*" quale forma di condivisione dei dati stessi; la creazione di uno Spazio Comune Europeo dei Dati; l'istituzione del Comitato europeo per l'innovazione dei dati.

3. *I dati personali*

3.1. *Caratteristiche generali della disciplina*

I dati relativi a una persona fisica identificata o (sia pur indirettamente) identificabile sono soggetti, come anticipato, a un'articolata disciplina.

Essa è costituita, dal 2018, dal GDPR e dalle relative norme nazionali di adeguamento (per l'Italia, il Codice in materia di protezione dei dati personali, di cui al d.lgs. n. 196 del 2003 come modificato dal d.lgs. n. 101 del 2018), che si applicano ad ogni forma di gestione (*recte*: trattamento) di dati personali, ad eccezione di quelle svolte nell'esercizio della giurisdizione penale e dell'attività di polizia, soggette alla direttiva 2016/680 e, per l'Italia, al d.lgs. n. 51 del 2018 che la traspone nel nostro ordinamento, nonché a quelle svolte nel contesto della fornitura di servizi di comunicazione elettronica, soggette alla direttiva 2002/58/CE (di prossima revisione ad opera del regolamento *e-privacy*, tuttora in fase di discussione).

Va peraltro ricordato che, se il GDPR in quanto tale non si applica ai trattamenti svolti per fini di sicurezza nazionale (essendo questa materia sottratta alle competenze unionali), tuttavia il legislatore nazionale ha sancito sul punto, all'art. 58 del Codice in materia di protezione dei dati personali (d.lgs. n. 196 del 2003 come successivamente modificato) una disciplina specifica volta a coniugare diritto alla riservatezza e alla protezione dei dati personali con esigenze di tutela della sicurezza nazionale.

Questa complessa disciplina, di fonte europea e interna – che ha sostituito, abrogandola la direttiva 95/46/CE e le relative norme nazionali di recepimento – è volta ad attuare l'art. 16 TFUE e l'art. 8 CDFUE. Tali norme sanciscono, appunto, il diritto alla protezione dei dati personali come un diritto fondamentale e autonomo rispetto al più tradizionale diritto al rispetto della vita privata (di cui all'art. 7 CDFUE), cui sono accordate garanzie peculiari, affidate peraltro all'azione di specifiche Autorità indipendenti (in Italia, il Garante per la protezione dei dati personali).

Sin dalla sua disciplina originaria (appunto la direttiva 95/46/CE, oltre alla Convenzione 108/1981 del Consiglio d'Europa e naturalmente alle norme nazionali), questo nuovo diritto, inizialmente dalla fisionomia incerta e fortemente condizionata dall'evoluzione tecnologica, si è caratterizzato per alcune scelte di politica legislativa peculiari. Tra queste possiamo annoverare, anzitutto, il carattere non meramente difensivo, ma attivo e dinamico della posizione giuridica soggettiva che vi è sottesa, connotata da incisivi poteri d'intervento sui dati e, quindi, sul trattamento svolto da terzi; l'incidenza rilevante del bilanciamento con altri interessi giuridici che muta, di volta in volta e di settore in settore, la "pienezza" del diritto e il grado di disponibilità da parte dell'interessato; la convergenza tra tutela privatistica e pubblicistica – con il duplice ricorso a sanzioni penali e amministrative ma anche con un regime risarcitorio (per quanto concerne il *private enforcement*) modulato sullo schema della responsabilità semi oggettiva. Rinviando sul punto al capitolo di questo Manuale specificamente dedicato al tema della responsabilità, basti ora rilevare che tale modello di responsabilità è stato concepito come funzionale alla maggior tutela della persona offesa. La legge n. 675 del 1996 e il successivo Codice in materia di protezione dei dati personali, di cui al d.lgs. n. 196 del 2003, ricorrevano in proposito alla responsabilità da attività pericolosa di cui all'art. 2050 c.c.

Il contenuto del diritto alla protezione dei dati personali può descriversi, pur con qualche approssimazione, quale diritto all'autodeterminazione informativa (secondo la formula coniata dalla sentenza del Tribunale costituzionale tedesco del 1982 sul censimento) inteso come diritto alla libera determinazione circa la gestione dei propri dati e, quindi, per loro tramite, alla definizione della propria personalità nella sua rappresentazione digitale.

Il nuovo quadro giuridico europeo (appunto, GDPR e direttiva 680) ha apportato innovazioni determinanti nella disciplina della protezione dati, a partire dalla stessa forma giuridica scelta per la sua parte prevalente (il GDPR). Con essa, optando per una fonte non di mera armonizzazione ma di unificazione *tout court*, l'Unione europea ha inteso realizzare, proprio su questo terreno, quell'unicità di disciplina ("*one continent, one law*") che avrebbe poi rappresentato la caratteristica degli interventi normativi sul digitale.

Significativa anche l'extraterritorialità temperata prevista per il suo ambito applicativo: il GDPR si applica infatti anche a titolari del trattamento (appunto, chi tratti i dati definendone modalità, fini e scelte essenziali) aventi sede extraeuropea, qualora offrano beni o servizi o monitorino il comportamento di persone fisiche che "si trovino" (non essendo necessaria la residenza) nell'UE. Si "positivizza" così il criterio della destinazione dell'offerta (*targeting*) già sancito in altri ambiti e che consente di attrarre nella disciplina europea anche l'attività delle grandi aziende del digitale (*big tech*) che hanno, in larga parte, sede estera.

Una spinta in questa direzione era, del resto, stata fornita dalla CGUE con la sentenza Costeja (sent. 13 maggio 2014, Costeja c. Google Spain, C 131-12, sent. 24 settembre 2019, C 136-17), con la quale la Corte ha proposto un'interpretazione del criterio di stabilimento (allora sancito dalla direttiva 95/46/CE come criterio di applicazione territoriale) così estensiva da anticipare quella che poi sarebbe stata la linea seguita dal GDPR, nella direzione appunto della extraterritorialità temperata.

L'uniformazione della legislazione a livello europeo ha imposto anche una diversa configurazione del coordinamento delle Autorità di protezione dati per garantire l'omogenea applicazione della disciplina. Il GDPR delinea un modello di cooperazione decentralizzata sul piano europeo che salvaguarda, tuttavia, l'indipendenza verticale delle singole Autorità rimettendo all'organo centrale (*European data protection board*: EDPB) competenze principalmente consultive.

La previsione dell'indipendenza delle Autorità già nella CDFUE consente, in quanto di pari rango, di superare gli ostacoli suscettibili di derivare, in virtù della clausola d'identità nazionale di cui all'art. 4. 2 TUE, da ordinamenti che eventualmente non contemplino la figura delle *Authorities*.

Quanto al riparto di competenze tra Autorità, esso è retto dal principio di territorialità (art. 55, p. 1), salvi i casi di competenza esclusiva rispetto ai trattamenti svolti in ambito pubblicistico e relativamente esclusiva rispetto ai casi "locali", in quanto relativi a trattamenti che abbiano un'incidenza specifica sui cittadini di un determinato Stato membro (art. 56, p. 2).

Rispetto ai trattamenti transnazionali il GDPR sancisce una competenza di tipo collaborativo in capo all'Autorità dello Stato ove insiste lo stabilimento principale (c.d. autorità capofila) o su cui il trattamento ha un'incidenza sostanziale, con obbligo tuttavia di coinvolgimento delle altre Autorità al fine di pervenire a una soluzione condivisa. Ove tale condivisione manchi, la controversia sarà devoluta all'EDPB che individuerà la soluzione.

L'esigenza di garantire continuità e non regressione nella tutela dei dati personali trasferiti all'estero ha indotto la CGUE a un'interpretazione particolarmente rigorosa ed "evolutiva" dei presupposti di liceità di tale trasferimento. Un caso particolare, oggetto di due rilevanti pronunce della CGUE, concerne il trasferimento verso gli USA. Tale ordinamento era stato dichiarato dalla Commissione UE, con propria decisione successiva ad accordi internazionali, "adeguati" in ragione delle garanzie accordate ai dati trasferiti. Nella prima sentenza, del 6 ottobre 2015 (C 362-14) sul caso Schrems I, la Commissione ha anzitutto negato che la decisione di adeguatezza stabilita dalla Commissione precluda una valutazione diversa alle autorità di protezione dei dati nazionali.

Sulla base di questa premessa, la Corte ha dichiarato invalida la decisione 2000/520 della Commissione (nota come accordo *Safe Harbour*) recante tale valutazione di adeguatezza dell'ordinamento statunitense, in ragione dei troppo ampi poteri di controllo riconosciuti agli organi investigativi americani per ragioni di sicurezza nazionale.

Con la seconda sentenza sul caso Schrems (sent. 16 luglio 2020, Schrems II, C 311-18), la Corte ha poi invalidato la seconda decisione di adeguatezza resa dalla Commissione UE a seguito della rinegoziazione di un nuovo accordo con gli USA (c.d. *Privacy Shield*). Tale decisione si è fondata sulla confermata inadeguatezza dell'ordinamento statunitense a garantire ai dati trasferiti una tutela "sostanzialmente equivalente", rispetto a quella accordata in Europa.

In sintesi, dunque, per due volte la Corte di Giustizia, in dissenso rispetto alla Commissione che aveva emanato la decisione di adeguatezza, la ha invece annullata ritenendo l'ordinamento statunitense privo di garanzie adeguate a tutelare i dati personali lì trasferiti dai troppo ampi poteri acquisitivi riconosciuti, in America, all'intelligence e alle forze di polizia, in caso di indagini per ragioni di sicurezza nazionale.

3.2. *I soggetti tutelati*

Il novero dei soggetti tutelati dalla disciplina privacy concerne essenzialmente le persone fisiche, sebbene alle persone giuridiche sia accordata tutela, sotto il profilo privacy, relativamente all'ambito delle comunicazioni elettroniche, soggette alla direttiva 2002/58 (di prossima sostituzione ad opera del regolamento *e-privacy*, attualmente in fase di discussione).

Nel vigore della direttiva 95/46, che pur accordava tutela solo alle persone fisiche, il legislatore italiano ha tuttavia incluso nel novero dei soggetti protetti anche le persone giuridiche, le associazioni e gli enti, sino a che il d.l. n. 201 del 2011 ha ridotto l'ambito di tutela alle sole persone fisiche. Per un brevissimo periodo, peraltro, è rimasta in vigore una disposizione, introdotta dalla legge n. 15 del 2009 (e abrogata dalla legge n. 183 del 2010), che sottraeva dall'ambito applicativo del Codice privacy (d.lgs. n. 196 del 2003) i dati inerenti allo svolgimento della prestazione da parte di coloro i quali fossero addetti a una pubblica funzione. Si trattava, insomma, di un'affermazione estrema dell'idea di trasparenza amministrativa come mero controllo della performance, rispetto alla quale ritenere recessiva l'esigenza di riservatezza dei soggetti interessati.

Una notazione particolare merita la posizione dei defunti, che non sono ricompresi tra i soggetti tutelati dal GDPR (Considerando 27), salva la possibilità degli Stati membri di compiere scelte diverse. È il caso italiano, avendo il d.lgs. n.101 del 2018 introdotto una specifica disposizione che legittima l'esercizio post-mortale dei diritti dell'interessato, anche da parte di un eventuale "mandatario" (a ciò delegato in virtù di una sorta di mandato *post mortem exequendum*).

Con tale disciplina, la riforma del 2018 ha "positivizzato" una prassi ormai diffusa soprattutto nel contesto dei rapporti telematici, mediante cui si affida la gestione della propria identità digitale, per il periodo successivo alla morte, a soggetti di propria fiducia, che possano ad esempio continuare ad alimentarne il profilo social o altro. Questa previsione non integra un patto successorio (art. 458 c.c.), come tale vietato dall'ordinamento, in quanto non ha ad oggetto attribuzioni patrimoniali.

Il Codice in materia di protezione dei dati personali, all'art. 2 *terdecies*, chiarisce sul punto che la volontà espressa dall'interessato è sempre suscettibile di revoca o modifica e che l'eventuale divieto, da lui espresso, di esercizio post-mortale dei suoi diritti da parte dei soggetti pur astrattamente legittimati, «non può produrre effetti pregiudizievoli per l'esercizio da parte dei terzi dei diritti patrimoniali che derivano dalla morte dell'interessato nonché del diritto di difendere in giudizio i propri interessi».

Da tale disciplina il Garante ha dedotto, conseguentemente, l'estensione dell'applicazione della disciplina a tutela dei dati personali, in quanto tale – e dunque non soltanto relativamente all'esercizio dei diritti – anche ai dati inerenti ai defunti. Osserva infatti l'Autorità: "Il riconoscimento, effettuato dal Codice, della possibilità di esercitare i predetti diritti da parte dei soggetti elencati nell'art. 2-*terdecies*, comma 1, al posto delle persone decedute, comporta – quale naturale conseguenza e necessario presupposto logico-giuridico – che ai dati personali concernenti le persone decedute continuano ad applicarsi le tutele previste dalla disciplina in materia di protezione dei dati personali. Ciò in quanto i diritti di cui agli articoli da 15 a 22 del Regolamento prima richiamati – fra cui il diritto di accesso ai propri dati personali, i diritti di rettifica e cancellazione dei dati, il diritto alla limitazione del trattamento, il diritto di opposizione al trattamento, il diritto di non essere sottoposto a una decisione basata unicamente sul trattamento automatizzato (compresa la profilazione) che produca effetti giuridici che lo riguardano o che incida in modo analogo significativamente sulla sua persona – si concretizzano nel diritto di chiedere che il titolare del trattamento si conformi alle disposizioni di settore in materia di protezione dei dati personali e ai '*principi applicabili al trattamento di dati personali*' nel rispetto delle condizioni di '*liceità del trattamento*', in quanto compatibili" (Garante prot. dati personali, provv. 10 gennaio 2019, n. 2, doc web 9084520).

Un'ulteriore considerazione specifica merita la posizione dei minorenni, in favore dei quali (limitatamente a quelli di età compresa tra i tredici e i sedici anni, secondo le opzioni dei singoli Stati membri) l'art. 8 GDPR accorda una, pur settoriale, capacità di prestare il consenso relativamente ai trattamenti di dati funzionali alla prestazione dei servizi della società dell'informazione, riconoscendone implicitamente e correttamente la capacità di discernimento. Nell'esercizio della propria discrezionalità, il legislatore italiano ha fissato la soglia di età per l'autonoma prestazione del consenso a quattordici anni, superando una versione intermedia del testo che si riferiva invece all'età di sedici anni.

La scelta definitivamente prevalsa è condivisibile in quanto coerente con altre norme dell'ordinamento che, a quell'età, ammettono una parziale capacità di agire (e quindi di discernimento) del minore, ma soprattutto con una realtà sociale che non si può ignorare con lo schermo, spesso velleitario perché facilmente eludibile, della rappresentanza genitoriale. Nell'ambito della relazione illustrativa dello schema di decreto legislativo, nonché dei lavori parlamentari relativi allo stesso, si è infatti sottolineato come sarebbe stato incongruo fissare, per la valida prestazione del consenso *on line*, una soglia di età più alta di quella prevista addirittura, ad esempio, per la prestazione dell'assenso all'adozione, come pure per quella che consente al minore di tutelare (con istanza al gestore o al Garante, autonomamente proposta) i propri diritti lesi da atti di cyberbullismo (legge n. 71 del 2017).

3.3. *I presupposti di liceità del trattamento*

La liceità del trattamento dei dati personali è subordinata alla sussistenza di presupposti distinti in ragione del carattere comune o "particolare" (tale cioè da rivelare l'origine razziale o etnica, le opinioni politiche, le convinzioni religiose o filosofiche, o l'appartenenza sindacale del singolo, comprensiva anche dei dati genetici, dei dati biometrici intesi a identificare in modo univoco una persona fisica, dei dati relativi alla salute o alla vita sessuale o all'orientamento sessuale della persona) ovvero ancora "giudiziario" (relativo cioè a condanne penali, a reati o connesse misure di sicurezza) del dato.

Premessa questa distinzione di massima in ragione della natura del dato, i presupposti di liceità del loro trattamento sono riconducibili, pur con qualche approssimazione, a fonti pubblicistiche (obbligo legale, esercizio di un potere o compito di pubblico interesse) e privatistiche (consenso, necessità contrattuale, legittimo interesse, interesse vitale). Queste ultime sono recessive (fino all'irrilevanza) nel sistema della direttiva 2016/680 e del d.lgs. n. 51 del 2018, in ragione del carattere pubblicistico (e in larga parte coercitivo) delle attività svolte, le quali sono subordinate necessariamente a previsioni normative puntuali (di rango legislativo con possibile integrazione regolamentare).

Tralasciando, tuttavia, per i limiti di quest'analisi, il sistema della direttiva 2016/680 e concentrandoci soltanto sul GDPR, va ricordato come la liceità del trattamento esiga, oltre alla fonte legittimante – che stabilisca dunque limiti, finalità, garanzie e condizioni per operare sui dati – anche il rispetto di alcuni principi essenziali che regolano non già l'*an* ma il *quomodo* del trattamento stesso.

Si tratta, in sintesi, dei principi di liceità (che presuppone, appunto, la sussistenza di una fonte legittimante il trattamento); correttezza e trasparenza (che esige un'adeguata informazione dell'interessato in ordine alle caratteristiche del trattamento, funzionale anche a consentirgli l'esercizio delle prerogative riconosciutegli); limitazione della finalità (che vieta, salvo deroghe tassative, il trattamento dei dati per fini incompatibili con quelli per i quali furono acquisiti); minimizzazione (che esige adeguatezza, pertinenza e limitazione al minimo indispensabile, rispetto alle finalità perseguite, i dati trattati); esattezza (che impone il ricorso a dati esatti in quanto non alterati ed aggiornati all'evoluzione della realtà che rappresentano); limitazione della conservazione (che vieta la conservazione dei dati per un periodo superiore a quello strettamente necessario al perseguimento dei fini legittimanti il trattamento, salvo specifiche deroghe); integrità e riservatezza (che impone l'adozione di una serie di misure tecnico-organizzative volte a preservare i dati da indebite alterazioni, accessi abusivi ecc.); responsabilizzazione (che implica l'adozione, da parte del titolare del trattamento, di ogni misura volta alla tutela dei dati trattati, secondo le specifiche caratteristiche dell'attività e del trattamento svolti).

Proprio quest'ultimo principio esprime, più di ogni altro, l'impostazione (innovativa rispetto a quello della direttiva 95/46/CE) sottesa al GDPR, volta a imporre al titolare obblighi di natura essenzialmente preventiva e proattiva, dallo stesso modulati in ragione, essenzialmente, del rischio (per la *privacy* ma più in genere per i diritti e le libertà degli interessati) connesso al trattamento dal medesimo svolto. Il principio di *accountability* implica, del resto, non soltanto l'adozione di tali misure ma anche la capacità di provarne la predisposizione (art. 5, p. 2), pena l'integrazione di illeciti amministrativi di assoluto rigore (basti pensare che il massimo edittale per la categoria di illeciti più gravi può giungere a 20 milioni di euro o al 4% del fatturato). Alla responsabilizzazione del titolare corrisponde, del resto, un diverso ruolo delle Autorità di protezione dei dati, i cui poteri autorizzatori preventivi si contraggono in favore di quelli "successivi" di tipo correttivo in senso stretto, sanzionatorio o collaterali (consultivi, promozionali, ecc.).

Quella cui risponde il GDPR è un'impostazione molto simile a quella sottesa alla disciplina della responsabilità da reato degli enti (d.lgs. n. 231 del 2001), in primo luogo per l'obbligo di adottare una strategia complessiva di *compliance* aziendale fondata sulla prevenzione del rischio (qui, per la privacy e i diritti degli interessati, lì da esposizione a reato).

Di questa strategia, funzionale alla responsabilizzazione, fanno parte anche misure quali i codici di condotta e le certificazioni, previsti dal GDPR come volontario strumento di *accountability* di cui, appunto, il titolare può scegliere di avvalersi per agevolare la prova della legittimità della propria condotta. Con riferimento particolare ai codici di condotta, si tratta di regole di settore ad efficacia endocategoriale volte ad integrare i principi generali della disciplina e ad adattarli alla specificità delle varie tipologie di trattamento, emanate all'esito di un procedimento in cui le Autorità di protezione dati hanno un ruolo rilevante. Proprio in virtù della rilevanza dell'intervento pubblicistico nel processo deliberativo, tali forme di autoregolamentazione, anziché "libere" come quelle espressioni dell'autonomia contrattuale, si ritengono "assistite", espressione dunque di co-regolamentazione.

Tra gli obblighi gravanti, a certe condizioni, sul titolare vi è anche quello della nomina del responsabile della protezione dei dati, con funzioni essenzialmente consultive e di indirizzo per la garanzia di conformità del trattamento alla disciplina rilevante. A tale figura è accordato uno status caratterizzato da particolari requisiti di indipendenza rispetto alla struttura gestoria. La rilevanza di questa figura è tale che il legislatore interno, pur potendo prescinderne, ne ha imposto la designazione anche in un ambito, quale quello dei trattamenti svolti dall'autorità giurisdizionale nell'esercizio delle relative funzioni, in cui il GDPR contempla tale ipotesi come meramente facoltativa.

Una considerazione specifica meritano i principi di liceità, correttezza e trasparenza del trattamento. Il primo va letto in correlazione con il principio di stretta legalità sancito, per i diritti fondamentali (quale appunto quello alla protezione dei dati personali) dalla CDFUE (art. 52, par. 1) ed assolve la funzione di selezionare i presupposti legittimanti, nell'*an*, il trattamento, in base al bilanciamento realizzato tra il diritto alla protezione dei dati personali e gli interessi potenzialmente confliggenti (autonomia negoziale, salvaguardia di interessi vitali dell'interessato o del terzo, interessi sottesi ad obblighi legali legittimanti il trattamento, esercizio di pubblici poteri, legittimo interesse del titolare o di terzi). Il principio di liceità ha, dunque, una funzione di cerniera con le altre norme dell'ordinamento legittimanti, di volta in volta, il trattamento. Valorizzando, tuttavia, la connessione logica e sistematica instaurata dal legislatore, nell'art. 5, par. 1, lett. a, tra liceità, correttezza e trasparenza, può ritenersi che il principio di liceità non si esaurisca nella sussistenza di uno dei presupposti legittimanti il trattamento, soltanto nell'*an*, ma concorra, assieme agli altri principi sanciti dall'art. 5, a determinarne la legittimità anche nel *quomodo*. In tale prospettiva, il principio di liceità rappresenterebbe un parametro di valutazione più generale della conformità al diritto del trattamento, in linea con l'interpretazione resane dalla giurisprudenza della CEDU, secondo la quale il trattamento dei dati personali è lecito soltanto se: è conforme alla legge; persegue uno scopo legittimo; è necessario in una società democratica per perseguire uno scopo legittimo.

Il principio di correttezza (come già il principio di lealtà) attiene essenzialmente al rapporto tra il titolare del trattamento e l'interessato e, unitamente al principio di trasparenza cui è affiancato nello stesso disposto normativo, rappresenta un presupposto indispensabile per la garanzia di una delle componenti essenziali del diritto alla protezione dei dati personali, quale appunto è l'autodeterminazione informativa. La correttezza deve ispirare, nei canoni della lealtà e della buona fede, la condotta del titolare lungo tutto l'arco del trattamento.

Il principio di trasparenza è volto essenzialmente a rendere l'interessato consapevole delle caratteristiche essenziali del trattamento, anche al fine di consentirgli, se del caso, l'esercizio del diritto di revoca. In questo senso, esso è complementare al principio di correttezza, poiché modalità leali e corrette di gestione del trattamento presuppongono ineludibilmente la compiuta informazione dell'interessato in ordine alle caratteristiche e alle implicazioni essenziali del trattamento dei suoi dati.

Un particolare requisito di liceità e correttezza previsto dal legislatore interno attiene al rispetto delle regole deontologiche adottate, sulla scia dei codici deontologici della normativa previgente, nelle materie per le quali il GDPR ha stabilito una riserva a favore del diritto degli Stati membri. Il Garante è tenuto a promuovere l'adozione di tali regole nell'osservanza del principio di rappresentatività, nonché a verificarne la conformità alle disposizioni vigenti. Tali regole sono espressione di sussidiarietà normativa orizzontale, ed integrano il precetto cui il trattamento deve conformarsi. La violazione delle regole deontologiche realizza uno specifico illecito amministrativo (art. 2 *quater*, 4° e 166° comma, d.lgs. n. 196 del 2003).

Un altro principio che svolge un ruolo determinante nella legittimità del trattamento è quello della sua necessità e proporzionalità, riconducibile nel nuovo quadro giuridico europeo al canone di minimizzazione, espressione del principio di ordine generale prescritto dall'art. 52 CDFUE ai fini delle limitazioni dei diritti sanciti dalla stessa Carta, con la previsione della necessità di bilanciare i diritti fondamentali eventualmente in conflitto, pur senza intaccarne il contenuto essenziale. È proprio il canone di proporzionalità a fondare quella funzione sociale del diritto alla protezione dati, valorizzata dal GDPR (Considerando 4 e 7) e che riflette, pur su un piano diverso, l'insegnamento della Corte costituzionale secondo cui non esistono diritti tiranni (sent. n. 85 del 2013 ove si osserva come il bilanciamento tra diritti debba rispondere a canoni di proporzionalità e ragionevolezza, non consentendo "l'illimitata espansione di uno dei diritti, che diverrebbe 'tiranno' nei confronti delle altre situazioni giuridiche costituzionalmente riconosciute e protette, che costituiscono, nel loro insieme, espressione della dignità della persona").

Il canone di proporzionalità, in combinato disposto con quello di necessità, è stato valorizzato anche dalla Corte di Giustizia, che vi ha individuato il criterio ispiratore dell'intera disciplina, ammettendo le misure più invasive solo a fronte dell'inidoneità allo scopo di sistemi meno limitativi del diritto, dal momento che "deroghe e restrizioni" ai diritti fondamentali devono intervenire "entro i limiti dello stretto necessario" (CGUE, C-362/14, Maximillian Schrems c. Data Protection Commissioner [GC], 6 ottobre 2015).

Tali previsioni declinano, dunque, all'interno del GDPR il criterio di "necessità nel rispetto del principio di proporzionalità" cui l'art. 52

della CDFUE subordina la legittimità delle limitazioni dei diritti dalla stessa sanciti, tra i quali appunto il diritto alla protezione dei dati personali.

Sul canone di proporzionalità del trattamento (desunto dalla direttiva 95/46, applicabile al caso all'esame della Corte quale parametro idoneo all'eterointegrazione del criterio di ragionevolezza) si è, del resto, fondata la declaratoria di illegittimità della disciplina degli obblighi di pubblicità della condizione patrimoniale e reddituale dei dirigenti pubblici di cui al d.lgs. n. 33 del 2013, con la sent. n. 20 del 2019.

3.4. *I diritti riconosciuti all'interessato e l'oblio*

Il GDPR potenzia notevolmente il novero dei diritti riconosciuti all'interessato (accesso, rettifica, cancellazione, limitazione, portabilità, opposizione, diritti rispetto al processo decisionale automatizzato), che costituiscono il nucleo essenziale del diritto alla protezione dei dati, nella sua dimensione appunto dinamica e attiva di diritto all'autonoma determinazione in ordine alla gestione dei propri dati.

Nell'ambito di questa categoria di posizioni giuridiche soggettive, strumentali all'effettività del diritto alla protezione dei dati, è particolarmente innovativa la previsione, da parte del GDPR, del diritto alla portabilità dei dati (ovvero al trasferimento dei propri dati da un titolare all'altro, rispetto ai trattamenti fondati sul consenso o sul contratto), che ha effetti importanti anche sotto il profilo concorrenziale, nella misura in cui può contrastare il *lock-in* tecnologico dovuto alla tendenza degli utenti a evitare il passaggio a titolari diversi per timore di perdere il proprio "patrimonio informativo". Si pensi, ad esempio, al passaggio da una piattaforma all'altra di ascolto e riproduzione di brani musicali, in cui il soggetto ha interesse a non perdere, ad esempio, le proprie *playlists*.

Un ruolo di assoluto rilievo, nell'ambito dei diritti riconosciuti all'interessato, è svolto dal diritto alla cancellazione dei dati illegittimamente trattati o la cui conservazione non sia più necessaria (art. 17 GDPR). Una particolare ipotesi di cancellazione concerne i link operati dai motori di ricerca ai contenuti inerenti dati oggetto della ricerca e, quindi, il risultato della ricerca stessa, con l'effetto di realizzare quella che viene definita deindicizzazione o delisting. Un particolare rilievo è stato assunto, nella prassi, dalla deindicizzazione di notizie obsolete o di cui sia comunque sopravvenuta l'inesattezza perché superate dall'evoluzione dei fatti.

Quello del *delisting* è un aspetto del tutto peculiare del diritto alla cancellazione, definito dalla giurisprudenza come diritto al ridimensionamento della propria visibilità telematica (agendo esso non sul dato, che resta intatto nel sito sorgente, ma sulla sua reperibilità), a tutela di un'identità ormai affrancata dalla dimensione statica e tendenzialmente immutabile cui è stata tradizionalmente ascritta, per divenire quel processo evolutivo e incrementale in cui oggi si snoda la costruzione della persona. Quello della deindicizzazione è uno strumento applicabile in varie circostanze, ogniqualvolta l'interesse alla indiscriminata reperibilità della notizia mediante motore di ricerca sia recessivo rispetto all'esigenza di tutela dell'identità personale, altrimenti lesa dalla sua cristallizzazione in avvenimenti o contesti che non la definiscono in maniera veritiera o integrale.

È, questo, l'aspetto più innovativo del diritto all'oblio, riconosciuto dalla Cgue con sent. 13 maggio 2014, Costeja c. Google Spain, C 131-12 e di recente ulteriormente precisato dalla sent. 24 settembre 2019, C 136-17 in cui la Corte ha riconosciuto come la gerarchia assegnata ai risultati della ricerca dai *search engines* debba riflettere l'evoluzione delle vicende personali, giudiziarie, professionali del soggetto. Con riferimento alla cronaca giudiziaria, quindi, i risultati della ricerca devono rispecchiare, senza alterarla, la situazione giudiziaria attuale del soggetto, privilegiando dunque gli articoli aggiornati e ponendo in coda quelli più risalenti e fermi alla fase iniziale del procedimento penale. Ad esempio, la notizia dell'assoluzione non può comparire all'ultima pagina della ricerca, dopo molti risultati che riportino il dato dell'imputazione, altrimenti l'informazione primaria che risulterà associata al nominativo del soggetto sarà quella della sua imputazione anche quando, invece, risulterà assolto.

Tuttavia, quello del *delisting* non è l'unico aspetto dell'oblio, che nella sua complessità si avvale di molteplici ed ulteriori strumenti di tutela dell'identità, nella sua dimensione diacronica e nella sua evoluzione dinamica, rispetto a una pubblicità non più giustificata: il diritto alla non ripubblicazione in assenza di fattori di riattualizzazione dell'informazione stessa e il diritto all'aggiornamento e integrazione della notizia, a tutela dell'identità nella sua evoluzione e proiezione sociale.

Il primo aspetto dell'oblio (delineato dalla Cassazione già nel 1998) concerne "il giusto interesse di ogni persona a non restare indeterminatamente esposta ai danni ulteriori che arreca al suo onore e alla sua reputazione la reiterata pubblicazione di una notizia in passato legittimamente divulgata", dovendo affiancare, ai tre originari limiti del diritto di cronaca (verità, continenza espressiva, utilità sociale) anche il requisito dell'attualità della notizia. L'esigenza del riserbo imposto dal tempo è stata affermata anche rispetto ai condannati per gravi reati, a distanza di molto tempo dal fatto e in assenza di ragioni che obiettivamente rinnovino l'interesse pubblico della notizia. La Cassazione ha deciso, in particolare, nel 2013, in senso favorevole, un caso riguardante un ex terrorista che, a distanza di decenni dalla condanna e dopo aver scontato integralmente la sua pena cambiando radicalmente vita, non tollerava l'idea di vedere l'intera sua esistenza ridotta a un passato da cui si era con fatica emancipato.

Temi contigui sarebbero poi stati ripresi dalla sentenza delle Sezioni Unite della Cassazione del 2019, che ha sottolineato come il decorso del tempo e quindi l'affievolirsi dell'interesse pubblico della notizia muti anche, profondamente, i caratteri della cronaca e il relativo bilanciamento con la dignità dell'interessato, imponendo l'anonimato ogniqualvolta la rievocazione storica di vicende risalenti non imponga l'identificazione nominativa dei relativi protagonisti. La ripubblicazione, da parte del giornalista, di notizie risalenti, per fini di ricostruzione storica di vicende pur di rilievo pubblico, in quanto attività più propriamente storiografica non può infatti secondo la Corte "godere della stessa garanzia costituzionale" riconosciuta al diritto di cronaca che riguarda fatti di interesse attuale. Nel bilanciamento con il diritto all'oblio, ne consegue la necessaria anonimizzazione dei nominativi dei protagonisti i quali non abbiano rivestito e tuttora non rivestano un ruolo pubblico, "perché nessuna particolare utilità può trarre chi fruisce di quell'informazione dalla circostanza che siano individuati in modo preciso coloro i quali tali atti hanno compiuto".

La memoria collettiva, in altre parole, "non necessariamente implica la sussistenza di un analogo interesse alla conoscenza dell'identità della singola persona che quel fatto ha compiuto". Ai fini della ricostruzione storica di una serie di delitti che hanno avuto rilievo nella collettività e della relativa esigenza di anonimizzazione deve, quindi, sottolinea la Corte, valutarsi l'esistenza di un interesse qualificato alla diffusione con riferimenti precisi ai protagonisti di quegli eventi, dal momento che l'identificazione allora giustificabile potrebbe divenire ora irrilevante e, come tale, ingiustificata perché lesiva del diritto, appunto, all'oblio degli interessati.

Il secondo profilo rilevante dell'oblio (sottolineato nel 2012 dalla Cassazione), concerne l'integrazione e l'aggiornamento della notizia, apparso sempre più necessario soprattutto con l'emergere degli archivi *on line*. Nel rendere indefinitamente e agevolmente disponibili, nel tempo, notizie cristallizzate su di un determinato momento storico, essi rischiano infatti di offrire un'informazione non più corrispondente all'evoluzione della realtà e quindi "sostanzialmente non vera". Quello dell'obsolescenza e, quindi, della sopravvenuta inesattezza della notizia è un fenomeno che si verifica assai frequentemente con la cronaca giudiziaria, che soprattutto in materia penale si snoda lungo fasi processuali molteplici, distanti nel tempo e spesso tali da capovolgere le ipotesi accusatorie di partenza. Capita, quindi, che il soggetto indicato in prima pagina come principale imputato per fatti di reato spesso anche gravissimi sia, a distanza di tempo anche notevole, assolto da ogni accusa, senza che tuttavia questa notizia per lui favorevole abbia grande risalto sui giornali. La perdurante reperibilità in rete di notizie non aggiornate a questi sviluppi favorevoli determinano, quindi, un grave pregiudizio per il soggetto, che in assenza di un aggiornamento dell'articolo (come è possibile per gli archivi *on line* dei giornali), tale da segnalare l'evoluzione della vicenda accanto alla notizia ormai superata, rischia di cristallizzarne l'identità a un'accusa che non gli corrisponde più.

3.5. *La libertà del consenso e lo schema negoziale servizi-contro-dati*

Il modello negoziale servizi-contro-dati è sempre più frequente nella realtà attuale. Sono, infatti, sempre più numerosi i casi nei quali il servizio offerto è descritto come gratuito nonostante preveda, come condizione necessaria per l'attivazione e la permanenza della fornitura, la corresponsione di dati personali, che rappresentano una risorsa rilevantissima per le aziende, da utilizzare come presupposto per la profilazione a fini commerciali e pubblicitari.

I dati, in tal modo, paiono inserirsi almeno di fatto nel sinallagma contrattuale, ponendo così l'esigenza di comprendere, anzitutto, quale sia il margine di disponibilità di tali beni giuridici (certamente oggetto di un diritto fondamentale) e, quindi, la validità di tale schema negoziale.

Con riferimento al primo profilo, va anzitutto chiarito che il GDPR non intende riconoscere diritti esclusivi a contenuto patrimoniale su questa tipologia di dati, ma sancire le condizioni per assicurare all'interessato un effettivo "governo" sugli stessi, realizzando così quel diritto all'autodeterminazione informativa che costituisce il nucleo essenziale del diritto alla protezione dei dati personali. Il GDPR è teso inoltre, come già osservato, a coniugare l'effettività di tale diritto con l'esigenza di ampia circolazione dei dati stessi, in funzione di sviluppo dell'economia digitale.

Il consenso rappresenta indubbiamente lo strumento elettivo di manifestazione di tale diritto. Esso è un atto a struttura unilaterale il cui carattere negoziale o meno è tuttora oggetto di dibattito, benché siano da privilegiare, a nostro avviso, le tesi che ne ricostruiscono la natura in chiave autorizzatoria, dunque non negoziale. Del resto, anche laddove si aderisse alla tesi opposta, andrebbe comunque riconosciuto come la struttura negoziale che il consenso dovrebbe perfezionare risponda comunque a un regime suo proprio, specificamente modellato sulle caratteristiche dei beni giuridici coinvolti e sul loro "rango costituzionale". Tali caratteristiche dovrebbero dunque rendere di per sé sole inapplicabile la disciplina comune negoziale, in favore del regime del tutto peculiare sancito, anche per la validità del consenso quale peculiare manifestazione di volontà in ordine al trattamento dei dati del soggetto, dal GDPR, con requisiti assai più rigorosi di quelli previsti dal diritto comune.

La validità del consenso al trattamento dei dati nel GDPR è, infatti, subordinata alla "libertà" della sua manifestazione (art. 4, n. 11) – esclusa ad esempio in presenza di relazioni asimmetriche quali quelle proprie del contesto lavorativo o comunque a fronte di una reale disparità di potere contrattuale – , alla sua specificità e inequivocabilità (tale per cui legittima soltanto i trattamenti specificamente e inequivocabilmente individuati), al suo carattere informato (essendo la consapevolezza delle caratteristiche del trattamento il presupposto necessario per l'esercizio dell'autodeterminazione informativa) ed è, proprio in quanto espressione di tale forma di autodeterminazione, costantemente revocabile (art. 7, 3° comma).

Il requisito di libertà del consenso richiesto dal GDPR non attiene alla mera assenza dei classici vizi della volontà rilevanti in ambito negoziale (errore, violenza, dolo). Esso, infatti, va letto in chiave sistematica con gli ulteriori requisiti prescritti dagli artt. 4, n. 11 e 7 (specificità/granularità, carattere informato, inequivocabilità) ma anche con il criterio valutativo di cui all'art. 7, p. 4, GDPR, secondo cui ai fini dell'accertamento della libertà del consenso "si tiene nella massima considerazione l'eventualità, tra le altre, che l'esecuzione di un contratto, compresa la prestazione di un servizio, sia condizionata alla prestazione del consenso al trattamento di dati personali non necessario all'esecuzione di tale contratto".

Questa norma coglie un profilo determinante dei rapporti negoziali *on line* e del sempre più diffuso schema negoziale servizi-contro-dati.

Tale norma è stata letta da alcuni come un divieto, in senso proprio, di uno scambio corrispettivo con dati personali, con la conseguenza di ritenere necessariamente gratuiti gli atti dispositivi sui dati stessi. Questa lettura della norma sembra, invece, difficilmente compatibile con: a) la previsione dell'art. 7, p. 4, GDPR, che non sancisce un divieto ma un (mero) parametro di valutazione; b) l'assenza, nell'art. 8 CDFUE, della previsione espressa della necessaria gratuità degli atti dispositivi sui dati, a differenza di quanto previsto invece per il corpo e le sue parti dall'art. 3 CDFUE.

La previsione dell'art. 7, p. 4, GDPR integra dunque un mero parametro di valutazione, tale da indurre a ritenere presuntivamente non libero (salva la prova del contrario) il consenso che: a) sia contrattualmente previsto come necessario ai fini dell'esecuzione del contratto stesso; b) riguardi un trattamento (di dati) che non sia necessario all'esecuzione del contratto stesso, anche perché altrimenti verrebbe in rilievo il diverso presupposto di liceità della necessità contrattuale (art. 6, p. 1, lett. b, GDPR).

Tale regola di valutazione imporrebbe, allora, un vaglio attento in ordine alle caratteristiche dell'atto dispositivo cui il consenso sia funzionale, tale da non comportare un'alterazione della sua caratteristica necessaria di libertà. Tale alterazione si potrebbe configurare non solo in presenza di una disparità di potere negoziale tale da determinare, sia pur implicitamente, una coartazione del consenso, ma anche di una condizionalità del consenso stesso all'ottenimento di una prestazione infungibile o, comunque, irrinunciabile senza un sacrificio significativo per l'interessato.

In questi termini, in particolare, si è espressa la Cassazione nel 2018, secondo cui: "*l'ordinamento non vieta lo scambio di dati personali, ma esige tuttavia che tale scambio sia il frutto di un consenso pieno ed in nessun modo coartato (...). Ma è da escludere che il consenso considerato da tale disposizione sia semplicemente il medesimo consenso in generale richiesto a fini negoziali, ossia il consenso prestato da un soggetto capace di intendere e volere e non viziato da errore, violenza o dolo, ovvero, in determinati frangenti, da pericolo o da bisogno: consenso, quello così previsto, che pur sussiste quantunque perturbato, al di sotto di una determinata soglia, in ragione dei vizi indicati, secondo quanto risulta dagli artt. 1428, 1435 e 1439 c.c.).*". Ne deriva, secondo la Corte, l'ammissibilità del condizionamento dell'erogazione di un "*servizio fungibile, cui l'utente possa rinunciare senza gravoso sacrificio*" (come l'invio di una *newsletter*) al trattamento dei dati personali, "*sempre che il consenso sia singolarmente ed inequivocabilmente prestato in riferimento a tale effetto*".

L'incoercibilità del consenso al trattamento dei dati implica, allora, anche la sua prestazione con modalità, requisiti e tempi distinti da quelli propri del contesto contrattuale. Il consenso al trattamento è soggetto alla disciplina più rigorosa del Regolamento, mentre la manifestazione di volontà contrattuale risponde alle regole del codice civile ed, eventualmente, anche a quella della normativa complementare (ad esempio in materia consumeristica), con la diversità di requisiti che ne consegue anche, ad esempio, in punto di capacità.

Questa soluzione pare, del resto, compatibile con le previsioni della direttiva 2019/770 sulla fornitura di contenuti e sevizi digitali, che contempla anche l'ipotesi della fornitura di contenuti digitali a fronte della fornitura di dati (anche personali) da parte dell'interessato.

Tale scelta normativa sembra, dunque, confermare l'idea che l'ordinamento europeo, complessivamente inteso, non imponga la necessaria gratuità degli atti dispositivi sui dati personali alla stessa stregua di quanto previsto per il corpo e le sue parti, ma esiga un vaglio rigorosissimo circa l'atto di autonomia privata e i requisiti di effettiva libertà del consenso, che pur potendo accedere ad alcuni schemi negoziali, non può tuttavia, in alcun modo, essere ritenuto coercibile. La revocabilità costante del consenso implica, del resto, la strutturale precarietà del contratto cui esso dovesse, eventualmente, essere correlato, al fine di garantire il più autentico esercizio della autodeterminazione informativa.

3.6. *Intelligenza artificiale e dati personali*

Nell'ambito delle nuove tecnologie, l'intelligenza artificiale (*infra*: i.a.) sta assumendo un ruolo davvero preponderante nella vita sociale, in ragione delle innovazioni e dei vantaggi che consente di realizzare. Premettiamo anzitutto di ricondurre a tale categoria, secondo la definizione fornita dalla Commissione europea nella Comunicazione dell'aprile 2018, "*sistemi che mostrano un comportamento intelligente analizzando il proprio ambiente e compiendo azioni, con un certo grado di autonomia, per raggiungere specifici obiettivi*".

Il legame strettissimo intercorrente tra dati (personali e non) ed i.a. – che dai primi è alimentata per allenare la macchina al processo decisionale da compiere autonomamente – spiega perché il GDPR, nonostante risalga al 2016, contenga tuttavia una prima disciplina degli effetti del processo algoritmico sulla persona.

In linea generale, il Regolamento vieta le decisioni interamente automatizzate con incidenza significativa sulla persona, che nonostante oggi non siano così frequenti lo diverranno sempre di più nel prossimo futuro, ampliandosi le materie sulle quali si delegano all'algoritmo scelte anche importanti.

La norma reca un divieto preventivo (assistito da sanzioni amministrative rilevanti, non limitandosi a sancire soltanto un mero diritto di opposizione successiva dell'interessato; ha cioè una funzione preventiva e non "reattiva" o rimediale. Esistono, tuttavia, alcuni presupposti in grado di derogare a tale divieto e, quindi, legittimare anche i processi decisionali automatizzati: si tratta della previsione normativa o contrattuale ovvero del consenso esplicito dell'interessato.

Le decisioni automatizzate basate su dati particolari (ovvero quelli che prima venivano definiti sensibili) sono ammesse, invece, solo in base a consenso esplicito dell'interessato o a necessità per motivi di interesse pubblico rilevante, secondo previsioni normative conformi al principio di proporzionalità e comunque con garanzie adeguate per il soggetto.

Rilevanti sono, del resto, le garanzie previste dalla direttiva 2016/680 per i trattamenti per fini di polizia e giustizia penale, che il legislatore interno, in sede di trasposizione, ha funzionalizzato in senso antidiscriminatorio, consapevole degli effetti distorsivi che simili sistemi potrebbero produrre nel contesto delle attività di contrasto, se prive di adeguate garanzie (si pensi al *racial profiling* praticato dalla polizia americana all'indomani dell'11 settembre). Il d.lgs. n. 51 del 2018 ha, infatti, introdotto un espresso divieto, penalmente sanzionato, di profilazione finalizzata alla discriminazione sulla base di dati "particolari".

Della possibile soggezione dei propri dati a processi decisionali automatizzati, l'interessato deve poi essere specificamente reso edotto (sia in sede di informativa preventiva sia di eventuale accesso successivo), anche con riferimento ad "informazioni significative sulla logica utilizzata, nonché l'importanza e le conseguenze previste di tale trattamento per l'interessato".

Questi obblighi informativi costituiscono una declinazione peculiare del principio di trasparenza, particolarmente importante al fine di riequilibrare l'asimmetria (in primo luogo, ma non solo, informativa e cognitiva) che connota, in senso sfavorevole, la posizione del singolo rispetto ai gestori di sistemi siffatti. Tali previsioni forniscono, inoltre, argomenti per superare, almeno a livello interpretativo, i vincoli di riservatezza vantati spesso, in senso oppositivo, dai titolari di diritti di privativa sul *software* utilizzato.

Laddove, poi, il processo decisionale automatizzato si fondi su presupposti privatistici (il contratto o il consenso), l'interessato ha il diritto di: a) ottenere, dal titolare, l'intervento umano sul processo decisionale (garanzia particolarmente rilevante anche per correggere eventuali dati inesatti in entrata che potrebbero, quindi, determinare inesattezze nel risultato, secondo il principio del *garbage in, garbage out*); b) esprimere la propria opinione; c) contestare la decisione assunta.

Si discute sulla portata del diritto a conoscere (sia in sede di informativa, sia a seguito di accesso) "la logica utilizzata" nella decisione automatizzata. Laddove, infatti, si intenda tale conoscenza come riferita alla logica da utilizzare nella decisione algoritmica, in senso astratto, la portata di tali obblighi di trasparenza verrebbe notevolmente ridotta. È dunque da ritenere preferibile un'interpretazione di tale obbligo informativo quale diritto alla spiegazione *anche della decisione assunta*, dunque *ex post*, almeno con riferimento ai casi di accesso ed esercizio delle specifiche prerogative riconosciute rispetto ai processi automatizzati fondati su presupposti privatistici.

Questa conclusione – conforme al Considerando 71, secondo cui l'interessato dovrebbe ottenere "una spiegazione della decisione conseguita" all'esito del processo algoritmico – sarebbe, del resto, l'unica a rendere effettivo il diritto di contestazione della decisione assunta sancito dall'art. 22, p. 3, del Regolamento.

La disciplina dei processi automatizzati sancita dal GDPR è stata significativamente valorizzata dalla giurisprudenza amministrativa e, in particolare, dal Consiglio di Stato, che nel 2019, a proposito dell'algoritmo dei docenti, ha definito a questi fini il software, un "atto amministrativo informatico" e come tale da rendere conoscibile "secondo una declinazione "rafforzata del principio di trasparenza". Il giudice deve dunque poter sindacare "*la regola che governa l'algoritmo*", che il Consiglio di Stato ha peraltro chiarito non deve comportare discriminazioni e soggiacere al divieto di esclusività della decisione interamente automatizzata.

Ecco, dunque, che le garanzie sancite dal GDPR rispetto al processo decisionale automatizzato possono rappresentare un primo statuto giuridico essenziale per l'intelligenza artificiale, applicabile trasversalmente a vari settori ivi incluso, appunto, il diritto amministrativo. Tali principi sono ripresi e valorizzati nell'ambito della recentissima *proposta di regolamento sull'approccio europeo all'Intelligenza Artificiale* [COM(2021) 206 final], recante il primo quadro giuridico europeo sull'IA. Con un'impostazione in parte simile al Regolamento UE 2016/679, la proposta modula la disciplina in base al grado di rischiosità di ogni applicazione di intelligenza artificiale, al fine di salvaguardare i valori e i diritti fondamentali dell'UE e la sicurezza degli utenti. Si prevede a tal fine anche un nuovo *piano coordinato sull'Intelligenza Artificiale 2021* [COM(2021) 205 final] che rafforzi nel contempo l'adozione dell'IA e gli investimenti e l'innovazione nel settore in tutta l'UE. Il nuovo approccio europeo comprende anche una proposta di regolamento sulle macchine [COM (2021) 202 final], che stabilisce i requisiti di sicurezza dei prodotti, sostituendo l'attuale "Direttiva Macchine" n. 2006/42/CE.

Capitolo 29

I RAPPORTI FAMILIARI

1. *Le nozioni di coniugio, parentela e affinità*

Quanto alle relazioni che stringono fra di loro i componenti della famiglia, il *rapporto di coniugio* è quello che lega marito e moglie. *Parenti* sono coloro che discendono da uno stesso stipite, sia nel caso in cui la filiazione è avvenuta all'interno del matrimonio, sia nel caso in cui è avvenuta al di fuori di esso, sia nel caso in cui il figlio è adottivo (art. 74 c.c.). *Affini* sono i parenti dell'altro coniuge (art. 78 c.c.). Nozioni

I presupposti dell'affinità s'individuano, invece, nel matrimonio e nella parentela. Sì che da un lato non esiste affinità tra i coniugi, i quali, appunto, sono uniti da vincolo di coniugio; dall'altro, l'affinità si estende a tutti coloro che sono legati da un vincolo di parentela con il coniuge del soggetto considerato.

Dall'art. 78 c.c. si evincono le regole che disciplinano il rapporto di affinità: i parenti di un coniuge non hanno alcun vincolo di affinità con i parenti dell'altro coniuge (ad es. il fratello del marito è affine della moglie di lui, ma non del fratello della moglie); tra gli affini di un coniuge e l'altro coniuge, e gli affini di questo, non esiste alcun vincolo di affinità (ad es. tra le mogli di due fratelli); le seconde nozze del coniuge superstite non creano un rapporto di affinità tra il nuovo coniuge e gli affini del primo matrimonio; infine, l'affinità non cessa per la morte, anche senza prole, del coniuge, salvo che per alcuni effetti specialmente determinati (uno dei quali è la cessazione, *ex* art. 434 c.c., degli obblighi alimentari nascenti dal rapporto). Al pari della parentela, gli effetti dell'affinità sono da rinvenirsi in relazione a numerosi e diversificati istituti: v., ad es., gli artt. 87, 251, 348, 417, 433 ss., 2122 c.c.

2. *Il grado*

Per il computo della parentela e dell'affinità si fa ricorso alle linee e ai gradi. Infatti, l'intensità del vincolo di parentela si determina in relazione al numero maggiore o minore di generazioni che intercorrono tra un individuo e l'altro. Da qui la definizione delle linee e dei gradi contenuta negli artt. 75 e 76 c.c. Si discorre di linea retta quando i soggetti discendono gli uni dagli altri in maniera diretta (genitore-figlio) o mediata (nonno-nipote). Poiché la parentela si estende a quelle persone che, pur non essendo generate l'una dall'altra si ricollegano a un comune stipite, si distingue la linea retta dalla collaterale.

Linee

All'interno della linea retta e di quella collaterale l'intensità del vincolo si misura in gradi, secondo quanto disposto dall'art. 76 c.c. Nella linea retta, il grado dipende dal numero delle generazioni che intercorrono tra i due soggetti presi in considerazione: tra nonno e nipote vi è un vincolo di parentela in linea retta di secondo grado; tra bisnonno e nipote di terzo grado. Nella linea collaterale, dove non vi è discendenza neppure mediata tra i soggetti, occorre risalire all'ascendente comune. Il grado si determina sommando il numero di generazioni che separano un soggetto dall'altro e sottraendo lo stipite comune: ad esempio tra i cugini "d" ed "e" vi è parentela di quarto grado poiché a "d" ed "e" si sommano i rispettivi padri "b" e "c" entrambi figli di "a", stipite comune: d + e + b + c + a = 5; 5 – a (stipite comune) = 4. Il che si riferisce tanto alla linea paterna quanto alla linea materna. Ciò rileva soprattutto per i fratelli che si dicono germani, consanguinei o uterini secondo che abbiano in comune entrambi i genitori, soltanto il padre o soltanto la madre. Nell'affinità linee e gradi sono i medesimi del rapporto di parentela che lega l'altro coniuge con i propri parenti: il padre del coniuge (il suocero dunque) è affine di primo grado; il fratello del coniuge (il cognato) è affine di secondo grado e così via.

Calcolo del grado

L'art. 77 c.c. riconosce rilevanza alla parentela soltanto entro il sesto grado, a meno che non si tratti di effetti specificamente determinati, dei quali tuttavia è difficile scorgere traccia nell'ordinamento.

3. *Gli alimenti*

L'ordinamento garantisce la soddisfazione degli essenziali bisogni economici dei soggetti prevedendo, come espressione del dovere di solidarietà familiare, specifici obblighi di assistenza materiale tra i membri della stessa famiglia: gli alimenti.

Definizione

Gli alimenti (Titolo XIII, libro I, artt. 433-448 *bis* c.c.) sono appunto le prestazioni di assistenza materiale dovute per legge alla persona che si trovi in stato di bisogno – ossia nell'incapacità di provvedere economicamente a quanto necessario per le proprie esigenze di vita (art. 438, 2° comma, c.c.) – e non sia in grado di provvedere al proprio mantenimento (art. 438, 1° comma, c.c.).

Il diritto agli alimenti è quindi legato alla prova non soltanto dello stato di bisogno, ma anche della impossibilità, da parte dell'alimentando, di provvedere in tutto o in parte al proprio sostentamento. Assume pertanto rilievo anche l'eventualità che lo stato di bisogno dipenda da colpa dell'alimentando stesso. Questa circostanza va tuttavia valutata con attenzione. Infatti, il diritto agli alimenti spetta anche se lo stato di bisogno sia derivato da una condotta colpevole: semplicemente, in tale ipotesi, accade che la misura degli alimenti può essere ridotta in ragione della condotta disordinata o riprovevole tenuta dall'alimentato (art. 440, 1° comma, c.c.). Inoltre, dottrina e giurisprudenza insegnano che la possibilità dell'alimentando di lavorare non è sufficiente a farlo ritenere obbligato a provvedere autonomamente alla propria sussistenza: piuttosto, l'alimentando ha il diritto di cercare un'occupazione confacente alla sua età, alle attitudini fisiche e psichiche, alle sue abitudini di vita ed alle sue condizioni sociali: e pertanto, ove ciò sia impossibile per circostanze intrinseche non imputabili all'alimentando, gli alimenti gli sono dovuti pur avendo egli capacità lavorativa.

Stato di bisogno

Lo stato di bisogno va valutato in concreto con riferimento alle effettive condizioni del soggetto. Pertanto, la dottrina afferma sussistere la condizione di bisogno anche se l'alimentando possieda un patrimonio immobiliare, ma non produttivo di reddito e nemmeno parzialmente alienabile se non con pregiudizio (e questa circostanza, infatti, vale anche in materia di assegno di separazione). Dall'altro lato, si deve tenere conto di eventuali entrate a titolo pensionistico e di ogni altra corresponsione anche convenzionale o spontanea purché continuativa (e si afferma rilevante, a tal fine, anche il sostentamento offerto dal convivente *more uxorio*, che infatti incide non a caso anche in sede di fissazione dell'assegno di separazione e divorzile benché basato – secondo l'interpretazione prevalente – sull'adempimento di una semplice obbligazione naturale).

Alimenti e mantenimento

Si distingue tra alimenti e mantenimento. In genere, si afferma che gli alimenti costituirebbero lo stretto necessario, appunto perché correlato allo stato di bisogno; il mantenimento invece, siccome prescinde dallo stato di bisogno, si configurerebbe come nozione più ampia, quale complesso di prestazioni che soddisfano le esigenze dell'individuo, anche in relazione alla sua collocazione economico-sociale e comprende ciò che è necessario ad assicurare a chi ne è titolare il medesimo tenore di vita della famiglia della quale è parte, o, comunque, della persona che è tenuta al mantenimento stesso. In realtà, la distinzione è più complessa e sfumata. Infatti, le necessità alimentari devono essere intese non come ciò che semplicemente occorra per mantenere in vita il soggetto, bensì nel senso di quanto serva per condurre una vita dignitosa. Inoltre, anche per determinare "quanto sia necessario per la vita dell'alimentando", ai fini della quantificazione della misura degli alimenti, occorre avere "riguardo alla posizione sociale" dell'alimentando (art. 438, 2° comma, c.c.). E dunque, si ricomprendono negli alimenti non soltanto le prestazioni vitali (vitto, alloggio, vestiario e cure mediche), ma anche, più in generale, quanto necessario per soddisfare i fondamentali bisogni sociali. Peraltro, tale misura può accrescersi o diminuire. Difatti, se l'alimentando è un minore, l'obbligo alimentare può estendersi a quanto occorra per la sua istruzione ed educazione (art. 439, 2° comma, c.c.). La misura degli alimenti è invece ridotta allo stretto necessario quando l'obbligo intercorra fra fratelli e sorelle (art. 439, 1° comma, c.c.). Ma, beninteso, anche in quest'ultima ipotesi gli alimenti non possono limitarsi a garantire la mera sopravvivenza fisica dell'alimentando. In terzo luogo, anche la determinazione dell'entità degli alimenti deve comunque essere proporzionale alle condizioni economiche dell'alimentante (art. 438, 2° comma, c.c.).

Contenuto dell'obbligo

Tanto il mantenimento quanto gli alimenti rappresentano obblighi di assistenza materiale ispirati al dovere di solidarietà familiare. Tuttavia nei due casi risulta adottato un differente concetto di famiglia, le esigenze dei cui membri l'ordinamento intende garantire. Infatti, la nozione di mantenimento è strettamente inerente al rapporto di coniugio e di filiazione, mentre, al contrario, quella di alimenti si estende ad una più ampia fascia di parenti.

Solidarietà familiare

L'obbligo di corrispondere il mantenimento, di contenuto economico più ampio, grava esclusivamente sui coniugi, sugli ascendenti e sui discendenti. L'obbligo di mantenimento sussiste infatti tra i coniugi e nei confronti dei figli minori, come contributo ai bisogni della famiglia, in proporzione alle sostanze e alle capacità di lavoro professionale o casalingo di ciascuno (artt. 143 e 148 c.c.). E in caso di inadempimento dei genitori, sono tenuti a concorrere al mantenimento della prole, in ordine di prossimità, gli ascendenti legittimi o naturali (art. 148 c.c.). È previsto altresì l'obbligo dei figli di contribuire al mantenimento dei genitori, in caso di convivenza con essi (art. 315 c.c.). Al mantenimento ha diritto anche il figlio non riconoscibile (art. 279 c.c.). Tra i coniugi, l'obbligo di mantenimento permane anche dopo la separazione, ove uno di essi non abbia adeguati redditi propri (art. 156 c.c.) e sempre che non sia a lui addebitabile la separazione, nel qual caso ha diritto soltanto ad un assegno alimentare. Cessa ogni obbligo di mantenimento tra i coniugi con il divorzio, anche se è prevista la possibilità di un assegno, di natura composita, ma prevalentemente alimentare, a favore dell'ex coniuge, finché non passi a nuove nozze.

Soggeti obbligati

All'obbligo di prestare gli alimenti, di contenuto economico più ridotto, sono invece tenuti, nell'ordine (art. 433 c.c.): il coniuge (quando non sussista il più ampio obbligo di mantenimento: e quindi, obbligato è il coniuge separato con addebito, art. 156, 3° comma, c.c.; per il coniuge divorziato vige il disposto dell'art. 5, 6° comma, legge 1° dicembre 1970, n. 898, avendo l'assegno divorzile anche – ma non solamente – carattere alimentare; per il coniuge putativo di mala fede provvede l'art. 129 *bis* c.c.); i figli e in loro mancanza, i discendenti prossimi; i genitori e, in loro mancanza, gli ascendenti prossimi; l'adottante (nell'adozione di maggiore di età) nei confronti del figlio adottivo, con precedenza sui genitori legittimi o naturali di lui (art. 436 c.c.); i generi e le nuore; i suoceri; i fratelli e le sorelle germani; i fratelli e le sorelle unilaterali.

La recente legge n. 76 del 2016, che ha dato una disciplina legale alle convivenze di fatto, ha introdotto un'altra ipotesi di obbligo alimentare.

Infatti, in caso di cessazione della convivenza di fatto, il giudice stabilisce il diritto del convivente di ricevere dall'altro convivente gli alimenti qualora versi in stato di bisogno e non sia in grado di provvedere al proprio mantenimento (65° comma, legge n. 76 del 2016). In tali casi, gli alimenti sono assegnati per un periodo proporzionale alla durata della convivenza e nella misura determinata ai sensi dell'art. 438, 2° comma, c.c. Ai fini della determinazione dell'ordine degli obbligati, *ex* art. 433 c.c., l'obbligo alimentare del convivente è adempiuto con precedenza sui fratelli e sorelle.

Dunque, l'assistenza economica reciproca tra parenti può anche prescindere dai vincoli residenziali, ossia dal rapporto di convivenza, e dai vincoli di matrimonio (soprattutto gli obblighi verso la prole): ma quanto al vincolo di parentela, l'assistenza relativa al mantenimento è prevista essenzialmente nella famiglia nucleare, tra coniugi e tra i genitori e la prole (e soltanto eccezionalmente l'obbligo di mantenimento si estende oltre la famiglia nucleare: art. 148, 1° comma, c.c.), mentre la solidarietà economica relativa agli alimenti si estende ad una assai più ampia gamma di parenti.

Tra i due istituti corre dunque una diversa definizione degli obblighi intergenerazionali e di parentela; a seconda delle obbligazioni familiari che si intendono attribuire, la famiglia e la parentela risultano essere lambiti dai confini variabili. E questi confini, quanto alla normativa sugli obblighi alimentari, sono diversamente disegnati anche a seconda del Paese e del periodo storico. In particolare, l'estensione dei parenti tenuti agli alimenti ben oltre la famiglia nucleare (gli obblighi di assistenza alimentare reciproca coinvolgono infatti, come visto, anche i nonni ed i nipoti, e perfino gli affini) distingue il nostro Paese da altri ordinamenti giuridici. Ed infatti, soltanto nei Paesi dell'Europa meridionale è prevista un'estensione del dovere di aiuto materiale al di là delle relazioni tra i coniugi e tra i genitori e i figli, così come soltanto nei Paesi mediterranei alla famiglia ed alla parentela sono attribuite responsabilità di sostentamento dei figli anche oltre la maggiore età di questi ultimi.

Dunque, la persona che versi in stato di bisogno economico e che non sia in condizione di provvedere al proprio sostentamento ha diritto di ottenere gli alimenti dalla serie di congiunti espressamente indicati nell'art. 433 c.c.

L'obbligo sorge a carico di chi si trova nel grado più vicino, secondo il preciso ordine indicato dal citato art. 433 c.c. Pertanto l'alimentando, nel far valere il proprio diritto, deve seguire quell'ordine: è possibile rivolgersi alle categorie successive soltanto ove manchi il congiunto di una categoria o qualora questi non sia in grado di provvedere (art. 441, 2° comma, c.c.). Nel caso di più persone obbligate nello stesso grado alla prestazione degli alimenti, l'obbligazione si divide tra tutte queste in proporzione delle loro condizioni economiche (art. 441, 1° comma, c.c.).

Più co-obbligati

Altre ipotesi di soggetti tenuti agli alimenti sono rappresentate dal coniuge cui sia imputabile la nullità del matrimonio in favore dell'altro coniuge di buona fede, ove non vi siano altri obbligati (art. 129 *bis* c.c.); dai genitori in favore del figlio non riconoscibile, se divenuto maggiorenne e si trovi in stato di bisogno (art. 279 c.c.); e dal donatario, il quale è tenuto a prestare gli alimenti al donante (anche se non sia un congiunto di quest'ultimo) ed anzi con precedenza su tutti gli altri obbligati (art. 437 c.c.). In quest'ultima ipotesi, la ragione dell'obbligo si individua nella riconoscenza dovuta dal donatario al donante, la quale prevale addirittura sugli obblighi di solidarietà familiare. Peraltro, l'obbligo alimentare non può eccedere il valore della donazione tuttora esistente nel patrimonio del donatario (art. 438, 3° comma, c.c.), e addirittura non ne è gravato il destinatario di una donazione fatta in riguardo di un matrimonio o di una donazione rimuneratoria (art. 437 c.c.), perché, evidentemente, oltre il suddetto limite quantitativo ovvero nei casi in cui la donazione sia fatta per consuetudine morale o sociale (la donazione obnuziale) o per riconoscenza o in considerazione dei meriti del donatario (la donazione rimuneratoria), l'ordinamento non pretende dal donatario alcuna particolare gratitudine nei confronti del donante.

Donatario

L'obbligo alimentare può essere adempiuto, a scelta dell'obbligato, o provvedendo direttamente a mantenere l'alimentando nella propria abitazione, o corrispondendogli un assegno periodico anticipato (art. 443, 1° comma, c.c.). È controverso se si tratti di una obbligazione alternativa (art. 1285 c.c.) oppure c.d. facoltativa o con facoltà alternativa. In ogni caso, la concessione al debitore, anziché al creditore, della scelta circa il modo di prestazione degli alimenti, non risponde ad una semplice esigenza sistematica di rispetto e di parallelismo con la analoga attribuzione della facoltà di scelta nell'adempimento dell'obbligazione alternativa o facoltativa (art. 1286 c.c.), ma deriva dal peculiare ruolo assunto dalla famiglia nell'assistenza alla persona bisognosa. La facoltà di scelta può però venire meno in seguito ad intervento del giudice, il quale decida una particolare modalità di somministrazione (art. 443, 2° comma, c.c.): e quindi, secondo alcune interpretazioni, questo potere dell'autorità giudiziaria può eventualmente spingersi perfino a disporre che il soggetto obbligato, anche contro la sua volontà, accolga in casa il congiunto che ne ha diritto. Soltanto per l'assegno di divorzio a favore dell'*ex* coniuge – assegno che come detto ha natura prevalentemente alimentare – è previsto dalla legge che possa essere corrisposto in un'unica soluzione, mediante una somma capitalizzata, ove questa sia ritenuta equa dal giudice e vi sia l'accordo delle parti (art. 5 legge div.). Una volta corrisposto, l'assegno alimentare non può essere nuovamente richiesto, qualunque uso l'alimentando ne abbia fatto (art. 444 c.c.). È evidente che in tal modo il legislatore ha voluto evitare speculazioni ad opera dell'alimentando. Si discute però se sia possibile o meno, in coerenza con questa logica, chiedere nuovamente l'assegno in caso di smarrimento incolpevole o di furto, magari in una misura ridotta fissata dal giudice.

Decorrenza

Nonostante la prestazione alimentare abbia causa nello stato di bisogno, la sua corresponsione decorre soltanto dal giorno della domanda giudiziale oppure dal giorno della costituzione in mora dell'obbligato, quando questa costituzione sia seguita entro sei mesi dalla domanda giudiziale (art. 445 c.c.). Nulla è quindi dovuto a titolo di alimenti per il periodo trascorso in stato di bisogno anteriormente alla loro richiesta formale. Gli obblighi di mantenimento, invece, devono essere assolti a prescindere da ogni formalità e richiesta, salvo il caso di separazione personale.

L'obbligazione alimentare, in quanto commisurata alle esigenze dell'alimentando ed alle condizioni economiche dell'alimentante, è per sua natura variabile nel tempo, e pertanto la misura degli alimenti è sempre soggetta a revisione e l'obbligo può anche cessare, in entrambi i casi con provvedimento del giudice, se risultano mutati i presupposti di fatto sulla base dei quali fu emessa l'originaria quantificazione: in particolare, se le condizioni patrimoniali anche di una sola delle parti si modificano (art. 440, 1° comma, c.c.), ovvero consta che uno degli obbligati di grado anteriore è in condizione di poter somministrare gli alimenti (art. 440, 2° comma, c.c.).

Cessazione dell'obbligo

L'obbligazione alimentare, pur avendo certamente contenuto patrimoniale, ha tuttavia natura personale. Da questo carattere personale discende che l'obbligo degli alimenti cessa, oltre che nelle due ipotesi sopra esposte, altresì con la morte dell'obbligato, anche se questi somministrava la prestazione alimentare in esecuzione di una sentenza (art. 448 c.c.). Gli obblighi alimentari del suocero e della suocera e quelli del genero e della nuora, nascenti dal rapporto di affinità, cessano poi per passaggio a nuove nozze della persona che ha diritto agli alimenti, e quando il coniuge, da cui deriva l'affinità, ed i figli nati dalla sua unione con l'altro coniuge e i loro discendenti, sono morti (art. 434 c.c.). Quest'ultima prescrizione rappresenta un'eccezione alla regola secondo la quale l'affinità fra un coniuge ed i parenti dell'altro coniuge non cessa per la morte, anche senza prole, del coniuge da cui deriva il vincolo di affinità (art. 78, 3° comma, c.c.).

Il *diritto* agli alimenti, tuttavia, termina soltanto quando l'alimentando esca dallo stato di bisogno. Quindi, la cessazione dell'*obbligo* degli alimenti in capo ad un obbligato non causa l'estinzione del diritto alimentare, ma determina soltanto il sorgere dell'obbligo in capo al congiunto della categoria successiva (ovviamente, ove ve ne siano), secondo l'ordine indicato dall'art. 433 c.c. Un'ipotesi particolare di cessazione dell'obbligo è poi disciplinata dal novello art. 448 *bis*, introdotto nel nostro ordinamento dalla legge 10 dicembre 2012, n. 219. La norma stabilisce che i figli, anche adottivi, non sono tenuti all'obbligo di prestare gli alimenti al genitore nei confronti del quale è stata pronunciata la decadenza dalla potestà.

Di nuovo a causa della sua natura strettamente personale, il credito agli alimenti è, poi, anche indisponibile. In quanto tale, il credito alimentare è insuscettibile di cessione, di compensazione con un controcredito dell'obbligato agli alimenti, neppure quando si tratta di prestazioni arretrate (art. 447 c.c.), di rinuncia, di transazione e di compromesso in arbitrato; è altresì non sequestrabile, né pignorabile, salvo che per debiti a loro volta alimentari e sempre previa autorizzazione del giudice (art. 545 c.p.c.); non è soggetto all'esercizio dell'azione surrogatoria; è escluso dalla massa fallimentare nei limiti di quanto necessario al sostentamento del fallito e della sua famiglia (art. 47 legge fall., r.d. 16 marzo 1942, n. 267, come modificato dall'art. 44, d.lgs. 9 gennaio 2006, n. 5); è inoltre anche imprescrittibile, prescrivendosi in cinque anni soltanto le singole annualità alimentari scadute (art. 2948, n. 2, c.c.); è intrasmissibile agli eredi, sia dal lato attivo sia dal lato passivo.

L'obbligazione degli alimenti fin qui esaminata è quella definita legale, in quanto disposta dalla legge. Tuttavia essa può avere anche base volontaria, ed essere quindi costituita per accordo bilaterale (ad es., con il contratto, nominato, di rendita vitalizia, di cui all'art. 1872 c.c., oppure con il contratto – atipico, ed autonomo e distinto dal primo – di c.d. vitalizio alimentare) o per disposizione testamentaria (legato di alimenti, art. 660 c.c.). L'obbligazione volontaria di alimenti, mancando la finalità di provvedere ai fondamentali bisogni della persona (propria dell'obbligo legale degli alimenti), è disciplinata dalle regole comuni quanto alla disponibilità del diritto, e non occorre né la condizione di bisogno né la presenza di un vincolo familiare ovvero il fatto di avere a suo tempo operato una donazione.

Rendita vitalizia

Il credito alimentare rappresenta dunque uno degli istituti giuridici più importanti del diritto di famiglia, in quanto risponde al principio, fondamentale in tale materia, della solidarietà e dell'aiuto reciproco tra i membri di una stessa famiglia. L'obbligazione degli alimenti gode, infatti e di conseguenza, di una specifica tutela civile, penale, processuale (mirata a facilitare l'accertamento e l'esazione dei crediti stessi), comunitaria (avente lo scopo di armonizzare a livello comunitario la disciplina relativa ai crediti alimentari, di garantire recuperi rapidi degli stessi, di assicurare una sostanziale parità di trattamento tra tutti i creditori di alimenti e di rendere allo stesso tempo più immediata ed efficace l'esecuzione delle relative decisioni giudiziali) ed internazionale (rivolta a promuovere la cooperazione interstatale per far valere efficacemente le pretese alimentari nei confronti di un debitore residente all'estero).

La normativa concernente gli alimenti persegue dunque lo scopo di contribuire ad incoraggiare le relazioni familiari e gli obblighi parentali, ribadendo l'importanza della solidarietà familiare per il funzionamento della società. Tuttavia, questo compito assistenziale della famiglia non esaurisce da solo la normativa di intervento in favore dei bisognosi, e va assumendo un nuovo ruolo, in relazione all'affermarsi dello Stato sociale. Da parte di alcuni si osserva, cioè, che l'obbligo alimentare, e soprattutto la previsione di una così ampia fascia di parenti ad esso tenuti, appare espressione di una società assai diversa dall'attuale, nella quale era diffuso il modello di famiglia patriarcale, caratterizzata da una solidarietà allargata, mentre l'assistenza pubblica era sostanzialmente inesistente; e si ritiene che l'uomo debba trovare nella solidarietà sociale, anziché in quella familiare, la garanzia del soddisfacimento dei suoi essenziali bisogni materiali, e quindi che lo Stato sociale abbia il compito di farsi carico, con la fornitura di appositi servizi pubblici, dello stato di bisogno degli individui. Ciò anche in coerenza con il quadro delineato dalla Carta costituzionale, la quale richiede sì a tutti i cittadini, e quindi sicuramente anche ai familiari, l'adempimento degli obblighi di solidarietà (art. 2 Cost.), ma tuttavia prescrive che le funzioni assistenziali e di mantenimento sono assunte direttamente dallo Stato, per tutti i cittadini inabili al lavoro e sprovvisti dei mezzi necessari per vivere (art. 38 Cost.).

Si è ritenuto quindi, da parte di alcuni, che la disciplina alimentare rivestirebbe un carattere marginale, se non addirittura di contrasto, rispetto ad un avanzato sistema di sicurezza sociale. In realtà, però, nessun contrasto sembra sussistere, in quanto obbligazione alimentare e prestazione assistenziale sono diverse nei presupposti e nei fini, e si muovono in prospettive e logiche tra loro differenti, l'una privatistica, l'altra pubblicistica. E tuttavia, nell'attuale modello ordinamentale, gli obblighi alimentari familiari appaiono condizionare, in senso negativo, le prestazioni di *welfare*. Infatti, quando un individuo in stato di bisogno fa richiesta di assistenza economica ai servizi socio-assistenziali, di regola lo Stato o l'ente locale non si assume la responsabilità finanziaria di provvedere ai bisogni di costui finché non si accerti che non vi sono parenti tenuti agli alimenti. Questa personalizzazione del soccorso fa dunque sì che l'intervento pubblico svolga una funzione soltanto secondaria e "sussidiaria" rispetto alla solidarietà tra familiari, cui spetta la responsabilità primaria del benessere dei cittadini, anziché essere quest'ultima meramente integrativa del ruolo dello Stato. È molto diffuso un giudizio critico su questo modello di *welfare state*, ispirato al principio per il quale lo Stato sociale si assume soltanto i compiti che il singolo cittadino e la famiglia non sono in grado di risolvere da soli: gli si imputa di aver contribuito, in Italia, ad esempio a limitare lo sviluppo di un sistema di reddito minimo garantito per gli individui che ne siano sprovvisti, o a scoraggiare risposte pubbliche al problema crescente della cura degli anziani non più autosufficienti. E tuttavia, in una corretta prospettiva costituzionale non è possibile sostenere, come pure è stato fatto in dottrina, che l'assistenza pubblica debba o possa svolgere un'opera di protezione degli indigenti unicamente in via sussidiaria, quando non esistono parenti tenuti agli alimenti. E ciò, come si è detto, perché l'assistenza è funzione fondamentale dello Stato moderno, ed i suoi compiti non possono essere rimessi esclusivamente, o primariamente, alla famiglia. Dunque, gravare i congiunti prossimi della tutela del familiare bisognoso non esaurisce la prospettiva solidaristica costituzionale: ma, nell'ottica dell'art. 2 Cost., l'obbligazione alimentare cessa di essere un arcaico residuo del passato ed acquisisce una rinnovata vitalità, in quanto sottolinea l'interesse dell'ordinamento verso la c.d. famiglia parentale o allargata, facendo proprio un dato emergente della coscienza sociale ovvero imponendo a questa l'adozione (o il recupero) di valori di più estesa solidarietà economica in seno alla famiglia.

4. *La famiglia "non fondata sul matrimonio"*

In passato l'insieme di rapporti che si riportano alla famiglia non fondata sul matrimonio (anche detta, ma con inesattezza terminologica, famiglia di fatto) veniva sospinto nel campo del "giuridicamente irrilevante", o addirittura del vietato, dell'illecito, attese anche le sanzioni penali che colpivano l'abbandono del tetto coniugale ed il concubinato. Ciò in virtù di una pretesa esclusività della famiglia legittima, talvolta argomentata dal tenore dell'art. 29 Cost. Invece, un altro orientamento, nella prospettiva di una lettura in combinato disposto degli artt. 2, 3 e 29 Cost., attribuisce alla famiglia non fondata sul matrimonio non soltanto rilevanza giuridica, ma soprattutto meritevolezza di tutela da parte dell'ordinamento, allorché la famiglia "di fatto" rappresenti una formazione sociale idonea a svolgere le medesime funzioni attribuite dall'ordinamento alla famiglia "legittima" e non si ponga in contrasto con questa.

5. *Famiglia di fatto e responsabilità genitoriale*

Ed invero, che la famiglia non fondata sul matrimonio non possa essere considerata un fenomeno indifferente per il diritto è dimostrato non soltanto dall'argomento costituzionale, ma anche dalle stesse norme ordinarie, che ripetutamente tengono conto, a taluni effetti, di tale tipo di famiglia.

La norma più importante, a carattere generale, tanto da assurgere a valenza di principio, è quella contenuta nell'art. 316 c.c. Questo, al 4° comma, dispone che se il riconoscimento del figlio nato fuori del matrimonio è fatto dai genitori, l'esercizio della responsabilità genitoriale spetta ad entrambi. L'art. 316 c.c. riconosce, dunque, la rilevanza della "famiglia non fondata sul matrimonio" costituita dai genitori conviventi e dai loro figli. Art. 316 c.c.

Dalla norma si desume, altresì, per il carattere di principio che assume, l'applicabilità talvolta in via diretta talvolta in via analogica della disciplina che regola la responsabilità genitoriale, sia nel profilo fisiologico che in quello patologico, compreso l'aspetto della cessazione della convivenza e dell'affidamento dei figli minori all'uno o all'altro genitore.

Il medesimo art. 316 c.c. stabilisce, inoltre, l'attribuzione della responsabilità genitoriale nei confronti del figlio nato fuori del matrimonio all'unico genitore che lo ha riconosciuto (4° comma).

6. *Famiglia di fatto e rapporti tra i conviventi*

La famiglia c.d. di fatto, tuttavia, non riceve riconoscimento soltanto in presenza di figli, e quasi come riflesso della tutela accordata a questi ultimi. Essa ha rilevanza giuridica anche in assenza di prole. Ad esempio, in virtù di pronunce della Corte costituzionale in materia dell'art. 6 della legge 27 luglio 1978, n. 392, sull'equo canone, il convivente *more uxorio*, anche prescindendo dall'esistenza dei figli, succede nel contratto di locazione in caso di morte del compagno titolare del diritto di godimento.

Oltre alla legislazione sulla filiazione, infatti, significative sono le norme contenute: nel d.l. n. 1726 del 1918 che riconoscono alla convivente la pensione di guerra; nell'art. 2 del d.p.r. n. 136 del 1958 che considera famiglia anagrafica non solo quella fondata sul matrimonio e legata da rapporti di parentela, affinità, affiliazione ed adozione ma ogni altro nucleo fondato su legami affettivi, caratterizzato dalla convivenza e dalla comunione di tutto o parte del reddito dei componenti per soddisfare le esigenze comuni; nell'art. 5 della legge n. 194 del 1978 che permette al padre del concepito di partecipare al procedimento di interruzione della gravidanza; nell'art. 44 della legge n. 184 del 1983, che, in alcuni particolari casi, consente l'adozione a chi non è coniugato, rientrando in questa terminologia anche la famiglia di fatto; nelle norme di accesso alle tecniche di fecondazione assistita da parte delle coppie di fatto (legge n. 40 del 2004); nella possibilità di promuovere l'azione di interdizione, inabilitazione o la richiesta di amministrazione di sostegno, nonché la possibilità di essere nominati in via preferenziale dal giudice quale amministrazione di sostegno del convivente.

7. *La rottura della convivenza*

Allo stesso modo rimane da disciplinare, oltre alla fase fisiologica del rapporto, la rottura della convivenza e dunque la cessazione della stessa: anche per l'esigenza di garantire la situazione del convivente, che si trovi ad esempio estromesso dall'altro dalla casa familiare, oppure messo di fronte a pretese restitutorie delle somme versate durante la convivenza.

Infatti, in passato, la predicata irrilevanza giuridica del fenomeno, se non la sua tendenziale illiceità, conduceva a negare che il convivente potesse vantare un diritto a conservare la prima; quanto alle seconde, si diceva non potersi trattare dell'adempimento di doveri di assistenza e di contribuzione tipici del rapporto di coniugio, e pertanto, consistendo in emolumenti privi di causa, ne conseguiva l'obbligo di restituzione da parte dell'oblato.

Quanto alla prima questione, la presenza dei figli aiuta a rinvenire una regolamentazione del rapporto familiare non fondato sul matrimonio. Infatti, la presenza di figli minori affidati (anche) al convivente non titolare del diritto di proprietà o di godimento sulla "casa familiare" rende assai più facile il riconoscimento a quest'ultimo di un diritto di continuare ad abitare nella casa di abituale residenza dei conviventi e dei loro figli.

Casa familiare

Quanto al secondo problema, per tutelare il convivente oggetto della pretesa restitutoria, si è dapprima percorsa, e poi abbandonata, la via – mortificante e rischiosa – della donazione remuneratoria (e poi di quali prestazioni, per non incorrere nella sanzione della nullità per illiceità della causa?). Attualmente, si riconosce piuttosto un dovere morale e sociale di mantenimento del convivente, che apre la porta all'applicazione dell'obbligazione naturale, incoercibile in positivo (cioè, per otte-

Mantenimento

nere un mantenimento), ma che consente almeno la *soluti retentio* di quanto ricevuto.

8. *La disciplina della famiglia di fatto*

Il quadro disciplinare che si ottiene è insoddisfacente, atteso che il richiamarsi – come si vede – non a norme di diritto familiare, bensì al diritto comune, mortifica la dimensione "familiare" del fenomeno. Al contrario, qui ci troviamo di fronte a un fenomeno familiare che al pari della famiglia adottiva e della famiglia naturale si pone accanto alla famiglia legittima.

Ed allora, in sede di soluzione del problema della regolamentazione della famiglia di fatto, è da respingere, per i motivi già detti, la tesi estrema dell'irrilevanza giuridica del fenomeno: dalla quale conseguirebbe l'inesistenza di regolamentazione, e dunque che i conviventi possono ricevere garanzia semmai come singoli, secondo il diritto comune, e mai come partecipi di un rapporto familiare. Un'altra visione propone invece di applicare alla famiglia non fondata sul matrimonio tutte le disposizioni in tema di famiglia fondata sul matrimonio, purché in quest'ultima si possa individuare l'essenza del rapporto coniugale, ossia una convivenza seria e stabile, caratterizzata dalla *maritalis affectio* e dalla comunione di vita materiale e spirituale. Ma anche questa opinione – anch'essa estrema, ma in prospettiva opposta – è da respingere. Con essa, infatti, si costringerebbe nelle maglie di una regolamentazione imposta un fenomeno fondato sulla libertà e sull'autonomia, frutto di una libera scelta che rifiuta di "istituzionalizzare" la convivenza ricorrendo alla contrazione del vincolo matrimoniale.

Principi di diritto comune

Ed allora, la soluzione migliore è quella di rinvenire norme di applicazione specifica familiare, e norme invece ispirate a principi di diritto comune.

Così, i conviventi possono stipulare convenzioni e negozi espressamente diretti a regolare i rapporti personali e patrimoniali che tra essi intercorrono: valendo come pattuizioni (tacite) anche il comportamento reciproco dei conviventi. I patti tra i conviventi, però, devono superare il giudizio di meritevolezza di tutela, il quale non può che formularsi alla stregua dei principi fondamentali di ordine pubblico costituzionale che ispirano il diritto familiare. Pertanto, la convivenza come coniugi deve informarsi ai principi di eguaglianza e di pari dignità morale e sociale, alla regola dell'accordo nel governo della famiglia, alla solidarietà, ai diritti e doveri reciproci di assistenza, di collaborazione e di compartecipazione agli oneri familiari, di mantenimento e di contribuzione al sostentamento della vita comune. Sicché tra i conviventi si stabilisce un regime patrimoniale primario familiare.

Per quanto riguarda, invece, l'individuazione di un obbligo giuridico, successivo alla cessazione della convivenza, che possa fondare una pretesa all'assegno alimentare per l'*ex* convivente in stato di bisogno, la mancanza dell'atto costitutivo di matrimonio risulta impedimento insuperabile all'applicazione anche analogica delle norme in tema di separazione e di divorzio: a meno che il profilo non sia regolato espressamente da una convenzione.

9. *La legge sulla regolamentazione delle unioni civili*

Unioni civili

L'esigenza di un riconoscimento giuridico delle coppie non coniugate ma unite da un legame affettivo ed una convivenza stabile, manifestata prima a livello sociale e poi anche nella giurisprudenza delle Corti Superiori, è stata accolta dal nostro legislatore dopo un travagliato iter formativo, con la legge n. 76 del 2016.

Il dibattito politico vedeva da un lato i fautori di una equiparazione piena di tali formazioni alla famiglia fondata sul matrimonio, dall'altro coloro i quali ritenevano ostativa a tale soluzione la previsione dell'art. 29 Cost., che fonda la famiglia unicamente nel matrimonio celebrato, secondo previsione di legge, tra due persone di sesso opposto.

La legge n. 76 del 2016, nota anche come legge Cirinnà, è composta da un solo articolo, suddiviso in 69 commi nei quali vengono disciplinate autonomamente le unioni civili omosessuali e le convivenze di fatto. La novella ha trovato collocazione nel maxi emendamento 70 *quaterdecies*, all'interno del d.p.r. n. 396 del 2000.

Il fondamento delle unioni civili è individuato dal Legislatore stesso negli artt. 2 e 3 Cost. e l'istituto viene definito come "formazione sociale". Non vi è nessun accenno alla costituzione di una famiglia, che resta legata alla celebrazione di un matrimonio così come sancito dall'art. 29 Cost.

L'unione civile ha natura e funzione proprie, diverse dall'istituto matrimoniale, tuttavia, per espressa formulazione di legge, ad essa sono applicate molte norme relative al matrimonio.

La novella prevede che possono costituire l'unione civile due persone maggiorenni dello stesso sesso. Questa formazione sociale, dunque, sembra essere caratterizzata da un vincolo soggettivo e, quindi, non essere aperta a nessun ampliamento. Mentre il matrimonio dà vita alla famiglia, composta dai coniugi ma aperta all'arrivo dei figli, per coloro che costituiscono una unione civile non sarebbe possibile, stante la lettera della legge, l'adozione. Per la verità il testo originale della novella prevedeva, nella parte dedicata ai diritti e doveri dei contraenti, anche la possibilità di adozione del figlio naturale del partner, ma tale statuizione è stata poi stralciata per motivi di opportunità politica. Il testo approvato, infatti, non prevede che si applichino alle parti dell'unione civile le disposizioni di cui alla legge 4 maggio 1983, n. 184 in materia di adozioni (20° comma).

La legge n. 76 del 2016 non contiene una definizione di unione civile ma ne regolamenta la costituzione e i suoi effetti. L'art. 1, 2° comma, prevede che due persone maggiorenni dello stesso sesso costituiscono un'unione civile mediante dichiarazione di fronte all'ufficiale di stato civile e alla presenza di due testimoni. L'art. 70 *bis*, d.p.r. n. 396 del 2000 prevede che la coppia possa scegliere liberamente il comune a cui rivolgersi per costituire l'unione civile, indipendentemente dalla residenza. Da un punto di vista procedimentale, è necessaria la presentazione di una richiesta congiunta da parte di entrambi i componenti della coppia all'Ufficiale di stato civile presso l'ufficio competente. Tale richiesta deve contenere le generalità dei costituendi e la dichiarazione di insussistenza di cause impeditive alla costituzione dell'unione civile di cui all' art. 1, 4° comma, legge n. 76 del 2016. Costituzione

L'Ufficiale che riceve la richiesta accerta la sussistenza di tutti i presupposti di legge e redige un processo verbale contenente l'indicazione dell'identità delle parti, la richiesta effettuata, le dichiarazioni delle parti o di chi le rappresenta. Infine, il processo verbale è sottoscritto dall' ufficiale di stato civile e dai richiedenti (art. 70 *bis*, 3° comma).

Le dichiarazioni rese nella richiesta ed effettuate dinanzi all'ufficiale di stato civile in sede procedimentale sono verificate dall'ufficio competente entro 30 giorni dalla data di redazione del processo verbale (art. 70 *ter*, 1° comma). Da tale data oppure anche da data antecedente (se le verifiche sono completate prima del termine di 30 giorni e l'ufficiale di stato civile ne ha dato obbligatoria comunicazione ai richiedenti) le parti possono presentarsi all'ufficiale dello stato civile per costituire l'unione civile. Non vanno espletate le procedure per le pubblicazioni previste per il matrimonio.

Se uno dei costituendi non è cittadino italiano, deve esibire, nella richiesta presentata all'Ufficiale di stato civile, la documentazione prevista dall'art. 116, 1° comma, c.c. (c.f.r. art. 1, 19° comma, legge n. 76 del 2016), cioè una dichiarazione dell'autorità competente del proprio Paese dalla quale risulti che, giusta le leggi a cui è sottoposto, nulla osta all'unione civile ed altresì un documento attestante la regolarità del soggiorno nel territorio italiano. Qualora lo straniero sia cittadino di un Paese che non riconosce le unioni civili tra persone dello stesso sesso ed in ragione di questo non rilasci il nulla osta, esso viene sostituito da un certificato o da un altro atto comunque idoneo ad attestare la libertà di stato, ovvero da una dichiarazione sostitutiva in tal senso. La normativa che prevede il diritto di costituire un'unione civile è tra quelle definite di ordine pubblico e, pertanto, prevale sulle leggi straniere che vietano il riconoscimento delle unioni tra persone dello stesso sesso.

La costituzione dell'unione civile (cioè il corrispettivo della *celebrazione* in caso di matrimonio fra persone di sesso diverso) consiste nel rendere, da parte della coppia, una pubblica dichiarazione, personale e congiunta, di voler costituire un'unione civile di fronte all'ufficiale di stato civile (o a suo delegato) e alla presenza di due testimoni, nella casa comunale o, su richiesta della coppia, in altro luogo previsto dalle norme comunali per i matrimoni. L'ufficiale, prima di raccogliere le dichiarazioni dei costituendi, deve provvedere all'identificazione degli stessi e dei testimoni, dare lettura dei commi 11° e 12° dell'art. 1 della legge n. 76 del 2016, disciplinanti i diritti e i doveri reciproci scaturenti dall'unione civile.

In particolare, l'11° comma prevede che con la costituzione dell'unione civile tra persone dello stesso sesso le parti acquistano gli stessi diritti e assumono i medesimi doveri. Dall'unione civile deriva l'obbligo reciproco all'assistenza morale e materiale e alla coabitazione. Entrambe le parti sono tenute, ciascuna in relazione alle proprie sostanze e alla propria capacità di lavoro professionale e casalingo, a contribuire ai bisogni comuni. Confrontando tale comma con l'art. 143 c.c. si nota come non sia stato previsto l'obbligo alla fedeltà, così come alla collaborazione nell'interesse della famiglia ma, in ogni caso, l'unione civile, così come il matrimonio, non sono regolati esclusivamente dalla legge e le parti possono determinarsi, in virtù di una scelta libera e consapevole, di assumere ogni impegno ulteriore e reciproco purché lecito. Il 12° comma attribuisce alle parti il potere di concordare tra loro l'indirizzo della vita familiare e fissare la residenza comune, mentre ciascuna di esse ha il potere di attuare l'indirizzo concordato. È peculiare il riferimento alla "vita familiare" che il legislatore effettua in questa sede, forse per un refuso dell'art. 144 c.c.

Diritti e doveri

Di quanto è avvenuto innanzi all'ufficiale in sede di costituzione, se ne redige processo verbale, a cui viene data pubblica lettura ai presenti alla costituzione ed in seguito viene fatto sottoscrivere dalle parti, dai testimoni, e dall'ufficiale di stato civile. L'unione civile è certificata dal relativo documento attestante la costituzione dell'unione, che deve contenere i dati anagrafici delle parti, l'indicazione del loro regime patrimoniale e la loro residenza, in uno ai dati anagrafici ed alla residenza dei testimoni.

Non è disciplinato né previsto lo scambio di anelli ma non ci sono divieti legali posti a presidio di questa manifestazione.

Cognome

Una regola particolare è prevista per il cognome, infatti, mentre nel caso del matrimonio la norma attualmente vigente (della quale peraltro molti sollecitano una modifica) stabilisce che la moglie aggiunge al proprio cognome quello del marito (art. 143 *bis* c.c.), nel caso dell'unione civile le parti scelgono quale dei loro cognomi debba divenire il cognome comune (10° comma), che l'altra parte dell'unione può aggiungere al proprio.

Le parti, quindi, con dichiarazione all'ufficiale di stato civile, possono stabilire di assumere, per la durata dell'unione civile, un cognome comune, scegliendone uno tra quelli di entrambe. Il cognome comune può essere anteposto o posposto a quello diverso su dichiarazione della parte all'ufficiale di stato civile mentre, al contrario, le parti non possono derogare né ai diritti né ai doveri previsti dalla legge per effetto dell'unione civile.

Il legislatore disciplina allo stesso modo il matrimonio e l'unione civile in caso di imminente pericolo di vita con una contrazione delle formalità burocratiche giustificata dalla particolare circostanza.

Quanto al regime patrimoniale, il 13° comma prevede che, in mancanza di diversa convenzione, prevalga la comunione dei beni. In caso di scelta di un regime diverso, occorre che le parti rendano apposita dichiarazione congiunta all'ufficiale di stato civile. È inoltre possibile la costituzione di un fondo patrimoniale.

Impedimenti

La legge n. 76 del 2016 ha modificato profondamente il sistema delle successioni. L'unito civilmente è erede legittimo e legittimario al pari del coniuge. L'unito civilmente è legittimato a esperire tutte le cautele a tutela della sua posizione successoria, comprese le azioni di riduzione e restituzione.

Gli impedimenti alla costituzione di un'unione civile ricalcano quelli previsti per la celebrazione del matrimonio, con esclusione dell'identità di sesso. In particolare, il 4° comma indica come impedimenti:

a) la mancanza di libertà di stato. A tal proposito, la novella fa espresso richiamo agli artt. 65 e 68 c.c. che disciplinano il caso di nuove nozze a seguito di dichiarazione di morte presunta del coniuge o unito civilmente e di nullità del matrimonio o dell'unione civile in caso di accertata esistenza in vita del coniuge o della parte. L'unione civile costituita, invece, da una parte durante l'assenza dell'altra non può essere impugnata finché dura l'assenza;

b) l'interdizione di una delle parti per infermità di mente. Se l'istanza d'interdizione è soltanto promossa, il pubblico ministero può chiedere che si sospenda la costituzione dell'unione civile; in tal caso il procedimento non può aver luogo finché la sentenza che ha pronunziato sull'istanza non sia passata in giudicato;

c) vincoli di parentela, affinità e adozione tra i costituendi, così come elencati nell'art. 87, 1° comma, c.c. Il legislatore non si è affaticato nella stesura di tale norma, limitandosi ad adeguare il n. 3 dell'art. 87 c.c. alle coppie omosessuali (impedimento di unione tra zio e nipote maschio e zia e nipote femmina), precisazione che avrebbe potuto evitare giacché nulla aggiunge al legame impeditivo. Non è dato, invece, appurare se dall'unione civile derivino vincoli di affinità e il mero richiamo all'art. 87 c.c. non lo afferma con certezza, a meno che non si consideri implicitamente modificato l'art. 78 c.c.;

d) la condanna definitiva di un contraente per omicidio, consumato o tentato, nei confronti di chi sia coniugato o unito civilmente con l'altra parte. Se è stato disposto soltanto rinvio a giudizio ovvero sentenza di condanna di primo o secondo grado ovvero una misura cautelare, la costituzione dell'unione civile tra persone dello stesso sesso è sospesa sino a quando non venga pronunziata sentenza di proscioglimento.

La legge n. 76 del 2016 dispone che la sussistenza di una delle cause impeditive di cui al comma 4 comporta la nullità dell'unione civile. Trattasi, dunque, di impedimenti dirimenti.

Tra le cause di nullità assoluta è da annoverare la mancanza del requisito dell'omosessualità mentre tra le nullità relative l'interdizione e l'incapacità d'intendere e di volere di una delle parti.

All'unione civile si applicano le norme sui vizi del consenso nel matrimonio, art. 122 c.c. e la simulazione (art. 123 c.c.). Le norme codicistiche in materia di matrimonio continuano a regolare l'azione d'impugnazione dell'unione civile, l'unione civile putativa, i diritti dell'unito civilmente in buona fede e la responsabilità della parte in mala fede. Legittimati all'azione sono ciascuna delle parti dell'unione civile, gli ascendenti prossimi, il pubblico ministero e tutti coloro che abbiano per impugnarla un interesse legittimo e attuale.

La novella disciplina il caso di ingiustificato rifiuto a procedere da parte dell'ufficiale di stato civile, che integra il reato di omissione o rifiuto di atti d'ufficio, *ex* art. 328 c.p.

L'art. 27 prevede una forma particolare di costituzione dell'unione civile a seguito del cambio di sesso da parte di un coniuge, quando la coppia intende proseguire nel legame.

L'istituto del ricongiungimento familiare e il permesso di soggiorno per motivi familiari previste per le coppie unite in matrimonio si applicano anche alle unioni civili omosessuali.

Presso i Comuni è istituito il registro delle unioni civili, tenuto negli archivi dello stato civile in uno ai registri di cittadinanza, di nascita, di matrimonio e di morte.

I commi da 14° a 19° estendono alle parti dell'unione civile una serie di regole e di effetti giuridici previsti per il matrimonio per esempio per quanto riguarda: la tutela contro gli abusi familiari prevista dall'art. 342 *bis* c.c.; la scelta dell'amministratore di sostegno, che deve essere preferibilmente individuato nel soggetto unito civilmente al beneficiario; il diritto del superstite al trattamento di fine rapporto e all'indennità di preavviso in caso di cessazione del rapporto di lavoro per morte; la sospensione della prescrizione nei rapporti tra le parti dell'unione civile; gli obblighi alimentari.

Scioglimento

La legge disciplina lo scioglimento dell'unione civile dai commi 22° al 26°. Esse sono la morte o la dichiarazione di morte presunta di una delle parti (22° comma, art. 1), la sentenza di rettificazione di attribuzione di sesso (26° comma, art. 1), i casi previsti dall'art. 3, nn. 1 e 2, lett. a, c, d ed e, della legge 1° dicembre 1970, n. 898 (sono i casi che permettono il divorzio) e quando le parti hanno manifestato, anche disgiuntamente, la volontà di scioglimento dinanzi all'ufficiale dello stato civile. In tale caso, la domanda di scioglimento dell'unione civile è proposta decorsi tre mesi dalla data della manifestazione di volontà di scioglimento dell'unione. La legge opera una serie di rinvii alle regole previste in materia di divorzio, di separazione, relative alla possibilità di sciogliere l'unione senza l'intervento del giudice (legge n. 162 del 2014).

Risulta difficile, come per il matrimonio, una qualificazione della natura dell'atto costitutivo. La natura contrattuale sarebbe da escludere non tanto per la causa ma per l'oggetto che, pregno di implicazioni affettive e sentimentali, non può di certo essere relegato esclusivamente a rapporti giuridici patrimoniali di cui all'art. 1321 c.c.

10. *La disciplina delle convivenze*

Nozione e disciplina

Le convivenze di fatto sono ora disciplinate dalla legge n. 76 del 2016 all'art. 1, commi dal 36° al 67°, ma non costituiscono un istituto ignoto al nostro ordinamento. Difatti, al fine di garantire comunque un regime di tutela ai conviventi, nonché di predisporre una disciplina il più possibile omogenea rispetto alle unioni matrimoniali, la convivenza di fatto è stata protagonista di una complessa riflessione giurisprudenziale e di svariati interventi normativi progressivi che hanno faticosamente portato all'approvazione della citata legge n. 76 del 2016.

Scopo della recente riforma è quello di introdurre una regolamentazione completa del fenomeno, finora frammentato e disomogeneo, delle convivenze, incentrata sul principio di autonomia delle parti attraverso la previsione dell'istituto del contratto di convivenza, e tuttavia caratterizzata dalla previsione di una disciplina meno ampia e stringente rispetto a quella prevista per le unioni matrimoniali e per le unioni civili.

Resta, però, irrisolta la questione relativa alla disciplina da applicare alle convivenze non riconducibili alle situazioni regolate dalla nuova legge. La soluzione che appare dominante ritiene che a tali situazioni si dovranno applicare le regole finora vigenti per la convivenza di fatto, dando così origine alla presenza, nel nostro ordinamento, di diverse figure di convivenza: quelle oggi disciplinate dalla legge n. 76 del 2016 e quelle che, invece, non vi rientrano e, pertanto, continuano a ricevere la medesima tutela finora garantita al fenomeno della convivenza.

Si intendono per "conviventi di fatto", ai sensi del 36° comma, «*due persone maggiorenni unite stabilmente da legami affettivi di coppia e di reciproca assistenza morale e materiale, non vincolate da rapporti di parentela, affinità o adozione, da matrimonio o da un'unione civile*».

Un dubbio interpretativo riguarda l'identificazione della fattispecie "convivenza", ai fini della legge n. 76 del 2016. Il 37° comma specifica che ai fini dell'accertamento della "stabile convivenza" si debba far riferimento alla dichiarazione anagrafica, già prevista dal Regolamento anagrafico della popolazione residente (d.p.r. 30 maggio 1989, n. 223), che permette, sia pur ai limitati fini anagrafici, ad una coppia convivente di registrare lo stato di convivenza.

Emerge, pertanto, il dubbio se l'applicazione delle nuove regole sulla convivenza imponga la registrazione anagrafica; dalle prime pronunce giurisprudenziali emerge quale soluzione dominante la mera rilevanza del fatto materiale della convivenza, così come individuata dal comma 36, che può anche essere accertata in altro modo, allorché le parti non abbiano provveduto alla suddetta registrazione anagrafica.

Diritti dei conviventi

La disciplina legislativa può essere suddivisa in due parti: i diritti dei conviventi e il contratto di convivenza.

La legge si preoccupa anzitutto di regolare una serie di aspetti di carattere personale che nel passato avevano dato luogo ad incertezze e fatto avvertire un'esigenza di tutela.

Il 38° comma attribuisce, infatti, a ciascun convivente di fatto gli stessi diritti spettanti al coniuge nei casi previsti dall'ordinamento penitenziario. In caso di malattia o di ricovero, i conviventi di fatto hanno diritto reciproco di visita, di assistenza nonché di accesso alle informazioni personali, secondo le regole di organizzazione delle strutture ospedaliere o di assistenza pubbliche, private o convenzionate, previste per i coniugi e i familiari (39° comma). Ciascun convivente di fatto può designare l'altro (con atto in forma scritta e autografa oppure, in caso di impossibilità di redigerla, alla presenza di un testimone) quale suo rappresentante con poteri pieni o limitati in caso di malattia che comporta incapacità di intendere e di volere, per le decisioni in materia di salute ed in caso di morte, per quanto riguarda la donazione di organi, le modalità di trattamento del corpo e le celebrazioni funerarie (40° e 41° comma).

I commi successivi dal 42° al 45° disciplinano il subentro nei diritti di abitazione della casa comune nelle ipotesi di morte del proprietario, morte o recesso del conduttore ed assegnazione di alloggi popolari.

Particolare attenzione merita il nuovo art. 230 *ter* c.c. (rubricato "Diritti del convivente"), che riconosce i diritti del convivente alla partecipazione agli utili e alla gestione dell'impresa familiare. In particolare, al convivente di fatto che presti stabilmente la propria opera all'interno dell'impresa dell'altro convivente spetta una partecipazione agli utili dell'impresa familiare ed ai beni acquistati con essi nonché agli incrementi dell'azienda, anche in ordine all'avviamento, commisurata al lavoro prestato. Il diritto di partecipazione non spetta qualora tra i conviventi esista un rapporto di società o di lavoro subordinato.

È stato altresì previsto che la domanda di interdizione e inabilitazione possa essere proposta anche dal convivente di fatto (art. 712 c.p.c., come modificato dalla legge n. 76 del 2016). Il convivente di fatto può essere nominato tutore, curatore o amministratore di sostegno, qualora l'altra parte sia dichiarata interdetta o inabilitata ai sensi delle norme vigenti ovvero qualora ricorrano i presupposti di cui all'art. 404 c.c.

La novella risolve l'annosa questione relativa al diritto al risarcimento dei danni da fatto illecito in caso di morte del convivente (comma 49). In caso di decesso del convivente di fatto, derivante da fatto illecito di un terzo, nell'individuazione del danno risarcibile alla parte superstite si applicano i medesimi criteri individuati per il risarcimento del danno al coniuge superstite.

In caso di cessazione della convivenza di fatto, il giudice stabilisce il diritto del convivente di ricevere dall'altro convivente e gli alimenti qualora versi in stato di bisogno e non sia in grado di provvedere al proprio mantenimento (65° comma). In tali casi, gli alimenti sono assegnati per un periodo proporzionale alla durata della convivenza e nella misura determinata ai sensi dell'art. 438, 2° comma, c.c. Ai fini della determinazione dell'ordine degli obbligati, *ex* art. 433 c.c., l'obbligo alimentare del convivente è adempiuto con precedenza sui fratelli e sorelle.

Contratto di convivenza

Per quanto concerne la disciplina dei rapporti patrimoniali fra i conviventi, il legislatore ha previsto lo strumento del contratto di convivenza (comma 50). Trattasi di una nuova fattispecie contrattuale finalizzata a regolamentare i rapporti patrimoniali nella vita comune.

È possibile definire il contratto di convivenza come l'accordo mediante il quale la coppia definisce le regole della propria convivenza, attraverso la regolamentazione dei rapporti patrimoniali della stessa ed alcuni limitati aspetti dei rapporti personali (ad es. la designazione dell'amministratore di sostegno). L'accordo può essere usato anche per disciplinare le conseguenze patrimoniali della cessazione della convivenza.

Non è specificato se questo contratto debba disciplinare interamente i rapporti patrimoniali. Il 53° comma prevede che il contratto deve contenere l'indirizzo indicato da ciascun convivente dove devono essere inviate le comunicazioni relative allo stesso contratto e *può* contenere l'indicazione della residenza; le modalità di contribuzione alle necessità della vita in comune, in relazione alle sostanze di ciascuno e alla capacità di lavoro professionale o casalingo; il regime patrimoniale della comunione dei beni, di cui alla Sez. III del capo VI del Titolo VI del libro I c.c.

Il contratto di convivenza, le sue modifiche e la sua risoluzione sono redatti in forma scritta, a pena di nullità, con atto pubblico o scrittura privata con sottoscrizione autenticata da un notaio o da un avvocato che ne attesta la conformità alle norme imperative e all'ordine pubblico.

Ai fini dell'opponibilità ai terzi, il professionista che ha ricevuto l'atto in forma pubblica o che ne ha autenticato la sottoscrizione deve provvedere, entro i successivi dieci giorni, a trasmetterne copia al comune di residenza dei conviventi per l'iscrizione all'anagrafe.

Dal contratto di convivenza sorgono dei veri e propri obblighi giuridici a carico delle parti che lo hanno stipulato. La durata "naturale" del contratto di convivenza coincide con la durata del rapporto di convivenza ciononostante le parti possono convenire, con apposite clausole inserite nel contratto di convivenza, la facoltà di recesso. Il contratto di convivenza non può essere sottoposto a termine o condizione. Nel caso in cui le parti inseriscano termini o condizioni, questi si hanno per non apposti.

Il contratto di convivenza è affetto da nullità insanabile, che può essere fatta valere da chiunque vi abbia interesse, nelle seguenti ipotesi:

– se concluso in presenza di un vincolo matrimoniale, di un'unione civile o di un altro contratto di convivenza. Questo punto pare confermare che la disciplina della convivenza di cui alla legge n. 76 del 2016 presupponga che le parti siano libere da qualsiasi altro vincolo di coppia;
– in violazione del 36° comma. Da ciò si deduce che sia nullo il contratto di convivenza tra persone tra le quali non esista una "stabile convivenza fondata su legami affettivi di coppia e di reciproca assistenza";
– da persona minore di età o da persona interdetta giudizialmente. L'incapacità, dunque, comporta in questo caso "nullità", e non semplice annullabilità, del contratto;
– in caso di condanna per il delitto di cui all'art. 88 c.c. (omicidio consumato o tentato del coniuge dell'altro convivente).

Il contratto di convivenza si risolve per accordo delle parti; recesso unilaterale; matrimonio o unione civile tra i conviventi o tra un convivente ed altra persona; morte di uno dei contraenti.

In particolare, il recesso deve essere ricevuto o autenticato da un notaio o avvocato, il quale deve notificarne copia all'altro contraente. Lo scioglimento del contratto di convivenza determina anche lo scioglimento della comunione legale, ove prevista. Nel caso di recesso unilaterale, qualora la casa familiare sia di proprietà del recedente, la dichiarazione di recesso deve contenere anche il termine, non inferiore a novanta giorni, concesso al convivente per lasciare l'abitazione.

CAPITOLO 30

IL MATRIMONIO

1. *Il matrimonio: profili generali*

Nel sistema occidentale, in cui s'inserisce il nostro ordinamento, il matrimonio – inteso sia come momento costitutivo del vincolo sia come rapporto da esso scaturente – affonda le sue radici nel diritto romano e, a partire dal Basso Impero, nel diritto canonico. A quest'ultimo in un primo tempo s'ispira e successivamente con esso per lungo tempo s'identifica.

Il processo di secolarizzazione nel nostro ordinamento deve intendersi compiuto con l'introduzione del divorzio nel 1970 e i nuovi accordi modificativi del Concordato, siglati con la Santa Sede nel 1984.

Alla grande vicenda della laicizzazione si accompagna un'altra importante evoluzione. Si tratta del fenomeno della "privatizzazione" del matrimonio, essenzialmente individuabile nella sottrazione della materia matrimoniale al campo di un variamente inteso interesse superiore o pubblico o istituzionale, per riconsegnarla alla sfera del privato. La *funzionalizzazione* del matrimonio all'individuo, tuttavia, è temperata nel nostro ordinamento dall'istanza personalistico-solidaristica che emerge prepotentemente dall'art. 2 Cost. Dunque, la privatizzazione del matrimonio e della famiglia recupera da un lato funzioni individualistico-libertarie; dall'altro motivi solidaristico-personalistici, a scapito della strumentalizzazione dell'istituto al perseguimento d'interessi superindividuali.

Privatizzazione del matrimonio

Il fenomeno della privatizzazione, intesa come funzionalizzazione alla persona, incide anche su uno degli elementi ricevuti dalla tradizione canonistica, essenziale sia per l'esistenza del vincolo, sia per differenziare il matrimonio dalla unione di fatto: si tratta della celebrazione. Nel momento attuale dell'evoluzione dell'istituto, perdono di rilevanza la forma solenne e la funzione del celebrante. Emerge con maggiore evidenza la effettività della volontà matrimoniale. L'esistenza e la persistenza di questa sanano irregolarità, ma anche invalidità, sia che ci si riferisca al momento costitutivo, sia che si abbia riguardo all'esistenza del rapporto.

Ulteriore elemento, individuato come costitutivo dalla tradizione canonistica, è quello relativo alla consumazione, allo *ius in corpus* reciproco tra i coniugi. L'evoluzione dell'istituto è chiara nella sostituzione di questo con la nozione di comunione di vita materiale e spirituale.

2. *Il matrimonio come atto giuridico*

È usuale distinguere due differenti aspetti che confluiscono nella nozione di matrimonio. Esso può essere inteso sia come atto sia come rapporto. Il matrimonio inteso come rapporto fa riferimento all'insieme dei diritti e dei doveri che intercorrono tra i coniugi.

Definizione

Sotto il primo profilo il matrimonio può invece essere definito come negozio giuridico solenne, bilaterale, di natura familiare, mediante il quale un uomo e una donna assumono gli impegni di stabile convivenza e di aiuto reciproco nei modi e nelle forme stabiliti dalla legge (spec. artt. 143 ss. c.c.). In base all'art. 108 c.c., si afferma la natura di *actus legitimus* del matrimonio, che non sopporta l'apposizione di termini e condizioni, data anche l'inderogabilità dell'intera disciplina matrimoniale.

Ognuno degli aggettivi utilizzati per definire il negozio giuridico matrimoniale assume un peculiare significato. Si attribuisce la natura negoziale per specificare la struttura di convenzione perfezionata dalla manifestazione di volontà delle parti, che si qualifica come consenso (principio consensualistico), espresso nelle forme indicate dalla legge. Si discorre di natura bilaterale per escludere la visione, ormai superata, che attribuiva efficacia costitutiva alla dichiarazione dell'ufficiale di stato civile o comunque del celebrante di unire in matrimonio i nubendi successivamente allo scambio del consenso, e dunque per dare rilievo esclusivamente alla volontà dei nubendi. La qualifica di negozio familiare è collegata al fatto che il matrimonio è negozio costitutivo di un rapporto familiare – di coniugio – e in questo rinviene la sua causa: si elimina così la possibilità di ricondurre il matrimonio al contratto, rimanendo totalmente esclusa la natura patrimoniale del medesimo. Sottolineare che si tratta di un negozio familiare significa affermare, in altri termini, che non è possibile estendere acriticamente al matrimonio normativa, principi e approccio di tipo patrimonialistico-contrattualistico.

Negozio familiare

3. *La promessa di matrimonio*

L'art. 79 c.c. prevede la promessa di matrimonio – i cc.dd. sponsali – per escludere la sua impegnatività giuridica nonché la validità di clausole penali o di altri patti che vincolino direttamente o indirettamente al matrimonio. La garanzia della libertà matrimoniale, infatti, si traduce nella illiceità e non meritevolezza di tutela di qualsivoglia costrizione diretta o indiretta alla stipulazione del matrimonio. Così, la promessa di unirsi in matrimonio intercorsa tra i nubendi, in sé non valutata negativamente, non ha alcuna vincolatività sul piano giuridico (e, invero, il fenomeno non trova più sufficiente riscontro neppure sul piano della rilevanza morale e sociale). Probabilmente, se una qualche utilità la normativa in questione conserva, è nel poter garantire situazioni di natura esistenziale, attraverso la restituzione non soltanto dei doni (art. 80 c.c.) ma soprattutto quando sono coinvolti profili legati alla riservatezza o all'intangibilità della sfera intima e familiare: lettere, fotografie, oggetti che abbiano un particolare significato familiare o personale.

Restituzione dei doni

Nella promessa l'inadempimento è rilevante soltanto quando sia "senza giustificato motivo" (art. 81 c.c.). In tal caso, è dovuto alla parte incolpevole un risarcimento, limitato all'interesse contrattuale negativo, e neanche in tutta la sua estensione, ma soltanto per quanto concerne le spese fatte e le obbligazioni assunte in vista del futuro matrimonio. Assai difficile è individuare i criteri in base ai quali il comportamento omissivo di una delle parti, o commissivo della parte che dà motivo alla rottura della promessa, possa essere qualificato giusto o ingiusto. In effetti, se la libertà matrimoniale è valore, e valore costituzionalmente garantito, è difficile accettare qualsivoglia visione che, in un modo o nell'altro, intenda distribuire la specifica responsabilità regolata nell'art. 81 c.c. secondo criteri che indaghino sull'ingiustizia del comportamento.

Altro requisito per la rilevanza (o da cui desumere la serietà) della promessa di matrimonio intercorsa tra i soggetti consiste nella forma: l'art. 81 c.c. menziona l'atto pubblico o la scrittura privata ovvero la richiesta di pubblicazioni all'ufficiale dello stato civile. Anche i problemi di capacità, lungi dal porsi in prospettiva negoziale, sembrano collegati alla questione della "certezza e serietà" della promessa. L'art. 81 c.c. richiede la maggiore età o l'autorizzazione a norma dell'art. 84 c.c., se si tratta di un minore.

Forma

Per la restituzione dei doni (art. 80 c.c.), invece, non è necessario provare l'esistenza dei requisiti richiesti per la validità della promessa; e può richiedere la restituzione dei doni anche colui al quale sia imputabile la rottura della promessa o il rifiuto di contrarre matrimonio.

In virtù della limitata finalità attribuita alla specifica azione, si giustifica il termine di decadenza imposto all'azione: un anno dal rifiuto di contrarre matrimonio (artt. 80 e 81 c.c.).

4. *Il matrimonio civile*

Il matrimonio civile è quello celebrato dinanzi all'ufficiale dello stato civile. Esso è interamente disciplinato, per quanto concerne i presupposti, i requisiti di forma e di sostanza e gli effetti, dalle norme del codice civile (artt. 84 ss. c.c.). Il matrimonio civile si contrappone al c.d. matrimonio concordatario, ovvero al matrimonio celebrato secondo le norme del diritto canonico, cui si attribuiscono effetti civili attraverso la trascrizione; e si aggiunge al matrimonio celebrato di fronte a un ministro di culto acattolico, che tuttavia si sottrae soltanto per quanto riguarda la forma della celebrazione alla regolamentazione statuale.

5. *I requisiti per contrarre matrimonio. I cc.dd. impedimenti matrimoniali*

La garanzia della libertà matrimoniale non è contraddetta dal fatto che la legge richieda l'esistenza di requisiti, positivi e negativi, in capo ai nubendi affinché siano ammessi al matrimonio, purché tali requisiti non siano in contrasto con i principi fondamentali di tutela della personalità, dell'eguaglianza e della pari dignità.

Principi

Gli impedimenti matrimoniali sono proibizioni legali da cui risultano i requisiti positivi e negativi richiesti per contrarre matrimonio. La mancanza o l'esistenza – a seconda dei casi – di uno di tali requisiti costituisce impedimento matrimoniale. Gli impedimenti matrimoniali si distinguono in impedimenti assoluti e relativi; ed altresì, in dispensabili o non dispensabili. Alcuni poi incidono sulla validità del matrimonio eventualmente contratto; altri soltanto sulla sua regolarità. Gli impedimenti assoluti escludono il soggetto dalla celebrazione del matrimonio con qualsivoglia persona: si tratta dell'età, interdizione, mancanza della libertà di stato, divieto temporaneo di nuove nozze. Gli impedimenti relativi precludono il matrimonio con una determinata persona: parentela, affinità, adozione, affiliazione, impedimento da delitto. Dispensabili sono gli impedimenti che, secondo determinate condizioni, possono essere rimossi mediante una specifica autorizzazione del giudice: età, parentela ed affinità, divieto temporaneo di nuove nozze. Quest'ultimo, se violato, produce irregolarità del matrimonio; tutti gli altri provocano l'invalidità del negozio matrimoniale.

Per contrarre matrimonio occorre dunque la presenza dei seguenti requisiti:

a) *L'età*: l'art. 84, 1° comma, c.c. lega l'acquisto della capacità matrimoniale all'acquisto della capacità di agire, al compimento del diciottesimo anno di età. L'ordinamento, quindi, fa coincidere la capacità matrimoniale con la maggiore età, sia per l'uomo che per la donna. L'art. 84 c.c. prevede l'autorizzazione giudiziale, in presenza di gravi motivi, ma collegata all'accertamento della maturità psicofisica, per il minore che abbia compiuto i 16 anni. Vale a dire, di là dai minimi di età fissati per la contrazione del matrimonio prima dell'acquisto della piena capacità di agire, il fondamento della capacità matrimoniale s'individua nel raggiungimento della maturità tale da consentire l'autodeterminazione, la scelta consapevole se contrarre oppur no il vincolo, unita all'esigenza di valutare l'interesse oggettivo-relativo del minore. Autodeterminazione significa scomparsa dell'istituto dell'assenso al matrimonio da parte di chi esercita sul minore la potestà genitoriale, sostituito dalla valutazione del giudice dei due elementi suindicati: discernimento e interesse.

b) *La sanità mentale*: la legge 19 maggio 1975, n. 151, ha conservato, tra i requisiti per contrarre validamente matrimonio, la circostanza che il soggetto non sia interdetto per infermità di mente (art. 85 c.c.). Ciò nonostante sono sempre più frequenti, in dottrina, voci di dissenso contro una limitazione che incide direttamente sulla personalità del soggetto, sulla stessa dignità di uomo. L'interdizione, oltre che impedimento, è causa di annullabilità. Al contrario, la semplice incapacità naturale, anch'essa causa di annullabilità (art. 120 c.c.), non è però impedimento alla celebrazione del matrimonio.

c) *La libertà di stato*: è vietato contrarre nuove nozze qualora una o entrambe le parti siano già legate da vincolo di precedente matrimonio (art. 86 c.c.). Il divieto non opera allorché si accerti l'estinzione o l'invalidità del precedente matrimonio: per morte o per sentenza di scioglimento o di cessazione degli effetti civili; per annullamento del matrimonio o della trascrizione del matrimonio religioso nei registri dello stato civile o infine per scioglimento in seguito a dispensa pontificia *super rato* annotata nei registri dello stato civile.

Per contrarre matrimonio occorre altresì la mancanza di determinati impedimenti:

Impedimenti

1. *Parentela, affinità, adozione, affiliazione*: gli impedimenti al matrimonio derivanti da consanguineità, affinità, adozione e affiliazione (per i rapporti di affiliazione ancora esistenti) sono disciplinati dall'art. 87 c.c. Il divieto opera quando esiste vincolo di parentela o di affinità tra i

nubendi, in linea retta all'infinito; in linea collaterale fino al secondo grado per l'affinità e fino al terzo per la parentela.

Il sistema delle dispense è stato sostituito, in seguito alla legge n. 151 del 1975, da quello delle autorizzazioni richieste dagli interessati al tribunale mediante ricorso. L'autorizzazione può essere richiesta da uno dei nubendi in caso di parentela collaterale di terzo grado (cioè zii e nipoti) o di affinità di secondo grado (cioè i cognati) ed in tutti i casi di affinità derivanti da matrimonio dichiarato nullo.

2. *Il delitto*: l'ordinamento reagisce con particolare disfavore all'ipotesi che si contragga matrimonio con chi si è reso vedovo o si è tentato di rendere vedovo. Sorge quindi l'impedimento da delitto (art. 88 c.c.), in seguito alla condanna di uno dei nubendi per l'omicidio o il tentato omicidio del coniuge dell'altro. Tale impedimento è inderogabile e di ordine pubblico.

3. *Divieto temporaneo di nuove nozze*: l'art. 89 c.c. vieta alla donna di contrarre nuove nozze prima del termine dei trecento giorni successivi all'estinzione del vincolo di precedente matrimonio. La *ratio* del divieto s'individua ancora nell'esigenza di assicurare la certezza della filiazione legittima, evitando la c.d. *turbatio sanguinis*. Tuttavia, in caso di divorzio o di annullamento, la presunzione di legittimità del figlio cessa già molto prima dell'estinzione del vincolo matrimoniale, e precisamente decorsi trecento giorni dalla pronunzia di separazione personale o dall'omologazione di quella consensuale ovvero dalla comparizione dei coniugi dinanzi al presidente del tribunale nelle more del giudizio di separazione, di divorzio o di annullamento, in seguito alla quale i coniugi sono stati autorizzati a vivere separatamente (art. 232 c.c.).

Il rispetto del termine di trecento giorni, c.d. *tempus lugendi*, non è requisito di validità, ma condizione di regolarità del matrimonio, perché la sua violazione non comporta l'invalidità del matrimonio, bensì la semplice comminazione di una multa (art. 140 c.c.). Il divieto non sussiste se il divorzio sia stato pronunziato per precedente separazione dei coniugi, protratta per almeno tre anni, ovvero se il matrimonio sia stato sciolto o annullato per inconsumazione o per impotenza del marito (art. 89, 1° comma, seconda parte, c.c.). Inoltre esso ha termine dal momento della fine della gravidanza (art. 89, 3° comma, c.c.). È possibile autorizzare il matrimonio nell'ipotesi che sia escluso con certezza lo stato di gravidanza e quando risulta da sentenza passata in giudicato che i coniugi non abbiano convissuto nei trecento giorni precedenti allo scioglimento o all'annullamento del matrimonio (art. 89, 2° comma, c.c.).

6. *La fase preliminare alla celebrazione. Pubblicazioni e opposizioni*

Il matrimonio costituisce una fattispecie a formazione progressiva, composta da fasi successive: la pubblicazione; la soluzione delle opposizioni, se ve ne siano; la celebrazione.

Gli artt. 93-101 c.c., in collegamento con gli artt. 50-58, d.p.r. 3 novembre 2000, n. 396 recante la revisione e la semplificazione dell'ordinamento dello stato civile, disciplinano la particolare fase preliminare alla celebrazione del matrimonio consistente nella c.d. pubblicazione. La finalità da essa perseguita è di natura essenzialmente pubblicitaria e strumentale alla fase costitutiva, diretta a rendere notorio e conoscibile ai terzi il proposito dei nubendi di contrarre matrimonio. Ad essa si accompagna l'ulteriore finalità di accertare l'inesistenza d'impedimenti e di consentire la proposizione di opposizioni alla celebrazione del matrimonio. Finalità

La pubblicazione può essere definita come l'affissione alla porta della casa comunale di un atto nel quale sono indicate le generalità degli sposi e la loro intenzione di contrarre matrimonio. Essa va effettuata secondo il dettato degli artt. 50-58, d.p.r. n. 396 del 2000, che hanno sostituito, abrogandole, le formalità precedentemente previste dagli artt. 93, 94, 95, 97 e 100, 4° comma, c.c. Il tribunale può autorizzare la riduzione del termine e la stessa omissione delle pubblicazioni quando sussistano cause "gravissime" (art. 100, 2° comma, c.c.). L'ufficiale di stato civile può rifiutare di procedere alle pubblicazioni e tale rifiuto è legittimo quando sia determinato dall'esistenza di un impedimento, ovvero da carenze nella documentazione che non siano colmabili attraverso accertamenti d'ufficio (art. 98 c.c.). Se si tratta di matrimonio concordatario, la richiesta di pubblicazioni va fatta sia alla chiesa parrocchiale che alla casa comunale, sia davanti all'ufficiale dello stato civile che al parroco innanzi al quale dovrà essere celebrato il matrimonio.

7. *Le opposizioni*

L'opposizione (artt. 102-104 c.c.) è diretta ad ottenere la sospensione della celebrazione, per l'esistenza di una causa impeditiva del matrimonio.

Sono legittimati a proporre opposizione, oltre al p.m., i genitori degli sposi o, in mancanza, gli altri ascendenti e i collaterali fino al terzo grado nonché il tutore e il curatore di uno degli sposi soggetto a tutela o a curatela (art. 102 c.c.). Legittimazione

Sono legittimati ad opporsi, altresì, il coniuge di colui che vuole contrarre matrimonio, senza che il precedente vincolo si sia estinto e l'ex coniuge, o in caso di morte i parenti, nell'ipotesi di mancato rispetto del divieto temporaneo di nuove nozze, fatti salvi i casi in cui il divieto non opera (art. 89 c.c.).

L'opposizione sospende la celebrazione fin quando non interviene sentenza definitiva con cui si accerta l'inesistenza della circostanza invocata a fondamento. In tal caso (art. 104 c.c.), gli sposi possono ottenere la condanna dell'opponente al risarcimento del danno, a meno che l'opposizione non provenga dagli ascendenti o dal p.m. Se l'ufficiale di stato civile procede alla celebrazione nonostante il provvedimento di sospensione, sarà passibile di sanzione amministrativa *ex* art. 136 c.c. Il che vale anche se egli celebra il matrimonio nonostante sia a conoscenza dell'esistenza di un impedimento.

8. *La celebrazione del matrimonio*

Eccezioni

Particolare rilievo assumono, nella fase della celebrazione, i requisiti di forma solenne indicati come necessari per la costituzione di un valido matrimonio (art. 107 c.c.). Competente a celebrare il matrimonio è l'ufficiale di stato civile del comune in cui siano state richieste le pubblicazioni. La regola, fissata dall'art. 106 c.c., non è tassativa poiché le parti possono ritenere necessario o opportuno celebrare il matrimonio dinanzi all'ufficiale di stato civile di un comune diverso. In tale ipotesi l'ufficiale che sarebbe stato competente "richiede per iscritto l'ufficiale del luogo dove il matrimonio si deve celebrare" (art. 109 c.c.), motivando la richiesta. Anche il principio della celebrazione nella casa comunale soffre di eccezioni, poiché l'art. 110 c.c. consente che, qualora uno degli sposi si trovi nell'impossibilità di accedere alla casa comunale, l'ufficiale si deve recare nel luogo in cui egli si trova per procedere alla celebrazione del matrimonio in presenza di quattro testimoni. Se mancano i testimoni, ovvero siano incapaci, il matrimonio non si considera invalido, ma soltanto irregolare, con l'eventuale applicazione di sanzioni pecuniarie (artt. 136 e 137 c.c.). Occorre tuttavia rispettare la prescrizione, anch'essa a pena d'irregolarità, che il matrimonio sia celebrato in luogo in cui il pubblico possa accedere liberamente.

Gli sposi devono comparire ed esprimere personalmente il consenso al matrimonio (art. 107 c.c.). Unica deroga a tale principio s'individua nelle ipotesi in cui è concesso di celebrare il matrimonio per procura (art. 111 c.c.). La deroga agisce in favore dei militari o delle persone al seguito delle forze armate in tempo di guerra e di coloro i quali risiedono all'estero e possono vantare gravi motivi per ricorrere al rilascio della procura.

Nel corso della celebrazione, l'ufficiale di stato civile deve dar lettura agli sposi degli artt. 143, 144 e 147 c.c., la cui mancanza tuttavia non comporta invalidità, come parimenti è causa di irregolarità l'assenza dei testimoni.

Una volta celebrato il matrimonio, l'ufficiale dello stato civile provvede alla redazione dell'atto di matrimonio, nel quale vanno inserite le eventuali dichiarazioni dei coniugi di scelta del regime patrimoniale di separazione dei beni *ex* art. 162, 2° comma, c.c. (in mancanza, opererà il regime legale di comunione dei beni). L'atto di matrimonio va iscritto nei registri di matrimonio del comune in cui è avvenuta la celebrazione e trascritto, eventualmente, nei registri del comune di residenza degli sposi. In tal caso, si discorre di trascrizione perché l'atto non è stato redatto dall'ufficiale di stato civile che lo riceve in copia dall'ufficiale celebrante.

Atto di matrimonio

9. *La prova del matrimonio. Il possesso di stato*

L'atto di matrimonio è mezzo di prova privilegiato della celebrazione e generalmente non sono ammesse altre prove per dimostrare l'esistenza dello *status* coniugale. Tuttavia, se l'atto di matrimonio manca per colpa o dolo dell'ufficiale di stato civile o per altre circostanze di forza maggiore (ad esempio, smarrimento o distruzione dei registri dello stato civile), è consentito desumere la prova dell'avvenuta celebrazione mediante il possesso continuo di stato di coniuge. Tradizionalmente, gli elementi costitutivi del possesso di stato vengono individuati nel nome, nel trattamento e nella fama. Con il nome, si vuole intendere la circostanza che la coppia venga comunemente identificata dal medesimo cognome (del marito, che la moglie assume e aggiunge al proprio); il trattamento significa che tra le parti si è instaurata una tipica convivenza matrimoniale; si ha la fama quando la coppia è comunemente considerata sul piano sociale come coppia di coniugi (marito e moglie). Si rinvia, cioè, a tutti quei comportamenti e fatti che, unitariamente considerati, dimostrano sul piano sociale l'esistenza del matrimonio.

Possesso di stato

L'art. 131 c.c. afferma che il possesso di stato conforme all'atto di celebrazione vale a sanare i difetti di forma di quest'ultimo. Tuttavia, il possesso di stato non può porre rimedio al fatto che vi siano impedimenti al matrimonio, specie insanabili. D'altro canto, il possesso di stato non vale a sanare neanche difetti di forma essenziali, che comportano nullità, come ad esempio la mancanza di sottoscrizione delle parti all'atto di matrimonio. La regola potrebbe allora operare nel caso di difetti di forma non essenziali, come ad esempio la mancata sottoscrizione da parte dell'ufficiale dello stato civile.

Capitolo 31
IL SISTEMA DELLE INVALIDITÀ MATRIMONIALI

1. *Inesistenza, nullità, annullabilità*

Il sistema delle invalidità matrimoniali comprende le ipotesi in cui, per un vizio concernente il momento costitutivo del vincolo coniugale, il matrimonio – inteso come atto – può essere impugnato. Occorre dunque distinguere l'invalidità del matrimonio, che porta all'invalidazione *ex tunc* del vincolo – con le eccezioni che vedremo –, dallo scioglimento dello stesso, per causa di divorzio. Infatti, il divorzio concerne la mancanza di funzionalità del rapporto matrimoniale, sia pure validamente costituito, sicché i suoi effetti si producono *ex nunc*, dal momento della sentenza di scioglimento. Peraltro, è necessario sottolineare il progressivo riavvicinamento, fin quasi a poter discorrere di fungibilità di funzioni, tra i due istituti, in base alla constatazione che entrambi diventano operanti soltanto in presenza di un'irrimediabile crisi coniugale. Il che è dimostrato, altresì, dall'importanza che assume l'istituto del matrimonio putativo, il quale, attenuando il rigido principio della retroattività della pronunzia d'invalidità, salvaguarda interessi meritevoli di tutela di là dalla causa o dalla qualificazione dell'invalidità.

Il sistema delle invalidità matrimoniali comporta notevoli difficoltà interpretative. Ad esempio, da tempo si dibatte sulla possibilità di distinguere, nell'ambito delle invalidità matrimoniali, accanto alle fattispecie di invalidità (nullità e annullabilità), anche ipotesi di inesistenza del matrimonio, quando il vizio costitutivo concerna requisiti di esistenza (generalmente, diversità di sesso, consenso, celebrazione) in mancanza dei quali non possa neppure ritenersi che un matrimonio esista: con la conseguenza, sul piano degli effetti, di non poter ammettere neppure l'operatività del matrimonio putativo, a differenza della "semplice" nullità. Le più recenti tendenze, in base alla considerazione che l'inappli-

Teorie

cabilità del matrimonio putativo lascia prive di tutela talune situazioni, del coniuge e dei figli, direttamente collegate a diritti inviolabili di dignità e di eguaglianza sostanziale, rifiutano un'aprioristica determinazione delle ipotesi in cui il matrimonio possa considerarsi inesistente, indicando come criterio di valutazione casistica l'individuabilità di una figura matrimoniale che giustifichi un problema di tutela, appunto, del coniuge o dei figli.

Non vi è unanimità di vedute neppure sulla riconducibilità delle patologie matrimoniali alle forme di invalidità predicate nell'ambito generale della teoria del negozio giuridico. Si riconosce infatti che nel matrimonio, rispetto al comune negozio giuridico, l'operatività della invalidità subisce alterazioni sia sotto il profilo della legittimazione a far valere il vizio di annullabilità, sia per quanto riguarda l'efficacia sanante di atti o fatti ai quali l'ordinamento attribuisce questa peculiare funzione.

Ancora, nemmeno è chiara, nell'ambito dello stesso diritto matrimoniale, la distinzione tra nullità ed annullabilità. Per l'opinione più diffusa, si tratterebbe di nullità quando legittimati all'azione, per disposizione di legge, sono "tutti coloro che vi hanno interesse" e l'azione è imprescrittibile. Vi sarebbe annullabilità del matrimonio, invece, quando, per espressa previsione, si rende impugnabile il matrimonio per vizi meno gravi concernenti elementi essenziali, disciplinando rigorosamente tanto la legittimazione quanto sanatorie e decadenze dall'azione. Si applicherebbe, altresì, il termine di prescrizione ordinaria di dieci anni.

2. *Le nullità*

In base al dettato dell'art. 117 c.c., si qualificano ipotesi di nullità quelle concernenti il matrimonio contratto in violazione degli artt. 86, 87 e 88 c.c.: nelle ipotesi, cioè, di mancanza di libertà di stato, o di esistenza di impedimento non suscettibile di essere rimosso con specifica autorizzazione, o ancora di *impedimentum criminis* tra gli sposi. In tali casi, infatti, l'azione può essere esercitata dai coniugi, dagli ascendenti prossimi, dal pubblico ministero e da tutti coloro che vantino un interesse legittimo ed attuale.

Artt. 86, 87 e 88 c.c.

Si deve ritenere egualmente nullo il matrimonio contratto dopo la dichiarazione di morte presunta del coniuge di uno degli sposi, che invece successivamente risulti vivente (art. 68 c.c.). In caso di dichiarazione di assenza, invece, scatta il *favor matrimonii* e l'art. 117, 3° comma, c.c. impedisce l'impugnazione finché duri l'assenza, in considerazione del fatto che è altamente probabile che la situazione venga sanata dalla dichiarazione di morte presunta dell'assente.

Alle ipotesi di nullità dianzi descritte, generalmente si aggiunge quel-

Identità di sesso

la fondata sull'appartenenza dei coniugi allo stesso sesso. Secondo alcuni, come visto, si tratterebbe addirittura di inesistenza del matrimonio. Tuttavia, l'una e l'altra opinione vanno rimeditate, in quanto la legge 14 aprile 1982, n. 164 ha consentito al coniuge di modificare il proprio sesso, con conseguente scioglimento del matrimonio in atto mediante l'applicazione non delle norme dettate per la nullità del matrimonio, bensì delle norme dettate per il divorzio (art. 4 legge cit.), escludendo, quindi, qualsivoglia effetto retroattivo.

3. *Le ipotesi di annullabilità*

A) *L'incapacità.* Si ricade nell'annullabilità quando il matrimonio è contratto da incapace di agire legale o naturale, secondo le regole generali.

Età

Il matrimonio è annullabile quando sia contratto da persona minorenne che non sia stata autorizzata dal giudice a norma dell'art. 84 c.c. Si tratta di annullabilità relativa in quanto la legittimazione all'azione è ristretta in capo ai coniugi, ai genitori e al pubblico ministero. L'azione può essere esercitata anche dal minore che abbia raggiunto la maggiore età, non oltre un anno dall'acquisto della medesima (art. 117, 2° comma, c.c.). Si tratta di annullabilità sanabile quando il minore abbia raggiunto la maggiore età, anche in pendenza di giudizio, ovvero quando vi sia stato concepimento o procreazione e comunque risulti la volontà del minore di mantenere in vita il vincolo matrimoniale (art. 120, 2° comma, c.c.).

Interdizione

È colpito da annullabilità assoluta il matrimonio contratto da interdetto per infermità di mente (art. 119 c.c.). Tale estensione dell'azione di annullabilità per interdizione giudiziale, oltre che al tutore e al pubblico ministero, anche a tutti coloro che vi abbiano interesse, è assai criticabile, anche in prospettiva costituzionale. Comunque, si tratta di annullabilità sanabile, in quanto l'azione non può essere proposta se i coniugi abbiano coabitato per un anno dopo la revoca dell'interdizione. Siamo di fronte a un'ipotesi di sanatoria-decadenza dall'azione, fondata sull'effettiva costituzione del rapporto, intesa come espressione di un consapevole consenso matrimoniale.

Incapacità di intendere e di volere

Ulteriore ipotesi d'invalidità è quella basata sull'incapacità d'intendere e di volere di uno dei coniugi con riferimento al momento della celebrazione (art. 120 c.c.). La norma sottolinea ancora una volta l'importanza, nella disciplina matrimoniale, del consenso libero e consapevole per fondare un valido rapporto matrimoniale. Tuttavia, si tratta di annullabilità sanabile, in quanto si ripete anche in questa ipotesi lo schema che individua una decadenza dall'azione nella esplicazione di un rapporto coniugale fondato sul reciproco consenso libero e consapevole: così è da intendere l'anno di coabitazione (convivenza, nell'accezione qui accolta), trascorso il quale, a partire dal riacquisto della piena capacità, non è più possibile invocare la causa di annullabilità (art. 120, 2° comma, c.c.). Si tratta altresì di annullabilità relativa, perché la legittimazione ad agire spetta soltanto al coniuge che assume di aver contratto il matrimonio in stato d'incapacità (art. 120, 1° comma, c.c.); il che solleva qualche critica, per l'esclusione della legittimazione dell'altro coniuge in buona fede.

B) *Le invalidità matrimoniali derivanti da vizi del consenso.* Anche le invalidità matrimoniali derivanti da vizi del consenso rispondono al principio della tutela della libertà attuata attraverso una corretta formazione del consenso. Il matrimonio può infatti essere impugnato da quello dei coniugi il cui consenso è stato estorto con violenza o determinato da timore o da errore.

La violenza, regolata dal 1° comma dell'art. 122 c.c., consiste nella minaccia di un male ingiusto e notevole, tale da far impressione su una persona di normale buon senso. Per la particolare delicatezza del consenso matrimoniale, cui deve essere assicurata la massima libertà, devono considerarsi rilevanti le condizioni peculiari del soggetto, relativamente alle circostanze del caso concreto, di là dall'astratta configurazione della persona sensata, ed occorre interpretare estensivamente il concetto di danno ingiusto o di vantaggio ingiusto. Violenza

Va invece esclusa la riconducibilità all'art. 122 c.c. della ipotesi di violenza fisica – peraltro difficilmente prospettabile in un negozio solenne e formale come il matrimonio –. L'uso della coazione fisica, poiché esclude totalmente l'esistenza di una volontà sia pure viziata, rientra nelle ipotesi di nullità basate sulla nullità-inesistenza del negozio matrimoniale.

L'art. 122 c.c. ha altresì introdotto una causa di annullabilità fondata sul "timore di eccezionale gravità derivante da cause esterne allo sposo" (ad es.: timore di ritorsioni – benché non esplicitamente minacciate, altrimenti si avrebbe violenza morale –, in caso di rifiuto a sposarsi, da parte del padre della nubenda, noto e feroce criminale). La previsione, introdotta dalla legge n. 151 del 1975, conferma l'intensità di tutela che contraddistingue il consenso al matrimonio.

Non rappresenta causa di annullabilità il c.d. timore reverenziale, cioè quello derivante dalla soggezione morale o comunque psicologica nei confronti di una persona per la sua posizione familiare o sociale o nell'ambiente di lavoro o per il particolare rapporto che lo lega allo sposo.

La disciplina dell'errore che provoca l'annullabilità del matrimonio (art. 122, 2° comma, c.c.) è pur sempre riconducibile alla nozione gene- Errore rale di falsa rappresentazione della realtà che abbia provocato la distorta formazione della volontà negoziale.

La norma dà rilievo sia all'errore ostativo, sia all'errore sull'identità fisica, sia a quello c.d. motivo, cioè che abbia soltanto alterato il normale processo di formazione della volontà matrimoniale, purché sia essenziale. Si deve trattare cioè di un errore che abbia assunto efficacia determinante nella formazione del consenso e che cada sugli elementi espressamente considerati dal legislatore come essenziali.

Perché sia qualificabile come essenziale, l'errore deve riguardare l'esistenza di una malattia fisica o psichica o di un'anomalia o devianza sessuale, tali da non consentire il normale svolgimento della vita coniugale; l'esistenza di una sentenza di condanna per delitto non colposo alla reclusione non inferiore a cinque anni; la dichiarazione di delinquenza abituale o professionale; la circostanza che l'altro coniuge sia stato condannato per delitti concernenti la prostituzione a pena non inferiore a due anni; lo stato di gravidanza causato da persona diversa dal marito, purché vi sia stato disconoscimento ai sensi dell'art. 233 c.c., se la gravidanza è stata portata a termine. Si tratta di un'elencazione tassativa, scaturente da una valutazione tipizzata da parte del legislatore dell'influenza determinante delle circostanze indicate sulla formazione della volontà matrimoniale. Tuttavia, l'essenzialità dell'errore va commisurata non soltanto con riferimento alla tipizzazione operata dalla norma ma anche in concreto, con riguardo alla posizione degli sposi, per giungere ad accertare se la verità, qualora fosse stata scoperta prima delle nozze, avrebbe impedito oppur no la conclusione del matrimonio.

Nulla ha innovato espressamente la legge di riforma per quanto concerne la rilevanza del dolo. In omaggio al vecchio principio secondo cui "*en amour trompe qui peut*", tradizionalmente si ripete che gli artifici o raggiri con cui un soggetto ha indotto l'altro in errore tale da determinare la volontà matrimoniale non hanno rilievo autonomo, bensì nei confini della influenza attribuita all'errore, come valutazione tipica da parte del legislatore dell'incidenza sulla volontà matrimoniale di talune circostanze o comportamenti rispetto ad altri.

Dolo

L'art. 122 c.c. sottopone l'impugnativa del matrimonio al termine di decadenza di un anno di effettiva convivenza, a partire dal momento della cessazione della violenza o del timore, o dalla scoperta dell'errore. La legittimazione all'azione, in tutte le ipotesi esaminate, spetta esclusivamente al coniuge coatto da violenza o caduto in errore, rispetto al quale i termini di decadenza e di prescrizione iniziano a decorrere, secondo le regole generali, dal giorno in cui è cessata la violenza o il timore o è stato scoperto l'errore.

C) *La simulazione del matrimonio.* La fattispecie della simulazione del matrimonio consiste nell'accordo, preventivo alla conclusione del matrimonio, teso a ridimensionare, nel tempo o nello spazio, o addirittura ad escludere l'effettività del rapporto coniugale come delineato dal legislatore (art. 123 c.c.). Le motivazioni che hanno condotto le parti a simulare il matrimonio si fanno generalmente risiedere nell'ottenimento di soltanto alcune, e non le più qualificanti, delle conseguenze giuridiche del matrimonio: l'acquisto della cittadinanza, l'emancipazione e via enumerando.

Si tratta di annullabilità relativa, essendo la invalidità sanabile e la legittimazione attribuita esclusivamente ai coniugi. La norma prevede la sanatoria collegata alla convivenza successiva alla celebrazione, che preclude l'azione di annullamento indipendentemente dall'ulteriore termine di decadenza previsto una volta decorso l'anno dalla celebrazione (art. 123, 2° comma, c.c.).

L'ordinamento, per ovvi motivi di garanzia dell'altro coniuge, nega di dar rilevanza a ciò che rimane un intimo rifiuto di quanto invece si dichiara. Non viene perciò considerata dal sistema la riserva mentale, consistente nel fatto che uno dei coniugi, nel foro interno, mantiene riservata la mancanza di volontà matrimoniale, pur manifestando all'esterno, mediante espressa dichiarazione, il suo consenso al matrimonio.

4. *Il matrimonio putativo*

Tanto la dichiarazione di nullità che la sentenza di annullamento, secondo le regole generali, retroagiscono al momento della conclusione del negozio matrimoniale. Questa regola, però, viene assai attenuata mediante l'istituto del matrimonio putativo, regolato dagli artt. 128 ss. c.c.

Infatti, in virtù del matrimonio putativo, sono fatti salvi tutti gli effetti che il matrimonio invalido ha prodotto fino al passaggio in giudicato della sentenza di annullamento, in favore dei figli nati dal matrimonio nonché del coniuge o dei coniugi in buona fede (la nozione di buona fede nel matrimonio putativo coincide con l'ignoranza delle cause che rendevano il matrimonio invalido) o del coniuge coartato da violenza o caduto in errore (art. 128 c.c.).

Buona fede

Nell'ipotesi di buona fede di entrambi i coniugi, l'art. 129 c.c. pone a carico di uno dei coniugi l'obbligo, riconducibile a quello di mantenimento, di corrispondere somme periodiche di danaro per una durata massima di tre anni, in favore dell'altro che non goda di adeguati redditi propri.

La posizione dei figli invece risulta svincolata dalla buona o mala fede dei coniugi, poiché ad essi è comunque conservato lo stato di legittimità, tranne nell'ipotesi in cui il matrimonio sia stato dichiarato nullo per bigamia o per incesto (art. 128, 4° comma, c.c.). In tali casi ritorna ad avere influenza la condizione soggettiva, poiché se entrambi hanno contratto il vincolo in mala fede, i figli perdono lo stato di figli nati nel matrimonio per acquistare quello di figli nati fuori del matrimonio riconosciuti, nei casi in cui il riconoscimento è consentito (art. 128, 5° comma, c.c.).

Mala fede

Una sorta di responsabilità viene posta a carico del coniuge in mala fede nei confronti di quello di buona fede, secondo il dettato dell'art. 129 *bis* c.c., introdotto dalla legge n. 151 del 1975. Tale disposizione consente al giudice di imporre al coniuge in mala fede il versamento di una "congrua indennità", che non può essere inferiore ad una somma corrispondente al mantenimento per tre anni, in aggiunta al diritto – che rimane fermo – del coniuge in buona fede di percepire gli alimenti *ex* art. 129 c.c.

CAPITOLO 32

IL MATRIMONIO CONCORDATARIO ED IL MATRIMONIO RELIGIOSO CON EFFETTI CIVILI

SOMMARIO: 1. Il matrimonio concordatario. – 2. Giurisdizione ecclesiastica e giurisdizione civile. – 3. Celebrazione e trascrizione del matrimonio concordatario. – 4. Il matrimonio dei culti acattolici con effetti civili.

1. *Il matrimonio concordatario*

Il matrimonio celebrato di fronte al ministro di culto cattolico (art. 82 c.c.) è un matrimonio celebrato secondo la disciplina del diritto canonico, cui vengono attribuiti effetti civili mediante la trascrizione nei registri dello stato civile.

Lo Stato italiano si riserva la disciplina del matrimonio come rapporto, mentre riconosce all'ordinamento canonico la potestà di regolare una forma di matrimonio (appunto, il matrimonio concordatario) come atto, oltre alla potestà di giudicarne le relative invalidità.

Ordinamento canonico

Il tema coinvolge svariati profili, collegati tutti a diritti fondamentali di libertà e coordinati dal principio di eguaglianza e dal divieto di discriminazione in ragione del proprio credo religioso. Il sospetto di disparità di trattamento nasce dal fatto che cittadini del medesimo Stato si trovano sottoposti alla normativa statuale o a quella canonica secondo che contraggano matrimonio concordatario o civile. Ma non vi è ingiustificata discriminazione, in quanto proprio la garanzia del principio di eguaglianza consente la scelta libera e consapevole da parte dei nubendi del regime cui sottoporre la fase costitutiva del proprio matrimonio.

Patti lateranensi

Il sistema del matrimonio concordatario, dapprima sancito dal Concordato fra Stato italiano e Santa Sede dell'11 febbraio 1929 (cc.dd. Patti lateranensi), ha ricevuto rilevanti modifiche in seguito al nuovo accordo di revisione, firmato a Villa Madama il 18 febbraio 1984, ratificato e reso esecutivo con legge 25 marzo 1985, n. 121.

Esso rimane fondato su un matrimonio alla cui regolamentazione concorrono due discipline, quella canonica e quella civile, che partono da impostazioni spesso divergenti. Ad esempio, netta è la differenza tra i due ordinamenti per quanto concerne la rilevanza attribuita al consenso matrimoniale. Per il diritto canonico, requisiti essenziali del consenso sono la pienezza e la purezza con riferimento al momento stesso dello scambio delle dichiarazioni. Al contrario, il legislatore italiano fa prevalere l'effettiva nascita di un rapporto coniugale e familiare, attraverso il gioco delle decadenze sananti dei vizi del consenso. D'altro canto, non incide nel nostro ordinamento la questione della natura sacramentale, che sola decide dell'esistenza del vincolo matrimoniale nell'ordinamento canonico. Ancora, per quanto attiene agli impedimenti, alcuni posti dal diritto canonico (l'ordine sacro e il voto di castità; la *disparitas cultus*; il *raptus* invalidante; la *publica honestas*) sono necessariamente irrilevanti per il diritto statuale, in ossequio ai principi di eguaglianza e di aconfessionalità dello Stato. Diverge, inoltre, totalmente la disciplina della simulazione. Nella nozione canonica ciò che conta è il contrasto *in interiore* tra dichiarato e voluto tanto da una che da entrambe le parti: la figura sembra dunque rientrare nella riserva mentale, che al contrario non ha alcuna influenza, nell'ordinamento italiano, sulla validità del vincolo matrimoniale.

Impedimenti

2. *Giurisdizione ecclesiastica e giurisdizione civile*

Le accennate antinomie di disciplina pongono svariati problemi, il maggiore dei quali concerne la valutazione che obbligatoriamente il giudice italiano deve compiere sulla sentenza ecclesiastica di nullità del matrimonio, sotto il profilo della contrarietà oppur no alle norme di diritto statuale. Infatti l'art. 8, n. 2, del nuovo concordato affida alla giurisdizione ecclesiastica la potestà di giudicare la nullità del matrimonio concordatario (come atto), e sancisce che le relative sentenze ecclesiastiche sono dichiarate efficaci nello Stato, su domanda delle parti o di una di esse, con sentenza della Corte d'appello competente, quando questa accerti la giurisdizione dell'organo ecclesiastico; la tutela del diritto di agire e di resistere in giudizio in modo non difforme dai principi fondamentali dell'ordinamento italiano; infine, che ricorrano le altre condizioni richieste dalla legge per la dichiarazione di efficacia delle sentenze straniere, tra cui, in particolare, la conformità delle sentenze all'ordine pubblico italiano.

Giurisdizione ecclesiastica

Il significato che assume la valutazione della conformità all'ordine pubblico delle sentenze, come oggetto principale del giudizio di esecutività, è non già l'esatta rispondenza tra le cause d'invalidità previste nell'uno e nell'altro ordinamento (a ciò osta la considerazione che il matrimonio c.d. concordatario trova comunque disciplina in entrambi); bensì la violazione di situazioni esistenziali direttamente collegabili con i diritti fondamentali della persona umana e posti a garanzia della sua dignità.

Inoltre, per il vecchio concordato la giurisdizione ecclesiastica in tema di invalidità del matrimonio concordatario era esclusiva. Nel nuovo sistema, invece, l'opinione prevalente ritiene abrogata la riserva di giurisdizione in favore dei tribunali ecclesiastici. Competenti a giudicare della nullità del matrimonio concordatario sarebbero pertanto anche i tribunali civili. Ciò comporta un concorso fra la giurisdizione italiana e quella ecclesiastica, fonte di ulteriori problemi di coordinamento.

3. *Celebrazione e trascrizione del matrimonio concordatario*

Il matrimonio religioso acquista effetti civili mediante un collegamento tra celebrazione canonica ed ordinamento statuale, che si attua attraverso un procedimento amministrativo condotto in parte da organi canonici, in parte da organi statali.

Il matrimonio concordatario deve essere preceduto, oltre che dalle pubblicazioni effettuate alle porte della chiesa parrocchiale, anche dalle pubblicazioni civili (salvo dispensa), su richiesta dei nubendi o del parroco che ha curato le pubblicazioni a norma del diritto canonico. La richiesta è rivolta all'ufficiale di stato civile del luogo di residenza di uno degli sposi. Trascorso il periodo di tempo previsto per le pubblicazioni senza che siano emersi impedimenti che precludano la trascrizione, ovvero opposizioni, l'ufficiale di stato civile rilascia nulla osta alla celebrazione del matrimonio o, nel caso contrario, comunica al parroco l'esistenza di impedimenti o opposizioni. Pubblicazioni

La celebrazione del matrimonio avviene secondo il rito cattolico, tuttavia il parroco ha l'obbligo di dar lettura agli sposi degli artt. 143, 144 e 147 c.c. sui diritti e doveri dei coniugi; la mancata lettura non incide sulla validità del matrimonio. Il celebrante deve compilare l'atto di matrimonio immediatamente dopo la celebrazione, in doppio originale, curando che l'atto sia sottoscritto oltre che da lui, dai coniugi e dai testimoni.

Per l'art. 5, legge 27 maggio 1929, n. 847, il matrimonio celebrato davanti al ministro del culto cattolico produce gli effetti del matrimonio civile dal giorno della celebrazione, se trascritto a norma degli artt. 9 ss. legge cit. A tal fine, il parroco deve trasmettere uno dei due originali dell'atto di matrimonio all'ufficiale di stato civile del comune in cui il matrimonio è stato celebrato o immediatamente o al massimo entro cin-

Trascrizione ritardata

que giorni dalla celebrazione, perché sia trascritto nei registri dello stato civile entro 24 ore dalla ricezione, a meno che non risultino irregolarità. Accanto alla trascrizione tempestiva, s'individuano le ipotesi della trascrizione tempestiva ritardata e di quella tardiva. La prima trova disciplina nel dettato dell'art. 13 legge cit., secondo cui, se l'atto di matrimonio sia stato tempestivamente trasmesso, ma l'ufficiale di stato civile rileva che la celebrazione del matrimonio non è stata preceduta dalle pubblicazioni o dalla dispensa dalle medesime, questi deve ritardare l'adempimento della trascrizione al fine di poter accertare l'inesistenza di cause d'intrascrivibilità e di adempiere all'obbligo di pubblicare avviso dell'avvenuta celebrazione, regolato dallo stesso articolo. La pubblicazione dell'avviso deve durare per dieci giorni consecutivi, al fine di consentire eventuali opposizioni alla trascrizione, sospendendo così l'efficacia civile fino alla risoluzione della controversia successivamente instaurata.

Trascrizione tardiva

Diversa ancora è l'ipotesi della c.d. *trascrizione tardiva*, che ha ricevuto nuova regolamentazione nell'accordo di revisione dei patti lateranensi, firmato il 18 febbraio 1984. L'art. 8, 6° comma, dell'accordo stabilisce che la trascrizione, omessa per qualsivoglia causa, può effettuarsi in ogni tempo su richiesta dei contraenti o anche di uno soltanto di essi, purché l'altro ne sia a conoscenza e non si opponga, ma sempre che entrambi abbiano conservato lo stato libero ininterrottamente dal momento della celebrazione a quello della richiesta di trascrizione.

Per il dettato dell'art. 8, n. 1, del nuovo concordato la trascrizione non può avere luogo per impedimenti che la legge civile considera inderogabili. Sono considerati tali la carenza di età, di stato libero, gli impedimenti derivanti da interdizione per infermità di mente, da delitto, da parentela e affinità in linea retta. La trascrizione è tuttavia ammessa, in base alla stessa norma, quando, secondo la legge civile, l'azione di annullamento o di annullabilità non potrebbe essere più proposta: ad es. quando, dopo revocata l'interdizione, vi sia stata coabitazione per un anno ai sensi dell'art. 119, 2° comma, c.c. Si ritiene altresì non trascrivibile il matrimonio c.d. di coscienza o segreto, celebrato, cioè, su autorizzazione del vescovo, con omissione delle pubblicazioni e registrato in un libro segreto.

4. *Il matrimonio dei culti acattolici con effetti civili*

Il matrimonio c.d. acattolico, ovvero quello regolato dall'art. 83 c.c., consiste in un matrimonio celebrato dinanzi a ministro di culto diverso da quello cattolico. Si è di fronte non ad un tipo a sé di matrimonio, ma soltanto a una mera forma di celebrazione, che non si sottrae in alcuna misura, a differenza del matrimonio cattolico con effetti civili, alla legge dello Stato. Per il matrimonio acattolico, la disciplina che regola tanto l'atto che il rapporto è da rinvenire nel codice civile.

Presupposti

I presupposti necessari per l'efficacia civile del matrimonio acattolico s'individuano normalmente nella capacità del ministro del culto, nella dichiarazione delle parti all'ufficiale di stato civile di voler contrarre un matrimonio religioso valido agli effetti civili e nell'autorizzazione a tal fine rilasciata dallo stesso ufficiale dello stato civile. Il matrimonio acquista efficacia civile in forza della trascrizione, fin dal momento della sua celebrazione.

CAPITOLO 33

I RAPPORTI PERSONALI TRA I CONIUGI

SOMMARIO: 1. Profili generali. – 2. I singoli doveri. – 3. Governo della famiglia e indirizzo familiare concordato. – 4. Residenza familiare e intervento del giudice. – 5. L'allontanamento dalla residenza familiare. – 6. Cognome e cittadinanza. – 7. Diritti e doveri nei confronti dei figli.

1. *Profili generali*

La dialettica tra libertà e solidarietà caratterizza anche il tema dei rapporti coniugali e familiari, essenzialmente delineato negli artt. 143 ss. c.c. In questi due principi vanno ravvisati i momenti qualificanti l'ordinamento attuale, direttamente riconducibili alle regole fondamentali dettate alla famiglia dagli artt. 2, 3, 2° comma; 29, 30 e 31 Cost.

Non è consentito, infatti, astrarre l'ordinamento familiare da qualsiasi evoluzione storica dei rapporti che ne sono oggetto. Né è possibile isolare il dettato dell'art. 29, 1° comma, Cost. dal contesto normativo cui esso appartiene. La persona umana è al primo posto nella gerarchia dei valori fatta propria dalla Costituzione (art. 2 Cost.). È evidente l'errore di assumere come oggetto d'interpretazione il 1° comma dell'art. 29 Cost. isolato non soltanto dal successivo comma dello stesso articolo – che pure si richiama ai concetti di eguaglianza e di pari dignità sociale e morale –, ma soprattutto dall'art. 2 Cost., inteso come clausola generale di tutela della persona umana, sia come singola sia nelle formazioni sociali ove si svolge la sua personalità. In tal modo, l'espressione "società naturale", di cui all'art. 29, 1° comma, Cost. diventa sinonimo di formazione sociale che in tanto riceve tutela dall'ordinamento in quanto è idonea a svolgere le funzioni essenziali che le sono assegnate, legate all'esistenza e allo svolgimento della personalità dell'individuo.

Art. 29 Cost.

Se s'inquadra il tema della famiglia in quello più ampio delle comunità intermedie, la famiglia stessa diventa strumento per la realizzazione dell'armonico sviluppo della persona umana, sì che, da un lato, i diritti e le libertà fondamentali, elencati dalla Costituzione, trovano vigenza e applicazione anche al suo interno; dall'altro, non sono più individuabili interessi familiari diversi e preminenti rispetto a quelli dei singoli componenti.

I rapporti interni della famiglia si configurano pertanto come "equilibrio delle libertà" o meglio dei diritti fondamentali, non in funzione di una compressione delle libertà fondamentali intese come incompatibili o estranee al rapporto coniugale, ma al contrario nel senso di una loro espansione; sia pure nel segno del rispetto e della solidarietà, poiché il singolo, calato nel contesto sociale e della famiglia, è necessariamente legato agli altri dai "doveri di solidarietà politica, economica e sociale" e dunque familiare, di cui discorre l'art. 2 Cost. Il che non consente di proporre visioni esasperatamente individualistiche del diritto, della società e della famiglia.

"Privatizzazione" della famiglia

Questa impostazione – nella cui ottica vanno intesi gli asseriti fenomeni di "privatizzazione" e di "funzionalizzazione" della disciplina familiare – non manca di riflettersi sui rapporti tra famiglia ed intervento dello Stato. In passato, si riteneva che l'autonomia organizzativa che "naturalmente" compete alla famiglia significasse "naturale impermeabilità" all'intervento al suo interno dello Stato. Invece, nella prospettiva delineata, tale autonomia non può spingersi sino a violare il disegno costituzionale fondante questo ambito di rapporti, né l'intervento dello Stato può limitarsi soltanto alla funzione esterna di eliminare gli ostacoli che si oppongono alla vita della formazione sociale e allo sviluppo della personalità dei suoi membri (art. 3, 2° comma, Cost.). L'intervento dello Stato, pur nei limiti segnati dalla tutela della dignità personale dei singoli componenti – più che dalla garanzia dell'intimità della famiglia –, può e deve esercitarsi anche come controllo affinché nel gruppo familiare non vengano conculcati i diritti inviolabili dei singoli componenti; specie allorché si tratta di garantire tutela a soggetti sottoposti all'altrui potestà familiare: minori, incapaci.

Riforma

La legge 19 maggio 1975, n. 151, di riforma del diritto di famiglia, si è posto il dichiarato intento di adeguare la previgente disciplina alle norme costituzionali. Con un rapido sguardo alla regolamentazione riformata si colgono la rivalutazione del modello associativo nell'assetto dei rapporti coniugali e familiari, con l'affermazione della posizione paritaria, sul piano morale, sociale e quindi giuridico, di tutti i membri della famiglia (artt. 143-148 e 315 ss. c.c.); l'accordo come momento propulsore della vita familiare (artt. 144 e 316, 1° comma, c.c.); il principio solidaristico di collaborazione di tutti i componenti della famiglia e nell'interesse (di tutti i componenti) della famiglia (artt. 143, 2° e 3° comma e 315 *bis*, 4° comma, c.c.); una più accentuata strumentalizzazione dei rapporti patrimoniali alla realizzazione di quelli personali (artt. 159 ss. c.c.); la parificazione della filiazione (art. 315, ma altresì, artt. 317 *bis*, 537, 542 c.c.).

In particolare, la solenne dichiarazione contenuta nel 1° comma dell'art. 143 c.c., secondo cui «*Con il matrimonio il marito e la moglie acquistano gli stessi diritti e assumono i medesimi doveri*», sancisce infatti la scelta del legislatore di abbandonare la nozione gerarchica della famiglia fino allora accolta nel codice civile del 1942, per affermare senza possibilità di ulteriori dubbi l'eguaglianza morale e giuridica dei coniugi nei rapporti personali e patrimoniali reciproci e dei genitori nei rapporti personali e patrimoniali con i figli (artt. 315 *bis* ss. c.c.).

Nel 2° comma dello stesso art. 143, l'elencazione dei diritti e doveri reciproci dei coniugi assume il valore di dichiarazione di principi, destinati a rivestire concretezza nelle singole norme di cui sono fondamento. Da questi discende la disposizione del 3° comma che impone ad entrambi i coniugi la contribuzione ai bisogni della famiglia, ciascuno in relazione alle proprie sostanze e alla propria capacità di lavoro professionale o casalingo. Dal principio di pari dignità scaturisce altresì l'equiparazione a fini giuridici tra l'attività lavorativa svolta all'esterno della famiglia e quella prestata all'interno della medesima, nonché la scelta del legislatore della riforma di sostituire al regime patrimoniale legale previgente di separazione dei beni quello della comunione legale dei beni (artt. 177 ss. c.c.).

2. *I singoli doveri*

La fedeltà. L'obbligo di fedeltà va inteso come dedizione fisica e spirituale di un coniuge all'altro, che coinvolge ogni manifestazione della vita più intima del soggetto, nella sfera sentimentale e sessuale. Risulta inadeguata qualsiasi determinazione dell'obbligo di fedeltà ancorata a una prospettiva angusta, per così dire, fisico-sessuale, proiettata com'è nella dimensione della comunione di vita. È giustificato, quindi, individuarne il contenuto nell'impegno di non tradire la fiducia che ciascun coniuge ripone nell'altro.

L'assistenza morale e materiale. Tale dovere, collegato alla fedeltà e alla solidarietà, assume il contenuto di reciproca attesa di aiuto e cura in ogni circostanza. Esso, sotto il profilo patrimoniale, si traduce nell'obbligazione di conferire i mezzi economici necessari perché entrambi i coniugi godano del medesimo tenore di vita indipendentemente dalla consistenza patrimoniale di ciascuno e dalle specifiche capacità contributive.

La collaborazione nell'interesse della famiglia. Il concetto di collaborazione nell'interesse della famiglia si colora con il richiamo a quei doveri d'impegno e di sacrificio necessari alla realizzazione tra i coniugi della comunione di vita materiale e spirituale.

Il dovere di coabitazione. La coabitazione tra i coniugi può essere intesa sia nel suo più vasto significato di convivenza materiale, sessuale e morale, che in quello ristretto di comunanza fisica nel luogo in cui si svolge la vita coniugale.

Il dovere di contribuzione ai bisogni della famiglia. Con l'obbligo di contribuire ai bisogni della famiglia "ciascuno in relazione alle proprie capacità di lavoro professionale o casalingo" (art. 143, 3° comma, c.c.), il legislatore abbandona il riferimento al vecchio dovere di mantenimento, troppo legato a una visione d'interesse individuale e di subordinazione materiale di un coniuge rispetto all'altro, contrastante con il principio di solidarietà. La formulazione della norma richiama invece, immediatamente, il principio di pari dignità morale, sociale e giuridica tra i coniugi. Nello spirito di adeguamento costituzionale che pervade la legge di riforma, identica dignità viene attribuita al lavoro del coniuge, sia esso svolto fra le mura di casa o fuori di queste.

Poiché il legislatore si guarda bene – né sarebbe legittimato a farlo – dal predeterminare una ripartizione di ruoli tra i coniugi circa l'adempimento di tale obbligo, la scelta delle modalità di attuazione è uno degli aspetti che ricade nell'ambito dell'indirizzo della vita familiare, la cui determinazione è affidata, dall'art. 144 c.c., alla decisione congiunta dei coniugi. Tuttavia, l'individuazione dei "bisogni familiari" dipende non soltanto dalle scelte dei coniugi, ma anche dalla stessa capacità contributiva, fermo restando il rispetto di quel contenuto minimo al di sotto del quale è compromessa la stessa possibilità di esistenza della vita familiare.

3. *Governo della famiglia e indirizzo familiare concordato*

La parità dei coniugi si manifesta con pienezza nel principio della necessità dell'accordo nel governo della famiglia, si tratti delle decisioni riguardanti gli stessi coniugi o di quelle concernenti i figli soggetti alla potestà dei genitori, così come disposto dall'art. 144 c.c. Infatti, tale regola è l'unica che può garantire una partecipazione a pari titolo nella conduzione della vita familiare ed è l'unica compatibile con i principi di eguaglianza e di pari dignità, anche se ciò non comporta necessariamente la illiceità o la non meritevolezza di tutela di una ripartizione di compiti concordata tra gli stessi coniugi all'interno della famiglia.

Potere di attuazione

Ciascuno dei coniugi ha, poi, il potere di attuazione unilaterale dell'accordo, come previsto dal 2° comma dell'art. 144 c.c., nel senso che entrambi i coniugi hanno legittimazione a porre in essere tutte quelle attività di interesse negoziale necessarie per il sostentamento della famiglia, vincolando l'altro anche all'esterno, se l'atto è stato concordato. D'altro lato, il comportamento del singolo coniuge può trovare legittimazione o meglio essere considerato meritevole di tutela, anche in assenza di accordo o in contrasto con questo, se tuttavia risponde all'interesse della famiglia ai sensi dell'art. 186, lett. c, c.c. Per altro verso, non è sufficiente il consenso o l'accordo perché una determinata attività risulti vincolata e vincolante. È necessario, invece, che il patto tra i coniugi risponda al giudizio di meritevolezza di tutela, in base ai parametri desunti dalle norme costituzionali dianzi richiamate. Se tale giudizio non è superato, la sanzione – in linea con le più moderne tendenze – è comunque quella della nullità.

4. *Residenza familiare e intervento del giudice*

I coniugi devono fissare di comune accordo la residenza familiare (art. 144, 1° comma, c.c.). Non si tratta del richiamo a un concetto tecnico di residenza, quanto del riferimento al luogo o ai luoghi dove si svolge la vita in comune della famiglia, per assicurare, soprattutto in presenza di figli, un'armoniosa vita familiare, indipendentemente dal fatto che i coniugi abbiano residenze "tecniche" separate o domicili differenti.

Intervento del giudice

Nell'art. 145 c.c. si regola l'intervento del giudice nel caso in cui i coniugi non riescano a concordare una decisione comune su uno degli affari essenziali della famiglia, che riguardino gli stessi coniugi oppure i figli, ivi compresa la questione della fissazione della residenza della famiglia. Fondamento della norma, per convinzione comune, è l'offerta di uno strumento non aggressivo dell'autonomia familiare, cui ricorrere per salvaguardare la serenità della convivenza, affidando a un terzo *super partes* la risoluzione del conflitto. Infatti, il giudice svolge un'attività conciliativa, se soltanto uno dei coniugi chiede il suo intervento, tentando di aiutare gli stessi coniugi a individuare una soluzione concordata. Se ciò risulta impossibile, il giudice può sostituire la sua volontà a quella dei coniugi, individuando egli stesso la soluzione al disaccordo, soltanto se entrambi i coniugi di concerto ne fanno istanza. Tuttavia, la norma non collega sanzioni immediate alla violazione da parte dei coniugi della decisione assunta dal giudice, se richiesto da entrambi i coniugi. Dunque, per le situazioni che abbiano risvolti unicamente di carattere personale – e si pensi alla fissazione della residenza – non appare esserci altra soluzione che la spontaneità dell'attuazione.

5. *L'allontanamento dalla residenza familiare*

L'art. 146 c.c. sospende il diritto all'assistenza morale e materiale nei confronti del coniuge che si allontana senza giusta causa dalla residenza familiare e rifiuta di tornarvi. Il 3° comma dello stesso articolo prevede poi che il giudice possa disporre il sequestro dei beni del coniuge che si è allontanato dalla residenza familiare, ma soltanto nella misura idonea a garantire gli obblighi di contribuzione.

La norma vigente, dunque, non soltanto equipara i due coniugi ma sembra fondare gli effetti che derivano dall'allontanamento ingiustificato, da un lato, sullo stretto collegamento tra convivenza e obbligo di assistenza, dall'altro, sulla necessità che in ogni caso non subiscano rischi d'inadempimento l'obbligo di contribuire alla soddisfazione dei bisogni della famiglia e quello di mantenimento dei figli.

Giusta causa

La norma espressamente enumera come ipotesi di giusta causa di allontanamento la proposizione della domanda di separazione o di annullamento o di scioglimento del matrimonio; ma è opinione concorde che tale indicazione non sia tassativa, bensì conceda ampia discrezionalità al giudice di valutare l'esistenza oppur no di un giustificato motivo.

6. *Cognome e cittadinanza*

Tra gli effetti della contrazione del matrimonio va ricompresa anche la situazione regolata dall'art. 143 *bis* c.c., secondo il quale la moglie aggiunge al proprio il cognome del marito e lo conserva finché non passa a nuove nozze. Poiché i figli nati nel matrimonio assumono nella tradizione italiana il cognome del padre, che svolge la funzione di cognome familiare – d'individuazione di quella determinata famiglia e di traduzione all'esterno dell'unità familiare –, anche la moglie assume il cognome del marito, non in quanto tale ma quale cognome individuante quel determinato gruppo familiare. Tuttavia, l'assunzione del cognome del marito non fa perdere alla moglie il proprio, che anzi rimane in posizione predominante nella individuazione del soggetto tanto nei rapporti sociali quanto in quelli professionali e di lavoro.

Funzione

Il matrimonio col coniuge italiano (sia esso moglie o marito) costituisce presupposto per l'acquisto, a favore dello straniero, della cittadinanza italiana. I presupposti sono il matrimonio con un cittadino italiano, dopo due anni di residenza legale in Italia o dopo tre anni di matrimonio se residenti all'estero (termini ridotti della metà in presenza di figli nati o adottati dai coniugi), qualora non sia intervenuto lo scioglimento, l'annullamento o la cessazione degli effetti civili del matrimonio e non sussista la separazione personale dei coniugi. Altra condizione richiesta è l'assenza di precedenti penali.

7. *Diritti e doveri nei confronti dei figli*

In nome del principio di eguaglianza è caduta, insieme con la potestà maritale, anche la patria potestà, sostituita prima dalla potestà di entrambi i genitori e poi dalla responsabilità genitoriale (d.lgs. n. 154 del 2013). Il principio sancito dalla disciplina riformata (artt. 147 ss. c.c.), in adeguamento al dettato degli artt. 29 e 30 Cost. letti in collegamento con gli artt. 2 e 3 Cost., nonché valido tanto per la filiazione nata nel matrimonio quanto di quella nata fuori dal matrimonio (art. 316 c.c.), è quello dell'eguale responsabilità dei genitori nei riguardi della prole per il fatto della procreazione. Principio che si pone accanto a quello dell'eguale responsabilità dei coniugi nelle funzioni di governo della famiglia.

Criteri

Rilevante significato assume in questo contesto il richiamo alle capacità, inclinazioni naturali e alle aspirazioni dei figli che devono guidare i genitori nell'adempimento dei fondamentali doveri di istruire ed educare la prole (art. 147 c.c.): tali criteri appaiono espressione della garanzia apprestata anche nei confronti del minore, come per ogni altro individuo, della sua dignità di persona e dell'armonico sviluppo della sua personalità.

Il collegamento con il dovere di contribuzione fa sì che l'adempimento dell'obbligo sia commisurato alle capacità contributive, in relazione alle proprie sostanze o alle proprie capacità di lavoro professionale o casalingo, di ciascun coniuge. In situazione di normale convivenza, vi è tuttavia una confluenza di fonti al comune mantenimento, cui è chiamato a partecipare lo stesso figlio, che a partire dalla riforma del 1975 assume nel nostro sistema la qualità di soggetto economico anche quando sia minore (artt. 315 *bis* e 324 c.c.).

Mantenimento

L'obbligo al mantenimento – come, del resto, il relativo diritto – non cessa automaticamente con il raggiungimento della maggiore età, ma soltanto quando il destinatario abbia acquistato un'indipendenza patrimoniale che consenta di considerarlo materialmente distaccato dall'originario nucleo familiare. Tuttavia, può incidere sul dovere di mantenimento, che si estingue sostituito da un mero obbligo alimentare, il comportamento del figlio, il quale, una volta raggiunta la maggiore età, ciò nonostante non consegua l'indipendenza economica, per inadempimento del diritto-dovere al lavoro, ovvero non raggiunga, per causa a lui imputabile, una formazione idonea a consentire lo svolgimento di un'attività lavorativa.

CAPITOLO 34

LA SEPARAZIONE PERSONALE TRA I CONIUGI

1. *Profili generali*

Le rilevanti modificazioni apportate alla normativa familiare dalla legge n. 151 del 1975 e soprattutto la diversa nozione di famiglia posta a fondamento della stessa non potevano non coinvolgere anche l'aspetto patologico del matrimonio. Infatti, nel nostro ordinamento l'unità della famiglia, elevata a valore nel 2° comma dell'art. 29 Cost., non riceve tutela di per se stessa, ma soltanto se assicuri all'individuo nel (e quindi riguardo al) gruppo familiare l'armonico sviluppo della personalità e la garanzia dei diritti di libertà e di dignità umana. Allorché in concreto viene a mancare l'idoneità della famiglia a svolgere tali funzioni, cade altresì l'interesse della collettività al mantenimento della sua coesione. Sì che divorzio e separazione personale dei coniugi appaiono come gli estremi mezzi di tutela attribuiti all'individuo contro l'intollerabile compressione dei propri diritti esistenziali, causata dalla compromessa situazione familiare.

2. *Separazione di fatto e separazione legale*

La c.d. separazione di fatto è quella prodottasi "in fatto" tra i coniugi attraverso la cessazione della convivenza, senza alcuna formalizzazione dinanzi al giudice.

Secondo la comune opinione, essa è priva, di per se stessa, di effetti giuridici, assumendo rilievo, nel nostro ordinamento, esclusivamente la c.d. separazione legale. Ma, al contrario, la situazione di fatto rileva per il diritto e a più fini, ad esempio a proposito del divorzio.

Condizioni La separazione legale è quella che consegue ad un procedimento disciplinato e regolamentato dalla legge. Essa si fonda sulla circostanza che si siano verificati, "anche indipendentemente dalla volontà di uno o di entrambi i coniugi, fatti tali da rendere intollerabile la prosecuzione della convivenza o da recare grave pregiudizio alla educazione della prole" (art. 151, 1° comma, c.c.). Per ottenere la separazione legale non costituisce presupposto necessario l'addebito della separazione per colpa dell'altro coniuge giacché viene in rilievo la situazione in sé di una convivenza intollerabile per i coniugi o dannosa per i figli. Il termine "intollerabilità" va inteso nel senso che il deteriorarsi del rapporto coniugale renda incompatibile la vita in comune. Si discute se l'intollerabilità debba essere valutata in senso oggettivo, cioè che per chiunque la convivenza sarebbe intollerabile, ovvero in senso soggettivo, cioè relativamente alla persona che chiede la separazione.

La separazione legale può essere giudiziale, cioè pronunziata dal giudice in seguito a un procedimento contenzioso instaurato su domanda di parte (art. 151 c.c.); consensuale, cioè concordata dai coniugi ai sensi dell'art. 158 c.c. In entrambi i casi, i coniugi devono preliminarmente presentarsi di persona dinanzi al presidente del tribunale per l'esperimento dell'obbligatorio tentativo di conciliazione, fallito il quale il presidente emetterà i provvedimenti temporanei e urgenti in favore dei coniugi e della prole, che regoleranno tali rapporti personali e patrimoniali sino alla pronunzia finale della separazione.

A seguito dell'emanazione del d.l. n. 132 del 2014, convertito con la legge n. 162 del 2014, la separazione legale consensuale può essere posta in essere anche attraverso due procedimenti, prevalentemente extragiudiziali: la *negoziazione assistita* da almeno un avvocato per ciascuno dei coniugi (art. 6) o innanzi all'Ufficiale dello stato civile del Comune di residenza di uno dei due coniugi o del Comune presso cui è iscritto o trascritto l'atto di matrimonio (art. 12).

3. *La separazione consensuale. L'autonomia privata nella disciplina della separazione*

Nella separazione giudiziale, il regolamento degli effetti della separazione viene determinato, in via contenziosa, dal giudice.

Accordo In sede di separazione consensuale *ex* art. 158 c.c., invece, i coniugi presentano un regolamento concordato dei futuri rapporti tra loro e con la prole, affinché venga omologato dal tribunale (l'omologazione conclude il procedimento di separazione consensuale e attribuisce qualificazione legale alla separazione). Sono disponibili dai coniugi tutte le situazioni giuridiche soggettive di cui essi siano esclusivi titolari (in particolare, circa la misura ed i modi di somministrazione, periodica o anche *una tantum*, dell'assegno di mantenimento). Il giudice ha il potere di pretendere modifiche al regolamento concordato tra i coniugi, in funzione della rispondenza delle pattuizioni all'interesse della prole, nonché della valutazione di legittimità, liceità, ma anche meritevolezza di tutela dell'accordo. In tal senso, il rifiuto di omologazione è ammissibile anche quando dalle clausole di separazione scaturisca per uno dei coniugi un grave pregiudizio, per violazione della dignità personale, o del principio di eguaglianza sostanziale, o ancora per un'ingiustificata compressione di una libertà fondamentale.

Non è consentita l'intromissione nel merito da parte del giudice e dunque l'autonomia privata è piena, invece, nella valutazione della crisi coniugale e quindi nella decisione di prestare il consenso alla separazione. Infatti né l'istanza né la convenzione devono contenere alcuna indicazione sui motivi che hanno condotto alla separazione: vige il principio della non ingerenza del giudice per quanto concerne le cause della crisi coniugale.

La separazione consensuale *ex* art. 6, d.l. n. 132 del 2014, convertito con la legge n. 162 del 2014, prevede due distinte ipotesi, a seconda che nel nucleo familiare siano presenti o meno figli minori, figli maggiorenni incapaci o portatori di handicap grave ovvero economicamente non autosufficienti. Nel caso di mancanza di figli minori, di figli maggiorenni incapaci o portatori di handicap grave ovvero economicamente non autosufficienti, l'accordo raggiunto a seguito di convenzione di negoziazione assistita è trasmesso al procuratore della Repubblica presso il tribunale competente per il rilascio di un *nullaosta,* che condiziona la trascrizione nel registro dello Stato civile. Nell'altro caso, sarà necessaria l'autorizzazione del Procuratore della Repubblica presso il Tribunale competente, previa verifica della rispondenza dell'accordo all'interesse dei figli.

La separazione consensuale *ex* art. 12, d.l. n. 132 del 2014, convertito con la legge n. 162 del 2014, prevede un accordo concluso attraverso separate dichiarazioni dei coniugi, rese innanzi al sindaco, quale ufficiale dello Stato civile. La legge prevede che questa separazione legale sia esperibile purché non vi siano figli minori, figli maggiorenni incapaci o portatori di handicap grave ovvero economicamente non autosufficienti e l'accordo non abbia ad oggetto patti di trasferimento patrimoniale. In tale procedura, la presenza degli avvocati è facoltativa. Una volta ricevute le dichiarazioni, il sindaco redige l'accordo di separazione consensuale ed invita le parti a comparire nuovamente, non prima di trenta giorni dalla ricezione del testo redatto, per la conferma dell'accordo. La mancata comparizione equivale a mancata conferma dell'accordo medesimo. Dopo la conferma si procederà alle dovute annotazioni nel registro dello Stato civile. In tale procedura non è previsto il vaglio del Procuratore della Repubblica.

Le procedure sopra descritte, *ex* artt. 6 e 12, si utilizzano anche per la modifica delle condizioni di separazione o divorzio.

Nel caso che le parti non riescano a raggiungere un accordo che consenta loro l'esperimento di siffatte procedure semplificate di separazione consensuale legale, è sempre possibile esperire la separazione giudiziale.

4. *La separazione giudiziale. L'addebito*

La disciplina abrogata fondava la separazione giudiziale su cause tipiche e tassative di separazione, costituite dalla violazione da parte di uno dei coniugi dei doveri scaturenti dal matrimonio. Il modello era certamente quello sanzionatorio: la separazione appariva come la sanzione del comportamento illecito di uno dei coniugi, con la conseguente netta distinzione tra le posizioni del coniuge colpevole e di quello innocente. Soltanto il coniuge innocente, l'offeso dalla violazione, era legittimato alla domanda di separazione; sull'altro ricadevano le conseguenze negative della medesima.

Attualmente, l'art. 151 c.c. afferma che la separazione può essere chiesta da entrambi i coniugi o da uno soltanto, adducendo l'esistenza di una causa che, anche indipendentemente dalla volontà dei coniugi, rende intollerabile la prosecuzione della convivenza o reca grave pregiudizio all'educazione della prole. In tal modo il nuovo istituto si distacca dalla colpa: riflesso immediato della mutata impostazione è la legittimazione attribuita ad entrambi ad instaurare il procedimento di separazione.

Talune visioni, tuttavia, riconducono la normativa riformata negli schemi della separazione colpevole, sulla base del 2° comma dell'art. 151 c.c., là dove si afferma che: «*Il giudice, pronunziando la separazione, dichiara, ove ne ricorrano le circostanze e ne sia richiesto, a quale dei coniugi sia addebitabile la separazione, in considerazione del suo comportamento contrario ai doveri scaturenti dal matrimonio*». Per questa tesi, la previsione dell'addebito riproporrebbe la separazione per colpa e le fattispecie tipiche previste dalla normativa abrogata. L'affermazione non può essere condivisa. La smentiscono il richiamo alla mancanza di qualsiasi influenza dell'accertamento dell'addebito sul diritto di chiedere e

Irrilevanza della colpa

di ottenere la separazione giudiziale, là dove ricorrano le circostanze menzionate dall'art. 151, 1° comma, c.c.; nonché la natura di norma eccezionale da attribuire alla previsione dell'addebito. La disciplina della separazione personale non può essere letta in chiave sanzionatoria, quando al contrario si è affidata la pronunzia della stessa, come regola, all'accertamento dell'intollerabilità della convivenza e del grave pregiudizio per la prole, con la valutazione, soltanto eventuale ed in via di eccezione, dell'illiceità del comportamento da parte del giudice.

5. *Gli effetti della separazione e dell'addebito*

Con la separazione personale si estinguono, o meglio entrano in quiescenza, gli obblighi sia di natura personale che di natura patrimoniale incompatibili con lo stato di separazione. Cessa, dunque, l'obbligo di coabitazione e non opera la presunzione di concepimento in costanza di matrimonio durante la separazione (art. 232 c.c.). Ma, per il resto, più che di estinzione o di quiescenza deve parlarsi di trasformazione. Infatti, quanto al dovere di fedeltà, esso non entra in quiescenza, ma piuttosto si trasforma in costanza di separazione in un più generico dovere di rispettare l'onore, il decoro e la dignità dell'altro coniuge. Il dovere di contribuzione viene sostituito dall'obbligo di mantenimento da parte di un coniuge nei confronti dell'altro che non goda di adeguati redditi propri; mentre, per quanto concerne la posizione dei figli, il dovere di contribuzione – e di collaborazione – resta sostanzialmente immutato, variando semmai nelle modalità di adempimento, le quali devono essere compatibili con lo stato di separazione. Per quanto riguarda invece la situazione reciproca dei coniugi, questi assumono, in seguito alla separazione, autonomia decisionale e patrimoniale, almeno per quel che concerne la propria sfera giuridica; dunque, non vi è più spazio per la regola dell'accordo. Tuttavia la solidarietà, per quanto attenuata, egualmente sopravvive, nella funzione riequilibratrice che è agevole attribuire all'obbligo di mantenimento sancito in favore del coniuge che non abbia adeguati redditi propri, in seguito alla separazione giudiziale.

Trasformazione dei doveri

Qualora invece sia stato pronunziato addebito della separazione, scompare per il coniuge "colpevole" il diritto al mantenimento, mentre residua, se egli versi in stato di bisogno, l'obbligazione alimentare (art. 156 c.c.). Inoltre, il coniuge separato con addebito perde i suoi diritti successori e conserva a carico della successione un mero legato *ex lege* per la somministrazione di una rendita alimentare, qualora ne godesse prima della morte del *de cuius* (art. 548, 2° comma, c.c.).

Diritti successori

Le conseguenze dell'addebito, comunque, sono esclusivamente di ordine patrimoniale (artt. 156 e 548 c.c.). Infatti, esso non influenza automaticamente l'affidamento dei figli; anche l'eventuale divieto posto alla moglie di continuare ad utilizzare il cognome del marito o, viceversa, l'autorizzazione a non usarlo più, sono indipendenti dall'addebito e rispondono a diverse finalità collegate al "grave pregiudizio" di cui discorre l'art. 156 *bis* c.c.

6. *I rapporti genitori-figli successivi alla separazione: l'affidamento condiviso della prole*

Il codice si preoccupa di tutelare la prole e di assicurarne l'armonico sviluppo anche in caso di separazione personale dei genitori. L'art. 155 c.c. rinvia alle disposizioni di cui agli artt. da 337 *bis* c.c. a 337 *octies* c.c., introdotti dal d.lgs. n. 154 del 2013, in attuazione della riforma della filiazione (legge n. 219 del 2012), che riprendono e riordinano la disciplina, unificandola. In caso di separazione, ai sensi dell'art. 337 *ter*, primo comma sancisce il diritto del figlio minore di mantenere un rapporto equilibrato e continuativo con ciascuno dei genitori e di ricevere cura, educazione ed istruzione da entrambi. La norma, cioè, afferma un principio di bigenitorialità per effetto del quale il figlio deve avere la possibilità di intrattenere, anche durante la crisi del nucleo coniugale, relazioni complete e stabili con ognuno dei genitori.

Disciplina previgente

L'importanza del principio si apprezza maggiormente se lo si confronta con la diversa regola della monogenitorialità posta dall'art. 155 c.c. prima della legge 8 febbraio 2006, n. 54. L'art. 155 c.c., infatti, prevedeva forme di affidamento esclusivo della prole ad uno solo dei genitori (di regola, alla madre). Essa, cioè, statuiva che in caso di separazione personale dei coniugi, i figli minorenni della coppia dovessero essere affidati dal giudice al genitore che, meglio dell'altro, ne avrebbe assicurato la crescita e lo sviluppo. In tal modo, tuttavia, si realizzava una sostanziale esclusione dell'altro dall'educazione e dalla partecipazione alla vita di tutti i giorni del figlio.

A partire dalla novella del 2006, nel nostro ordinamento è stata accolta la regola dell'affidamento condiviso, attualmente descritta dall'art. 337 *ter* c.c., secondo comma, lasciando come eccezione l'ipotesi di affidamento esclusivo della prole ad uno solo dei genitori, *ex* art. 337 *quater* c.c.

Siffatta opzione non soltanto consente di ridurre per il figlio la traumaticità della separazione, ma si pone in linea con i principi cardine della Carta costituzionale (in particolare con l'art. 2 Cost.) e con il diritto del minore "di crescere e di essere educato nell'ambito della propria famiglia", già espresso dal legislatore in sede di riforma delle adozioni con la legge 28 marzo 2001, n. 149.

Il criterio dell'affidamento condiviso, in quanto finalizzato a consentire al minore di avere rapporti quotidiani e costanti con ciascuno dei genitori, dovrebbe rappresentare una sorta di continuazione, senza soluzione di continuità, della comunione di vita materiale e spirituale instauratasi con il matrimonio. Ciò che emerge dagli artt. 337 *bis* ss. c.c. è, infatti, la constatazione della non necessaria interrelazione tra un armonioso svolgersi della vita coniugale ed un corretto ed equilibrato rapporto genitori-figli: il fallimento di due individui come coppia non implica – in altri termini – automaticamente il loro fallimento come genitori.

Affidamento condiviso

Il codice civile, pertanto, con lo strumento dell'affidamento condiviso, cerca di conservare, nella più ampia misura possibile, l'insieme delle relazioni e di abitudini che hanno caratterizzato, anche nel rapporto con i figli, il matrimonio. In tal senso deve essere letta l'ulteriore previsione dell'art. 337 *ter*, 1° comma, che riconosce alla prole il diritto di mantenere rapporti significativi anche con gli ascendenti e con i parenti di ciascun ramo genitoriale (cugini, zii, ecc.). La norma introduce così un vero e proprio diritto di visita dei nonni, già da tempo riconosciuto dalla giurisprudenza. I nonni, di conseguenza, hanno diritto di continuare a frequentare con regolarità i nipotini, a concorrere alla loro educazione, a trascorrere del tempo in loro compagnia, purché una tale frequentazione sia rispondente all'interesse del minore.

Ruolo del giudice

Il compito di vigilare sul corretto svolgimento delle relazioni familiari nei riguardi della prole compete al giudice. Questi, innanzitutto, nell'assumere i provvedimenti relativi ai figli, deve fare riferimento esclusivamente al loro interesse morale e materiale (art. 337 *ter*, 2° comma). L'autonomia dei genitori si estrinseca in tale ambito, infatti il giudice prende atto degli accordi intervenuti fra questi solo se non contrari all'interesse dei figli. Il *favor* per l'affidamento condiviso è espressamente enunciato dalla norma, allorché stabilisce che il giudice deve valutare prioritariamente la possibilità che i figli minori restino affidati ad entrambi i genitori, determinando i tempi e le modalità della loro presenza presso ciascun genitore e fissando altresì la misura ed il modo con cui ciascuno di essi deve contribuire al mantenimento, alla cura, all'istruzione e all'educazione dei figli. Il giudice, ai sensi dell'art. 337 *quater* ha il potere, però, di disporre l'affidamento esclusivo in qualsiasi momento, a richiesta di uno dei genitori, con provvedimento motivato, quando l'affidamento condiviso con l'altro genitore sia contrario all'interesse del minore. La norma prevede, a garanzia della serietà della domanda, che qualora questa risulti manifestamente infondata, il comportamento del genitore istante possa essere valutato dal giudice come indice negativo ai fini dei provvedimenti da adottare nell'interesse dei figli, oltre all'applicazione dell'art. 96 c.p.c., per la c.d. responsabilità aggravata per lite temeraria.

Il giudice nelle sue indagini può assumere tutti i mezzi di prova ritenuti opportuni. Egli, in particolare, deve ("*dispone*" e non più "*può*", come sanciva il previgente art. 155 *sexies*) ascoltare il minore che abbia compiuto i dodici anni ed anche quello di età inferiore qualora sia dotato di capacità di discernimento (art. 337 *octies*). Quest'ultima previsione rappresenta una novità all'interno della disciplina sulla capacità. Il legislatore, infatti, secondo quanto già stabilito in tema di adozione del minore con la legge n. 149 del 2001, prescinde dalla fissazione di un limite di età ed indica, invece, quale criterio per la formulazione di scelte concernenti il minore, altresì la valutazione della sua maturità di giudizio. Il giudice, tuttavia, non procede all'ascolto quando questo sarebbe in contrasto con l'interesse del minore, ovvero nei casi di omologa o di accordo dei genitori sulle condizioni di affidamento dei figli risulti manifestamente superfluo.

Audizione del minore

L'art. 337 *octies* c.c., mostra, in tal modo, di accogliere le istanze della dottrina più sensibile che già da tempo aveva valorizzato l'immagine del minore considerandolo persona al pari dell'adulto, in grado, ove appunto capace di discernimento, di partecipare attivamente alle decisioni che lo riguardano, sul piano personale ed esistenziale.

All'interno, così, di un diritto di famiglia in costante evoluzione, la recente riforma dell'affidamento ribadisce la volontà del legislatore di assicurare la consapevole partecipazione di tutti i componenti il nucleo familiare alle scelte relative alla famiglia, pur quando la comunione materiale e spirituale tra i coniugi sia venuta meno o rischi di venire meno.

Ulteriore manifestazione di una simile finalità si scorge nella previsione dell'ultimo comma dell'art. 337 *octies* c.c. Per effetto di tale disposizione, il giudice può, con il consenso delle parti interessate e dopo averle sentite, rinviare l'adozione dei provvedimenti relativi all'affidamento dei figli. Il rinvio è finalizzato all'esperimento di un tentativo di mediazione familiare: esso cioè mira, ove possibile, ad evitare la separazione o, altrimenti, a favorire un accordo dei genitori relativamente alla prole. I coniugi, pertanto, con l'aiuto di esperti (come, ad esempio, sociologi, psicologi, avvocati, addetti ai servizi sociali) sono invitati a discutere le loro posizioni ed in ogni caso a definire, in via concorde, i criteri e le modalità per l'affidamento dei figli e per il loro mantenimento. Tale soluzione presuppone, tuttavia, il consenso delle parti, per cui, qualora lo stesso manchi, le decisioni concernenti la separazione sono, pur sempre, assunte dal giudice, nell'interesse morale e materiale della prole.

Non sempre, peraltro, è possibile per l'autorità giudiziaria stabilire che i figli restino materialmente con ciascuno dei genitori, secondo modalità concordate e definite in relazione al caso concreto. Allorquando, pertanto, non sia possibile una completa condivisione tra due coniugi del rapporto con la prole, il giudice può stabilire che i figli siamo affidati ad uno solo dei genitori, fissando, al tempo stesso, i tempi e le modalità della loro presenza presso ciascun genitore. Si tratta di quei casi in cui, magari per la lontananza delle dimore, non è possibile condividere sempre la quotidianità tra i genitori ed i figli.

Il giudice, in tali casi, fissa il luogo, vale a dire l'abitazione del coniuge presso la quale dimoreranno i figli ma si premura al tempo stesso di fissare modalità e criteri della frequentazione con l'altro genitore. L'affidamento compete ugualmente ad entrambi i genitori, anche se le circostanze del caso concreto impediscono una condivisione per così dire materiale. Una simile circostanza non incide, tuttavia, sulla titolarità e sull'esercizio della responsabilità genitoriale, secondo quanto si dirà nel paragrafo successivo.

7. *L'esercizio della responsabilità genitoriale*

I riflessi principali del provvedimento che dispone l'affidamento condiviso si scorgono sul piano dell'esercizio della responsabilità genitoriale. Il d.lgs. n. 154 del 2013, nell'introdurre gli artt. da 337 *bis* c.c. a 337 *octies* c.c., ha riscritto la disciplina della responsabilità genitoriale verso i figli minori in caso di separazione, scioglimento, cessazione degli effetti civili, annullamento, nullità del matrimonio e nei procedimenti relativi ai figli nati fuori dal matrimonio. A tale gruppo di norme fa rinvio l'attuale art. 155 c.c., sui provvedimenti riguardo i figli.

L'art. 337 *ter*, 3° comma, sancisce che la responsabilità genitoriale è esercitata da entrambi i genitori. La norma distingue tra le decisioni di maggiore interesse relative all'istruzione, all'educazione, alla salute ed alla scelta della residenza abituale del minore, che vanno assunte dai genitori di comune accordo ed, in mancanza, la decisione è rimessa al giudice e decisioni su questioni di ordinaria amministrazione, per le quali è possibile che il giudice disponga l'esercizio separato della responsabilità genitoriale.

Ordinaria e straordinaria amministrazione

L'esercizio congiunto della responsabilità non attiene, dunque, ai soli atti di straordinaria amministrazione ma anche a quelli di ordinaria amministrazione. Il codice civile ha voluto, tuttavia, mantenere distinte le due categorie di atti. Sul punto occorre, peraltro, svolgere qualche precisazione. La previsione dell'esercizio congiunto della responsabilità anche per gli atti di ordinaria amministrazione non significa che ogni piccolo atto concernente il minore debba essere preventivamente concordato da entrambi i genitori. Una simile situazione, del resto, non si realizza neppure all'interno delle famiglie non interessate dalla crisi coniugale. Semplicemente, la finalità perseguita dall'art. 337 *ter* c.c., 3° comma, è quella di ottenere un sempre più ampio coinvolgimento dei genitori stessi nella vita del figlio e di evitare che uno di essi possa disinteressarsi della quotidianità della prole. Non per questo, però, si rende necessario un esercizio congiunto della responsabilità con riguardo all'ordinaria amministrazione.

Il giudice, infatti, può stabilire in sede di separazione che le decisioni in ordine alle questioni di ordinaria amministrazione, come, ad esempio, il comprare giochi o vestiti o altri piccoli atti della vita di tutti giorni, siano adottate dai genitori separatamente. Il discorso cambia con riguardo agli atti eccedenti l'ordinaria amministrazione e per le decisioni di maggiore interesse per i figli. In tali casi, infatti, è necessario il consenso di entrambi i genitori, i quali, appunto, devono decidere di comune accordo.

Essi, inoltre, devono tenere conto delle capacità, delle inclinazioni naturali e delle aspirazioni della prole. In caso di disaccordo o di contrasto tra i genitori, invece, interviene il giudice ed adotta i provvedimenti che ritiene opportuni.

Tutte le decisioni devono, comunque, essere adottate avendo unicamente di mira l'interesse morale e materiale dei figli.

8. *Il mantenimento della prole*

Il dovere dei genitori di mantenere ed educare la prole non viene meno per effetto della separazione tra essi intercorsa. Le parti possono liberamente sottoscrivere apposite pattuizioni in merito, con le quali definire la misura della contribuzione a carico di ciascuno. L'importante è che tali accordi rispondano all'interesse dei figli e non riducano o penalizzino le loro prerogative. Essi pertanto sono soggetti al controllo da parte del giudice, il quale valuta la decisione di ridistribuire, secondo un criterio diverso da quello di proporzionalità, gli oneri di mantenimento.

Accordi

Qualora, invece, i coniugi nulla abbiano disposto, il codice civile indica – appunto – la regola della proporzionalità quale misura della contribuzione. Stabilisce, infatti, l'art. 337 *ter*, 4° comma, c.c. che ciascuno dei genitori provvede al mantenimento dei figli in misura proporzionale al proprio reddito. Quest'ultimo è valutato non soltanto in relazione ai proventi dell'attività lavorativa ma anche con riguardo al lavoro domestico. In tal modo, il codice civile conferma la scelta sottesa all'introduzione dell'affidamento condiviso di volere assicurare una certa continuità nello svolgimento della vita familiare anche in caso di separazione.

Come, infatti, ai sensi dell'art. 143 c.c. ciascuno dei coniugi deve contribuire, durante il matrimonio, ai bisogni della famiglia in ragione delle proprie sostanze e della propria capacità di lavoro professionale o casalingo, così ciascuno dei genitori deve, in maniera analoga a quella indicata, provvedere alle esigenze di vita materiale e spirituale della prole, durante la crisi della famiglia. Il giudice, peraltro, può anche fissare la corresponsione di un assegno periodico, al fine di attuare concretamente e pienamente la proporzionalità nella contribuzione.

Assegno

L'assegno è determinato in considerazione di una serie di parametri. In primo luogo, la sua misura deve tenere conto delle attuali esigenze del figlio, quali si desumono dal suo stile di vita. Per tale ragione, l'entità dell'assegno va fissata avendo riguardo alle circostanze concrete, agli hobbies della prole, all'eventuale palestra o corsi di lingua che essa frequenta o più in generale al tenore di vita già goduto durante il corretto svolgersi della vita familiare.

Il riferimento al tenore di vita goduto dal figlio in costanza di matrimonio rappresenta, infatti, il secondo parametro al quale deve attenersi il giudice. In ogni caso, proprio in considerazione della sua natura strettamente legata alla considerazione delle circostanze concrete, la misura dell'assegno può subire variazioni nel corso del tempo ed in relazione alla crescita della prole o ad un mutamento delle sue abitudini ed esigenze.

Il giudice deve poi considerare i tempi di permanenza del figlio presso ciascun genitore. Un simile riferimento assume importanza soprattutto in quelle ipotesi (destinate ad essere quelle ordinarie e prevalenti) in cui materialmente non sia possibile, anche in termini di stabile soggiorno presso la propria dimora, una perfetta condivisione dell'affidamento, nel senso, vale a dire, che il figlio non possa concretamente dividersi tra le abitazioni dei due genitori con facilità o comunque nell'arco della stessa giornata. Si pensi, come accennato, all'ipotesi in cui le abitazioni dei genitori siano in città distanti.

Risorse economiche

Pertanto, la maggiore o minore permanenza del figlio presso uno dei genitori è destinata ad incidere sulla determinazione dell'assegno a carico dell'altro. L'assegno deve poi essere fissato considerando le risorse economiche di entrambi i genitori: i redditi personali, quelli derivanti dal proprio lavoro, i frutti dell'attività lavorativa o dei beni medesimi e via enumerando. Nella valutazione delle risorse economiche il giudice deve tenere presente anche la valenza economica dei compiti domestici e di cura assunti da ciascun genitore.

Il lavoro domestico riceve, così, espressa considerazione normativa. Mentre infatti l'art. 143 c.c. discorre più genericamente di lavoro casalingo, l'art. 337 *ter* intende alludere proprio all'insieme delle attività che caratterizzano l'impegno quotidiano nella gestione della casa e della famiglia.

La norma anzi sembra distinguere chiaramente i due profili della dedizione alla casa ed ai lavori che essa richiede (i compiti domestici) e della cura, quale momento ulteriore del lavoro casalingo in quanto non limitato ad una attività materiale ma comprensivo di tutti quei piccoli atti che concorrono a rendere accogliente il focolare domestico.

L'assegno in ogni caso è stabilito dal giudice solo se necessario. Ciò vuol dire che non sarà fissato tutte le volte in cui i coniugi garantiscano comunque un mantenimento della prole in misura proporzionale o secondo quanto fissato nel loro diverso accordo. L'importanza di assicurare il mantenimento corretto della prole è comunque fortemente avvertita dal codice civile: l'ultimo comma dell'art. 337 *ter* c.c., infatti, prevede che qualora le informazioni rese dai genitori in ordine alle proprie disponibilità economiche non appaiano veritiere, il giudice può disporre un accertamento della polizia tributaria sui redditi e sui beni oggetto di contestazione. Di regola, peraltro, il mantenimento deve essere garantito dai genitori nei confronti dei figli minori di età, sebbene la stessa giurisprudenza da tempo abbia affermato il principio per cui il mantenimento compete anche al figlio maggiorenne che, per cause non imputabili alla sua volontà ovvero ad una sua colpa o negligenza, non disponga dei mezzi economici necessari per potere provvedere a se stesso ed alle proprie necessità di vita.

Figli maggiorenni

Accogliendo i suggerimenti della giurisprudenza, il codice civile ha dedicato, nella disciplina dell'affidamento, un'apposita disposizione alla condizione dei figli maggiorenni. L'art. 337 *septies* c.c. dispone, così, che il giudice, valutate le circostanze concrete, può stabilire che anche in favore dei figli maggiori di età, non indipendenti economicamente, sia corrisposto il pagamento di un assegno periodico. L'assegno deve essere versato direttamente al figlio e non già all'altro coniuge affinché questi lo impieghi in suo favore.

Una sola eccezione a questa regola riguarda i figli maggiorenni portatori di handicap grave, dal momento che nei loro riguardi si applicano integralmente le disposizioni che riguardano i figli minori di età.

9. *L'affidamento esclusivo ad un solo genitore*

Il codice pone quale regola che deve sovrintendere ai provvedimenti a favore della prole in sede di separazione dei genitori, quella dell'affidamento condiviso. Non sempre tuttavia è possibile ricorrere ad un simile istituto. In taluni casi, infatti, si rende necessario affidare i figli minori della coppia ad uno solo dei coniugi. L'art. 337 *quater* c.c. disciplina così l'affidamento esclusivo. Ad esso si ricorre in ipotesi residuali, quando cioè l'affidamento condiviso appaia contrario all'interesse del minore.

Il giudice, pertanto, è chiamato ad effettuare una valutazione delle circostanze del caso concreto e solo dopo avere verificato l'inopportunità di affidare il figlio ad entrambi i genitori può disporre l'affidamento esclusivo ad uno solo di essi, con provvedimento motivato. Egli, in particolare, può avvalersi di ogni mezzo di prova e sentire il minore che abbia compiuto i dodici anni o, se più piccolo di età, che sia dotato di capacità di discernimento. Circostanze concrete

Non è possibile *a priori* individuare le ipotesi o le circostanze nelle quali possa dirsi più opportuno il ricorso all'affidamento esclusivo. Il criterio che – appunto – il codice detta in via principale è quello dell'interesse del minore. In ogni caso si tratta di una forma di affidamento da circoscrivere a situazioni particolarmente difficili e da applicare in via residuale. Essa, infatti, rischia di estromettere, quanto meno dalla quotidianità, uno dei due genitori (quello, cioè, non affidatario) dalla crescita del minore.

I riflessi di una simile scelta – tra l'altro – si colgono ancora una volta con riguardo all'esercizio della responsabilità. Di essa restano titolari entrambi i genitori, ma l'esercizio compete al solo genitore affidatario. L'altro è tenuto, tuttavia, pur sempre a vigilare sul suo agire ed in ogni caso deve partecipare, e concordare, anch'egli alle decisioni di maggiore interesse per la prole (art. 337 *quater*, 3° comma, c.c.). Responsabilità

Vero è, peraltro, che anche in caso di affidamento condiviso, il giudice può successivamente disporre un affidamento esclusivo. Ciò accade allorquando uno dei due genitori ritenga non sussistano più le condizioni per una condivisione dell'affidamento della prole e di conseguenza si rivolga al giudice. Questi, pertanto, ove ritenga fondata la richiesta dispone l'affidamento esclusivo e ne fissa le modalità. I provvedimenti emessi dal giudice in sede di separazione sono, infatti, di volontaria giurisdizione. Come tali essi sono emessi *rebus sic stantibus*, in relazione cioè alle circostanze concretamente esistenti al momento della loro emanazione. Di guisa che, ogniqualvolta mutino i presupposti che ne hanno giustificato la formulazione, i provvedimenti del giudice possono essere rivisti e, dunque, revocati o modificati (art. 337 *quinques* c.c.).

Può peraltro accadere che il giudice accerti che il genitore che si è rivolto a lui ha in realtà agito con dolo o mala fede: in tal caso egli considera responsabile il richiedente e lo condanna al pagamento dei danni e delle spese di giudizio.

10. *L'assegnazione della casa familiare*

A seguito della separazione personale tra i coniugi, si pone altresì la questione di definire a quale di essi debba essere assegnata la casa familiare. Con tale espressione – specificamente – s'indica l'*habitat* domestico, il centro degli affetti nel quale, nel corso del matrimonio, si articola la vita familiare, il luogo, vale a dire, dove si sviluppa la personalità dei singoli componenti la famiglia ed in particolare dei figli minori. La casa familiare, dunque, è caratterizzata da una abitualità e stabilità della dimora da parte della famiglia. In ragione di queste sue caratteristiche, essa rappresenta anche in caso di separazione personale tra i coniugi un elemento di continuità delle abitudini domestiche e, di conseguenza, un importante punto di riferimento per la prole minorenne.

Nozione

Secondo il dettato dell'art. 337 *sexies* c.c., il giudice, nello stabilire a quale dei due coniugi assegnare la casa deve valutare una serie di elementi, al fine di contemperare le esigenze dei figli a permanere in quella che per un tempo più o meno lungo ha rappresentato il focolare domestico e i mutati bisogni dei genitori. Egli, dunque, da un lato deve dare rilievo prioritario nella scelta all'interesse dei figli; considerare, ad esempio, l'opportunità, in relazione ai propri stili di vita, a dimorare ancora in tale abitazione ovvero valutare con quale dei due genitori i figli medesimi si troveranno a trascorrere la maggior parte del loro tempo.

Prioritario interesse della prole

In secondo luogo, il giudice non può prescindere, in sede di assegnazione, dalle decisioni assunte dai coniugi nella regolazione dei rapporti economici, dando così rilievo alla circostanza che uno dei due possa essere maggiormente onerato sul piano economico. Dunque, da un lato, l'assegnazione della casa familiare deve avvenire tenendo conto delle esigenze di tutela della prole; dall'altro, essa non può non tener conto della condizione patrimoniale di ognuno dei due coniugi. Può così accadere che l'abitazione venga assegnata ad un coniuge diverso da quello dei due che sia proprietario dell'immobile.

Condizione patrimoniale dei coniugi

In ogni caso, il diritto al godimento della casa familiare viene meno quando il coniuge assegnatario non vi abiti più (perché ad esempio si è trasferito in altra dimora) oppure cessi di abitarvi stabilmente ovvero ancora conviva *more uxorio* con un'altra persona o contragga nuovo matrimonio. In tutte queste ipotesi, infatti, vengono meno le ragioni che hanno giustificato l'iniziale assegnazione in suo favore.

Il codice civile, infine, si preoccupa di tutelare anche i terzi estranei al nucleo familiare e di predisporre apposite forme di pubblicità che consentano loro di venire a conoscenza dell'esistenza del provvedimento di assegnazione della casa familiare ad uno dei coniugi ovvero della sua revoca. A tal fine, pertanto, esso stabilisce che simili provvedimenti devono essere trascritti ai sensi dell'art. 2643 onde essere, appunto, opponibili ai terzi.

11. *L'uso del cognome familiare dopo la separazione*

L'art. 156 *bis* c.c. prevede il divieto alla moglie di usare il cognome del marito, e l'autorizzazione alla stessa di non usarlo, nel caso di grave pregiudizio, di ordine morale, psicologico o anche economico che ne deriverebbe per la moglie dall'uso del cognome del marito, o, viceversa al marito dal fatto che la moglie continui ad usare il di lui cognome.

Tali pregiudizi non sono ricollegabili alla violazione dei doveri che scaturiscono dal matrimonio, ma sono connessi alla tutela della personalità del coniuge che richiede l'inibizione o l'autorizzazione a dismettere l'uso del cognome. Pregiudizio

12. *La riconciliazione*

La riconciliazione tra i coniugi, se precedente alla pronunzia di separazione, comporta l'abbandono della relativa domanda (art. 154 c.c.). Se invece è successiva, comporta la cessazione degli effetti della separazione (art. 157, spec. 2° comma, c.c.). Tanto la riconciliazione espressa – cioè quella consacrata in un accordo formale – quanto quella tacita – ossia attuata con la ripresa della vita in comune – non richiedono una pronunzia giudiziale per far cessare gli effetti della separazione, producendo effetti di per sé (art. 157 c.c.). La riconciliazione va intesa come ricostituzione della comunione di vita dei coniugi, e dunque va valutata con i medesimi criteri utilizzati per giungere alla convinzione opposta della scomparsa della comunione di vita. Sì che né la coabitazione né l'esistenza di sentimenti di affetto e di amicizia tra i coniugi separati, e nemmeno l'accertamento di rapporti sessuali, perfino quando abbiano avuto come conseguenza la nascita di un figlio, valgono di per se stessi ad interrompere la separazione se non presentano quei caratteri, di natura spirituale, che qualificano il rapporto come coniugale. La riconciliazione produce l'ulteriore conseguenza di ripristinare la presunzione di concepimento di cui all'art. 232 c.c. Nozione

CAPITOLO 35
IL DIVORZIO

SOMMARIO: 1. Profili generali. – 2. Le cause di divorzio. La separazione personale come causa di divorzio. – 3. Le altre cause di divorzio. – 4. L'assegno di divorzio. – 5. Altri effetti della pronunzia di divorzio: i rapporti personali. – 6. Gli effetti della pronunzia nei confronti dei figli.

1. *Profili generali*

La legge 1° dicembre 1970, n. 898, ha introdotto nel nostro ordinamento lo scioglimento del matrimonio – o la cessazione degli effetti civili del medesimo, qualora si tratti di matrimonio concordatario – per divorzio. Il divorzio si basa sull'accertamento che "la comunione spirituale e materiale tra i coniugi non può essere mantenuta o ricostituita" (artt. 1 e 2 legge cit.), cioè sulla constatazione dell'irreparabile frattura del matrimonio, senza porsi l'ulteriore obbiettivo della individuazione e della punizione del coniuge "colpevole".

Pertanto, il divorzio rappresenta il "rimedio" al fallimento del matrimonio, allorché questo non è più considerato da ambedue o da uno soltanto dei coniugi come rapporto umano che assicura l'armonico sviluppo della personalità e la garanzia dei diritti di libertà e di dignità umana. Il che non comporta, tuttavia, che si possa annoverare tra i valori fondanti l'ordinamento, quello, negativo, della distruzione della famiglia, elevato a contenuto di un diritto di libertà. Al contrario, scaturisce dallo stesso art. 2 Cost., e dal principio di solidarietà, il divieto di dar rilevanza giuridica a decisioni precipitose e non ponderate di sciogliere il matrimonio, anche quando i coniugi siano concordi.

Con il d.l. 12 settembre 2014, n. 232, convertito dalla legge 10 novembre 2014, n. 162, è stata introdotta, nel nostro ordinamento, la possibilità per i coniugi di pervenire alla separazione ed al divorzio, nonché alle relative modifiche con la sola assistenza degli avvocati, ovvero mediante dichiarazione personale di entrambi i coniugi dinanzi all'Ufficiale dello Stato civile, qualora ricorrano determinati requisiti. Inoltre, con la legge 6 maggio 2015, n. 55 (c.d. *Legge sul divorzio breve*), è stata modificata la durata prevista della separazione per procedere al divorzio, di cui all'art. 3, 1° comma, lett. b, n. 2 della legge n. 898 del 1970.

2. *Le cause di divorzio. La separazione personale come causa di divorzio*

La causa più frequentemente invocata nei procedimenti di divorzio è la separazione personale tra i coniugi sia nelle tre forme previste dall'art. 3, n. 2, lett. b, legge n. 898 del 1970 (separazione giudiziale, consensuale omologata e di fatto) ma anche in caso di accordo di separazione raggiunto a seguito di convenzione di negoziazione assistita da uno o più avvocati ovvero dell'accordo di separazione concluso dinanzi all'Ufficiale di Stato civile, protratte per il tempo previsto dalla legge (dodici mesi dall'avvenuta comparizione dei coniugi dinanzi al Presidente del Tribunale, nella procedura di separazione personale e 6 mesi nei restanti casi).

Lasso temporale

L'esistenza di una separazione coincide con l'accertamento della scomparsa della comunione di vita tra i coniugi.

3. *Le altre cause di divorzio*

Le altre cause di divorzio sono (art. 3, legge cit.): la condanna per il delitto di cui all'art. 564 c.p. o per uno dei delitti di cui agli artt. 519, 521, 523 e 524 c.p. ovvero condanna per l'omicidio volontario di un figlio o per il tentato omicidio del coniuge o di un figlio; la condanna all'ergastolo o a una pena superiore a quindici anni; l'incesto, anche non punibile per mancanza di pubblico scandalo; la pronunzia all'estero di divorzio o di annullamento del matrimonio (la funzione della norma risiede nel tutelare e dunque riconoscere la libertà di stato del coniuge cittadino italiano nell'ipotesi in cui l'altro, valendosi di una cittadinanza straniera, abbia ottenuto, con provvedimento definitivo, l'annullamento o lo scioglimento del matrimonio e/o abbia contratto un nuovo matrimonio valido nello Stato estero in cui è avvenuta la celebrazione); la non consumazione del matrimonio. L'art. 7 della legge 6 marzo 1987, n. 74, ha poi aggiunto una nuova causa di divorzio consistente nel mutamento di sesso di uno dei coniugi, a norma della legge 14 aprile 1982, n. 164. Da esse dipende l'immediato scioglimento del matrimonio, senza l'ulteriore attesa della scadenza del termine di separazione. In merito a quest'ultima ipotesi di cd. *divorzio imposto*, la Corte costituzionale, con sent. n. 170 del 2014, ha dichiarato l'illegittimità degli artt. 2 e 4 della legge n. 164 del 1982, con riferimento all'art. 2 Cost., nella parte in cui non prevedono che la sentenza di rettificazione dell'attribuzione di sesso, che comporta lo scioglimento del matrimonio, consenta, comunque, ove entrambe le parti lo richiedano, di mantenere in vita un rapporto di coppia giuridicamente regolato con altra forma di convivenza registrata, che tuteli adeguatamente i diritti e gli obblighi della coppia medesima. A tal proposito, fino all'introduzione delle Unioni civili fra persone dello stesso sesso (avvenuta con legge n. 76 del 2016), la Corte di Cassazione affermava, già nel 2015, la possibilità di conservare il riconoscimento dei diritti e dei doveri conseguenti al vincolo matrimoniale legittimamente contratto fino a quando il legislatore non avrebbe regolamentato la materia.

Scomparsa della comunione di vita

Le cause sopra elencate rispondono altresì al principio della scomparsa della comunione di vita, come oggetto di valutazione specifica da parte del giudice. Difatti, di fronte all'apparente eterogeneità, le descritte cause di divorzio possono essere unitariamente qualificate come circostanze di eccezionale gravità che, qualora abbiano provocato la definitiva scomparsa della comunione di vita tra i coniugi, rendono inutile e per di più inesigibile l'ulteriore attesa del termine di separazione al fine di ottenere la pronunzia di divorzio.

4. *L'assegno di divorzio*

A seguito del divorzio, sorge l'obbligo, per uno dei coniugi, di corrispondere un assegno periodico all'altro, quando quest'ultimo non abbia mezzi adeguati o comunque non possa procurarseli per ragioni oggettive (art. 5, 4° comma, legge n. 898 del 1970, come modificato dall'art. 10, legge n. 74 del 1987). A tal proposito, tuttavia, la Corte di Cassazione, Sez. I, con la sent. 10 maggio 2017, n. 11504 ha ritenuto che il criterio del "tenore di vita matrimoniale" è contrario agli effetti estintivi del divorzio, per cui il giudice, ai fini dell'accertamento del diritto all'assegno di divorzio, relativamente all'*an debeatur*, deve seguire il principio dell'"autoresponsabilità economica", con esclusivo riferimento al grado di indipendenza economica del richiedente. Oltre alla mancanza di mezzi adeguati dell'ex-coniuge richiedente l'assegno, il giudice dovrà valutare l'impossibilità dello stesso di procurarseli per ragioni obiettive.

Valutazione del giudice

L'art. 4, 16° comma, n. 13, legge n. 898 del 1970 consente ai coniugi di presentare domanda congiunta di divorzio, almeno per quelle cause che attribuiscono ad entrambi legittimazione all'azione, concordando in tal modo anche la regolamentazione di rapporti personali e patrimoniali, oltre all'affidamento dei figli e al mantenimento dei medesimi, da sottoporre alla valutazione del giudice, come già accade per l'omologazione dell'accordo di separazione consensuale ovvero nel caso di accordo di separazione raggiunto a seguito di convenzione di negoziazione assistita da uno o più avvocati. In caso di divorzio mediante accordo di separazione concluso dinanzi all'ufficiale di stato civile, atteso che la legge esclude che nell'accordo possano esservi determinazioni di natura patrimoniale, la giurisprudenza è altalenante circa la possibilità, per le parti, di concordare in quella sede la corresponsione di un assegno divorzile.

La valutazione da parte del giudice della congruità dell'accordo deve seguire necessariamente la falsariga suggerita dall'art. 5, legge n. 898 del 1970 (con le modificazioni ricevute in seguito alla legge n. 74 del 1987), in tema di determinazione giudiziale dell'assegno di divorzio.

L'art. 5 citato fa riferimento, come elementi di assegnazione e di determinazione dell'assegno, alle condizioni economiche dei coniugi, ai motivi della decisione e al contributo personale ed economico dato alla conduzione familiare e personale ed alla formazione del patrimonio di entrambi. Profilo essenziale dell'assegno di divorzio appare la tutela esistenziale di uno dei coniugi che, in seguito alla scomparsa della solidarietà familiare, si trova in stato di bisogno mentre l'altro al contrario gode di "adeguati redditi propri". Le ragioni della decisione e il contributo economico offerto da un coniuge alla formazione del patrimonio dell'altro perdono la qualificazione di autonomi criteri di attribuzione, per assumere quella di criteri di quantificazione dell'ammontare dell'assegno: nel senso che possono essere invocati in negativo anche per ridurre o addirittura escludere, per ragioni equitative ed in ipotesi di eccezionale gravità, la stessa attribuzione dell'assegno alimentare. Ulteriori criteri di quantificazione vengono introdotti dalla legge n. 74 del 1987, assumendo anch'essi la natura di elencazione non esaustiva: le condizioni dei coniugi, i redditi di ciascuno, e, in posizione assolutamente preminente, la durata del matrimonio.

Criteri di attribuzione

Ulteriore effetto, in ambito patrimoniale, è la perdita dei diritti successori per i coniugi divorziati.

5. *Altri effetti della pronunzia di divorzio: i rapporti personali*

Il riacquisto dello stato libero e la conseguente possibilità di contrarre un nuovo matrimonio costituisce il principale effetto, tra quelli personali, della pronuncia di divorzio. L'affinità non viene meno, ma cessano di esistere gli obblighi alimentari nascenti da tale rapporto. Permane invece il relativo impedimento matrimoniale.

La moglie perde il diritto di aggiungere al proprio il cognome del marito. Tuttavia, il tribunale può autorizzare la moglie divorziata, che ne faccia richiesta, a conservare il cognome familiare qualora accerti l'esistenza di un interesse meritevole di tutela, soprattutto quando alla donna siano affidati figli minori. L'autorizzazione non è irrevocabile, ma può essere modificata su richiesta delle parti in base a sopravvenute circostanze di particolare gravità.

6. *Gli effetti della pronunzia nei confronti dei figli*

Per quanto attiene ai provvedimenti concernenti i figli, in particolare minori, la disciplina persegue le medesime finalità e si avvale di analoghi strumenti rispetto alla separazione personale.

Il tribunale valuta prioritariamente la possibilità che i figli minori restino affidati ad entrambi i genitori, oppure stabilisce a quale di essi i figli siano affidati; determina, inoltre, i tempi e le modalità della loro presenza presso ciascun genitore, fissando la misura ed il modo con cui ciascuno di essi deve contribuire al mantenimento, alla cura, all'istruzione ed all'educazione dei figli.

L'affidamento, come ogni altro provvedimento che riguardi i figli, fa esclusivo riferimento alla garanzia dell'interesse del minore, anche di fronte ad eventuali accordi tra i coniugi. L'accordo tra i genitori va tenuto in conto soltanto ed in quanto esso sia compatibile con l'interesse del minore ed idoneo ad assicurare il soddisfacimento delle sue esigenze.

Il giudice può imporre altresì idonee garanzie reali e personali al coniuge tenuto all'assegno di divorzio e all'assegno di mantenimento, e la sentenza costituisce titolo per l'iscrizione dell'ipoteca giudiziale.

CAPITOLO 36
LA FILIAZIONE

SOMMARIO: 1. Profili generali. – 2. I figli nati nel matrimonio. – 3. Le prove della filiazione nata nel matrimonio. – 4. Le azioni di stato. In particolare, l'azione di disconoscimento della paternità. – 5. L'azione di reclamo dello stato di figlio. – 6. L'azione di contestazione dello stato di figlio. – 7. La filiazione nata fuori del matrimonio. – 8. La disciplina del riconoscimento. – 9. Le ipotesi di autorizzazione al riconoscimento. – 10. L'affidamento del figlio nato fuori del matrimonio e il suo inserimento nella famiglia legittima. – 11. Gli effetti del riconoscimento. – 12. L'impugnazione del riconoscimento. – 13. La dichiarazione giudiziale di paternità e maternità dei figli nati fuori del matrimonio. – 14. La procreazione assistita.

1. *Profili generali*

Il fatto naturale della procreazione origina tra i soggetti coinvolti, genitori da un lato e figlio generato dall'altro, un rapporto tra situazioni soggettive complesse che si definisce rapporto di filiazione.

Se, per lungo tempo, si è distinta la filiazione legittima dalla filiazione naturale a seconda che i figli fossero o meno nati in costanza di matrimonio, la legge 10 dicembre 2012, n. 219, ha determinato il superamento della distinzione, altresì sul piano terminologico. Stabilisce, infatti, l'art. 1, 11° comma, della richiamata legge che «*nel codice civile, le parole "figli legittimi" e "figli naturali", ovunque ricorrono, sono sostituite dalla seguente: "figli"*». La finalità perseguita dal legislatore è quella di eliminare ogni discriminazione tra i figli, i quali, pertanto, come precisa ora l'art. 315 c.c., «*hanno lo stesso stato giuridico*». Una simile finalità ha comportato la necessità di una serie di interventi sul codice civile e sulle sue norme: da un lato, così, è stato sostituito il dettato di molte disposizioni (si pensi, *inter alia*, al ricordato art. 315 c.c.); dall'altro, sono stati introdotti nuovi articoli (come l'art. 315 *bis* c.c.); dall'altro, ancora, sono stati abrogati quegli istituti che, più di altri, erano in grado di determinare e denunciare una disparità di trattamento rispetto ai figli (si consideri, in tal senso, il venir meno dell'istituto della legittimazione).

La legge n. 219 del 2012

La legge n. 219 del 2012 rappresenta, invero, soltanto una prima, ancorché significativa, tappa del processo di riforma dello *status filiationis*

Riforma dello *status filiationis*

che il Governo è stato chiamato ad ultimare, con l'emanazione del d.lgs. n. 154 del 2013, allo scopo di perfezionare l'opera di completa parificazione tra la prole, sia in relazione agli atti *inter vivos* (siano essi di natura personale o patrimoniale) sia in relazione agli atti *mortis causa* (con riguardo, ad esempio, al diritto di commutazione non oggetto di abrogazione ad opera della nuova legge). Nondimeno, essa si inserisce ugualmente a pieno titolo all'interno di quel lungo *iter* normativo che, nel corso dei decenni, a decorrere dalla nota legge n. 151 del 1975, ha interessato la famiglia e che ha avuto come motivo ispiratore la crescente valorizzazione della persona e della persona del minore, in particolare.

Ne sono espressione, altresì, la legge sulle adozioni n. 149 del 2001 e la legge sulla separazione dei genitori n. 54 del 2006, che hanno consentito, rispettivamente, il riconoscimento, all'interno dell'ordinamento, della capacità di discernimento del minore e del suo diritto a mantenere un rapporto equilibrato e continuativo con ciascuno dei genitori, in caso di crisi della famiglia legittima o di rottura della convivenza *more uxorio* (cfr. art. 4, legge n. 54 del 2006). Si tratta di provvedimenti che, a ben vedere, rappresentano le premesse normative delle odierne disposizioni in materia di filiazione.

La stessa rivoluzione lessicale, introdotta dalla legge n. 219 del 2012, sembra trovare il suo precedente nella scelta del legislatore dell'affidamento condiviso di preferire il lemma "genitore" a quello di "coniuge", voluto per sottolineare già a livello semantico la *ratio* della disciplina di tutelare l'interesse prioritario del minore.

Una simile necessità di distinguere le due richiamate categorie ricorre, ad esempio, in relazione all'istituto del riconoscimento, quale atto necessario per accertare l'esistenza del legame di filiazione in assenza appunto di matrimonio tra i genitori. I figli concepiti al di fuori del matrimonio possono essere, infatti, riconosciuti o non riconosciuti. Il riconoscimento avviene o per atto volontario di uno o di entrambi i genitori (art. 250 c.c.) o per dichiarazione giudiziale di paternità e maternità (art. 269 c.c.).

Riconoscimento

Tra i figli nati fuori del matrimonio non riconosciuti bisogna poi distinguere i figli riconoscibili e quelli per i quali il riconoscimento è ammesso solo previa autorizzazione del giudice, avuto riguardo all'interesse del figlio (art. 251 c.c.). Il rapporto di filiazione, tuttavia, può avere fonte anche in altri fatti costitutivi che non si basano sul legame di sangue, bensì su un legame che si definisce "civile", cioè instaurato secondo un procedimento che prescinde dal fatto della procreazione, estinguendo o ponendo in quiescenza il rapporto scaturente dalla procreazione stessa: è quanto accade nella filiazione adottiva.

Tutti i figli hanno pari dignità e diritti di fronte alla legge (art. 30, 2° e 3° comma, Cost.). In particolare, essi acquistano con la nascita il diritto al mantenimento, istruzione ed educazione, nonché il diritto di crescere in famiglia e di mantenere rapporti significativi con i parenti (art. 315 *bis* c.c.).

2. *I figli nati nel matrimonio*

Si ha filiazione all'interno del matrimonio quando ricorrono i seguenti elementi: il matrimonio dei genitori, il parto della moglie e il concepimento in costanza di matrimonio ad opera del marito. Mentre i primi due requisiti sono facilmente accertabili, il terzo è nascosto, come si dice, "dai veli della natura". Pertanto, per ritenere che il figlio sia stato concepito dal legittimo marito della donna che lo ha partorito, la legge ricorre a due presunzioni (artt. 231 e 232 c.c.): la presunzione di paternità e quella di concepimento in costanza di matrimonio.

Presupposti

Per la prima, si considera padre del figlio nato o concepito durante il matrimonio il marito della donna da cui nasce il figlio. Per la seconda presunzione, si ritiene concepito nel matrimonio il figlio che sia nato nei termini indicati dall'art. 232 c.c.: non oltre trecento giorni dallo scioglimento, annullamento o cessazione degli effetti civili del matrimonio. Tale presunzione non opera quando siano decorsi trecento giorni dalla pronunzia o dalla omologazione della separazione, ovvero dalla data della comparizione dei coniugi dinanzi al presidente del tribunale, quando i coniugi siano stati autorizzati a vivere separatamente nelle more di un giudizio di divorzio, di separazione o di annullamento del matrimonio.

Presunzione di concepimento

La presunzione di concepimento durante il matrimonio è assoluta, ma soltanto quando opera in favore, e non contro, la legittimità. In questo senso, il figlio nato nel periodo suddetto si presume *iuris et de iure* concepito in costanza di matrimonio. Tuttavia, è sempre consentito ai coniugi o ai loro eredi di provare che il figlio è stato invece concepito durante il matrimonio o durante la convivenza (art. 234 c.c.).

Il d.lgs. n. 154 del 2013 ha abrogato l'art. 233 c.c. che ammetteva l'azione di disconoscimento di paternità per il figlio nato prima dei centottanta giorni dalla celebrazione del matrimonio, con ciò adeguandosi al principio dell'unicità di *status* di figlio.

3. *Le prove della filiazione nata nel matrimonio*

Atto di nascita

La filiazione nata nel matrimonio può essere provata o per mezzo dell'atto di nascita (art. 236, 1° comma, c.c.); ovvero mediante il possesso di stato (art. 236, 2° comma, c.c.). Soltanto quando manchi l'atto di nascita, si può provare lo stato di legittimità mediante il possesso di stato e soltanto quando entrambi non ricorrono, la prova può darsi con ogni mezzo (art. 241 c.c., come modificato dal d.lgs. n. 154 del 2013).

Possesso di stato

Ai sensi dell'art. 237 c.c., il possesso di stato risulta da una serie di fatti che, nel loro insieme, valgano a dimostrare il vincolo di filiazione e di parentela tra una persona e la famiglia cui essa ritiene di appartenere. Nel medesimo articolo è altresì stabilito che gli elementi necessari a costituire il possesso di stato sono: il *nomen* – per cui occorre che il soggetto abbia sempre portato il cognome del padre che egli pretende di avere –; il *tractatus* – che si rinviene nel fatto che sia stato sempre trattato come figlio del preteso padre e che quest'ultimo abbia altresì adempiuto agli obblighi di mantenimento, educazione ed istruzione del soggetto e lo abbia tenuto presso di sé –; e, infine, la *fama* – ovvero che il soggetto sia stato costantemente ritenuto figlio legittimo nei rapporti sociali e familiari – (art. 237, 2° comma, c.c.).

Nomen, *tractatus* e *fama* debbono necessariamente concorrere. È altresì necessaria la continuità del possesso di stato.

Ai sensi dell'art. 238 c.c. nessuno può reclamare uno stato contrario a quello che gli attribuiscono l'atto di nascita e il possesso di stato conforme all'atto stesso. Tuttavia lo stesso articolo pone una serie di eccezioni alla regola sulla autosufficienza dell'atto di nascita.

La prima fa riferimento all'art. 128, cioè ai casi di matrimonio putativo, la seconda fa riferimento all'art. 234, cioè della nascita del figlio dopo i 300 giorni, la terza concerne il caso previsto dall'art. 244, cioè nelle ipotesi di disconoscimento della paternità e, infine, abbiamo i casi degli artt. 239 e 240 sulle azioni di stato.

4. *Le azioni di stato. In particolare, l'azione di disconoscimento della paternità*

Con il termine "azioni di stato" sono indicate tutte quelle azioni dirette ad ottenere il riconoscimento o il disconoscimento dello *status* di figlio.

Prima della riforma della filiazione esse si diversificavano a seconda che riguardassero la filiazione legittima o naturale; con la riforma le azioni fondamentali sono disciplinate in modo unitario con riferimento allo stato unico di figlio.

Natura e caratteri dell'azione

L'azione di disconoscimento della paternità, regolata dall'art. 243 *bis* c.c., mira appunto a far cadere la presunzione di paternità del marito. Si tratta di un'azione costitutiva, di stato, che dunque presenta tutte le caratteristiche delle azioni dirette ad aver incidenza su uno *status* familiare: l'indisponibilità e la non trasmissibilità.

La legge, prima della riforma introdotta con il d.lgs. n. 154 del 2013, limitava l'ammissibilità dell'azione di disconoscimento di paternità all'esistenza di condizioni tassativamente elencate nell'abrogato art. 235 c.c.: la mancata convivenza tra i coniugi nel periodo compreso tra il trecentesimo e il centottantesimo giorno prima della nascita (art. 235, n. 1, c.c.); l'*impotentia coëundi* quanto quella *generandi*, sempre riferita al periodo del concepimento (art. 235, n. 2, c.c.); l'adulterio commesso dalla moglie, sempre nello stesso periodo, o la circostanza che la moglie abbia tenuto celata al marito la propria gravidanza o la nascita del figlio (art. 235, n. 3, c.c.).

L'attuale disciplina non prevedendo più alcuna limitazione, dispone solamente che chi esercita l'azione è ammesso a provare che non sussiste rapporto di filiazione tra il figlio e il presunto padre.

Se l'azione di disconoscimento viene accolta, il figlio perde tale stato nei confronti del presunto padre, retroattivamente e con effetti *erga omnes*. Conseguentemente alla perdita dello stato di figlio, egli viene considerato riconosciuto nei confronti della madre di cui assume il cognome, a meno che non venga contemporaneamente riconosciuto dal padre naturale.

Legittimazione

La legittimazione attiva all'azione di disconoscimento, oltre che al marito, al figlio, maggiorenne o che abbia compiuto i sedici anni con l'assistenza di un curatore (art. 244, 4° comma, c.c.), appartiene anche alla madre.

L'art. 244 c.c. prevede che il presunto padre possa proporre l'azione entro un anno dal giorno della nascita del figlio, se egli si trovava nel luogo in cui si è verificata la medesima; ovvero dal giorno del suo ritorno, se al tempo della nascita si trovava lontano dal luogo della nascita o dalla residenza familiare; o infine dal giorno in cui ha avuto notizia della nascita, se dimostra di non averne avuto conoscenza nel tempo in cui si è verificata.

Termine

Per quanto concerne il figlio minore, il termine dell'azione di disconoscimento è fissato in un anno che decorre dal compimento della maggiore età o dal momento in cui quegli sia venuto a conoscenza dei fatti che rendono ammissibile l'azione.

La madre può proporre l'azione entro sei mesi dalla nascita del figlio.

Se il titolare dell'azione di disconoscimento muore senza averla promossa, ma prima che sia decorso il termine, l'azione si trasmette ad ascendenti e discendenti, secondo quanto dispone l'art. 246 c.c.

5. *L'azione di reclamo dello stato di figlio*

Il figlio che si ritenga nato nel matrimonio, ma che non possa provare il corrispondente *status* tramite atto di nascita o continuo possesso di stato, può esercitare l'azione prevista dall'art. 239 c.c., denominata "azione di reclamo dello stato di figlio” che ha lo scopo di fargli acquisire tale *status*.

Lo stato di figlio può essere reclamato nei casi di supposizione di parto (ove una maternità sia falsamente attribuita a una donna che invece non lo ha partorito); di sostituzione di neonato (ove a una donna che ha partorito sia attribuita la maternità di un bambino diverso da quello che ha partorito); di persona che, essendo nata nel matrimonio, erroneamente è stato iscritto come figlio di ignoti, salvo che non sia stato adottato (art. 239, 1° comma, c.c.).

L’azione può inoltre essere esercitata per reclamare uno stato di figlio conforme alla presunzione di paternità da chi è stato riconosciuto in contrasto con tale presunzione e da chi fu iscritto in conformità di altra presunzione di paternità (art. 239, 2° comma, c.c.).

L’azione può, altresì, essere esercitata per reclamare un diverso stato di figlio quando il precedente è stato comunque rimosso (art. 239, 3° comma, c.c.).

Legittimazione

L’azione di reclamo dello stato di figlio è esercitata dal figlio nei confronti dei pretesi genitori ed è imprescrittibile.

Se il figlio è minore, interdetto, minore emancipato o inabilitato l’azione è proposta in contraddittorio con un curatore nominato dal giudice davanti al quale il giudizio deve essere promosso (art. 247 c.c.).

La legittimazione passiva spetta ad entrambi i genitori e in mancanza ai loro eredi; se mancano anche gli eredi l’azione va proposta nei confronti di un curatore speciale.

Il novellato art. 241 c.c. stabilisce che il reclamante può dar prova della filiazione con ogni mezzo, definitivamente abbandonandosi le previgenti limitazioni probatorie.

6. *L’azione di contestazione dello stato di figlio*

Presupposti

L’azione di contestazione dello stato di figlio (art. 240 c.c.) è diretta ad accertare la mancanza di uno dei presupposti costitutivi dello stato di legittimità, tranne quello relativo alla paternità del marito, poiché in tal caso opera l’azione di disconoscimento di paternità (art. 243 *bis* c.c.).

L’azione di contestazione dello stato di figlio è, dunque, finalizzata a dimostrare che non sussiste uno dei presupposti certi su cui si basa la condizione di figlio nato nel matrimonio, quali appunto il matrimonio dei genitori, la maternità e il concepimento in costanza di matrimonio.

Il novellato art. 240 c.c. prevede che lo stato di figlio può essere contestato nei casi di cui al 1° e 2° comma dell’art. 239 c.c. (di supposizione di parto o di sostituzione di neonato, e ancora, di chi è nato nel matrimonio ma fu iscritto come figlio di ignoti).

La legittimazione attiva per l'azione di contestazione dello stato di figlio spetta a chi dall'atto di nascita del figlio risulti suo genitore e a chiunque vi abbia interesse (art. 248, 1° comma, c.c.); interesse che si ritiene possa essere tanto di natura esistenziale quanto di carattere economico. Non si esclude che il soggetto interessato possa essere il figlio che può avere interesse a rimuovere il proprio *status* rispetto a persona estranea. Legittimazione

L'azione è imprescrittibile riguardo a tutti i legittimati (art. 248, 2° comma, c.c.). Nel giudizio devono essere chiamati entrambi i genitori, inoltre, essendo il rapporto di filiazione l'oggetto del giudizio di contestazione, il figlio è parte necessaria dello stesso. Se il figlio è minore, interdetto, minore emancipato o inabilitato l'azione è proposta in contraddittorio con un curatore nominato dal giudice davanti al quale il giudizio deve essere promosso (art. 247 c.c.).

7. *La filiazione nata fuori del matrimonio*

I figli nati fuori del matrimonio sono quelli nati da genitori non sposati tra loro.

La legge n. 219 del 2012 ha eliminato ogni discriminazione con i figli nati nel matrimonio, anche per quel che concerne i rapporti di parentela.

In alcune circostanze può rilevare eccezionalmente se il figlio è nato da coppia coniugata o meno: ad es. diverse sono le modalità di attribuzione dello stato, le azioni volte a reclamarlo o a rimuoverlo, il criterio di attribuzione del cognome.

8. *La disciplina del riconoscimento*

Il riconoscimento consiste in una dichiarazione, fatta da uno o da entrambi i genitori, congiuntamente o separatamente, con la quale si attesti il fatto naturale della filiazione.

Può essere effettuato o nell'atto di nascita o con apposita dichiarazione, successiva alla nascita o al concepimento, davanti all'ufficiale di stato civile o al giudice tutelare, oppure per atto pubblico o per testamento, qualunque sia la forma di quest'ultimo (art. 254 c.c.). In tale ultimo caso, il riconoscimento ha effetto dal giorno della morte del testatore, anche se il testamento sia stato revocato. Il riconoscimento è, infatti, irrevocabile (art. 256 c.c.) e, come *actus legitimus*, non tollera l'apposizione di termini o condizioni; dovrà, dunque, ritenersi nulla qualsiasi clausola limitatrice degli effetti del riconoscimento (art. 257 c.c.).

La dichiarazione di riconoscimento di uno dei genitori non può, inoltre, contenere indicazioni relative all'altro genitore che, se inserite, non produrranno effetto (art. 258 c.c.). Sotto il profilo della capacità, è richiesto che il genitore abbia compiuto i sedici anni, salvo che il giudice lo autorizzi, valutate le circostanze e avuto riguardo all'interesse del figlio (art. 250, ult. comma, c.c.).

Capacità

L'intera disciplina del riconoscimento (artt. 250 ss. c.c.) è finalizzata alla tutela dell'interesse del minore. A tale criterio risulta innanzitutto ispirata la disposizione che subordina gli effetti del riconoscimento del minore, che abbia compiuto i quattordici anni, al suo assenso (art. 250, 2° comma, c.c.). Nel caso in cui il minore non abbia ancora compiuto i quattordici anni, il riconoscimento successivo di un genitore rispetto all'altro non può avvenire senza il consenso di colui che lo abbia riconosciuto per primo; quest'ultimo, tuttavia, non può rifiutare il consenso se il riconoscimento è nell'interesse del minore (art. 250, 3° comma, c.c.). La valutazione di tale interesse è rimessa al giudice che, in caso di rifiuto del genitore che ha già riconosciuto, decide con sentenza su ricorso del genitore che intenda effettuare il riconoscimento, sentito il minore in contraddittorio con il genitore che si oppone e con l'intervento del pubblico ministero. In caso di accoglimento della domanda, la sentenza del giudice tiene luogo del consenso non prestato e il secondo riconoscimento potrà esplicare tutti i suoi effetti (art. 250, 4° comma, c.c.).

Interesse del minore

L'art. 255 c.c. ammette il riconoscimento del figlio premorto. È chiaro che in questo caso il riconoscimento produce effetti soltanto in favore dei discendenti legittimi o naturali riconosciuti.

9. *Le ipotesi di autorizzazione al riconoscimento*

In seguito all'eliminazione del divieto di riconoscimento dei figli adulterini (cioè nati da genitore sposato all'epoca del concepimento con persona diversa dall'altro genitore naturale) – avvenuta con la riforma del diritto di famiglia del 1975, che ha modificato il disposto dell'art. 250, 1° comma, c.c. – il riconoscimento è inammissibile solo se si ponga in contrasto con lo stato di figlio in cui la persona si trova (art. 253 c.c.).

Presupposti

Diversamente, il riconoscimento è possibile solo previa autorizzazione del giudice qualora il figlio sia nato da genitori legati da vincolo di parentela, anche soltanto naturale, in linea retta all'infinito e in linea collaterale fino al secondo grado, o da vincolo di affinità in linea retta. L'autorizzazione del giudice è, in ogni caso, subordinata alla valutazione dell'interesse del figlio ed alla necessità di evitare ad esso qualsivoglia pregiudizio.

Qualora, peraltro, il giudice ritenga di dover negare l'autorizzazione al riconoscimento, ai figli nati da persone legati da vincoli di parentela o affinità nei gradi indicati è comunque consentita azione per ottenere il mantenimento, l'istruzione e l'educazione (art. 279 c.c.).

Parimenti, sul piano dei diritti successori, ai figli per i quali non è stato possibile il riconoscimento, aventi diritto al mantenimento, all'istruzione e all'educazione a norma dell'art. 279 c.c., spetta un assegno vitalizio pari all'ammontare della rendita della quota di eredità a cui avrebbero avuto diritto se fossero stati riconosciuti o se vi fosse stata una dichiarazione giudiziale di paternità o maternità (art. 580 c.c.).

10. *L'affidamento del figlio nato fuori del matrimonio e il suo inserimento nella famiglia legittima*

L'art. 252 c.c. rimette la decisione sull'affidamento del minore all'uno o all'altro dei genitori, che abbiano entrambi riconosciuto ma non convivano, al prudente apprezzamento del giudice secondo le circostanze del caso concreto (art. 252, 1° comma, c.c.).

Il riconoscimento produce effetti solamente nei confronti del genitore che l'abbia effettuato (art. 258, 1° comma, c.c.). Se il riconoscimento è effettuato da un solo genitore, la responsabilità genitoriale rispetto al figlio spetta esclusivamente a costui (art. 316, 4° comma, c.c.). Se, diversamente, il figlio sia stato riconosciuto da tutti e due i genitori, responsabilità genitoriale spetta congiuntamente ad entrambi. Al genitore che non esercita la potestà è comunque riconosciuto il potere di vigilare sull'istruzione, sull'educazione e sulle condizioni di vita del figlio minore (art. 316, 5° comma, c.c.).

Responsabilità genitoriale

L'eliminazione del divieto di riconoscimento del figlio adulterino, comporta che il figlio possa essere riconosciuto come tale da persona già sposata; in questi casi, la decisione relativa al suo affidamento è rimessa al giudice, il quale, valutato il caso concreto, deciderà sull'affidamento ed adotterà, qualora lo ritenga opportuno secondo il suo libero e prudente apprezzamento, ogni altro provvedimento idoneo a tutelare adeguatamente l'interesse morale e materiale del figlio (art. 252 c.c.).

Valutazione del giudice

È ugualmente il giudice a decidere se corrisponda all'effettivo interesse del minore autorizzare il suo inserimento nella famiglia legittima di uno dei genitori, sempre che a tale inserimento abbiano acconsentito sia l'altro genitore naturale che abbia effettuato il riconoscimento, sia i componenti della famiglia legittima, ossia il coniuge e gli altri figli che abbiano compiuto il sedicesimo anno d'età. Qualora il giudice decida di autorizzare l'inserimento, è suo compito stabilire le condizioni a cui debbano attenersi i due genitori relativamente ai rapporti con il figlio (art. 252, 2° comma, c.c.).

Fermo restando il consenso dell'altro genitore naturale, nel diverso caso in cui il figlio sia stato riconosciuto prima del matrimonio del genitore, il consenso del coniuge di quest'ultimo ai fini dell'inserimento nella famiglia legittima è necessario soltanto nel caso in cui questi ne ignorasse l'esistenza, ovvero se il figlio non convivesse già con il proprio genitore al momento del matrimonio (art. 252, 3° e 4° comma, c.c.).

In caso di disaccordo tra i genitori, ovvero di mancato consenso degli altri figli conviventi, la decisione è rimessa al giudice tenendo conto dell'interesse dei minori. Prima dell'adozione del provvedimento, il giudice dispone l'ascolto dei figli minori che abbiano compiuto gli anni dodici e anche di età inferiore ove capaci di discernimento.

Le disposizioni dell'art. 252 c.c. relative al consenso da parte dei componenti della famiglia legittima all'ingresso nella stessa del figlio nato fuori del matrimonio di uno dei due coniugi, risultano ispirate al principio – criticato dalla dottrina – secondo cui è necessario trovare un punto di incontro tra l'interesse del figlio naturale e quelli dei componenti della famiglia legittima (art. 30, 3° comma, Cost.).

11. *Gli effetti del riconoscimento*

L'intento di raggiungere la perfetta parificazione tra filiazione legittima e naturale si trasfonde nella solenne dichiarazione contenuta nel più volte citato art. 315 c.c., secondo cui «*tutti i figli hanno lo stesso stato giuridico*».

Diritti e doveri

Ciò significa che i figli nati fuori del matrimonio e riconosciuti godono degli stessi diritti morali e materiali dei figli nati nel matrimonio, la cui posizione – come abbiamo visto nel paragrafo precedente – deve essere però adeguatamente tutelata nel caso di inserimento del figlio naturale all'interno della famiglia legittima.

Dopo la riforma del diritto di famiglia e l'entrata in vigore della legge n. 219 del 2012, nessuna differenza sostanziale permane tra i due *status* di filiazione altresì relativamente ai diritti successori; tale equiparazione è prevista sia per la c.d. successione necessaria (art. 537 c.c.) che per quella legittima (art. 566 c.c.).

Diritti successori

I figli nati fuori del matrimonio hanno, dunque, diritto alla medesima quota ereditaria dei figli nati nel matrimonio, sia nel caso di concorso con il coniuge, che nel caso di concorso tra di loro: l'art. 542 c.c. stabilisce, infatti, che la divisione tra tutti i figli è effettuata in parti uguali; il d.lgs. n. 154 del 2013 ha eliminato l'ultimo comma dell'art. 537 c.c., che faceva salvo il c.d. diritto di commutazione previsto a favore dei figli legittimi.

Relativamente ai rapporti tra fratelli, però, l'art. 570 c.c. differenzia la posizione tra fratelli germani ed unilaterali nel caso in un cui un soggetto muoia senza lasciare prole, né genitori, né ascendenti.

A tal proposito, si ricordi che l'art. 258 c.c. ha ora esteso gli effetti del riconoscimento non soltanto nei riguardi del genitore che lo abbia effettuato (art. 258 c.c.), ma altresì nei riguardi degli altri parenti. Nel senso di riconoscere rilevanza giuridica ai rapporti di "parentela naturale", deponevano, del resto, già prima della riforma, tutta una serie di disposizioni: si guardi, ad esempio, l'art. 433, nn. 2 e 3, c.c. che parifica i discendenti e gli ascendenti naturali a quelli legittimi nell'ordine di acquisizione dell'obbligo agli alimenti; oppure l'art. 467 c.c. che ammette la successione per rappresentazione sia per i figli legittimi, che per quelli naturali del chiamato che non può o non vuole accettare l'eredità.

A suggellare – in un certo senso – l'appartenenza del figlio al gruppo familiare del genitore che abbia effettuato il riconoscimento è l'assunzione del cognome.

Dal disposto dell'art. 262 c.c. si evince che il figlio nato fuori del matrimonio assume il cognome della madre tutte le volte in cui il padre non abbia effettuato il riconoscimento. Nel caso di riconoscimento (o di accertamento giudiziale) tardivo da parte del padre, il figlio naturale maggiorenne può volontariamente assumere il cognome paterno aggiungendolo o sostituendolo a quello della madre. Nel caso di minore età del figlio, la predetta decisione spetta al giudice il quale – secondo le recenti affermazioni della giurisprudenza di legittimità – deve tener conto unicamente ed esclusivamente dell'interesse del minore e del suo diritto all'identità personale. Cognome

12. *L'impugnazione del riconoscimento*

Il riconoscimento può essere impugnato per difetto di veridicità dall'autore del riconoscimento, da colui che è stato riconosciuto e da chiunque vi abbia interesse, secondo quanto dispone l'art. 263 c.c.; tale azione è imprescrittibile riguardo al figlio.

Il difetto di veridicità consiste in una situazione obiettiva di divergenza tra la realtà dei fatti e le risultanze dell'atto di nascita sul responsabile del concepimento; esso rileva indipendentemente da eventuali stati soggettivi di buona o mala fede. Difetto di veridicità

Il riconoscimento può altresì essere impugnato per violenza da parte dell'autore del riconoscimento, entro un anno dal giorno in cui la violenza è cessata (art. 265 c.c.) o, se minore, dal giorno del conseguimento della maggiore età. Non sembra essere rilevante né il timore riverenziale, in base all'art. 1437 c.c., né la minaccia di far valere un diritto, salvo che il riconoscimento non sia contrario al vero, ipotesi in cui si può agire per difetto di veridicità. Violenza

Incapacità

Altra ipotesi d'impugnativa sussiste nel caso di interdizione giudiziale dell'autore del riconoscimento (art. 266 c.c.); in quest'ipotesi, il riconoscimento può essere impugnato dal tutore o dal soggetto stesso, se l'interdizione sia stata revocata, entro il termine di decadenza di un anno dalla revoca.

L'art. 267 c.c. estende la legittimazione attiva all'azione di impugnazione per violenza e per interdizione giudiziale anche ai discendenti, agli ascendenti o agli eredi dell'autore del riconoscimento. In pendenza del giudizio sul riconoscimento, il giudice può adottare i provvedimenti che ritenga opportuni nell'interesse del minore (art. 268 c.c.).

13. *La dichiarazione giudiziale di paternità e maternità dei figli nati fuori del matrimonio*

La paternità e la maternità dei figli nati fuori del matrimonio possono essere giudizialmente dichiarate in tutti i casi in cui è ammesso il riconoscimento (art. 269 c.c.).

Secondo l'art. 269, 2° comma, c.c., la prova della paternità o della maternità può essere data con ogni mezzo.

Prova della maternità ...

Ai fini della prova della maternità è comunque necessario dimostrare l'identità tra colui che si pretende essere figlio e colui che fu partorito dalla donna che si pretende essere madre (art. 269, 3° comma, c.c.).

... e della paternità

Per quel che riguarda il lato paterno è invece stabilito che né la dichiarazione della madre né il mero fatto che vi fossero stati rapporti sessuali tra la madre ed il preteso padre all'epoca del concepimento bastano a provare l'esistenza del vincolo di paternità naturale. Non v'è dubbio, però, che le predette circostanze possano essere valutate come indizi rilevanti che, unitamente ad altri, possono condurre alla dichiarazione di paternità. Anche in presenza di rapporti episodici o addirittura isolati con il preteso padre, la paternità potrà essere dimostrata quando risulti da accertamenti diagnostici in tal senso inequivoci.

Al giorno d'oggi, infatti, non si dubita più dell'ammissibilità ed affidabilità delle prove biologiche anche nei casi in cui si tratti di accertare e non di escludere la sussistenza del vincolo di genitorialità. Si può anzi affermare che tali prove abbiano acquisito un ruolo principale nei giudizi di questo tipo.

Tuttavia, né i principi in materia civilistica né quelli in materia processuale consentono l'esecuzione coattiva della prova biologica sulla persona che non vi si voglia spontaneamente assoggettare: il giudice in tal caso ha il potere di trarre argomenti di prova, *ex* art. 116, 2° comma, c.p.c., dall'ingiustificato rifiuto a sottoporvisi.

La legittimazione attiva all'azione rivolta ad ottenere la dichiarazione di paternità o maternità è attribuita soltanto al figlio e, dopo la sua morte, ai discendenti legittimi e, in seguito alla parificazione, naturali riconosciuti (art. 270, 2° comma, c.c.). Mentre l'azione è imprescrittibile riguardo al figlio, i soggetti legittimati all'azione in seguito alla morte del figlio potranno agire nel termine di decadenza di due anni a decorrere dal momento della morte (art. 270, 2° comma, c.c.).

Legittimazione attiva

Durante la minore età del figlio l'azione può essere promossa dal genitore esercente la responsabilità genitoriale o dal tutore, nell'esclusivo interesse del minore (art. 273 c.c.). Tuttavia, nel caso in cui il minore abbia compiuto i sedici anni, è necessario il suo consenso per la prosecuzione dell'azione.

Al fine di evitare azioni palesemente infondate e temerarie, l'art. 274 c.c. sottoponeva l'azione in esame ad un filtro preliminare, consistente in un giudizio di ammissibilità nel corso del quale occorreva valutare la sussistenza di specifiche circostanze idonee a giustificare il proponimento di tale azione. Nel 2006, però, la Corte costituzionale ha dichiarato l'illegittimità costituzionale del suddetto articolo, sicché bisogna ritenere che l'azione *de qua* non sia più subordinata ai predetti accertamenti preliminari.

Legittimazione passiva

La domanda per la dichiarazione giudiziale di paternità o maternità naturale deve essere proposta nei confronti del presunto genitore o, in sua mancanza, nei riguardi dei suoi eredi. In loro mancanza, la domanda deve essere proposta nei confronti di un curatore nominato dal giudice davanti al quale il giudizio deve essere promosso (art. 276 c.c.).

La sentenza che dichiara la filiazione produce gli stessi effetti del riconoscimento (art. 277 c.c.). Questi si producono *ex tunc*, tranne che non siano di natura tale da non poter retroagire al momento della nascita, come l'esercizio della potestà del genitore o l'acquisto del suo cognome.

Le indagini sulla paternità o maternità possono essere ammesse anche nei casi di ratto o violenza carnale nel tempo che corrisponde al concepimento (art. 278 c.c.).

14. *La procreazione assistita*

La disciplina delle tecniche di procreazione medicalmente assistita è attualmente contenuta nella legge 19 febbraio 2004, n. 40 che ha posto fine alla precedente situazione di vuoto normativo.

Nella vigenza della sola normativa codicistica, vi era concordia nel ritenere necessaria ed urgente un'apposita legge sulla materia, la cui regolamentazione non poteva essere lasciata alle fonti secondarie, quali le circolari del Ministero della Salute, o ai codici deontologici medici di dubbia vincolatività giuridica.

Negli anni precedenti al 2004 sono stati presentati numerosi progetti di legge accomunati da alcuni basilari aspetti tra cui, principalmente, il divieto di pratiche eugenetiche e manipolatorie sull'embrione; il divieto di c.d. inseminazione mista, cioè realizzata con elementi biologici di più donatori; l'esclusione di contrattazioni private e di compensi a favore dei donatori. Questi principi sono affermati anche nella citata legge del 2004 che, infatti, pone una serie di limiti e divieti all'accesso ed alla pratica delle tecniche riproduttive in commento.

Condizioni

Il legislatore del 2004 ha innanzitutto stabilito che il ricorso alle tecniche di fecondazione artificiale è consentito soltanto alle coppie sterili o infertili, ovvero quando sia accertata l'impossibilità di rimuovere altrimenti le cause impeditive della procreazione; sterilità ed infertilità dovranno essere documentate e certificate con atto medico (art. 4, legge n. 40 del 2004). Prima della legge, invece, ricorrevano alla c.d. fecondazione artificiale anche le coppie non sterili, ma con problematiche legate alla possibilità di trasmettere geneticamente al feto malattie o malformazioni.

Dal punto di vista dei requisiti soggettivi, fermo restando il suddetto presupposto dell'incapacità a procreare, la legge n. 40 prevede che la procreazione medicalmente assistita è consentita esclusivamente alle coppie formate da persone maggiorenni, di sesso diverso, sposate o conviventi, in età potenzialmente fertile ed entrambi viventi (art. 5). Possono dunque accedere a queste pratiche anche coppie non unite in matrimonio, purché qualificate da una convivenza seria e stabile; al contrario, esse non sono concesse ai minorenni, neppure se ammessi a contrarre matrimonio, ai *singles*, alle coppie omosessuali ed agli anziani (si è posto così un limite al fenomeno delle c.d. "mamme/nonne"). Risulta altresì vietata la fecondazione *post mortem*, cioè realizzata sulla donna con seme conservato e prelevato dopo la morte del marito o partner, a prescindere dalla precedente manifestazione del consenso di questi ultimi.

La sentenza costituzionale in materia di fecondazione eterologa

È molto importante sottolineare che è espressamente vietata nella legge qualsiasi tecnica di surrogazione della maternità. La legge consentiva soltanto la fecondazione artificiale omologa, cioè realizzata con materiale biologico appartenente alla stessa coppia che abbia richiesto la procreazione assistita; vietava, invece, la fecondazione eterologa, per la cui realizzazione sarebbe invece necessario l'intervento di un soggetto donatore estraneo alla coppia (art. 4, n. 3, legge n. 40 del 2004). Tuttavia la Corte costituzionale (sent. 10 giugno 2014, n. 162) ha dichiarato illegittima tale norma nella parte in cui stabilisce per la coppia il divieto del ricorso a tecniche di procreazione medicalmente assistita di tipo eterologo, qualora sia stata diagnosticata una patologia che sia causa di sterilità o infertilità assolute e irreversibili. Secondo la Corte la limitazione normativa si traduceva in una compressione della libertà di autodeterminarsi riconducibile agli artt. 2, 3 e 31 Cost.

La fecondazione artificiale omologa, cioè attuata con seme e ovulo provenienti dalla coppia dei richiedenti, non pone particolari problemi sotto il profilo giuridico, dato che in questo caso vi è corrispondenza tra la provenienza dei due gameti ed i soggetti in capo ai quali si deve istaurare il rapporto di filiazione. I figli saranno, pertanto, legittimi o naturali a seconda che l'inseminazione artificiale avvenga all'interno di una coppia unita in matrimonio oppure tra due conviventi.

La c.d. fecondazione eterologa rappresenta l'ipotesi maggiormente discussa e tuttora, nonostante l'intervento della consulta, non priva di problematiche applicative. In tale ultima tipologia di fecondazione i gameti non provengono dalle persone che, avendo richiesto la tecnica di procreazione assistita, aspirano a diventare genitori ma sono donati da altri.

In maniera quasi premonitrice, ma soprattutto con l'obiettivo di inibire qualsiasi ripensamento della coppia in ordine all'istaurazione del rapporto genitoriale, la legge n. 40 del 2004 dispone, all'art. 9, che nel caso in cui in violazione del divieto, ora non più tale, si ricorra a tecniche di procreazione di tipo eterologo, il coniuge o il convivente che abbia acconsentito – anche solo per atti concludenti – alla realizzazione delle stesse "non può esercitare l'azione di disconoscimento della paternità nei casi previsti dall'art. 235, 1° comma, nn. 1 e 2, c.c. (ora 243 *bis* c.c.), né l'impugnazione di cui all'art. 263 dello stesso codice" (art. 9, 1° comma). D'altro canto, ai sensi del medesimo articolo da ultimo citato, "il donatore dei gameti non acquisisce alcuna relazione giuridica parentale con il nato e non può far valere nei suoi confronti alcun diritto né essere titolare di obblighi" (art. 9, 3° comma).

Sul versante materno, fermo restando il principio che la madre è sempre colei che partorisce, si preclude a quest'ultima la possibilità di celare la sua identità attraverso la dichiarazione della volontà di non essere nominata, ai sensi dell'art. 30, 1° comma, d.p.r. n. 396 del 2000 (art. 9, 2° comma, legge n. 40 del 2004).

Appare dunque chiaro che per risolvere la questione della condizione giuridica del figlio, il legislatore abbia scisso il binomio tra verità biologica e responsabilità genitoriale ed abbia privilegiato esclusivamente quest'ultimo aspetto.

L'art. 8 della legge n. 40 del 2004 stabilisce senza distinzioni che i nati a seguito dell'applicazione delle tecniche di procreazione medicalmente assistita hanno lo stato di figli legittimi o di figli riconosciuti della coppia che ha espresso la volontà di ricorrere alle tecniche medesime.

Tuttavia, per l'operatività dell'art. 232 c.c., i figli saranno considerati nati nel matrimonio se nati, appunto, entro trecento giorni dalla cessazione del matrimonio.

Per quel che riguarda la posizione giuridica dell'embrione, il legislatore del 2004 ha previsto misure a tutela di tale entità biologica agli artt. 13 e 14 della legge n. 40.

In particolare, è vietata la sperimentazione e la ricerca clinica, salvo i casi di necessità terapeutica e diagnostica, la selezione a scopo eugenetico, la clonazione, la produzione di più embrioni di quelli strettamente necessari ad un unico e contemporaneo impianto e comunque in un numero maggiore di tre, la crioconservazione e la soppressione.

Più complessa è la questione relativa agli embrioni e, particolarmente, al divieto di eseguire esami diagnostici sugli stessi prima dell'impianto nell'utero materno. In effetti, pur non essendo presente nella legge n. 40 alcun esplicito divieto delle pratiche di c.d. diagnosi preimpianto, esso si desume dai richiamati limiti di sperimentazione e selezione degli embrioni. Ciò significa che, di fatto, si preclude agli aspiranti genitori di conoscere l'eventuale esistenza di patologie e malformazioni genetiche a carico dell'embrione senza considerare che nella maggior parte di casi esso diventerà un feto abortito. Si registra perciò un sostanziale contrasto con la normativa in materia di interruzione volontaria di gravidanza (legge n. 194 del 1978) e con le diffuse pratiche di diagnosi prenatale che, invece, consentono di conoscere tutti gli aspetti biologici e morfologici del feto in utero.

Difatti, la Corte costituzionale con la sent. n. 96 del 2015 ha dichiarato l'illegittimità costituzionale del divieto di eseguire analisi preimpianto volte ad accertare la sussistenza di anomalie genetiche dell'embrione, in particolare degli artt. 1, commi 1° e 2°, e 4, 1° comma, della stessa legge n. 40 del 2004, «nella parte in cui non consentono il ricorso alle tecniche di procreazione medicalmente assistita alle coppie fertili portatrici di malattie genetiche trasmissibili, rispondenti ai criteri di gravità di cui all'art. 6, 1° comma, lett. b, della legge 22 maggio 1978, n. 194 [...], accertate da apposite strutture pubbliche».

E ciò al fine esclusivo della previa individuazione, in funzione del successivo impianto nell'utero della donna, di embrioni cui non risulti trasmessa la malattia del genitore comportante il pericolo di rilevanti anomalie o malformazioni (se non la morte precoce) del nascituro, alla stregua del suddetto "criterio normativo di gravità".

La sentenza succitata adegua definitivamente la disciplina della procreazione medicalmente assistita a quella sulla interruzione di gravidanza e, per questa via, al principio di ragionevolezza e uguaglianza.

Infine, per quel che riguarda la situazione delle coppie con soggetti portatori di malattie genetiche, v'è da dire che le ultime Linee Guida emanate ai sensi dell'art. 7 della legge n. 40 con decreto ministeriale dell'11 aprile 2008 – che hanno sostituito quelle emesse precedentemente nel 2004 – hanno esteso la possibilità di ricorrere alla procreazione medicalmente assistita anche alla coppia in cui l'uomo sia portatore di malattie virali sessualmente trasmissibili e, in particolare, del virus da HIV e di quelli di epatite B e C. Ancora una volta, dunque, si è lasciata ad una normativa di carattere secondario la risoluzione di questioni di primaria importanza.

CAPITOLO 37

LE ADOZIONI

SOMMARIO: 1. Profili generali. – 2. Gli affidamenti familiari. – 3. L'adozione dei minori. – 4. Dell'adozione in casi particolari. – 5. La c.d. adozione internazionale. – 6. L'adozione dei maggiori di età.

1. *Profili generali*

La profonda trasformazione che ha subito l'istituto delle adozioni accompagna e talvolta precede la lenta evoluzione – fino alla sua rifondazione – dell'intera disciplina familiare.

Infatti, dal fondamento individuato nell'interesse preminente della trasmissione del nome e del patrimonio familiare, là dove non vi fossero eredi di sangue a cui affidare questo compito, si trascorre oggi alla garanzia piena dell'interesse del minore ad essere educato ed allevato nella "propria" famiglia (art. 1, legge 4 maggio 1983, n. 184 e legge 28 marzo 2001, n. 149). Tale principio – che viene espresso in termini di "diritto" e di diritto inviolabile *ex* art. 2 Cost. – significa in primo luogo tendenziale rifiuto della "istituzionalizzazione" del minore che si trovi in uno stato, temporaneo o permanente, di abbandono. Ma significa, altresì, che quando la comunità familiare biologica, legittima o naturale che sia, si riveli inidonea ad assicurare l'adempimento del compito educativo e di cura materiale e spirituale del minore, che la contraddistingue, s'impone la necessità di avvalersi di altri strumenti. Tra questi si profila, innanzitutto, l'affidamento familiare grazie al quale il minore può ricevere temporaneamente cura ed assistenza dall'esterno – in ossequio al principio di solidarietà sociale – senza perdere i contatti con la famiglia d'origine e nella prospettiva di un suo reinserimento in quest'ultima.

Ben più radicale è lo strumento dell'adozione che, invece, mira ad assegnare definitivamente al minore un nuovo nucleo familiare nei casi in cui la sua famiglia d'origine lo abbia abbandonato, o non si sia dimostrata idonea ad ottemperare al compito educativo cui essa è deputata.

2. *Gli affidamenti familiari*

L'istituto dell'affidamento familiare introdotto dalla legge n. 184 del 1983, poi novellato dalla legge n. 149 del 2001 e dalla più recente legge n. 173 del 2015, si basa essenzialmente su tre principi: in primo luogo, sulla temporaneità della durata (*ex* art. 4, 3° e 4° comma, legge cit.); in secondo luogo, sulla necessità di un controllo iniziale e successivo; in terzo luogo, sulla funzionalizzazione al reinserimento del minore nella famiglia di origine (art. 5, 2° comma, legge cit.). Principi

Per l'art. 2 legge cit., possono divenire affidatari di minori: un'altra famiglia, possibilmente con propri figli minori; una persona singola; una comunità di tipo familiare. In ultima analisi, si può affidare il minore a un istituto pubblico o privato scelto nel luogo più vicino a quello in cui stabilmente risiede il nucleo familiare di provenienza del minore, al fine di rendergli più agevole il mantenimento di costanti relazioni con la sua famiglia. L'affidamento-ricovero è precluso nei confronti dei minori di età inferiore ai sei anni ed è sempre posposto rispetto all'affidamento familiare, per il quale l'ordinamento esprime una netta preferenza (art. 2, legge n. 149 del 2001).

La finalità dell'affidamento familiare (art. 5, 2° comma, legge cit.) consiste nell'obbligo primario di agevolare il reinserimento del minore nella propria famiglia. Il contenuto dello stesso affidamento si specifica quindi nella fondamentale nozione di accoglienza. Finalità

Il ricorso all'affidamento familiare si rende necessario allorché il figlio minore di età si trovi privato di un ambiente familiare idoneo in modo temporaneo (art. 2, legge n. 184 del 1983). Una situazione di difficoltà familiare che si protraesse per anni determinerebbe i presupposti per la dichiarazione dello stato di adottabilità.

La legge n. 173 del 2015 ha introdotto un nuovo comma 5° *bis* all'interno dell'art. 4, legge n. 184 del 1983 il quale prevede che qualora, durante un prolungato periodo di affidamento, il minore sia dichiarato adottabile e qualora, sussistendo i requisiti previsti dall'art. 6, la famiglia affidataria chieda di poterlo adottare, il tribunale per i minorenni, nel decidere sull'adozione, tiene conto dei legami affettivi significativi e del rapporto stabile e duraturo consolidatosi tra il minore e la famiglia affidataria.

La disposizione, dando attuazione al principio della continuità dei rapporti consolidatisi durante il periodo dell'affidamento (confermato anche dal successivo comma 5° *ter*), quando ciò corrisponde all'interesse del minore, ha l'evidente scopo di evitare che il legame affettivo tra il bambino e gli affidatari debba essere spezzato.

L'affidamento cessa allorché non sia più necessario, cioè quando sia venuta meno la situazione di difficoltà familiare temporanea che ha determinato il provvedimento, ovvero quando diventi pregiudizievole per il minore (art. 4, 4° comma, legge n. 184 del 1983). Ulteriore ragione di cessazione risiede nell'abbandono definitivo del minore, che dà luogo alla dichiarazione dello stato di adottabilità.

3. *L'adozione dei minori*

L'istituto principe della legge n. 184 del 1983 consiste nell'adozione dei minori in stato di abbandono, mediante il quale si crea un vincolo di filiazione parificata pressoché interamente a quella fondata sul fatto naturale del legame di procreazione tra genitori e figli. Si tratta appunto dell'adozione c.d. piena. In tal modo, la legge n. 184 dà attuazione al diritto del minore ad essere educato nella "propria" famiglia (art. 1, 1° comma, legge n. 184) anche quando per avventura egli ne sia privo ovvero la famiglia di origine si appalesi inidonea ad assicurarne la cura morale e materiale.

Adozione c.d. piena

La novella del 2001, infine, modificando alcuni aspetti della vecchia disciplina, conclude l'evoluzione dell'istituto in direzione paidocentrica.

Presupposti

La centralità dell'interesse del minore e la dignità del medesimo in quanto persona sono i criteri guida che informano l'intera attuale disciplina. Il che già traspare dai requisiti che l'art. 6, legge n. 184 richiede agli adottanti. Rimangono esclusi dall'adozione sia i conviventi non sposati – anche se tale esclusione non è pienamente giustificabile, quando la loro convivenza sia stabile, seria e duratura –, sia la persona singola, non coniugata. È necessario che gli adottanti siano uniti in matrimonio da almeno tre anni (dopo la novella rientra nel computo anche il periodo di convivenza *more uxorio* prematrimoniale, purché, avuto riguardo a tutte le circostanze del caso concreto, il tribunale per i minorenni accerti la continuità e la stabilità della convivenza); che tra essi non sussista separazione neppure di fatto; che si tratti di soggetti idonei ad educare ed istruire ed in grado di mantenere i minori che intendono adottare; che la loro età superi di almeno diciotto anni e non più di quarantacinque anni quella dell'adottando, in base al principio secondo cui *adoptio naturam imitatur*. Il rispetto del limite d'età, che va verificato singolarmente per ciascun coniuge, è tuttavia derogabile, qualora il tribunale per i minorenni accerti che dalla mancata adozione derivi un danno grave e non altrimenti evitabile per il minore.

Consenso del minore

In nome del principio di autodeterminazione del minore dotato di discernimento, il consenso del minore ha effetto vincolante, qualora abbia compiuto i quattordici anni di età, sia per l'adozione (artt. 7, 2° comma e 25, 1° comma, in fine, legge cit.) sia per l'affidamento preadottivo (art. 22, 6° comma, legge cit.). Inoltre, il giudice deve sentire il minore che abbia compiuto i dodici anni, in merito alle medesime deliberazioni (rispettivamente art. 7, 3° comma e art. 22, 6° comma), nonché nella fase di accertamento della situazione di abbandono ed in quella di deliberazione dell'affidamento preadottivo e dell'eventuale revoca del medesimo (art. 23, 1° comma). Infine, va sentito il minore anche al di sotto dei dodici anni, in considerazione della capacità di discernimento che egli dimostri.

La legge n. 173 del 2015, inoltre, ha introdotto il comma 5° *quater* all'interno dell'art. 4, legge n. 184 del 1983, prevedendo espressamente che il giudice, ai fini delle decisioni di cui ai commi 5° *bis* e 5° *ter*, debba tener conto anche delle valutazioni documentate dei servizi sociali, ascoltato il minore che ha compiuto gli anni dodici o anche di età inferiore se capace di discernimento.

Ulteriore presupposto inderogabile perché possa farsi luogo all'adozione è l'accertamento dello stato di adottabilità del minore in situazione di abbandono (artt. 7 ss. legge cit.). La nozione di stato di abbandono consiste nella privazione, anche incolpevole, dell'assistenza materiale e morale da parte dei genitori di sangue, tale da far risultare il minore "privo" di una propria famiglia, anche in ipotesi in cui esista materialmente la medesima. Anche la situazione di abbandono dovuta a forza maggiore può portare alla dichiarazione dello stato di adottabilità quando non abbia "carattere transitorio" (stesso art. 8, 1° comma, legge cit.). Il procedimento di accertamento dello stato di abbandono si conclude con la dichiarazione dello stato di adottabilità.

Lo stato di adottabilità può cessare per la sopravvenuta adozione, per il raggiungimento del diciottesimo anno d'età e, infine, per la revoca da parte del giudice, ammessa soltanto in presenza di due condizioni: che sia venuto meno lo stato di abbandono dopo la dichiarazione dello stato di adottabilità oppure se si accerti che altrimenti sarebbe irrimediabilmente leso l'interesse del minore (art. 21 legge cit.).

Alla dichiarazione dello stato di adottabilità segue la scelta della coppia che in concreto si mostra più idonea a corrispondere alle esigenze di allevamento e di cura di un determinato minore dichiarato in stato di adottabilità, nell'esclusivo interesse di quest'ultimo, dopo le opportune indagini sull'idoneità della coppia stessa, dell'ambiente in cui vive e dei motivi per cui i coniugi vogliono l'adozione. È quindi previsto un periodo di affidamento preadottivo del minore alla coppia prescelta (art. 22, legge cit.), della durata di un anno, prorogabile per un altro anno (art. 25). L'affidamento preadottivo può essere revocato soltanto nelle ipotesi elencate dall'art. 23, legge n. 184, tutte incentrate sulla sopravvenienza di ostacoli insuperabili all'instaurarsi del rapporto di filiazione. Se non sorgono gravi difficoltà all'instaurarsi di un'idonea convivenza, il tribunale che ha dichiarato lo stato di adottabilità pronunzia l'adozione, trascorso un anno di affidamento preadottivo, quando sia accertato il perfetto inserimento del minore nell'ambito del nuo-

Revoca

vo nucleo familiare creato dall'affidamento. Il provvedimento di adozione instaura un rapporto di filiazione legittima tra gli adottanti e l'adottato, ed estingue il rapporto con la famiglia di origine (art. 27).

4. *Dell'adozione in casi particolari*

Il legislatore della riforma ha affiancato all'adozione c.d. piena un tipo di adozione c.d. "in casi particolari", la quale cioè non fa recidere i legami con la famiglia di origine (art. 300, 1° comma, c.c., richiamato dell'art. 55, legge n. 184); essa può essere disposta soltanto in alcuni casi specifici e tassativamente determinati dell'art. 44, legge n. 184, novellato dall'art. 25, legge n. 149 del 2001.

L'art. 44, lett. a, legge cit. prevede che il minore orfano di madre e di padre può essere adottato da persone a lui legate da un vincolo di parentela fino al sesto grado o da persone con le quali si sia instaurato un rapporto stabile e duraturo, anche maturato nell'ambito di un prolungato periodo di affidamento, preesistente alla perdita dei genitori.

Presupposti

La lett. b dell'art. 44 cit. prevede che il figlio legittimo, legittimato o naturale di uno dei coniugi possa essere adottato con adozione non legittimante dall'altro. Occorre tuttavia, nell'ipotesi che l'altro genitore esista e sia conosciuto, l'assenso di quest'ultimo, salva l'impossibilità a prestarlo cui è equiparato l'ingiustificato rifiuto (art. 46 legge cit.).

Altro caso particolare di adozione (art. 44, lett. c, introdotto dall'art. 25, legge n. 149 del 2001) è quello del minore handicappato – ossia quello che, secondo la dizione dell'art. 3, 1° comma, legge 5 febbraio 1992, n. 104, richiamato dall'art. 44 citato, «*presenta una minorazione fisica, psichica o sensoriale, stabilizzata o progressiva, che è causa di difficoltà di apprendimento, di relazione o di integrazione lavorativa e tale da determinare un processo di svantaggio sociale o di emarginazione*» – che sia orfano di padre e di madre.

L'ultima ipotesi prevista dall'art. 44, lett. d, concerne la "constatata impossibilità di affidamento preadottivo", che ricorre allorché l'adozione legittimante si prospetti particolarmente difficile (minore affetto da grave malattia, da handicap oppure che abbia superato l'età dell'infanzia e via enumerando). In tali casi, l'adozione "particolare" sembra essere l'unico rimedio contro l'istituzionalizzazione.

5. *La c.d. adozione internazionale*

L'adozione "piena" che assicura all'adottato minorenne l'acquisizione dello stato di figlio legittimo, assume particolari cautele allorché una delle parti coinvolte sia cittadino straniero o residente all'estero. Si tratta della c.d. adozione internazionale, disciplinata negli artt. 29 ss., legge n. 184 del 1983, e modificata profondamente dalla legge 31 dicembre 1998, n. 476, di ratifica ed esecuzione della Convenzione dell'Aja del 29 maggio 1993, conformemente alla quale, oggi, ha luogo l'adozione di minori stranieri, provenienti dall'estero ed ivi residenti (attuale art. 29, legge n. 184 del 1983).

Le persone residenti in Italia che intendano adottare un minore straniero residente all'estero devono presentare dichiarazione di disponibilità al tribunale per i minori, e chiedere che lo stesso dichiari la loro idoneità all'adozione: idoneità che è subordinata ai medesimi requisiti Requisiti di cui all'art. 6, legge n. 184, necessari per l'adozione di un minore italiano (art. 29 *bis*, legge n. 184 del 1983). Gli aspiranti all'adozione che hanno ottenuto il decreto di idoneità (art. 30, legge n. 184 del 1983) devono conferire incarico a curare la procedura di adozione ad un ente autorizzato dalla commissione per le adozioni internazionali, istituita presso la presidenza del consiglio dei ministri, il quale svolgerà le pratiche di adozione presso le competenti autorità del paese estero (art. 31, legge n. 184 del 1983). Successivamente, la commissione per le adozioni internazionali, valutate le conclusioni dell'ente incaricato, dichiara che l'adozione risponde al superiore interesse del minore e ne autorizza l'ingresso e la residenza permanente in Italia (art. 34, legge n. 184 del 1983).

L'adozione può essere già disposta da parte delle competenti autorità del paese estero. In questo caso la commissione per le adozioni internazionali, valutate le conclusioni dell'ente incaricato e che l'adozione pronunciata all'estero non sia contraria alla Convenzione dell'Aja né ai princìpi fondamentali che regolano nello Stato il diritto di famiglia e dei minori, ordina la trascrizione del provvedimento di adozione nei registri dello stato civile (art. 35, 1°, 2° e 3° comma, legge n. 184 del 1983). Se l'adozione, invece, deve perfezionarsi in Italia, il tribunale per i minorenni riconosce il provvedimento dell'autorità straniera come affidamento preadottivo; decorso il periodo di affidamento il tribunale, sussistendone i presupposti, pronuncia l'adozione e ne dispone la trascrizione nei registri dello stato civile (art. 35, 4° comma ss., legge n. 184 del 1983). Per effetto della trascrizione il minore adottato acquisterà la cittadinanza italiana (art. 34, legge n. 184 del 1983).

6. *L'adozione dei maggiori di età*

Resta operante nel contesto del codice civile la normativa che disciplina l'adozione dei maggiori di età (artt. 291 ss. c.c.), sebbene con le modificazioni ad essa apportate dalla legge n. 184 del 1983. L'adozione del maggiore di età rimane segnata dalla natura spiccatamente negoziale e privatistica che la contraddistingue.

L'istituto in discorso, tradizionalmente considerato rivolto a svolgere soltanto le funzioni di assicurare la trasmissione del nome e del patrimonio familiare a soggetti privi di discendenza diretta, può ben soddisfare altri tipi di interessi, non necessariamente di natura patrimoniale: come ad esempio quello di trasformare in legame familiare giuridicamente rilevante un vincolo affettivo e di consuetudine di vita instauratosi di fatto tra l'adottante e l'adottando. In questa ottica va riletto l'art. 312 c.c., come sostituito dall'art. 64, legge 4 maggio 1983, n. 184, il quale prescrive che il tribunale, per pronunziare l'adozione in discorso, debba non soltanto accertare la presenza di tutte le condizioni di legge, ma altresì verificare "se l'adozione conviene all'adottando".

Quanto all'adottando, è necessario che questi abbia compiuto il diciottesimo anno di età e che non sia figlio adottivo di un'altra persona. È vietato adottare il proprio figlio naturale (art. 293 c.c.). L'adozione si costituisce per intervento del giudice sul presupposto del consenso delle parti (art. 296, 1° comma, c.c.) e dell'assenso dei genitori dell'adottando nonché del coniuge dell'adottante e dell'adottato non legalmente separati (art. 297, 1° comma, c.c.).

L'adozione dei maggiori di età costituisce un legame di filiazione "civile": infatti, non crea rapporti tra adottante e famiglia dell'adottato; né tra adottato e parenti dell'adottante. Il rapporto si costituisce esclusivamente tra adottante e adottato e non interrompe i legami con la famiglia di origine (art. 300 c.c.). Il figlio adottivo acquista i diritti successori sul patrimonio dell'adottante, ponendosi sullo stesso piano dei discendenti di sangue. Per evitare adozioni "interessate", è escluso che viceversa l'adottante erediti dall'adottato (art. 304, 1° comma, c.c.).

CAPITOLO 38
LA RESPONSABILITÀ GENITORIALE

SOMMARIO: 1. Profili generali. Il contenuto della responsabilità genitoriale. – 2. Gli artt. 330 e 333 c.c. – 3. Esercizio della responsabilità e regola dell'accordo. Conflitto tra genitori e intervento del giudice. – 4. Ancora sul contenuto della responsabilità: dovere di custodia e potere di richiamo. – 5. Responsabilità dei genitori, rappresentanza e amministrazione. – 6. L'usufrutto legale dei genitori.

1. *Profili generali. Il contenuto della responsabilità genitoriale*

Il d.lgs. n. 154 del 2013, attuativo della legge 10 dicembre 2012, n. 219, oltre alla parificazione tra figli nati fuori ed all'interno del matrimonio, ha superato il concetto di *potestà parentale*, fulcro del diritto di famiglia sin dalla novella del 1975. La riforma prende il via da un Regolamento UE (*Bruxelles 2*-bis), che definisce la "responsabilità genitoriale" come l'insieme dei diritti e dei doveri di cui è investita una persona fisica o giuridica, in virtù di una decisione giudiziaria, della legge o di un accordo in vigore riguardante la persona o i beni di un minore. Su tale traccia sono stati riscritti gli artt. 315 e seguenti del codice civile ed, in particolare, sono stati meglio individuati i diritti e doveri dei genitori e dei figli.

Con la riforma si è attuato uno spostamento dell'asse di tutela dal diritto potestativo dei genitori al dovere nascente della genitorialità, che mette in primo piano l'interesse della persona-figlio, quale soggetto dei diritti.

La responsabilità genitoriale prescinde dal fatto che i figli siano nati all'interno o al di fuori del matrimonio, infatti l'art. 315 c.c. stabilisce che tutti i figli hanno lo stesso stato giuridico e l'art. 316, 4° comma, prevede che l'esercizio della responsabilità spetta al genitore per il solo fatto di aver riconosciuto il figlio, anche se nato fuori dal matrimonio.

Elementi caratterizzanti

La disciplina dell'insieme dei diritti e dei doveri di figli e genitori, attualmente, è contenuta in due diverse parti del codice civile: le disposizioni, infatti, vanno dagli artt. 315 a 337 *octies* e dagli artt. 143 a 148, i quali sanciscono i diritti ed i doveri nascenti dal matrimonio ed, in particolare, verso i figli.

I momenti qualificanti sui quali si basa la disciplina dell'istituto sono, da un lato, il rispetto della parità dei genitori; dall'altro, la considerazione preminente dell'interesse del figlio minore, il quale, per i più volte richiamati principi costituzionali – primi fra tutti quelli del rispetto della dignità e dello sviluppo della personalità –, ha l'identico valore di "persona" al pari di un adulto, con conseguente rispetto e garanzia dei suoi diritti fondamentali e inviolabili (art. 2 Cost.).

Ne consegue che al figlio minore debba essere consentita, da parte dei genitori, la possibilità di compiere alcune scelte che concernono la sua persona e l'espressione della sua personalità in piena autonomia, purché egli dimostri sufficiente "discernimento", ossia sufficiente maturità e giudizio.

A livello normativo, il "potere di autodeterminazione del minore" può essere agganciato ad alcune norme che, indirettamente, attribuiscono rilevanza giuridica alle sue decisioni; in questo senso si esprimono, ad esempio, l'art. 147 c.c. che impone ai genitori di istruire ed educare i figli tenendo conto delle loro capacità, inclinazioni naturali ed aspirazioni, principio sancito anche dall'art. 316, 1° comma, c.c. e tutti gli articoli in cui è previsto che il minore debba essere ascoltato dal giudice prima dell'emanazione di provvedimenti che coinvolgano i suoi interessi.

2. *Gli artt. 330 e 333 c.c.*

L'art. 330 c.c. sanziona la violazione e la trascuratezza dei doveri di genitore, con pregiudizio per il figlio, comminando la decadenza dalla responsabilità e, nei casi più gravi, l'allontanamento del figlio o del genitore dalla residenza familiare.

Contenuto

L'art. 333 c.c. disciplina invece la "condotta del genitore pregiudizievole ai figli" (così la rubrica dell'articolo), affidando al giudice il potere di "adottare i provvedimenti convenienti", "secondo le circostanze", ivi compreso l'allontanamento del figlio dalla residenza familiare. I provvedimenti in questione coprono un'ampia gamma d'ipotesi: dall'imposizione di comportamenti ai genitori, all'allontanamento – anche soltanto temporaneo – del figlio dalla residenza familiare, fino alla prevalenza della decisione del minore in contrasto con quella dei genitori.

Non è necessario un comportamento colpevole (ossia cosciente e volontario, ed eticamente rimproverabile) dei genitori perché si possano applicare i provvedimenti di cui agli artt. 330 e 333 c.c., essendo a ciò sufficiente l'esistenza di situazioni obiettivamente suscettibili di provocare pregiudizio al minore. D'altro canto, l'art. 333 c.c. va inteso come configurante una fattispecie autonoma da quella prevista dall'art. 330 c.c., che non si sostanzia necessariamente nella violazione di un preciso obbligo inerente la responsabilità, o nell'assunzione di una decisione non rientrante nei poteri del genitore. In questa prospettiva, l'uso autonomo dell'art. 333 c.c. è diretto principalmente, nel rispetto del dettato costituzionale, a prendere in considerazione l'interesse obiettivo del figlio, a tutelare i diritti e le libertà fondamentali di questi, e, sul presupposto di una sua sufficiente maturità o capacità di giudizio, a garantirne l'autodeterminazione in relazione alle scelte personali.

In ogni caso, la decadenza dalla responsabilità non solleva il genitore dai doveri verso i figli: infatti l'art. 316, ultimo comma, impone al genitore che non esercita la responsabilità di vigilare sull'istruzione, sull'educazione e sulle condizioni di vita del figlio.

Il genitore decaduto dalla responsabilità può essere escluso dalla successione del figlio (art. 448 *bis* c.c.).

3. *Esercizio della responsabilità e regola dell'accordo. Conflitto tra genitori e intervento del giudice*

La responsabilità dei genitori sul figlio minore può cessare, di là dall'ipotesi normale del raggiungimento della maggiore età, in virtù dell'emancipazione del minore e per altre cause (decadenza, incapacità, ecc.). Essa è affidata ad entrambi i genitori i quali devono esercitarla "di comune accordo" (art. 316, 1° comma, c.c.).

Contrasto

Se insorge contrasto, qualora si tratti di scelte educative e di profili esistenziali, il rimedio predisposto dal legislatore è contenuto nell'art. 316, 2° e 3°comma, c.c. Se si tratta invece di profili patrimoniali – sempre riguardanti i figli minori –, lo strumento di soluzione del conflitto è previsto dall'art. 320, 2° comma, c.c. (rimedio che tuttavia si configura come un adattamento di quello previsto per le situazioni personali, atteso che l'art. 320, 2° comma, c.c. richiama appunto l'art. 316 c.c.). Cioè, in ipotesi di conflitto tra i genitori, che riguardi questioni esistenziali "di particolare importanza", è ammesso il ricorso al giudice, senza formalità indicando, comunque, i provvedimenti che ritiene più idonei.

Secondo il procedimento regolato dall'art. 316, 3° comma, c.c., in una prima fase, il giudice assume la figura del "suggeritore", indicando quale soluzione ritiene più idonea a tutelare l'interesse del figlio e l'unità familiare non prima però di aver sentito i genitori e disposto l'ascolto del figlio che abbia compiuto 12 anni e anche più piccolo se capace di discernimento L'esecuzione del provvedimento del giudice è affidata a un atto volontario dei genitori. La seconda fase, che s'instaura in caso di perdurante contrasto, si conclude con un provvedimento giurisdizionale, mediante il quale il giudice attribuisce, con esclusivo riferimento alla questione prospettata, l'esercizio della responsabilità a quello dei genitori che "ritiene più idoneo a curare l'interesse del figlio" (art. 316, 3° comma, c.c.).

Nel caso di lontananza, di incapacità o di altro impedimento che renda impossibile ad uno dei genitori l'esercizio della responsabilità, questa è esercitata in modo esclusivo dall'altro (art. 317 c.c., 1° comma).

La responsabilità genitoriale non cessa in caso di separazione, scioglimento, nullità del matrimonio ma il suo esercizio è regolato da specifiche norme (art. 317 c.c., secondo comma).

4. *Ancora sul contenuto della responsabilità: dovere di custodia e potere di richiamo*

Il dovere-potere di custodia, che rientra contenutisticamente nella responsabilità dei genitori ed è collegato, probabilmente, al generico dovere di assistenza che incombe sui genitori, fonda il dovere del figlio minore di non allontanarsi – senza consenso (che tuttavia può essere presunto o successivo) da parte dei genitori o del genitore che esercita la responsabilità – dalla casa familiare o dalla diversa dimora assegnatagli (art. 318 c.c.). Da qui la possibilità che i genitori o il genitore esercente che esercita la responsabilità richiamino il figlio, ricorrendo soltanto se necessario al giudice tutelare (e quindi, anche in via di autotutela), allorché questi si sia allontanato senza permesso dall'abitazione assegnatagli (art. 318, ultima parte, c.c.).

5. *Responsabilità dei genitori, rappresentanza e amministrazione*

La piena parità dei genitori, in ordine alla responsabilità sui minori, si estende alla gestione degl'interessi, l'amministrazione del patrimonio dei minori e alla rappresentanza in tutti gli atti civili che essi, a ragione dello stato d'incapacità legale d'agire, non possono compiere da soli.

Art. 320 c.c.

L'art. 320 c.c. impone ai genitori di compiere congiuntamente gli atti eccedenti l'ordinaria amministrazione nonché quelli espressamente previsti dalla legge. I genitori possono compiere disgiuntamente gli atti di ordinaria amministrazione, fatti salvi quelli che concernono la concessione o l'acquisto di diritti personali di godimento. Per gli atti di maggior rilievo economico, indicati dal 3°, 4° e 5° comma dell'art. 320 c.c., è necessaria, oltre alla decisione congiunta dei genitori, la preventiva autorizzazione del giudice tutelare, con la quale si valutano i requisiti di necessità o di utilità evidente dell'atto per il minore (cfr. art. 320, 3° comma, c.c.). In caso di disaccordo tra i genitori sull'opportunità di porre in essere l'atto eccedente l'ordinaria amministrazione, l'art. 320, 2° comma, c.c. rinvia all'art. 316 c.c.

Conflitto di interessi

L'ultimo comma dell'art. 320 c.c. prevede l'ipotesi di un conflitto d'interessi – di ordine esclusivamente patrimoniale – che veda contrapposti i figli tra di loro, o i figli ed entrambi i genitori esercenti la responsabilità, o i figli ed uno soltanto dei genitori. Nelle prime due ipotesi è necessaria la nomina di un curatore speciale che assicuri la garanzia degl'interessi dei minori coinvolti nel conflitto. Nell'ultimo dei casi indicati, invece, la norma trasferisce l'esercizio della responsabilità per l'atto intorno al quale si è prodotto il conflitto, automaticamente in capo all'altro genitore.

L'art. 321 c.c., inoltre, detta che «in tutti i casi in cui i genitori congiuntamente, o quello di essi che esercita in via esclusiva la responsabilità, non possono o non vogliono compiere uno o più atti d'interesse del figlio, eccedenti l'ordinaria amministrazione, il giudice, su richiesta del figlio stesso, del pubblico ministero o di uno dei parenti che vi abbia interesse e sentiti i genitori, può nominare al figlio un curatore speciale autorizzandolo al compimento di tali atti».

Se un atto eccedente l'ordinaria amministrazione viene posto in essere in spregio delle disposizioni contenute negli artt. 320 e 321 c.c., la sanzione comminata dall'art. 322 c.c. è quella dell'annullabilità, su istanza dei genitori esercenti la responsabilità, del figlio o dei suoi eredi o aventi causa. Sono annullabili altresì, ai sensi dell'art. 322 c.c., i negozi compiuti dai genitori in conflitto d'interessi con il figlio o nell'ipotesi di conflitto tra i figli minori.

L'art. 323 c.c., in applicazione dei principi ricollegabili al conflitto di interessi e al divieto di contratto con se stesso, impedisce ai genitori esercenti la responsabilità di rendersi in qualsivoglia modo acquirenti dei beni o dei diritti facenti capo al minore.

6. *L'usufrutto legale dei genitori*

L'usufrutto legale dei genitori sui beni del figlio minore è espressione del principio di solidarietà familiare, che traspare dall'intera disciplina – artt. 324-327 c.c. – e, in particolare, dalla previsione del dovere del figlio, anche minore, di contribuire al mantenimento della famiglia in proporzione alle proprie sostanze e al proprio reddito (art. 315 *bis* c.c.).

L'usufrutto legale è indisponibile. L'art. 326 c.c., oltre a porre divieto di alienazione, di pegno e di ipoteca, sottrae l'usufrutto legale, nel suo insieme, all'esecuzione dei creditori. L'esecuzione è possibile solamente sui frutti dei beni del minore e soltanto se i debiti siano stati contratti per soddisfare i bisogni della famiglia. Al contrario, l'esecuzione è vietata se il debito sia stato contratto per fini diversi e i creditori fossero a conoscenza di tale circostanza (art. 326, 2° comma, c.c.).

Beni esclusi

Il 3° comma dell'art. 324 c.c. esclude dall'usufrutto legale talune categorie di beni. Si tratta dei beni acquistati dal figlio con i proventi del proprio lavoro; dei beni lasciati o donati al minore per intraprendere una carriera, un'arte o una professione (salvo quanto eventualmente residua dopo aver provveduto all'avviamento professionale del figlio); dei beni che siano stati lasciati o donati subordinatamente alla condizione che i genitori esercenti la responsabilità o anche uno soltanto di essi non ne avessero l'usufrutto – salvo che si tratti di beni spettanti al figlio a titolo di legittima –; ed infine, l'usufrutto è escluso per i beni pervenuti al figlio per eredità, legato o donazione e accettati contro la volontà di uno o di entrambi i genitori. Nella ipotesi di volontà contraria all'accettazione da parte di uno solo dei genitori, l'altro conserva l'usufrutto su tali beni.

Cattiva amministrazione

La cattiva amministrazione, anche incolpevole, del patrimonio del minore da parte del genitore o dei genitori esercenti la responsabilità può condurre o a un provvedimento del tribunale che detti precise disposizioni sul modo di amministrare; o alla rimozione di uno di essi – o di entrambi – dall'amministrazione, in quest'ultimo caso con conseguente perdita del potere di rappresentanza nonché dell'usufrutto legale da parte dei genitori o del genitore estromesso dall'amministrazione (art. 334, 1° comma, c.c.). Se il provvedimento del giudice concerne uno soltanto dei genitori, l'amministrazione, con tutti i poteri e le funzioni connesse, passa all'altro. Se il provvedimento concerne entrambi, sarà necessario nominare un curatore speciale (art. 334, 2° comma, c.c.).

Il genitore che passa a nuove nozze continua a godere dell'usufrutto legale sui beni del figlio soltanto se conserva l'esercizio della responsabilità. Tuttavia, in tal caso vi è la limitazione (art. 328 c.c.) della destinazione dei frutti esclusivamente al mantenimento, istruzione ed educazione del figlio, con il conseguente obbligo di capitalizzare l'eccedenza. Il che fa avvicinare tale ipotesi più all'amministrazione che all'usufrutto legale.

Al giudice tutelare spetta il compito di vigilare sull'osservanza delle condizioni eventualmente imposte all'amministrazione, attraverso i procedimenti previsti per evitare pregiudizi, di ordine personale o patrimoniale, al minore (art. 337 c.c.).

Se il figlio diviene maggiorenne e continua a convivere con i genitori o il genitore che esercitavano su di esso la responsabilità, può accadere che costoro continuino, senza espressa autorizzazione da parte del figlio, ma anche senza che egli espressamente o tacitamente si opponga, ad amministrare e a godere dei frutti dei suoi beni. In tale ipotesi, l'art. 329 c.c. dispone che il figlio – o i suoi eredi – avrà diritto alla restituzione dei frutti soltanto a far tempo dalla domanda.

Capitolo 39

I RAPPORTI PATRIMONIALI TRA CONIUGI

Sommario: 1. Profili introduttivi. – 2. Le convenzioni matrimoniali. – 3. Natura e oggetto della comunione dei beni. La comunione *de residuo*. – 4. Gli obblighi gravanti sulla comunione. – 5. L'amministrazione della comunione. – 6. Lo scioglimento della comunione. – 7. La comunione convenzionale. – 8. La separazione dei beni. – 9. Il fondo patrimoniale. – 10. L'impresa familiare. – 11. Impresa familiare e lavoro nella famiglia. – 12. I diritti dei partecipanti all'impresa.

1. *Profili introduttivi*

Il principio di pari dignità morale e giuridica dei coniugi si esprime, in ambito patrimoniale, nella partecipazione a pieno titolo di entrambi al regime dei beni della famiglia: la scelta della comunione dei beni come regime patrimoniale legale è adempimento del legislatore al suddetto principio poiché è diretta espressione della regola dell'eguale partecipazione dei coniugi agli incrementi patrimoniali durante la vita matrimoniale. Ne è fondamento, altresì, il principio di solidarietà familiare e coniugale.

La novella del 1975 sancisce definitivamente il divieto di costituire, sotto qualsiasi forma, beni in dote (art. 166 *bis* c.c.): cioè di costituire un diritto di godimento in favore di un coniuge su beni che appartengono all'altro, per l'intera durata del matrimonio. La convinzione che emerge dalla riforma è che l'istituto della dote portasse il segno della posizione subalterna della donna, e che fosse perciò incompatibile con il nuovo assetto dei rapporti patrimoniali tra coniugi, improntato alla pari dignità tra loro.

Tuttavia, il regime legale della comunione degli acquisti è regime soltanto suppletivo, destinato ad operare in assenza di un'espressa positiva dichiarazione di volontà o quando manchi una volontà contraria. Ne consegue che i coniugi possono scegliere convenzionalmente un regime diverso da quello legale.

Dunque, nonostante la chiara preferenza del legislatore per il regime legale della comunione, è altrettanto evidente l'intento di riconoscere ai coniugi una sfera di autonomia sufficientemente ampia nella regolamentazione dei reciproci rapporti patrimoniali. La regola primaria in funzione dell'eguaglianza sostanziale, e che prescinde dal regime che regge i rapporti patrimoniali tra coniugi, è infatti quella dell'obbligo reciproco di assistenza materiale e morale, sul quale si fonda il c.d. regime patrimoniale primario della famiglia (art. 143, 2° comma, c.c.).

In ogni caso il regime previsto dalle parti attraverso la convenzione matrimoniale non può contrastare, a pena di nullità, con i principi fondamentali ed irrinunciabili operanti in materia familiare, come quello dell'eguaglianza, della pari dignità tra i coniugi, della solidarietà familiare e del dovere di contribuire ai bisogni della famiglia.

2. *Le convenzioni matrimoniali*

I regimi convenzionali tipizzati dal legislatore sono la comunione convenzionale, la separazione dei beni e il fondo patrimoniale. Tuttavia, secondo l'art. 161 c.c., gli sposi possono altresì stabilire che i loro rapporti patrimoniali siano retti in tutto o in parte da regimi disciplinati da ordinamenti stranieri o dagli usi, purché (art. 161 c.c.) i coniugi non facciano un "generico" rinvio a tali fonti: il regolamento dev'essere previsto pattiziamente in modo dettagliato.

La volontà dei coniugi contraria al regime legale di comunione assume la forma obbligata della convenzione matrimoniale (art. 162 c.c.): questa deve rivestire la forma dell'atto pubblico, sotto pena di nullità (art. 162, 1° comma, c.c.); le parti non possono rinunziare ai testimoni (art. 48, legge 16 febbraio 1913, n. 89, ord. not.).

Tempo

La convenzione matrimoniale può precedere la celebrazione del matrimonio – rimanendone sospensivamente condizionata fino alla contrazione del medesimo – o seguire il matrimonio: in virtù del dettato dell'art. 210 c.c., le convenzioni matrimoniali possono essere stipulate in ogni tempo, fatte salve le disposizioni dell'art. 194 c.c.

Le convenzioni matrimoniali e le loro modificazioni sono soggette a un regime pubblicitario composito, poiché duplice: anagrafico, presso gli uffici di stato civile; immobiliare o mobiliare, presso le conservatorie.

Pubblicità

Quanto alla prima forma di pubblicità, gli artt. 162, 4° comma e 163, 3° comma, c.c. assoggettano ad annotazione a margine dell'atto di matrimonio le convenzioni matrimoniali e le loro modifiche, a pena d'inopponibilità delle stesse ai terzi.

La seconda forma di pubblicità disposta per le convenzioni matrimoniali si attua mediante i registri immobiliari e dei beni mobili registrati, secondo quanto dispongono, in particolare, gli artt. 2643 e 2647 c.c. Non è invece soggetta a regole particolari la trascrizione degli acquisti compiuti da ciascun coniuge in regime di separazione dei beni.

Tali disposizioni non concernono il regime legale di comunione, sottoposto invece a una sorta di pubblicità negativa. Infatti, la comunione legale, ricollegandosi all'atto di matrimonio soggetto a registrazione, non necessita di autonoma segnalazione perché sia opponibile ai terzi. La conoscenza o conoscibilità dell'operatività del regime legale si deduce per l'appunto dall'assenza di annotazioni a margine dell'atto di matrimonio registrato.

La rimanente disciplina delle convenzioni matrimoniali, per quanto non regolato espressamente nelle norme specifiche contenute nel capo VI del libro primo del codice civile, si trae poi dalla normativa generale in tema di contratto, applicata con criterio di compatibilità, ad esempio per quanto concerne la materia delle invalidità delle convenzioni matrimoniali derivanti da vizi della volontà negoziale.

3. *Natura e oggetto della comunione dei beni. La comunione* de residuo

Il regime di comunione legale dei beni concerne la titolarità dei beni e dei rapporti acquisiti da ciascuno dei coniugi durante il matrimonio ed ha la funzione di stabilire se tali rapporti rimangano nella titolarità esclusiva di uno dei coniugi oppure cadano in contitolarità di entrambi.

La comunione legale non ha carattere di regime universale o integrale: non tutti i beni dei coniugi sono in essa ricompresi. Tant'è che è possibile distinguere tra i beni che sono immediatamente e *ope legis* inclusi nella comunione; i beni che devono necessariamente appartenere al patrimonio di ciascun coniuge (art. 179 c.c.); e i beni che si considerano della comunione soltanto se sussistenti allo scioglimento della stessa (è la comunione *de residuo* prevista dagli artt. 177, lett. b e c, e 178 c.c.).

Comunione degli acquisti

Si ha, in primo luogo, una comunione degli acquisti: entrano in comunione i beni acquistati, anche separatamente, da ciascuno dei coniugi dopo il matrimonio (art. 177, lett. a, c.c.). La regola riguarda soltanto gli acquisti a titolo oneroso; gli acquisti a titolo gratuito, quali quelli avvenuti per donazione o per testamento, rimangono invece in proprietà esclusiva del coniuge donatario, legatario o erede, a meno che il testatore o il donante non abbia espressamente previsto come aventi causa entrambi i coniugi (art. 179, lett. b, c.c.).

Entrano a far parte della comunione, altresì, le aziende costituite dopo il matrimonio e gestite da entrambi i coniugi (art. 177, lett. d, c.c.). Se l'azienda è stata costituita da uno dei coniugi precedentemente al matrimonio, entrano a far parte della comunione soltanto gli utili e gli incrementi dell'azienda stessa, se gestita da entrambi i coniugi (art. 177, 2° comma, c.c.).

La terza categoria dei beni che cadono in comunione è costituita dai redditi dell'attività separata di ciascun coniuge (art. 177, lett. c, c.c.), e dai frutti dei beni personali acquistati da ciascun coniuge durante il matrimonio (art. 177, lett. b, c.c.). Entrambe le categorie di beni, tuttavia, non ricadono immediatamente in comunione, ma rimangono nella titolarità esclusiva di ciascuno dei coniugi percettori fino allo scioglimento di essa. In tal momento, verrà calcolata in comunione quella parte dei redditi e dei frutti che residui dopo lo scioglimento. Si discorre, pertanto, di comunione *de residuo*, per indicare che non si ha contitolarità dell'intero coacervo dei redditi acquisiti durante il matrimonio, ma soltanto di ciò che non sia stato consumato e che dunque risulti esistente al momento dello scioglimento della comunione, per consentirne la divisione tra i coniugi.

Beni esclusi

Rimangono al di fuori della comunione – oltre agli acquisti a titolo gratuito – i beni acquisiti da ciascun coniuge prima del matrimonio (art. 179, lett. a, c.c.) o dopo lo scioglimento della comunione. Inoltre, non cadono in comunione, a meno che non siano di rilevante valore, i beni "di uso strettamente personale di ciascun coniuge ed i loro accessori" (art. 179, lett. c, c.c.) quali, ad esempio, i capi di vestiario o di abbigliamento in genere; nonché i beni destinati all'esercizio della professione di ciascuno dei coniugi (art. 179, lett. d, c.c.).

Sono esclusi dalla comunione, ancora, i beni acquistati dal coniuge in sostituzione di un bene personale, cioè mediante lo scambio o con il prezzo del suo trasferimento, purché ciò sia espressamente dichiarato all'atto dell'acquisto (art. 177, lett. f, c.c.); ed infine, i beni ottenuti a titolo di risarcimento del danno, nonché la pensione per invalidità totale o parziale (art. 177, lett. e, c.c.).

4. *Gli obblighi gravanti sulla comunione*

Tutto il regime della responsabilità concernente i beni comuni dei coniugi si fonda sulla distinzione tra obbligazioni comuni e obbligazioni personali di ciascun coniuge.

Delle prime, rispondono in via diretta i beni della comunione (art. 186 c.c.) e in via sussidiaria i coniugi, con il loro patrimonio personale, nella misura del 50% (art. 190 c.c.). Rientrano in tale categoria in primo luogo i debiti assunti in base ad un titolo che concerne direttamente i beni comuni, quali ad esempio pesi o oneri gravanti sul medesimi (art. 186, lett. a, c.c.) e le spese per la loro amministrazione (art. 186, lett. b, c.c.). Sono comuni altresì tutte le obbligazioni assunte congiuntamente dai coniugi: esse sono garantite dai beni della comunione, indipendentemente dal motivo per cui sono state assunte, che sia omogeneo oppur no agli interessi della famiglia. Quanto alle obbligazioni assunte da uno soltanto dei coniugi, di esse rispondono i beni della comunione soltanto se contratte nell'interesse della famiglia.

Obbligazioni comuni

La lett. c dell'art. 186 c.c., designa come "istituzionalmente" contratte nell'interesse della famiglia le obbligazioni inerenti al mantenimento, l'educazione e l'istruzione dei figli. Ma, più in generale, sono contratte nell'interesse della famiglia le obbligazioni che oggettivamente realizzano l'indirizzo familiare concordato dai coniugi e rispetto al quale ciascuno di essi ha potere di autonoma attuazione.

Se l'obbligazione è contratta nell'interesse della famiglia, il creditore assume la particolare qualifica di "creditore della comunione". Il che, oltre a procurargli una posizione privilegiata rispetto ai creditori personali non assistiti da garanzie specifiche – art. 189, 2° comma, c.c. –, consentendogli di aggredire i beni della comunione, gli attribuisce la facoltà, qualora i beni comuni non siano capienti, di aggredire anche quelli personali dell'uno e dell'altro coniuge, per la metà del credito, *ex* art. 190 c.c.

Obbligazioni personali

Delle obbligazioni personali per ciascun coniuge – che sono pertanto quelle contratte singolarmente da ciascun coniuge, per bisogni estranei all'interesse della famiglia – viceversa, è responsabile il coniuge contraente, con il proprio patrimonio personale presente e futuro, secondo la disciplina comune (art. 2740 c.c.); e, in caso di incapienza, in via sussidiaria i beni comuni fino alla corrispondenza della quota del coniuge obbligato, *ex* art. 189, 2° comma, c.c.

5. *L'amministrazione della comunione*

Il principio di eguaglianza dei coniugi e quello conseguente di parità delle quote del patrimonio comune impongono la regola dell'amministrazione della comunione da parte di entrambi i coniugi in posizione paritaria (art. 180 c.c.).

Pertanto, l'amministrazione della comunione nonché la rappresentanza in giudizio, secondo quanto stabilito dagli artt. 180-184 c.c., spettano ad entrambi i coniugi, disgiuntamente per gli atti di ordinaria amministrazione e congiuntamente per quelli di straordinaria amministrazione (art. 180 c.c.).

Disaccordo

In caso di disaccordo dei coniugi e di rifiuto di consenso di un coniuge all'atto per il compimento del quale è richiesto i1 consenso di entrambi, l'altro coniuge può rivolgersi al giudice per ottenere l'autorizzazione al compimento dell'atto, se questo si rivela necessario nell'interesse della famiglia o dell'azienda gestita da entrambi (art. 181 c.c.).

Se l'atto di straordinaria amministrazione è compiuto senza il necessario consenso e senza l'autorizzazione giudiziale, la regola che scaturisce dai principi comuni è quella dell'inefficacia dell'atto: cosicché non ne potrebbero derivare obbligazioni né a carico della comunione né nei confronti dell'altro coniuge, ma soltanto in capo a chi ha agito. Ciò vale, peraltro, soltanto se si considerano i rapporti interni alla comunione. Quanto, invece, alla posizione dei terzi, l'acquisto del terzo è fatto salvo, secondo le regole che disciplinano l'acquisto della proprietà mediante il possesso di buona fede (art. 1153 c.c.), ma il coniuge che ha agito dovrà, su richiesta dell'altro coniuge, reintegrare la comunione nello stato in cui si trovava precedentemente al compimento dell'atto vietato (art. 184, 3° comma, c.c.). Se si tratta di beni immobili o mobili registrati, l'atto è annullabile, su richiesta dell'altro coniuge (art. 184, 1° comma, c.c.), e l'annullamento è opponibile al terzo che abbia acquistato a titolo oneroso o a titolo gratuito se la trascrizione della domanda di annullamento è anteriore alla trascrizione dell'atto di acquisto (l'art. 184, 2° comma, c.c. regola i termini di prescrizione dell'azione nonché la legittimazione alla stessa).

Amministrazione di un solo coniuge

Di norma, come si è visto, l'amministrazione spetta congiuntamente o disgiuntamente ad entrambi i coniugi. Tuttavia, essa può essere attribuita dal giudice ad uno soltanto, in tre ipotesi tassativamente regolate. Nel primo caso, quando uno dei coniugi sia lontano o comunque impedito ad amministrare e non abbia conferito all'altro procura per il compimento degli atti per i quali è richiesto il consenso di entrambi. Allora il giudice, se accerta l'esistenza di motivi di urgenza, può autorizzare l'altro ad agire da solo (art. 182 c.c.). Nella seconda ipotesi, si regola – come si è già osservato – la possibilità di disaccordo in merito al compimento di un atto per il quale è necessario il consenso di entrambi. Se uno dei due rifiuta di prestarlo, l'altro può chiedere al giudice di essere autorizzato a compierlo da solo, qualora ciò sia necessario a salvaguardare l'interesse della famiglia o dell'azienda comune (art. 181 c.c.). Nel terzo caso, quando uno dei coniugi non sia in grado di amministrare o abbia mal amministrato il patrimonio comune, egli può essere escluso dalla comunione per provvedimento del giudice, senza che per ciò stesso si metta in pericolo la sopravvivenza della stessa (art. 183 c.c.).

6. *Lo scioglimento della comunione*

L'art. 191 c.c. enumera tassativamente le cause di scioglimento della comunione legale.

Oltre alle cause c.d. convenzionali di scioglimento, ovvero quelle relative al mutamento convenzionale del regime patrimoniale legale, sostituito con la separazione dei beni o altro regime convenzionale di comunione, le altre cause previste dall'art. 191 c.c. sono: assenza; morte presunta; annullamento del matrimonio; divorzio; separazione personale; separazione giudiziale dei beni; fallimento di uno dei coniugi.

Allo scioglimento della comunione segue la fase – eventuale – della divisione del patrimonio comune, nella quale si effettuano i rimborsi e le restituzioni menzionati dall'art. 192 c.c.

La comunione può essere sciolta, altresì, per separazione giudiziale dei beni, qualora uno dei coniugi sia inabilitato o interdetto o abbia mal amministrato ovvero abbia disordine nei suoi affari o non contribuisca nella misura dovuta alla soddisfazione dei bisogni della famiglia (art. 193 c.c.).

7. *La comunione convenzionale*

La c.d. comunione convenzionale tra coniugi (artt. 210 ss. c.c.) rappresenta una modifica attuata dai coniugi, appunto mediante convenzione – stipulata a norma dell'art. 162 c.c. –, al regime della comunione legale dei beni.

Questo potere di deroga e di modifica incontra dei limiti. Limiti

Infatti, come visto, per principio comune a tutte le convenzioni matrimoniali, risultano inderogabili, e da considerarsi comuni a tutti i regimi patrimoniali, quelle norme che sono collegate al c.d. regime patrimoniale primario della famiglia e ai princìpi di solidarietà, eguaglianza e proporzionalità della contribuzione ai bisogni della famiglia. Inoltre, i coniugi non possono derogare, in particolare, l'eguaglianza delle quote e la posizione paritaria nell'amministrazione dei beni comuni (art. 210, 3° comma, c.c.).

Più ampio spazio riceve, invece, l'autonomia dei coniugi relativamente alle modificazioni dell'oggetto della comunione. Rispetto alla comunione legale, è possibile sia escludere alcuni beni, sia includerne altri che non vi sarebbero compresi, in quest'ultimo caso con il limite, di notevole rilievo, contenuto nel 2° comma dell'art. 210 c.c., consistente nel divieto di far ricadere in comunione convenzionale i beni di cui all'art. 179, lett. c, d ed e, c.c.

8. *La separazione dei beni*

La separazione dei beni è il regime per il quale ciascun coniuge conserva la titolarità esclusiva dei beni acquistati durante il matrimonio (art. 215 c.c.).

Nel regime di separazione "ciascun coniuge ha il godimento e l'amministrazione dei beni di cui è titolare esclusivo" (art. 217, 1° comma, c.c.).

9. *Il fondo patrimoniale*

Il regime denominato "fondo patrimoniale" (artt. 167 ss. c.c.) si caratterizza per essere l'unico, tra quelli convenzionali, che si aggiunge, ma non si sostituisce a quello legale o convenzionale operante tra i coniugi, di comunione o di separazione dei beni. Esso consiste in un complesso di beni – immobili, mobili registrati, titoli di credito –, i quali sono legati da un vincolo di destinazione alla soddisfazione dei bisogni della famiglia (art. 167, 1° comma, c.c.).

Categorie di beni

Il fondo può essere costituito dagli stessi coniugi o da un terzo; per atto pubblico o per testamento (art. 167 c.c.). La proprietà dei beni costituiti in fondo patrimoniale, se nel titolo costitutivo non è diversamente indicato, spetta ad entrambi i coniugi. In ogni caso, il fondo si sostanzia come "patrimonio separato" con vincolo di destinazione, ma strutturato in maniera ben diversa rispetto all'istituto previgente alla riforma, cui si è sostituito, che – per l'appunto – portava il nome di "patrimonio familiare".

Amministrazione

La sua amministrazione è ricalcata su quella della comunione legale, le cui norme vengono espressamente richiamate dall'art. 168, 3° comma, c.c., indipendentemente dal fatto che la proprietà dei beni spetti ad uno soltanto o ad entrambi i coniugi oppure ad un terzo. In assenza di figli minori, non occorre l'autorizzazione del giudice agli atti di disposizione né è previsto l'obbligo di reimpiego (art. 169, prima parte, c.c.). Se, viceversa, esistono figli minori, gli atti di disposizione sono soggetti all'autorizzazione del giudice, che ne valuta "la necessità od utilità evidente" (art. 169, seconda parte, c.c.).

Obbligazioni

L'art. 170 c.c. consente ai soli creditori per obbligazioni nell'interesse della famiglia, che il fondo è destinato a soddisfare, di procedere sui beni del fondo medesimo; per gli altri invece, l'esecuzione sui beni del fondo è condizionata alla circostanza che il creditore ignori che l'obbligazione sia contratta "per scopi estranei ai bisogni della famiglia".

L'atto costitutivo del fondo patrimoniale configura una convenzione matrimoniale, che comporta la forma dell'atto pubblico, la presenza di due testimoni, l'annotazione a margine dell'atto di matrimonio ai fini dell'opponibilità ai terzi. L'atto dev'essere trascritto a norma dell'art. 2647 c.c., se ha per oggetto beni immobili, e a norma dell'art. 2685 c.c., se ha per oggetto beni mobili registrati. Se concerne titoli di credito, questi debbono essere vincolati rendendoli nominativi (art. 167, 4° comma, c.c.).

Il fondo cessa per l'annullamento, lo scioglimento e la cessazione degli effetti civili del matrimonio (art. 171, 1° comma, c.c.). Tuttavia, se vi sono figli minori, allo scopo di salvaguardarne gl'interessi, l'art. 171, 2° comma, c.c. dispone che il fondo perduri fino al compimento della maggiore età dell'ultimo figlio, nonostante il prodursi di una causa di scioglimento. Dunque, in tale ipotesi, non viene meno il vincolo d'indisponibilità sui beni. Il giudice può dettare regole per l'amministrazione del fondo (art. 171, 2° comma, c.c.) e disporre, altresì, l'attribuzione in godimento o in proprietà dei figli di una quota dei beni del fondo (art. 171, 3° comma, c.c.). Se non vi sono figli, lo scioglimento del fondo segue le stesse regole dettate per lo scioglimento della comunione dei beni (art. 171, ultimo comma, c.c.). Cessazione del fondo

10. *L'impresa familiare*

Per il dettato dell'art. 230 *bis* c.c., deve intendersi per impresa familiare quella nella quale prestano lavoro in maniera continuativa il coniuge, i parenti entro il terzo grado e gli affini entro il secondo, dell'imprenditore.

Essa prevede, a favore del familiare lavoratore, una serie di diritti, di natura retributiva e di altro tipo, alcuni necessari, altri eventuali.

Peraltro, la sua disciplina trova applicazione soltanto quando non sia configurabile, tra i familiari che cooperano all'impresa, un diverso rapporto (di società, di lavoro subordinato, o autonomo): essa ha, pertanto, carattere suppletivo.

11. *Impresa familiare e lavoro nella famiglia*

L'impresa familiare sussiste allorché un familiare, nei gradi indicati, presti in modo continuativo la sua attività di lavoro nella famiglia o nella stessa impresa (art. 230 *bis*, 1° e 3° comma, c.c.).

Il lavoro della donna è considerato equivalente a quello dell'uomo (art. 230 *bis*, 2° comma, c.c.).

A caratterizzare in maniera decisiva l'impresa familiare è il lavoro prestato in termini di collaborazione e non di gestione. Ciò consente con evidenza – quando si analizza il fenomeno dall'osservatorio del coniuge – di distinguere l'impresa familiare dall'azienda coniugale: infatti, l'impresa familiare è quella in cui il coniuge presta l'attività collaborativa e ad essa si applica l'art. 230 *bis* c.c.; l'azienda coniugale è invece quella in cui il coniuge partecipa alla gestione e la stessa cade sotto la disciplina, a seconda delle ipotesi, dell'art. 177, lett. d o dell'art. 178 c.c. Impresa familiare e azienda coniugale

Il coniuge, o i familiari dell'imprenditore nei gradi indicati, non hanno il diritto (ma nemmeno il dovere) di partecipare all'impresa familiare. In questa, l'innegabile presenza di elementi di solidarietà e di affettività (che denotano appunto la sua "familiarizzazione") non si possono spingere fino all'identificazione tra famiglia e impresa. In realtà, chi decide sull'ammissione all'impresa di un familiare legittimato, che richieda di lavorarvi, è unicamente l'imprenditore, titolare dell'impresa stessa.

12. *I diritti dei partecipanti all'impresa*

L'art. 230 *bis* c.c. riconosce ai familiari un insieme di diritti, a seguito della prestazione del loro lavoro: diritto al mantenimento, diritto agli utili e agli incrementi, diritto di partecipazione, poteri decisionali che concernono l'impiego degli utili e degli incrementi, la gestione straordinaria (mentre la gestione ordinaria rimane affidata all'imprenditore), gli indirizzi produttivi e la cessazione dell'impresa. Le decisioni dei familiari partecipanti all'impresa sono prese a maggioranza e vi partecipano sia quelli che lavorano nell'impresa sia quelli che svolgono un lavoro domestico all'altro equivalente. Ciascun familiare ha a disposizione un voto: quindi la maggioranza è per teste e non per quota. Destinatario delle decisioni è l'imprenditore, il quale pertanto non partecipa alla votazione.

Mantenimento

Il diritto al mantenimento non dà luogo a differenziazioni tra i vari partecipi, giacché il mantenimento è dovuto tanto al coniuge quanto agli altri familiari che ne abbiano diritto "secondo la condizione patrimoniale della famiglia": quindi, a prescindere dalla quantità e qualità del lavoro prestato. Al contrario, il diritto di partecipazione agli utili e agli incrementi si commisura quantitativamente proprio all'effettivo lavoro prestato dal singolo soggetto; ed inoltre è soltanto eventuale, poiché partecipazione si ha soltanto se utili e incrementi vi sono. Viceversa, il mantenimento è sempre dovuto.

Il 4° comma dell'art. 230 *bis* c.c. prescrive l'intrasferibilità del diritto di partecipazione, a meno che il trasferimento non avvenga a favore di un familiare, nei noti gradi, con il consenso di tutti i partecipi.

L'art. 230 *bis*, 5° comma, c.c. sancisce che «*In caso di divisione ereditaria o di trasferimento dell'azienda i partecipi di cui al 1° comma hanno diritto di prelazione sull'azienda*». La finalità che la norma persegue è di tutelare l'interesse dei familiari lavoratori a conservare la propria posizione nell'impresa familiare in ipotesi di trasferimento e di divisione ereditaria.

Con la descritta disciplina, il legislatore ha disegnato una figura che certamente fuoriesce dai canoni tradizionali dei rapporti societari. In questi, infatti, al potere decisionale si accompagna la responsabilità patrimoniale per il suo esito eventualmente infausto. Invece, nell'istituto di cui all'art. 230 *bis* c.c., i familiari, nonostante i loro diritti e poteri, non possono essere ritenuti coimprenditori, e pertanto non sono soggetti a fallimento, e non sono responsabili per le obbligazioni assunte nell'esercizio dell'impresa (anche se da loro stessi deliberate): essi, cioè, dividono gli utili e gli incrementi ma non anche le perdite.

Parte VI
I RAPPORTI PATRIMONIALI ASSOLUTI

Capitolo 40

LA PROPRIETÀ E GLI ALTRI DIRITTI REALI IN GENERE

Sommario: 1. Concetto e distinzione dei diritti reali. – 2. I caratteri dei diritti reali.

1. *Concetto e distinzione dei diritti reali*

Secondo l'ordine che il codice stesso ha seguito, i diritti reali sono la *proprietà* (artt. 832-951 c.c.), il *diritto di superficie* – in quanto non si manifesti come una particolare forma di proprietà, detta appunto superficiaria – (artt. 952-956 c.c.), *l'enfiteusi* (artt. 957-977 c.c.), *l'usufrutto* (artt. 978-1020 c.c.), *l'uso* e *l'abitazione* (artt. 1021-1026 c.c.), le *servitù prediali* (artt. 1027-1099 c.c.), il *pegno* (artt. 2784-2807 c.c.) e *l'ipoteca* (artt. 2808-2898 c.c.).

Le prerogative della proprietà

Tra l'uno e l'altro diritto reale, e, in particolare, tra il diritto di proprietà e gli altri diritti reali, corrono profonde differenze. La proprietà costituisce la situazione giuridica che consente la più ampia sfera di facoltà che l'ordinamento riconosce ai soggetti sulle cose. Il diritto di proprietà è infatti caratterizzato dalla generalità ed illimitatezza (tendenziali) *del* suo contenuto, e dalla impossibilità di estinzione per non uso. Gli altri diritti reali si caratterizzano per un contenuto speciale e limitato rispetto a quello della proprietà (e vengono perciò definiti diritti reali limitati, o, secondo una vecchia espressione, diritti parziali o parziari, alludendo con ciò al fatto che essi rappresentano una parte del diritto di proprietà); ineriscono a cose di proprietà altrui (e vengono perciò anche definiti diritti reali su cosa altrui, ovvero *iura in re aliena*); e si caratterizzano altresì per la possibilità di estinzione per non uso, quando il mancato esercizio si protragga per 20 anni. I vari diritti reali limitati su cosa altrui, ed in particolare enfiteusi, superficie, usufrutto, uso, abitazione e servitù prediali hanno per scopo di attribuire ad altri, sul proprio bene, il potere di trarre dalla cosa l'utilità che essa può dare, con corrispondente compressione del diritto del proprietario. Questi diritti si caratterizzano, dunque, per il fatto di attribuire un diritto di godimento, e perciò vengono definiti (oltre che reali, limitati, e *in re aliena*, altresì) diritti di godimento; sono inoltre funzionalmente autonomi; e, salva l'estinzione per non uso ventennale, possono avere durata indefinita, poiché – ad eccezione dell'usufrutto – sono tipicamente (le servitù) o possono essere (enfiteusi e superficie) perpetui.

I diritti reali di godimento

I diritti reali di godimento si distinguono, a loro volta, dal pegno e dall'ipoteca, perché questi ultimi non attribuiscono un potere di godimento bensì impongono un vincolo giuridico su un proprio bene al fine di assicurare al creditore che il debito verrà onorato; per questa ragione pegno ed ipoteca vengono definiti (oltre che reali, limitati, e *in re aliena*, anche) diritti di garanzia. Questi ultimi, inoltre, a differenza dei precedenti, non sono funzionalmente autonomi bensì sono *accessori* ad un diritto di credito (presente o futuro), di cui garantiscono l'adempimento; ed hanno durata limitata, perché destinati a venir meno quando la funzione di garanzia cui tendono abbia esaurito il suo scopo.

I diritti reali esprimono, sia pure in diversa misura a seconda dei beni e dei casi, la situazione di appartenenza di un bene ad un determinato soggetto.

Cenni storici

In verità, non vi è niente di innato o di ineluttabile nel fatto che le cose debbano necessariamente appartenere a qualcuno, individualmente considerato, anziché a tutti. La proprietà privata è soltanto la forma di sfruttamento fondiario (e, in un'ottica più vasta, di organizzazione della società) che, in certi sistemi, storicamente ha preso il sopravvento. Ma sono esistite forme di appartenenza collettive, nelle quali è la collettività degli utenti nel suo complesso ad essere il vero titolare della terra, ed a fruirne attraverso ciascun membro. In questo sistema, la terra si trova in uno stato di indivisione assoluto, caratterizzato cioè dall'assenza di quote che esprimano il contenuto dei poteri del singolo utente, e non vi è azione di divisione: il singolo possiede un diritto di partecipazione al godimento promiscuo della collettività, e quindi, in sostanza, un mero diritto di godimento della cosa, che si pone appunto come estrinsecazione della proprietà spettante a tutti. Secondo alcuni, questa era l'organizzazione economica dell'antichità, e della stessa Roma degli albori, così come dei popoli germanici cosiddetti barbari, presso i quali la proprietà immobiliare spettava all'aggregato politico al quale i singoli appartenevano – tribù, clan –, e solo in subordine a questi ultimi. E, com'è noto, esistono tuttora organizzazioni sociali basati sul collettivismo, ad esempio dei mezzi di produzione.

Lo "sfruttamento" della ricchezza

I diritti reali corrispondono, poi, a forme antichissime, ed addirittura elementari, di sfruttamento della ricchezza. Essi assicurano – ciascuno a suo modo – il godimento e la disposizione del bene, cioè il potere di far fruttare la cosa con l'opera (ad esempio, di coltivazione, se si tratti di terra) o, rispettivamente, con il commercio (cioè, cedendo il bene in cambio di un corrispettivo). I diritti reali rappresentano così, per il proprietario che non voglia impegnarsi nella coltivazione, anche un modello di mercato "finanziario" immobiliare. La categoria in discorso consente infatti una pluralità di scelte economicamente fruttifere: il proprietario può cedere ad altri il bene, nella sua interezza di poteri di godimento e di disposizione; ma può anche, ad esempio, conservare a se stesso la proprietà del bene e cederne soltanto il godimento, per un certo tempo (e costituirà allora un usufrutto, o un diritto di uso o di abitazione); può fare la stessa cosa, ma pattuendo altresì il diritto di vedersi il bene migliorato, quando gli verrà restituito (e costituirà allora un'enfiteusi); oppure può suddividere le utilità di un fondo (costruirvi, transitarvi, cacciarvi o prendere acqua, legna, funghi, ecc.) e così – secondo il principio economico per il quale una cosa accortamente divisa vale, spesso, più dell'intero – farne commercio l'una separatamente dall'altra (costituirà allora un diritto di superficie o di servitù); può offrire il bene a garanzia di un proprio debito, ottenendo in tal modo denaro contante, ma conservando a se stesso sia la proprietà del bene, sia tutte le facoltà di godimento e disposizione compatibili con la garanzia stessa (costituirà allora, a seconda del bene, un pegno o un'ipoteca). L'antichissima origine dei diritti reali, ed il loro essere rimasti sostanzialmente immutati sino ad oggi, costituiscono in certo qual modo la riprova della loro efficienza, quali forme di sfruttamento dei beni materiali.

Queste forme antichissime di godimento dei beni sono infatti giunte ai giorni nostri sostanzialmente inalterate, sia nella struttura sia nella funzione. Chiaramente, i diritti reali erano assai più importanti, nel periodo in cui la proprietà fondiaria costituiva il cuore stesso del sistema privatistico e degli scambi, la vera fonte di ricchezza. Tuttavia, nonostante il declino della loro importanza dal punto di vista economico, i diritti reali si pongono tuttora al centro del diritto privato: si può dire anzi che il diritto privato patrimoniale è tutto collegato, direttamente o indirettamente, praticamente o concettualmente, con il diritto di proprietà.

L'incidenza del giusnaturalismo e dell'illuminismo

Il pensiero moderno, su questi strumenti nati nell'antichità, ha aggiunto ben poco dal punto di vista tecnico, se non in tempi recentissimi. Ha viceversa caricato i diritti reali di valenze e significati. Il giusnaturalismo ed anche l'illuminismo vi hanno aggiunto motivi di carattere filosofico, ritenendo che la proprietà sarebbe connaturata all'uomo e suo diritto fondamentale: da qui è nata l'opinione che considera ogni sua limitazione, quindi, come una limitazione della stessa libertà e dignità umana. Il pensiero economico dell'ottocento-novecento ha inserito la concezione, con palesi risvolti ed implicazioni ideologiche, per la quale il miglior sfruttamento di un bene, quello economicamente più fruttifero, è lo sfruttamento individuale. Il pensiero giuridico del diciannovesimo secolo ha fornito la sistemazione di queste istanze filosofiche ed economiche sotto il profilo del diritto. Nasce, così, l'idea della proprietà quale diritto pieno ed esclusivo, potenzialmente illimitato; l'estremo disfavore verso qualsiasi vicenda che possa limitarne la libera esplicazione, e quindi la sistemazione degli altri diritti reali come necessariamente di natura limitata rispetto alla proprietà, costituenti un numero chiuso, e tendenzialmente destinati a scomparire per dar luogo al pieno riespandersi della sfera del proprietario; l'imprescrittibilità della proprietà appunto in nome della massima libertà di cui deve godere il proprietario, libero quindi anche di non usare della proprietà stessa, mentre i vincoli imposti alla proprietà sono tutti soggetti a prescrizione, perché possono essere giustificati soltanto dall'effettivo esercizio del diritto; la natura meramente transeunte della stessa situazione di comproprietà, aperta al diritto potestativo di scioglimento.

2. *I caratteri dei diritti reali*

Se si osserva qualcuno che coltiva un fondo altrui, costui, almeno in apparenza, può essere altrettanto bene un usufruttuario o un enfiteuta (e quindi, il titolare di un diritto reale) o un affittuario (il quale è titolare di un diritto non reale, bensì obbligatorio). Da questa (apparente) equivalenza sorge la necessità di indagare in che cosa le situazioni reali si distinguano da quelle non reali, ed in particolare dalle obbligazioni; e, soprattutto, quali siano le differenze di disciplina che ne conseguono.

Le caratteristiche delle situazioni reali

Secondo la dottrina tradizionale, la prima delle caratteristiche delle situazioni reali è l'inerenza (o immanenza) tra la situazione reale ed il bene che ne è oggetto: caratteristica la quale esprime il concetto per cui il diritto reale grava praticamente sulla cosa (da cui l'espressione romana *ius in re*); mentre l'obbligazione grava sulla persona del debitore, e non sul bene, che entrerà nel patrimonio del creditore soltanto in conseguenza del corretto adempimento dell'obbligazione da parte del debitore stesso (da cui l'espressione romana *ius ad rem*).

L'immediatezza

Viene evidenziata altresì l'immediatezza: i diritti reali consentono al titolare di trarre dal bene l'utilità che questo può dare, grazie alla sola attività del soggetto stesso. Nel diritto di credito, invece, il creditore, per realizzare il proprio interesse, ha bisogno della collaborazione (benché necessitata) del debitore, il quale si premuri di adempiere correttamente all'obbligazione.

La struttura

Segue poi il carattere distintivo della struttura: aspetto peculiare del diritto personale è costituito dalla presenza di una relazione a contenuto specifico tra le due situazioni giuridiche contrapposte del creditore e del debitore; di contro, il diritto reale presenta soltanto un dovere generico, incombente sulla generalità dei consociati, di rispettare la situazione.

L'assolutezza

I diritti reali si dicono poi caratterizzati dall'assolutezza: si fanno valere nei confronti di *tutti i terzi* (cioè *erga omnes*), perché su tutti indistintamente incombe il già ricordato dovere, giuridicamente sanzionato, di non impedire l'esercizio del diritto al suo titolare. L'obbligazione, invece, si fa valere nei confronti del solo debitore, perché è lui l'unico soggetto tenuto ad un'attività nei confronti del creditore.

Una marcata differenza di disciplina tra le situazioni reali e quelle obbligatorie si riconnette poi ai due altri profili della tutela esterna e del séguito.

La tutela aquiliana delle situazioni reali

Il carattere distintivo basato sulla *tutela esterna* si fonda sulla limitazione della tutela di cui all'art. 2043 c.c. alle sole fattispecie reali. Il diritto di credito, invece, non sarebbe dotato della medesima tutela, quando venga pregiudicato da un terzo, estraneo al rapporto obbligatorio medesimo.

Il diritto di sequela

L'ulteriore carattere distintivo, basato sul séguito, evidenzia che i diritti reali attribuiscono al loro titolare il c.d. diritto di sequela (o diritto di séguito), il quale esprime il potere di perseguire la cosa presso qualunque soggetto al quale sia giunta, e di opporre a lui il diritto reale. Quindi, in virtù della descritta caratteristica, risulta impossibile eliminare il vincolo reale dal bene su cui grava, quali che siano i mutamenti che possano verificarsi nella titolarità del bene stesso. Per cui, chi gode di un diritto reale su cosa altrui può essere tranquillo del fatto che egli potrà cedere tale suo diritto (se cedibile) senza doversi preoccupare, affinché possa goderne anche il compratore, di acquisire il consenso del titolare del bene gravato; e che la proprietà del bene potrà essere alienata a terzi, senza che il suo diritto limitato (o quello del compratore dello stesso) abbia a risentirne. Il diritto di godimento di natura obbligatoria, invece, è inopponibile al nuovo titolare del bene sul quale si pretenda di esercitare tale diritto, che dunque rimane confinato a livello personale, valendo soltanto verso chi l'ha concesso, ma non anche verso i suoi successori o aventi causa.

La tipicità

Altra caratteristica che si predica dei diritti reali è la loro tipicità. La situazione reale ammette, al pari di quella obbligatoria, l'incidenza dell'autonomia privata, e cioè la libera regolamentazione pattizia della situazione stessa: tuttavia, i privati possono costituire un diritto reale soltanto ricorrendo ad una delle poche figure tipicamente previste dalla legge, le cui articolazioni costituiscono, dunque, un numero chiuso (*numerus clausus*). Nei rapporti obbligatori, viceversa, vige la regola dell'atipicità, nel senso che i privati possono, oltre che adottare le forme di rapporti personali già previste dalla legge, crearne a loro piacimento di nuove e di diverse (nei limiti, s'intende, della liceità e della meritevolezza di tutela). Il principio di tipicità mira quindi ad evitare – ciò che, come già accennato, ha forti implicazioni ideologiche – che il diritto di proprietà venga limitato ad arbitrio da pesi, vincoli e limiti, di natura assoluta.

Tuttavia, nell'opinione più moderna, le incertezze sui descritti connotati di differenziazione tra il diritto reale ed il diritto di obbligazione si sono riproposte, presentando risvolti concreti pressanti, con lo sviluppo dell'utilizzo, nella prassi, di nuovi istituti che trovano nella legge una concreta disciplina normativa, ma non anche una positiva previsione di realità. Così è accaduto, ad esempio, con riguardo alla c.d. proprietà temporanea e alla c.d. proprietà risolubile, esempio delle quali è rappresentato dalla vendita con riserva della proprietà (artt. 1523 ss.); così è accaduto, altresì, con il c.d. diritto di ritenzione (artt. 2756; 2761; 748, 4° comma; 975, 2° comma; 1006; 1011; 693, 2° comma; 1152; 535 e 2040 c.c.); e lo stesso è accaduto, altresì, per la c.d. multiproprietà immobiliare. In concreto, ad esempio per il diritto di ritenzione, dalla natura reale della ritenzione dovrebbe discendere la sua opponibilità *erga omnes*. La deduzione conseguente all'indole personale sarebbe, invece, quella secondo cui la *retentio* può esser fatta valere non nei riguardi di qualsiasi terzo, bensì soltanto contro colui che, proprietario della cosa ritenuta, la rivendichi senza prima rimborsare il possessore delle spese erogate; ma non, ad esempio, nei confronti dei terzi acquirenti del bene ritenuto, dai terzi altri creditori del debitore che aggrediscano il medesimo bene ritenuto ed eventualmente lo sottopongano a vendita forzata, e neppure nei confronti della curatela fallimentare dei beni del proprietario della cosa ritenuta. Quanto alla c.d. multiproprietà, le differenti conseguenze del suo inquadramento come diritto reale o come diritto personale pure sarebbero molteplici. Se tale situazione fosse di natura reale, ne discenderebbero le conseguenze già esaminate in materia di proprietà e di diritto reale in genere (soprattutto la perpetuità del diritto, ma anche l'inerenza, l'immediatezza, lo *ius excludendi*, la trasmissibilità successoria, l'alienabilità). Il contrario se invece si trattasse di un diritto di obbligazione; ed inoltre, poiché il diritto obbligatorio è personale e come tale non opponibile a terzi, il c.d. multiproprietario si troverebbe a perdere il bene nel caso, ad esempio, di fallimento del venditore, poiché il bene verrebbe attratto nella massa fallimentare, in quanto mai davvero uscito dal patrimonio del venditore medesimo.

L'incidenza della prassi sulla realità

Il ricorso al diritto di ritenzione

La multiproprietà

L'attuale consistenza del diritto di proprietà

E dunque, quando ci si allontana dalle figure che sono reali per pacifica tradizione, le incertezze sulle vere caratteristiche dei diritti reali sono massime. Ma la critica all'impostazione tradizionale si è svolta anche con riguardo all'inquadramento di figure più collaudate. La problematicità del riconoscimento di una situazione come appartenente all'uno od all'altro gruppo deriva dalla constatazione che l'inerenza al bene, l'immediatezza, l'aspetto del diritto di séguito, rispondono alla disciplina tipica dei diritti reali; ma non rappresentano una caratteristica essenziale ed esclusiva di questi, poiché si riscontrano anche in rapporti solitamente ritenuti di credito, quali la locazione e l'affitto di fondo rustico, nei quali il titolare gode parimenti del bene in modo diretto e svolge direttamente su di esso l'attività necessaria a soddisfarsi, e la circolazione giuridica del bene è ininfluente per la permanenza in vita della situazione (cfr., per la locazione, il principio inderogabile per cui *emptio non tollit locatum*: art. 7, legge 27 luglio 1978, n. 392, non modificato dalla legge 9 dicembre 1998, n. 431).

Privo di decisivo rilievo è stato ritenuto anche il criterio distintivo rappresentato dalla tutela esterna, in ragione della sempre più convinta ammissione alla tutela aquiliana sia delle situazioni reali sia di quelle personali. Oggi, infatti, si ammette la responsabilità civile per lesione di un diritto di credito: si ritiene, ad esempio, che il creditore possa tutelare il proprio credito non soltanto nei confronti del debitore inadempiente, con le azioni contro l'inadempimento, ma a certe condizioni anche in via risarcitoria *ex* art. 2043 c.c., contro il terzo che ad esempio sottragga al godimento (per ostruzione, danneggiamento, eccetera) la cosa che è dedotta in obbligazione, ovvero uccida o provochi lesioni al debitore, rendendo impossibile la prestazione da lui dovuta.

La crisi delle partizioni dommatiche

Si deve riscontrare, dunque, una crisi dei criteri di partizione tra i diritti reali e quelli personali; ma non soltanto. In realtà, non sono i detti criteri ad essere caduti in crisi, ma la stessa distinzione tradizionale, per il profilarsi, conformemente alla complessità della moderna vita di relazione, di rapporti reali atipici, vere e proprie situazioni miste che, ponendosi nella zona di confine tra diritti reali e personali, configurano un *tertium genus* ove si accomunano, a note di realità, rilevanti aspetti di obbligatorietà.

Negli ultimi anni parte della dottrina ha tentato di contestare anche il principio della tipicità dei diritti reali. Terreno del dibattito è stata, ad esempio, ancora la multiproprietà. Tuttavia, ancora oggi il dogma della tipicità dei diritti reali è ben saldo, pur essendo venute meno le antiche motivazioni in ordine alla necessità di non gravare la proprietà di pesi e limiti. Oggi il principio di tipicità viene giustificato piuttosto con riguardo alla tutela dei terzi. Infatti, il principio del numero chiuso consente al terzo, ad esempio interessato all'acquisto di un bene, di poter essere tranquillo del fatto che, fuori dagli schemi reali tipici (e come tali facilmente riconoscibili), i pesi ed i vincoli frutto di pattuizioni precedenti al suo intervento ed alle quali non ha preso parte, né ha prestato consenso, non possono essere fatte valere contro di lui, in virtù dell'art. 1372, 2° comma, c.c., a norma del quale il contratto non produce effetti rispetto ai terzi se non nei casi previsti dalla legge (tra i quali, appunto, i contratti costitutivi di uno dei diritti reali, opponibili *erga omnes*, tipizzati).

Va condivisa, invece, l'altra affermazione della dottrina più moderna, secondo la quale i diritti reali (tipici) possono essere previsti non solo nella parte specifica del codice dedicata a tali diritti, ma anche in altre parti del codice o in altre leggi; né è necessario che il legislatore li definisca espressamente reali, dovendosi altrimenti dedurre che tali non sono, poiché è dal loro contenuto che deriva la loro qualificazione, non viceversa. Infatti, una migliore e più attenta interpretazione del dato normativo, che riconosca natura reale a figure non tradizionalmente o normativamente accreditate come tali – purché già sancite dalla legge, e quindi sulla base di una disciplina normativa positiva, non di un patto tra privati –, non perviene a negare o a forzare il principio del *numerus clausus*, ma soltanto ad evitare la cristallizzazione dell'esperienza giuridica.

CAPITOLO 41

LE COSE E I BENI

SOMMARIO: 1. Il concetto di cosa e di bene. – 2. Classificazione dei beni. – 3. I rapporti di connessione tra le cose. – 4. Le universalità. – 5. Il patrimonio. – 6. I frutti.

1. *Il concetto di cosa e di bene*

Il primo titolo del libro terzo del codice tratta dei beni.

Il termine bene assume diverso significato nel linguaggio comune (nel quale "bene" equivale a "merci"), economico (dove il "bene" è qualsiasi mezzo, materiale o immateriale, avente l'attitudine, reale o presunta, di soddisfare un bisogno), e giuridico.

L'art. 810 c.c. definisce, infatti, i beni come le cose che possono formare oggetto di diritti.

Dunque, per l'ordinamento giuridico non vi è coincidenza – come nel linguaggio comune – fra bene e cosa, giacché le cose possono essere qualificate come beni solamente se siano suscettibili – secondo il tenore letterale dell'art. 810 c.c. – di "formare oggetto di diritti". Ad esempio le c.d. *res communes omnium*, dette anche *res extra commercium*, come la luce del sole, l'aria, lo spazio, il mare, ecc. *non sono beni* in quanto non possono formare oggetto di diritti.

L'accezione di bene nella terminologia giuridica

Inoltre, i caratteri che le "cose" debbono avere per divenire "beni" nell'accezione dell'art. 810 c.c. sono identificati con l'utilità, l'idoneità al soddisfacimento di interessi umani, l'autonomia, la scarsità, ecc.: connotati che la dottrina ha mutuato proprio dalla scienza economica. La nozione giuridica di bene si distingue tuttavia da quella economica perché vi sono cose le quali, anche se possono avere utilità ed il loro uso può dare soddisfazione (e dunque sono beni, nel senso economico), tuttavia non possono formare oggetto di rapporti giuridici, e pertanto non sono beni in senso giuridico come appunto le già richiamate *res communes omnium*.

Nozione giuridica vs. nozione economica

La definizione dell'art. 810 c.c. assume un'ottica principalmente patrimonialistica: essa presuppone che le cose che possono formare og-

La connotazione patrimoniale

getto di diritti sono quelle appropriabili, suscettibili cioè di entrare a far parte del patrimonio privato (ovvero pubblico, come beni demaniali – artt. da 822 a 825 c.c. – o patrimoniali, disponibili e indisponibili – artt. da 826 a 830 c.c.). Cosicché, le forme giuridiche dell'appartenenza per l'art. 810 c.c. si fermano ai diritti assoluti, o meglio ai diritti reali. Ma l'interesse del diritto verso le cose (e dunque, la qualifica delle stesse come beni giuridici) ormai travalica la nozione di bene giuridico recata dall'art. 810 c.c. (v. ad es. le apposite leggi di tutela verso la natura e l'ambiente, che per l'art. 810 c.c. sono non-beni; nello stesso senso, risalta la vicenda dei cc.dd. diritti della personalità, di certo beni in senso giuridico, ma non in senso materiale né economico, ed in ordine ai quali il riferimento oggettivo è estraneo alla nozione dell'art. 810 c.c.). Pertanto, la definizione di bene giuridico recata dall'art. 810 c.c., benché abbia l'apparenza – e, verosimilmente, anche l'ambizione – di proporsi come norma centrale nel sistema, viceversa non contiene la oggettivizzazione giuridica di tutti i valori dell'ordinamento.

La definizione dell'art. 810 c.c. non si può certo considerare felice, neppure dal punto di vista tecnico.

Infatti, per il codice cosa deve considerarsi un oggetto fisico, naturalisticamente inteso. Ed allora, dalla definizione dell'art. 810 c.c., «*sono beni le cose che possono formare oggetto di diritti*», sembrerebbe che un'entità, per essere un bene, debba essere necessariamente una "cosa". Ma, così come esistono cose che non sono beni, d'altro canto, vi sono beni che non sono cose: si tratta dei beni che si dicono, appunto per questo, immateriali.

La peculiarità dei beni immateriali

Infatti, lo stesso codice prospetta, oltre alla categoria dei beni materiali, altre utilità o valori, con analoghi requisiti di quelli dell'art. 810 c.c. – cioè capaci di arrecare utilità agli uomini e suscettibili di appropriazione, nonché di formare oggetto di diritti –, ad esempio i servizi (arg. *ex* artt. 2082, 2195, n. 1, c.c.) o le opere dell'ingegno (artt. 2575 ss. c.c.), e che dunque sono beni in senso giuridico: ma che tuttavia hanno esistenza puramente ideale, sicché sogliono contrapporsi ai beni materiali.

2. *Classificazione dei beni*

I beni ricevono dal codice una varia classificazione, alla quale corrisponde una diversità di disciplina.

Il profilo strutturale

Rispetto alla loro struttura, i beni si distinguono in corporali (i beni del mondo esterno dotati di materialità corporea) ed incorporali (cioè privi di materialità, ma che, tuttavia, sono percepibili con i sensi o con l'intelligenza: tali sono le opere dell'ingegno, le invenzioni, ecc.). La distinzione ha rilievo, ad esempio, sotto il profilo delle forme giuridiche di appropriazione: diritti reali nella prima ipotesi, situazioni di diversa natura nel caso dei beni immateriali.

I beni mobili ed immobili

I beni si differenziano poi in immobili – a loro volta distinguibili in beni immobili per natura (il suolo, le sorgenti e i corsi d'acqua, gli alberi, le case e, in genere, tutto ciò che naturalmente o artificialmente è incorporato al suolo) e per determinazione di legge (i mulini, i bagni e gli altri edifici galleggianti quando sono saldamente assicurati alla riva in modo permanente) – e mobili, i quali sono, a norma dell'art. 812 c.c., tutti gli altri beni che, in negativo, non rientrano in nessuna delle categorie di immobili elencate nei primi due commi. Esiste però anche una previsione esplicita in positivo, come l'art. 814 c.c. per il quale «*si considerano beni mobili le energie naturali che hanno valore economico*» (ad es. l'energia elettrica).

La distinzione tra beni immobili e mobili si realizza sotto vari profili. Infatti, soltanto per i negozi che si riferiscono ai diritti reali immobiliari si richiede l'atto scritto, a pena di invalidità (v. art. 1350 c.c.), e la trascrizione in pubblici registri, a fini di notizia e di opponibilità ai terzi. Ancora, è differente la rispettiva concedibilità in garanzia (i beni immobili sono oggetto di ipoteca, mentre i beni mobili sono oggetto di pegno) e la tutela possessoria (l'azione di manutenzione è concessa soltanto al possessore di un bene immobile o di una universalità di mobili, non anche al possessore di un bene mobile qualsiasi). Tutto ciò, però, salvo che si tratti di beni mobili registrati, che sono, in genere, i c.d. beni di locomozione e trasporto come le navi, gli aeromobili, gli autoveicoli. Questi beni mobili, in considerazione della loro rilevanza, sono dalla legge equiparati, quanto ad alcuni aspetti della disciplina giuridica (forma ed onere di pubblicità, ipotecabilità), ai beni immobili.

Salvo che dalla legge risulti diversamente (ciò che non sembra verificarsi), ai diritti che hanno per oggetto beni immobili ed alle azioni immobiliari si applica la disciplina dei beni immobili; la disciplina dei beni mobili si applica invece a tutti gli altri diritti ed azioni (art. 813 c.c.).

Cose specifiche e cose generiche

Sono, poi, beni specifici le cose individuate mediante caratteri propri (ad es. il cavallo *Varenne*); sono beni generici quelle cose non individuate singolarmente, ma come appartenenti ad un *genere* senza ulteriore specificazione (ad es. un cavallo, un albero).

La distinzione tra cose generiche e cose specifiche ha rilevanza, ad esempio, quanto al momento del passaggio della proprietà. Nella compravendita, la proprietà delle cose specifiche si acquista col semplice consenso; mentre la proprietà delle cose generiche si acquista solo con la specificazione *o* individuazione, con l'operazione, cioè, che le individua (ad es. la consegna). La distinzione ha rilievo, altresì, ai fini del passaggio del rischio, nel senso che fino a quando le cose generiche non sono consegnate al compratore, il rischio del loro perimento resta a carico del venditore. Ed ancora, la distinzione rileva a proposito dell'adempimento dell'obbligazione: l'obbligazione di consegnare una determinata quantità di cose generiche non può mai diventare impossibile, in virtù del principio per cui *genus numquam perit*, salvo che si tratti di genere limitato (ad esempio, se, avendo l'obbligo di consegnare dieci quintali del mio grano, un incendio fortuito distrugge tutto il mio grano, la mia obbligazione egualmente si estinguerà per impossibilità sopravvenuta).

Beni fungibili ed infungibili

I beni fungibili sono le cose che si pesano, si contano, si misurano e che, perciò, possono essere sostituite con altre dello stesso genere (ad es. grano, stoffa. La cosa fungibile per eccellenza è il denaro). *Beni* infungibili sono, invece, quelle cose che non possono essere indifferentemente sostituite con altre, in quanto individuate dalle parti in relazione a un dato rapporto.

La differenza tra cose fungibili e infungibili ha rilevanza, ad esempio, in quanto la compensazione legale o giudiziale è ammissibile solo per i debiti di cose fungibili; in quanto i negozi dai quali deriva l'obbligo di restituzione del *tantundem eiusdem generis et qualitatis* (ad es. il mutuo) possono avere ad oggetto solo *cose* fungibili, mentre i negozi dai quali deriva l'obbligo di restituire la cosa in natura hanno ad oggetto cose infungibili (ad es. il deposito e il comodato).

I beni consumabili

I beni consumabili sono quelli che non possono essere utilizzati senza essere consumati, fisicamente (ad es. il cibo o i combustibili) o economicamente (ad es. il danaro); gli inconsumabili, invece, quelli che si prestano ad una utilizzazione continuata, senza che restino distrutti o alterati (ad es. un fondo) ed indipendentemente dal fatto che con l'uso si deteriorino (ad es. i vestiti).

La distinzione ha rilievo se detti beni sono oggetto di diritti di godimento diversi dalla proprietà. In tal caso, se si tratta di beni inconsumabili, nessun problema; ma, se si tratta di beni consumabili, allora, poiché questi, per loro natura, non possono essere goduti senza essere consumati, e quindi, per ciò stesso, non possono essere restituiti, si ha un diritto essenzialmente diverso, il c.d. quasi-usufrutto, nel quale l'usufruttuario è tenuto a restituire non le cose godute, bensì il loro valore se ve ne è stata stima o, se non c'è stata la stima, dipenderà dalla scelta dell'usufruttuario la restituzione del loro valore o di cose della stessa quantità o qualità di quelle ricevute (art. 995 c.c.). Per quanto riguarda invece le cose deteriorabili (le quali, poiché sono suscettibili di utilizzazione continuata, rientrano fra le cose inconsumabili), vale il principio che chi è tenuto a restituirle, dopo averle legittimamente usate, deve restituirle nello stato in cui si trovano, non rispondendo del loro deterioramento.

I beni divisibili

I beni divisibili sono le cose che possono essere frazionate in modo omogeneo, senza che se ne alteri la destinazione economica, ed in modo che ciascuna delle parti uguali rappresenti una porzione identica del tutto (ad es. il denaro, bene divisibile per eccellenza; un edificio diviso per piani, un fondo, ecc.); beni indivisibili sono tutti gli altri.

Tale differenziazione ha rilievo in materia di prestazioni indivisibili, per le quali, ad esempio, se ci sono più creditori, ciascuno può esigere l'esecuzione dell'intera prestazione da parte del debitore, e il pagamento ha effetto liberatorio nei riguardi degli altri creditori (art. 1319 c.c.).

Le classificazioni sopra riportate non sono naturalistiche, bensì funzionali. Cioè, corrispondono non tanto a qualità connaturate dei beni, ma piuttosto agli interessi delle parti, che in ragione di tali interessi prendono in considerazione quelle cose in un modo oppure in un altro, come oggetto di rapporti giuridici. Infatti, quanto alle cose specifiche o generiche, uno stesso bene può interessare nella sua individualità, ovvero in quanto appartenente ad un genere. La fungibilità, dal canto suo, dipende non soltanto da qualità intrinseche delle cose (l'essere cioè equipollenti le une alle altre e quindi sostituibili), ma anche dalla volontà dei soggetti, i quali, ad un bene che – secondo la comune valutazione – dovrebbe essere considerato fungibile (ad es. un libro) possono attribuire carattere infungibile (ad esempio, perché ricevuto in dono da una persona cara) così come ad un bene che, per la comune valutazione, dovrebbe essere infungibile (ad esempio, quel determinato quadro di Picasso), possono attribuire carattere fungibile (ad esempio, possono ritenerlo sostituibile con un quadro di Modigliani). La indivisibilità di un bene può poi derivare dalla natura dello stesso (ad es. animale vivo), o dalla legge (ad es. sono indivisibili le parti comuni di un edificio in condominio), ma anche dalla volontà delle parti.

È assolutamente inderogabile soltanto la distinzione tra beni mobili e beni immobili, cosicché i privati non possono pretendere di sottomettere al regime delle cose mobili taluni immobili, deliberando in tal senso pattiziamente in un contratto (ad esempio qualificando come cose mobili i manufatti incorporati in un suolo compravenduto).

3. *I rapporti di connessione tra le cose*

Le cose semplici

Vi sono beni che ricevono dal diritto una considerazione unitaria perché, empiricamente, si tratta di un oggetto solo (come, in primo luogo, le cc.dd. cose semplici, ossia quelle cose i cui elementi sono talmente compenetrati fra loro che non possono staccarsi senza alterare la fisionomia del tutto. Si pensi ad una pianta e a tutte quelle cose che *uno spiritu continentur*).

Ma, oltre che nella loro individualità, le cose possono presentarsi come risultato dell'unione di più elementi o parti, ovvero in rapporto con altre cose. In tal caso la legge riserva, per una comodità di disciplina rispondente al principio dell'economia dei mezzi giuridici, un trattamento unitario. Ove in concreto non sia stabilito diversamente, il semplice riferimento al *nomen* unitario della cosa fa sì che tutte le cose ricomprese in essa seguano la stessa sorte. Vale a dire, per esempio, che chi acquista un orologio, una casa, una biblioteca, acquista *uno actu* tutti gli ingranaggi, i mattoni, e i libri che compongono l'insieme, e non ha bisogno di tanti atti di acquisto quanti sono gli ingranaggi, i mattoni ed i libri.

Sotto questo profilo, peraltro, occorre distinguere tra cose composte e cose connesse.

Le cose composte

Le cose composte sono quelle in cui più cose che possono conservare la loro individualità ed essere separabili formano un nuovo bene, il quale viene ad avere funzione e valore economico diversi da quelli delle cose che lo compongono. Ad esempio, una casa (che è l'insieme di mattoni, travi, cemento, ecc.; un'automobile, ecc.).

Le cose connesse

Si ha connessione, invece, quando due o più cose vengono poste in una determinata relazione tra di esse, per cui è possibile distinguere una cosa principale ed una accessoria.

Figure di connessione sono l'incorporazione e la pertinenza.

Si ha incorporazione quando una cosa mobile (accessoria) è naturalmente o artificialmente *compenetrata* in un'altra immobile (cosa principale): ad esempio, la statua incorporata in una nicchia. Entrambe le cose devono appartenere alla stessa persona. Qui è il concetto di completezza a dominare, non quello di complementarietà necessaria, che esiste nell'ipotesi di cose composte. Le cose mobili incorporate (accessorie), per un processo di immobilizzazione, perdono la propria individualità economica e giuridica e seguono il regime del bene immobile (principale) cui sono incorporate.

Le pertinenze

Sono, invece, pertinenze "le cose destinate in modo durevole a servizio o ad ornamento di un'altra cosa" (art. 817 c.c.). Ad esempio, gli strumenti rurali sono pertinenze del fondo. Le pertinenze sono sottoposte allo stesso regime giuridico delle cose principali, senza però escludere che possano formare oggetto di autonomi rapporti (art. 818 c.c.). Non è necessario, pertanto, che la pertinenza appartenga al proprietario della cosa principale.

A sua volta, la distinzione tra *nesso* pertinenziale e cosa composta è netta. In quest'ultima convergono cose semplici singole tutte autonome ed essenziali (ad esempio, i fari o i vetri di un'automobile sono essenziali a dar vita alla cosa composta). Nel fenomeno pertinenziale, invece, la cosa principale gode già di piena autonomia e la pertinenza si trova in posizione di subordine, conferendo alla prima maggiore utilità (così accade, ad esempio, nel caso del garage quale pertinenza dell'appartamento). Ancora, *la* pertinenza si distingue dalla cosa accessoria, in quanto soltanto in relazione alla prima è ravvisabile un vincolo durevole di destinazione, mentre la seconda non è durevolmente e stabilmente destinata alla cosa principale, e neppure è essenziale alla formazione della cosa composta. Così, nell'esempio dell'automobile, l'autoradio è una pertinenza; la ruota di scorta è cosa accessoria, mentre le altre quattro vanno a formare la cosa composta principale.

Infine, il *nesso* pertinenziale si distingue anche dalla universalità di mobili. Infatti, cosa principale e pertinenza possono essere tanto mobili quanto immobili, mentre le universalità, secondo l'art. 816 c.c., rappresentano un insieme esclusivamente di beni mobili. Inoltre la pertinenza, rispetto alla cosa principale, è in posizione subordinata, carattere che viceversa non ricorre nelle universalità.

4. *Le universalità*

Le universalità di cose (cc.dd. *universates rerum*), cui fa riferimento l'art. 816 c.c. con la rubrica "universalità di mobili", sono quel complesso di cose che appartengono alla stessa persona ed hanno una destinazione unitaria (ad es. un gregge, una biblioteca).

Esse si distinguono dalle cose composte, perché mancano di quella coesione fisica tra loro, propria delle cose composte. Nelle universalità, l'unione è soltanto ideale e si verifica in funzione della comune destinazione delle varie cose (i romani parlavano allora di *corpus ex distantibus*). Esse si distinguono altresì dalle pertinenze, in quanto non configurano quel rapporto di subordinazione (*ornamento o servizio*) tipico dei complessi pertinenziali.

L'autonomia funzionale delle universalità

Dalla formulazione dell'art. 816 c.c. si evincono dunque gli elementi dell'universalità: una pluralità di cose mobili; una destinazione unitaria; l'appartenenza di tutte le cose dell'insieme al medesimo soggetto (o la disponibilità di tutte da parte di un soggetto che possa imprimere loro una destinazione economica unitaria).

Le singole cose che compongono l'universalità non perdono, per effetto dell'unitarietà della destinazione, la loro autonomia, per cui possono formare oggetto di separati atti e rapporti giuridici (art. 816, 2° comma, c.c.). La caratteristica della "universalità" – e l'utilità del concetto quale trattamento unitario di una pluralità di cose – consiste nella circostanza che, se in concreto non sia stabilito diversamente (e quindi, di regola), ciascuna vicenda giuridica (acquisto, costituzione di diritti limitati, ecc.) coinvolge unitariamente ed uniformemente l'intera universalità. Pertanto, il semplice riferimento al *nomen* fa sì che tutte le cose, che in essa sono comprese, seguano la stessa sorte, subendo automaticamente le stesse vicende. Chi acquista il gregge, la biblioteca, la collezione, acquista *uno actu* tutti i beni che li compongono, e non ha bisogno di tanti atti di acquisto quante sono le pecore, i libri della biblioteca o i pezzi della collezione. Tuttavia, il principio non è uniforme: non vale, ad esempio, per i "singoli beni che compongono l'azienda", per il cui "trasferimento", precisa l'art. 2556 c.c., è necessaria l'osservanza delle forme stabilite dalla legge secondo la rispettiva qualità e natura.

L'universalità di fatto e di diritto

Una ulteriore distinzione è tra universalità di fatto (*universitas facti*) e universalità di diritto (*universitas iuris*). Esempio più importante di *universitas iuris* sono l'eredità *e* l'azienda. Nella *universitas iuris* è la legge (e non il titolare, come nell'universalità di fatto) che considera e regola unitariamente una serie di rapporti giuridici. Inoltre, le universalità di fatto sono composte soltanto di beni mobili (cfr. l'art. 816 c.c., il quale, con l'etichetta della "universalità di mobili", appare escludere la possibilità di una strutturazione comprendente beni immobili e beni mobili: ed anche le altre disposizioni che nel codice fanno esplicito riferimento alle "universalità" – v. artt. 1156, 1160, 1170 c.c.; v. poi artt. 771, 2° comma, 994, 2784, 2914, n. 3, c.c. – costantemente specificano "di mobili"). Non così, viceversa, per le universalità di diritto, come avviene in particolare nell'azienda, la quale, a norma dell'art. 2555 c.c., per lo più comprende, e in parte preponderante, anche beni immobili, nonché diritti.

In base all'art. 812 c.c., le universalità di mobili devono qualificarsi beni mobili. Tuttavia, per certi fini la relativa disciplina diverge da quella mobiliare, nonostante le universalità siano composte da beni mobili, ed esse sono regolate come cose immobili. In particolare, alle universalità, in virtù dell'art. 1156 c.c., non si applica il principio secondo cui il possesso di buona fede vale titolo, previsto invece per i beni mobili dall'art. 1153 c.c. Per cui, quando il possesso delle universalità di mobili si fondi su di un acquisto in buona fede con titolo idoneo non si verifica acquisto istantaneo della proprietà come per i mobili, bensì la relativa usucapione è decennale (art. 1160, 2° comma, c.c.). Invece, per i beni mobili l'usucapione si attua in dieci anni se il possesso sia acquistato in buona fede ma non vi sia titolo idoneo (art. 1161, 1° comma, c.c.). In terzo luogo, a tutela del possesso di una universalità di mobili, a differenza di un bene mobile qualsiasi, è concessa l'azione di manutenzione (art. 1170 c.c.).

5. *Il patrimonio*

Giuridicamente, il patrimonio è l'insieme di tutti i diritti, obblighi ed altre situazioni giuridiche soggettive, facenti capo ad una persona (c.d. titolare) e valutabili economicamente (sono esclusi, quindi, i diritti della personalità e familiari). Pertanto, in senso giuridico è titolare di un patrimonio anche chi ha solo debiti, a differenza della nozione economica, e del linguaggio comune.

È possibile anche che alcuni beni, pur continuando ad appartenere ad un soggetto, debbano essere considerati come distinti dal restante patrimonio di lui, in virtù di una particolare destinazione (ad es. fondo patrimoniale familiare, artt. 167-171 c.c.). Si discorre in tal caso di patrimonio separato, distinto dal concetto di patrimonio autonomo, che ricorre quando un complesso di beni è distaccato dal proprio titolare, per venire attribuito ad un nuovo soggetto, dotato di autonomia patrimoniale (ad es. società, o associazioni non riconosciute).

I patrimoni autonomi e separati

6. *I frutti*

Per frutto si deve intendere ciò che proviene da un altro bene. Il frutto naturale proviene direttamente da un altro bene, e diventa bene autonomo soltanto con la separazione (si pensi ai prodotti agricoli, la legna, i parti degli animali, ecc.). L'agnello, ad esempio, diventa bene a sé stante, acquistabile separatamente dalla madre, soltanto dopo il parto; prima di quel momento, chi acquista la pecora gravida acquista anche il feto. Tuttavia, il proprietario può disporre dei frutti come di cosa mobile futura: in tal caso, l'efficacia dell'atto di disposizione è subordinata alla separazione. Di regola i frutti naturali appartengono al proprietario della cosa che li produce (v. art. 821 c.c.), ma la proprietà può essere attribuita ad altri dalla legge (ad es. all'usufruttuario: art. 984 c.c.) o in virtù di un atto negoziale.

La fruttificazione

Dai frutti naturali vanno distinti i frutti civili, che provengono da altro bene come corrispettivo del godimento che altri ha su quel bene (interessi, canone delle locazioni, ecc.) e che, a differenza dei frutti naturali, si acquistano non in un dato momento (quello, cioè, della separazione), bensì giorno per giorno, in ragione della durata del diritto (com'è, ad esempio, per la maturazione degli interessi corrisposti dalla banca).

Frutti naturali e frutti civili

CAPITOLO 42

IL DIRITTO DI PROPRIETÀ

1. *La proprietà nel codice e nella Costituzione*

L'art. 832 del codice civile afferma che il proprietario «*ha diritto di godere e disporre delle cose in modo pieno ed esclusivo*».

Cenni storici

La formulazione di questa norma è frutto di un tormentato dibattito, a partire dal primo dopoguerra. Su chi aveva proposto di affermare espressamente che la proprietà ha una funzione sociale, prevalsero coloro che vollero mantenersi fedeli alla formula classica consacrata nell'art. 544 *Code Napoléon*, e ripetuta nell'art. 436 del codice civile italiano del 1865, secondo la quale il proprietario ha il diritto di sfruttare il bene nel modo più assoluto, purché non ne faccia un uso proibito dalla legge.

Il codice del 1942, dunque, almeno in prima battuta, riconosce in pieno il diritto di proprietà, come diritto che consente il più ampio sfruttamento dei beni, senza doversi preoccupare che questo sfruttamento sia anche giovevole alla comunità. Infatti la proprietà, oltre ad essere il diritto reale per eccellenza, è anche il prototipo del diritto soggettivo, definito dalla tradizione appunto come il potere, attribuito alla volontà del soggetto e garantito dall'ordinamento giuridico, di conseguire il soddisfacimento dei propri interessi. Il diritto soggettivo cioè, secondo la dottrina dominante, attribuisce al suo titolare, puramente e semplicemente, un vantaggio, la cui fruizione (nel se, nel come, nel quando) è rimessa alla volontà del soggetto stesso. In questo senso, il diritto soggettivo è nato per esprimere un interesse individuale ed egoistico, non altruistico, finalizzato all'utilità altrui. La volontà del soggetto, e perfino il suo arbitrio, era considerata, nell'ottica del liberalismo classico in cui questa teoria è nata – che è lo stesso contesto culturale in cui è nata l'ideologia della proprietà privata come migliore forma di sfruttamento dei beni, dal punto di vista economico come un valore "sacro", in se stesso meritevole della più ampia tutela da parte dell'ordinamento giuridico.

Da qui la circostanza che la proprietà è caratterizzata, tra le altre cose, da una immunità nell'esercizio, che è tipica della posizione proprietaria. Difatti, l'idea di un controllo e di un giudizio sui modi di utilizzazione del bene da parte del proprietario; l'idea che la dinamica del processo decisionale sugli utilizzi della proprietà possa essere sottoposta a regole e controlli esterni, oppure, addirittura, che l'esercizio del diritto di proprietà possa essere indirizzato a fini diversi da quelli del proprietario – per esempio, ad interessi altrui, o ad interessi sociali –, è del tutto aliena dalla visione tradizionale della proprietà.

Proprietà come libertà

Questa considera la proprietà essenzialmente come libertà, e nella libertà la legge si astiene dal disciplinare il contenuto delle attività. Il substrato ideologico di questa impostazione è la convinzione che l'interesse pubblico riesca meglio soddisfatto affidando allo stesso privato la scelta dei modi concreti di soddisfazione di tale interesse. Quando, poi, al potere attribuito al privato l'ordinamento conferisca la figura del diritto soggettivo, la presunzione della razionalità delle scelte compiute dall'agente acquista carattere assoluto: la legge tutela la scelta effettuata dal titolare del potere, quale che essa sia. Se l'ordinamento, in questi casi, vuole evitare che l'uso del potere non corrisponda alle previsioni, il mezzo usato è quello di imporre obblighi e divieti: e, storicamente, sono sempre esistiti vincoli e divieti, più o meno ampi, all'esercizio dei poteri del proprietario. Ma questi obblighi e divieti, per quanto rigidi, non contraddicono il concetto di libertà. Essi, infatti, circoscrivono pur sempre dal di fuori il potere stesso, senza mutarne l'essenza intima di libertà di agire. Sicché, fuori dalle ipotesi in cui viga un limite, la situazione rimane di libertà e di arbitrio dell'agente, dato che nessun interesse specifico, diverso da quello dell'agente stesso, è preso in considerazione dall'ordinamento.

I limiti funzionali

Il citato art. 832 c.c. in tema di proprietà aggiunge, però, che il proprietario ha diritto di godere e disporre delle cose in modo pieno ed esclusivo, "entro i limiti e con l'osservanza degli obblighi stabiliti dall'ordinamento giuridico". Il codice del 1942, quindi, pur riconoscendo in pieno il diritto di proprietà, non discorre più soltanto, come in precedenza, di meri limiti legali, bensì richiede anche la osservanza degli obblighi che chi ha il diritto di proprietà assume, in quanto tale, verso la società costituita. L'inciso mette così in luce anche l'aspetto di dovere connesso con l'esercizio della proprietà. Ovviamente, in coerenza con l'ideologia dominante nel periodo in cui la norma fu redatta, i fini al cui perseguimento la proprietà, pur confinata nella sfera del singolo, doveva essere indirizzata, erano le esigenze del regime e dello Stato: in particolare, la produzione nazionale (cfr., ad es., l'art. 838 c.c. sull'obbligo di coltivare il fondo).

Il ruolo determinante della Costituzione

Il clima appare profondamente mutato con la Costituzione repubblicana, la quale, all'art. 42, dichiara solennemente che «*La proprietà privata è riconosciuta e garantita dalla legge, che ne determina i modi di acquisto, di godimento e i limiti allo scopo di assicurarne la funzione sociale e di renderla accessibile a tutti*».

La Costituzione, cioè, conferisce al legislatore il potere di porre regole e limiti allo scopo di assicurare la funzione sociale della proprietà e di renderla accessibile a tutti, con un programma che subordina l'interesse individuale a quello collettivo e propugna una più equa distribuzione delle ricchezze. È cambiato, chiaramente, il modello politico (e giuridico) di riferimento: la funzione sociale che la proprietà deve realizzare non consiste più in esigenze produttivistiche, come nel passato regime, bensì va individuata nella tutela e nello sviluppo della dignità umana e nella realizzazione dell'uguaglianza sostanziale, in coerenza con i valori da ritenersi cardine della nostra carta costituzionale, espressi nei suoi artt. 2 e 3, 2° comma.

La proprietà come rapporto

Con ciò, la nozione (la sopra descritta nozione tradizionale) di diritto soggettivo è stata messa in crisi dalla funzione solidaristica presente a livello costituzionale, nell'art. 2 Cost.; e, per quanto attiene più specificamente alla proprietà, dall'affermazione che la proprietà ha funzione sociale, ai sensi dell'art. 42, 2° comma, Cost. Si tratta di una crisi di contenuti, ed in particolare della connotazione individualistica ed egoistica del diritto di proprietà: i concetti costituzionali fanno invece emergere, nell'uno e nell'altro istituto, la nuova dimensione del rispetto degli interessi sociali, dello stabilimento di equi rapporti sociali, della realizzazione della personalità dei cittadini e dei diritti fondamentali; e si afferma, altresì, che la funzione sociale operi indipendentemente dall'esistenza di un dato normativo in cui essa si specifichi. E si tratta di una crisi del concetto, perché, si afferma, la funzione sociale rappresenta un limite non estrinseco alla proprietà, che dall'esterno ne comprime il carattere individualistico ed egoistico che rimane immutato. Si tratta, piuttosto, di un limite interno alla situazione, che ne costituisce uno dei contenuti e che la trasforma e la conforma, appunto, dall'interno, sicché la situazione del proprietario è intrinsecamente conformata alla funzione sociale.

Tuttavia, nonostante l'espressione di "funzione", la funzione sociale della proprietà non rappresenta una funzionalizzazione della situazione, una trasformazione di essa in situazione di diritto-dovere, in cui l'interesse preponderante non è quello privato del titolare, bensì quello pubblico della tutela della persona e del raggiungimento dell'uguaglianza e della giustizia sociale, da perseguire e realizzare. Il potere avente carattere funzionale è il contrario della libertà e del diritto soggettivo. Dal collegamento del potere con interessi non propri del soggetto agente (così che il potere assume il carattere di *munus*), deriva che la scelta dell'agente non è mai libera: egli, infatti, ha l'obbligo che il suo esercizio si effettui sempre in modo da soddisfare la funzione. La proprietà, invece, per quanto limitata e controllata ed avente funzione sociale, è pur sempre, per definizione, una situazione di libertà. Né nella dottrina generale della proprietà esiste un potere generalizzato del giudice di valutazione discrezionale circa il modo di godimento del proprietario, né in alcuna normazione positiva vi sono specie di diritti di proprietà privata per i quali possa dirsi sussistente una funzionalizzazione.

Peraltro, l'inserzione del canone di funzione sociale nei concetti tradizionali lascia largamente delusi. Difatti, quando manchi un regolamento specifico, fissato dallo stesso legislatore, che sviluppi ed applichi il principio, la valenza di questo, realisticamente, si riduce ad una mera funzione interpretativa (ad es. con riferimento all'art. 833 c.c. sul divieto di atti emulativi, o all'art. 842 c.c. sul diritto di accedere al fondo altrui, o all'art. 844 c.c. sulle immissioni: v. *infra*), per di più generalmente giocata sulla creazione di un limite negativo, e non di un obbligo positivo del proprietario di fare.

2. *Contenuto e caratteri del diritto di proprietà*

I "diritti" del proprietario

Come detto, l'art. 832 c.c. afferma che il proprietario «*ha diritto di godere e disporre delle cose in modo pieno ed esclusivo*». Il diritto di godere consiste nella facoltà del proprietario di utilizzare la cosa (come già rilevato, per i propri fini e nel proprio interesse, e quindi decidendo anche se, come e quando utilizzarla). Il diritto di disporre della cosa si concreta nel potere del proprietario di compiere attività giuridica di carattere negoziale sulla cosa (e, quindi, di alienarla, di lasciarla per testamento, di costituire sulla stessa diritti reali limitati a favore di altri, ecc.).

La pienezza del diritto

Secondo la dottrina tradizionale, il diritto di proprietà, stante anche il dettato dell'art. 832 c.c., presenta precisi caratteri: in primo luogo, la pienezza (o illimitatezza, o generalità) per cui la proprietà costituisce un diritto che consente al proprietario ogni (lecita) utilizzazione del bene. Questa possibilità di piena espansione della sfera del proprietario sulla cosa, con riguardo a tutte le utilità che essa può fornire, è coerente con i principi dell'autonomia privata e del liberismo, ai quali è improntata la proprietà nei sistemi come il nostro. La concezione liberale, come si è già osservato, poiché identifica lo sfruttamento razionale dei beni con lo sfruttamento individuale ed illimitato, vede con netto disfavore ogni vincolo imposto alla proprietà ed al suo godimento. Per cui il vincolo, se vi dev'essere, può dipendere, tendenzialmente, soltanto dalla volontà del proprietario (*iura in re aliena*) o da disposizioni di legge.

L'esclusività del diritto

La proprietà, poi, è caratterizzata dalla esclusività, nel senso che la essa concede il diritto di escludere qualsiasi altro soggetto dal godimento del bene e che sulla stessa cosa non può esistere più di un diritto di proprietà. In coerenza con i princìpi dello sfruttamento individuale dei beni, ogni partecipazione di soggetti alla gestione del bene viene vista come una sorgente di conflitti, a tutto scapito dello sfruttamento razionale del bene stesso.

L'elasticità

Ancora, la proprietà si dice connotata dalla elasticità. Questo carattere esprime la circostanza per la quale il diritto di proprietà rimane potenzialmente integro, per quanto numerosi ed estesi siano i limiti ai poteri del proprietario. Infatti, non appena viene meno il vincolo che lo limita, il diritto di proprietà riprende automaticamente la sua ampiezza primitiva. Ad esempio, se, mediante la costituzione di un diritto di usufrutto sulla cosa, vengono affidati all'usufruttuario tutti i poteri di godimento spogliandone il proprietario, la proprietà di quest'ultimo si riduce fino quasi a scomparire (tanto che la sua proprietà, in quel caso, viene definita "nuda"). Ma non appena si estingue l'usufrutto, la proprietà riacquista automaticamente le facoltà perse (fenomeno che viene definito come "consolidazione"), tornando ad essere piena ed illimitata. I giuristi usano descrivere l'elasticità della proprietà parlando di diritto che "comprime" la proprietà, la quale "si riespande" alla cessazione del limite. In proposito viene impiegata spesso l'immagine della palla schiacciata da una mano, e che poi riprende la sua forma originaria al cessare della pressione: e, in effetti, al termine "elasticità" non è aliena una certa qual intenzione metaforica.

Autonomia ed indipendenza

La proprietà è caratterizzata, altresì, da autonomia ed indipendenza, nel senso che il diritto di proprietà non presuppone mai l'esistenza di un parallelo diritto altrui di portata maggiore.

L'imprescrittibilità

Altro carattere della proprietà è la imprescrittibilità. La proprietà non si può perdere per "non uso", bensì soltanto per l'uso altrui (usucapione). Ma, finché nessun altro usucapisca il bene, questo rimane indefinitivamente del proprietario, anche se non lo utilizzi. Questa caratteristica viene ritenuta coerente con la pienezza delle facoltà del proprietario: tanto è ampio il potere del *dominus* di fare della cosa quanto meglio gli piaccia, che anche il non uso della cosa sembra dover essere considerato come un legittimo modo di godimento del proprietario e, quindi, come una valida manifestazione di esercizio del suo diritto. C'è anche chi qualifica tale "manifestazione" come "godimento astensivo". Ma ciò, beninteso, quando il non uso sia volontario: l'idea di una proprietà necessariamente inerte nel godimento viene ritenuta del tutto inammissibile.

La perpetuità

Infine, per l'impostazione tradizionale della proprietà, carattere essenziale di tale diritto è la sua perpetuità, cioè la mancanza di ogni preventiva determinazione di durata, l'assenza di limiti temporali. Non è possibile, si dice, fissare un termine finale alla proprietà, perché ciò contrasterebbe con la stessa essenza giuridica e con gli elementi caratteristici della proprietà, quali, ad esempio, la pienezza.

I diritti reali limitati

I diritti reali limitati, invece, non posseggono analoghi caratteri. Non sono pieni ed illimitati, perché consentono al loro titolare soltanto alcune utilizzazioni del bene: magari amplissime, ma mai tutte. Non sono esclusivi, perché non danno la facoltà di impedire la costituzione di altri diritti di godimento sul bene. Non sono elastici, perché nessuno di essi, infatti, può "espandersi" sino all'acquisizione della proprietà (invero, l'enfiteuta può acquisire la proprietà, ma la ragione non risiede in una elasticità dell'enfiteusi, bensì nel diritto di affrancazione). Non sono autonomi, perché, anzi, salvo il loro sorgere per usucapione, presuppongono l'esistenza di un parallelo e maggiore diritto altrui, che li abbia costituiti, e da quest'ultimo dipende la loro esistenza. Non sono imprescrittibili, poiché si perdono per non uso. Solo quanto alla perpetuità, si è già detto che le servitù sono tipicamente perpetue; ma già enfiteusi e superficie possono essere sia perpetue, sia temporanee. L'usufrutto è soltanto temporaneo.

Il principale aspetto dogmatico di questa – secolare – costruzione è, dunque, che il concetto di proprietà è assolutamente monolitico. Di proprietà, vista come piena espansione della sfera del proprietario sulla cosa con riguardo a tutte le utilità che essa può fornire, ne esiste un solo tipo, senza alcuna articolazione, bensì sempre, in via di principio, concettualmente uguale a se stesso in tutte le sue manifestazioni. Ma questa concezione della dottrina tradizionale è ormai entrata in crisi.

Superamento della visione dogmatica della proprietà

Nella dottrina più attenta e moderna, la convinzione secondo cui godere e disporre sono ineliminabili dalla proprietà si è ormai incrinata, essendovi, attualmente, situazioni soggettive di proprietà, come quella edilizia, agraria, alberghiera, di beni culturali e ambientali, in cui, temporaneamente o definitivamente, in tutto o in parte, è esclusa la facoltà di godimento, o la facoltà di disposizione, o entrambe. Ad esempio, è esclusa o limitata la facoltà di godimento della proprietà nella legislazione vincolistica di blocco degli sfratti, la quale fa sì che il conduttore, e non il proprietario, abbia il diritto di rimanere nel godimento del bene; nella disciplina dell'equo canone, della prelazione agraria e della durata dell'affitto, le quali indicano che il proprietario, se è libero di scegliere il destinatario del godimento del fondo, non può tuttavia sceglierе liberamente né di stipulare contratti atipici (essendosi imposta la tipizzazione dei contratti agrari, con la legge n. 756 del 1964) né i contenuti del contratto né di recedere da esso. La stessa coltivazione della terra è divenuta attività programmata e partecipata: il proprietario non può coltivare come crede il fondo, né lasciarlo incolto né dare ai prodotti della terra la destinazione che crede; la legislazione statale, quella regionale, quella comunitaria concorrono a determinare gli obblighi che gravano su chi produce frutti agricoli.

La compressione della facoltà di disposizione

Manca, poi, la facoltà di disposizione, intesa nel senso di scelta della destinazione economica da dare al bene, ad esempio rispetto a proprietà come quella edilizia, alberghiera, di cava, di beni culturali e ambientali, con la connessa disciplina di vincolo, dove il proprietario non ha la libera iniziativa (privata) di scegliere come vuole la destinazione del bene, ma tutt'al più ha la possibilità di attuare le destinazioni e le scelte operate dall'amministrazione. Pertanto, disposizione e godimento rappresentano contenuti soltanto normali della proprietà. Persistere nell'affermare la loro essenzialità, e con i caratteri della "pienezza" e della "illimitatezza", pur promessi dalla formula dell'art. 832 c.c., significa fare un'affermazione smentita dal diritto positivo. E tanto i poteri di godimento e di disposizione sono ormai variabili e contenutisticamente fungibili, che è apparso legittimo chiedersi quali e quante facoltà il legislatore (e, quindi, l'interprete) possano sottrarre alla proprietà, senza che essa si snaturi, cessando di essere tale. Ebbene, questo problema appare non avere altra soluzione, se non quella di affermare che non esiste un contenuto minimo della proprietà, bensì, semmai, i contenuti minimi dei singoli statuti proprietari, ciascuno dei quali con un minimo, il suo minimo.

Le cc.dd. proprietà collettive

Conclusioni analoghe valgono anche per la cosiddetta "esclusività", poiché si rinvengono, nell'ordinamento, proprietà non esclusive, bensì collettive (come i demani civici di cui alla legge 16 giugno 1927, n. 1766) o sdoppiate (come il fondo privato gravato da uso civico, di cui, nuovamente, alla legge 16 giugno 1927, n. 1766; ovvero la proprietà del mandatario senza rappresentanza, nella quale si assiste ad una ripartizione di facoltà proprietarie tra mandante e mandatario). E, più in generale, oggi si tende effettivamente ad un ritorno – dal punto di vista dogmatico, teorico e ricostruttivo – alla teorica della pluralità dei dominii, facendo assumere ad ogni forma di diritto reale sul bene una sua autonomia come proprietà. Comunque, tutte queste configurazioni collettive o sdoppiate della proprietà risultano del tutto eretiche rispetto all'idea tradizionale della stessa, dotata, appunto, di esclusività, la quale significa, in primo luogo ed *ex necesse*, che sulla stessa cosa non può esistere più di un diritto di proprietà.

La proprietà temporanea

Anche con riguardo alla perpetuità, sono state individuate tanto la proprietà temporanea quanto la proprietà risolubile, rinvenendone sia la disciplina, sia le fattispecie espressamente previste dalla legge, sia le ipotesi che dimostrano come essa possa essere creata liberamente dall'autonomia privata. L'ipotesi della proprietà temporanea, caratterizzata dall'essere previsto un termine finale, per legge o per patto, avviene, ad esempio, nel caso della proprietà fondiaria degli enti per la riforma agraria a norma della legge 12 maggio 1950, n. 230 e della legge 31 ottobre 1950, n. 841, in quanto *ex lege* costituita in vista del raggiungimento di certi fini, e, perciò, destinata a cessare una volta esaurita quella funzione. I privati stessi sono poi autorizzati a fissare un termine finale alla proprietà, come, ad esempio, nel caso di legato (di specie), che attribuisce al legatario la proprietà del bene disposto e che può essere costituito anche a termine finale (art. 637 c.c.); nel caso della superficie, che riserva al superficiario la proprietà dell'edificio costruito su suolo altrui (art. 952 c.c.) e che può essere costituita anche "per un tempo determinato", con la conseguenza che, alla scadenza del termine, la proprietà del superficiario si estingue automaticamente (art. 953 c.c.).

Ed appare assolutamente non corretto assumere un atteggiamento dogmatico, affermando – come pure si è fatto – che si tratterebbe di singole fattispecie peculiari, di mere eccezioni, le quali confermerebbero la regola generale; oppure escludendo che vi sia proprietà privata là dove questa non sia perpetua, esclusiva, assoluta, ecc.

Di più, è ormai chiara, nella migliore dottrina, l'impossibilità di una costruzione unitaria del fenomeno della proprietà, che appare variamente regolato a seconda della natura del bene, del soggetto titolare, dei suoi poteri sul bene stesso; nonché – aggiungono alcuni – a seconda non soltanto di simili ragioni di ordine qualitativo, ma anche di profili quantitativi, perché è possibile individuare una tutela giuridica di particolare favore per la "piccola" proprietà in confronto a quella "grande".

Dalla proprietà alle proprietà

Si discorre quindi di crisi del "modello proprietario", nel senso della disgregazione della nozione di proprietà disegnata nell'art. 832 c.c. In questo senso, si è raggiunta la consapevolezza che non è più possibile discorrere della proprietà, quale istituto unitario e compatto, con caratteristiche sempre uguali in ognuna delle sue manifestazioni, bensì, piuttosto, delle proprietà al plurale, ognuna con un suo autonomo statuto.

3. *Estensione del diritto di proprietà*

Usque ad inferos, usque ad sidera

In senso orizzontale, la proprietà immobiliare si estende sino all'ambito dei propri confini.

In senso verticale, la proprietà teoricamente si estende all'infinito, ossia al sottosuolo ed allo spazio sovrastante il suolo. I confini di diritto positivo tengono tuttavia conto del contenuto economico del diritto di proprietà, cioè dello sfruttamento utile: il proprietario non può opporsi all'attività di terzi che si svolga ad una profondità o altezza tale ove manchi un interesse ad escluderla. E pertanto, il proprietario non si può opporre, ad esempio, allo scavo di una galleria, se questo non pregiudichi la statica dell'edificio soprastante o le radici delle proprie colture, ed egli non svolga, nel sottosuolo, alcuna attività di sfruttamento.

4. *Limiti legali al diritto di proprietà*

Le situazioni che comprimono o conformano il diritto di proprietà possono derivare da un atto di disposizione del privato proprietario (il quale può costituire un diritto reale di godimento); oppure da disposizioni di legge, dirette a tutelare finalità di ordine pubblico o a realizzare un contemperamento di interessi. Le situazioni del primo tipo vengono dette, tecnicamente, "limitazioni"; per le situazioni del secondo tipo si usa, piuttosto, il termine di "limite" (anche se tale distinzione non è rigorosamente rispettata, sicché l'uno o l'altro termine è, a volte, adoperato indifferentemente, come se si trattasse di una significazione unitaria).

Le limitazioni legali e convenzionali

Invece, i limiti imposti dalla legge alla proprietà sono essenziali al concetto stesso di proprietà, in quanto lo delineano e ne definiscono il contenuto; hanno natura legale, e non convenzionale; sono intrinseci alla proprietà, poiché non nascono separatamente dal diritto o successivamente ad esso o in base ad un diverso titolo di acquisto, ma *uno actu* col diritto di proprietà, rispetto alla quale risultano immanenti e connaturati; sono astratti, in quanto si riferiscono alla proprietà considerata in via astratta e generale o, al più, nei suoi vari tipi e categorie; e, da ultimo, sono reciproci, perché, rivolgendosi alla generalità dei consociati, valgono a delimitare il confine dei poteri di un proprietario rispetto all'altro, sicché ciascuno dei due si troverà, nei confronti dell'altro, nella stessa posizione. Si può anche aggiungere che i "limiti" di legge sono perpetui, poiché, essendo intrinseci alla proprietà, durano per tutta la durata di essa, mentre le "limitazioni" convenzionali, appunto perché pattizie, possono essere soppresse liberamente dai privati mediante una pattuizione contraria.

I limiti posti dalla legge al diritto di proprietà possono essere di due categorie, a seconda della finalità destinata a soddisfare: limiti posti nell'interesse pubblico, e limiti posti nell'interesse privato.

I limiti posti nell'interesse pubblico sono oggetto di studio del diritto amministrativo dove sono meglio qualificati come vincoli. Ne costituiscono istituti fondamentali l'espropriazione per pubblica utilità, l'occupazione e la requisizione, e cioè quei provvedimenti ablatori caratterizzati dal fatto di privare il proprietario, in ragione di un superiore interesse pubblico, della cosa oggetto del diritto di proprietà, o di una singola facoltà che questa può offrire; ed in ragione di tale pregiudizio sofferto, al proprietario espropriato spetta, ai sensi dell'art. 42, 3° comma, Cost., una indennità, che come tale costituisce soltanto un ristoro e non il prezzo del bene o un suo risarcimento (il corrispondente sacrificio si giustifica, appunto, in nome dell'interesse pubblico che tali istituti sono rivolti a realizzare).

I limiti posti nell'interesse privato sono espressione del c.d. potere conformativo del legislatore, ossia del potere che questi ha di determinare i poteri del proprietario, e quindi anche di circoscriverli. I limiti in discorso concernono la proprietà immobiliare, e riguardano, in particolare, le distanze nelle costruzioni (artt. 873-899 c.c.); le luci (artt. 900-907 c.c.); le acque private (artt. 909-910 c.c.); lo stillicidio (art. 908 c.c.); l'accesso al fondo (artt. 842-843 c.c.); le immissioni (art. 844 c.c.).

L'incidenza della legislazione speciale

Numerosi limiti alle varie forme di diritto dominicale sono posti dalle leggi – soprattutto speciali, alcune anche sopra elencate – allo scopo di conformare la proprietà privata ad interessi pubblici o collettivi, nella prospettiva della funzione sociale. L'entusiasmo verso la teorica della funzione sociale della proprietà ha fatto dire che anche i limiti legali alla proprietà, di interesse privato, posti dal codice, realizzano questo obiettivo. Ma, nonostante gli sforzi della dottrina più avanzata, essi resistono ad una loro interpretazione in chiave di funzione sociale e di interesse collettivo e pubblico, che non sia quello produttivo. Sicché, si deve realisticamente concludere che i limiti legali alla proprietà contenuti nel codice conservano come fondamento quello di regolare i rapporti tra proprietà vicine, nella chiave preponderante non dell'interesse pubblico, bensì dell'interesse proprietario stesso, nel senso individualistico ed egoistico. Non per nulla il relativo complesso di norme viene tradizionalmente definito come regole dei rapporti di buon vicinato.

5. *I rapporti di vicinato*

Per regola, ciascuno entro i suoi confini può fare quello che più gli aggrada. Anzi, l'ideologia del codice consente, meglio privilegia ed incoraggia, gli sfruttamenti il più possibile ampi ed intensivi del proprio bene. Ma ciò, a causa della contiguità dei fondi, può comportare conseguenze negative per l'immobile del vicino, il cui diritto di godere e sfruttare non è meno ampio, e meritevole di minore tutela.

La legge contiene alcune disposizioni precise che regolano questa materia.

In primo luogo, quelle sulle distanze. Gli artt. da 873 a 899 c.c. dettano disposizioni minuziose sulle distanze da osservare rispetto al vicino quando il proprietario voglia realizzare costruzioni, piantagioni, scavi, muri, pozzi, cisterne, fossi, tubi, forni, camini, magazzini, stalle, depositi, impianti, siepi, canali, con articolate sottodistinzioni tra alberi di alto fusto, di non alto fusto, viti, arbusti, piante da frutto, siepi di ontano, di castagno, di robinie, ecc. La logica generale è che la distanza da osservare è tanto maggiore, quanto più tali installazioni sono alte – e quindi suscettibili di fare ombra, e così di danneggiare le colture del vicino – o invasive, perché nocive o pericolose.

Le distanze tra costruzioni

La materia più importante è quella delle distanze tra costruzioni, disciplinata sia dai regolamenti comunali, sia dal codice civile, il quale, in mancanza di disposizioni regolamentari, stabilisce la distanza minima di 3 metri tra costruzioni su fondi finitimi.

Obiettivo primario delle norme è quello di impedire la realizzazione, tra costruzioni poste su fondi finitimi, di intercapedini troppo ridotte, con conseguente pericolo per l'igiene edilizia. Si è ritenuto, però, che le disposizioni in esame mirino anche a garantire il razionale assetto degli agglomerati urbani ed il diritto alla salute dei cittadini. Ma non si può che essere scettici verso l'attribuzione, alla normativa in discorso, di simili finalità pubbliche. Difatti, la normativa sulle distanze consiste, secondo l'opinione prevalente, in norme derogabili mediante accordo tra privati. Gli interessi pubblici ad un ordinato sviluppo edilizio ed urbanistico, o alla salute, se seriamente perseguiti, non potrebbero viceversa che essere cogenti.

L'incidenza pubblicistica

Anche l'efficienza della (pretesa) tutela dell'interesse pubblico urbanistico, apprestata dalle norme del codice, appare assai limitata. Ad esempio, riguardo al rapporto tra le norme regolamentari comunali ed il codice occorre distinguere, ai sensi dell'art. 872 c.c.: se il regolamento è richiamato dal codice civile, il proprietario danneggiato, in seguito alla violazione della norma regolamentare può ottenere la rimozione dell'opera ed il risarcimento del danno; se invece il regolamento non è richiamato, il proprietario può ottenere soltanto il risarcimento del danno, ma non anche la riduzione dell'opera, la quale dunque, benché urbanisticamente deturpante ed illegittima, rimane sul territorio. Orbene, parte della giurisprudenza ritiene richiamati dagli artt. 873 ss. c.c., stante il loro tenore letterale, soltanto i regolamenti in tema di distanze in senso stretto, e non anche altri, non correlati direttamente alle distanze tra costruzioni, benché posti a presidio di interessi urbanistici di rilevanza assoluta, come ad esempio i regolamenti di igiene ed estetica.

Ancora, debbono ricordarsi gli artt. 874 e 875 c.c. sulla comunione forzosa del muro, e l'art. 877 c.c. sulla costruzione in aderenza: il proprietario di un fondo contiguo al muro altrui, posto sul confine o a distanza inferiore ad un metro e mezzo, può, in alternativa al rispetto delle distanze, ottenere una sentenza costitutiva per cui il muro, posto sul confine o a distanza inferiore ad un metro e mezzo, diventa comune, previo pagamento del valore della metà del suolo e del muro, e con ciò appoggiare su di esso il suo edificio (ossia adoperarlo come sostegno statico del proprio edificio: c.d. costruzione in appoggio); oppure può far combaciare le due opere murarie (c.d. costruzione in aderenza, in cui i due manufatti sono aderenti, ma ciascuno ha il proprio autonomo sostegno statico). La conseguenza dell'applicazione di queste norme è la possibilità che il fronte dei fabbricati si prolunghi all'infinito, senza alcuna intercapedine: situazione, quest'ultima, assolutamente contraria – dal punto di vista dell'interesse pubblico – ad un equilibrato ed estetico sviluppo spaziale degli edifici, e difatti proibita da molti regolamenti comunali, i quali vietano di costruire in appoggio o in aderenza, prescrivendo una distanza assoluta di rispetto dal confine.

Apertura di luci e vedute

Altra normativa in materia di rapporti di vicinato è quella sull'apertura di luci e vedute. Gli artt. da 900 a 907 c.c. distinguono le aperture in luci ed in vedute (o prospetti). Le prime sono quelle che, per le loro caratteristiche costruttive (altezza dal suolo; presenza di grate) non consentono di affacciarsi, e danno soltanto passaggio alla luce ed all'aria: esse possono essere aperte senza osservare le distanze legali. Le vedute sono invece quelle aperture che permettono l'affaccio ed una visuale, diretta, o laterale ovvero obliqua (balconi, finestre): per esse sono previste determinate distanze dal fondo vicino.

Le disposizioni in materia contemperano sia l'esigenza del proprietario dell'immobile di ricevere aria e luce, sia l'esigenza del proprietario vicino di non essere esposto alla curiosità altrui. Nella prospettiva della funzione sociale, si è affermato che le disposizioni in commento tutelerebbero interessi esistenziali, dal primo punto di vista quello alla salute, sotto il secondo profilo il diritto alla *privacy*. Questa opinione va ridimensionata, osservandosi, come fatto per le costruzioni, che si tratta di norme ritenute derogabili, mentre la tutela dell'interesse alla salute ed alla riservatezza dovrebbe essere indisponibile per il privato (cfr. infatti, in materia di privacy, l'art. 22, legge n. 675 del 1996 e, oggi, l'art. 26, d.lgs. 30 giugno 2003, n. 196).

Non resta, quindi, che concludere che le norme civilistiche in materia di distanze, di luci e di vedute, tutelano piuttosto l'interesse privato e patrimoniale al valore economico del proprio immobile, tanto più alto quanto più l'immobile sia inserito in un contesto edilizio salubre, goda di aria e di luce, e sia libero da soggezioni all'attività (nel nostro caso: agli sguardi) altrui: ma, appunto come tutti gli interessi privati patrimoniali, esso è liberamente transigibile, rinunziabile, monetizzabile, sostituibile con altre utilità, secondo i fini e la volontà del privato proprietario.

Altri rapporti di vicinato concernono le acque. Gli artt. da 909 a 911, in coerenza con l'impostazione complessiva del codice, rendono oggetto di proprietà privata anche le acque esistenti sul fondo, che appartengono al proprietario del medesimo; e gli attribuiscono espressamente sia il diritto di utilizzare l'acqua per i bisogni del proprio fondo, sia di disporne a favore di altri soggetti, cioè di utilizzarla commercialmente. Parimenti, l'art. 911 c.c. attribuisce al proprietario del fondo un diritto di sfruttamento anche delle acque sotterranee, che consiste nel portarle in superficie.

Di nuovo, deve riscontrarsi l'assenza di considerazione, nella normativa in discorso, di interessi pubblici oggi ritenuti essenziali. Il divieto, di cui all'art. 909 c.c., di divertere e di deviare il corso dell'acqua a danno del vicino; l'obbligo, di cui all'art. 910 c.c. (abrogato dall'art. 2, 1° comma, d.p.r. 18 febbraio 1999, n. 238), di restituire al corso naturale le colature e gli avanzi dell'acqua dopo averne fatto utilizzazione; il divieto, di cui all'art. 911 c.c., di pregiudicare le falde acquifere, e quindi di emungere o di tagliare le vene idriche, non rappresentano una tutela dell'interesse pubblico all'integrità del patrimonio naturale, allo sfruttamento non intensivo delle acque, alla salubrità delle colature e degli avanzi delle acque, e quindi alla tutela di queste dall'inquinamento: interessi dei quali, difatti, la normativa in discorso non fa parola. Questa mira, bensì, a garantire l'interesse privato al maggior godimento possibile, ma in proporzione alle esigenze del proprio fondo, dell'acqua, quale bene economico scarso ed essenziale per l'attività economica. Se vi è una prospettiva pubblica, è solo quella dell'interesse superiore della produzione nazionale agricola o industriale, posto infatti dall'art. 912 c.c. come criterio regolatore dei conflitti privati in materia di acque. L'ottica della produzione farà quindi privilegiare l'interesse di quel privato che realizza lo sfruttamento più redditizio, che significa anche il più invasivo. La tutela delle risorse naturali è altrove, in leggi speciali: le quali prevalgono sulle disposizioni del codice, per numero, estensione oggettiva ed importanza. Ad esempio, il rilievo stesso degli artt. da 909 a 911 c.c. è tutto sommato scarso, dal momento che, ai sensi del T.U. 11 dicembre 1933, n. 1775 sulle acque pubbliche, sono considerate pubbliche (e soggette a speciale disciplina) tutte le acque che hanno attitudine ad usi di pubblico e generale interesse, ossia la maggior parte dei corsi d'acqua esistenti.

Stillicidio e scoli

Attengono ai rapporti di vicinato anche lo stillicidio e gli scoli. Oltre agli aspetti attivi (il diritto di sfruttamento delle acque superficiali e sotterranee, esistenti sul fondo), il codice regola anche alcuni aspetti passivi, pesi o vincoli, ai quali si deve sottostare in materia di acque. Il proprietario del fondo, se ha diritto allo sfruttamento or ora ricordato, ha pure l'obbligo di costruire i tetti in modo tale che le acque piovane scolino nel suo terreno (o, se esistono, nelle fognature o colatoi pubblici), non potendo farle cadere nel fondo del vicino (art. 908 c.c.).

Il proprietario deve altresì ricevere le acque che scolano naturalmente, cioè non in conseguenza di lavori umani compiuti, dal fondo superiore. Il proprietario inferiore non può impedire lo scolo (*natura loci nocet*), né il proprietario del fondo superiore può renderlo più gravoso, ad esempio canalizzando i propri scoli nel fondo altrui, o creando maggiori inclinazioni del terreno (art. 913 c.c.). In altre parole, ognuno deve sopportare (così come può sfruttare) l'acqua che gli manda la natura. Ma, ancora una volta, la tutela della natura non è l'interesse prevalente preso di mira dalla norma: si tratta, sempre, di norme derogabili dai privati; ed inoltre, se si rende necessaria una modifica al deflusso naturale delle acque per opere di sistemazione agraria, al proprietario del fondo pregiudicato sarà dovuta un'indennità (art. 913, 3° comma, c.c.): dunque una semplice somma di denaro, e non la riduzione in pristino dello stato naturale dei luoghi. Quindi, le superiori esigenze della produzione agraria giustificano qualunque modificazione naturale, con la semplice monetizzazione dell'eventuale danno ai terzi.

L'accesso e il passaggio nel fondo

Ulteriore regolamentazione dei rapporti di vicinato tra fondi finitimi (e non soltanto) concerne l'accesso e il passaggio nel fondo. In alcuni casi, con modalità ed a condizioni tassativamente previste dal legislatore, viene limitato lo *jus excludendi omnes alios* connaturato al diritto di proprietà. Il proprietario di un fondo è infatti tenuto a permettere l'accesso di terzi al fondo per l'esercizio della caccia (a meno che il fondo sia chiuso o vi siano colture danneggiabili: art. 842 c.c.), e per il compimento di opere necessarie al vicino (ad es. per la necessità di costruire o riparare un muro) nonché per il recupero da parte del vicino della sua cosa che si trovi accidentalmente nella proprietà altrui o del suo animale che vi si sia riparato sfuggendo alla custodia (art. 843 c.c.). Anche in questo caso si è tentata una rilettura della disciplina alla luce della "funzione sociale" della proprietà, osservandosi che l'art. 842 c.c., se fa subire al proprietario di un fondo l'accesso dei cacciatori, non può consentirgli (come invece fa) di respingere chi vi voglia accedere per svolgervi attività di valore costituzionale e sociale almeno pari, come ad esempio per fini culturali, artistici o scientifici connessi al godimento della natura. Ma anche in questo caso l'operazione non può dirsi riuscita, atteso che la relativa questione di legittimità costituzionale, sollevata per ingiustificata disparità di trattamento, è stata ritenuta infondata dalla Corte costituzionale (sent. n. 57 del 1976, che non ha mancato di suscitare commenti critici).

La *ratio* del divieto delle immissioni

Altro fenomeno di interesse per i rapporti di vicinato è costituito dalle immissioni. L'art. 844 c.c. pone i criteri mediante i quali regolare il conflitto tra usi incompatibili di fondi vicini, provocato dalla propagazione da un fondo all'altro, continuata o periodica, di sostanze o attività (appunto, le cc.dd. immissioni: fumo, calore, esalazioni, rumori, ecc.).

L'art. 844 c.c., in coerenza con il principio per cui la proprietà consente qualsiasi utilizzo, anche il più intensivo, del fondo, stabilisce il criterio fondamentale per cui ciascun proprietario deve sopportare le attività altrui le cui conseguenze, a causa della contiguità dei fondi, eventualmente si propaghino da un immobile all'altro. Il limite insormontabile dell'immissione è dato dalla normale tollerabilità: il proprietario di un fondo può impedire le immissioni derivanti dal fondo del vicino, se superano la normale tollerabilità. Ai fini della valutazione di essa si deve tener conto della destinazione normale del bene, della condizione dei luoghi, della entità delle stesse immissioni e delle conseguenze sulle persone che vivono in un certo ambiente; ma anche della comparazione tra le esigenze della produzione e le ragioni proprietarie, e della priorità di un determinato uso (c.d. prevenzione) per cui, il diritto del titolare di un'attività rumorosa prevale sul diritto del proprietario di una villa se l'attività del primo è anteriore alla costruzione della villa; e pure vi prevale, se tale attività rumorosa è un opificio industriale.

Immissioni intollerabili

Nel caso di immissione intollerabile, occorre quindi distinguere: se il giudice ritiene prevalenti le ragioni proprietarie, l'immissione è considerata illecita e al danneggiato spetta la tutela inibitoria e risarcitoria, ossia l'eliminazione del fatto immissivo ed il risarcimento del danno subìto; se il giudice ritiene invece prevalenti le ragioni della produzione, e ritiene impossibile un contemperamento degli interessi (perché il fatto immissivo, utile alla produzione, non può essere eliminato mediante un diverso processo produttivo o la sua eliminazione sarebbe troppo gravosa), autorizza l'immissione ed assicura un indennizzo al proprietario del fondo immesso.

La *ratio* dell'art. 844 c.c.

La funzione originaria dell'art. 844 c.c., dunque, è indubbiamente quella di proteggere il godimento fondiario, e non le persone, dalle altrui attività immissive. Inoltre, la disciplina dettata dalla norma risente fortemente del clima in cui fu formulata: l'interesse generale, che può limitare la tutela delle situazioni economiche private, è identificato con le "esigenze della produzione", mentre i valori della salute e dell'ambiente, benché privilegiati dalla Costituzione rispetto alla logica produttivistica, rimangono senz'altro recessivi. La dottrina, pertanto, nell'ottica di una rilettura della disciplina della proprietà alla luce della "funzione sociale" e dei preminenti valori costituzionali, ha suggerito di applicare l'art. 844 c.c. direttamente a tutela del diritto alla salute o all'ambiente, del tutto indipendentemente dalla titolarità, in capo all'attore, di un diritto di godimento fondiario, che la norma, invece, testualmente presuppone e richiede. Questo orientamento è rimasto, però, nettamente minoritario (ed è stato implicitamente disatteso anche in sede costituzionale, ad es. da Corte cost. n. 247 del 1974), ribadendosi che l'art. 844 c.c. non protegge beni non patrimoniali come la salute, la salubrità dell'ambiente o la qualità della vita.

Gli atti emulativi

Ultimo profilo considerato dal codice in materia di rapporto di vicinato sono gli atti di emulazione. L'art. 833 c.c. dispone che «*il proprie-*

tario non può fare atti i quali non abbiano altro scopo che quello di nuocere, o recare molestia ad altri». Di conseguenza è vietato, in quanto atto emulativo, ad esempio il piantare alberi senza apprezzabile utilità per il proprietario, al solo fine di togliere luce e panorama al vicino.

L'art. 833 c.c. non può essere considerato (come avveniva in passato, quando se ne faceva risaltare soprattutto la natura di vincolo al diritto dominicale) norma eccezionale, bensì deve essere ritenuto disposizione conforme ai principi, specialmente a quello di funzione sociale della proprietà; e pertanto estensibile dal proprietario – come testualmente disposto – a tutti i titolari di situazioni reali, ed anche personali che prevedano il godimento diretto del bene, ad es. la locazione. La portata dell'art. 833 c.c. potrebbe poi essere ulteriormente estesa nell'ottica della funzione sociale della proprietà, facendone uno strumento per sindacare i modi in cui il proprietario gode del proprio diritto di proprietà (e, in generale, i modi in cui il soggetto gode del proprio diritto soggettivo). Tuttavia, ancora una volta sotto la persistente suggestione della pienezza ed assolutezza della proprietà, l'impostazione dominante richiede, per l'operatività del divieto, che la mancanza di utilità per il proprietario (c.d. elemento oggettivo del divieto di atti emulativi) sia assoluta; che l'intenzione di nuocere o arrecare molestia ad altri (c.d. elemento soggettivo) sia esclusiva; che il comportamento del proprietario sia commissivo, e non soltanto negativo o di mera opposizione (tutte queste interpretazioni vengono giustificate come strettamente aderenti alla lettera della disposizione: l'art. 833, infatti, parla di «*... atti i quali non abbiano altro scopo che ...*»). Quindi, si pretendono requisiti tali da annullare praticamente la portata della norma: infatti, alla stregua suddetta, dovrebbe escludersi la natura emulativa, e quindi illecita, del comportamento dell'autore, se questi non abbia agito con un comportamento positivo, o con uno specifico *animus nocendi*, oppure se risultasse che costui abbia tratto dal proprio atto una qualsiasi – anche minima – utilità, qualunque sia l'entità del pregiudizio altrui. L'art. 833 c.c. rimane dunque incapace di incidere sulla sostanza tradizionale della situazione proprietaria, che resta di assoluta libertà per quanto riguarda i modi di godimento.

Capitolo 43
LA COMUNIONE E LA MULTIPROPRIETÀ

1. *Concetto e distinzioni*

Comunione come contitolarità di diritti

La comunione ricorre quando il diritto di proprietà o altro diritto reale su uno stesso bene, appartiene a più persone (c.d. comunisti): art. 1100 c.c.

Il concetto di comunione rientra dunque nel concetto generale di contitolarità di diritti. Tuttavia, non tutti i diritti tollerano di far capo a più titolari, e non tutti al modo della comunione. Ad esempio i diritti della personalità, essendo correlati alla dignità del singolo essere umano, non possono essere suddivisi tra più individui. Tra i diritti patrimoniali, i crediti ed i diritti personali di godimento (che pure sono dei diritti di credito), tollerano la contitolarità, ma è dubbio che questa sia configurabile come comunione, perché tali situazioni non postulano, come invece fa l'art. 1100 c.c., la titolarità di un diritto reale su un bene. La contitolarità di un medesimo diritto di credito da parte di più soggetti riguarderebbe piuttosto, secondo la giurisprudenza dominante, la materia delle obbligazioni solidali (artt. 1292-1320 c.c.). Tuttavia, osservano altri, i concreditori o i condebitori, i coaffittuari (come anche i compossessori ed i codetentori), costituiscono pur sempre un gruppo legato da un interesse comune, consistente nell'utilizzazione del bene: così che a tali fattispecie, quantomeno per organizzare il gruppo comunitario a tal fine, dovrebbero essere applicabili analogicamente ed in via residuale le norme sulla comunione di cui agli artt. 1100 ss. c.c.

Si è già accennato, inoltre, al fatto che negli ordinamenti di stampo romanistico, quale il nostro, la comunione viene vista con sostanziale disfavore quale modello economico di sfruttamento dei beni, in quanto eccezione al principio della pienezza e della esclusività della proprietà. Per cui, essa risulta meramente transeunte ed aperta al diritto potestativo di scioglimento (art. 1111 c.c.), dal quale conseguirà la divisione del bene in porzioni, oggetto ciascuna di solitaria e generale proprietà. Per la medesima necessità – questa volta dal punto di vista dogmatico, teorico e ricostruttivo – di garantire pienezza e generalità, la comproprietà viene concepita non come una proprietà smembrata, o una pluralità di diritti di proprietà diversi tra loro. Al contrario, ciascun contitolare ha il diritto di godere di tutte le utilità che il bene può fornire (dunque, si tratta di una proprietà generale al pari di quella solitaria), e questo suo diritto ha come oggetto non una determinata parte materiale del bene (altrimenti, come detto, si tratterebbe di una pluralità di diritti di proprietà diversi tra loro, anziché uguali tra di loro), bensì una quota ideale (la metà, un terzo, un decimo) del bene stesso, la quale esprime la partecipazione del concorrente nei limiti del diritto degli altri contitolari. La conseguenza dell'impostazione per cui la comproprietà non è una proprietà divisa, bensì ha le stesse qualità (salvo l'esclusività) della proprietà solitaria, è che la prima, al pari della seconda, gode di elasticità: per cui, ove uno dei comproprietari venga meno, le altre quote ideali si espandono.

La comunione, inoltre, sul piano dell'individuazione della fattispecie, è fenomeno che presenta affinità sia con il condominio sia con la società: dai quali, però, va distinta. Si ha il condominio, quando la comunione di più persone sul suolo e su talune parti dell'edificio coesiste con la proprietà esclusiva dei piani o di porzioni di piano. La comunione cede poi il posto a una società quando allo scopo di godimento delle cose comuni (art. 2248 c.c.) si aggiunge l'esercizio volontario, da parte dei condomini, di una attività volta alla produzione *e* allo scambio.

Il condominio

La società

Sussistono, invero, molti tipi di comunione che si allontanano dalla comproprietà di cui si tratta: la comunione tacita familiare, in cui vari componenti della famiglia svolgono una attività di lavoro coordinata sotto un capo (art. 230 *bis*, ultimo comma, c.c.); la comunione ereditaria dei coeredi sul patrimonio del defunto (art. 713 c.c.); la comunione legale tra i coniugi (artt. 159, 177 ss. c.c.). Trattasi di ipotesi di comunione aventi una peculiare disciplina, idonea a regolare diverse, particolari esigenze.

Differenti tipologie

Nell'ambito della figura in esame è poi possibile operare alcune distinzioni.

Sotto il profilo della fonte del rapporto, la comunione volontaria è quella che si costituisce per accordo dei partecipanti; mentre la comunione incidentale è quella che si costituisce per atto indipendente dalla volontà dei partecipanti. Sotto l'aspetto della possibilità di chiedere la divisione del bene comune, comunione ordinaria viene definita quella in cui ogni partecipante può chiedere la divisione, mentre comunione forzosa quella in cui la suddetta facoltà è negata. Infine, sotto l'aspetto oggettivo, la definizione di comunione propria individua la comunione il cui oggetto è suscettibile di godimento; mentre è comunione impropria quella in cui l'oggetto non ha la caratteristica suddetta, ad esempio sia un diritto relativo, per chi crede che la contitolarità di questo sia disciplinata (anche) dalle norme di cui agli artt. 1100 ss. c.c.

2. *Disciplina giuridica della comunione*

La disciplina giuridica della comunione è contenuta negli artt. 1100 ss. c.c. Essa evidenzia che l'interesse del singolo comunista è subordinato a quello del gruppo.

La fonte principale per la disciplina del rapporto di comunione è la volontà dei costituenti (titolo); vengono poi le norme legislative speciali per i vari tipi di comunione; infine si applicano le norme generali contenute negli artt. 1100 ss. c.c., che hanno carattere suppletivo. A tale proposito certa dottrina rileva che non proprio tutte le norme sulla divisione sono dispositive: non lo sarebbero l'art. 1105, ultimo comma, il 1109 c.c.; il 2° comma dell'art. 1111 c.c.

I diritti dei comunisti

I diritti dei singoli comunisti consistono, essenzialmente, nel diritto all'uso della cosa comune (art. 1102 c.c.): ogni partecipante alla comunione può servirsi della cosa comune, senza alterarne la destinazione (*salva rerum substantia*); nel diritto di disposizione della quota (art. 1103 c.c.): ogni partecipante può disporre della sua quota, alienandola o ipotecandola, se il diritto di comproprietà riguarda un bene capace di ipoteca; nel diritto di godimento degli utili: ognuno gode gli utili della cosa comune, in proporzione della sua quota; nel *diritto* di chiedere la divisione della cosa comune, salvo patto contrario o divieto legislativo; e, infine, nel diritto di gestione della cosa comune, la cui amministrazione, infatti, è affidata all'insieme dei comunisti. Per le decisioni si applica il principio maggioritario: la maggioranza si calcola non in base al numero delle persone, ma in base al valore economico delle quote. La decisione validamente assunta dalla maggioranza vincola anche i dissenzienti. È richiesta la maggioranza semplice per gli atti di ordinaria amministrazione; la maggioranza qualificata (2/3 del valore complessivo della cosa comune), invece, per le innovazioni (cioè per le modificazioni alla destinazione della cosa) e per gli atti eccedenti l'ordinaria amministrazione. Si applica, viceversa, il principio dell'unanimità dei consensi per gli atti di alienazione e costituzione dei diritti reali sul fondo comune.

Le spese deliberate a maggioranza e, più in generale, quelle necessarie per la conservazione ed il godimento della cosa comune gravano sui partecipanti alla comunione in proporzione delle rispettive quote.

La cessazione della comunione si attua con la divisione. La divisione può verificarsi per contratto, se i comunisti concordano sul modo di procedere; oppure per sentenza del giudice, se l'accordo non viene raggiunto.

3. *Il condominio negli edifici*

Il condominio: comunione forzosa e perpetua

Il condominio negli edifici rappresenta senz'altro la figura più importante, ed anche più complessa, di comunione.

Si tratta di una particolare forma di comunione forzosa e perpetua, la quale nasce dal fatto che necessariamente, nel caso di più proprietà divise per piani, vi sono delle parti dell'intero edificio che non possono non essere in comune (così il suolo su cui l'edificio poggia, le fondazioni, le scale, i muri perimetrali, i tetti, ecc.).

La singolarità di questa figura sta, appunto, nella circostanza che essa accompagna un diritto di proprietà pieno ed esclusivo: il singolo condomino, cioè, oltre ad essere esclusivo proprietario del suo appartamento, è, nel contempo e necessariamente, comproprietario di quei beni di cui si è detto.

La novella di cui alla legge 17 dicembre 2012, n. 220

I vari aspetti del regime giuridico del condominio sono contenuti negli artt. 1117 ss. c.c. e nella novella contenuta nella legge 17 dicembre 2012, n. 220 "Modifica alla disciplina del condominio negli edifici".

Gli organi fondamentali del condominio sono due: l'assemblea dei condomini, che è l'organo deliberativo; l'amministratore, che è l'organo esecutivo e che è necessario nel caso in cui esistano più di quattro condomini (art. 1129 c.c., così come novellato).

L'assemblea dei condomini

Quanto alla formazione della volontà comune, la legge fissa alcuni principi (art. 1136 c.c.). Il primo è quello della valida costituzione dell'assemblea: l'assemblea dei condomini, per poter validamente deliberare, deve essere validamente costituita. A tal fine, tutti i condomini debbono esservi invitati a partecipare; e ad essa deve intervenire un numero minimo di condomini che sia espressione di un determinato valore dell'intero edificio (*quorum*). Altra regola fissata per la formazione della volontà condominiale è il principio maggioritario, nel senso che, di regola, per le decisioni dell'assemblea è necessaria (e sufficiente) la maggioranza semplice. Diversamente, una maggioranza qualificata è richiesta per la validità delle deliberazioni aventi ad oggetto innovazioni. Occorre invece il consenso di tutti i condomini per gli atti di disposizione. Infine, non il codice, ma la legge sulle locazioni (art. 10, legge 27 luglio 1978, n. 392, e successive integrazioni) stabilisce il principio della partecipazione dell'inquilino, consentendo cioè all'inquilino la partecipazione e il voto di assemblea condominiale riguardo a specifiche questioni. Con la legge 27 novembre 2020, n. 159, che ha modificato l'art. 66 delle disp. att. c.c., è stata introdotta la possibilità, previo consenso della maggioranza dei condomini, di svolgere (e di convocare) l'assemblea condominiale in modalità di videoconferenza.

Il regolamento condominiale

Ogni condominio può poi avere, e quello in cui il numero dei condomini è superiore a dieci deve avere, un proprio regolamento condominiale, in cui siano fissate le norme d'uso dei vari beni, le norme di funzionamento delle assemblee, i criteri di ripartizione delle spese, ecc. (cfr. art. 1138 c.c., così come novellato). Il legislatore della novella ha, altresì, stabilito che una copia del predetto regolamento deve essere allegata al registro dei verbali assembleari (art. 1138, 3° comma, c.c., appunto, novellato).

L'amministratore

In relazione alla attività esterna del condominio, il condominio agisce all'esterno, nei confronti dei terzi, a mezzo dell'amministratore che, come detto, è l'organo esecutivo, il quale cioè attua le delibere dell'assemblea.

L'amministratore ha anche la rappresentanza processuale del condominio (artt. 1130 e 1131 c.c.).

Quanto, infine, alla estinzione del condominio, il condominio, avendo carattere necessario, ha durata perpetua. Esso, tuttavia, si estingue quando venga a mancare la divisione per piani della proprietà, e cioè quando tutto l'edificio diventi proprietà della stessa persona.

Il c.d. supercondominio

Taluni complessi residenziali, per le loro caratteristiche, hanno dato luogo a non pochi problemi giuridici e pratici, alle volte difficilmente superabili. Il c.d. supercondominio indica il fenomeno che si verifica quando più edifici, ciascuno strutturalmente autonomo e a sua volta in regime condominiale o anche in proprietà singola, mantengano tuttavia strumenti o servizi destinati all'uso comune dei diversi corpi di fabbrica (viali di transito, impianto di riscaldamento, zone a verde, guardiola del portiere, illuminazione, distribuzione acqua, ecc.). Si è posto allora il problema se le entità comuni (le quali necessitano di una gestione unitaria, separata da quella dei singoli edifici) siano assoggettate al regime ordinario della comunione, ovvero a quello del condominio. Le soluzioni implicate dall'adesione all'una o all'altra teorica sono palesemente diverse, ed attengono, ad esempio, alla gestione stessa delle cose e dei servizi, al loro uso, alla disciplina dell'assemblea e delle delibere, alla divisibilità e al trasferimento, atteso che su tutti questi punti (e su altri) la disciplina condominiale presenta caratteri di specialità rispetto a quella della comunione ordinaria. Per altro verso, e dal punto di vista operativo e della gestione del complesso edilizio supercondominiale, desta perplessità l'applicazione ad esso delle ordinarie norme in tema di condominio negli edifici, Infatti, le norme condominiali in tema di validità, di maggioranze ed impugnazioni appaiono adeguate piuttosto a gruppi ristretti di condòmini, mentre creano non poche difficoltà pratiche soprattutto in ordine ai *quorum* necessari per la validità delle deliberazioni, difficilmente raggiungibili per i super-condominii.

All'opposto, il c.d. condominio minimo è quello costituito da due soli condomini. Anche in questo caso buona parte delle norme sul condominio risulta di difficile applicazione, venendo a mancare la possibilità di maggioranze risolutive in assemblea, e perché spesso si crea un rapporto informale che induce le parti a sottovalutare norme essenziali, che invece dovrebbero essere ugualmente rispettate.

Il c.d. condominio minimo

4. *La multiproprietà*

Nella multiproprietà più soggetti si trovano a godere del medesimo bene immobile, ma ciascun multiproprietario ne gode a turno, in periodi diversi.

Esistono diverse fattispecie di multiproprietà.

La multiproprietà immobiliare consiste nell'acquisto, da parte del singolo, del diritto all'uso di un alloggio in un periodo predeterminato ogni anno, avvicendandosi con gli altri multiproprietari.

La multiproprietà immobiliare

Nella prassi contrattuale italiana si è molto diffusa la multiproprietà in zone turistiche, avente ad oggetto, di solito, unità abitative, generalmente già arredate, facenti parte di un complesso residenziale, per lo più destinato a casa-vacanze. La c.d. multiproprietà alberghiera consente all'acquirente di fruire dell'unità immobiliare oggetto del godimento turnario all'interno di una struttura alberghiera (o di diverse strutture facenti parte di una catena), unitamente ai servizi tipici offerti da questa specifica attività. Per cui, l'immobile viene separatamente alienato a più soggetti. A ciascuno è attribuito un diritto sulle parti comuni e sulle pertinenze dell'edificio di cui fa parte quella unità immobiliare; un diritto su eventuali parti comuni a più edifici compresi nel complesso residenziale in cui è inserito quell'edificio (giardini, parco giochi per bambini, minigolf, ecc.); un diritto relativo agli eventuali servizi comuni (lavanderia, ristorante, bar, ecc.); e soprattutto, il diritto di godere di quella frazione immobiliare in modo esclusivo, ma per *periodi di tempo limitati*, con il vincolo perpetuo di uso turnario con gli altri proprietari della medesima frazione immobiliare, sulla quale viene altresì impresso il duplice vincolo di immodificabilità della destinazione (turistica) e di indivisibilità della cosa.

La multiproprietà alberghiera

L'uso turnario

La c.d. multiproprietà azionaria si basa, invece, sull'intestazione del complesso immobiliare ad una società per azioni, il cui capitale sociale si compone di azioni ordinarie e di azioni privilegiate. Queste ultime attribuiscono al titolare un particolare vantaggio patrimoniale, rappresentato appunto dal diritto di godimento periodico, a titolo gratuito od oneroso, su una determinata unità abitativa del complesso immobiliare.

Nei contratti di acquisto in uso nella pratica commerciale il diritto attribuito al multiproprietario viene espressamente qualificato (e venduto) come diritto di proprietà. Ed i poteri che il costruttore trasferisce all'acquirente in multiproprietà sono dal primo garantiti come perpetui, esclusivi, alienabili, trasmissibili per successione: cioè, sono promessi i poteri caratteristici della proprietà, sebbene con le limitazioni derivanti dalla peculiarità dell'istituto multiproprietario.

L'impatto sistematico della multiproprietà

Tuttavia, la multiproprietà ha dato origine ad un ampio dibattito, sia rispetto al tema della natura giuridica dell'istituto, sia rispetto al problema della individuazione della disciplina ad essa applicabile. Secondo una tesi, la c.d. "multiproprietà" immobiliare rappresenterebbe un diritto reale tipico, salvo poi a vedere quale (per alcuni, non sarebbe che una forma particolare di comunione o di condominio; per altri, invece, la natura "intermittente" del diritto del multiproprietario, per il quale egli non può esercitarne l'attività di godimento se non in un determinato periodo, e per tutto il resto dell'anno ha la titolarità di un diritto "nudo", renderebbero la fattispecie accostabile piuttosto ai diritti reali limitati, quali l'usufrutto, l'abitazione, o l'uso). Secondo un'altra tesi, la multiproprietà non sarebbe assimilabile né ai diritti reali limitati né alla comunione, stanti soprattutto il vincolo di indivisibilità e gli ampi poteri del gestore che caratterizzano la prima: ma costituirebbe pur sempre un diritto reale, e precisamente una figura autonoma di diritto reale, con la conseguenza di doversi ritenere superato il principio della tipizzazione legale di tali diritti (il c.d. "*numerus clausus*"). Per altra opinione ancora, invece, non può darsi per scontata neppure la realità del diritto in questione.

La discussione è tutt'altro che meramente erudita. Infatti, e per tacere di altre questioni, se il c.d. multiproprietario acquisti una situazione che, in quanto non reale, non sarebbe perciò opponibile a terzi, ciò avrebbe l'intuibile conseguenza della perdita del bene per l'acquirente nel caso, ad esempio, di fallimento del venditore, poiché il bene verrebbe attratto nella massa fallimentare, in quanto mai davvero uscito dal patrimonio del venditore.

La disciplina originaria della multiproprietà è stata introdotta dal d.lgs. 9 novembre 1998, n. 427, di attuazione della direttiva comunitaria 94/47/CE, ed attualmente è contenuta negli artt. 69-81 del d.lgs. 6 settembre 2005, n. 206 (c.d. Codice del consumo). Questa regolamentazione si è preoccupata di disciplinare la fattispecie, assicurando varie forme di protezione degli acquirenti di immobili in multiproprietà; ma ha tralasciato di fornire qualsivoglia indicazione sul contenuto del diritto che viene attribuito al multiproprietario, limitandosi a sancire che si tratta di "un diritto reale ovvero un altro diritto" "di godimento ripartito di beni immobili". Il contratto deve però specificarne la natura obbligatoria o reale, potendo usare soltanto in quest'ultimo caso il termine multiproprietà.

La normativa vigente prevede garanzie di chiarezza e trasparenza a carico del venditore in ogni fase negoziale (informazioni obbligatorie che il venditore deve rendere mediante un apposito documento informativo, forma scritta e requisiti contenutistici del contratto), nonché strumenti di tutela a favore dell'acquirente: tra i quali, in particolare, un articolato diritto di recesso, senza penalità, esercitabile dall'acquirente entro dieci giorni lavorativi dalla conclusione del contratto, e l'obbligo (in capo ai venditori che non posseggano determinati requisiti di affidabilità giuridica e finanziaria, ed in ogni caso in cui l'immobile oggetto del contratto sia in corso di costruzione) di prestare idonea fideiussione bancaria o assicurativa a garanzia della corretta esecuzione del contratto e, nel caso di immobile ancora da costruire, anche a garanzia dell'ultimazione dei lavori. Ai sensi del Codice del consumo, le tutele dell'acquirente risultano inderogabili, in virtù della previsione della nullità sia dei patti in deroga, sia delle clausole di limitazione delle responsabilità del venditore; e sono rafforzate di specifiche sanzioni amministrative applicabili al venditore che a dette garanzie contravvenga. Un ulteriore incremento delle tutele del multiproprietario è previsto dalla direttiva 2008/122/CE del Parlamento europeo e del Consiglio del 14 gennaio 2009.

La tutela del multiproprietario

CAPITOLO 44
LA PROPRIETÀ INTELLETTUALE

SOMMARIO: 1. Le opere dell'ingegno. – 2. Il diritto d'autore. – 3. La proprietà industriale. – 4. Prospettive e problemi della proprietà intellettuale e della proprietà industriale.

1. *Le opere dell'ingegno*

Oggetto di diritti, come si è già osservato, sono sia i beni materiali (*res corporales*) sia i beni immateriali (*res incorporales, quae tangi non possunt*).

Le opere dell'ingegno

Tra questi ultimi si annoverano il nome e gli altri segni distintivi, la ditta, l'insegna, il marchio ed altri, ed in particolare le opere dell'ingegno, come, ad es., le invenzioni, le creazioni artistiche, e così via.

Le invenzioni atte all'applicazione industriale sono oggetto di proprietà industriale; le opere letterarie, artistiche, scientifiche sono oggetto di proprietà intellettuale.

L'assenza della natura dominicale

Si tratta di diritti analoghi alla proprietà ma che non hanno natura dominicale; e che, in considerazione della loro particolare natura, sono soggetti ad una disciplina speciale. E così, la materia della proprietà intellettuale o industriale non è regolata dal codice nel libro terzo sulla proprietà, bensì nel titolo nono del libro quinto che regola il diritto del lavoro: in particolare, la c.d. proprietà intellettuale viene regolata dalle norme sul diritto d'autore (artt. 2575 ss. c.c.); la c.d. proprietà industriale viene regolata dalle norme sul diritto d'inventore (artt. 2584 ss. c.c.); ed entrambe da molteplici leggi speciali, dedicate a tutti o a singoli aspetti della relativa tutela, ed alle quali le norme del codice rinviano (cfr. ad es., in materia di protezione del diritto di autore, legge 22 aprile 1941, n. 633; legge 6 febbraio 1996, n. 52; d.lgs. 15 novembre 2000, n. 373; legge 18 agosto 2000, n. 248; d.lgs. 22 gennaio 2004, n. 28; legge 21 maggio 2004, n. 128; Regolamento Agcom del. n. 680/13/CONS 12 dicembre 2013; legge 3 maggio 2019, n. 37, art. 15, attuativa della direttiva (UE) 2017/1564 relativa a taluni utilizzi consentiti di determinate opere e di altro materiale protetto da diritto d'autore e da diritti connessi a beneficio delle persone non vedenti, con disabilità visive o con altre difficoltà nella lettura di testi a stampa e, in materia di protezione della proprietà industriale, r.d. 29 giugno 1939, n. 1127; d.p.r. 22 giugno 1979, n. 338; d.lgs. 19 marzo 1996, n. 198; d.lgs. 2 febbraio 2002, n. 26; d.lgs. 2 febbraio 2001, n. 95; d.lgs. 10 febbraio 2005, n. 30 e le successive modifiche e integrazioni introdotte, da ultimo, dal d.l. 19 maggio 2020, n. 34, convertito con modificazioni dalla legge 17 luglio 2020, n. 77).

La differenza tra la proprietà ed il diritto d'autore e d'inventore si scorge in quanto questi ultimi sono sì diritti assoluti (dotati di *jus excludendi omnes alios*), ma che consentono uno sfruttamento diverso dal godimento delle altre cose. Queste diversità si spiegano sia alla luce delle caratteristiche dei beni immateriali, sia per i diversi interessi coinvolti. In primo luogo, oggetto del diritto d'autore e del diritto d'inventore non è il bene materiale in cui si concreta l'idea (nella tradizione di scuola, il *corpus mechanicum*), bensì l'idea stessa (il c.d. *corpus mysticum*); oggetto del brevetto e del diritto d'invenzione non è la singola macchina cui è applicato il nuovo procedimento, ma è l'idea da realizzare. Così il romanzo, il quadro, la statua, come creazione intellettuale appartengono al loro autore, mentre ciascun acquirente è proprietario della singola copia o esemplare acquistati. In secondo luogo, l'oggetto del diritto non offre in sé un immediato vantaggio economico: la creazione intellettuale, così come l'invenzione industriale, non offrono al titolare del diritto sopra di esse quel vantaggio diretto che può dare un bene mobile o immobile. Inoltre, i diritti d'autore e d'inventore hanno durata limitata nel tempo, mentre il diritto di proprietà sui beni materiali è potenzialmente perpetuo.

La coesistenza di interessi contrapposti

Per quanto riguarda, invece, gli interessi che si contrappongono in questo campo, da una parte vi è la necessità di tutelare il titolare dell'idea, al quale deve essere riconosciuta la paternità dell'opera ed il diritto di sfruttarla economicamente; dall'altra parte, vi è l'importanza che questi beni ideali rivestono per la comunità, e l'esigenza di permetterne la diffusione, per favorire la cultura ovvero per far progredire la scienza e la tecnica. È questo il motivo per cui il legislatore ha ritenuto opportuno che, dopo un certo periodo, essi vadano a costituire patrimonio della collettività, in modo che ogni persona possa ampiamente e liberamente goderne.

Ulteriore differenza con la proprietà dominicale risiede nel fatto che questi diritti possono essere acquistati solo a titolo (originario) di creazione, che l'art. 2576 c.c. qualifica come particolare espressione del lavoro intellettuale.

Diritto d'autore e di inventore presentano alcune caratteristiche comuni, differendo per altri aspetti regolamentati da una disciplina specifica.

In primo luogo, in entrambi si distingue un aspetto morale e uno patrimoniale.

Il diritto morale d'autore

Il diritto morale è diretto ad assicurare una tutela dell'identità personale, della riservatezza e della integrità morale dell'individuo in quanto autore di un'opera creata dal proprio ingegno. Esso deve essere inquadrato tra i diritti della personalità e di questi, dunque, ha i caratteri della inalienabilità, intrasmissibilità, irrinunziabilità, imprescrittibilità.

Il diritto patrimoniale d'autore

Il diritto patrimoniale, invece, riguarda l'utilizzazione economica esclusiva dell'opera (art. 2577, 1° comma, c.c.). Questo diritto può essere oggetto di disposizione da parte del suo titolare, può essere trasferito a terzi o ne può essere ceduto il godimento per un periodo determinato.

Secondariamente, diritto d'autore e di inventore sono caratterizzati dalla novità dell'opera. Solo se l'opera è nuova, infatti, si riconosce uno sforzo creativo da parte del suo autore, meritevole di tutela da parte dell'ordinamento giuridico.

È nuova l'opera che presenti carattere di originalità rispetto a qualsiasi altra opera o invenzione precedente. Giuridicamente è indifferente il quanto l'opera sia creativa (ad esempio, il motore a scoppio ha un sistema più complesso di quello di un bollitore, ma ad entrambi è riconosciuto il valore di invenzione). Analogamente, è estraneo al diritto qualsiasi giudizio critico dell'opera (ad esempio, non rileva che il quadro d'arte contemporanea sia apprezzato dalla critica).

Importante, invece, è che l'idea non sia strettamente finalizzata alla sua applicazione pratica, tanto da non poter scinderla dall'oggetto materiale.

Le caratteristiche dell'opera dell'ingegno

Normalmente non è opera dell'ingegno neanche la decorazione che sia mera riproduzione su scala di un modello, al contrario di una combinazione di colori o di un disegno particolare ripetibile su più cose: si pensi ad un motivo tipico di una griffe che può essere riproposto su borse, tessuti o occhiali.

La sensibilità verso la protezione dei diritti immateriali e della creazione artistica, scientifica o tecnica è sempre più vasta e sentita, ed è oggetto di protezione non soltanto nazionale, ma anche comunitaria ed internazionale; si va dal tradizionale diritto d'autore e di inventore alle forme più recenti di tutela del *know-how*, del *software*, delle creazioni radiotelevisive e cinematografiche e dei relativi *formats*.

2. *Il diritto d'autore*

Il diritto d'autore tutela quelle opere dell'ingegno di carattere creativo che appartengono alla letteratura, alla musica, alle arti figurative, all'architettura, al teatro, alla radio, alla televisione, alla cinematografia, ed anche alla scienza (la protezione dei diritti degli scienziati, le cui concezioni abbiano determinato invenzioni o scoperte che però non si prestino a quella speciale protezione che è accordata alla proprietà industriale, si va affermando come forma di tutela autonoma, sotto il nome di proprietà scientifica), qualunque ne sia il modo o la forma di espressione (art. 2575 c.c.).

Come già accennato, l'art. 2577 c.c. distingue due aspetti del diritto che l'autore ha sulle opere dell'ingegno.

Il diritto morale d'autore quale diritto della personalità

Il primo è diritto della personalità ed ha precipuo contenuto morale, che è diretto, come già osservato, ad assicurare una tutela dell'identità personale, della riservatezza e della integrità morale dell'individuo in quanto autore di un'opera creata dal proprio ingegno. Tale tutela si specifica anzitutto nel *diritto* di farsi riconoscere autore dell'opera (art. 2577, 2° comma, c.c.) nei confronti di chiunque la disconosca, apponendo all'opera stessa un falso nome, ovvero omettendo il nome dell'autore. Inoltre, l'autore ha il diritto di essere lasciato libero di pubblicare o meno l'opera (c.d. diritto di inedito, in virtù del quale soltanto l'autore, e dopo la sua morte gli eredi o i legatari delle opere in questione, possono decidere circa l'opportunità della pubblicazione dell'opera) e, ove decida di pubblicare l'opera, di rivelarne o non rivelarne la paternità, e quindi il diritto di pubblicarla anonima o pseudonima (c.d. *diritto* di anonimo, art. 126, legge 22 aprile 1941, n. 633, sulla protezione del diritto d'autore) e, successivamente, di rivelarsi e di far conoscere la sua qualità di autore (art. 21 legge dir. autore). Viene, infine, tutelato il diritto dell'autore di modificare l'opera ed anche, quando concorrano gravi ragioni morali, di ritirarla dal commercio. Con l'obbligo, però, di indennizzare coloro che hanno acquistato il diritto di riprodurre o diffondere l'opera stessa (art. 2582 c.c.), e fatti salvi anche i diritti degli acquirenti dell'opera d'arte.

La tutela giudiziale

A difesa di questo diritto morale, l'autore, senza limiti di tempo, può chiedere giudizialmente che gli sia riconosciuta la paternità dell'opera e reagire al disconoscimento della propria paternità intellettuale, ottenendo un provvedimento che imponga l'apposizione all'opera del nome del suo (vero) autore, così come può opporsi a qualsiasi deformazione, mutilazione o altra modificazione dell'opera stessa, che possa essere di pregiudizio al suo onore o alla sua reputazione (art. 2577, 2° comma, c.c.; artt. 20, 156 e 168 legge dir. autore), ferma restando la condanna al risarcimento dei danni secondo i criteri generali dettati dagli artt. 2043 e 2059 c.c. La paternità spirituale e l'integrità dell'opera (contro le sue deformazioni, ma anche contro il plagio) può, dunque, essere sempre difesa, nonostante qualsiasi impegno o rinuncia. Il diritto morale d'autore risulta pertanto imprescrittibile, inalienabile ed intrasmissibile. Non contrasta con questi connotati la legittimazione all'esercizio del diritto morale d'autore dopo la morte dell'autore medesimo (riconosciuta dall'art. 23 legge dir. autore al coniuge ed ai figli, e, in loro mancanza, ai genitori ed agli altri ascendenti ed ai discendenti diretti, e, mancando gli ascendenti ed i discendenti, ai fratelli ed alle sorelle ed ai loro discendenti), la quale viene ritenuta un diritto autonomo, nascente *ex novo*, e non *iure hereditario*, in capo a questi soggetti. È, viceversa, personalissimo, e quindi non esercitabile neppure dagli stretti congiunti, il diritto di modifica dell'opera e, diversamente dal diritto di inedito, il diritto di ritiro (art. 2582, 2° comma, c.c.). La ragione per cui le diverse idee dei successori non possano influire sul contenuto dell'opera o sulla sua già operata messa in commercio risiede nel rilievo che simili comportamenti, sia pure dei parenti più stretti, non tutelerebbero, bensì violerebbero, il diritto morale dell'autore.

Il contenuto patrimoniale: il diritto di esclusiva

Il diritto d'autore ha poi un contenuto patrimoniale, riguardante l'utilizzazione economica esclusiva dell'opera (art. 2577, 1° comma, c.c.). Tale diritto è riconosciuto per tutta la vita dell'autore e per settant'anni successivi alla sua morte, a favore degli eredi (art. 25 legge dir. autore; il detto termine è stato elevato – da quello originario degli anni '50 – dall'art. 17, legge 6 febbraio 1996, n. 52, di recepimento del disposto della direttiva 93/98/CEE). Questo termine finale si articola diversamente nel caso di opere realizzate in collaborazione tra più autori, o per specifiche tipologie di opere. Per le cc.dd. opere in comunione di cui all'art. 10 legge dir. autore (si tratta delle opere create con il contributo indistinguibile ed inscindibile di più persone), nonché in quelle drammatico-musicali, coreografiche e pantomimiche, i diritti di utilizzazione economica dell'opera durano 70 anni dalla morte dell'ultimo coautore sopravvissuto (art. 26, 1° comma, legge dir. autore); per le opere cc.dd. *collettive*, 70 anni dalla prima pubblicazione dell'opera come un tutto (art. 26, 2° comma, legge dir. autore); per le riviste, i giornali e le altre opere periodiche, la durata dei diritti si calcola secondo ciascuna parte, ossia considerando la fine di ogni anno dalla pubblicazione dei singoli fascicoli o dei singoli numeri (art. 30, 2° comma, legge dir. autore, cui rinvia l'art. 26 legge dir. autore); per le opere anonime o pseudonime, 70 anni dalla prima pubblicazione dell'opera: se però prima della scadenza di detto termine l'autore si riveli o la rivelazione sia stata fatta dalle persone indicate dall'art. 23 legge dir. autore o da persone autorizzate dall'autore, si applica il termine normale, di settant'anni successivi alla morte dell'autore (art. 27 legge dir. autore); per le opere cinematografiche o assimilate, 70 anni dalla morte dell'ultimo coautore, ossia il direttore artistico, gli autori della sceneggiatura, ivi compreso l'autore del dialogo, e l'autore della musica specificamente creata per essere utilizzata nell'opera cinematografica o assimilata (art. 32 legge dir. autore, come sostituito dall'art. 3, d.lgs. 26 maggio 1997, n. 154, adottato in seguito al recepimento della direttiva 93/98/CEE: in precedenza, il termine decorreva dalla prima proiezione pubblica dell'opera); per le opere fotografiche, 70 anni dalla morte dell'autore (art. 32 *bis* legge dir. autore).

Per le opere pubblicate non integralmente, ma in parti o volumi separati ed in tempi diversi, la durata dei diritti di utilizzazione economica, che sia fissata ad anni, decorre per ciascuna parte o per ciascun volume dall'anno della pubblicazione (art. 30 legge dir. autore). Nelle opere pubblicate per la prima volta dopo la morte dell'autore, la cui prima pubblicazione non sia avvenuta già dopo la avvenuta estinzione dei diritti di utilizzazione economica sull'opera stessa, i diritti esclusivi di utilizzazione economica durano settant'anni a partire dalla morte dell'autore (art. 31 legge dir. autore).

La durata dell'esclusiva nelle opere in comunione

La durata dei diritti esclusivi di utilizzazione economica spettanti alle amministrazioni dello stato, alle province, ai comuni, alle accademie, agli enti pubblici culturali nonché agli enti privati che non perseguano scopi di lucro, sulle opere create e pubblicate sotto il loro nome ed a loro conto e spese, è invece ridotta a vent'anni a partire dalla prima pubblicazione; per le comunicazioni e le memorie pubblicate dalle accademie e dagli altri enti pubblici culturali tale durata è ulteriormente ridotta a due anni, trascorsi i quali l'autore riprende integralmente la libera disponibilità dei suoi scritti (art. 29 legge dir. autore).

Risvolti pubblicistici

Scaduti i diritti di utilizzazione economica, l'opera cade in pubblico dominio, e chiunque può trarne giovamento anche senza il consenso degli eredi o aventi causa dell'autore e senza dover loro alcun compenso.

La cessazione dell'esclusiva

Il diritto patrimoniale d'autore è tutelato da due azioni: l'azione di accertamento, con la quale l'autore può ottenere che il suo diritto di utilizzazione economica esclusiva dell'opera sia accertato, in modo da prevenirne le violazioni che ha ragione di temere; e l'azione di interdizione delle violazioni, diretta ad impedire la continuazione o la ripetizione di una violazione già verificatasi.

Le azioni di accertamento e di interdizione

A differenza del diritto morale d'autore, che come si è visto è imprescrittibile, inalienabile ed intrasmissibile, il diritto patrimoniale d'autore – appunto in quanto diritto patrimoniale – si prescrive, è trasmissibile agli eredi ed è negoziabile mediante un apposito contratto, chiamato contratto di edizione.

3. *La proprietà industriale*

Nell'oggetto della proprietà industriale rientrano sia le invenzioni vere e proprie, sia i modelli di utilità ed i modelli e disegni ornamentali.

Le invenzioni industriali sono quei procedimenti idonei ad avere una applicazione industriale, quali un metodo o un processo di lavorazione industriale, una macchina, uno strumento, un utensile o un dispositivo meccanico, un prodotto o un risultato industriale oppure l'applicazione tecnica di un principio scientifico che possa dare immediati risultati industriali (art. 2585 c.c.).

Le invenzioni industriali

Il modello di utilità (art. 2592 c.c.) è quell'invenzione atta a conferire a macchine o a parti di esse, a strumenti, utensili o ad oggetti particolari, efficacia o comodità di applicazione o di impiego (ad es. un manico utile ad impugnare più comodamente un utensile).

I modelli e i disegni ornamentali (art. 2593 c.c.) sono invece quelle opere di *design* destinate a dare una speciale godibilità estetica a determinate categorie di prodotti industriali.

Anche nel caso del diritto d'inventore, che come si è detto tutela la proprietà industriale, si configura sia un contenuto morale sia un contenuto patrimoniale.

Contenuto morale e patrimoniale

Al pari del diritto d'autore, il contenuto morale del diritto d'invenzione consente all'inventore di vedersi riconosciuta la paternità della scoperta, è inalienabile (art. 2589 c.c.) e si ha indipendentemente dal brevetto.

Invece, per l'aspetto patrimoniale (e diversamente dal diritto d'autore il quale, anche dal punto di vista dello sfruttamento economico, nasce con la sola creazione dell'opera), presupposto per l'esercizio del diritto d'inventore – e dunque affinché l'inventore possa acquistare il diritto esclusivo di attuare l'invenzione, di disporne e di goderne i proventi – è il riconoscimento della nuova invenzione, che si ottiene mediante il brevetto.

Il codice civile non spiega che cosa debba intendersi per invenzione, e le altre normative dettate in materia lo fanno solo con una definizione *a contrario*. Ad esempio, sicuramente non è invenzione la mera *scoperta*, che è il risultato di ricerche effettuate su ciò che esiste già in natura, su come naturalisticamente avviene e si manifesta un fenomeno.

La brevettabilità

Inoltre, l'invenzione, per essere brevettata, deve presentare tre caratteristiche.

Deve essere nuova (c.d. novità intrinseca), cioè non compresa nello stato della tecnica (art. 46, d.lgs. n. 30 del 2005, c.d. codice della proprietà intellettuale – in seguito indicato come c.p.i., come modificato dal d.lgs. 13 agosto 2010, n. 131), in altre parole non deve essere già esistente, né deve essere stata precedentemente divulgata.

L'invenzione, poi, deve essere originale, cioè non deve risultare in modo evidente dallo stato della tecnica (art. 48 c.p.i.): ciò significa che non deve consistere nella normale progressione di una conoscenza che è già acquisita in un dato settore, cioè tale da poter essere elaborata da chiunque sia impegnato in quel settore.

Infine, deve presentare il carattere dell'industrialità, che si ha se il suo oggetto può essere fabbricato o utilizzato in qualsiasi genere di industria, compresa quella agricola (art. 49 c.p.i.).

A ciò si aggiunga che il brevetto può essere concesso solo all'invenzione lecita, la cui applicazione non sia contraria all'ordine pubblico o al buon costume (art. 50 c.p.i.). Occorre in proposito precisare che l'invenzione è illecita solo se può essere utilizzata esclusivamente per scopi illeciti, mentre può ben essere brevettata un'arma, perché di essa è possibile ipotizzare anche usi leciti. Da ultimo, va segnalato che la legge n. 194 del 1° dicembre 2015 ha modificato il Codice della proprietà industriale, introducendo il comma b *bis* all'art. 45 e nel dettaglio ha introdotto la non brevettabilità delle invenzioni biotecnologiche su corpo umano, clonazione e identità genetica.

Con la concessione del brevetto si presume la priorità dell'invenzione a vantaggio di chi viene dichiarato inventore, ma senza carattere costitutivo in senso assoluto. Infatti, la presunzione a favore di chi è dichiarato inventore è valida soltanto fino all'intervento di una sentenza passata in giudicato che attribuisca la paternità dell'invenzione ad un diverso soggetto.

I limiti temporale e territoriale

Il brevetto incontra due limiti: uno temporale e uno territoriale.

Il limite temporale risponde alla necessità di consentire alla collettività il libero accesso all'invenzione e quindi di promuovere comunque lo sviluppo delle attività di ricerca ed il progresso tecnologico. Pertanto, il brevetto ha un'efficacia limitata nel tempo, che è di 10 anni per i modelli di utilità, 15 anni per i modelli e disegni ornamentali, e 20 anni per le invenzioni industriali (a patto che annualmente vengano versate le tasse per il suo mantenimento). La durata del brevetto viene calcolata a partire dalla data di deposito della domanda di brevetto.

Il brevetto, contrariamente a quanto avviene per i marchi, una volta scaduta la sua durata non può più essere rinnovato.

L'unica deroga a questo principio generale è costituita dal prolungamento dei brevetti farmaceutici, ossia aventi ad oggetto delle invenzioni farmaceutiche, per i quali la protezione può essere prolungata da parte della Autorità Sanitaria, su esplicita richiesta del titolare, per un periodo di tempo pari a quello intercorso fra il deposito della domanda di brevetto e l'ottenimento della prima autorizzazione all'immissione in commercio del farmaco nell'Unione Europea, e comunque per un massimo di cinque anni oltre la normale durata ventennale del brevetto.

Il limite territoriale comporta che il brevetto ha un'efficacia limitata al territorio dello Stato che lo ha concesso. Pertanto sarà necessario il rilascio di un corrispondente brevetto da parte delle autorità di ciascuno Stato in cui si desidera beneficiare della protezione brevettuale. Allo scopo di semplificare le procedure di deposito delle domande e di ottenimento dei brevetti all'estero, l'Italia ha sottoscritto numerose convenzioni internazionali (ad es., il Trattato di cooperazione in materia di brevetti, e la Convenzione sul brevetto europeo).

4. *Prospettive e problemi della proprietà intellettuale e della proprietà industriale*

La proprietà intellettuale: una tematica attuale

Tradizionalmente, il sistema di tutela giuridica dei frutti dell'attività creativa o inventiva umana veniva racchiuso nella categoria della proprietà intellettuale. Quindi, questo concetto riguardava tanto le opere artistiche e letterarie quanto le invenzioni industriali e i modelli di utilità, il *design*, i marchi, e ad esso facevano capo sia l'area del diritto d'autore, sia quella del diritto dei brevetti e del diritto dei marchi.

Nella dottrina più moderna, tuttavia, sono state avanzate alcune critiche a questo utilizzo onnicomprensivo della nozione di "proprietà intellettuale", non soltanto perché porta ad una inesatta assimilazione tra i diritti sui beni immateriali e la *proprietà* in senso classico, ereditata dal diritto romano ed adatta piuttosto ai beni materiali; ma anche perché accosta impropriamente opere dell'ingegno tradizionali, come le opere letterarie ed artistiche, con concetti squisitamente contemporanei, ed anche di rilevanza giuridica, economica e culturale differente, quali l'invenzione, il marchio, il *brand*, il *design*: per i quali ultimi si tende quindi a parlare, più opportunamente, di "proprietà industriale".

Il ruolo della normativa speciale

Il legislatore stesso appare aver recepito questa differenziazione. Infatti, evidentemente non a caso, i due assetti normativi di riferimento sono distinti, e diversamente denominati. Quanto al secondo gruppo di beni, il testo unico che raccoglie tutte le norme attinenti alla materia (il d.lgs. n. 30 del 2005, ancora successivamente modificato dal d.l. n. 35 del 2005, convertito con modificazioni dalla legge 14 maggio 2005, n. 80, dal d.lgs. n. 140 del 2006, dal d.lgs. 13 agosto 2010, n. 131, dal d.l. n. 216 del 2011, convertito con modificazioni dalla legge 24 febbraio 2012, n. 14, dal d.l. n. 1 del 2012, convertito con modificazioni dalla legge 24 marzo 2012, n. 27, dalla legge n. 97 del 2013, dalla legge n. 115 del 2015, dalla legge n. 194 del 2015, dalla legge n. 214 del 2016, dal d.lgs. n. 63 del 2018, dal d.lgs. n. 15 del 2019, dal d.lgs. n. 18 del 2019, dal d.l. n. 34 del 2019, convertito con modificazioni dalla legge 28 giugno 2019, n. 58, dal d.l. n. 16 del 2020, convertito con modificazioni dalla legge 8 maggio 2020, n. 31 e da ultimo dal d.l. 19 maggio 2020, n. 34, convertito con modificazioni dalla legge 17 luglio 2020, n. 77) è stato intitolato "*Codice* della proprietà industriale", espressione con la quale il detto codice comprende appunto marchi ed altri segni distintivi, indicazioni geografiche, denominazioni di origine, disegni e modelli, invenzioni, modelli di utilità, topografie dei prodotti a semiconduttori, informazioni aziendali riservate e nuove varietà vegetali. Resta invece fuori da questo *corpus* la normativa sulla proprietà intellettuale (legge n. 633 del 1941, con le successive e numerose modifiche tra cui, da ultime, la legge n. 248 del 2000, il d.lgs. n. 95 del 2001, il d.lgs. n. 68 del 2003, ecc.), intitolata al *diritto d'autore* e che include nella relativa protezione, quali opere dell'ingegno di carattere creativo, non soltanto quelle appartenenti alla letteratura, alla musica, alle arti figurative, all'architettura, al teatro, ma anche prodotti più moderni come quelli cinematografici e radiotelevisivi, o addirittura modernissimi come i programmi per elaboratore e le banche dati. Non mancano, tuttavia, le inevitabili sovrapposizioni, come accade ad esempio per le opere del disegno industriale che, come tali, sono protetti dalla normativa sulla proprietà industriale (cfr. artt. 44, d.lgs. n. 30 del 2005), ma, se presentino di per sé carattere creativo e valore artistico, sono protetti anche dalla disciplina del diritto d'autore (cfr. art. 2, n. 10, legge n. 633 del 1941, aggiunto dall'art. 22, d.lgs. n. 95 del 2001).

L'assetto più recente lascia addirittura osservare che, dopo la preoccupazione sistematica di distinguere la "proprietà industriale" dalla "proprietà intellettuale", la tendenza ad unificare i due concetti si è rinnovata e perfino invertita, considerandosi l'ambito della proprietà intellettuale come una sorta di sottoinsieme della proprietà industriale, anziché il contrario come per il passato. Difatti, l'attuale evoluzione legislativa ha assimilato le due materie dal punto di vista processuale, con l'istituzione di un'unica autorità giudiziaria competente, le cosiddette "Sezioni specializzate per la proprietà industriale ed intellettuale" (cfr. art. 16, legge n. 273 del 2002; d.lgs. n. 168 del 2003; artt. 120 ss., d.lgs. n. 30 del 2005), regolate dal citato Codice della proprietà industriale. Questa innovazione ha suscitato varie critiche, soprattutto per la preoccupazione che l'unificazione processuale comporti un'assimilazione anche degli istituti di diritto sostanziale, e che quindi la materia della proprietà intellettuale venga concepita prevalentemente nell'ambito dell'impresa e secondo interessi economici.

La crisi della proprietà intellettuale

Ed infatti, al di là delle questioni definitorie concernenti la riconducibilità dell'una materia all'altra, e di entrambe (e dei connessi diritti sulle opere dell'ingegno) alla matrice proprietaria di tipo classico, il concetto di proprietà intellettuale sta attraversando una profonda crisi, la quale coinvolge i principi stessi che sono a fondamento del sistema: e cioè se questi, ferma ed indiscussa la tutela morale dei diritti del creatore e dell'inventore, per quanto invece riguarda la tutela patrimoniale debbano essere ispirati a logiche economiche e di mercato, o debbano accogliere anche altre istanze ed interessi.

Il maggiore aspetto di questa crisi è esemplificato dal dibattito sulla portata e sulla giustificazione dei diritti di privativa sull'opera intellettuale. Le leggi per la tutela della proprietà intellettuale rappresentano strumenti giuridici nati per difendere il lavoro creativo degli autori dagli utilizzi altrui (soprattutto nell'ottica di consentirgli lo sfruttamento economico esclusivo dell'opera del proprio ingegno), che l'espandersi delle nuove tecnologie, ad esempio di quelle digitali, poste alla portata di tutti, contribuisce addirittura a facilitare. La più recente legislazione appare nel senso di un rafforzamento di questi diritti di privativa. Lo stesso d.lgs. n. 30 del 2005, recante il Codice della proprietà industriale, nel provvedere al riassetto della disciplina della proprietà industriale, prevede un ampliamento della tutela a questa riservata. Parimenti, con la nuova legge sul diritto d'autore le "utilizzazioni libere" dell'opera intellettuale, che prima rappresentavano "disposizioni sul diritto d'autore", sono divenute – significativamente anche soltanto sul piano sistematico – "eccezioni e limitazioni" al diritto d'autore medesimo (artt. 65 ss., legge n. 633 del 1941, come sostituiti dall'art. 9, legge n. 248 del 2000).

Il regime protezionistico

Ci si chiede dunque il senso e l'opportunità di questa scelta protezionistica in favore dell'autore del bene immateriale dell'ingegno, intellettuale o industriale.

Le giustificazioni sono varie. Si afferma, ad esempio, che la disciplina a tutela dello sfruttamento esclusivo dell'attività dell'ingegno costituirebbe un "incentivo a creare", perché, altrimenti, mancherebbero gli stimoli alla ideazione ed innovazione, e si correrebbe il rischio di una sottoproduzione di idee; o che rappresenterebbe (anche) un "incentivo per la rivelazione delle informazioni", in quanto la garanzia dello sfruttamento esclusivo dell'opera persuaderebbe a darne la maggiore diffusione possibile; o che l'impossibilità di sfruttare economicamente l'opera del proprio ingegno spingerebbe gli autori e gli inventori a lavorare in ambiti più remunerativi, a danno della società stessa.

La valenza funzionale delle creazioni e delle invenzioni

Tuttavia, si sta cominciando da qualche anno a riconoscere che i settori della creazione e della invenzione rivestono un ruolo strategico non soltanto dal punto di vista dello sviluppo economico, ma anche per la crescita culturale di un Paese. Si è preso dunque atto che esiste una frizione tra la proprietà intellettuale ed i diritti di espressione e di informazione del pubblico. Si è in tal modo diffusa l'opinione che la normativa in materia sia talvolta troppo sbilanciata verso il rafforzamento delle tutele assicurate alla proprietà intellettuale, e troppo poco attenta ai benefici che invece produrrebbe un accesso più libero ai contenuti ed alle idee. E si è diffusa anche la consapevolezza del pericolo – niente affatto banale dopo casi recenti, come quello della Microsoft – che la privatizzazione delle idee consenta la creazione di posizioni di monopolio, per giunta durevoli, in cui i detentori delle infrastrutture tecniche per la diffusione delle invenzioni e delle idee possano decidere quali contenuti rendere accessibili, divenendo di fatto anche i detentori delle informazioni e delle idee medesime e creando situazioni di ostacolo alla libera circolazione di queste ultime.

Il ruolo della normativa *antitrust*

Un rimedio contro i potenziali abusi derivanti da un esercizio improprio delle norme a tutela della proprietà intellettuale è stato allora ravvisato in legislazioni di tipo *antitrust* dal punto di vista della logica di impresa, ed ispirate ad una sorta di principi di *consumerism* quanto alla tutela del pubblico fruitore dell'opera dell'ingegno. Questa soluzione viene tuttavia giudicata insufficiente da chi, in una prospettiva radicale, ritiene che le idee siano un bene pubblico e che la materia debba essere disciplinata non da regole comunque di sfruttamento economico esclusivo, soltanto più opportunamente calibrate, ma piuttosto dai principi, inversi, della non escludibilità degli utilizzatori che non siano disposti a pagare, e della non rivalità nell'uso. La soluzione migliore appare probabilmente quella di un bilanciamento tra i diritti di proprietà intellettuale ed il diritto di accesso ai contenuti. Si fanno pertanto strada concetti e modelli alternativi al diritto d'autore, come quelli di *copy-right*, inteso come diritto di copia; di *fair use*, inteso come equo utilizzo e accesso universale ai documenti; ovvero quello – nato e sviluppatosi principalmente nell'ambito informatico, ma negli ultimi anni estesosi a tutto il mondo delle opere dell'ingegno – definito in senso ampio di "*copyleft*", in virtù del quale il detentore dei diritti, attraverso l'applicazione di specifiche licenze, concede una serie di libertà agli utenti dell'opera.

CAPITOLO 45

GLI ALTRI DIRITTI REALI DI GODIMENTO

1. *Generalità*

Le origini dei diritti reali

La categoria scientifica del diritto reale, dalla nozione di proprietà ai diritti reali di godimento, sta attraversando una fase di declino e di crisi perché sono inadeguate ed arcaiche le basi economiche sulle quali essa poggia.

Invero, la fortuna della nozione di diritto reale è stata collegata al fiorire di una società prevalentemente agricola, nella quale le tecniche produttive si evolvevano lente ed apparivano pressoché immutabili, per cui si avvertiva l'esigenza di una forma giuridica che tutelasse in modo pieno e tendenzialmente definitivo l'interesse al godimento dei fondi, sedi principali della ricchezza ed officine della produzione. Sicché, il declino scientifico e pratico di quella forma è coinciso con l'affermarsi dell'industria e delle attività terziarie, che comportavano una più accentuata mobilizzazione della ricchezza ed una maggiore rilevanza del credito, piuttosto che del diritto reale. Sono così affiorate nuove e più intense forme di tutela dell'attività produttiva; il diritto di credito ha perso ogni carattere di eccezionalità; mentre il diritto reale, da modello ideale del diritto soggettivo ed aspirazione primaria dell'operatore economico, si è degradato fino a divenire figura di eccessiva complessità, e di diminuita utilità, in tante delle sue forme economiche tradizionali.

L'attuale crisi dei diritti reali

La crisi dipende inoltre dal fatto che modelli quali l'usufrutto, l'enfiteusi ecc. interessano principalmente l'attività agraria, anche se non ne sono caratteristici. Ebbene, tutta la materia dei rapporti agrari, e dello sfruttamento dei fondi, è oggi dominata, dalla legge 3 maggio 1982, n. 203 in poi, dal contratto di affitto di fondo rustico, modello legale e tipico – e, peraltro, rapporto di tipo obbligatorio – per chi vuole affidare ad altri la coltivazione del fondo traendone un profitto. Il contratto di affitto di fondo rustico, come disciplinato dalla legge (impersonalità soggettiva, per la quale *emptio non tollit locatum*; generalizzata proroga legale; determinazione, fuori dei termini contrattuali, del giusto prezzo; vincolo della prelazione in caso di alienazione del fondo) viene ritenuto dalla legge il rapporto più idoneo a disciplinare il conflitto tra titolari della proprietà ed organizzatori della produzione. Tale modello legale accentua la decadenza economica dei vecchi modelli di rapporto – tra i quali i diritti reali limitati –, tutti considerati come espressione del vecchio assetto che vedeva il proprietario quale mero percettore di una rendita, e cioè come capitalista sfruttatore del lavoro altrui, sotto lo schermo giuridico della collaborazione tra capitale e lavoro in agricoltura. E così, dal punto di vista economico, si accentua il declino di alcune figure (l'usufrutto); per altre si attuano invece diversi tentativi di rilancio legislativo (superficie ed enfiteusi); altre ancora, pur conducendo vita oscura, dimostrano di non essere infeconde (servitù e diritti di garanzia).

2. *L'enfiteusi*

L'enfiteusi costituisce quel diritto reale di godimento su cosa altrui che attribuisce al titolare lo stesso potere di godimento del fondo spettante al proprietario, salvo l'obbligo di migliorare il fondo e di pagare al proprietario concedente un canone periodico. Si ricorre dunque all'enfiteusi quando il proprietario, che abbia un immobile incolto o trascurato, ma che non possa o non voglia interessarsene direttamente ed assumersi le cure e le spese di una più razionale coltura, cede ad altri il godimento del bene, ottenendo in cambio un canone ed il miglioramento del fondo.

L'enfiteusi sui fondi rustici ed urbani

L'enfiteusi si attua prevalentemente per i fondi rustici. Ma può essere costituita anche su fondi urbani (enfiteusi urbana), poiché certamente la costruzione di un edificio è un miglioramento rispetto all'area fabbricabile. Però, in questo caso, si considera tanto prevalente il valore dell'edificio, che si preferirà la costituzione del diritto di superficie.

La norma generale sulla disciplina giuridica dell'enfiteusi è contenuta nell'art. 957 c.c. il quale, nell'affermare che la disciplina dell'istituto è dettata dal titolo o, in mancanza, dalla legge, sancisce, però, l'inderogabilità di alcuni principi.

La costituzione dell'enfiteusi

Quanto alla costituzione del diritto ed alla sua durata, l'enfiteusi può sorgere per usucapione, testamento, contratto. Per vero, alcuni autori contestano la costituibilità dell'enfiteusi con testamento o altro negozio unilaterale (ad esempio con una donazione obnuziale), a causa della presenza nell'enfiteusi dell'obbligo di pagare il canone da parte dell'enfiteuta, che evidenzia la necessità di una diretta partecipazione di quest'ultimo alla costituzione del diritto.

L'enfiteusi può essere costituita in perpetuo, o a tempo determinato. Se è costituita a tempo determinato, la sua durata non può essere inferiore ai venti anni: questo principio è inderogabile.

La durata

L'enfiteuta può naturalmente disporre del suo diritto per atto tra vivi e per testamento.

I diritti e gli obblighi del concedente

Con riguardo al contenuto del diritto, bisogna distinguere tra diritti ed obblighi del concedente (detto anche direttario), e diritti ed obblighi dell'enfiteuta (detto anche utilista). Il concedente ha diritto al versamento del canone ed al miglioramento del fondo; ha altresì il diritto di chiedere la devoluzione del fondo; e di trattenere, quando cessa l'enfiteusi, le addizioni fatte dall'enfiteuta che possono essere tolte senza nocumento del fondo, pagandone il valore al tempo della riconsegna, mentre per le addizioni che non possono essere separate sono applicabili le norme sui miglioramenti. Il concedente ha per converso l'obbligo di rimborsare, quando cessa l'enfiteusi, i miglioramenti effettuati dall'enfiteuta nella misura dell'aumento di valore conseguito dal fondo.

I diritti e gli obblighi dell'enfiteuta

L'enfiteuta, dal canto suo, ha diritto sui frutti del fondo, sul tesoro, sulle utilizzazioni del sottosuolo e sulle accessioni (art. 959 c.c.: norme inderogabili); ha diritto al rimborso delle addizioni separabili che il concedente abbia trattenuto per sé, ed al rimborso dei miglioramenti e delle addizioni non separabili, nella misura suddetta; ha altresì diritto di ritenzione del fondo fino a quando non è soddisfatto tale credito; ha il diritto di affrancazione.

Per converso, l'enfiteuta ha l'obbligo di pagare le imposte e gli altri pesi che gravano sul fondo, salve le disposizioni delle leggi speciali; l'obbligo di pagare al concedente un canone periodico, che può consistere in una somma di danaro ovvero in una quantità fissa di prodotti naturali. L'enfiteuta ha, ancora, l'obbligo di migliorare il fondo. La legge non specifica in che cosa debba consistere il miglioramento del fondo, ma comunemente si ritiene che esso si sostanzi nell'accrescimento di valore o nell'incremento della produttività del fondo medesimo, mediante il compimento di opere attinenti alla sua struttura, sistemazione, dotazione e coltura (ad esempio, costruzioni, sistemazioni del terreno, piantagioni, ecc.). A differenza dell'usufruttuario, l'enfiteuta non è vincolato alla preesistente destinazione economica del fondo per cui, sempre che ponga in essere una miglioria e non un deterioramento, può mutare tale destinazione. L'enfiteuta ha, infine, l'obbligo di fare una ricognizione del diritto del concedente, quando ne venga fatta richiesta un anno prima del compimento del ventennio (art. 969 c.c.), per evitare il maturarsi dell'usucapione.

Principio pure inderogabile è il divieto di subenfiteusi: l'art. 968 c.c., infatti, fa espressamente divieto all'enfiteuta di costituire, a sua volta, enfiteusi sul fondo (c.d. subenfiteusi).

3. *Affrancazione e devoluzione dell'enfiteusi*

La materia dell'affrancazione e della devoluzione è stata disciplinata dalle citate leggi 22 luglio 1966, n. 607 e 18 dicembre 1970, n. 1138, che hanno sostanzialmente innovato alla precedente disciplina del codice.

L'affrancazione: il diritto potestativo dell'enfiteuta

L'affrancazione (art. 971 c.c.) è un diritto potestativo spettante all'enfiteuta, il quale, attraverso il suo esercizio, diventa proprietario del fondo mediante il pagamento di una somma di danaro pari a quindici volte il canone annuo. In caso di mancata adesione del proprietario, l'enfiteuta può adire l'autorità giudiziaria ed ottenere una sentenza costitutiva che pronunzi l'affrancazione (il relativo procedimento è ispirato ad esigenze di rapidità e snellezza).

La devoluzione: il diritto potestativo del concedente

La devoluzione (art. 972 c.c.), invece, è un diritto potestativo del proprietario, il quale può ottenere la liberazione del fondo, chiedendo al giudice una pronunzia costitutiva di caducazione dell'enfiteusi, con conseguente riespansione del diritto di proprietà, se l'enfiteuta deteriora il fondo o non adempie all'obbligo di migliorarlo o è in mora nel pagamento di due annualità di canone.

La richiesta di affrancazione prevale sempre su quella di devoluzione avanzata dal concedente. Tale prevalenza è, del resto, ulteriormente rafforzata dalle leggi n. 607 del 1966 e n. 1138 del 1970, le quali hanno eliminato le eccezioni che la legge apponeva a tale principio. In ciò si può cogliere la maggiore dignità attribuita dalle ultime riforme legislative all'interesse dell'enfiteuta.

4. *Estinzione dell'enfiteusi*

Cause di estinzione

L'enfiteusi si estingue per decorso del tempo, se costituita a termine; per perimento del fondo; per confusione, quando cioè l'enfiteuta diventa, per qualsiasi ragione, anche proprietario o viceversa; per non uso ventennale del diritto da parte dell'enfiteuta; per effetto di affrancazione o devoluzione.

5. *La superficie*

Il diritto di superficie quale proprietà "separata"

Il diritto di superficie consiste nel diritto di erigere e mantenere una costruzione, anche mediante acquisto di una costruzione già esistente, separatamente dalla proprietà del suolo sul quale (art. 952 c.c.) o sotto il quale (art. 955 c.c.: ad es. cantine) essa insiste. Si tratta, dunque, di un singolare fenomeno di proprietà "separata", derogatorio del principio generale dell'accessione immobiliare, in virtù del quale si trovano a coesistere due diritti di proprietà: uno di essi ha per oggetto il suolo, con il limite dato dal contenuto dell'altro diritto, che a sua volta ha per oggetto il soprassuolo o il sottosuolo.

Il codice parla, a proposito del diritto di superficie, esclusivamente di "costruzioni". Ed invero, da diversi anni, e non soltanto in Italia, il legislatore sta cercando di dare nuovo impulso all'istituto della superficie nel settore dell'edilizia. Infatti la superficie è esclusa dall'ambito agricolo: l'art. 956 c.c. vieta espressamente la superficie agraria (si usa anche l'aggettivo vegetale, ma il più proprio è arborea), ossia la possibilità di costituire o trasferire la proprietà delle piantagioni separatamente da quella del suolo che le sostiene ed alimenta.

Il diritto del superficiario sul suolo o sulla costruzione

L'art. 952 c.c. prevede due diverse situazioni giuridiche: il diritto del c.d. superficiario sul suolo, nei confronti del proprietario di esso (c.d. *ius ad aedificandum*, cioè il diritto di erigere e mantenere una costruzione sul suolo altrui); ed il diritto dello stesso superficiario sulla costruzione (c.d. proprietà superficiaria).

Di queste due situazioni giuridiche la seconda è un normale diritto di proprietà (lo dice lo stesso articolo, quando afferma che sulla costruzione il superficiario acquista la proprietà), mentre la prima configura il c.d. diritto di superficie.

La nascita della superficie

Quanto alla nascita, il diritto di superficie può sorgere per usucapione, relativamente ad un bene già esistente; per contratto o negozio (a titolo oneroso o gratuito), o per testamento.

Legittimato a costituire il diritto è soltanto il proprietario del suolo e, quindi, non il titolare di un diritto reale limitato.

Le facoltà del titolare del diritto

Il titolare del diritto di superficie può alienare la costruzione o costituire su di essa dei diritti reali i quali, però, si estinguono col venir meno del diritto di superficie.

Sebbene il diritto all'edificazione sia un diritto reale, è ammesso che le parti possano stipulare un contratto non ad effetti reali, ma ad effetti obbligatori che avrà efficacia soltanto tra le parti e il cui inadempimento determinerà solamente il risarcimento del danno.

La durata

Per quanto riguarda la durata ed estinzione del diritto, il diritto di superficie può essere costituito in perpetuo, o per un tempo determinato (art. 953 c.c.).

Quando esso è costituito a tempo determinato, con lo scadere del termine il diritto si estingue e, per il principio di accessione, il proprietario del suolo diventa proprietario anche della costruzione (è questa un'ipotesi che la dottrina inquadra nella proprietà temporanea: vedi *supra*).

Oltre che per la scadenza del termine, il diritto di superficie può estinguersi per prescrizione. Al riguardo, tuttavia, occorre distinguere se la costruzione è già stata eseguita, nel quel caso non può esservi prescrizione; ovvero se la costruzione non è stata ancora eseguita, ed allora il diritto di eseguirla si estingue se non è esercitato nei venti anni dalla sua costituzione.

La superficie, infine, si estingue per consolidazione (derivante da una qualsiasi causa che determini il riunirsi nel diritto di proprietà e di quello di superficie nella stessa persona), e per le altre cause previste dal titolo.

Il perimento della costruzione non estingue il diritto di superficie, perché il superficiario ha il diritto di ricostruirla.

6. *L'usufrutto*

L'usufrutto riconosce all'usufruttuario il diritto di godere ed usare della cosa altrui, traendo da essa tutti i frutti e le utilità che può dare, con l'obbligo di non mutarne la destinazione economica (artt. 981, 984 c.c.). L'usufrutto, così, praticamente svuota il contenuto del diritto di proprietà del concedente, che è perciò definito "nudo proprietario".

L'attuale declino dell'usufrutto

Il rilievo pratico dell'usufrutto – a differenza da quanto s'è accennato per la superficie, o si dirà per le servitù – appare oggi decisamente in declino. Esso, infatti, cagiona una pur temporanea disgregazione economica del diritto di proprietà, ed un immanente conflitto di interessi fra il nudo proprietario e l'usufruttuario, perché il primo tende a conservare la cosa come fonte di reddito futuro, mentre il secondo tende invece a sfruttarla nella sua produttività immediata. Ciò rende la figura sempre meno adatta alle esigenze moderne, meglio soddisfatte da altri mezzi giuridici. Nessun intervento legislativo, peraltro, si è preoccupato di innovare il vecchio istituto dell'usufrutto.

L'usufrutto può gravare su qualunque specie di beni (mobile o immobile, crediti, azienda, ecc.), che però, in linea generale, devono essere infungibili ed inconsumabili, stante l'obbligo per l'usufruttuario di restituire lo stesso bene alla fine dell'usufrutto. Se l'usufrutto abbia ad oggetto cose consumabili, allora l'usufruttuario ha l'obbligo di restituire non già gli stessi beni ricevuti (il che sarebbe impossibile: si pensi al denaro ormai speso), ma altrettanti beni dello stesso genere e qualità (c.d. quasi-usufrutto: art. 995 c.c.).

La temporaneità

L'usufrutto, a differenza degli altri diritti reali, è caratterizzato dalla temporaneità. Infatti, esso non può eccedere in nessun caso la vita dell'usufruttuario, se si tratta di persona fisica, o i trenta anni, se si tratta di persona giuridica. Coerentemente a tale principio, è vietata, se fatta con disposizione *mortis causa*, la costituzione di un usufrutto a favore di più soggetti per la vita di ciascuno di essi e uno dopo l'altro tra loro (c.d. usufrutto successivo: art. 698 c.c.); mentre è invece ammesso l'usufrutto congiuntivo, cioè costituito a favore di più soggetti congiuntamente, nel quale l'usufrutto si estingue alla morte dell'ultimo usufruttuario che sopravvive.

La costituzione

L'usufrutto può acquistarsi per legge (ad es. l'usufrutto legale dei genitori: art. 324 c.c.), per contratto, a titolo oneroso o gratuito, per usucapione e per testamento.

L'estinzione

L'usufrutto può poi estinguersi per morte dell'usufruttuario, se persona fisica; oppure col decorso di trenta anni, se l'usufruttuario è persona giuridica; per prescrizione, a seguito di non uso ventennale; per consolidazione, cioè per riunione nella stessa persona della titolarità dell'usufrutto e della proprietà; per totale perimento del bene (se però il perimento è dovuto a fatto del terzo, l'usufrutto si trasferisce sull'indennità da questo pagata al proprietario: si tratta di una fattispecie di c.d. surrogazione reale).

L'usufrutto si estingue, ancora, per rinuncia dell'usufruttuario; per annullamento, rescissione, risoluzione del contratto costitutivo di usufrutto; per scadenza del termine, eventualmente indicato nel titolo costitutivo; e, infine, a causa dell'"*abuso*" da parte dell'usufruttuario, ossia per una grave mancanza dell'usufruttuario ai suoi obblighi, dichiarato con sentenza costitutiva dal giudice: come, per esempio, aver lasciato deperire il bene per le mancate operazioni di ordinaria manutenzione.

I diritti e gli obblighi dell'usufruttuario

Quanto ai diritti e agli obblighi nascenti dall'usufrutto, l'usufruttario ha, in primo luogo, il diritto di conseguire il possesso della cosa, di servirsene, amministrarla e farne propri i frutti (naturali e civili), per tutta la durata dell'usufrutto; ha diritto ad una indennità per i miglioramenti apportati al fondo, che sussistono alla data della cessazione, nella misura della minor somma tra l'importo della spesa e il risultato utile conseguito. Gli spetta anche lo *ius tollendi* ovvero il diritto di portar via, alla cessazione dell'usufrutto, quelle addizioni la cui rimozione non muti la destinazione economica del bene, a meno che il proprietario decida di ritenerle corrispondendo una congrua indennità. Infine, l'usufruttario ha il diritto di cedere il proprio usufrutto (ma non *mortis causa*), di concedere ipoteca sull'usufrutto, e di locare il bene.

Gli obblighi dell'usufruttuario sono strettamente legati all'obbligo fondamentale di restituire la cosa al termine dell'usufrutto. A tale fine l'usufruttuario, per prendere possesso della cosa, deve fare a sue spese l'inventario dei beni in usufrutto (in modo da poterli confrontare con ciò che restituirà) e prestare idonea cauzione a garanzia della restituzione stessa; e non deve modificare la destinazione economica del bene oggetto dell'usufrutto, in concreto impressa in precedenza dal nudo proprietario.

L'usufruttario ha, altresì, l'obbligo di usare la diligenza del buon padre di famiglia nell'esercizio del suo diritto; di sostenere le spese e gli oneri relativi alla custodia, all'amministrazione ed alla manutenzione ordinaria del bene; di pagare le imposte, i canoni, le rendite fondiarie e gli altri pesi annuali che gravano sulla cosa; di denunciare al proprietario le usurpazioni commesse da terzi sul fondo e di sopportare, insieme al proprietario ed in proporzione al proprio interesse, le spese delle liti che riguardano sia la proprietà che l'usufrutto.

Gli obblighi del nudo proprietario

Vi sono anche obblighi del nudo proprietario. In costanza del diritto di usufrutto il nudo proprietario deve curare le riparazioni straordinarie del bene (indicate all'art. 1005 c.c.), salvo il diritto di pretendere dall'usufruttuario gli interessi delle somme spese; deve far fronte a tutti quei carichi a carattere non annuale posti sulla proprietà (ad es.: contributi straordinari di miglioria); e, infine, deve concorrere, con l'usufruttuario, alle spese di lite che riguardano contemporaneamente proprietà ed usufrutto.

7. *L'uso e l'abitazione*

Analoghe al diritto di usufrutto, ma con contenuto più ristretto, sono le due figure previste dagli artt. 1021-1022 c.c.

Il diritto di uso

Il diritto di uso (art. 1021 c.c.) attribuisce al suo titolare (c.d. usuario) il potere di servirsi di un bene e, se esso è fruttifero, di raccoglierne i frutti, ma solo limitatamente a quanto occorre ai bisogni suoi e della sua famiglia.

Il diritto di abitazione

Ancor più ristretto è il diritto di abitazione (art. 1022 c.c.), che conferisce al titolare soltanto il diritto di abitare una casa limitatamente ai bisogni suoi e della sua famiglia.

I diritti di uso e di abitazione hanno carattere personalissimo e, quindi, non possono essere ceduti o locati. La regola dell'inalienabilità deve però ritenersi derogabile con il consenso del nudo proprietario, poiché è posta nel suo interesse e non è una norma di ordine pubblico. Per il resto trovano applicazione, in quanto compatibili, le norme che disciplinano l'usufrutto (art. 1026 c.c.).

8. *Gli oneri reali*

Il codice prevede alcune prestazioni, connesse con una cosa, dovute da un soggetto proprio in quanto si trova in un rapporto con la cosa stessa, che gli conferisce il diritto di goderne i frutti. Un'analisi più approfondita mostra però delle differenze tra l'una e l'altra ipotesi di questo gruppo. Queste differenze sono state considerate rivelatrici della realità ovvero obbligatorietà della fattispecie: analisi che è stata condotta non soltanto a fini di pura speculazione (difatti, le ipotesi in discorso costituiscono uno dei "banchi di prova" dei criteri di distinzione tra situazioni reali ed obbligatorie, più sopra esaminati), ma anche a scopi pratici, in quanto la conclusione nell'uno o nell'altro senso conduce a conseguenze applicative utili per risolvere gli aspetti non previsti dalla disciplina dei casi in discorso, la quale, in verità, è piuttosto lacunosa.

E quindi, è stato in tal modo individuato il concetto di onere reale, contrapposto a quello di obbligazione reale.

Oneri reali ed obbligazioni reali

Gli oneri reali sono prestazioni positive a carattere periodico che sono dovute da un soggetto in quanto è nel godimento di un determinato bene, e consistono nel dare o nel fare qualche cosa. Ne costituiscono esempi il canone enfiteutico (art. 960 c.c.) oppure l'onere del pagamento dei contributi consorziali (art. 864 c.c.), quale concorso dei proprietari nella spesa di esecuzione, manutenzione ed esercizio delle opere di bonifica e di miglioramento fondiario da parte, ad es., dei consorzi di bonifica. La realità di queste fattispecie, e del diritto di chi pretende la relativa prestazione, si vede specialmente nella situazione del soggetto passivo, il quale, quando si trovi nel godimento del bene gravato da onere reale, risponde non soltanto delle prestazioni il cui obbligo si sia maturato dal momento del suo possesso, ma anche di quelle maturate in precedenza (v., ad es., art. 967 c.c. a proposito del canone enfiteutico). Questa responsabilità per debiti altrui, simile a quella dell'acquirente di un immobile ipotecato ed inammissibile in via di principio in caso di rapporti meramente obbligatori e quindi personali, ha fatto concludere per la realità della situazione. Questa connotazione di realità viene espressa con l'affermazione secondo cui nell'onere reale obbligata è la cosa (in senso figurato), non la persona, ed il collegamento di questa con la cosa costituisce non soltanto il mezzo per determinare il soggetto che deve compiere la prestazione, bensì rappresenta il titolo (l'unico titolo) dell'obbligo di prestazione stesso.

La tipicità degli oneri reali

Dall'affermata realità della situazione si è poi desunto che l'onere reale si costituisce soltanto nei casi previsti dalla legge (*numerus clausus*); che il titolare del corrispondente diritto – in aggiunta all'azione personale contro il diretto debitore della singola prestazione scaduta – si gioverà di un'azione reale, potendo quindi far espropriare il fondo gravato per ricavarne il valore della prestazione che gli è dovuta; che però la responsabilità del debitore si limita al valore del bene su cui grava l'onere reale; che l'onere reale si estingue per le ordinarie cause estintive dei diritti reali e quindi, ad esempio, per il perimento del fondo, così come per l'abbandono del fondo stesso (arg. *ex* art. 1070 c.c.), anche se, per le prestazioni già scadute e riferite al periodo di proprio personale possesso, permarrà la responsabilità personale del diretto debitore delle stesse.

In altre ipotesi, viceversa, la persona che è nel possesso assume obblighi per i quali risponde non soltanto con la cosa stessa, o nei limiti del valore di questa, ma con l'intero suo patrimonio. Questo principio, che corrisponde alla regola generale della responsabilità patrimoniale, fa comprendere che si tratta di vere e proprie obbligazioni personali, non di pesi aventi natura reale. Sono state in tal modo distinte dagli oneri reali le cc.dd. obbligazioni reali, dette anche obbligazioni *propter rem* o *ob rem*, le quali consistono in quelle obbligazioni poste a carico di un soggetto per il fatto che si trova in un determinato rapporto, di proprietà o di possesso, con un certo bene, ed in cui la relazione dell'obbligato con la cosa ha soltanto la funzione di individuare la persona del debitore, il quale dunque muta in conseguenza del mutare di quel rapporto (c.d. ambulatorietà passiva).

Le obbligazioni reali e l'ambulatorietà passiva

L'imposizione di queste obbligazioni si giustifica per la necessità di disciplinare l'utilizzazione del fondo quando si verifichi una situazione di conflitto tra il proprietario del medesimo ed altre persone, ed ha quindi per scopo l'ordinato esercizio del diritto di proprietà. Ne rappresentano esempi l'obbligazione del proprietario di rimborsare le spese sulla cosa sua fatte dal possessore (art. 1149 c.c.) ovvero l'obbligazione del comunista alle spese per le riparazioni del muro comune (art. 882 c.c.).

Tra obbligazioni reali ed oneri reali vi sono indubbie analogie di disciplina. Ad es., rappresenta causa estintiva delle obbligazioni *propter rem*, almeno per le prestazioni ancora da maturare, la rinunzia al bene (art. 882, 2° comma, c.c.) al pari di quanto avviene negli oneri reali (ma con la differenza che, in questi, l'effetto liberatorio consegue al rilievo che l'esproprio della cosa gravata non avverrà più in danno del soggetto appunto perché questi l'ha abbandonata, mentre nelle prime deriva dalla cessazione del rapporto con la cosa il quale individuava quel determinato soggetto come debitore). Inoltre, secondo la dottrina e giurisprudenza dominanti anche le obbligazioni reali costituiscono figure tipiche, similmente agli oneri reali. Ma dall'affermata natura di obbligazione dell'*obligatio propter rem* viene fatto discendere che questa è tutelata con azione personale, estesa a tutti i beni del debitore, mentre, come visto, l'onere reale è tutelato con azione reale, e nei limiti del valore del bene onerato; che l'onere reale (almeno secondo parte della dottrina) si può acquistare anche per usucapione, come i diritti reali, mentre l'obbligazione reale no; che l'onere reale ha sempre per contenuto una prestazione positiva (dare o fare, ed in ciò si distinguono anche dalle servitù, perché il contenuto di queste ultime non può mai consistere nell'obbligo del soggetto passivo, proprietario del fondo servente, di compiere atti positivi, in quanto *servitus in faciendo consistere nequit*), mentre l'obbligazione reale può consistere anche in un *non facere*.

Le peculiarità dell'onere reale

Ma soprattutto, si predica quale differenza essenziale tra le due situazioni la circostanza che l'onere reale, in quanto diritto reale gravante sul bene di cui si entra in possesso, obbliga al pagamento di tutte le prestazioni scadute, anche se compiute precedentemente al rapporto del soggetto con il bene; mentre l'obbligazione reale, in quanto rappresenta una vera e propria obbligazione, obbliga al pagamento delle sole prestazioni maturate dopo l'inizio della relazione avente ad oggetto il bene, e non anche di quelle maturate in testa ad altri debitori. Tuttavia, questa regola patisce delle eccezioni, come avviene ad esempio per l'obbligo di pagamento delle spese di comunione (art. 1104 c.c.) e, in particolare, per le spese di condominio (art. 1139 c.c.), delle quali l'obbligato risponde con tutto il suo patrimonio e tuttavia è accollato al subentrante anche il pagamento delle spese dovute dall'alienante (art. 1104, 3° comma, c.c.). Pertanto, la distinzione tra obbligazioni reali ed oneri reali è tuttora problematica, e, secondo alcuni, addirittura inesistente.

CAPITOLO 46
LE SERVITÙ PREDIALI

SOMMARIO: 1. Concetto e caratteri generali. – 2. Requisiti fondamentali delle servitù. – 3. Tipi di servitù. – 4. Le servitù coattive. – 5. Costituzione delle servitù volontarie. – 6. Estensione ed esercizio delle servitù. – 7. L'estinzione delle servitù.

1. *Concetto e caratteri generali*

La servitù consiste (art. 1027) nel peso (o limitazione) imposto sopra un fondo – c.d. fondo servente – per l'utilità di un altro fondo – c.d. fondo dominante –.

I caratteri essenziali

Le servitù presentano, quali loro caratteri essenziali, l'appartenenza dei due fondi a soggetti diversi (può essere titolare di servitù non soltanto il proprietario, come prevede l'art. 1027 c.c., ma chiunque abbia un diritto di godimento di natura reale – e, secondo alcuni, in certi casi, anche di natura personale – sul fondo dominante); la indivisibilità, poiché la servitù si estende ad ogni parte del fondo ed è indivisibile da esso; e la impossibilità di consistere in un *facere*, nel senso che la servitù può consistere soltanto in un *non facere* o in un *pati* del proprietario del fondo servente.

Diversamente da altri istituti finora esaminati, come la superficie, la materia delle servitù sembra tagliata fuori dal progresso, legata com'è alla tradizione agricola.

Benché, infatti, nel codice non manchi la considerazione delle esigenze dell'edilizia (v. art. 1029, 2° comma, c.c.), e dell'industria (v. artt. 1028, 1033, 1050, 1052, 2° comma, c.c.) – e si tratta delle ipotesi di servitù di maggior rilievo –, la maggior parte delle disposizioni si riallaccia all'agricoltura (v. artt. 1033, 1044, 1049, 1050, 1051, 1096 c.c.). La disciplina della servitù sembra non aver risentito neppure dell'impostazione produttivistica propria del codice del 1942: infatti, ogni forma di utilità, agricola, industriale o domestica, è posta sullo stesso piano.

L'attualità del regime delle servitù

Dunque, lo stato stesso della legislazione in materia di servitù può apparire arcaico, ed alcuni aspetti di essa bisognosi di adeguamenti. E tuttavia, la duttilità straordinaria del paradigma della servitù – che consente di permettere ad altri di trarre dal proprio fondo determinate utilità, secondo una regolamentazione, rimessa, innanzitutto, al patto tra le parti,– rende l'istituto suscettibile di utilizzazioni varie e frequenti anche nei settori più nuovi, e per i più diversi bisogni della vita.

Beninteso, la servitù al pari di ogni altro diritto reale, è espressamente prevista e regolata dalla legge, cioè tipica. La volontà dei costituenti può però, entro il *tipo* servitù, stabilire in concreto una serie indefinita di vincoli reali corrispondenti a diverse utilizzazioni del bene.

2. *Requisiti fondamentali delle servitù*

Tuttavia, affinché il vincolo così stipulato rappresenti il diritto reale chiamato servitù prediale, occorre che siano rispettati una serie di requisiti.

I requisiti essenziali

In primo luogo, *praedia vicina esse debent*. Il concetto di vicinanza, però, non va inteso in senso assoluto, ma solamente in senso relativo rispetto al contenuto della servitù. Così, ad esempio, sussiste la *vicinitas* anche se i due fondi sono separati da un terzo fondo appartenente al proprietario del fondo dominante o da una strada.

Essenziali, poi, per la qualifica della servitù come diritto reale, sono i requisiti della predialità e della utilità per il fondo dominante.

La predialità

Il concetto di predialità significa che la servitù è posta a vantaggio del fondo (*praedium*) e non del proprietario, sicché questi riceve il vantaggio della servitù appunto attraverso il suo bene.

L'utilità in senso oggettivo

L'utilità per il fondo dominante, cui la servitù deve dare luogo, deve dal canto suo essere non soggettiva (cioè funzionale alle esigenze meramente personali di quel determinato titolare del fondo dominante), ma obiettiva, nel senso di concretarsi in un vantaggio riconducibile alla situazione e alla destinazione obiettiva del fondo dominante, tale da giovare a chiunque ne divenga proprietario. Ciò posto, detta utilità può consistere in un qualsiasi vantaggio che consenta una migliore utilizzazione del fondo: può anche essere di natura non economica; secondo alcuni, può anche essere a carattere stagionale e non continuo.

Se il patto tra privati impone sopra un fondo, a vantaggio di un altro fondo, un peso o una limitazione che non possegga queste caratteristiche, si avrà un patto magari ammissibile, ma non costitutivo di una servitù prediale, bensì di un rapporto meramente obbligatorio, a carattere

Le cc.dd. servitù irregolari

personale (cc.dd. servitù irregolari), come tale intercorrente esclusivamente tra il concedente e la persona a favore della quale è stato stipulato e privo – per le già esaminate distinzioni tra diritti reali e diritti obbligatori –, in particolare, del séguito, della opponibilità *erga omnes* del vincolo e conseguentemente della ambulatorietà attiva *e* passiva (nel senso che soltanto le servitù prediali si trasferiscono automaticamente e congiuntamente al trasferimento del fondo dominante o servente cui accedono).

Ad esempio, l'utilità può essere inerente anche alla destinazione industriale del fondo (art. 1028 c.c.: ad es., servitù di presa d'acqua su un fondo per assicurare l'acqua necessaria al funzionamento di uno stabilimento sito su un fondo vicino). Ma, benché ammissibili, non costituiscono servitù reale, per carenza dei requisiti sopra detti, sia il patto di non concorrenza (ad es. l'impegno di non esercitare una certa attività industriale o commerciale nel proprio fondo, per favorire l'attività industriale o commerciale del vicino) sia le cc.dd. servitù aziendali (ad es. il diritto di affiggere la propria insegna sul muro del vicino), se caratterizzati dall'attribuzione di un vantaggio ad una certa azienda indipendentemente dal legame della stessa con un determinato immobile (ad es., quando l'attività si svolge non necessariamente – come ad esempio, una miniera –, ma soltanto occasionalmente, attraverso l'uso di quel fondo).

La comodità o amenità

Ancora, per espressa disposizione di legge l'utilità può anche consistere nella maggiore comodità o amenità del fondo dominante (art. 1028 c.c.: ad es., servitù di non edificare, per conservare la vista panoramica di cui gode il fondo vicino). Qui, è assai difficile distinguere nel caso concreto se si tratti di un vantaggio inerente al fondo in quanto tale, ovvero di vantaggio connesso al suo attuale proprietario. Ma, ad es., il patto che preveda il diritto di passeggiare nel parco vicino costituisce servitù reale soltanto ove esso migliori l'abitabilità del fondo dominante (e dunque, se stipulato a favore del proprietario di una villa o di un appartamento, ma non di un vicino orto, cascinale o bottega).

3. *Tipi di servitù*

Delle servitù possono farsi varie classificazioni.

Le servitù apparenti e non

Le servitù apparenti sono le servitù che si manifestano con opere visibili e permanenti destinate al loro esercizio: tali sono, ad esempio, la servitù di stillicidio, di acquedotto, di passaggio, ecc. Servitù non apparenti sono, invece, quelle per le quali non sono richieste tali opere, come la servitù di pascolo, la servitù di non edificare, ecc.

Le servitù affermative e negative

Le servitù affermative sono le servitù per il cui esercizio è richiesto un comportamento attivo del proprietario del fondo dominante, che il proprietario del fondo servente deve sopportare (ad es.: passaggio). Servitù negative sono quelle, invece, che comportano soltanto un *non facere* a carico del proprietario del fondo servente (ad es.: servitù di non costruire oltre una certa altezza, ecc.).

Le servitù continue, discontinue, volontarie, coattive, temporanee e perpetue

Le servitù affermative, a loro volta, possono essere continue o discontinue. Servitù continue sono quelle servitù affermative per il cui esercizio non è richiesto il fatto dell'uomo, mentre tale attività è richiesta solamente nella fase anteriore all'esercizio (ad es.: servitù di acquedotto, nella quale, una volta costruite le condotte, l'acqua profluisce senza necessità di ulteriore attività umana). Servitù discontinue sono, invece, quelle per il cui esercizio è richiesta l'attività ripetuta del proprietario del fondo dominante (ad es.: la servitù di passaggio).

Ancora, le servitù possono essere volontarie o coattive, a seconda che si costituiscano per volontà dei singoli oppure per legge; nonché temporanee o perpetue, con riferimento alla durata.

4. *Le servitù coattive*

La tipicità delle servitù coattive

Come si è accennato, le servitù coattive (artt. 1032 ss. c.c.) sono quelle che trovano il loro titolo nella legge. Esigerle è un diritto potestativo che la legge accorda al proprietario del fondo dominante, il quale, quindi, potrà rivolgersi al giudice per ottenerle tramite una sentenza costitutiva (se non riesce a conseguirle contrattualmente, accordandosi con il vicino). Il proprietario del fondo servente ha comunque diritto ad una indennità.

Le servitù coattive sono tipiche, e cioè sono soltanto quelle previste dalla legge. Le principali figure sono la servitù di acquedotto coattivo (art. 1033 c.c.), che consiste nel diritto di far passare acque proprie attraverso fondi altrui, tramite un acquedotto; e la servitù di passaggio coattivo, che consiste nel diritto al passaggio sul fondo vicino per accedere alla via pubblica, giudizialmente ottenibile sia quando non sia possibile fare altrimenti (c.d. interclusione assoluta), sia quando il proprietario del fondo potrebbe procurarsi altrove tale passaggio, ma soltanto con grave dispendio o disagio (c.d. interclusione relativa).

5. *Costituzione delle servitù volontarie*

I modi d'acquisto comuni a tutte le servitù sono il testamento, ed il contratto tra proprietario del fondo dominante e del fondo servente. Anche l'enfiteuta e il superficiario possono costituire servitù a carico rispettivamente del fondo e della proprietà superficiaria; l'usufruttuario, invece, può soltanto acquistare servitù a favore del fondo oggetto del suo diritto.

I modi d'acquisto propri delle sole servitù apparenti sono l'usucapione ordinaria o abbreviata, e la destinazione del padre di famiglia (art. 1062). In quest'ultima fattispecie, avviene che il proprietario di due fondi vi costruisce opere permanenti (ad es.: acquedotto) per la loro migliore utilizzazione. Se, nel futuro, i fondi cessano di appartenere allo stesso proprietario (per divisione, vendita parziale, ecc.), quello stato di fatto continua a sussistere, nel senso che si ritiene automaticamente costituita la servitù, attivamente o passivamente, tra i fondi ormai appartenenti a diverso proprietario. Lo stesso si verifica anche se il fondo inizialmente è uno solo, ma viene successivamente diviso fra due proprietari.

6. *Estensione ed esercizio delle servitù*

Il diritto di servitù comprende tutte le facoltà accessorie (c.d. *adminicula servitutis*), indispensabili per l'esercizio della servitù stessa. Ad esempio, il diritto di prendere acqua comprende il diritto di passaggio fino alla sorgente (art. 1064 c.c.). Il modo di esercizio della servitù è determinato dal titolo o dal possesso, a seconda che la servitù stessa derivi dalla volontà delle parti o dall'usucapione. Nel dubbio circa le modalità concrete di esercizio, questo deve essere effettuato *civiliter*, così da soddisfare il fondo dominante con il minor aggravio del fondo servente (art. 1065 c.c.).

7. *L'estinzione delle servitù*

Le cause di estinzione delle servitù

Le servitù si estinguono (artt. 1072 ss. c.c.) per confusione, cioè per la riunione nella stessa persona della proprietà del fondo dominante e del fondo servente, in osservanza del principio secondo cui *nemini res sua servit*; e per prescrizione estintiva ventennale, cioè per non uso della servitù protratto per venti anni.

Il termine di prescrizione decorre diversamente nelle servitù negative ed affermative (continue o discontinue).

Nelle servitù negative, il termine prescrizionale decorre da quando il proprietario del fondo servente ha violato il divieto (ad es.: sopraelevando la costruzione); nelle servitù affermative continue, da quando si è verificato un fatto contrario all'esercizio della servitù (ad es.: otturamento dell'acquedotto); nelle servitù affermative discontinue, dall'ultimo atto di esercizio del diritto (ad es.: dall'ultimo passaggio).

Le servitù si estinguono, altresì, per scadenza del termine e per il verificarsi della condizione risolutiva previsti nel titolo; nonché per abbandono del fondo servente (art. 1070 c.c.) da parte del proprietario che voglia così sottrarsi alle spese per la servitù, cui è tenuto in forza di legge o del titolo.

CAPITOLO 47

IL POSSESSO

SOMMARIO: 1. Concetto ed elementi. – 2. Oggetto del possesso. – 3. Acquisto, perdita e successione nel possesso. – 4. La detenzione. – 5. Le qualificazioni del possesso. – 6. Effetti del possesso: l'acquisto immediato della proprietà.

1. *Concetto ed elementi*

A norma dell'art. 1140 c.c., il possesso è il potere sulla cosa che si manifesta in un'attività corrispondente all'esercizio della proprietà o di altro diritto reale.

La relazione di fatto come materiale disponibilità del bene

Dalla lettura di tale definizione si deduce che il possesso si concreta in una relazione di fatto – come tradizionalmente si usa dire – intercorrente tra un soggetto e un bene: "di fatto" non nel senso che si tratti di una situazione non giuridica o priva di rilievo per il diritto (poiché, anzi, le conseguenze che il diritto ricollega al possesso sono rilevantissime), ma nel senso che l'art. 1140 c.c. prende in considerazione, e tutela, la materiale disponibilità di un bene da parte di un soggetto, anche se questa non risulti giustificata dall'esistenza, in capo a costui, della proprietà o di un diritto reale.

Tale situazione, dunque, può essere, in realtà, anche di semplice immagine o apparenza di un diritto; e potrebbe anche avere origine illegittima o illecita (si pensi al ladro, all'usurpatore, e comunque a chi sottragga la cosa all'avente diritto). E tuttavia, a questa situazione l'ordinamento giuridico accorda, anzitutto, una speciale tutela (detta, appunto, possessoria), la quale, sia pure transitoriamente, prevale perfino su quella del legittimo titolare, che faccia valere il proprio diritto; e poi, la assume a presupposto di altri diversi effetti, tra i quali è assai rilevante la possibilità di acquistare in via definitiva quello stesso diritto (usucapione).

È allora lecito chiedersi quali siano le ragioni che giustificano questo particolare *favor*. Esse risiedono nel rispetto dell'effettività (per cui chi ha in mano un bene deve avere, intanto, la meglio su chi affermi di avere sulla cosa un diritto, tuttavia ancora da dimostrare) e dell'esperienza pratica (per la quale chi si serve di una cosa normalmente ne ha il diritto); e nella necessità della salvaguardia dell'ordine pubblico e della pace sociale (che sarebbero turbati se si consentisse a chi afferma di avere un diritto sulla cosa di farlo valere contro chi ha, per il momento, la cosa in suo potere). L'usucapione, poi, è frutto della valutazione positiva, sul piano economico e sociale, da accordare a chi effettivamente utilizza la cosa, rispetto a chi, pur avendone eventualmente il diritto, non lo faccia, restando più o meno a lungo inerte, con generale pregiudizio.

Gli elementi del possesso

Per quanto la legge attribuisca una particolare rilevanza, come visto, alla semplice esteriorità di un diritto, tuttavia questa esteriorità è ben precisata nei suoi elementi fondamentali. Gli elementi del possesso sono il *corpus possessionis*, che si identifica con il comportamento materiale che il soggetto assume nei confronti del bene, esercitando un'attività corrispondente a quella del proprietario o del titolare di un diritto reale (elemento oggettivo); e l'*animus possidendi*, che si identifica nella volontà del possessore di esercitare sul bene i poteri del proprietario o del titolare di altro diritto reale (elemento soggettivo). La necessità dell'*animus*, benché non espressamente richiesta dall'art. 1140 c.c., è tuttavia ben viva nel diritto applicato, anche perché distingue il possesso dalla detenzione. Beninteso, tale *animus* non si riduce alla mera convinzione del soggetto. Al contrario, la situazione in cui questi versa deve essere tale da permettergli di poter ragionevolmente e legittimamente concepire di essere proprietario o titolare di un diritto reale (per cui non varrebbe, ad es., la persuasione psicologica, pur sussistente, di possedere un museo pubblico, da parte di chi semplicemente si trovi all'interno di quell'edificio). Ed inoltre, l'accertamento – oggettivamente difficile – di tale *animus* non si risolve in una mera indagine di un interno sentire, bensì si concreta nella verifica di un minimo di comportamenti effettuali ed univoci, idonei ad esteriorizzare e a dimostrare la presenza di tale elemento.

2. *Oggetto del possesso*

L'oggetto del possesso

Sono suscettibili di possesso i beni materiali, le energie naturali (sicché, sono esperibili le azioni possessorie a garanzia che la somministrazione di acqua, gas, elettricità ecc. pervenga al proprio impianto, ovvero che non sia turbato il flusso delle onde radio-televisive emesse dalla propria stazione), le universalità di cose, i mobili registrati, i titoli di credito (in questo caso si possiede il documento in cui il diritto di credito è incorporato).

Va ammesso anche il possesso delle servitù negative, benché queste non implichino un'attività del titolare (necessaria ai fini del possesso *ex* art. 1140 c.c.), bensì una mera astensione da alcune facoltà da parte del proprietario del fondo servente. A tal fine occorre che alla semplice astensione del proprietario del fondo servente si colleghi una previa *prohibitio* del proprietario del fondo, di fatto, dominante (nel senso che, ad es. in caso di servitù di non edificare, il proprietario non edifichi non per una sua scelta – di per sé non costitutiva di una *servitus altius non tollendi* a favore del proprietario vicino –, ma perché quest'ultimo lo abbia diffidato dal farlo).

Non sono suscettibili di possesso, invece, le universalità di diritto, le parti non separabili di cose composte, le pertinenze, lo spazio aereo, i beni demaniali (art. 1145 c.c.).

3. *Acquisto, perdita e successione nel possesso*

L'acquisto originario e derivativo del possesso

L'acquisto originario del possesso si realizza con l'apprensione fisica della cosa, accompagnata dall'*animus possidendi.* L'apprensione, però, non fa acquistare il possesso se si verifica per tolleranza altrui (art. 1144 c.c.). L'acquisto derivativo del possesso si realizza con la consegna o *traditio* della cosa (che può essere *effettiva*, se si trasferisce materialmente la cosa stessa, ovvero simbolica, se, ad esempio, si trasferiscono i documenti riguardanti la cosa, le chiavi dell'immobile, ecc.); oppure con la successione nel possesso. La perdita del possesso si verifica quando viene meno uno degli elementi del possesso: *corpus* od *animus.*

La perdita

La successione e l'accessione

La successione e l'accessione nel possesso sono due forme di congiunzione del possesso, che la legge prevede per far godere all'attuale possessore gli effetti di un precedente possesso (ciò che può giovargli, ad esempio, per raggiungere il tempo utile ai fini dell'usucapione del bene). La successione nel possesso (art. 1146, 1° comma, c.c.) si verifica alla morte del possessore, poiché il possesso continua nel suo erede con gli stessi caratteri che aveva rispetto al defunto (buona o malafede, vizi, ecc.). L'accessione nel possesso (art. 1146, 2° comma, c.c.) si verifica invece a favore del successore a titolo particolare (legatario o acquirente per atto tra vivi), il quale può (ma non ne ha l'obbligo) unire al proprio possesso quello del suo autore (se era in buona fede e non viziato) ai fini dell'usucapione.

4. *La detenzione*

La detenzione può definirsi come un mero potere di fatto sulla cosa, non accompagnato dall'intenzione di esercitare un'attività corrispondente ad un diritto reale. Il detentore, pertanto, si trova in un rapporto di mera contiguità fisica con la cosa, ma è consapevole ed esplicitamente riconosce di non poter vantare alcun diritto sulla cosa stessa, essendo altri titolare del diritto. Costui è ad esempio il locatario, il quale esercita un potere sull'abitazione altrui ma, finché paga il canone ed adempie a tutti i suoi obblighi verso il locatore, per ciò stesso riconosce che altri ha il diritto sulla cosa.

Come appare dalla definizione, l'elemento che differenzia detenzione e possesso è *l'animus: animus possidendi*, in caso di possesso; *animus detinendi*, in caso di detenzione.

La funzione

La detenzione può essere nell'interesse proprio (detenzione qualificata, ad es. locatario, creditore pignoratizio, appaltatore, comodatario) o nell'interesse altrui (detenzione non qualificata, ad es. domestici, depositari). La differenza ha rilievo in tema, ad esempio, di tutela della situazione detentiva (v. *infra*).

Date le rilevanti diversità di effetti tra possesso e detenzione (ad es., quest'ultima, a differenza del primo, non può mai condurre all'usucapione), ha grande rilievo l'esame dei rapporti tra detenzione e possesso: quando, cioè, un soggetto possa dirsi detentore e quando possessore, e per quale periodo; e quando un detentore possa dire mutata la propria situazione in possesso, e viceversa.

Invero, il codice favorisce la qualificazione della disponibilità materiale di un bene quale possesso, anziché quale detenzione, mediante tre presunzioni.

Il ruolo delle presunzioni

La prima consiste in una presunzione generale di possesso, in virtù della quale chi esercita il potere di fatto si presume possessore (rimanendo così esonerato dalla difficoltà di provare se in concreto avesse *animus possidendi* o *animus detinendi*), salvo che si provi che ha cominciato ad esercitarlo semplicemente come detentore (art. 1141 c.c.).

Il secondo vantaggio è una presunzione di possesso intermedio, in virtù della quale il possessore, fornita la prova di possedere ora e di aver posseduto in passato, si presume abbia posseduto anche nel periodo intermedio; venendo così liberato dall'onere di dimostrare (come altrimenti dovrebbe) di aver posseduto in ciascun singolo momento. L'onere di provare l'interruzione spetta a chi nega il possesso intermedio (art. 1142 c.c.).

Infine, la legge accorda al possessore una presunzione di possesso anteriore, in virtù della quale il possessore, se esercita il suo potere sulla base di un titolo, si presume abbia cominciato a possedere dalla data del titolo stesso. In mancanza di titolo, invece, il possesso attuale non fa presumere il possesso anteriore (art. 1143 c.c.).

Dalla detenzione al possesso

Il 2° comma dell'art. 1141 c.c. regola, poi, il c.d. mutamento della detenzione in possesso. Esso prescrive che la detenzione, con cui incominciò l'esercizio del potere di fatto su un bene, continua come tale, e non si può tramutare in possesso, se non nei casi da tale norma tassativamente previsti: e cioè, per causa proveniente da un terzo, il quale, titolare della proprietà o di altro diritto reale sul bene, trasferisca tale suo diritto al detentore; ovvero per opposizione del detentore, il quale renda nota al proprietario la propria intenzione di continuare a tenere il bene non più come detentore (cioè in nome del proprietario stesso) bensì per conto ed in nome proprio.

5. *Le qualificazioni del possesso*

Esistono alcune circostanze che, qualificando il possesso, danno al possessore una tutela più ampia. Si tratta di figure particolari, che si pongono, pertanto, accanto alla figura generale del possesso.

Il possesso nell'usucapione

Il possesso legittimo o *ad usucapionem* deve essere continuo, nel senso che il possessore non deve avere abbandonato il bene; non interrotto, cioè non deve esserci stata azione di terzi in contrasto col possesso; non violento e non clandestino. Questo possesso, oltre alla tutela possessoria, porta all'usucapione ventennale degli immobili e decennale dei beni mobili registrati.

Il possesso di buona fede (art. 1147 c.c.) è quello di chi possiede ignorando di ledere l'altrui diritto (purché tale ignoranza non dipenda da colpa grave). La buona fede si presume, ed è sufficiente che sussista al tempo dell'acquisto: la successiva conoscenza dell'altrui diritto, e quindi del proprio torto, non ha rilievo (*mala fides superveniens non nocet*). Questo possesso, se esiste un titolo astrattamente idoneo al trasferimento, porta all'usucapione decennale dei beni immobili, all'usucapione triennale dei mobili registrati e all'acquisto immediato dei beni mobili.

Il possesso di buona fede titolato è qualificato dall'esistenza di un titolo astrattamente idoneo al trasferimento del diritto.

6. *Effetti del possesso: l'acquisto immediato della proprietà*

Effetto del possesso è, innanzitutto, la tutela possessoria (v. *infra*).

Inoltre, nei confronti del proprietario della cosa che agisca per far riconoscere il suo diritto ed ottenga la restituzione del bene, il possessore ha diritto al rimborso delle spese fatte, e, se di buona fede, anche a far sua una certa quota di frutti (v. *infra*).

Ancora, a norma dell'art. 1155 c.c., se taluno, con successivi contratti, aliena a più persone diverse il medesimo bene mobile, tra queste è preferita alle altre colei che ne ha acquistato il possesso in buona fede, anche se il suo titolo è di data posteriore.

Altro effetto del possesso è l'usucapione (v. *infra*).

Con quest'ultimo istituto presenta una estrinseca affinità il fenomeno (difatti talora definito "usucapione istantanea") dell'acquisto immediato della proprietà di beni mobili a norma del 1° comma dell'art.

1153 c.c. Tale disposizione sancisce il principio secondo cui, in materia mobiliare, il possesso – unito alla buona fede – vale titolo, cioè consente all'acquirente di acquistare a titolo originario, e libero dai vincoli non risultanti dal titolo, il bene mobile cedutogli da un falso proprietario, benché quest'ultimo, come tale, non avesse il potere di trasferirglielo legittimamente; mentre il proprietario originario perde il suo diritto e non può più rivendicare il bene. E dunque, ad esempio, se Tizio, il quale abbia rubato a Caio un orologio, poi, qualificandosi falsamente proprietario dell'orologio, mi propone di acquistarlo ed io lo acquisto, lo acquisto effettivamente, se nel momento in cui Tizio me lo consegna ero in buona fede, ne ignoravo cioè la provenienza furtiva e credevo veramente che l'orologio appartenesse a Tizio.

Possesso vale titolo

I presupposti

Presupposti per l'applicazione della norma sono che l'oggetto non deve essere un bene mobile registrato, né una universalità di mobili; che l'avente causa deve ricevere il possesso; che egli sia in buona fede al momento della consegna, cioè ignori che il suo dante causa non è proprietario del bene (la buona fede in quanto tale si presume fino a prova contraria; vige altresì il principio generale per cui *mala fides superveniens non nocet*). Occorre altresì un titolo valido (cioè non nullo né annullabile) ed astrattamente idoneo a trasferire la proprietà: cioè, deve trattarsi di un titolo (contratto, negozio unilaterale – come la rinunzia –, provvedimento dell'autorità amministrativa, ecc.) capace di trasferire la proprietà, se vi fosse anche la legittimazione del trasferente, la quale invece manca nella fattispecie di cui all'art. 1153 c.c., atteso che egli non è proprietario del bene trasferito. È dunque titolo (astrattamente, nel senso di cui all'art. 1153 c.c.) idoneo una vendita, e non un comodato.

Il titolo valido ed astrattamente idoneo al trasferimento della proprietà

CAPITOLO 48

I MODI DI ACQUISTO DELLA PROPRIETÀ E DEGLI ALTRI DIRITTI REALI

SOMMARIO: 1. Generalità e tipi di acquisto. – 2. L'usucapione: nozione, fondamento, requisiti ed oggetto. – 3. L'usucapione ordinaria, abbreviata, speciale. – 4. Disciplina dell'usucapione. – 5. L'accessione. – 6. Gli altri modi di acquisto della proprietà a titolo originario.

1. *Generalità e tipi di acquisto*

I modi di acquisto della proprietà

L'art. 922 c.c. indica i modi di acquisto della proprietà, ossia quei fatti giuridici che hanno per effetto l'acquisto della proprietà di una cosa. Essi si distinguono in originari e derivativi.

Nei modi d'acquisto a titolo derivativo, il diritto di proprietà dipende dall'esistenza del diritto di un precedente proprietario. I modi di acquisto a titolo derivativo sono costituiti dai negozi traslativi della proprietà (ad es. compravendita); dai trasferimenti coattivi (ad es. espropriazione); dalla successione, a titolo di eredità o di legato.

Nei modi d'acquisto a titolo originario, invece, l'acquisto della proprietà non dipende da un egual diritto del precedente titolare, o per non essere da questo derivante (ad es.: usucapione, acquisto di beni immobili *ex* art. 1153 c.c.; vedi *infra*), o in quanto, addirittura, il diritto sorge per la prima volta nel patrimonio dell'attuale proprietario (ad es.: pescatore che fa propri i pesci caduti nella sua rete). I modi di acquisto originari della proprietà operano *ipso iure* senza la necessità che siano preventivamente accertati dinanzi al giudice.

I singoli modi di acquisto a titolo originario della proprietà sono: l'occupazione, l'invenzione, l'accessione e l'usucapione.

2. *L'usucapione: nozione, fondamento, requisiti ed oggetto*

L'usucapione

L'usucapione (artt. 1158 ss. c.c.) consente l'acquisto a titolo originario della proprietà o dei diritti reali di godimento per effetto del possesso protratto per un certo tempo. Le ragioni che giustificano l'usucapione sono, da un lato, l'esigenza di rendere certa e stabile la proprietà, agevolandone la prova anche in vista di una più veloce circolazione dei beni; e, dall'altro, quella di favorire colui che si occupa di un bene, rendendolo produttivo, rispetto al proprietario inerte.

La *probatio* diabolica

Difatti, dal primo punto di vista, la prova di aver acquistato il diritto di proprietà a titolo derivativo è – come si dice – "diabolica", perché costringe a dimostrare la validità del proprio acquisto e di ogni precedente trasferimento, teoricamente all'infinito, in quanto qualsiasi limitazione o vizio, contenuto anche nell'atto più remoto, si trasmetterebbe al diritto attuale, in virtù del principio per cui *nemo plus juris in alium transferre potest quam ipse habet*.

Sotto il secondo aspetto, il diritto di proprietà non si perde per la sola inerzia del suo titolare; viene meno soltanto di fronte all'attività altrui, che l'ordinamento premia.

Il possesso ai fini dell'usucapione

Ha titolo per l'usucapione chi abbia esercitato il possesso in modo continuo e non interrotto (c.d. requisito della continuità); non violento né clandestino (c.d. possesso non viziato); e protratto per un certo periodo di tempo (c.d. requisito della durata). Infine, oggetto del possesso deve poi essere un bene suscettibile di usucapione cioè, un bene in commercio (non sono usucapibili le *res communes omnium*), e non demaniale (sono, invece, usucapibili i beni del patrimonio indisponibile).

3. *L'usucapione ordinaria, abbreviata, speciale*

In relazione alla necessaria durata del possesso si distinguono vari tipi di usucapione.

L'usucapione ordinaria

L'usucapione ordinaria per l'acquisto della proprietà o degli altri diritti reali di godimento su beni immobili e su universalità di mobili e mobili (artt. 1158, 1160, 1161 c.c.) si compie col decorso di venti anni; dieci anni per i beni mobili registrati.

L'usucapione abbreviata

L'usucapione abbreviata richiede invece ulteriori requisiti quali la buona fede al momento dell'acquisto del possesso, consistente nell'ignoranza di ledere l'altrui diritto; un titolo valido ed astrattamente idoneo al trasferimento del diritto ma inefficace in pratica per non essere il dante causa proprietario o titolare del diritto reale (c.d. titolo *a non domino*); la trascrizione del titolo. Dalla trascrizione, peraltro, decorre il tempo necessario per usucapire (art. 1159 c.c.). Quanto alla durata, il decorso del tempo necessario perché si verifichi l'usucapione abbreviata è di dieci anni per i beni immobili. Per i beni mobili registrati, invece, bastano tre anni.

Per i beni mobili bisogna distinguere due ipotesi. Se vi è il titolo astrattamente idoneo e la buona fede, l'acquisto è immediato ai sensi dell'art. 1153 c.c. Se manca il titolo, l'usucapione si realizza dopo *dieci anni,* qualora il possesso sia stato acquistato in buona fede; se il possessore è di mala fede, l'usucapione, come si è detto, si compie con il decorso di *venti anni* (art. 1161 c.c.).

L'usucapione speciale

Usucapione speciale viene poi definita, dalla stessa rubrica dell'art. 1159 *bis* c.c. (introdotto dall'art. 1 della legge 10 maggio 1976, n. 346), una particolare forma di usucapione, limitata alla "piccola proprietà rurale", e perciò anche detta "usucapione agraria" per la quale i termini dell'usucapione si riducono a soli quindici anni di possesso, anziché venti, per la forma ordinaria, e cinque dalla trascrizione, anziché dieci, per quella abbreviata. La riduzione dei termini di usucapione è espressione del favore legislativo per la proprietà coltivatrice. La citata legge prevede inoltre, per la cosiddetta regolarizzazione del titolo di proprietà, un procedimento speciale, più snello di quello ordinario, e fiscalmente agevolato. Questo complesso di disposizioni è diretto a facilitare l'intestazione catastale delle proprietà nelle zone montane ed in quelle ad economia depressa, spesso frutto di acquisti fatti con atto non trascrivibile (per mera scrittura privata) o addirittura invalido (acquisto solo sulla parola, per contratto verbale), ed a sanare le moltissime intestazioni catastali irregolari o errate nei dati: in modo da consentire al coltivatore, divenuto proprietario, di poter ricorrere al credito accendendo ipoteca sul fondo stesso, come prima non poteva fare risultando il bene a lui non intestato.

Vale infine segnalare che il c.d. decreto del fare (d.l. n. 69 del 2013 convertito in legge n. 98 del 2013) ha modificato l'art. 2643 c.c. e, così, ha introdotto la possibilità di accertare l'usucapione di un bene immobile svolgendo una procedura di mediazione civile stragiudiziale. La disposizione di cui al n. 12 *bis* dell'art. 2643 c.c. stabilisce che debbano rendersi pubblici col mezzo della trascrizione "gli accordi di mediazione che accertano l'usucapione con la sottoscrizione del processo verbale autenticata da un pubblico ufficiale a ciò autorizzato".

4. *Disciplina dell'usucapione*

L'art. 1165 c.c. estende all'usucapione le disposizioni generali dettate in materia di prescrizione, sia per la disciplina delle cause di sospensione o di interruzione, sia per quanto concerne il computo immediato dei termini.

Tale rinvio è giustificato dalle evidenti affinità tra i due istituti, entrambi basati sul decorso del tempo e sull'inerzia del titolare del diritto. Tuttavia, mentre questi fattori consentono nell'usucapione l'acquisto di un diritto, nella prescrizione ne determinano la perdita.

5. *L'accessione*

L'accessione (artt. 934 ss. c.c.) si verifica quando una proprietà preesistente (ad es.: suolo) attira nella sua orbita altre cose che prima ne erano estranee (ad es.: alberi o costruzioni). Tale acquisto avviene a prescindere dal concreto esercizio di una volontà di appropriarsene del soggetto, il quale può, pertanto, diventare proprietario delle nuove cose anche senza saperlo. L'accessione si verifica sempre a favore del proprietario della cosa principale (*accessorium cedit principali*). L'accessione

Si distinguono varie ipotesi di accessione.

La prima è l'accessione di mobile ad immobile. L'immobile per eccellenza è il suolo, considerato il bene principale, che attrae nella sua orbita tutti i mobili che vi vengono impiantati, ossia colture, alberi e costruzioni, di cui il proprietario del suolo diventa proprietario, secondo il principio *quidquid inaedificatur solo cedit* (per le varie applicazioni del principio vedi gli artt. 935-938 c.c.). È ovvio che anche la costruzione nel suo insieme è un immobile, ma qui viene in rilievo come insieme di beni mobili (mattoni, cemento, porte, ecc.) che si uniscono al fondo. L'accessione di mobile ad immobile

Vi è poi l'accessione di immobile ad immobile (artt. 941-947 c.c.). Essa ricorre nelle ipotesi di alluvione (art. 941 c.c.), cioè insensibile e progressivo incremento di terreno portato dalle acque ad un fondo, ed il proprietario del fondo acquista la proprietà di tali incrementi; di avulsione (art. 944 c.c.), che consiste nel distacco da un fondo, per opera di fiumi o torrenti, di una considerevole parte di terreno che si unisce ad un altro fondo (il proprietario del fondo accresciuto ne acquista la proprietà, ma è tenuto ad indennizzare il proprietario che ha subito la diminuzione); di alveo abbandonato (art. 946 c.c.), che si ha quando un fiume, formandosi un nuovo letto, abbandoni il letto principale – in tal caso, l'alveo abbandonato rimane assoggettato al regime del demanio pubblico (prima della sostituzione della norma operata dall'art. 3, legge 5 gennaio 1994, n. 37, spettava ai proprietari confinanti con le due rive) –; e di isola formata nel fiume (art. 945 c.c.), la quale appartiene al demanio pubblico (l'art. 2, legge 5 gennaio 1994, n. 37 ha abrogato gli originari 2° e 3° comma della norma, a tenore dei quali era fatta salva dalla proprietà demaniale l'ipotesi in cui l'isola si fosse formata per avulsione o per circondamento di un fondo da parte delle acque del fiume. In tali casi, rispettivamente, l'isola apparteneva al proprietario del fondo dal quale si è staccato il terreno, e al proprietario del fondo circondato). L'accessione di immobile ad immobile

L'accessione di mobile a mobile, invece, ricorre nelle ipotesi di unione o commistione, e di specificazione.

L'unione (o commistione) si verifica quando due o più cose mobili, appartenenti a diversi proprietari, vengono ad unirsi in modo tale da L'unione o commistione formare un sol tutto, e non è possibile separarle senza danno. In tal caso, la proprietà della cosa così ottenuta diventa comune, in proporzione del valore delle cose spettanti a ciascun proprietario. Se, però, una delle cose può considerarsi principale, o vale molto di più delle altre, il suo proprietario acquista la proprietà del tutto, con l'obbligo di corrispondere agli altri proprietari il valore delle altre cose.

La specificazione

La specificazione si verifica quando si crea, mediante il lavoro (che qui in senso lato si qualifica bene mobile), una nuova cosa con materia appartenente ad altri (ad es.: con legno altrui ci si costruisce una barca). In tal caso, il codice civile dà valore all'elemento del lavoro. Pertanto, la proprietà della cosa così ottenuta spetta, di regola, a colui che ha compiuto il lavoro (previo pagamento del valore della materia); spetta, invece, al proprietario della materia, soltanto se il valore di essa è di molto superiore al valore della mano d'opera (previo pagamento del prezzo di quest'ultima).

L'accessione invertita

L'accessione invertita, infine, rappresenta un modo di acquisto a titolo originario che opera, però, in modo inverso a quello dell'accessione. Esso si verifica quando nella costruzione di un edificio si occupa in buona fede una porzione del fondo attiguo, ed il proprietario di questo non fa opposizione entro tre mesi dal giorno in cui ebbe inizio la costruzione. In tal caso, l'autorità giudiziaria, tenuto conto delle circostanze, può attribuire al costruttore la proprietà dell'edificio e del suolo occupato; questi, però, è tenuto a pagare al proprietario del suolo il doppio del valore della superficie occupata, oltre al risarcimento dei danni (art. 938 c.c.).

L'accessione invertita costituisce una regola per la composizione del conflitto tra costruttore e proprietario del fondo, costituita dall'attribuzione della proprietà sia del suolo sia della costruzione al soggetto portatore dell'interesse ritenuto prevalente, secondo una valutazione di ordine economico-sociale correlata al livello di sviluppo della società civile. L'istituto, dunque, risponde al più generale principio secondo cui la proprietà del bene più rilevante per il diritto attrae a sé la proprietà di quello meno rilevante.

L'istituto dell'accessione invertita ha trovato un grande sviluppo nel campo del diritto pubblico, in sede di espropriazione per pubblica utilità.

La creazione pretoria

Il fenomeno, di creazione pretoria, detto anche "occupazione appropriativa" o "occupazione acquisitiva", prevede che, pur quando l'occupazione di un immobile da parte della P.A. per l'edificazione di un'opera pubblica sia illegittima (perché non sono state seguite le regole garantistiche del procedimento di espropriazione), tuttavia si determina a favore della P.A. l'acquisto a titolo originario della proprietà del suolo occupato senza titolo. In virtù della tutela del pubblico interesse, il privato non soltanto perde la proprietà del bene; ma vede anche derogata la regola generale di integralità della riparazione ed equivalenza del pregiudizio cagionatogli, ricevendo, infatti, un risarcimento sì superiore all'indennità di esproprio, ma comunque inferiore all'integrale valore venale del bene. Il fondamento giustificativo dell'acquisto della proprietà da parte della P.A. realizzatrice dell'opera, che si annette l'area del privato (effetto analogo a quello dell'art. 938 c.c., anche se tra l'accessione invertita pubblicistica e quella civilistica corrono vistose differenze in tema di buona fede dell'occupante, di entità dell'indennizzo, ed anche di *ratio* e di interesse tutelato) risiede nella prevalente tutela del pubblico interesse alla conservazione dell'opera pubblica realizzata rispetto al diritto dominicale del privato, e quindi, in definitiva, nella funzione sociale della proprietà, resa attuale e concreta dalla dichiarazione di pubblica utilità, la quale funzione sociale giustifica il sacrificio del privato medesimo.

Le innovazioni giurisprudenziali

Tuttavia, la stessa giurisprudenza ha ritenuto di dover apportare un correttivo alla riferita impostazione. Quando, infatti, l'attività realizzativa della P.A. non risulti assistita neppure dalla dichiarazione di pubblica utilità dell'opera, perché questa addirittura manchi *ab origine*, o sia invalida, o sia stata annullata in sede giurisdizionale (quando, cioè, i fini pubblici cui sarebbe rivolta l'opera sono stati illegittimamente individuati, oppure non sono stati individuati del tutto), allora si produce la occupazione non di pubblica utilità, denominata "occupazione usurpativa". Infatti in quest'ultima ipotesi, si osserva, non essendovi il titolo (la dichiarazione di pubblica utilità) che legittima la prevalenza dell'interesse della P.A. su quello privato, non è predicabile quel collegamento teleologico alle finalità perseguite con la procedura espropriativa, e quella destinazione del bene ad una causa di pubblica utilità, che solo giustifica, come si è visto, il sacrificio della proprietà e l'acquisizione della stessa alla mano pubblica. E dunque, secondo la costante affermazione giurisprudenziale, non può darsi luogo all'accessione invertita né può verificarsi il conseguente acquisto della proprietà da parte della P.A. Se ne fa conseguire che, nella occupazione c.d. usurpativa, l'impossessamento da parte della P.A. non può essere sanato in alcun modo, neanche sotto il profilo effettuale. E pertanto, il risarcimento dei danni corrisponde, in questo caso, all'integrale valore venale del suolo, oltre interessi e rivalutazione monetaria; in aggiunta, l'area illegittimamente appresa va senz'altro restituita al privato, anche se vi sia stata realizzata l'opera pubblica.

6. *Gli altri modi di acquisto della proprietà a titolo originario*

Come si è già accennato, i singoli modi di acquisto a titolo originario della proprietà, oltre all'accessione ed all'usucapione, sono l'occupazione e l'invenzione.

L'occupazione

L'occupazione (artt. 923-926 c.c.) consiste nella presa di possesso di cose mobili, accompagnata dall'animo di farle proprie (questo modo di acquisto non è ammissibile per gli immobili, in quanto gli immobili vacanti non sono di chi li occupa, bensì cadono in proprietà dello Stato: art. 827 c.c.). Essa riguarda, in particolare, le cose mobili che non siano proprietà di nessuno o per non esserlo mai state (*res nullius*), o per essere state abbandonate dal proprietario (*res derelictae*).

L'invenzione

Per invenzione (artt. 927-933 c.c.), in senso giuridico, si intende il ritrovamento delle cose smarrite. Queste devono essere consegnate al proprietario o, se ignoto, al sindaco del luogo ove vengono rinvenute. Tuttavia, se, dopo un anno dalla consegna della cosa, il proprietario non si è presentato a ritirarla, il diritto di proprietà su di essa spetta al ritrovatore; se invece il proprietario si presenta, egli deve al ritrovatore un premio (*premium inventionis*), che è del 10% del valore della cosa stessa.

Il tesoro

Una forma particolare di invenzione riguarda il tesoro: cioè le cose mobili di pregio, nascoste o sotterrate, di cui nessuno può provare di essere proprietario (art. 932 c.c.). Il tesoro appartiene al proprietario del fondo in cui si trova, se viene rinvenuto da costui; per metà al proprietario del fondo e per metà al ritrovatore, se viene ritrovato, per caso, nel fondo altrui. Va però rilevato che le cose d'interesse storico, artistico, archeologico, ecc., appartengono sempre al patrimonio indisponibile dello Stato, comunque e da chiunque ritrovate; e sono, di conseguenza, sottratte al regime giuridico del tesoro (v. artt. 826 e 839 c.c.).

Capitolo 49

LA TUTELA DEI DIRITTI PATRIMONIALI ASSOLUTI

Sommario: 1. Generalità. – 2. Le azioni a difesa della proprietà. – 3. Le azioni a difesa dei diritti reali limitati. – 4. Le azioni possessorie. – 5. Le azioni di nunciazione.

1. *Generalità*

Le azioni reali

La distinzione tra i diritti reali e quelli di obbligazione transita integralmente, sotto il profilo della tutela della situazione, nella normativa sulle azioni. Alle obbligazioni, infatti, sono attribuite azioni cc.dd. personali intese ad ottenere sanzioni nei confronti non di chiunque, bensì unicamente del debitore, cioè dell'unico soggetto cui si estende il rapporto con il creditore. Ai titolari di diritti reali, connotati dall'assolutezza e da un obbligo generalizzato di astensione da ogni turbativa, sono invece concesse azioni dette appunto reali e dotate delle medesime caratteristiche, in particolare dell'efficacia *erga omnes*.

I presupposti soggettivi

Sul piano dei limiti soggettivi, dunque, l'azione personale si ferma al debitore; il titolare di azione reale, invece, può agire contro chiunque – ivi compresi i successivi subacquirenti o prenditori cui il bene, dopo successivi passaggi, sia pervenuto – non possa vantare un titolo, parimenti reale, poziore o incompatibile con quello azionato, ed opponibile all'agente; e si arresta soltanto dinanzi all'insorgere di un simile titolo.

I presupposti oggettivi

Sul piano dei limiti oggettivi, poi, l'azione reale non è più percorribile solo quando il bene cui mira sia stato dissipato o distrutto. Questa conclusione discende direttamente dalla impostazione dogmatica, più sopra esaminata, cui il nostro codice si ispira in materia di proprietà, ed in particolare dai concetti di immanenza e di inerenza del diritto reale al bene. Difatti la proprietà, ed i diritti reali in genere, si identificano appunto in base al bene che ne forma l'oggetto, e, per questo motivo, non è possibile concepire né proprietà né quindi rivendica, senza oggetto determinato, specificamente individuato ed esistente. Corrispondentemente, delle cose che manchino di questi requisiti si può essere, tutt'al più, creditori (cfr. art. 1378 c.c.), e godere delle relative azioni personali. L'origine ideologica di questo principio diviene palese nel confronto con altri ordinamenti, come quello inglese, che non appartengono alla nostra tradizione e dove, difatti, la rivendica non patisce il medesimo limite. Esistono infatti azioni di *common law* le quali consentono di rivendicare non soltanto il bene che originariamente formava oggetto della proprietà del rivendicante, ma anche il bene che, venduto il primo, rappresenti di questo il prodotto o il profitto, ed altresì, in alcuni casi, gli altri beni, non appartenenti al rivendicante, in cui quello originario risulti mescolato. In questi medesimi casi, invece, il nostro ordinamento conclude che il bene oggetto di proprietà è andato perduto nella sua identità, e consente soltanto, semmai, di recuperare il suo equivalente in denaro sotto forma di risarcimento del danno, con azione di natura personale.

2. *Le azioni a difesa della proprietà*

Le azioni poste a difesa della proprietà sono dette petitorie, in contrapposizione a quelle poste a difesa del possesso, dette possessorie.

Le azioni petitorie

Le azioni petitorie mirano ad accertare ed affermare la titolarità del diritto di proprietà contro chi la contesti direttamente, negandola, o indirettamente, vantando diritti reali limitati sul bene.

Altri rimedi giuridici spettanti al proprietario sono le azioni possessorie; le azioni di nunciazione; il sequestro giudiziario, che può essere richiesto dal proprietario per quei beni dei quali sia controversa la proprietà o il possesso o per i quali sia opportuna la custodia o la gestione; l'azione di consegna di beni mobili o di rilascio di immobili; e l'azione per il risarcimento dei danni (art. 2043 c.c.), diretta a tutelare il diritto nascente dalla proprietà.

Le azioni petitorie sono quattro: l'azione di rivendicazione, l'azione negatoria, l'azione di regolamento di confini e l'azione per apposizione di termini.

L'azione di rivendicazione

L'azione di rivendicazione, o rivendica, è l'azione con cui il proprietario rivendica la cosa propria da chiunque la possiede o la detiene senza titolo (art. 948 c.c.). È la principale delle azioni petitorie, attraverso la quale il proprietario mira a far accertare in giudizio la titolarità del diritto di proprietà e ad ottenere il recupero del bene. Le due azioni di mero accertamento e recuperatoria del possesso possono essere esercitate autonomamente, ma normalmente vengono cumulate, lasciando che l'accertamento sia il (logico) presupposto della condanna a restituire.

L'azione di rivendicazione può essere esperita sia verso i terzi che si siano resi acquirenti della proprietà, sia nei confronti di ogni acquirente susseguente, per ottenere la restituzione del bene che essi abbiano acquistato.

La rivendica si arresta, dal punto di vista dell'efficacia soggettiva, esclusivamente dinanzi all'acquirente di beni immobili il quale abbia trascritto il proprio titolo anteriormente alla trascrizione del titolo del rivendicante o della stessa rivendica; e, nei beni mobili, di fronte ad un acquisto a titolo originario ovvero *ex* art. 1153 c.c., effettuato in buona fede in base a titolo astrattamente idoneo.

La legittimazione all'azione

Legittimato all'azione è chi sostiene di essere proprietario. Sul piano probatorio la sua posizione è meno agevole di quella del convenuto. Infatti, in questa materia, la prova presenta delle difficoltà particolari, tanto che si parla addirittura di *probatio diabolica*. Nella pratica, invece, il problema viene risolto con l'istituto dell'usucapione, e – per facilitare il raggiungimento del tempo sufficiente ad usucapire – con gli istituti dell'accessione *e* successione nel possesso. Infatti se il bene rivendicato è un bene immobile, occorre che l'attore dimostri che fra lui ed i suoi danti causa il bene è stato posseduto per il tempo necessario ad usucapirlo: in pratica, non è necessario che l'attore o uno dei precedenti proprietari abbia, da solo, maturato il tempo necessario ad usucapire, bensì, il possesso utile del bene da parte dell'attore si somma al possesso utile dei precedenti proprietari fino a raggiungere il tempo necessario all'usucapione. Se, invece, il bene rivendicato è un bene mobile, è sufficiente che il proprietario fornisca la prova di aver ricevuto il possesso del bene in buona fede, in base ad un titolo anche astrattamente idoneo (art. 1153 c.c.), privo di limitazioni da esso risultanti. Legittimato passivamente è, invece, chi possiede o detiene la cosa abusivamente, cioè senza titolo; al possessore è equiparato, quanto alla legittimazione passiva, colui che dolosamente si spogliò del possesso in vista dell'azione, il quale, in caso di soccombenza, è obbligato a recuperare a sue spese la cosa per restituirla al proprietario vincitore o, se ciò non è possibile, a corrispondergliene il valore, oltre al risarcimento dei danni. La posizione del convenuto, sul piano probatorio, è molto meno gravosa di quella dell'attore, per il fatto che egli è il possessore o il detentore materiale della cosa: pertanto, egli non deve provare nulla.

Gli effetti dell'accoglimento della rivendica

Se la domanda di rivendica del proprietario è accolta, il possessore o detentore abusivo è tenuto a restituire la cosa con i frutti. Tuttavia, a tal fine, e come effetto del possesso altrui, la legge attribuisce rilevanza alla situazione di buona o di mala fede in cui lo stesso possessore si sia venuto a trovare. Infatti, il possessore di buona fede acquista i frutti maturati in data anteriore alla domanda di rivendica e già separati; dovrà restituire solo i frutti maturati dopo la domanda giudiziale nonché i c.d. frutti percipiendi, e cioè quei frutti che avrebbe potuto percepire dopo la domanda, se avesse usato la normale diligenza del buon padre di famiglia. Viceversa, il possessore di mala fede deve restituire tutti i frutti, percepiti e percipiendi, fin dal momento in cui ha cominciato a possedere (art. 1148 c.c.). Il proprietario, però, non ha il diritto di arricchirsi con apporti fatti da altri sul bene: per cui, il possessore, di buona o mala fede, ha diritto al rimborso, dopo la restituzione, delle somme spese per riparazioni straordinarie, nonché una indennità per miglioramenti apportati al bene e per le addizioni. Tale indennità, nel caso di possessore in mala fede è calcolata in modo particolare (v. art. 1150, 3° comma, c.c.). Egli inoltre, dal momento in cui è tenuto a restituire i frutti, ha diritto al rimborso delle spese per riparazioni ordinarie, nonché delle spese sostenute per la percezione dei frutti (artt. 1149 ss. c.c.). Al possessore di buona fede è riconosciuto, a tutela del suo diritto al rimborso, uno *ius ritentionis* (art. 1152 c.c.).

L'azione negatoria

L'azione negatoria può definirsi (*ex* art. 949 c.c.) come l'azione con cui il proprietario tende ad ottenere dal giudice la dichiarazione di inesistenza dei diritti affermati da altri sulla cosa, quando ha motivo di temerne pregiudizio, e di far cessare le turbative o le molestie della proprietà.

Non è necessario che il proprietario fornisca, come nell'azione di rivendicazione, una prova rigorosa del diritto di proprietà, essendo sufficiente dimostrare il possesso in forza di un titolo idoneo, mentre sul convenuto incombe l'onere di provare la qualità di proprietario.

L'azione di regolamento di confini

L'azione di regolamento di confini (art. 950 c.c.) presuppone una situazione di conflitto derivante dall'inesistenza o incertezza dei confini tra fondi. Legittimati, attivamente e passivamente, all'azione per chiedere che sia stabilito giudizialmente il confine, sono solo i titolari dei fondi confinanti.

L'onere della prova è diviso ugualmente fra le due parti, ciascuno per la porzione di cui assume essere proprietario. In mancanza di prova fornita dalle parti, il giudice provvederà attenendosi al confine tracciato dalle mappe catastali.

L'azione di apposizione di termini

L'azione per apposizione di termini, infine, può essere definita come l'azione con cui ciascuno dei proprietari limitrofi può chiedere, quando sia certo il confine dei fondi, che siano posti o ripristinati, a spese comuni, i segni materiali e tangibili di tale confine, i quali precedentemente mancavano, o erano divenuti irriconoscibili (art. 951 c.c.).

È un'azione duplice, in quanto ciascuna delle parti può intentarla e ciascuna ha una reciproca posizione di difesa e di pretesa.

3. *Le azioni a difesa dei diritti reali limitati*

I diritti reali cc.dd. limitati, poiché – appunto – diritti reali, sono tutelabili *erga omnes* con le azioni poste a difesa di detta categoria di diritti. Dunque, a tutela del proprio diritto reale limitato, il titolare può esercitare le azioni di carattere petitorio (artt. 948 ss. c.c.), proporzionate, ovviamente, all'estensione del suo diritto. Il titolare del diritto reale limitato avrà dunque la rivendica, nel suo duplice contenuto di azione di mero accertamento (con cui si mira a far riconoscere in giudizio l'esistenza della superficie, dell'usufrutto, della servitù, ecc.: si parlerà, allora, di azione di rivendica dell'usufrutto, di *vindicatio servitutis*, ecc.); e di azione recuperatoria, mirante a recuperare l'interezza dell'esercizio del proprio diritto e ad ottenere la cessazione di impedimenti e turbative allo stesso (si parla in tal caso, talora, di azione confessoria: con essa, il superficiario mirerà a far cessare le turbative che ostacolano la realizzabilità della costruzione, l'usufruttuario a far cessare le turbative che ostacolano il proprio godimento, il titolare di servitù di passaggio ad ottenere la cessazione di impedimenti e turbative al proprio transito, ecc.). Il titolare di diritto reale limitato gode, altresì, dell'azione negatoria, per far dichiarare l'inesistenza dei diritti, affermati da altri, incompatibili con il proprio; dell'azione per il risarcimento dei danni *ex* art. 2043 c.c.; delle azioni di nunciazione se si tratta di diritto di godimento, per espresso dettato degli artt. 1171 e 1172 c.c.; ed infine è legittimato, qualora abbia il possesso dell'immobile, alle azioni a tutela *del possesso* (artt. 1168 ss. c.c.): è discussa, però, la ammissibilità delle azioni possessorie a tutela delle servitù negative.

L'azione confessoria, negatoria e di nunciazione

4. *Le azioni possessorie*

Le azioni possessorie

Al possessore che sia o meno proprietario è riconosciuta la possibilità di adire il giudice per tutelare la sua posizione contro qualsiasi turbativa.

Le azioni possessorie sono costituite dalla azione di reintegrazione *o* di spoglio, e dalla azione di manutenzione.

A differenza delle azioni petitorie, che mirano direttamente ad accertare la titolarità del diritto, le azioni possessorie assicurano una tutela soltanto provvisoria, che prescinde dall'accertamento del diritto.

L'azione di spoglio

L'azione di reintegrazione, o di spoglio, è l'azione con cui il possessore, spogliato del possesso, chiede di essere reintegrato in esso (art. 1168 c.c.).

Lo spoglio deve avere i requisiti della violenza (che non significa, come ha specificato la giurisprudenza, solo violenza fisica o morale, esercitata contro la cosa o contro la persona, ma anche compimento di atti arbitrari contro la volontà del possessore) e della clandestinità che non significa necessariamente di nascosto, ma anche solo operata in modo che la vittima non ne abbia conoscenza.

Legittimati attivamente alla reintegra sono il possessore ed anche il detentore (si pensi al locatario), in quanto appunto ha un interesse a detenere. Non può, viceversa, godere dell'azione, chi invece detiene per ragioni di servizio o di ospitalità. Legittimato passivo è l'autore materiale o morale dello spoglio.

Il termine per proporre l'azione è quello di un anno dalla sofferta lesione, a pena di decadenza; ma se lo spoglio è clandestino, il termine decorre dal giorno della scoperta dello spoglio.

L'azione di manutenzione

L'azione di manutenzione (art. 1170 c.c.) ha il fine di far cessare le turbative, sotto forma di molestia, di fatto o di diritto, all'integrità del possesso.

Con l'azione di manutenzione è tutelabile soltanto il possesso avente ad oggetto un bene immobile o un'universalità di mobili. Il possesso tutelabile inoltre, deve essere ultrannuale, continuo e non interrotto, non acquistato con violenza o con clandestinità. Il requisito della ultrannualità del possesso è richiesto dalla legge al fine di evitare il conflitto tra l'azione di manutenzione del possessore attuale, ed una eventuale azione di spoglio del precedente possessore, il quale lamenti di essere stato ingiustamente spogliato proprio dal primo; chiaramente, se il possesso dell'attuale possessore, agente in manutenzione, dura da più di un anno, l'azione di spoglio del precedente possessore è nel frattempo decaduta.

Legittimato attivamente all'azione è solo il possessore (l'azione, a differenza di quella di spoglio, non spetta al detentore, anche qualificato). Legittimato passivo è l'autore materiale o morale della molestia o dello spoglio non violento o non clandestino. Il termine per proporre l'azione è, anche in questo caso, quello di un anno dalla molestia o dallo spoglio, a pena di decadenza.

5. *Le azioni di nunciazione*

Le azioni di nunciazione

Le azioni di nunciazione sono azioni cautelari che tendono alla conservazione di uno stato di fatto, mirando a prevenire un danno o un pregiudizio che può derivare da una nuova opera o da una cosa altrui. Esse sono la denuncia di nuova opera e la denunzia di danno temuto.

La denunzia di nuova opera

La denunzia di nuova opera (art. 1171 c.c.) è l'azione con cui il proprietario, il titolare di altro diritto reale di godimento o il possessore, denunzia un'opera da altri intrapresa quando abbia ragione di temere che da essa possa derivare danno alla cosa che forma oggetto del suo diritto o possesso. È necessario però, pena la decadenza dell'azione, che l'opera non sia ancora terminata e non sia trascorso un anno dal suo inizio.

La denunzia di danno temuto

La denunzia di danno temuto (art. 1172) è invece quella con cui il proprietario, il titolare di altro diritto reale di godimento o il possessore, si rivolge all'autorità giudiziaria, quando tema che da un albero, una costruzione, ecc. (cose, comunque, già esistenti, e non in via di realizzazione, come nella denuncia di nuova opera) stia per derivare un danno grave e prossimo alla cosa che forma oggetto del suo diritto.

Il giudice, in entrambi casi, se ritiene fondata l'azione, dispone i provvedimenti più opportuni per evitare il danno lamentato (ad esempio, fermo dei lavori, demolizione dell'opera, arretramento della costruzione non posta alla distanza legale, chiusura della veduta illegittimamente aperta, messa in sicurezza della cosa pericolante, ecc.).

Parte VII

I RAPPORTI PATRIMONIALI: L'OBBLIGAZIONE

CAPITOLO 50

IL RAPPORTO OBBLIGATORIO: STRUTTURA E CARATTERI

1. *Il concetto di obbligazione*

Nozione

L'obbligazione è considerata in prevalenza un rapporto giuridico in forza del quale il titolare della posizione passiva, e cioè il debitore, per volontà dell'ordinamento, è tenuto ad eseguire una determinata prestazione di carattere patrimoniale in favore del titolare della situazione attiva che si chiama creditore (art. 1174 c.c.), al quale, per lo stesso ordinamento, tale vantaggio spetta per il soddisfacimento di un suo interesse direttamente tutelato.

Il predetto rapporto è, quindi, visto unitariamente, cioè come un rapporto unico, avente un lato attivo che corrisponde alla posizione del creditore e che consiste in un diritto soggettivo relativo (*credito*), ed un lato passivo corrispondente a quella del debitore (*debito*).

In questa relazione il debitore deve eseguire un dato comportamento cui si è obbligato verso il creditore che, a sua volta, ha il diritto di richiedere ed ottenere che il debitore svolga l'attività per la quale si è impegnato. La pretesa creditoria viene, quindi, ad essere realizzata e soddisfatta attraverso l'adempimento del debito che si concretizza mediante l'esecuzione della prestazione dovuta.

La funzione

La funzione del rapporto obbligatorio è, come per ogni tipo di rapporto, quella di regolare un conflitto di interessi in relazione ad un bene della vita. Il titolare della situazione attiva può, dunque, soddisfare la propria pretesa ma non direttamente, attraverso una relazione immediata sul bene, bensì indirettamente, e cioè per il tramite di un'attività, che deve compiere il titolare della situazione passiva, chiamata *prestazione*.

I soggetti

Il rapporto obbligatorio riguarda, in primo luogo, due o più *soggetti*. Essi costituiscono i centri di interesse coinvolti, impersonati, nel ruolo di soggetti attivi o passivi (creditori o debitori), da persone fisiche o giuridiche le quali sono pertanto i titolari delle rispettive situazioni giuridiche.

Queste ultime, tuttavia, possono sussistere (sia pur in via transitoria) anche senza l'esistenza dei rispettivi titolari (v. ad es. i crediti e debiti nell'eredità giacente) od anche con uno stesso soggetto nella contemporanea titolarità sia della situazione attiva che di quella passiva corrispondente (v. ad es. i crediti e debiti dell'erede già verso il *de cuius*, in caso di crediti accettati con il beneficio di inventario: art. 490, n. 1, c.c.).

I caratteri: la relatività

Fondamentale carattere dell'obbligazione è, quindi, innanzitutto la *relatività*. Infatti il rapporto obbligatorio ha un soggetto passivo determinato o determinabile (debitore), che è specificamente tenuto alla prestazione. Egli è l'unico soggetto dal quale il creditore può di regola pretendere l'adempimento; e lui soltanto può violare il vincolo in modo specifico (inadempimento), incorrendo in tal caso nella cosiddetta responsabilità contrattuale regolata da apposite norme (artt. 1218 ss. c.c.).

L'assolutezza

Deve, però, ribadirsi che anche nelle obbligazioni vi è un profilo di assolutezza, poiché, allo stesso tempo, i terzi sono indistintamente tenuti a non pregiudicare la possibilità dell'adempimento da parte del debitore, secondo il generico obbligo del *neminem laedere*, incorrendo, altrimenti, nella cosiddetta responsabilità extracontrattuale, regolata anch'essa da apposite ma differenti norme (artt. 2043 ss. c.c.).

Si è chiarito che l'esistenza del soggetto condiziona la titolarità attuale del rapporto, ma non necessariamente la sua esistenza. Sufficiente ed essenziale, ai fini dell'esistenza del rapporto obbligatorio, è, infatti, la presenza di due situazioni giuridiche soggettive contrapposte o correlate, che si ascrivono a due centri d'interesse distinti.

Determinatezza e determinabilità dei soggetti del rapporto obbligatorio …

In merito ai soggetti dell'obbligazione, si è soliti ritenere che essi possono essere determinati, se debitore e creditore sono individuati già al momento in cui è sorto il rapporto obbligatorio (come nel caso di chi provochi un danno ed in conseguenza di tale evento diventa debitore dell'obbligo di risarcire), o determinabili, se essi possono essere individuati solo successivamente al sorgere dell'obbligazione. Così, nei titoli di credito è indeterminato, ma determinabile il soggetto attivo. Se, infatti, al momento di emissione di una cambiale è certo il debitore, il creditore invece sarà individuato solo alla scadenza del termine entro il quale è previsto il pagamento, atteso che dall'emissione alla scadenza il titolo potrà essere trasferito mediante girata e con esso il credito incorporato potrà essere trasmesso da un soggetto all'altro.

Nelle obbligazioni reali (dette anche *ob* o *propter rem*), poi, indeterminato, ma determinabile, sarà il debitore, in quanto la persona dell'obbligato sarà individuabile con precisione solo che si abbia riguardo alla titolarità del diritto sul bene. Si pensi, ad esempio, all'obbligo di riparare il muro comune che l'art. 882 c.c. pone a carico dei comproprietari. Se, però, la comproprietà del muro passa ad altro soggetto, passa con essa anche l'obbligazione di contribuire alle riparazioni.

... e delle situazioni giuridiche soggettive

Quanto al profilo della determinazione o determinabilità va, però, precisato che la questione, se può avere un significato in relazione ai soggetti, è destinata a perdere gran parte della sua rilevanza se riferita alle situazioni giuridiche soggettive. Rispetto a queste ultime, infatti, non ha molto senso discorrere di determinatezza o determinabilità, atteso che tali situazioni esistono o non esistono indipendentemente dall'individuazione di uno o dei soggetti coinvolti nel rapporto obbligatorio.

Secondo la visione tradizionale le situazioni giuridiche soggettive inserite nel rapporto obbligatorio si pongono fra loro sempre in termini di netta contrapposizione. Il credito ed il debito sarebbero, cioè, rispettivamente caratterizzati da un contenuto di segno marcatamente contrario. In altri termini, la situazione creditoria configurerebbe una posizione attiva, costituita esclusivamente da poteri, facoltà, pretese, aspettative, ecc., mentre la situazione debitoria rappresenterebbe una posizione passiva caratterizzata dalla presenza di soli doveri, obblighi, oneri, ecc.

A rigore, però, tale impostazione non sembra tener conto della realtà dei fatti, limitandosi a prendere in considerazione soltanto il nucleo prevalente delle situazioni attive e passive. Va precisato, infatti, che non solo la situazione creditoria è anch'essa connotata di doveri ed oneri, ma anche il debitore può esercitare taluni poteri. Si pensi, ad esempio, da un lato, al dovere del creditore di collaborare fattivamente al fine di consentire al debitore di adempiere e, dall'altro, al potere del debitore di costituire in mora il creditore che viene meno al suo dovere di collaborazione.

Complessità delle situazioni giuridiche soggettive

Le situazioni che compongono il rapporto obbligatorio, come del resto ogni altro tipo di situazione giuridica soggettiva, non possono essere considerate come se fossero semplici, caratterizzate, cioè, alternativamente da elementi solo attivi o solo passivi, ma devono essere considerate nella loro complessità, atteso che ciascuna situazione presenta, accanto ad un nucleo prevalente, connotati tipici sia delle situazioni attive che di quelle passive.

Tale visione, del resto, trova conforto in un rinnovato modo di intendere i rapporti giuridici in generale e quello obbligatorio in particolare. Infatti, nel passaggio da uno Stato di diritto di matrice liberale ad uno Stato sociale di diritto, si è avuto il progressivo abbandono di una concezione egoistica ed individualistica del rapporto.

La correttezza e la buona fede come doveri positivi e negativi delle parti

In questo mutato contesto gioca un ruolo decisivo la clausola generale di correttezza che, nell'ambito del rapporto obbligatorio, è richiamata dall'art. 1175 c.c. Tale norma prevede, infatti, che sia il creditore che il debitore devono comportarsi secondo le regole della correttezza nello svolgimento del rapporto obbligatorio.

La correttezza si ritiene violata non solo quando una parte agisce con il proposito doloso di recare pregiudizio all'altra, ma anche quando il comportamento da essa tenuto non sia stato comunque improntato alla schiettezza e al senso di solidarietà sociale.

Da ciò deriva che la regola della correttezza di cui all'art. 1175 c.c. ha identico contenuto rispetto alla clausola generale della buona fede oggettiva richiamata nell'ambito della disciplina del contratto in generale sia nella fase precontrattuale (art. 1337 c.c.), sia nella fase dell'interpretazione del contratto (art. 1366 c.c.), sia nella fase dell'esecuzione dello stesso (art. 1375 c.c.). Insomma, la correttezza di cui all'art. 1175 c.c. altro non è che il richiamo, nell'ambito delle obbligazioni, di una medesima regola che, in quanto espressione del principio costituzionale di solidarietà (art. 2 Cost.), governa l'intero campo del diritto privato e, quindi, ogni rapporto giuridico.

Da tali considerazioni deriva che correttezza e buona fede sono in grado di far sorgere doveri positivi e negativi tanto per il debitore quanto per il creditore.

In particolare, il debitore sarà tenuto, non soltanto ad eseguire la mera prestazione in sé oggettivamente considerata, ma anche a porre in essere tutta una serie di accorgimenti e comportamenti ulteriori ed aggiuntivi finalizzati ad indirizzare la prestazione verso il pieno soddisfacimento dell'interesse del creditore. D'altro canto, quest'ultimo dovrà cooperare in modo fattivo, non solo al fine di consentire la liberazione del debitore dal vincolo obbligatorio, ma anche di permettere la realizzazione dell'interesse che il debitore può avere all'esatto adempimento della sua prestazione. Così, ad esempio, il debitore, pur avendo pattuito con il creditore di consegnare la merce presso lo stabilimento principale, essendo venuto a conoscenza che esso era chiuso per sciopero dei dipendenti ivi impiegati, sarà tenuto ad effettuare la consegna presso una sede secondaria del creditore sebbene più lontana di quella principale. Allo stesso modo il creditore sarà tenuto ad accettare una consegna di merce che sia quantitativamente solo di poco inferiore a quanto stabilito.

Gli elementi strutturali del rapporto obbligatorio. L'oggetto ed il titolo

Se, come si è visto, i soggetti non sono elementi strutturali del rapporto obbligatorio, in quanto esso è concepibile anche in assenza di soggetti, gli elementi strutturali di tale tipo di rapporto vanno individuati nell'oggetto e nel contenuto.

2. *Oggetto e contenuto dell'obbligazione. La prestazione*

Nozione

L'*oggetto* dell'obbligazione è ciò che suscita l'interesse giuridicamente protetto del creditore. La soddisfazione di tale interesse può essere determinata sia dall'oggetto della prestazione sia dalla stessa prestazione che altro non è se non il programma materiale e/o giuridico che il debitore è tenuto a realizzare nei confronti del creditore.

La prima delle due alternative si verifica nel caso del committente che ha interesse alla realizzazione dell'edificio, oggetto della prestazione dovuta dall'appaltatore, e non alla prestazione in sé del debitore. Diversamente accade nella seconda ipotesi, dove il creditore ha interesse proprio alla prestazione del debitore e non all'oggetto della prestazione, come avviene nel caso in cui l'attore di teatro si assuma l'obbligo di recitare in una data rappresentazione teatrale.

Classificazione delle obbligazioni in base all'oggetto

Obbligazioni di genere ed obbligazioni di specie

In ordine all'oggetto dell'obbligazione, inteso come il bene dedotto in rapporto, si distinguono le *obbligazioni di genere*, quando oggetto della prestazione è una cosa generica o una quantità di cose fungibili (ad esempio l'obbligo di consegnare cento chili di grano), dalle *obbligazioni di specie*, riguardanti una cosa determinata (ad esempio l'obbligo di consegnare una particolare scultura eseguita da un celebre artista).

Quanto alle obbligazioni di genere, l'art. 1178 c.c. prevede che il debitore è tenuto a prestare cose di qualità non inferiore alla media. Ad ogni modo, la genericità può essere concepibile solo in una prima fase del rapporto obbligatorio, in quanto al momento dell'esecuzione la cosa deve essere determinata mediante l'individuazione (anche detta specificazione).

In questo tipo di obbligazioni il debitore è sempre tenuto ad adempiere la prestazione in quanto non potrà avvalersi dell'impossibilità sopravvenuta a lui non imputabile come causa di estinzione dell'obbligazione, atteso che non è configurabile, se non in casi limite, l'ipotesi del perimento di un intero genere di cose.

Obbligazioni di mezzi ed obbligazioni di risultato

Altra tradizionale distinzione che si usa fare in base all'oggetto dell'obbligo gravante sul debitore è quella tra *obbligazioni di mezzi* ed *obbligazioni di risultato*. Qualora oggetto dell'obbligo del debitore sia il dovere di compiere quanto è possibile per la soddisfazione dell'interesse del creditore, si parla di obbligazioni di mezzi; invece, nel caso in cui il debitore deve assicurare al creditore il raggiungimento del risultato che egli aveva di mira, si discorre di obbligazioni di risultato.

L'obbligazione del medico

Come classico esempio di obbligazione di mezzi si pensi all'obbligo gravante sul medico di curare un malato. Il professionista deve adempiere con diligenza la sua prestazione, deve, cioè, fare tutto ciò che è nelle sue possibilità per salvare la vita del paziente, ma non ha anche l'obbligo di garantire il risultato della guarigione dalla malattia. Egli ha, quindi, diritto alla controprestazione anche qualora non riesca a guarire il suo paziente.

L'obbligazione dell'appaltatore

Tipico esempio di obbligazione di risultato è, invece, quella dell'appaltatore che è obbligato a costruire un edificio per il committente. In questo caso non basta che l'appaltatore abbia fatto il possibile per soddisfare l'interesse del creditore, in quanto è necessario che quest'ultimo consegua il bene oggetto del contratto d'appalto.

Ciò non significa, tuttavia, che il debitore debba essere considerato sempre inadempiente qualora il creditore non riesca a soddisfare il suo interesse, perché ciò potrebbe accadere anche in conseguenza di un evento dovuto a caso fortuito o forza maggiore, come nel caso di uno smottamento del terreno sul quale doveva essere costruito l'edificio. Di fronte a tale situazione, l'appaltatore non può quindi essere chiamato a risarcire i danni per un suo inadempimento, ma non può nemmeno pretendere la controprestazione pattuita per la realizzazione dell'opera appaltata.

La distinzione tra le tipologie in esame si incentra sulla "maggiore o minore incidenza del risultato dovuto rispetto al contenuto dell'interesse finale del creditore".

L'ambiguità del termine "risultato" ed i contrasti giurisprudenziali

Autorevole dottrina segnalava da tempo il superamento di siffatta distinzione in quanto la valenza semantica del termine "risultato" presenterebbe margini di ambiguità e dubbi circa la sua utilità.

Per vero, i nostri giudici ancora si servono, seppure in termini descrittivi e cauti, di tale lessico; ciò nel travaglio naturale dei percorsi giurisprudenziali che rivelano nel loro divenire intime contraddizioni.

Si pensi, a titolo esemplificativo, che quando viene chiesta una prestazione medica, il più delle volte è lecito attendersi un risultato ben preciso, salvo possibili imprevisti non controllabili, che però sta al curante dimostrare in caso di giudizio sulla responsabilità. Analogamente l'avvocato, in base al formante legislativo e ad un consolidato orientamento giurisprudenziale, può arrivare a promettere, con ragionevole possibilità di successo, il risultato che il cliente si attende.

Tant'è che a fronte della consueta enunciazione sulla natura delle obbligazioni professionali, come obbligazioni di mezzi, riveniamo pronunce secondo cui: «*Il contratto intercorso tra il medico odontoiatra ed il paziente, per la progettazione e applicazione di una protesi, ha per oggetto una prestazione di risultato e l'obbligazione del professionista consiste in una prestazione d'opera idonea a raggiungerlo*».

La Suprema Corte ha riconosciuto come obbligazione di risultato e non di mezzi quella di un medico che aveva proposto e praticato un intervento di incollaggio delle tube ad una paziente – quale metodo anticoncezionale sicuro al cento per cento – che successivamente, però, era rimasta incinta. «*L'obbligazione di redigere un progetto di ingegneria o di architettura, pur avendo per oggetto una prestazione d'opera intellettuale, costituisce un'obbligazione di risultato. Sono quindi inapplicabili alla prestazione d'opera intellettuale, in particolare a quella del progettista, anche nell'ipotesi in cui cumuli le funzioni di direttore dei lavori, le disposizioni dell'art. 2226 c.c. in tema di difformità e vizi dell'opera*».

Sulla scorta di simili argomentazioni, maggior pregio può essere allora riconosciuto alla nozione di "risultato utile" derivato al cliente dal lavoro svolto dal professionista. Valutazione che presuppone un risultato da raggiungere pur tenendo conto di una componente aleatoria – cui residuano spazi sempre più ridotti – di cui il professionista non sarà tenuto a rispondere.

Nozione di "risultato utile"

Con riferimento al momento dell'adempimento si è soliti fare un'ulteriore distinzione tra obbligazioni aventi ad oggetto una prestazione *istantanea* ed obbligazioni aventi ad oggetto una prestazione di *durata*. L'esecuzione della prestazione è istantanea nelle obbligazioni che si estinguono grazie al compimento di un unico atto da parte del debitore (*quae unico actu perficiuntur*). È il caso, ad esempio, dell'obbligo di consegnare un determinato bene.

Classificazione delle obbligazioni in base al tempo dell'adempimento

Obbligazioni ad esecuzione istantanea ed obbligazioni di durata

Le obbligazioni aventi ad oggetto una prestazione di durata sono, invece, caratterizzate dal fatto che la loro esecuzione si prolunga nel tempo, come avviene, ad esempio, nel contratto di locazione.

Il *contenuto* è l'attività strumentalmente necessaria per il soddisfacimento del creditore cui fa conseguire l'oggetto spettantegli. Di regola è imposta al debitore quale prestazione:

Classificazione delle obbligazioni in base al contenuto

a) di dare, fare o non fare: in questi casi il creditore riceve l'utilità tutta dal solo comportamento del debitore, idoneo a soddisfare il suo interesse;

b) di sopportare: in tal caso è il creditore che può conseguire l'utilità con un proprio comportamento che il debitore non deve impedire. È questa la figura dei *diritti personali di godimento* (di cui la locazione ne è un esempio), che pur essendo considerati diritti di credito con tutte le conseguenze che ne conseguono, hanno un contenuto di c.d. *agere licere* come i diritti reali.

Quanto alle obbligazioni di dare, esse sono quelle aventi a contenuto il trasferimento di un diritto o la consegna di un bene. Si pensi, ad esempio, all'obbligo del depositario di restituire la cosa al depositante.

Le obbligazioni di dare

Con riferimento a questo tipo di obbligazioni, l'art. 1177 c.c. prevede che l'obbligazione di consegnare una cosa determinata include quella di custodirla fino alla consegna.

Si definiscono obbligazioni di fare tutte quelle aventi ad oggetto il compimento di un'attività materiale. Si pensi, ad esempio, all'obbligo dell'appaltatore di costruire un'opera per il committente.

Le obbligazioni di fare

Le obbligazioni di non fare

Le obbligazioni di non fare hanno ad oggetto un comportamento omissivo del debitore al quale è fatto espresso divieto di compiere determinate azioni. Si pensi, ad esempio, all'obbligo di non sopraelevare assunto da un vicino al fine di consentire all'altro proprietario di continuare a godere della visuale.

Il divieto di cui sopra, però, deve essere compatibile con la dignità umana. Pertanto, è da ritenersi non ammesso qualsiasi impegno relativo alla limitazione dei diritti di libertà morale. Non sarebbero, ad esempio, consentite le obbligazioni con le quali il debitore si impegna a non manifestare il proprio pensiero o a non professare la propria religione.

Con riferimento, invece, alle altre libertà, la liceità dell'impegno negativo può essere ammessa quando quest'ultimo abbia ad oggetto specifiche attività del debitore e non si prolunghi eccessivamente nel tempo. È questo il caso dell'obbligo di non concorrenza cui un soggetto può sottostare solo se il patto che limita la concorrenza, e quindi la libertà d'iniziativa economica privata, sia circoscritto ad una determinata zona o ad una determinata attività e non ecceda la durata di cinque anni (art. 2596, 1° comma, c.c.).

L'obbligazione di prestare il consenso

Configurabile è, infine, pure una prestazione che consiste nel *prestare* il consenso per la conclusione del contratto. Tale tipo di obbligazione presuppone l'esistenza di un obbligo a contrarre, come nel caso del contratto preliminare dal quale deriva l'obbligo per le parti di prestare un futuro consenso al fine di stipulare il c.d. definitivo.

3. *Il carattere economico della prestazione: obbligazione ed obbligo*

La patrimonialità della prestazione

Il rapporto obbligatorio è, altresì, caratterizzato dalla *patrimonialità* della prestazione.

In effetti, la presenza di una prestazione da adempiere distingue le obbligazioni dagli altri obblighi giuridici nei quali il soggetto passivo è tenuto soltanto a rispettare una situazione di supremazia altrui (è il caso dei diritti reali). In queste ipotesi l'obbligo ha un contenuto meramente negativo, inteso come dovere di osservanza da parte di tutti.

Il carattere della patrimonialità, poi, distingue l'obbligazione sia dagli altri obblighi di carattere puramente morale, che sono lasciati alla spontaneità dell'adempimento, sia dagli obblighi giuridici che non hanno contenuto patrimoniale, come quelli del diritto di famiglia di cui l'obbligo di mantenere, istruire ed educare la prole ne è un esempio.

La necessità che la prestazione abbia carattere patrimoniale è sancito nell'art. 1174 c.c., ai sensi del quale la prestazione che forma oggetto dell'obbligazione deve essere suscettibile di valutazione economica e deve corrispondere ad un interesse, anche non patrimoniale, del creditore.

L'interesse del creditore

La prospettiva di vantaggio che il creditore si attende dalla prestazione può, infatti, corrispondere ad un interesse artistico, culturale, religioso, affettivo, estetico, ecc. Si pensi, ad esempio, alle prestazioni artistiche o mediche che, sebbene sicuramente apprezzabili da un punto di vista patrimoniale, non soddisfano interessi patrimoniali, né determinano un incremento del patrimonio del creditore, ma possono provocare un arricchimento culturale e un miglioramento delle condizioni di salute del creditore.

L'interesse del creditore deve sussistere e permanere per tutta la durata del rapporto obbligatorio, sino alla sua estinzione, e deve, inoltre, essere meritevole di tutela secondo l'ordinamento giuridico.

Se, infatti, l'interesse creditorio trova attuazione a prescindere dall'adempimento del debitore, si realizza una vicenda estintiva dell'obbligazione per conseguimento dello scopo, che determina la liberazione del debitore, in quanto l'esecuzione della prestazione, se pur astrattamente possibile, non sarebbe più idonea ad attuare alcun interesse del creditore. Si pensi all'esempio di chi avendo l'obbligo di abbattere un edificio pericolante, viene liberato dalla sua prestazione dal verificarsi di una scossa di terremoto che provoca il crollo dell'immobile ed al contempo attua l'interesse del creditore prima dell'adempimento del debitore.

L'interesse del debitore

Se l'interesse del creditore deve ritenersi elemento indispensabile dell'obbligazione, in quanto in sua assenza il rapporto obbligatorio non potrebbe trovare una sua giustificazione, può configurarsi, d'altro canto, anche un interesse del debitore alla liberazione dal vincolo. Tale assunto trova conferma in alcuni dati positivi quali, ad esempio, gli artt. 1206 ss. c.c. che disciplinano l'istituto della mora del creditore; l'art. 1236 c.c. che consente al debitore di rifiutare, entro un congruo termine, la remissione del debito proposta dal creditore e l'art. 1180, 2° comma, c.c. che attribuisce al debitore il potere di opporsi all'adempimento del terzo e di conseguenza il potere del creditore di rifiutare tale adempimento.

È configurabile, inoltre, un interesse del debitore ad eseguire esattamente la prestazione dovuta anche a prescindere dal mero interesse alla liberazione del vincolo. Si pensi, ad esempio, alle prestazioni di opera intellettuale o alle prestazioni artistiche, dove l'effettiva esecuzione della prestazione può attuare, oltreché l'interesse del creditore, anche un interesse personale del debitore che non si identifica soltanto con la liberazione dal vincolo, bensì anche con l'esigenza di affermarsi da un punto di vista professionale.

La patrimonialità della prestazione come quantificabilità economica

Quanto al carattere della patrimonialità, esso deve riferirsi all'oggetto (bene) del relativo rapporto obbligatorio e consiste nella sua quantificabilità pecuniaria. Il requisito in argomento, nella pratica, si riscontra ricorrendo a vari criteri quali la pecuniarietà in sé dell'oggetto (es. debito di danaro) o della controprestazione od, anche, della penale eventualmente prevista per l'ipotesi di inadempimento.

La patrimonialità della prestazione per la dottrina

Ma in dottrina si sostiene che la patrimonialità deve essere un requisito obiettivo, indipendentemente da criteri pratici (che possono tutt'al più costituire un indice rivelatore non indispensabile), e consistente invece nell'idoneità dell'oggetto (e quindi della relativa prestazione) ad entrare in rapporti di scambio economico senza offendere i principi della morale e del costume, al fine di rispettare la libertà dell'uomo in campi sottratti alla comune logica del danaro.

In effetti, secondo un diverso orientamento anche una prestazione a carattere non patrimoniale potrebbe diventare patrimoniale se le parti hanno dimostrato di volerla così intendere, fissando, ad esempio, una controprestazione in denaro ovvero una penale in caso di inadempimento.

In realtà, le parti, con tali pattuizioni, non attribuiscono il carattere della patrimonialità ad una prestazione, ma risolvono un diverso ed ulteriore problema che è quello della giuridicità del vincolo. In altri termini, così operando, le parti assoggettano un rapporto rilevante solo sul piano sociale alle regole del diritto.

Si pensi, ad esempio, al vicino di casa che si assume l'obbligo di non suonare il violino in determinate ore del giorno a fronte di un corrispettivo. Con questa previsione le parti non hanno potuto attribuire all'astensione, che è di per sé un'attività patrimonialmente neutra, il carattere della patrimonialità, ma hanno inteso sottrarre il rapporto dall'ambito delle relazioni di buon vicinato ed attrarlo nella sfera del giuridicamente rilevante.

Il concetto di patrimonialità ha, quindi, natura oggettiva e va determinato nell'ambito di uno specifico contesto giuridico-sociale. In altri termini, deve concludersi che una prestazione è patrimoniale quando la coscienza comune di una data collettività, in un dato momento storico e in un dato territorio, le riconosce tale natura.

Di converso, le parti potranno decidere di mantenere su un piano non giuridico un'obbligazione la cui prestazione rivesta un contenuto patrimoniale e sia caratterizzata da un interesse economico del creditore. Si discorre, a tal riguardo, di patti tra gentiluomini o di *gentlemen's agreement*. In questo caso è un'espressa e non equivoca intesa tra le parti che si prefigge di non giuridicizzare il rapporto e di mantenerlo nell'ambito del socialmente rilevante.

Ulteriori requisiti della prestazione

Ulteriori requisiti della prestazione sono, poi, la possibilità, la liceità e la determinatezza o la determinabilità.

La possibilità

La prestazione deve, quindi, essere possibile per il debitore e ciò va affermato sulla scorta del generale principio per cui nessuno può essere considerato obbligato ad effettuare una prestazione non realizzabile (*ad impossibilia nemo tenetur*). L'impossibilità può essere fisica o giuridica.

È fisica quando la prestazione è inattuabile in concreto, come nel caso di chi si impegnasse a toccare il cielo con un dito. È, invece, giuridica quando la prestazione, pur non consistendo in un comportamento illecito, non è possibile in conseguenza di un divieto legislativo, come nel caso di chi si impegnasse a vendere un bene demaniale.

La liceità

La prestazione deve, inoltre, essere lecita, non deve, cioè, essere contraria a norme imperative, all'ordine pubblico e al buon costume. Così sarebbe contraria alle norme imperative l'obbligazione che avesse come contenuto la prestazione di commerciare droga; sarebbe contraria all'ordine pubblico l'obbligazione che avesse come contenuto la prestazione di eseguire un attentato terroristico ed, infine, sarebbe contraria al buon costume l'obbligazione che avesse come contenuto la prestazione di concedersi sessualmente in cambio di denaro.

La determinatezza o determinabilità

La prestazione, infine, deve essere determinata o almeno determinabile e ciò perché le obbligazioni, in quanto provocano una limitazione alla regola generale della libertà dei soggetti, devono avere una causa ben individuata ed essere contenute entro precisi limiti obiettivi. È, quindi, necessario che la prestazione sia definita nei suoi contorni in modo che il suo oggetto sia certo ed individuato o individuabile.

Così è valida l'obbligazione che abbia per contenuto la prestazione di fornire tre quintali di paglia, anche se l'obbligazione è generica. Non è, invece, valida l'obbligazione che preveda la prestazione di fornire della paglia.

Non è necessario, come detto, che l'individuazione della prestazione esista già al momento in cui l'obbligazione sorge, in quanto è sufficiente che, fin dall'inizio, esistano gli elementi necessari per determinare la prestazione quando dovrà essere eseguita. È, quindi, ammissibile che la prestazione sia determinabile facendo riferimento ad un evento futuro, come nel caso di contratto in cui sia dedotta la prestazione di cose future (art. 1348 c.c.), oppure che la prestazione sia successivamente individuata dalle stesse parti, come nel caso di obbligazioni generiche, o da un terzo arbitratore (art. 1349 c.c.).

La causalità del rapporto obbligatorio

Si è poc'anzi affermato che l'obbligazione deve avere una causa ben individuata; ed infatti il rapporto obbligatorio perché possa essere considerato validamente costituito, e quindi il credito possa essere effettivamente esigibile, deve fondarsi su una valida causa giustificativa.

4. *La coercibilità del credito*

Nozione di coercibilità "diretta"

Rileva, infine, la *coercibilità* dell'obbligazione consistente nella giuridica possibilità, per il creditore, di realizzare in ogni caso, con la tutela ed i mezzi concessi dall'ordinamento giuridico (artt. 2907 ss. c.c.), ciò che gli è dovuto dal debitore inadempiente od almeno l'equivalente in danaro mediante azione processuale che gli consente di operare, con l'intervento degli organi dello Stato e nelle forme di legge, sul patrimonio del debitore (ed a volte anche di terzi), onde ricavarne o l'esatto risultato già spettantegli (es. esecuzione forzata in forma specifica) ovvero il corrispondente valore in danaro (esecuzione forzata per espropriazione o per equivalente).

Allorché sono concesse tali possibilità, si discorre di *coercibilità diretta* e questa viene generalmente ritenuta la condizione indispensabile perché possa configurarsi una vera e propria obbligazione (detta in tal caso civile o giuridica).

5. *Le obbligazioni naturali*

Vi sono ipotesi in cui l'ordinamento non accorda la coercibilità diretta, e cioè non concede al creditore l'azione per ottenere coattivamente quanto dovutogli, ma lo tutela in modo più attenuato, escludendo la restituzione di quanto sia stato spontaneamente prestato da un soggetto (*solvens*) non incapace.

Disciplina

In questo caso si discorre di *obbligazioni naturali* che, però, non da tutti sono considerate veri rapporti obbligatori. Esse sono disciplinate dall'art. 2034 c.c., secondo cui: «*Non è ammessa la ripetizione di quanto è stato spontaneamente prestato in esecuzione di doveri morali o sociali, salvo che la prestazione sia stata eseguita da un incapace*».

La c.d. *soluti retentio*

Per l'adempimento di tali doveri, dunque, non è concessa al creditore alcuna azione (art. 2034, 2° comma), sicché egli non potrà pretenderne in alcun modo l'adempimento. Tuttavia non è ammessa la ripetizione di quanto gli sia stato spontaneamente prestato (*soluti retentio*), non potendo il debitore esperire l'azione di indebito. Il creditore, cioè, non è obbligato a restituire quanto abbia ricevuto.

In questo caso la prestazione eseguita è irripetibile non perché il soggetto sia giuridicamente tenuto all'adempimento, ma perché essa va considerata un atto dispositivo che realizza un interesse meritevole di tutela secondo l'ordinamento giuridico, che ha, cioè, una sufficiente causa giustificativa.

Le condizioni della *soluti retentio*

L'effetto dell'irripetibilità, tuttavia, è subordinato ad alcune condizioni. Innanzitutto che l'adempimento sia avvenuto spontaneamente; in secondo luogo, che sia stato effettuato da persona capace ed, infine, che sia proporzionato ai mezzi del debitore e all'interesse da soddisfare.

La spontaneità dell'adempimento

Con riferimento alla spontaneità, occorre rilevare che il legislatore non ha utilizzato a caso tale termine. Nel precedente codice del 1865 l'art. 1237, 2° comma, aveva impiegato l'espressione "volontariamente" e ciò aveva dato vita ad una serie di incertezze interpretative. Infatti, si riteneva che l'irripetibilità di quanto prestato in adempimento di un'obbligazione naturale poteva essere garantita solo se il debitore fosse stato consapevole di aver effettuato un pagamento senza esservi tenuto. In altri termini, se il debitore avesse pagato per errore e, cioè, solo perché si ritenesse obbligato ad adempiere sulla scorta di una falsa rappresentazione della realtà, egli avrebbe potuto ripetere quanto prestato.

Con l'utilizzo dell'avverbio "spontaneamente" il legislatore del 1942 ha inteso superare i problemi interpretativi cui aveva dato luogo la precedente formulazione, precisando che, ai fini dell'irripetibilità, è sufficiente che il debitore abbia adempiuto senza costrizione. Deve, pertanto, ritenersi che, alla luce di ciò che prevede l'art. 2034 c.c., la ripetizione di quanto prestato si giustifica se l'adempimento dell'obbligazione naturale sia stato coartato con violenza morale o con dolo, mentre è esclusa in caso di errore.

La capacità di agire del *solvens*

Quanto al secondo presupposto dell'irripetibilità, va precisato che il debitore può ripetere quanto prestato se, al momento dell'adempimento, era incapace d'agire, oppure si trovava in uno stato di momentanea incapacità d'intendere e di volere.

La proporzionalità della prestazione

Si ritiene, poi, che altro requisito dell'adempimento dell'obbligazione naturale sia la proporzionalità. La prestazione deve, cioè, essere adeguatamente proporzionata ai mezzi di cui l'adempiente dispone e all'interesse da soddisfare. Sebbene tale requisito non sia menzionato dal codice, esso deve ritenersi implicito nella stessa idea di obbligazione naturale, in quanto alla stregua della coscienza sociale non è doveroso ciò che va al di là di quanto l'adempiente può ragionevolmente fare o di quanto il beneficiario abbia ragionevolmente bisogno.

In questo senso, la giurisprudenza di merito ha stabilito ad esempio che le elargizioni patrimoniali effettuate nel corso di una relazione sentimentale non tradottasi in una convivenza "*more uxorio*" possono configurare l'adempimento di una obbligazione naturale a condizione che la prestazione risulti adeguata alle circostanze e proporzionata all'entità del patrimonio e alle condizioni sociali del "*solvens*", non potendo le prestazioni patrimoniali inquadrarsi nello schema dell'obbligazione naturale, ove abbiano come effetto esclusivo l'arricchimento del partner e non sussista un rapporto di proporzionalità tra quanto sborsato e i doveri morali e sociali assunti reciprocamente dagli stessi soggetti.

Classificazioine delle obbligazioni naturali

Il citato art. 2034 c.c. distingue poi le obbligazioni naturali in due categorie:

I doveri morali o sociali

a) *doveri morali o sociali*. Sono indicati dal 1° comma del citato art. 2034, il quale detta una disposizione di carattere generico che non fa riferimento ad ipotesi determinate o esplicitamente previste dalla legge.

Qualsiasi dovere apprezzabile secondo la coscienza individuale e sociale, secondo la morale corrente, può costituire obbligazione naturale, sempre che, però, sussista il requisito della patrimonialità della prestazione.

È dunque il giudice a dover accertare se l'adempimento riguardi un dovere di tal genere. Nel compiere l'indagine relativa alla sua esistenza dovrà attenersi alla valutazione corrente e dovrà dunque compiere un'analisi obiettiva; dovrà, inoltre, verificare se tale dovere sia stato adempiuto con una *prestazione proporzionata* ed *adeguata* in relazione a tutte le circostanze del caso;

I casi tipici previsti *ex lege*

b) *casi tipici previsti dalla legge*. Il 2° comma del cit. art. 2034 prevede l'ipotesi che la legge esplicitamente, in alcune fattispecie, non accordi azione, ma escluda la ripetizione di quanto pagato.

La disposizione fiduciaria

Ciò si verifica, ad esempio, nel caso di *disposizione testamentaria fiduciaria* (art. 627 c.c.) o in quello di *debito da giuoco o scommessa* (art. 1933 c.c.) ovvero, infine, in quello di *debito prescritto* (art. 2940 c.c.).

La prima fattispecie si ha nel caso in cui il testatore indichi come destinatario di una disposizione a titolo di erede o di legato una persona, che si è con lui preventivamente accordata per trasmettere quanto avrebbe ricevuto, in base al testamento, ad altra persona non nominata. La norma prevede che non è data azione al vero destinatario per ottenere da quello apparente il trasferimento di quanto è oggetto della disposizione; ma se costui ha eseguito spontaneamente la disposizione fiduciaria, effettuando il trasferimento alla persona effettivamente voluta dal testatore, non può agire per la ripetizione.

Il debito di gioco e la scommessa

Anche nel debito di gioco e nella scommessa l'art. 1933 c.c. nega azione al vincitore per ottenere il pagamento, ma esclude la ripetizione di quanto il perdente abbia spontaneamente pagato, purché tuttavia il gioco e la scommessa siano avvenuti senza frode.

Il pagamento del debito prescritto

L'art. 2940 c.c., infine, prevede che non è ammessa la ripetizione di ciò che è stato spontaneamente pagato in adempimento di un debito prescritto. Tale fattispecie, tuttavia, ha creato qualche difficoltà di inquadramento nell'ambito delle obbligazioni naturali. A differenza di queste ultime, infatti, dove il giudice deve rigettare l'azione diretta al loro adempimento anche senza che il convenuto abbia sollevato alcuna eccezione, l'obbligazione prescritta può essere azionata e dar luogo a condanna se il debitore non oppone l'avvenuta prescrizione.

Il trasferimento di un bene immobile in adempimento di un'obbligazione naturale

Il problema della forma

Ad ogni modo, in tutte queste fattispecie è la legge stessa a stabilire l'effetto della *soluti retentio*: il debitore di gioco o il titolare di un debito prescritto o, infine, l'erede testamentario fiduciario sono, per diverse ragioni, tutti non assoggettati a mezzi coercitivi e le loro obbligazioni non possono essere oggetto di esecuzione forzata. Se, però, essi adempiono, non possono pentirsene e chiedere la restituzione della prestazione. Pertanto il giudice non deve accertare se il dovere in questione abbia rilevanza morale o sociale, perché tale valutazione è di tipo normativo.

Sebbene l'art. 2034 c.c. discorra esclusivamente di "pagamento" effettuato in esecuzione di un dovere morale o sociale, deve ritenersi ammissibile che l'adempimento possa consistere anche nella dazione di una cosa. In merito, però, alla possibilità di trasferire un bene immobile in adempimento di un'obbligazione naturale, si pone il problema se ciò sia consentito a prescindere dalla forma scritta.

La giurisprudenza ritiene che in questi casi l'onere della forma scritta andrebbe comunque rispettato, mentre una parte della dottrina è di contrario avviso, partendo dal presupposto che l'art. 1350 c.c. è norma dettata in tema di dichiarazione di volontà, mentre in caso di trasferimento di beni immobili in adempimento di doveri morali o sociali si è in presenza di un comportamento esecutivo.

Obbligazione naturale ed atti di liberalità

L'obbligazione naturale va, infine, distinta dagli atti di liberalità, come la donazione. Infatti, mentre l'adempimento di un'obbligazione naturale è un atto giuridicamente libero, ma moralmente o socialmente dovuto, gli atti di liberalità sono atti sia giuridicamente che socialmente o moralmente liberi.

6. *Le fonti delle obbligazioni: rinvio*

L'ordinamento prevede determinati fatti, al cui verificarsi ricollega la nascita così come la modifica o l'estinzione di rapporti obbligatori. Questi non vengono generati dal fatto giuridico ma nascono per volere della norma dell'ordinamento in relazione a quei fatti da essa all'uopo previsti.

La legge può, dunque, considerarsi la fonte primaria e generale di tutte le obbligazioni. Quando, però, si discorre di *fonti delle obbligazioni*, ci si riferisce direttamente ai predetti fatti costituitivi.

La disciplina

L'art. 1173 c.c., sotto la rubrica «*Fonti delle obbligazioni*», statuisce che esse derivano da: 1) *contratto*; 2) *fatto illecito*; 3) *ogni altro atto o fatto* idoneo a produrle in conformità dell'ordinamento giuridico.

Fonte e titolo dell'obbligazione

In genere si discorre anche di *causa* o di *titolo* dell'obbligazione: questi termini, però, sono usati più esattamente ad indicare non la fonte stessa dell'obbligazione come fatto in sé (es. il contratto, la promessa unilaterale, l'arricchimento senza causa, il fatto illecito, ecc.), ma la finalità o funzione economico-giuridica per la quale quel dato rapporto obbligatorio è stato costituito o alla quale esso deve assolvere nell'ambito di una determinata fattispecie negoziale.

Le fonti delle obbligazioni, come oggi previsto dall'art. 1173 c.c., possono suddividersi in due gruppi fondamentali:

Fatti o atti consentiti dall'ordinamento

A) *Fatti* o *atti consentiti* dall'ordinamento e considerati idonei ad imporre vincoli a carico di un soggetto ed a favore di un altro, da distinguere in:

I fatti negoziali

1. *Fatti negoziali*, consistenti in una volontaria manifestazione di intento giuridicamente rilevante, di cui fanno parte:

a) *il contratto* (artt. 1321 ss. c.c.), che è la fonte di maggior rilievo, anche perché, in omaggio all'autonomia contrattuale, è consentito alle parti di creare rapporti obbligatori con contratti atipici, col solo limite della liceità o della realizzazione di interessi meritevoli di tutela (art. 1322 c.c.);

Le promesse unilaterali

b) *le promesse unilaterali* (artt. 1987-1991 c.c.), che sono negozi unilaterali destinati a produrre effetti obbligatori soltanto nei casi ammessi dalla legge (art. 1987 c.c.), con evidente esclusione di quella maggiore autonomia negoziale concessa dall'art. 1322 c.c. per i contratti, la cui disciplina, salvo diversa disposizione, è anche ad essi applicabile (art. 1324 c.c.).

I fatti non negoziali

2. *Fatti non negoziali*, già in passato indicati con il termine di *quasi-contratti*, per sottolineare in essi la mancanza dell'intenzione propria dei negozi, ma al tempo stesso l'assenza dell'illiceità; sì che essi generano obbligazioni pur non essendo contratti o in genere negozi veri e propri, ma come se lo fossero. Di tale categoria fanno parte: la *gestione di affari* o *negotiorum gestio* (artt. 2028-2032 c.c.), per la quale le obbligazioni sorgono senza, ma come se ci fosse stato un contratto di mandato; il *pagamento dell'indebito* o *solutio indebiti* (artt. 2033-2040 c.c.), che dà luogo all'obbligo della restituzione in favore di chi ha pagato il non dovuto; l'*arricchimento senza causa* (artt. 2041-2042 c.c.) che obbliga la parte che, senza giustificazione giuridica, abbia tratto arricchimento da un fatto lecito ad indennizzare, entro certi limiti, colui che abbia subito il corrispondente depauperamento.

La *negotiorum gestio*, il pagamento dell'indebito e l'arricchimento senza causa

I fatti illeciti

B) *Fatti illeciti* (artt. 2043-2059 c.c.), consistenti nella lesione non consentita di un diritto o di un interesse altrui giuridicamente protetto. Consistono in ogni fatto umano, doloso o colposo (e quindi ogni *atto*), che abbia recato ad altri un danno ingiusto, e generano l'obbligazione di risarcire tale danno, detto parimenti danno extra-contrattuale, per indicarne la specifica fonte.

L'illecito civile può al tempo stesso costituire anche illecito penale (reato) o illecito amministrativo, implicando, in tal caso, oltre alla responsabilità civile, anche la concorrente responsabilità ed applicabilità della relativa sanzione penale (es. danneggiamento doloso *ex* art. 635 c.p.) o amministrativa (es. peculato *ex* art. 314 c.p.).

CAPITOLO 51

PARTICOLARI TIPI DI OBBLIGAZIONE

SOMMARIO: 1. Le obbligazioni oggettivamente complesse: obbligazioni alternative e obbligazioni facoltative. – 2. Le obbligazioni soggettivamente complesse: le obbligazioni solidali. – 3. (*segue*) Le obbligazioni parziarie. – 4. Le obbligazioni indivisibili. – 5. Le obbligazioni pecuniarie: debiti di valuta e debiti di valore. – 6. La naturale fecondità del credito pecuniario: gli interessi corrispettivi e gli interessi compensativi. – 7. I limiti alla fecondità del credito pecuniario: usura e anatocismo. – 8. L'inadempimento dell'obbligazione pecuniaria.

1. *Le obbligazioni oggettivamente complesse: obbligazioni alternative e obbligazioni facoltative*

Obbligazioni semplici ed obbligazioni cumulative

Di norma il debitore si libera dalla propria obbligazione con l'esecuzione di una sola prestazione (obbligazione semplice). Esistono, tuttavia, anche delle obbligazioni in cui il debitore si libera solo in seguito all'adempimento di tutto ciò che è dedotto in obbligazione (obbligazioni cumulative).

Le *obbligazioni alternative e le obbligazioni facoltative o con facoltà alternativa*, invece, si distinguono in virtù del particolare contenuto. La loro caratteristica peculiare è data infatti dalla complessità del loro oggetto; il debitore, tuttavia, si libera adempiendo una sola prestazione.

L'obbligazione alternativa. Nozione e presupposti

In particolare, nell'*obbligazione alternativa* sono contemplate due o più prestazioni, ma il debitore si libera eseguendone una sola.

L'alternativa può porsi tra prestazioni dello stesso tipo e riguardare il loro oggetto (come nel caso in cui il debitore ha l'obbligo di consegnare un cane da caccia o in alternativa un cane da guardia) oppure tra prestazioni di tipo diverso (come nel caso in cui il debitore è obbligato a trasportare una certa quantità di merce fino ad un determinato posto o, in alternativa, di fornire un mezzo adatto affinché il trasporto sia effettuato). È necessario, tuttavia, che tutte le prestazioni siano originariamente possibili, perché qualora soltanto una delle due prestazioni non lo fosse, l'obbligazione sarebbe semplice (art. 1288, 1° comma, c.c.).

L'adempimento

Le due prestazioni fanno, dunque, parte del contenuto del rapporto, ma una soltanto di esse deve essere adempiuta. Il debitore, però, non può costringere il creditore a ricevere parte dell'una o dell'altra (art. 1285 c.c.).

L'atto di scelta

La scelta della prestazione da eseguire, di regola, spetta al debitore, se non è stata attribuita al creditore o ad un terzo (art. 1286, 1° comma, c.c.). Essa può essere formalizzata tanto con l'esecuzione di una delle due prestazioni, tanto con una dichiarazione espressa, anche orale. In questo caso, però, la scelta deve essere comunicata all'altra parte o ad entrambe le parti se è effettuata da un terzo. Una volta formalizzata, la scelta diventa irrevocabile (art. 1286, 2° comma, c.c.).

L'atto di scelta è unilaterale, in quanto proviene da una sola parte, e recettizio, in quanto per produrre i suoi effetti è necessario che sia ricevuto dal destinatario. Si discute in dottrina circa la natura negoziale o meno dell'atto; ad ogni modo, si ritiene che colui che compia la scelta debba avere la stessa capacità richiesta per la nascita dell'obbligazione. Si considerano, inoltre, rilevanti i vizi della volontà.

Poiché il potere di scelta è un diritto potestativo accessorio alle posizioni di debito o di credito, esso segue le vicende di tali posizioni. Pertanto, se il titolare del potere di scelta muore prima di averlo esercitato, esso si trasferisce, insieme alla posizione principale, ai suoi eredi i quali dovranno effettuare la scelta a maggioranza.

Decadenza dal potere di scelta

Dal potere di scegliere, in ogni caso, si decade se non tempestivamente esercitato. Infatti, se la scelta deve essere fatta da più persone, il giudice può fissare un termine entro cui essa deve essere effettuata. Se, però, il termine stabilito trascorre inutilmente, la scelta è fatta dal giudice (art. 1286, 3° comma, c.c.).

Se la scelta spetta al debitore e questi non esegue alcuna prestazione dedotta in obbligazione nel termine assegnatogli dal giudice, il potere di scegliere passa al creditore (art. 1287, 1° comma, c.c.).

Se, invece, la scelta spetta al creditore e questi non l'esercita nel termine stabilito o in quello fissatogli dal debitore, la scelta passa a quest'ultimo (art. 1287, 2° comma, c.c.).

Infine, se la scelta è rimessa ad un terzo e questi non la compie nel termine assegnatogli, essa è fatta dal giudice (art. 1287, 3° comma, c.c.).

Il termine per la scelta

Poiché il termine per effettuare la scelta ed il termine dell'adempimento possono essere distinti e successivi nel tempo, occorre precisare che se viene fissato solo il termine per l'adempimento, esso si intende coincidente con quello per la scelta. Se, però, manca anche il termine per l'adempimento, il creditore potrà chiedere al giudice la fissazione di un termine per l'esecuzione.

La c.d. concentrazione

Dopo la scelta si verifica la c.d. *concentrazione*, sicché l'obbligazione diviene semplice e l'altra prestazione, quella che non è stata scelta, viene esclusa dal rapporto obbligatorio.

Se preesiste al rapporto l'impossibilità di una delle prestazioni alternative, l'obbligazione si considera semplice sin dall'inizio. Se, invece, l'impossibilità sopravviene dopo la nascita del rapporto e non è ancora stata effettuata la scelta, essa rende semplice l'obbligazione che prima era alternativa (art. 1288 c.c.): in altre parole, l'impossibilità che si verifichi prima della scelta determina l'effetto della *concentrazione*.

Dopo la concentrazione, l'impossibilità sopravvenuta della prestazione scelta determina gli effetti che normalmente conseguono a tale evento: il rapporto si estingue. Naturalmente nessun rilievo avrà, invece, l'impossibilità della prestazione che non è stata scelta, perché essa ormai è estranea al contenuto dell'obbligazione.

L'impossibilità di una delle prestazioni imputabile ad una delle parti

L'art. 1289 c.c. disciplina l'ipotesi in cui l'impossibilità di una delle prestazioni sia imputabile ad una delle parti.

Così, nel caso in cui la scelta spetta al debitore occorre distinguere due ipotesi: se l'impossibilità dipende da causa imputabile al debitore, l'obbligazione diviene semplice; mentre se l'impossibilità dipende da causa imputabile al creditore, il debitore è liberato dall'obbligazione, a meno che egli preferisca adempiere l'altra prestazione e chiedere il risarcimento dei danni (art. 1289, 1° comma, c.c.).

Diversa è la soluzione nel caso in cui la scelta sia rimessa al creditore. Infatti, in tale eventualità, se una delle prestazioni è divenuta impossibile per causa del creditore, il debitore è liberato dall'obbligazione, salvo che il creditore preferisca esigere l'altra prestazione e risarcire il danno. Se, invece, l'impossibilità di una prestazione dipende da causa imputabile al debitore, il creditore ha un'alternativa: o pretendere l'altra prestazione o esigere il risarcimento del danno (art. 1289, 2° comma, c.c.).

Qualora, poi, la scelta debba essere operata da un terzo e questi scelga proprio la prestazione divenuta impossibile, occorre operare una ulteriore differenza. E così se l'impossibilità sia imputabile al debitore, si ritiene che il creditore possa scegliere tra la risoluzione (ovviamente nei soli casi di obbligazioni derivanti da contratti a prestazioni corrispettive) ed il risarcimento per equivalente; mentre, se l'impossibilità è imputabile al creditore, il debitore sarà liberato.

Situazione ancora diversa è quella in cui tutte le prestazioni dedotte in obbligazione siano divenute impossibili.

Per causa non imputabile alle parti

Se le prestazioni sono diventate impossibili per causa non imputabile né al debitore né al creditore, l'obbligazione si estingue ai sensi dell'art. 1256 c.c.

Impossibilità sopravvenuta di tutte le prestazioni dedotte in obbligazione

Se, viceversa, l'impossibilità che colpisce contemporaneamente entrambe le prestazioni sia imputabile sia al creditore che al debitore, ciascuno potrà pretendere il risarcimento nei confronti dell'altro, tenendo conto, però, della regola sul concorso di colpa di cui all'art. 1227, 1° comma, c.c.

Per causa imputabile ad una delle parti

Invece, nell'eventualità che l'impossibilità sia attribuibile ad un comportamento colpevole del debitore o del creditore, bisogna distinguere i casi in cui la scelta spetta al debitore da quelli in cui spetta al creditore.

Nel primo caso, infatti, se una delle prestazioni è divenuta impossibile per causa imputabile al debitore e l'altra è divenuta impossibile per caso fortuito, il debitore deve pagare l'equivalente di quella che è divenuta impossibile per ultima. Anche nel caso in cui sia imputabile al debitore l'impossibilità di entrambe le prestazioni, questi sarà tenuto a pagare l'equivalente di quella divenuta impossibile per ultima. Se, però, l'evento dell'impossibilità è unico, il debitore dovrà pagare l'equivalente di una delle due prestazioni a sua scelta.

Nel secondo caso, quello cioè in cui la scelta spetta al creditore, questi potrà pretendere dal debitore l'equivalente dell'una o dell'altra prestazione qualora entrambe siano divenute impossibili per causa imputabile al debitore.

L'obbligazione facoltativa o con facoltà alternativa

Diversa dall'obbligazione alternativa è, infine, quella c.d. *facoltativa* o con *facoltà alternativa*, nella quale una sola è la prestazione dovuta, ma il debitore, in virtù di una disposizione di legge o di un patto, ha una facoltà di liberarsi anche effettuando una prestazione differente.

Un esempio è rappresentato da quanto previsto dall'art. 651, 1° comma, c.c., ai sensi del quale, in caso di legato di cosa di un terzo, l'onerato è obbligato ad acquistare la proprietà della cosa dal terzo e a trasferirla al legatario, ma è in sua facoltà di pagarne al legatario il giusto prezzo.

Tale facoltà compete, però, soltanto al debitore e la prestazione facoltativa, dunque, è estranea al rapporto obbligatorio, non è dovuta al creditore, il quale, infatti, non la può pretendere.

Da ciò consegue che, se viene meno per impossibilità non imputabile al debitore la prestazione principale, e cioè l'unica dovuta al creditore, l'obbligazione si estingue e il creditore medesimo non può chiedere l'adempimento di quella facoltativa.

Obbligazione facoltativa e *datio in solutum*

Ciò posto, sembra evidente la differenza con l'istituto della dazione in pagamento. Infatti, mentre quest'ultima presuppone che le parti abbiano raggiunto un accordo solutorio in sede esecutiva, nell'obbligazione facoltativa non si ha alcun accordo tra debitore e creditore, ma è la stessa legge che prevede, nell'esclusivo interesse del debitore, una prestazione sussidiaria a quella principale che, una volta eseguita, consente al debitore di liberarsi dall'obbligazione.

2. *Le obbligazioni soggettivamente complesse: le obbligazioni solidali*

La complessità del rapporto può riguardare anche il profilo soggettivo allorché il credito o il debito appartengano a più persone contemporaneamente. In tal caso si può avere la fattispecie dell'*obbligazione solidale*.

L'obbligazione solidale. Nozione e presupposti

L'obbligazione è in solido quando più debitori sono obbligati tutti per la medesima prestazione, in modo che ciascuno può essere costretto all'adempimento per la totalità e l'adempimento da parte di uno libera gli altri (*solidarietà passiva*); oppure quando tra più creditori ciascuno ha diritto di chiedere l'adempimento dell'intera obbligazione e l'adempimento conseguito da uno di essi libera il debitore verso tutti i creditori: c.d. *solidarietà attiva* (art. 1292 c.c.).

L'obbligazione solidale non presuppone un solo vincolo, ma tanti rapporti obbligatori quanti sono i soggetti attivi e passivi. La prestazione, tuttavia, è una sola a carico di ciascuno dei debitori e per ogni creditore.

I singoli rapporti devono avere la stessa causa ed uguale contenuto.

L'obbligazione solidale, inoltre, trova normalmente la sua fonte in un unico titolo, ma può anche accadere che essa possa nascere da una pluralità di titoli tra loro collegati da un nesso di interdipendenza, come avviene, ad esempio, nel caso del vincolo di solidarietà che lega il debitore principale ed il terzo espromittente o accollante. In questo caso l'obbligazione del debitore nasce da un titolo diverso, ma collegato, rispetto al contratto di espromissione o di accollo.

Qualora, però, i titoli siano diversi, sussiste una dipendenza del titolo accessorio rispetto a quello originario e principale. Infatti, se quest'ultimo viene meno (perché ad esempio nullo), anche il vincolo obbligatorio accessorio, non avendo più una sua giustificazione in termini causali, si caducherà.

L'identità del rapporto, poi, non viene esclusa per la presenza di modalità che si riferiscono all'una o all'altra delle obbligazioni. La solidarietà, pertanto, non è esclusa dal fatto che i debitori siano tenuti ciascuno con modalità (ad esempio temporali) diverse o che il debitore comune sia tenuto con modalità diverse di fronte ai singoli creditori (art. 1293 c.c.).

La presunzione di solidarietà passiva: la regola

Al fine di favorire l'esecuzione dell'adempimento a vantaggio del creditore, il codice civile ha previsto una presunzione generale di solidarietà qualora vi siano più debitori. Infatti, la solidarietà passiva sussiste come regola, se cioè dalla legge o dal titolo non risulta diversamente (art. 1294 c.c.).

L'eccezione

Esempio di eccezione a questa regola si rinviene in materia ereditaria, ove la solidarietà passiva è esclusa per legge. Infatti, se al debitore defunto succedono più eredi, ciascuno di questi è tenuto ad adempiere in proporzione della propria quota ereditaria (art. 754 c.c.).

Anche le parti, tuttavia, possono stabilire nel titolo che l'obbligazione non sia solidale. Ad esempio, può avvenire che nell'ambito di un contratto di cessione d'azienda, ove normalmente per i debiti che risultano dalle scritture contabili rispondono sia l'acquirente che l'alienante, quest'ultimo possa essere liberato se i creditori vi hanno consentito.

Dal lato attivo, viceversa, la solidarietà non costituisce la regola, ma esiste solo se pattuita espressamente o se la legge la preveda.

Fonti della solidarietà attiva

Un'ipotesi di solidarietà attiva è prevista dall'art. 1840 c.c. secondo cui qualora una cassetta di sicurezza sia intestata a più persone, salva diversa pattuizione, non è indispensabile che tutte si presentino in banca per poterla aprire.

Funzione della solidarietà passiva

In caso di solidarietà passiva c'è un potenziamento della garanzia per il creditore, potendo egli pretendere l'intera prestazione anche da uno solo dei condebitori, senza bisogno di escuterli, e cioè di compiere atti esecutivi nei confronti di tutti. Addirittura il creditore può pretendere l'adempimento della prestazione indifferentemente nei confronti di uno qualsiasi dei coobbligati in solido, anche se l'obbligazione sia stata assunta nell'esclusivo interesse di uno solo di essi.

Il debitore solidale che abbia pagato l'intero ha, però, diritto ad esercitare la c.d. *azione di regresso*, potrà cioè richiedere agli altri debitori il pagamento delle rispettive quote (art. 1299 c.c.). La quota di ciascuno si presume uguale a quella degli altri, se non risulta diversamente e, pertanto, il debitore che ha pagato potrà ripetere dai condebitori solo la parte di rispettiva spettanza.

Se uno dei condebitori è insolvente, la perdita si ripartisce tra tutti gli altri, compreso quello che ha effettuato il pagamento, anche qualora ad essere insolvente sia il condebitore nel cui esclusivo interesse l'obbligazione sia stata assunta (art. 1299 c.c.).

Nei rapporti interni tra debitori solidali, l'obbligazione in solido si divide, salvo che sia stata contratta nell'interesse esclusivo di alcuni di essi (art. 1298 c.c.).

Funzioni della solidarietà attiva

La solidarietà attiva, invece, facilita l'esercizio del credito e l'esecuzione della prestazione, potendo ciascuno dei creditori ottenere dal debitore il pagamento dell'intero.

Tuttavia, il debitore ha la scelta di pagare all'uno o all'altro dei creditori in solido solo se non è stato prevenuto da uno di essi con domanda giudiziale (art. 1296 c.c.). Il debitore non può, inoltre, opporre a un creditore le eccezioni personali agli altri, così come, in caso di solidarietà passiva, non potrà fare uno dei condebitori nei confronti del creditore (art. 1297 c.c.).

Il regime delle eccezioni cc.dd. personali

Anche nell'ambito della solidarietà attiva, l'obbligazione solidale si divide in parti uguali, se non risulta diversamente e salvo che il vincolo obbligatorio sia stato contratto nell'esclusivo interesse di uno dei creditori (art. 1298 c.c.). Pertanto, chi ha ricevuto la prestazione dovrà attribuire agli altri la rispettiva quota.

Nell'articolata disciplina delle obbligazioni in solido, è infine significativo il principio secondo cui, di regola, i fatti sfavorevoli di uno dei debitori o creditori solidali non propagano i loro effetti agli altri, laddove gli effetti dei fatti favorevoli si comunicano, invece, agli altri soggetti della stessa posizione.

La non estensione degli effetti degli atti pregiudizievoli

Così, se il pagamento fatto da uno dei condebitori solidali libera tutti gli altri, la rinunzia alla prescrizione fatta da uno dei condebitori solidali non ha effetto riguardo agli altri. Altrettanto può dirsi per la costituzione in mora che, se fatta da uno dei creditori in solido, giova anche agli altri; mentre, se fatta nei confronti di un solo debitore in solido, non ha effetto riguardo agli altri.

Differisce dall'obbligazione solidale, invece, l'obbligazione sussidiaria che si ha quando il debitore sussidiario è tenuto al pagamento solo in quanto il debitore principale non abbia adempiuto oppure, in certi casi, se il suo patrimonio sia risultato insufficiente a soddisfare le pretese del creditore dopo aver concluso la procedura esecutiva.

L'obbligazione sussidiaria

Nel caso in cui il debitore sussidiario è tenuto ad adempiere in seguito al semplice inadempimento del debitore principale, non essendo quindi necessario procedere all'azione esecutiva, sussiste a suo vantaggio un *beneficium ordinis*.

Diversamente, qualora sia necessario intraprendere la procedura esecutiva prima di poter chiamare in causa il debitore sussidiario, si ritiene che a suo vantaggio sussista un *beneficium excussionis*.

Beneficium ordinis e *beneficium excussionis*

Se la legge o una convenzione stipulata tra le parti hanno, quindi, escluso la possibilità di rivolgersi indifferentemente ad uno dei due debitori, il debitore sussidiario può opporre, a seconda dei casi, il *beneficium ordinis* o il *beneficium excussionis* al creditore che da lui pretende l'adempimento.

3. (segue) *Le obbligazioni parziarie*

Contrapposte alle obbligazioni solidali sono le obbligazioni parziarie, caratterizzate dal fatto che l'obbligo dei debitori o il diritto dei creditori è proporzionale alla partecipazione di ciascuno al vincolo obbligatorio.

Nozione e presupposti

Anche questo tipo di obbligazione rientra, infatti, tra quelle soggettivamente complesse, ma si differenzia sensibilmente dalla disciplina prevista per le obbligazioni solidali. In effetti, nelle obbligazioni parziarie, quando ci sono più debitori, il dovere di adempiere incide sopra ciascuno degli obbligati *pro quota* e non per l'intero; mentre, quando ci sono più creditori, il diritto ad esigere il credito può essere riconosciuto a ciascuno di essi solo per la propria quota.

Obbligazioni parziarie ed obbligazioni solidali

Tale regola è contenuta nell'art. 1314 c.c., secondo cui se più sono i debitori o i creditori di una prestazione divisibile e la obbligazione non è solidale, ciascuno dei creditori non può domandare il soddisfacimento del credito che per la sua parte, e ciascuno dei debitori non è tenuto a pagare il debito che per la sua parte.

La norma in questione evidenzia un'altra significativa particolarità delle obbligazioni parziarie rispetto a quelle solidali. Mentre, infatti, di fronte ad una pluralità di debitori si presume l'esistenza di un vincolo di solidarietà passiva, viceversa, di fronte ad una pluralità di creditori normalmente essi potranno pretendere dal debitore soltanto la propria quota di credito.

Altra sostanziale differenza con le obbligazioni solidali attiene, poi, al rischio dell'insolvenza di uno dei debitori che nelle obbligazioni parziarie è sopportato dal creditore, mentre nelle obbligazioni solidali si ripartisce tra i condebitori.

4. *Le obbligazioni indivisibili*

Nozione e presupposti

L'obbligazione è *indivisibile* quando la prestazione ha per oggetto una cosa (un quadro) o un fatto (l'obbligo di trasportare un quadro) che non è suscettibile di divisione e, quindi, di adempimento parziale, per sua natura o per il modo in cui è stato considerato dalle parti contraenti (art. 1316 c.c.).

Qui l'interesse del creditore non è soddisfatto dalla prestazione ma dal suo oggetto; pertanto, l'indivisibilità dell'obbligazione coincide con l'indivisibilità della cosa o del fatto oggetto della prestazione.

L'indivisibilità oggettiva o assoluta

L'indivisibilità può essere oggettiva (o assoluta), qualora l'oggetto della prestazione non può essere diviso senza fargli perdere il suo valore o comunque senza diminuirlo.

Ad esempio, se più debitori devono consegnare un quadro è evidente che la prestazione non può essere divisa. Qualora, infatti, i debitori volessero dividere il quadro in modo che ciascuno ne possa consegnare un pezzo, il bene perderebbe ogni valore. Allo stesso modo se i debitori, dovendo consegnare un cavallo da corsa, volessero consegnarlo a pezzi, è chiaro che il valore del bene oggetto della prestazione diminuirebbe sensibilmente.

L'indivisibilità soggettiva o relativa

L'indivisibilità, però, può anche essere soggettiva (o relativa) allorché l'oggetto è di per sé divisibile, ma nel caso in cui venisse diviso non potrebbe più soddisfare l'interesse del creditore.

Perché si abbia indivisibilità soggettiva della prestazione non basta, però, la mera rappresentazione da parte dei contraenti di uno scopo che si realizza soltanto con l'esecuzione dell'intera prestazione; occorre, invece, che emerga anche una specifica volontà contraria ad un'attuazione parziaria dell'obbligazione.

L'indivisibilità "legale"

Una sorta di indivisibilità per volontà della legge è prevista dall'art. 1315 c.c., in virtù del quale il beneficio della divisione non può essere opposto da quello tra gli eredi del debitore, che è stato incaricato di eseguire la prestazione o che è in possesso della cosa dovuta, se questa è certa e determinata.

Disciplina delle obbligazioni indivisibili

Le obbligazioni indivisibili sono regolate dalle norme relative alle obbligazioni solidali, in quanto compatibili (art. 1317 c.c.). Quindi, se c'è un solo creditore e più debitori, il primo può pretendere l'adempimento dell'obbligazione da uno solo dei debitori (indivisibilità passiva) ed, allo stesso, modo, se ci sono più creditori ed un solo debitore, ciascuno dei creditori può pretendere l'esecuzione dell'intera prestazione indivisibile dall'unico debitore (indivisibilità attiva).

La divisibilità tra gli eredi

Tuttavia, in deroga all'art. 1295 c.c. secondo cui, salvo patto contrario, l'obbligazione si divide tra gli eredi di uno dei condebitori o di uno dei creditori in solido, in proporzione delle rispettive quote, l'art. 1318 c.c. prevede che l'indivisibilità opera anche nei confronti degli eredi del debitore o di quelli del creditore.

Infatti, se uno dei condebitori in solido muore, i suoi eredi non sono tenuti in solido, ma in proporzione delle rispettive quote; mentre gli eredi di chi è obbligato ad una prestazione indivisibile non possono adempiere ciascuno una parte della prestazione, ma ognuno è tenuto per l'intero.

L'indivisibilità, dunque, è più radicale della solidarietà, atteso che essa opera anche nei confronti degli eredi del debitore o di quelli del creditore. Ciò trova spiegazione nel fatto che un'esecuzione *pro quota* non sarebbe idonea a soddisfare l'interesse creditorio. Tuttavia, l'erede del creditore, che agisce per ottenere il soddisfacimento di tutto il credito, deve dare cauzione a garanzia dei coeredi (art. 1319 c.c.).

La c.d. estinzione parziale

Secondo l'art. 1320 c.c., se uno dei creditori ha rimesso il debito o ha consentito a ricevere un'altra prestazione in luogo di quella dovuta, il debitore non è liberato verso gli altri creditori. Questi, tuttavia, non possono domandare la prestazione indivisibile, se non addebitandosi ovvero rimborsando il valore della parte di colui che ha rimesso il debito o che ha ricevuto la prestazione diversa. La medesima disposizione si applica anche in caso di transazione, novazione, compensazione e confusione.

In altri termini, remissione, *datio in solutum*, transazione, novazione, compensazione e confusione, verificatesi tra un concreditore ed il debitore, liberano quest'ultimo solo per la quota-parte spettante al primo. In virtù dell'indivisibilità gli altri concreditori non possono che pretendere l'intera prestazione, ma, in tale ipotesi, devono addebitare a se stessi o rimborsare il valore della quota del concreditore che ha operato una estinzione parziale dell'obbligazione.

Se i concreditori non si addebitano o non corrispondono il valore della quota del creditore tacitato, non possono pretendere la prestazione indivisibile. D'altro canto, in questo caso, il debitore può sospendere l'adempimento.

Rinvio alla disciplina delle obbligazioni solidali

Nell'ipotesi, invece, in cui vi siano più debitori e si sia verificata la liberazione di un singolo debitore per una causa estintiva diversa dall'adempimento, non è prevista un'apposita norma nell'ambito della disciplina delle obbligazioni indivisibili. Si ritiene, pertanto, applicabile la regola della solidarietà secondo cui la liberazione del singolo debitore per una causa estintiva diversa dall'adempimento libera anche gli altri condebitori, se l'estinzione non sia personale al debitore. In caso contrario trova applicazione analogica la regola dettata per l'indivisibilità attiva, in virtù della quale gli altri condebitori rimangono obbligati per l'intero, detratto il valore della quota del debitore liberato.

5. *Le obbligazioni pecuniarie: debiti di valuta e debiti di valore*

Le obbligazioni pecuniarie. Nozione e disciplina

Il c.d. principio nominalistico

Le *obbligazioni pecuniarie* sono quelle che hanno ad oggetto una somma di danaro che il debitore deve consegnare al creditore. L'art. 1277, 1° comma, c.c. dispone che i debiti pecuniari si estinguono con moneta avente corso legale nello Stato al tempo del pagamento (in Italia dal 2002 la moneta avente corso legale non è più la lira ma l'euro) e per il suo valore nominale (cosiddetto *principio nominalistico*).

Pertanto il debitore, di regola, deve pagare la somma di danaro prevista nel rapporto, benché il suo valore effettivo possa nelle more essersi modificato a causa della svalutazione. Se, ad esempio, Tizio contrae oggi un debito di cento euro nei confronti di Caio, tra dieci anni dovrà corrispondere a quest'ultimo sempre cento euro, anche se nel frattempo il potere di acquisto di quella somma si è sensibilmente ridotto.

Le ragioni che sottendono al principio nominalistico attengono alla necessità di evitare incertezze sull'entità economica del debito pecuniario. Infatti, se si dovesse tener conto delle oscillazioni di valore che la moneta subisce, non si saprebbe mai prima della scadenza quanto il debitore deve pagare.

Debiti di valuta e debiti di valore

Ciò però vige unicamente per i cc.dd. *debiti di valuta*, cioè pecuniari sin dall'origine, mentre non si applica per i *debiti di valore*, nei quali il danaro è considerato per il suo potere d'acquisto: così, ad esempio, il debito per risarcimento del danno o quello per le retribuzioni di un lavoratore dipendente sono debiti di valore e, dunque, devono essere pagati non in considerazione del loro ammontare numerico, bensì in relazione al potere d'acquisto della somma dovuta. Pertanto, ove si verifichi svalutazione, il credito deve essere rivalutato e il creditore ha diritto ad un'integrazione della somma spettantegli.

Si pensi all'ipotesi in cui Tizio subisce un danno alla propria autovettura per via di un tamponamento causato da Caio. Tizio, però, per vedersi riconosciuto il suo diritto al risarcimento è costretto ad intentare una causa che potrebbe durare molti anni prima che una sentenza definitiva gli dia ragione. A questo punto, Caio è tenuto a risarcire i danni subiti da Tizio per le spese sostenute in vista della riparazione del veicolo. Ma il momento a cui fare riferimento per la quantificazione dell'ammontare del risarcimento è quello in cui la riparazione deve essere effettuata e non quello in cui il sinistro si è verificato. La differenza è importante perché la somma necessaria ad effettuare la riparazione al momento del sinistro sarebbe stata senz'altro minore rispetto a quella necessaria per la stessa attività molti anni dopo.

Il principio nominalistico si riferisce, quindi, alle sole obbligazioni originariamente pecuniarie, aventi, cioè, fin dal momento della loro costituzione per oggetto una somma di denaro, non a quelle nelle quali l'oggetto originario è un bene diverso dal denaro, un bene reale, e la moneta viene in considerazione in un momento successivo e come surrogato del bene reale.

Gli antidoti contro i rischi derivanti dalla svalutazione monetaria: per volontà delle parti

Ad ogni modo, anche rispetto ai debiti di valuta, le parti possono predisporre delle pattuizioni in grado di contrastare i rischi derivanti dalla svalutazione monetaria. Così è consentito ai privati di convenire che una somma di denaro sia suscettibile di rivalutazione mediante il riferimento ad un particolare indice.

In tal modo il valore nominale della somma viene agganciato ad un criterio di aggiornamento automatico (si pensi, ad esempio, alla clausola Istat con la quale si vincola la somma di denaro all'andamento del costo della vita) o al valore di bene (si pensi, ad esempio, alla clausola oro con la quale le parti legano il valore di quanto dovuto a quello del pregiato metallo).

Ex lege

Tuttavia, non solo l'autonomia privata, ma anche la legge usa vincolare talune obbligazioni, ritenute particolarmente meritevoli di tutela, ad indici e ciò al fine di sottrarre al rischio da svalutazioni tali debiti. Si pensi, ad esempio, all'art. 6, 11° comma, legge n. 898 del 1970 che in tema di attribuzione dell'assegno di mantenimento in favore della prole, stabilisce che, nel fissare la misura di tale assegno, il Tribunale deve determinare anche un criterio di adeguamento automatico dello stesso, almeno con riferimento agli indici di svalutazione monetaria.

A norma dell'art. 1277, 2° comma, c.c., se la somma dovuta era determinata in una moneta che non ha più corso legale al tempo del pagamento, questo deve farsi in moneta legale ragguagliata per valore alla prima. Così, per un debito di un milione di lire contratto nel 2000, il debitore sarà oggi tenuto a corrispondere al creditore una somma pari a 516,46 euro.

Obbligazioni pecuniarie e valuta estera

Inoltre, le obbligazioni pecuniarie possono avere ad oggetto somme di denaro in moneta non avente corso legale nello Stato, ossia valuta estera. In questo caso, però, il debitore ha facoltà di pagare in moneta legale avente corso nello Stato al cambio nel giorno della scadenza e nel luogo stabilito per il pagamento (art. 1278 c.c.).

Il debitore ha, dunque, la facoltà di estinguere l'obbligazione o pagando con la moneta estera o in euro, determinando la quantità di euro necessaria secondo il corso del cambio del giorno della scadenza dell'obbligazione. È, quindi, il creditore a correre il rischio delle modificazioni del rapporto di cambio tra valuta estera, oggetto dell'obbligazione, e valuta italiana, oggetto del pagamento.

La clausola c.d. "effettivo"

Le parti possono anche pattuire la clausola "*effettivo*", al fine di obbligare il debitore ad adempiere con la moneta non avente corso legale, ma se alla scadenza non sia possibile procurarsi tale moneta, il debitore può comunque liberarsi pagando con moneta legale.

L'autonomia dei privati può far sì che l'obbligazione abbia ad oggetto anche monete aventi un proprio valore intrinseco. Tale è la moneta autonomamente valutabile per il suo contenuto di metallo pregiato. Il codice prevede che l'obbligazione avente specificamente ad oggetto una tale moneta debba essere adempiuta mediante moneta della stessa specie (art. 1280, 1° comma, c.c.).

Inoltre, se al momento del pagamento la specie di moneta dedotta in obbligazione non è reperibile o non ha più corso o ne è alterato il valore intrinseco, l'obbligazione deve essere eseguita mediante moneta corrente pari al valore intrinseco originario della specie dovuta (art. 1280, 2° comma, c.c.).

6. *La naturale fecondità del credito pecuniario: gli interessi corrispettivi e gli interessi compensativi*

Gli interessi cc.dd. corrispettivi

I crediti liquidi ed esigibili di somma di danaro producono interessi di pieno diritto, salvo che la legge o il titolo stabiliscano diversamente (art. 1282, 1° comma, c.c.).

La liquidità si verifica nel momento in cui la somma di danaro viene ad essere determinata nel suo ammontare (ad esempio, il corrispettivo dovuto per l'opera d'appalto viene finalmente determinato dalle parti).

L'esigibilità

L'esigibilità consiste nell'essersi verificata la scadenza del credito pecuniario perché è trascorso il termine eventualmente stabilito a favore del debitore.

Tale norma trova fondamento nel principio della fecondità naturale del denaro, ossia nel principio secondo cui la disponibilità nel tempo del denaro altrui va pagata perché essa integra un obiettivo vantaggio economico.

La fecondità naturale del denaro

Gli interessi costituiscono i cc.dd. *frutti civili*, sono cioè il corrispettivo che il debitore deve pagare al creditore per l'utilizzazione del suo danaro ed hanno, quindi, una funzione remunerativa (si pensi, ad esempio, al caso del soggetto che prende a mutuo una somma di denaro e che è tenuto a corrispondere gli interessi al mutuante).

La funzione remunerativa degli interessi o frutti civili

Per tale motivo essi sono detti *corrispettivi* e si usa distinguerli dagli interessi *compensativi* che, invece, sono dovuti a titolo equitativo al fine di compensare il creditore per il mancato godimento del denaro (si pensi, ad esempio, all'ipotesi prevista dall'art. 1499 c.c., secondo cui il venditore ha diritto agli interessi sul prezzo non ancora pagatogli, ancorché non sia scaduta l'obbligazione relativa, qualora la cosa venduta e consegnata al compratore produca frutti o altri proventi).

Gli interessi c.d. compensativi

Va precisato, ad ogni modo, che la distinzione tra interessi corrispettivi e compensativi, oltre a non avere riscontro nel codice civile, ove non vi è alcuna menzione dei secondi, non ha rilievo da un punto di vista della regolamentazione, atteso che per entrambi la disciplina è la medesima.

La corresponsione degli interessi è oggetto di un'obbligazione accessoria; tuttavia, una volta maturato il credito degli interessi, esso costituisce obbligazione pecuniaria autonoma rispetto a quella principale e, dunque, soggetta ad un proprio termine di prescrizione.

Il credito degli interessi come obbligazione autonoma

La loro misura, detta *saggio* o *tasso*, è di norma quella legale, determinata con provvedimento del Ministero dell'economia e delle finanze (art. 1284, 1° comma). Ai sensi del 2° comma dell'art. 1284, infatti, il Ministero dell'economia e delle finanze, con proprio decreto pubblicato nella Gazzetta Ufficiale della Repubblica italiana non oltre il 15 dicembre dell'anno precedente a quello cui il saggio si riferisce, può modificarne annualmente la misura, sulla base del rendimento medio annuo lordo dei titoli di Stato di durata non superiore a dodici mesi e tenuto conto del tasso di inflazione registrato nell'anno.

Il saggio o tasso degli interessi

Qualora, poi, entro il 15 dicembre non sia fissata una nuova misura del saggio, questo rimane invariato per l'anno successivo.

Dal 1° gennaio 2021 la misura dell'interesse legale è pari allo 0,01% "in ragione d'anno".

Gli interessi possono però essere pattuiti dalle parti anche in misura diversa, maggiore o minore, e in tal caso si chiamano *interessi convenzionali*.

Gli interessi cc.dd. convenzionali

Se sono previsti interessi maggiori di quelli legali, la pattuizione deve essere fatta per iscritto. Nel caso, però, in cui le parti non rispettino

L'onere della prova

tale onere formale, gli interessi sono dovuti nella misura legale (art. 1284, 3° comma, c.c.).

L'onere della forma è assolto anche quando il tasso è fissato *per relationem*, con riferimento a criteri certi ed obiettivi, come nel caso in cui il tasso venga determinato da altri soggetti (si pensi, ad esempio, al tasso di sconto praticato dalla Banca d'Italia, eventualmente aumentato di qualche punto).

7. *I limiti alla fecondità del credito pecuniario: usura e anatocismo*

Limiti agli interessi convenzionali: l'usura

La legge impone un limite agli interessi convenzionali il cui tasso non può mai essere a tal punto elevato da sconfinare nell'usura. In particolare, la legge n. 108 del 1996 considera usurari gli interessi che eccedano il tasso medio praticato per una determinata categoria di operazioni aumentato della metà. In pratica esistono diversi tassi soglia per differenti operazioni a fronte delle quali si concede credito a interessi. L'aggiornamento di tali tassi soglia avviene ogni tre mesi ad opera del Ministero dell'economia e delle finanze, sentiti la Banca d'Italia e l'Ufficio italiano dei cambi.

Se, però, sono convenuti interessi usurai, il patto è nullo e gli interessi non sono dovuti nemmeno nella misura legale (art. 1815, 2° comma, c.c.).

Gli interessi cc.dd. composti

La medesima *ratio* sottesa al divieto di interessi usurai si ritrova anche al limite posto dall'art. 1283 c.c. ai cc.dd. interessi *composti*, quelli cioè che si hanno in conseguenza di una pattuizione che consenta la produzione di interessi su somme dovute a titolo di interessi.

Divieto del c.d. anatocismo

Va ricordato, infatti, che, in mancanza di usi normativi contrari, gli interessi non possono produrre a loro volta interessi (divieto del c.d. *anatocismo*: art. 1283 c.c.). Soltanto quelli già scaduti da almeno sei mesi possono, però, produrre interessi dal giorno della domanda giudiziale o per effetto di convenzione posteriore alla loro scadenza.

Il caso della capitalizzazione trimestrale degli interessi

Problema particolarmente avvertito era quello relativo all'uso praticato dalle banche di capitalizzare ogni tre mesi i saldi di conto corrente passivi dei clienti ed annualmente quelli attivi. Ciò consentiva alle banche di addebitare gli interessi sul conto corrente bancario alla chiusura trimestrale dello stesso. In questo modo gli interessi pagati venivano sommati al capitale e, pertanto, nella successiva chiusura trimestrale, i nuovi interessi che si andavano a produrre venivano calcolati non solo sul capitale, ma anche sugli interessi precedentemente contabilizzati.

La posizione della giurisprudenza

La giurisprudenza ha, però, definitivamente bocciato tale prassi respingendo la tesi secondo cui la pratica di capitalizzare trimestralmente gli interessi passivi avrebbe configurato un uso normativo. La decisione è stata presa sull'assunto che, non avendo avuto i clienti la consapevolezza e la volontà di obbedire alla regola sulla capitalizzazione, l'anatocismo è stato di fatto imposto dalle banche alla clientela. Mancando, quindi, l'elemento soggettivo dell'*opinio iuris ac necessitatis*, non può parlarsi di uso normativo, ma, tutt'al più, di uso negoziale, in quanto tale non idoneo a derogare al divieto posto dall'art. 1283 c.c. Adeguandosi al formato giurisprudenziale, il nuovo art. 120, 2° comma, T.U.B. (come sostituito dall'art. 17 *bis*, 1° comma, d.l. n. 18 del 2016, conv. con mod. dalla legge n. 49 del 2016) e il Decreto MEF 3 agosto 2016, n. 343 hanno cambiato le regole in tema di anatocismo. È così stabilito che il conteggio degli interessi debba avvenire annualmente, al 31 dicembre di ogni anno e con la stessa periodicità sia per le banche che per i clienti. Nel dettaglio, gli interessi anatocistici possono prodursi solo nelle "aperture di credito" e negli "sconfinamenti di credito" e diventano esigibili il 1° marzo dell'anno successivo, potendo il cliente decidere se pagarli subito o addebitarli in conto corrente.

8. *L'inadempimento dell'obbligazione pecuniaria*

Gli interessi cc.dd. moratori

Diversi dagli interessi corrispettivi e da quelli compensativi sono gli *interessi moratori*, e cioè quelli dovuti dal debitore in caso di ritardo nell'adempimento. Essi hanno la funzione di consentire una liquidazione forfetaria minima del danno per il ritardo nel pagamento.

Il creditore ha diritto di pretendere il pagamento di tali interessi a condizione che richieda ritualmente al debitore di adempiere l'obbligazione.

Dal giorno in cui il debitore è costituito in mora, egli è tenuto a corrispondere gli interessi al tasso legale, anche se non erano dovuti precedentemente e anche se il creditore non prova di aver sofferto un danno. Se, però, prima della mora erano dovuti interessi convenzionali in misura superiore a quella legale, gli interessi moratori sono dovuti nella stessa misura (art. 1224, 1° comma, c.c.).

Se, poi, il creditore ha subìto pregiudizi maggiori in conseguenza del ritardo, può ottenerne il risarcimento, ma deve soddisfare i normali oneri di dimostrazione.

La prova del maggior danno

Al proposito, si è posto il problema se il creditore possa provare l'esistenza di un maggior danno per il semplice fatto che il ritardo è di per sé idoneo a provocare la perdita del potere d'acquisto della moneta, atteso che, soprattutto nei periodi di forte inflazione, il tasso d'inflazione supera il tasso legale degli interessi.

La giurisprudenza, intervenuta nella questione, ha negato che l'inflazione possa essere considerata di per sé un danno risarcibile, essendo richiesta, comunque, la prova specifica della concreta possibilità, da parte del creditore, di reimpiego fruttifero della somma dovuta.

Tuttavia, è stato precisato che la prova del maggior danno subito dal creditore in conseguenza della svalutazione monetaria può essere desunta dall'appartenenza del creditore ad una delle categorie sociali giuridicamente determinate, quale quella, ad esempio, degli imprenditori commerciali, del risparmiatore abituale, del creditore occasionale, del modesto consumatore.

In tal caso, per la prova del pregiudizio patrimoniale subito in dipendenza del fatto notorio dell'inflazione, può essere utilizzata la presunzione, in base all'*id quod plerumque accidit*, che se vi fosse stato tempestivo adempimento la somma dovuta sarebbe stata destinata ad impieghi antinflattivi.

Tuttavia, se le parti hanno convenuto la misura degli interessi moratori, l'eventuale maggior danno non è risarcibile (art. 1224, 2° comma, c.c.).

Regole particolari si applicano nel caso di rapporti pecuniari tra imprese ovvero tra imprese e pubbliche amministrazioni che derivino da transazioni (nel senso di affari) di tipo commerciale (d.lgs. n. 231 del 2002).

La disciplina peculiare introdotta dal d.lgs. n. 231 del 2002

La disciplina introdotta dal d.lgs. n. 231 del 2002 (attuativo della direttiva 2000/35/CE del 29 giugno 2000) ha un campo di applicazione che non ricopre tutte le obbligazioni pecuniarie, ma solo i pagamenti effettuati a titolo di corrispettivo per una transazione commerciale: dove per "transazioni commerciali" si intendono i contratti tra imprese o tra imprese e pubbliche amministrazioni, che comportano, in via esclusiva o prevalente, la consegna di merci o la prestazione di servizi, contro il pagamento di un prezzo (art. 2, lett. a, d.lgs. n. 231 del 2002).

I termini legali di pagamento

Oltre ad una serie di modifiche di disposizioni processuali, una tra le maggiori novità introdotte dal decreto in esame riguarda i termini legali di pagamento (art. 4, d.lgs. n. 231 del 2002). Tale termine è fissato in giorni trenta che decorrono automaticamente, senza necessità di alcuna intimazione scritta, dalla data di ricevimento della fattura da parte del debitore o di una richiesta di pagamento di contenuto equivalente a quello di una fattura; in mancanza, dalla data di ricevimento delle merci o dalla data di prestazione dei servizi. Allo scadere del termine di trenta giorni scatta, quindi, automaticamente il decorrere degli interessi legali.

Le parti possono, tuttavia, stabilire un termine diverso per il pagamento del debito, a patto che questo non sia gravemente iniquo e non arrechi, quindi, pregiudizio al creditore. Laddove si verificasse quest'ultima ipotesi, il giudice, anche d'ufficio, dichiara la nullità dell'accordo e applica automaticamente il termine legale di trenta giorni oppure riconduce ad equità il contenuto dell'accordo medesimo. L'automaticità del tasso di interesse svolge una funzione deterrente e risarcitoria nei confronti del debitore inadempiente.

La tutela del creditore per il mancato pagamento del debito nei termini pattuiti si concretizza, oltre che nel pagamento degli interessi, anche nel risarcimento dei costi ulteriori, cioè dei costi affrontati dal creditore per il recupero delle somme spettanti a titolo di corrispettivo. Oltre al recupero di detti costi, il creditore può richiedere il risarcimento del maggiore danno subito (es. danno da *chance* perduta); in ogni caso, è fatta salva l'ipotesi in cui il ritardo non sia imputabile al debitore (grava su quest'ultimo l'onere della prova).

Il sistema di pubblicità legale

Per quanto riguarda il tasso di interesse praticato è previsto dall'art. 5 del d.lgs. n. 231 del 2002 un sistema di pubblicità legale, a tutela dell'affidamento dei contraenti, che consiste nella pubblicazione sulla Gazzetta Ufficiale del saggio di interesse, maggiorato di sette punti percentuali.

Capitolo 52

MODIFICAZIONI SOGGETTIVE DEL RAPPORTO OBBLIGATORIO

1. *La cessione del credito*

Un rapporto obbligatorio, una volta venuto ad esistenza in conseguenza della verificazione di un fatto costitutivo (fonte), può subire alcune modifiche relative al contenuto, all'oggetto o anche ai soggetti titolari delle rispettive posizioni giuridiche.

Le modifiche di tipo soggettivo possono riguardare il lato attivo (e cioè il creditore) o il lato passivo (il debitore). Esse sono disciplinate dal codice.

La successione nel credito: a titolo universale o a titolo particolare

Quando riguardano il lato attivo, in effetti comportano un fenomeno di *successione* e cioè di trasmissione della titolarità del credito da un soggetto ad un altro. La successione può essere a *titolo universale*, quando insieme al credito sono trasmessi al cessionario tutti i rapporti del cedente, o a *titolo particolare*, quando riguarda il singolo rapporto obbligatorio.

La successione a titolo particolare

La cessione del credito. Nozione e disciplina

Successione a titolo particolare si ha, in primo luogo, nel caso della *cessione del credito*, che è un contratto in virtù del quale, ai sensi dell'art. 1260, 1° comma, c.c., il creditore può, anche senza il consenso del debitore, trasferire ad altra persona, a titolo oneroso o gratuito, il suo credito purché questo non abbia carattere strettamente personale (ad esempio i crediti alimentari) o il trasferimento non sia vietato dalla legge.

La c.d. incedibilità del credito

Se il credito non è cedibile o per sua natura o per divieto di legge, il negozio di cessione eventualmente posto in essere è nullo.

Il c.d. patto di non cedibilità

Ad ogni modo, anche le parti possono escludere la cedibilità del credito. Tuttavia, il patto non è opponibile al cessionario se non si prova che egli lo conosceva al tempo della cessione (v. art. 1260, 2° comma, c.c.).

Si tratta di un contratto traslativo del lato attivo del rapporto obbligatorio che viene stipulato tra creditore originario (*cedente*) e nuovo creditore (*cessionario*), al quale di regola rimane estraneo il debitore (*ceduto*).

Natura giuridica della cessione del credito

Normalmente, dunque, questa operazione configura un contratto bilaterale dal momento che il debitore non partecipa. Il suo consenso, infatti, di regola non è richiesto, in quanto il ceduto è comunque obbligato a compiere la prestazione e, pertanto, per lui è assolutamente indifferente adempiere l'obbligazione nei confronti del creditore cedente o di un terzo cessionario.

La struttura del contratto e la c.d. fungibilità del lato attivo del rapporto obbligatorio

Tuttavia, non può essere escluso *a priori* che il debitore abbia in concreto un interesse giuridicamente tutelabile ad eseguire la prestazione soltanto in favore del suo iniziale creditore e non di altri. In questa situazione la partecipazione del debitore ceduto alla formazione della fattispecie in questione è necessaria. Pertanto, la cessione si avrà solo se il debitore l'autorizzi o l'accetti, configurando in tal modo un contratto a struttura trilaterale.

Tale contratto è, poi, *consensuale*, poiché si perfeziona con il semplice consenso e *ad effetti reali*, dal momento che produce, quale conseguenza, il trasferimento del diritto di credito dal cedente al cessionario. Col trasferimento del credito si trasferiscono anche gli accessori del credito, quali i privilegi, le garanzie personali e reali, mentre è escluso, salvo patto contrario, la cessione dei frutti scaduti (art. 1263, 3° comma, c.c.).

Caratteri del contratto ed accessori del credito

Oggetto della cessione è il trasferimento totale o parziale di un diritto di credito che può anche essere futuro, purché sia attualmente determinato o determinabile. In questo caso la cessione si perfeziona con il consenso del cedente e del cessionario, ma l'effetto traslativo si produce nel momento in cui il credito viene ad esistenza in capo al cedente.

L'oggetto

Dal punto di vista formale, se il contratto di cessione del credito è a titolo oneroso va ritenuto a forma libera, non essendo richiesta alcuna formalità particolare. Tuttavia, se il credito è ceduto a titolo gratuito, configurandosi una donazione, sarà necessario l'atto pubblico nel caso in cui non si tratti di una donazione di modico valore.

La forma

Ad ogni modo, il contratto produce anche taluni obblighi da considerare, però, meramente accessori rispetto all'effetto principale. Così, il cedente ha l'obbligo di consegnare al cessionario i documenti probatori del credito che sono in suo possesso; mentre, nel caso in cui sia stata ceduta solo una parte del credito, il cedente è tenuto a dare al cessionario una copia autentica dei documenti (art. 1262 c.c.).

Gli obblighi accessori

Il cedente dovrebbe trasferire al cessionario anche l'oggetto ricevuto in pegno a garanzia del credito, ma per questo è necessario il consenso di chi abbia costituito il pegno. In difetto di questo consenso il cedente rimarrà custode del bene oggetto del pegno (art. 1263 c.c.).

Cessione di credito assistito da garanzie reali

Qualora, invece, il credito sia assistito da ipoteca, il cessionario deve annotare il suo acquisto a margine della iscrizione dell'ipoteca nei registri immobiliari.

Il principio della causa variabile

La cessione del credito viene vista, in prevalenza, come uno strumento attuativo della funzione di altri negozi: in altre parole essa può essere giustificata da vari tipi di causa. Può, così, aversi una *cessione-vendita*, allorché il credito venga appunto venduto al cessionario; una *cessione-donazione* se il cedente intende effettuare una liberalità in favore del cessionario, o ancora una *cessione solutoria* se il cedente intende estinguere una sua obbligazione.

Il consenso del debitore ceduto: requisito di efficacia del contratto

Poiché il contratto di cessione ha effetto tra le parti e non nei confronti del debitore ceduto che è, di norma, terzo rispetto al contratto, il consenso del debitore ceduto è necessario per la sua efficacia nei confronti del medesimo, e cioè per la sua opponibilità al debitore.

L'art. 1264, 1° comma, c.c. richiede, infatti, che questi l'abbia accettata o che gli sia stata notificata. In mancanza di tali atti il debitore potrebbe ancora pagare al cedente, e cioè a colui che creditore non è più, liberandosi comunque dal proprio debito: e ciò perché, non essendo a lui opponibile la cessione, non è tenuto a rispettarne gli effetti e può legittimamente considerare il credito ancora nella titolarità dell'originario creditore. La regola trova, tuttavia, un limite nella buona fede: ed infatti, anche prima della notificazione, il debitore che paga al cedente non è liberato se il cessionario prova che il debitore ceduto era a conoscenza dell'avvenuta cessione (art. 1264, 2° comma, c.c.).

Efficacia della cessione riguardo ai terzi

A riguardo dei terzi, se il medesimo credito è stato ceduto a persone diverse, prevale la cessione notificata per prima al debitore o quella da lui accettata per prima con atto di data certa, ancorché essa sia stata posteriore (art. 1265, 1° comma, c.c.): in altre parole, la notifica o l'accettazione svolgono, per la cessione di credito, la stessa funzione che svolge la trascrizione nel campo delle vendite immobiliari.

La tutela del primo cessionario soccombente

Di fronte a più cessioni ad opera del cedente, il primo cessionario, che sia rimasto soccombente rispetto al secondo cessionario che abbia per primo notificato la cessione o che abbia per primo ricevuto l'accettazione del debitore ceduto, può chiedere il risarcimento del danno in via contrattuale al cedente ed in via extracontrattuale sia al debitore ceduto che in mala fede abbia accettato la seconda cessione sia al secondo cessionario che fosse a conoscenza della già avvenuta cessione.

La c.d. *cessio pro soluto* o garanzia del *nomen verum*

Di regola il cedente, in caso di cessione a titolo oneroso, è tenuto a garantire soltanto l'esistenza del credito al tempo della cessione: egli, cioè, non deve assicurare al cessionario che il debitore ceduto pagherà. La garanzia dell'esistenza del credito può essere esclusa, ma il cedente è responsabile del c.d. *fatto proprio*: se, cioè, l'estinzione del credito è a lui imputabile, dovrà garantire lo stesso il cessionario (art. 1266, 1° comma, c.c.).

Nel caso di cessione gratuita la garanzia è dovuta solo nei casi e nei limiti in cui la legge pone a carico del donante la garanzia per l'evizione (art. 1266, 2° comma, c.c.).

Normalmente il rischio del mancato adempimento del debitore ceduto non ricade sul cedente, in quanto, secondo quanto disposto dall'art. 1267 c.c., il cedente non risponde della solvibilità del debitore. In questo caso la cessione si definisce *pro soluto*.

La c.d. *cessio pro solvendo* o garanzia del *nomen bonum*

Il cedente, però, può assumere la garanzia della solvenza apponendo la clausola c.d. "salvo buon fine" ed in questo caso si definisce *pro solvendo*. In presenza di tale accordo il cessionario, in caso di mancato adempimento del debitore, potrà rivolgersi al cedente ed esigere da lui il pagamento, ma soltanto nei limiti di quanto il cedente stesso aveva ricevuto. Deve, inoltre, corrispondere gli interessi, rimborsare le spese della cessione e quelle che il cessionario abbia sopportato per escutere il debitore e risarcire il danno, salvo sempre l'obbligo ulteriore del risarcimento del danno, ove ne ricorrano i presupposti. Occorre precisare che ogni patto diretto ad aggravare la responsabilità del cedente è senza effetto (art. 1267, 1° comma, c.c.).

La garanzia, comunque, cessa, se la mancata realizzazione del credito per insolvenza del debitore è dipesa da negligenza del cessionario nell'iniziare o nel proseguire le istanze contro il debitore ceduto.

Il regime delle eccezioni

Il diritto acquistato dal cessionario non può naturalmente avere contenuto più ampio rispetto a quello di cui era titolare il cedente e, pertanto, il ceduto potrà efficacemente far valere contro il cessionario tutte le eccezioni fondate sull'invalidità o inefficacia del rapporto, per essersi verificato l'inadempimento del cedente, la prescrizione o per aver già effettuato il pagamento.

Il caso dell'eccezione di compensazione

Il debitore ceduto, poi, non può opporre al cessionario l'eccezione di compensazione che avrebbe potuto opporre al cedente, a meno che il debitore ceduto abbia accettato la cessione riservandosi espressamente la possibilità di eccepire anche la compensazione (art. 1248, 1° comma, c.c.).

Se la cessione è stata notificata, il debitore ceduto può opporre al cessionario la compensazione solamente per i crediti sorti anteriormente alla notifica (art. 1248, 2° comma, c.c.). Con tale norma si vuole escludere che il cedente, trasferendo il credito, eviti la compensazione e si arricchisca anche del prezzo della cessione.

2. *La surrogazione dei crediti commerciali:* factoring *e cessione di massa*

Il *factoring*. Nozione e presupposti

Il *factoring* è il contratto con cui un imprenditore cede, dietro corrispettivo, i propri crediti, presenti e futuri, ad una società di *factoring* (detta *factor*) che diviene, quindi, cessionaria di tali crediti.

I compiti del *factor* possono essere diversi. Egli può sia gestire tutti gli aspetti attinenti al credito fino alla sua scadenza, sia curare la gestione delle operazioni di riscossione, accollandosi eventualmente anche il rischio dell'insolvenza dei debitori.

Il prezzo pagato dalla società di *factoring* normalmente non corrisponde all'intera entità dei crediti ceduti, ma rappresenta soltanto una percentuale. Questo è, se si vuole, lo scotto che il cedente deve pagare per il vantaggio che ottiene dall'operazione, e cioè un'anticipazione di liquidità rispetto al momento in cui il credito verrà riscosso.

Factoring e cessione dei crediti. La cessione dei crediti d'impresa: la legge n. 52 del 1991

Al fine di superare le difficoltà di conciliare la figura del contratto di *factoring*, sempre più frequentemente utilizzata nella pratica commerciale, con la disciplina codicistica in tema di cessione del credito, il legislatore ha provveduto a disciplinare il fenomeno della cessione dei crediti d'impresa con la legge 21 febbraio 1991, n. 52.

I presupposti

Innanzitutto, ai fini dell'applicabilità della suddetta legge, l'art. 1 prevede la concorrenza di talune condizioni. Così, il cedente deve essere un imprenditore; in secondo luogo, i crediti ceduti devono sorgere da contratti stipulati dal cedente nell'esercizio dell'impresa; ed, infine, il cessionario deve essere una banca o un intermediario finanziario abilitato.

Ai sensi dell'art. 3, 1° comma, legge n. 52 del 1991, poi, i crediti possono essere ceduti anche prima che siano stipulati i contratti dai quali sorgeranno. Il 2° comma dell'art. 3 prevede, inoltre, la possibilità di cedere anche in massa sia i crediti già esistenti che quelli futuri, purché, in questo caso, tali crediti sorgano da contratti da stipulare in un periodo di tempo non superiore a ventiquattro mesi (art. 3, 3° comma, legge n. 52 del 1991). Ad ogni modo, nella cessione dei crediti di massa, al fine di ritenere sussistente il requisito della determinatezza dell'oggetto, la legge pretende che sia indicato il debitore ceduto (art. 3, 4° comma, legge n. 52 del 1991).

Di regola, la cessione avviene *pro solvendo* ed, infatti, il cedente garantisce, nei limiti del corrispettivo pattuito, la solvenza del debitore, salvo che il cessionario rinunci, in tutto o in parte, alla garanzia (art. 4, legge n. 52 del 1991).

Può accadere che il cedente abbia ceduto in massa tutti i crediti futuri a una società di *factoring* e, poi, singolarmente un solo credito ad un terzo. In questo caso prevarrà chi ha notificato per primo al debitore ceduto oppure chi per primo ha ricevuto l'accettazione dal debitore ceduto oppure chi per primo ha effettuato il pagamento al cedente.

L'opponibilità della cessione

L'art. 5 della legge n. 52 del 1991 precisa che, qualora il cessionario abbia pagato in tutto o in parte il corrispettivo della cessione ed il pagamento abbia data certa, la cessione è opponibile:

a) agli altri aventi causa del cedente, il cui titolo di acquisto non sia stato reso efficace verso i terzi anteriormente alla data del pagamento;

b) al creditore del cedente, che abbia pignorato il credito dopo la data del pagamento;

c) al fallimento del cedente dichiarato dopo la data del pagamento, a meno che il curatore provi che il cessionario conosceva lo stato di insolvenza del cedente quando ha eseguito il pagamento e sempre che il pagamento del cessionario al cedente sia stato eseguito nell'anno anteriore alla sentenza dichiarativa di fallimento e prima della scadenza del credito ceduto.

Ad ogni modo, l'efficacia della cessione verso i terzi non è opponibile al fallimento del cedente se il curatore prova che il cessionario conosceva lo stato di insolvenza del cedente quando ha eseguito il pagamento e sempre che il pagamento del cessionario al cedente sia stato eseguito nell'anno anteriore alla sentenza dichiarativa di fallimento e prima della scadenza del credito ceduto (art. 7, 1° comma, legge n. 52 del 1991).

Il curatore del fallimento del cedente, inoltre, può recedere dalle cessioni stipulate dal cedente, limitatamente ai crediti non ancora sorti alla data della sentenza dichiarativa di fallimento (art. 7, 2° comma, legge n. 52 del 1991) ed, in questo caso, il curatore deve restituire al cessionario il corrispettivo pagato dal cessionario al cedente (art. 7, 3° comma, legge n. 52 del 1991).

3. *La surrogazione del creditore*

La successione a titolo universale nel credito: la *successio mortis causa*

La successione nel credito può essere a titolo universale (come nel caso dell'erede che subentra nella posizione creditoria del *de cuius*) oppure a titolo particolare. Quest'ultima può derivare da un apposito atto di disposizione, nel qual caso si avrà la cessione del credito, oppure può essere conseguenza di un pagamento effettuato da un terzo, nel qual caso si avrà *surrogazione*.

La successione a titolo particolare nel credito: la surrogazione

Tuttavia, non sempre l'adempimento dell'obbligazione effettuato da un terzo determina la surrogazione, anzi di regola esso estingue il rapporto obbligatorio (art. 1180 c.c.), dal momento che normalmente la soddisfazione del creditore estingue il credito.

Poiché si tratta, quindi, di una specie di anomalia, solo in alcuni casi tassativamente previsti dalla legge, il pagamento del terzo può comportare la trasmissione del credito dall'originario titolare a colui che ha effettuato l'adempimento.

Nozione e disciplina

Con la surrogazione il c.d. *solvens*, e cioè colui che paga il debito altrui, si sostituisce al creditore soddisfatto, subentrando nella sua medesima posizione di titolare della situazione attiva. Egli subentra nella identica posizione dell'originario creditore con tutte le limitazioni (il debitore, infatti, potrà opporre al nuovo creditore le eccezioni che potevano valere contro il precedente creditore), ma anche con tutti gli accessori e con tutte le garanzie, le quali sopravvivono nonostante il mutamento del creditore e rimangono anche se erano state prestate da un terzo.

In caso di pagamento parziale, il terzo surrogato e il creditore concorrono nei confronti del debitore in proporzione di quanto è loro dovuto, salvo patto contrario (art. 1205 c.c.).

La c.d. surrogazione per volontà del creditore

Ai sensi dell'art. 1201 c.c., la surrogazione può avvenire innanzitutto *per volontà del creditore* medesimo (detta anche surroga per quietanza), il quale, ricevendo il pagamento da un terzo, può surrogarlo a se stesso, purché lo faccia in modo espresso e con atto scritto contemporaneo al pagamento. La surroga deve essere contemporanea al pagamento, perché altrimenti chi paga estingue l'obbligazione e non sarebbe possibile una successione nel credito.

La c.d. surrogazione per volontà del debitore

Un'altra ipotesi di surrogazione è quella c.d. *per volontà del debitore* (detta anche surroga per imprestito). Qui il soggetto obbligato, se prende a mutuo, e cioè in prestito da terzi una somma di danaro o altra cosa fungibile al fine di pagare il suo debito, può di sua volontà surrogare il mutuante nei diritti del creditore, anche senza il consenso di questo, alle condizioni specificate dall'art. 1202 c.c., e cioè la data certa del mutuo stipulato con il terzo e della quietanza rilasciata dal creditore, l'indicazione nell'atto di mutuo della specifica destinazione della somma mutuata e la menzione nella quietanza della provenienza della somma così come dichiarato dal debitore.

La c.d. surrogazione di diritto

Infine, nei casi espressamente previsti dall'art. 1203 c.c., la surrogazione ha luogo *di diritto*: essa, infatti, opera automaticamente, a favore del terzo, al quale è riconosciuta la facoltà di pagare un debito altrui indipendentemente dal consenso del creditore o del debitore e di surrogarsi nella posizione del titolare della situazione attiva.

Tale possibilità si verifica allorquando un creditore chirografario paghi a favore di un creditore dotato di una causa di prelazione nella quale, per effetto del pagamento, ha diritto di subentrare (art. 1203, n. 1, c.c.); nel caso dell'acquirente di un immobile che, pagando fino a concorrenza del prezzo di acquisto il creditore a favore del quale l'immobile è ipotecato, ha diritto di essere surrogato sino alla concorrenza del prezzo di acquisto (art. 1203, n. 2, c.c.); nel caso di colui che, essendo tenuto con altri o per altri al pagamento del debito, aveva interesse a soddisfarlo (art. 1203, n. 3, c.c.); nel caso dell'erede con beneficio d'inventario che paga con denaro proprio i debiti ereditari (art. 1203, n. 4, c.c.).

Particolare fattispecie riconducibile alla surrogazione per volontà della legge di cui all'art. 1203, n. 3, c.c. è quella del fideiussore che, dopo aver pagato nei confronti del creditore, viene surrogato nei confronti del debitore garantito (art. 1949 c.c.).

L'art. 1203, n. 5, c.c. prescrive, infine, che tale tipo di surrogazione è altresì ammessa in tutti gli altri casi previsti dalla legge. In questa ipotesi rientra, ad esempio, la surrogazione posta a vantaggio dell'assicuratore che, dopo aver risarcito l'assicurato, viene surrogato nei confronti del responsabile del sinistro.

Surrogazione del creditore e cessione del credito

Ben distinta dalla surrogazione del creditore è la cessione volontaria del credito poiché nella prima si ha innanzitutto il pagamento del credito, mentre nella cessione l'alienante trasmette il diritto di credito. Inoltre, se i casi di surrogazione sono tassativamente previsti dalla legge, la cessione del credito è rimessa all'autonomia delle parti. Quanto agli effetti, poi, va ricordato che la surrogazione è limitata all'ammontare della somma sborsata da chi ha pagato surrogandosi nei diritti del creditore, mentre nella cessione è indifferente che il cedente abbia ottenuto l'intera somma o abbia avuto di meno.

4. *La delegazione*

La successione nel lato passivo del rapporto obbligatorio e la c.d. infungibilità del debitore

Le modifiche del lato passivo possono avvenire in conseguenza di diversi fatti giuridici. Esse possono comportare l'effettiva trasmissione del debito dall'originario debitore ad un nuovo soggetto con liberazione del primo. Affinché ciò avvenga, è, però, necessario il consenso del creditore.

Mentre, infatti, per il debitore è di regola indifferente la persona del creditore, per il creditore non è affatto indifferente avere come debitore una persona piuttosto che un'altra, perché l'una può essere solvibile e l'altra no.

Il consenso del creditore come condizione della sostituzione del debitore

È per questo motivo che la sostituzione del debitore non è possibile senza l'espressa volontà del creditore. Se essa manca, infatti, il precedente debitore non viene liberato, ma si aggiunge un nuovo soggetto passivo a quello che già c'era.

Successione nel debito sostitutiva o cumulativa

La successione nel debito designa il subingresso di un nuovo obbligato nella posizione debitoria dell'obbligato originario e può essere sostitutiva o cumulativa. Si ha la prima quando il debitore originario è sostituito dal nuovo debitore, che rimane unico obbligato verso il creditore, mentre si ha la seconda quando il terzo subentra nel debito senza che l'obbligato originario venga liberato.

Successione nel debito a titolo universale e successione nel debito a titolo particolare

La successione nel debito può, poi, essere a titolo universale e a titolo particolare. Si ha la prima quando il nuovo debitore subentra per intero o per quota nella generalità dei rapporti del debitore originario (come nel caso dell'eredità), mentre si ha la seconda quando il nuovo debitore succede in base ad un titolo negoziale o legale che ha per oggetto specifici rapporti obbligatori (come nel caso dell'accollo).

La successio mortis causa

Un generale fatto che incide sulla titolarità del debito è costituito dalla successione *mortis causa* che, di regola, comporta la trasmissione di tutti i debiti a favore degli eredi.

La delegazione, l'espromissione e l'accollo

Per atto tra vivi, la modifica del lato passivo può avvenire sulla scorta di atti di iniziativa del debitore, del creditore o di un terzo. Delegazione, espromissione e accollo rappresentano gli istituti predisposti dal legislatore per regolare siffatte iniziative.

In tali casi, di norma, un terzo si assume il debito altrui perché ha a sua volta un proprio debito nei confronti di quest'ultimo. Il rapporto tra debitore e terzo, quello cioè che consente al debitore di far sì che il terzo si assuma una propria obbligazione verso il creditore, si chiama

I cc.dd. rapporto di provvista e rapporto di valuta

rapporto di provvista; il rapporto tra debitore e creditore, quello cioè nel quale interviene il terzo assumendosi l'obbligazione, si chiama *rapporto di valuta*.

La c.d. delegatio promittendi o delegazione passiva o di debito

Nella *delegazione* cosiddetta *passiva* o *di debito* (*delegatio promittendi*), il debitore (*delegante*) invita un terzo (*delegato*) ad obbligarsi verso il creditore (*delegatario*), assumendo il rapporto di debito che intercorre tra il debitore delegante ed il creditore delegatario. Il delegato indirizza, così, al delegatario una dichiarazione con la quale si obbliga verso di lui ad assumere il debito e, se il delegatario lo ritiene opportuno, accetta la delegazione.

La delegazione cumulativa

In altri termini, con la delegazione passiva il debitore assegna al creditore un nuovo debitore, il quale si obbliga e cioè dichiara di assumersi il debito verso il creditore.

La delegazione liberatoria

In tal caso il debitore originario non è liberato dalla sua obbligazione, salvo che il creditore dichiari espressamente di svincolarlo (art. 1268, 1° comma, c.c.). Tuttavia, il creditore che ha accettato l'obbligazione del terzo non può rivolgersi al delegante, se prima non ha richiesto l'adempimento al delegato (art. 1268, 2° comma, c.c.). Ciò vuol dire che, in caso di mancata liberazione, il delegante ed il delegato sono tenuti al pagamento in solido, sebbene il delegante possa invocare a suo favore un *beneficium ordinis*.

Ad ogni modo, ai sensi dell'art. 1274, 1° comma, c.c., il creditore, che in seguito a delegazione ha liberato il debitore originario (*delegazione liberatoria*), non ha azione contro di lui se il delegato diviene insolvente, salvo che ne abbia fatto espressa riserva.

Tuttavia, se il delegato era insolvente al tempo in cui assunse il debito in confronto del creditore, il debitore originario non è liberato (art. 1274, 2° comma, c.c.).

Il 3° comma dello stesso articolo, prevede, poi, che le medesime disposizioni si osservano quando il creditore ha aderito all'accollo stipulato a suo favore e la liberazione del debitore originario era condizione espressa della stipulazione.

Altra regola comune è prevista dall'art. 1275 c.c., la cui *ratio* trova fondamento in una semplice valutazione. Siccome quando l'originario debitore viene liberato dal creditore non sembra giusto che il terzo garante debba garantire la solvenza del nuovo debitore, la norma in questione prevede l'estinzione delle garanzie annesse al credito, se colui che le ha prestate non consente espressamente a mantenerle (art. 1275 c.c.).

L'estinzione delle garanzie annesse al credito

Ulteriore previsione applicabile sia alla delegazione, sia all'espromissione ed anche all'accollo è rappresentata dall'art. 1276 c.c. secondo cui se l'obbligazione assunta dal nuovo debitore verso il creditore è dichiarata nulla o annullata, e il creditore aveva liberato il debitore originario, l'obbligazione di questo rivive, ma il creditore non può valersi delle garanzie prestate da terzi (art. 1276 c.c.).

L'invalidità della nuova obbligazione

Con la liberazione del debitore originario si può realizzare sia la sostituzione del nuovo debitore nel rapporto obbligatorio originario, e quindi una successione particolare nel debito (effetto privativo), sia la costituzione di un nuovo rapporto che prende il posto del precedente che si estingue (effetto novativo).

Effetto privativo ed effetto novativo

Nella prima ipotesi il delegato può utilizzare le eccezioni che verso il creditore avrebbe potuto esercitare il debitore liberato; nella seconda ipotesi, invece, il nuovo debitore non può opporre le eccezioni che avrebbe potuto esercitare il debitore liberato nei confronti del creditore.

Il regime delle eccezioni

La delegazione passiva può essere, altresì, *coperta* e *allo scoperto*. Si ha la prima allorché sussista un rapporto di provvista, e cioè un preesistente credito del delegante nei confronti del delegato, come nell'ipotesi in cui un correntista (delegante) ordini alla banca (delegata), che è sua debitrice per i depositi pecuniari giacenti nel conto corrente dello stesso, di assumersi l'obbligazione che egli ha nei confronti di un determinato soggetto (delegatario).

La delegazione passiva coperta e la delegazione passiva scoperta

Si ha, invece, la delegazione allo scoperto quando il rapporto di provvista non sia stato costituito, come nel caso di un cliente della banca che prende a mutuo da questa una somma di denaro ordinandogli nel contempo di promettere il pagamento al delegatario utilizzando la somma mutuata.

Il delegato non è tenuto ad accettare l'incarico anche se sia debitore del delegante, ma ove assuma nei confronti del delegatario l'obbligo di pagare, diventa suo debitore principale.

Se il delegato, nell'assumere l'obbligo nei confronti del delegatario, non ha fatto riferimento né al rapporto tra delegante e delegatario (rapporto di valuta) né al rapporto tra delegato e delegante (rapporto di provvista), si verte nell'ipotesi della delegazione c.d. pura dalla quale consegue che il delegante non potrà opporre al delegatario le eccezioni relative sia al rapporto di valuta sia al rapporto di provvista, purché non

Delegazione pura e delegazione titolata

siano nulli entrambi i rapporti, in quanto, in questo caso, la stessa delegazione resterebbe priva di giustificazione.

Qualora, invece, il delegato abbia assunto l'obbligo nei confronti del delegatario o di pagargli quanto lui delegato deve al delegante o quanto quest'ultimo deve al delegatario, si ha la figura della delegazione titolata, con la conseguenza che il delegato potrà opporre al delegatario tutte le eccezioni relative al rapporto di provvista o di valuta richiamato al momento dell'assunzione dell'obbligo (art. 1271 c.c.).

La c.d. *delegatio solvendi* o delegazione di pagamento

Diversa da tale figura, detta anche delegazione di debito, è invece la delegazione di pagamento (*delegatio solvendi*), che si ha quando il debitore incarica il delegato non di obbligarsi ma di effettuare direttamente il pagamento al creditore delegatario (art. 1269 c.c.). Qui il delegato non diviene, di norma, debitore verso il creditore; egli si assume soltanto verso il delegante (e cioè il debitore originario) l'obbligo di effettuare il pagamento, ma non dichiara di volersi assumere il debito nei confronti del delegatario (e cioè verso il creditore), il quale pertanto nulla potrà pretendere da lui: non si verifica alcuna modifica del rapporto.

Anche la *delegatio solvendi* può essere sia pura che titolata, sia coperta che allo scoperto.

Delegatio solvendi ed adempimento del terzo

Come nell'adempimento del terzo, nella *delegatio solvendi* il delegato effettua il pagamento senza essere debitore dell'*accipiens*; tuttavia, a differenza dell'ipotesi disciplinata dall'art. 1180 c.c., il *solvens*, all'atto del pagamento, non si qualifica come terzo, ma dichiara di adempiere su incarico del delegante e, quindi, l'adempimento è, sul piano giuridico, imputabile al delegante stesso, come fatto suo proprio.

Il delegato non è tenuto ad accettare l'incarico anche se è debitore del delegante. Se, però, esegue il pagamento, la prestazione da lui eseguita nelle mani del delegatario è come se fosse stata fatta dal delegante, per quanto riguarda i rapporti tra delegante e delegatario; mentre va considerata come se fosse stata effettuata dal delegato direttamente nelle mani del delegante, per quanto riguarda i rapporti tra delegato e delegante.

Pertanto, se il delegante abbia dato ordine al delegato di pagare al delegatario perché credeva erroneamente di essere debitore di quest'ultimo, spetterà al delegante, e non al delegato, agire contro il delegatario per ottenere la restituzione di quanto indebitamente pagato dal delegato.

Se, invece, il delegato abbia pagato al delegatario su ordine del delegante perché credeva erroneamente di essere debitore di quest'ultimo, l'azione di ripetizione dell'indebito dovrà essere intentata dal delegato contro il delegante e non contro il delegatario, benché il pagamento sia stato effettuato proprio nelle mani di quest'ultimo.

Il regime delle eccezioni

In merito al regime delle eccezioni opponibili, anche con riferimento alla delegazione di pagamento, trova applicazione l'art. 1271 c.c., secondo cui il delegato può opporre al delegatario tutte le eccezioni relative ai suoi rapporti con il delegatario (ad esempio eccezione di compensazione, vizi della promessa di pagamento per incapacità naturale o errore, dolo e violenza). Se poi la delegazione è titolata, si dovrà distinguere a seconda che nel rapporto tra delegato e delegatario si sia fatto riferimento al rapporto di provvista o di valuta: nel primo caso il delegato può opporre le eccezioni che avrebbe potuto opporre al delegante (art. 1271, 2° comma, c.c.); nell'altro caso potrà opporre le eccezioni che il delegante avrebbe potuto opporre al delegatario (art. 1271, 3° comma, c.c.).

Senz'altro l'ordine di pagamento nel quale viene indicato il conto corrente su cui un terzo debitore verserà le somme da impiegare per l'adempimento configura una delegazione titolata, poiché individua espressamente la causa della delegazione nel rapporto di conto corrente bancario tra il delegante e la banca delegata, con la conseguenza che la banca delegata che abbia accettato l'ordine con lettera indirizzata sia al delegante che al delegatario può opporre a quest'ultimo le eccezioni derivanti dal rapporto di provvista.

Il regime delle eccezioni è, comunque, materia disponibile per le parti che possono ampliare, limitare ed escludere l'ambito o le modalità dell'opponibilità delle eccezioni sia nell'ambito della *delegatio promittendi* sia di quella *solvendi*.

L'estinzione della delegazione

Ai sensi dell'art. 1270, 1° comma, c.c. il delegante può revocare la delegazione fino a quando il delegato non abbia assunto l'obbligazione in confronto del delegatario o non abbia eseguito il pagamento a favore di questo.

Il 2° comma dello stesso articolo prevede, inoltre, che il delegato possa assumere l'obbligazione o eseguire il pagamento a favore del delegatario anche se il delegante muoia o divenga incapace dopo aver dato l'ordine.

Natura giuridica della delegazione

Quanto alla natura giuridica della delegazione, sembra preferibile la configurazione di una fattispecie complessa, costituita da un negozio di mandato tra delegante e delegato e da un successivo negozio tra delegato e creditore delegatario, benché si sostenga anche la possibilità di considerare l'istituto come un unico negozio trilaterale.

5. *L'espromissione*

Delegazione ed espromissione: la struttura

A differenza di quanto si verifica nella delegazione, alla quale prendono parte tutti i soggetti interessati (creditore, debitore e terzo), con l'*espromissione* un terzo (*espromittente*), di sua spontanea iniziativa, assume verso il creditore (*espromissario*) il debito di altro soggetto (*espromesso*), il quale rimane estraneo all'operazione giuridica.

Natura giuridica

Si tratta, quindi, di un negozio che intercorre soltanto tra espromittente e creditore, parzialmente accostabile alla figura del contratto a favore di terzo (il debitore espromesso), ma ritenuto forse più giustamente una fattispecie autonoma.

Espromissione e *delegatio promittendi*

Rispetto alla *delegatio promittendi*, poi, è evidente la differenza anche relativamente all'assenza di un ordine, atteso che l'assunzione dell'obbligazione si fonda su una iniziativa spontanea e personale dell'espromittente.

Espromissione ed adempimento del terzo

Ben diversa dall'espromissione è anche l'adempimento del terzo perché, mentre in quest'ultimo caso il terzo paga, così procurando la soddisfazione del creditore, nell'espromissione il terzo espromittente non adempie, ma assume solo l'obbligo, in altri termini promette che pagherà.

Espromissione cumulativa ed espromissione liberatoria o privativa

L'espromittente è obbligato in solido con il debitore originario, se il creditore non dichiara espressamente di liberare quest'ultimo (art. 1272, 1° comma, c.c.). Si avrà, quindi, espromissione cumulativa se il terzo è obbligato in solido con il debitore originario ed espromissione liberatoria o privativa se il creditore dichiara espressamente di liberare il debitore originario. Secondo la giurisprudenza, ad ogni modo, il debitore espromesso può essere liberato anche sulla base di un comportamento concludente del creditore espromissario.

Il regime delle eccezioni

Il terzo espromittente subentra nella stessa posizione del debitore originario e, pertanto, se non è convenuto diversamente, non può opporre al creditore le eccezioni relative ai suoi rapporti con il debitore originario (art. 1272, 2° comma, c.c.), ma può opporre al creditore le eccezioni che a questo avrebbe potuto opporre il debitore originario (art. 1272, 3° comma, c.c.). L'espromittente potrà, pertanto, opporre ogni eccezione inerente la invalidità o inesistenza dell'obbligazione assunta.

Sono, tuttavia, escluse le eccezioni personali (come, ad esempio, l'incapacità del debitore originario e i vizi del consenso) e quelle che derivano da fatti successivi all'espromissione (art. 1272, 3° comma, c.c.).

Al terzo espromittente è, poi, preclusa la possibilità di opporre al creditore espromissario la compensazione che il debitore originario estromesso avrebbe potuto opporre al creditore espromissario, anche se la coesistenza dei controcrediti si fosse verificata prima della espromissione (art. 1272, 3° comma, c.c.).

6. *L'accollo*

La struttura

Nell'*accollo* (art. 1273 c.c.) si ha un accordo tra il terzo (*accollante*) ed il debitore (*accollato*): qui, dunque, è il creditore (*accollatario*) che di norma è estraneo all'operazione.

Natura giuridica e funzione

L'accollo, infatti, consiste nell'assunzione di un debito altrui, di futura scadenza, mediante una convenzione tra il debitore ed il terzo, il quale, in sostituzione del debitore, si obbliga a pagare al creditore.

Tale operazione si verifica, ad esempio, quando l'acquirente di un immobile gravato di ipoteca a garanzia di un mutuo, invece di pagare l'intero prezzo del bene e attendersi che l'alienante estingua il mutuo e quindi l'ipoteca, preferisca accollarsi l'obbligo di estinguere in prima persona il mutuo e corrispondere in contanti all'alienante solo la parte del prezzo che residua dopo aver sottratto il valore del debito accollatosi.

L'accollo interno o semplice

Il creditore accollatario non partecipa al negozio che normalmente produce soltanto effetti tra accollante e accollato e si definisce, pertanto, *accollo interno* (detto anche *semplice*). In questa ipotesi il terzo accollante intende impegnarsi solo nei confronti del debitore accollato, escludendo quindi che il creditore accollatario possa rivolgersi direttamente a lui per pretendere l'adempimento del suo credito.

Ne consegue che il terzo ed il debitore possono in qualsiasi momento accordarsi per modificare o revocare l'impegno inizialmente assunto dall'accollante, il quale, in caso di mancata osservanza dell'obbligo assunto, risponde dell'inadempimento soltanto di fronte all'accollato e non di fronte al creditore, terzo estraneo rispetto all'accordo intervenuto.

Questa ipotesi viene generalmente ammessa, osservandosi che l'art. 1273 c.c., nel discorrere della convenzione tra debitore e terzo e della possibile adesione del creditore, implicitamente ammette che l'accordo è già perfetto anche senza l'intervento del creditore.

L'accollo esterno

Il creditore può, però, successivamente aderire all'accordo, ma la sua adesione non contribuisce a perfezionare l'accordo. In questo caso l'accollo si chiamerà *esterno*.

Accollo esterno e contratto a favore di terzo

L'accollo esterno costituisce una tipica applicazione del contratto a favore di terzi. L'adesione del creditore corrisponde infatti alla *dichiarazione di voler profittare* prevista dall'art. 1411, 2° comma, c.c.

L'accordo tra debitore e terzo può essere modificato o posto nel nulla a seguito di successivi accordi tra loro fin quando il creditore non vi abbia aderito, dopo di che l'impegno assunto dall'accollante diventa irrevocabile, e il nuovo debitore risponde dell'adempimento non solo di fronte all'accollato ma anche di fronte all'accollatario (art. 1273, 1° comma, c.c.).

Accollo cumulativo ed accollo liberatorio o privativo

L'accollo esterno può, a sua volta, essere sia *cumulativo* che *liberatorio* o *privativo*.

Si ha il primo se il debitore originario resta obbligato in solido con l'accollante (art. 1273, 3° comma, c.c.).

Si ha, invece, accollo liberatorio se il debitore originario resta liberato, rimanendo obbligato al suo posto il solo accollante.

L'adesione del creditore all'accollo

Normalmente l'accollo non comporta la liberazione del debitore, salva espressa autorizzazione del creditore. Perché il debitore sia liberato, infatti, sarà necessaria o una dichiarazione espressa del creditore o che la liberazione del debitore originario costituisca condizione espressa dell'accordo intervenuto tra quest'ultimo e l'accollante, nel qual caso l'adesione del creditore all'accollo determina automaticamente la liberazione dell'accollato (art. 1273, 2° comma, c.c.).

Il regime delle eccezioni

A differenza di ciò che è stabilito in relazione alla delegazione ed all'espromissione, sono opponibili al creditore le eccezioni relative al rapporto tra l'accollante e il debitore originario. All'assuntore è dato, pertanto, eccepire l'invalidità dell'accollo, giovarsi dei rimedi contrattuali contro l'inadempimento del debitore originario e far valere le clausole del contratto di accollo nei limiti del quale egli è obbligato.

Infatti, ai sensi dell'art. 1273, 4° comma, c.c., il terzo è obbligato verso il creditore che ha aderito alla stipulazione nei limiti in cui ha assunto il debito e può opporre al creditore le eccezioni fondate sul contratto in base al quale l'assunzione è avvenuta, ossia le eccezioni che egli avrebbe potuto muovere all'accollato e quelle che lo stesso accollato avrebbe potuto invocare nei confronti del creditore.

Ciò si spiega considerando che l'accollo è un contratto al quale il creditore è esterno. In altri termini egli è libero di approfittare o meno della stipulazione a suo favore, ma, se vi aderisce, deve necessariamente accettare l'accordo così com'è e, quindi, con i vizi che ha.

Ad ogni modo, in applicazione analogica di quanto previsto dall'art. 1272, 3° comma, c.c. in tema di espromissione, si ritiene che non possono essere opposte le eccezioni personali al debitore originario, né quelle basate su fatti sopravvenuti all'accollo, né possono essere opposti in compensazione i crediti del debitore originario verso l'accollatario.

7. *La cessione del contratto*

Nozione

Anche la cessione del contratto incide sulla titolarità del rapporto obbligatorio, sia sotto il profilo attivo che sotto quello passivo. Più che il contratto in sé (storicamente avvenuto tra determinati soggetti e, come tale, incedibile ad altri), la cessione di cui agli artt. 1406 ss. c.c. riguarda, infatti, gli effetti o il contenuto del contratto stesso, poiché possono cedersi non i fatti accaduti, bensì i rapporti giuridici che ne sono derivati e che durano oltre l'accadimento stesso.

Disciplina

Dispone, infatti, l'art. 1406 c.c. che ciascuna parte può sostituire a sé (*cedente*) un terzo (*cessionario*) nei rapporti derivanti da un contratto con prestazioni corrispettive, se queste non sono state ancora eseguite, purché l'altra parte (*ceduto*) vi consenta.

Ad esempio, il proprietario di una casa, nel venderla, può cedere all'acquirente il contratto di somministrazione del riscaldamento col consenso del somministrante.

Struttura

Si realizza, così, una successione a titolo particolare fra vivi nella posizione giuridica di una delle originarie parti del contratto; sicché un nuovo soggetto subentra, contemporaneamente, in tutti i rapporti attivi (il diritto ad ottenere dal ceduto la prestazione) e passivi (l'obbligo ad eseguire la prestazione al ceduto) già facenti capo alla stessa.

Pertanto, nella cessione del contratto, il cessionario subentra nell'intero rapporto contrattuale come complesso di diritti e di obblighi verso il contraente ceduto, mentre con la cessione del credito il cessionario subentra unicamente in un diritto di credito che il cedente ha verso il debitore ceduto.

Oggetto

E poiché oggetto della cessione è la complessiva posizione dell'originario contraente, si esclude la configurabilità di una cessione parziale, né in alcun modo cedente e cessionario potranno modificare il contenuto del contratto oggetto di cessione.

Natura giuridica e variabilità della causa

La cessione di contratto, di per sé, non è un contratto o comunque un negozio tipico, poiché può essere adottato per varie cause (corrispondenti, ad es., a vendita, permuta, transazione, donazione, ecc.); e ciò può variamente influire sulla forma, sulla capacità necessaria ed in genere sulla relativa disciplina.

Forma

L'accordo di cessione non richiede una forma determinata; si ritiene, però, che la cessione pretenda la stessa forma del contratto ceduto, in base alla generale regola secondo cui i negozi modificativi devono rivestire la stessa forma del negozio a cui si collegano (forma *per relationem*). Se, quindi, il contratto oggetto di cessione è un contratto formale, anche l'accordo di cessione deve avere la forma per esso richiesta a pena di nullità.

I limiti legali

L'art. 1406 c.c. limita la possibilità di cessione ai soli contratti con prestazioni corrispettive. Si ritiene, pertanto, non configurabile la cessione nel caso di contratti con prestazioni a carico di una sola parte (es. comodato, deposito, mutuo e mandato gratuiti), nei quali il contraente creditore può effettuare soltanto la cessione del proprio credito a norma degli artt. 1260 ss. c.c.

I limiti temporali

L'art. 1406 c.c. richiede, poi, che le prestazioni non siano state ancora eseguite o interamente eseguite da ambo i lati, cosa che viene intesa nel senso che non siano ancora esauriti gli effetti per alcuna delle parti. Pertanto, a riguardo degli effetti reali (art. 1376 c.c.), occorre che non sia ancora avvenuto il trasferimento o la costituzione del diritto; quanto, invece, agli effetti obbligatori basta che le relative prestazioni non siano state ancora eseguite. Se, infatti, uno dei contraenti ha interamente eseguito la prestazione a suo carico, residua solo il suo diritto a pretendere la controprestazione ed, in questo caso, non è ipotizzabile la cessione della posizione contrattuale comprendente diritti ed obblighi, bensì solo la cessione del credito alla controprestazione.

Cessione del contratto e cessione del credito: il consenso del contraente ceduto

A differenza della cessione dei crediti, che a norma dell'art. 1260 c.c. può effettuarsi anche senza il consenso del debitore ceduto, la cessione di contratto, comportando al tempo stesso cessione di credito e assunzione di debito, può avvenire soltanto col consenso del c.d. contraente *ceduto*, e cioè dell'altra parte del contratto oggetto di cessione.

In tale fattispecie, che prevede, quindi, la volontà negoziale di tre soggetti con interessi differenti, v'è in dottrina chi ravvisa una delegazione contemporanea di credito e debito ovvero una cessione per i crediti ed un accollo per i debiti, od anche una rinnovazione del contratto.

Più esattamente viene ravvisato, in una visione unitaria, un contratto traslativo tra cedente e terzo cessionario, rispetto al quale il prescritto consenso del ceduto costituirebbe un requisito di efficacia, *condicio iuris* o presupposto legale, a seconda che sopravvenga o preceda la cessione.

Il consenso del contraente ceduto rappresenta, quindi, elemento costitutivo della cessione del contratto e può manifestarsi non soltanto contestualmente o successivamente all'incontro delle volontà di cedente e cessionario, ma anche precedentemente.

Il contraente ceduto può, infatti, manifestare il suo consenso anche prima della cessione mediante apposita clausola inserita nel contratto. In tal caso la sostituzione è efficace dal momento in cui essa è notificata al ceduto o dal momento in cui egli l'ha accettata (art. 1407 c.c.).

Ad ogni modo, esistono anche ipotesi normative in cui la cessione del contratto si realizza con il solo accordo raggiunto tra cedente e cessionario. È questo il caso che si verifica nella separazione consensuale tra coniugi allorché questi pattuiscano nella convenzione destinata a regolare i loro rapporti che l'uno subentri all'altro nel contratto di locazione. Siffatto accordo, perfezionandosi senza che sia richiesto il consenso del locatore ceduto (art. 6, legge n. 392 del 1978), determina comunque la cessione del contratto di locazione.

Limiti qualitativi

Limiti alla cedibilità possono derivare dalla natura del contratto, come nel caso in cui i contraenti debbano rivestire una particolare qualità. È l'ipotesi, ad esempio, dei contratti agrari stipulati da coltivatori diretti. Non deve, invece, ritenersi un limite l'eventualità che il contratto sia connotato dal carattere strettamente personale della prestazione (c.d. *intuitu personae*). In tal caso, infatti, se il contraente ceduto dovesse ritenere conveniente che ad eseguire la prestazione in suo favore fosse il cessionario anziché il cedente, non sussisterebbero motivi ostativi alla cessione. Opererebbe, in tal caso, lo stesso meccanismo previsto per l'adempimento di una prestazione *intuitu personae* ad opera di un terzo.

I rapporti tra cedente e ceduto

I rapporti tra cedente e ceduto sono regolati nel senso che il primo è liberato dalle sue obbligazioni verso il secondo per effetto del consenso che quest'ultimo presta alla cessione dal momento in cui la sostituzione diviene efficace nei confronti del contraente ceduto (art. 1408, 1° comma, c.c.).

Non occorre, dunque, un'espressa dichiarazione del ceduto di liberare il cedente, tuttavia, il ceduto può dichiarare di non liberare il cedente e in questo caso potrà agire contro di lui qualora il cessionario non adempia le obbligazioni assunte (art. 1408, 2° comma, c.c.).

In caso di mancata liberazione, il contraente ceduto deve dare notizia al cedente dell'inadempimento del cessionario entro quindici giorni da quando esso si è verificato. All'omessa comunicazione non consegue, però, la liberazione del cedente, ma solo l'obbligo di risarcire il danno (art. 1408, 3° comma, c.c.).

I rapporti tra ceduto e cessionario

Quanto ai rapporti tra ceduto e cessionario, occorre partire dal presupposto che, in seguito alla cessione, questi due soggetti sono le parti del contratto che devono eseguire la prestazione e possono pretendere la controprestazione l'uno nei confronti dell'altro. Ciò posto, quindi, l'art. 1409 c.c. prevede che il ceduto può opporre al cessionario le eccezioni derivanti dal contratto (eccezioni di nullità, annullamento, inadempimento, avvenuto adempimento parziale, prescrizione, ecc.), ma, di regola, non quelle fondate su altri rapporti con il cedente (ad esempio l'eccezione di compensazione fondata su un diverso rapporto che il ceduto aveva con il cedente), salvo che ne abbia fatto espressa riserva al momento in cui ha consentito alla sostituzione.

I rapporti tra cedente e cessionario

L'art. 1410 c.c. regola, infine, i rapporti tra cedente e cessionario. Il primo è tenuto a garantire al secondo la validità del contratto oggetto della cessione ed è, quindi, irrilevante che egli fosse o meno a conoscenza di eventuali cause di invalidità o che tale invalidità fosse a lui imputabile.

Il cedente, tuttavia, non è tenuto a garantire al cessionario che il ceduto adempirà le sue obbligazioni. Una siffatta garanzia può, però, formare oggetto di un patto espresso ed allora il cedente risponde verso il cessionario come un fideiussore del contraente ceduto (art. 1410, 2° comma, c.c.).

La c.d. cessione legale

Accanto alla cessione del contratto che si realizza sulla base di un accordo, che come visto di norma interviene tra cedente, cessionario e ceduto, si pone la c.d. cessione legale. In talune ipotesi, infatti, è la legge stessa che stabilisce l'automatico subingresso di un terzo nel rapporto contrattuale in corso. Così, ad esempio, in caso di alienazione di un'azienda l'acquirente, se non è pattuito diversamente, subentra automaticamente nei contratti stipulati per l'esercizio dell'azienda stessa che non abbiano carattere personale (art. 2558 c.c.). Per i vari casi di cessione legale, tuttavia, la legge riconosce delle specifiche discipline e, pertanto, le regole previste per la cessione del contratto trovano applicazione solo in via interpretativa al fine di colmare alcune lacune della normativa specifica.

Cessione del contratto e contratto per persona da nominare

Significative sono le differenze tra la figura della cessione del contratto con quella del contratto per persona da nominare. Infatti, mentre nella cessione è richiesto, di regola, il consenso del contraente ceduto, al subingresso nel contratto per persona da nominare la clausola di nomina, in quanto accettata dall'altro contraente già al momento della conclusione del contratto, consente automaticamente di nominare un terzo quale parte contrattuale. Inoltre, mentre nella cessione il cessionario subentra al cedente con efficacia *ex nunc*, cioè con effetto dal momento della cessione stessa, la nomina del terzo ha efficacia *ex tunc*, si produce cioè un effetto retroattivo in virtù del quale il contraente originario è come se non fosse mai esistito.

Cessione del contratto e subcontratto

Fenomeno distinto dalla cessione del contratto è, poi, il subcontratto. Nella cessione, infatti, si ha sostituzione di un soggetto a quello originario, nel subcontratto, invece, si dà vita ad un nuovo contratto che può avere anche modalità diverse rispetto al rapporto dal quale deriva. In realtà, nulla vieta che nella cessione il cessionario ed il ceduto si accordino per apportare delle modifiche al contenuto del contratto originario, ma tale accordo novativo si situa al di fuori della cessione del contratto ed ha luogo successivamente ad essa.

Il caso della sublocazione

Tipico esempio di subcontratto è la sublocazione in cui colui che figura come locatario nel contratto di locazione assume la veste di locatore nel contratto di sublocazione.

La legge prevede alcune figure tipiche di subcontratto come, ad esempio, la sublocazione, il subappalto, la subenfiteusi ed il submandato. Tuttavia, non è escluso che l'autonomia privata possa creare ulteriori ipotesi di subcontratto relativamente ad altri contratti ad effetti obbligatori. Differentemente deve ragionarsi con riguardo ai contratti ad effetti reali dove il trasferimento del diritto collegato al mero consenso dà luogo ad una vicenda definitiva incompatibile con la funzione svolta dal subcontratto.

Al titolare della posizione attiva del contratto base spetta un'azione diretta nei confronti del titolare della posizione passiva del subcontratto. Così il locatore ha azione diretta nei confronti del subconduttore per esigere il pagamento del prezzo della sublocazione.

CAPITOLO 53

L'ADEMPIMENTO DELL'OBBLIGAZIONE

SOMMARIO: 1. Nozione e funzione dell'adempimento. – 2. La diligenza del debitore. – 3. I soggetti dell'adempimento: l'adempimento del terzo. – 4. (*segue*) L'adempimento al terzo ed al creditore apparente. – 5. L'adempimento con riferimento all'oggetto; la prestazione in luogo dell'adempimento. – 6. Il luogo ed il tempo dell'adempimento. – 7. L'imputazione del pagamento.

1. *Nozione e funzione dell'adempimento*

Nozione

In presenza di un rapporto obbligatorio, spetta al creditore ottenere il soddisfacimento, e cioè conseguire il bene o l'utilità che è oggetto del rapporto.

Funzione

Tale soddisfacimento è realizzato con la dovuta esecuzione della prestazione da parte del debitore, il quale, una volta eseguito quanto dovuto, ne risulta liberato. L'adempimento, quindi, soddisfa il creditore e contemporaneamente libera il debitore, poiché estingue il rapporto obbligatorio.

Diritti ed obblighi delle parti

Peraltro, in questo rapporto viene ravvisato non soltanto un diritto del creditore ad ottenere la prestazione e un dovere del debitore di eseguirla, in quanto anche il creditore ha, da parte sua, qualche obbligo com'è quello di ricevere l'adempimento e di compiere quanto necessario per renderlo possibile (art. 1206 c.c.) sotto comminatoria di risarcimento danni al debitore e di altre sanzioni (art. 1207c.c.); ed anche il debitore ha, a sua volta, il diritto di adempiere, vale a dire di liberarsi con l'adempimento, anche se il creditore non cooperi a tal fine, mediante il sistema dell'offerta e del deposito (artt. 1208 ss. c.c.), e nonostante la remissione eventualmente fatta dal creditore, che egli infatti può rifiutare (art. 1236 c.c.).

L'adempimento come principale, non unico mezzo per il soddisfacimento del creditore

L'adempimento da parte del debitore è il principale ma non l'unico mezzo per il soddisfacimento del creditore; questo può, infatti, verificarsi anche in altro modo, ad esempio attraverso l'adempimeno di un terzo (art. 1180 c.c.) o attraverso i modi di estinzione cc.dd. *satisfattori*.

Natura giuridica dell'atto di adempimento

Molto si è discusso in passato sulla natura giuridica dell'atto di adempimento. Secondo un certo orientamento esso dovrebbe qualificarsi in termini di negozio perché rilevante sarebbe, ai fini della verificazione dell'effetto, l'intento e, dunque, la volontà del suo autore (il *solvens*). Peraltro, a ciò non osterebbe la circostanza che esso sia un atto dovuto, atteso che nel vigente ordinamento vi sono anche altri casi di veri e propri negozi dovuti, cioè di negozi che, sia pure in deroga al principio dell'autonomia e della libertà negoziale, il soggetto è obbligato a compiere, a volte per volontà di legge, a volte per effetto di apposita convenzione.

Secondo l'opinione che oggi sembra prevalente, all'adempimento sarebbe, però, da attribuirsi natura di *mero atto*, e ciò in considerazione del suo regime giuridico e, principalmente, del dato costituito dall'irrilevanza della capacità del soggetto debitore, il quale non può impugnare il pagamento a causa della propria incapacità (art. 1191 c.c.), laddove, nei negozi, l'incapacità è motivo di annullabilità *ex* artt. 427, 428, 1425 c.c. E si qualifica, pertanto, il pagamento come *atto materiale*, in relazione al quale importa soltanto che il creditore abbia ricevuto ciò che gli spettava, tanto che, in tal caso, non ha rilievo neppure la sua eventuale incapacità (art. 1190 c.c.).

2. *La diligenza del debitore*

L'adempimento non si identifica necessariamente con l'effettiva soddisfazione dell'interesse del creditore, ma con quel comportamento esecutivo in concreto indirizzato alla soddisfazione dell'interesse creditorio. Occorre, quindi, valutare di volta in volta se il comportamento tenuto dal debitore sia stato congruo ed adeguato rispetto all'interesse del creditore.

La c.d. diligenza del buon padre di famiglia

A norma dell'art. 1176, 1° comma, c.c., il debitore, nell'adempiere l'obbligazione, deve usare la diligenza del buon padre di famiglia.

La diligenza "media"

Nell'adempimento delle obbligazioni inerenti all'esercizio di un'attività professionale, invece, la diligenza deve valutarsi con riguardo alla natura dell'attività esercitata (art. 1176, 2° comma, c.c.).

Diligenza e clausola generale di correttezza e buona fede

A differenza della clausola generale di correttezza e buona fede, che delinea i limiti del comportamento esigibile in concreto dal debitore e contribuisce a determinare il contenuto della prestazione richiesta, la diligenza, invece, configura un criterio attraverso il quale verificare l'esattezza del comportamento tenuto dal debitore nell'eseguire la prestazione dovuta. Essa misura, cioè, la qualità dello sforzo richiesto al debitore nell'esecuzione della singola prestazione, nonché nell'evitare, prevedere o prevenire le cause dell'impossibilità della prestazione.

La diligenza del buon padre di famiglia come modello di comportamento

La *diligenza del buon padre di famiglia*, in altri termini, costituisce un modello di comportamento che non fa riferimento semplicemente all'uomo medio, di comune intelligenza, ma alla figura del cittadino avveduto, che vive in un determinato ambiente sociale secondo i tempi, le abitudini, i rapporti economici ed il clima storico-politico; e che risponde, perciò, ad un concetto deontologico derivante dalla coscienza generale. Consiste, quindi, in ciò che si può normalmente pretendere dalla miglior diligenza adottabile da un uomo medio in un tempo, luogo, settore di attività e circostanze determinate.

Ipotesi normative

Anche in altre e differenti ipotesi l'ordinamento ha imposto la diligenza del buon padre di famiglia, come per l'esecutore testamentario (art. 703 c.c.), l'usufruttuario (art. 1001 c.c.), il conduttore (art. 1587 c.c.), il mandatario (art. 1710 c.c.), il depositario (art. 1768 c.c.), il sequestratario (art. 1800 c.c.), il comodatario (art. 1804 c.c.), il mezzadro (art. 2148 c.c.), il colono (art. 2167 c.c.).

Pertanto, il modello in esame non è unitario, ma si specifica a seconda dei casi, come è anche confermato dal 2° comma del cit. art. 1176 c.c., che, nell'adempimento delle obbligazioni professionali, impone di valutare la diligenza medesima con riguardo alla natura dell'attività esercitata. E così si ha, ad es., la figura particolare del buon amministratore, del buon appaltatore, del buon ingegnere.

Oggettività, generalità e relatività del criterio della diligenza

Il criterio della diligenza è, quindi, in astratto la misura dell'attenzione, della cura, dello sforzo psicologico che il debitore deve adoperare per attuare esattamente la prestazione dovuta, secondo un certo modello di soggetto (buon padre di famiglia) e non invece alla stregua di sue possibilità soggettive e personali; ma, tuttavia, l'oggettività e generalità del criterio non escludono che esso sia relativo, nel senso che il grado di diligenza deve essere commisurato ai singoli rapporti. Si è quindi notato che il 2° comma dell'art. 1176 c.c. non è che un'esemplificazione legislativa di tale principio.

La diligenza che il debitore deve osservare, cioè, non può prescindere dalla specifica situazione concreta in cui è stato assunto l'obbligo, né dalla qualifica professionale del soggetto che l'ha eseguito, né dal contesto in cui è avvenuta o non avvenuta la retribuzione della prestazione. Così, un conto sarà la diligenza richiesta ad un amico che si impegna a raccogliere informazioni in merito al mercato immobiliare di una determinata località e che pretende soltanto il rimborso delle spese sostenute per recarsi nel posto in questione, ed un conto sarà la diligenza richiesta ad un'agenzia immobiliare che, dietro corrispettivo, si assume lo stesso impegno.

Diligenza ed inadempimento dell'obbligazione: la prova c.d. liberatoria

Il già citato art. 1176 c.c. impone al debitore di adottare, nell'adempimento dell'obbligazione, la diligenza anzidetta, affinché non sia pregiudicata dal suo difforme comportamento la possibilità dell'esatto e puntuale adempimento.

Essa, pertanto, viene posta in correlazione con il disposto di cui all'art. 1218 c.c., secondo cui il debitore inadempiente è tenuto al risarcimento del danno, se non prova che l'inadempimento o il ritardo è stato determinato da impossibilità della prestazione derivante da causa a lui non imputabile.

Infatti, se egli desse tale prova, si libererebbe del relativo vincolo, in quanto, in base all'art. 1256 c.c., l'obbligazione si estingue quando, per causa non imputabile al debitore, la prestazione diventa impossibile.

Pertanto, si afferma che, purché la prova in argomento non sia preclusa da una particolare disposizione, il debitore, per dimostrare che l'impossibilità della prestazione non è a lui imputabile, dovrà provare, appunto, che essa si è verificata, pur avendo egli usato tutta la prescritta diligenza del buon padre di famiglia nel tentativo di conservare la possibilità dell'adempimento.

Nullità del patto di esonero da responsabilità

Le parti, poi, possono convenire aggravamenti o attenuazioni della diligenza, ma è nullo il patto con cui il creditore accetti preventivamente di esonerare il debitore da responsabilità per dolo o colpa grave (art. 1229 c.c.), in quanto, altrimenti, l'adempimento verrebbe a dipendere in sostanza dal mero arbitrio dell'obbligato.

Qualora, però, l'inadempimento costituisca violazione degli obblighi derivanti da norme di ordine pubblico, l'eventuale patto di esonero o di limitazione della responsabilità è nullo anche se il fatto derivi da colpa lieve o lievissima (art. 1229, 2° comma, c.c.).

È bene chiarire, ad ogni modo, che la nullità colpisce solo il patto che preveda l'esonero o la limitazione di responsabilità prima che l'inadempimento si verifichi; infatti, se le parti volessero disporre degli effetti già prodottisi a seguito dell'inadempimento, esse sarebbero libere di farlo.

3. *I soggetti dell'adempimento: l'adempimento del terzo*

Nozione e disciplina

Tenuto all'adempimento è soltanto il debitore. Secondo l'art. 1180 c.c., però, «*l'obbligazione può essere adempiuta da un terzo, anche contro la volontà del creditore, se questi non ha interesse a che il debitore esegua personalmente la prestazione*».

Natura giuridica

L'adempimento del terzo non è un atto dovuto ma è atto libero, in quanto il terzo interviene spontaneamente e non in virtù di un preventivo accordo con il creditore (nel qual caso si avrà l'espromissione) o con il debitore (nel qual caso si avrà delegazione o accollo).

Ciò comporta che nel caso in cui la prestazione eseguita dal terzo sia inesatta, il creditore potrà agire nei confronti del debitore poiché solo quest'ultimo è obbligato ed è, quindi, l'unico tenuto a rispondere.

La prestazione eseguita da un terzo non costituisce attuazione dell'obbligo del debitore, perché il terzo non è obbligato, ma provoca egualmente il soddisfacimento del creditore, al quale, nell'interesse del debitore, è precluso anche di rifiutarla, purché si tratti di prestazioni fungibili (per esempio la dazione di una somma di denaro).

Adempimento del terzo e soddisfacimento del credito

Il rifiuto è, infatti, possibile nelle ipotesi in cui il creditore sia interessato all'adempimento personale del debitore, e cioè nei casi di obbligazioni c.d. *intuitu personae*, nelle quali le capacità e le abilità del debitore incidono sul valore e sull'utilità della prestazione (si pensi, ad esempio, al caso in cui creditore sia un paziente bisognoso di un tipo di operazione particolarmente complessa e debitore sia un medico altamente specializzato in quel tipo di intervento).

Il rifiuto del creditore

Il creditore può, inoltre, rifiutare l'adempimento del terzo quando il debitore abbia manifestato la sua opposizione; in questa ipotesi, il rifiuto è, però, una facoltà e non un obbligo per il creditore.

In mancanza di un interesse oggettivamente rilevante alla esecuzione della prestazione da parte del debitore o dell'opposizione del debitore, il creditore non può, quindi, rifiutare l'adempimento del terzo, con la conseguenza che l'illegittimità del rifiuto alla prestazione del terzo impedisce al creditore di agire contro il debitore.

Se dal lato del creditore l'adempimento del terzo può determinare la sua soddisfazione, dal lato del debitore l'esecuzione della prestazione ad opera di un terzo può comportare l'estinzione dell'obbligazione e la liberazione del debitore, sempre che il terzo non si surroghi nel diritto del creditore a pretendere l'adempimento da parte del debitore (artt. 1201 ss. c.c.).

Adempimento del terzo ed estinzione del debito

Se il creditore, con atto espresso e contestuale all'adempimento, non surroghi il terzo nei suoi diritti verso il debitore, il terzo potrà unicamente esperire l'azione di ingiustificato arricchimento per rivalersi nei confronti del debitore.

Surrogazione per volontà del creditore ed azione di ingiustificato arricchimento

All'adempimento del terzo viene in prevalenza riconosciuto carattere negoziale, essendo indispensabile che il terzo agisca, per aversi questa fattispecie ed i relativi effetti anzidetti, con l'intenzione di pagare il debito altrui; in caso contrario la sua prestazione sarà c.d. *indebita*, sicché avrà diritto alla restituzione. Ovviamente il terzo potrà anche agire per la ripetizione di quanto prestato se il pagamento sia stato causato dalla propria incapacità.

Animus solvendi debiti alieni ed azione di ripetizione

Con riferimento alla *capacità del creditore*, l'art. 1190 c.c. si preoccupa di impedire la dispersione per il creditore incapace dell'utilità derivata dall'adempimento e a tal uopo stabilisce che «*il pagamento al creditore incapace di riceverlo non libera il debitore, se questi non prova che ciò che fu pagato è stato rivolto a vantaggio dell'incapace*».

La capacità del creditore

Disciplina

La norma, dunque, tutela anche in questo caso l'incapace imponendo al debitore un onere: quello di accertarsi, se intende liberarsi, che la prestazione sia fatta a persona capace di agire o che, comunque, sia rivolta a suo vantaggio.

Al debitore, in questo caso, sarà richiesta, oltre alla prova dell'avvenuto adempimento, anche quella che ciò che è stato pagato è stato rivolto a vantaggio dell'incapace. Così, ad esempio, il debitore, anziché consegnare una somma di denaro direttamente nelle mani del creditore insano di mente, dovrà versare la somma su un conto corrente vincolato alla firma di coloro che ne hanno la rappresentanza legale, la tutela o la cura.

Limiti di applicabilità

La regola che priva della legittimazione a ricevere la prestazione il creditore incapace non trova, ovviamente, applicazione con riguardo alle prestazioni personali dirette, cioè quelle che possono soddisfare l'interesse creditorio solo se eseguite personalmente nei suoi confronti (cure, lezioni, ecc.).

La capacità del debitore

Disciplina

Con riferimento alla *capacità del debitore*, l'art. 1191 c.c. stabilisce, invece, che quest'ultimo non può impugnare il suo pagamento a causa della sua incapacità, e ciò perché l'adempimento è atto dovuto che pertanto non può danneggiare colui che lo esegue, anche se incapace. Si ritiene irrilevante ogni tipo di incapacità naturale o legale del debitore.

Per identità di *ratio*, rispetto alla incapacità di agire contemplata dal cit. art. 1191 c.c., può, poi, affermarsi, in ordine alla validità del pagamento, anche l'irrilevanza dei vizi del volere del *solvens*.

Ma se il debitore incapace è liberato dal pagamento che ha effettuato, il creditore non può legittimamente rifiutare l'adempimento proveniente dall'incapace.

Limiti di applicabilità

Qualora, però, il pagamento eseguito dall'incapace sia stato effettuato con modalità o contenuti diversi da quelli previsti e che comportano un pregiudizio a suo carico, è evidente che tornerà ad applicarsi la disciplina a tutela dell'incapace. Ad ogni modo, non potrà essere richiesta la ripetizione di quanto prestato, ma il debitore avrà diritto ad essere indennizzato per il pregiudizio subito entro i limiti dell'arricchimento conseguito dal creditore.

4. (segue) *L'adempimento al terzo ed al creditore apparente*

L'adempimento c.d. esatto

Perché l'adempimento produca gli effetti dell'estinzione dell'obbligazione e della conseguente liberazione del debitore è necessario che esso sia *esatto* o *perfetto*. L'esattezza deve essere verificata sia sotto il profilo soggettivo, nel senso che la prestazione deve essere effettuata in favore di chi ne ha diritto, sia sotto il profilo oggettivo, nel senso che essa deve essere proprio quella dedotta nel rapporto obbligatorio.

Il destinatario del pagamento

Dal punto di vista soggettivo, ai sensi dell'art. 1188 c.c., il pagamento deve essere eseguito nei confronti del creditore o del suo rappresentante, ovvero alla persona che, per volontà del creditore o per indicazione della legge o del giudice, è abilitata a riceverlo (c.d. *adiectus solutionis causa*).

Il pagamento in favore di chi non è legittimato a ricevere

Il pagamento effettuato in favore di chi non è il creditore né è legittimato a riceverlo perché sfornito dei relativi poteri, non libera il *solvens*, né produce alcuna conseguenza giuridica sul rapporto obbligatorio, per cui la situazione di diritto resta immutata rispetto al creditore, a meno che costui non ratifichi il pagamento o comunque non ne approfitti (art. 1188, 2° comma, c.c.). Nei rapporti tra il *solvens* e colui che ha ricevuto il pagamento, che è detto indebito perché a lui non dovuto, si verificherà invece la nascita di un'obbligazione, perché quest'ultimo dovrà di norma restituire quanto ricevuto (art. 2033 c.c.).

La prova della ratifica o dell'approfittamento, di cui al cit. art. 1188, 2° comma, c.c., è a carico del debitore.

Il pagamento al creditore apparente

Il pagamento al terzo, dunque, non libera il debitore. La regola trova, però, eccezione in un caso: ai sensi dell'art. 1189 c.c., se il debitore esegue il pagamento in favore di chi appare legittimato a riceverlo in base a circostanze univoche, ossia in base a circostanze che, nella valutazione di un soggetto di normale diligenza, inducano a ritenere effettivamente esistente la legittimazione del ricevente, è liberato ove provi di essere stato in buona fede (c.d. *creditore apparente*).

È questa un'ipotesi in cui si ha attuazione dell'obbligo ed anche liberazione del debitore, ma non si realizza il diritto di credito, in quanto il creditore non vede soddisfatto il suo interesse alla prestazione dovuta.

La buona fede del *solvens* e la ragionevolezza dell'affidamento

Il principio dell'apparenza richiede uno stato soggettivo caratterizzato dall'ignoranza incolpevole della realtà difforme dall'apparenza, sicché sono sempre necessarie la *buona fede* di colui che effettua il pagamento e la *ragionevolezza* dell'affidamento, non essendo invocabile il principio anzidetto da chi versi in colpa per aver omesso di accertare il contrasto tra la situazione apparente e quella reale. Il debitore per essere considerato in buona fede dovrà, quindi, provare di non essere stato a conoscenza del difetto di legittimazione a ricevere l'adempimento.

Ad ogni modo, l'apparenza che vale a giustificare il debitore deve essere basata su fatti oggettivamente controllabili e non essere il risultato di un'impressione, più o meno superficiale, del debitore.

L'apparenza

L'apparenza può concernere sia l'identità del legittimato, come nel caso di colui che riceve la prestazione, spacciandosi per la persona del creditore grazie ad un documento di riconoscimento falso, sia il titolo della legittimazione, come nell'ipotesi in cui l'originario creditore ha ceduto il credito o ha revocato la procura al proprio rappresentante senza che il debitore ne abbia avuto conoscenza.

L'obbligo di restituzione del creditore apparente

Il creditore apparente ha l'obbligo di restituire quanto ricevuto al vero creditore, sicché tale pagamento costituisce allo stesso tempo fatto estintivo dell'obbligo del *solvens* e fatto costitutivo dell'obbligo di restituzione da parte di colui cui la prestazione è stata fatta (*accipiens*).

Ambito di applicazione della disciplina

Deve, infine, ritenersi che la norma di cui all'art. 1189 c.c. si applica, per identità di *ratio*, non solo all'ipotesi in cui il pagamento sia effettuato al creditore apparente, ma anche all'ipotesi in cui il pagamento sia effettuato a persona che appaia autorizzata a riceverlo per conto del creditore. Anche il pagamento al rappresentante apparente del creditore, quindi, può liberare il creditore qualora ricorrano i presupposti di cui all'art. 1189 c.c.

5. *L'adempimento con riferimento all'oggetto; la prestazione in luogo dell'adempimento*

Il codice detta una serie di disposizioni che regolano l'esatto adempimento sotto il profilo oggettivo.

Adempimento totale ed adempimento parziale

In primo luogo esso deve essere *totale* o *integrale*, nel senso che deve comportare l'esecuzione di tutta la prestazione dovuta. Ai sensi dell'art. 1181 c.c., infatti, salvo che la legge o gli usi dispongano diversamente, il creditore può rifiutare un adempimento parziale anche se la prestazione è divisibile.

Poiché in questa fattispecie il creditore ha un vero e proprio diritto di rifiutare l'adempimento parziale, egli, ove lo eserciti, non può incorrere in responsabilità verso il debitore. La disposizione in esame non trova applicazione quando le prestazioni ripartite siano state espressamente pattuite oppure si debbano ritenere consentite dalla natura del contratto. Spetta, comunque, al debitore dimostrare la sussistenza di un patto in forza del quale il creditore abbia consentito, sia pure in un momento successivo, il pagamento rateale o appunto ripartito.

Ad ogni modo, il creditore non può legittimamente rifiutare un adempimento parziale quando, alla stregua di un giudizio di buona fede, il difetto è irrisorio e quando la prestazione è divenuta parzialmente impossibile per causa non imputabile al debitore.

Se il creditore vi consenta, l'esecuzione parziale libera il debitore per la parte eseguita, per la quale valgono pur sempre le regole sull'esattezza.

L'esattezza della prestazione

Infatti, la prestazione, oltre ad essere integrale, deve anche essere *esatta*, cioè proprio quella che è stata dedotta nel titolo. Tant'è che il debitore non può liberarsi eseguendone una diversa, anche se di valore uguale o maggiore rispetto a quella dovuta. In altre parole, non vi potrà essere difformità tra oggetto dell'obbligazione e oggetto della concreta prestazione.

Più in generale, però, può dirsi esatta la prestazione indirizzata a soddisfare l'interesse del creditore. Pertanto, l'attività del debitore deve tendere a realizzare una prestazione utile per il creditore.

Ai fini della valutazione dell'esattezza della prestazione occorre, ad ogni modo, adoperare un criterio elastico in virtù del quale anche una minima inesattezza possa essere sopportata se contenuta nei limiti di una tollerabilità ritenuta normale e se non incida in modo apprezzabile sul valore o sulla funzionalità di quanto è stato prestato.

Il creditore ha l'onere di rifiutare la prestazione inesatta o di denunciare l'inesattezza entro un termine di decadenza che il legislatore fissa di volta in volta. Se, infatti, il creditore accetta senza riserve la prestazione, attesta implicitamente la conformità dell'esecuzione a quanto dovuto.

La c.d. *datio in solutum*

Nozione, disciplina e natura giuridica

La prestazione diversa, la c.d. *prestazione in luogo di adempimento* (*datio in solutum*), deve infatti essere autorizzata dal creditore il quale deve acconsentire a che il debitore si liberi dando un altro bene o facendo un'attività diversa da quella oggetto dell'obbligazione (art. 1197 c.c.). Poiché per la configurazione della *datio in solutum* è necessaria la volontà sia del debitore che del creditore, si discorre di negozio solutorio bilaterale o di contratto solutorio o di contratto estintivo oneroso.

La realità della *datio in solutum*

L'obbligazione però si estingue soltanto con l'effettiva esecuzione della diversa prestazione. Ciò conferisce all'istituto della *datio in solutum* un certo carattere di *realità*, nel senso che esso non opera se non in sede di adempimento.

L'aspetto temporale

Ma poiché il momento in cui si verifica l'esecuzione dipende dalle regole relative al trasferimento della proprietà, occorre distinguere a seconda dei casi per determinare se e quando la *datio in solutum* si sia realizzata. Così se le parti, in luogo della prestazione originariamente pattuita, si accordano a trasferire un oggetto, va operata una differenziazione: se questo oggetto è una cosa determinata, la *datio* si realizzerà all'atto in cui l'accordo sia stato raggiunto, mentre, se si tratta di cose generiche, l'effetto estintivo si produrrà solo con la specificazione.

La *datio in solutum* come esecuzione di una diversa prestazione

Invero, per effetto del semplice accordo raggiunto, ma prima dell'esatta esecuzione della nuova prestazione convenuta, il rapporto obbligatorio ancora non si estingue ma subisce soltanto una modifica in obbligazione con facoltà alternativa; in base alla quale il debitore, avendo ottenuto l'assenso del creditore, ha diritto di liberarsi dall'obbligazione eseguendo la diversa prestazione. Pertanto, l'impossibilità sopravvenuta di quella originaria estingue l'obbligazione stessa, senza che il debitore rimanga tenuto ad eseguire la nuova.

D'altro canto, il creditore, pur non potendo, a causa di tale accordo, rifiutare l'*aliud* pattuito, poiché, però, l'obbligazione stessa non si è ancora estinta, può sempre pretendere la prestazione originaria, se quella sostitutiva non possa essere o comunque non venga più adempiuta.

La garanzia per l'evizione e per i vizi della cosa

Quando la prestazione diversa consiste nel trasferimento della proprietà o di altro diritto, il debitore è tenuto alla garanzia per l'evizione e per i vizi della cosa. Il creditore, però, sebbene possa usufruire della tutela apprestata al compratore, in ipotesi di evizione o di vizi della cosa, potrà, comunque, scegliere di esigere la prestazione originaria oltre al risarcimento del danno.

Risoluzione della *datio in solutum* e diritti dei terzi

La scelta di pretendere l'esecuzione della prestazione originaria implica la risoluzione della dazione in pagamento, la quale, tuttavia, non pregiudica i diritti altrui ed, in particolare, non fa rivivere le garanzie prestate dai terzi ed estinte a seguito della dazione in pagamento (art. 1197, 3° comma, c.c.).

La cessione di un credito in luogo dell'adempimento

La prestazione in luogo dell'adempimento può anche avvenire attraverso una cessione di un credito del debitore verso terzi a favore del creditore. Di regola, in questa fattispecie l'obbligazione si estingue ed il debitore è liberato soltanto a seguito della riscossione del credito da lui ceduto. A meno che, quindi, le parti non abbiano previsto diversamente, si tratta di una cessione *pro solvendo* in cui il debitore cedente risponde della solvibilità del debitore ceduto.

L'adempimento delle obbligazioni generiche

L'art. 1178 c.c. stabilisce, poi, che se l'obbligazione ha per oggetto la prestazione di cose determinate soltanto nel genere, il debitore deve prestare cose di qualità non inferiore alla media. Qualità non inferiore alla media possiede una cosa che sebbene non ottima, non sia cattiva o scadente. Tuttavia, dalla convenzione delle parti (es. dal prezzo pattuito) può derivare la necessità di una differente determinazione della qualità.

Il pagamento eseguito con cose altrui

Può, poi, accadere che il debitore adempia l'obbligazione con una prestazione che abbia ad oggetto cose di cui non poteva disporre perché, ad esempio, di proprietà di un terzo. In questo caso l'art. 1192 c.c. prevede che egli non possa impugnare il pagamento eseguito, se non offra di eseguire la prestazione dovuta con cose di cui può disporre.

Il creditore che ha ricevuto il pagamento in buona fede può, invece, impugnarlo, restituendo ciò che gli è stato attribuito e chiedendo un nuovo adempimento oltre al risarcimento del danno.

Se, poi, il terzo proprietario abbia vittoriosamente esperito l'azione di rivendica nei confronti del creditore, questi potrà pretendere un nuovo adempimento anche qualora abbia in mala fede ricevuto la prestazione di cose di cui il debitore non poteva disporre.

6. *Il luogo ed il tempo dell'adempimento*

Un termine per l'adempimento della prestazione è necessario al fine della stessa configurabilità dell'obbligazione. Se, infatti, una scadenza non fosse prevista, il debitore non potrebbe mai essere considerato inadempiente e, dunque, nemmeno tenuto ad una condotta doverosa.

Il profilo temporale dell'adempimento

L'adempimento deve essere esatto anche sotto il *profilo temporale*; deve, cioè, avvenire nel momento previsto dal titolo ed entro il termine eventualmente fissato dalle parti. Ove, però, tale termine non sia previsto, ai sensi dell'art. 1183 c.c., il creditore può esigerlo immediatamente, salvo che, per la natura o per il modo e il luogo della prestazione, un termine non sia comunque necessario.

Quando la fissazione di un termine è necessaria e manca un accordo delle parti, la scadenza può essere stabilita dal giudice, il quale naturalmente viene sollecitato a decidere su istanza della parte più interessata.

Alla determinazione giudiziale si ricorre anche quando la fissazione del termine sia rimessa alla volontà del debitore (quando, ad esempio, sussiste una difficoltà nell'approntare la prestazione) o del creditore (quando, ad esempio, sussiste una difficoltà nel predisporre l'attività di cooperazione all'adempimento). In questi casi il giudice potrà essere chiamato a verificare se sia decorso un congruo termine per consentire alla parte di superare le difficoltà di adempimento o di cooperazione.

Il termine di adempimento e l'interesse delle parti

Il termine di adempimento può realizzare un interesse del creditore o del debitore, a seconda di quali esigenze esso attui. Così, normalmente, esso è stabilito nell'interesse del debitore perché gli consente di prepararsi per l'adempimento (art. 1184 c.c.).

Il debitore può perdere il vantaggio di adempiere l'obbligazione non prima di una certa data, qualora si verifichino fatti che modificano le sue condizioni patrimoniali, essendo diventato insolvente o avendo diminuito le garanzie che aveva dato o non avendo dato quelle che aveva promesso. In questo caso, il rischio che alla scadenza il debitore non potrà far fronte all'obbligazione legittima la richiesta del creditore di esigere immediatamente la prestazione (art. 1186 c.c.).

In alcuni casi, però, il termine può anche andare incontro ad un'esigenza del creditore o di entrambe le parti.

L'ordinamento stabilisce la regola per cui il termine è derogabile soltanto con la volontà del soggetto nel cui interesse è stabilito. Pertanto, se è stabilito nell'interesse del debitore, costui potrà anche adempiere prima della sua scadenza, ma il creditore non potrà prima di tale momento pretendere la prestazione.

Pagamento anticipato ed azione di ripetizione

In ogni caso, il debitore non può ripetere ciò che ha pagato anticipatamente, anche se ignorava l'esistenza del termine. Può, tuttavia, ripetere, nei limiti della perdita subita, ciò di cui il creditore si è arricchito per effetto del pagamento anticipato (c.d. *interusurium*).

Quando il termine sia pattuito nell'interesse del creditore, costui potrà chiedere l'adempimento anticipato, che il debitore non potrà invece effettuare senza il consenso del creditore (art. 1185 c.c.).

Ove, poi, il termine fosse stabilito a favore di entrambe le parti, né il creditore né il debitore potranno pretendere che la prestazione sia eseguita prima della scadenza, a meno che, di comune accordo, non decidano di derogare al termine fissato.

Il termine di efficacia ed il termine di adempimento

Ben diverso dal termine di adempimento è il termine di efficacia. Infatti, mentre il primo indica il momento a partire dal quale (termine iniziale) o entro il quale (termine finale) il debitore deve o può adempiere, presupponendo, quindi, un rapporto già nato e pienamente efficace che deve essere solo eseguito, il secondo indica, invece, il momento nel quale (termine iniziale) o fino al quale (termine finale) si produce l'effetto giuridico di un negozio.

Il profilo spaziale dell'adempimento

L'adempimento deve avvenire nel *luogo* stabilito dalle parti o dagli usi o, ancora, determinato in relazione alla natura della prestazione (ad esempio, l'obbligazione di raccogliere i frutti di un fondo non può che avvenire presso lo stesso fondo).

Le cc.dd. obbligazioni *portables* e *querables*

In mancanza si applicano le disposizioni dell'art. 1182 c.c., il quale distingue prestazioni che devono essere eseguite al domicilio del debitore (cc.dd. *debiti portabili*) e prestazioni che devono essere eseguite in altro luogo (cc.dd. *debiti chiedibili*).

La regola per la consegna di cose determinate

In particolare, la legge prevede che la consegna di cose determinate deve essere effettuata dal debitore nel luogo in cui si trovava la cosa quando l'obbligazione è sorta (art. 1182, 2° comma, c.c.).

Le eccezioni

La vendita di cose mobili

Questa regola, tuttavia, subisce importanti deroghe. Così, ad esempio, in materia di vendita di cose mobili, l'art. 1510, 1° comma, c.c. prevede che, in mancanza di patto o di uso contrario, la consegna della cosa deve avvenire nel luogo dove questa si trovava al tempo della vendita, se le parti ne erano a conoscenza, ovvero nel luogo dove il venditore aveva il suo domicilio o la sede dell'impresa.

Il deposito

Ulteriore rilevante deroga è, poi, prevista anche in tema di deposito, ove l'art. 1774, 1° comma, c.c. stabilisce che, salvo diversa convenzione, la restituzione della cosa deve farsi nel luogo in cui doveva essere custodita.

Le obbligazioni pecuniarie

Altro criterio è dettato per le obbligazioni pecuniarie le quali devono essere adempiute presso il domicilio del creditore al tempo della scadenza. Ma, se tale domicilio è stato modificato rispetto a quello che il creditore aveva al tempo in cui è sorta l'obbligazione e questo rende più gravoso l'adempimento, il debitore, dandone idonea informazione al creditore, può adempiere presso il proprio domicilio (art. 1182, 3° comma, c.c.).

Al proposito, la giurisprudenza ha, tuttavia, precisato che non tutte le obbligazioni pecuniarie sono portabili, restringendo il criterio del domicilio del creditore ai soli crediti originariamente liquidi, ossia a quelli aventi ad oggetto fin dall'origine una somma di denaro determinata nel suo ammontare o agevolmente calcolabile mediante semplici operazioni aritmetiche. Dall'ambito delle obbligazioni portabili sono, ad esempio, esclusi i crediti derivanti da obbligazioni di risarcimento del danno e anche quelli aventi per oggetto compensi per prestazioni professionali.

Regola residuale

Regola generale e residuale, nel caso in cui le precedenti non possano essere applicate, è che l'obbligazione deve essere adempiuta al domicilio del debitore al tempo della scadenza (art. 1182, 4° comma, c.c.). Tale norma vale in genere per le obbligazioni di fare (si pensi all'obbligazione del mandatario di rendicontare la sua attività).

In questo caso, se quindi il debito è chiedibile, finché il creditore non si farà vivo presso il debitore per chiedere l'adempimento, quest'ultimo non cadrà in mora, anche se il termine dell'obbligazione sia scaduto.

7. *L'imputazione del pagamento*

Nozione

Può verificarsi l'ipotesi che al momento del pagamento il debitore abbia più debiti della medesima specie (ad esempio pagamento di una somma di denaro) nei confronti dello stesso creditore. Ricorrendo tale situazione, qualora il debitore effettui un pagamento per un importo che non comprenda la totalità del valore di tutti i suoi debiti, sarà necessario stabilire a quale dei debiti il pagamento vada imputato.

Il problema ovviamente non si pone qualora l'oggetto dei vari debiti sia diverso, come, ad esempio, nel caso in cui il debitore abbia nei confronti del creditore un obbligo di consegnare una cosa ed un obbligo di pagare una somma di denaro. In questo caso, all'atto dell'adempimento sarà incontrovertibilmente riconoscibile il debito che viene estinto.

Imputazione c.d. convenzionale

L'art. 1193 c.c. riconosce al debitore la facoltà di dichiarare, quando paga, quale debito intende soddisfare, senza che il creditore possa in alcun modo opporsi. Unico limite è che il debitore può imputare il pagamento al capitale, piuttosto che agli interessi e alle spese, soltanto con il consenso del creditore (art. 1194 c.c.).

La dichiarazione del debitore deve, in ogni caso, essere contestuale al pagamento e non può sopravvenire, in quanto se fosse successiva sarebbe inefficace, scattando immediatamente l'operatività dei criteri legali di imputazione (art. 1193, 2° comma, c.c.).

La c.d. quietanza con imputazione

Qualora il debitore non eserciti tale sua facoltà, l'eventuale imputazione spetta al creditore in sede di rilascio della quietanza. A tal proposito, l'art. 1195 c.c. stabilisce che chi, avendo più debiti, accetta una quietanza nella quale il creditore ha dichiarato di imputare il pagamento a uno di essi, non può pretendere un'imputazione diversa, se non vi è stato dolo o sorpresa da parte del creditore. Va, ad ogni modo, precisato che il debitore potrà sempre condizionare l'imputazione effettuata dal creditore, potendo rifiutare la quietanza e pretendendone un'altra relativa ad un debito diverso.

La c.d. imputazione legale

In caso, però, di mancanza di imputazione da parte sia del debitore che del creditore, viene in soccorso all'interprete un meccanismo di imputazione predisposto dal legislatore. Ai sensi dell'art. 1193, 2° comma, c.c., infatti, il pagamento va imputato innanzitutto al debito già scaduto; tra più debiti scaduti, a quello meno garantito; tra più debiti ugualmente garantiti, al debito più oneroso per il debitore; tra più debiti ugualmente onerosi, al più antico. Se, però, nemmeno tali criteri riescono a risolvere il problema dell'imputazione del pagamento, essa si ritiene fatta proporzionalmente ai vari debiti.

CAPITOLO 54
I MODI DI ESTINZIONE DELL'OBBLIGAZIONE DIVERSI DALL'ADEMPIMENTO

1. *Caratteri e tipologie dei modi di estinzione diversi dall'adempimento*

I modi di estinzione dell'obbligazione diversi dall'adempimento

L'obbligazione non si estingue soltanto in conseguenza dell'adempimento del debitore. Esistono anche altri fatti che determinano l'effetto estintivo e che sono pertanto denominati *modi di estinzione delle obbligazioni diversi dall'adempimento*: essi sono disciplinati dagli artt. 1230 ss. c.c. e sono la novazione, la remissione, la compensazione, la confusione e l'impossibilità sopravvenuta per causa non imputabile al debitore.

Fattispecie estintive satisfattorie e fattispecie estintive non satisfattorie

Di tali fattispecie, alcune vengono qualificate *satisfattorie* poiché soddisfano, almeno in un certo senso, l'interesse del creditore (nella compensazione, ad esempio, il creditore perde il suo credito ma riceve, corrispettivamente, la liberazione da un suo debito); altre, invece, sono *non satisfattorie* (come, ad esempio, la remissione, con la quale il creditore non riceve alcuna utilità).

La differenziazione tra modi di estinzione satisfattori e non satisfattori non rappresenta un esercizio puramente teorico, in quanto, a seconda che il fatto estintivo determini oppur no la soddisfazione degli interessi sottesi al rapporto, si avranno differenti discipline in concreto applicabili. Infatti, mentre è assoggettabile ad azione revocatoria ordinaria la remissione del debito, in quanto non satisfattoria, non sono, invece, revocabili la compensazione legale e giudiziale, che possono reputarsi satisfattorie in quanto entrambe le parti coinvolte nella vicenda, a fronte della perdita del proprio credito, ricevono un beneficio consistente nella liberazione dal proprio debito reciproco.

Oltre alla compensazione, possono essere ricondotte tra le ipotesi di fattispecie estintive satisfattorie anche la confusione, perché, a seguito della riunione delle contrapposte qualità, creditoria e debitoria, in capo ad uno stesso soggetto, questi perde sì un vantaggio (il credito), ma ne acquista uno corrispondente e, cioè, la liberazione dal debito; la novazione, in quanto la sua funzione estintivo-costitutiva determina la nascita di una nuova obbligazione che funge da contropartita dell'estinzione di quella originariamente esistente tra le parti.

Nelle fattispecie estintive non satisfattorie va ricondotta, oltre alla remissione del debito, anche l'impossibilità sopravvenuta della prestazione, atteso che in entrambe non è riscontrabile una attuazione, né specifica né per equivalente, dell'interesse del creditore.

Fattispecie estintive negoziali e fattispecie estintive non negoziali

Si può distinguere, inoltre, tra modi estintivi *negoziali* che consistono in dichiarazioni di volontà che hanno come effetto quello appunto estintivo del rapporto (come il patto novativo), e *non negoziali* (es. l'impossibilità sopravvenuta per causa non imputabile al debitore).

In alcuni casi, poi, l'effetto estintivo dell'obbligazione avviene automaticamente al solo verificarsi delle richieste condizioni di legge (es. confusione), mentre in altre ipotesi la fattispecie comprende anche un'espressa manifestazione di volontà dell'interessato (*eccezione*) che contribuisce alla produzione di tale effetto (es. nella compensazione legale).

2. *La novazione*

Nozione e disciplina

La *novazione* è il primo dei modi di estinzione regolato dal codice. Ai sensi dell'art. 1230 c.c., l'obbligazione si estingue quando le parti sostituiscono all'obbligazione originaria una nuova obbligazione con oggetto o titolo diverso.

La novazione oggettiva

È questa la novazione cosiddetta *oggettiva*, costituita da un apposito patto tra creditore e debitore, diretto ad estinguere il preesistente rapporto per sostituirlo, corrispettivamente, con un nuovo vincolo.

L'*animus novandi*

È, quindi, necessario innanzitutto un intento negoziale rivolto a tale duplice risultato estintivo-costitutivo (*animus novandi*), in ordine al quale la volontà di estinguere l'obbligazione precedente deve risultare in modo non equivoco (art. 1230, 2° comma, c.c.).

Esistenza e validità dell'obbligazione da novare

Peraltro è indispensabile a tale effetto l'esistenza della obbligazione da novare, senza la quale, secondo l'art. 1234, 1° comma, c.c., la novazione sarebbe senza effetto; mentre, qualora l'obbligazione originaria derivi da un titolo annullabile, la novazione sarà valida se il debitore ha assunto validamente il nuovo debito conoscendo il vizio del titolo originario (art. 1234, 2° comma, c.c.).

L'aliquid novi

Si richiede poi che la nuova obbligazione nata in sostituzione della precedente abbia un oggetto o un titolo (e cioè una causa) diverso da quello originario (*aliquid novi*), così escludendosi dall'art. 1231 c.c. che il rilascio di un documento o la sua rinnovazione, l'apposizione di un termine e ogni altra modificazione accessoria dell'obbligazione comportino novazione.

Si avrà modifica dell'oggetto, ad esempio, nel caso in cui le parti decidano di sostituire all'originaria obbligazione di pagare una somma di denaro quella di trasferire un determinato bene. Si avrà, invece, modifica del titolo, ad esempio, qualora le parti si accordino nel senso che la prestazione relativa ad un pagamento di una somma di denaro, originariamente sorta quale obbligazione fideiussoria, venga sostituita da una obbligazione di identico contenuto ma che abbia il suo titolo in un contratto di mutuo.

La mera modificazione quantitativa della prestazione non dà luogo a novazione e non comporta, dunque, l'estinzione dell'obbligazione originaria. La novazione oggettiva, infatti, come anticipato, esige l'*animus novandi*, cioè la non equivoca intenzione di entrambe le parti di estinguere l'originaria obbligazione, sostituendola con una nuova e l'*aliquid novi*, inteso come mutamento sostanziale dell'oggetto della prestazione o del titolo del rapporto.

Effetti della novazione sui cc.dd. accessori del credito

Alla estinzione dell'obbligazione originaria consegue, per il principio di accessorietà, l'estinzione dei privilegi, del pegno, dell'ipoteca che garantivano il credito originario, come pure di tutte le eventuali clausole accessorie che accompagnavano l'obbligazione originaria (come la penale, la determinazione convenzionale degli interessi, le clausole arbitrali o di deroga al foro competente, ecc.). Con l'obbligazione originaria sono destinate ad estinguersi anche le azioni e le eccezioni.

Tale estinzione può essere, tuttavia, derogata da un'espressa convenzione delle parti che dispongono di mantenerle anche nella nuova obbligazione.

Novazione oggettiva e *datio in solutum*

La novazione oggettiva si distingue dalla *datio in solutum*, in quanto, mentre quest'ultima attiene alla fase dell'esecuzione dell'originaria ed unica obbligazione, seppur mediante l'esecuzione di una prestazione diversa da quella originariamente stabilita; la novazione, invece, determina la nascita di una nuova obbligazione e, contestualmente, l'estinzione di quella originaria. Nella novazione, poi, il debitore non esegue alcuna prestazione, ma si obbliga ad eseguirne una nuova.

Inoltre, se nella dazione in pagamento all'inadempimento della prestazione sostitutiva sopravvive sempre l'obbligo di eseguire quella originariamente pattuita; nella novazione, invece, l'inadempimento della nuova obbligazione non determina mai la reviviscenza di quella originaria.

La novazione soggettiva

Differente natura presenta invece la *novazione* cosiddetta *soggettiva*, per la quale l'art. 1235 c.c. dispone che, quando un nuovo debitore è sostituito a quello originario che viene liberato, si osservano le norme di cui agli artt. 1268 ss. c.c., così rinviando alla disciplina del capitolo 51 dedicato agli istituti della delegazione, espromissione e accollo.

Questo tipo di novazione, a differenza di quella oggettiva, non estingue l'obbligazione, ma determina soltanto una vicenda modificativa della titolarità della situazione debitoria.

3. *La compensazione*

Nozione e disciplina

Quando due soggetti sono obbligati reciprocamente, i due debiti, ai sensi dell'art. 1241 c.c., si estinguono per le quantità corrispondenti alle condizioni fissate dalle altre norme del codice.

Funzione

Precipua finalità dell'istituto è quello di evitare tra le parti eventuali atti solutori separati, che sarebbero inutili perché reciproci, nonché di porre al sicuro la parte adempiente dal pericolo di non ricevere il contrapposto pagamento. Pertanto, quando un creditore chiede il pagamento al proprio debitore, che sia contemporaneamente suo creditore, questi, anziché adempiere, potrà, infatti, opporre l'esistenza del proprio credito e quindi la compensazione.

La compensazione legale

La compensazione denominata *legale* si verifica, *ex* art. 1243 c.c., soltanto tra due debiti che hanno per oggetto una somma di denaro o una quantità di cose fungibili dello stesso genere (*omogeneità*) e che sono egualmente *liquidi* (cioè certi e determinati nel *quantum*) ed *esigibili* (cioè non ostacolati da termine iniziale o condizione sospensiva in ordine al loro realizzo).

Effetto retroattivo della compensazione legale ed operatività *ope exceptionis*

L'effetto estintivo-compensativo si verifica non dal giorno della sentenza, ma con decorrenza dal giorno della coesistenza dei due debiti contrapposti; occorre, tuttavia, l'eccezione di parte, non potendo il giudice rilevare d'ufficio la compensazione (art. 1242, 1° comma, c.c.).

Inoltre, la prescrizione non impedisce la compensazione, se non era compiuta quando si è verificata la coesistenza dei due debiti (art. 1242, 2° comma, c.c.).

Natura dichiarativa della sentenza

La sentenza con cui il giudice rileva l'avvenuta compensazione legale è una sentenza dichiarativa, che si limita all'accertamento di un evento già verificatosi.

La compensazione giudiziale

Diversamente avviene nella *compensazione giudiziale*, ove il giudice non soltanto provvede alla liquidazione del credito, cioè all'accertamento della sua esistenza e del suo ammontare, ma determina anche l'effetto estintivo che, dunque, consegue alla sua sentenza costitutiva, con decorrenza dal giorno in cui essa è emessa.

Così, ai sensi dell'art. 1243, 2° comma, c.c., se il debito opposto non è liquido, e cioè non è certo nel suo ammontare, ma è di facile e pronta liquidazione, il giudice può dichiarare la compensazione per la parte del debito che riconosce esistente, e può anche sospendere la condanna per il credito liquido fino all'accertamento di quello opposto in compensazione.

La facile e pronta liquidazione

La pronta e facile liquidazione di un debito si può avere, ad esempio, nel caso in cui uno dei due debitori offra in compensazione all'altro il credito corrispondente al prezzo della merce fornitagli: merce il cui prezzo, sebbene non sia stato fissato, risulti facilmente determinabile facendo riferimento a dei listini.

La compensazione si verifica qualunque sia il titolo dell'uno o dell'altro debito. Tuttavia, alcuni crediti per la loro causa esigono che la prestazione sia in ogni caso eseguita (art. 1246 c.c.). Perciò non possono formare oggetto di compensazione i crediti per la restituzione di cose di cui il proprietario sia stato ingiustamente spogliato, né quelli per la restituzione di cose depositate o date in comodato, né il credito dichiarato impignorabile. Anche la rinunzia alla compensazione fatta preventivamente dal debitore impedisce l'operatività del meccanismo compensativo. Esistono, infine, altri espressi divieti alla compensazione stabiliti dalla legge, tra i quali si ricorda l'incompensabilità dei crediti alimentari (art. 447 c.c.).

I crediti cc.dd. non compensabili

L'art. 1250 c.c. esclude, poi, che la compensazione possa verificarsi in pregiudizio dei terzi che abbiano acquistato diritti di usufrutto o di pegno su uno dei crediti in un periodo anteriore al momento della coesistenza dei debiti.

La compensazione rispetto ai terzi

L'art. 1251 c.c. prevede, inoltre, che chi ha pagato un debito mentre poteva invocare la compensazione non può più valersi, in pregiudizio dei terzi, dei privilegi e delle garanzie a favore del suo credito, salvo che ne abbia ignorato l'esistenza per giusti motivi.

Gli effetti del mancato ricorso alla compensazione rispetto alle garanzie annesse al credito

Infine, sotto il titolo di *compensazione volontaria*, l'art. 1252 c.c. prevede che, per volontà delle parti, possa aver luogo compensazione anche se non ricorrono alcune delle condizioni di legge previste per il configurarsi della compensazione legale o giudiziale.

La compensazione volontaria

In altri termini, l'autonomia delle parti può anche concepire un regolamento compensativo nel quale sia previsto che l'effetto estintivo si produca automaticamente al verificarsi di talune condizioni preventivamente statuite.

In ogni caso, la compensazione volontaria non potrà operare se manca il presupposto della reciprocità del rapporto debito-credito, in quanto superabile è soltanto la sussistenza dei requisiti di omogeneità, liquidità ed esigibilità del credito.

4. *La remissione*

Nozione e disciplina

La remissione è definita dall'art. 1236 c.c. Secondo tale norma la dichiarazione del creditore di rimettere il debito estingue l'obbligazione quando è comunicata al debitore, salvo che questi dichiari in un congruo termine di non volerne profittare.

Natura giuridica

Trattasi di fattispecie estintiva *negoziale*, di norma *non satisfattiva* e *gratuita*.

È prevalentemente qualificata come negozio unilaterale recettizio, la cui efficacia è condizionata alla volontà del debitore, attesa la sua possibilità di impedirla col proprio rifiuto. Ma v'è anche chi considera la remissione un contratto, assegnando al mancato rifiuto da parte del debitore il ruolo di implicita accettazione della proposta del creditore.

Remissione del debito e rinuncia abdicativa

Mentre con una semplice *rinuncia abdicativa* il creditore tende soltanto a dismettere la titolarità del suo diritto, ma non anche a regolare la sua sorte ulteriore (di tal che esso, una volta abbandonato, ben potrebbe anche sopravvivere per intero nella titolarità di altro soggetto, com'è, ad esempio, nel caso di rinuncia di un creditore solidale); invece con la remissione il creditore mira istituzionalmente e direttamente all'effetto estintivo dell'obbligazione con la conseguente liberazione del debitore, almeno per la parte di credito di cui può disporre.

Effetti della remissione rispetto ai fideiussori

Peraltro la remissione accordata al debitore principale libera anche i fideiussori (v. art. 1239, 1° comma, c.c.).

La forma

Quanto alla forma, la remissione non è un negozio formale e può realizzarsi anche mediante comportamento concludente. Essa, pertanto, può essere sia *espressa* che *tacita*.

La causa

Anche la causa della remissione può essere diversa. Essa può, infatti, realizzare una donazione indiretta, configurando in tal modo un atto a titolo gratuito, ma può anche essere effettuata in esecuzione di un obbligo assunto a titolo oneroso ed in quest'ipotesi sarà *solvendi causa*. Si pensi, ad esempio, al caso in cui il creditore rimetta il debito nei confronti del debitore in adempimento di un accordo concluso con un amico del debitore che abbia pagato un certo prezzo per indurre il creditore ad effettuare la remissione.

La remissione c.d. tacita e gli effetti della rinuncia alle garanzie

Al riguardo, l'art. 1237 c.c. prevede, in particolare, che la restituzione volontaria del titolo originale del credito, fatta dal creditore al debitore, costituisce prova della liberazione anche rispetto ai condebitori in solido; e che, invece, se il titolo del credito è in forma pubblica, la consegna volontaria della copia spedita in forma esecutiva fa presumere la liberazione, salva la prova contraria. Per contro, la mera rinunzia alle garanzie dell'obbligazione non fa presumere la remissione del debito (v. art. 1238 c.c.).

Effetti della remissione ...

La remissione accordata a uno dei fideiussori non libera gli altri che per la parte del fideiussore liberato, salvo che costoro abbiano consentito la liberazione, perché allora rimangono obbligati per l'intero (art. 1239, 2° comma, c.c.).

... accordata ad uno dei fideiussori

La rinunzia dietro corrispettivo alla garanzia prestata da un terzo implica che il creditore rinunziante deve imputare al debito principale quanto ha ricevuto, a beneficio del debitore e di coloro che hanno prestato garanzia per l'adempimento dell'obbligazione (art. 1240 c.c.).

La rinuncia ad una garanzia verso corrispettivo

Va distinto dalla remissione il c.d. *pactum de non petendo*. Infatti, mentre la prima estingue il debito, il secondo determina semplicemente la nascita di un obbligo del creditore di non chiedere l'adempimento prima di un certo periodo o del verificarsi di un certo evento.

Remissione del debito e *pactum de non petendo*

5. *La confusione*

Se per atto tra vivi o *mortis causa* le qualità di creditore e di debitore si riuniscono nella stessa persona, l'obbligazione si estingue.

Nozione ed effetti

L'estinzione del rapporto per confusione determina anche la liberazione degli eventuali terzi che hanno prestato garanzia per il debitore (art. 1253 c.c.).

Questa forma di estinzione dell'obbligazione può verificarsi quando, ad esempio, il creditore acquista l'azienda del debitore ed il suo credito era relativo all'azienda ceduta (art. 2559 c.c.), oppure quando il creditore diventa erede del debitore o viceversa.

In alcuni casi, però, l'effetto della confusione non si verifica nonostante la situazione attiva e quella passiva siano nella titolarità del medesimo soggetto (es. accettazione di eredità con beneficio di inventario *ex* art. 490 c.c.).

La confusione è un modo di estinzione satisfattorio perché il soggetto, che è al tempo stesso creditore e debitore, si libera del suo debito.

La confusione, però, non opera in pregiudizio dei terzi che hanno acquistato diritti di usufrutto o di pegno sul credito (art. 1254 c.c.). In altri termini, l'estinzione dell'obbligazione per effetto della riunione in un'unica persona del debitore e del creditore non è opponibile ai terzi, i quali mantengono integri i loro diritti sul credito.

La confusione rispetto ai terzi

Similmente, nel caso in cui nella stessa persona si riuniscano le qualità di fideiussore e debitore principale, la fideiussione resta in vita, purché il creditore vi abbia interesse (art. 1255 c.c.). In questa ipotesi, la riunione in un'unica persona delle figure del fideiussore e del debitore principale dovrebbe, a rigore, determinare l'estinzione dell'obbligazione accessoria; tuttavia, al fine di tutelare maggiormente il creditore garantito, tale norma consente alla fideiussione di continuare a vivere. Ciò sarà particolarmente utile quando il creditore possa avere interesse a far valere il credito fondandolo sul contratto di fideiussione piuttosto che sul titolo da cui

La confusione c.d. impropria

dipende il credito principale garantito, perché magari quest'ultimo è affetto da una causa di invalidità. Tale eventualità può ricorrere, ad esempio, nell'ipotesi in cui la fideiussione sia stata prestata per un'obbligazione assunta da un incapace (art. 1939 c.c.).

6. *L'impossibilità sopravvenuta*

Impossibilità originaria ed impossibilità sopravvenuta

Mentre l'impossibilità originaria della prestazione impedisce il sorgere del rapporto obbligatorio, quella sopravvenuta estingue l'obbligazione liberando il debitore, se essa dipende da causa a questi non imputabile.

Disciplina

Secondo l'art. 1218 c.c., infatti, il debitore è liberato se prova che l'inadempimento o il ritardo è stato determinato da impossibilità della prestazione derivante da causa a lui non imputabile.

La c.d. prova liberatoria

Egli, ottemperando a tale onere probatorio col dimostrare di aver adottato tutta la doverosa diligenza del buon padre di famiglia impostagli nell'adempimento dall'art. 1176 c.c., vince la presunzione di colpa a suo carico ed è liberato da responsabilità contrattuale, atteso che l'obbligazione, ai sensi dell'art. 1256 c.c., si estingue quando, per una causa non imputabile al debitore, la prestazione sia divenuta impossibile in via *definitiva*.

Il debitore, allora, al fine di essere liberato, per non aver colpevolmente causato l'impossibilità della prestazione, dovrà dimostrare o che abbia tenuto un contegno diligente o che l'impedimento sia dipeso da caso fortuito o da forza maggiore. Il debitore deve, cioè, provare che l'impossibilità sia riconducibile ad una causa estranea alla sua condotta.

Il caso fortuito

Così per quanto concerne il caso fortuito, il debitore dovrà provare che fatti derivanti da eventi incontrollabili ed imprevedibili abbiano reso impossibile la prestazione (si pensi, ad esempio, all'ipotesi di *black out* elettrico che non consenta al tecnico delle luci di illuminare il palco di un teatro).

La forza maggiore

Allo stesso modo, l'impossibilità della prestazione non è imputabile allorché è la forza maggiore ad impedire l'adempimento. Qui si verte nell'ambito di eventi fisici o naturali (come, ad esempio, il caso di un ponte divenuto pericolante che viene chiuso al traffico), di fatti attribuibili a terzi (come, ad esempio, l'ipotesi di sciopero) oppure di *factum principis*, e cioè di decisioni imperative di un'autorità (come può essere, ad esempio, un comando della P.A. che impedisca al debitore di effettuare un certo tipo di prestazione).

Impossibilità definitiva ed impossibilità temporanea: ...

A differenza dell'impossibilità definitiva, quella *temporanea*, sempre che non sia imputabile, non estingue il rapporto obbligatorio (c.d. *perpetuatio obligationis*) ed il debitore è tenuto ad adempiere non appena viene meno l'impossibilità. In ogni caso se l'impossibilità è solo temporanea, il debitore, finché essa perdura, non è responsabile del ritardo nell'adempimento.

... la c.d. *perpetuatio obligationis*

Tuttavia, l'obbligazione stessa si estingue se è stato apposto dalle parti un termine essenziale e se l'impossibilità perdura fino a quando, in relazione al titolo dell'obbligazione o alla natura dell'oggetto, il debitore non può più essere ritenuto obbligato ad eseguire la prestazione (si pensi all'eventualità che il debitore, che di mestiere fa l'attore teatrale, si sia ammalato fino alla conclusione della stagione teatrale) ovvero il creditore non ha più interesse a conseguirla (si pensi al caso in cui il creditore sia un paziente che necessita di un intervento urgente il quale, nell'indisposizione temporanea del chirurgo che avrebbe dovuto eseguire l'operazione in quanto debitore della prestazione professionale, venga operato da un altro medico. V. art. 1256, 2° comma, c.c.).

Impossibilità oggettiva ed assoluta

L'impossibilità deve essere *oggettiva*, ossia non legata alla particolare situazione del debitore, ed assoluta, cioè tale da non consentire a nessuno l'esatto adempimento. Ad ogni modo, la prestazione, anche qualora sia astrattamente possibile, è ritenuta impossibile se richieda uno sforzo così elevato da renderlo umanamente insopportabile.

L'impossibilità totale

Per determinare l'estinzione dell'obbligazione, l'impossibilità deve, poi, essere anche *totale*. Infatti, qualora la prestazione sia divenuta solo parzialmente impossibile per causa non imputabile al debitore, questi si libera, anche contro la volontà del creditore, eseguendo la prestazione per la parte che è rimasta possibile (art. 1258 c.c.).

La situazione epidemiologica, dovuta alla diffusione del Covid-19, ha spinto il legislatore ad intervenire introducendo una specifica legislazione di emergenza di cui al d.l. 17 marzo 2020, n. 18, convertito con modificazioni dalla legge 24 aprile 2020, n. 27 (c.d. Cura Italia). In particolare, l'art. 91 prevede che, in caso di ritardo o inadempimento, la responsabilità contrattuale possa essere esclusa nell'ipotesi in cui il debitore riesca a dimostrare che il rispetto delle misure di contenimento previste dalla menzionata legge abbia reso concretamente impossibile l'adempimento delle proprie obbligazioni contrattuali.

Lo smarrimento di cosa determinata

All'impossibilità sopravvenuta il legislatore equipara lo smarrimento di una cosa determinata, oggetto della prestazione dovuta, anche quando non possa esserne provato il perimento e sempre che, ovviamente, lo smarrimento non sia imputabile al debitore.

Il subingresso del creditore nei diritti del debitore

Se la prestazione ha per oggetto una cosa determinata e diviene impossibile per causa imputabile ad un terzo, il debitore non incorre in responsabilità, ma è tenuto a dare al creditore quanto abbia conseguito dal terzo a titolo di risarcimento, ed al creditore è altresì concesso di far valere direttamente contro il terzo i diritti che nei confronti di questo spettano al debitore (art. 1259 c.c.).

In questo caso, dunque, sebbene l'obbligazione si sia estinta, al creditore può competere il diritto di subingresso nelle ragioni spettanti al debitore.

Limiti di applicabilità della disciplina ed impossibilità sopravvenuta della prestazione non imputabile al debitore

Rispetto ad alcuni rapporti obbligatori, di regola, non è ipotizzabile un'impossibilità sopravvenuta non imputabile. Nelle prestazioni che hanno ad oggetto la consegna di cose generiche e in quelle pecuniarie non si può verificare una liberazione per impossibilità sopravvenuta perché, essendo sia le cose appartenenti ad un genere sia il denaro sempre reperibili, la prestazione è sempre possibile.

CAPITOLO 55

L'INADEMPIMENTO E LA MORA

SOMMARIO: 1. L'inadempimento: caratteri e conseguenze. – 2. Il risarcimento del danno. – 3. La mora del debitore: costituzione ed effetti. – 4. La mora del creditore.

1. *L'inadempimento: caratteri e conseguenze*

Nozione e disciplina

In base all'art. 1218 c.c., il debitore che non esegue esattamente la prestazione dovuta è tenuto al risarcimento del danno, se non prova che l'inadempimento o il ritardo è stato determinato da impossibilità della prestazione derivata da causa a lui non imputabile.

Presupposti dell'inadempimento e responsabilità contrattuale

L'inadempimento, sia esso definitivo o temporaneo, totale o parziale, presuppone sempre una prestazione *dovuta* da un debitore, cioè l'esistenza di un'obbligazione, di un debito certo ed incontroverso nel suo titolo, ancorché incerto nel suo ammontare. Il debitore, ove la sua obbligazione, certa almeno nell'*an*, non sia adempiuta, incorre nella cosiddetta *responsabilità contrattuale*, la quale consiste nella succedanea obbligazione di risarcire il danno cagionato al creditore per l'inadempimento medesimo.

Inadempimento assoluto ed inadempimento relativo

Se l'inadempimento è *assoluto* (che si ha quando la prestazione non è più possibile, oppure è decorso il termine essenziale, od anche è venuto meno l'interesse del creditore), l'obbligazione di risarcimento si sostituisce a quella originaria rimasta definitivamente inadempiuta, la cui prestazione non sarà più dovuta.

Se invece l'inadempimento è *relativo* (che si ha quando la prestazione mancata, benché con ritardo, potrebbe ancora essere eseguita), l'obbligo di risarcire il danno al creditore si aggiunge alla prestazione dell'obbligazione originaria, che continua ad esser dovuta.

Inadempimento e risarcimento del danno

In ambedue i casi predetti, il creditore può sempre chiedere al giudice una sentenza che, accertata la violazione, condanni il debitore inadempiente al risarcimento del danno, che dovrà essere quantificato in danaro.

Inoltre, se non si sia già verificato un inadempimento assoluto, il creditore può anche chiedere – nei casi in cui sia possibile (artt. 2930-2933 c.c.) – la condanna del debitore ad eseguire l'originaria prestazione dovuta, oltre al risarcimento dei danni in danaro per il solo ritardo;

dopo di ciò, se il debitore persiste nell'inadempimento del suo obbligo di risarcire e, se del caso, di eseguire anche l'originaria prestazione, il creditore, dopo una formale intimazione (precetto), passerà all'azione esecutiva, in forza della quale l'intero patrimonio del debitore può essere assoggettato (*responsabilità patrimoniale*) alla procedura necessaria per ricavare da esso il denaro (*esecuzione per espropriazione forzata* o *per equivalente*) o quanto altro spettante al creditore medesimo (*esecuzione in forma specifica*), a soddisfacimento delle sue ragioni, consacrate nella sentenza di condanna (o in altro titolo esecutivo: art. 474 c.p.c.).

La procedura esecutiva

Peraltro, dal disposto del cit. art. 1218 c.c., deriva che la responsabilità del debitore, per la mancata prestazione o per il suo ritardo, si ha non soltanto nell'ipotesi in cui la prestazione, pur essendo possibile, non sia stata eseguita per sua colpa (negligenza, dimenticanza, ecc.) o per dolo (inadempimento intenzionale), nonché nel caso in cui la prestazione sia divenuta impossibile (in via definitiva o temporanea) per effettiva colpa del debitore, ma anche nell'ipotesi che tale impossibilità sia davvero a lui non imputabile (caso fortuito, forza maggiore), ma, tuttavia, il debitore non abbia dato di ciò la c.d. *prova liberatoria*.

La responsabilità del debitore per inadempimento o inesatto adempimento e l'onere della prova c.d. liberatoria

Ed infatti, a norma dell'art. 1218 c.c., sulla base del fatto certo che la prestazione non sia stata eseguita, la relativa colpa del debitore è presunta con presunzione relativa (*iuris tantum*), ed è suo onere dare la prova contraria. Ove, però, il debitore dimostri che il mancato adempimento non sia dovuto a sua colpa, ma sia stato provocato da *caso fortuito* o *forza maggiore*, l'obbligazione, se la prestazione non è più possibile, si estingue appunto per impossibilità sopravvenuta (art. 1256 c.c.) ed il debitore è liberato dall'obbligo di risarcire il danno; se l'obbligazione è, poi, dedotta in un contratto sinallagmatico, questo si risolve ai sensi dell'art. 1463 c.c., e, quindi, non sarà più dovuta nemmeno la controprestazione.

Il debitore, per vincere la presunzione di colpa e liberarsi dalla responsabilità, deve dare una rigorosa prova, deve, cioè, dimostrare l'assoluta impossibilità della prestazione, derivante da causa a lui non imputabile, vale a dire da una causa obiettiva estranea alla sua volontà e che egli, pur con il massimo sforzo di diligenza richiesto dall'art. 1176 c.c., non avrebbe potuto controllare in modo da evitare che si verificasse. È, dunque, la diligenza il parametro in base al quale il giudice deve valutare il comportamento del debitore al fine di verificare la sua responsabilità contrattuale.

2. *Il risarcimento del danno*

Responsabilità contrattuale e risarcimento del danno ...

Quando il creditore subisca un danno in conseguenza dell'inadempimento del debitore o del ritardo nell'adempimento si parla di responsabilità contrattuale. La conseguenza più importante di questa situazione è il sorgere del diritto a pretendere il risarcimento del danno in capo al creditore. Tale risarcimento comprende sia la perdita da questi subita (c.d. danno emergente), sia il mancato guadagno (c.d. lucro cessante). Ad esempio, il debitore, che non abbia adempiuto correttamente l'obbligazione di conservare la merce lasciata in deposito dal creditore, sarà tenuto a risarcire quest'ultimo sia per la perdita del valore della merce lasciata in deposito e che a causa dell'inadempimento si è deteriorata irrimediabilmente, sia il presumibile lucro che il creditore, in qualità di commerciante al dettaglio, avrebbe tratto dalla vendita di quella merce. Il creditore, infatti, in quanto commerciante al dettaglio avrebbe presumibilmente spuntato un prezzo superiore rispetto al costo pagato per l'acquisto della stessa merce (art. 1223 c.c.).

... danno emergente e lucro cessante

Va, in altri termini, risarcito il c.d. interesse positivo, vale a dire quell'interesse alla realizzazione della stessa situazione che si sarebbe determinata se l'inadempimento o il ritardo non si fosse verificato. Ne consegue che l'obbligazione risarcitoria costituisce un debito di valuta e, pertanto, il giudice nel liquidare il danno dovrà tenere conto del tempo trascorso tra l'inadempimento o il ritardo e la sentenza.

Il c.d. interesse positivo

È bene precisare che il danno che può essere risarcito in seguito ad un inadempimento o ad un ritardato adempimento di un'obbligazione è soltanto quello che rappresenta una conseguenza immediata e diretta dello stesso inadempimento o del ritardo (art. 1223 c.c.). Ad esempio, se il creditore a causa dell'inadempimento cade in uno stato di esaurimento nervoso che lo porta ad abbandonare la sua attività, tale conseguenza non sarà risarcibile in quanto conseguenza non immediata, ma solo mediata dell'inadempimento. Similmente, il creditore, che verrà pagato con ritardo dal debitore, potrà chiedere il risarcimento per aver dovuto ricorrere ad un prestito bancario, circostanza che lo costringerà al pagamento di interessi passivi, ma non potrà pretendere di essere risarcito per il verificarsi del suo fallimento.

Il danno risarcibile

Sul creditore graverà comunque l'onere di provare le singole voci di danno per le quali pretende il risarcimento. Tuttavia, poiché non sempre può essere facile dare la dimostrazione o quantificare il danno subito, il creditore potrà avvalersi di una clausola penale con cui creditore e debitore si accordano su quale sarà la somma dovuta nel caso di inadempimento o di ritardato adempimento.

L'onere della prova a carico del creditore e la clausola penale

Se, poi, il danno non può essere provato nel suo preciso ammontare, esso sarà liquidato dal giudice secondo una valutazione equitativa (art. 1226 c.c.).

La valutazione equitativa del giudice

La misura del risarcimento viene, in ogni caso, ridotta se il creditore abbia contribuito a cagionare il danno con una sua condotta colposa (art. 1227, 1° comma, c.c.). Sarà, in ogni caso, onere del creditore danneggiato non lasciare aggravare le conseguenze del pregiudizio; infatti,

Il concorso del fatto colposo del creditore

alla stregua dell'art. 1227, 2° comma, c.c., il risarcimento non è dovuto per qui danni ulteriori che il creditore avrebbe potuto evitare usando l'ordinaria diligenza. Ad esempio, il creditore dovrà attivarsi a reperire sul mercato altri fornitori, al fine di approvvigionarsi della merce che il debitore non ha provveduto a consegnargli. Ciò sarà richiesto al creditore per evitare ulteriori conseguenze negative le quali ricadrebbero esclusivamente su di lui, atteso che la scelta di rimanere inerte di fronte all'inadempimento del debitore non potrebbe configurarsi come conseguenza immediata e diretta dell'inadempimento.

La regola della prevedibilità del danno: ambito di applicazione

Mentre tali regole sono comuni sia alla responsabilità contrattuale che a quella extracontrattuale, atteso che la norma di cui all'art. 2056, 1° comma, c.c. – dettata in tema di illecito aquiliano – espressamente richiama le disposizioni di cui agli artt. 1223, 1226 e 1227 c.c., è invece propria della sola responsabilità da inadempimento contrattuale la regola secondo cui il risarcimento del danno è limitato a quanto poteva prevedersi al tempo in cui è sorta l'obbligazione (art. 1225 c.c.), a meno che il debitore non abbia intenzionalmente voluto provocare l'inadempimento o il ritardo nell'adempimento. In altri termini, se l'inadempimento o il ritardo dipende da colpa, il debitore sarà tenuto a risarcire solo i danni che si potevano prevedere nel tempo in cui è sorta l'obbligazione; mentre se il debitore ha dolosamente scelto di non adempiere o di ritardare l'adempimento egli sarà tenuto a risarcire tutte le conseguenze dannose, anche quelle non previste o non prevedibili al momento dell'assunzione dell'obbligazione; sempre, però, nei limiti delle conseguenze dirette.

La regola che limita il risarcimento del danno alla prevedibilità del danno per il caso di inadempimento o ritardato adempimento colposo trova la sua *ratio* nell'esigenza di consentire a ciascuno di valutare, nel momento in cui si obbliga, i rischi che va ad assumersi. Si è così inteso evitare che il patrimonio del debitore rimanesse esposto a conseguenze più gravi di quelle che il debitore avesse potuto calcolare.

Responsabilità contrattuale e responsabilità extracontrattuale: il risarcimento del danno patrimoniale

Come meglio si preciserà più avanti in materia di responsabilità extracontrattuale, un trattamento differenziato si ha anche con riferimento al regime della mora che è *ex re* nell'illecito aquiliano ed è *ex persona* in caso di responsabilità contrattuale (art. 1219, n. 1, c.c.). L'azione volta ad ottenere il risarcimento del danno, poi, si prescrive normalmente in cinque anni in caso di responsabilità extracontrattuale (art. 2947, 1° comma, c.c.) ed in dieci anni in caso di responsabilità da inadempimento (art. 2946 c.c.). Anche la disciplina dell'onere della prova è differente; esso, infatti, grava sul danneggiato, che è poi il creditore dell'obbligazione risarcitoria nell'ambito dell'illecito aquiliano; mentre, ai sensi dell'art. 1218 c.c., spetta al debitore dimostrare che l'inadempimento o il ritardo deriva da cause a lui non imputabili. Si è, inoltre, già precisato che in caso di responsabilità contrattuale il risarcimento del danno è dovuto dal debitore inadempiente a prescindere da una sua colpa o da un suo atteggiamento psicologico doloso. Diversa è, invece, la regola nell'ambito della responsabilità extracontrattuale che, ai fini del risarcimento dei danni, richiede, almeno di norma, un atteggiamento psicologico colposo o doloso in chi cagiona un danno ingiusto (art. 2043 c.c.).

Deve, quindi, concludersi che il diritto al risarcimento del danno segue regimi normativi sostanzialmente diversi a seconda che sia configurabile una responsabilità extracontrattuale o piuttosto una responsabilità contrattuale. Da ciò consegue che per il soggetto leso non sarà indifferente agire in via contrattuale o in via extracontrattuale, qualora uno stesso comportamento possa configurare entrambi gli illeciti. Si pensi al classico esempio del chirurgo che, a causa di una sua negligenza, arrechi un pregiudizio alla salute del suo paziente. Quest'ultimo potrà agire o in via contrattuale, atteso che tra lui ed il medico si è perfezionato un contratto di opera professionale (art. 2230 c.c.), oppure in via extracontrattuale, dal momento che il danneggiato ha senz'altro subito un danno ingiusto come conseguenza di un comportamento colposo del sanitario (art. 2043 c.c.).

Responsabilità contrattuale e responsabilità extracontrattuale: il risarcimento del danno non patrimoniale

Fino a non molto tempo fa le differenze tra i due tipi di responsabilità si riflettevano anche sulla risarcibilità del danno non patrimoniale. Si riteneva, infatti, che tale danno potesse essere risarcito solo in caso di illecito aquiliano e sempre che sussistesse una precisa disposizione legislativa che ammettesse la risarcibilità di tale tipo di danno (art. 2059 c.c.). Diversamente si concludeva rispetto alla risarcibilità del perturbamento dello stato d'animo del danneggiato, allorquando il danno fosse conseguenza dell'inadempimento o del ritardo nell'adempimento. In questo caso si riteneva, infatti, che nessun risarcimento spettasse al creditore per aver subito a causa dell'inadempimento del debitore la perdita di un bene di particolare valore affettivo. Siffatta interpretazione veniva giustificata in considerazione dell'assenza, nell'ambito della responsabilità contrattuale, di una norma equivalente all'art. 2059 c.c., dettata in tema di illecito aquiliano. A seguito dell'intervento delle Sezioni Unite della Cassazione dell'11 novembre 2008, però, la risarcibilità del danno non patrimoniale è stata ammessa anche in ipotesi di responsabilità contrattuale. Non si dovrà più, quindi, far ricorso all'espediente del cumulo delle azioni di responsabilità, contrattuale ed extracontrattuale, per ottenere il risarcimento del danno non patrimoniale nel caso, ad esempio, dei rapporti tra pazienti e strutture sanitarie, allorquando i primi subiscano danni alla propria salute a causa di negligenze degli operatori sanitari. In questo caso, infatti, l'inadempimento del debitore (struttura sanitaria) è suscettibile di ledere diritti inviolabili della persona, cagionando pregiudizi non patrimoniali come quelli che attengono alla sfera della salute. E poiché una lettura costituzionalmente orientata dell'art. 2059 c.c. impone il necessario riconoscimento, per i diritti inviolabili della persona, di una minima tutela, costituita dal risarcimento dei danni, ne consegue che la lesione dei diritti inviolabili della persona che abbia determinato un danno non patrimoniale comporterà l'obbligo di risarcire tale danno, quale che sia la fonte della responsabilità, contrattuale o extracontrattuale.

3. *La mora del debitore: costituzione ed effetti*

Il ritardo nell'adempimento

Prima che sia accertato il definitivo inadempimento del debitore può verificarsi una situazione intermedia di *ritardo*, nella quale, da un lato, il debitore è già inadempiente perché non ha ancora eseguito la prestazione, nonostante essa sia già esigibile da parte del creditore e, dall'altro, quest'ultimo ha ancora interesse a ricevere la prestazione. Non sempre, infatti, il ritardo equivale ad inadempimento definitivo, come nel caso in cui le parti abbiano previsto un termine essenziale.

La mora del debitore o *mora debendi*

La situazione che si determina a seguito di un ritardo che non comporta di per sé inadempimento definitivo è chiamata *mora del debitore* o *mora debendi*; essa può condurre all'inadempimento assoluto, se la prestazione non viene più eseguita, ma può anche essere sanata se il debitore adempie. In tal caso, però, quest'ultimo non si libera dall'obbligo di risarcire i danni per il ritardo.

Presupposti e disciplina

Presupposti della mora sono la scadenza del debito, che corrisponde alla sua esigibilità, e la colpa del debitore nel ritardo dell'adempimento. È evidente che se il ritardo dipende da una causa non imputabile al debitore la mora non può iniziare. Ad ogni modo, non spetta al creditore dover provare la colpa del debitore, bensì è a quest'ultimo che spetta l'onere di dimostrare l'impossibilità obiettiva di adempiere tempestivamente derivante da causa non imputabile.

Di regola, però, il semplice ritardo non genera di per sé tale responsabilità, in quanto esso può anche ritenersi giustificato dalla presumibile tolleranza del creditore o dalla convinzione che per costui non sia ancora giunto il momento più opportuno per ricevere la prestazione.

La c.d. mora *ex persona*

Infatti, perché il debitore incorra in responsabilità del ritardo, occorre che il creditore, salvo che nei casi di cui all'art. 1219, 2° comma, c.c., lo costituisca in mora mediante apposita intimazione o richiesta fatta per iscritto (*mora ex persona*) (art. 1219, 1° comma, c.c.).

Natura giuridica dell'atto di messa in mora

L'atto di messa in mora è un atto giuridico in senso stretto ed ha carattere recettizio. Esso ha carattere non personale e, pertanto, potrà essere validamente compiuto anche da un rappresentante o da un semplice *nuncius* del creditore.

La mora segna il momento dal quale il ritardo del debitore inizia ad avere giuridiche conseguenze e viene in un certo senso conclamato.

Formalità

Oltre al suindicato requisito dell'intimazione per iscritto, non richiede altre formalità, bastando la manifestazione, purché precisa ed esplicita, del creditore di voler ottenere l'adempimento. È quindi sufficiente anche una semplice lettera; né è richiesto un contenuto categorico o intimidatorio di diffida ad adempiere.

La mora *ex re*

In alcuni casi, però, gli effetti della mora si producono anche senza la necessità dell'atto di intimazione da parte del creditore. Si discorre, in tali ipotesi, di mora *ex re* perché appunto non è necessario l'intervento della persona del creditore.

La mora è *ex re*:

1. quando il debito deriva da fatto illecito. Per fatto illecito si intende quello extracontrattuale *ex* art. 2043 c.c., ma la norma viene estesa anche all'illecito contrattuale, e cioè all'obbligazione di risarcimento per inadempimento, ravvisandosi uniformità di *ratio*. Qui l'automaticità degli effetti della mora si giustifica per il fatto che si presume che il danneggiato non tolleri in alcun modo il ritardo nel risarcimento del proprio diritto leso;
2. quando il debitore ha dichiarato per iscritto di non voler adempiere, in quanto risulta superflua la successiva richiesta del creditore;
3. quando la prestazione deve eseguirsi al domicilio del creditore (art. 1183 c.c.) entro un determinato termine. Anche in tal caso è superfluo l'invito al debitore ad adempiere perché il suo comportamento è già di per sé significativo. Tuttavia, se il termine scade dopo la morte del debitore, per la costituzione in mora degli eredi, è necessaria l'intimazione o richiesta per iscritto e gli effetti della mora si producono a partire dal nono giorno dall'intimazione o dalla richiesta (art. 1219, 2° comma, c.c.).

Effetti della costituzione in mora

La costituzione in mora produce principalmente l'*effetto* di far sorgere l'obbligo del debitore di risarcire il danno cagionato dal ritardo (art. 1218 c.c.); esso si aggiungerà alla prestazione dovuta che il debitore dovrà adempiere insieme a quella risarcitoria. In caso di obbligazioni pecuniarie i danni da ritardo sono dovuti sotto forma di interessi moratori, salvo il maggior danno, mentre nelle altre obbligazioni deve essere provato dal creditore.

L'atto di costituzione in mora determina, poi, l'interruzione della prescrizione (art. 2943, 4° comma, c.c.).

Ma la mora produce anche un ulteriore effetto: quello traslativo del rischio dell'impossibilità sopravvenuta in capo al debitore. L'impossibilità è, infatti, causa di estinzione dell'obbligazione: essa, dunque, libera il debitore il quale non è responsabile se prova che il mancato adempimento è dovuto a causa a lui non imputabile, sicché, in tal caso, non dovrà risarcire alcun danno. Ma se l'impossibilità sopravviene dopo la costituzione in mora, il debitore ne risponde e dovrà comunque risarcire i danni per l'inadempimento: la sua situazione, dunque, è aggravata dalla mora perché egli è responsabile anche per il caso fortuito e la forza maggiore.

Tale responsabilità non è, tuttavia, assoluta: il debitore, infatti, si libera se dimostra che il bene oggetto della prestazione sarebbe perito anche presso il creditore e che dunque il ritardo nell'adempimento non è in alcun modo in rapporto di causa ad effetto con l'impossibilità sopravvenuta (art. 1221, 1° comma, c.c.). L'eccezione non vale se, però, si tratta di cosa illecitamente sottratta al proprietario (art. 1221, 2° comma, c.c.).

L'offerta non formale

Ad ogni modo, il debitore non può essere considerato in mora se tempestivamente ha fatto offerta della prestazione dovuta, a meno che il creditore l'abbia rifiutata per un motivo legittimo (art. 1220 c.c.). L'offerta deve essere seria, completa ed effettiva, in quanto un mero impegno ad adempiere non è sufficiente.

Gli effetti della mora si producono anche se il credito non sia liquido, e cioè non sia certo nell'*an* e nel *quantum*.

La c.d. purgazione della mora

Si ha interruzione della mora se il creditore rifiuta senza giusto motivo la prestazione o non coopera all'adempimento. In questo caso anche un'offerta non formale del debitore è in grado di interrompere gli effetti della mora.

Questi ultimi sono eliminati *ex nunc* dall'adempimento tardivo. Tale fenomeno è noto sotto il nome di "purgazione della mora". Sia in caso di interruzione che di purgazione il debitore risponde, comunque, dei danni procurati dal ritardo e, cioè, fino al verificarsi dell'evento interruttivo o purgativo.

La cancellazione della mora

Si ha, invece, cancellazione della mora nel caso in cui il creditore rinunci al credito o alla sola mora, decidendo in quest'ultimo caso di concedere una dilazione di pagamento al debitore.

La sospensione della mora

La sospensione della mora indica, infine, la situazione di pendenza durante il tempo che il creditore è disposto ad attendere prima dell'esercizio dei rimedi contrattuali.

4. *La mora del creditore*

La complessità del rapporto obbligatorio

Il rapporto obbligatorio non è costituito da posizioni assolutamente attive o passive. Anche il debitore ha un interesse giuridicamente rilevante ad adempiere in modo da potersi assicurare la liberazione dal proprio debito; inoltre, l'esecuzione della prestazione può in molti casi realizzare anche un'ulteriore esigenza del debitore, quale quella di poter dimostrare le proprie capacità, acquisire esperienza e, dunque, ampliare il proprio campo di affari.

L'ordinamento prende in considerazione tale interesse e lo protegge attraverso l'istituto della *mora del creditore* (art. 1206 c.c.). Quando, infatti, il creditore, senza un giustificato motivo, rifiuti la prestazione o non faccia quanto necessario per riceverla, il debitore può appunto costituirlo in mora.

La mora del creditore o mora *credendi* o *accipiendi*. Nozione e disciplina

È evidente, dunque, che il presupposto per l'operatività della *mora credendi* o *accipiendi* è dato dall'offerta, da parte del debitore, di una prestazione esatta. Infatti, il creditore non potrà essere costituito in mora, se il suo rifiuto di cooperare sia giustificato da un motivo legittimo che va valutato alla stregua di un giudizio di buona fede.

Presupposto

Così, se il rifiuto dell'offerta in presenza di un'inesattezza tollerabile può dar luogo a mora del creditore, il contrario dovrebbe ritenersi nel caso in cui il rifiuto sia stato manifestato a fronte di un'offerta effettuata con modalità di tempo e di luogo tali da rendere particolarmente gravosa, se non addirittura impossibile, la ricezione della prestazione.

Sebbene, in realtà, il codice parli non di prestazione, bensì di pagamento, si ritiene che tale istituto abbia portata generale e che sia, pertanto, applicabile non solo alle obbligazioni aventi ad oggetto la consegna di somme di denaro, ma a tutti i tipi di obbligazioni, ad esclusione delle sole obbligazioni di non fare, le quali non presuppongono, in sede di adempimento, una collaborazione da parte del creditore, realizzandosi con il mero comportamento astensivo del debitore.

Ambito oggettivo di applicazione

Il rifiuto del creditore deve, però, essere evidenziato con particolari formalità; e, pertanto, per la sua costituzione in mora l'ordinamento richiede che il debitore effettui un'*offerta* solenne della propria prestazione. Se, di contro, tale offerta non verrà fatta in forma solenne, potrà derivare solo che il debitore non sarà considerato inadempiente, ma non ci sarà mora del creditore.

L'offerta solenne

Se l'obbligazione ha ad oggetto denaro, titoli di credito o la consegna di cose mobili presso il domicilio del creditore, l'offerta va fatta in modo *reale*, e cioè i beni devono essere trasportati presso il creditore (art. 1209, 1° comma, c.c.). Un notaio o un ufficiale giudiziario procedono, poi, alla redazione di un verbale dal quale risulta, oltre all'avvenuta offerta, se il creditore abbia accettato la prestazione o se l'abbia, invece, rifiutata.

L'offerta reale

Se, invece, la prestazione riguarda cose mobili da consegnare in luogo diverso dal domicilio del creditore, cose immobili o se l'obbligazione consista in un fare, si avrà l'offerta per *intimazione*. In questo caso il debitore deve innanzitutto intimare per iscritto al creditore di ricevere il bene dovuto ovvero, in caso di immobili, di immettersi nel possesso ovvero, in caso di obbligazioni di fare, di ricevere la prestazione o di compiere gli atti necessari al fine di renderla possibile.

L'offerta per intimazione

Tale intimazione va, poi, notificata a mezzo di ufficiale giudiziario con l'indicazione del giorno, dell'ora e del luogo in cui il debitore intende procedere alla consegna delle cose mobili o al rilascio dell'immobile o intende eseguire la prestazione di fare.

In ogni caso è necessaria la successiva esibizione del bene dovuto nel giorno, nell'ora e nel luogo indicati, da parte dell'ufficiale giudiziario o del notaio che provvederanno a verbalizzare l'eventuale mancata comparizione del creditore o il suo rifiuto ad accettare l'offerta.

L'offerta non formale

Se l'offerta non riveste le forme richieste dalla legge, non produce gli effetti tipici della mora del creditore che di qui a poco si analizzeranno; essa è, però, sufficiente ad evitare che il debitore sia considerato inadempiente e conseguentemente incorra nella responsabilità contrattuale.

Effetti della mora *credendi*

Gli effetti della mora del creditore sono essenzialmente tre: *a*) il debitore non è più tenuto a corrispondere gli interessi e i frutti della cosa che non siano stati percepiti dal debitore; *b*) il creditore deve risarcire i danni provocati al debitore per il mancato adempimento (ad esempio i danni subiti dal debitore per non aver potuto locare gli immobili dove sono depositati i beni oggetto dell'offerta) e sostenere le spese per la custodia e la conservazione del bene; *c*) il rischio dell'impossibilità sopravvenuta viene sopportato dal creditore: ciò ha, in effetti, una conseguenza pratica che si può apprezzare se si ricorda che l'impossibilità è causa di risoluzione del contratto, sicché, se essa si verifica, il debitore non è tenuto al risarcimento dei danni perché il mancato adempimento non è a lui imputabile, ma allo stesso tempo perde il diritto alla controprestazione a causa appunto della risoluzione del rapporto contrattuale. Se, però, il creditore versa in mora, tale effetto non si verificherà e il debitore avrà pur sempre diritto alla controprestazione.

Decorrenza degli effetti

Gli effetti della mora si verificano dal giorno dell'offerta se questa è successivamente accettata dal creditore. Ma se questi non intenda accettare l'offerta sarà necessario intentare un giudizio che accerti i requisiti di validità dell'offerta e l'assenza di un motivo legittimo che giustifichi il rifiuto della specifica cooperazione richiesta al creditore.

Facoltà di deposito e suoi effetti liberatori

Tuttavia, con la costituzione in mora, il debitore non si libera dal proprio obbligo; pertanto, se il debitore intende ottenere unilateralmente la liberazione dal vincolo dovrà effettuare il *deposito*. In questo modo il debitore adempie la propria obbligazione anche se la prestazione viene eseguita ad un soggetto diverso dal creditore che la legge stessa individua.

Così, se l'offerta è stata reale – se, quindi, l'offerta avrà ad oggetto somme di denaro, titoli di credito o la consegna di cose mobili presso il domicilio del creditore – il deposito dovrà essere effettuato in un luogo indicato dal giudice, e cioè presso la cassa depositi e prestiti o presso un istituto di credito, con l'invito al creditore di ritirare quanto depositato.

Se, invece, l'offerta è stata fatta per intimazione con l'invito a prendere possesso dell'immobile, non essendo evidentemente possibile il deposito di un tale tipo di bene, il codice prevede la possibilità che il giudice nomini un sequestratario che prenderà in consegna l'immobile (art. 1216, 2° comma, c.c.).

In caso di obbligazione di dare una cosa mobile il deposito andrà fatto presso un istituto pubblico di deposito (art. 77 disp. att. c.c.).

Obbligazioni di fare

Nel silenzio della legge, per ciò che concerne le obbligazioni di fare, si ritiene che il debitore possa conseguire la liberazione soltanto per prescrizione del credito. Secondo taluno, il debitore sarebbe legittimato a chiedere, in analogia con quanto disposto per l'impossibilità parziale dall'art. 1256, 2° comma, c.c., la risoluzione del rapporto per fatto imputabile al creditore allorché sia trascorso un lasso di tempo tale da non potersi più ritenere che il debitore sia obbligato.

Cose deperibili o di dispendiosa custodia

Se, però, le cose non possono essere conservate o sono deteriorabili oppure se le spese della loro custodia sono eccessive, il debitore, dopo l'offerta reale o l'intimazione di ritirarle, può farsi autorizzare dal giudice a venderle nei modi stabiliti per le cose pignorate e depositarne il prezzo. A decorrere dal 31 ottobre 2021, la competenza spetta al giudice di pace, così come previsto dall'art. 27, 2° comma, lett. b, n. 1 del d.lgs. 13 luglio 2017, n. 116.

Ritiro del deposito

Ad ogni modo, il deposito non produce effetto se il debitore lo ritira prima che sia stato accettato dal creditore o prima che sia stato riconosciuto valido con sentenza passata in giudicato (art. 1213, 1° comma, c.c.).

Se, dopo l'accettazione del deposito o il passaggio in giudicato della sentenza che lo dichiara valido, il creditore consente che il debitore ritiri il deposito, egli non può più rivolgersi contro i condebitori e i fideiussori, né valersi dei privilegi, del pegno e delle ipoteche che garantivano il credito (art. 1213, 2° comma, c.c.).

Offerta secondo gli usi e deposito

L'art. 1214 c.c. prevede, infine, anche l'ipotesi che l'offerta sia effettuata non nelle forme appena descritte ma secondo gli usi. In questo caso gli effetti della mora non si produrranno dal giorno dell'offerta ma da quello del deposito delle cose dovute.

CAPITOLO 56

L'ATTUAZIONE DEL CREDITO

SOMMARIO: 1. L'esecuzione in forma specifica. – 2. L'esecuzione per equivalente. – 3. La responsabilità contrattuale ed il sistema risarcitorio. – 4. La clausola penale e la caparra. – 5. La tutela sinallagmatica.

1. *L'esecuzione in forma specifica*

La responsabilità patrimoniale

A seguito dell'inadempimento del debitore e della sua conseguente responsabilità, il creditore può far valere le sue ragioni sul patrimonio del debitore stesso, il quale risponde, infatti, con i propri beni delle obbligazioni assunte (art. 2740, 1° comma, c.c.).

Il procedimento di esecuzione forzata

Poiché il creditore non può farsi giustizia da sé, egli, per aggredire il patrimonio del debitore, deve necessariamente seguire un procedimento, denominato esecuzione forzata, il quale consente la realizzazione coattiva del diritto di credito, garantendo al creditore sia il conseguimento della prestazione sia il risarcimento del danno e le cui regole sono predisposte dal codice di procedura civile.

Relativamente all'aspetto attinente al conseguimento della prestazione da parte del creditore, occorre distinguere due forme di esecuzione forzata: l'*esecuzione forzata in forma specifica* e l'*esecuzione forzata per equivalente* o *per espropriazione*.

L'esecuzione forzata in forma specifica

L'esecuzione forzata in forma specifica (v. artt. 2930-2933 c.c.; 605-611 c.p.c.) viene in questione ogniqualvolta sia configurabile una identità tra il bene dovuto, il bene aggredito nel patrimonio del debitore e il bene conseguito. In questa forma di espropriazione il creditore ottiene, in modo appunto forzoso, lo stesso risultato che avrebbe conseguito con lo spontaneo adempimento del debitore.

Ambito di applicazione

L'esecuzione forzata in forma specifica attiene alle obbligazioni di consegnare, di fare o non fare, e consiste nel conseguimento coattivo del risultato dovuto mediante la diretta ingerenza nella sfera giuridica del debitore o mediante l'intervento sostitutivo altrui.

Ma ciò non è sempre possibile. Ed infatti l'oggetto della prestazione potrebbe essere non più esistente, sicché il creditore non è più in grado di conseguirlo.

Esecuzione forzata per consegna o rilascio

L'esecuzione forzata in forma specifica è, poi, prevista per le obbligazioni di consegnare aventi ad oggetto una cosa determinata e, quindi, non può operare in caso di obbligazioni di dare cose generiche. Dunque, solo se la cosa da consegnare sia stata individuata e sia ancora presente nel patrimonio del debitore sarà possibile agire per la consegna di una cosa mobile o per il rilascio di un immobile avvalendosi dell'opera degli ufficiali giudiziari (art. 2930 c.c.).

Esecuzione forzata degli obblighi di fare

Quanto alle obbligazioni di fare, occorre precisare che, poiché non è concepibile una costrizione nei confronti del debitore, il creditore potrà ottenere che il *facere* sia eseguito da un terzo a spese dell'obbligato.

Obbligazioni consistenti in un *facere* fungibile ed obbligazioni consistenti in un *facere* infungibile

Sono, tuttavia, suscettibili di esecuzione in forma specifica solo le obbligazioni che prevedano un'attività esecutiva consistente in un fare *fungibile*. In questo caso, infatti, l'esecuzione avviene mediante l'attività di terzi, designati dal giudice, i quali provvedono al compimento dell'opera non eseguita o alla distruzione di quella compiuta. Si pensi, ad esempio, al caso del creditore che agisca in via esecutiva per fare costruire il muro che il debitore si era obbligato a costruire.

Diverso discorso, invece, va fatto per le obbligazioni consistenti in un fare c.d. *infungibile*, eseguibile, cioè, solamente dal debitore e non da terzi. Tali obbligazioni non sono, infatti, realizzabili con il mezzo dell'esecuzione. Così non sarà possibile l'esecuzione forzata in forma specifica dell'obbligazione, assunta da un celebre artista, di affrescare il soffitto di una stanza, in quanto l'opera non potrà in questo caso essere sostituita dall'attività di un altro soggetto.

L'esecuzione specifica dell'obbligo di concludere un contratto

Una particolare previsione concerne l'obbligazione di concludere un contratto, la quale può essere eseguita in forma specifica mediante una sentenza produttiva degli effetti del contratto non concluso (art. 2932 c.c.). Tale situazione si verifica allorquando il debitore si rifiuti di prestare il consenso alla conclusione del contratto pur in presenza di un obbligo convenzionale o legale a contrarre.

Nei casi in cui l'esecuzione forzata in forma specifica non è possibile, il creditore avrà diritto unicamente al risarcimento dei danni, e cioè all'equivalente in danaro della prestazione non ricevuta; per cui l'obbligazione, anche se aveva in origine un differente contenuto, diviene pecuniaria.

Esecuzione forzata in forma specifica e risarcimento del danno in forma specifica

Ben diversa dall'esecuzione forzata in forma specifica è il risarcimento del danno in forma specifica. Mentre l'esecuzione, infatti, è mezzo di attuazione del diritto, il risarcimento del danno in forma specifica è un mezzo di rimozione diretta delle conseguenze pregiudizievoli dell'inadempimento.

Esecuzione forzata degli obblighi di non fare

Al proposito, occorre rilevare che il codice prevede anche l'esecuzione forzata degli obblighi di non fare. Se, infatti, non è adempiuto un obbligo di non fare, l'avente diritto può ottenere che sia distrutto, a spese dell'obbligato, ciò che è stato fatto in violazione dell'obbligo (art. 2933, 1° comma, c.c.).

In realtà, però, ciò che può essere eseguito forzatamente, anche in questo caso, è solo un obbligo di fare, come, ad esempio, la distruzione di un muro che il debitore aveva l'obbligo di non costruire.

Siffatto obbligo richiede una sentenza che condanni il debitore a rimuovere in natura il danno subito dal creditore. È per questo motivo che nel caso appena descritto ci si troverà di fronte ad un risarcimento del danno in forma specifica e non ad una vera e propria esecuzione forzata in forma specifica.

Se, però, la distruzione della cosa possa provocare un pregiudizio all'economia nazionale, essa non potrà essere ordinata e all'avente diritto spetterà soltanto il risarcimento dei danni (art. 2933, 2° comma, c.c.).

2. *L'esecuzione per equivalente*

Nozione

Qualora l'esecuzione forzata in forma specifica non sia possibile, la conseguenza dell'inadempimento sarà la responsabilità del debitore prevista dall'art. 1218 c.c., cioè l'obbligo per lo stesso di risarcire il danno. Il soddisfacimento di tale obbligazione, che sostituisce quella originaria, potrà avvenire anche in mancanza dello spontaneo adempimento del debitore, atteso che al creditore viene riconosciuto il potere di far espropriare i beni del debitore e di soddisfarsi sul ricavato (art. 2910 c.c.).

Esecuzione forzata per equivalente ed esecuzione forzata in forma specifica

È questa la c.d. esecuzione forzata per *equivalente* o per *espropriazione* (v. artt. 2910 ss. c.c.; 483-604 c.p.c.) che, a differenza dell'esecuzione forzata in forma specifica, da un lato, non presuppone identità tra bene dovuto, bene aggredito e bene conseguito e, dall'altro, attiene alle obbligazioni pecuniarie.

Procedimento

Con questa forma di esecuzione i crediti vengono realizzati attraverso una procedura che consente di trasformare i beni del debitore in danaro a mezzo di vendite coattive e pubbliche, cioè effettuate con un sistema di asta, sul ricavato delle quali il creditore potrà soddisfarsi: in ciò, in ultima analisi, consiste il principio della *responsabilità patrimoniale* secondo cui il debitore risponde dei propri debiti con i beni che costituiscono il suo patrimonio (art. 2740 c.c.).

3. *La responsabilità contrattuale ed il sistema risarcitorio*

L'obbligo di risarcire il danno è sancito dal codice a carico del debitore il quale non provi che l'inadempimento o il ritardo è stato determinato da impossibilità della prestazione derivante da causa a lui non imputabile (art. 1218 c.c.). La responsabilità per inadempimento è anche denominata contrattuale per distinguerla da quella extracontrattuale o aquiliana.

La responsabilità per inadempimento

Entrambi i tipi di responsabilità presuppongono la violazione di un dovere giuridico, ma, mentre la responsabilità contrattuale presuppone l'esistenza di un'obbligazione che può nascere sia dal contratto che da un atto unilaterale o dalla legge; la responsabilità extracontrattuale, invece, consiste nella violazione del dovere generico del *neminem laedere* che incombe su tutti i consociati indipendentemente da un preesistente specifico rapporto obbligatorio.

Responsabilità contrattuale e responsabilità extracontrattuale. Presupposti e sistema risarcitorio

Mentre, però, nelle ipotesi di ritardo e di adempimento inesatto l'obbligazione risarcitoria si aggiunge a quella non puntualmente o non esattamente adempiuta, nelle ipotesi di inadempimento totale e definitivo essa si sostituisce a quella originaria.

In caso di illecito contrattuale si ha una duplice esigenza. Innanzitutto, quella di realizzare coattivamente l'interesse del creditore ed, in secondo luogo, quella di eliminare i danni prodotti.

Mentre la prima trova attuazione attraverso l'esecuzione forzata, la seconda si attua mediante l'obbligo risarcitorio.

Il risarcimento del danno, però, può realizzarsi o mediante la compensazione pecuniaria del danno, cioè attraverso il pagamento di una somma di denaro, o attraverso la rimozione diretta del danno. Nel primo caso si parlerà di risarcimento per equivalente, nel secondo di risarcimento in forma specifica. Come esempio di risarcimento in forma specifica si pensi all'ipotesi in cui il creditore chieda l'abbattimento del muro che il debitore era obbligato a non elevare.

Risarcimento del danno per equivalente e risarcimento del danno in forma specifica

Il risarcimento del danno in forma specifica rappresenta una forma di reintegrazione dell'interesse del danneggiato mediante una prestazione diversa e succedanea rispetto al contenuto del rapporto obbligatorio.

L'art. 2058, 1° comma, c.c. stabilisce che il danneggiato può chiedere la reintegrazione in forma specifica, qualora sia in tutto o in parte possibile. Tuttavia, il giudice può disporre che il risarcimento avvenga solo per equivalente, se la reintegrazione in forma specifica risulta eccessivamente onerosa per il debitore (art. 2058, 2° comma, c.c.).

In realtà, poiché tale norma è stata dettata in tema di illecito extracontrattuale, si è a lungo discusso circa la possibilità di applicarla anche con riferimento all'illecito contrattuale. Infatti, si è osservato che se la

Ambito di applicabilità dell'art. 2058 c.c.

prestazione fosse divenuta impossibile ovvero inutile per il creditore, il risarcimento non avrebbe potuto che essere per equivalente e corrispondere al valore del bene dovuto. Se, invece, la prestazione fosse stata ancora possibile, ne sarebbe seguito l'adempimento tardivo ovvero una realizzazione coattiva del diritto che, se condotta nelle forme dell'esecuzione forzata in forma specifica, avrebbe fatto conseguire al creditore esattamente il bene dovuto e non già un bene dello stesso genere, ma diverso, come accade invece nel caso di risarcimento in forma specifica.

Tuttavia, dottrina e giurisprudenza maggioritarie sono approdate alla conclusione di ritenere applicabile l'art. 2058 c.c. anche in materia contrattuale. In particolare, con riferimento all'appalto, è stato affermato che con l'azione di responsabilità di cui all'art. 1669 c.c. possono essere chiesti dal committente il risarcimento in forma specifica del danno patito e, quindi, la condanna dell'appaltatore ad eseguire le opere necessarie per l'eliminazione dei difetti di costruzione.

Responsabilità contrattuale e responsabilità extracontrattuale: il profilo soggettivo dell'inadempimento

Al di là di siffatta similitudine tra illecito contrattuale ed extracontrattuale, rilevanti sono le differenze che caratterizzano le due forme di responsabilità. Infatti, mentre in caso di inadempimento contrattuale non rileva se il debitore versi o meno in uno stato di colpa perché possa essere considerato responsabile, nell'art. 2043 c.c. il danneggiante sarà chiamato a risarcire i danni solo se abbia tenuto una condotta dolosa o almeno colposa.

La mora

Inoltre, se in caso di illecito extracontrattuale la mora è *ex re* (art. 1219, n. 1, c.c.), sul danneggiante, cioè, si produrranno gli effetti negativi della mora a partire dal momento in cui si è prodotto l'evento dannoso, in caso di illecito contrattuale, invece, per costituire in mora il debitore il creditore dovrà attivarsi personalmente (*mora ex persona*).

Il termine di prescrizione

Ulteriore differenza riguarda il termine di prescrizione dell'azione per far valere la responsabilità che si prescrive in cinque anni in caso di illecito extracontrattuale (art. 2947, 1° comma, c.c.) ed in dieci anni in caso di illecito contrattuale (art. 2946 c.c.).

L'onere della prova

Altra importantissima differenza riguarda l'onere della prova. Infatti, mentre nella responsabilità extracontrattuale sarà a carico del danneggiato dover dimostrare non solo il fatto illecito ma anche la colpa o il dolo del danneggiante (art. 2697 c.c.); di contro, nella responsabilità contrattuale sarà onere, non del creditore danneggiato, bensì del debitore dimostrare che l'inadempimento è dipeso da causa a lui non imputabile (art. 1218 c.c.).

La risarcibilità del danno non patrimoniale

A differenza dell'illecito contrattuale, poi, in caso di illecito extracontrattuale sarà risarcibile anche il danno morale soggettivo subito dal danneggiato; quel danno, cioè, a carattere non patrimoniale, consistente nel perturbamento dello stato d'animo del danneggiato che consegue all'illecito.

La prevedibilità del danno

Nel caso di inadempimento e di ritardo non dolosi il risarcimento è limitato al danno che, secondo un criterio di normale diligenza, poteva prevedersi al tempo in cui è sorta l'obbligazione (art. 1225 c.c.); mentre in caso di illecito extracontrattuale non sussiste tale limite, dal momento che l'art. 2056 c.c., sebbene espressamente richiami gli artt. 1223, 1226 e 1227 c.c., nessun riferimento fa all'art. 1225 c.c. Ovviamente, però, nel caso in cui l'inadempimento o il ritardo siano dipesi da un comportamento doloso del debitore, il risarcimento del danno comprenderà anche i danni imprevedibili proprio come avviene nella responsabilità aquiliana.

Il principio della causalità adeguata

I danni che possono essere risarciti sono solo quelli legati da un nesso di causalità adeguata con l'illecito. Sono risarcibili, cioè, soltanto i danni che, secondo il normale svolgimento dei fatti, possono essere considerati come conseguenza dell'inadempimento o del ritardo.

Così se un creditore riceve in ritardo dal proprio debitore un pagamento, può ottenere il risarcimento del danno per aver dovuto ricorrere ad un prestito, ma non può chiedere anche i danni conseguenti al suo fallimento.

La valutazione del danno

Quanto alla valutazione del danno, l'art. 1223 c.c. prevede che il risarcimento deve comprendere sia la perdita subita dal creditore (danno emergente), sia il mancato guadagno (lucro cessante), in quanto siano conseguenza immediata e diretta dell'illecito. Va risarcito, cioè, il c.d. interesse positivo. Il legislatore, in altri termini, intende ristabilire la medesima situazione che si sarebbe determinata se l'illecito non fosse stato commesso.

Concorso del fatto colposo del creditore

Ai sensi dell'art. 1227 c.c., poi, il risarcimento è diminuito, secondo la gravità della colpa e l'entità delle conseguenze che ne sono derivate, se il fatto colposo del creditore ha concorso a cagionare il danno mentre non è addirittura dovuto per i danni che il creditore avrebbe potuto evitare usando l'ordinaria diligenza.

La valutazione equitativa del danno

Se, però, il danno non può essere provato nel suo preciso ammontare, esso può essere liquidato dal giudice secondo equità (art. 1226 c.c.). Ciò non significa, però, che il danneggiato può astenersi dal provare l'evento lesivo e le sue componenti, in quanto la valutazione equitativa concerne unicamente la stima economica del danno sofferto.

Risarcimento del danno ed indennità

Ben diversa dal risarcimento del danno è, infine, la figura dell'indennità. Infatti, mentre il risarcimento presuppone un danno derivante da un fatto illecito, l'obbligo di pagare un'indennità presuppone un danno derivante da un fatto lecito. Inoltre, mentre il risarcimento può derivare in conseguenza di una serie indeterminata di fatti potenzialmente illeciti, l'obbligo di corrispondere un'indennità è ammesso solo nei casi previsti dalla legge.

4. *La clausola penale e la caparra*

Altri mezzi contrattuali che in un certo senso rafforzano la posizione del creditore sono costituiti dalla clausola penale e dalla caparra.

La clausola penale. Nozione e disciplina

Con la *clausola penale* (art. 1382 c.c.) il creditore e il debitore stabiliscono di comune accordo l'entità del danno che dovrà essere pagato nel caso di inadempimento o di ritardo nell'adempimento. Una volta verificatosi il ritardo o l'inadempimento, la penale sarà dovuta indipendentemente dalla prova del danno (art. 1382, 2° comma, c.c.).

Il c.d. divieto di cumulo

Il creditore, tuttavia, non può domandare insieme all'adempimento della prestazione principale anche la penale, a meno che questa sia stata pattuita per il semplice ritardo (art. 1383 c.c.).

La penale non è, naturalmente, dovuta se il ritardo o l'inadempimento siano dovuti a cause non imputabili al debitore.

Funzioni

La clausola penale, dunque, realizza due funzioni fondamentali. Per un verso, facilita la posizione del creditore il quale è esonerato dall'obbligo di dimostrare l'esistenza e l'ammontare dei danni che ha subìto in conseguenza del mancato adempimento; per l'altro, essendo di norma prevista in misura cospicua, costituisce mezzo di coazione sul debitore che è spinto ad adempiere se vuole evitare di dover pagare la penale.

Tale strumento, tra l'altro, può anche essere visto come un meccanismo che favorisce il debitore. Infatti, consentendo una liquidazione pattizia del danno, la clausola limita il risarcimento alla somma in essa stabilita anche se il danno subito dal creditore fosse maggiore. Tuttavia, può anche essere pattuita nella clausola la risarcibilità del danno ulteriore, ma in questo caso il creditore che pretende un risarcimento in misura superiore a quanto previsto nella penale deve dare la prova che il danno subito sia effettivamente maggiore.

Riduzione della penale

Ma il creditore non può abusare di tale strumento, sicché, ove essa sia manifestamente iniqua, nel senso che il suo ammontare sia eccessivo in rapporto all'interesse del creditore all'adempimento o nel senso che la prestazione principale è stata parzialmente adempiuta, il giudice può ridurla anche d'ufficio (art. 1384 c.c.).

Clausola penale e multa penitenziale

Diversa dalla clausola penale è la multa penitenziale che si ha quando la penale costituisce il corrispettivo per il recesso e non è pertanto conseguenza di un inadempimento. Qui la pattuizione attribuisce ad una o ad entrambe le parti la facoltà di recedere dal vincolo obbligatorio previa corresponsione di una somma di denaro da effettuare all'atto del recesso e prima che l'obbligazione abbia avuto un principio di esecuzione (art. 1373, 3° comma, c.c.).

La caparra confirmatoria

A differenza della clausola penale che può accompagnare qualsiasi obbligazione, la *caparra confirmatoria* (art. 1385 c.c.) può essere dedotta solo in un contratto a prestazioni corrispettive e serve a rafforzare l'intento di obbligarsi delle parti.

Nozione

Consiste in una somma di danaro o in una certa quantità di cose fungibili che una parte consegna all'altra parte contrattuale espressamente a titolo di caparra confirmatoria. Tale volontà deve essere chiaramente manifestata, altrimenti la somma data deve essere considerata come un semplice acconto sul prezzo.

Natura giuridica e funzione

Si tratta di una clausola caratterizzata dalla natura reale, in quanto occorre la consegna materiale della somma e la sua funzione è quella di rafforzare il vincolo contrattuale e di costituire un deterrente all'inadempimento. Non può essere, invece, prevista per contrastare il solo ritardo nell'adempimento.

Disciplina

Se colui che ha dato la caparra è inadempiente rispetto agli obblighi assunti col contratto, l'altra parte può dunque, oltre che recedere dal contratto, trattenere la caparra come risarcimento del danno. Il rafforzamento della posizione del creditore sta, dunque, nel fatto che se egli ritiene sufficiente la compensazione ottenuta con la somma incamerata, può evitare di iniziare costosi giudizi per la tutela in forma specifica o per equivalente del suo credito.

Nel caso, invece, in cui la parte che ha dato la caparra è adempiente, la somma così corrisposta viene naturalmente restituita oppure detratta dalla prestazione da effettuare.

Se, però, inadempiente è proprio la parte che ha ricevuto la caparra, l'altra potrà recedere dal contratto e chiedere la restituzione del doppio della stessa. Proprio come nel caso della clausola penale, dunque, il contraente che recede e trattiene la caparra, o ne richiede il doppio, non è tenuto a provare l'esistenza e l'ammontare del danno subito.

In alternativa al recesso il contraente che non è inadempiente conserva la facoltà di agire in giudizio per chiedere l'adempimento o la risoluzione del contratto e, in entrambi i casi, il risarcimento del danno qualora questi ammonti ad una somma maggiore a quella prevista nella caparra.

La caparra penitenziale

Diversa figura è, poi, la caparra penitenziale. Essa si ha quando nel contratto è prevista una clausola che, a fronte di una somma versata anticipatamente, attribuisce, ad una o ad entrambe le parti, la facoltà di recedere *ad nutum* dall'impegno assunto. In questa ipotesi la caparra versata funge da corrispettivo per il recesso.

Caparra penitenziale e multa penitenziale

Questa pattuizione si differenzia dalla multa penitenziale solo per il fatto che la somma di denaro viene corrisposta anticipatamente all'esercizio del diritto di recesso.

Disciplina

Conseguenza del recesso è che il recedente perde la caparra versata ovvero deve restituire il doppio della caparra ricevuta (art. 1386 c.c.), restando preclusa alla controparte la strada dell'esecuzione in forma specifica.

5. *La tutela sinallagmatica*

L'azione di adempimento

Ulteriore rimedio di carattere generale a tutela del credito è l'azione di adempimento mediante la quale il creditore può ottenere la condanna del debitore ad adempiere. Tale azione presuppone naturalmente che l'esecuzione della prestazione sia ancora possibile e che il creditore vi abbia ancora interesse.

Rimedi specifici a tutela del contratto sono, invece, quelli che tutelano la parte contrattuale nei contratti a prestazioni corrispettive.

La risoluzione del contratto

Uno di essi è rappresentato dalla risoluzione del contratto mediante la quale il creditore può sciogliersi dal vincolo contrattuale (artt. 1453 ss. c.c.).

La riduzione del prezzo

Altro rimedio è quello della riduzione del prezzo che consente al creditore di ridurre la sua prestazione proporzionalmente alla diminuzione del valore della controprestazione. Così, nel caso in cui la cosa compravenduta presenti dei vizi, il compratore potrà chiedere, a sua scelta, o la risoluzione del contratto o la riduzione del prezzo (art. 1492 c.c.).

La c.d. *exceptio inadimpleti contractus*

Altro rimedio, ancora, è quello dell'eccezione di inadempimento, che consente al creditore di sospendere l'adempimento della propria obbligazione, se l'altra parte non adempie o non offre di adempiere contemporaneamente la propria, salvo che termini diversi per l'adempimento siano stati stabiliti dalle parti o risultino dalla natura del contratto (art. 1460 c.c.).

CAPITOLO 57

LA RESPONSABILITÀ PATRIMONIALE ED IL SISTEMA DELLE GARANZIE

SOMMARIO: 1. La responsabilità patrimoniale. – 2. Garanzie reali e garanzie personali. – 3. La fideiussione ed il mandato di credito. – 4. La *par condicio creditorum* e le cause legittime di prelazione. – 5. I privilegi. – 6. Il pegno. – 7. L'ipoteca. – 8. La decadenza dal beneficio del termine. – 9. La surrogazione reale. – 10. Il divieto del patto commissorio.

1. *La responsabilità patrimoniale*

Nozione e disciplina

Per responsabilità patrimoniale s'intende lo stato di soggezione del patrimonio del debitore nei confronti del creditore. L'art. 2740, 1° comma, c.c. stabilisce, infatti, che il debitore risponde dell'adempimento delle obbligazioni con tutti i suoi beni presenti e futuri, dovendosi intendere che tale situazione di soggezione riguarda non solo i beni che esistevano nel patrimonio del debitore nel momento in cui egli è diventato tale, ma anche quelli che sono entrati a far parte solo successivamente del patrimonio dello stesso debitore.

Se, dunque, il creditore non riuscirà a soddisfare integralmente il proprio credito per carenza di beni da aggredire, potrà sempre in futuro agire aggredendo ulteriori beni che sopravvenissero nel patrimonio del debitore fino a concorrenza del dovuto.

La responsabilità patrimoniale come responsabilità illimitata

Secondo il principio contenuto nell'art. 2740, 2° comma, c.c., la responsabilità patrimoniale è illimitata, poiché solo la legge, e non l'autonomia dei privati, può prevedere limitazioni della stessa.

L'incapienza del patrimonio del debitore

Il risultato utile al creditore, costituito dal soddisfo sul ricavato dell'espropriazione, può in concreto essere ostacolato o addirittura vanificato dalla mancanza o insufficienza dei beni da assoggettare all'esecuzione, provocate, a volte, dal comportamento pregiudizievole del debitore.

Strumenti a tutela del credito

Il codice prevede, dunque, alcune misure atte a tutelare il credito, che si affiancano all'azione esecutiva connaturale ad esso. Alcune di queste sono di *stimolo* alla volontà del debitore affinché adempia (es. diritto di ritenzione); altre, invece, tendono in vario modo alla *conservazio-*

ne del suo patrimonio (azioni surrogatoria e revocatoria, sequestro conservativo).

Ma il risultato per il creditore può essere vanificato anche dal concorso di altri creditori, che pure intendano soddisfarsi sugli stessi beni e che hanno tutti un eguale diritto al riparto delle somme ricavate dalla vendita degli stessi, per il principio della *par condicio creditorum* (art. 2741 c.c.): il che può determinare il non soddisfacimento totale o parziale del creditore interessato, ove l'ammontare dei crediti concorrenti sia maggiore dell'attivo liquido realizzato con l'espropriazione.

Il principio della *par condicio creditorum*

In tal caso, la tutela del creditore può essere potenziata mediante la costituzione di garanzie personali o reali.

2. *Garanzie reali e garanzie personali*

La garanzia generica offerta dal debitore può, come detto, essere insufficiente. Se, infatti, vi sono molti creditori che aspettano di soddisfarsi sui beni del soggetto obbligato, le possibilità di utile recupero delle loro ragioni si assottigliano. Ed, infatti, i creditori hanno tutti eguale diritto perché a tutti è offerta la garanzia patrimoniale generica dei beni del debitore; sicché, in caso di inadeguatezza di questi ultimi a consentire il pagamento integrale dei debiti, i creditori potranno realizzare solamente una quota percentuale, per tutti di regola eguale, del loro credito.

Le garanzie reali come cause legittime di prelazione

Un rafforzamento della garanzia per il creditore è realizzato dalle cosiddette garanzie reali; esse sono il pegno e l'ipoteca, e costituiscono, insieme ai privilegi, *legittime cause di prelazione* (art. 2741 c.c.), in quanto attribuiscono al creditore il diritto di soddisfarsi con preferenza rispetto agli altri creditori detti *chirografari*, i quali potranno concorrere soltanto sulle somme che eventualmente residuino dopo che sia stato pagato integralmente il credito garantito.

Il c.d. diritto di sequela

Tali garanzie attribuiscono al creditore anche il c.d. *diritto di sequela*, e cioè la possibilità di espropriare il bene da esse gravato anche se sia stato venduto a terzi; proprio per tale caratteristica tipica dei diritti reali, il pegno e l'ipoteca sono qualificati appunto *garanzie reali*.

L'accessorietà

Essi in pratica sono rapporti capaci di vincolare un determinato bene all'esclusiva garanzia di un determinato creditore; possono essere costituiti su beni del debitore medesimo o anche di terzi cosiddetti *datori*. In quanto garanzie, sono anch'esse caratterizzate dall'*accessorietà*, sicché sono travolte dall'estinzione del rapporto garantito.

Le garanzie personali

Il creditore, per premunirsi rispetto a tale eventualità, può procurarsi anche delle *garanzie personali*. Queste non attribuiscono un diritto su un dato bene opponibile anche ai terzi acquirenti, né una preferenza nei confronti degli altri creditori, ma comportano che, in aggiunta al debitore, altro soggetto sia obbligato ad adempiere per l'ipotesi di inadempimento del primo.

Il terzo garante

Con esse si costituisce, in sostanza, un altro rapporto personale di natura obbligatoria con funzione di garanzia, avente per soggetto attivo il creditore stesso, ma per soggetto passivo non il debitore bensì un terzo, e cioè il garante.

Invero, anche quest'ultimo potrebbe, come il debitore principale, essere inadempiente ed incorrere anch'egli in responsabilità personale; ma in tal caso, il creditore avrà la possibilità di soddisfarsi non su uno, bensì su due patrimoni (quello del debitore principale e quello del garante); ed in questa ulteriore garanzia generica consiste appunto il vantaggio per il creditore, il quale, infatti, disporrà di una maggior sicurezza di realizzare il dovuto sia pur con gli stessi concreti limiti di efficacia della garanzia generica a carico del debitore, per l'analoga possibilità di mancanza, insufficienza, dispersione dei beni anche del garante.

3. *La fideiussione ed il mandato di credito*

La fideiussione

Tipico istituto che realizza la garanzia personale a carico di terzi è la *fideiussione* (artt. 1936-1957 c.c.).

L'accessorietà

Il rapporto che ne deriva e che vincola, accanto al debitore, anche un altro soggetto (fideiussore), è *accessorio*, perché diretto a garantire l'obbligazione principale senza la quale non potrebbe valere, per cui, ove manchi o si estingua l'obbligazione garantita, viene meno anche il rapporto di garanzia. Pertanto, la fideiussione non è valida se non è valida l'obbligazione principale, salvo che sia stata prestata per un'obbligazione assunta da un incapace (art. 1939 c.c.).

Limiti della fideiussione

Mentre la fideiussione può prestarsi per una parte soltanto del debito o a condizioni meno onerose, essa non può eccedere ciò che è dovuto dal debitore, né può essere prestata a condizioni più onerose. In caso contrario la garanzia fideiussoria è valida, ma nei limiti dell'obbligazione principale (art. 1941 c.c.).

Le eccezioni opponibili dal fideiussore

Alla stessa *ratio* risponde il disposto dell'art. 1945 c.c. secondo cui, tranne l'eccezione derivante dalla incapacità del debitore principale, il fideiussore può opporre al creditore tutte le altre eccezioni che spettano al debitore principale, compresa la compensazione del debito che il creditore ha verso il debitore principale.

La garanzia fideiussoria può nascere da un accordo tra il creditore ed il fideiussore anche all'insaputa o addirittura contro la volontà del debitore. Sarà, però, necessaria una volontà espressa, sebbene non consacrata in nessuna forma particolare, del fideiussore di garantire l'obbligazione del debitore.

Fideiussione ed accollo

È allora evidente la differenza con l'accollo, non solo perché il terzo raggiunge un accordo con il debitore e non con il creditore, ma anche in considerazione del fatto che quella del fideiussore è un'obbligazione accessoria, mentre l'accollo costituisce assunzione di un debito principale.

Struttura della fideiussione

Dal punto di vista strutturale, quindi, la fideiussione si configura come un contratto a favore di terzo (il creditore) concluso tra il garante ed il debitore oppure di un negozio unilaterale del fideiussore rifiutabile dal creditore.

L'oggetto

Relativamente all'oggetto, il fideiussore può garantire anche un debito condizionale o futuro. Nota nella pratica è la figura della fideiussione *omnibus* che si configura allorquando un soggetto, a fronte di un'apertura di credito in suo favore da parte della banca, offre a garanzia il patrimonio di un fideiussore che garantirà la banca per tutte le obbligazioni che il beneficiario del credito assumerà nei confronti della banca stessa. Tale particolare contratto è, quindi, destinato non alla garanzia di uno specifico debito, quanto piuttosto di tutti i debiti presenti e futuri del debitore verso la banca.

Liberazione del fideiussore per obbligazione futura

Tale operazione trova un suo limite nell'art. 1956 c.c., secondo cui il fideiussore per un'obbligazione futura è liberato se il creditore, senza speciale autorizzazione del fideiussore, ha fatto credito al terzo, pur conoscendo che le condizioni patrimoniali di questo erano divenute tali da rendere notevolmente più difficile il soddisfacimento del credito (art. 1956, 1° comma, c.c.).

A rafforzare tale forma di tutela per il fideiussore il legislatore, con legge n. 154 del 1992, ha introdotto un secondo comma all'articolo in questione, nel quale si stabilisce che non è più possibile concepire un contratto di fideiussione per debiti futuri nel cui interno vi sia una clausola di deroga alla previsione di cui al primo comma dell'art. 1956 c.c. e che escluda, quindi, la liberazione del fideiussore nel caso in cui la banca, senza speciale autorizzazione del garante, faccia credito al debitore, pur essendo a conoscenza della sua negativa situazione economica.

Tutela per il fideiussore di obbligazioni future

Ulteriore tutela prevista per il fideiussore che garantisce anche per le obbligazioni future è quella predisposta dall'art. 1938 c.c., secondo cui è necessaria la fissazione di un importo massimo garantito oltre il quale il fideiussore non risponde.

Le obbligazioni del fideiussore ed il c.d. *beneficium excussionis*

Fideiussore e debitore principale sono tenuti in solido al pagamento del debito (art. 1944, 1° comma, c.c.). Le parti, però, possono prevedere che il fideiussore non sia tenuto a pagare prima dell'escussione del debitore principale. In questa eventualità il creditore non può agire direttamente nei confronti del garante se prima non abbia esperito le azioni esecutive nei confronti del debitore principale e sempre che non si sia con ciò soddisfatto.

Ciononostante, ove il fideiussore venga convenuto dal creditore, al fine di valersi del beneficio dell'escussione, deve indicare i beni del debitore principale da sottoporre ad esecuzione (art. 1944, 2° comma, c.c.).

Il beneficio della divisione

Il vincolo della solidarietà passiva lega anche i garanti che abbiano prestato fideiussione per un medesimo debitore e a garanzia di un medesimo debito, a meno che non sia stata pattuita la clausola che prevede il beneficio della divisione (art. 1947 c.c.). In tal caso il debito si divide in tante parti quanti sono i fideiussori e ogni fideiussore può esigere che il creditore richieda solo la sua parte.

Scadenza dell'obbligazione principale

Il fideiussore rimane vincolato anche dopo la scadenza dell'obbligazione principale, purché il creditore entro sei mesi abbia proposto le sue istanze contro il debitore e le abbia diligentemente continuate (art. 1957, 1° comma, c.c.). Se, poi, il fideiussore ha espressamente limitato la sua fideiussione allo stesso termine dell'obbligazione principale, il termine, che il creditore ha per proporre e per continuare le proprie istanze contro il debitore, è ridotto a due mesi.

La surrogazione del fideiussore nei diritti del creditore e regresso contro il debitore principale o contro più debitori principali

Il fideiussore che ha pagato il debito è surrogato nei diritti del creditore (art. 1949 c.c.) ed ha azione di regresso nei confronti del debitore principale, benché questi non fosse consapevole della prestata fideiussione (art. 1950, 1° comma, c.c.). Se, poi, vi sono più debitori principali obbligati in solido, il fideiussore che ha garantito per tutti può esercitare l'azione di regresso nei confronti di ciascuno di essi per ripetere integralmente ciò che ha pagato (art. 1951 c.c.).

Divieto di agire contro il debitore principale

L'azione di regresso, però, non può essere esercitata dal fideiussore se questi ha omesso di avvisare il debitore del pagamento fatto, e quest'ultimo abbia ugualmente pagato il debito (art. 1952, 1° comma, c.c.). Inoltre, se il fideiussore ha pagato senza averne dato avviso al debitore principale, questi può opporgli le eccezioni che avrebbe potuto opporre al creditore all'atto del pagamento (art. 1952, 2° comma, c.c.). In entrambi i casi, comunque, è fatta salva al fideiussore l'azione per la ripetizione contro il creditore (art. 1952, 3° comma, c.c.).

Il rilievo del fideiussore

Il fideiussore può, peraltro, evitare i rischi derivanti dal dovere di agire in regresso agendo, anche prima di aver pagato, nei confronti del debitore affinché questi gli procuri la liberazione o, in mancanza, presti le garanzie necessarie per assicurargli il soddisfacimento delle eventuali ragioni di regresso quando il fideiussore stesso sia convenuto in giudizio per il pagamento; quando il debitore sia divenuto insolvente; quando il debitore si sia obbligato di liberarlo dalla fideiussione entro un tempo determinato; quando il debito sia divenuto esigibile per la scadenza del termine; quando siano decorsi cinque anni, e l'obbligazione principale non abbia un termine, purché essa non sia di tal natura da non potersi estinguere prima di un tempo determinato.

Estinzione della fideiussione e …

La fideiussione si estingue, oltre che per il venir meno dell'obbligazione principale, anche quando la surrogazione del fideiussore nei diritti, nel pegno, nelle ipoteche o nei privilegi del creditore non possa avere

... liberazione del fideiussore per fatto del creditore

effetto per fatto attribuibile al creditore (art. 1955 c.c.). Il fatto del creditore deve essere violativo di un dovere giuridico posto dalla legge o nascente dal contratto. Non è, quindi, sufficiente la semplice inerzia del creditore, né è rilevante l'eventuale maggiore difficoltà ad attuare il diritto di surroga per la diminuita consistenza del patrimonio del debitore.

L'avallo

Un'altra forma tipica di garanzia personale è prevista in materia di titoli di credito ed è costituita dall'avallo con cui si garantisce il pagamento di una cambiale (artt. 35-37 legge camb.) o di un assegno (artt. 28-30 legge ass.).

L'autonomia dell'obbligazione dell'avallante rispetto all'obbligazione garantita

Particolarità di questa forma di garanzia è rappresentata dall'autonomia dell'obbligazione dell'avallante rispetto all'obbligazione garantita, con la conseguenza che essa è valida anche se il rapporto principale fosse nullo per una qualsiasi causa che non sia un vizio di forma.

Lettera di gradimento o *lettre de patronage*

Diffusa nella prassi bancaria è, poi, la c.d. lettera di gradimento o *lettre de patronage* con cui un soggetto presenta un aspirante mutuatario alla banca che deve concedere il mutuo, fornendo notizie sul conto di tale soggetto e rassicurando l'istituto di credito sulla di lui serietà e solidità finanziaria ed economica.

Di regola la lettera si configura come una mera dichiarazione di scienza che acquista importanza agli occhi della banca per l'autorevolezza del soggetto che la firma. Quest'ultimo, tuttavia, sebbene non assuma nessun obbligo di garanzia nei confronti dell'aspirante mutuatario, ha, comunque, l'obbligo di non dichiarare il falso e di fornire notizie diligentemente controllate e vagliate. In caso contrario, infatti, potrebbe configurarsi un'ipotesi di dolo del terzo in grado di determinare l'annullamento del contratto, qualora il *patronnant* abbia avuto conoscenza della infondatezza delle notizie divulgate.

Il soggetto che ha rilasciato la lettera potrebbe, inoltre, incorrere in un'ipotesi di responsabilità extracontrattuale ed essere, quindi, chiamato a rispondere anche del risarcimento dei danni subiti dall'istituto bancario per aver fatto affidamento sulla solvibilità di un soggetto in realtà inaffidabile.

Il mandato di credito

Alla stessa funzione di garanzia personale assolve anche il mandato di credito. Per l'art. 1958, 1° comma, c.c., infatti, se una persona si obbliga verso un'altra, che le ha conferito l'incarico, a fare credito a un terzo, in nome e per conto proprio, quella che ha dato l'incarico risponde come fideiussore di un debito futuro.

Esempio di tale contratto può essere il caso in cui due genitori diano incarico ad una banca affinché questa apra un conto corrente in favore del loro figlio minorenne.

Effetti del mandato di credito

Chi ha accettato l'incarico non può rinunciarvi, ma chi l'ha conferito può revocarlo, salvo l'obbligo di risarcire il danno all'altra parte (art. 1958, 2° comma, c.c.).

Se dopo l'accettazione dell'incarico, le condizioni patrimoniali di colui che lo ha conferito o del terzo sono divenute tali da rendere notevolmente più difficile il soddisfacimento del credito, colui che ha accettato l'incarico non può essere costretto ad eseguirlo.

Sopravvenuta insolvenza del mandante o del terzo

4. *La* par condicio creditorum *e le cause legittime di prelazione*

Il principio della *par condicio creditorum* esprime la regola di carattere generale secondo cui se un debitore ha più creditori, questi hanno eguale diritto di essere soddisfatti sui beni del debitore (art. 2741, 1° comma, c.c.). Sì che, qualora più creditori abbiano promosso l'espropriazione forzata ed il ricavato della vendita non sia sufficiente a soddisfare integralmente le loro pretese, vi sarà una ripartizione del ricavato proporzionale all'ammontare dei corrispondenti crediti.

Il principio della *par condicio creditorum*

Se, pertanto, un creditore vanta un credito di 100 euro ed un altro creditore ne vanta uno di 50 euro nei confronti dello stesso debitore e dalla vendita dei beni di quest'ultimo si ricavano solo 135 euro, ciascun creditore subirà lo stesso sacrificio, e cioè il primo riceverà soltanto 90 euro ed il secondo soltanto 45, dovendo entrambi subire la medesima decurtazione del 10%.

Tuttavia, il principio della *par condicio creditorum* vale nei limiti in cui i singoli creditori riescano ad intervenire in tempo nella procedura esecutiva. Va ricordato, infatti, che di solito il debitore può soddisfare i propri creditori nell'ordine in cui essi si presentano, così come, sempre in via generale, i creditori hanno diritto di promuovere singolarmente le azioni esecutive individuali in presenza dell'inadempimento del loro debitore. Ciò comporta che, nel caso in cui la consistenza patrimoniale del debitore non sia sufficiente a soddisfare le pretese di tutti i creditori, i meno solleciti rimarranno insoddisfatti.

Liquidazione dei creditori: la procedura

A questi creditori non rimarrà che intentare una nuova procedura esecutiva su qualche bene scampato alla precedente procedura o su quelli che dovessero subentrare nel patrimonio del debitore.

Ad ogni modo, qualsiasi creditore può prendere l'iniziativa di aggredire il patrimonio del debitore per soddisfare il proprio credito, ma qualsivoglia altro creditore potrà intervenire nella procedura esecutiva intrapresa per far valere il proprio credito.

Il ricavato della vendita forzata dei beni del debitore sarà ripartito proporzionalmente ai rispettivi crediti tra tutti i creditori presenti nella procedura, a prescindere dal fatto che abbiano iniziato o siano intervenuti nella procedura stessa.

La parità di trattamento, in sostanza, si attuerà solo nell'ambito dei creditori che avranno diligentemente tutelato il proprio credito.

L'azione esecutiva collettiva

Nel caso in cui l'azione esecutiva è collettiva, come avviene nell'ipotesi delle procedure concorsuali (ad esempio il fallimento), è la stessa legge ad assicurare la parità di trattamento tra i creditori, atteso che in quel caso è vietato agire con l'azione esecutiva individuale e sarà compito di un soggetto terzo curare gli interessi di tutti i creditori.

Creditori privilegiati e creditori chirografari

Il principio della *par condicio creditorum* non è, però, assoluto; infatti, la legge prevede talune cause legittime di prelazione in presenza delle quali il creditore che ne sia titolare (c.d. creditore privilegiato) è preferito nel riparto della somma ricavata dalla vendita forzata dei beni del debitore, rispetto agli altri creditori che non ne possono vantare (c.d. creditori chirografari).

Concorso fra creditori

Quando esiste una causa legittima di prelazione, il creditore privilegiato non entra in concorso con i chirografari, ma ha diritto di far valere per intero il suo credito sul bene oggetto di prelazione. Su ciò che rimane concorreranno proporzionalmente gli altri creditori chirografari.

Il diritto di sequela

Il creditore che è munito di una causa di prelazione su uno specifico bene gode anche del c.d. diritto di sequela o di seguito sullo stesso bene, nel senso che egli può aggredirlo anche se il debitore lo abbia alienato a terzi. Il creditore chirografario, invece, per poter aggredire il bene fuoriuscito dal patrimonio del debitore, deve prima esercitare vittoriosamente l'azione revocatoria, non potendo iniziare la procedura esecutiva se il bene si trova nel patrimonio del terzo.

Le cause di prelazione sono previste dalla legge e rappresentano norme di diritto eccezionale rispetto alla regola della *par condicio creditorum*, in quanto tali insuscettibili di estensione analogica.

Le cause di prelazione

L'art. 2741, 2° comma, c.c. enumera, tra le cause di prelazione, i privilegi, il pegno e le ipoteche. Tali cause di prelazione rappresentano ipotesi tipiche per le quali la legge determina l'ordine da seguire tra i creditori preferiti sia tra le diverse cause di prelazione (artt. 2748, 2781 c.c.), sia nell'ambito della stessa causa di prelazione (artt. 2777 ss. e 2852 ss. c.c.).

La surrogazione dell'indennità alla *res*

Se la cosa soggetta a privilegio, pegno o ipoteca perisce o è deteriorata, il creditore perde la possibilità di esercitare il diritto di prelazione. Tuttavia, se il debitore si era assicurato contro i danni, si verifica un'ipotesi di surrogazione reale in virtù della quale l'impresa di assicurazione non potrà pagare l'indennità al debitore, ma dovrà pagarla ai creditori privilegiati secondo l'ordine di preferenza che a ciascuno di loro spetta (art. 2742 c.c.).

5. *I privilegi*

Fondamento e funzione

I privilegi sono accordati direttamente dalla legge in considerazione della natura di taluni crediti (art. 2745 c.c.) ritenuti meritevoli di una maggior tutela (es. crediti di lavoro, previdenziali, ecc.). In sostanza alcuni crediti sono considerati dal legislatore con particolare favore rispetto ad altri o perché si vuol consentire al debitore di ottenere più facilmente credito in relazione ad alcune spese ritenute indispensabili (ad esempio spese funebri), o perché tali crediti riguardano l'interesse finanziario dello Stato (crediti tributari) o per altre ragioni.

Il privilegio come qualità del credito

La loro fonte è dunque *legale* sicché essi, più che una garanzia, e cioè un rapporto autonomo strumentale rispetto a quello obbligatorio garantito, rappresentano una qualità del credito il quale nasce in effetti già assistito dal privilegio.

Eccezionalità delle norme sui privilegi

In considerazione dell'esistenza di una riserva di legge, l'autonomia privata non può creare figure di privilegi diverse da quelle previste dalle disposizioni legislative che, secondo la giurisprudenza, sono da considerare norme eccezionali, non suscettibili di applicazione analogica.

Privilegio legale e privilegio convenzionale

Sebbene le parti non possano creare altri privilegi oltre quelli stabiliti dalla legge, in qualche caso, la legge stessa condiziona l'esistenza del privilegio alla volontà delle parti, la quale viene così ad avere il ruolo di presupposto, più che di fonte, della relativa prelazione; ed in tale ipotesi si parla di *privilegio convenzionale*.

Il pegno legale

In altri casi, poi, la sua efficacia è subordinata al fatto che il creditore detenga presso di sé il bene oggetto della prelazione, come nel caso del privilegio dell'albergatore per il corrispettivo dei suoi servizi e somministrazioni, che può farsi valere sulle cose che i clienti hanno portato nell'albergo, a condizione che esse si trovino ancora presso l'albergatore: in tale ipotesi, per le evidenti somiglianze, si discorre anche di *pegno legale*.

La pubblicità come eventuale criterio di preferenza

La legge può anche subordinare il sorgere del privilegio a particolari forme di pubblicità, con la conseguenza che l'ordine di priorità dello stesso non dipende rigorosamente dalla valutazione legislativa della causa del credito, ma dalla priorità temporale in cui si è effettuata la richiesta pubblicità.

Tipi di privilegi

I privilegi garantiscono un determinato credito individuato dalla legge. Essi, dal punto di vista del bene oggetto di prelazione, possono però essere di vari tipi. Sono in particolare *mobiliari* o *immobiliari* a seconda del bene su cui si fanno valere; sono poi *speciali* quando la prelazione è attribuita sul ricavato dalla vendita di un determinato bene; sono *generali* allorché, invece, essa possa attuarsi su tutti i beni del debitore.

Privilegio generale e privilegio speciale

Il privilegio generale si esercita su tutti i beni mobili del debitore, mentre il privilegio speciale su determinati beni mobili o immobili. Solo eccezionalmente la legge prevede anche il privilegio generale immobiliare, come nel caso di crediti per le imposte sui redditi immobiliari (art. 2771, 1° comma, c.c.).

Efficacia del privilegio generale

Il privilegio generale non costituisce un diritto soggettivo, ma un modo di essere o una qualità del credito e non attribuisce il diritto di *sequela*. In particolare, il privilegio generale sui mobili, mancando di ogni forma di pubblicità, non può esercitarsi in pregiudizio dei diritti spettanti ai terzi sui mobili che ne formano oggetto, fatti salvi gli effetti dell'opponibilità del pignoramento.

Efficacia del privilegio speciale

Il privilegio speciale, invece, costituisce un diritto reale di garanzia ed è per questo che esso è munito anche del diritto di sequela. Così dispone l'art. 2747 c.c. a riguardo dei privilegi mobiliari, ma la norma viene applicata anche a quelli speciali immobiliari.

Il privilegio speciale, inoltre, può farsi valere anche in danno di terzi acquirenti dei beni su cui essi gravano. Pertanto, chi acquista la cosa dopo che è già sorto il privilegio deve subirlo, sempre che sussista la particolare situazione di fatto alla quale è subordinato, situazione che rende socialmente conoscibile il fatto costitutivo del privilegio. Si pensi, ad esempio, all'ipotesi disciplinata dall'art. 2756, 1° comma, c.c. secondo cui i crediti per le prestazioni e le spese relative alla conservazione o al miglioramento di beni mobili hanno privilegio sui beni stessi, purché questi si trovino ancora presso chi ha fatto le prestazioni o le spese.

Il credito assistito da privilegio speciale risente delle vicende che interessano la cosa sulla quale il privilegio grava. Così il perimento totale o parziale della cosa incide sul privilegio speciale, perché le vicende che riguardano quel bene determinato incidono sul privilegio, estinguendolo o riducendolo proporzionalmente. Qualora sorga in capo al proprietario il diritto ad un'indennità per la perdita o la diminuzione di valore della cosa, le relative somme sono destinate al pagamento dei crediti privilegiati.

L'ordine dei privilegi

Ove due crediti privilegiati vengano fatti valere sul medesimo bene, il concorso dei creditori è regolato, non in base all'anteriorità del credito, ma in virtù di un ordine che è stabilito dalla legge, la quale, in considerazione del rilievo e della tutela accordata a ciascuno dei crediti concorrenti, sancisce quale dia diritto alla soddisfazione privilegiata rispetto all'altro.

Le disposizioni che regolano tale aspetto sono quelle degli artt. 2777 ss. c.c. che appunto riguardano l'*ordine dei privilegi*. Di norma il privilegio speciale prevale rispetto a quello generale; tuttavia, esistono privilegi generali che, per la loro valenza sociale, vengono anteposti a quelli speciali.

Il concorso di crediti ugualmente privilegiati

Se i crediti hanno pari privilegio, come nel caso, ad esempio, del credito vantato da due professionisti nei confronti dello stesso cliente, essi concorreranno tra loro in proporzione del rispettivo importo (art. 2782 c.c.).

Efficacia del privilegio speciale rispetto al pegno ed alle ipoteche

Il concorso del credito privilegiato con altri crediti assistiti da pegno e ipoteca è, invece, disciplinato dall'art. 2748 c.c., secondo cui, salvo che la legge non disponga diversamente (ad es. art. 2770 c.c.), il credito garantito da pegno prevale su quello assistito da privilegio speciale mobiliare; viceversa, quello assistito da privilegio speciale immobiliare prevale sul credito ipotecario.

Quest'ultima regola si giustifica col fatto che il privilegio immobiliare di regola qualifica un credito nato in relazione ad attività che valorizzano il bene, mentre l'ipoteca incide sul valore di scambio dell'immobile stesso.

Se, poi, un privilegio prevale sul pegno, prevarrà anche su altri privilegi posposti al pegno, pur se essi siano di grado anteriore. In sostanza, la prevalenza rispetto al pegno comporta automaticamente una prevalenza anche rispetto ai privilegi posposti al pegno, pur se ciò dovesse comportare l'inosservanza del principio secondo cui i privilegi sono graduati secondo un rigoroso ordine progressivo che ne determina la prevalenza dell'uno rispetto all'altro.

In taluni casi la legge prevede che, a seguito di un'infruttuosa esecuzione, il credito assistito da privilegio generale mobiliare possa essere soddisfatto sussidiariamente sul prezzo ricavato dalla vendita degli immobili di proprietà del debitore, con preferenza rispetto ai creditori chirografari dello stesso.

In tal caso il privilegio generale non diviene immobiliare perché si esercita sul bene mobile denaro. Di conseguenza il creditore non ha diritto di sequela nei confronti dei terzi che hanno acquistato diritti sull'immobile ed è tutelato sussidiariamente nei confronti di chi ha iscritto ipoteca o è divenuto titolare di un privilegio speciale sull'immobile prima che la collocazione sussidiaria possa essere esercitata.

6. *Il pegno*

Nozione ed oggetto

Il pegno è una garanzia reale che conferisce al creditore garantito (c.d. *pignoratizio*) la prelazione e la sequela su un bene mobile di proprietà del debitore o di un terzo datore (*costituente*). Per la precisione, ai sensi dell'art. 2784, 2° comma, c.c., possono essere oggetto di pegno non solo i beni mobili, ma anche le universalità di mobili, i crediti e altri diritti aventi per oggetto beni mobili.

Funzione e disciplina

Per effetto del pegno la cosa resta riservata al futuro soddisfacimento del creditore e costui, in caso d'inadempimento dell'obbligazione, al fine di conseguire quanto gli è dovuto, ai sensi dell'art. 2796 c.c., può far vendere la cosa ricevuta in pegno secondo le forme stabilite dall'art. 2797 c.c., od anche domandare al giudice che la cosa gli venga assegnata in pagamento fino alla concorrenza del debito, secondo la stima da farsi con perizia o secondo il prezzo corrente, se la cosa ha un prezzo di mercato (v. art. 2798 c.c.).

La procedura di vendita della cosa ricevuta in pegno

La procedura è semplificata rispetto a quella prevista per le normali vendite giudiziarie dei beni espropriati; anzi, le parti possono anche stabilire al riguardo modalità particolari (art. 2797, 4° comma, c.c.). Unico limite è costituito dal divieto del patto commissorio (v. *infra*).

Il diritto di sequela

Il creditore, una volta che la cosa sia stata venduta, ha diritto di soddisfarsi sul ricavato della vendita con prelazione rispetto agli altri creditori e ciò anche se la cosa sia passata in proprietà di terzi (diritto di seguito o di sequela).

La vendita anticipata

Se la cosa data in pegno si deteriora in modo da far temere che essa divenga insufficiente alla sicurezza del creditore, questi, previo avviso a colui che ha costituito il pegno, può in ogni momento chiedere al giudice l'autorizzazione alla vendita, con accantonamento del ricavato a garanzia del credito. Eguale diritto ha il costituente sia in caso di deterioramento o diminuzione del valore, sia di favorevole occasione che permetta di realizzare dalla cosa un prezzo vantaggioso (art. 2795 c.c.).

Accessorietà del pegno ed eccezioni opponibili dal debitore del credito dato in pegno

Come tutti i rapporti di garanzia il pegno ha natura accessoria, sicché se è invalido il rapporto principale, esso risulta privo di causa e, nel caso di pegno di crediti, il debitore viene autorizzato ad opporre al creditore pignoratizio le eccezioni che avrebbe potuto opporre al suo creditore (art. 2805 c.c.).

Natura giuridica del pegno e modalità di costituzione

Il pegno si costituisce con apposito contratto tra il creditore e il proprietario del bene oggetto della garanzia che si perfeziona con la consegna della cosa al creditore o ad un terzo designato dalle parti sicché si configura come *contratto reale*.

La funzione pubblicitaria dello spossessamento del debitore

Lo spossessamento del debitore realizza una funzione di pubblicità perché impedisce che altri creditori possano fare legittimo affidamento sulla garanzia offerta dal bene pignorato e assicura allo stesso tempo il creditore rispetto ad eventuali atti di sottrazione del bene.

Forma

Per la costituzione del diritto è, inoltre, necessario che l'accordo sia riversato in *atto scritto* avente data certa, la quale contenga sufficiente indicazione del credito e della cosa, se il valore del credito garantito ecceda la somma di euro 2,58 (art. 2787, 3° comma, c.c.).

La prelazione del creditore pignoratizio e la rivendicazione della cosa

Il possesso condiziona non soltanto la nascita, ma anche la persistenza della garanzia; ed infatti il creditore munito di pegno ha diritto di farsi pagare con prelazione sulla cosa ricevuta in pegno, purché questa sia rimasta in suo possesso o presso il terzo designato dalle parti (v. art. 2787, 1° e 2° comma, c.c.). Egli inoltre può esercitare tutte le azioni a difesa del possesso della cosa, ove l'abbia perduto, nonché l'azione di rivendicazione se questa spetta al costituente (v. art. 2789 c.c.).

Il divieto di uso e di disposizione della cosa

Il pegno, tuttavia, non può attribuire poteri che vanno al di là della funzione di garanzia e, pertanto, il creditore non può, senza il consenso del costituente, usare della cosa, salvo che l'uso sia necessario per la sua conservazione, né concederne ad altri il godimento (art. 2792 c.c.). È vietato il subpegno, ossia il pegno che abbia per oggetto un altro diritto di pegno (art. 2792 c.c.), perché il creditore pignoratizio non può disporre della cosa che ha ricevuto in pegno e quindi non può darla, a sua volta, in pegno.

Se il creditore abusa della cosa, violando tali divieti, il debitore può ottenere il sequestro della cosa stessa (art. 2793 c.c.). Peraltro il creditore può far suoi i frutti della cosa, imputandoli prima alle spese e agli interessi e poi al capitale (art. 2791 c.c.).

Il sequestro della cosa ed il pegno di cosa fruttifera

Il creditore è tenuto a custodire la cosa ricevuta in pegno e risponde, secondo le regole generali, della perdita e del deterioramento di essa (art. 2790 c.c.). Egli è, altresì, tenuto a restituire la cosa quando il debito è stato interamente pagato (art. 2794 c.c.).

Obblighi del creditore pignoratizio

Il pegno è *indivisibile* e garantisce il credito finché questo non è integralmente soddisfatto, anche se il debito o la cosa data in pegno sono divisibili (art. 2799 c.c.).

L'indivisibilità del pegno

Il debitore ha diritto di non versare la somma dovuta se il creditore non restituisce la cosa ovvero non ne dimostra il perimento dovuto a causa a lui non imputabile.

Il pegno può avere ad oggetto anche crediti e in questo caso il creditore pignoratizio sarà tenuto a riscuotere, alla scadenza, il credito ricevuto in pegno e, se questo ha per oggetto danaro o altre cose fungibili, deve, a richiesta del debitore, effettuarne il deposito nel luogo stabilito d'accordo o altrimenti determinato dall'autorità giudiziaria (art. 2803, prima parte, c.c.).

Il pegno di crediti e la relativa riscossione

Se ad essere scaduto sia, oltre al credito oggetto di pegno, anche il credito vantato dal creditore pignoratizio nei confronti del debitore, il creditore pignoratizio, una volta riscosso il credito, potrà trattenere dal denaro ricevuto quanto è a lui dovuto e restituire l'eventuale residuo al costituente o, se si tratta di cose diverse dal denaro, può farle vendere o chiederne l'assegnazione (art. 2803, seconda parte, c.c.).

Prima della scadenza del credito oggetto di pegno il creditore pignoratizio è tenuto a riscuotere gli interessi del credito e le altre prestazioni periodiche, imputandone l'ammontare in primo luogo alle spese e agli interessi e poi al capitale, nonché a compiere gli atti conservativi del credito, come, ad esempio, l'interruzione della prescrizione (art. 2802 c.c.).

Riscossione degli interessi e delle prestazioni periodiche

Il debitore del credito dato in pegno può opporre al creditore pignoratizio le eccezioni che gli spetterebbero contro il proprio creditore. Tuttavia, se egli ha accettato senza riserve la costituzione del pegno, non può opporre la compensazione verificatasi anteriormente.

Eccezioni opponibili dal debitore del credito dato in pegno

Il debitore del credito oggetto di pegno può opporre al creditore pignoratizio le eccezioni relative alla validità ed efficacia del pegno, mentre non può opporgli, in compensazione, un eventuale credito nei suoi confronti perché difetterebbe la reciprocità del rapporto obbligatorio.

Per il pegno di un credito occorrono, ai fini della prelazione, l'atto scritto e la notifica della costituzione al debitore o la sua accettazione con un atto di data certa (art. 2800 c.c.). Pertanto in questa ipotesi non è necessario lo spossessamento la cui funzione, e cioè rendere socialmente conoscibile il vincolo della prelazione, è svolta dalla notificazione al debitore.

Condizioni della prelazione nel pegno di crediti

Il pegno su un credito futuro

Si discute in dottrina se sia ammissibile un pegno su un credito futuro. Il dubbio si pone in considerazione del fatto che la cosa non potrebbe essere consegnata al momento della conclusione del contratto in quanto non ancora esistente.

Invero, tale figura viene ammessa solo se sussiste, nel momento in cui il pegno si costituisce, il rapporto giuridico dal quale il credito garantito potrà nascere e non già se tale rapporto potrà eventualmente nascere in futuro tra le parti.

Il pegno su cosa indivisa

Ammissibile è pure il pegno su cosa indivisa, cioè su cosa di non esclusiva proprietà del concedente. In quest'ipotesi il pegno, finché non sia intervenuta la divisione, grava sulla quota e lo spossessamento è possibile soltanto con il consenso di tutti i condòmini.

Il c.d. pegno irregolare

Assai discussa è la figura del c.d. pegno irregolare. Talvolta nella prassi, a garanzia del soddisfacimento di un credito (spesso eventuale come i canoni di locazione che eventualmente il conduttore non dovesse pagare) dal debitore vengono consegnate al creditore cose fungibili (normalmente denaro). Qualora, poi, il credito dovesse effettivamente sorgere (come nel caso in cui l'inquilino non dovesse pagare alcune mensilità del canone), il creditore ha la possibilità di compensare il credito che vanta in tutto o in parte con la somma ricevuta in pegno.

Se, invece, il debitore sarà adempiente, il creditore pignoratizio sarà tenuto a restituire una cosa dello stesso genere e qualità (*tantundem eiusdem generis et qualitatis*), dal momento che al creditore passa la proprietà della quantità di cose fungibili ricevuta in pegno. A rigore, quindi, nell'ipotesi esaminata, si è fuori dalla fattispecie del pegno che dà luogo, invece, ad un diritto reale su cosa determinata della quale il creditore non acquista la proprietà, tant'è che non può disporne.

Il c.d. pegno rotativo

Un cenno merita anche la figura del pegno cd. rotativo che assume particolare rilevanza per la duttilità a conformarsi alle esigenze dei rapporti di finanziamento e della rapidità dei traffici commerciali. Difatti, attraverso il patto rotativo, accessorio al contratto costitutivo di pegno, le parti si accordano per sostituire l'oggetto della garanzia determinando, in concreto, l'immissione e l'estromissione di beni nel corso dell'esecuzione del rapporto, senza che si determini il sorgere di un nuovo diritto di garanzia. Vale segnalare che la validità del patto passa attraverso l'individuazione di alcune condizioni quali l'opponibilità del vincolo pignoratizio solo dal momento in cui vi sia stata effettivamente la sostituzione della cosa e l'atto avente data certa da cui risulti la sostituzione.

Il pegno mobiliare non possessorio

Con l'art. 1 del d.l. 3 maggio 2016, n. 59, conv. con mod. nella legge 30 giugno 2016, n. 119, trova ingresso nel nostro ordinamento il pegno mobiliare non possessorio, una peculiare ipotesi di garanzia reale mobiliare a tutela dei crediti di impresa.

A differenza della generale figura di pegno regolata dagli artt. 2786 ss. c.c., che impone al debitore la consegna della cosa (o del documento che conferisce l'esclusiva disponibilità della cosa) al creditore, il nuovo istituto permette al soggetto costituente la garanzia, ove non diversamente disposto nel contratto, di continuare ad utilizzare il bene, nel rispetto della sua destinazione economica, nonché di disporne; in quest'ultimo caso, il pegno si trasferisce al prodotto risultante dalla trasformazione, al corrispettivo della cessione del bene gravato o al bene sostitutivo acquistato con tale corrispettivo, senza che ciò comporti la costituzione di una nuova garanzia. La nuova figura del pegno mobiliare non possessorio può essere costituito dagli imprenditori iscritti nel registro delle imprese su beni mobili destinati all'esercizio dell'impresa, ad esclusione dei beni mobili registrati; tali beni mobili possono essere esistenti o futuri, determinati o determinabili, anche con riferimento ad una o più categorie merceologiche o ad un valore complessivo.

La peculiare caratteristica del nuovo istituto, e dunque il tratto differenziale più marcato rispetto alla disciplina generale del pegno, è rappresentata dal venir meno dello spossessamento. La *ratio* è quella di agevolare l'imprenditore nell'accesso al credito, introducendo una nuova forma di garanzia senza tuttavia pregiudicare il regolare esercizio della sua attività.

Estinzione

Infine, il pegno si estingue di regola con l'estinzione dell'obbligazione garantita, ma anche per rinuncia alla garanzia da parte del creditore pignoratizio, a seguito del perimento della cosa oggetto di pegno o dell'estinzione del diritto gravato dalla garanzia.

7. *L'ipoteca*

Nozione e specialità della garanzia

Con l'ipoteca il creditore acquista una garanzia reale su un determinato bene immobile del debitore o di un terzo (datore d'ipoteca), in quanto, come nel pegno, non sono ammesse ipoteche generali, cioè su beni non specificamente individuati.

Effetti

Il bene rimane nella disponibilità del proprietario, ma il creditore può, in caso di inadempimento, soddisfarsi con prelazione rispetto agli altri creditori sul ricavato della sua vendita, previo l'esperimento delle azioni di esecuzione da attuarsi nei modi ordinari.

Diritto di sequela

Anche l'ipoteca è un diritto reale sicché attribuisce al creditore il *diritto di sequela*.

Oggetto d'ipoteca

Possono essere oggetto di ipoteca gli immobili che sono in commercio con le loro pertinenze, i mobili registrati (navi, aeromobili, automobili) e le rendite dello Stato. In virtù del principio in base al quale la cosa accessoria segue il destino della cosa principale, l'ipoteca si estende ai miglioramenti, alle costruzioni e alle altre accessioni dell'immobile ipotecato (art. 2811 c.c.).

L'ipoteca a garanzia di obbligazioni all'ordine o al portatore

Possono essere garantite da ipoteca anche obbligazioni risultanti da titoli all'ordine o al portatore. In caso di titoli all'ordine, l'ipoteca viene iscritta a favore dell'attuale possessore e si trasmette ai successivi possessori che non sono tenuti ad effettuare l'annotazione sul titolo (art. 2831, 1° comma, c.c.). Per i titoli al portatore, invece, l'art. 2831, 2° comma, c.c. prevede che l'ipoteca a favore degli obbligazionisti sia iscritta con l'indicazione dell'emittente, della data dell'atto di emissione, della serie, del numero e del valore delle obbligazioni.

L'ipoteca su beni indivisi

L'ipoteca può essere costituita anche su un bene in comunione. In questo caso la garanzia può essere concessa da tutti i condòmini sull'intero bene o dal singolo comproprietario sulla propria quota.

Ai sensi dell'art. 2825, 1° comma, c.c. l'ipoteca costituita sulla propria quota da uno dei partecipanti alla comunione produce effetto rispetto a quei beni o a quella porzione di beni che a lui verranno assegnati in divisione. Allo scopo, però, di evitare che la garanzia si risolva nel nulla quando al costituente, in sede di divisione, siano attribuiti beni diversi da quelli sopra i quali era costituita ipoteca contro di lui, la legge prevede un trasporto dell'ipoteca. Al fine di consentire tale surroga reale è necessario procedere ad una nuova iscrizione dell'ipoteca entro novanta giorni dalla divisione.

Possono formare oggetto di ipoteca anche i diritti reali di godimento su beni immobili ad eccezione delle servitù (art. 2810 c.c.).

Ipoteca e diritti reali di godimento su beni immobili

In caso di ipoteca costituita sull'usufrutto, la garanzia si estingue col cessare dell'usufrutto (art. 2814, 1° comma, c.c.). Se si tratta di ipoteca costituita sulla nuda proprietà, l'estinzione dell'usufrutto determina, per il principio dell'elasticità del dominio, l'acquisto della proprietà piena a favore di chi ha concesso l'ipoteca e conseguentemente l'ipoteca si estende alla proprietà piena (art. 2814, 2° comma, c.c.).

Nell'ipotesi in cui, invece, l'ipoteca sia costituita su un diritto di enfiteusi, in caso di affrancazione, l'ipoteca gravante sul diritto dell'enfiteuta si estende alla piena proprietà, mentre l'ipoteca gravante sul diritto del concedente si risolve sul prezzo dovuto per l'affrancazione. Di converso, in caso di devoluzione o di cessazione del diritto di enfiteusi per decorso del termine o per avveramento della condizione risolutiva, le ipoteche gravanti sull'enfiteusi si risolvono sul prezzo dovuto per i miglioramenti.

Solo quando l'enfiteusi si estingue per prescrizione, si estingue anche l'ipoteca che grava sul bene nei limiti del valore riferibile all'enfiteusi. La riunione, in capo allo stesso soggetto, del diritto del concedente e di quello dell'enfiteuta per cause diverse da quelle sopra indicate lascia (ad esempio successione *mortis causa*) in vita le due diverse ipoteche gravanti sui diritti un tempo distinti; ma se esisteva una sola ipoteca sull'uno o sull'altro diritto, l'ipoteca si estende alla piena proprietà (art. 2815 c.c.).

Quanto all'ipoteca gravante sul diritto di superficie, occorre precisare che la devoluzione della superficie al proprietario del suolo, in caso di decorso del termine, comporta l'estinzione dell'ipoteca costituita sul diritto di superficie; ma se il superficiario ha diritto a un corrispettivo, l'ipoteca iscritta contro di lui si risolve sul corrispettivo medesimo. La devoluzione non estende, invece, alla superficie l'ipoteca iscritta sul suolo (art. 2816 c.c.).

L'indivisibilità dell'ipoteca

Caratteristica tipica dell'ipoteca è l'*indivisibilità*. Ai sensi dell'art. 2809, 2° comma, c.c., infatti, essa sussiste per intero sopra tutti i beni vincolati, sopra ciascuno di essi e sopra ogni loro parte. Ciò significa che, se a garanzia di un solo credito sono ipotecati più beni, il creditore può a sua scelta espropriare uno qualsiasi di essi e soddisfarvi l'intero credito. E, se il fondo sul quale è concessa ipoteca viene diviso, può essere espropriata parte di esso sempre per il soddisfacimento dell'intero credito. Inoltre, l'ipoteca resta a garantire il credito fino a quando non sia totalmente estinto. Pertanto, essa continua a sussistere anche se il debitore ha pagato una parte soltanto del debito.

Il diritto di sequela

L'ipoteca *segue* il bene, dunque, abilita il creditore anche ad agire nei confronti del terzo acquirente, limitatamente al bene ipotecato, per soddisfare la sua pretesa. Occorre precisare, tuttavia, che il creditore ipotecario prevale nei confronti del terzo acquirente solo se abbia iscritto l'ipoteca prima che il terzo abbia trascritto il suo atto di acquisto. Il conflitto tra creditore e terzo è, infatti, risolto sulla base della priorità della domanda di iscrizione o di trascrizione e non sulla base dell'anteriorità della data dei relativi titoli.

Facoltà del terzo acquirente

Il terzo acquirente, ove assoggettato ad esecuzione, se ha trascritto il suo titolo di acquisto e non è personalmente obbligato, può, innanzitutto, pagare il debito garantito e, dunque, evitare l'espropriazione, qualora naturalmente l'importo dei crediti sia inferiore al valore dei beni ipotecati.

Termine ed esecuzione del rilascio

Il terzo acquirente può, inoltre, rilasciare il bene ai creditori con un'apposita dichiarazione resa presso la cancelleria del Tribunale competente per l'espropriazione in maniera che quest'ultima non avvenga contro di lui, ma contro l'amministratore dei beni nominato dallo stesso tribunale in seguito alla dichiarazione di rilascio (art. 2861 c.c.).

La c.d. purgazione della mora

Infine, il terzo può decidere di liberare il bene dalle ipoteche attraverso la c.d. purgazione delle ipoteche, cioè attraverso l'offerta al creditore o ai creditori ipotecari di una somma pari al prezzo d'acquisto del bene, o pari al valore dello stesso da lui dichiarato, se si tratta di beni acquistati a titolo gratuito. Se nessun creditore offre di acquistare il bene per un prezzo superiore di almeno un decimo a quello offerto dal terzo acquirente, il bene è liberato dall'ipoteca in seguito al pagamento della somma offerta dal terzo acquirente (artt. 2889 e 2890 c.c.).

Diritti del terzo nei confronti del debitore e di altri terzi acquirenti

Il terzo acquirente, che abbia pagato i creditori iscritti ovvero abbia rilasciato l'immobile o sofferto l'espropriazione, può essere indennizzato dal suo dante causa, anche se si è trattato di acquisto a titolo gratuito (art. 2866, 1° comma, c.c.). Egli ha pure diritto di subingresso nelle ipoteche costituite a favore del creditore soddisfatto sugli altri beni del debitore. Se questi, però, sono stati acquistati da terzi, egli può agire solo contro coloro i quali hanno trascritto il loro acquisto dopo la trascrizione del suo titolo (art. 2861, 2° comma, c.c.).

Il terzo datore d'ipoteca

Differente dalla posizione del terzo acquirente è quella del terzo datore d'ipoteca, il quale non assume nessuna obbligazione nei confronti del creditore ipotecario e, pertanto, non può essere condannato ad adempiere alcuna obbligazione nascente dal rapporto garantito.

Il beneficio di escussione

Il terzo datore, al fine di evitare l'esecuzione forzata sul suo bene, può solo pagare i creditori ipotecari. Infatti, egli non può invocare il beneficio della preventiva escussione del debitore, a meno che tale beneficio non sia stato espressamente convenuto (art. 2868 c.c.).

Diritti del terzo datore che ha pagato i creditori iscritti o che ha sofferto l'espropriazione

Naturalmente, il terzo datore che subisce l'esecuzione forzata o paga i creditori garantiti ha diritto di regresso nei confronti del debitore e può surrogarsi nell'ipoteca del creditore che si è soddisfatto a suo danno (art. 2871 c.c.).

Eccezioni opponibili dal terzo acquirente ed eccezioni opponibili dal terzo datore

Sia il terzo acquirente che il terzo datore d'ipoteca, se non hanno preso parte al giudizio in cui è stato condannato il debitore, possono far valere, nei confronti del creditore, le eccezioni non fatte valere dal debitore o quelle spettanti a quest'ultimo dopo la condanna (artt. 2859 e 2870 c.c.).

Costituzione e luogo dell'ipoteca

L'ipoteca si costituisce mediante *iscrizione* del titolo, e cioè dell'atto che dà diritto alla sua istituzione, nei registri immobiliari (art. 2808 c.c.) del luogo in cui si trova l'immobile (art. 2827 c.c.).

La c.d. pubblicità costitutiva

L'iscrizione è una forma di pubblicità che condiziona la stessa esistenza della garanzia, sicché essa, a differenza della trascrizione che incide solo sul profilo dell'opponibilità ai terzi dell'atto (pubblicità dichiarativa), ha natura c.d. *costitutiva* perché completa la fattispecie che determina appunto la nascita del diritto.

La pubblicità costitutiva, tuttavia, non sana i vizi di cui sia eventualmente affetto l'atto di concessione d'ipoteca. Pertanto, se il negozio costitutivo, o titolo di concessione dell'ipoteca, è nullo o annullabile, anche l'iscrizione è nulla o annullabile. Ad ogni modo, l'iscrizione d'ipoteca eseguita in virtù di un titolo annullabile rimane convalidata con la convalida del titolo (art. 2824 c.c.).

L'ipoteca iscritta in base ad un titolo annullabile

Titoli costitutivi dell'ipoteca

I titoli costitutivi dell'ipoteca sono di tre tipi: *a*) *legale*; *b*) *giudiziale*; *c*) *volontario*.

L'*ipoteca* è *legale* quando è direttamente la legge a stabilire, senza o anche contro la volontà del debitore, a quale creditore competa, per la garanzia di quale credito e su quali beni. Essa è riconosciuta all'alienante sui beni alienati ed a garanzia del pagamento del prezzo nella compravendita di immobili (art. 2817, n. 1, c.c.) e di autoveicoli (art. 2, r.d.l. n. 436 del 1927), e ai coeredi, ai soci e agli altri condividenti per il pagamento dei conguagli sopra gli immobili assegnati ai condividenti ai quali incombe l'obbligo di pagare il conguaglio in conseguenza del fatto che il valore del bene ricevuto è maggiore della rispettiva quota (art. 2817, n. 2, c.c.). Il codice prevede, poi, un'ulteriore ipotesi: l'ipoteca a favore dello Stato sui beni dell'imputato. Essa, tuttavia, non è più attuale perché implicitamente abrogata dall'art. 218 disp. coor. c.p.p.

L'ipoteca legale

La previsione di legge non è, però, sufficiente a costituire l'ipoteca; è necessaria l'iscrizione che avviene d'ufficio ad opera del Conservatore dei registri immobiliari, il quale vi provvede allorché trascriva l'atto di alienazione o di divisione, e salvo che sia provato che gli obblighi di pagare il prezzo o il conguaglio sono stati adempiuti o che vi sia stata rinunzia all'ipoteca da parte dell'alienante o del condividente (art. 2834 c.c.).

Per meglio garantire l'alienante ed il condividente è previsto che tali ipoteche prevalgano sulle trascrizioni o iscrizioni già eseguite contro l'acquirente o il condividente. Perciò, se l'acquirente, prima di pagare il prezzo, o aliena il bene o concede su di esso ipoteca o diritti reali di godimento, l'alienante è al sicuro perché la sua ipoteca prevale su tutte le altre iscrizioni e trascrizioni (art. 2650, 3° comma, c.c.). È necessario, però, che l'iscrizione avvenga contemporaneamente con la trascrizione del titolo di acquisto o della divisione.

L'ipoteca può essere anche *giudiziale* (art. 2818 c.c.): titolo per la sua iscrizione sui beni del debitore è ogni sentenza di condanna al pagamento di una somma o all'adempimento di altra obbligazione ovvero al risarcimento dei danni da liquidarsi successivamente, nonché tutti gli altri provvedimenti giudiziari ai quali la legge attribuisce tale effetto (lodi arbitrali, sentenze straniere e decreti ingiuntivi).

L'ipoteca giudiziale

Costituisce titolo per iscrivere ipoteca giudiziale sui beni del debitore anche una sentenza di condanna generica a risarcire dei danni il cui ammontare non sia ancora determinato nella stessa sentenza, ma sia rinviato ad una liquidazione da compiersi in un successivo giudizio (art. 278 c.p.c.).

Titolo per iscrivere l'ipoteca giudiziale

La sentenza di condanna è di per sé titolo ed individua dunque il credito garantito; all'iscrizione provvede, ove lo ritenga opportuno, direttamente il creditore, il quale può anche scegliere su quali beni farla gravare.

Infine, l'ipoteca è *volontaria* se è concessa sulla base di un contratto o anche di una dichiarazione unilaterale del debitore, da farsi, a pena di

L'ipoteca volontaria

nullità, per atto pubblico o per scrittura privata (art. 2821 c.c.), com'è peraltro di norma previsto per la costituzione di tutti i diritti reali immobiliari.

Iscrizione in base ad una scrittura privata

Se il titolo per l'iscrizione risulta da scrittura privata, la sottoscrizione di chi ha concesso l'ipoteca deve essere autenticata o accertata giudizialmente (art. 2835 c.c.).

In tal caso è il debitore con la sua dichiarazione ad indicare per quale credito e su quali beni dovrà essere iscritta la garanzia. Ad ogni modo, nell'atto devono essere contenute le indicazioni idonee ad individuare l'immobile su cui si concede ipoteca (art. 2826 c.c.).

Limiti alla costituzione dell'ipoteca volontaria

Si esclude, invece, la possibilità di costituire ipoteca volontaria per testamento per non dar modo al debitore di alterare la situazione dei suoi creditori con riferimento all'epoca in cui cesserà di vivere, accordando preferenza all'uno in danno di altri.

L'ipoteca concessa dal *falsus procurator*

Legittimato a concedere l'ipoteca è il proprietario del bene ed infatti, nel caso in cui la concessione avvenga ad opera di un rappresentante senza poteri, l'iscrizione può essere validamente effettuata solo quando il proprietario abbia ratificato la concessione stessa.

L'ipoteca sui beni altrui

Qualora, poi, si conceda ipoteca su cosa altrui, tale atto avrà efficacia obbligatoria, nel senso che il costituente è tenuto a procurare al creditore l'acquisto del diritto d'ipoteca, e, cioè, ad acquistare la cosa al fine di poter procedere all'iscrizione dopo che il bene sia entrato nel suo patrimonio (art. 2822, 1° comma, c.c.).

L'ipoteca su beni futuri

Anche per l'ipoteca su cosa futura valgono le stesse considerazioni. Anche qui, cioè, l'ipoteca può essere validamente iscritta soltanto quando la cosa sia venuta ad esistenza e fino a quel momento il costituente ha l'obbligo di fare in modo che la cosa venga ad esistenza (art. 2823 c.c.).

L'ordine delle ipoteche

Un bene immobile può essere oggetto anche di una pluralità di ipoteche. Esse però non conferiscono ai creditori uguale diritto; in effetti si applica un ordine di tipo temporale in virtù del quale l'ipoteca che è stata iscritta anteriormente, che cioè abbia grado migliore, prevale su quelle iscritte successivamente.

La formalità per l'iscrizione dell'ipoteca

Nella richiesta di iscrizione ipotecaria (che è detta *nota*) deve essere specificato entro quale importo massimo si intende prendere la garanzia e ciò al fine di permettere ai terzi di conoscere l'entità del vincolo che esiste sul bene e consente, perciò, al debitore di ottenere nuovi prestiti, se il valore della cosa è sufficiente a garantirli.

L'importo indicato è di norma maggiore rispetto a quello del credito, ma può anche essere minore. Ad ogni modo, la prelazione ipotecaria resta contenuta nei limiti della somma per cui vi è stata iscrizione e cioè dell'importo dichiarato.

La riduzione dell'ipoteca

Al fine, però, di evitare che il creditore iscriva ipoteca per una somma di molto superiore al proprio credito ovvero su una quantità eccessiva di beni, la legge, su domanda degli interessati, ammette la riduzione dell'ipoteca, la quale si attua in alcuni casi riducendo la somma per la quale è stata presa l'iscrizione, in altri casi restringendo l'iscrizione a una parte soltanto dei beni (art. 2872).

Il grado dell'ipoteca

L'ipoteca prende grado dal momento della sua iscrizione, anche se è iscritta per un credito condizionale o futuro cioè per un credito che può eventualmente nascere in dipendenza di un rapporto già esistente (art. 2852 c.c.).

Estensione degli effetti dell'iscrizione

L'iscrizione del credito fa collocare nello stesso grado, oltre il credito principale, anche le spese dell'atto di costituzione d'ipoteca, quelle di iscrizione e rinnovazione, le spese ordinarie occorrenti per l'intervento nel processo di esecuzione, gli interessi, purché ne sia enunciata la misura, relativamente alle annate previste dall'art. 2855 c.c.

Richieste contemporanee d'iscrizione ed ipoteche iscritte nello stesso grado

L'ordine di preferenza tra più creditori ipotecari è determinato non già dalla data del titolo, ma da quella dell'iscrizione. Ogni iscrizione riceve, pertanto, un numero d'ordine in base all'ordine temporale di presentazione delle richieste e tale numero d'ordine determina il grado dell'ipoteca (art. 2853 c.c.). Precedere qualche altro creditore ipotecario nell'ordine significa avere maggiori possibilità di veder soddisfatto il proprio credito, in quanto il ricavato dalla vendita del bene potrebbe non essere sufficiente a soddisfare tutti i creditori che hanno iscritto ipoteca su quel bene.

Infatti, se Tizio iscrive per primo ipoteca su un immobile per un valore pari a 100.000 euro e Caio iscrive ipoteca per secondo per un valore anch'egli pari a 100.000 euro e dalla vendita dell'immobile si riesca a ricavare soltanto 100.000 euro, Tizio vedrà soddisfatto per intero il suo credito, mentre Caio rimarrà del tutto insoddisfatto.

Se, però, due o più persone si presentano a chiedere l'iscrizione contro la stessa persona o sugli stessi immobili, le iscrizioni sono eseguite sotto lo stesso numero e i creditori concorrono tra loro in proporzione dell'importo dei loro crediti (artt. 2853 e 2854 c.c.).

La postergazione del grado ipotecario

È, ad ogni modo, consentito lo scambio di grado tra creditori ipotecari purché esso non leda i creditori aventi gradi successivi. Così, se su uno stesso immobile gravano tre ipoteche di grado diverso, una in favore di Tizio, creditore ipotecario di primo grado per un credito di 100.000 euro, un'altra in favore di Caio, creditore ipotecario di secondo grado per un credito di 200.000 euro e un'altra ancora in favore di Sempronio, creditore ipotecario di terzo grado per un credito di 300.000 euro, Tizio potrà scambiare il proprio grado con Caio (postergazione di grado) senza alcun problema perché Sempronio in nessun caso potrà subire un danno da tale situazione. Infatti, Sempronio, anche dopo la postergazione di grado, continuerà, come prima, ad avere dinnanzi a sé due ipoteche per un valore di complessive 300.000 euro (100.000 di Tizio e 200.000 di Caio).

Il discorso, invece, cambia se è Sempronio che subentra nel grado di Tizio. In questo caso, infatti, Caio verrebbe a trovarsi in una situazione deteriore rispetto a quella di partenza nella quale aveva dinnanzi a sé una sola ipoteca dal valore di 100.000 euro. In effetti, a seguito del subingresso di Sempronio nel grado di Tizio, Caio si vedrebbe anticipato da un'ipoteca dal valore senz'altro superiore, atteso che il credito che Sempronio ha garantito ha un valore di 300.000 euro.

Limiti alla postergazione di grado

Al fine, quindi, di evitare un'ingiusta compromissione delle ragioni di chi, come Caio, aveva iscritto ipoteca al tempo in cui sul bene gravava soltanto un'altra ipoteca del valore di 100.000 euro, la legge consente a Sempronio di soddisfarsi sul ricavato della vendita del bene ipotecato soltanto per un valore non superiore ai 100.000 euro. Sempronio potrà, così, rifarsi con riferimento ai rimanenti 200.000 euro del suo credito solo dopo che si sia soddisfatto Caio per il valore del suo credito garantito di 200.000 euro.

L'ordine finale sarà, quindi, il seguente: Sempronio potrà rifarsi per primo fino al valore di 100.000 euro, poi sarà la volta di Caio per un valore di 200.000 euro, dopodiché sarà di nuovo la volta di Sempronio per un valore di 200.000 euro e poi ancora sarà la volta di Tizio per un valore di 100.000 euro.

La surrogazione reale del creditore ipotecario

Il creditore ipotecario può, inoltre, soddisfare la pretesa di altro creditore che vanti un'ipoteca anteriore surrogandosi nella sua posizione: è questa un'ipotesi di surrogazione reale di cui all'art. 1203, n. 1, c.c.

La surrogazione del creditore perdente

La surrogazione nel grado ipotecario può avvenire anche in forza della legge, allorché si verificano i presupposti indicati dall'art. 2856 c.c.: c.d. surrogazione del creditore perdente.

Anche questa volta un esempio potrà rendere più agevole la comprensione del meccanismo predisposto dal legislatore. Si pensi al caso in cui il debitore sia proprietario di due beni immobili: il fondo Corneliano ed il fondo Aureliano. Sul primo fondo gravano due ipoteche, quella di Tizio iscritta nel 1990 per un credito di 100.000 euro e quella di Sempronio iscritta nel 2000 per un credito di 50.000 euro. Sul secondo fondo, invece, gravano altre due ipoteche, quella di Tizio, iscritta sempre nel 1990 e sempre per un credito di 100.000 euro, e quella di Caio, iscritta nel 1995 per un credito di 50.000 euro.

Se Tizio decide di espropriare il secondo immobile (il fondo Aureliano) che viene venduto per 100.000 euro, egli avrà integralmente soddisfatto la sua pretesa, ma Caio non potrà più soddisfare la sua, pur avendo un'ipoteca iscritta anteriormente a quella di Sempronio, che invece potrebbe procedere ad espropriare con successo il primo immobile (il fondo Corneliano), in considerazione del fatto che il creditore ipotecario Tizio, che si trovava dinnanzi a lui nell'ordine delle ipoteche, si era ormai già soddisfatto e, quindi, non avrebbe potuto più pretendere nulla.

Al fine di evitare che sia la scelta arbitraria di un creditore a decidere quale sarà l'ordine delle preferenze per le ipoteche di grado successivo, la legge ha previsto un meccanismo in base al quale Caio potrà surrogarsi nell'ipoteca che Tizio aveva sul fondo Corneliano a tutto svantaggio di Sempronio che dovrà subire il rischio di rimanere insoddisfatto se dalla vendita del fondo in questione non si dovesse ricavare abbastanza per soddisfare anche le sue pretese.

L'annotazione

Al fine di rendere pubblico il trasferimento dell'ipoteca a favore di altra persona si procede mediante annotazione a margine dell'iscrizione. Anche l'annotazione ha efficacia costitutiva e, pertanto, la trasmissione o il vincolo dell'ipoteca non ha effetto finché l'annotazione non sia eseguita.

Efficacia dell'iscrizione ipotecaria e sua rinnovazione

L'iscrizione dell'ipoteca conserva il suo effetto per vent'anni dalla sua data. Per evitare che si verifichi l'estinzione dell'iscrizione per il decorso di tale periodo, può procedersi alla rinnovazione che deve eseguirsi prima che i venti anni dall'iscrizione siano decorsi.

Nuova iscrizione dell'ipoteca

Ove ciò non avvenga, l'iscrizione si estinguerà, anche se l'ipoteca si può di nuovo iscrivere se il titolo all'iscrizione conserva la sua efficacia. Ovviamente, però, in questa eventualità l'ipoteca prenderà il grado della nuova iscrizione, perciò, se nel frattempo qualche creditore ha iscritto altra ipoteca, sarà preferito a colui che non ha curato a tempo debito la rinnovazione (art. 2848 c.c.).

Effetti della mancata rinnovazione rispetto al terzo che trascrive il suo atto di acquisto

Ma non è questo l'unico pericolo che corre chi non provvede ad effettuare la rinnovazione nei termini. Infatti, se il bene è acquistato da un terzo che ha trascritto il suo atto di acquisto, la nuova iscrizione non può avere effetto rispetto al terzo che ha reso pubblico il suo acquisto (art. 2644 c.c.).

Quando ad estinguersi sono gli effetti dell'iscrizione per il decorso dei vent'anni senza che sia stata fatta la rinnovazione, il diritto di ipoteca può ancora vivere, tant'è che l'ipoteca può essere nuovamente iscritta sebbene si possa perdere il grado precedentemente acquisito.

Estinzione dell'ipoteca

Tuttavia, può accadere che ad estinguersi sia lo stesso diritto d'ipoteca di cui tipiche cause possono essere il perimento della cosa oggetto dell'ipoteca, lo spirare del termine per la cui durata l'ipoteca era stata concessa, l'esercizio dell'azione ipotecaria, la rinuncia del titolare, per la cui validità è richiesta la forma scritta (art. 2879 c.c.) o, ancora, l'estinzione del debito garantito. Dato il carattere accessorio dell'ipoteca, infatti, se si estingue il credito, ad esempio per prescrizione, si estingue anche l'ipoteca (art. 2878 c.c.).

Peraltro, l'ipoteca, come ogni diritto reale su cosa altrui, è soggetta anche ad una sua propria prescrizione che vale soltanto contro il terzo acquirente che non è obbligato personalmente. Tale prescrizione ha durata di venti anni dalla data di trascrizione dell'atto di acquisto da parte del terzo (art. 2880 c.c.).

La presenza di una delle cause estintive sopra richiamate paralizza l'operatività dell'ipoteca come titolo di prelazione nei confronti degli altri creditori e costituisce titolo per ottenere la cancellazione dell'ipoteca dai registri immobiliari.

Infatti, solo con la cancellazione, o col decorso dei venti anni dall'iscrizione, l'immobile apparirà libero verso chiunque.

Cancellazione dell'ipoteca

Una volta che l'ipoteca si sia estinta, quindi, si potrà procedere alla cancellazione che può essere consentita dal creditore oppure essere ordinata dal giudice. Nel primo caso l'atto di consenso alla cancellazione deve provenire da persona capace (art. 2883 c.c.) e deve rivestire le stesse forme richieste per il negozio di concessione dell'ipoteca (art. 2882 c.c.). Nel caso, invece, in cui la cancellazione sia ordinata dal giudice, essa non può essere effettuata se la sentenza non è passata in giudicato.

La cancellazione si attua mediante annotazione a margine dell'iscrizione, con l'indicazione del titolo che l'ha consentita ovvero ordinata.

Poiché i conservatori sono personalmente responsabili dei danni di una indebita cancellazione, qualora essi, per una loro maggiore cautela, dovessero rifiutare la cancellazione, il debitore interessato potrà chiedere un provvedimento giudiziario che ordini la cancellazione esonerando il conservatore da ogni responsabilità al riguardo (art. 2888 c.c.).

8. *La decadenza dal beneficio del termine*

Nozione e disciplina

L'art. 1186 c.c. dispone la decadenza dal beneficio del termine di adempimento previsto in favore del debitore qualora quest'ultimo abbia diminuito le garanzie prestate o non abbia dato quelle promesse ovvero sia venuto a trovarsi in una situazione di insolvenza.

Deve altresì ritenersi decaduto dal beneficio del termine il debitore che abbia seriamente manifestato per iscritto la sua intenzione di non volere o potere adempiere.

Funzione

Tale strumento non può essere considerato in senso proprio conservativo della garanzia patrimoniale, dal momento che non ha la funzione di mantenere intatto il patrimonio del debitore, ma tende ad attuare o a ridurre al minimo gli effetti negativi conseguenti ad un deterioramento delle condizioni patrimoniali del debitore.

La decadenza dal beneficio del termine consente al creditore di esigere immediatamente la prestazione e, qualora il debitore risulti inadempiente, di agire tempestivamente in via esecutiva, o di intervenire nell'esecuzione eventualmente già iniziata da altri creditori. Il creditore evita così il rischio di intraprendere l'azione esecutiva quando ormai nel patrimonio del debitore non vi siano più beni da aggredire, come probabilmente accadrebbe se dovesse attendere la scadenza del termine di adempimento.

Altre ipotesi normative

Se l'art. 1186 c.c. rappresenta la norma generale, esistono anche ipotesi specifiche come quella regolata dall'art. 2743 c.c. secondo cui, se il debitore non offre in garanzia altri beni in sostituzione di quelli periti o deteriorati, il creditore pignoratizio o ipotecario può chiedere l'immediato pagamento del suo credito.

Lo stesso meccanismo è, poi, previsto dall'art. 1525 c.c. a proposito della vendita a rate, ove il mancato pagamento di una pluralità di rate o anche di una sola che ecceda l'ottava parte del prezzo, legittima il creditore a pretendere il pagamento dell'intero importo.

9. *La surrogazione reale*

Nozione

Si parla di surrogazione reale quando, per volontà della legge, si sostituisce una cosa a un'altra quale oggetto di un rapporto giuridico.

Ad esempio, si avrà surrogazione reale nel caso del depositario che, avendo perso la detenzione della cosa per un fatto a lui non imputabile, è obbligato a trasferire al depositante ciò che ha ottenuto in conseguenza della perdita dell'oggetto depositato (art. 1780, 2° comma, c.c.).

Natura giuridica

Si tratta, in altri termini, del riconoscimento, in favore del creditore, di un diritto di subingresso nei diritti del debitore allorché la prestazione avente ad oggetto una cosa determinata sia divenuta impossibile.

Il subingresso del creditore nei diritti del debitore

Secondo quanto previsto dall'art. 1259 c.c., il creditore subentra nei diritti spettanti al debitore in dipendenza del fatto che ha causato l'impossibilità e può esigere dal debitore la prestazione di quanto questi abbia conseguito a titolo di risarcimento.

10. *Il divieto del patto commissorio*

Nozione e disciplina

La tutela del credito nei confronti dell'inadempimento ha però taluni limiti insuperabili. Infatti, a norma dell'art. 2744 c.c. (rubricato *divieto del patto commissorio*), è nullo il patto con il quale si conviene che, in mancanza del pagamento del credito nel termine fissato, la proprietà della cosa ipotecata o data in pegno passi al creditore.

Ambito di applicazione oggettivo

Il patto commissorio è vietato anche se accede ad un contratto di anticresi. Infatti, l'art. 1963 c.c. stabilisce che è nullo qualunque patto, anche posteriore alla conclusione del contratto, con cui si conviene che la proprietà dell'immobile passi al creditore nel caso di mancato pagamento del debito.

Il divieto, secondo la giurisprudenza, si estende anche ai patti che abbiano ad oggetto beni non gravati da alcuna garanzia reale. Sono, dunque, vietati tutti quei negozi mediante i quali le parti intendono realizzare un fine concreto vietato dalla legge. Siffatti accordi, qualora appaia chiara l'intenzione delle parti di eludere la norma imperativa di cui all'art. 2744 c.c., saranno dichiarati nulli in quanto stipulati in frode alla legge (art. 1344 c.c.).

Funzione

La *ratio* della norma viene, in genere, individuata nell'intento di impedire che il debitore debba sottostare alla volontà del creditore e, spinto dal bisogno, gli conferisca la facoltà di far proprio un bene che potrebbe avere anche un valore maggiore rispetto alle somme dovute. La finalità del divieto è, quindi, individuata nella lotta a fenomeni usurari che si nasconderebbero nel patto o, più in generale, nella tutela del debitore in stato di bisogno dalle coartazioni del creditore.

Peraltro, il codice non subordina il divieto del patto commissorio ad alcuno speciale requisito, e non, quindi, ad una particolare sproporzione tra importo del credito e valore del bene dato in garanzia. Pertanto, secondo alcuni orientamenti il divieto avrebbe la funzione di assicurare che l'esecuzione sul bene avvenga nelle forme previste dalla legge, e cioè attraverso la procedura espropriativa; ciò evidentemente a vantaggio non soltanto del debitore, ma anche degli altri creditori, ammessi così a partecipare alla procedura in regime di *par condicio*.

Regime sanzionatorio

Tale patto è sempre nullo, tanto nel caso in cui esso sia contestuale alla nascita del credito tanto se intervenuto in un secondo momento. Il patto, inoltre, non può essere ritenuto valido nemmeno qualora non sussista una sproporzione tra consistenza del credito e valore del bene oggetto della garanzia.

Validità del c.d. patto marciano

Deve, invece, ritenersi assolutamente lecito il c.d. patto marciano con il quale il creditore, nell'ipotesi di inadempimento, diventa proprietario della cosa ricevuta in garanzia, ma non prima di aver corrisposto al debitore la differenza tra l'ammontare del credito e l'eventuale maggior valore del bene oggetto della garanzia.

Per verificare l'esistenza di una differenza di valore tra credito garantito e bene sottoposto a garanzia sarà necessario procedere ad una stima che deve essere effettuata successivamente all'inadempimento.

Capitolo 58

LA TUTELA DEL CREDITO

1. *Il diritto di ritenzione*

Nozione

Il *diritto di ritenzione* è uno strumento di tutela del credito che consiste in uno stimolo per il debitore ad adempiere. Infatti, con esso l'ordinamento riconosce il potere del creditore di trattenere legittimamente una cosa del debitore, sino a quando questi non avrà pagato il proprio debito.

Fonte

Tale diritto può trovare la sua fonte nella legge o nella volontà delle parti da cui l'obbligazione è sorta. Nel primo caso, a differenza del secondo, il diritto è opponibile anche ai terzi.

Quando il diritto di ritenzione è riconosciuto al creditore dalla legge, non sono ammesse interpretazioni analogiche che estendano il diritto anche ad altre situazioni simili a quelle previste espressamente dalla legge.

Il superamento dei limiti normativi: l'estorsione

L'assoluta tassatività della figura giuridica in esame implica che, fuori delle ipotesi consentite, la ritenzione di un oggetto, praticata per ottenere un pagamento anche se spettante, integrerebbe addirittura un illecito anche penale (*estorsione*).

In altri termini, le norme che prevedono la ritenzione devono considerarsi eccezionali, in quanto derogano al principio generale che vieta ai singoli di farsi giustizia direttamente.

Funzione del diritto di ritenzione

La ritenzione non soddisfa l'interesse del creditore perché non attribuisce nessun potere sulla cosa di cui non si acquista la proprietà né la disponibilità né l'uso. Essa ha, piuttosto, una funzione *rafforzativa* dell'adempimento, poiché stimola il debitore ad eseguire la prestazione al fine di ottenere la restituzione della cosa, nonché *conservativa*, poiché, nell'attesa della prestazione spettantegli, il creditore mantiene nelle proprie mani almeno un bene del debitore su cui potersi eventualmente soddisfare in via esecutiva nel caso di definitivo inadempimento.

Natura giuridica

Si tratta, quindi, di un'evidente fattispecie di *autotutela*, il cui riconoscimento non esonera di norma il creditore dall'effettuare l'esecuzione se intende soddisfarsi, né gli conferisce una prelazione sul bene, a meno che essa non sia prevista da una specifica disposizione di legge.

Ritenzione c.d. privilegiata

In tal caso si discorre di *ritenzione privilegiata*, di cui è un esempio l'art. 2756, 1° comma, c.c. ai sensi del quale i creditori, che vantano la loro pretesa per aver effettuato prestazioni ed aver sostenuto spese per la conservazione o il miglioramento di un bene mobile, possono sia ritenere la cosa soggetta a privilegio finché il loro credito non sia soddisfatto, sia venderla secondo le norme stabilite per la vendita della cosa data in pegno.

Ritenzione c.d. semplice

Allorquando, invece, il diritto di ritenzione è attribuito ad un creditore chirografario si parla di *ritenzione semplice*, di cui è un esempio l'art. 1152 c.c., in virtù del quale il possessore di buona fede di beni immobili può ritenere la cosa finché non gli siano corrisposte le indennità dovute.

In questo caso il creditore non è assistito da alcuna causa legittima di prelazione e, quindi, potrà subire l'eventuale esecuzione forzata sulla cosa oggetto di ritenzione intrapresa da altri creditori, non avendo alcun diritto di preferenza nel riparto.

I limiti legali al diritto di ritenzione

In certi casi, poi, la legge fissa dei limiti al diritto di ritenzione, così come avviene, ad esempio, nell'art. 2235 c.c. che vieta al prestatore d'opera di ritenere le cose e i documenti ricevuti se non per il periodo strettamente necessario alla tutela dei propri diritti secondo le leggi professionali.

Il c.d. pegno gordiano

Una particolare espressione del diritto di ritenzione si riscontra nell'ipotesi del c.d. pegno gordiano. In tal caso il diritto si esercita nei confronti di una cosa diversa da quella fatta oggetto dell'obbligazione rimasta inadempiuta. Secondo l'art. 2794, 2° comma, c.c., infatti, se il debitore abbia concesso in pegno un bene per garantire un suo debito e successivamente abbia contratto un nuovo debito con lo stesso creditore pignoratizio, questi, se la prima obbligazione non sia ancora scaduta e, quindi, ancora possiede il bene pignorato, potrà legittimamente esercitare il diritto di ritenzione sullo stesso oggetto, qualora il debitore non abbia adempiuto alla seconda obbligazione non assistita da garanzia che sia nel frattempo scaduta.

2. *L'azione surrogatoria*

La c.d. garanzia patrimoniale generica

Il debitore offre il proprio patrimonio a garanzia delle obbligazioni assunte sicché, in definitiva, il creditore potrà soddisfare la propria pretesa sui beni del soggetto obbligato: questa possibilità costituisce la c.d.

garanzia patrimoniale generica. Essa è, peraltro, concretamente condizionata dall'esistenza effettiva di un patrimonio del debitore, alla cui conservazione, incremento e difesa il creditore ha, quindi, un evidente interesse.

La garanzia patrimoniale generica può essere, infatti, pregiudicata dall'inattività del debitore, il quale potrebbe omettere di esercitare un diritto o un'azione sì da perdere la possibilità di conservare un proprio bene ovvero di acquisirlo.

Si pensi all'ipotesi in cui il soggetto obbligato non eserciti un credito e lo faccia estinguere per prescrizione.

L'azione surrogatoria. Nozione e disciplina

In queste ipotesi soccorre il creditore con l'azione surrogatoria prevista dall'art. 2900 c.c. Infatti, in base a tale norma, il creditore, per assicurare che siano soddisfatte o conservate le sue ragioni, può sostituirsi al debitore ed esercitare lui personalmente i diritti e le azioni che questi trascura di esercitare, purché i diritti e le azioni abbiano contenuto patrimoniale, atteso che solo i diritti e le azioni di tale contenuto sono in grado di incidere sulla garanzia patrimoniale del creditore.

Limiti

Ragioni di opportunità portano ad escludere dall'ambito di operatività dell'azione surrogatoria anche quei diritti e quelle azioni che, pur avendo contenuto patrimoniale, come il diritto agli alimenti o il diritto di chiedere lo scioglimento della comunione, per loro natura o per disposizione di legge, possono essere esercitati solo dal loro titolare.

Funzione

L'azione surrogatoria è uno strumento di tutela del creditore con funzione *conservativa:* esso determina un'interferenza di natura eccezionale nella sfera giuridica del debitore; sicché, pur essendo, nel campo patrimoniale, un'azione di carattere generale (esclusa soltanto per i diritti che non consentono sostituzioni nel loro esercizio), può, tuttavia, essere proposta soltanto nei casi e alle condizioni previste dalla legge.

Condizioni

Una di tali condizioni è costituita naturalmente dall'esistenza di un credito da tutelare che non deve necessariamente essere liquido ed esigibile. Il creditore può esperire l'azione anche nell'esercizio dei diritti e delle azioni sorti prima della nascita del credito.

Deve, inoltre, sussistere l'inerzia del debitore. Non rileva il motivo per cui il debitore non si attiva nella tutela dei propri diritti e nell'esercizio delle proprie azioni e, pertanto, non è necessario provare la colpa del debitore.

È, tuttavia, necessario che l'inerzia comporti un effettivo *pericolo* per il creditore, consistente nella maggiore difficoltà o nell'impossibilità di soddisfarsi coattivamente. In effetti il debitore non perde la possibilità di amministrare come vuole il proprio patrimonio per il solo fatto di aver contratto un debito; sicché se sussiste, nonostante l'inerzia, un'adeguata garanzia patrimoniale per il creditore, la surrogatoria non potrà essere esercitata.

In tutti i casi, la possibilità di esperire l'azione surrogatoria va esclusa in presenza di un qualsivoglia comportamento positivo posto in essere dal debitore, ancorché lesivo delle aspettative del creditore, ben potendo tale comportamento costituire una manifestazione di volontà di gestione e non un indice di trascuratezza nell'esercizio del proprio diritto.

Natura giuridica

Quanto alla natura giuridica del potere attribuito al creditore dal cit. art. 2900 c.c., pur se parte della dottrina tende ad inquadrarlo nello schema della rappresentanza, è tuttavia prevalente l'orientamento secondo cui esso costituisca un'ipotesi tipica di sostituzione processuale *ex* art. 81 c.p.c. (vedi anche artt. 108 e 111 c.p.c.), in quanto il creditore fa valere nell'interesse proprio un diritto altrui, laddove il rappresentante esercita il diritto del rappresentato nell'interesse del medesimo.

Gli effetti

Con riguardo agli effetti, l'azione surrogatoria determina un incremento del patrimonio del debitore che, quindi, avvantaggia tutti i creditori. Infatti, ciascun creditore è legittimato ad aggredire in via esecutiva il bene entrato nel patrimonio del debitore a seguito dell'esperimento dell'azione surrogatoria.

La giurisprudenza ha, tuttavia, ammesso che il creditore possa ottenere la condanna di chi è debitore del suo debitore ad adempiere direttamente nelle sue mani qualora vi siano ragionevoli motivi per temere che il debitore possa sottrarre il bene recuperato al suo patrimonio mediante l'azione surrogatoria.

3. *L'azione revocatoria*

Di fronte al pericolo di una esecuzione forzata, il debitore può essere indotto a sottrarre i propri beni alle pretese del creditore, facendo in modo che la titolarità di questi passi ad altri soggetti. Siffatta operazione può essere conclusa o fingendo di stipulare alienazioni con amici compiacenti oppure concludendo effettivamente delle vendite dalle quali il debitore preferisce ricevere meno del valore effettivo dei beni, piuttosto che perdere l'intero valore degli stessi, una volta che i creditori abbiano concluso l'azione esecutiva. Nella prima ipotesi il creditore potrà invocare le norme in tema di simulazione per tutelare le sue ragioni, mentre nella seconda potrà avvalersi dell'azione revocatoria.

Nozione e disciplina

L'art. 2901, 1° comma, c.c. prevede, infatti, che il creditore, anche se il credito è soggetto a condizione o a termine o anche solamente eventuale (come, ad esempio, quello del fideiussore con riguardo all'eventualità di esperire l'azione di regresso), può domandare che siano dichiarati *inefficaci nei suoi confronti* gli atti di disposizione del patrimonio con i quali il debitore rechi pregiudizio alle sue ragioni.

Tale azione è detta *pauliana* o, più comunemente, *revocatoria ordinaria* (per differenziarla dalla revocatoria fallimentare che trova la sua disciplina nella legge fallimentare e che può essere esperita nei confronti di un imprenditore commerciale dichiarato fallito).

Azione revocatoria ordinaria (o azione pauliana)

Funzione

L'azione revocatoria protegge il creditore da eventuali atti con i quali il debitore si liberi dei suoi beni alienandoli (effettivamente e non tramite simulazioni) ovvero costituisca, sugli stessi, diritti di terzi (costituzione di diritti reali di garanzia e di godimento, locazione ultranovennale di immobili, ecc.), in modo da sottrarli alle azioni esecutive del creditore o da renderle più difficili.

Poiché l'interferenza del creditore nella sfera giuridica del debitore è da ritenersi eccezionale, l'azione in questione è subordinata a taluni presupposti.

Presupposti oggettivi

Ci si deve, innanzitutto, trovare dinnanzi ad un atto di disposizione, da parte del debitore, di beni che compongono il suo patrimonio, tale da poter arrecare *pregiudizio* alle ragioni del creditore.

Il debitore, in effetti, non solo non perde la possibilità di amministrare il proprio patrimonio come vuole, ma può altresì disporne nel modo che più ritiene conveniente. Sicché, ove l'atto non pregiudichi la garanzia patrimoniale offerta al creditore, esso non potrà essere impugnato.

È ovvio che la verifica del pregiudizio va condotta tenendo conto sia della consistenza patrimoniale del debitore, sia dell'entità del debito. Pertanto, un atto di disposizione, seppur diminuisca notevolmente la garanzia patrimoniale, non è pregiudizievole delle ragioni del creditore se nel residuo patrimonio del debitore permangano beni di valore complessivo ampiamente superiore all'entità del debito.

Il danno, richiesto come presupposto dell'azione revocatoria, si identifica, quindi, non solo nell'effettivo depauperamento del patrimonio del debitore e nella insufficienza a consentire il soddisfacimento delle pretese creditorie, ma anche nella modificazione della composizione del patrimonio del debitore, tale da diminuire la garanzia patrimoniale, in quanto rende più difficoltoso, per il creditore, il soddisfacimento delle sue pretese.

La giurisprudenza ha specificato che in materia di revocatoria ordinaria l'elemento oggettivo dell'azione (cosiddetto *eventus damni*), il pregiudizio richiesto dall'art. 2901 c.c. non consiste in un danno "ingiusto" in senso proprio e nemmeno coincide con il venir meno delle garanzie patrimoniali del debitore ma è integrato anche dalla semplice maggiore difficoltà del creditore a soddisfare il proprio diritto.

Non costituisce pregiudizio, ai sensi dell'art. 2901, 3° comma, c.c., l'adempimento di un debito scaduto, atteso che il debito già incideva sul patrimonio del debitore. Allo stesso modo non sono considerati pregiudizievoli gli atti di disposizione compiuti dal debitore al fine di effettuare il pagamento del debito scaduto.

Può, invece, esserci pregiudizio per il creditore in caso di *datio in solutum*, qualora venga data in pagamento una cosa di valore superiore all'oggetto del debito ed in caso di novazione, se sia assunta una obbligazione di entità maggiore di quella novata.

Presupposti soggettivi

Ulteriore condizione per l'utile esercizio della revocatoria è di tipo *soggettivo*: essa è data dalla conoscenza da parte del debitore del pregiudizio che l'atto arreca alle ragioni del creditore (*scientia damni*). Non sarà necessaria la specifica intenzione, da parte del debitore, di arrecare danno al creditore, ma sarà sufficiente che il debitore sia pienamente consapevole che l'atto di disposizione sia in grado di rendere il suo patrimonio incapiente per le ragioni creditorie, o comunque di rendere più difficile il soddisfacimento di suddette pretese.

Se, però, l'atto di disposizione è anteriore al sorgere del credito, non basta la semplice conoscenza, ma è necessario che esso sia stato dolosamente preordinato (*dolo*) al fine di pregiudicare il futuro creditore.

La tutela del terzo acquirente a titolo oneroso

L'ordinamento appresta tutela anche al terzo che ha contrattato con il creditore e che abbia acquistato un diritto sul bene a *titolo oneroso*. Questi, infatti, risulta danneggiato dalla revocatoria in quanto la stessa gli fa perdere il diritto acquisito, sicché gli residua soltanto la possibilità di chiedere al debitore la restituzione del corrispettivo pagato, se il debitore sia in grado di farvi fronte.

Così, se l'atto di disposizione del debitore sia stato effettuato a titolo oneroso, per poter esperire vittoriosamente l'azione revocatoria, è necessario dimostrare che anche il terzo era consapevole della dannosità dell'atto con riguardo alle ragioni del creditore.

Se, poi, l'atto di disposizione a titolo oneroso sia stato anteriore al sorgere del credito, per poter revocare tale atto, è indispensabile dimostrare che il terzo abbia addirittura partecipato alla dolosa preordinazione volta a danneggiare il creditore (art. 2901, 1° comma, n. 2, c.c.).

La tutela del creditore

Sulla stessa linea tracciata dal codice per tutelare il terzo, si pone anche la regola, volta ad offrire una tutela maggiore al creditore, secondo cui le prestazioni di garanzia, anche a favore di debito altrui, si considerano atti a titolo oneroso solo se sono contestuali al credito. In questo caso, infatti, in tanto il creditore concede il credito in quanto ha la garanzia che costituisce il corrispettivo del credito.

Se, invece, la concessione della garanzia è avvenuta non contestualmente al credito garantito, l'atto deve considerarsi a titolo gratuito. Essa, infatti, avvantaggia il creditore senza che il concedente nulla riceva in cambio.

Il codice, in considerazione dell'interesse all'affidamento e della sicurezza dei traffici, disciplina anche il caso in cui il bene venduto dal debitore sia stato a sua volta alienato dall'acquirente a terzi subacquirenti. In particolare, questi, qualora siano in buona fede ed abbiano acquistato a titolo oneroso ed abbiano, inoltre, provveduto a trascrivere l'atto di acquisto prima della trascrizione della domanda di revocazione, non sono pregiudicati dalla eventuale inefficacia dell'atto di disposizione del debitore e fanno così salvo il proprio acquisto. In questo caso il creditore avrà diritto alla restituzione, da parte del primo acquirente, del corrispettivo ricevuto.

L'alienazione del bene a terzi subacquirenti

Di conseguenza, l'inefficacia dell'atto di disposizione del debitore pregiudica i diritti del terzo subacquirente nel caso in cui questi abbia acquistato a titolo gratuito, oppure a titolo oneroso ma in mala fede, oppure se abbia trascritto il suo acquisto dopo l'avvenuta trascrizione dell'azione revocatoria.

Effetti dell'azione revocatoria ordinaria

L'effetto della revocatoria non determina l'invalidità dell'atto di disposizione, ma consiste nell'inopponibilità dell'atto nei confronti del creditore che ha esperito l'azione, consentendo a questi di assoggettare il bene oggetto di disposizione ad esecuzione presso il terzo acquirente (art. 2902 c.c.).

L'azione revocatoria, dunque, non determina l'effetto restitutorio della retrocessione del bene al debitore, in quanto il bene trasferito resta a tutti gli effetti nella titolarità di chi lo ha acquistato e non rientra nel patrimonio del debitore.

La c.d. inefficacia relativa

Si tratta, dunque, di un'*inefficacia relativa* perché riguarda soltanto il creditore revocante, il quale, solo dopo aver esperito vittoriosamente l'azione, può finalmente procedere all'esecuzione forzata su quei beni. Gli altri creditori che sono rimasti inerti non solo non possono aggredire il bene presso il terzo, ma non possono nemmeno intervenire nel procedimento esecutivo iniziato dal creditore revocante.

A riprova del carattere relativo della dichiarazione d'inefficacia dell'atto impugnato v'è l'art. 2902, 2° comma, c.c., secondo cui il terzo acquirente, qualora abbia verso il debitore ragioni di credito dipendenti dall'esercizio dell'azione revocatoria, può concorrere sul ricavato dei beni oggetto dell'atto dichiarato inefficace solo dopo che sia stato soddisfatto il creditore che ha agito in revocatoria. Pertanto, ciò che residua dalla vendita coattiva del bene, in conseguenza dell'esecuzione promossa dal creditore, spetta al terzo in quanto proprietario del bene che ha acquistato dal debitore.

Azione revocatoria ordinaria ed azione surrogatoria

A differenza dell'azione surrogatoria, dunque, la revocatoria non ricostituisce effettivamente la consistenza del patrimonio del debitore perché non determina, per quest'ultimo, un effetto incrementativo reale. E, dunque, mentre degli effetti della surrogatoria si avvantaggiano tutti i creditori perché essa fa sì che un bene permanga o sia acquisito nella titolarità e dunque nel patrimonio del debitore, degli effetti della revocatoria si avvantaggia soltanto il creditore procedente.

Ulteriore differenza rispetto all'azione surrogatoria riguarda, poi, la prescrizione dell'azione. Mentre, infatti, chi agisce in surrogatoria può far valere la sua pretesa fino a quando non si prescrive il diritto del debitore al quale il creditore intende surrogarsi, l'azione revocatoria, ai sensi dell'art. 2903 c.c., si prescrive in cinque anni decorrenti dalla data in cui l'atto di disposizione lesivo delle ragioni creditorie è stato compiuto.

Prescrizione dell'azione revocatoria ordinaria

La disposizione dell'art. 2903 c.c. secondo cui l'azione revocatoria si prescrive in cinque anni dalla data dell'atto, deve essere interpretata nel senso che la prescrizione decorre dal giorno in cui dell'atto è stata data pubblicità ai terzi, in quanto solo da questo momento il diritto può essere fatto valere e l'inerzia del titolare protratta nel tempo assume effetto estintivo.

4. *Il sequestro conservativo*

Nozione e disciplina

Quando il creditore ha il fondato sospetto di perdere le garanzie del proprio credito, perché, ad esempio, teme che il debitore possa in qualche modo far sparire i beni del suo patrimonio, può chiedere al giudice il sequestro conservativo dei beni stessi (artt. 2905 c.c. e 671 c.p.c.).

Effetti e funzione

Effetto principale del sequestro è rappresentato dal fatto che i beni vengono sottratti alla disponibilità del debitore. Così, qualora egli dovesse compiere atti di disposizione sui beni sequestrati, tali atti sarebbero inefficaci nei confronti del solo creditore. Funzione principale del sequestro conservativo è, quindi, quella di impedire che i beni del debitore sfuggano ad un'eventuale azione esecutiva del creditore.

Oltre ad una sottrazione giuridica, il sequestro comporta anche una sottrazione materiale, in quanto i beni sequestrati vengono affidati per l'ordinaria amministrazione ad un custode che, tuttavia, può anche essere individuato nella persona dello stesso debitore.

Natura giuridica

Si tratta di un rimedio preventivo, utile in particolare rispetto ai beni mobili che difficilmente potrebbero essere recuperati dal creditore con l'esercizio dell'azione revocatoria, e di una misura cautelare che presuppone una certa urgenza da parte del creditore nel tutelare le sue ragioni, atteso che gli altri mezzi di conservazione della garanzia patrimoniale potrebbero non essere idonei a neutralizzare il pericolo di vedere dissolto il patrimonio del debitore.

Presupposti e condizioni

Quanto ai presupposti e alle condizioni per ottenere tale misura, occorre precisare che è necessario, innanzitutto, dimostrare di essere creditore. Tale prova, tuttavia, non deve essere considerata particolarmente difficile, atteso che è sufficiente, stante l'urgenza di cui è caratterizzato tale procedimento, che tale qualifica risulti dalle sommarie informazioni che il giudice ritiene opportuno assumere.

Non occorre nemmeno che il credito sia liquido ed esigibile dal momento che basta dimostrare l'esistenza di una valida pretesa.

È, invece, necessario provare l'esistenza di un fondato timore di perdere la garanzia del proprio credito e che tale timore sia ricollegabile ad un comportamento del debitore.

Il pericolo di subire un danno può riguardare l'eventualità di una sottrazione materiale, di un danneggiamento, di una distruzione o dell'alienazione di beni.

CAPITOLO 59

IL SISTEMA DELLE FONTI DELL'OBBLIGAZIONE

SOMMARIO: 1. Le fonti del rapporto obbligatorio. – 2. Il contratto ed il fatto illecito: rinvio. – 3. Le altre fonti. – 4. Le promesse unilaterali. – 5. I titoli di credito. – 6. La promessa al pubblico. – 7. La gestione dell'affare altrui. – 8. Pagamento dell'indebito. – 9. L'arricchimento senza causa.

1. *Le fonti del rapporto obbligatorio*

Disciplina

Ai sensi dell'art. 1173 c.c. le fonti dell'obbligazione sono il contratto, il fatto illecito ed ogni altro atto o fatto idoneo a produrla in conformità dell'ordinamento giuridico.

L'atipicità delle fonti

Il codice non prevede, dunque, un sistema di fonti tipicamente chiuso nel quale sono riconosciute solo le obbligazioni espressamente previste dal legislatore, ma un sistema aperto, caratterizzato cioè dall'atipicità delle fonti, nel quale anche i fatti e gli atti non previsti dalla legge possono produrre obbligazioni, purché vi sia conformità con l'ordinamento.

Il caso del vettore

Uno stesso fatto, poi, può essere fonte di obbligazioni diverse, come accade nel caso del vettore che si era impegnato a trasportare un soggetto da un luogo a un altro e nel tragitto provochi un incidente dal quale derivi un danno al trasportato. A seguito di quest'evento il vettore è obbligato a risarcire il danno subito dal trasportato non solo in via contrattuale per inadempimento del contratto di trasporto (artt. 1218 e 1681 c.c.), ma anche in via extracontrattuale *ex* art. 2043 c.c., costituendo il comportamento del vettore un fatto illecito.

In questo caso, dunque, l'obbligo di risarcire il danno ha una duplice fonte: il contratto ed il fatto illecito.

Fonte e titolo dell'obbligazione

La nozione di fonte dell'obbligazione va distinta dal concetto di titolo della stessa. Infatti, mentre la fonte rinvia all'origine genetica del vincolo, il titolo rappresenta la giustificazione teleologica del vincolo obbligatorio, atteso che nel nostro ordinamento ogni trasferimento di utilità suscettibile di valutazione patrimoniale deve essere sostenuto da un'adeguata giustificazione causale. Il titolo implica, cioè, un giudizio sull'idoneità della fonte.

Normalmente fonte e titolo coincidono. Così, ad esempio, avviene nel contratto che è la fonte genetica dell'obbligazione e la cui causa rappresenta la giustificazione teleologica del vincolo obbligatorio.

2. *Il contratto ed il fatto illecito: rinvio*

L'ambito di applicazione oggettivo dell'art. 1173 c.c.

Il riferimento al contratto contenuto nell'art. 1173 c.c. include il richiamo a tutti i tipi di contratti, indipendentemente dal fatto che essi siano tipici o atipici.

Contratti ad effetti obbligatori e contratti ad effetti reali

Va precisato, inoltre, che fonte dell'obbligazione sono sia i contratti ad effetti obbligatori, quelli cioè dai quali deriva come effetto principale il sorgere di un'obbligazione per una o per tutte le parti coinvolte nell'accordo, sia i contratti ad effetti reali, quelli cioè che hanno ad oggetto il trasferimento della proprietà di una cosa determinata, la costituzione o il trasferimento di un diritto reale minore ovvero il trasferimento di un altro diritto. Infatti, anche tali contratti producono taluni effetti obbligatori sia pur secondari rispetto all'effetto principale.

La nozione di illecito

Quanto alla seconda categoria richiamata dall'art. 1173 c.c., va rilevato, poi, che l'illecito rappresenta un fatto contrario alla legge e che, allo stesso tempo, lede la situazione di vantaggio di un soggetto, creando a suo favore il diritto ad ottenere il risarcimento del relativo danno da chi lo ha messo in essere e a carico di costui la corrispondente obbligazione.

3. *Le altre fonti*

Disciplina

Come si è detto, l'art. 1173 c.c. prevede che l'obbligazione può sorgere anche da qualsiasi atto o fatto idoneo a produrla in conformità dell'ordinamento giuridico.

Gli atti idonei a far nascere l'obbligazione: i titoli di credito e le promesse unilaterali

Con riferimento agli atti idonei a far nascere un'obbligazione, vanno ricompresi, oltre ai contratti, anche gli atti negoziali unilaterali aventi rilevanza patrimoniale, compresi quelli atipici. Tra tali atti vanno annoverati i titoli di credito e le promesse unilaterali.

I fatti idonei a far nascere l'obbligazione: la gestione di affari altrui, il pagamento dell'indebito e l'arricchimento senza causa

Per ciò che concerne, invece, i fatti che possono dar luogo ad un'obbligazione, essi possono essere i più diversi. In particolare, poiché la norma in questione ha richiamato poco prima i fatti illeciti, deve ritenersi che il legislatore abbia inteso riferirsi ai soli fatti leciti tra i quali vanno ricompresi la gestione d'affari altrui, il pagamento dell'indebito e l'arricchimento senza causa.

4. *Le promesse unilaterali*

Nozione e struttura Le promesse unilaterali consistono in atti negoziali unilaterali in cui la dichiarazione resa dal soggetto che fa la promessa (promittente) è idonea a produrre effetti di natura obbligatoria a suo carico. La manifestazione di volontà di colui che intende obbligarsi ad una determinata prestazione, quindi, determina la nascita dell'obbligazione, indipendentemente dalla volontà del destinatario della promessa (promissario).

La tipicità delle promesse unilaterali A differenza dei contratti, ove è consentito all'autonomia privata concludere sia contratti tipici che atipici (art. 1322 c.c.), l'art. 1987 c.c. prevede che la promessa unilaterale di una prestazione non produce effetti obbligatori fuori dei casi ammessi dalla legge.

Stando a quanto disposto dalla norma in questione, dunque, sembrerebbe che le promesse unilaterali siano figure tipiche e che costituiscano un *numerus clausus*.

La disciplina applicabile Poiché le promesse unilaterali sono da considerare atti unilaterali tra vivi aventi contenuto patrimoniale, ad esse, in virtù dell'art. 1324 c.c., si applicano, in quanto compatibili, le norme che regolano i contratti.

Ambito di applicazione oggettivo Nell'ambito delle promesse unilaterali il codice enumera la promessa di pagamento, la ricognizione di debito (art. 1988 c.c.), la promessa al pubblico (art. 1989 c.c.) ed i titoli di credito (artt. 1992 ss. c.c.).

La promessa di pagamento e la ricognizione del debito: natura giuridica Promessa di pagamento e ricognizione di debito consistono in una dichiarazione unilaterale astratta, cioè senza riferimento al rapporto sottostante (ad esempio "prometto di pagarti 100 euro" oppure "riconosco di doverti 100 euro"), oppure titolata, cioè con il riferimento al rapporto sottostante (ad esempio "prometto di pagarti 100 euro per quel prestito che mi hai fatto" oppure "riconosco di doverti 100 euro a titolo di mutuo").

L'inversione dell'onere della prova: la c.d. astrazione processuale Va, però, precisato che promessa di pagamento e ricognizione di debito non sono vere fonti di obbligazione, dal momento che producono soltanto l'effetto di dispensare colui a favore del quale sono fatte dall'onere di provare il rapporto fondamentale, la cui esistenza viene così a presumersi fino a prova contraria. Esse, quindi, costituiscono a favore del destinatario un mezzo di prova dell'esistenza dell'obbligazione, la quale ha, pertanto, la sua vera fonte in un diverso fatto costitutivo.

In altri termini, sia la promessa di pagamento che la ricognizione di debito di per sé non sono sufficienti a far sorgere un'obbligazione perfetta a carico del promittente o del dichiarante, in quanto se nulla era dovuto, cioè se, ad esempio, il promittente non aveva mai ricevuto alcun prestito o aveva già restituito la somma, nulla è dovuto dal promittente o dal dichiarante.

La rilevanza della promessa di pagamento e della ricognizione di debito, allora, non si manifesta sul piano sostanziale, ma – come detto –

su quello processuale, in quanto il destinatario della promessa e della dichiarazione sono dispensati dall'onere di provare il rapporto fondamentale. Si ha, cioè, un'inversione dell'onere della prova (astrazione processuale) in virtù della quale non è più il creditore a dover dimostrare il fondamento del suo credito, ma deve essere colui che ha effettuato la promessa di pagamento o il riconoscimento del debito a dover dimostrare che il debito in realtà non esiste.

5. *I titoli di credito*

Nozione

Anche i titoli di credito contengono una promessa del debitore che non necessita di alcuna accettazione dell'altra parte.

La funzione

La funzione dei titoli di credito è quella di mobilizzare la ricchezza e di costituire un veicolo di circolazione dei diritti o dei beni più rapido e più sicuro rispetto ai modi tradizionali di circolazione dei diritti e dei beni stessi.

Titoli rappresentativi e titoli rappresentativi di merci

In effetti, se di norma il diritto incorporato nel titolo ha ad oggetto un credito, non è escluso che anche una situazione più complessa, come quella del socio di una società per azioni, possa essere incorporata in un titolo di credito (si parla in proposito di titoli rappresentativi). Può, inoltre, accadere che il titolo sia collegato ad un particolare bene e ciò al fine di agevolarne la circolazione al di fuori degli ordinari schemi contrattuali. Sono questi i cosiddetti titoli rappresentativi di merci che attribuiscono il possesso della merce e, quindi, legittimano il possessore del titolo a pretenderne la consegna da parte del debitore ovvero ad operarne il trasferimento a terzi mediante trasferimento del solo titolo.

I cc.dd. titoli di credito in senso stretto

Ma, per comprendere al meglio la funzione svolta dai titoli di credito, occorre prendere in considerazione i cc.dd. titoli di credito in senso stretto e cioè quelli che incorporano un diritto di credito.

Gli inconvenienti della cessione del credito

In effetti, per la circolazione dei crediti il legislatore aveva già predisposto le norme in tema di cessione del credito di cui agli artt. 1260 ss. c.c. Se è vero, però, che il credito può essere ceduto e quindi circolare seguendo le norme previste per la cessione dei crediti, è altrettanto vero che tale meccanismo presenta più di un inconveniente. Innanzitutto, il cessionario acquista il credito solo se il cedente ne sia l'effettivo titolare ed in ogni caso l'acquisto avviene con tutti i limiti che tale diritto aveva in testa al precedente titolare; nella cessione del credito, infatti, il credito è trasferito al cessionario con i privilegi, con le garanzie e con gli accessori che lo caratterizzavano in capo al cedente.

Ne consegue che se il cedente non è titolare del credito ceduto o se il credito è limitato da alcune eccezioni che il debitore potrebbe opporre al titolare del credito, il cessionario vedrebbe frustrate le sue pretese.

Tuttavia, le difficoltà per il cessionario non si riscontrano solo sul piano sostanziale, ma anche su quello formale. La cessione del credito, infatti, non produce i suoi effetti nei confronti del debitore se non dal momento della notifica da parte del cessionario, che deve affrettarsi ad effettuare tale adempimento anche al fine di rendere inopponibile il suo acquisto nei confronti di eventuali ulteriori cessionari dello stesso credito. Se non bastasse, il cessionario, per poter pretendere il pagamento del credito da parte del debitore, deve anche legittimarsi agli occhi di questi dando la prova dell'avvenuta cessione.

Al fine, dunque, di evitare tutti questi inconvenienti, si è pensato di far circolare i crediti secondo la legge di circolazione dei beni mobili, tramite l'incorporazione del diritto di credito in un bene mobile rappresentato da quel pezzo di carta che è il titolo di credito (proprio perché dipendenti e connessi alla *chartula* il diritto e l'obbligazione incorporati nel titolo di credito si chiamano cartolari). Pertanto, poiché per i beni mobili vale il principio secondo cui il possesso del bene – conseguito in buona fede e sulla scorta di un negozio idoneo a trasferire la proprietà – supplisce al difetto di titolarità dell'alienante e consente l'acquisto della proprietà a titolo originario al possessore, con la consegna materiale del documento si garantisce la trasmissione della titolarità del diritto di credito.

La natura cartolare del diritto e dell'obbligazione incorporati nel titolo di credito

La regola del possesso di buona fede e l'aspetto probatorio

Per i titoli di credito si applica, poi, la stessa regola che disciplina l'acquisto di un bene mobile in caso di più alienazioni a diversi soggetti. A prevalere è cioè colui che ne ha conseguito per primo il possesso in buona fede.

Inoltre, chi ha conseguito il possesso del documento non deve dare alcuna prova del titolo di acquisto proprio e di quello dei precedenti titolari.

La letteralità del diritto incorporato nel titolo di credito

Infine, dal documento che incorpora il diritto di credito si possono desumere gli eventuali limiti gravanti sul diritto incorporato. È questa la caratteristica della letteralità del diritto incorporato nel titolo di credito secondo cui il diritto di cui si può pretendere l'adempimento è solo quello che risulta dal titolo stesso.

L'autonomia dei titoli di credito ed il regime delle eccezioni

Altro carattere dei titoli di credito è l'autonomia che sta ad indicare l'indipendenza del diritto incorporato rispetto ai rapporti intercorsi tra il debitore ed i precedenti titolari. In altri termini il debitore non può opporre al possessore del titolo le eccezioni fondate sui rapporti personali con i precedenti possessori, a meno che, nell'acquistare il titolo, il possessore abbia agito intenzionalmente a danno del debitore (art. 1993, 2° comma, c.c.). Così, a differenza di quanto avviene nella cessione del credito, colui a cui viene trasferito il titolo di credito acquista un diritto nuovo, autonomo rispetto al diritto del precedente titolare e, pertanto, il debitore non gli può opporre le eccezioni che poteva opporre a quest'ultimo. Ad esempio, se il compratore di un'auto, non potendo comprare il bene in contanti, ha rilasciato delle cambiali che vengono poi girate, non può opporre al terzo l'eccezione che l'auto non è stata ancora consegnata. Il debitore, quindi, deve innanzitutto pagare al terzo e poi può rivolgersi al venditore per essere rimborsato.

L'astrattezza di alcuni titoli di credito

Non è, invece, comune a tutti i titoli di credito il requisito dell'astrattezza, in base al quale il titolo è svincolato dalla causa che gli ha dato origine.

Il rapporto fondamentale ed il rapporto cartolare

In effetti, la creazione di un titolo di credito e la coeva assunzione di un'obbligazione hanno sempre una causa giustificativa in un rapporto preesistente tra colui che emette il titolo e colui al quale il titolo viene consegnato. Così, ad esempio, chi compra un'auto e non ha tutta la somma necessaria all'acquisto in contanti emette delle cambiali con le quali si impegna a corrispondere all'alienante una determinata somma a scadenze ripartite. La causa che giustifica e sottintende l'emissione del titolo prende il nome di rapporto fondamentale, che va distinto dal rapporto cartolare che nasce con l'emissione del documento.

I titoli astratti ed i titoli causali

Con riferimento al rapporto fondamentale i titoli di credito si distinguono in titoli astratti e titoli causali. I primi possono essere rilasciati in base ad una pluralità di rapporti fondamentali e, pertanto, la causa dell'emissione, e cioè il rapporto fondamentale, non viene indicata sul titolo. In altri termini, la prestazione del debitore consiste nell'obbligo di pagare una somma senza che vi sia alcun riferimento alla particolare causa del rapporto sottostante all'emissione. L'obbligazione cartolare del debitore non subisce, cioè, alcun influsso da parte del rapporto fondamentale e questa separazione fa sì che al possessore, che è terzo rispetto al rapporto sottostante, non sono opponibili le eccezioni nascenti da quel rapporto.

Il titolo di credito astratto: la cambiale

Esempi classici di titoli astratti sono la cambiale, che può essere emessa tanto per consentire l'acquisto rateizzato di un bene che il compratore non è in grado di acquistare in contanti, quanto per favorire un amico che, scontandola in banca, riesce ad ottenere denaro liquido, e l'assegno bancario che può essere tratto sia per acquistare un bene, sia per estinguere un debito derivante da un obbligo di risarcire un danno.

I titoli di credito causali: la polizza di carico, la fede di deposito e la nota di pegno

I titoli causali, viceversa, sono emessi sulla base di un rapporto fondamentale di un'unica specie che risulta, quindi, dal contesto del titolo. Sono, ad esempio, causali la polizza di carico, che viene emessa in conseguenza della stipula di un contratto di trasporto di cose per via mare, così come la fede di deposito e la nota di pegno, che sono emesse in conseguenza della stipula di un contratto di deposito di merce in un magazzino generale. In questi titoli l'adempimento della prestazione promessa è subordinato anche di fronte ai terzi alla sorte e allo svolgimento del rapporto sottostante.

La legge di circolazione dei titoli di credito

Rispetto ai titoli di credito altra distinzione va fatta relativamente alla legge di circolazione. In effetti, per esercitare il diritto contenuto nel documento, occorre, oltre alla presentazione del titolo al debitore da parte di un soggetto che ne abbia il possesso – e ciò al fine di garantire il debitore dal rischio di pagare due volte lo stesso debito –, anche che il possessore sia legittimato in conformità della legge di circolazione del titolo.

Tipi di titoli di credito

I titoli di credito, infatti, vanno distinti tra titoli nominativi, all'ordine e al portatore.

I titoli di credito al portatore

Per ciò che concerne i titoli al portatore, essi circolano in virtù della mera consegna del documento, il cui semplice possesso legittima il possessore all'esercizio del diritto incorporato nel titolo. Così, ad esempio, il solo fatto di possedere una banconota legittima il possessore a far valere il diritto di credito rappresentato nella carta-moneta. Occorre ricordare, infatti, che il biglietto filigranato di per sé non ha alcun valore, ma rappresenta un credito che il portatore di quel biglietto vanta nei confronti dello Stato ad ottenere una quantità d'oro corrispondente al valore stampigliato sulla banconota.

I titoli di credito all'ordine

Nei titoli all'ordine, invece, non è sufficiente il possesso del documento per essere legittimati a far valere il diritto incorporato nel titolo, essendo necessaria anche la dimostrazione della coincidenza fra la persona indicata nell'intestazione del titolo e la persona che, possedendolo, lo presenta al debitore. Tipici esempi di titoli all'ordine sono la cambiale e l'assegno.

La c.d. girata

Il diritto incorporato nei titoli all'ordine si trasferisce mediante girata che consiste in una dichiarazione, scritta sul titolo e sottoscritta dal creditore cedente (detto girante), con la quale questi ordina al debitore di eseguire la prestazione ad un soggetto diverso (detto giratario). La girata può essere piena, se contiene l'indicazione della persona a favore della quale è fatta, o in bianco, se consiste solo nella firma. Il giratario può, a sua volta, trasferire il titolo a favore di altra persona mediante nuova girata. Il portatore del titolo si legittima attraverso una serie continua di girate che si ha quando la prima girata è firmata dall'intestatario o prenditore, e ognuna delle successive girate è firmata dalla persona che nella precedente è indicata come giratario.

I titoli di credito nominativi: le azioni di società e la polizza di carico

Nei titoli nominativi, a differenza dei titoli all'ordine, l'intestazione ad un nome risulta oltre che dal documento anche dal registro dell'emittente, ossia del debitore che ha emesso il titolo. Pertanto il possessore di un titolo nominativo è legittimato all'esercizio del diritto in esso menzionato per effetto dell'intestazione in suo favore contenuta nel titolo e nel registro dell'emittente (art. 2021 c.c.). Tipici esempi di titoli nominativi sono le azioni di società e la polizza di carico.

Il trasferimento del diritto e la circolazione della legittimazione possono avvenire sia mediante la doppia annotazione del nome dell'acquirente sul titolo e nel registro dell'emittente, sia mediante il rilascio di un nuovo titolo e una successiva annotazione del nuovo titolare sul registro dell'emittente, sia mediante girata che deve, però, essere piena – e contenere, quindi, l'indicazione del giratario – e autenticata da un notaio o da un agente di cambio. In questo caso, però, il giratario, per legittimarsi all'esercizio del diritto contenuto nel titolo, deve ottenere l'iscrizione del proprio nome nel registro dell'emittente, altrimenti il trasferimento ha efficacia solo *inter partes*.

Ad ogni modo, la legittimazione del possessore del titolo a far valer il diritto incorporato nel documento può non essere sufficiente a soddisfare le sue pretese, atteso che il debitore può comunque opporre, se ne ricorrono gli estremi, talune eccezioni. Esse si distinguono in eccezioni reali, che riguardano il contenuto del documento e si possono opporre a qualunque possessore del titolo, ed eccezioni personali, che si possono opporre soltanto ad un possessore determinato.

Le eccezioni reali e le eccezioni personali

A differenza delle eccezioni personali che non sono normativamente individuate, le eccezioni reali sono indicate in modo tassativo nel 1° comma dell'art. 1993 c.c. Esse riguardano innanzitutto la forma, come nel caso della cambiale, che, ai sensi dell'art. 1, n. 1, r.d. 14 dicembre 1933, n. 1669, deve contenere la denominazione di cambiale inserita nel contesto del titolo. In mancanza di questo requisito formale il documento non può essere considerato titolo di credito e, mancando il fondamento dell'obbligazione cartolare, l'eccezione può essere opposta a chiunque.

La disciplina delle eccezioni reali

Eccezioni reali sono pure quelle fondate sul contesto del titolo, sulla falsità di firma e sul difetto di capacità o di rappresentanza al momento dell'emissione del titolo.

Ulteriore ipotesi di eccezione reale è rappresentata dalla mancanza delle condizioni necessarie per l'esercizio dell'azione cartolare perché, ad esempio, prescritta o perché il debito non è ancora scaduto.

Le eccezioni personali sono quelle che derivano da rapporti che non risultano dal titolo e sono opponibili a colui con il quale il rapporto si è svolto. Si pensi, ad esempio, al caso di compensazione con altro credito vantato dal debitore nei confronti del possessore, al caso di mancanza o di illiceità del rapporto fondamentale. Sono personali anche le eccezioni relative ai vizi della volontà. Esse sono opponibili soltanto al terzo che ne sia a conoscenza e non al terzo in buona fede. Le eccezioni personali possono essere opposte anche ad un possessore successivo quando il possessore medesimo abbia agito intenzionalmente a danno del debitore (art. 1993, 2° comma, c.c.). Quest'eccezione è conosciuta con il nome di *exceptio doli generalis*.

Le eccezioni personali: l'*exceptio doli generalis*

La reintegrazione della legittimazione cartolare da parte del titolare come conseguenza della perdita del titolo di credito

Se si portasse alle sue estreme conseguenze il principio dell'incorporazione, si dovrebbe concludere che, una volta perduto il documento che incorpora il diritto, anche quest'ultimo dovrebbe ritenersi perduto. Tuttavia, il legislatore prevede e disciplina i casi in cui alla perdita del titolo di credito può conseguire una reintegrazione della legittimazione cartolare da parte del titolare.

Così, per ciò che concerne i titoli al portatore, è previsto che il possessore che ne provi la distruzione ha diritto di chiedere all'emittente il rilascio di un duplicato o di un titolo equivalente (art. 2007, 1° comma, c.c.). In caso di smarrimento o di sottrazione del titolo al portatore, il possessore ha diritto alla prestazione, decorso il termine di prescrizione del titolo, solo se ne faccia denuncia al debitore e gliene fornisca la prova.

Per i titoli all'ordine e nominativi, sia in caso di distruzione che in caso di smarrimento o di sottrazione, è prevista la procedura dell'ammortamento con la quale si mira a distruggere l'efficacia del titolo e a procurare a chi ha perduto il possesso del titolo un documento che di questi faccia le veci.

Chi è stato vittima della distruzione, dello smarrimento o della sottrazione del titolo deve innanzitutto denunziare l'accaduto al debitore e chiedere con ricorso al Presidente del Tribunale del luogo in cui il titolo è pagabile l'ammortamento del titolo stesso. Se il Presidente del Tribunale accerta la verità dei fatti denunciati pronuncia l'ammortamento con decreto che va pubblicato sulla Gazzetta Ufficiale e va notificato al debitore. Se nei trenta giorni dalla pubblicazione sulla Gazzetta Ufficiale non viene proposta opposizione, il decreto di ammortamento diventa definitivo e il titolo di credito perde efficacia. A questo punto chi ha ottenuto l'ammortamento può esigere il pagamento del titolo, o, se questo non è ancora scaduto, può ottenere un duplicato.

Tuttavia, nei trenta giorni dalla pubblicazione in Gazzetta Ufficiale, chi si trova in possesso del titolo può proporre opposizione contro il decreto di ammortamento davanti al Tribunale che lo ha emesso, facendo valere i diritti che egli ritiene di avere sul titolo dichiarato ammortato e chiedendo la revoca del decreto di ammortamento. Se tale opposizione viene accolta, il decreto perde ogni efficacia; se, invece, viene respinta, l'opponente dovrà restituire il titolo a chi ha ottenuto l'ammortamento.

Titoli di credito, documenti di legittimazione e titoli impropri

Vanno distinti dai titoli di credito i documenti di legittimazione e i titoli impropri che la legge rispettivamente definisce come quelli che servono a identificare l'avente diritto alla prestazione (si pensi ai biglietti ferroviari, allo scontrino del deposito bagagli, al biglietto della lotteria, ecc.) e a consentire il trasferimento del diritto senza l'osservanza delle forme proprie della cessione (si pensi, ad esempio, alla polizza assicurativa al portatore o all'ordine). Manca in questi casi l'incorporazione del diritto nel titolo e la trasmissione del documento non fa acquistare ad altri il diritto.

6. *La promessa al pubblico*

Nozione

Ulteriore fonte dell'obbligazione è la promessa al pubblico. Si tratta di un negozio unilaterale caratterizzato dal fatto che produce effetti obbligatori dai quali il promittente, unica parte del relativo negozio, rimane vincolato in conseguenza della sua sola dichiarazione, indipendentemente dall'accettazione del destinatario.

La promessa in argomento è, quindi, di per sé un negozio perfetto (unilaterale) e non una mera proposta contrattuale.

Natura giuridica

Disciplina

Ai sensi dell'art. 1989 c.c., chi, rivolgendosi al pubblico, promette una prestazione a favore di chi si trovi in una determinata situazione (ad esempio il primo laureato nell'anno 2007 riceverà una determinata somma di denaro) o compia una determinata azione (ad esempio il ritrovamento di un cane smarrito darà diritto ad avere una ricompensa), rimane vincolato da tale promessa non appena questa è pubblicata.

Naturalmente colui che compirà l'atto o si troverà nella situazione richiesta dalla promessa acquisterà il diritto alla prestazione promessa.

Tale vincolo, se alla promessa non è apposto un termine o questo non risulta dalla natura o dallo scopo della medesima, cessa qualora entro l'anno dalla promessa non sia stato comunicato al promittente l'avveramento della situazione o il compimento dell'azione da essa prevista (art. 1989, 2° comma, c.c.).

Promessa al pubblico ed offerta al pubblico

Evidente è la differenza tra la promessa al pubblico e l'offerta al pubblico. Mentre, infatti, quest'ultima è una proposta di contratto ad un destinatario indeterminato che richiede l'accettazione ed è, pertanto, revocabile finché questa non sia portata a conoscenza del proponente (art. 1328 c.c.), la promessa al pubblico, invece, è vincolante di per sé, indipendentemente dall'accettazione, appena resa pubblica, ed è revocabile solo per giusta causa (art. 1990, 1° comma, c.c.).

La giusta causa e la revoca della promessa al pubblico

La giusta causa si ravvisa in qualsiasi accadimento sopravvenuto che renda in qualche modo inutile l'attività dedotta nella promessa ovvero sia in grado di incidere sulla realizzabilità dell'interesse del promittente. La giurisprudenza ammette anche una revoca senza giusta causa qualora il promittente si sia riservato tale facoltà al momento di esternare la promessa.

Ad ogni modo, la revoca non è comunque ammessa dopo che sia stata compiuta l'azione o si sia verificata la situazione prevista nella promessa (art. 1990, 2° comma, c.c.).

Per revocare la promessa al pubblico, tuttavia, è necessario che la revoca sia resa nota al pubblico nella stessa forma della promessa o in forma equivalente.

La cooperazione di più persone

Se l'azione è stata compiuta da più persone separatamente oppure se la situazione è comune a più persone, la prestazione promessa, quando è unica, spetta a colui che per primo ne ha dato notizia al promittente (art. 1991 c.c.).

Esempi di offerta al pubblico: le cc.dd. vendite a premi

Non costituiscono promessa al pubblico, bensì offerta al pubblico, le cc.dd. vendite a premi, dove il premio è immediato e consiste in un oggetto o in uno sconto sull'acquisto dello stesso o di un altro prodotto. Nemmeno qualificabili come promesse al pubblico sono i concorsi a pronostici legati ai risultati sportivi.

Esempi di promessa al pubblico: la promessa di conferimento di premi a concorrenti di quiz televisivi

Costituisce, invece, offerta al pubblico e non promessa al pubblico la promessa di conferimento di un premio al concorrente di un quiz televisivo e ciò perché si tratta di un'offerta di un contratto rivolta ad una generalità di destinatari, che necessita, per essere vincolante, dell'accettazione da parte di alcuno dei destinatari, manifestata attraverso l'iscrizione al gioco del partecipante, e che dà luogo, ove accettata, ad un contratto perfetto, anche se atipico e condizionato al conseguimento della vittoria, in cui l'apporto del destinatario e quindi la prestazione d esso dovuta si presenta come adempimento dell'obbligazione assunta con la contropromessa e consiste nella stessa personale partecipazione (in genere, attraverso risposte ad una serie di domande rivoltegli) al gioco a premi televisivo.

Costituisce, invece, promessa al pubblico la comune prassi con cui il venditore invita il compratore a raccogliere punti, bollini, ecc. al fine di ricevere un certo prodotto, una volta raggiunto il numero stabilito di contrassegni.

7. *La gestione dell'affare altrui*

Nozione e disciplina

Anche la *gestione di affari* (artt. 2028-2032 c.c.) costituisce fonte delle obbligazioni ai sensi dell'art. 1173 c.c. A norma dell'art. 2028, 1° comma, c.c., chi, senza esservi obbligato, assume scientemente la gestione di un affare altrui, è tenuto a continuarla e a condurla a termine finché l'interessato non sia in grado di provvedervi da se stesso.

Pertanto il fatto produttivo di obbligazione è l'iniziale assunzione dell'affare altrui. L'obbligazione emblematica che ne deriva *ex lege* è quella di continuare la gestione intrapresa.

Natura giuridica

La fattispecie è inquadrabile tra quelle non negoziali, atteso che si richiede la volontarietà dell'intraprendimento gestorio quale semplice elemento strutturale del fatto, ma non anche un intento negoziale mirante all'effetto giuridico obbligatorio.

La legge (art. 2030, 1° comma, c.c.), nel disporre che il gestore è soggetto alle stesse obbligazioni che deriverebbero da un mandato, parifica in gran parte i rispettivi regimi giuridici. Tuttavia, mentre l'attività del mandatario costituisce l'adempimento di un'obbligazione assunta con contratto, quella del gestore d'affari è in esecuzione di un obbligo scaturito da un'iniziativa da lui spontaneamente ed unilateralmente intrapresa.

La *negotiorum gestio* ed il mandato

Gli effetti giuridici dell'istituto non consistono, peraltro, nella sola obbligazione anzidetta di continuare a condurre a termine la gestione, ma comprendono anche altre conseguenze sia per il gestore, sia per il gerito che per i terzi.

Effetti della *negotiorum gestio*

La *negotiorum gestio* costituisce un eccezionale caso di ingerenza nell'altrui sfera giuridica senza un preventivo consenso del titolare di essa; di tal che, per essere lecita e poter produrre i diritti ed obblighi suoi propri e non costituire invece un illecito, deve avvenire in presenza dei seguenti presupposti.

I presupposti: l'*absentia domini*, l'*utiliter coeptum* e l'*animus aliena negotia gerendi*

Innanzitutto è necessario che il titolare dell'affare sia assente o impedito, cioè, si trovi nell'impossibilità di provvedervi personalmente o a mezzo di persona da lui stesso già all'uopo officiata. Secondo la giurisprudenza l'elemento dell'*absentia domini* si realizza con la semplice mancata opposizione dell'interessato.

Altro requisito è dato dall'*utiliter coeptum*. La gestione cioè deve essere avviata in vista dell'oggettiva realizzazione di un utile per il titolare dell'affare, anche se poi tale risultato non viene effettivamente raggiunto. In quest'ultimo caso, però, il gestore, in virtù del combinato disposto degli artt. 2030 e 1710, 1° comma, c.c., potrà incorrere in responsabilità qualora sia ravvisabile una sua colpa. Al fine di valutare l'*utilitas*, la giurisprudenza ha precisato che l'attività del gestore, per poter essere qualificata utile, debba essere tale che anche il gerito l'avrebbe posta in essere, se, agendo da buon padre di famiglia, avesse efficacemente provveduto da sé.

Essenziale è anche il c.d. *animus aliena negotia gerendi*. Il gestore, infatti, deve sapere di gestire un affare che non è proprio, mentre se lo riteneva suo non ha l'obbligo di portarlo a termine. L'assunzione della gestione deve, quindi, essere consapevole e spontanea, cioè non il frutto di un obbligo giuridico.

La c.d. *prohibitio domini*

Non vi deve, poi, essere espresso divieto del titolare dell'affare che rende invece illegittima la gestione (c.d. *prohibitio domini*).

La capacità di agire del gestore

Il gestore, infine, deve avere la capacità di agire; ma se la gestione riguarda semplici atti materiali è ritenuta sufficiente la capacità naturale.

La gestione di affari rappresentativa e la gestione di affari non rappresentativa

La gestione d'affari, come il mandato, può anch'essa essere *rappresentativa* o no, a seconda che il gestore, oltre che in luogo e nell'interesse del gerito, agisca oppure no anche in nome di lui con quella *contemplatio domini*, che è propria della rappresentanza diretta *ex* art. 1388 c.c.

L'oggetto

La gestione d'affari può avere ad oggetto atti giuridici (negoziali e non) sia di ordinaria amministrazione (ad esempio incaricare un'impresa di costruzioni per la riparazione dell'abitazione del vicino il cui tetto è divenuto pericolante a causa di un violento nubifragio verificatosi durante l'assenza del vicino che si trova all'estero), sia di straordinaria amministrazione, ma in questo caso ciò sarebbe ammissibile nei soli casi d'urgenza. In particolare, in caso di assenza del *dominus*, sarebbero consentiti per il gestore anche atti di disposizione, come nel caso di chi in sostituzione del gerito alieni della merce deperibile la cui custodia sia molto dispendiosa.

Il gestore potrebbe compiere, inoltre, non solo atti materiali (ad esempio la raccolta di frutti che stanno per deperirsi), ma anche attività e cioè un insieme di atti tra loro funzionalmente collegati per la realizzazione di uno scopo unitario.

In ogni caso, tutti gli atti oggetto della gestione devono necessariamente avere carattere patrimoniale, non potendo ammettersi intervento nell'altrui campo strettamente personale (es. testamento). L'attività del gestore, inoltre, non può riguardare atti di natura aleatoria.

Gli obblighi del gestore

La gestione è fonte di obblighi sia per il gestore che per il gerito. Ai sensi dell'art. 2030, 1° comma, c.c., il gestore è soggetto alle stesse obbligazioni che deriverebbero da un mandato e quindi anche all'eventuale risarcimento del danno in caso di negligenza. Tuttavia il giudice, in considerazione delle circostanze che hanno indotto il gestore ad assumere la gestione, può moderare il risarcimento dei danni ai quali questi sarebbe tenuto per effetto della sua colpa (art. 2030, 2° comma, c.c.).

Una volta che la gestione sia condotta a termine, il gestore è, inoltre, tenuto a rendere il conto ed a restituire al *dominus* quanto abbia ricevuto per effetto della gestione.

Gli obblighi del gerito

A norma dell'art. 2031, 1° comma, c.c., qualora la gestione sia stata utilmente iniziata, l'interessato deve adempiere le obbligazioni che il gestore ha assunto in nome di lui; deve tenere indenne il gestore di quelle assunte dal medesimo in nome proprio e rimborsargli tutte le spese necessarie o utili con gli interessi dal giorno in cui le spese stesse sono state fatte. Si ritiene, invece, che il gerito non abbia alcun obbligo di pagare un compenso al gestore per l'attività svolta.

Questa disposizione non si applica agli atti di gestione eseguiti contro il divieto dell'interessato, eccetto che tale divieto sia contrario alla legge, all'ordine pubblico o al buon costume (art. 2031, 2° comma, c.c.). Nei casi in cui, quindi, la gestione sia rivolta a realizzare interessi primari e fondamentali di terzi determinati o esigenze sociali alle quali è riconosciuta una tutela prevalente, l'attività del gestore è in grado di produrre effetti anche in presenza di un divieto del gerito (si pensi all'ipotesi di chi adempia un'obbligazione alimentare o di mantenimento in luogo dell'obbligato).

Qualora mancasse uno dei requisiti previsti dall'art. 2028 c.c., l'attività del gestore non solo non sarebbe in grado di produrre i diritti e gli obblighi che normalmente discendono dalla *negotiorum gestio*, ma costituirebbe addirittura un atto illecito. Tuttavia, il gerito potrà fare suoi gli effetti di siffatta gestione con un atto di ratifica.

La *negotiorum gestio* come atto illecito e l'ipotesi della ratifica da parte del gerito

Ai sensi dell'art. 2032 c.c., infatti, la ratifica del gerito produce, relativamente alla gestione, gli effetti che sarebbero derivati da un mandato, anche se la gestione è stata compiuta da persona che credeva di gestire un affare proprio.

La gestione termina con la morte del gestore quando l'affare intrapreso è stato concluso o quando l'interessato o il suo erede intervengano per curarlo personalmente.

La cessazione della gestione

8. *Pagamento dell'indebito*

In considerazione del fatto che nel nostro ordinamento ogni spostamento patrimoniale deve essere giustificato, deve, cioè, avere una propria causa meritevole di tutela da parte dell'ordinamento giuridico, l'inesistenza originaria del titolo del pagamento o il suo venir meno costituiscono il presupposto per la ripetizione di quanto è fuoriuscito da un patrimonio verso altro patrimonio.

Nozione e giustificazione causale

Il pagamento di indebito si ha quando qualcuno esegue una prestazione che non era tenuto a fare perché non sussisteva alcun rapporto obbligatorio. In tale ipotesi l'indebito si chiama *oggettivo*. Ai sensi dell'art. 2033 c.c., chi ha eseguito tale pagamento ha diritto di ripetere ciò che ha pagato, nonché ad avere i frutti e gli interessi dal giorno del pagamento se chi lo ha ricevuto era in mala fede, oppure, se questi era in buona fede, dal giorno della domanda.

L'indebito oggettivo

L'azione di ripetizione, che si prescrive nel termine ordinario di dieci anni, decorre, nell'ipotesi di inesistenza o di nullità del vincolo, dall'esecuzione della prestazione, mentre, nelle altre ipotesi, dall'avveramento della condizione risolutiva o dalla sentenza che dichiari o accerti la caducazione del vincolo stesso per annullamento, rescissione o risoluzione.

Prescrizione e decorrenza dell'azione di ripetizione

Essa ha carattere personale, in quanto viene esperita nei confronti di chi ha indebitamente ricevuto il pagamento e può essere rivolta solo nei confronti di chi ha ricevuto la prestazione non dovuta.

Caratteri

La ripetizione è un'azione restitutoria che presuppone l'esecuzione di una prestazione che abbia ad oggetto una somma di denaro, una quantità di cose fungibili ovvero un bene o una cosa determinati. Si ritiene, inoltre, che tale azione può essere esercitata anche quando la prestazione è consistita in un *facere*. In tal caso colui che ha indebitamente

Presupposti e disciplina

pagato non potrà esigere, da colui che ha ricevuto la prestazione, l'adempimento di una analoga obbligazione di fare, ma potrà pretendere una somma di denaro equivalente al valore della prestazione eseguita.

Per l'art. 2037, 1° comma, c.c., poi, chi ha indebitamente ricevuto una cosa determinata è tenuto a restituirla. Se la cosa è perita, anche per caso fortuito, chi l'ha ricevuta in mala fede è tenuto a corrisponderne il valore. Se, però, la cosa è solo deteriorata, colui che l'ha data può chiedere l'equivalente, oppure la restituzione e un'indennità per la diminuzione del valore (art. 2037, 2° comma, c.c.).

Invece, chi ha ricevuto la cosa in buona fede non risponde del perimento o del deterioramento di essa, ancorché dipenda da un fatto proprio, se non nei limiti del suo arricchimento (art. 2037, 3° comma, c.c.). Se, però, chi ha ricevuto la cosa in buona fede, l'ha alienata prima di conoscere l'obbligo di restituirla, è tenuto a restituire il corrispettivo conseguito e, se questo non è stato ancora corrisposto, colui che ha pagato l'indebito si surroga nei diritti dell'alienante. Se, ancora, l'alienazione è avvenuta a titolo gratuito, il terzo acquirente è obbligato, nei limiti del suo arricchimento, verso colui che ha pagato l'indebito (art. 2038, 1° comma, c.c.).

Chi ha alienato la cosa ricevuta in mala fede o dopo aver conosciuto l'obbligo di restituirla, è obbligato a restituirla in natura o a corrisponderne il valore. In questo caso chi ha pagato l'indebito può anche agire direttamente per conseguire il corrispettivo dell'alienazione. Se, invece, l'alienazione sia stata fatta a titolo gratuito, l'acquirente, qualora l'alienante in mala fede sia stato inutilmente escusso, è obbligato, nei limiti dell'arricchimento, verso colui che ha pagato l'indebito (art. 2038, 2° comma, c.c.).

In ogni caso, colui al quale è restituita la cosa è tenuto a rimborsare il possessore delle spese e dei miglioramenti.

L'indebito ricevuto da un incapace

L'art. 2039 c.c. prevede, infine, che, qualora il soggetto affetto da incapacità legale o naturale abbia ricevuto l'indebito, anche in mala fede, egli sarà tenuto nei limiti in cui ciò che ha ricevuto è stato rivolto a suo vantaggio.

L'indebito soggettivo *ex latere accipientis* ed *ex latere solventis*

L'*indebito soggettivo* può essere *ex latere accipientis* ed *ex latere solventis*. Si ha la prima forma di indebito soggettivo qualora il debitore adempia nei confronti di un soggetto che non è creditore o che non è legittimato a ricevere.

Qui colui che ha ricevuto la prestazione non ha titolo per trattenere quanto percepito e l'azione di ripetizione va esperita, a seconda dei casi, da soggetti diversi. Infatti, se il *solvens* ha eseguito il pagamento a chi appariva legittimato a riceverlo in base a circostanze univoche, l'azione di ripetizione deve essere esperita dal vero creditore; mentre, se non sussistono i presupposti di cui all'art. 1189 c.c., il debitore deve pagare nuovamente, ma questa volta nei confronti del vero creditore, e, quindi, pretendere la restituzione di quanto inutilmente pagato nei confronti dell'*accipiens*.

Si ha, invece, indebito soggettivo *ex latere solventis*, quando taluno paghi il debito altrui ritenendo di esservi obbligato. Qui l'*accipiens* ha astrattamente titolo per trattenere quanto ricevuto dal momento che qualsiasi terzo può adempiere un debito altrui.

Se però chi ha pagato riteneva di essere tenuto all'adempimento in base ad un *errore scusabile*, ai sensi dell'art. 2036 c.c., può ripetere ciò che ha pagato, sempre che il creditore non si sia privato in buona fede del titolo o delle garanzie del credito.

Chi ha ricevuto l'indebito è anche tenuto a restituire i frutti e gli interessi dal giorno del pagamento se in mala fede, o dal giorno della domanda, se in buona fede.

Azione di ripetizione ed onere della prova

Grava su colui che agisce per la ripetizione dell'indebito l'onere della prova sia del proprio errore sia dell'eventuale mala fede del creditore nel privarsi del titolo o delle garanzie del credito.

Limiti all'azione di ripetizione

Quando la ripetizione non è ammessa, e cioè quando il *solvens* ha pagato sulla base di un errore non scusabile, questi non può esercitare l'azione di ripetizione, ma subentra nei diritti del creditore (art. 2036, 3° comma, c.c.).

Non è, infine, ammessa azione di ripetizione per le prestazioni che, anche da parte di colui che le ha eseguite, sono finalizzate al conseguimento di uno scopo contrario al buon costume (art. 2035 c.c.).

9. *L'arricchimento senza causa*

Nozione, disciplina e funzione

Secondo l'art. 2041 c.c. chi, senza una giusta causa, si è arricchito a danno di un'altra persona, è tenuto, nei limiti dell'arricchimento, a indennizzare quest'ultima della correlativa diminuzione patrimoniale. Anche la predetta norma si giustifica in considerazione del fatto che l'ordinamento non ammette trasferimenti di ricchezza, se non vi sia un fatto giuridico considerato meritevole che li giustifichi. Sicché, se il trasferimento sia privo di causa, esso deve essere restituito a chi abbia subìto la perdita.

È stata, ad esempio, riconosciuta applicabile la disciplina in materia di arricchimento senza causa nel caso di un contratto di agenzia nullo, perché stipulato con soggetto non iscritto nell'apposito albo, atteso che le prestazioni erano state effettivamente svolte a favore del preponente.

Quando l'arricchimento abbia per oggetto una cosa determinata, colui che l'ha ricevuta è tenuto a restituirla in natura se sussiste al tempo della domanda (art. 2041 c.c.). Ciò posto, se ne deduce che l'arricchito non risponde del perimento o del deterioramento verificatosi anteriormente alla domanda, benché causati da fatto proprio.

Il carattere sussidiario dell'azione di arricchimento senza causa

Dispone inoltre l'art. 2042 c.c. che l'azione di arricchimento non è proponibile quando il danneggiato può esercitare un'altra azione per farsi indennizzare del pregiudizio subito: essa ha dunque carattere *sussidiario*. Non è, quindi, possibile esperire l'azione di ingiustificato arricchimento quando le altre azioni siano divenute improponibili o siano state esperite senza successo.

La generalità dell'azione

Quella di ingiustificato arricchimento è anche un'azione generale, in quanto i fatti che ne possono legittimare l'esperibilità sono atipici.

La natura personale dell'azione ed il principio di giustizia

La natura dell'azione è essenzialmente personale, corrispondente cioè ad un credito del danneggiato nei confronti dell'arricchito. Indispensabile è che l'arricchimento sia avvenuto mediante danno ad altro soggetto, poiché, in caso diverso, mancherebbe la stessa possibilità di esperirla; con essa, infatti, si tende ad evitare, per un fondamentale principio di giustizia, non l'arricchimento in sé, ma il trasferimento di ricchezza.

Presupposti: l'arricchimento di una parte ed il depauperamento dell'altra

Diversi sono i presupposti dell'azione in argomento. Innanzitutto deve trattarsi di un arricchimento, da parte di uno dei soggetti, che sia attuale al tempo della domanda e che consista in una effettiva attribuzione patrimoniale.

È necessario, poi, l'elemento del depauperamento di un'altra persona che può consistere tanto nella perdita di un elemento patrimoniale, quanto nella diminuzione del suo valore per effetto dell'uso della cosa da parte di terzi.

Il nesso di causalità diretto tra arricchimento ed impoverimento. La causa

Indispensabile è, inoltre, la sussistenza di un nesso di causalità immediato e diretto tra l'arricchimento e l'impoverimento.

Non può mancare, ancora, una causa giustificatrice dell'arricchimento dell'uno e della diminuzione patrimoniale dell'altro.

L'ingiustificato arricchimento come fonte di obbligazione indennitaria

L'ingiustificato arricchimento è fonte di un'obbligazione indennitaria che tende a reintegrare la diminuzione patrimoniale che va liquidata nella misura della minor somma tra quanto l'impoverito abbia perso e quanto l'arricchito abbia guadagnato.

Parte VIII

I PRINCIPALI CONTRATTI TIPICI

Capitolo 60

I PRINCIPALI CONTRATTI TIPICI

1. *La vendita*

Definizione

Ai sensi dell'art. 1470 c.c., il contratto di compravendita ha per oggetto il trasferimento della proprietà di una cosa o di un altro diritto verso il corrispettivo di un prezzo. In generale, è possibile affermare che trattasi di un contratto consensuale, laddove il raggiungimento dell'accordo coincide con il momento in cui si realizza l'effetto traslativo a favore del compratore (in aderenza a quanto stabilito dall'art. 1376 c.c.); in tal caso, si tratta di vendita ad efficacia reale. Tuttavia, è possibile che l'effetto traslativo in discorso – in deroga a quanto disposto dall'art. 1376 c.c. – non sia contestuale al raggiungimento del *consensus in idem placitum*, ma – piuttosto – ad esso successivo ed unicamente ancorato al verificarsi di determinati eventi. Una simile scissione temporale dà vita alla vendita avente efficacia obbligatoria, cui di seguito sarà dato opportuno rilievo. Seppure soltanto incidentalmente, è opportuno eliminare un possibile dubbio conseguente alla distinzione appena proposta: il contratto di compravendita è perfettamente concluso a prescindere dal materiale trasferimento del possesso della cosa venduta; infatti, tale trasferimento s'inscrive tra le obbligazioni che il venditore deve adempiere in esecuzione del vincolo negoziale conclusosi con il consenso già prestato.

Da tanto consegue l'essenzialità della volontà contrattuale; in particolare, la validità del consenso presuppone la capacità dei contraenti, mentre l'efficacia la legittimazione in merito all'atto di disposizione. In argomento, si ponga mente alla *ratio* dell'art. 1471 c.c., secondo cui determinate categorie di soggetti – esaustivamente indicate dal legislatore – "non possono essere compratori nemmeno all'asta pubblica, né direttamente né per interposta persona" (art. 1471, 1° comma, c.c.). L'eventuale violazione comporta la nullità dell'acquisto, nelle ipotesi di cui ai nn. 1) e 2) del 1° comma dell'art. 1471; l'annullabilità, ove si tratti dei nn. 3) e 4) del medesimo art. 1471, 1° comma, c.c. La ragione dell'inibizione – specificata attraverso la veste dell'inalienabilità relativa – va colta in esigenze di opportunità, al fine di evitare deprecabili forme di "speculazione" (più o meno gravi) da parte di soggetti che ricoprono peculiari ruoli nei confronti di altri soggetti. Così, ad esempio, agli amministratori è impedita la possibilità di acquistare beni di proprietà dei loro amministrati.

Divieti speciali di comprare

Un ulteriore requisito indispensabile del contratto di compravendita consiste nella cosa alienata, intesa sia come bene materiale (mobile, immobile, *universitas*), che come mero diritto (l'oggetto – quindi – può identificarsi, oltre che nel diritto di proprietà, nei diritti reali di godimento su cosa altrui, nei diritti di credito, e via enumerando).

La forma della vendita

La vendita, di regola, è un contratto a forma libera. Tuttavia, è evidente la possibile connessione tra gli artt. 1470 e 1350 c.c., nel senso che dalla natura del diritto trasferito e del bene su cui il medesimo "insiste" può discendere l'imposizione di una forma contrattuale ben precisa – qual è l'atto pubblico o la scrittura privata – sotto pena di nullità. Ad esempio, il legislatore, per il trasferimento della proprietà immobiliare, prescrive, *ad substantiam* ed alternativamente, l'adozione di uno dei due tipi di forma indicati (art. 1350, n. 1, c.c.). Qualora, poi, il trasferimento necessiti della trascrizione, ai fini dell'opponibilità ai terzi dell'atto, occorre che il titolo abbia la forma dell'atto pubblico, della scrittura privata autenticata o giudizialmente accertata (art. 2657 c.c.).

L'onerosità

Inoltre, il contratto in discorso è essenzialmente oneroso. Non può mancare il prezzo che l'acquirente deve corrispondere a fronte del trasferimento convenuto. Sul punto specifico, appare opportuno precisare, mutuando l'orientamento giurisprudenziale prevalente, che non è incompatibile con la causa del contratto in parola un prezzo inferiore rispetto al valore di mercato del bene compravenduto. Qualora si tratti, invece, di prezzo *notevolmente* inferiore al predetto valore non sarà possibile qualificare il rapporto contrattuale come compravendita, ma – a seconda dei casi – come donazione dissimulata, donazione mista oppure vendita mista a donazione. Infine, ricorre la nullità del contratto, stante la mancanza della causa, allorquando il prezzo sia obiettivamente non serio o meramente simbolico (ai sensi del combinato disposto degli artt. 1325, n. 2, c.c. e 1418, 2° comma, c.c.).

Comunque, ai fini della validità del contratto, al momento della stipulazione il prezzo deve essere determinato nel suo ammontare ovvero anche soltanto determinabile in base a criteri convenzionali o legali (si ricordi, in senso estensivo, la caratteristica della determinabilità dell'oggetto di cui all'art. 1346 c.c.).

La determinazione-determinabilità del prezzo

Taluni chiarimenti s'impongono con riguardo al requisito minimale della determinabilità, al fine di evitare che, attraverso una simile potenzialità, si consenta l'ingresso nel "tessuto contrattuale" di prescrizioni postume che possono attentare, in generale, alla certezza del diritto e favorire, quindi, deprecabili reticenze di un contraente in danno dell'altro. Il discorso, ovviamente, va circoscritto a tutti quegli accordi attraverso cui le parti – pur non specificando l'ammontare del prezzo – rinviino espressamente a fonti esterne al regolamento negoziale, affinché quest'ultimo possa, quindi, utilmente completarsi. Si pensi, ad esempio, all'ipotesi in cui si rimandi agli usi di piazza. Può farsi ricorso ad una simile forma di *relatio*, a condizione che l'indicazione in cifre del prezzo sia facilmente desumibile al tempo in cui si è perfezionato l'accordo negoziale; in difetto, il contratto è parzialmente nullo (art. 1419 c.c.).

Le parti possono anche omettere completamente ogni riferimento al prezzo, così permettendo il rinvio al criterio legale di determinazione, disciplinato dall'art. 1474 c.c. Colà il legislatore – attraverso una norma suppletiva – viene in aiuto all'autonomia contrattuale, adoperandosi al fine di conservare il risultato dell'attività posta in essere dai contraenti. Infatti, s'intende applicato il prezzo normalmente praticato dal venditore, nel caso in cui il contratto abbia ad oggetto cose che il venditore vende abitualmente (si pensi, esemplificativamente, alla vendita in serie e continuativa, cui allude l'art. 1474, 1° comma, c.c.); il prezzo è desunto dai listini e dalle mercuriali del luogo ove deve essere eseguita la consegna della cosa (o, in mancanza, da quelli della piazza più vicina), laddove si tratti di cose aventi un prezzo di mercato o di borsa (art. 1474, 2° comma, c.c.). Si ricorre egualmente a tali modalità di determinazione "qualora le parti abbiano inteso riferirsi al giusto prezzo"; al riguardo, l'interprete è onerato dell'imprescindibile ricognizione della volontà presunta dei contraenti.

Il criterio suppletivo dell'art. 1474 c.c.

In via residuale, l'inutilizzabilità dei tre criteri indicati all'art. 1474 c.c. non ostacola il riempimento, in altro modo, della lacuna del regolamento negoziale; infatti, è consentita – su impulso di uno dei contraenti – la nomina da parte del presidente del tribunale (del luogo in cui è stato concluso il contratto) di un terzo arbitratore (art. 1473, 2° comma, c.c.), al quale – quindi – è affidato il compito d'individuare il congruo prezzo.

Inoltre, l'omissione nella regolamentazione convenuta può essere solo parziale. Nel senso che, pur mancando l'indicazione del prezzo pattuito, le parti potranno fare esplicito ricorso all'arbitraggio per l'indivi-

La determinazione del prezzo con l'arbitraggio

duazione del corrispettivo, eleggendo contestualmente il terzo ovvero riservandosi una successiva individuazione, attraverso una designazione che – *ex post* – va ad integrare il contenuto negoziale (art. 1473, 1° comma, c.c.). Al riguardo, occorre individuare i parametri che devono caratterizzare il giudizio dell'arbitratore, considerando estensivamente quanto stabilito all'art. 1349 c.c. Infatti, il terzo *può* valutare secondo il suo mero arbitrio, a condizione – però – che sia stato espressamente abilitato in tal senso dagli interessati; in difetto di una siffatta volontà negoziale, l'arbitratore *deve* procedere secondo il suo equo apprezzamento (art. 1349, 1° comma, c.c.). Il giudizio valutativo può essere impugnato: in caso di *arbitrium merum*, è necessario che si provi la mala fede del terzo, ulteriormente rafforzata dalla presenza di motivi illeciti, quali – ad esempio – la corruzione (art. 1349, 2° comma, c.c.); trattandosi, invece, di equo apprezzamento è indispensabile che la determinazione dell'arbitratore sia manifestamente iniqua o erronea (art. 1349, 1° comma, c.c.), laddove l'iniquità deve essere oggettivamente riconoscibile a prima vista, mentre l'erroneità – indipendentemente dalla circostanza eventuale di aver causato l'iniquità stessa – può concretizzarsi in un errore di calcolo ovvero in una deduzione in eclatante contrasto con le premesse della valutazione o con le regole della tecnica e dell'esperienza.

Il ruolo dell'arbitratore

In dottrina è discussa la natura dell'atto che pone in essere il terzo arbitratore: si spazia dalla dichiarazione di scienza, alla dichiarazione negoziale, sino a giungere all'atto giuridico. Qualsiasi opzione si accolga non v'è dubbio che l'eletto deve avere la capacità naturale perché possa assumere efficacemente la funzione specifica.

In merito al prezzo, è utile ricordare due clausole usualmente utilizzate nei contratti del commercio marittimo internazionale. Si tratta della vendita *cost, insurance and freight* (corrispondente all'acronimo *c.i.f.*), laddove il prezzo comprende il costo, il nolo della nave ed il premio assicurativo. Ne deriva che la merce è data franca all'arrivo e assicurata; l'obbligazione diviene di risultato a carico del venditore e il rischio del fortuito, che passerebbe al compratore al momento del carico (a mente della regola generale affermata al 2° comma, dell'art. 1510 c.c.), viene garantito dalla copertura assicurativa.

La vendita *free on board* (corrispondente all'acronimo *f.o.b.*) implica che l'alienante sia obbligato solo a caricare la merce sulla nave, assumendosi – limitatamente a tale fase – il rischio del fortuito. Con il caricamento si consente l'individuazione della merce e, quindi, da quel momento il rischio in discorso passa al compratore.

2. *Gli obblighi del venditore*

Le obbligazioni del venditore sono differenti a seconda del momento in cui si realizza l'effetto traslativo del diritto alienato.

La consegna della cosa

Infatti, trattandosi di compravendita ad efficacia reale, il dante causa è obbligato a consegnare la cosa (art. 1476, n. 1, c.c.), atteso che – in virtù del consenso prestato – si è già realizzata la successione dell'acquirente nella titolarità del diritto di proprietà o di altro diritto eventualmente trasferito. La consegna della cosa va fatta nello stato in cui la stessa si trova, insieme con i documenti rappresentativi del diritto di cui si è disposto; salva diversa pattuizione, l'alienante deve anche consegnare – unitamente alla cosa – le relative pertinenze, gli accessori e i frutti naturali non separati al giorno della vendita e i frutti civili maturati dopo la vendita stessa. Qualora la consegna abbia ad oggetto beni mobili, si applica l'art. 1510 c.c., secondo cui "in mancanza di patto o di uso contrario, la consegna della cosa deve avvenire nel luogo dove il venditore aveva il suo domicilio o la sede dell'impresa". Se il medesimo bene mobile deve essere trasportato da un luogo ad un altro, l'alienante si libera dall'obbligo della consegna rimettendo la cosa al vettore o allo spedizioniere; in simile ipotesi, le spese del trasporto andranno a carico dell'acquirente (art. 1510, 2° comma, c.c.).

La consegna nella vendita ad efficacia obbligatoria

Qualora si tratti di vendita ad efficacia obbligatoria, il dante causa è obbligato a far acquisire all'avente causa la titolarità della proprietà della cosa o di altro diritto (art. 1476, n. 2, c.c.), siccome stabilito nell'accordo validamente raggiunto.

Affinché si possa intendere il contenuto di siffatta specifica obbligazione contrattuale appare indispensabile un'indagine casistica. Si pensi, in senso esemplificativo, all'alienazione di cosa futura (art. 1472 c.c.), secondo cui l'acquisto della proprietà si realizza allorquando la cosa viene ad esistenza, ovvero – ove si tratti di alberi o di frutti – allorché si proceda al taglio o alla separazione. Nella vendita di *res sperata* o *in fieri* sono ravvisabili – *ab initio* – tutti gli elementi costitutivi della fattispecie, unitamente alla *causa venditionis*; laddove – dunque – al perfezionamento del vincolo conseguono effetti obbligatori, consistenti in tutta quell'attività strumentale e necessaria che l'alienante deve porre in essere per la realizzazione del risultato traslativo. Va da sé che il venditore incorre in responsabilità per inadempimento contrattuale nel caso in cui abbia svolto un'attività deficiente e, quindi, sostanzialmente inutile (art. 1218 c.c.).

Quanto alla compravendita di cosa generica (si pensi, ad esempio, alla vendita di un solo quintale del maggiore raccolto di grano), la proprietà si trasmette soltanto con l'individuazione. Ciò vuol dire, evidentemente, che il venditore – onde evitare d'incorrere in responsabilità –

è tenuto ad una precisa forma di "cooperazione", consistente nell'adozione di ogni mezzo idoneo a separare la cosa dal genere.

Ed ancòra, si ponga mente alla vendita di cosa altrui, laddove "il compratore diventa proprietario nel momento in cui il venditore acquista la proprietà dal titolare di essa" (art. 1478 c.c.). Ne deriva che l'alienante – ai sensi del 1° comma dell'art. 1478 c.c. – è obbligato a procurare l'acquisto della proprietà della cosa all'acquirente. Sul punto un recente orientamento giurisprudenziale delle sezioni unite della Corte di Cassazione ha precisato che la prestazione del venditore può essere eseguita procurando il trasferimento del bene direttamente dall'effettivo proprietario, senza necessità di una doppia vicenda traslativa. Nulla dispone la norma in merito al tempo entro cui l'attività posta in essere dal dante causa possa ritenersi tempestivamente prestata. In argomento, sembra opportuno affermare che l'apposizione di un termine finale può essere determinata pattiziamente dai contraenti ovvero stabilita dal giudice (*ex* art. 1183, 1° comma, c.c.). Per cui, la scadenza del termine dà luogo all'inadempimento contrattuale del venditore, sempre che il compratore abbia provveduto a costituirlo in mora. La fattispecie in argomento si delinea in tutta la sua peculiarità, atteso che – in senso generale – *nemo plus iuris ad alium trasferre potest quam ipse habet*. Tuttavia, è fatto salvo l'accordo avente ad oggetto un bene in proprietà di terzi, a condizione che tale alterità sia nota al compratore al momento della conclusione del contratto. Qualora, invece, quest'ultimo versi in buona fede – ignorando, quindi, la circostanza della suddetta alterità – non può essere utilizzato lo schema della vendita ad efficacia obbligatoria, quanto – piuttosto – deve farsi ricorso al sistema di responsabilità degli artt. 1479 e 1480 c.c. (laddove l'ignoranza incolposa, relativa alla parziale o totale alienità della cosa, merita idonea tutela attraverso la risoluzione negoziale e il risarcimento del danno, ovvero anche l'eventuale, proporzionale riduzione del prezzo).

3. *La garanzia per l'evizione della cosa*

Il venditore, ai sensi del n. 3 dell'art. 1476 c.c., deve garantire il compratore dall'evizione della cosa alienata. In generale, è possibile affermare che si tratta di un effetto naturale del contratto concluso, nel senso che per la sua operatività non è richiesta un'espressa disposizione negoziale, quanto – piuttosto – la semplice, oggettiva circostanza della valida conclusione di un contratto di compravendita.

L'evizione totale

Si ha evizione quando l'acquirente è privato del diritto sul bene acquistato, in virtù di un provvedimento dell'autorità giudiziaria attestante un "difetto" nel diritto del disponente; ne consegue che il diritto è riconosciuto a favore di un terzo che abbia vittoriosamente esercitato – con riguardo al medesimo bene – l'azione di rivendica, l'azione confessoria o l'azione di riduzione. È necessario, poi, affinché sia ipotizzabile l'evizione, che l'evento "scatenante" sia preesistente alla conclusione del contratto, ancorché si manifesti in epoca successiva (art. 1483 c.c.).

A tal punto, appare necessario esaminare le diverse modalità operative della garanzia appena evocata con riguardo ai distinti e progressivi contesti inerenti la posizione del compratore.

Il pericolo di rivendica

A) Il mero pericolo di rivendica della cosa acquistata (o di una parte di essa) ad opera di terzi fa nascere in capo al compratore – che versi in buona fede – la facoltà di sospendere il pagamento del prezzo stabilito (art. 1481 c.c.).

Trattasi, com'è evidente, di una forma di autotutela, costituente applicazione particolare dell'eccezione d'inadempimento di cui all'art. 1460 c.c. Così il mancato pagamento, per atteggiarsi quale legittima sospensione dell'esecuzione della prestazione dovuta, è indispensabile che sia giustificato da un pericolo effettivo e non meramente presunto o putativo; non è sufficiente, quindi, un mero timore soggettivo che l'evizione possa verificarsi, occorre – piuttosto – che da circostanze concrete ed oggettive risulti l'intenzione del terzo di rivendicare fondatamente la cosa. L'esercizio della facoltà appena esaminata può essere evitato allorquando il venditore presti idonea garanzia – sia reale che personale – a fronte della rivendica temuta (art. 1481, 1° comma, c.c.); il legislatore si preoccupa di assicurare al compratore un valore equivalente al danno prevedibilmente derivante dall'eventuale evizione.

Al pericolo di rivendica va equiparata l'ipotesi in cui la cosa compravenduta sia gravata da garanzie reali (ad esempio, ipoteca) o da vincoli (quali il sequestro ed il pignoramento). Infatti, ancòra una volta, l'acquirente in buona fede può difendersi sospendendo il pagamento del prezzo (art. 1482, 1° comma, c.c.). Tuttavia, l'interesse del compratore va considerato nella sua globalità; nel senso che – in virtù del principio di conservazione del negozio – costui può far fissare dall'autorità giudiziaria un termine entro cui il venditore deve liberare dal "peso" la cosa alienata. Qualora, entro il limite temporale giudizialmente riconosciuto, non si sia ottenuto il risultato sperato, il contratto s'intende risolto di diritto; il dante causa deve anche ristorare i pertinenti danni che l'avente causa ha patito (art. 1482, 2° comma, c.c.). Ovviamente le modalità di tutela appena illustrate non possono essere invocate nel caso che l'acquirente conosca l'esistenza della garanzia o del vincolo; al riguardo, ai sensi degli artt. 1483 e 1484 c.c., il venditore può rispondere per l'eventuale evizione subìta dal compratore.

B) Ciò che era soltanto temuto può assumere obiettiva consistenza: il terzo che pretende di avere diritti sulla cosa venduta instaura – in tal senso – un giudizio in danno del compratore. Quest'ultimo, a prescindere dall'esito della lite, deve provvedere alla chiamata in causa del venditore (art. 1485, 1° comma, c.c.): si tratta dell'adempimento di un vero e proprio onere, strumentale per l'estensione del contraddittorio (e del processo in sé) ad un cointeressato in senso sostanziale ed eventuale, diretto destinatario del provvedimento di condanna alla garanzia per evizione. L'omessa chiamata, cui segua la sentenza di condanna del convenuto (*rectius*: acquirente), non determina la perdita del diritto alla garanzia, a meno che il venditore non riesca a dimostrare che disponeva di argomenti difensivi utili e prove idonee a far respingere la domanda proposta dal terzo (art. 1485, 1° comma, c.c.). Piuttosto, la perdita del diritto alla garanzia in discorso succede al riconoscimento spontaneo che il convenuto abbia fatto con riguardo al diritto vantato dall'attore, sempre che il compratore non riesca a provare che "non esistevano ragioni sufficienti per impedire l'evizione" (art. 1485, 2° comma, c.c.). L'allusione alle "ragioni sufficienti" – utili, ove persistenti, per ottenere il rigetto della domanda – va limitata al solo merito della pretesa del terzo e non estesa, come da taluno sostenuto in dottrina, alle eccezioni di carattere processuale.

La pretesa del terzo

C) Quando l'evizione totale della cosa è compiuta a favore del terzo – con sentenza passata in giudicato – il venditore è obbligato a sollevare il compratore evitto, secondo le seguenti modalità: 1) deve risarcirgli il danno, a norma dell'art. 1479 c.c.; 2) deve corrispondergli il valore dei frutti eventualmente restituiti al terzo, le spese sostenute per la denuncia della lite e quelle eventualmente rimborsate all'attore (art. 1483 c.c.). Qualora l'evizione sia solo parziale, ovvero interessi soltanto una parte della cosa oggetto del diritto trasferito, l'acquirente evitto – ai sensi dell'art. 1484 c.c. – può esercitare l'azione di risoluzione contrattuale o di riduzione del prezzo, oltre a pretendere il risarcimento dei danni subìti; l'alienante può essere ulteriormente tenuto a rendere all'acquirente quanto poc'anzi indicato al punto 2) che precede.

L'evizione compiuta a favore di un terzo

Il compratore, coinvolto in un giudizio teso al riconoscimento del diritto del terzo, evita l'evizione della cosa mediante il pagamento di una somma di danaro (art. 1486 c.c.); in tal caso, l'alienante – al fine di liberarsi dalle conseguenze dell'operatività della garanzia – deve rimborsare all'acquirente detta somma, oltre gli interessi maturati e, comunque, le spese sostenute (art. 1486 c.c.).

Infine, l'art. 1487, 1° comma, c.c. attribuisce ai contraenti la facoltà – da esercitarsi concordemente – di aumentare o di diminuire gli effetti della garanzia qui esaminata ovvero di escluderla del tutto. Tuttavia,

L'esclusione della garanzia

l'esclusione convenuta non esime il venditore dal garantire l'evizione derivante da un fatto proprio del venditore medesimo: si pensi, ad esempio, al terzo che abbia fatto valere contro il compratore un atto dispositivo, proveniente dall'alienante, posto in essere prima della stipulazione del contratto di compravendita. Limitatamente a tale ultimo profilo non è riconosciuta alle parti alcuna possibilità, in quanto un'eventuale difforme disposizione negoziale sarebbe affetta da nullità (art. 1487, 2° comma, c.c.).

Gli effetti derivanti dal valido esercizio della facoltà qui evocata consistono nella disapplicazione degli artt. 1479 e 1480 c.c.; fermo restando che l'acquirente evitto può pretendere dal venditore la restituzione del prezzo pagato ed il rimborso delle spese (art. 1488, 1° comma, c.c.). Non v'è spazio per una simile pretesa qualora si tratti di un contratto di compravendita "a rischio e pericolo del compratore" (art. 1488, 2° comma, c.c.), caratterizzato, quindi, da una veste parzialmente aleatoria; laddove deve risultare in modo inequivocabile l'assunzione, da parte dell'avente causa, del rischio dell'alienità del diritto sulla cosa (in modo maggiormente circoscritto, la giurisprudenza prevalente richiede che tale determinazione risulti da uno specifico patto espresso).

4. *La garanzia per i vizi della cosa*

Un'ulteriore obbligazione del venditore consiste nella garanzia che "la cosa venduta sia immune da vizi che la rendano inidonea all'uso a cui è destinata o ne diminuiscano in modo apprezzabile il valore" (art. 1490, 1° comma, c.c.). Allorché si tratti di vizi occorre alludere ad imperfezioni materiali della cosa tali da incidere inesorabilmente sulla sua utilizzabilità o sul suo valore e relative ad anomalie del processo di fabbricazione, di produzione, di formazione, di conservazione, ecc. Ne deriva che non ogni vizio *tout court* merita opportuna considerazione al fine dell'operatività della specifica garanzia (art. 1492 c.c.). In particolare, è indispensabile che la richiamata imperfezione sia determinante dell'apprezzabile diminuzione del valore della cosa venduta (si pensi al caso di un'autovettura incidentata, anche se non pregiudicata nel suo funzionamento) ovvero che la renda non idonea (anche se non assolutamente inutilizzabile) all'uso cui essa è destinata; l'inidoneità va valutata con riferimento alla funzione economico-sociale del bene, giammai con riguardo a quelle imperfezioni consistenti, ad esempio, in manchevolezze del tipo di materiale consegnato che determinino, per il compratore, unicamente un aumento delle spese necessarie al momento della messa in opera.

La cosa viziata

Il vizio e la diminuzione del valore della cosa

Va da sé che la qualità non rappresenta un parametro da utilizzare al fine di ponderare la persistenza, o meno, del vizio. Infatti, la suddetta qualità va esaustivamente identificata con tutti quegli attributi che esprimono la funzionalità, l'utilità e il pregio del bene (ad esempio, colore, tessuto, materia, metodo di produzione, origine), ovvero con tutte quelle prerogative che influiscono – nell'ambito di un medesimo genere – sulla classificazione della cosa in una specie piuttosto che in un'altra.

La distinzione appena prospettata – teoricamente appagante – talvolta comporta non poche difficoltà in ordine alla sua attuabilità pratica. Nel senso che spesso è difficile distinguere concretamente la presenza di un vizio dall'assenza di una qualità essenziale o promessa. Secondo una parte della dottrina l'utilità della diversificazione andrebbe colta unicamente sul versante del rimedio, in quanto la mancanza delle qualità – ai sensi dell'art. 1497 c.c. – consentirebbe al compratore di ottenere la risoluzione contrattuale per inadempimento (entro i termini decadenziali e prescrizionali di cui all'art. 1495 c.c.), precludendo l'esercizio dell'azione estimatoria (o *actio quanti minoris*, tipica della garanzia per i vizi, come di seguito sarà rilevato). Altra dottrina, maggiormente fedele alle esigenze funzionali di tutela, sottolinea la necessità di equiparare, con riguardo al profilo rimediale, la presenza dei vizi con l'assenza di qualità, in quanto sia l'azione di risoluzione che l'azione di riduzione del prezzo costituirebbero rimedi generali posti a tutela del contraente, il quale – così – potrebbe proporre l'azione estimatoria anche nel caso di cui all'art. 1497 c.c.

L'*aliud pro alio*

Inoltre, qualora la prestazione riguardi un bene radicalmente diverso da quello dovuto non si tratterà né di vizio né di assenza di qualità, ma – piuttosto – di *aliud pro alio*. In tal caso, è necessario che la cosa consegnata appartenga ad un genere del tutto diverso da quello pattuito, ovvero difetti delle qualità necessarie per assolvere alla sua naturale funzione economico-sociale o a quella peculiare funzione che le parti abbiano convenuto come essenziale (spesso la giurisprudenza ha riconosciuto l'*aliud pro alio* nel caso di vendita di bene immobile destinato ad abitazione, ma privo del certificato di abitabilità). In argomento la casistica è oltremodo varia, seppure unanimemente conformata a quanto poc'anzi specificato e alla pertinente conseguenza della risoluzione contrattuale per inadempimento del venditore.

La garanzia per i vizi della cosa venduta, similmente all'evizione, si atteggia come vero effetto naturale del contratto concluso. Tuttavia, i contraenti possono concordemente escluderla o limitarla: tale patto sarà inefficace ove il venditore abbia in mala fede taciuto al compratore i vizi della cosa (art. 1490, 2° comma, c.c.). Al di là di ogni eventuale intesa raggiunta nel regolamento negoziale convenuto, la garanzia in parola non sarà dovuta se al momento della conclusione del contratto l'acquirente conosceva i vizi della cosa, ovvero – seguendo la lettera del-

L'inoperatività della garanzia

l'art. 1491 c.c. – avrebbe potuto facilmente conoscerli usando un atteggiamento minimamente diligente. Comunque, è opportuno specificare, in virtù di una coerente interpretazione dell'art. 1491 c.c., che la mera facile conoscibilità del vizio determina l'esclusione della garanzia solamente allorquando il venditore abbia dichiarato al compratore che la cosa era esente da vizi.

Le due azioni edilizie

L'acquirente della cosa viziata dispone, alternativamente, delle due azioni edilizie, disciplinate ai sensi dell'art. 1492 c.c.: 1) l'azione redibitoria, consistente nella risoluzione del contratto per vizi (a meno che tale rimedio, con riguardo a determinati vizi, non sia escluso dagli usi "vigenti"); 2) l'azione estimatoria (o *actio quanti minoris*), con la quale il compratore chiede una riduzione del prezzo, proporzionale alla conseguente minore utilità offerta dalla cosa alienata. Le due azioni non potranno essere esercitate congiuntamente; nella specie, poi, la scelta effettuata con domanda giudiziale non potrà essere successivamente revocata (art. 1492, 2° comma, c.c.).

La denunzia dei vizi

L'esercizio delle due azioni edilizie indicate è sottoposto a rigorosi termini di decadenza e di prescrizione. Infatti, l'art. 1495, 1° comma, c.c. dispone che il compratore decade dal diritto alla garanzia se non denunzia i vizi al venditore entro otto giorni dalla scoperta, ovvero entro il diverso termine stabilito dalle parti o dalla legge. Le modalità attraverso cui si possa riuscire utilmente e tempestivamente a rendere edotto l'alienante dei vizi potranno essere le più diverse. Trattasi, comunque, di un onere, consistente in un atto giuridico in senso stretto, proveniente dal compratore e rivolto al venditore (o a persona autorizzata a riceverlo, ad esempio rappresentante), caratterizzato da una comunicazione non equivoca attestante la natura e l'entità dei vizi riscontrati. Al riguardo, la giurisprudenza ammette l'inutilità di particolari formalità, potendosi procedere anche verbalmente, pur sottolineando opportunamente che il compratore ha interesse a precostituirsi la prova dell'avvenuta denunzia.

Tuttavia, l'operatività della garanzia non è ancorata alla solerzia del suo beneficiario soltanto allorquando il venditore abbia riconosciuto l'esistenza del vizio, ovvero l'abbia occultato (art. 1495, 2° comma, c.c.). In particolare, poi, il riconoscimento non è caratterizzato da un particolare formalismo, potendosi desumere anche dal comportamento dell'alienante (il quale, ad esempio, provveda alla riparazione della cosa), e consente l'esonero dell'acquirente dall'adempimento dell'onere della denunzia. Con riguardo al vizio occultato, secondo la dottrina prevalente e la giurisprudenza unanime, non può farsi riferimento al mero silenzio del venditore in mala fede; è indispensabile – piuttosto – che questi ponga in essere un'attività diretta, con adeguati accorgimenti, a nascondere il vizio della cosa.

La prescrizione delle azioni edilizie

Le azioni edilizie si prescrivono in un anno dalla consegna della cosa (art. 1495, 3° comma, c.c.). Il *dies a quo* del termine temporale coinciderà con il momento della conclusione del contratto, qualora il compratore a quella data abbia già la materiale disponibilità della cosa; altrimenti, in stretta aderenza alla norma, dovrà farsi riferimento al tempo della consegna, ovvero del montaggio del bene, a condizione che il venditore vi sia tenuto.

Si prescinderà dall'indicato termine prescrizionale, laddove il compratore abbia acquistato un bene viziato e, nonostante ciò, sia stato convenuto per l'esecuzione del contratto di compravendita concluso. Al riguardo, vigerà la regola generale dell'imprescrittibilità delle eccezioni: l'acquirente potrà sempre far valere la garanzia, con l'unico limite che il vizio sia stato denunziato entro otto giorni dalla scoperta e prima del decorso dell'anno (di cui all'art. 1495, 3° comma, c.c.).

5. *Gli obblighi dell'acquirente*

Anche la posizione dell'acquirente è gravata da obbligazioni, nascenti dal contratto di compravendita stipulato e consistenti nel pagamento del prezzo dovuto (art. 1498 c.c.), nonché delle spese – anche accessorie – occorse per la vendita (art. 1475 c.c.).

Il pagamento del prezzo: un'obbligazione pecuniaria

Il prezzo stabilito deve essere corrisposto entro i termini temporali e nel luogo indicato nel regolamento convenuto (art. 1498, 1° comma, c.c.); in mancanza di specifica pattuizione o di uso contrario, l'obbligazione deve essere adempiuta al momento della consegna e nel luogo ove questa si esegue (art. 1498, 2° comma, c.c.). Qualora il prezzo non debba essere pagato al momento della consegna, tale obbligazione dovrà essere eseguita nel domicilio del venditore (art. 1498, 3° comma, c.c.).

Il luogo del pagamento

Circa il contesto ove deve avvenire il pagamento del prezzo, il ruolo dell'autonomia contrattuale e degli usi appare in stretta aderenza a quanto il legislatore ha stabilito allorché ha trattato – all'art. 1182, 1° comma, c.c. – del luogo dell'adempimento dell'obbligazione in generale. Invece, la peculiarità della soluzione adottata in argomento consiste nell'aver riconosciuto l'idoneità – in assenza di patto o uso contrario – del luogo ove deve essere eseguita la consegna della cosa. Ed infatti, si pensi all'applicazione di tale regola all'ipotesi della vendita con trasporto, laddove – quindi – il prezzo andrebbe pagato nel luogo della spedizione (nonostante la pratica negoziale conosca, esemplificativamente: il pagamento al vettore, il pagamento contro documenti e contro fattura, il pagamento di titoli cambiari emessi a copertura del prezzo).

Il tempo del pagamento

In ogni caso, il riferimento temporale ed oggettivo (momento della consegna e luogo della consegna) contenuto nel 2° comma dell'art.

1498 c.c. è espressione del principio di contestualità, orientato a tutelare il reciproco interesse delle parti a conseguire la controprestazione al momento dell'adempimento; la circostanza che il pagamento, in assenza di specifica convenzione o di uso contrario, debba effettuarsi nel momento della consegna della cosa non permette che discenda dalla *traditio* una presunzione di avvenuto pagamento.

Il pagamento delle spese accessorie

Inoltre, ai sensi dell'art. 1475 c.c. «*le spese del contratto di vendita e le altre accessorie sono a carico del compratore, se non è stato pattuito diversamente*». La norma, com'è evidente, ha carattere suppletivo, operando in assenza di differente accordo; quest'ultimo, poi, può anche non essere espresso, ma desumersi implicitamente dal testo contrattuale, inteso nella sua globalità.

Il pagamento delle spese non accessorie

Le spese (non accessorie), cui qui si intende fare riferimento, vanno identificate con quelle che l'acquirente – secondo l'esperienza – sostiene principalmente, ovvero con quelle necessarie per la redazione dell'atto pubblico (si pensi esemplificativamente alle spese per la nomina di un rappresentante) e per la trascrizione. Non va compresa in tale voce, ad esempio, l'obbligazione relativa al pagamento degli onorari spettanti al notaio, in quanto solidalmente gravante sul venditore e sul compratore (art. 78, legge 16 febbraio 1913, n. 89).

Per spese accessorie, occorre intendere – con prevalenza – gli obblighi fiscali derivanti dalla stipulazione della vendita, come – ad esempio – l'imposta sul valore aggiunto.

6. *La vendita di cose mobili*

La seconda sezione del primo capo del titolo terzo del libro quarto del codice civile è dedicata, specificatamente, alla vendita di cose mobili. La regolamentazione peculiare del fenomeno traslativo, insistente su tale genere di beni, è giustificata dalla necessità che si possano garantire adeguate modalità di tutela. Si pensi, emblematicamente, che l'alienante – a dispetto di ciò che accade nella vendita immobiliare – non è titolare, *ex se*, di alcun diritto reale di garanzia sulle cose trasferite (si allude, ovviamente, all'ipoteca legale, di cui all'art. 2817, n. 1, c.c.).

Da tanto consegue che la disamina sarà limitata a quelle soluzioni che si atteggiano come espressione "particolare" del contesto considerato, presupponendo un ideale completamento con l'intera disciplina del contratto di compravendita.

Vendita di beni mobili e risoluzione di diritto

In senso generale, il fenomeno della vendita di beni mobili è caratterizzato da una particolare snellezza, inerente all'eventuale fase patologica e consistente nell'operatività della risoluzione di diritto, quale rimedio fruibile da ambedue i contraenti.

Infatti, l'art. 1517, 1° comma, c.c. consente – sia al venditore che al compratore – di ricorrere alla risoluzione *ipso iure* in discorso, allorquando uno dei due contraenti, prima della scadenza del termine fissato per l'adempimento, abbia offerto all'altro, nelle forme d'uso, la consegna del bene o il pagamento del prezzo e l'altra parte non adempia la propria prestazione.

L'offerta reale

L'offerta, di cui al comma qui esaminato, si compone dei due distinti atti dell'intimazione e della effettiva messa a disposizione della prestazione (*rectius*: consegna della cosa o pagamento del prezzo). Con riguardo al primo, è necessario: che esso provenga direttamente dalla parte o da un suo rappresentante; che sia formulato – a prescindere dalla forma adottata – in modo non equivoco; che sia compiuto con congruo anticipo rispetto alla scadenza del termine temporale fissato per l'adempimento della prestazione. In merito all'ulteriore tipo di atto, occorre che esso venga posto in essere allorché scada il termine per l'adempimento, dovendo veicolare la serietà dell'offerta (da taluno è stato ritenuto che detta serietà possa desumersi anche dal deposito della cosa venduta, non seguìto da alcuna comunicazione alla controparte).

La risoluzione di diritto, talvolta, può atteggiarsi quale rimedio posto unicamente nell'interesse del venditore, a condizione che, alla scadenza del termine stabilito per la consegna della cosa, il compratore, la cui obbligazione pecuniaria non sia ancòra scaduta, non si presenti per ricevere il bene preventivamente offerto ovvero rifiuti di accettarlo (art. 1517, 2° comma, c.c.). Siffatta opportunità va considerata in tutta la sua peculiarità rispetto alla disciplina generale dell'inadempimento, in quanto la mancata scadenza dell'obbligazione relativa al pagamento del prezzo non permetterebbe di evocare la categoria dell'inadempimento *tout court*.

L'inoperatività dell'eccezione d'inadempimento

Comunque, non v'è spazio per forme di autotutela, per dir così, interlocutorie (si pensi, ad esempio, all'eccezione d'inadempimento), in quanto – ricorrendo nei fatti quanto disposto dalla norma appena indicata – consegue la "dissoluzione" del vincolo negoziale, sempre che il contraente interessato alla risoluzione abbia in tal senso informato la controparte entro gli otto giorni successivi alla scadenza del termine stabilito per l'esecuzione della prestazione dovuta (art. 1517, 3° comma, c.c.); mancando una simile, tempestiva attivazione saranno osservate le "normali" disposizioni sulla risoluzione per inadempimento.

Com'è evidente, il rimedio appena esaminato osta all'effettiva realizzazione dell'utilità che i contraenti intendevano conseguire attraverso la stipulazione del contratto di compravendita, in quanto essi possono godere soltanto della cessazione del vincolo e beneficiare, quindi, del risarcimento dei danni subìti (art. 1518 c.c.).

Tuttavia, le conseguenze dell'inadempimento – vuoi del venditore, vuoi del compratore – consentono l'integrale riparazione dell'interesse della controparte adempiente, attraverso modalità di tutela assimilabili a quelle offerte dall'esecuzione forzata in forma specifica. In tal senso, l'art. 1515 c.c. dispone che – in ipotesi di mancato pagamento del prezzo da parte del compratore – l'alienante può far vendere il bene per conto e a spese dell'acquirente, seguendo le modalità prescritte al 2° e 3° comma dell'art. 1515 c.c. (tale ultimo comma risulta modificato dall'art. 27, 2° comma, lett. b, n. 1 del d.lgs. 13 luglio 2017, n. 116).

Inadempimento ed esecuzione forzata in forma specifica

Similmente, se il venditore non adempie la sua obbligazione e si tratta di vendita avente ad oggetto beni fungibili, il compratore – ai sensi dell'art. 1516 c.c. – può far acquistare, a spese del venditore, le cose appartenenti allo stesso genere di quello convenuto, nel rispetto del procedimento imposto al 2° e 3° comma dell'art. 1515 c.c.

Le due fattispecie appena richiamate, talvolta qualificate come "compravendita in danno", sono caratterizzate dall'esercizio di una facoltà concessa alla parte al fine di assicurarle la coattiva realizzazione dell'utilità mancata, a prescindere dall'intervento dell'autorità giudiziaria.

La garanzia di buon funzionamento

Nella vendita di bene mobile, al di là della garanzia per i vizi e per l'evizione, è possibile che il venditore provveda a garantire, attraverso una disposizione negoziale *ad hoc*, il buon funzionamento della cosa alienata (art. 1512, 1° comma, c.c.); fermo restando che – in mancanza di specifica pattuizione – l'alienante è egualmente obbligato ad assicurare il buon funzionamento, qualora tale effetto sia contemplato dalle prassi commerciali "vigenti" nel settore mercantile considerato (art. 1512, 3° comma, c.c.). Da tanto consegue che la fonte dell'obbligazione specifica è, alternativamente, il contratto stesso ovvero un uso negoziale; qualora entrambe dette "fonti" nulla dispongano in merito, non potrà essere ritenuta operante la garanzia in discorso.

Seguendo l'orientamento giurisprudenziale prevalente, l'art. 1512 c.c. determina un incremento delle tutele offerte al compratore dal n. 3 dell'art. 1476 c.c., consistente in modalità operanti indipendentemente dalla garanzia per i vizi della cosa o dalla mancanza delle qualità promesse. In concreto, dette modalità si sostanziano nell'ulteriore possibilità che l'autorità giudiziaria disponga la riparazione della cosa non adeguatamente funzionante, ovvero la sostituzione della medesima con altra che assicuri detto buon funzionamento, fatto salvo – sempre e comunque – il risarcimento dei danni (art. 1512, 2° comma, c.c.). Secondo un orientamento dottrinale qui condiviso, l'obbligazione risarcitoria appena evocata (comprendente il c.d. interesse positivo) non si consolida a favore del compratore a prescindere dall'eventuale colpa del venditore; nel senso che non grava sul disponente il ristoro dei danni, qualora costui riesca a provare di avere senza colpa ignorato il cattivo funzionamento della cosa alienata.

L'incremento dei rimedi poc'anzi segnalato non impedisce al compratore di avvalersi – nell'immediato e in virtù di adeguati presupposti obiettivi – della risoluzione contrattuale o dell'*actio quanti minoris*, nonostante fosse fruibile anche la garanzia di buon funzionamento. Coerentemente, però, la domanda di risoluzione proposta dall'acquirente preclude il ricorso all'art. 1512 c.c. *de quo*.

I termini di decadenza dal diritto alla garanzia in parola e di prescrizione della relativa azione sono differenti rispetto a quelli imposti dall'art. 1495 c.c.; infatti, ai sensi del 1° comma dell'art. 1512 c.c., il compratore è tenuto ad adempiere l'onere di denunziare il vizio alla controparte entro trenta giorni dalla scoperta ed esercitare l'eventuale azione entro sei mesi dalla scoperta stessa.

7. *La compravendita di beni di consumo*

Con la direttiva 25 maggio 1999, 99/44/CE del parlamento europeo e del consiglio su "taluni aspetti della vendita e sulle garanzie dei beni di consumo", le istituzioni europee hanno voluto, da un lato, assicurare un livello elevato di protezione dei consumatori e, dall'altro, armonizzare e semplificare le differenti discipline nazionali dei vari Stati membri. La direttiva è stata poi attuata in Italia con il d.lgs. 2 febbraio 2002, n. 24 che ha novellato il codice civile, inserendo gli artt. da 1519 *bis* a 1519 *nonies*. Questi ultimi sono stati abrogati dall'art. 146, 1° comma, lett. s, cod. consumo (d.lgs. 6 settembre 2005, n. 206) e il contenuto degli stessi è stato trasfuso negli artt. 128 ss. del medesimo codice da ultimo citato.

La normativa comunitaria menzionata è stata abrogata dalla direttiva (UE) del Parlamento europeo e del Consiglio del 20 maggio 2019, n. 771 "relativa a determinati aspetti dei contratti di vendita di beni, che modifica il regolamento (UE) 2017/2394 e la direttiva 2009/22/CE"; ad oggi non ancora recepita dal legislatore italiano.

La vendita tra professionista e consumatore

Va, innanzitutto, osservato che la disciplina in questione non si rivolge a tutti i tipi di vendita, bensì soltanto a quelle tra professionisti e consumatori aventi ad oggetto beni mobili. Non è data una definizione di bene mobile, ma l'art. 128, 2° comma, cod. consumo (già art. 1519 *bis* c.c.) esclude dall'ambito di applicazione della disciplina in questione l'acqua e il gas quando non siano confezionati per la vendita in un volume delimitato o in quantità determinata ed anche le vendite giudiziarie. Occorre, inoltre, precisare che ai sensi dell'art. 128 cod. consumo la normativa *de qua* non riguarda esclusivamente la vendita ma va estesa anche ai contratti di permuta, somministrazione, appalto, di opera e a tutti gli altri contratti comunque finalizzati alla fornitura di beni di consumo da fabbricare o produrre.

La consegna della cosa

Tratto saliente della nuova regolamentazione riguarda il radicale mutamento di prospettiva rispetto al tradizionale schema della compravendita per ciò che concerne gli obblighi del venditore. In effetti, quest'ultimo nelle vendite di beni di consumo non ha più semplicemente l'obbligo di consegnare la cosa e quello di garantirla dai vizi e dall'evizione, ma ha il ben più pregnante obbligo di consegnare cose conformi al contratto.

Per configurare la nozione di difformità del bene rispetto al contratto (art. 129 cod. consumo, già art. 1519 *ter* c.c.), il legislatore utilizza talune presunzioni, sulla scorta delle quali la dottrina dominante ritiene che nella nozione di difformità debbano rientrare sia i vizi della cosa (art. 1490 c.c.), sia la mancanza di qualità essenziali o promesse (art. 1497 c.c.), sia la consegna di *aliud pro alio*, mentre andrebbero esclusi i vizi giuridici. Altra importante regola, che si discosta dalla tradizionale disciplina codicistica in tema di compravendita in generale, riguarda il problema dei vizi sopravvenuti alla conclusione del contratto. Infatti, mentre ai sensi dell'art. 1490 c.c. il venditore è responsabile dei vizi materiali della cosa qualora questi esistano al momento della conclusione del contratto, ma non per quelli sopravvenuti tra il perfezionamento e la consegna – in virtù del noto principio *res perit domino* –, al contrario la nuova normativa addossa al venditore il rischio della sopravvenienza di vizi fino al momento della consegna. In questo senso, si consideri anche l'art. 63 cod. consumo, rubricato "Passaggio del rischio", come novellato dal d.lgs. 21 febbraio 2014, n. 21, di recepimento della direttiva 2011/83/UE, che applicandosi ai contratti di vendita per effetto dell'art. 60, 1° comma, stabilisce: «nei contratti che pongono a carico del professionista l'obbligo di provvedere alla spedizione dei beni il rischio della perdita o del danneggiamento dei beni, per causa non imputabile al venditore, si trasferisce al consumatore soltanto nel momento in cui quest'ultimo, o un terzo da lui designato e diverso dal vettore, entra materialmente in possesso dei beni».

I rimedi a tutela del compratore

Anche i rimedi a tutela del compratore sono diversi, in quanto quest'ultimo, in caso di difformità, ha diritto a chiedere in primo luogo la riparazione o la sostituzione del bene a spese del venditore e soltanto ove ciò non sia possibile o eccessivamente oneroso ovvero se non vengano attuate dal venditore entro un congruo termine o vengano compiute arrecando al consumatore notevoli inconvenienti, può esperire le tradizionali azioni di riduzione del prezzo o di risoluzione. Per meglio tutelare il consumatore è stato previsto anche l'allungamento dei termini di durata della responsabilità del venditore, il quale è ritenuto responsabile se il difetto di conformità si manifesti entro due anni dalla consegna (art. 132 cod. consumo, già art. 1519 *sexies*, 1° comma, c.c.); di prescrizione delle azioni a difesa del consumatore, il cui diritto si considera estinto trascorsi ventisei mesi dalla consegna (art. 132 cod. consumo, già art. 1519 *sexies*, 4° comma, c.c.); di decadenza per la denuncia del difetto, che va effettuata entro due mesi dalla scoperta dello stesso (art. 132 cod. consumo, già art. 1519 *sexies*, 2° comma, c.c.). La normativa così introdotta ha carattere imperativo ed è pertanto inderogabile dalle parti. In conseguenza, ogni patto diretto ad escludere o limitare i diritti riconosciuti dalla novella al consumatore deve reputarsi nullo (art. 134 cod. consumo, già art. 1519 *octies* c.c.).

8. *La vendita con riserva di gradimento e con riserva di proprietà*

La comunicazione al venditore del gradimento del compratore

Allorquando il regolamento negoziale contenga una clausola con cui il compratore si riservi il proprio gradimento, ai sensi dell'art. 1520 c.c., non è possibile discorrere di vendita perfetta, in quanto tale fattispecie contrattuale si perfeziona – con effetto *ex nunc* – solo nel momento in cui il compratore comunichi al venditore il suo gradimento. Ne deriva che una volta espletato con successo l'esame necessario, l'acquirente è obbligato ad informare in tal senso la controparte, affinché possa realizzarsi l'effetto traslativo. L'art. 1520 c.c. nulla dispone in merito al lasso temporale eventualmente tollerato tra l'esito dell'esame della cosa e la cognizione da parte del venditore dell'avvenuto gradimento. Al riguardo, non sembra ravvisabile alcuna indebita "speculazione" da parte di entrambi i contraenti; in particolare – poi – il compratore stesso ha tutto l'interesse a rendere edotto tempestivamente l'alienante sul risultato dell'analisi effettuata, affinché possa godere appieno del diritto di proprietà così conseguito sulla cosa.

Il coinvolgimento valutativo dell'acquirente, secondo le modalità appena descritte, ha carattere assolutamente discrezionale e, pertanto, non è controllabile nel merito; a differenza di quanto avviene nella vendita a prova (art. 1521 c.c.), in cui la valutazione della cosa non dipende dall'arbitrio dell'acquirente stesso, ma va condotta in modo obiettivo sul bene e con riferimento alle qualità pattuite e all'idoneità all'uso specifico.

La cooperazione del venditore

Affinché il compratore possa sciogliere la propria riserva è indispensabile che l'alienante gli permetta di esaminare il bene di cui si vuole disporre, attraverso l'adempimento del pertinente obbligo. Detta fase appare qualificante dell'intera vicenda traslativa in discorso. Infatti, nel caso di inadempimento del dante causa a tale obbligo l'avente causa – seguendo le argomentazioni della dottrina prevalente – può ricorrere all'esecuzione forzata in forma specifica.

Il luogo ove la cosa va esaminata

Al di là di ciò, ai sensi del 2° e 3° comma dell'art. 1520 c.c., la disciplina qui esposta va differenziata a seconda del luogo ove si trovi il bene da esaminare.

Qualora la cosa debba essere analizzata presso il venditore, "questi è liberato, qualora il compratore non vi proceda nel termine stabilito dal contratto o dagli usi, o, in mancanza, in un termine congruo fissato dal venditore" (art. 1520, 2° comma, c.c.). Il legislatore, com'è evidente, intende evitare che dall'inopportuno protrarsi di situazioni incerte possa – in ultima analisi – derivare pregiudizio per il venire meno delle ulteriori opportunità svanite e, quindi, possa attentarsi all'affidamento consolidatosi nel disponente. Da tanto consegue che l'eventuale ritiro della cosa, da parte dell'acquirente senza che questi abbia provveduto all'esame della stessa, determina la nascita di una presunzione *iuris tantum*: così, la rinunzia alla verifica del bene implica accettazione. Nell'ipotesi, invece, che il compratore assuma un atteggiamento ostativo al perfezionamento della fattispecie traslativa – rifiutando di analizzare il bene –, incorre in responsabilità precontrattuale, per violazione dell'art. 1337 c.c. In altre parole, l'immotivato rifiuto determina l'illegittima violazione di una regola comportamentale ben precisa; atteso che unicamente il giudizio negativo – formatosi all'indomani dell'esame prescritto – avrebbe potuto fondare il mancato perfezionamento del vincolo contrattuale, in aderenza a quanto previsto dalle parti stesse.

La presunzione di gradimento

Ai sensi del 3° comma dell'art. 1520 c.c., nell'ipotesi in cui la cosa si trovi presso il compratore e costui non si pronunzi nel termine indicato al 2° comma, del medesimo art. 1520 c.c., la cosa stessa s'intenderà di suo gradimento. Taluno in dottrina dubita che al riguardo ricorra una vera e propria alienazione con riserva di gradimento, affermando che si tratterebbe – piuttosto – di una vendita con riserva di non gradimento; siffatta vendita, poi, andrebbe considerata – a differenza di quanto previsto all'art. 1520 c.c. – come contratto già concluso ed efficace (conseguendo il passaggio del rischio al compratore), in cui la clausola di non gradimento varrebbe ad attribuire all'acquirente un mero diritto di recesso, da esercitarsi entro il termine di decadenza di cui al 2° comma dell'art. 1520 c.c.

Le differenze con la vendita su campione

La fattispecie regolata all'art. 1520 c.c. va mantenuta distinta dalla vendita su campione, disciplinata dall'art. 1522 c.c. Quest'ultima si atteggia come contratto *ab initio* perfetto ed efficace, in cui le parti convengono ed individuano le specifiche qualità promesse mediante il riferimento a una cosa concreta, assunta quale diretto ed unico termine di paragone del bene dovuto. Ogni eventuale difformità attribuisce all'acquirente il diritto alla risoluzione del contratto stipulato (art. 1522, 1° comma, c.c.), da esercitarsi nel rispetto dei termini di decadenza e di prescrizione previsti dall'art. 1495 c.c. (il compratore, quindi, deve denunziare alla controparte la difformità riscontrata entro otto giorni dalla sua scoperta e deve esercitare la conseguente azione di risoluzione entro un anno dalla consegna della cosa).

Vendita a rate con riserva di proprietà

I contraenti possono anche convenire una vendita con riserva della proprietà a favore dell'alienante, laddove all'acquirente è consentito di adempiere l'obbligazione del pagamento del prezzo attraverso corresponsioni rateali; così, l'effetto traslativo è realizzato allorché si paghi l'ultima rata, mentre il rischio del perimento della cosa – a dispetto del principio affermato all'art. 1465 c.c. – è assunto dal compratore già dal tempo in cui l'accordo è perfezionato (art. 1523 c.c.).

Le cose che possono formare oggetto di questa fattispecie traslativa consistono in beni mobili, anche registrati (art. 1524, 3° comma, c.c.); talvolta, la giurisprudenza vi ha ricompreso anche l'azienda. Taluni dubbi vanno nutriti in merito ai beni immobili, atteso che l'art. 1523 c.c. fa parte di una sezione del codice dedicata, appunto, alla vendita di cose mobili.

L'opponibilità del patto di riservato dominio

Il patto di riservato dominio, da stipulare contestualmente al contratto cui esso afferisce ed, eventualmente, in un documento separato, è caratterizzato dal termine di "tolleranza" concesso nell'esclusivo interesse dell'avente causa. Ne consegue che costui può pagare l'ultima rata anche prima della scadenza pattuita, così consentendo l'anticipazione – a quel momento – dell'effetto traslativo desiderato.

In ogni caso, affinché l'acquirente possa conservare il beneficio del termine – entro i limiti contrattualmente convenuti – è necessario che *medio tempore* non ponga in essere atti intesi a danneggiare o distruggere il bene; in difetto, decade da detto beneficio – ai sensi dell'art. 1186 c.c. –, conseguendo il diritto per il venditore ad ottenere il ripristino della cosa.

Nell'ipotesi in cui il compratore disponga della cosa a favore di terzi, è possibile applicare estensivamente l'art. 1524 c.c.; nel senso che, oltre alla cessazione del menzionato beneficio, segue il diritto per l'alienante di recuperare la cosa, a condizione – però – che la riserva della proprietà sia opponibile ai terzi, in virtù di un atto scritto avente data certa anteriore all'atto di disposizione indebitamente posto in essere.

L'illegittimo atteggiamento eventualmente assunto dall'avente causa – in ragione di quanto appena ipotizzato – dà luogo alla risoluzione contrattuale. Tale conseguenza è prevista anche qualora l'acquirente ometta il pagamento di una sola rata, sempre che la mancata corresponsione non superi l'ottava parte del prezzo; entro il limite indicato – quindi – non è consentita la risoluzione per inadempimento ed è conservato il beneficio del termine per le rate successive (art. 1525 c.c.). Laddove, invece, la fattispecie consenta la risoluzione contrattuale, il venditore deve restituire le rate riscosse; fatto salvo il diritto ad un equo compenso per l'uso della cosa e il risarcimento dei danni subìti (art. 1526, 1° comma, c.c.).

9. *Il riporto*

La complessità funzionale

Il riporto è il contratto con il quale il riportato trasferisce in proprietà al riportatore titoli di credito di una data specie per un determinato prezzo, e il riportatore assume l'obbligo di trasferire al riportato, alla scadenza del termine stabilito, la proprietà di altrettanti titoli della stessa specie, verso il rimborso del prezzo, che può essere aumentato o diminuito nella misura convenuta (art. 1548 c.c.).

L'unitarietà strutturale

Sotto il profilo strutturale va segnalata l'unicità di tale contratto.

Tradizionalmente, si distingue il riporto di banca, avente scopo finanziario, dal riporto di borsa, imperniato su causa prettamente speculativa.

Le differenti finalità pratiche

Il riporto può avere funzioni differenti: si procederà al riporto di banca per avere disponibilità liquida o la disponibilità di un determinato ammontare di titoli; al riporto di borsa per alienare un determinato titolo, prevedendo che lo stesso subirà un ribasso, a favore di chi ritenga tale titolo destinato al rialzo.

Il riporto potrà realizzare una funzione speculativa, attraverso la proroga di un'operazione a termine (c.d. riporto proroga), allorquando colui il quale si era obbligato al trasferimento di titoli ad una certa scadenza non possa o non voglia consegnarli: in simili ipotesi vi sarà un'inversione degli obblighi in capo alle parti, in virtù del fatto che l'originario compratore rivenderà titoli della stessa quantità al venditore, divenendo pertanto il primo il riportato ed il secondo il riportatore.

Contratto reale, ad effetti reali e a titolo oneroso

Perfezionandosi con la materiale consegna dei titoli, il riporto è il tipico contratto reale, oltre che ad effetti reali.

Ha altresì carattere oneroso, ed è per sua natura a termine; laddove il termine finale è da considerare essenziale.

L'evidenziata differenza tra riporto di borsa e riporto di banca attiene al perfezionamento del contratto.

Se, infatti, essenziale è la consegna nel riporto di banca, nel riporto di borsa di solito la stipulazione si ha nei giorni cc.dd. "dei riporti", ma può avvenire anche anteriormente, mancando in tal caso la consegna dei titoli al riportatore.

La mancata consegna, come si è visto, è ancor più evidente nel riporto proroga: ciò fa ritenere tali fattispecie come contratti consensuali.

In ogni caso, dal tenore del disposto degli artt. 1548 e 1550, è dato evincersi come la consegna non consiste nel mero passaggio dei titoli dal riportato al riportatore, occorrendo piuttosto il trasferimento di proprietà dei medesimi, con l'espletamento delle relative formalità per consentire la legittimazione del possessore.

Il riporto è naturalmente un contratto oneroso: la fissazione del prezzo è funzionale agli intenti perseguiti dalle parti con l'utilizzo del suddetto schema negoziale.

Il riporto di borsa

Nel riporto di borsa, le parti possono (in relazione alle rispettive previsioni sull'andamento dei titoli) fissare anche un rimborso "alla pari", laddove la fissazione di un rimborso maggiorato sarà elemento connaturale all'assolvimento della funzione creditizia, tipica del riporto di banca.

Poiché il termine di esecuzione ha carattere essenziale, l'inadempimento di una delle parti comporta la facoltà della parte non inadempiente di chiedere la risoluzione, i cui effetti incideranno sull'intero rapporto e quindi anche sul primo trasferimento.

Se invece, l'inadempimento è reciproco, non pagando il riportato la somma dovuta e non consegnando il riportatore i titoli nel termine stabilito, il rapporto cesserà i propri effetti e ciascuna delle parti ha facoltà di ritenere quanto ottenuto alla stipula del contratto.

Discussa in dottrina è la *ratio* di tale ultima disciplina, se cioè la norma preveda una risoluzione del rapporto, limitatamente al secondo scambio, in virtù della essenzialità del termine, ovvero trattasi di una cessazione degli effetti, con potenziale travolgimento anche del primo scambio.

È in ogni caso norma derogabile dalle parti: per ottenere la restituzione di quanto elargito la parte deve offrire la restituzione alla controparte di quanto ottenuto in sede di primo scambio.

10. *La permuta*

Contratto reale ad effetti reali

Ai sensi dell'art. 1552 c.c., la permuta è il contratto che ha per oggetto il reciproco trasferimento della proprietà di cose o di altri diritti da un contraente all'altro.

Trattasi di contratto consensuale ad effetti reali che, presente nell'economia dei traffici sin dall'antichità, differisce dalla vendita per la mancanza del prezzo.

Eventuali effetti obbligatori

Al pari della vendita, la permuta può produrre eventualmente effetti obbligatori: si pensi, ad esempio, al caso della permuta di cosa presente con cosa futura (o da individuare), nonché alla fattispecie della permuta di cosa altrui.

In entrambe le ipotesi una delle parti si obbligherà a trasferire la proprietà non ancora esistente, o non ancora in suo possesso.

Ai sensi dell'art. 1555 c.c., le norme in tema di compravendita potranno essere applicate in caso di permuta, purché siano con questa compatibili.

Dibattuta in dottrina e giurisprudenza è l'ipotesi della vendita con conguaglio, ovvero se in tale fattispecie sussistano gli estremi della permuta o della compravendita.

Per la giurisprudenza, decisiva sarebbe la prevalenza del denaro quale parte del prezzo rispetto al valore del bene trasferito.

In tal caso, però, si ribatte in dottrina, se è vero che la fattispecie della permuta sarebbe esclusa (in favore della compravendita), può aversi, comunque, compravendita in presenza di scambio di cosa contro cosa se si provi che la cosa in natura avente valore superiore al denaro abbia funzione sostitutiva del prezzo; in simile ipotesi, la prestazione di una delle due parti rappresenterebbe una *datio in solutum*.

Il permutante evitto, a differenza della compravendita, in cui il compratore ha diritto alla mera restituzione del prezzo, ha facoltà di scelta tra la restituzione della cosa data in permuta o il controvalore economico della cosa evitta, fatto salvo in entrambi i casi il risarcimento del danno (art. 1553 c.c.).

Il valore della cosa evitta va determinato con riferimento alla data della pronuncia dell'evizione.

Laddove alla cosa da restituire fossero apportate migliorie, il contraente obbligato alla restituzione ha diritto di ritenzione della stessa, fin quando il permutante evitto non gli corrisponderà una somma equivalente al valore delle predette migliorie.

È altresì ammessa la c.d. evizione bilaterale: in tal caso, non potendo però entrambi i contraenti riavere la cosa permutata, avranno la possibilità di richiedere, ciascuno all'altro, il solo risarcimento in danaro.

11. *Il contratto estimatorio*

Con il contratto estimatorio il *tradens* consegna una o più cose mobili all'*accipiens* che si obbliga a pagarne il prezzo, ovvero alla restituzione delle medesime nel termine stabilito.

La *ratio*

È negozio usato per la distribuzione di beni ad alto rischio di invenduto, sia in virtù della difficile esatta previsione della domanda (si pensi ai libri o ai giornali), sia per la relativa velocità di obsolescenza cui vanno incontro (capi di moda), sia ancora per l'alto costo degli stessi.

Contratto reale

È pertanto un contratto normalmente di impresa a carattere reale, perfezionandosi con la consegna dei beni.

Complessa ed assai discussa si presenta la natura giuridica di tale contratto e ciò perché in esso sono, tra l'altro, presenti elementi del deposito, della commissione e della vendita.

Per parte minoritaria della dottrina il contratto sarà allora da qualificarsi come immediatamente traslativo: tale ricostruzione è però di fatto smentita dal tenore letterale degli artt. 1556, 1557 e 1558 c.c., in virtù dei quali, e a differenza della vendita, l'*accipiens* non acquista dal *tradens* la proprietà dei beni (infatti, i creditori del primo non potranno sottoporre a pignoramento le cose a questi consegnate, senza che ne sia pagato il prezzo).

Il potere dispositivo dell'*accipiens*

Non acquistandone dunque la proprietà, ma un mero potere di disposizione, in capo all'*accipiens*, residuano due obbligazioni tra loro alternative: l'obbligo di pagamento del prezzo, ovvero di restituzione nel termine (essenziale) dedotto in contratto delle cose a lui consegnate.

La condizione risolutiva

Quindi, il contratto estimatorio è un accordo sottoposto alla condizione risolutiva della restituzione delle cose nel termine stabilito.

La predeterminazione del prezzo è elemento essenziale per il perfezionamento del contratto: non sarà invece necessaria l'apposita pattuizione se è possibile risalire a tanto dai listini o mercuriali.

Il rischio del fortuito

L'*accipiens* non è liberato dall'obbligo di pagamento del prezzo se la restituzione delle cose a lui consegnate è divenuta impossibile, anche per causa a lui non imputabile (art. 1557 c.c.).

La sopportazione del rischio è dunque in capo all'*accipiens*, sin dalla materiale consegna, pur rimanendo la proprietà dei beni in capo al *tradens*: tale disciplina rappresenta una deroga al principio *res perit domino.*

L'*accipiens* sopporterà anche il rischio rappresentato dal deterioramento della cosa, fatta salva la normale usura; il *tradens* può dunque rifiutare la restituzione delle cose deteriorate se queste sono divenute incommerciabili, con conseguente obbligo per l'*accipiens* di pagare il prezzo. Se però il *tradens* accetta la restituzione, può richiedere il risarcimento del danno.

12. *La somministrazione*

Contratto di durata, consensuale, ad esecuzione continuata e non aleatorio

La somministrazione è il contratto con il quale una parte si obbliga, verso corrispettivo di un prezzo, ad eseguire a favore dell'altra prestazioni periodiche o continuative di cose (art. 1559). È il tipico contratto di durata, caratterizzato da molteplici prestazioni, distinte seppur tra loro connesse, volte alla soddisfazione di un interesse unitario del somministrato.

È un contratto consensuale e ad esecuzione continuata, non aleatorio, normalmente di impresa in virtù del fatto che le prestazioni ad esso connesse, sia per la periodicità sia per la natura intrinseca delle medesime, presuppongono un'organizzazione imprenditoriale di uno dei contraenti, ed in particolare del somministrante. La causa del contratto è data dallo scambio continuativo e periodico di cose, dietro corrispettivo. È proprio la reiterazione delle prestazioni ad assurgere ad elemento identificativo e differenziale della somministrazione rispetto alla vendita. Nella vendita infatti la cosa è unica, come il prezzo corrisposto, anche se l'esecuzione del contratto può essere frazionato in più consegne. Nella somministrazione la periodicità "entra" nella causa del contratto, assurgendo ad elemento necessario per il soddisfacimento continuo e durevole dell'*accipiens.*

La somministrazione si distingue altresì dall'appalto, avendo quest'ultimo ad oggetto l'esecuzione di un'opera. Nell'appalto pertanto vi sarà prevalenza, anche in caso di contratto di lunga durata, dell'elemento lavoro sulla materia.

Diversa è anche la figura del mandato, in quanto non è contratto di scambio, ma di cooperazione giuridica.

Le prestazioni devono avere carattere continuativo o periodico: la differenza tra i due tipi pur non poggiando su caratteri empirici è data dal carattere di intermittenza o meno della esecuzione.

L'oggetto della prestazione

La prestazione del contratto ha ad oggetto cose generiche (*rectius*: determinate solo nel genere). Può essere determinata o determinabile: se non è determinata l'entità della stessa, è da intendersi corrispondente al normale fabbisogno previsto dall'avente diritto.

Il somministrato non potrà, pertanto, chiedere una fornitura inferiore o superiore a quella corrispondente al suo reale fabbisogno: le parti hanno però facoltà di prevedere modi diversi e particolari entità delle singole prestazioni. Tale ultimo tipo è frequentemente usato per le somministrazioni di energia elettrica: in tal caso, per la giurisprudenza, il somministrato potrà variare liberamente solo l'entità delle singole prestazioni e non la potenza impegnata.

Il termine temporale

La natura del termine di adempimento dedotto in contratto è discussa in dottrina: una tesi minoritaria ne sostiene l'essenzialità. Al contrario, la tesi prevalente rileva la non essenzialità del predetto, in quanto sarebbe indicativo unicamente delle modalità temporali di adempimento. È evidente, però, che anche per gli assertori di tale tesi, il termine diverrà essenziale, qualora alla scadenza dello stesso la prestazione non potrà essere validamente eseguita.

Il patto di preferenza

Il patto di preferenza è quell'accordo con cui il somministrato si obbliga a preferire il somministrante nell'eventuale successiva sottoscrizione di nuovo contratto (art. 1566 c.c.). È l'unica ipotesi, disciplinata dal codice, di prelazione convenzionale; ha durata massima di cinque anni, con nullità di termine maggiore eventualmente convenuto (e riconduzione del patto al massimo legislativamente previsto di cinque anni, in virtù del generale principio di conservazione).

Dibattuta è la natura di tale patto in dottrina: un'impostazione, con il conforto dell'interpretazione giurisprudenziale, ritiene si tratti di preliminare unilaterale, con obbligo del solo promittente all'eventuale stipula di nuovo contratto; altra ricostruzione sostiene che si tratti di un mero obbligo a preferire il promissario in caso di eventuale futuro nuovo contratto.

Dalle due tesi derivano differenti conseguenze: i sostenitori della prima, infatti, ritengono che l'obbligo di comunicazione al promissario delle trattative pendenti, di cui al 2° comma dell'art. 1566 c.c., rappresenti una proposta contrattuale che, se accettata, porterebbe alla conclusione del nuovo contratto di somministrazione; per i fautori dell'ulteriore orientamento, invece, il promittente si dovrebbe astenere dal contrattare con altri finché il titolare della preferenza abbia dichiarato di non esercitarla.

Il patto di esclusiva

Il codice prevede, altresì, relativamente al contratto di somministrazione, il patto di esclusiva, sia a favore del somministrante (art. 1567 c.c.) sia dell'avente diritto alla somministrazione (art. 1568 c.c.). Dal combinato disposto delle due norme in commento appare evidente che la durata di tali clausole coincida con la durata contrattuale.

Il contratto di somministrazione si scioglie per il raggiungimento del risultato, per risoluzione da impossibilità sopravvenuta, da eccessiva onerosità della prestazione e da inadempimento, nonché per recesso.

Relativamente all'impossibilità sopravvenuta, appare chiaro che la stessa sia imputabile unicamente al somministrante, attesa la natura della prestazione dedotta in contratto, laddove non potrà mai essere invocata dal somministrato, essendo l'obbligazione di quest'ultimo di natura essenzialmente pecuniaria.

La risoluzione per inadempimento

La risoluzione per inadempimento, disciplinata dall'art. 1564 c.c., è invece subordinata al ricorrere di circostanziati presupposti; è necessario si tratti di un inadempimento di notevole importanza, tale da ridurre la fiducia nei successivi adempimenti. Entrambi i presupposti devono ricorrere congiuntamente, anche se la norma ha carattere dispositivo, ben potendo le parti modificare il suddetto regime.

La valutazione della notevole importanza dell'inadempimento è, in ogni caso, ancorata a parametri oggettivi, dovendosi considerare sia la condotta dell'inadempiente sia il pregiudizio da essa derivante. In dottrina è ammessa la risoluzione per singole coppie di prestazioni, ancorando la non debenza da parte del contraente non inadempiente alla singola mancata prestazione: tale rimedio consente di non travolgere gli effetti dell'intero contratto.

Il rimedio in esame è un'applicazione esplicita e diretta dell'istituto dell'*exceptio inadimpleti contractus:* tale azione è esperibile soltanto previo congruo preavviso in presenza di lieve inadempimento del somministrato, ovvero immediatamente laddove vi sia grave inadempimento.

Se, invece, la durata del contratto non è stabilita, è data facoltà a ciascuno dei contraenti di recedere con rituale preavviso nel termine dedotto in contratto, ovvero, in mancanza, in quello stabilito dagli usi, o, in ulteriore subordine, in un termine congruo avuto riguardo alla natura del contratto.

Il recesso ha effetto *ex nunc* e non richiede particolari formalità, purché la manifestazione sia chiara ed univoca (art. 1569 c.c.). Detta norma è diretta applicazione di un principio valido per tutti i contratti di durata.

13. *La locazione*

La disamina del contratto di locazione verte principalmente sulla disciplina codicistica del fenomeno e, con specifico riferimento alle locazioni urbane, su talune emblematiche soluzioni delle normative speciali e di settore (si allude, in particolare, alla legge c.d. dell'equo canone del 27 luglio 1978, n. 392, nonché alla legge 9 dicembre 1998, n. 431), orientate alla regolamentazione di aspetti peculiari e di maggiore rilevanza sociale.

Il contratto consensuale e sinallagmatico

Il legislatore all'art. 1571 c.c. dispone che la locazione è il contratto con cui una parte (detta locatore) si obbliga a far godere all'altra (detta conduttore o locatario) una cosa mobile o immobile per un tempo determinato e verso il pagamento di un corrispettivo. Com'è evidente, si è al cospetto di un contratto consensuale e sinallagmatico, in quanto soltanto con l'incontro delle volontà nasce il vincolo e da esso discende l'obbligo di prestazioni reciproche per i due contraenti; inoltre, nessuna forma è imposta per la sua valida stipulazione, a meno che non si tratti di locazione d'immobili avente durata superiore a nove anni, per la quale – ai sensi dell'art. 1350, n. 8, c.c. – è richiesta *ad substantiam* la forma dell'atto pubblico o della scrittura privata, mentre – ai fini della trascrivibilità dell'atto (a mente del combinato disposto degli artt. 2643, n. 8, e 2657 c.c.) – è stabilito che il titolo deve avere la forma dell'atto pubblico, della scrittura privata autenticata o giudizialmente accertata.

Con riguardo alla natura dei beni su cui può insistere il contratto in parola, è opportuno rilevare che l'indicazione normativa è esaustiva; seppure – per esigenze di chiarezza – occorra escludere dalla stessa le cose consumabili, in quanto insuscettibili di godimento continuato. Comunque, è importante precisare che allorquando si tratti di beni mobili il rapporto contrattuale va qualificato come nolo o noleggio.

L'affitto

Inoltre, la locazione va mantenuta distinta dall'affitto (artt. 1615 ss. c.c.), avente ad oggetto esclusivamente beni produttivi, laddove il godimento della cosa esige l'attività del soggetto che ne riceve l'uso. Ed ancòra, non è ravvisabile alcuna similitudine con il comodato (artt. 1803 ss. c.c.), quale contratto reale ed essenzialmente gratuito.

Il godimento sul bene

In senso generale, la locazione s'incentra sul godimento del bene attribuito al conduttore, non esauribile in un'unica soluzione temporale. Non è necessario che tale godimento si concretizzi esclusivamente in un vantaggio di carattere economico, essendo ammissibile – ad esempio – la locazione di un'effige sacra. Dunque, con riguardo al locatario, l'utilità conseguente a siffatto vincolo può essere anche di natura esistenziale e, quindi, non suscettibile di valutazione patrimoniale.

L'onerosità

Nell'economia dell'art. 1571 c.c. l'onerosità assume un ruolo ineludibile. In particolare, il corrispettivo – da rendere al locatore a fronte del godimento concesso – deve essere determinato o, almeno, determinabile, e – seguendo la giurisprudenza prevalente – può consistere in una prestazione di qualsiasi natura, purché offra un vantaggio giuridicamente apprezzabile al disponente; pertanto, può consistere non soltanto in un dare, ma anche in un *facere* o in un *non facere*.

Discussa, invece, è la natura del diritto del conduttore. Taluno, al riguardo, sostiene trattarsi di un diritto reale, per cui la validità della locazione sarebbe ancorata alla persistenza – in capo al locatore – della legittimazione ad attribuire il godimento a terzi. Talaltro, in aderenza alla soluzione dottrinale maggioritaria, prescindendo dal menzionato requisito della legittimazione, sottolinea la natura personale del diritto; così sarebbe pienamente valida ed efficace una locazione di cosa altrui, seppure l'eventuale mancato godimento – ascrivibile all'alterità della cosa – faccia incorrere il locatore in responsabilità per inadempimento contrattuale.

La titolarità del diritto di godimento

Al di là di ogni possibile ricostruzione, non v'è dubbio che il titolare del diritto di godimento in discorso è unicamente colui che abbia stipulato il contratto di locazione. Ne consegue la formale esclusione anche dei familiari conviventi, atteso che questi – privi di ogni autonomia di diritti e di obblighi nei confronti del locatore – sono ammessi al godimento della cosa locata soltanto ed esclusivamente in ragione del diritto che spetta al locatario. Alla luce di una simile logica si giustifica, con riguardo al conduttore, l'incedibilità del contratto di locazione. Tuttavia, non si è al cospetto di una preclusione assoluta, in quanto è possibile una successione a titolo particolare nel contratto qualora il locatore vi esprima il proprio consenso (art. 1594, 1° comma, c.c.).

La successione *mortis causa*

Sul punto specifico vanno evitate indebite generalizzazioni. Infatti, s'impone una disamina specifica con riguardo alla locazione urbana e, in particolare, alla tematica della successibilità *mortis causa* nel diritto del conduttore. In tema, l'art. 6, 1° comma, legge 27 luglio 1978, n. 392, inerente alla locazione di immobili urbani adibiti ad uso di abitazione, prevede che in caso di morte del locatario, gli succedono il coniuge, gli eredi, i parenti ed affini con lui abitualmente conviventi. Tale disposizione – pur derogando al principio generale della personalità del diritto di godimento – è caratterizzata dall'esigenza di garantire il diritto all'abitazione, in tutta la sua evidente connotazione costituzionale. Nella prospettiva appena segnalata, è anche intervenuta la Corte costituzionale (sent. 7 aprile 1988, n. 404), sancendo la parziale illegittimità del 1° comma dell'art. 6 di cui sopra, nella parte in cui non prevedeva la successione del convivente *more uxorio* nella titolarità del diritto di godimento del conduttore defunto.

La locazione può essere un contratto a tempo determinato, nel senso che le parti potranno convenire un termine finale. Al riguardo, comunque, il legislatore ha stabilito in trent'anni il limite massimo di durata, oltre il quale non è possibile che si "spinga" l'autonomia contrattuale (art. 1573 c.c.). L'eventuale violazione determinerà un'ipotesi di nullità parziale del negozio (art. 1419 c.c.), consentendo – in fase interpretativa – il salvataggio dell'atto stipulato, attraverso la sostituzione d'imperio della clausola nulla con il diverso termine legale massimo dei trent'anni (trattasi, in particolare, di un'ipotesi di sostituzione automatica di clausole, regolata dal combinato disposto degli artt. 1419, 2° comma, e 1339 c.c.).

La nullità parziale

Talvolta, le parti potranno anche omettere l'indicazione della durata della locazione; così, il legislatore – attraverso una norma suppletiva (art. 1574 c.c.) e al fine di evitare la nullità dell'intero contratto – impone un termine legale di durata, predeterminato – appunto – *ex lege* e differente a seconda della natura dei beni ceduti in godimento. In senso esemplificativo, all'art. 1574 c.c. in discorso è previsto che la locazione di un immobile per l'esercizio di una professione – nel "silenzio" dei contraenti – avrà la durata di un anno.

La cessazione della locazione è regolata differentemente a seconda che si tratti, o meno, di contratto a tempo determinato. In tal senso, il 1° comma, dell'art. 1596 c.c. stabilisce che la locazione a tempo determinato s'intende cessata con lo spirare del termine convenuto, senza che sia necessaria la disdetta. All'inverso, il 2° comma, del medesimo art. 1596 c.c. àncora la fine della locazione a tempo indeterminato alla disdetta che una delle parti comunichi all'altra, entro il termine legale imposto dall'art. 1574 c.c. Si ricorda che la disdetta si concretizza in un negozio unilaterale recettizio, non soggetto a particolari forme.

La rinnovazione tacita del contratto

In entrambe le ipotesi è possibile che il contratto si rinnovi tacitamente, attribuendo un'univoca attitudine significante al silenzio circostanziato dei contraenti. Ed allora, nel caso si tratti di contratto con una durata stabilita convenzionalmente, la rinnovazione segue alla persistenza del conduttore nella detenzione della cosa all'indomani dello spirare del termine pattuito (art. 1597, 1° comma, c.c.). Qualora la locazione abbia durata legale (suppletivamente imposta dall'art. 1574 c.c.), si dà luogo alla rinnovazione con l'omessa comunicazione della disdetta.

Le locazioni urbane

In tema di cessazione del vincolo e di rinnovazione del rapporto negoziale, va segnalata la peculiarità della disciplina delle locazioni urbane. Infatti, gli artt. 3 e 28 della legge 27 luglio 1978, n. 392, stabiliscono la necessità della disdetta (sia per le locazioni di immobili adibiti ad uso di abitazione che ad uso diverso) affinché alla scadenza possa "dissolversi" il vincolo contrattuale. Laddove, quindi, l'omessa o intempestiva disdetta dà luogo alla tacita rinnovazione del contratto per il termine minimo legale, consistente – rispettivamente – in quattro anni (artt. 1 e 3 della legge 27 luglio 1978, n. 392) e in sei anni (artt. 27 e 28 della medesima legge).

Nulla è disposto nel codice civile vigente in merito al limite minimo di durata del vincolo negoziale, sì che, la stessa giurisprudenza ha ritenuto validamente pattuita una locazione a giornata, seppure, talvolta, abbia opportunamente dichiarato l'invalidità contrattuale qualora il regolamento pattuito preveda una durata del tutto insufficiente perché lo scopo del negozio possa essere realizzato. La libertà appena evidenziata è fortemente circoscritta ove si tratti di locazione urbana. In tal senso, secondo quanto già accennato in precedenza, l'art. 1 della legge 27 luglio 1978, n. 392, limitatamente agli immobili adibiti ad uso di abitazione, contempla una durata minima non inferiore ai quattro anni; tale limite è elevato a sei anni, laddove l'immobile sia destinato ad uso diverso di abitazione (art. 27 della legge 27 luglio 1978, n. 392). L'eventuale termine minimo convenuto in violazione delle norme appena ricordate dà luogo alla nullità parziale del contratto e – quindi – consente il mantenimento in vita dell'accordo per il tramite del combinato disposto degli artt. 1419, 2° comma, e 1339 c.c.

14. *Le obbligazioni del locatore e del conduttore*

Dal contratto di locazione discendono obbligazioni per entrambi i contraenti.

All'art. 1575 c.c. è prescritto che il locatore deve: 1) consegnare al conduttore la cosa locata in buono stato di manutenzione; 2) mantenerla nello stato idoneo per servire all'uso convenuto; 3) garantirne il pacifico godimento per la durata del rapporto contrattuale.

L'obbligo di consegna del locatore

Con specifico riguardo all'obbligo della consegna si rinvia alla disciplina esaminata in tema di vendita. Al di là della mera *traditio*, il locatore è tenuto a consegnare l'oggetto della locazione in buono stato di manutenzione. Si è al cospetto di una prerogativa da valutare caso per caso e, soprattutto, con riguardo all'idoneità all'uso cui è destinata la cosa stessa. Detta idoneità, poi, può concretizzarsi nella garanzia per i vizi della cosa che il locatore (similmente al venditore) è obbligato a prestare in virtù dell'art. 1578 c.c.

L'idoneità in discorso non deve essere riscontrabile soltanto allorché si concluda il contratto, ma – piuttosto – persistere durante l'intera vita del rapporto negoziale (art. 1575, n. 2, c.c.); così, il locatore è anche tenuto a tutte quelle modifiche o trasformazioni in tal senso utili e successive al perfezionamento del contratto, ivi comprese le riparazioni necessarie eccedenti la piccola manutenzione (art. 1576 c.c.).

Il concedente, infine, deve adoperarsi per garantire la "pienezza" del godimento; per cui, trattandosi – ad esempio – di locazione di un immobile ad uso di abitazione, per locare il bene deve ottenere il pertinente provvedimento di abitabilità.

L'inadempimento del locatore

Il locatore che vìoli una delle obbligazioni suindicate incorre in responsabilità contrattuale per inadempimento, conseguendo la risoluzione del vincolo negoziale e la nascita, in capo al responsabile, della relativa obbligazione risarcitoria (art. 1453 c.c.). Inoltre, l'eventuale vizio del bene locato – incolposamente ignorato dal conduttore al momento della consegna – consente al locatario stesso di domandare la risoluzione contrattuale o la proporzionale riduzione del corrispettivo dovuto (art. 1578, 1° comma, c.c.); il locatore è tenuto anche al risarcimento dei danni subìti dalla controparte, derivanti dal vizio della cosa, a meno che non provi di avere ignorato senza colpa il vizio esistente al tempo della consegna.

Le obbligazioni gravanti sul conduttore sono indicate all'art. 1587 c.c. In particolare, questi deve: 1) prendere in consegna la cosa e osservare la diligenza del buon padre di famiglia nel servirsene per l'uso determinato nel contratto o per l'uso che può altrimenti presumersi dalle circostanze; 2) versare il corrispettivo secondo le modalità pattuite.

L'obbligazione di ricevere la cosa

L'obbligazione di ricevere la cosa va ascritta nell'ambito della cooperazione all'adempimento imposta ai contraenti.

Le modalità di esercizio del diritto di godimento devono essere ragguagliate ai parametri espressi dalla diligenza richiesta all'uomo medio. Tale adeguamento è imposto perché si eviti che il locatore possa subire un pregiudizio, anche indiretto, dal suddetto esercizio.

L'utilizzo della cosa

Con riguardo all'utilizzo della cosa locata, il conduttore non può disporne un mutamento d'uso, in considerazione dell'interesse del locatore, alla natura e all'oggetto del contratto. Nulla impedisce, in senso generale, che il locatario si astenga dal godimento del bene; a meno che l'uso costituisca il normale mezzo di conservazione della cosa locata (ciò avviene, normalmente, con riferimento ai mezzi meccanici). Tuttavia, con riguardo agli immobili urbani, in ragione dei nn. 7 ed 8 dell'art. 59 della legge 27 luglio 1978, n. 392, il mancato godimento del bene consente al locatore di recedere dal vincolo contrattuale.

Il pagamento del canone

Inoltre, il locatario è obbligato al pagamento periodico del canone. In ipotesi di godimento parziale o diminuito della cosa, non è consentito il ricorso alla forma di autotutela della sospensione del pagamento (art. 1460 c.c.). Infatti, la dottrina prevalente ritiene che il ricorso all'eccezione d'inadempimento contrattuale è lecito soltanto quando la prestazione della controparte manchi del tutto. Poi, il credito derivante dal corrispettivo dovuto è soggetto al termine di prescrizione di cinque anni (art. 2948, n. 3, c.c.).

L'inadempimento di una delle obbligazioni enumerate all'art. 1587 c.c. fa incorrere il locatario in responsabilità contrattuale e, quindi, il vincolo negoziale è risolto, comportando la conseguenza accessoria del risarcimento dei danni. Comunque, con riferimento al versamento del canone, è opportuno specificare che il rimedio della risoluzione contrattuale è assicurato solamente allorché la morosità o il mancato pagamento concretizzino un grave inadempimento, valutato con riguardo esclusivo all'interesse del locatore (art. 1455 c.c.).

La responsabilità del conduttore

Se si esamina la responsabilità del conduttore, meritano opportuna considerazione le ipotesi della perdita, del deterioramento e dell'incendio della cosa locata.

L'art. 1588, 1° comma, c.c. stabilisce che «*il conduttore risponde della perdita e del deterioramento della cosa che avvengono nel corso della locazione, anche se derivanti da incendio, qualora non si provi che siano accaduti per causa a lui non imputabile*»; il 2° comma, prosegue disponendo che «*è pure responsabile della perdita e del deterioramento cagionati da persone che egli ha ammesse, anche temporaneamente, all'uso e al godimento della cosa*». Si tratta, in particolare, di una responsabilità presunta *iuris tantum*, laddove la liberazione è vincolata alla dimostrazione – da parte dell'interessato – che l'evento lesivo non è a lui imputabile, mancando un nesso causale tra il fatto e l'azione (o omissione) considerata. L'incidentale allusione della norma all'incendio non va intesa in senso esaustivo; ad esso occorre equiparare tutti gli altri eventi dannosi, quali – ad esempio – lo scoppio della bombola del gas.

Il locatario, inoltre, è personalmente responsabile del fatto commesso dal terzo che goda del bene locato, in quanto da lui ammessovi con atto volontario, anche tacito. In senso esemplificativo, si pensi ai familiari, ai collaboratori, ai dipendenti, e via enumerando. In argomento, non ha alcuna utilità liberatoria l'eventuale prova che offra il conduttore in merito all'assenza della sua colpa.

Infine, il conduttore è tenuto alla restituzione della cosa al locatore nel momento in cui cessi il rapporto contrattuale. Si tratta di una vera e propria obbligazione contrattuale che sorge alla consegna del bene, diviene attuale alla scadenza del vincolo o al tempo del suo eventuale scioglimento anticipato, e va eseguita nel luogo, appunto, ove la consegna è avvenuta. L'eventuale sua inadempienza consente al locatore di agire per l'esecuzione forzata in forma specifica (art. 2931 c.c.) e per il risarcimento dei danni patiti.

L'art. 1590 c.c. specifica, poi, che il bene deve essere riconsegnato nello stato in cui è stato locato, tollerandosi la fisiologica vetustà o il deterioramento e il logorio dovuti all'adeguato uso della cosa. È necessario attribuire a tale prescrizione autonoma dignità rispetto all'obbligo di conservazione, di cui all'art. 1587 c.c. Qualora il locatario effettui una restituzione inesatta, violando – quindi – l'art. 1590 c.c., è tenuto al risarcimento dei danni.

15. *L'affitto*

Nella sistemazione codicistica, l'affitto si atteggia quale *species* del più ampio *genus* rappresentato dalla locazione.

La produttività del bene

L'elemento differenziale dell'una fattispecie è allora insito nella produttività del bene. Ai sensi dell'art. 1615 c.c., infatti, quando il bene produttivo necessita dell'esercizio di una determinata attività da parte del conduttore, le parti addivengono alla stipula di un contratto di affitto, in virtù del quale l'affittuario si obbliga a curare la gestione del bene, in conformità alla destinazione economica, e facendo propri i frutti e le altre utilità dietro il pagamento di un corrispettivo.

Pertanto, tra le parti sussiste un rapporto obbligatorio a prestazioni corrispettive che vede in capo al locatore l'obbligo principale di consegnare il bene in stato da servire per l'uso e la produzione alla quale è destinato, intendendosi come normale stato di manutenzione un buono stato di produttività.

Il bene deve essere consegnato con i suoi accessori e pertinenze: il locatore deve garantire solo le riparazioni straordinarie, estese anche ad accessori e pertinenze.

Il divieto di cessione e di subaffitto

Il contratto attribuisce all'affittuario il diritto di godimento che è comprensivo di tutte le possibili utilizzazioni che siano conformi alla funzione ed alla normale destinazione d'uso dello stesso. All'affittuario non residua però alcun potere dispositivo, non avendo facoltà di cedere il contratto né di subaffittare il fondo. Al locatore spetta, invece, il diritto di pretendere dall'affittuario il rispetto dei limiti e degli obblighi inerenti al godimento del bene nonché un potere di controllo, consistente nel potere di accesso ai luoghi e di ispezionare i medesimi. L'affittuario ha l'obbligo di custodire il bene e di utilizzarlo con diligenza e competenza, destinando al servizio della cosa i mezzi necessari per la gestione di essa, nonché osservando le regole della buona tecnica. In difetto, ovvero se muta la destinazione economica e produttiva del bene, il locatore può chiedere la risoluzione dell'affitto (art. 1618 c.c.). Pur avendo l'affittuario un limitato potere di modificazione del bene, pena come si è visto la facoltà di richiedere la risoluzione da parte del locatore, è possibile apportare mutamenti alla cosa che non importino pregiudizio al locatore e siano conformi alla destinazione del bene.

Le parti possono, altresì, convenire che l'affittuario arrechi migliorie alla cosa, determinando modalità e termini per la corresponsione all'affittuario stesso di un indennizzo: in mancanza, si applicano le disposizioni in materia di locazione.

Il pagamento del canone

L'affittuario ha l'obbligo principale di pagare il canone, corrispondente ad una somma di denaro o, su convenzione delle parti, in natura.

A seguito della situazione emergenziale da Covid-19, il legislatore con il d.l. 16 maggio 2020, n. 34 (c.d. Decreto Rilancio), convertito con la legge 17 luglio 2020, n. 77, ha previsto, ai sensi dell'art. 28, un credito di imposta per i canoni di locazione degli immobili ad uso non abitativo e per l'affitto d'azienda.

Il contratto si scioglie in caso di alienazione, qualora le parti abbiano convenuto simile opportunità.

In caso di rapporto a tempo indeterminato, ciascuna delle parti potrà recedere dando congruo preavviso. Il rapporto si estingue, altresì, per morte dell'affittuario se entro tre mesi dal decesso il locatore, o gli eredi, abbiano comunicato la volontà di recedere dal vincolo.

16. *L'affitto di fondo rustico*

È il più importante contratto agrario, disciplinato quasi integralmente da leggi speciali (legge 11 febbraio 1971, n. 11, e legge 3 maggio 1982, n. 203, che, tra l'altro, hanno abrogato l'art. 1628 c.c. in tema di durata).

Il contratto, in ottemperanza al combinato disposto delle menzionate leggi speciali con gli artt. 1573 c.c. e 1629 c.c., avrà durata massima di trenta anni (fatto salvo il caso dei fondi destinati al rimboschimento, il cui massimo è stabilito – ai sensi dell'art. 1629 c.c. – in novantanove anni), e minima di quindici anni.

Il terreno a destinazione agricola

Per la giurisprudenza è possibile addivenire alla stipula di siffatta tipologia contrattuale, allorquando l'oggetto del negozio sia costituito da un terreno avente destinazione agricola con carattere di permanenza.

Il diritto relativo al godimento del fondo deve essere ceduto al fine di ottenere il reddito agricolo proveniente dalla coltivazione del fondo. Va da sé che non si avrà affitto di fondo rustico se la cessione è destinata ad un'attività industriale o commerciale.

Inoltre, è necessario diversificare l'affitto a coltivatore diretto dall'affitto a favore di chi non sia tale. In tema, la nozione di coltivatore diretto deve essere mutuata dall'art. 6 della legge n. 203 del 1982; costui sarà chi coltiva il fondo con lavoro proprio o della propria famiglia, nei limiti in cui esso costituisca 1/3 dell'intero fabbisogno lavorativo.

La durata minima del contratto di affitto di fondo rustico è quindicennale rinnovabile, salvo disdetta; quest'ultima è da ritenersi quale atto recettizio, avente la funzione di impedire la prosecuzione o la rinnovazione del contratto.

L'entità del canone relativo all'affitto è stabilito dalla legge.

17. *Il contratto di trasporto*

Secondo quanto dispone l'art. 1678 c.c., con il contratto di trasporto il vettore si obbliga "verso corrispettivo, a trasferire persone o cose da un luogo ad un altro".

La funzione

L'affermazione positiva consta, però, di un'estrema genericità, attesa l'eterogeneità dei mezzi di trasporto con i quali l'obbligato può adempiere la prestazione. Ne consegue la necessità di una diversificazione – non solo dal punto di vista empirico – tra il trasporto stradale, marittimo, ferroviario ed aereo.

Merita, inoltre, la dovuta attenzione l'elemento oggettivo del contratto in parola, rappresentato dalle "persone o cose". La differenziazione implica conseguenze giuridiche rilevanti sull'estensione dell'obbligazione gravante sul vettore; questa, a seconda dei casi, sarà limitata al mero affidamento del passeggero ovvero estesa all'assunzione della custodia delle merci da trasportare.

La responsabilità del vettore

Quindi, ai sensi dell'art. 1681 c.c., il vettore sarà responsabile dei sinistri che coinvolgeranno la persona trasportata durante il viaggio, "se non prova di aver adottato tutte le misure idonee ad evitare il danno". La prova liberatoria è particolarmente gravosa, atteggiandosi quasi come *probatio diabolica*, e rappresentando una sorta di presunzione di responsabilità. V'è una certa sintonia tra la disposizione qui menzionata e l'art. 2050 c.c., in tema di responsabilità per l'esercizio di attività pericolosa.

Qualora si tratti di "cose", a mente dell'art. 1693 c.c., il vettore sarà responsabile, dal momento della consegna sino al rilascio dei beni nelle mani del destinatario, della perdita e dell'avaria dei beni ricevuti. La prova liberatoria potrà essere complessa; questa non sarà limitata al caso fortuito, bensì estesa alla dimostrazione che la perdita o l'avaria suddetta sia dipesa dalla natura o dai vizi della cosa ovvero dal suo imballaggio.

Gli elementi qualificanti

In senso generale, il contratto di trasporto è: 1) a forma libera. Tuttavia, qualora si tratti di trasporto marittimo o aereo gli artt. 396 e 940 cod. nav. prescrivono la forma scritta *ad probationem*; 2) bilaterale e consensuale. In merito a siffatta ultima prerogativa, si consideri che laddove ci si riferisca al contratto ferroviario di trasporto di cose, sarà necessario, ai fini della conclusione dell'accordo, che l'agente incaricato dell'accettazione restituisca a chi procede alla spedizione la ricevuta della spedizione stessa (art. 35, 3° comma, d.p.r. 30 marzo 1961, n. 197; 3) essenzialmente a titolo oneroso. Nonostante ciò, occorre distinguere il trasporto, appunto, oneroso, da quello gratuito ed amichevole. Ed allora, se l'assenza di corrispettivo, in virtù del 3° comma dell'art. 1681 c.c., non determina un affievolimento della responsabilità del vettore, nell'ipotesi di trasporto indotto da mera cortesia (quindi, solidarietà) l'esposizione a rischio del vettore medesimo sarà limitata al dolo o alla colpa grave.

Per quanto attiene all'ipotesi in cui il trasporto sia reso a vantaggio di una persona esterna, c.d. destinatario, il rapporto instaurato sarà configurabile come un vero e proprio contratto a favore di terzi.

Affinché si configuri la fattispecie di cui agli artt. 1678 ss. c.c., non è necessario che il vettore sia un imprenditore, trattandosi, piuttosto, di colui che esegue, o fa eseguire da altri – assumendone il rischio –, il trasporto stesso. Non è possibile la sovrapposizione con la figura dello spedizioniere, poiché questi risponde solo dell'obbligo di concludere in nome proprio e per conto del mandante un contratto di trasporto, non assumendo il pertinente rischio.

Il mittente, invece, va identificato con il soggetto in nome del quale viene stipulato il contratto e trasferita la merce. Quest'ultimo, ovviamente, dovrà avere la capacità di agire.

L'obbligazione del mittente

L'obbligazione principale del mittente consiste nel pagamento del prezzo del trasporto al vettore, secondo quanto concordato nel contratto. Non solo, ma la posizione ascrivibile al mittente è arricchita da una serie di atti di cooperazione nei confronti del vettore, utili per lo svolgimento del trasporto con puntualità e correttezza. Si tratta delle attività, elencate all'art. 1683 c.c., strumentali alla completa realizzazione della funzione del trasporto, consistenti nella comunicazione al vettore di tutte le informazioni necessarie riguardanti l'identificazione delle cose (quali, il nome del destinatario, il luogo di destinazione, la natura, il peso e la quantità delle cose da trasportare), nella consegna della documentazione necessaria per l'esecuzione del contratto.

In caso di mancanza o di inesattezza delle indicazioni di cui all'art. 1683 c.c., il mittente sarà responsabile dei danni provocati al vettore.

Qualora il mittente non esegua l'obbligazione consistente nel pagamento del prezzo, il vettore potrà legittimamente non adempiere la propria prestazione, a mente dell'art. 1460 c.c. Il rapporto contrattuale vivrà una fase di quiescenza, il cui epilogo consisterà – alternativamente – nell'inadempimento consolidato ovvero nell'adempimento ritardato del mittente.

18. *Il mandato*

L'art. 1703 c.c. stabilisce che il mandato è il contratto con il quale il mandatario si obbliga a compiere uno o più atti giuridici per conto del mandante.

Contratto consensuale, oneroso e fiduciario

Si tratta di un contratto consensuale, naturalmente oneroso (art. 1709 c.c.) e *intuitu personae*. Con riguardo alla forma il nostro legislatore nulla impone; tuttavia, il mandato deve constare della medesima forma che sia eventualmente richiesta per la validità o per la prova degli atti cui esso inerisce (ad esempio, la forma del mandato ad acquistare la proprietà immobiliare va determinata *per relationem*, ovvero in considerazione di quanto prescrive l'art. 1350, n. 1, c.c. in tema – appunto – di trasferimento della proprietà dei beni immobili).

L'attività del mandatario consiste nel compimento di atti giuridici in senso stretto, non necessariamente di tipo negoziale. La giurisprudenza ha opportunamente escluso l'attività imprenditoriale dagli atti in tal senso utili.

Il mandato può essere con o senza rappresentanza.

Il mandato con rappresentanza

Nel primo caso (art. 1704 c.c.), il mandatario ha il potere di impegnare direttamente il mandante spendendo il suo nome; la procura – attributiva di tale potere, anche nei riguardi dei terzi – non necessariamente deve essere formalizzata in un atto distinto dal contratto di mandato, ma può essere aggiunta ad esso o ivi implicitamente contenuta. La fattispecie delineata consente di evidenziare la rilevanza di un rapporto diretto tra mandante e terzi, laddove il mandatario deve agire in nome e per conto del *dominus* e, quindi, permettere che gli effetti, i risultati dell'atto posto in essere si producano direttamente nella sfera giuridica di quest'ultimo.

Il mandato senza rappresentanza

Nell'altra ipotesi (art. 1705 c.c.), il mandatario che agisce in proprio nome acquista i diritti e assume gli obblighi derivanti dagli atti posti in essere con i terzi; in altre parole, i terzi stessi non hanno alcun rapporto con il mandante (art. 1705, 2° comma, c.c.). Da tanto consegue che il mandatario, una volta espletata la propria attività nei confronti dei terzi, è obbligato a devolvere al mandante i risultati, gli effetti dell'atto posto in essere per suo conto. Nonostante l'autonomia appena delineata (mandante/mandatario; mandatario/terzi), l'art. 1705, 2° comma, c.c. consente al mandante di sostituirsi al mandatario per esercitare i diritti di credito derivanti dall'esecuzione del contratto.

Allorché si tratti di mandato ad acquistare – conferito senza rappresentanza –, il legislatore si preoccupa di tutelare il *dominus* nell'ipotesi in cui il mandatario non adempia l'obbligo di devolvere al mandante gli effetti dell'attività posta in essere con il terzo. Le azioni esperibili dall'interessato sono differenti a seconda della natura del bene interessato.

Infatti, il mandante può rivendicare i beni mobili dal mandatario, fatti "salvi i diritti acquistati dai terzi per effetto del possesso di buona fede" (art. 1706, 1° comma, c.c.). Com'è evidente, il limite cui allude la norma attiene al caso di chi acquisti dal mandatario il bene da questi ottenuto in esecuzione del contratto di mandato; l'atto dispositivo è "inattaccabile" soltanto qualora il terzo riesca a dimostrare – ai sensi dell'art. 1153 c.c. – l'esistenza di un titolo idoneo al trasferimento e l'assunzione del possesso del bene ignorando di ledere il diritto del mandante.

Qualora, invece, si tratti di beni immobili o mobili registrati e il mandatario non li ritrasferisca volontariamente al mandante, quest'ultimo può agire per l'esecuzione forzata in forma specifica (art. 1706, 2° comma, c.c.).

Mandato ad acquistare senza rappresentanza

Nel mandato ad acquistare, senza rappresentanza, la posizione del mandatario è peculiare, avuto riguardo al bene da questi acquisito dal terzo. In tal senso, i creditori del mandatario possono far valere sul bene in questione la regola della responsabilità patrimoniale (art. 2740 c.c.) solamente se, trattandosi di beni mobili o di crediti, il mandato risulti da scrittura avente data certa anteriore al pignoramento; ovvero, trattandosi di beni immobili o mobili registrati, la trascrizione dell'atto di ritrasferimento o la domanda giudiziale diretta a conseguirlo sia anteriore alla trascrizione del pignoramento (art. 1707 c.c.).

Dal contratto di mandato discendono obbligazioni per entrambi i contraenti.

Le obbligazioni del mandante

Il mandante, ai sensi dell'art. 1719 c.c., è tenuto a somministrare al mandatario i mezzi necessari per l'esecuzione del contratto di mandato e per l'adempimento di tutte quelle obbligazioni eventualmente contratte verso i terzi in proprio nome. L'oggetto dell'indicata somministrazione non è unicamente costituito dal danaro, pur dovendovi escludere – ad esempio – gli strumenti di lavoro e le retribuzioni spettanti ai collaboratori di cui si avvale il mandatario per lo svolgimento dell'attività. A tal punto, però, s'impone una precisazione: i mezzi necessari all'esecuzione del mandato (da fornire man mano che se ne presenti la necessità e, quindi, anche prima del compimento dell'attività) vanno mantenuti distinti da quelli indispensabili per l'adempimento del negozio gestorio (questi ultimi sono forniti successivamente al compimento dell'incarico, ma in tempo utile per permettere l'attuazione del rapporto istituitosi tra mandatario e terzo). Nonostante ciò, l'art. 1719 c.c. è norma derogabile, nel senso che i contraenti possono convenire una distinta pattuizione e, dunque, deliberare una regolamentazione diversa da quella legale; giammai – comunque – possono far ricadere sul mandatario l'onere economico necessario per il conseguimento dell'attività gestoria.

Un'ulteriore obbligazione del mandante è di tipo esclusivamente pecuniario. Infatti, egli al mandatario deve: *a*) rimborsare le anticipazioni, con gli interessi legali da computare dal giorno in cui sono state eventualmente effettuate; *b*) pagare il compenso dovuto; *c*) risarcire i danni subiti a causa dell'incarico condotto a termine (art. 1720 c.c.).

Con riguardo al profilo *sub a*), s'intendono non soltanto le spese strettamente necessarie, ma anche quelle più propriamente utili per l'adeguato svolgimento dell'attività. In tal senso, il *dominus* può sottrarsi ad una simile obbligazione solamente dimostrando che l'esosità delle anticipazioni fatte è stata unicamente determinata dalla colpa del mandatario.

In merito al punto *b*) che precede, va sottolineato che il mandatario ha diritto al compenso, a prescindere dal buon esito dell'affare; sempre che, ovviamente, non si tratti di mandato gratuito (art. 1709 c.c.). La misura dell'importo da corrispondere è determinata in base all'elencazione, per dir così, gerarchica contenuta nell'art. 1709 c.c. (in primo luogo, è considerata la specifica volontà delle parti; ove manchi, si fa ricorso alle tariffe professionali o agli usi; in via residuale, ci si affida alla determinazione equitativa del giudice).

Con riferimento al capo *c*) di cui sopra, nonostante l'esplicita allusione del legislatore all'obbligazione risarcitoria, è più opportuno discorrere di indennizzo delle perdite eventualmente patite dal mandatario, atteso che l'ipotesi normativa non si fonda su di un illecito del mandante. Comunque, il nesso di causalità è ritenuto esistente soltanto quando l'esposizione del mandatario al rischio fosse stata indispensabile per l'esecuzione del mandato.

Le obbligazioni del mandatario

Anche la posizione del mandatario è gravata da talune obbligazioni. In primo luogo, egli deve eseguire il mandato con la diligenza del buon padre di famiglia (art. 1710, 1° comma, c.c.). Si tratta, com'è evidente, della specificazione di quel principio generale affermato all'art. 1176 c.c., la cui determinazione contenutistica – trattandosi di clausola generale – è ancorata a giudizi storicamente collocati, attenti alla specificità del singolo caso esaminato. L'apparente evanescenza del 1° comma, dell'art. 1710 c.c. sfuma del tutto allorché si consideri il 2° comma, della medesima disposizione, laddove è statuito che il mandatario deve rendere note al mandante tutte quelle circostanze sopravvenute che legittimino la modificazione o la revoca del contratto di mandato. Si è al cospetto di un vero obbligo d'informazione, attinente a tutti quei fatti che obiettivamente sono idonei ad incidere sul rapporto gestorio.

Inoltre, il mandatario nell'eseguire l'incarico ricevuto non può eccedere i limiti stabiliti nel contratto di mandato; in caso contrario, l'atto esorbitante resta a carico del mandatario stesso, a meno che il mandante non lo ratifichi (art. 1711, 1° comma, c.c.). In tema, occorre parlare di vero e proprio eccesso di mandato, laddove – seguendo le elaborazioni della giurisprudenza prevalente – è necessario che il mandatario, nella fase dinamica del rapporto gestorio, persegua uno scopo – oltre che diverso – incompatibile con quello predeterminato dal mandante, o quanto meno tale da non interpretare l'espressa volontà di lui. Il legislatore – comunque – appare mosso dall'esigenza di considerare appieno il concreto interesse del *dominus*, consentendo la ratifica dell'atto esuberante. La facoltà in questione – da mantenere distinta da quella contemplata nell'ambito della rappresentanza (art. 1399 c.c.) – è strutturalmente caratterizzata da un negozio bilaterale, concluso tra mandante e mandatario in ordine all'atto compiuto eccedendo i limiti del mandato.

Il rendiconto

Ed ancòra, il mandatario deve rendere il conto del suo operato al *dominus* (art. 1713, 1° comma, c.c.). L'obbligazione in discorso non va inopportunamente limitata alla presentazione del prospetto delle entrate e delle uscite con il saldo finale, piuttosto va estesa anche alla descrizione e alla giustificazione documentale dell'intera attività gestoria svolta. Il mandante ha la facoltà di approvare il rendiconto; l'eventuale esercizio di tale facoltà si concretizza in un negozio unilaterale recettizio. Nulla impedisce che il mandatario sia preventivamente dispensato dall'obbligo del rendiconto (art. 1713, 2° comma, c.c.); tuttavia, una simile "disponibilità" del mandante non fa andare esente da responsabilità il mandatario stesso nei casi in cui si tratti di dolo o colpa grave.

Infine, il mandatario è obbligato a rimettere al *dominus* tutto quanto ricevuto in esecuzione del contratto di mandato (art. 1713, 1° comma, c.c.). L'obbligazione specifica sorge a séguito della conclusione dell'attività gestoria e deve essere adempiuta non necessariamente dopo aver reso il conto. La restituzione riguarda anche le cose che il mandatario non avrebbe dovuto ricevere, ma che comunque ha ricevuto a causa del mandato; si pensi – seguendo la casistica giurisprudenziale – alla possibile corresponsione di premi da parte di terzi per aver superato, grazie all'incarico espletato, un dato ammontare di affari. Da tale obbligazione saranno escluse quelle attribuzioni giustificate da una circostanza relativa alla persona del mandatario (ad esempio, sentimento di amicizia), estranea alla stipulazione del negozio gestorio nei termini convenuti.

L'estinzione

La disamina dell'intera vicenda del contratto qui esaminato non permette di prescindere dall'analisi delle cause di estinzione del mandato. L'art. 1722 c.c. contiene un'elencazione in tal senso utile, da ritenersi tassativa ed integrativa delle singole cause generali estintive di ogni contratto.

Il n. 1 dell'art. 1722 c.c. fa esplicito riferimento al compimento dell'affare per il quale il mandato era stato conferito. Tuttavia, non appare convincente raccordare l'estinzione dell'intero rapporto all'adempimento unilaterale del mandatario. Piuttosto, appare coerente affermare – atteso il carattere sinallagmatico di questo contratto – che la cessazione del vincolo segue unicamente all'esecuzione da parte di entrambi i contraenti delle attività contrattualmente dovute.

Di séguito, al n. 2 della medesima norma, è stabilito che il mandato si estingue "per revoca da parte del mandante". La *ratio* di detta disposizione può essere colta considerando l'elemento fiduciario che caratterizza il rapporto, dal suo nascere e per tutta la sua durata. Non è possibile delineare alcuna similitudine con il recesso unilaterale (art. 1373 c.c.), in quanto la facoltà di revoca può essere esercitata indipendentemente dalla condizione che il mandato non sia stato ancora eseguito. Comunque, se la revoca interviene – senza giusta causa – prima della scadenza del termine finale apposto al contratto ovvero prima del compimento dell'affare, il mandante è tenuto a risarcire i danni subìti dal mandatario (art. 1725 c.c.), entro i limiti del mancato guadagno.

La rinunzia del mandatario

Simmetricamente, il mandatario ha la facoltà di rinunziare al mandato per giusta causa, determinando – così – la cessazione del vincolo (a mente degli artt. 1722, n. 3, e 1727 c.c.). Si tratta di una dichiarazione unilaterale recettizia, indirizzata al mandante; essa è a forma libera ed avrà efficacia *ex nunc*.

La morte

La morte o la sopravvenuta incapacità del mandante o del mandatario rappresentano le ulteriori cause di estinzione *ex nunc* del mandato (artt. 1722, n. 4 e 1728 c.c.). Simile conseguenza va riconosciuta anche in caso di morte presunta, ma non in ipotesi di semplice scomparsa. Il riferimento all'ampia nozione di incapacità va inteso sia con riguardo all'interdizione che all'inabilitazione. Limitatamente all'incapacità naturale è opportuno distinguere a seconda che riguardi il mandatario o il mandante; infatti, in merito al primo essa potrebbe costituire causa di annullabilità del negozio gestorio, ma non causa di scioglimento del mandato; ove interessi il secondo, non influenzerebbe – comunque – gli atti esecutivi del mandato.

19. *La commissione*

La commissione è un mandato senza rappresentanza che ha per oggetto l'acquisto o la vendita di beni per conto del committente ed in nome del commissionario, dietro il pagamento di una provvigione che, di regola, è calcolata in percentuale sul valore dell'affare concluso, ovvero è data dal sovrapprezzo che il commissionario riesce a spuntare rispetto ai prezzi di listino (art. 1731 c.c.).

In quanto sottotipo qualificato del mandato senza rappresentanza, si applicheranno le norme di tale fattispecie, purché compatibili; le norme disciplinanti la commissione possono, a loro volta, essere suddivise in due sottotipi.

Il primo contiene quell'insieme di norme diretta applicazione dei principi sul mandato; il secondo invece è integrato da norme speciali che, in quanto tali, prevalgono rispetto a quelle sul mandato.

Il ruolo del commissionario

Discussa è la posizione del commissionario in relazione ai beni a sua disposizione per la vendita: per alcuni con la disponibilità degli stessi il commissionario diventa proprietario, salvo poi trasferirli con l'alienazione.

Altra tesi, invece, sostenuta anche in giurisprudenza, ritiene il commissionario un semplice legittimato alla disposizione di tali beni, con ulteriore obbligo accessorio a suo carico di custodia dei medesimi, in attesa di essere venduti.

Trattandosi, come si è visto di un tipo qualificato di mandato, il committente può revocare l'ordine di conclusione dell'affare fin quando il commissionario non l'abbia concluso; in ogni caso il commissionario avrà maturato una provvigione calcolata anche in relazione alle spese sostenute ed all'opera fino ad allora prestata.

L'art. 1732 c.c. prevede la possibilità che il commissionario conceda dilazioni di pagamento in conformità degli usi del luogo in cui si compie l'operazione o in virtù di apposita convenzione.

La previsione di cui al 2° comma dell'art. 1732 c.c. è inerente all'ipotesi dell'eccesso di mandato, in virtù della quale gli atti eccedenti le previsioni del mandato restano a carico del mandatario, salvo ratifica: in tal caso, se il commissionario concede dilazioni in difetto di autorizzazione o di usi in tal senso, il committente potrà esigere da lui il pagamento immediato.

Il 3° comma del medesimo art. 1732 c.c., invece, prescrive l'obbligo del commissionario di comunicare al committente la dilazione ed il beneficiario (in difetto si applica la previsione del 2° comma).

La garanzia

Vi è una particolare garanzia, già disciplinata in tema di mandato dall'art. 1715, in virtù della quale grava sul commissionario, dietro ulteriore ed adeguato compenso (che può essere o compreso nella provvigione o corrisposto in modo autonomo) un obbligo di garanzia più intenso relativo al buon andamento dell'affare.

La suddetta garanzia può scaturire da apposito patto ovvero, per la sola commissione, anche dagli usi del luogo in cui l'affare è concluso (art. 1736 c.c.).

Secondo l'interpretazione giurisprudenziale tale obbligo si differenzia dalla garanzia fideiussoria: quest'ultima, infatti, ricorre con riguardo ad un inadempimento altrui, laddove – nello star del credere – il commissionario garantisce anche il fatto proprio per la parte in cui l'attività dal medesimo svolta è indispensabile alla corretta conclusione dell'affare.

Ai sensi dell'art. 1735 c.c., nella commissione di compera o di vendita di titoli, divise o merci aventi un prezzo corrente che risulti nei modi stabiliti dal 3° comma dell'art. 1515 c.c., se il committente non ha diversamente disposto, il commissionario può fornire al prezzo suddetto le cose che deve vendere, salvo, in ogni caso, il suo diritto alla provvigione.

Discussa in dottrina è la fonte di tale facoltà concessa: una prima tesi, infatti, ritiene che la legittimazione sia data dal primo mandato ricevuto.

Diversa impostazione è orientata ad affermare che, in uno al mandato, vi sarebbe un rapporto di compravendita; questo, per alcuni, addirittura sostituirebbe il primigenio rapporto gestorio.

Preferibile appare quest'ultima tesi, in virtù del fatto che il rapporto di compravendita entra nelle pattuizioni tra committente e commissionario, con l'esercizio di una facoltà attribuito a quest'ultimo.

La dichiarazione di "entrata" del commissionario nel rapporto (di compravendita) sarebbe allora di per sé sufficiente a produrre gli effetti di cui all'art. 1735 c.c.

20. *L'agenzia*

Con il contratto di agenzia, una parte assume stabilmente l'incarico di promuovere, per conto dell'altra, la conclusione di contratti in una zona determinata (art. 1742 c.c.). Oltre che nelle disposizione del codice, tale rapporto è disciplinato da diverse fonti normative, come ad esempio il d.lgs. 15 febbraio 1999, n. 65, che, in ottemperanza alle direttive comunitarie, è andato ad incidere sul dettato degli artt. 1742, 1746 e 1751, ed ha novellato del tutto il testo degli artt. 1748 e 1749.

Le prestazioni corrispettive

L'agenzia è un contratto a prestazione corrispettive, mediante il quale una parte si impegna, a proprie spese e con una propria organizzazione stabilmente ed in un determinato ambito, a promuovere, dietro corrispettivo (attraverso la corresponsione delle c.d. provvigioni), la conclusione di affari per conto di un'altra parte. L'agente, pertanto, non è da considerarsi mandatario, svolgendo un'attività materiale e non giuridica, ferma la facoltà del preponente di conferirgli la rappresentanza per la conclusione dei contratti: in tal caso saranno applicabili, per giurisprudenza costante, le norme della procura e del mandato.

L'obbligazione dell'agente

L'obbligazione principale dell'agente, quella di promuovere la conclusione dei contratti per conto del preponente, può essere adempiuta con modalità variabili e rapportate al tipo di attività promozionata nonché agli usi della determinata zona di competenza.

Si pone allora un problema di compatibilità dell'attività effettivamente svolta dall'agente, con altre figure contrattuali: la giurisprudenza nelle varie pronunce ha individuato gli elementi qualificanti del contratto di agenzia, incentrando tali elementi sul criterio della prevalenza.

Così, se in una determinata fattispecie sono prevalenti gli elementi del contratto di agenzia, si applicherà allora la disciplina ivi prevista.

Per l'agente è dunque essenziale la promozione diretta degli affari e la sopportazione del rischio sull'organizzazione propria.

Altro elemento peculiare e distintivo del contratto di agenzia rispetto al lavoro subordinato, è l'assenza di un vero potere direttivo del preponente, fatte salve le "fisiologiche" istruzioni generali, connesse al rapporto. Al riguardo, in ogni caso, per la giurisprudenza, l'obbligo di riferire quotidianamente al preponente, nonché l'osservanza di generiche direttive, è ritenuto compatibile con la fattispecie qui considerata.

L'organizzazione

Nella propria organizzazione strutturale, l'agente può altresì servirsi di subagenti (che per l'effetto vanno considerati agenti dell'agente), della cui attività è tenuto a rispondere dinanzi al preponente. L'elemento del risultato quale prerogativa intrinseca all'attività dell'agente, non snatura la peculiarità del contratto in esame che, relativamente alla dicotomia obbligazioni di mezzo-obbligazioni di risultato, è da ritenersi misto. Così, l'obbligazione dell'agente sarà tanto di mezzi, attraverso lo svolgimento della propria attività promozionale, quanto di risultato, in virtù del fatto che il compenso dell'agente maturerà con il diritto alla provvigione (di per sé parametrato al risultato ottenuto). Proprio il requisito della retribuzione, nelle modalità così particolari, assurge ad elemento caratterizzante la natura della prestazione dell'agente che, per l'effetto, è da intendersi di carattere autonomo.

La zona

La zona in cui opera l'agente è, di norma, delimitata in un'area geografica: non è necessario che vi sia tale indicazione, ben potendo desumersi anche implicitamente dal contratto. Se la zona non potrà essere individuata, neppure in via interpretativa, non vi sarà compatibilità con il contratto di agenzia.

La stabilità, quale ulteriore elemento, è da intendersi come collaborazione continuativa e duratura dell'agente con il preponente, riferendosi detto elemento non già alla conclusione di singoli affari (seppur di lunga durata), ma ad una serie di affari relativi alla zona di operatività dell'agente.

Indipendentemente dalla indicazione di un termine (che nel caso assume i caratteri dell'essenzialità), il contratto di agenzia è un tipico contratto di durata. Inoltre, il rischio è elemento tipico che caratterizza il contratto di agenzia, distinguendolo dal lavoro subordinato: è elemento, come ricorda la giurisprudenza, riconducibile ed afferente la sfera economico-sociale.

Il rinvio alla competenza funzionale del giudice del lavoro, *ex* art. 409, 3° comma, c.p.c., delle controversie nascenti dal contratto di agenzia (nonché degli altri rapporti di collaborazione che si caratterizzino per una prestazione d'opera continuativa e coordinata, prevalentemente personale), unitamente all'applicazione del trattamento di fine rapporto non è, per giurisprudenza costante, elemento idoneo e sufficiente all'equiparazione di tale rapporto con il contratto di lavoro subordinato. Pur nella obiettiva difficoltà di rinvenire un criterio preciso di distinzione tra le due figure, trattandosi di un accertamento di merito da valutare caso per caso (molto spesso invero celando il contratto di agenzia un rapporto di lavoro subordinato), *il discrimen* è in giurisprudenza individuato nel fatto che il contratto di agenzia comporti una organizzazione di capitale e lavoro con risultato a proprio rischio, mentre nel secondo caso sia l'organizzazione che il rischio gravano solo sull'imprenditore.

Agenzia *vs.* subordinazione

Se, dunque, il rapporto di agenzia è antitetico al concetto di subordinazione è possibile "legare" alla parasubordinazione il lavoro dell'agente. Così, l'agente s'atteggia come un lavoratore parasubordinato che esegue il contratto con impegno prevalentemente proprio e con carattere di stabilità e continuità. Per la sussistenza del rapporto di agenzia è allora necessaria una programmazione negoziale disposta con unico accordo e che sia a carattere stabile. Diversamente, si è invece in presenza di un rapporto di procacciamento di affari. Il procacciatore di affari, infatti, a differenza dell'agente svolge un'attività di norma saltuaria, senza obbligo di conclusione di contratti.

Agenzia e mediazione

L'occasionalità dell'affare è elemento discriminatorio tra il contratto di agenzia e la mediazione. La stabilità ha come ulteriore effetto il reciproco diritto di esclusiva, in virtù del quale e limitatamente alla zona di competenza, il preponente si obbliga a non nominare altri agenti, e nel contempo l'agente si obbliga a non assumere incarichi per lo stesso ramo di affari con imprese concorrenti. Tale disposizione, *ex* art. 1743 c.c., va qualificata come elemento naturale del contratto. In quanto tale, potrà essere derogata da entrambe le parti contrattuali.

La violazione dell'art. 1743 c.c. costituisce inadempimento contrattuale, con il diritto al risarcimento del danno. L'agente è tutelato dal disposto dell'art. 1748, 2° comma, c.c., che sancisce l'obbligo in capo al preponente di corrispondere le provvigioni per gli affari conclusi da questi direttamente con terzi che l'agente aveva già in precedenza acquisito come propri clienti per affari dello stesso tipo o appartenenti alla zona o alla categoria o gruppo di clienti riservati all'agente.

Seppur novellato dal richiamato d.lgs. n. 65 del 1999, l'art. 1746 c.c. impone all'agente taluni obblighi, correlati al potere di impartire istruzioni da parte del preponente. Infatti, è previsto espressamente l'obbligo per l'agente di tutelare, nell'esecuzione dell'incarico, gli interessi del preponente, e di agire con lealtà e buona fede.

La diligenza dell'agente

È evidente allora che l'agente dovrà improntare il proprio comportamento alla diligenza qualificata, connessa alla natura dell'attività espletata.

Fra gli obblighi specificatamente previsti vi è quello di fornire informazioni, che si divide in due tipi: l'obbligo di rendere nota la zona assegnata e le relative condizioni di mercato, e le informazioni utili per valutare la convenienza dei singoli affari.

L'attività gestoria dell'agente presenta obblighi connaturali al contratto di agenzia: si pensi, ad esempio, all'obbligo di una corretta informazione commerciale. Tali obblighi di carattere accessorio potranno gravare sull'agente. Tra questi vi può essere la clausola che abilita lo stesso a riscuotere crediti in nome e per conto del preponente.

La facoltà di riscossione

La facoltà di riscossione deve essere attribuita specificatamente sia nel caso in cui l'agente sia privo del potere di rappresentanza, sia all'agente con rappresentanza.

Qualora venga attribuita la suddetta facoltà all'agente, il pagamento effettuato a mani di quest'ultimo libera il debitore nei confronti del creditore.

Connesso all'incarico di riscossione è l'obbligo di rendiconto.

La facoltà di cui all'art. 1744 c.c., per contro, non prevede il potere in capo all'agente di concedere sconti o dilazioni, salva naturalmente apposita autorizzazione da parte del preponente.

Tale autorizzazione dovrà avere forma scritta, in ragione della contrattazione collettiva di settore.

21. *La mediazione*

Ai sensi dell'art. 1754 c.c., il mediatore è colui che mette in relazione due o più parti per la conclusione di un affare, senza essere legato ad una di esse da rapporti di collaborazione, di dipendenza e rappresentanza.

La "messa in relazione"

Appare chiaro, dunque, che la semplice messa in relazione è *ex se* sufficiente a far nascere il rapporto di mediazione; la figura del mediatore, in virtù del disposto normativo, è incompatibile con quella del rappresentante, proprio per il carattere di neutralità che contraddistingue tale rapporto.

Assai dibattuta è la natura giudica della mediazione: la teoria c.d. contrattualistica ritiene, infatti, trattarsi di un contratto unilaterale con obbligazioni delle future parti di un contratto di corrispondere rispettivamente il rimborso spese, se il contratto non si conclude, o la provvigione, se il contratto è concluso.

Teoria negoziale

Il rapporto di mediazione sorgerebbe sia nel caso in cui gli interessati conferiscano preventivamente l'incarico al mediatore, sia nel caso in cui accettino comunque l'attività da questi svolta.

Teoria non negoziale

All'inverso, gli assertori della teoria non negoziale vedono nella mediazione un atto giuridico in senso stretto, ogni qual volta vi sia un'attività oggettivamente idonea a mettere in relazione le parti interessate ad un affare e strumentale alla conclusione dello stesso.

Per la nascita del rapporto sarebbe infatti sufficiente il mero incarico di una delle parti e la relativa messa in contatto con l'altra, non essendo necessario la stipula di accordi tra il mediatore e le parti del contratto.

Il carattere professionale

Alla luce del disposto dell'art. 2 della legge 3 febbraio 1989, n. 39, che ha abolito la c.d. mediazione occasionale, è necessaria l'iscrizione in apposito albo del mediatore; residuando al professionista non mediatore che "mette in contatto" due parti, non già la provvigione ma la retribuzione come da tariffa professionale del proprio ordine di appartenenza.

La legge non prevede alcuna forma scritta per la conclusione del rapporto, ben potendo lo stesso instaurarsi *per facta concludentia*.

Oltre al succitato requisito negativo di cui all'art. 1754 c.c., ovvero l'assenza del rapporto di rappresentanza con le parti mediate, è discussa, in dottrina, la ragione sottesa all'incompatibilità del rapporto di mediazione con vincoli di dipendenza e/o collaborazione con una delle parti contrattuali.

Pur essendo fortemente criticato tale vincolo, è certa in ogni caso l'esclusione del rapporto di mediazione, ogni qualvolta la messa in relazione delle parti sia frutto di un adempimento di un'obbligazione.

La neutralità del mediatore

L'esigenza che il mediatore sia imparziale va rettamente intesa. Infatti, essa non va confusa con l'indipendenza che ha un carattere oggettivo; piuttosto, afferisce al *modus operandi* del mediatore.

La giurisprudenza, da par suo, ritiene l'imparzialità un elemento caratterizzante ed essenziale del rapporto di mediazione.

La maturazione del diritto alla provvigione

Per la sussistenza del diritto alla provvigione in capo al mediatore, non è sufficiente la mera messa in relazione di due parti, bensì l'ulteriore requisito della conclusione dell'affare.

Occorre allora soffermarsi sul concetto di affare. Questo è legato ad ogni rapporto rilevante di carattere economico (sia esso diretto o indiretto) che riceva tutela dall'ordinamento giuridico.

È inoltre indispensabile che tra la conclusione dell'affare e l'attività del mediatore sussista un nesso di causalità, pur non essendo necessario che l'attività del mediatore assurga ad evento decisivo alla conclusione; è infatti sufficiente che sia mera concausa.

Il diritto alla provvigione è maturato nei confronti di tutte le parti del rapporto. Da tanto consegue che nel caso di mediazione c.d. unilaterale, il diritto maturerà in favore solo della parte che abbia incaricato il mediatore. Diversamente non sarà possibile esimersi dall'obbligo di corrispondere la provvigione, fatto salvo il caso della c.d. clausola franco mediazione, allorquando l'affare venga concluso espressamente con la condizione che non vi siano intermediari. La giurisprudenza, in merito al diritto di provvigione, ha negato l'estensione al caso della mediazione indiretta, ovvero a chi segnali l'affare fatto concludere poi da altro mediatore, ed alla submediazione, ovvero di chi collabori con il mediatore nella propria attività. I criteri di determinazione della provvigione sono determinati dall'art. 6 della legge n. 39 del 1989, secondo il quale «*la misura della provvigione e la proporzione in cui questa deve gravare su ciascuna delle parti, in mancanza di patto, sono determinate dalle giunte camerali, sentito il parere della commissione provinciale e tenuto conto degli usi locali*».

Le parti devono comportarsi secondo correttezza nei confronti del mediatore, anche se si esclude in dottrina che tanto sia un obbligo nascente da vincoli contrattuali, in virtù della natura non negoziale del rapporto. In particolare, si sostiene che il comportamento scorretto delle parti dovrebbe essere sanzionato *ex* art. 2043 c.c., soprattutto nei casi di c.d. frode al mediatore, allorquando ad es. le parti simulano l'abbandono dell'affare, per poi concluderlo in un secondo momento. In caso di contratto sottoposto a condizione sospensiva, la provvigione è dovuta al momento dell'avveramento della stessa. Se, viceversa, il contratto è concluso sotto condizione risolutiva, il verificarsi della condizione non fa venir meno il diritto alla provvigione.

La comediazione

Se invece l'affare è concluso da più mediatori, ciascuno di essi ha diritto ad una quota della provvigione. La disciplina è applicabile sia nel caso di opera congiunta, allorquando i mediatori cooperano tra di loro, sia nel caso di incarico simultaneo o successivo.

Il credito dei mediatori non è solidale e pertanto se rinunziato da uno di essi non si accresce la quota degli altri.

Il mediatore ha l'obbligo di comunicare tutte le circostanze delle quali sia a conoscenza e che possano influire sulla conclusione dell'affare (art. 1759 c.c.). Quindi, deve fornire alle parti ogni elemento-informazione per valutare la convenienza e la sicurezza dell'operazione economica (come ad es. eventuali vizi della merce, esistenza di procedure concorsuali, particolari situazioni di mercato, e via enumerando).

La responsabilità del mediatore

Discussa è la natura ed i limiti della responsabilità del mediatore: per una tesi (prevalente) la stessa è configurabile nei soli casi di conclusione dell'affare, indotto da mancata o insufficiente e contraddittoria informazione.

Ai sensi del 2° comma dell'art. 1759 c.c., il mediatore risponde inoltre dell'autenticità delle scritture e dell'ultima girata dei titoli trasmessi per suo tramite.

Per alcuni, vi sarebbe un obbligo di verifica di autenticità della sottoscrizione, la cui mancanza per colpa o dolo genererebbe una responsabilità per inadempimento da parte del mediatore; altra parte della dottrina propende, invece, per una garanzia di tipo evizionale quale obbligo ulteriore del mediatore.

Particolare è l'ipotesi disciplinata dall'art. 1762 in tema di contraente non nominato: il mediatore che non indica il nome di una delle parti risponde dell'esecuzione del contratto e, quando lo ha eseguito, subentra nei diritti verso il contraente non nominato. Si discute in dottrina circa il ruolo e la responsabilità del mediatore in tale caso: per una parte, il mediatore in ogni caso non entra nel contratto, non avendo interesse alcuno allo stesso se non al maturare della provvigione. La sua sarebbe pertanto una posizione di garanzia, la cui fonte è da rinvenirsi *ex lege* e non già di natura negoziale. Altra tesi, da preferire in quanto ribadita anche in giurisprudenza, equipara tale figura al contratto per persona da nominare (art. 1401 c.c.): in tal caso, il mediatore è parte contrattuale con annessi diritti ed obblighi, ivi compreso quello di far valere in giudizio eventuali responsabilità della controparte.

La differenza con il contratto per persona da nominare risiederebbe unicamente nel fatto che, anche indicata la parte, permane la responsabilità del mediatore.

22. *L'assicurazione*

Con il contratto di assicurazione l'impresa assicuratrice, verso pagamento di un premio, si obbliga a rivalere l'assicurato – entro i limiti convenuti – del danno a lui prodotto da un sinistro, ovvero a pagare un capitale o una rendita al verificarsi di un evento attinente alla vita umana (art. 1882 c.c.). Da tanto consegue l'opportuna differenziazione – cui di séguito sarà dato adeguato rilievo – tra assicurazione contro i danni e assicurazione sulla vita.

In senso generale, si tratta di un contratto consensuale, aleatorio, oneroso, a prestazioni corrispettive, comunemente stipulato attraverso condizioni generali, unilateralmente predisposte dall'assicuratore.

Taluni chiarimenti s'impongono in merito ad alcune delle caratteristiche appena enumerate.

L'alea rappresenta una prerogativa qualificante l'intera vita del contratto di assicurazione. Essa deve essere identificata nel rischio derivante da un evento economico sfavorevole; laddove, poi, la sua eventuale mancanza – *ab initio* – determina la nullità del contratto (art. 1895 c.c.), mentre la sua cessazione in corso di svolgimento del rapporto negoziale dà luogo allo scioglimento del contratto stesso (art. 1896 c.c.). L'alea

L'entità del rischio, com'è facilmente intuibile, può incidere sulla volontà negoziale; in particolare, il legislatore si preoccupa di presidiare la valutazione dell'alea dall'errore in cui possa incorrere l'assicuratore stesso (si pensi, ad esempio, nell'assicurazione sulla vita all'importanza delle notizie relative alla salute dell'assicurando). Sul punto specifico, agli artt. 1892 e 1893 c.c. è dettato un ben preciso obbligo di cooperazione e di informazione da parte dell'assicurato, la cui violazione – a seconda se sia perpetrata, o meno, con dolo o colpa grave – consente, rispettivamente, l'annullamento (*ex tunc*) del contratto o il recesso dell'assicuratore (*ex nunc*). Tuttavia, è necessario specificare che i due rimedi indicati alle norme qui richiamate possono essere invocati soltanto quando si tratti di dichiarazioni false o reticenze, di tale natura che l'assicuratore non avrebbe dato il suo consenso o lo avrebbe dato a condizioni diverse se avesse conosciuto l'esatta o completa verità. D'altro canto, però, va precisato che sull'assicuratore medesimo non grava alcun onere di accertare la veridicità delle affermazioni contrattuali di controparte, ancorandosi – così – l'affidamento a ciò che oggettivamente attiene alla fase precontrattuale.

Il mutamento del rischio

Coerentemente, gli artt. 1897 e 1898 c.c. regolano i casi in cui l'assicurato comunichi alla controparte il mutamento del rischio verificatosi all'indomani della conclusione del contratto. In tale ipotesi, trattandosi di un contratto aleatorio, non è applicabile la disciplina generale della risoluzione per eccessiva onerosità sopravvenuta (art. 1496 c.c.). Per cui, l'assicuratore ha la possibilità di valutare l'opportunità che persista il vincolo negoziale e, se del caso, da esso può recedere.

L'onerosità

L'onerosità del contratto di assicurazione è strettamente legata all'individuazione e alla classificazione del rischio. Infatti, il premio è determinato apprezzando – con metodo statistico – la probabilità del verificarsi dell'evento rappresentato dal contraente. Le modalità della corresponsione possono consistere in un unico versamento, ovvero in elargizioni rateali.

Il contenuto del contratto di assicurazione, generalmente, è predeterminato dall'impresa assicuratrice, venendo meno – così – la fase delle trattative e la possibilità che il regolamento adottato possa seguire ad una serie di proposte e di controproposte. Va da sé che una simile modalità può consentire l'utilizzazione dell'art. 1341, 1° e 2° comma, c.c. ovvero degli artt. 1469 *bis* ss. c.c., ricorrendo i rispettivi, distinti presupposti applicativi.

La polizza

Il documento in cui si concretizza l'accordo prende il nome di polizza; questa deve essere redatta in forma scritta a fini meramente probatori (art. 1888, 1° comma, c.c.) e può essere nominativa, all'ordine o al portatore (a mente dell'art. 1889 c.c., può essere trasferita mediante girata o semplice consegna, non atteggiandosi – tuttavia – come titolo di credito, in quanto il diritto in essa documentato non è autonomo, ma acquisito in via derivata dal *tradens*).

Quanto alla patologia del contratto di assicurazione, è utile considerare l'applicabilità – con talune limitazioni – dei rimedi tipici dei contratti (non aleatori) a prestazioni corrispettive. Sul punto, però, è necessario delineare una diversificazione a seconda che l'inadempimento interessi l'assicurato ovvero l'assicuratore.

L'inadempimento

Con riferimento al primo, deve essere applicato l'art. 1901 c.c. – allorché si tratti di assicurazione contro i danni –, nonché l'art. 1924 c.c., ove ricorra un contratto di assicurazione sulla vita. Ambedue le soluzioni normative disciplinano il mancato pagamento di quanto convenuto. In particolare, l'art. 1901, 1° comma, c.c. – limitatamente all'omesso versamento della prima rata di premio – consente la sospensione *ipso iure* del contratto di assicurazione fino alla mezzanotte del giorno in cui poi è effettivamente pagata la rata in questione; eguale rimedio è concesso nel caso di inadempimento delle rate successive, seppur decorrendo dalle ore ventiquattro del quindicesimo giorno successivo alla scadenza del pagamento (art. 1901, 2° comma, c.c.). Il rimedio in discorso, nelle due distinte modalità di esercizio appena segnalate, non si atteggia quale forma di autotutela, in quanto gli effetti specifici non necessitano di alcuna pertinente volontà. Quindi, con la sospensione il rapporto negoziale accede ad una fase – per dir così – interlocutoria e di quiescenza, non procrastinabile *sine die*. Infatti, il 3° comma, dell'art. 1901 c.c. impone all'assicuratore di agire per la riscossione di quanto dovuto e non pagato dall'assicurato, entro il termine di decadenza di sei mesi dalla scadenza del premio o della rata. Da tanto consegue che il mancato o intempestivo esercizio di simile azione dà luogo alla risoluzione di diritto del contratto.

L'art. 1924 c.c. regola l'inadempimento dell'assicurato nell'ambito dell'assicurazione sulla vita. In tema, il mancato pagamento che attenga al premio del primo anno, permette all'assicuratore di agire per l'adempimento contrattuale entro il termine di decadenza dei sei mesi successivi alla scadenza del premio stesso (art. 1924, 1° comma, c.c.). L'omessa corresponsione dei premi ulteriori – entro il termine di tolleranza pattuito in polizza o, in difetto, entro i venti giorni posteriori alla scadenza – determina la risoluzione *ipso iure* del vincolo contrattuale (art. 1924, 2° comma, c.c.).

Qualora il contraente inadempiente sia l'assicuratore, i rimedi utilizzabili dalla controparte sono i seguenti: la risoluzione del contratto, ai sensi dell'art. 1453 c.c. (fatto salvo, in ogni caso, il risarcimento dei danni); l'eccezione d'inadempimento (art. 1460 c.c.), quale modalità di autotutela attraverso cui l'assicurato legittima il proprio non adempimento (*rectius*: omesso pagamento del premio) in virtù dell'inadempimento della controparte.

23. *L'assicurazione contro i danni*

Nell'economia della fattispecie del contratto di assicurazione va attribuito l'adeguato ruolo alla nozione di sinistro.

Qualora si discorra di assicurazione contro i danni occorre che si faccia riferimento all'evento economicamente pregiudizievole per l'assicurato ed estraneo alla sua volontà, dal cui verificarsi deriva l'obbligo dell'assicuratore di pagare l'indennità; ove si tratti, invece, di assicurazione sulla vita tale obbligo è collegato ad un evento della vita umana. I danni

L'art. 1904 c.c., nella specie, stabilisce che «*il contratto di assicura-*

zione contro i danni è nullo se, nel momento in cui l'assicurazione deve avere inizio, non esiste un interesse dell'assicurato al risarcimento dei danni». Il legislatore, al riguardo, ha enunciato il principio dell'interesse all'assicurazione, quale requisito essenziale dell'intera vita del rapporto negoziale, determinante il contenuto e i limiti della tutela assicurativa. Più specificatamente, si tratta di una relazione economica tra un soggetto e una cosa, non necessariamente identificabile in un diritto di proprietà sul bene, ma – piuttosto – in qualsiasi altra relazione giuridica, laddove il titolare sia tenuto a sopportare il danno per effetto di un evento dannoso collegabile all'oggetto dell'assicurazione. Da tanto deriva che non è ammissibile l'assicurazione contro i danni di un bene appartenente ad altri e alla cui conservazione il contraente non abbia interesse alcuno.

L'indennizzo: un'obbligazione pecuniaria

Il principio indennitario caratterizza inderogabilmente l'assicurazione contro i danni: l'assicuratore è tenuto a risarcire, nei modi e nei limiti stabiliti dal regolamento contrattuale, il danno sofferto dall'assicurato in conseguenza del sinistro. La somma da corrispondere non può mai essere superiore al danno emergente subìto dal contraente; in assenza di specifica pattuizione e non ricorrendo l'ipotesi dell'art. 1908, 4° comma, c.c. (assicurazione dei prodotti del suolo), il ristoro dovuto non comprende il lucro cessante.

La causalità tra sinistro e danno

Tra il danno assicurato e il tipo di sinistro che lo determina – così come contrattualmente stabilito – vi deve essere un rapporto di causalità giuridicamente rilevante (si pensi, ad esempio, alla distruzione di un immobile a causa di un incendio). Generalmente, il risarcimento consiste nel pagamento di una somma di danaro equivalente al valore economico della perdita patita dall'assicurato. Tuttavia, qualora vi sia una espressa pattuizione negoziale in tal senso, è possibile che l'assicuratore si liberi dalla sua obbligazione attraverso l'esecuzione di una prestazione in natura (ricostruzione della casa incendiata), ovvero l'acquisto delle cose rimaste dopo il sinistro secondo il loro originario valore.

L'obbligazione risarcitoria sorge dal momento in cui si è verificato il sinistro, ma l'assicuratore cade in mora soltanto all'indomani della liquidazione del danno.

L'eventuale franchigia

Talvolta, è possibile che i contraenti convengano l'esclusione di una parte del danno dalla garanzia assicurativa, attraverso l'approvazione di clausole che prevedano uno scoperto obbligatorio: una franchigia semplice (che esclude i danni inferiori ad un dato importo), una franchigia assoluta (che prevede un abbattimento iniziale del risarcimento).

Le assicurazioni plurime o cumulative

Nell'assicurazione contro i danni è prevista l'opportunità che un soggetto stipuli contemporaneamente o successivamente più contratti di assicurazione per coprire un medesimo rischio (art. 1910 c.c.). Tuttavia, grava sull'assicurato l'obbligo di avvisare ciascun assicuratore in merito al coinvolgimento di una pluralità di imprese assicuratrici; l'omissione dolosa di una simile informazione dà luogo alla liberazione dei singoli assicuratori dal pagamento dell'indennità (art. 1910, 2° comma, c.c.). Verificatosi il sinistro, l'assicurato può chiedere a ciascun assicuratore l'indennità dovuta secondo ogni singolo contratto stipulato, fermo restando che le somme complessivamente riscosse non possono superare l'ammontare del danno. L'assicuratore che paghi (ovviamente l'intera somma spettante all'assicurato) può esercitare l'azione di regresso contro gli altri assicuratori, al fine di ripartire l'indennità proporzionalmente fra tutti gli assicuratori "coinvolti".

La coassicurazione

L'ipotesi regolata dall'art. 1910 c.c. (riguardando le assicurazioni plurime o cumulative) va mantenuta opportunamente distinta dalla coassicurazione. Infatti, in quest'ultimo caso si ha un unico contratto stipulato da una pluralità di assicuratori, ognuno dei quali assume una quota del rischio contrattualmente coperto (art. 1911 c.c.); laddove, quindi, si tratta di un accordo per la ripartizione di un rischio che ben difficilmente potrebbe essere assunto, data l'entità del valore assicurato, da una sola impresa di assicurazione. Per ciò, il contratto di coassicurazione ricorre quando uno stesso rischio viene assunto con le medesime modalità e per lo stesso tempo da più assicuratori che ripartiscono tra loro le quote dell'indennità senza, peraltro, vincolo solidale, con l'effetto di dar vita a separati rapporti assicurativi, ciascuno generato da un distinto contratto, in ordine al quale ogni assicuratore è titolare delle sole posizioni soggettive relative al proprio rapporto. La coassicurazione va, inoltre, distinta dalla riassicurazione (art. 1929 c.c.), laddove si tratta di un solo assicuratore che conclude il contratto con l'assicurato e poi si assicura, a sua volta, per il rischio assunto.

Allorquando si sia avverato il sinistro dedotto in assicurazione, l'assicurato è tenuto ad una ben precisa forma di cooperazione con l'assicuratore; in particolare, deve dare notizia a quest'ultimo dell'evento, entro i tre giorni successivi al suo verificarsi ovvero seguenti al momento in cui ne abbia avuto conoscenza (art. 1913 c.c.). Qualora l'assicurato ometta dolosamente di informare in tal senso l'assicuratore, perde il diritto all'indennità (art. 1915, 1° comma, c.c.); ove l'omissione sia meramente colposa, l'assicuratore ha diritto a ridurre l'indennità in virtù dell'eventuale, pertinente pregiudizio sofferto (art. 1915, 2° comma, c.c.).

L'obbligo di cooperazione dell'assicurato

Verificatosi il sinistro l'assicurato è tenuto ad adoperarsi per evitare o diminuire il danno (art. 1914, 1° comma, c.c.). Si tratta di un vero e proprio obbligo di salvataggio, in virtù del quale l'assicurato è sollecitato al fine di impedire che dalla sua inerzia possa conseguire il patimento di un danno che poteva essere totalmente o parzialmente evitato. Le spese eventualmente sostenute per tale esigenza saranno a carico dell'assicuratore, a meno che quest'ultimo non riesca a dimostrare che si sia trattato di esborsi effettuati "inconsideratamente" (art. 1914, 2° comma, c.c.).

Il diritto di surroga dell'assicuratore

L'assicuratore che paghi l'indennità si surroga fino alla concorrenza del suo ammontare nei diritti dell'assicurato verso i terzi responsabili (art. 1916 c.c.). In altre parole, questi succede, a titolo particolare, nel credito del danneggiato vantato verso il terzo responsabile del sinistro. Tale credito costituisce un debito di valore; così, il responsabile del danno può opporre all'assicuratore tutte le eccezioni che avrebbe potuto opporre all'assicurato-danneggiato.

L'assicurazione della responsabilità civile

Una particolare specie dell'assicurazione contro i danni è rappresentata dall'assicurazione della responsabilità civile, attraverso cui l'assicuratore si obbliga a mantenere indenne l'assicurato da quanto costui, in conseguenza del fatto accaduto durante il tempo dell'assicurazione, deve pagare ad un terzo, in dipendenza della responsabilità dedotta nel contratto (art. 1917, 1° comma, c.c.). La copertura assicurativa attiene ai danni derivanti sia da responsabilità contrattuale che aquiliana ascrivibile all'assicurato. In mancanza di espresso accordo in senso contrario, sono compresi nella copertura specifica i danni causati con colpa grave o gravissima. Invece, è destinato alla nullità l'eventuale regolamento negoziale che comprenda i danni cagionati con dolo. Anche nella fattispecie di cui all'art. 1917 c.c. sono a carico dell'assicurato sia l'obbligo di avviso (*ex* art. 1913 c.c.) che di salvataggio (ai sensi dell'art. 1914 c.c.) in precedenza esaminati.

24. *L'assicurazione sulla vita*

L'assicurazione sulla vita – invece – ricorre allorquando l'assicuratore, a mente dello stesso art. 1882 c.c., si obbliga a pagare un capitale o una rendita al verificarsi di un evento attinente alla vita umana. Non si tratta di un contratto di indennità: è possibile assicurarsi per una somma qualsiasi, anche molto elevata, purché – ovviamente – si sia disposti a pagare premi consistenti.

Scopi previdenziali o altruistici

Attraverso la fattispecie dell'assicurazione sulla vita è consentito perseguire scopi previdenziali o, anche, altruistici. Da tanto consegue l'opportunità di effettuare una distinzione fondamentale, a seconda che l'evento preso in considerazione, al quale si riferisce l'alea del contratto, sia la morte (quando l'obbligo dell'assicuratore sorge alla morte dell'assicurato e a vantaggio di terzi), ovvero la sopravvivenza dell'assicurato (la prestazione cui è tenuta l'impresa assicuratrice sorge soltanto in un dato momento ed è eseguita a favore dell'assicurato, realizzando, così, una precisa finalità previdenziale). L'alternativa appena descritta non esaurisce, però, tutte le opportunità riscontrabili nell'ambito assicurativo specifico. Infatti, in alcuni casi è dato riscontrare forme assicurative di tipo misto.

All'art. 1919 c.c. è precisato, poi, che il contratto può essere stipulato sulla vita propria del contraente o su quella di un terzo. In particolare, l'assicurazione contratta per il caso di morte di un terzo non è valida se questi o il suo legale rappresentante non abbia prestato il proprio consenso alla conclusione del contratto (art. 1919, 2° comma, c.c.); siffatta determinazione deve essere rivestita della forma scritta *ad probationem*.

L'assicurazione sulla vita del terzo

Il contratto sulla vita del terzo – disciplinato, per quanto innanzi, dall'art. 1919 c.c. – non va confuso con il contratto di assicurazione sulla vita a favore di un terzo (regolato dall'art. 1920 c.c.); laddove assume una funzione ineludibile la designazione del beneficiario della prestazione nei confronti del quale è obbligato l'assicuratore. Tuttavia, tale *electio* non deve essere effettuata necessariamente nel "corpo" del contratto stipulato, ma può essere formalizzata in una successiva dichiarazione redatta in forma scritta e, ovviamente, comunicata all'assicuratore, ovvero anche resa per testamento (art. 1920, 2° comma, c.c.). Ai fini della validità del negozio unilaterale di designazione è necessaria l'esistenza della persona al momento della scadenza del contratto; inoltre, è sufficiente anche una mera indicazione generica, purché idonea ad individuare *per relationem* la persona del beneficiario.

Il legislatore riserva adeguata attenzione al contegno che il designato deve assumere *medio tempore*. Ne consegue che qualora questi attenti alla vita dell'assicurato – pensando di fruire anzitempo dell'elargizione – decade *ipso facto* dal diritto in questione. La fattispecie specifica è regolata dall'art. 1922 c.c., quale norma soggetta a stretta interpretazione ed insuscettibile di estensione analogica.

La designazione del terzo

La designazione del beneficiario – *ex* art. 1921 c.c. – può essere revocata esclusivamente dal contraente. Simile potere è inibito agli eredi dell'assicurato all'indomani della sua morte. Si tratta, dunque, di un negozio giuridico per la cui validità sono richiesti i medesimi requisiti previsti per la designazione; esso non può essere trasmesso né *inter vivos* né *mortis causa*, rientrando tra i diritti personali dello stipulante.

25. *L'appalto*

L'appalto è il contratto col quale una parte (detta appaltatore) assume, con organizzazione dei mezzi necessari e con gestione a proprio rischio, il compimento di un'opera o di un servizio verso un corrispettivo in danaro (art. 1655 c.c.).

Contratto oneroso e a forma libera

In particolare, è un contratto: *a*) tipicamente oneroso, laddove – *ex* art. 1657 c.c. – il prezzo può essere convenuto dalle parti a corpo (c.d. appalto *à forfait*) o a misura (c.d. appalto a prezzi unitari); in difetto, esso è determinato avuto riguardo alle tariffe esistenti o agli usi legali vigenti oppure, in via residuale, la quantificazione è operata dal giudice adìto; *b*) non necessariamente *intuitu personae*: infatti, ai sensi dell'art. 1674 c.c., generalmente la morte dell'appaltatore non è causa di estinzione del rapporto negoziale; *c*) a forma libera (l'atto pubblico o la scrittura privata, invece, sono richiesti nel caso si tratti di contratto di costruzione di navi e aeromobili (artt. 237 e 852 cod. nav.), ovvero di appalto di edificazione di immobile in cui il suolo venga fornito dall'appaltatore).

Inoltre, secondo l'orientamento prevalente, l'appalto è un contratto ad esecuzione prolungata (non continuata o periodica, in quanto l'interesse del committente è realizzato in un'unica soluzione temporale, coincidente con la consegna dell'opera). Va rilevato, tuttavia, che esso in taluni casi (si allude, esemplificativamente, all'appalto di manutenzione e, in genere, all'appalto di servizi) può essere considerato come contratto di durata. Al di là di ciò, è indubbio il ruolo che il tempo assume nella "scansione" delle singole, specifiche obbligazioni contrattuali e, nella specie, di quella principale ascrivibile all'appaltatore. Generalmente, è stabilito contrattualmente un termine finale per l'esecuzione dei lavori; in mancanza, possono essere applicati i criteri di cui all'art. 1183, 1° comma, c.c. Nonostante una simile "costrizione" temporale, l'appaltatore – nell'ambito delle regole dell'arte, delle eventuali norme in materia e dei patti convenuti – può liberamente regolare il ritmo dei lavori.

L'appalto d'opera

A tal punto, occorre chiarire che l'opera – cui allude il legislatore all'art. 1655 c.c. – deve essere intesa come una modificazione dello stato materiale delle cose esistenti; il servizio, invece, come l'insieme delle attività utili in senso economico, non annoverabili – attesa l'evidente disomogeneità obiettiva – tra le modificazioni di cui sopra.

All'art. 1655 c.c. è riconosciuta una certa autonomia valutativa all'appaltatore, da considerare – comunque – con riferimento al contratto specifico e da restringere nell'ambito della discrezionalità tecnica. Ciò non impedisce – comunque – che il committente nomini un direttore dei lavori; quest'ultimo, seguendo l'orientamento dottrinale e giurisprudenziale prevalente, assume la veste di rappresentante del committente stesso, limitatamente alle manifestazioni di volontà aventi carattere strettamente tecnico.

La discrezionalità dell'appaltatore

La discrezionalità appena segnalata implica l'assunzione – da parte dell'appaltatore – del rischio connesso al compimento dell'opera o del servizio. In particolare, non si tratta della sopportazione del fortuito, quanto – piuttosto – di un vero e proprio rischio economico; così, è possibile che l'impiego dell'intera organizzazione aziendale (*rectius*: mezzi e personale) non trovi totale copertura nel corrispettivo dovuto.

La "libertà" dell'appaltatore, siccome delineata in precedenza, assume peculiare consistenza con riguardo alle variazioni dell'opera rispetto al progetto. In argomento, è necessario distinguere le variazioni concordate da quelle necessarie: le prime – d'iniziativa dell'appaltatore – non possono essere eseguite senza l'autorizzazione del committente e non danno diritto ad alcun compenso qualora si tratti di appalto c.d. a corpo (art. 1659 c.c.); le ulteriori, regolate dall'art. 1660 c.c., sono imposte dalla necessità che l'esecuzione dell'opera sia conforme alle regole dell'arte, conseguendo – all'infuori del caso di variante intesa come riduzione dell'opera o come non realizzazione di una parte di essa – il diritto per l'appaltatore a ricevere il relativo corrispettivo (tuttavia, ai sensi del 2° comma, dell'art. 1660 c.c., laddove la variazione superi il sesto del prezzo complessivo convenuto, l'appaltatore può recedere dal vincolo contrattuale e può ottenere, secondo le circostanze, un'equa indennità; trattandosi, invece, di variazioni di notevole entità – *ex* art. 1660, 3° comma, c.c. –, il committente può recedere dal contratto, ma deve corrispondere alla controparte un equo indennizzo).

Variazioni dell'opera su iniziativa del committente

Le possibili variazioni dell'opera si completano di un'ulteriore opportunità, consistente nello *jus variandi* unilaterale, riconosciuto al committente dall'art. 1661 c.c. L'esercizio di un simile potere non dà vita ad interventi che determinino il superamento del sesto del prezzo globalmente stabilito. Entro il limite indicato, l'appaltatore ha diritto ad un compenso supplementare rispetto a quello stabilito in virtù dell'originario progetto; non soltanto, ma può pretendere – coerentemente all'entità della variante – il prolungamento del termine finale convenuto. Nonostante ciò, il 2° comma, dell'art. 1661 c.c. impedisce che il committente disponga variazioni entro il predetto limite del sesto, nel caso in cui si determinerebbe una modifica notevole della natura dell'opera, ovvero – incidendo sui quantitativi delle singole categorie di lavoro – si darebbe vita ad un eccessivo incremento dei costi complessivi dell'organizzazione imprenditoriale impiegata.

Gli obblighi dell'appaltatore

L'appaltatore è contrattualmente obbligato – innanzitutto – al compimento dell'opera o del servizio convenuto. Non soltanto, ma – ai sensi dell'art. 1667 c.c. – deve anche garantire che l'opera stessa sia immune da vizi o da difformità. Sul punto specifico, il 1° comma della norma appena menzionata prevede l'inoperatività della garanzia in parola per il caso in cui il committente abbia accettato l'opera e le difformità o i vizi erano da lui conosciuti o conoscibili, purché non siano stati in mala fede taciuti dall'appaltatore. La mera riconoscibilità va distinta a seconda che alla verifica dell'opera (cui di séguito sarà dato opportuno rilievo) vi proceda il committente stesso o un tecnico da questi nominato; infatti, nell'un caso, la riconoscibilità è ragguagliata al contegno dell'uomo mediamente avveduto; nell'ulteriore, invece, alla perizia "imposta" dalla media competenza della categoria professionale interessata. Il committente che voglia beneficiare della garanzia qui esaminata deve, a pena di decadenza, denunziare alla controparte le difformità o i vizi entro sessanta giorni dalla scoperta (art. 1667, 2° comma, c.c.); il *dies a quo* decorre dal tempo della scoperta – siccome consentita dalla manifestazione esteriore del vizio o della difformità –, giammai da quello successivo dell'accertamento della loro causa scatenante. Inoltre, l'azione specifica contro l'appaltatore è sottoposta alla prescrizione biennale, decorrente dal giorno della consegna dell'opera (art. 1667, 3° comma, c.c.); la pertinente eccezione – seguendo la regola generale – è imprescrittibile, a condizione che le difformità o i vizi siano stati denunziati entro i sessanta giorni seguenti alla scoperta e prima che siano decorsi i due anni dalla consegna (*sic*, ultima parte del 3° comma dell'art. 1667 c.c.).

Il difetto nell'opera

Il committente che rilevi – quindi – un difetto nell'opera può invocare le modalità di tutela assicurate dall'art. 1668 c.c.; queste consisteranno: *a)* nell'eliminazione della difformità o del vizio a spese dell'appaltatore, a meno che quest'ultimo non dimostri – con esclusivo riguardo alla difformità – che si era trattato di una variazione necessaria (*ex* art. 1660 c.c.); *b)* nella proporzionale riduzione del prezzo, da realizzarsi impiegando criteri obiettivi e, nella specie, comparando il valore e il rendimento dell'opera dedotta in contratto con quelli dell'opera difettosamente eseguita; *c)* nella risoluzione contrattuale, qualora l'opera sia del tutto inadatta alla sua destinazione, ovvero sia completamente diversa da quella commissionata, o manchi di una qualità essenziale.

Il diritto di verifica del committente

Perché possa divenire attuale il diritto dell'appaltatore al corrispettivo è necessario che si consideri il disposto dell'art. 1665 c.c. Colà il legislatore afferma che «*il committente, prima di ricevere la consegna, ha diritto di verificare l'opera compiuta*». L'esplicito riferimento all'opera – secondo taluno – farebbe pensare che la fase della verifica non attenga all'appalto di servizi. Al di là di ciò, l'onere dell'iniziativa della verifica è a carico dell'appaltatore, il quale è tenuto ad invitare – attraverso le modalità formali che ritiene più adeguate – il committente affinché questi proceda in tal senso. Qualora il suddetto committente, senza giusti motivi, ometta di adoperarsi secondo la sollecitazione ricevuta, l'opera è da considerare accettata (art. 1665, 3° comma, c.c.). Eguale conseguenza ricorre nell'ipotesi in cui la verifica sia stata effettuata, ma il committente non ne abbia comunicato l'esito alla controparte entro un breve termine (art. 1665, 3° comma, c.c.). In entrambi i casi, si è al cospetto di conseguenze ben precise, operanti *ex lege* quando si tratti di "sanzionare" l'inerzia protratta di un contraente e di tutelare – contestualmente – chi abbia comunque eseguito la propria prestazione.

Il committente che agisca con la dovuta solerzia verifica tempestivamente la rispondenza o meno dell'opera alle condizioni del contratto e/o alle regole dell'arte, attraverso un accertamento tecnico unilaterale (che, in quanto tale – ovviamente – non vincola l'altro contraente). L'esito della verifica espletata deve essere comunicato all'appaltatore – senza il rispetto di alcuna forma particolare – attraverso una dichiarazione finale che prende il nome di collaudo.

Il coinvolgimento critico e valutativo del committente rappresenta la fase strumentale per accedere all'eventuale accettazione dell'opera. Quest'ultima può essere presunta *iuris et de iure*, non ammettendo – quindi – alcuna prova contraria, secondo quanto già esaminato in precedenza al 3° comma, dell'art. 1665 c.c., ovvero espressa, atteggiandosi come negozio unilaterale recettizio a forma libera, con cui il committente esprime la propria disponibilità a ricevere la consegna dell'opera. Infine, nel caso in cui il committente riceva la consegna dell'opera, questa si considera accettata ancorché non si sia proceduto alla verifica (art. 1665, 4° comma, c.c.).

Gli effetti dell'avvenuta accettazione consistono nel liberare l'appaltatore dalla responsabilità per i vizi palesi dell'opera (art. 1667 c.c.), nel costituire a favore del committente il diritto alla consegna, nel determinare il passaggio del rischio del fortuito (art. 1673 c.c.), nel rendere attuale il diritto dell'appaltatore al pagamento del prezzo.

26. *Il mutuo*

Contratto reale

Il mutuo è il contratto con il quale una parte (mutuante) consegna all'altra (mutuataria) una determinata quantità di danaro o di altre cose fungibili, e l'altra si obbliga a restituire altrettante cose della stessa specie e qualità (art. 1813 c.c.).

L'oggetto di questo contratto di durata può consistere soltanto in cose fungibili, delle quali il danaro rappresenta il prototipo.

L'accordo non deve essere rivestito da alcuna forma particolare, essendo quest'ultima liberamente eletta dai contraenti.

L'oggetto rappresentato dal denaro

Il mutuo avente ad oggetto il denaro è un contratto naturalmente a titolo oneroso: salvo patto contrario, chi ha ricevuto a prestito una somma deve corrispondere anche gli interessi (in tal caso, si discorre di mutuo feneratizio). Gli interessi da corrispondere saranno quelli legali del 2,5 per cento in ragione di anno, a meno che non sia stato convenuto un tasso diverso; per la validità dell'accordo che stabilisce interessi superiori al tasso legale è richiesta *ad substantiam* la forma scritta (art. 1284, 3° comma, c.c.). In particolare, poi, la legge sull'usura (7 marzo 1996, n. 108, rubricata *Disposizioni in materia di usura*) stabilisce all'art. 4 che se sono dovuti interessi usurari la sola clausola specifica è nulla, il prestito è valido, ma non sono dovuti gli interessi.

La variabilità strutturale

A tal punto, occorre sottolineare che la struttura del mutuo varia a seconda che esso si atteggi come negozio a titolo gratuito, ovvero a titolo oneroso. Nel primo caso, è possibile discorrere di contratto con obbligazioni unilaterali, nel senso che con la consegna sorge l'obbligo fondamentale e qualificante del mutuatario consistente nella restituzione del *tantundem eiusdem generis et qualitatis*. Nell'altro caso, il vincolo è caratterizzato da prestazioni corrispettive: il mutuatario è obbligato a pagare il compenso stabilito a fronte del godimento del bene consentito dal mutuante.

La consegna

Il mutuo è un contratto reale che si perfeziona – cioè – esclusivamente con la *traditio brevi manu*, ovvero con la materiale consegna del bene dato a mutuo. In argomento, non appare condivisibile quell'impostazione secondo cui la prerogativa oggettiva della consegna sarebbe assicurata dalla mera disponibilità giuridica della cosa a favore del mutuatario. Infatti, qualora si aderisse alla ricostruzione appena ricordata non si riuscirebbe ad assicurare l'effetto reale – tipico nel mutuo – consistente, ai sensi dell'art. 1814 c.c., nel trasferimento in proprietà del mutuatario delle cose date a mutuo. Detto trasferimento, poi, implica che vi sia la legittimazione specifica nel soggetto che intenda stipulare il contratto qui esaminato; a tal uopo, occorre che si tratti del proprietario del bene o di chi abbia la disponibilità delle cose da mutuare. In difetto della legittimazione richiesta sono applicabili, quindi, analogicamente – nei rapporti *inter partes* – le regole dettate dall'art. 1478 c.c. sulla vendita di cosa altrui. Fermo restando la responsabilità del mutuante per l'evizione eventualmente subita dal mutuatario, a quest'ultimo spetta il diritto di chiedere la risoluzione del contratto, se al tempo della consegna ignorava l'alienità delle cose chieste a mutuo. Occorre tenere presente, comunque, che accanto alle regole appena evocate è vigente – nei confronti del mutuatario – il principio generale dell'art. 1153 c.c., secondo cui la proprietà è fatta salva a favore di chi versi in buona fede.

La componente economica non è priva di rilevanza nel contesto della disciplina del mutuo; infatti, l'art. 1820 c.c. consente la risoluzione per inadempimento – a domanda del mutuante – se il mutuatario non paga gli interessi.

La tutela del mutuante

L'art. 1819 c.c. concede al mutuante il diritto all'immediata restituzione dell'intero ammontare del mutuo, qualora il mutuatario, obbligatosi ad una restituzione rateale, venga meno – ingiustificatamente – al pagamento anche di una sola rata. Al di là dell'ipotesi appena ricordata, è indispensabile la fissazione di un termine finale entro cui il mutuatario possa utilmente e tempestivamente adempiere la propria obbligazione. Nella specie, il termine per la restituzione – contrattualmente fissato – si presume stabilito a favore di entrambi i contraenti (art. 1816 c.c.); così, non è ammessa – di regola – una restituzione anticipata. Ove si tratti, invece, di mutuo gratuito, il termine si presume fissato a favore del mutuatario (art. 1816 c.c.). Se i contraenti non hanno fissato alcun termine, questo è stabilito dal giudice, avuto riguardo alle circostanze del caso concreto (art. 1817, 1° comma, c.c.). Da ultimo, nel caso sia stato disposto nel contratto che il mutuatario paghi quando può, il termine finale per il pagamento è – anche in simile caso – stabilito dal giudice (art. 1817, 2° comma, c.c.).

Durante l'emergenza da Covid-19, il legislatore è intervenuto con il d.l. 17 marzo 2020, n. 18 (c.d. Cura Italia), convertito con modificazioni dalla legge 24 aprile 2020, n. 27, introducendo, in deroga alle disposizioni vigenti, misure transitorie in materia di mutui ed a sostegno della liquidità bancaria.

Nello specifico, l'art. 56 ha conferito a talune imprese (disciplinate dalla menzionata disposizione normativa) misure agevolate per il pagamento delle rate dei mutui; l'art. 54 rubricato "attuazione del Fondo solidarietà mutui prima casa", c.d. "Fondo Gasparrini" prevede, per determinati soggetti, la sospensione delle rate del mutuo per un periodo di durata variabile in base alle caratteristiche del richiedente.

27. *I contratti bancari*

La principale attività della banca consiste nella raccolta di capitali, al fine di poterli concedere in uso a terzi. Le operazioni finanziarie, a loro volta, vanno distinte in attive e passive. Le prime sono operazioni in cui la banca fornisce direttamente capitali a terzi; le seconde riguardano, invece, il momento di raccolta dei capitali.

L'attività degli enti creditizi è regolata dal d.lgs. 1° settembre 1993, n. 385 (*Testo Unico delle leggi in materia bancaria e creditizia*), che riserva l'esercizio dell'impresa bancaria alle società per azioni o cooperative per azioni a responsabilità limitata, purché i soci siano fondazioni bancarie. L'esercizio dell'attività bancaria, intesa in senso lato, è sottoposta al formale controllo della Banca d'Italia che ha, tra gli altri, poteri di ispezione nonché di richiesta di comunicazioni.

Le operazioni finanziarie

Le operazioni attive s'identificano nell'apertura di credito bancario, nell'anticipazione bancaria e nello sconto; le passive nei depositi bancari. Le operazioni cc.dd. accessorie attengono alla figura del servizio di cassetta di sicurezza e al deposito dei titoli in amministrazione.

I contratti bancari, solitamente, si concretizzano in operazioni uniformi, imperniate sul rigido sistema della standardizzazione. Pertanto, nel settore specifico si addiviene alla conclusione del contratto attraverso le condizioni generali, appunto, di contratto, disciplinate dagli artt. 1341 e 1342 c.c.

Inoltre, l'art. 117 del menzionato *Testo Unico*, nel contesto di una politica legislativa di settore tesa a tutelare il c.d. contraente debole, prescrive che i contratti bancari, a pena di nullità, siano rivestiti della forma scritta e che una copia del contratto sia oggettivamente consegnata al contraente-aderente. La Banca d'Italia ha la facoltà d'individuare forme diverse da quella scritta per le operazioni e i servizi che abbiano carattere occasionale ovvero comportino oneri di importo contenuto per il cliente.

28. *Il deposito bancario*

Contratto reale

Ai sensi dell'art. 1834 c.c., nei depositi di una somma di denaro presso una banca, questa ne acquista la proprietà, ed è obbligata a restituirla nella stessa specie monetaria alla scadenza del termine convenuto, ovvero a richiesta del depositante, con l'osservanza del periodo di preavviso stabilito dalle parti o dagli usi.

Il codice del '42 nel disciplinare tale tipo di contratto, delineando gli obblighi della banca e gli effetti del medesimo, non ha però qualificato simile fattispecie. Vi è, dunque, contrasto in dottrina sulla natura giuridica di tale tipo contrattuale. Nella specie, sono individuate due forme di deposito bancario: il deposito in denaro ed il deposito dei titoli in amministrazione.

Si discute, in particolare, se il deposito bancario possa costituire un sottotipo del mutuo o del deposito irregolare. Se la funzione del deposito fosse quella di consentire al depositante di lucrare gli interessi, tale fattispecie potrebbe agevolmente essere ricondotta nel contesto del mutuo oneroso. Viceversa, se la funzione fosse quella di garantire la pronta esigibilità delle somme depositate a pronta richiesta del depositante, il deposito bancario si atteggerebbe quale tipo del deposito irregolare.

La causa variabile

È per tali motivi che parte della dottrina ritiene che il deposito abbia causa variabile.

In realtà tale fattispecie si differenzia, sotto il profilo funzionale, tanto dal mutuo quanto dal deposito irregolare. Infatti, se il primo è caratterizzato da una funzione tipicamente creditizia ed il deposito da una causa di custodia, il deposito bancario ha funzione di custodia e di investimento per il depositante e di credito per la banca. Potrà allora applicarsi la disciplina del mutuo e del deposito irregolare unicamente in chiave analogica.

Strutturalmente, trattasi di contratto reale che si perfeziona con la consegna del denaro al banchiere.

È un contratto a titolo oneroso prevedendo la corresponsione degli interessi a carico della banca.

Il 2° comma dell'art. 1834 c.c. prevede inoltre che, salvo patto contrario, i prelevamenti ed i versamenti si eseguono alla sede della banca presso la quale si è costituito il rapporto.

Dunque, si è presenza di una deroga al disposto dell'art. 1182, 3° comma, c.c., ove è stabilito che l'adempimento delle obbligazioni pecuniarie va eseguito al domicilio del creditore. Per l'impostazione dottrinale maggioritaria, il credito del depositante è di natura *quérable*, potendo essere adempiuto unicamente presso la filiale o l'agenzia ove è stato effettuato il deposito.

Tradizionalmente la dottrina classifica la fattispecie negoziale in esame in base allo scopo perseguito dal depositante o in virtù della forma che essa assume: da un lato, si avrà allora il deposito a vista ed il deposito vincolato, e – dall'altro – i depositi ordinari o semplici, i depositi in conto corrente ed i depositi a risparmio o fruttiferi.

Per quanto riguarda i depositi ordinari o semplici non è riconosciuta al depositante né la facoltà di versare altre somme né di compiere prelevamenti.

Il deposito a risparmio

I depositi a risparmio consentono sia versamenti che prelevamenti successivi all'accensione del conto e talvolta sono denominati in conto corrente, pur differenziandosi da questi ultimi perché tutte le operazioni devono essere effettuate in contanti.

I depositi in conto corrente sono invece caratterizzati anche dalla possibilità di emettere e versare assegni. La pratica bancaria conosce, altresì, forme anomale di deposito come, ad esempio, i depositi transitori in cui la banca detiene somme per scopi concordati con il depositante senza corrispondere interessi; i depositi a scopo di circolazione che hanno funzione di provvista al fine di consentire l'emissione di assegni circolari di pari importo; i depositi a scopo di adempimento ed i depositi cauzionali che assolvono la medesima funzione del pegno irregolare.

Il libretto di deposito

Il deposito può essere attestato dal rilascio di un libretto di deposito a risparmio su cui il banchiere annota, con efficacia probatoria tra le parti, le operazioni di prelevamento e di versamento (art. 1835 c.c.). Il libretto di deposito assolve ad una funzione complessa: di documentazione del contratto di deposito, degli atti di esecuzione e svolgimento del rapporto e, limitatamente ad alcuni tipi di libretto, di circolazione del credito documentato. I libretti di deposito costituiscono anche lo strumento tecnico che consente al depositario di esercitare i diritti connessi a tale contratto.

Nella pratica commerciale vi sono libretti nominativi, pagabili al portatore, ma contrassegnati da un nome. Nei libretti nominativi, i prelevamenti possono essere fatti soltanto dall'intestatario del libretto o da un suo rappresentante. Relativamente ai libretti nominativi, dottrina e giurisprudenza escludono la natura di titoli di credito, in virtù della mancanza in essi della funzione di circolazione, ed in ragione del fatto che non si assiste al fenomeno dell'incorporazione del diritto nel titolo.

Trattasi pertanto di documenti di legittimazione nominale; ciò vale anche per il libretto di deposito bancario nominativo che (diversamente dal libretto al portatore) anche qualora sia qualificato come pagabile al portatore non rientra tra i titoli al portatore.

Il libretto al portatore è invece un documento di legittimazione: se la banca adempie senza dolo o colpa grave al pagamento nei confronti del portatore è liberata dal proprio obbligo (art. 1836 c.c.).

Il deposito titoli

Il deposito di titoli in amministrazione, servizio accessorio e di rado svolto dalle banche, seppur disciplinato nell'ambito della sezione dedicata ai servizi bancari, si distingue dai depositi in denaro, mancando in esso una diretta mediazione creditizia (art. 1838 c.c.). Nei depositi di titoli difetta il trasferimento della proprietà dal depositante al depositario. Non si atteggiano, pertanto, come strumento di raccolta del credito da parte degli istituti bancari, assolvendo invece una funzione più tipicamente assimilabile alla conservazione e custodia. Oggetto del deposito possono essere non solo i titoli di Stato, azioni o obbligazioni, ma anche titoli al portatore o nominativi (come, ad esempio, cambiali o titoli rappresentativi di merci).

Il contratto di deposito di titoli in amministrazione è un contratto reale che si perfeziona con la consegna dei titoli alla banca depositaria; a prestazione corrispettive poiché all'obbligo di custodia e restituzione dei titoli, corrisponde l'obbligo del depositario di pagare un relativo canone all'istituto di credito. Il depositante può altresì incaricare la banca a svolgere prestazioni accessorie relative alle attività di gestione dei titoli depositati.

La custodia

Con il prevalente obbligo di custodia che assume la banca con il deposito, vi sarà in capo alla stessa l'obbligo di esigerne gli interessi o i dividendi, verificare i sorteggi per l'attribuzione di premi o per il rimborso del capitale, curare le riscossioni per conto del depositario ed in genere provvedere alla tutela dei diritti inerenti ai titoli (art. 1838, 1° comma, c.c.).

Le somme riscosse dovranno essere accreditate, a favore del depositante, in genere su di un conto corrente che permetterà l'esecuzione del contratto. Il credito della banca per le commissioni maturate ha natura di privilegio speciale sui titoli depositati (art. 2761 c.c.).

Laddove vi sia specifica approvazione, attraverso la sottoscrizione di apposita clausola, il contratto di deposito consente alla banca di procedere al subdeposito dei titoli presso la SpA Monte Titoli, con eventuale apposizione di girata in caso di titoli nominativi. La gestione è attuata tramite deposito regolare alla rinfusa, in quanto i titoli depositati perdono la propria individualità e non possono quindi più essere oggetto di proprietà separata da parte dei singoli depositanti; pertanto, il diritto del depositante consiste in un diritto di comproprietà sui titoli e non in un diritto di credito alla consegna dei titoli stessi. La Monte Titoli si contraddistingue per essere il proprio capitale sottoscritto unicamente dalla Banca d'Italia e dai depositari, ed ha per esclusivo oggetto lo svolgimento di servizi volti alla negoziazione ed alla custodia dei valori depositati.

29. *Il servizio bancario di cassette di sicurezza*

Con il servizio di cassette di sicurezza, ai sensi dell'art. 1839 c.c., la banca risponde verso l'utente per l'idoneità e la custodia dei locali e per l'integrità della cassetta, salvo il caso fortuito.

Si tratta di un contratto consensuale ad esecuzione continuata, in cui l'utente, previo il pagamento di un canone, usufruisce del diritto di introdurre personalmente presso una cassetta custodita nei locali della banca una serie di oggetti, su cui la banca non ha poteri di controllo, ma unicamente obbligo di custodia. Proprio tale particolare obbligo, persistente in capo alla banca, impedisce al cliente di accedere al servizio senza la necessaria partecipazione dell'istituto di credito, a differenza di alcuni servizi bancari, come ad esempio il servizio bancomat, predisposti al di fuori dei locali.

Il sistema delle chiavi

Il sistema di accesso si presenta, dunque, abbastanza complesso e ciò proprio in virtù della richiamata necessaria cooperazione tra banca e cliente che richiede, per l'accesso, un sistema "a due chiavi" (una in possesso della banca e l'altra del cliente).

In alcuni casi le chiavi possono essere addirittura tre, in presenza di cassette munite di scatole mobili, costruite per garantire una maggior sicurezza e riservatezza per il cliente che, potrà così, estratta la cassetta, prelevare o depositare in apposite cabine. Ulteriore forma di garanzia e di sicurezza è data poi dal riscontro della firma depositata dal fruitore del servizio e dai suoi eventuali delegati al momento in cui si dà corso al rapporto fiduciario.

In giurisprudenza, è pacifica la ricostruzione di tale contratto, come consensuale e a prestazioni corrispettive, dove a fronte dell'obbligo della banca di mettere a disposizione il servizio e la custodia delle cassette, corrisponde l'obbligo da parte dell'utente di versare un canone, di regola mensile.

Per parte della dottrina e della giurisprudenza siffatto contratto non è assimilabile al deposito, poiché la banca si limita a mettere a disposizione un servizio di cassette, di cui può fruire unicamente il cliente.

La qualificazione

L'inquadramento della natura giuridica di tale tipo di contratto permette d'individuare la natura della responsabilità della banca conseguente a casi di furto o deterioramento o distruzione dei beni custoditi. Nel corso degli anni il servizio è stato identificato in un deposito chiuso, in virtù della natura del bene messo a disposizione (per l'appunto la cassetta). Poi, si è ritenuto si trattasse, invece, di deposito *tout court:* per la giurisprudenza degli anni '30, la custodia, infatti, rappresentava la causa di tale contratto. La tesi appena ricordata venne però ben presto confutata sul presupposto della mancanza di realità nella perfezione del contratto, mancando – in effetti – la consegna della cosa, sia che la stessa potesse essere identificata con la cassetta, sia con il contenuto della stessa.

Il vero *punctum dolens* della suddetta ricostruzione consisteva nella difficoltà di proporre ogni qualificazione allorquando la cassetta, per scelta del cliente, fosse lasciata vuota per un determinato periodo. Si pensò, allora, di qualificare la prestazione principale come locatizia. Anche se, va rilevato, gli obblighi in capo alla banca – prescritti dall'art. 1839 c.c. – sembrano in ogni caso evidenziare il momento custodiale quale caratterizzante la prestazione dell'istituto di credito. Sembra allora preferibile l'impostazione dottrinale che rinviene un negozio a causa mista, nel quale sono presenti gli elementi propri della locazione e del deposito, offrendo la banca un determinato servizio di cassetta situato nel proprio locale, ed impegnandosi al mantenimento degli obblighi di apertura dei locali nei giorni stabiliti, nonché di sicurezza e custodia della cassetta.

La responsabilità della banca

Pertanto, la banca risponderà della sottrazione e/o del danneggiamento dei beni custoditi nel locale soltanto nel caso in cui tali eventi fossero dipesi dall'inadempimento o dal non corretto adempimento dell'obbligazione di garantire l'integrità della cassetta sia da furti che da eventi naturali. La dottrina prevalente qualifica tale obbligo come di risultato.

Per la più recente giurisprudenza di merito, le obbligazioni assunte dalla banca nel servizio delle cassette di sicurezza, di cui all'art. 1839 c.c., si articolano in una triplice direzione – obbligo di concedere l'uso di locale idoneo, obbligo di custodire i locali, obbligo di tutelare l'integrità della cassetta – e vanno svolte con la massima professionalità, sia nella predisposizione che nella custodia dei locali e delle cassette di sicurezza.

Ed allora il problema principalmente dibattuto dalla giurisprudenza e dalla dottrina per il servizio delle cassette di sicurezza è proprio quello relativo alla responsabilità della banca in caso di furto o danneggiamento della cassetta e di quanto in essa contenuto. Il giudizio sulla responsabilità della banca andrà accertato caso per caso, valutando le circostanze che hanno determinato l'apertura o il danneggiamento della cassetta. La banca sarà perciò libera di adottare qualsiasi misura ritenuta idonea a garantire la sorveglianza, dovendo il cliente dimostrare unicamente la relazione tra l'attività di custodia e l'evento dannoso prodotto.

La prova del fortuito

Allora, la prova liberatoria della banca potrà consistere nella dimostrazione del caso fortuito, non essendo sufficiente la dimostrazione dell'imprevedibilità del fatto, in virtù del maggior aggravio di responsabilità in capo alla stessa.

Sulla natura dell'evento idoneo ad integrare il fortuito vi è stata un'evoluzione nel tempo. Gli orientamenti più recenti escludono che il furto possa integrare il caso fortuito in quanto si tratterebbe proprio dell'evento tenuto presente dalle parti nello stipulare il contratto, ad eccezione del caso in cui, per le circostanze imprevedibili e le modalità con le quali viene messo in atto, sia impossibile impedirlo. Sul punto la più recente giurisprudenza di legittimità ha evidenziato come in tema di responsabilità della banca verso l'utente nell'esercizio del servizio delle cassette di sicurezza, nel caso di sottrazione dei beni custoditi nella cassetta di sicurezza a seguito di furto, grava sulla banca l'onere di dimostrare che l'inadempimento dell'obbligazione di custodia è ascrivibile ad impossibilità della prestazione ad essa non imputabile e, al fine di escludere la colpa, è insufficiente la generica prova della diligenza.

La nullità degli accordi limitativi di responsabilità

Proprio in relazione a tale particolare tipo di responsabilità la Suprema Corte nel 1976 ha sancito la nullità, *ex* art. 1229 c.c., di quelle clausole, contenute nell'art. 16 delle Norme Bancarie Uniformi (corrispondenti all'acronimo N.B.U.) del 1954, che limitavano la responsabilità della banca ad una determinata soglia massima.

La pattuizione fu allora modificata dall'art. 2 delle N.B.U. del 1978 che prevedeva l'obbligo dell'utente di non conservare nelle cassette cose di valore non superiore ad un determinato importo.

Tale patto è ritenuto valido poiché atto a limitare unicamente il contenuto del contratto, non atteggiandosi quale esonero da responsabilità dell'istituto di credito.

30. *L'apertura di credito*

L'apertura di credito è un'operazione attiva con la quale la banca si obbliga a tenere a disposizione dell'accreditato una data somma di denaro per un certo periodo o a tempo indeterminato (art. 1842 c.c.).

L'accreditamento della somma

Momento fondamentale di tale contratto, consensuale e ad effetti obbligatori, è dunque l'accreditamento di una determinata somma di cui il fidatario può disporre, dietro promessa di restituzione all'istituto della medesima somma. Benché concettualmente vi sia differenza tra il contratto in discorso ed il c.d. fido bancario, la pratica commerciale e gli usi bancari tendono ad una sostanziale equiparazione delle due figure.

Anche con riguardo all'apertura di credito si pongono problemi relativamente al profilo causale, attesa l'assonanza funzionale con il mutuo. Per poter collegare il momento genetico dell'accreditamento con le successive operazioni di utilizzazione del credito si è allora parlato di contratto preparatorio e/o strumentale atto di nascita di successivi accordi. Tale concezione, di fatto superata, non andava in contrasto però con la natura essenzialmente di contratto definitivo disciplinato dall'art. 1842, il cui momento iniziale dell'accreditamento si atteggia ad atto autonomo ed indipendente rispetto alle successive operazioni. La fattispecie va distinta, poi, dalla mera promessa di mutuo (art. 1822 c.c.), e ciò perché, come giustamente osservato, è proprio la possibilità di utilizzo parziale della somma che rende concreta ed operativa l'erogazione.

La proprietà del denaro

Comunque, la proprietà del denaro resta in capo all'istituto di credito, fino al primo, anche parziale, utilizzo: è solo da tale momento che inizierà a decorrere il computo degli interessi.

Attesa l'analogia con il mutuo, si è circoscritta la fattispecie al mutuo consensuale: perfezionandosi il contratto, a differenza del mutuo, indipendentemente dalla messa a disposizione del denaro.

Appare preferibile, però, l'impostazione dottrinale che rinviene in argomento una funzione tipica ed autonoma, idonea a consentire la messa a disposizione di una somma al fine di soddisfare un interesse meritevole di tutela da parte dell'accreditato.

Si tratta, infatti, di contratto bilaterale ed a prestazione corrispettive, poiché a fronte dell'accreditamento da parte della banca, corrisponde l'obbligo in capo al fidatario di pagare le provvigioni nonché l'obbligo restitutorio della somma gravata da interessi.

Il profilo fiduciario

Si tratta, poi, di un contratto fiduciario, caratterizzato dalla fisiologica infungibilità dei contraenti. L'utilizzazione della somma avviene o mediante prelievo diretto o tramite emissione di assegni, laddove le parti abbiano stipulato in uno all'apertura di credito, anche la c.d. convenzione di assegno.

L'apertura di credito può essere "allo scoperto" o assistita da forme di garanzie reali o personali. La costituzione dei suddetti rapporti sarà regolato dalle singole discipline previste; le parti possono altresì convenire anche forme peculiari di garanzia, quali cessioni di crediti *pro solvendo*, mandati in *rem propriam*, alienazioni di crediti a scopo di garanzia, lettere di *patronage*.

L'art. 1844 c.c. prevede che la garanzia non si estingue prima della fine del rapporto per il solo fatto che l'accreditato cessi di essere debitore della banca. La disciplina si armonizza con la funzione tipica realizzata dall'apertura di credito in conto corrente, in cui l'accreditato può ripristinare il rapporto di provvista, utilizzando poi di volta in volta le suddette somme. La garanzia, così come prestata, assolverà la funzione di coprire il debito costituitosi per effetto dei singoli atti di utilizzazione e sino alla scadenza del rapporto contrattuale. Se la garanzia è divenuta insufficiente, la banca può chiedere un'integrazione, ovvero la sostituzione del garante, ovvero potrà ridurre il credito o recedere dal contratto (art. 1844, 2° comma, c.c.).

Tale disciplina non si applicherà, invece, all'apertura di credito semplice in cui il rapporto si esaurisce allorquando l'accreditato cesserà di essere debitore della banca.

Qualora il contratto sia a tempo indeterminato, ciascuna delle parti potrà recedere mediante preavviso nel termine stabilito dal contratto, dagli usi, o in mancanza in quello previsto di quindici giorni (art. 1845 c.c.).

Il recesso per giusta causa della banca

L'istituto di credito, attesa la natura personale del rapporto contrattuale in discorso, potrà in ogni caso recedere, anche prima della scadenza del termine eventualmente stabilito, laddove ricorra una giusta causa (art. 1845, 1° comma, c.c.). La dottrina riconduce il concetto di giusta causa all'aggravamento delle condizioni economiche dell'accreditato, tali da porre in pericolo il credito della banca; o ai comportamenti dello stesso, tra i quali – ad esempio – l'inadempimento delle obbligazioni nascenti dal contratto, il mancato impiego della somma per i fini convenuti, l'aver fornito alla banca informazioni inesatte sulla propria situazione finanziaria, il non aver reintegrato la garanzia divenuta insufficiente; ovvero alla presenza di circostanze oggettive relative all'accreditante, come disposizioni dell'autorità di vigilanza che rendano necessaria la restrizione o la sospensione del fido.

Il recesso sospende immediatamente l'utilizzazione del credito, ma la banca deve concedere un termine almeno di quindici giorni per la restituzione delle somme utilizzate e dei relativi accessori (2° comma dell'art. 1845 c.c.). La natura di tale termine, per la giurisprudenza, è di carattere dilatorio: in ogni caso, laddove vi sia insolvenza dell'accreditato o diminuzione per fatto proprio delle garanzie date o per mancata prestazione delle garanzie, avendo la banca facoltà di recesso, non si applicherà il termine dilatorio, essendo incorso il debitore nella decadenza di cui all'art. 1186 c.c., con conseguente immediato obbligo restitutorio.

31. *L'anticipazione bancaria*

L'anticipazione bancaria è un'apertura di credito garantita ed è disciplinata dall'art. 1846 c.c. È il tipico strumento di finanziamento del produttore di merci che dietro pegno delle stesse, o di titoli attestanti la titolarità (ad esempio, fede di deposito), riceve dalla banca in anticipo le somme sperate dalla vendita delle stesse merci. L'ammontare del credito concesso dalla banca è proporzionale al valore delle merci o dei titoli oggetto della garanzia e si determina deducendo una percentuale (c.d. scarto) dal valore di stima degli stessi fissato di comune accordo. La proporzionalità costante della garanzia alla somma anticipata è, dunque, l'elemento essenziale e caratterizzante dell'operazione. Lo scarto, così come determinato, rimane costante nel corso del rapporto: in caso di diminuzione dello scarto oltre il decimo, la banca potrà chiedere la reintegrazione delle garanzie dal debitore e, in difetto, potrà vendere le merci ed i titoli.

L'anticipazione su pegno

Taluno tende a ritenere l'anticipazione uno strumento idoneo a regolare il pegno bancario su titoli e merci. Il pegno potrà essere regolare o irregolare. È della prima specie laddove il fruitore offra in garanzia cose individuate, che – in ragione di specifico patto scritto – non potranno essere utilizzate dalla banca; si avrà invece pegno irregolare se le cose offerte in garanzia non sono state individuate oppure se, benché individuate, la banca abbia facoltà di disporne. Nel primo caso la banca, se il credito anticipato è stato soddisfatto, dovrà restituire le stesse cose, non potendo, per l'appunto, disporne nelle more; nel secondo caso, laddove il cliente abbia onorato il proprio debito, la banca avrà obbligo di restituzione solo delle cose dello stesso genere di quelle avute in garanzia (*tandundem eiusdem generis ac qualitatis*).

L'anticipazione su pegno irregolare

L'anticipazione potrà essere anche effettuata dietro pegni irregolari con vincolo su depositi di denaro, ovvero su merci o titoli non individuati ed ai quali è data facoltà alla banca di disporne.

La banca ne acquisterà per l'effetto la titolarità, e sarà tenuta, in caso di inadempimento, a restituire unicamente i titoli, le merci o la somma o la parte della somma che eccede l'ammontare dei titoli garantiti (art. 1851 c.c.). L'eccedenza andrà valutata in relazione al valore delle merci o dei titoli al tempo della scadenza del credito. In ottemperanza al principio della divisibilità della garanzia, il cliente potrà ritirare, in quota parte, le cose date in pegno, proporzionalmente alle somme rimborsate di volta in volta alla banca (art. 1849 c.c.).

32. *Lo sconto*

Lo sconto è il contratto con il quale, ai sensi dell'art. 1858 c.c., la banca, previa deduzione dell'interesse, anticipa al cliente l'importo di un credito non ancora scaduto che costui vanta verso terzi, mediante la cessione, salvo buon fine, del credito stesso. Tale contratto è senza dubbio tra i più diffusi nella pratica commerciale, in virtù del fatto che nell'economia dei traffici moderni sempre più raro è il pagamento in contanti ed in unica soluzione.

Lo sconto come compravendita del credito

Nel ricostruirne la natura giuridica, la dottrina – talvolta – ha evocato la compravendita del credito, talaltra, il contratto creditizio *tout court*. Una terza interpretazione considera lo sconto come un contratto di prestito, assimilabile al mutuo o, comunque, ad esso affine, funzionalmente collegato con una cessione di credito *pro solvendo*.

Dalle contrapposte teorie sulla natura giuridica discendono differenti conseguenze: *a*) per gli assertori della natura di compravendita di crediti lo sconto è, infatti, un contratto consensuale; *b*) viceversa, per chi sostiene la natura di contratto creditizio, si è di fronte ad un tipico contratto reale; *c*) qualora lo sconto sia assimilato al mutuo si tratterebbe, ancora una volta, di un contratto reale.

La pratica commerciale difficilmente "giustifica" un contratto di sconto isolato; questo, invece, s'inserisce in una serie di rapporti con i quali la banca si impegna, entro il limite e per il periodo di tempo convenuto, a svolgere l'attività relativa allo sconto a favore di un determinato soggetto. Tale pratica integra il c.d. castelletto di sconto.

Contratto reale

Dalla lettura sistematica dell'art. 1858 c.c., tradizionalmente va desunta la natura reale del contratto di sconto.

La giurisprudenza, dopo un'iniziale ricostruzione in favore della natura consensuale del contratto, ribadisce che il contratto in ogni caso non è efficace prima dell'operazione di sconto; per cui l'obbligazione dello scontatario di rimborsare la banca nasce solo per effetto della dazione da parte dell'istituto di credito dell'importo relativo agli effetti ricevuti, dedotto lo sconto.

Da tale iniziale posizione, pertanto, la giurisprudenza approda alla ricostruzione secondo cui lo sconto è un contratto di prestito, che trova attuazione mediante il meccanismo della cessione del credito.

Pertanto, l'inquadramento dello sconto nel contesto dei contratti reali permette di affermare che la dazione del danaro si atteggia quale elemento essenziale per la conclusione del contratto, non essendo possibile la consegna per equipollenti. Il rapporto non potrà essere collegato per conto corrente.

L'onerosità

V'è assoluta unanimità nel qualificare come onerosa la natura dello sconto. Questa è insita proprio nella trattenuta dell'interesse da parte della banca, quale corrispettivo dell'operazione creditizia.

Di regola gli interessi sono calcolati dalla banca a partire dal giorno dello sconto e fino al giorno in cui il credito diventa esigibile e corrispondono, in genere, al tasso praticato per l'interesse attivo. La previa deduzione dell'interesse attivo è condizione essenziale ed imprescindibile per la configurazione del contratto di sconto.

Il diritto alla provvigione del banchiere

Oltre all'interesse le banche matureranno sull'operazione anche una commissione o provvigione. Se solitamente non esiste limitazione in ordine alla natura ed alla qualifica dello scontatario, lo sconto proprio perché contratto “principe” tra i contratti bancari fa discutere circa la natura essenziale della qualifica della banca, se cioè è dato desumere tale qualifica dal carattere soggettivo (la natura di istituto di credito), o dal carattere oggettivo, delineato dal contenuto del contratto. La tesi maggioritaria in dottrina propende per l’ammissibilità del contratto, in ottemperanza al dettato dell’art. 1322 c.c., anche se posto in essere da contraenti privati.

La cessione *pro solvendo*

Tra gli elementi essenziali del rapporto, in uno alla previa deduzione dell’interesse, vi è la cessione *pro solvendo* del credito dallo scontatario alla banca. Il trasferimento della titolarità del credito avviene pertanto a titolo definitivo, con la banca che ne acquisisce la proprietà, salvo il buon fine.

Si assiste, quindi, alla nascita di una posizione creditoria della banca nei confronti del terzo debitore ceduto: nel caso quest’ultimo non adempia, ed il titolo ritorni insoluto, la banca sarà – in regresso – creditrice dello scontatario. L’eventuale inadempimento del terzo è condizione essenziale per l’azione di restituzione, il cui onere graverà sulla banca.

La natura della cessione

Si è allora discusso sulla natura di tale cessione del credito: per parte della dottrina vi sarebbe una funzione di garanzia dell’obbligo di restituzione gravante sullo scontatario. Tale tesi però mal si concilia con il carattere di sussidiarietà proprio dell’obbligazione dello scontatario. Allora, appare preferibile la ricostruzione di chi ravvede nel suddetto negozio una funzione sostitutiva dell’adempimento.

In caso di insolvenza del ceduto, poiché il pagamento dello scontatario determina una retrocessione del credito, la banca è tenuta comunque a conservare integre le pretese dello scontatario contro il debitore ceduto.

Lo sconto *extra* cartolare disciplinato dall’art. 1858 c.c. consente una certa libertà di applicazione oggettiva della fattispecie, estensibile, per parte della dottrina, a tutti i crediti vantati nei confronti dei terzi, non ancora ceduti ed astrattamente cedibili. Lo sconto si differenzia dalle altre operazioni di anticipazioni su crediti (come ad esempio quelle su ricevute bancarie o su fatture commerciali), in cui l’anticipazione stessa avviene mediante mandato o autorizzazione a riscuotere il credito anticipato, senza che alla banca sia data azione contro il terzo debitore.

La variabilità di ipotesi non impedirà però che lo sconto possa avvenire anche su fatture o ricevute bancarie, se dalla natura del contratto effettivamente si evinca che le parti hanno voluto dar vita a tale rapporto. La giurisprudenza, da par suo, ritiene che l’operazione di anticipazione su ricevuta bancaria si distingue nettamente dal contratto di sconto: tale fattispecie si sostanzia, infatti, in dichiarazioni scritte, firmate e rilasciate dal creditore con cui questi attesta di aver ricevuto una somma di denaro versata a mezzo banca a saldo di una determinata fattura. L'anticipazione fatta allora dalla banca, previa eventualmente la deduzione degli interessi, dipende unicamente dalla positiva valutazione che la banca mandataria faccia dell'affidabilità del cliente e non già dalla natura del documento, come è tipicamente correlato nelle operazioni di sconto.

Lo sconto su titoli

È chiaro però che la maggiore diffusione di tale operazione si ha su cambiali o titoli di credito, attesa la notevole sicurezza nel recupero da parte della banca scontante ed in relazione all'esistenza di un rapporto commerciale sotteso e cartolarizzato nel titolo di credito.

Per parte della dottrina e della giurisprudenza è inoltre ammissibile anche lo sconto di cambiali di favore, ovvero di cambiali sottoscritte in assenza di un rapporto commerciale sottostante, ma unicamente al fine di procurare credito al favorito. L'operazione appena considerata non si sostanzierebbe in un contratto di sconto, perché la banca non acquista alcun credito verso terzi, né di una anticipazione su crediti senza cessione del credito stesso. Si tratta, piuttosto, di un comune finanziamento, assimilabile al mutuo garantito con cambiali.

L'autonomia del *factoring*

Lo sconto presenta inoltre analogie con il contratto di *factoring*, la cui finalità è però quella di realizzare forme di smobilizzo e liquidazione di crediti derivanti da attività di impresa. I suddetti crediti non sono cartolari.

A differenza dello sconto, è proprio l'oggetto che cambia nel *factoring*: si tratta di una serie indefinita di crediti non cartolarizzati; l'interesse spettante al *factor*, attesa la natura essenzialmente finanziaria di tale operazione, non viene dedotto in anticipo, ma addebitato a parte.

L'autonomia del *forfaiting*

Lo sconto si distingue, inoltre, dal c.d. forfaiting: in tale operazione finanziaria infatti, mancando la clausola "salvo il buon fine" non vi sarà responsabilità sussidiaria del cedente: le banche tenderanno a garantirsi "scontando" titoli che presentano un elevato grado di sicurezza, richiedendo altresì un corrispettivo più alto rispetto allo sconto e che comprende anche una provvigione denominata all'uopo "star del credere".

Il c.d. castelletto di sconto

Nella pratica commerciale difficilmente la banca andrà a scontare un singolo titolo, impegnandosi – piuttosto – a porre in essere una serie di operazioni attraverso un accordo, denominato "castelletto di sconto", in virtù del quale sconterà in un dato periodo di tempo, entro limiti di valore, i titoli ad essa presentati dallo scontatario. L'accordo di castelletto non è di carattere obbligatorio, limitandosi quest'ultimo a costituire un limite interno degli istituti bancari sull'ammontare massimo da scontare. L'accordo di castelletto non andrà a delimitare un obbligo della banca nei confronti dello scontatario (e ciò a differenza dell'apertura di credito). Ed allora, il castelletto rappresenta più che altro un limite atto a designare la misura entro cui la banca, una volta valutata la presenza di determinati requisiti, è disposta a sopportare il rischio dello sconto titoli. Tale misura, anche per la più recente giurisprudenza, delimita la differenza con l'apertura di credito: dal castelletto non può derivare l'immediata disponibilità in favore del cliente di una risorsa finanziaria.

Il rifiuto della banca

Sotto simile profilo viene pacificamente ammessa, senza alcuna conseguenza, la possibilità di rifiuto da parte della banca, quantunque il cliente abbia avuto accesso ad un fido. È però possibile che vi sia un'apposita pattuizione in virtù della quale le parti predispongano un collegamento negoziale tra le due figure contrattuali caratterizzate – per un verso – dal potere del cliente di ottenere, fino alla concorrenza di una data somma, sconti altrimenti rifiutabili e di disporre, attraverso l'accredito sul conto, dell'importo dei titoli decurtato dell'interesse di sconto; e per altro verso, dal diritto della banca di richiedere alla scadenza il pagamento dei titoli scontati, estinguendo mediante tale riscossione la singola operazione e ripristinando la disponibilità per il cliente.

Lo sconto su girata di titoli

Nella maggior parte dei casi, lo sconto avviene su girata di cambiali o di assegni bancari: in tal caso vi sarà sconto minimo, essendo l'assegno incassabile unicamente a vista.

L'incidenza del "tempo" necessario per incassare il titolo

La deduzione dell'interesse sarà allora computata in relazione al tempo necessario (la c.d. "bancabilità" dell'assegno) per incassarlo, laddove si tratti di un titolo "fuori piazza". Per parte delle dottrina, in tali casi non è applicabile la disciplina dell'art. 1858 c.c., dovendo il credito essere trasferito mediante girata. Così il contratto si perfezionerà soltanto nel momento in cui la banca, accettate le cambiali, corrisponde l'importo degli effetti, detratto l'interesse ad essa spettante.

La nascita del vincolo contrattuale

Il perfezionamento del contratto si ha attraverso una complessa procedura che prevede la consegna dei titoli alla banca, con la redazione da parte di quest'ultima di un documento nel quale vengono riportati gli estremi idonei all'identificazione dei titoli. La banca provvederà all'invio al cliente di una lettera di accreditamento del ricavo al netto, comprensiva dell'indicazione del tasso praticato. Tale procedura consente all'istituto di credito la valutazione della congruità dei titoli consegnati, nonché dei requisiti di bancabilità da essi offerti.

La funzione del vincolo, pertanto, consisterà nella corresponsione al cliente dell'importo al netto o nell'accreditamento del valore corrispondente ai titoli verificati ed accettati dalla banca.

La tutela dell'istituto di credito

L'azione in favore della banca per il recupero dei crediti scontati consente alla stessa di rivolgersi al debitore ceduto e, sussidiariamente, allo scontatario giratario del titolo. Quindi, lo scontatario non potrà richiedere la restituzione degli effetti, salvo che, come di prassi accade nei traffici commerciali, la banca non acconsenta al c.d. richiamo delle cambiali.

Azione cambiaria o azione causale

La banca ha a disposizione due tipi di azione: l'azione cambiaria, come detto esperibile nei confronti tanto del debitore quanto del giratario-scontatario: tale azione prevede o la elevazione del protesto o la presentazione al pagamento se sulla cambiale è apposta la clausola "senza protesto" o "senza spese" debitamente sottoscritta. La banca potrà, nei soli confronti dello scontatario, effettuare in alternativa anche l'azione causale, fondata sul rapporto sottostante di sconto, allorquando sia prescritta l'azione cambiaria, ovvero la stessa non possa essere esercitata.

Ai sensi del combinato disposto dell'art. 1859 c.c., e degli artt. 66 e 58 della legge 14 dicembre 1933, n. 669, tale azione è subordinata alla presentazione infruttuosa del titolo per il pagamento, alla levata di protesto ed alla offerta della cambiale in restituzione, con deposito della stessa presso la cancelleria del Tribunale. Questi adempimenti, da un lato, cautelano il debitore da una potenziale duplicità di azione (stante l'astrattezza di cui si permea l'azione cambiaria), e, dall'altro, sono tesi a dimostrare l'effettiva infruttuosità dell'azione posta in essere sul titolo dal possessore del medesimo (l'istituto di credito).

Per la giurisprudenza, l'offerta di restituzione del titolo è requisito per l'esame del merito e la sua mancanza è rilevabile solo su eccezione di parte.

La duplicità delle azioni

La tutela offerta dalla duplicità delle azioni appena ricordate, nonché l'acquisizione del credito cartolare, attraverso la girata ed in ottemperanza alla normativa di cui alla richiamata legge cambiaria, garantisce in maniera adeguata le banche da eventuali inadempimenti. La suddetta tutela non è possibile, invece, in una prassi commerciale piuttosto frequente quale lo sconto di tratte non accettate o per le quali sia vietata l'accettazione: difettando la duplicità di firme, la banca non è garantita dell'eventuale esistenza del credito cartolare verso terzi. In questo caso, la girata non determina la cessione del credito e la banca diviene creditrice cambiaria del cliente ma non anche creditrice in proprio rispetto al trattario.

Per porre rimedio a tali problematiche, offrendo nel contempo adeguata tutela all'istituto di credito, viene prevista una particolare ipotesi, regolata dal r.d.l. 21 settembre 1933, n. 1345, convertito nella legge 15 gennaio 1934, n. 48, in cui insieme al titolo non accettato viene trasferito, senza necessità di separato atto di cessione, anche il credito sottostante il rapporto cartolare e vantato dal traente nei confronti del trattario.

Trattasi, secondo la prevalente dottrina, di un'anomala e speciale forma di garanzia che si realizza attraverso un collegamento automatico fra circolazione del titolo e circolazione del credito di provvista, posta in essere con un negozio extra cartolare e che consente alla banca la possibilità di scontare un credito in maniera più agevole.

Relativamente al credito ceduto, la forma di cessione in commento è possibile unicamente per i crediti commerciali derivanti da fornitura di merce.

La cessione del credito deve avvenire mediante clausola inserita nel contesto del titolo (che per apposita disciplina deve essere unicamente una cambiale non accettata) e deve contenere, a pena di nullità, numero e data della fattura.

33. *Il conto corrente bancario*

Il conto corrente è un tipico contratto bancario. Da esso, a differenza di quanto accade per il conto corrente inteso come modalità di esecuzione dei contratti bancari, nasce un vero e proprio rapporto obbligatorio tra cliente e banca.

Operativamente, il rapporto è disciplinato secondo il sistema del conto corrente, ovvero solo se il cliente è titolare di una apertura di credito o di un deposito presso un determinato istituto bancario, è possibile concludere e poi dare esecuzione al contratto.

Il sistema della partita doppia

In particolare, il regolamento di conto corrente ha esecuzione attraverso un sistema di partita doppia dare/avere tra banca e cliente con possibilità di determinare in ogni momento il saldo attivo e passivo, la cui risultanza determina l'ammontare del credito di cui il cliente può disporre in ogni momento.

In una prima ricostruzione dottrinale è possibile identificare il rapporto in commento in un negozio in cui il cliente conferisce alla banca una serie di incarichi di pagamento utilizzando o incrementando fondi costituiti presso di essa e per lui continuamente disponibili.

La banca provvede all'annotazione delle relative operazioni in conto unico, con relativa formazione del saldo per il correntista. Sul piano sostanziale è dato evincersi come netta sia la differenza rispetto alla fattispecie del conto corrente ordinario, e ciò perché in suddetto contratto i crediti annotati sono inesigibili ed indisponibili fino alla chiusura. La dottrina, sul punto, sottolinea come nel conto corrente bancario manchi normalmente la reciprocità dei crediti destinati ad estinguersi per compensazione e ciò perché le variazioni numeriche delle operazioni in conto sono date da versamenti o prelevamenti nell'un caso disposti, nell'altro anche delegati dal cliente.

La funzione

Gli artt. 1852 ss. c.c. regolano il contratto di conto corrente bancario. Tuttavia, per l'individuazione della disciplina occorre procedere interpretando in combinato disposto le norme codicistiche e le disposizioni contenute nelle N.B.U.

In ragione di ciò si è proceduto a varie ricostruzioni dottrinali. Tra queste, taluno evidenzia un collegamento funzionale tra il mandato ed altro contratto atto a creare la disponibilità di cassa. Nella specie, sarebbe ravvisabile una struttura complessa del vincolo, in quanto composta da tre distinti momenti, ovvero la costituzione di provvista, una successiva attività gestoria, ed una contabile.

All'inverso, gli assertori della tesi c.d. unitaria sottolineano la natura di contratto innominato – a causa mista – risultante dalla combinazione di più contratti tipici, con prevalenza del mandato. La ricostruzione appena ricordata, confortata dalla concorde opinione giurisprudenziale, sembra da preferirsi anche in virtù della decisiva considerazione per cui (ai sensi dell'art. 1856 c.c.) la banca risponde secondo le regole del mandato per l'esecuzione degli incarichi ricevuti dal cliente.

La natura di contratto bancario presuppone che una delle parti sia costituita – appunto – sotto forma di impresa bancaria.

Il cliente della banca, c.d. parte debole del contratto, potrà essere unisoggettivo o plurisoggettivo. In quest'ultima ipotesi – disciplinata dall'art. 1854 c.c. – si tratta di conto cointestato, in cui i correntisti, a seconda di quanto contrattualmente convenuto, possono operare sia congiuntamente che disgiuntamente. Simile fenomeno è regolato anche dalle norme bancarie uniformi, specificatamente dagli artt. 12, 13, 14.

I rapporti interni tra correntisti mutueranno, invece, la disciplina dall'art. 1298 c.c., e ciò in virtù del fatto che il richiamato art. 1854 c.c. si limita a regolare i rapporti tra correntisti e banca.

La c.d. firma disgiunta

Il fenomeno della c.d. firma disgiunta, che attribuisce ai contestatari la solidarietà attiva e passiva, è da considerare un'eccezione. Ne deriva che, in mancanza di apposito accordo, tutti gli atti inerenti al rapporto, ivi compreso l'emissione di assegni, dovranno avvenire a firma congiunta.

All'inverso, in caso di specifica convenzione, la banca si libera eseguendo la propria prestazione a favore di uno qualsiasi dei contitolari, i quali, in ogni caso, saranno ritenuti condebitori solidali per eventuali scoperti, anche se inerenti ad operazioni poste in essere da uno solo di essi.

Il richiamo a favore dell'art. 1298 c.c. permette di affermare che le posizioni solidali, tanto creditorie quanto debitorie, siano da ritenersi presuntivamente in parti uguali.

Contrariamente all'interpretazione giurisprudenziale che nega la possibile compensazione da parte della banca di un credito da questa vantato nei confronti di uno dei condebitori, tale facoltà è invece espressamente prevista dall'art. 5 N.B.U.

Il caso di morte ed incapacità di uno dei cointestatari è disciplinato dall'art. 14 delle predette N.B.U. che espressamente autorizza gli altri cointestatari ad agire separatamente sul conto, analogamente agli eredi del defunto (che dovranno però esercitarlo congiuntamente tra loro), o il rappresentante legale dell'interdetto.

Tale facoltà è sospesa in caso di opposizione degli eredi o del legale rappresentante dell'interdetto o inabilitato.

L'esecuzione del rapporto banca – correntista presuppone l'esistenza di una provvista a disposizione del cliente.

Il cliente, a sua volta, potrà disporre della somma tanto in contanti quanto a mezzo assegno, incrementando nel corso del rapporto la somma allo stesso modo a mezzo deposito contanti o assegni bancari se accettati dalla banca.

Deposito bancario/ apertura di credito

Il rapporto bancario può dunque vedere la propria genesi, attraverso la formazione della provvista tanto a mezzo deposito bancario quanto a mezzo di apertura di credito.

Con le stesse modalità, come previsto del resto dalla normativa bancaria, può essere alimentato non solo dai versamenti diretti dei correntisti, ma anche attraverso sovvenzioni concesse, in qualunque modo e forma, dall'istituto di credito.

Nella sua fase dinamica il rapporto viene sviluppato con l'utilizzo della disponibilità, attraverso la traenza dell'assegno bancario che rappresenta l'ordine di pagamento impartito dal correntista alla banca.

Attraverso il c.d. rapporto di cassa la banca si obbliga ad effettuare il pagamento, utilizzando la c.d. convenzione di assegno, ad una serie eterogenea di obbligazioni che vanno dal servizio di incasso effetti e di accredito delle rimesse e bonifici di terzi a favore del cliente, all'effettuazione di giroconti disposti dal cliente.

Dal punto di vista contabile grava sulla banca l'obbligo di effettuare le cc.dd. operazioni in conto, ovvero le registrazioni dei movimenti di capitale operate dal correntista. Le annotazioni in conto costituiscono, di regola, quello che sarà il saldo disponibile.

In merito a tale ultima tematica va distinto un saldo contabile da un saldo disponibile: il primo registra le diverse operazioni, il secondo indica la somma al momento, appunto, disponibile per il correntista.

Nelle operazioni di accreditamento, vi è una posticipazione del saldo disponibile rispetto al saldo contabile, mentre in quelle di addebito avviene l'inverso. Detta differenza costituisce oggetto di speculazione per la banca.

Dal rapporto saldo contabile-saldo disponibile si differenzia il saldo per valuta che rileva solo ai fini del computo degli interessi.

Ulteriori prestazioni accessorie e collegate al rapporto di conto corrente sono costituite dagli obblighi che la banca si riserva di assumere, come il servizio di cassa continua, ma anche gli strumenti del bancomat e delle carte di credito in generale.

La convenzione di assegno

La convenzione di assegno è un negozio collegato al rapporto di conto corrente che obbliga la banca a pagare l'effetto purché siano utilizzati gli appositi moduli (il c.d. *carnet*) dalla stessa predisposti e dati al correntista.

Presupposti per il pagamento sono l'identità della firma del correntista rispetto a quella depositata all'atto dell'apertura del conto, la presentazione dell'assegno all'incasso nei termini di legge e, inoltre, la disponibilità di valuta all'atto della richiesta di pagamento.

Discussa è la natura della convenzione di assegno. Taluno, sostiene la prevalenza della disciplina del mandato; talaltro, identifica il fenomeno nella delegazione di pagamento.

La ricostruzione da ultima evocata appare preferibile in quanto, nel caso di specie, si è al cospetto di un rapporto sostanzialmente trilaterale; laddove, in virtù di un rapporto di provvista, il correntista delegante ordina alla banca delegataria di pagare, per conto proprio, un terzo delegato portatore dell'assegno.

Le facoltà del correntista

Accanto alla convenzione di assegno, il cliente può adoperare altri strumenti di pagamento quali la domiciliazione di vaglia cambiari o di altri titoli incorporanti un suo debito e che, in virtù del rapporto di provvista, vengono adempiuti dalla banca all'uopo delegata alle operazioni di addebito sul conto corrente.

Il correntista, generalmente, per regolare i propri rapporti utilizza anche lo strumento del bonifico bancario, con ordine impartito alla banca di trasferire una data somma in favore di altro soggetto.

Il correntista può, inoltre, disporre il pagamento tramite ordine di accredito su altro conto, sia esso esistente presso la sua stessa banca (giroconto interno), sia su altro istituto di credito (giroconto esterno).

Anche in tal caso, sembra ravvisabile una delegazione di pagamento.

La valenza giuridico-contabile dell'estratto conto

L'estratto conto attesta la situazione contabile di tutte le operazioni intercorse in un dato periodo e comprensive di spese ed interessi.

Si intende approvato, se non viene contestato nel termine pattuito o in quello usuale ovvero nel termine che può ritenersi congruo secondo le circostanze. Sul punto, si consideri il decisivo rinvio operato dall'art. 1857 c.c. a favore dell'art. 1832 c.c.

L'approvazione, tuttavia, non preclude al correntista la facoltà di impugnazione in caso di errori di scritturazione o calcolo o per omissioni e duplicazioni.

È una prerogativa tipica dei contratti di durata. Questa va ad armonizzarsi con le prescrizioni del *Testo Unico delle legge in materia bancaria e creditizia*.

Qualora invece il correntista risulti titolare di più conti corrente intestati a suo nome presso lo stesso istituto bancario, i rispettivi saldi attivi e passivi si compensano salvo patto contrario.

Per la giurisprudenza della Cassazione il principio dettato dall'art. 1853 c.c. è posto allo scopo di garantire la banca contro ogni scoperto non specificamente pattuito che risulti a debito del cliente quale effetto di un qualsiasi rapporto o conto corrente fra le due parti.

La convenzione d'assegno per dottrina e giurisprudenza non è ostativa all'operatività della compensazione *ex* art. 1853 c.c.

Pertanto, il correntista potrà emettere assegni sino a quando non abbia ricevuto da parte della banca comunicazione dell'avvenuta compensazione. L'intenzione della banca di avvalersi della compensazione deve, dunque, essere portata a conoscenza del correntista.

Per la giurisprudenza, infine, non è possibile la compensazione tra saldo passivo di un conto corrente e la costituzione di una passività corrispondente per apertura di credito su altro conto intestato allo stesso cliente.

Circa l'ipotesi invece di un assegno parzialmente coperto, la banca non è tenuta al pagamento di assegni con copertura insufficiente, indipendentemente dall'eventuale presenza di fondi sugli altri conti.

In virtù del richiamo effettuato dall'art. 1857 c.c. all'art. 1826 c.c., e nonostante le evidenziate differenze tra il conto corrente bancario ed il conto corrente ordinario, al primo si applicano tra le altre le disposizione del secondo in merito alla disciplina sulle spese e sui diritti di commissione.

La condotta del banchiere

Trattasi, infatti, di contratto a prestazione corrispettive ed oneroso; spetta – pertanto – alla banca trattenere, operando all'uopo una compensazione con i propri debiti, le spese ed i diritti di commissione.

Tali spese si distinguono in figurative (per l'appunto le commissioni e le spese di tenuta del conto) ed effettive, quali quelle relative alle spedizioni ed ai costi di corrispondenza.

Il parametro cui ragguagliare la diligenza dell'istituto di credito è rappresentato dalla disciplina del mandato.

L'istituto, quindi, deve agire con la diligenza imposta dalla natura professionale dell'attività esercitata.

La giurisprudenza, da par suo, ha avuto modo più volte di valutare la diligenza *in executivis* dell'istituto bancario, in particolar modo attraverso le pronunce in tema di traenza di assegni. In queste ha ribadito che la valutazione della congruità della firma dell'assegno del correntista rispetto al modulo a disposizione della banca deve essere operata con accortezza professionale, ma senza utilizzo di speciali attrezzature.

Ancora è stato posto a carico della banca l'obbligo di controllare la completezza del titolo e la legittimazione del portatore attraverso la verifica della continuità delle girate e l'identificazione del presentatore.

Particolare attenzione è inoltre richiesta per l'esecuzione dei pagamenti mediante bonifico: in particolare laddove l'incarico avvenga con modalità inusuali o estemporanee, la banca ha l'obbligo non solo di verificare la congruità della firma, ma anche di richiedere conferma dell'ordine ricevuto.

La cessazione del rapporto

Di norma il contratto di conto corrente bancario è a tempo indeterminato. Da tanto consegue l'applicazione dei principi generali, i quali, ferma la facoltà di ciascuno dei contraenti di recedere, obbligano entrambe le parti alla disdetta nel termine stabilito dagli usi o, in mancanza, in quindici giorni.

Tale termine viene ridotto ad un solo giorno dalle Norme Bancarie Uniformi in caso di conto corrente di corrispondenza e servizi connessi.

La dichiarazione di recesso ha carattere recettizio.

Durante il termine di preavviso la banca dovrà eseguire gli ordini del correntista che risultino compatibili con la prossima scadenza del contratto.

Altre cause di scioglimento del contratto sono rappresentate dalla morte o dall'incapacità sopravvenuta del correntista.

Taluni dubbi sussistono sul se possa ritenersi quale causa di scioglimento del rapporto il venir meno della disponibilità. In argomento, sembra preferibile la tesi di chi sostiene che in caso di definitivo azzeramento della provvista si darebbe luogo allo scioglimento del rapporto; invece, qualora la mancanza di provvista fosse occasionale, il rapporto andrebbe considerato in una fase di quiescenza.

Il conto corrente bancario, infine, si scioglie in caso di fallimento del correntista.

Parte IX
LA RESPONSABILITÀ CIVILE

La parte IX del Manuale, pur se unitariamente concepita dai due Autori, deve essere così attribuita:

S. Sica, capitoli 61/62.
V. D'Antonio, capitoli 63/64.

CAPITOLO 61

LA RESPONSABILITÀ EXTRACONTRATTUALE

1. *La lesione dell'interesse tutelato nella vita di relazione*

La responsabilità civile, intesa in senso lato, è lo strumento mediante il quale l'ordinamento giuridico chiama un soggetto a rispondere (di qui la radice etimologica: dal latino, *respondere*) delle conseguenze del proprio comportamento illecito.

Il principio del *neminem laedere*

L'illiceità può derivare dalla violazione del principio generale del *neminem laedere* (letteralmente, "non recar danno ad alcuno") ed in questo caso si discorre di responsabilità extracontrattuale (o aquiliana) ovvero dall'inadempimento di uno o più obbligazioni (non necessariamente contrattuali) per cui si discorre di responsabilità da inadempimento (o, più comunemente, contrattuale).

Profili definitori

Tale ultimo tema, ad ogni modo, è stato già affrontato in altra parte del presente volume, sicché qui la locuzione "responsabilità civile", come avviene nella prassi, viene intesa in senso minimo, con esclusivo riferimento alla responsabilità extracontrattuale.

Intesa in questo senso, la responsabilità civile (extracontrattuale) rappresenta il "meccanismo giuridico" attraverso cui l'ordinamento assoggetta un determinato individuo alle conseguenze, *lato sensu* sanzionatorie, connesse all'illecito civile.

L'illecito civile

L'illecito civile è la produzione di un danno antigiuridico nella sfera di interesse di un terzo ed, in particolare, la lesione di una situazione giuridicamente rilevante nella vita di relazione (rilevante poiché, come vedremo in seguito, ritenuta meritevole di tutela).

Il principale carattere differenziale dell'illecito civile rispetto a quello contrattuale deve essere individuato nel fatto che tra il danneggiante ed il danneggiato non esiste alcun rapporto negoziale cui la lesione sia riconducibile, ma è il semplice contatto sociale che pone questi soggetti in relazione ed ha consentito il prodursi della lesione antigiuridica.

Per tale motivo, cioè la produzione di un danno ingiusto nella sfera giuridica del terzo, il fatto illecito, *ex* art. 1173 c.c., è anche fonte legale di un particolare tipo di obbligazione, cioè quella risarcitoria.

L'obbligazione risarcitoria

Per obbligazione risarcitoria intenderemo, dunque, quel particolare tipo di obbligazione che grava sul soggetto danneggiante (che ha commesso l'illecito civile) ed è volta a ristorare dal danno subito il soggetto danneggiato.

La responsabilità civile, allora, si può definire, in antitesi alla responsabilità contrattuale, come il complesso delle regole che disciplinano il risarcimento del danno non derivante da violazione di un rapporto contrattuale, ma avente fonte immediata nel fatto illecito.

Il risarcimento del danno, infatti, secondo le diverse forme tramite cui si manifesta in concreto (per equivalente, in forma specifica, ecc.), costituisce l'obbligazione principale del danneggiante e lo impegna a reintegrare il patrimonio del danneggiato nella misura in cui questo è stato complessivamente decurtato (cioè ha perso di valore) in ragione del danno subito.

La responsabilità civile, dunque, può essere definita anche come lo strumento normativo funzionale alla riparazione della ingiusta lesione di un interesse tutelato nella vita di relazione.

Danni risarcibili

Deve essere ancora posto in evidenza come la regola di responsabilità, intesa quale meccanismo di riparazione dei danni inflitti a terzi, non sia incondizionata, dal momento che sebbene nel nostro ordinamento esista un dovere generico ed astratto di non arrecare danno ad altri, tuttavia il rispetto dello stesso non è assoluto. In altre parole, non può affatto dirsi che qualunque forma di danno sia risarcibile. Al contrario, la responsabilità civile presuppone una valutazione comparativa degli interessi in conflitto e, specificamente, essa offre tutela alla vittima soltanto rispetto a determinate tipologie di danno, che siano qualificabili come *contra ius* o ingiuste.

In tal senso, le regole sulla responsabilità civile, all'interno di un dato ordinamento, si pongono anche quale strumento di selezione normativa dei danni risarcibili nell'ambito della vita di relazione e dei rapporti extranegoziali, distinguendoli dalle lesioni giuridicamente irrilevanti che non danno luogo a risarcimento.

Tale conclusione, del resto, è indirettamente confermata anche dal dettato dell'art. 185, 2° comma, c.p. che regola le conseguenze civili dei reati che cagionino un danno patrimoniale o non patrimoniale alla vittima. La disposizione del codice penale, infatti, pur stabilendo che qualunque fattispecie di reato che procuri un danno a terzi debba necessariamente comportare anche il risarcimento di tale danno, tuttavia rimanda alle «*leggi civili*» per quanto concerne la disciplina di tale obbligo risarcitorio. Ciò dimostra, innanzitutto, che non esiste una obbligazione di risarcimento dei danni immediatamente regolata dal diritto penale, che ha scopo diverso dal riequilibrio degli interessi tra privati. In secondo luogo, se ne deduce che, di là dallo *specificum* della responsabilità contrattuale, l'unico complesso di norme che il nostro ordinamento conosce al fine di disciplinare la risarcibilità dei danni subiti dai consociati deve essere individuato nelle disposizioni relative alla responsabilità civile, cui anche il codice penale rimanda a tal fine.

La felice sintesi dei postulati e dei principi generali appena richiamati, nel nostro ordinamento, è rappresentata dall'art. 2043 c.c., secondo cui «*qualunque fatto doloso o colposo, che cagiona ad altri un danno ingiusto, obbliga colui che ha commesso il fatto a risarcire il danno*». La norma sancisce la regola generale della responsabilità civile ed, al contempo, ne definisce i confini ed i presupposti, individuandoli nel fatto, nell'elemento soggettivo della colpevolezza, nel danno ingiusto ed, infine, nel nesso eziologico tra il fatto ed il danno.

L'art. 2043 c.c.

2. *Origini storiche e prospettive attuali dell'istituto*

È principio consolidato di ogni forma di civile convivenza il divieto di arrecare danni ad altri. Da sempre, seppure con sensibilità differenti, le diverse culture hanno coltivato l'idea che non sia lecito che un soggetto produca un pregiudizio ad un altro e che, ove mai un tale accadimento avvenga, ciò dia luogo all'obbligo di risarcire il danno cagionato (sebbene il rilievo di una simile regola sia stato variamente affermato nelle differenti epoche storiche e sotto la vigenza dei singoli ordinamenti giuridici).

La *Lex Aquilia de damno* del diritto romano

Come in molti altri settori è al diritto romano che si deve la prima elaborazione dell'istituto in esame; più precisamente, è nell'esperienza giuridica romana che vede la luce la *Lex Aquilia*, che consacra la regola del *neminem laedere*. Essa nella sua accezione originaria aveva la prevalente funzione di "sanzionare" il comportamento colpevole tenuto dall'autore del fatto illecito lesivo dell'altrui sfera giuridica e per lungo tempo la responsabilità civile, come è stata più modernamente definita la *regula aquiliana*, venne ad assolvere il principale compito di "punire" il danneggiante, in connessione ad una visione in senso lato moraleggiante dell'istituto, di cui era emanazione l'espressione *nulla poena sine injuria*.

La funzione sanzionatoria

Nel corso dei secoli, ma specialmente in relazione all'evoluzione socio-economica causata dalla cosiddetta rivoluzione industriale, la responsabilità civile comincia a perseguire ulteriori scopi; in particolare, si è ritenuto che la "minaccia" di dover risarcire il danno prodotto po-

La funzione preventiva

tesse avere un effetto deterrente rispetto a condotte potenzialmente lesive (c.d. *funzione preventiva*).

Più di recente, invece, è stato sottolineato come l'obiettivo primario della responsabilità aquiliana sia innanzitutto la riparazione del pregiudizio patito dalla vittima (c.d. *funzione riparatoria*): ciò anche alla luce del contemporaneo sviluppo di forme di assicurazione, che in molti e sempre più numerosi casi divengono perfino obbligatorie.

La funzione riparatoria

Anzi, ad uno sguardo d'insieme dell'istituto nelle società contemporanee si rivela evidente come la frontiera attuale dello stesso sia proprio la tutela del danneggiato, che diventa angolo visuale ed interpretativo della disciplina in materia, sempre meno improntata alla ricerca di "chi ha sbagliato" e sempre più tesa all'individuazione di chi "risarcisce il danno".

In realtà, tale osservazione non deve indurre a conclusioni approssimative o assolutizzanti, dal momento che il pendolo della responsabilità civile è in oscillazione costante tra le tre funzioni storicamente ad essa assegnate e la parabola della *Lex Aquilia* è lungi dal dirsi esaurita. Va, viceversa, preso atto che pochi settori come quello in esame risentono della costante interazione tra il diritto e le scelte di politica legislativa, a loro volta emanazione di opzioni economiche, sociali, di valori.

Ora la giurisprudenza apre verso nuove forme di risarcimento del danno, ora interpreta con maggior rigore le esimenti da responsabilità, ora la dottrina si impegna per l'allargamento dell'area del pregiudizio risarcibile, ora, viceversa, il legislatore, in atti normativi settoriali, dà più esteso spazio a formule improntate all'idea di un illecito aquiliano incentrato sui connotati soggettivistici del dolo e della colpa.

3. *I modelli teorici del sistema della responsabilità*

Storicamente, anche in corrispondenza con l'alternarsi tra funzione sanzionatoria e riparatoria della responsabilità civile, si possono individuare diversi modelli teorici che la dottrina ha posto a fondamento del sistema della regola aquiliana.

La concezione etica dell'istituto

In stretta corrispondenza con la funzione sanzionatoria dell'istituto è la c.d. *concezione etica* della responsabilità civile, tipica del diritto romano e ripresa poi anche dal *Code Civil* napoleonico e dal codice civile italiano del 1865. Secondo questa impostazione, la responsabilità civile rappresenta la sanzione di un atto colpevole e, precisamente, di un atto contrario al dovere giuridico e morale di non cagionare danno ad altri. È chiaro come la concezione etica dell'illecito ruoti intorno al requisito della colpevolezza, che diviene il necessario fondamento di ogni fattispecie di responsabilità civile, secondo una ricostruzione teorica molto vicina a quella dell'illecito penale. Questo modello della responsabilità civile presuppone, dunque, la colpa oppure il dolo del danneggiante, sicché la sua condotta lesiva della sfera giuridica del terzo possa sempre essere valutata in termini di riprovevolezza (anche morale) e conseguente biasimo. Evidentemente nell'ambito della concezione etica non possono trovare spazio fattispecie di responsabilità oggettiva (senza colpa) o aggravata (con colpa presunta).

La crisi della concezione etica

Ebbene, il modello etico della responsabilità civile cominciò ad entrare in crisi parallelamente alla evoluzione economica e sociale che, sul finire del XIX secolo, attraversò il mondo occidentale, con la conseguente massificazione dei danni che accompagnava l'affermarsi del sistema industriale e, più di recente, delle tecnologie informatiche. Il modello puro della responsabilità per colpa, allora, sebbene non abbandonato, fu posto in discussione, dal momento che, dinanzi al proliferare delle occasioni di danno, la regola della necessaria dimostrazione della colpevolezza del danneggiante ai fini del risarcimento si rivelò inadeguata a garantire le pur legittime pretese delle vittime. In effetti, due furono i fenomeni che, dal punto di vista giuridico, segnarono il progressivo declino dell'idea di una responsabilità civile fondata principalmente sul principio della colpa soggettiva: innanzitutto, il proliferare, in tutta l'area della *Western Legal Tradition*, di fattispecie di responsabilità ora oggettiva ora semplicemente aggravata, in connessione con l'esercizio di attività ritenute pericolose. Tali previsioni testimoniavano la necessità non tanto di sanzionare il colpevole di una condotta riprovevole, quanto di garantire le ragioni della vittima in occasione di lesioni di beni particolarmente rilevanti (come la vita o la salute). D'altro canto, la massificazione dei danni conseguente alla rivoluzione industriale segnò l'istituto della responsabilità civile anche con il diffondersi delle prime forme di assicurazione obbligatoria (come, ad esempio, nel campo degli infortuni sul lavoro), anch'esse caratterizzate dalla spiccata finalità riparatoria più che sanzionatoria.

La concezione tecnicistica

Sulla base di tali presupposti, si sviluppa e trova numerosi consensi in dottrina un secondo modello teorico della responsabilità civile e cioè quello c.d. *tecnicistico*, fondato sulla visione della regola aquiliana quale puro e semplice strumento di allocazione dei danni, potenzialmente avulso da qualunque riflessione sul dato soggettivo della colpevolezza del danneggiante. Questa concezione dell'illecito civile esalta la funzione riparatoria della responsabilità extracontrattuale e relega in una posizione di secondo piano (se non di indifferenza) quella sanzionatoria, visto che la colpa – in questa teorica – non costituisce più il fondamento della responsabilità. L'istituto della responsabilità civile, allora, diviene esclusivamente un meccanismo giuridico funzionale a ristabilire gli equilibri economici alterati dal prodursi di un danno nella sfera giuridica di un soggetto dell'ordinamento.

La concezione tecnicistica dell'istituto ha trovato grandissimo seguito in dottrina, sebbene con epifanie differenti a seconda dei sistemi giuridici presi in considerazione. Ad esempio, negli Stati Uniti questa impostazione della responsabilità civile si lega al discorso intorno all'analisi economica del diritto, che – estremizzandone i postulati – nega qualsiasi rilevanza all'elemento soggettivo della colpevolezza quale criterio di imputazione della responsabilità, affidandosi a regole empiriche di pura convenienza economica.

Una tale visione estremizzata della concezione tecnicistica non ha mai trovato largo seguito in Europa (ed in particolare in Italia), dove non si è mai giunti a negare del tutto il ruolo della colpevolezza quale elemento fondativo della responsabilità civile. Al contrario, nella prospettiva della c.d. *teoria oggettiva* dell'illecito civile, l'elemento soggettivo viene soltanto fortemente ridimensionato e da presupposto necessario per l'imputazione dell'obbligazione risarcitoria (come era nella concezione etica), diviene semplicemente uno dei possibili criteri adottati dall'ordinamento a tal fine, con importanza residuale rispetto a quello della connessione ora logica, ora economica, ora naturale, ora esclusivamente giuridica con l'attività del danneggiante.

La concezione eclettica

Ulteriore ricostruzione teorica del sistema della responsabilità civile è quella offerta da una posizione dottrinale che si situa "a metà strada" tra la concezione etica e quella tecnicistica dell'istituto: la c.d. *concezione eclettica*. Secondo tale modello, la responsabilità civile sarebbe riconducibile a due sistemi autonomi e regolati, almeno in parte, da principi differenti: la responsabilità per colpa e quella per rischio. In tal senso, ai fini dell'imputazione della responsabilità, il primo sistema sarebbe caratterizzato dall'indagine circa l'elemento soggettivo della colpevolezza del danneggiante, mentre il secondo troverebbe fondamento esclusivo nella particolare attività esercitata dal danneggiante. In definitiva, all'interno del medesimo ordinamento, la responsabilità per colpa avrebbe funzione essenzialmente sanzionatoria e preventiva, mentre quella per rischio esclusivamente riparatoria.

L'impostazione dell'istituto nell'ordinamento italiano

Per quanto concerne lo *specificum* del nostro ordinamento ed, in particolare, dell'art. 2043 c.c., esso – nella sua formulazione letterale – appare costruito dal legislatore del 1942 intorno al principio «*nessuna responsabilità senza colpa*», tipico della concezione etica dell'istituto. Tuttavia, lo stesso testo codicistico presenta, nelle disposizioni successive (gli artt. 2047 ss.), una serie di fattispecie caratterizzate, invece, ora dal paradigma della responsabilità oggettiva, ora da quello della responsabilità aggravata, ma accomunate dalla sostanziale marginalizzazione dell'elemento soggettivo della colpevolezza. Tale processo di progressiva svalutazione della colpa e del dolo, peraltro, è stato ulteriormente alimentato dalla successiva legislazione speciale, ove proliferano le ipotesi di responsabilità senza colpa (si pensi, ad esempio, alla responsabilità del produttore), così come dalla giurisprudenza, che perseguendo in alcune materie (ad esempio, quella delle responsabilità professionali) finalità "pan-riparatorie" e di assoluto *favor victimae* tende a "cancellare" il presupposto della colpevolezza del danneggiante, anche dove la norma nulla disponga in tal senso.

L'osservazione del dettato del codice, accompagnata dall'indagine sulla legislazione speciale e sui *trends* giurisprudenziali degli ultimi anni, dunque, rende manifesto come nel nostro moderno sistema della responsabilità civile accanto ad una regola generale focalizzata sulla responsabilità per colpa, coesistano ipotesi particolari, che presentano un margine di pericolosità intrinseco ed ineliminabile indipendentemente dall'osservanza di ogni dovere di diligenza, ove ai fini dell'imputazione della responsabilità la colpevolezza del danneggiante non ha alcuna importanza (responsabilità oggettiva) o, al più, ha un rilievo soltanto secondario (responsabilità aggravata).

Il fondamento colpevolistico

Eppure, nonostante la molteplicità delle soluzioni particolari offerte dal nostro ordinamento, non può dirsi affatto che esistano diverse nozioni di responsabilità civile: il proliferare delle ipotesi di responsabilità oggettiva ed aggravata, infatti, non vale a sovvertire un sistema unitario, fondato – *ex* art. 2043 c.c. – sulla regola generale dell'*alterum non laedere* e sul principio della colpevolezza del danneggiante, sebbene da tale elemento soggettivo in ipotesi particolari possa anche prescindere.

4. *Due fattispecie di responsabilità: contrattuale ed aquiliana*

Il codice civile affronta l'istituto della responsabilità aquiliana sotto diversi angoli visuali.

L'art. 1173 c.c., come è risaputo, si occupa delle fonti delle obbligazioni, che rinviene nel contratto e, appunto, nel fatto illecito, oltre che nella nota categoria residuale ("*ogni altro atto o fatto idoneo* ..."). Su tale dizione si fonda la *summa divisio* tra la responsabilità contrattuale e quella aquiliana (o extracontrattuale).

In altre parole, incorre nella prima colui che viola una o più regole scaturenti da una pattuizione contrattuale; è, di contro, extracontrattuale l'illecito compiuto in dispregio del divieto generale di arrecare danni ad altri ed attuato da un soggetto non legato da alcun precedente vincolo contrattuale con il danneggiato.

Differenze: l'onere probatorio

Tale distinzione un tempo risultava netta ed idonea a fondare un regime ampiamente divergente tra le due fattispecie prese in considerazione; è appena il caso di ricordare, infatti, come le stesse si atteggino secondo canoni differenti quanto all'onere probatorio a carico di chi agisce e del convenuto, alla prescrizione applicabile ed alla natura dei danni risarcibili. Colui che asserisce di aver subito un danno in conseguenza dell'altrui violazione di un'obbligazione contrattualmente stabilita, deve limitarsi alla prova del fatto, del pregiudizio e del nesso di causalità che lega entrambi, laddove sarà tenuto il convenuto – parte contrattuale – a dimostrare, siccome stabilito dall'art. 1218 c.c., che l'evento dannoso sia a lui non imputabile. Viceversa, secondo quanto si avrà modo di approfondire in prosieguo, nell'illecito aquiliano grava sull'attore, in via ordinaria, anche la prova dell'elemento soggettivo, del dolo o della colpa. Sul piano della prescrizione, poi, il diritto all'azione basata sulla responsabilità contrattuale si prescrive in dieci anni, quello che attiene ad un illecito aquilano, sempre in via ordinaria, salve le ipotesi di termine breve, si estingue in cinque anni. Quanto ai pregiudizi ammessi a risarcimento, nel caso di responsabilità da contratto, essi sono soltanto quelli prevedibili, a meno che, ai sensi dell'art. 1225 c.c., il fatto non sia ascrivibile al dolo del soggetto agente; se si tratta, invece, di illecito aquiliano, la vittima ha diritto a vedersi risarciti tutti i danni patiti, indipendentemente dalla prevedibilità o meno degli stessi ed a prescindere dalla qualificazione soggettiva dell'evento.

La prescrizione

I danni risarcibili

Nondimeno, la cennata diversificazione, pur fondata e riscontrabile sul piano della disciplina vigente, ha progressivamente perso la sua iniziale accentuata rilevanza.

Tendenze interpretative volte al ripensamento della distinzione

Essa, invero, è stata oggetto di molteplici ripensamenti della dottrina e di vari "aggiramenti" da parte della giurisprudenza.

Da un lato, infatti, si è fatta strada l'idea del cosiddetto cumulo delle due responsabilità: una medesima condotta può, al contempo, integrare la violazione di un precetto contrattualmente previsto e della regola del *neminem laedere*. Nessuno pare nutrire dubbi ormai sul potenziale concorso delle fattispecie in esame.

Da un altro lato, inoltre, la distinzione risulta affievolita sul piano della rilevanza pratica, nella misura in cui il regime della responsabilità extracontrattuale si avvicina sempre di più a quello dell'illecito *ex contractu*; ed invero, si avrà modo di osservarlo, la regola aquiliana viene interpretata, soprattutto in ordine alle figure di responsabilità speciale – danno da esercizio di attività pericolose, da circolazione di veicoli, da cose in custodia, da prodotto difettoso e così via – in maniera da realizzare un meccanismo della prova analogo a quello dell'art. 1218 c.c.

Figure "miste" di responsabilità

Né va sottaciuta la tendenza crescente a rinvenire, specie da parte delle corti, forme "miste" di responsabilità a metà strada tra le due figure di illecito considerate; si pensi, ad esempio, alle più recenti pronunce della Cassazione, che, in tema di condotta dannosa del medico dipendente da un ente ospedaliero, discorrono di responsabilità da "contatto sociale", che si risolve, quanto al regime applicabile, in un illecito contrattuale, nonostante sia carente qualsivoglia rapporto negoziale diretto tra il danneggiante ed il paziente, che è, invece, legato da vincolo contrattuale esclusivamente con la struttura da cui dipende il medico.

La responsabilità da attività sanitaria

In effetti, rispetto alla responsabilità da attività sanitaria, bisogna sottolineare l'indirizzo giurisprudenziale che, negli ultimi anni, ha tentato di ricondurre il danno derivante da siffatta attività alla responsabilità contrattuale. Quanto alla struttura ospedaliera, d'altronde, il vincolo contrattuale sorgere in forza del contratto di spedalità; in relazione a quella del professionista, invece, il richiamo è alla richiamata categoria dottrinale di matrice tedesca del c.d. contatto sociale.

Tuttavia, già nella legge speciale in materia (c.d. legge Balduzzi, d.l. n. 158 del 2012, convertito in legge n. 189 del 2012), il legislatore aveva richiamato la natura extracontrattuale della responsabilità del professionista. Eppure, al riguardo, la giurisprudenza maggioritaria si è assestata sulla qualificazione contrattuale della responsabilità *de qua*, in quanto derivante appunto da contatto sociale.

Per questo motivo, il legislatore è nuovamente intervenuto a pochi anni di distanza dalla precedente normativa e, con la recente legge n. 24 del 2017 (c.d. Gelli-Bianco), ha distinto tra responsabilità della struttura sanitaria e quella dell'esercente la professione sanitaria. Quanto alla prima, se ne offre una qualificazione normativa in termini contrattuali attraverso un espresso richiamo agli artt. 1218 e 1228 c.c.: la struttura, quindi, risponde nei confronti del paziente danneggiato delle condotte dolose o colpose poste in essere dal medico della cui opera si sia avvalsa (anche in caso di attività di ricerca clinica o di telemedicina). Al contrario, l'esercente la professione sanitaria risponde ai sensi dell'art. 2043 c.c., stante, anche qui, il richiamo alla disciplina codicistica effettuato dalla disposizione. Può accadere, tuttavia, che anche la responsabilità del medico venga attratta nella dimensione contrattuale nel caso in cui il professionista sia direttamente legato al paziente da un precedente contratto.

La volontà legislativa di tenere nettamente distinte le due figure di responsabilità è confermata altresì dalla circostanza che l'inciso conclusivo dell'articolo dispone che le norme ivi contenute sono imperative e, come tali, inderogabili.

5. *L'atipicità dell'illecito: i vantaggi di un sistema aperto*

Tuttavia, a prescindere dalle considerazioni svolte, è certo che la responsabilità aquiliana mantiene una sua autonomia concettuale, consacrata nel sistema di disposizioni che la concernono. Ad aprire quest'ultimo è la norma di base della materia, l'art. 2043 c.c., il quale, come osservato, recita che qualunque fatto doloso o colposo, che cagiona ad altri un danno ingiusto, obbliga colui che lo ha commesso a risarcire il danno. Tale regola, moderna erede della *Lex Aquilia*, se osservata in comparazione con analoghe formulazioni contenute in codificazioni straniere, esprime una delle migliori esplicazioni possibili dell'istituto in esame e basta seguirne l'andamento per fare propria la "nomenclatura" ed acquisire i concetti principali, che interessano la materia.

L'atipicità dell'illecito nell'esperienza italiana

Il primo elemento che si ricava dal dato testuale è la c.d. *atipicità* dell'illecito, come denota la dizione "*qualunque*" fatto. Gli ordinamenti giuridici hanno compiuto scelte parzialmente differenti in tema di fattispecie di responsabilità civile, ma, probabilmente, la distinzione preliminare è tra i sistemi imperniati sulla predeterminazione legislativa delle ipotesi, che danno origine all'obbligazione risarcitoria, e quelli (come il nostro) che, dettato il principio generale del divieto di arrecare danni e collegatane la violazione all'obbligazione risarcitoria, rimettono alla casistica concreta l'individuazione dei "fatti" generatori di illecito aquiliano.

Il modello tedesco della responsabilità è ispirato alla prima impostazione, quello francese alla seconda; tant'è che l'art. 1382 del *Code Civil* contiene una regola analoga al nostro art. 2043 c.c., che, del resto, proprio dal modello francese ha tratto diretta ispirazione.

Vantaggi dei sistemi atipici di illecito

È opportuna la scelta compiuta dal nostro ordinamento, sulla scorta del modello del *Code Civil* francese? Ad oltre settanta anni dall'adozione del codice civile si può senz'altro rispondere affermativamente. Se, infatti, la responsabilità aquiliana è ampiamente interessata dall'evoluzione socio-economica e risponde spesso ad un disegno di "ingegneria" sociale, l'opzione per un sistema fondato sull'atipicità assicura all'istituto in oggetto una perenne capacità di autorigenerazione, sottraendolo al rischio, sempre in agguato nei settori di incrocio tra *Law and Society*, di precoce invecchiamento a causa della maggiore velocità con la quale la realtà corre rispetto al dettato normativo. È conferma di ciò la buona prova che l'art. 2043 c.c. ha dato rispetto a nuove situazioni dannose, che hanno visto accordare tutela alla vittima proprio grazie all'applicazione giurisprudenziale evolutiva della suddetta *lex generalis*.

Il ruolo della legislazione speciale

Ciò, tuttavia, non elimina la prerogativa del legislatore di intervenire direttamente per fissare un regime speciale dell'illecito per determinate materie considerate strategiche o peculiari. Negli anni, infatti, non sono mancati interventi legislativi in tal senso, come confermano, a titolo esemplificativo, l'art. 18, legge n. 349 del 1986, istitutiva del Ministero per l'Ambiente, che ha dettato una disciplina specifica per la responsabilità per danno ambientale, o l'art. 18, legge n. 675 del 1996, sulla *privacy* (ora art. 15, d.lgs. n. 196 del 2003), che del pari ha stabilito il particolare statuto del risarcimento dei danni da trattamento illecito dei dati personali.

Né va trascurato, infine, che, a fronte della natura di "clausola generale" dell'art. 2043 c.c., ha avuto modo di esercitarsi la funzione, ora interpretativa, ora integrativa, ora propositiva, della dottrina, in poche altre materie attiva come nell'ambito della responsabilità civile.

In sostanza, la scelta per un sistema di illecito civile atipico è sin qui risultata vincente, esattamente come, all'opposto, l'ordinamento non poteva che optare, nel campo del diritto penale, per un sistema di illeciti tipici predeterminati per legge.

6. *Allocazione e socializzazione del danno*

Il "*fatto*" di cui all'art. 2043 c.c.

L'art. 2043 c.c. fa riferimento, poi, al *fatto*, che genera l'altrui danno; è nota la partizione, presa in esame in precedenza, dei fatti giuridici e la loro distinzione concettuale rispetto agli atti. Alla luce della stessa gli autori, in forma prevalente, hanno ritenuto che la dizione dell'art. 2043 c.c. vada sostituita con quella di atto, nel senso di "fatto umano" assistito da volontà e consapevolezza.

Fatto "*umano*"

In questa direzione, d'altro canto, condurrebbe la qualificazione che la stessa disposizione contiene, allorché discorre di "*fatto doloso o colposo*": si è notato che tanto il dolo quanto la colpa, dei quali ci si occuperà *infra*, sono elementi soggettivi propri della condotta umana, *ergo* degli atti e non genericamente dei fatti. L'osservazione è pertinente e, almeno con riguardo alla fase interpretativa ed applicativa originaria della norma, risulta plausibile. Se, infatti, alla responsabilità civile si attribuisce una prevalente se non esclusiva connotazione soggettivistica, è corretto ritenere che a generarla sia un *atto* riconducibile alla volontà umana; in altre parole, alla stregua anche della parallela e talora coincidente riflessione sulla responsabilità penale, ciascuno deve rispondere unicamente di quanto personalmente posto in essere secondo parametri volontaristici di imputazione.

Fatto *sic et simpliciter*

Nondimeno, è lo stesso codice civile a prevedere fattispecie in cui il titolo della responsabilità non coincide con il dolo ovvero con la colpa. Si pensi al caso dei "padroni e dei committenti" (art. 2049 c.c.), all'esercizio di un'attività pericolosa (art. 2050 c.c.) e, in generale, al capitolo delle cosiddette responsabilità "speciali" (artt. 2048-2054 c.c.): benché si discorra di parte di queste ultime come ipotesi di mera inversione processuale dell'onere della prova, si avrà occasione di rilevare come il titolo di responsabilità finisca per corrispondere molto spesso con l'individuazione di una sfera giuridica sulla quale far gravare il rischio del verificarsi di un determinato *fatto* (*sic et simpliciter*, senza aggettivazioni ulteriori). In tutti i casi in cui il soggetto risponde del fatto altrui o, comunque, di un fatto estraneo alla propria sfera comportamentale, è evidente come l'ordinamento persegua obiettivi e funzioni "ulteriori" della responsabilità. Non è, d'altronde, senza significato che le fattispecie segnalate concernono situazioni – circolazione dei veicoli, custodia di edifici *et similia* – ad accentuata pericolosità sociale.

Alla luce di questa riflessione probabilmente la scelta terminologica del codice – "fatto" e non "atto" illecito – assume un contenuto di attualità e non va ascritta soltanto ad un'approssimazione del linguaggio, spesso – e non a torto – imputata al legislatore.

Meccanismi di "socializzazione" dei danni

Del resto, è innegabile come il meccanismo dell'obbligazione risarcitoria abbia risentito della spinta verso forme di "socializzazione" dei danni, di cui è espressione, altresì, il crescente ricorso a fattispecie di assicurazione, sia su base volontaria, sia, più di sovente, di natura obbligatoria. L'ambito maggiormente rappresentativo di tale *trend* è certamente costituito dalla disciplina che, dalla legge n. 990 del 1969 in avanti, ha introdotto e regolamentato l'assicurazione obbligatoria della responsabilità per la circolazione dei veicoli; all'interno della stessa, poi, un risalto particolare va dato a figure come il Fondo di garanzia per le vittime della strada, che opera proprio in una serie di casi – danno da veicolo restato non identificato o da veicolo non assicurato – che meglio di altri riflettono la descritta funzione sociale della regola aquiliana, vieppiù confermata dalla costante giurisprudenza della Suprema Corte, la quale ha precisato che l'obbligazione del Fondo non è di carattere indennitario, bensì risarcitorio. Il che equivale ad affermare che il Fondo, pur rispondendo ad una logica di sicurezza sociale, è compatibile con lo schema dell'illecito civile, perché quest'ultimo, a sua volta, oramai non è estraneo alla finalità prevalente di garanzia dell'interesse del soggetto danneggiato.

Il discorso sulla socializzazione della responsabilità, in realtà, coinvolge valutazioni più complessive in termini di costi e benefici sociali e richiede una lettura cosiddetta di analisi economica del diritto; al limitato fine della presente trattazione è sufficiente, conclusivamente, sottolineare che l'illecito oggi risponde ad una pluralità di titoli di imputazione, non tutti – anzi, sempre meno – coerenti con l'antico motto *nulla poena sine injuria*.

Queste considerazioni, ben oltre il profilo in esame della struttura della responsabilità, finiscono per condizionare l'intera trattazione della materia, atteso che la concezione della regola aquiliana in vista della salvaguardia della vittima incide sul modo stesso di interpretare ed applicare ciascun aspetto della relativa disciplina legale.

CAPITOLO 62

LA STRUTTURA DELL'ATTO ILLECITO: ATTO ED INGIUSTIZIA DEL DANNO

SOMMARIO: 1. Il fatto: azione ed omissione. – 2. L'imputabilità. – 3. L'ingiustizia del danno. – 4. Il danno *contra ius*: le situazioni giuridiche protette. – 5. (*segue*) Diritti della persona e proprietà. – 6. (*segue*) La tutela aquiliana del credito. – 7. (*segue*) La lesione degli interessi legittimi e la responsabilità della P.A. – 8. (*segue*) Il problema della lesione della libertà negoziale. – 9. (*segue*) Fattispecie particolari. – 10. Il danno *non iure* e le cause di giustificazione. – 11. La responsabilità per atto lecito.

1. *Il fatto: azione ed omissione*

L'art. 2043 c.c., al fine di identificare l'elemento fondativo della serie causale che ha comportato la lesione della sfera giuridica del terzo, discorre genericamente di "*fatto*". In tal senso, nella prospettiva della responsabilità civile, per "fatto" deve intendersi quell'accadimento materiale, a vario titolo attribuibile ad un soggetto (il c.d. *autore* di esso), che innesca la progressione eziologica che porterà infine al danno da risarcire.

Dispute interpretative sulla nozione di "*fatto*"

Come accennato al termine del precedente capitolo, la circostanza della necessaria riferibilità del fatto ad un soggetto, accostata alla generica formulazione letterale dell'art. 2043 c.c., ove si fa menzione esclusiva del "fatto illecito" e non di "atti", ha indotto parte della dottrina – soprattutto in passato – a tacciare di imprecisione la lettera della disposizione in esame. In particolare, si asseriva che, stante l'imprescindibile collegamento con uno o più soggetti determinati, il fatto illecito di cui all'art. 2043 c.c. dovesse consistere necessariamente in una azione umana e che, di conseguenza, al fine di identificare tale condotta necessariamente dell'uomo sarebbe stato tecnicamente più opportuno fare riferimento alla nozione di atto, anziché a quella di fatto illecito.

In realtà, queste critiche alla formulazione testuale della disposizione codicistica non hanno pregio, dal momento che finiscono per confondere il piano dell'identificazione dell'accadimento materiale che ha attivato la serie causale che porterà al danno con quello dell'imputabilità di tale accadimento ad un determinato soggetto. Nello specifico, nulla vieta che l'evento materialmente produttivo del danno sia una evenienza naturale (e dunque tecnicamente un *fatto* e non un *atto*), come, ad esempio, nel caso dell'aggressione di un animale oppure di una valanga, "allocata", però, ai fini della responsabilità civile, in capo ad un soggetto determinato.

Ad altra sfera di valutazione (nello specifico, quella dell'imputabilità) e secondo criteri diversi dalla meccanica distinzione tra fatto ed atto, invece, dovrà farsi riferimento al fine di stabilire se quel determinato evento, umano o naturale, sia oppur no giuridicamente riconducibile alla sfera di responsabilità di un individuo specifico, vuoi perché lo ha cagionato con una sua azione, vuoi perché non ne ha impedito il verificarsi nonostante a ciò fosse tenuto.

Azione ed omissione

In tal senso, viene qui in rilievo la distinzione del fatto in azione ed omissione, a seconda che il soggetto venga ritenuto responsabile del danno perché ha contribuito materialmente a determinarlo con una propria attività positiva oppure perché è rimasto semplicemente inerte rispetto alla serie causale produttiva del danno, nonostante avesse l'obbligo giuridico di attivarsi al fine di impedire l'evento lesivo. Ed allora, sebbene parte della dottrina, nella prospettiva della ricostruzione dei diversi elementi della responsabilità civile, preferisca ricondurre l'omissione all'ambito soggettivo della colpevolezza e discorrere perciò di colpa omissiva, appare più corretto inquadrare la problematica in esame nel discorso intorno ai presupposti oggettivi dell'illecito ed, in particolare, al fatto: si è scelto, dunque, di utilizzare la nozione di condotta omissiva, intendendo per essa la violazione di una disposizione preesistente, diversa dall'art. 2043 c.c., che imponeva al soggetto di agire per impedire il danno.

Tipicità degli illeciti omissivi

In effetti, perché l'omissione assuma rilevanza ai fini dell'imputazione della responsabilità civile è necessario che preesista una norma giuridica volta a pretendere coattivamente una attività positiva dal soggetto rimasto invece inerte. Allora, nelle fattispecie caratterizzate dal fatto omissivo del responsabile l'art. 2043 c.c. non opera quale disposizione indipendente ed autonoma, ma ha funzione sussidiaria rispetto alla preesistente violazione di un'altra norma. In altre parole, le fattispecie di illecito omissivo sono il frutto dell'applicazione combinata di una norma di legge che impone un determinato comportamento positivo e dell'art. 2043 c.c., sicché quest'ultima disposizione finisce per svolgere un ruolo secondario rispetto alla violazione del primo precetto.

Da ciò deriva una ulteriore conclusione: essendo gli illeciti per omissione ipotesi, tutte normativamente previste, di palese eccezione rispetto al generale obbligo di prudenza – *rectius*, di non ingerenza nella sfera giuridica altrui – imposto proprio *ex* art. 2043 c.c., si assiste di conseguenza ad una tipizzazione delle condotte omissive illecite, contrariamente ad uno dei principi cardinali del nostro sistema della responsabilità civile, cioè quello dell'atipicità dell'illecito.

2. *L'imputabilità*

Tuttavia, di là da quanto innanzi notato, il "fatto" di cui all'art. 2043 c.c., per essere riconducibile ad una condotta volontaria, deve accompagnarsi ad un ulteriore presupposto, proprio della sfera soggettiva del suo autore.

La capacità di intendere e di volere

In tal senso, l'art. 2046 c.c. impone che, onde essere dichiarato responsabile, il soggetto agente avesse la capacità d'intendere e di volere nel momento in cui ha commesso il fatto dannoso, «*a meno che lo stato di incapacità non derivi da sua colpa*». La condotta, dunque, deve essere accompagnata dalla *imputabilità* di essa al soggetto: la disposizione ripete il medesimo principio presente nell'art. 85 c.p., che, analogamente, presuppone, per la punibilità dell'autore del fatto, la sua «*capacità di intendere e di volere*».

Ebbene, per capacità di intendere e di volere, in relazione all'illecito civile, deve intendersi l'idoneità psichica del soggetto ad autodeterminarsi rispetto alle proprie azioni ed a comprendere, di conseguenza, l'incidenza negativa del proprio operare. Qualora il danneggiante difetti di tale idoneità psichica, il danno cagionato al terzo, pur integrando dal punto di vista oggettivo tutti gli estremi dell'illecito civile, non sarà comunque attribuibile all'incapace ai fini della responsabilità *ex* art. 2043 c.c. e del relativo obbligo di risarcimento.

L'accertamento dell'imputabilità e la capacità negoziale

Nondimeno, a differenza dell'imputabilità nel campo penale, ove è la legge stessa a fissare le cause che la escludono, rispetto alla responsabilità civile compete al giudice, caso per caso, accertare se in concreto, al momento della condotta tenuta, il soggetto fosse oppur no in grado di intendere e di volere. Tale verifica, tra l'altro, non è necessariamente ancorata alle regole attinenti alla c.d. *capacità negoziale*: ad essere più chiari, può verificarsi che un soggetto legalmente incapace, perché minore o interdetto, venga comunque riconosciuto imputabile ai fini dell'illecito civile, in relazione alle condizioni spazio-temporali, alle circostanze, alle modalità con cui si è prodotto il fatto dannoso. Di contro, può accadere che un maggiore d'età, che versi in una temporanea situazione di incapacità naturale da lui non procurata, venga considerato non imputabile.

Il custode dell'incapace ed il dovere di vigilanza

In ogni caso, in assenza di imputabilità, del danno rispondono colui o coloro che erano tenuti alla sorveglianza dell'incapace, a meno che non dimostrino «*di non aver potuto impedire il fatto*» (art. 2047 c.c.).

Tale prova, però, – come si vedrà meglio oltre – risulta essere tutt'altro che agevole: se è vero, infatti, che la responsabilità del custode si fonda su un obbligo generale di vigilanza, più o meno esteso in ordine all'età ed alla maturità dell'incapace, è altrettanto vero che per pacifico indirizzo giurisprudenziale la prova liberatoria può dirsi raggiunta soltanto allorché si dimostri che l'evento dannoso si è verificato nonostante il diligente esercizio della sorveglianza. Il che, *apertis verbis*, equivale a sostenere che l'obbligato non si esonera da responsabilità con la sola prova della propria diligenza, bensì con l'altra, assai più complessa, del fatto "terzo" che ha generato l'evento.

L'obbligazione indennitaria

Se, tuttavia, non v'è alcun soggetto tenuto alla sorveglianza oppure, essendovi, il danneggiato non abbia potuto ottenere dallo stesso il risarcimento, l'art. 2047, 2° comma, stabilisce che «*il giudice, in considerazione delle condizioni economiche delle parti, può condannare l'autore del fatto a una equa indennità*».

3. *L'ingiustizia del danno*

La centralità della nozione di danno

Non si può discorrere di responsabilità se non in presenza di un evento che generi un danno. In tal senso, il pregiudizio cagionato ad altri è il presupposto principale della fattispecie in esame e, in un certo senso, l'angolo visuale dal quale l'ordinamento giuridico guarda al sistema della responsabilità civile. Alcune condotte illecite, specie in diritto penale, sono perseguite a prescindere dalla loro attitudine a produrre danno, magari in considerazione dell'allarme sociale che suscitano. Viceversa, nel settore in esame, in assenza di effetto dannoso dell'agire, non si giustifica l'intervento, al contempo sanzionatorio e riparatorio, del diritto.

Le definizioni di danno possono risultare molteplici. In termini generali tale nozione viene a coincidere con la lesione dell'altrui sfera giuridica. Il tema del danno, invero, è suscettibile di trattazione sotto diversi punti di vista.

Infatti, ancor prima di addentrarsi nell'approfondimento delle differenti categorie di pregiudizio, che sono ricavabili dal dettato legislativo o dall'elaborazione dottrinale e giurisprudenziale, è bene sottolineare che, affinché sorga l'obbligazione risarcitoria, il danno cagionato ad altri deve essere *ingiusto*. L'ingiustizia risulta essere, dunque, il presupposto prioritario del danno risarcibile: è proprio l'art. 2043 c.c. che discorre esplicitamente di danno ingiusto.

Danno *non iure* e *contra ius*

Nello specifico, la dottrina e la giurisprudenza ritengono unanimemente che per danno ingiusto debba intendersi l'ingiustificata lesione di un interesse giuridicamente tutelato nella vita di relazione. Detto in altri termini, il danno può qualificarsi come ingiusto quando è, al contempo, *non iure* e *contra ius*, cioè non giustificato dall'esercizio di un diritto ed, ancora, lesivo di una posizione giuridica altrui.

Ricostruzione della nozione di danno in prospettiva risarcitoria

Il danno ingiusto, nella sfera giuridica del soggetto leso, si traduce immediatamente in un effetto negativo economicamente quantificabile, secondo le specificazioni del danno patrimoniale e di quello extrapatrimoniale. In tale prospettiva, che potremmo dire risarcitoria, il danno rileva quale complessiva perdita economica prodottasi nel patrimonio del danneggiato in conseguenza dell'evento lesivo. In genere, questa nozione di danno, puramente economica, viene in considerazione soprattutto nella fase della quantificazione del risarcimento dovuto dal danneggiante in ragione della valutazione, secondo criteri di causalità rilevante, dell'incidenza complessiva dell'illecito sugli interessi patrimoniali propri della sfera giuridica del danneggiato. Ebbene, tale nozione di danno finisce per concretizzarsi, per un verso (danno patrimoniale), nei due elementi del danno emergente e del lucro cessante per espresso dettato dell'art. 1223 c.c. e, per un altro (danno extrapatrimoniale), nella liquidazione equitativa operata dal giudice, stante l'intrinseca difficoltà di tradurre in parametri economici situazioni di carattere puramente personale.

4. *Il danno* contra ius*: le situazioni giuridiche protette*

Le teorie su ingiustizia e situazioni giuridiche protette

In genere, la nozione di ingiustizia del danno è stata immediatamente posta in relazione con la situazione soggettiva oggetto di tutela. In tal senso, la dottrina si divide storicamente secondo due differenti impostazioni: l'una che identifica l'ingiustizia con l'antigiuridicità (e, dunque, con la violazione di un diritto o di una norma); l'altra che, al fine di qualificare il danno come ingiusto, ritiene sufficiente la lesione di un interesse meritevole di tutela.

L'originaria tutela concessa ai soli diritti soggettivi assoluti

In origine e per lungo tempo, affidandosi alla prima tesi, si è ritenuto che potessero essere oggetto di risarcimento in caso di lesione i soli diritti soggettivi assoluti tipici ed, in particolare, i diritti reali ed i diritti della personalità. In realtà, tale impostazione non era estranea alla visione della proprietà come ideale "centro" del diritto civile, specie in una stagione in cui la sensibilità – prima sociale e poi giuridica – verso la tutela della sfera personale e l'attenzione per i mezzi di circolazione della ricchezza erano ancora agli albori. Questa conclusione è confermata dall'osservazione che, poco alla volta, l'assolutezza di tale teoria del danno ingiusto è entrata in crisi e si è pacificamente ammessa la risarcibilità *ex* art. 2043 c.c. anche dei diritti relativi, *in primis* quelli di credito.

La tesi della tutelabilità di qualunque interesse meritevole, anche di mero fatto

Al contrario, secondo l'ulteriore tesi presa in considerazione, è la stessa visione del danno ingiusto quale danno antigiuridico da contestare. L'art. 2043 c.c., infatti, in tale prospettiva, non presupporrebbe affatto la lesione di un diritto – assoluto o relativo che sia –, bensì la semplice compromissione di un interesse, anche di mero fatto, ritenuto meritevole di protezione in virtù dei principi generali dell'ordinamento.

Ad ogni modo, di là dall'importanza in chiave ricostruttiva della nozione in esame, bisogna evidenziare come entrambe le impostazioni del danno ingiusto appena descritte risultino attualmente almeno in parte superate e, per certi versi, al contempo recuperate attraverso una impostazione mediana, propria soprattutto delle corti.

La tesi attuale della tutelabilità delle situazioni giuridiche soggettive meritevoli nella vita di relazione

In dottrina e giurisprudenza, si preferisce, allora, ricostruire la nozione di danno ingiusto in relazione alla lesione di situazioni ritenute giuridicamente meritevoli di protezione rispetto alla vita di relazione. In tal senso, attualmente si reputano ingiusti, in genere, tutti quei danni che vanno ad incidere su interessi che l'ordinamento ha scelto di tutelare rispetto alla totalità dei consociati e, dunque, ha considerato meritevoli di essere protetti con la specifica disciplina della responsabilità aquiliana e del risarcimento.

La centralità del ruolo del formante giurisprudenziale

È evidente, però, che per questa via è stata rimessa soprattutto alle corti (al c.d. *diritto vivente*) la delicata opera di selezionare, talora in maniera casistica, quali situazioni giuridiche soggettive ammettere a risarcimento e quali invece escludere: va detto, ad ogni modo, che i giudici tendono ad individuare tali situazioni con quelle comunque riconducibili al paradigma della proprietà e dei diritti della personalità o, comunque, ad interessi di particolare rilevanza, sociale e/o economica.

Per semplificare, questa moderna impostazione dell'ingiustizia del danno condivide con quella che intendeva l'ingiustizia soltanto come antigiuridicità della lesione la centralità attribuita ai diritti della personalità ed ai diritti reali, ma – contemporaneamente – offre anche il vantaggio di conservare inalterata la capacità espansiva dell'istituto, propria della tesi che affermava la risarcibilità di qualsivoglia interesse ritenuto meritevole di tutela.

5. (segue) *Diritti della persona e proprietà*

Non si è mai dubitato, tanto in dottrina quanto in giurisprudenza, che l'art. 2043 c.c. sia destinato ad offrire tutela, innanzitutto, ai diritti assoluti ed, in particolare, a quelli inerenti la persona (i *diritti della personalità*) ed i beni (la *proprietà* e gli altri *diritti reali*).

I diritti della personalità ...

Per quanto concerne i diritti della personalità, nella prospettiva dell'illecito aquiliano non bisogna considerare soltanto quelli espressamente riconosciuti nel dettato codicistico, come ad esempio il diritto al nome, all'immagine, all'integrità personale o alla paternità morale delle opere d'ingegno. La dottrina, infatti, ormai da tempo ha imparato ad utilizzare la clausola aperta di cui all'art. 2 Cost. al fine di allargarne il numero, anche al di là dello stesso testo costituzionale: emblematico, in tal senso, è il caso del diritto alla riservatezza o di quello alla libertà sessuale o, ancora, alla parità di trattamento.

... e la funzione dell'art. 2 Cost.

Accanto agli interessi fondamentali della persona, l'art. 2043 c.c. è destinato ad offrire tutela ai privati rispetto alle violazioni – colpose o dolose – dei diritti reali ed, in particolare, della proprietà. In tal senso, vengono qui in rilievo tanto gli atti immediatamente lesivi del bene sul quale insiste il diritto reale, tanto le azioni dannose che si traducono nel semplice impedimento all'esercizio di determinate facoltà proprie delle posizioni giuridiche in esame. Analogo discorso vale per i diritti sui beni immateriali, come il diritto di brevetto o quello d'autore.

I diritti reali e la proprietà

I diritti sui beni immateriali

Al contrario, più complesso è l'inquadramento della lesione dei diritti reali di garanzia nel novero del danno ingiusto di cui all'art. 2043 c.c.: generalmente, dottrina e giurisprudenza escludono che tali diritti siano assistiti dalla tutela risarcitoria in occasione del danneggiamento, da parte di terzi, della cosa offerta in garanzia. In questa specifica ipotesi, infatti, scatta un altro rimedio, espressamente codificato all'art. 2742, 1° comma, c.c., consistente nella surrogazione reale dell'indennità dovuta dagli assicuratori alla cosa soggetta a pegno, privilegio o ipoteca che sia andata distrutta o deteriorata in ragione dell'intervento del terzo.

I diritti di garanzia

Va sottolineato che, a differenza della pacifica ammissione della risarcibilità dei danni relativi a diritti reali, molto più dibattuta è la possibilità di offrire tutela *ex* art. 2043 c.c. alle lesioni di quella particolare situazione di fatto qualificata come *possesso*. In particolare, le tesi negatrici di tale tutela sono fondate sul presupposto della irrisarcibilità dei danni connessi a posizioni soggettive di fatto, quale è il possesso, e non a diritti soggettivi. Ad ogni modo, di là da queste tesi avverse, la giurisprudenza pare oramai essersi assestata sul riconoscimento della risarcibilità delle lesioni subite dal possessore, in quanto questi, sebbene non sia titolare di alcun diritto, è comunque riconosciuto quale portatore di un interesse giuridicamente tutelato nella vita di relazione. Come già osservato, la lesione di tali interessi costituisce danno ingiusto ai sensi dell'art. 2043 c.c.

Il possesso

Eppure, bisogna considerare che, sempre per consolidato insegnamento delle corti, la tutela aquiliana contro le lesioni del possesso non è indiscriminata come quella relativa alle turbative del diritto di proprietà. Quest'ultima posizione, infatti, configurando un diritto (per di più assoluto), è tutelata rispetto ad ogni condotta invasiva – colposa o dolosa – del terzo, al contrario del possesso che, invece, si ritiene pos-

Caratteri della tutela aquiliana del possesso

sa ricevere tutela *ex* art. 2043 c.c. solamente contro le ingerenze altrui che rivestano gli estremi dello spoglio (art. 1168 c.c.) o delle molestie (art. 1170 c.c.). D'altro canto, le differenze tra tutela aquiliana del diritto di proprietà e del possesso sono legate anche al risarcimento del danno, che, se nel primo caso è commisurato alla perdita di valore economico subita dal bene in connessione all'intervento dannoso del terzo, nel secondo deve invece essere proporzionato al tempo in cui lo spoglio o le molestie hanno reso impossibile o semplicemente difficoltoso il pieno godimento del bene.

Concorso tra tutela aquiliana del possesso e della proprietà

In tale prospettiva, viene in rilievo anche la controversa questione del potenziale concorso tra la tutela aquiliana del possesso e quella della proprietà in occasione della distruzione o del danneggiamento della cosa. Nello specifico, esiste un orientamento giurisprudenziale che, di là dalla piena tutela *ex* art. 2043 c.c. offerta al proprietario, vorrebbe garantire anche al possessore un risarcimento del danno subito, da commisurarsi al tempo entro cui egli avrebbe avuto ancora titolo per godere legittimamente della cosa. Ad ogni modo, tale ultima ricostruzione non ha trovato grande seguito né in dottrina né in successive pronunce, dal momento che si ritiene essere il proprietario l'unico soggetto titolare del diritto al risarcimento per i danni conseguenti alla distruzione o al deterioramento della cosa. Il possessore del medesimo bene, dal canto suo, in tale specifica eventualità, potrà far valere la pretesa al risarcimento esclusivamente in via di surrogazione legale, rientrando anche il ristoro per le spese di sostituzione o riparazione della cosa tra le voci di danno che il solo proprietario ha diritto a vedersi rimborsate in conseguenza dell'illecito.

La detenzione

Riflessioni analoghe a quelle proposte in tema di tutela aquiliana del possesso possono riproporsi anche in ordine alla *detenzione*. In particolare, la lesione della posizione giuridica del detentore è qualificabile quale danno ingiusto risarcibile ai sensi dell'art. 2043 c.c.: va comunque precisato che i diritti personali di godimento (tipico è quello del locatario) vengono generalmente inquadrati nel discorso relativo alla tutela aquiliana del credito.

6. (segue) *La tutela aquiliana del credito*

Più volte si è osservato che in pochi settori del diritto si avverte nitido il ruolo creativo della dottrina e della giurisprudenza come in quello della responsabilità civile: una simile affermazione è confortata proprio dall'esame del progressivo ampliamento, ad opera delle corti e degli studiosi, del numero delle situazioni giuridiche annoverabili tra quelle protette *ex* art. 2043 c.c.

Il progressivo superamento del "dogma" della riserva di tutela aquiliana ai soli diritti assoluti

Emblematica in tal senso è la vicenda della tutela aquiliana del credito, che si è progressivamente affermata in parallelo ed in conseguenza della crisi del dogma della risarcibilità, in via extracontrattuale, dei soli danni connessi ai diritti assoluti. Ed è toccato, allora, proprio alle pronunzie delle corti, opportunamente assecondate dalle opinioni degli autori, il compito di far cadere tale binomio "*ingiustizia del danno-diritti assoluti*".

Leading cases: le vicende del Torino Calcio nei casi Superga (1949) e Meroni (1967)

L'evoluzione descritta è singolarmente racchiusa tra le decisioni giudiziarie, che ebbero ad interessare la medesima società calcistica, il Torino, per due episodi tristemente noti. Il primo attiene alla sciagura aerea di Superga, del 1949, in cui perse la vita l'intera squadra del Torino; il secondo, avvenuto nel 1967, si lega alla morte in un incidente automobilistico del calciatore Luigi Meroni.

In entrambe le ipotesi il Torino agì verso i terzi considerati responsabili dei sinistri per ottenere, in qualità di creditore di prestazioni infungibili (quelle calcistiche), il risarcimento per la perdita della possibilità di conseguire le prestazioni stesse e, dunque, per la lesione del proprio diritto di credito. La prima vicenda venne risolta, sino in Cassazione, con il rigetto della pretesa in relazione al noto postulato della irrisarcibilità del danno al credito. La seconda, invece, in un contesto sociale, culturale e giuridico molto mutato, vide accogliere la tesi in base alla quale anche la *lesione del diritto del creditore* può ricevere tutela ai sensi dell'art. 2043 c.c.

Dottrina e giurisprudenza, in effetti, durante quella particolare stagione giuridica, si interrogavano circa la configurabilità, quale danno ingiusto di cui all'art. 2043 c.c., dell'intervento del terzo che ostacolasse o rendesse impossibile l'adempimento di una obbligazione.

Come osservato, principale ostacolo al riconoscimento di un generale principio di tutelabilità del credito in via extracontrattuale era rappresentato da quella teorica che vedeva nel danno ingiusto esclusivamente quello concernente diritti assoluti. Il carattere relativo dei rapporti obbligatori, dunque, ne avrebbe comportato l'esclusione dall'area della risarcibilità *ex* art. 2043 c.c.

La distinzione tra profilo interno ed esterno del diritto di credito

Il riconoscimento della rilevanza extracontrattuale della posizione del creditore, ad ogni modo, anche dopo la decisione della Cassazione nel *leading case* Meroni, si è consolidato in giurisprudenza attraverso la distinzione di due aspetti dei diritti di credito. In tal senso, i rapporti obbligatori si comporrebbero di due momenti ben distinti: per un verso, infatti, vi sarebbe un profilo interno, concernente i rapporti tra creditore e debitore, di natura relativa e dinamica (stante l'immediata azionabilità del diritto nei confronti di un soggetto determinato ed i precisi obblighi gravanti su quest'ultimo). D'altro canto, il medesimo rapporto obbligatorio presenterebbe anche un profilo esterno, avente ad oggetto i rapporti tra il creditore ed il resto dei consociati, di natura assoluta e statica (in ragione della opponibilità *erga omnes* del credito, inteso quale valore proprio del patrimonio del creditore, e del generale dovere di rispetto gravante sulla collettività). Ebbene, esclusivamente la lesione di quest'ultimo profilo del diritto di credito, esterno e con i caratteri tipici del diritto assoluto, sarebbe risarcibile *ex* art. 2043 c.c.

Critiche alla impostazione della duplice rilevanza (interna ed esterna) del credito

Questa ricostruzione della problematica della tutela aquiliana del credito, consistente nella scissione del medesimo rapporto obbligatorio in due profili distinti (interno-relativo ed esterno-assoluto), sebbene molto accreditata in dottrina, non può non destare delle perplessità. Innanzitutto, essa finisce semplicemente per aggirare il centro della questione e riproporre indirettamente il binomio "danno ingiusto-diritti assoluti", dal momento che al fine di garantire la risarcibilità della lesione dei diritti relativi *ex* art. 2043 c.c. è costretta ad identificare ed isolare in essi il profilo della assolutezza. D'altronde, tale impostazione, che comporterebbe una indiscriminata risarcibilità extracontrattuale dell'inadempimento cagionato dal terzo, contrasta con il diritto vivente delle corti, le quali sono estremamente restie a ravvisare un danno ingiusto in qualsivoglia lesione dolosa o colposa del credito.

Orientamenti attuali della giurisprudenza

Ed allora, è necessario osservare che attualmente si va consolidando un orientamento giurisprudenziale che ammette la risarcibilità del danno per lesione di diritti di credito esclusivamente nelle ipotesi in cui tale diritto relativo sia riconducibile ad un rapporto di lavoro subordinato, di famiglia o di società ed il danno sia conseguente alla uccisione del debitore o alla sua menomazione personale.

Il principio della tutela aquiliana del credito appare ormai consolidato in tali settori e se ne fa ampio uso, ad esempio, a proposito delle lesioni personali procurate da un terzo al dipendente in conseguenza delle quali il datore non possa usufruire delle prestazioni del danneggiato: la Suprema Corte ha infatti chiarito che il risarcimento, pari all'ammontare delle retribuzioni e dei contributi erogati dal datore, è dovuto in forza del "*mancato funzionamento del sinallagma tipico del rapporto di lavoro*" causato dal fatto illecito del terzo.

Le corti, dunque, sembrano aver operato una selezione delle lesioni del credito risarcibili in via extracontrattuale, identificando quali criteri a tal fine discriminanti la particolare rilevanza dell'interesse leso e la gravità dell'evento lesivo.

Va sottolineato, ad ogni modo, che il percorso della giurisprudenza in materia non si è affatto arrestato, come comprovato soprattutto da quel recente orientamento che vuole risarcibile *ex* art. 2043 c.c., ravvisandovi un illecito extracontrattuale, la dolosa trascrizione operata dal secondo acquirente in danno del primo acquirente non trascrivente. In altre parole, compirebbe un illecito civile chi, avendo acquistato un bene con la consapevolezza della precedente alienazione dello stesso ad altri, compisse tale operazione con l'intento doloso di trascrivere per primo e privare l'originario acquirente del bene. Il secondo acquirente primo trascrivente, secondo tale orientamento, sarebbe civilmente responsabile dell'inadempimento dell'alienante in danno del primo acquirente, avendolo dolosamente cagionato.

Deve essere precisato, in ogni caso, che anche secondo tale ultimo orientamento la tutela aquiliana del credito non è generalizzata, ma è collegata all'intento doloso del secondo acquirente: la trascrizione operata da questo soggetto, infatti, è un atto di per sé lecito, che viene assunto quale fatto antigiuridico esclusivamente quando sia intenzionalmente volto a determinare l'inadempimento dell'alienante nei confronti del primo acquirente.

La rilevanza dell'interesse leso e la particolare gravità (dolosità) della condotta lesiva

Si può dedurre, allora, che attualmente la giurisprudenza, pur allargando progressivamente lo spazio della tutela aquiliana del credito, non abbia ancora riconosciuto ad essa una rilevanza generalizzata, dal momento che l'inadempimento di una obbligazione cagionato da un terzo assume rilevanza quale danno ingiusto *ex* art. 2043 c.c. o rispetto a fattispecie specifiche ove l'interesse leso presenti una particolare rilevanza (rapporti familiari, lavorativi e societari) oppure quando la lesione del credito sia stata attuata dolosamente (come nell'esempio del secondo acquirente primo trascrivente).

7. (segue) *La lesione degli interessi legittimi e la responsabilità della P.A.*

Nonostante il notevole progresso fatto segnare dall'opinione prevalente in tema di danno ingiusto, v'era una "frontiera" che pareva destinata a non essere superata: si allude al problema della risarcibilità della *lesione degli interessi legittimi*. È nota la distinzione tra il diritto soggettivo e la nozione di interesse legittimo e la stessa viene trattata in altra parte del volume. È sufficiente qui richiamare che l'interesse legittimo è la situazione soggettiva di cui è titolare il cittadino nei confronti della pubblica amministrazione e che si risolve nella pretesa a che l'ente pubblico uniformi il proprio agire alla disciplina di legge dettata per lo specifico procedimento che interessa l'utente.

Originaria posizione negatoria della risarcibilità del danno all'interesse legittimo

A lungo è stato postulato il teorema della non risarcibilità della lesione dell'interesse legittimo per carenza del requisito dell'ingiustizia del danno.

In altre parole, se la pubblica amministrazione genera un pregiudizio ad un cittadino in conseguenza di un atto amministrativo illegittimo – a titolo esemplificativo, la mancata concessione di un provvedimento autorizzativo dovuto –, sulla base della teorica esposta, non è tenuta a risarcire i danni prodottisi nella sfera del cittadino, perché l'art. 2043 c.c. disciplina la sola tutela dei diritti soggettivi e non degli interessi legittimi.

Fattori di superamento della posizione originaria: la dottrina

Contro questa posizione ha sempre mostrato ostilità la dottrina più accorta, mentre la giurisprudenza (ed in specie la Corte di Cassazione) appariva granitica nel respingere ogni possibilità di critica della ricostruzione sopra delineata.

L'incidenza dei principi di derivazione comunitaria

I fattori di evoluzione e di superamento della preconcetta visione della non risarcibilità del danno da lesione dell'interesse legittimo sono stati molteplici e certamente non poco peso ha avuto il contemporaneo, sempre maggiore coinvolgimento italiano nell'ambito dell'ordinamento comunitario. È noto, infatti, che in altri ordinamenti la distinzione tra il diritto pubblico e quello privato – nei limiti in cui una netta partizione possa ancora considerarsi di piena rilevanza – non si estende al terreno della giurisdizione e, dunque, della responsabilità per danni cagionati dalla pubblica amministrazione. Uno dei motti giuridici inglesi più noti è che il giudice della Corona è lo stesso dell'uomo della strada.

La sentenza Francovich

Del resto, dal noto caso Francovich (deciso dall'allora Corte di Giustizia delle Comunità Europee il 19 novembre 1991) in poi, i giudici comunitari hanno fissato il principio della risarcibilità dei danni cagionati dallo Stato, che si sia reso inadempiente nell'attuazione di una direttiva.

La svolta giurisprudenziale: Cass. 22 luglio 1999, n. 500

Insomma, sono progressivamente maturati i presupposti perché la Cassazione, con la pronuncia del 22 luglio 1999, n. 500, sancisse che tra le situazioni soggettive, la cui violazione è suscettibile di cagionare un danno ingiusto, v'è anche l'interesse legittimo. Pertanto, il cittadino, che, non sulla base di una mera aspettativa di fatto, abbia riposto un "*affidamento oggettivo*" su un determinato agire della pubblica amministrazione e che si veda leso nella propria legittima attesa, ha diritto di conseguire il relativo risarcimento, sulla base dell'ordinaria disciplina dell'illecito extracontrattuale.

Nello specifico, la Suprema Corte, rifacendosi principalmente all'influsso comunitario ed a quelle correnti interpretative che volevano il progressivo ampliamento della nozione di danno ingiusto, formulò la regola generale della risarcibilità degli interessi legittimi, secondo cui «*una volta stabilito che la normativa sulla responsabilità aquiliana ha funzione di riparazione del danno ingiusto, e che ingiusto è il danno che l'ordinamento non può tollerare che rimanga a carico della vittima, ma che va trasferito sull'autore del fatto, in quanto lesivo di interessi giuridicamente rilevanti, quale che sia la loro qualificazione formale, ed in particolare senza che assuma rilievo determinante la loro qualificazione in termini di diritto soggettivo, risulta superata in radice, per il venir meno del suo presupposto formale, la tesi che nega la risarcibilità degli interessi legittimi quale corollario della tradizionale lettura dell'art. 2043 c.c.*».

Presupposti della risarcibilità

Ad ogni modo, accanto all'affermazione della regola generale, la Corte di Cassazione, nella medesima pronuncia, si preoccupò di precisare che il principio da essa espresso non equivaleva certamente al riconoscimento della «*indiscriminata risarcibilità degli interessi legittimi quale categoria generale*». Nello specifico, la tutela *ex* art. 2043 c.c. di tali posizioni giuridiche soggettive incontra i propri naturali confini nell'immediato collegamento causale con una condotta (commissiva o omissiva) della P.A., nella diretta colpevolezza della stessa P.A. (e non di un suo funzionario) e nel fatto che l'attività illegittima della P.A. abbia determinato un danno al bene della vita che l'interesse legittimo sottende. Non è invece presupposto della responsabilità della P.A. il preventivo accertamento della illegittimità del provvedimento lesivo dell'interesse legittimo del cittadino.

Interessi oppositivi ed interessi pretensivi

Nella prospettiva della risarcibilità della lesione dell'interesse legittimo, rimane confermata anche la distinzione tra interessi oppositivi ed interessi pretensivi rispetto all'agire della P.A.: rispetto ai primi occorre provare il danno, conseguente all'illegittima attività della P.A., consistente nel sacrificio dell'interesse alla conservazione di un bene della vita o comunque di una posizione di vantaggio. Per quanto concerne, invece, i secondi, ai fini del riconoscimento della tutela risarcitoria, è necessario valutare la consistenza della protezione che l'ordinamento riserva alle istanze di ampliamento della sfera giuridica del pretendente, in considerazione dell'oggettivo affidamento del privato alla effettiva realizzazione dell'aspettativa nei confronti della P.A.

Tale "rivoluzione" è viepiù confermata dalle più recenti riforme che hanno interessato il giudizio amministrativo, operate dalla legge 21 luglio 2000, n. 205 in avanti, sino al Codice del processo amministrativo (approvato con d.lgs. 2 luglio 2010, n. 104): sebbene con l'attribuzione della giurisdizione al giudice amministrativo, si è consolidato, dunque, il principio dell'ammissibilità della richiesta di risarcimento del danno avverso la P.A.

8. (segue) *Il problema della lesione della libertà negoziale*

La problematica della risarcibilità della *lesione della libertà negoziale* prende spunto da una decisione della Corte di Cassazione (n. 2765 del 1982) in ordine all'acquisto di un quadro, inizialmente attribuito al pittore De Chirico in ragione della firma apposta da questi sul retro di un'opera, successivamente dall'artista stesso riconosciuta come un falso.

Il caso De Chirico

L'acquirente del quadro, allora, agì contro il pittore al fine di essere risarcito del danno subito in connessione all'accertata e riconosciuta falsità dell'opera. La Suprema Corte riconobbe la pretesa dell'agente, collegandola alla lesione del «*diritto all'integrità del proprio patrimonio*», inteso quale «*diritto di determinarsi liberamente nello svolgimento dell'attività negoziale relativa al patrimonio*».

In altre parole, la Corte di Cassazione, nel *leading case* De Chirico, riconobbe la lesione della libertà negoziale, intesa quale diritto alla libera esplicazione della autonomia privata, quale fattispecie suscettibile di integrare il danno ingiusto di cui all'art. 2043 c.c. Nello specifico, la sentenza teorizzò la risarcibilità del danno conseguente alla conclusione di determinate operazioni negoziali (ad esempio, un contratto) quando uno degli stipulanti sia stato a ciò indotto da informazioni errate colposamente fornite da terzi.

Profili definitori: la lesione della libertà negoziale

In tal senso, la dizione migliore da utilizzare al fine di identificare le fattispecie appena viste è quella di lesione della libertà negoziale, da favorire rispetto a quelle, pure impiegate in dottrina e dalla stessa Corte di Cassazione, di "*lesione dell'integrità patrimoniale*" o di "*danno al patrimonio*". Come visto, infatti, le ipotesi di colposa induzione alla conclusione di un contratto da parte di un terzo costituiscono delle menomazioni della libera esplicazione della libertà negoziale del contraente, che soltanto in via mediata – come d'altronde accade per ogni tipologia di danno ingiusto – si trasferisce sul patrimonio del soggetto e sulla sua integrità.

Presupposto della risarcibilità del danno alla libertà negoziale è che l'informazione errata fornita dal terzo, in ragione della sua qualifica professionale o della sua posizione giuridica rispetto al negozio o al bene oggetto di esso, sia da ritenere talmente affidabile da indurre certamente la parte offesa alla conclusione del contratto o comunque a stipularlo a condizioni meno favorevoli.

Applicazioni giurisprudenziali

Di là dal caso specifico che ha visto protagonista il pittore De Chirico, la giurisprudenza tende a riconoscere la lesione della libertà negoziale di un soggetto quale danno risarcibile *ex* art. 2043 c.c. in relazione alle informazioni fornite dagli istituti di credito circa la solvibilità dei clienti ed a quelle offerte da individui particolarmente qualificati in relazione alla proprietà e/o all'autenticità di determinati beni.

9. (segue) *Fattispecie particolari*

Di là dalle fattispecie prese in considerazione nei paragrafi che precedono, vi sono ulteriori ipotesi di particolari situazioni giuridiche riconosciute, ora dalla giurisprudenza ora dalla dottrina, come suscettibili di ricevere tutela *ex* art. 2043 c.c in occasione di una lesione.

Il danno psichico

Viene qui in rilievo, innanzitutto, il c.d. *danno psichico* subito da un congiunto in occasione della morte o delle gravissime lesioni sofferte da un parente. Tale ipotesi è stata dalle corti e dagli studiosi ora ricondotta all'area del danno morale *ex* art. 2059 c.c., ora inquadrata come danno indiretto (o "da rimbalzo", secondo la formula coniata dalla giurisprudenza francese), ora ancora come danno biologico. In realtà, la questione della risarcibilità del danno psichico deve essere correttamente inquadrata quale categoria di danno autonoma e tale lesione non è meccanicamente riconducibile nella sfera del danno non patrimoniale da liquidare alla vittima dell'illecito. Nello specifico, il risarcimento del danno psichico conseguente alla morte o alle lesioni gravissime subite da uno stretto congiunto è un diritto proprio del parente, che veda la propria sfera mentale vistosamente alterata in connessione alle emozioni subite in occasione dell'evento dannoso. Dunque, il congiunto, "psichicamente danneggiato", potrà agire *iure proprio* contro il danneggiante che, oltre alle lesioni (morali e materiali) cagionate alla diretta vittima della sua attività, dovrà anche risarcire questo ulteriore danno, immediata conseguenza del suo illecito.

La lesione del vincolo familiare

Differente dal danno psichico è la c.d. *lesione del vincolo familiare*, fattispecie caratterizzata dal fatto che ai familiari di un individuo ucciso o gravemente menomato viene riconosciuto – anche qui *iure proprio* – il diritto al risarcimento del danno per la perdita delle prestazioni di assistenza e collaborazione che essi traevano o avrebbero potuto trarre dalla vittima. Addirittura, la sussistenza di tale obbligazione risarcitoria è stata riconosciuta non soltanto nell'ambito familiare, ma anche in favore di ordini religiosi ed in occasione di rapporti societari, qualora si riesca a dimostrare che la vittima del fatto lesivo contribuiva in maniera sostanziale alle esigenze della comunità o della società tramite la propria attività economicamente valutabile.

Il danno derivante dalla nascita

Altra fattispecie particolare è quella del *danno derivante dalla nascita*, teorizzata quale voce di danno a sé stante soprattutto nell'ambito della giurisprudenza anglosassone. Sebbene in Italia non possano annoverarsi molti interventi delle corti in argomento, tuttavia la dottrina ha distinto due ipotesi specifiche di danno derivante dalla nascita: innanzitutto, quello subito dai genitori in ragione di una procreazione non voluta a causa di errore medico o per difetto dei mezzi contraccettivi (si tratta specificamente del c.d. "*danno da nascita indesiderata*"). L'altra ipotesi costituisce una specificazione del c.d. *danno prenatale*, che si verifica quando il neonato presenti delle patologie ereditarie non diagnosticate per errore medico prima della nascita: in tal caso, il sanitario è tenuto a risarcire tanto i genitori, tanto il nato.

Il danno da nascita indesiderata

Il danno prenatale

Il danno ambientale

Ulteriore ipotesi particolare degna di menzione è quella della lesione all'ambiente o, più precisamente, del *danno ambientale*. Di là dagli interventi di natura pubblicistica, le dispute dottrinali intorno a tale categoria di danno nella prospettiva esclusiva del diritto privato sono ben note e si dividono tra il riconoscimento di esso quale aspetto particolare del diritto alla salute e la sua qualificazione come autonomo diritto della personalità. Ad ogni modo, i principali argomenti contrari alla ricostruzione del danno ambientale quale categoria privatistica autonoma devono essere individuati nella contestazione sia della riconoscibilità di un diritto individuale all'ambiente, avulso da quello della collettività, sia nella inidoneità degli strumenti propri del diritto privato (come, ad esempio, il risarcimento del danno) a tutelare il bene-ambiente. Con l'art. 18 della legge n. 349 del 1986 è sembrata definitivamente prevalere la tesi negatrice del danno ambientale quale categoria autonoma di danno risarcibile *ex* art. 2043 c.c.: la disposizione citata, infatti, al 1° comma, sancisce espressamente che «*qualunque fatto doloso o colposo in violazione di disposizioni di legge o di provvedimenti adottati in base a legge che comprometta l'ambiente, ad esso arrecando danno, alterandolo, deteriorandolo o distruggendolo in tutto o in parte, obbliga l'autore del fatto al risarcimento nei confronti dello Stato*». Sicché, avendo la norma individuato quale titolare del diritto al risarcimento direttamente lo Stato, parrebbe non esserci spazio per un'autonoma lesione all'ambiente invocabile dal privato a fini risarcitori. Va sottolineato, in ogni caso, che parte della dottrina continua tuttora a ipotizzare la risarcibilità del danno ambientale subito dal privato, allorché questi riesca a dimostrare di avere subito una lesione particolare, diversa ed eccedente rispetto a quella patita dalla collettività. Il danno subito dalla generalità degli abitanti di una determinata zona, infatti, verrebbe risarcito globalmente allo Stato *ex* art. 18, legge n. 349 del 1986 ed il singolo potrebbe invocare esclusivamente il risarcimento per il maggior danno subito in ragione della sua posizione qualificata rispetto al danno ambientale. Non può negarsi, tuttavia, che questa ricostruzione induce notevoli perplessità, soprattutto in ragione del potenziale rischio di duplicazioni nella riparazione del medesimo danno, risarcito prima nei confronti dello Stato nella sua globalità e poi risarcito ancora (parcellizzato) secondo posizioni particolari.

Il *cable case*

Ulteriore fattispecie particolare da prendere in considerazione è quella indicata come *cable case*. Nello specifico, tale tipologia di danno è collegata con gli eventi pregiudizievoli (ad esempio, la sospensione dell'attività produttiva) occorsi ai privati in ragione della interruzione del servizio della fornitura di elettricità da parte dell'E.N.E.L.: celebre, in tal senso, è il caso della soc. Pasta Poddu risolto dalla Cassazione nel 1972. Di là dal dibattito dottrinale circa l'inquadrabilità di tale danno nell'ambito di quelli contrattuali o extracontrattuali, i più recenti orientamenti della giurisprudenza tendono ad escludere la responsabilità della società (originariamente ente pubblico) per i danni subiti dagli utenti a causa dell'interruzione del servizio elettrico, soprattutto quando il disservizio discenda da un evento fortuito (ad esempio, un fulmine) oppure da un fatto del terzo che, con la propria attività, abbia causato danni alle condutture dell'elettricità.

Il danno da informazione inesatta

Diverse voci dottrinali hanno provato a teorizzare, nella prospettiva della risarcibilità *ex* art. 2043 c.c., l'esistenza di un autonomo *danno da informazione inesatta*, inteso quale lesione di un presunto generale diritto a ricevere notizie rispondenti al vero da parte dei terzi. Tale ricostruzione, in realtà, era stata suggerita da quelle decisioni giurisprudenziali che hanno riconosciuto la responsabilità extracontrattuale di un soggetto particolarmente qualificato (ad esempio, una banca) che abbia fornito informazioni inesatte circa la solvibilità di un individuo ad un altro consociato, inducendo così quest'ultimo alla conclusione di un negozio. Allo stesso modo, analoghe fattispecie ove parte della dottrina aveva voluto scorgere l'esistenza di un autonomo danno da informazione inesatta sono quelle della repressione della pubblicità ingannevole o di chi, esercitando un'attività pericolosa, deve adottare tutte le cautele necessarie per evitare danni ai terzi, anche mediante un'adeguata informazione. Tuttavia, è necessario evidenziare come tutte le ipotesi appena citate siano caratterizzate non dal riconoscimento di un diritto ad essere esattamente informati e dalla lesione di esso da parte del terzo mentitore, bensì dalla lesione di interessi protetti (ad esempio, la libertà negoziale o il bene-salute) *tramite* l'uso distorto dell'informazione. In altre parole, deve escludersi nel nostro ordinamento l'esistenza di un generale ed autonomo diritto ad essere correttamente informati e del conseguente danno da informazione risarcibile *ex* art. 2043 c.c., dal momento che – nelle fattispecie citate – l'informazione mendace costituisce di per sé lo strumento lesivo e la sua diffusione configura l'atto dannoso, ma il danno ingiusto deve essere individuato nella lesione di un interesse diverso, quale ad esempio la salute, la proprietà o l'autonomia negoziale. In conclusione, ammettere l'esistenza di un autonomo danno da informazione equivarrebbe a commettere l'errore esegetico di confondere la condotta offensiva (*id est*, la diffusione di informazioni inesatte) con il danno e l'interesse leso.

Le aspettative

Per quanto concerne, infine, le *aspettative*, bisogna dire che, in genere, la giurisprudenza è concorde tanto nell'ammettere la pacifica risarcibilità di quelle di diritto, quanto nell'escludere analoga tutela in favore di quelle di fatto.

10. *Il danno* non iure *e le cause di giustificazione*

Il danno *non iure*

Il requisito dell'ingiustizia del danno, in realtà, non attiene al solo modo in cui si manifesta il fatto lesivo, atteso che esso rimanda implicitamente al fondamento stesso della responsabilità civile. Nel dettare una simile regola, infatti, l'ordinamento ha lasciato intendere che non sempre cagionare danno ad altri è di per sé illecito, bensì la condotta dannosa assume tale carattere soltanto allorché sia accompagnata dal carattere della "ingiustizia" del danno prodottosi, che si specifica nelle due declinazioni del *contra ius* e del *non iure* (o *sine iure*). Sinora, prendendo in considerazione le situazioni giuridiche tutelate in via aquiliana, abbiamo affrontato il profilo del *contra ius* dell'ingiustizia, sicché ora dobbiamo analizzare il momento del *non iure*, cioè dell'assenza di circostanze ritenute dall'ordinamento giustificative della condotta lesiva.

Le cause di giustificazione (o esimenti)

Del requisito dell'antigiuridicità del danno, come già osservato, sono state fornite diverse qualificazioni nel corso del tempo: ad esempio, in origine era ritenuto "ingiusto" il solo danno causato in assenza di una causa di giustificazione. Più precisamente, la regola è che è vietato arrecare danni ad altri, salvo che, in presenza di talune circostanze – dette, appunto, cause di giustificazione o esimenti –, il legislatore non consideri "giustificato" il comportamento dannoso, sulla base di una valutazione degli interessi in gioco e di quelli più o meno meritevoli di tutela.

Esimenti oggettive ed esimenti soggettive (o personali)

In tal senso, le cause di giustificazione che escludono l'antigiuridicità del fatto dannoso vengono definite generalmente oggettive, al fine di distinguerle dalle esimenti personali di responsabilità che non rendono lecita l'attività dannosa ma la giustificano. Solitamente, dunque, si qualificano come oggettive le esimenti della legittima difesa, del consenso dell'avente diritto, nonché dell'esercizio di un diritto e dell'obbedienza ad un ordine superiore. Al contrario, vengono definite soggettive (o personali) le esimenti dell'incapacità di intendere e di volere e dello stato di necessità. Parte della dottrina, peraltro, discorre anche del caso fortuito e della forza maggiore quali esimenti personali.

Le esimenti oggettive: la legittima difesa

La prima causa di giustificazione oggettiva è prevista dall'art. 2044 c.c., secondo cui l'aver agito per *legittima difesa* di sé o di altri esonera da responsabilità. La disposizione in esame, ai fini della definizione della nozione di legittima difesa, rinvia sostanzialmente all'art. 52 c.p. che richiede, quale presupposto necessario della fattispecie, la necessità di difendere un diritto proprio o altrui contro il pericolo attuale di un'offesa ingiusta, sempre che vi sia proporzione tra difesa ed offesa. In particolare, perché possa operare l'esimente della legittima difesa è necessario che ricorrano, contemporaneamente, il rischio attuale ed inevitabile di un danno ingiusto alla persona o alle cose proprie oppure di un terzo, l'aggressione antigiuridica ad opera di colui contro il quale la difesa è esercitata ed, infine, la strumentalità e la proporzionalità dell'azione difensiva. La strumentalità indica la immediata relazione tra offesa e difesa, sicché l'esimente potrà essere invocata esclusivamente nei confronti dell'aggressore; ove nel difendersi si cagionino invece danni ad un terzo, nei confronti di quest'ultimo non potrà invocarsi la legittimità della difesa, ma al più lo stato di necessità. Anche qualora manchi il presupposto della proporzionalità tra azione dannosa e reazione difensiva, l'esimente oggettiva in esame non può operare e si sfocia nell'eccesso colposo di legittima difesa, caratterizzato dalla qualificazione dell'atto difensivo quale fatto illecito, soggetto alla eventuale sanzione penale e fonte di obbligazione civile risarcitoria. La disciplina di cui all'art. 2044 c.c., infine, trova applicazione, in via analogica, altresì rispetto alle fattispecie concrete ove è ravvisabile la legittima difesa putativa (la situazione di pericolo non esiste obbiettivamente ma è supposta dall'agente sulla base di un errore scusabile).

Il consenso dell'avente diritto

Ulteriore causa di giustificazione oggettiva, anch'essa mutuata dal diritto penale (art. 50 c.p.), deve essere individuata nel *consenso dell'avente diritto*: colui che sacrifica un diritto altrui, con il consenso *legittimo* di chi poteva disporne, non va incontro alla responsabilità civile. Presupposti della causa di esclusione della responsabilità in esame sono la legittimazione del consenziente, la validità del consenso e la disponibilità del diritto di cui si consente la lesione. Il consenso, inoltre, può essere espresso oppure tacito, a meno che una determinata forma non sia prescritta per legge (come ad es. in materia di diritti immobiliari). A titolo esemplificativo, questa esimente viene evocata a proposito delle lesioni prodotte per un incidente di gioco nel corso di un evento sportivo, specie ad alto tasso di rischio: aver preso parte alla competizione è considerata implicita accettazione del rischio e tacito consenso alla messa in pericolo della propria integrità fisica.

L'esercizio di un diritto e l'obbedienza ad un ordine della pubblica Autorità

Per quanto concerne, infine, le ulteriori due cause di giustificazione oggettiva, è evidente che non cagionerà alcun danno antigiuridico a terzi chi esercita un proprio diritto, dal momento che si limita a sfruttare una situazione soggettiva positiva direttamente concessa dall'ordinamento e ritenuta prevalente sugli interessi altrui eventualmente lesi. Altrettanto palese è l'osservazione che l'antigiuridicità del danno in tanto è esclusa, in quanto il titolare del diritto non abusi di esso, eccedendone i limiti, come avviene, ad esempio, nella fattispecie codificata degli atti emulativi. Analogamente, l'antigiuridicità del danno cagionato al terzo è esclusa qualora esso sia la diretta conseguenza dell'obbedienza ad un ordine legittimo della pubblica Autorità, così come disposto dall'art. 51, 1° comma, c.p.

Le esimenti soggettive: l'incapacità di intendere e di volere

Quanto alle c.d. *cause di giustificazione personali*, occorre dire che, secondo quanto già osservato in tema di imputabilità del fatto illecito, a norma dell'art. 2046 c.c., non risponde delle conseguenze del danno chi non aveva la capacità di intendere e di volere al momento in cui lo ha commesso. Sia sufficiente qui soltanto sottolineare che, contrariamente a quanto stabilito dall'art. 97 c.p., che fissa al quattordicesimo anno di età il limite dell'incapacità penale del minore, il legislatore civile non ha previsto alcun limite preciso di età al fine di stabilire quando un minore abbia acquisito la capacità di intendere e di volere e possa essere, dunque, ritenuto direttamente responsabile *ex* art. 2043 c.c. Evidentemente tale valutazione è lasciata al libero apprezzamento dei giudici.

Lo stato di necessità

Sulla base dell'art. 2045 c.c., da leggere in combinato disposto con l'art. 54 c.p., inoltre, esime da responsabilità anche lo *stato di necessità*, ovvero l'aver agito costretto dalla necessità di salvare sé o altri dal pericolo attuale di un danno grave alla persona, a condizione che il pericolo non sia stato volontariamente causato e non fosse altrimenti evitabile dall'autore. Primo presupposto dell'esimente personale in esame è dato dalla necessità di salvare sé od altri dal pericolo attuale di un danno grave alla persona, nel senso che la condotta generatrice del danno deve essere stata intenzionalmente posta in essere nel perseguimento di tale finalità (*id est*, di scongiurare il pericolo). Per quanto concerne, invece, il presupposto del pericolo, che può derivare tanto da atto umano quanto da fatto naturale, la disposizione codicistica richiede che esso sia attuale, non sia stato volontariamente ingenerato dall'autore della successiva condotta dannosa tesa a scongiurarlo ed, ancora, che non sia altrimenti evitabile. Generalmente, la giurisprudenza pretende anche la serietà del pericolo, intendendo che esso deve essere, al contempo, tale da rendere giustificabile l'invasione dell'altrui sfera giuridica al fine di scongiurarlo e apparire come ragionevolmente probabile. Ad ogni modo, l'esimente di cui all'art. 2045 c.c. è stata ritenuta applicabile anche nel caso di pericolo putativo, ove – per errore scusabile – il danneggiante abbia ritenuto esistente una minaccia rivelatasi poi irreale. Dalla norma di diritto penale, infine, si deduce l'ulteriore presupposto della proporzionalità tra il fatto dannoso arrecato al terzo ed il pericolo evitato, nel senso che vi deve essere una sostanziale corrispondenza tra interesse sacrificato (quello del danneggiato) ed interesse tutelato (quello del danneggiante minacciato dal pericolo).

Il diritto del soggetto leso ad un'equa indennità

Va sottolineato che l'art. 2045 c.c. prevede, in favore del soggetto leso in conseguenza dell'azione necessitata del danneggiante, la prestazione di un'indennità, «*la cui misura è rimessa all'equo apprezzamento del giudice*». In altre parole, il danneggiato – nonostante la condotta lesiva del danneggiante sia accompagnata da una esimente – ha diritto di ottenere una indennità, rispetto alla quale spetta al giudice non decidere sull'*an*, ma esclusivamente in ordine al *quantum*. Come si desume anche dalla lettera della disposizione, la natura di tale prestazione non è però di carattere risarcitorio, come vorrebbe quella corrente dottrinale che la fonda su una sorta di responsabilità attenuata del danneggiante in connessione con lo stato di necessità in cui ha agito. Al contrario, tale prestazione ha natura indennitaria, caratterizzata come è non dalla funzione di ristorare integralmente il danno prodottosi, ma dalla misura equitativa che la contraddistingue. Per tale motivo, la predetta indennità è frutto di una valutazione, propria del giudice di merito, basata sul bilanciamento equitativo tra l'interesse di chi andrebbe integralmente ristorato del danno subito (il danneggiato) e quello di chi dovrebbe andare totalmente esente dall'obbligazione risarcitoria vista la particolarità della situazione che ha concorso al verificarsi della lesione (il danneggiante).

Il caso fortuito e la forza maggiore

Relativamente al *caso fortuito* ed alla *forza maggiore*, appare opportuno qui rilevare che, di là dalle sottili distinzioni di significato che nel tempo dottrina e giurisprudenza hanno voluto individuare tra le due nozioni, entrambe risultano funzionali alla descrizione di un evento inevitabile in relazione alla diligenza normalmente esigibile da un individuo. Secondo tale prospettiva, parte della dottrina tende ad inquadrare il caso fortuito e la forza maggiore nell'ambito delle cause personali di esclusione della responsabilità, dal momento che esse non interromperebbero la relazione causale tra fatto ed evento dannoso, ma si limiterebbero ad escludere la colpevolezza dell'autore materiale della condotta che ha ingenerato la lesione del terzo. Contrariamente a quanto sostenuto da tale orientamento, ad ogni modo, pare più opportuno collocare le due nozioni nel novero degli eventi interruttivi tipizzati del nesso eziologico che deve legare la condotta del soggetto all'evento dannoso ai fini della configurazione della responsabilità civile, sicché se ne rimanda l'esame in sede di trattazione della tematica specifica del nesso di causalità.

11. *La responsabilità per atto lecito*

Nozione

La responsabilità da atto lecito, categoria dommatica al centro di non sopiti contrasti dottrinali, identifica una serie di fattispecie caratterizzate dal sorgere di un obbligo legale di indennizzo in capo a determinati soggetti che, pur arrecando un danno alla sfera giuridica altrui, tuttavia facendo ciò non violano alcuna disposizione dell'ordinamento.

Le ipotesi identificate dalla dottrina

Le ipotesi di responsabilità da atto lecito individuate dalla dottrina possono ricondursi, in sostanza, a due gruppi: quello degli atti espropriativi e quello degli atti di revoca o di recesso. Rientrano nel primo ambito, ad esempio, gli atti di espropriazione e di requisizione della P.A.; l'imposizione di servitù coattive *ex* artt. 1032, 1° comma, 1038 e 1040 c.c.; l'accesso al fondo altrui di cui all'art. 843, 2° comma, c.c. o, ancora, l'inseguimento di animali sul fondo altrui (artt. 924 e 925, 1°

comma, c.c.). Appartengono, invece, al novero degli atti di revoca o recesso, innanzitutto, la revoca della proposta di cui all'art. 1328, 1° comma, c.c., come pure l'inadempimento della promessa matrimoniale (art. 81 c.c.); il recesso dal contratto di appalto e da quello d'opera (rispettivamente, artt. 1671 e 2227 c.c.) o, ancora, la revoca del mandato disciplinata dall'art. 1725 c.c.

Tutte le fattispecie di responsabilità da atto lecito citate, vuoi che appartengano al gruppo degli atti espropriativi vuoi a quello degli atti di revoca o recesso, sono caratterizzate dal fatto che l'ordinamento stesso autorizza un soggetto ad arrecare un danno ad un terzo, imponendogli però di indennizzare adeguatamente quest'ultimo per la lesione subita. In altre parole, tutte le ipotesi appena menzionate sono accomunate dal tratto peculiare della genesi di una obbligazione indennitaria conseguente ad una attività consentita dalla legge ed, al contempo, pregiudizievole per interessi tutelati nella vita di relazione, come ad esempio la proprietà o la buona fede contrattuale.

La liceità dell'*agere* pregiudizievole della sfera giuridica altrui

L'elemento differenziale, dunque, che segna la fattispecie in esame rispetto alle comuni ipotesi di responsabilità riconducibili al paradigma generale dell'art. 2043 c.c. deve essere individuato nel fatto che non è rinvenibile l'antigiuridicità del danno prodottosi nella sfera giuridica del terzo. Nella responsabilità per atto lecito, infatti, la lesione del terzo è prevista direttamente dall'ordinamento e da esso autorizzata: si pensi, ad esempio, all'ipotesi di cui all'art. 1328, 1° comma, c.c. A fronte della indiscutibile legittimità della revocabilità della proposta sino alla conclusione del contratto, la norma in esame tuttavia impone al revocante di indennizzare delle spese e delle perdite subite l'accettante che abbia in buona fede intrapreso l'esecuzione del contratto prima di ricevere notizia della revoca. Ebbene, a fronte del danno subìto dall'accettante che, in buona fede, abbia dato esecuzione al contratto ignaro dell'avvenuta revoca della proposta ed, al contempo, del pieno diritto del proponente di revocare la propria proposta sino alla conclusione del contratto, il legislatore ha scelto di imporre a quest'ultimo un indennizzo al fine di ristorare il danno (sia consentito dire: "giusto") prodottosi nella sfera giuridica altrui, sebbene l'atto di revoca del proponente non possa in alcun modo definirsi *contra ius*.

La differenza tra indennizzo e risarcimento

In sostanza, dunque, la responsabilità per atto lecito si caratterizza in ragione del fatto che garantisce, tramite una prestazione di stampo indennitario e non risarcitorio, la riparazione di una lesione della sfera giuridica di un terzo prodottasi con l'espressa autorizzazione dell'ordinamento. In tal senso, in connessione con la responsabilità da atto lecito, si discorre di indennizzo e non di risarcimento, stante l'assenza di un danno ingiusto da ristorare e, per altro verso, parte della dottrina, negando la stessa esistenza della nozione in esame, preferisce fare diretto riferimento all'imputazione ed alla contemporanea predeterminazione, da parte del legislatore, del costo dell'attività lecita in capo al soggetto che ne trae vantaggio.

D'altronde, la responsabilità da atto lecito è fattispecie differente tanto dalle ipotesi di esimenti personali della responsabilità, ove viene meno l'obbligazione risarcitoria in capo al danneggiante e non l'antigiuridicità del danno stesso, quanto dai fatti leciti, caratterizzati dal fatto che gli eventuali effetti obbligatori da essi scaturenti non sono connessi alla lesione della sfera giuridica altrui e non hanno perciò funzione indennitaria.

Contrasti dottrinali

La nozione di responsabilità da atto lecito ha ingenerato profondi contrasti in dottrina e parte di essa tuttora rifiuta di utilizzare il termine "responsabilità", generalmente legato all'atto illecito, in connessione ad un'attività autorizzata dall'ordinamento (discorriamo, in altre parole, di pregiudizi carenti del profilo del *non iure*). Diverse sono state, di conseguenza, le proposte ricostruttive volte ad accomunare le fattispecie *supra* menzionate ed a ricondurle nel novero della responsabilità civile: ora scindendo la liceità dell'atto dall'antigiuridicità del danno prodottosi, ora proponendo l'abbandono della responsabilità civile quale risposta dell'ordinamento ai soli atti illeciti, ma intendendola quale tecnica volta a ristorare anche la lesione di interessi tutelati attuata tramite una condotta di per sé lecita.

Contraddittorietà insite nella figura ed obbligazione indennitaria

In realtà, di là dalla particolare complessità del dibattito dottrinale intorno alla natura della responsabilità da atto lecito, deve qui almeno evidenziarsi la oggettiva contraddittorietà della nozione in esame, che accomuna fattispecie difficilmente inquadrabili nel novero della responsabilità. Più semplicemente, dovrebbe discorrersi, allora, di ipotesi caratterizzate dal sorgere di un obbligo di indennizzo in connessione all'esigenza, ritenuta meritevole di tutela da parte del legislatore, di addossare a chi trae vantaggio da una determinata attività lecita le conseguenze pregiudizievoli comunque scaturenti nella sfera giuridica altrui.

Ed allora, più che fare riferimento alla spuria nozione di responsabilità da atto lecito, le fattispecie su menzionate potrebbero ricondursi a due principi impliciti nel nostro ordinamento: quello della indennizzabilità del pregiudizio scaturente dagli atti espropriativi o ablativi della proprietà e quello della indennizzabilità del pregiudizio connesso agli atti di revoca o recesso. Il primo principio è funzionale alla tutela della proprietà, compromessa in ragione della attuazione di un interesse pubblico o privato ritenuto prevalente, il secondo alla protezione di aspettative giuridicamente rilevanti, sacrificate in occasione delle diverse ipotesi di revoca o recesso legalmente previste.

CAPITOLO 63

L'ELEMENTO SOGGETTIVO

1. *La colpa ed il dolo*

Qualificazioni soggettive del *"fatto"*

Come posto in evidenza in precedenza, la condotta generatrice del pregiudizio, nella sua componente materiale, si estrinseca in un'azione ovvero in un'omissione. Il soggetto si può rendere responsabile di un illecito perché pone in essere un comportamento lesivo dell'altrui sfera giuridica oppure perché omette di adottare una condotta, cui pure era tenuto, che avrebbe evitato il cagionarsi del danno.

Ulteriore requisito del "fatto" dannoso è il suo elemento soggettivo, che l'art. 2043 c.c. fa coincidere con la *colpa* o con il *dolo* («*fatto doloso o colposo*»).

La colpa

La nozione di *colpa*, mutuata dall'elaborazione del diritto penale – il riferimento è soprattutto all'art. 43 c.p. – esclude l'intenzionalità dell'evento, che, viceversa, è dovuto a negligenza, imprudenza o imperizia ovvero all'inosservanza di leggi, regolamenti, ordini o discipline. La valutazione di sussistenza della colpa è sostanzialmente connessa al contesto nel quale si genera il fatto dannoso: la relativa indagine, compiuta dal giudice investito della controversia, è, come si suole dire, una *quaestio facti*. La colpa, poi, si è visto, è tradizionalmente considerata il principale se non esclusivo criterio di imputazione della responsabilità; in altre e più esplicite parole, a lungo si è ritenuto che l'illecito extracontrattuale potesse essere collegato unicamente ad una *voluntas nocendi*, ancorché non necessariamente nella forma intenzionale del dolo. Ciò in coerenza con l'idea che la colpa dovesse essere accompagnata da un giudizio di riprovevolezza del comportamento. Attualmente, invece, a parte le considerazioni in precedenza svolte circa l'esistenza di una pluralità di criteri di imputazione (che saranno riprese a proposito delle cosiddette responsabilità speciali), la nozione di colpa risulta spogliata delle spiccate iniziali connotazioni soggettive. Sicché, si discorre di un'accezione generica di colpa, che viene misurata in ordine alla figura dell'"uomo medio", ovvero secondo i parametri del buon padre di famiglia e dell'uomo ragionevole di "ordinaria" prudenza (il richiamo è all'art. 1176 c.c., che, pur dettato in tema di diligenza nell'adempimento delle obbligazioni, ha una valenza generale), come di un'accezione specifica di colpa, da ricondurre, appunto, a peculiari attività, che impongono una diligenza qualificata (art. 1176, 2° comma, c.c.), oppure conseguente alla violazione di regole di settore appositamente stabilite.

Colpa generica e colpa specifica

Allorché la condotta illecita sia da scorgere in un'omissione, per costante indirizzo interpretativo, non è sufficiente la generica doverosità sociale del comportamento che il soggetto avrebbe dovuto tenere ed invece ha omesso, bensì l'individuazione di un preciso obbligo di legge, in forza del quale egli si sarebbe dovuto attivare per impedire il determinarsi del danno. Rispetto a tali fattispecie, parte della dottrina discorre di "colpa omissiva", sebbene, si è detto, sia più corretto utilizzare la formula di "condotta omissiva", dal momento che l'omissione rileva dal punto di vista oggettivo e non da quello soggettivo. Va, tuttavia, chiarito che è estranea alla figura della omissione l'avvio di un'attività senza l'adozione di cautele idonee a prevenire il danno. In questo caso è prevalente il profilo del comportamento commissivo, che andrà qualificato colposo: la condotta di chi omette di adottare misure necessarie a prevenire un danno e nondimeno intraprende una determinata attività è da considerarsi colposa per azione e non per omissione.

La "colpa omissiva"

All'opposto, il *dolo* sussiste quando l'evento (*id est*, il danno) sia previsto e voluto come conseguenza del comportamento del convenuto. La dottrina penalistica suole distinguere tra il dolo generico e quello specifico: il primo consiste nella mera volontà di arrecare un danno, mentre il secondo implica elementi specifici di intenzionalità e di frode. Ai fini della responsabilità civile tale distinzione perde rilievo, atteso che per la configurazione dell'illecito è sufficiente il solo dolo generico. Del resto, la diversificazione dei concetti della colpa e del dolo è in linea generale ininfluente, dal momento che entrambi i requisiti soggettivi si equivalgono rispetto alla determinazione della fattispecie di cui all'art. 2043 c.c.

Il dolo

Nondimeno, vi sono ipotesi nelle quali l'ordinamento subordina la risarcibilità del pregiudizio esclusivamente alla sussistenza di un particolare elemento soggettivo e, per l'esattezza, del dolo o della colpa grave: a titolo esemplificativo, il proprietario che abbia posto in essere atti emulativi, ai sensi dell'art. 833 c.c., risponde degli eventuali danni con-

Fattispecie particolari caratterizzate da dolo o colpa grave

seguenti alla sua condotta soltanto se abbia agito a titolo di dolo; alla stessa categoria vanno altresì ricondotte le fattispecie di responsabilità del giudice, a mente dell'art. 2 della legge 13 aprile 1988, o del soggetto che agisca in giudizio in maniera temeraria, *ex* art. 96 c.p.c.

In ogni caso, la qualificazione del fatto illecito come doloso non ha alcuna rilevanza nella responsabilità extracontrattuale rispetto alla quantificazione del risarcimento, a differenza di ciò che avviene nell'illecito contrattuale, dove – si è avuto modo di rilevarlo – in base all'art. 1225 c.c., sono risarcibili tutti i danni, prevedibili ed imprevedibili, unicamente se il soggetto abbia agito con dolo.

Criterio della riparazione integrale del pregiudizio

L'opposto principio vigente in materia aquiliana viene definito *criterio della riparazione integrale del pregiudizio* indipendentemente dallo stato soggettivo del danneggiante, doloso o colposo che sia.

2. *Le responsabilità speciali e la distribuzione degli oneri probatori*

L'art. 2043 c.c., dunque, contiene la nomenclatura della fattispecie di responsabilità aquiliana, con l'indicazione degli elementi sin qui esaminati. Il legislatore, tuttavia, o nel codice civile o in successive (e molto spesso assai recenti) leggi di settore, ha regolato alcune *ipotesi speciali di responsabilità*.

La *ratio* a fondamento delle figure di responsabilità speciale

Innanzitutto, occorre chiedersi le motivazioni di tale scelta di politica legislativa. Si è detto che l'illecito extracontrattuale è uno dei territori di maggiore interazione tra il diritto e la società, terreno nel quale si incontrano e spesso si scontrano interessi sociali ed economici contrastanti. Non è un caso che in altre esperienze giuridiche, soprattutto quella statunitense, la chiave di lettura prevalente della materia sia la c.d. *Economic Analysis of Law* (l'analisi economica del diritto): si tratta di una tecnica esegetica fondata sulla ricerca della "regola efficiente" intendendo per essa, in una comparazione costante tra costi e benefici, quella che individua quale sia il soggetto più idoneo – secondo una serie di parametri in parte mutuati dall'economia – sul quale far ricadere il rischio e le conseguenze dell'evento dannoso.

Orbene, anche nel nostro ordinamento la *ratio* delle responsabilità "speciali" è proprio la selezione degli interessi da privilegiare, sebbene non possa dirsi che le scelte operate dal legislatore codicistico seguano il cennato criterio della ricerca della "regola efficiente". Al contrario, il più delle volte le responsabilità speciali appaiono disegnate dal legislatore nell'ottica del semplice *favor victimae* e della necessità di non lasciare alcun danno senza una riparazione.

Il principio del *favor victimae*

Nello specifico, il proliferare delle responsabilità speciali è storicamente connesso alla progressiva massificazione delle ipotesi di pregiudizio arrecate ai terzi in ragione dell'espandersi dell'economia d'impresa e della consequenziale velocizzazione degli scambi economici. Il potenziale accrescersi, con la diffusione delle macchine industriali e dei moderni strumenti di circolazione della ricchezza, dei rischi di lesione della sfera giuridica dei privati ha comportato l'elaborazione, da parte di tutti gli ordinamenti giuridici, di risposte tese a favorire le ragioni del danneggiato ed a garantirgli la maggiore semplicità possibile nella soddisfazione delle proprie pretese risarcitorie, entro i limiti – chiaramente – del rispetto della certezza del diritto.

L'"inadeguatezza" del paradigma codificato dall'art. 2043 c.c.

Per molti aspetti, lo strumento classico della responsabilità civile, inteso secondo il paradigma generale codificato nel nostro sistema dall'art. 2043 c.c., non sempre si è dimostrato pienamente idoneo a rispondere a tale esigenza di favore nei confronti della vittima del danno. In particolare, il problema principale posto in tal senso dal sistema canonico della responsabilità civile è stato quello della distribuzione degli oneri probatori, che, in ossequio alla regola generale di cui all'art. 2697 c.c., gravano almeno in prima battuta tutti sull'attore-danneggiato.

L'onere probatorio incombente sul danneggiato

Il soggetto leso, dunque, al fine di poter ottenere soddisfazione rispetto al danno subito è tenuto a dimostrare l'esistenza, nella fattispecie concreta che lo ha visto protagonista passivo, di tutti i presupposti che l'art. 2043 c.c. prevede perché in capo al presunto danneggiante possa sorgere l'obbligazione al risarcimento. Nello specifico, il danneggiato è chiamato a provare non soltanto l'esistenza del danno ingiusto e la sua immediata connessione con la condotta del presunto danneggiante, ma anche e soprattutto la colpevolezza di quest'ultimo, intesa quale qualificazione soggettiva dell'agire illecito.

La prova della colpevolezza del danneggiante

Le responsabilità speciali ed i meccanismi processuali volti ad "alleggerire" l'onere probatorio del danneggiato

Ebbene, una delle risposte elaborate dal legislatore al fine di favorire le ragioni della vittima è stata proprio quella di alleggerire in maniera sostanziale l'onere probatorio posto a suo carico in ragione del combinato disposto degli artt. 2043 e 2697 c.c. Seguendo tale prospettiva, sono state elaborate due figure di responsabilità speciali: la responsabilità oggettiva e quella aggravata.

Entrambe le figure – così come avviene per la responsabilità contrattuale – esonerano il danneggiato dalla prova della colpevolezza del danneggiante secondo due meccanismi processuali sostanzialmente differenti, lasciando in capo alla vittima esclusivamente l'onere di dimostrare la sussistenza degli elementi oggettivi di cui all'art. 2043 c.c. (cioè il danno ed il nesso causale).

La responsabilità oggettiva e quella aggravata

In particolare, nelle fattispecie di responsabilità oggettiva il problema dell'onere probatorio inerente alla colpevolezza del danneggiante è cancellato in maniera sostanziale, dal momento che esse prescindono del tutto dai requisiti soggettivi della colpa o del dolo. Al contrario, le ipotesi di responsabilità aggravata sono caratterizzate non dall'assenza dell'elemento soggettivo, bensì dall'inversione dell'onere probatorio ad esso relativo: ciò significa che la colpevolezza del danneggiante non dovrà essere dimostrata dal danneggiato, ma si presumerà ed eventualmente sarà lo stesso danneggiante a dover fornire una prova contraria alla sua presunzione di colpevolezza.

Superamento della distinzione?

Bisogna sottolineare, ad ogni modo, che, al di là del dettato codicistico, la distinzione in parola tra responsabilità oggettiva e quella aggravata è, oggi, particolarmente controversa, soprattutto alla luce dell'applicazione giurisprudenziale delle disposizioni di riferimento di ciascuna fattispecie, con assimilazione dei relativi regimi probatori.

La responsabilità indiretta

Infine, accanto alla bipartizione delle responsabilità speciali tra figure di responsabilità oggettiva ed aggravata, non merita una autonoma collocazione la c.d. *responsabilità indiretta* o *per fatto altrui*, dal momento che essa viene ricondotta dal legislatore ora al paradigma della responsabilità oggettiva (ad esempio, art. 2049 c.c.) ora a quello della responsabilità aggravata (in tal senso, art. 2048 c.c.), senza assurgere a *tertium genus* indipendente. Ad ogni modo, in tema, deve pure precisarsi che la responsabilità del sorvegliante (art. 2047 c.c.) e quella dei genitori e dei precettori (art. 2048 c.c.) non costituiscono propriamente ipotesi di responsabilità indiretta, dal momento che, sebbene questi soggetti finiscano per rispondere per un danno materialmente cagionato da altri, tuttavia queste fattispecie (di responsabilità aggravata) presuppongono comunque un fatto proprio (precisamente, una omissione colpevole: la c.d. *culpa in vigilando*) del responsabile ai fini dell'imputazione dell'illecito. In tal senso, si discorre di responsabilità per colpa propria e fatto altrui.

3. *La responsabilità oggettiva e la responsabilità aggravata*

Nell'ambito della struttura del codice, le disposizioni regolanti fattispecie di responsabilità speciali sono disciplinate agli artt. 2047-2054 c.c. Di queste, alcune contemplano ipotesi di responsabilità oggettiva (o senza colpa), altre di responsabilità aggravata (o a colpa presunta). Tutte queste fattispecie sono accomunate, in genere, dal fatto di riferirsi a delle presunzioni vuoi direttamente di responsabilità (responsabilità oggettiva) vuoi semplicemente di colpevolezza (responsabilità aggravata) ora collegate al fatto altrui ora derivanti da cose o da attività intrinsecamente pericolose.

Ratio della responsabilità oggettiva e di quella aggravata

Da un punto di vista generale, occorre tener presente che, di là dalle ipotesi di responsabilità per fatto altrui, il legislatore del 1942 si è orientato verso la ricostruzione di una determinata fattispecie in chiave di responsabilità oggettiva oppure aggravata a seconda che il danno riconducibile all'attività o alla cosa pericolosa sia oppur no evitabile.

Qualora, infatti, il rischio del potenziale verificarsi della lesione del terzo non possa essere in alcun modo eliminato, le disposizioni del codice generalmente inquadrano la fattispecie nel novero della responsabilità oggettiva, imponendo al danneggiante di risarcire i danni oggettivamente a lui imputabili a prescindere da qualsivoglia riflessione sul dato soggettivo della colpevolezza. Al contrario, quando invece il rischio dell'avverarsi del danno collegato alla cosa oppure alle attività pericolose sia comunque eliminabile attraverso l'adozione di una serie di misure cautelari adeguate, il legislatore tende ad impostare la fattispecie come una ipotesi di responsabilità aggravata, ove la colpevolezza si presume ed è il danneggiante a dover dimostrare l'avvenimento fortuito, eccedente la propria sfera di diligenza e la normale pericolosità della cosa o dell'attività, che abbia cagionato il danno. Per queste fattispecie, allora, come osservato, si è soliti discorrere di *responsabilità aggravata* proprio in considerazione del peculiare regime di presunzione di colpa incombente sul danneggiante.

Presunzioni in favore del danneggiato

In ogni caso, tanto le ipotesi di responsabilità oggettiva, quanto quelle di responsabilità aggravata sono "costruite" dal legislatore come presunzioni in favore del danneggiato: nel primo caso in capo al danneggiante si presumerà direttamente la responsabilità, con esonero esclusivamente tramite la prova della assoluta estraneità dell'evento causativo del danno alla propria sfera di interesse o di controllo. Nel secondo caso, invece, non si presumerà la responsabilità, bensì la colpevolezza del danneggiante e la prova contraria potrà fornirsi esclusivamente attraverso la dimostrazione della propria diligenza o assenza di colpa. D'altronde, presumere la colpa significa consentire l'effetto liberatorio dimostrando semplicemente la propria diligenza; presumere la responsabilità, invece, comporta lo slittamento della prova liberatoria direttamente sul piano del nesso causale, rendendo così sostanzialmente oggettivo il criterio di imputazione.

Fattispecie di responsabilità oggettiva

Si considerano, allora, fattispecie di responsabilità oggettiva quella dei padroni e dei committenti (art. 2049 c.c.), del proprietario del veicolo (art. 2054, 3° comma, c.c.), quella connessa alla custodia di cose (art. 2051 c.c.) o di animali (art. 2052 c.c.) e, nell'ambito della legislazione speciale, quella da prodotto difettoso (artt. 114-127, d.lgs. n. 206 del 2005).

Fattispecie di responsabilità aggravata

Al contrario, costituiscono ipotesi di responsabilità aggravata quella del sorvegliante (art. 2047 c.c.), dei genitori e degli insegnanti (art. 2048 c.c.), così come quella derivante dall'esercizio di attività pericolose (art. 2050 c.c.).

Figure particolari

Maggiori profili di complessità, invece, presentano la responsabilità del proprietario nel caso di rovina di edificio (art. 2053 c.c.) e quella del conducente del veicolo (art. 2054, 1° e 4° comma, c.c.). Il proprietario dell'edificio, infatti, risponderà dei danni derivanti dal difetto di manutenzione a titolo di colpa presunta (responsabilità aggravata), mentre di quelli connessi a vizio di costruzione a titolo di responsabilità oggettiva. Analogamente, si ritiene che il conducente sia responsabile a titolo di colpa presunta (responsabilità aggravata) per tutti i danni conseguenti alla circolazione del veicolo (art. 2054, 1° comma, c.c.), sebbene la responsabilità per vizio di costruzione o difetto di manutenzione del veicolo stesso (di cui al 4° comma della disposizione citata) sia costruita sul paradigma della responsabilità oggettiva.

4. *Il danno cagionato dall'incapace*

Nozione: l'art. 2047 c.c.

A norma dell'art. 2047 c.c., in caso di danno cagionato da persona incapace di intendere o di volere, il risarcimento è dovuto da chi era tenuto alla sorveglianza dell'incapace, salvo che provi di non aver potuto impedire il fatto.

L'incapace, infatti, pur essendo autore materiale del fatto lesivo del terzo, non risponde delle conseguenze del danno e, in particolare, non è tenuto alla prestazione risarcitoria nei confronti del danneggiato (art. 2046 c.c.). Conseguentemente, il legislatore, affinché il danno prodotto dall'incapace non resti senza riparazione, individua nel sorvegliante di questi il soggetto tenuto al risarcimento.

Presupposti: l'illecito compiuto dall'incapace

Presupposto primo della nascita della obbligazione risarcitoria per il danno realizzato dall'incapace in capo al sorvegliante è, innanzitutto, il fatto oggettivamente illecito compiuto da un soggetto incapace di intendere e di volere e, dunque, non imputabile *ex* art. 2046 c.c. In altre parole, perché trovi applicazione la fattispecie di cui all'art. 2047 c.c. è necessario che il danno cagionato dall'incapace al terzo derivi da un fatto obiettivamente illecito, di cui l'autore materiale non risponde esclusivamente in ragione del proprio stato soggettivo di incapacità.

In tal senso, il codice, nel trittico di disposizioni che vanno dall'art. 2046 all'art. 2048 c.c., ha nettamente distinto la responsabilità del soggetto incapace di intendere e di volere, non imputabile in ragione del proprio stato soggettivo (art. 2046 c.c.) e, dunque, "sostituito" nella titolarità della obbligazione risarcitoria dal sorvegliante (art. 2047 c.c.), dalla responsabilità dei minori, legalmente incapaci di agire ma capaci di intendere e di volere – e perciò responsabili in proprio –, accompagnata dalla responsabilità propria di genitori, tutori ed insegnanti di cui all'art. 2048 c.c.

Il dovere di sorveglianza

Ulteriore presupposto previsto della disposizione in esame è poi quello dell'incombenza del dovere di sorveglianza dell'incapace in capo al soggetto chiamato a rispondere del danno da questi eventualmente prodotto. Il dovere di sorveglianza, in effetti, si sostanzia proprio nella adozione di tutte le misure precauzionali necessarie al fine di evitare che il soggetto incapace cagioni danni a sé medesimo ed ai terzi.

Ratio dell'art. 2047 c.c. e fondamento del dovere di sorveglianza

Non è rilevante, ai fini della configurabilità della fattispecie di responsabilità in esame, il titolo da cui discende il dovere di sorveglianza dell'incapace, ciò che conta è che il fatto dannoso del soggetto privo di capacità di intendere e di volere rientri nella sfera di vigilanza di chi è tenuto all'assistenza personale di questi, in immediata connessione con le condizioni dell'incapace. Del fatto dell'incapace, allora, potranno rispondere i genitori oppure il tutore, così come la struttura sanitaria ove l'incapace è ospitato o, in genere, le persone o le istituzioni cui viene – anche temporaneamente – affidata la cura, l'educazione e/o la vigilanza del soggetto infermo. Il principio generale espresso dall'art. 2047 c.c., in sostanza, è che chiunque, a vario titolo, anche in via temporanea e/o di fatto, risulti essere affidatario dell'incapace di intendere e di volere è tenuto alla sorveglianza di questi e, di conseguenza, in connessione con tale dovere di vigilanza, il sorvegliante sarà chiamato a rispondere dei danni arrecati ai terzi dall'incapace. Sicché il dovere di sorveglianza di un incapace può essere l'effetto non soltanto di un vincolo giuridico, ma anche di una scelta consapevolmente compiuta da un soggetto che accoglie nella sua sfera personale e familiare l'incapace. Come osservato in giurisprudenza, però, la presunzione di *culpa in vigilando*, posta a base dell'affermazione di responsabilità verso i terzi di chi è tenuto alla sorveglianza dell'incapace, si riferisce ai soggetti ai quali detto obbligo incombe, di regola, in ragione della loro qualità, dell'ufficio o della specifica attività professionale e, per il suo carattere eccezionale, non è estensibile ad altri soggetti. In particolare, non è sufficiente a determinare la responsabilità *ex* art. 2047 c.c. il semplice fatto della convivenza materiale con l'incapace, giacché tale circostanza non crea, né per legge né per altro titolo, a carico della persona convivente, l'obbligo di impedire che il comportamento dell'incapace possa arrecare ad altri nocumento.

La *culpa in vigilando*

Sebbene, dunque, il sorvegliante sia chiamato a rispondere per un fatto materialmente compiuto da altri, tuttavia la fattispecie di responsabilità prevista dall'art. 2047 c.c. è fondata su una colpa diretta e propria del sorvegliante, ossia il non aver adempiuto al dovere di vigilanza sull'incapace con la dovuta diligenza.

La prova liberatoria

In tale prospettiva, configurandosi la fattispecie in esame quale responsabilità per colpa (presunta), al sorvegliante è offerta la possibilità di liberarsi dall'obbligo risarcitorio provando di non aver potuto impedire il fatto dell'incapace e, dunque, di aver adottato tutte le misure precauzionali normalmente necessarie in connessione alle condizioni proprie dell'incapace. In altre parole, il sorvegliante andrà esente da responsabilità qualora riesca a dimostrare l'impossibilità di impedire il fatto dannoso materialmente prodotto dall'incapace nonostante l'adozione della normale diligenza, parametrata al caso concreto.

L'equa indennità in favore del danneggiato

Bisogna, infine, evidenziare che l'art. 2047, 2° comma, c.c., nella prospettiva del *favor victimae* e, dunque, della necessità di riparare in ogni caso il danno prodottosi, stabilisce che nel caso in cui il danneggiato, vuoi per insolvenza vuoi per mancanza di colpa, non abbia potuto ottenere il risarcimento da chi è tenuto alla sorveglianza, può chiedere al giudice di condannare l'autore del danno (cioè l'incapace stesso) al pagamento di un'equa indennità in considerazione delle condizioni economiche delle parti. Come indica l'espressione, si tratta di un'indennità, che concettualmente va distinta dal risarcimento, che assolve alla funzione primaria di ripristino della situazione lesa; viceversa, l'indennità, *equamente* determinata dal giudice, ha di mira un ristoro, ancorché parziale, del pregiudizio patito dalla vittima, commisurato, appunto, alle condizioni sia del danneggiante incapace – che, in realtà, potrebbe anche essere sfornito di un proprio patrimonio – sia del danneggiato.

5. *Responsabilità dei genitori e dell'insegnante*

Nozione (art. 2048 c.c.) e differenze rispetto alla fattispecie di cui all'art. 2047 c.c.

Il 1° comma dell'art. 2048 c.c. stabilisce che i genitori ed i tutori sono responsabili del fatto illecito cagionato dai figli minori non emancipati, nonché dalle persone soggette alla loro tutela e con loro conviventi. Come osservato, la previsione in esame trova applicazione esclusivamente rispetto a quelle fattispecie in cui l'autore materiale del fatto lesivo sia capace di intendere e di volere, pur non essendo legalmente capace di agire in ragione della minore età. In caso contrario, cioè quando l'autore del danno sia incapace di intendere e di volere, si ricadrà nella sfera di efficacia della disposizione sulla responsabilità dei sorveglianti (art. 2047 c.c.).

Per costante insegnamento della dottrina e della giurisprudenza, la responsabilità dei genitori, sebbene collegata ad un illecito compiuto da altri, viene inquadrata nel novero delle fattispecie di responsabilità per fatto proprio ed a titolo di colpa presunta. In altre parole, i genitori (come anche i precettori, d'altronde) sono chiamati a rispondere dei danni materialmente cagionati ad un terzo da un soggetto (il minore) rispetto al quale l'ordinamento attribuisce loro un dovere di vigilanza e controllo. La colpa imputabile ai genitori per il fatto dannoso del minore si traduce, in concreto, nel non aver adeguatamente sorvegliato oppure educato il minore, secondo la nota distinzione tra *culpa in vigilando* e *culpa in educando*.

Culpa in vigilando ed *in educando*

In particolare, l'art. 2048 c.c. presuppone l'esistenza di un fatto illecito compiuto da un minore capace di intendere e di volere, in connessione alla presunzione di colpa dei genitori: pertanto, a differenza di quanto accade per la fattispecie di cui all'art. 2047 c.c., la responsabilità dei genitori viene a concorrere con quella del minore.

La responsabilità dei genitori, dunque, postula la *culpa in vigilando* oppure quella *in educando*, ossia il mancato rispetto di uno dei doveri fondamentali attribuiti congiuntamente alla madre ed al padre dall'art. 147 c.c.: evidentemente, mentre la violazione del dovere di vigilanza implica che il minore conviva con il genitore, al contrario la *culpa in educando* potrebbe rinvenirsi anche nell'ipotesi in cui il figlio minore, pur non vivendo più con i genitori, compia un atto illecito di tale gravità da rendere palese il difetto di una idonea educazione. In sostanza, la presunzione di colpa dei genitori, di cui all'art. 2048 c.c., pur quando non sussiste la *culpa in vigilando* in ragione dell'affidamento, magari temporaneo, del minore a persona idonea a provvedere alla sua direzione e controllo, non è vinta se non si dimostra anche l'insussistenza della *culpa in educando*, che non presuppone la convivenza ed a cui può farsi risalire il comportamento dannoso.

La prova liberatoria

A norma del 3° comma dell'art. 2048 c.c., i genitori (come i tutori) sono liberati dalla responsabilità esclusivamente qualora provino di non aver potuto impedire il fatto del minore e, dunque, di aver impartito al figlio una adeguata educazione e di aver esercitato sul medesimo la vigilanza necessaria in relazione alla sua età ed istruzione. La prova liberatoria posta a carico del genitore, dunque, si concreta normalmente in una duplice dimostrazione: di aver impartito al minore una educazione conforme alle sue condizioni familiari e sociali e di aver esercitato una vigilanza adeguata all'età, al carattere ed all'indole del figlio. Come detto, soltanto tramite questa duplice prova il genitore può riuscire a vincere la presunzione di *culpa in educando* e di *culpa in vigilando*: non è raro, infatti, che le corti, pur ritenendo adeguata la vigilanza esercitata dal genitore nel caso specifico al fine di impedire l'illecito del minore, tuttavia lo condannino in ragione dell'inadeguatezza dell'educazione complessivamente impartita al figlio in relazione al fatto dannoso da questi posto in essere.

Difficoltà probatorie ed incertezze interpretative

L'estrema difficoltà della prova liberatoria gravante in capo ai genitori ha indotto parte della dottrina a qualificare i genitori *sic et simpliciter* quali legali garanti dell'agire dei figli minori, inquadrando la fattispecie di cui all'art. 2048 c.c. nell'ambito della responsabilità puramente oggettiva. In realtà, tale tesi deve essere rifiutata dal momento che è la stessa lettera della norma a prevedere l'esonero da responsabilità per quel genitore che dimostri di aver fatto tutto il possibile per impedire il fatto lesivo del terzo e dunque di essere esente da qualsivoglia profilo di colpevolezza.

La responsabilità dei precettori

Sempre l'art. 2048, al 2° comma, si riferisce alla responsabilità dei precettori e di «*coloro che insegnano un mestiere o un'arte*». La norma, di là dalla formulazione letterale, è generalmente applicata dalle corti per definire i profili di responsabilità di quanti esercitano l'attività di insegnamento nei confronti di minori, indipendentemente dalla natura (culturale, sportiva, tecnica *et similia*) di tale attività. Così come visto per i genitori, anche i precettori rispondono per il fatto illecito materialmente compiuto da altri (gli allievi minori nel tempo in cui questi sono sottoposti alla loro vigilanza): tale responsabilità, dunque, soltanto impropriamente può qualificarsi come indiretta, dal momento che si fonda su una colpa propria dell'insegnante e, cioè, sulla violazione del dovere di vigilanza (la c.d. *culpa in vigilando*). In particolare, la responsabilità dell'insegnante si fonda su una colpa presunta, cioè sulla presunzione di negligente adempimento dell'obbligo di sorveglianza degli allievi ed è, quindi, una responsabilità personale per colpa propria (presunta) e per fatto altrui.

La prova liberatoria

Evidentemente, il dovere di vigilanza la cui violazione comporta la responsabilità dei precettori dovrà essere inteso in senso relativo e non assoluto, dal momento che il suo contenuto è in rapporto inversamente proporzionale al grado di maturazione degli alunni. Tuttavia, l'insegnante, al fine di soddisfare l'onere probatorio impostogli dal 3° comma dell'art. 2048 c.c. ed andare esente da responsabilità, deve dimostrare di non aver potuto impedire il fatto. Nello specifico, l'insegnante è chiamato a provare non soltanto di non essere stato in grado di attivare un intervento correttivo o repressivo, dopo l'inizio della serie causale culminata nella produzione del danno, ma è necessario anche dimostrare di aver adottato, in via precauzionale, tutte le misure disciplinari e/o organizzative idonee ad evitare il sorgere di una situazione di rischio favorevole al determinarsi di detta serie causale.

Danno autoinflitto dal minore

Va sottolineato, infine, che la presunzione di colpevolezza posta dall'art. 2048, 2° comma, c.c. a carico degli insegnanti trova applicazione tanto in relazione al danno cagionato ad un terzo dal fatto illecito dell'allievo, tanto in ordine al danno che l'allievo cagioni a sé medesimo: tale conclusione, pur nel contrasto degli orientamenti giurisprudenziali, è quella che appare più coerente con la *ratio* ultima della disposizione in esame volta in primo luogo alla tutela dei minori affidati ai precettori.

6. *Responsabilità dei padroni e dei committenti*

Nozione: l'art. 2049 c.c.

L'art. 2049 c.c. prevede una tipica ipotesi di responsabilità oggettiva per fatto altrui e, in tal senso, dispone testualmente che «*i padroni e i committenti sono responsabili per i danni arrecati dal fatto illecito dei loro domestici e commessi nell'esercizio delle incombenze a cui sono adibiti*». La norma, ricalcando pedissequamente l'analoga disposizione del *Code Civil*, soffre di una formulazione oramai anacronistica, che – oltre il mero dato letterale – si ritiene oggi applicabile a tutte le fattispecie in cui un soggetto (il c.d. *preponente*) utilizza a diverso titolo il lavoro di altri (i c.d. *preposti*). Si dice, dunque, generalmente che l'art. 2049 c.c. disciplina la responsabilità oggettiva del preponente per il fatto dei preposti.

Dai "padroni" ai preponenti

Rientrano nell'ambito di applicazione della disposizione in esame molte fattispecie concrete di rilevante interesse pratico, come ad esempio la responsabilità dell'imprenditore in genere, quella dell'appaltante, delle imprese bancarie, degli Enti ospedalieri, dell'agenzia, ecc.

Poiché non è offerta al preponente alcuna possibilità di dimostrare la propria irresponsabilità per il fatto del preposto, si prescinde da ogni valutazione circa l'effettiva colpevolezza del responsabile *ex* art. 2049 c.c. La disposizione in esame risponde, allora, alla sola logica secondo cui il fatto di utilizzare e disporre dell'attività lavorativa altrui comporta anche l'assunzione dei rischi connessi a tale attività. In altre parole, secondo la tradizione del brocardo *cuius commoda, eius et incommoda* e nella prospettiva del più recente rischio d'impresa, all'art. 2049 c.c. viene stabilito il principio generale secondo cui nel nostro ordinamento l'appropriazione dell'altrui attività comporta l'onere dell'imputazione giuridica e della responsabilità diretta per le eventuali conseguenze pregiudizievoli derivanti ai terzi da tale attività.

Il rischio d'impresa: "*cuius commoda, eius et incommoda*"

Poiché questa fattispecie di responsabilità è ormai ritenuta completamente sganciata dalla valutazione di fattori soggettivi connessi alla colpevolezza del preponente, il riferimento al potere di controllo e direzione di questi non è più utilizzato in connessione al discorso circa la configurabilità della *culpa in vigilando* o *in eligendo*, ma viene al più richiamato dalla giurisprudenza per l'individuazione, in concreto, del rapporto di preposizione e per stabilire, tra più preponenti, quale tra essi risponda del danno verificatosi.

I presupposti di questa particolare fattispecie di responsabilità oggettiva sono tre: il rapporto di preposizione, il fatto illecito del preposto e il legame diretto tra l'attività propria del preposto ed il danno.

I presupposti della fattispecie: il rapporto di preposizione

Per quanto concerne il rapporto di preposizione, perché esso sussista in concreto sono necessari due elementi: l'appropriazione dell'attività altrui ed il potere di direzione del preponente rispetto all'attività del preposto. Evidentemente, il rapporto di preposizione costituisce uno dei pilastri del lavoro subordinato, nel senso che in quest'ultima ipotesi la preposizione si inserisce nel più complesso sistema di rapporti tipico della subordinazione. Ad ogni modo, anche se la fattispecie del lavoro subordinato è quella per certi versi più comune di preposizione, tuttavia tale ultimo rapporto è riscontrabile anche in altre ipotesi, come, ad esempio, nei casi di rapporti associativi di lavoro, di lavoro gratuito, di appalto, di agenzia, di committenza, di mandato. Bisogna sottolineare, però, che rispetto a queste ultime fattispecie (nello specifico, appalto, agenzia, commissione e mandato), perché possa sussistere il rapporto di preposizione (e dunque la responsabilità *ex* art. 2049 c.c.) è necessario che il committente, pur avendo commissionato all'incaricato la realizzazione di un'opera o di un servizio, conservi su quest'ultimo un potere direttivo che ne limiti l'autonomia decisionale ed organizzativa. In caso contrario, i danni provocati da queste particolari figure di incaricati nella realizzazione dell'opera o servizio commissionati non saranno direttamente imputabili al preponente e questi non ne risponderà *ex* art. 2049 c.c. Va detto anche che, per giurisprudenza consolidata, la responsabilità del committente per fatto proprio dell'ausiliario sussiste non soltanto in presenza di un rapporto contrattuale, ma anche in ragione di un mero rapporto di fatto che leghi due soggetti, dei quali l'uno esplichi, in posizione di soggezione, un'attività per conto dell'altro, il quale conservi un potere di direzione e sorveglianza sulla condotta del primo.

Il fatto illecito del preposto

Per quanto concerne, poi, il secondo presupposto di cui alla disposizione in esame, cioè il fatto illecito del preposto, è necessario osservare come la fattispecie della responsabilità del preponente sia applicabile esclusivamente al fatto doloso o colposo del preposto. Da ciò deriva che il preponente non risponderà del fatto dannoso di cui il preposto non possa essere ritenuto responsabile, perché, ad esempio, dovuto a caso fortuito o a forza maggiore o, ancora, perché accompagnato da una causa di esclusione dell'antigiuridicità. In sostanza, la responsabilità del preponente *ex* art. 2049 c.c. presuppone non tanto il fatto lesivo del terzo posto in essere dal preposto, quanto la responsabilità di quest'ultimo per tale danno, sicché, ad esempio, il fatto che il preposto abbia causato un danno a terzi per legittima difesa non comporta alcuna responsabilità in capo al committente stante la liceità dell'attività del commesso. Di conseguenza, può dirsi che la responsabilità (e specificamente l'obbligo di risarcimento) che grava sul padrone o sul committente ha lo stesso contenuto di quella del preposto, materiale autore dell'illecito. Contrariamente a tale principio generale, però, si ritiene generalmente che il fatto obiettivamente antigiuridico compiuto dal preposto in stato di incapacità di intendere e di volere comporti comunque la responsabilità del preponente *ex* art. 2049 c.c., in ragione dell'applicabilità a questa ipotesi della regola, dettata in materia di solidarietà passiva dall'art. 1297 c.c., circa l'inopponibilità al creditore delle cause personali di esonero dalla responsabilità.

Il preposto incapace di intendere e di volere

Quale ultimo presupposto, la presunzione di responsabilità sancita dall'art. 2049 c.c. a carico del preponente postula un collegamento tra il fatto dannoso del preposto e le mansioni a questi affidate. A tal fine, riprendendo le motivazioni delle corti, non si richiede un vero e proprio nesso di causalità, ma è sufficiente un rapporto di *occasionalità necessaria*, nel senso che l'incombenza affidata al preposto abbia determinato una situazione tale da agevolare o rendere possibile il fatto illecito e l'evento dannoso. Il c.d. rapporto di occasionalità necessaria, peraltro, è stato ritenuto sussistente anche in fattispecie ove il preposto abbia agito oltre i limiti delle mansioni assegnategli o disobbedendo agli ordini ricevuti o, ancora, con dolo, purché sempre nell'ambito dell'incarico affidatogli, così da non configurare una condotta del tutto estranea al rapporto di preposizione.

Il rapporto di occasionalità necessaria con le mansioni del preposto

Si discorre, tuttavia, circa la necessità, ai fini della configurazione della responsabilità del preponente, che la condotta illecita del preposto sia stata realizzata per finalità coerenti con quelle in vista delle quali le mansioni gli furono affidate e non per finalità proprie, rispetto alle quali il committente sia del tutto estraneo e neppure mediatamente interessato. Generalmente, si ritiene però che le finalità del preposto siano assolutamente irrilevanti ai fini della responsabilità del committente *ex* art. 2049 c.c., rilevando esclusivamente l'obiettivo collegamento tra l'illecito e le incombenze affidategli.

L'irrilevanza delle finalità proprie del preposto

Da ciò deriva che nell'ipotesi in cui taluno si avvalga, per eseguire una determinata operazione, di una persona generalmente alle dipendenze di altri, assumendone in proprio la direzione e la vigilanza, deve essere considerato esclusivo responsabile ai sensi dell'art. 2049 c.c., essendo sufficiente un incarico di esecuzione di opere che comporti un vincolo anche soltanto temporaneo ed un collegamento meramente occasionale (sebbene necessario) tra tale incarico e la realizzazione dell'illecito.

7. *Le attività pericolose*

L'art. 2050 c.c., introducendo una figura generale di responsabilità estranea alla tradizione codicistica sia francese che tedesca, è dedicato alla disciplina dei danni conseguenti all'esercizio di attività pericolose ed, in particolare, stabilisce che qualora un soggetto, nell'esercizio di un'attività pericolosa, per sua natura o per la natura dei mezzi adoperati, arrechi un pregiudizio a terzi è tenuto al risarcimento del danno prodottosi, a meno che non riesca a provare di aver adottato tutte le misure idonee al fine di evitare il danno.

Nozione: l'art. 2050 c.c.

Nella ricostruzione delle fattispecie di responsabilità riconducibili all'art. 2050 c.c., bisogna fare riferimento, innanzitutto, alle attività previste dagli artt. 46 ss. del T.U. delle attività di pubblica sicurezza (r.d. 18 giugno 1931, n. 773) e cioè, ad esempio, quella svolta nelle fabbriche o collegata al trasporto di materiali esplosivi o infiammabili. Si

Il T.U. delle attività di pubblica sicurezza e la legislazione speciale fanno generalmente rientrare nell'ambito di applicazione della disposizione in esame anche le attività prese in considerazione dalla legislazione in materia di prevenzione degli infortuni e di tutela dell'incolumità pubblica.

Il giudizio sulla pericolosità affidato alle corti

Fuori da questi casi in cui la pericolosità dell'attività può dirsi normativamente esplicitata, il giudizio su di essa è rimesso alla valutazione del giudice di merito. Tale requisito, in effetti, deve essere accertato tramite una verifica casistica, connessa alla fattispecie concreta volta per volta esaminata. In tal senso, si ritengono pericolose, ai sensi dell'art. 2050 c.c., tutte quelle attività che, pur non essendo legislativamente definite tali, abbiano tuttavia una pericolosità intrinseca o comunque dipendente dalle modalità di esercizio oppure dai mezzi di lavoro abitualmente impiegati.

Orientamenti giurisprudenziali: la pericolosità intrinseca e quella dipendente dai mezzi adoperati

La giurisprudenza in materia, infatti, anche sulla scorta della portata letterale della norma, tende a distinguere le attività intrinsecamente pericolose da quelle che sono tali soltanto in ragione delle caratteristiche dei mezzi adoperati. Ed allora, criterio discretivo al fine di stabilire la pericolosità di un'attività deve essere individuato nella rilevante possibilità del verificarsi di un danno in connessione con essa, non soltanto nell'ipotesi di danno che sia conseguenza di un'azione specifica, ma anche nel caso in cui il danno derivi dalla omissione delle misure precauzionali che in concreto sarebbe stato necessario adottare in relazione alla natura dell'attività esercitata alla stregua delle norme di comune diligenza e prudenza.

Alla luce di tale criterio interpretativo sono state qualificate come attività pericolose, ad esempio, quelle edilizie, il servizio ferroviario e quello portuale, la produzione di energia elettrica, la produzione e l'accensione di fuochi d'artificio, l'organizzazione e la gestione di attività sportive o ludiche, come le piscine o le giostre.

Criterio della prognosi postuma

Ad ogni modo, il giudizio sulla pericolosità dell'attività deve essere formulato, in concreto, non sulla base dell'evento dannoso effettivamente verificatosi ed eventualmente portato all'attenzione del giudice, bensì – attraverso una prognosi postuma – in ragione delle circostanze di fatto che si presentavano al momento stesso dell'esercizio dell'attività. Bisogna evidenziare, in ogni caso, che la fattispecie di responsabilità di cui art. 2050 c.c. si riferisce esclusivamente alle attività pericolose per natura o in ragione dei mezzi impiegati, mentre qualora la pericolosità (come il conseguente danno) derivi non dai caratteri stessi dell'attività o dai mezzi per essa adoperati, bensì dalla negligente opera umana, si rientra nell'ambito applicativo generale dell'art. 2043 c.c.

Il nesso di causalità

Perché possa operare la presunzione di colpevolezza a carico del danneggiante posta dall'art. 2050 c.c. è necessario il preventivo accertamento dell'esistenza del nesso eziologico tra l'esercizio dell'attività pericolosa e l'evento dannoso: la prova relativa al nesso di causalità non è coperta chiaramente da alcuna presunzione e, dunque, è affidata all'iniziativa esclusiva del danneggiato. Peraltro, l'art. 2050 c.c. ha riguardo al fatto obiettivo della derivazione causale del danno in relazione all'esercizio dell'attività e, di conseguenza, non distingue l'ipotesi in cui il danno colpisca un terzo estraneo all'attività da quella in cui il soggetto leso (ad esempio, il lavoratore subordinato) agisca nell'ambito dell'attività medesima.

La prova liberatoria

Relativamente alla prova liberatoria posta a carico dell'esercente l'attività pericolosa, la presunzione di colpevolezza può essere vinta esclusivamente tramite una prova della propria estraneità all'*eventus damni* estremamente rigorosa, dal momento che è posto a carico del presunto danneggiante l'onere di dimostrare l'adozione di «*tutte le misure idonee ad evitare il danno*». La locuzione normativa, in effetti, è funzionale alla fissazione di un limite alla responsabilità di cui all'art. 2050 c.c.: la dottrina è divisa, in tal senso, tra la ricostruzione in chiave di responsabilità oggettiva (in particolare, connessa al rischio d'impresa) o di responsabilità aggravata. Pare preferibile, in effetti, quest'ultima conclusione, dal momento che – come statuito anche dalla giurisprudenza in materia – la prova liberatoria si traduce nella dimostrazione da parte dell'esercente l'attività pericolosa dell'adozione della diligenza professionale richiesta in relazione alla specifica attività. In particolare, la presunzione di colpa può essere vinta tramite la prova dell'adozione delle misure cautelari, di prudenza e di perizia, normalmente adeguate in relazione alla natura pericolosa di una determinata attività, anche in conformità alle eventuali prescrizioni tecnico-normative proprie del settore specifico di appartenenza dell'attività stessa.

In ragione della formulazione letterale della norma, allora, si deve concludere che, al fine di liberarsi dalla responsabilità, non è sufficiente per l'esercente l'attività pericolosa fornire la prova negativa di non aver commesso alcuna violazione delle norme di legge o di comune prudenza, ma è necessario offrire al giudice la prova positiva di aver impiegato ogni cura o misura precauzionale idonea ad impedire l'evento dannoso. In tal senso, si ritiene generalmente che tanto il fatto del danneggiato stesso quanto quello del terzo possano comportare l'esonero da responsabilità in favore del presunto danneggiante *ex* art. 2050 c.c. soltanto quando per la loro incidenza o rilevanza siano tali da escludere, in modo certo, il nesso causale tra attività pericolosa ed evento. In caso contrario, il fatto dello stesso danneggiato può, al più, integrare un concorso colposo ai sensi dell'art. 1227, 1° comma, c.c., con conseguente riduzione del risarcimento dovuto dal danneggiante in ragione dell'incidenza della colpa del danneggiato.

8. *Il danno da cose in custodia*

Nozione: l'art. 2051 c.c.

«*Ciascuno è responsabile del danno cagionato dalle cose che ha in custodia, salvo che provi il caso fortuito*»: così dispone l'art. 2051 c.c. disegnando la responsabilità da cose in custodia come fattispecie di responsabilità oggettiva, eludibile esclusivamente tramite la prova liberatoria del fortuito.

Relazione tra cosa in custodia e danno

Elemento indispensabile, ai fini della configurabilità della responsabilità in esame, è la diretta relazione tra la cosa in custodia e l'evento dannoso, intesa nel senso che la prima abbia prodotto direttamente il secondo. Non rientrano, invece, nell'ambito applicativo dell'art. 2051 c.c., bensì in quello generale dell'art. 2043 c.c. tutte quelle ipotesi in cui la cosa abbia semplicemente costituito lo strumento mediante il quale l'uomo abbia causato il danno a terzi tramite la propria azione od omissione: il danno, dunque, deve essere cagionato indipendentemente dal comportamento volontario di chi si serve della cosa.

Ambito applicativo: danni cagionati "dalla" cosa, non "con" la cosa

Come insegnato da dottrina e giurisprudenza costanti, allora, la norma in esame trova applicazione con esclusivo riferimento ai danni che derivino non dall'azione umana, ma dall'intrinseco dinamismo delle cose medesime, in ragione della loro consistenza obiettiva o per effetto di agenti che ne abbiano alterato la natura oppure il comportamento: *apertis verbis*, l'art. 2051 c.c. disciplina la responsabilità per danni cagionati *dalla* cosa, non *con* la cosa.

Di conseguenza, non assume rilevanza alcuna, al fine di escludere la responsabilità *ex* art. 2051 c.c., che il processo dannoso sia stato provocato da elementi esterni alla *res* tutte le volte in cui essa sia obiettivamente suscettibile di produrre danni indipendentemente dal comportamento volontario di colui che se ne serve. Al contrario, nell'ipotesi di beni di per sé innocui, qualora l'*eventus damni* sia riferibile esclusivamente a fattori esterni alla cosa custodita, da essa del tutto indipendenti, non potrà applicarsi la fattispecie in esame. A tal fine, bisogna anche rammentare che l'art. 2051 c.c. non presuppone affatto che la cosa custodita sia di per sé pericolosa o suscettibile di arrecare danno a terzi, in quanto anche rispetto alle *res* innocue, prive di un proprio intrinseco dinamismo, sussiste il dovere di custodia e di controllo, allorquando il fortuito o il fatto umano possono prevedibilmente intervenire, come causa esclusiva o come concausa, nel processo obiettivo di produzione dell'evento dannoso.

L'idoneità al nocumento della cosa

Si discorre a tal proposito di concreta potenzialità dannosa della cosa o, più precisamente, di sua idoneità al nocumento, intendendo per essa la capacità del bene di produrre danni a persone o cose per una sua connaturale forza dinamica oppure in ragione dell'azione di concause umane o naturali.

Il dovere di custodia della cosa

Altro presupposto fondante della fattispecie di cui all'art. 2051 c.c. è quello del dovere di custodia, intendendo per esso quello direttamente collegato al potere di materiale disponibilità della cosa e di effettivo controllo della stessa. L'art. 2051 c.c., dunque, non si riferisce alla custodia nel senso contrattuale del termine, bensì ad un effettivo potere fisico, che implica il governo e l'uso della cosa ed a cui sono riconducibili l'esigenza e l'onere della vigilanza affinché dalla cosa stessa, per sua natura o per particolari contingenze, non derivi danno ai terzi.

Conseguentemente, visto il significato della nozione di custodia cui la norma si riferisce, la presunzione di responsabilità di cui all'art. 2051 c.c. opera nei confronti di colui che è nella materiale disponibilità del bene, indipendentemente dal fatto che egli sia giuridicamente qualificabile come proprietario, possessore o semplice detentore dello stesso.

Pluralità di soggetti gravati del dovere di custodia

Non è infrequente che la responsabilità per i danni da cose in custodia sia estensibile a più soggetti, ai quali la custodia stessa faccia capo a pari titolo o anche per titoli diversi, che però comportino tutti l'attuale esistenza di poteri di uso, di gestione e di controllo del bene: è il caso, ad esempio, della comproprietà della cosa. Ipotesi specifica di pluralità di responsabili è quella del condominio degli edifici, ove l'obbligo di vigilare e mantenere il bene comune in stato tale da non arrecare danni agli altri condomini o ai terzi estranei incombe su tutti gli aventi diritto, senza che rilevi l'ubicazione della cosa comune rispetto alle proprietà esclusive.

La prova liberatoria: il caso fortuito

Al verificarsi del danno previsto dall'art. 2051 c.c., unica prova liberatoria offerta al custode della cosa per andare esente da responsabilità è quella del caso fortuito. In particolare, la fattispecie in esame è caratterizzata dal fatto che il profilo del comportamento del custode è assolutamente estraneo alla struttura dell'illecito di cui all'art. 2051 c.c. ed il fondamento della responsabilità viene generalmente individuato dalla dottrina nel rischio che grava sul custode per i danni prodotti dalla cosa che non dipendano dall'evento fortuito. Il custode, dunque, a fronte della sola prova del nesso di causalità tra *res* ed *eventus damni* incombente sul danneggiato, è tenuto ad offrire la prova contraria alla presunzione *iuris tantum* della sua responsabilità, mediante la dimostrazione positiva del caso fortuito e cioè di un fatto completamente estraneo alla sua sfera di controllo, avente impulso causale autonomo e carattere di imprevedibilità ed assoluta eccezionalità.

Il comportamento colposo del danneggiato

Nella fattispecie in esame, spesso, il caso fortuito idoneo a superare la presunzione di responsabilità del custode viene rinvenuto proprio nel comportamento colposo del danneggiato, allorché quest'ultimo sia stato assolutamente fuori dalla sfera di controllo e prevedibilità del custode e, perciò, tale da interrompere il nesso causale tra la cosa custodita ed il danno prodottosi. In tal senso, le corti insegnano che il giudizio sull'autonoma idoneità causale del fattore esterno, estraneo alla cosa, addotto dal custode quale prova liberatoria andrà ovviamente valutato alla stregua della natura della cosa e della sua pericolosità intrinseca. Ciò significa che tanto meno la *res* è intrinsecamente pericolosa e quanto più la situazione di possibile pericolo risulta suscettibile di previsione e superamento tramite le ordinarie cautele da parte dello stesso danneggiato, tanto più rilevante dovrà considerarsi l'efficienza causale del comportamento imprudente del medesimo (costituente fattore esterno) nel dinamismo causale del danno, sino ad interrompere il nesso eziologico tra cosa e danno ed escludere dunque la responsabilità del custode ai sensi dell'art. 2051 c.c.

Ipotesi applicative: la responsabilità della P.A. quale custode di beni pubblici

Va posto in evidenza, infine, come la responsabilità per i danni derivanti da cose in custodia trovi spesso applicazione rispetto a fattispecie che coinvolgono la P.A. nella qualità di custode e, nello specifico, nell'esercizio del suo potere discrezionale in ordine alla esecuzione e manutenzione di opere pubbliche, nonché nella vigilanza e controllo dei beni demaniali in genere.

La prova liberatoria propria delle fattispecie riguardanti la P.A.

Secondo la giurisprudenza, questa responsabilità presunta della P.A. incontra il proprio limite esclusivamente con riguardo a quei beni demaniali sui quali è esercitato un uso ordinario, generale e diretto da parte dei cittadini e l'estensione del bene stesso renda praticamente impossibile l'esercizio di un continuo ed efficace controllo che valga ad impedire l'insorgenza di cause di pericolo per i terzi. Le corti, in particolare, hanno applicato tale principio alle strade ed autostrade statali così come al demanio marittimo e fluviale. Al contrario, si applica l'art. 2051 c.c. a tutte quelle fattispecie ove i beni demaniali, per la loro limitata estensione territoriale, consentano alla P.A. un'adeguata attività di vigilanza, come, ad esempio, nel caso della rete fognaria e delle strade comunali.

9. *Danno cagionato da animali*

Nozione: l'art. 2052 c.c.

Secondo quanto prescritto dall'art. 2052 c.c., il proprietario di un animale (o chi di esso si serve, ma limitatamente al tempo dell'utilizzo) risponde del danno cagionato dall'animale stesso, sia che fosse sotto la sua custodia, sia che fosse smarrito o fuggito, salvo che provi il caso fortuito.

Attualmente, questa fattispecie ha perso gran parte della sua importanza e della centralità che aveva nel diritto romano e conservava nel *Code Civil*. Oggi, vista la drastica riduzione dell'utilizzo di animali quale forza lavoro, la previsione dell'art. 2052 c.c. conserva per lo più una residuale sfera di applicazione in ordine agli animali domestici e/o di compagnia ed ai danni da questi cagionati.

Il dovere di custodia dell'animale

Ad ogni modo, resta il dato portante della fattispecie che, di là dai contrasti dottrinali e giurisprudenziali, si traduce nel dovere di custodia dell'animale, incombente innanzitutto sul proprietario, ma anche su chiunque abbia il possesso o la detenzione dello stesso. In altre parole, la disposizione stabilisce il principio secondo cui chi ha la custodia di un animale, perché quest'ultimo è stato affidato a qualunque titolo alla sua sfera di controllo, ha il dovere di porre in essere ogni possibile attività al fine di evitare danni ai terzi.

La riconducibilità del danno all'animale

Presupposto oggettivo di questa fattispecie di responsabilità presunta è che autore materiale della lesione ai terzi sia lo stesso animale, nel senso che il danno deve essere stato immediatamente cagionato dall'animale tramite la propria condotta. La presunzione di responsabilità, in sostanza, presuppone il collegamento eziologico dell'evento dannoso ad un'azione materiale dell'animale e pertanto essa non trova applicazione nel caso in cui il danno dipenda anziché dall'animale, da un comportamento colpevole del proprietario e/o dal custode di esso. In tal senso, non si fanno rientrare nell'ambito di applicazione dell'art. 2052 c.c. tanto l'ipotesi del contagio di malattie quanto quella degli animali inerti. Condizione implicita di tale forma di responsabilità, allora, deve essere individuata non nella pericolosità dell'animale (come detto, il danno può tranquillamente provenire anche da un animale mansueto e di compagnia), ma nella sua suscettibilità ad essere governato ed a divenire di proprietà dell'uomo (è il caso, ad esempio, delle api).

Profili soggettivi: il proprietario e l'utilizzatore dell'animale

Dal punto di vista soggettivo, la norma individua come responsabili del danno cagionato dall'animale il proprietario o «*chi se ne serve per il tempo in cui lo ha in uso*». La dottrina e la giurisprudenza più datate hanno letto il presupposto della utilizzazione in senso restrittivo, limitandone l'applicazione esclusivamente a chi potesse vantare sull'animale un diritto di godimento. Secondo tale orientamento, conseguentemente, il solo affidamento dell'animale per ragioni di custodia, cura, governo o mantenimento, non valendo a trasferire il diritto di usare l'animale per trarne vantaggi, non avrebbe comportato anche il trasferimento della responsabilità per i danni cagionati dall'animale stesso. Questa posizione, però, non appare oggi condivisibile, dal momento che – come osservato – assume rilievo centrale ai fini della configurazione della fattispecie di cui all'art. 2052 c.c. non tanto il diritto sull'animale, quanto il dovere di custodia su di esso.

La responsabilità del proprietario dell'animale, pertanto, essendo alternativa a quella del soggetto che ha in uso l'animale, è esclusa in tutti i casi in cui il danno sia cagionato mentre l'animale, in virtù di un rapporto anche di mero fatto, sia nella materiale disponibilità di altri, con correlativo trasferimento del dovere di custodia, indipendentemente dal fatto che gli affidatari – tramite la disponibilità dell'animale – stiano realizzando un interesse proprio o del proprietario.

Il dovere di custodia, in effetti, come scandito anche dalla lettera della norma, ricade in prima battuta sul proprietario dell'animale ed, in alternativa, sul soggetto cui esso sia stato affidato e ne abbia perciò la temporanea disponibilità. Il principio della responsabilità del custode trova applicazione indipendentemente dal fatto che l'evento dannoso si sia verificato mentre l'animale era effettivamente sotto il controllo dell'affidatario oppure a seguito di smarrimento o fuga dello stesso. Sempre dall'applicazione del medesimo principio discende anche il corollario secondo cui il danno cagionato dalla fauna selvatica, che appartiene alla categoria dei beni pubblici indisponibili, non è però risarcibile dallo Stato in base alla presunzione stabilita dall'art. 2052 c.c.: la condizione di assoluta libertà che caratterizza la selvaggina, infatti, appare incompatibile con qualsiasi obbligo di custodia da parte della P.A.

Onere probatorio gravante sul danneggiato

Al fine di ottenere il risarcimento dei danni subiti, il danneggiato, da un punto di vista probatorio, dovrà provare esclusivamente il nesso causale tra il fatto dell'animale ed il danno subito. A seguito di siffatta dimostrazione, il proprietario oppure il custode temporaneo dell'animale, per sottrarsi alla responsabilità presunta *ex* art. 2052 c.c., è tenuto a fornire la prova del caso fortuito.

La prova liberatoria: il caso fortuito

Prescindendosi, dunque, da ogni valutazione circa la colpevolezza, non è sufficiente che il proprietario o il custode provino di aver usato l'ordinaria diligenza nella custodia dell'animale, ma occorre la prova del caso fortuito, cioè di un evento imprevedibile, inevitabile, assolutamente eccezionale. In tal senso, la prova di questo fattore esterno, che vince la presunzione di responsabilità della disciplina codicistica, può consistere anche in un fatto del terzo oppure nella colpa dello stesso danneggiato, purché tale evento presenti i predetti caratteri della imprevedibilità, della inevitabilità e della assoluta eccezionalità. Questi caratteri del caso fortuito, evidentemente, andranno intesi in senso puramente oggettivo, dal momento che la prova liberatoria non è tesa ad escludere la colpa del proprietario o del custode, che è irrilevante ai fini della configurazione della responsabilità *ex* art. 2052 c.c.

Fattispecie particolari di interrelazione tra la disciplina dettata dall'art. 2052 c.c. e quella di cui all'art. 2054 c.c.

Una riflessione meritano, infine, i rapporti tra l'art. 2052 c.c. e l'art. 2054 c.c. in relazione a due ordini di problematiche.

Per quanto concerne la prima, nell'ipotesi di scontro tra un veicolo ed un animale, il concorso fra le presunzioni di responsabilità stabilite a carico del conducente del veicolo e del proprietario dell'animale comporta la pari efficacia di entrambe le presunzioni e la conseguente necessità di valutare, caso per caso e senza nessuna reciproca elisione, il loro superamento da parte di chi ne risulta gravato. Pertanto, qualora non sia possibile ricostruire l'effettiva dinamica del sinistro e la sussistenza delle rispettive responsabilità, se anche soltanto uno dei soggetti interessati superi la presunzione di responsabilità posta a suo carico, l'obbligazione risarcitoria graverà sull'altro. Mentre, in ipotesi di superamento della presunzione da parte di tutti i soggetti coinvolti nell'incidente, ciascuno andrà esente da responsabilità, la quale, al contrario, graverà su entrambi qualora nessuno raggiunga la prova liberatoria.

Ulteriore momento di connessione tra gli artt. 2052 e 2054 c.c. è dato dal fatto che i danni cagionati dai veicoli a trazione animale non rientrano nell'ambito di applicazione della responsabilità dei proprietari e/o custodi dell'animale (*ex* art. 2052 c.c.), bensì di quella del conducente e/o del proprietario del veicolo (di cui all'art. 2054 c.c.).

10. *Rovina di edificio*

Nozione: l'art. 2053 c.c.

Con diretto collegamento alla tradizione del diritto romano e del *Code Civil*, il nostro codice, all'art. 2053 c.c., stabilisce che il proprietario di un edificio o di altra costruzione è responsabile dei danni cagionati dalla loro rovina, «*salvo che provi che questa non è dovuta a difetto di manutenzione o a vizio di costruzione*».

Siamo, dunque, al cospetto di una fattispecie di responsabilità particolare, caratterizzata dall'intrecciarsi dei meccanismi propri della responsabilità oggettiva e di quella aggravata, in cui il proprietario dell'immobile si presume responsabile dei danni derivanti dalla rovina del bene, a meno che non riesca a fornire la prova liberatoria consistente nella dimostrazione che il crollo o il danneggiamento dell'immobile è dovuto a causa diversa dal difetto di manutenzione o dal vizio di costruzione.

Presupposti: collegamento tra rovina dell'edificio e danno

Come insegnato dalla dottrina e dalla giurisprudenza, primo presupposto della fattispecie in esame è il collegamento diretto tra il danno subito da un individuo e la rovina di una costruzione. In particolare, la disposizione non si riferisce ai soli edifici, ma ad ogni immobile, come ad esempio muri, tettoie, capanni, ponti, argini di fiumi, ecc. D'altro canto, anche la nozione di rovina è stata interpretata estensivamente dalla giurisprudenza. Essa, infatti, comprende qualsiasi forma di disgregazione, sia pure limitata, dell'immobile stesso oppure di elementi o manufatti accessori, soggetti a più o meno frequenti operazioni di rimozione per esigenze d'uso, quali ad esempio le saracinesche, le tegole oppure i tubi dell'impianto di riscaldamento, dai quali possa derivare un danno a terzi. Ne deriva che, la rovina di cui all'art. 2053 c.c. può essere anche soltanto parziale, sebbene anche in tal caso deve trattarsi del crollo, del distacco e della conseguente caduta violenta di una parte integrante dell'edificio, in esso stabilmente incorporata, come ad esempio nel caso di statue ornamentali o di ringhiere. Non rientrano, invece, nell'ambito di applicazione della disposizione in esame anche quei danni derivanti da ogni insidia pericolosa che nell'edificio si trovi ad essere contenuta, come nel caso di macchinari non incorporati nell'immobile ma in esso collocati da chi lo utilizza a fini professionali o abitativi.

La nozione di rovina di edificio

In sostanza, la responsabilità per danni da rovina di edificio può ravvisarsi esclusivamente nell'ipotesi di danni derivanti dagli elementi strutturali (anche accessori) dell'immobile e, perciò, da parti essenziali dello stesso; si tratta, cioè, di danni connessi all'azione dinamica del materiale facente parte della struttura della costruzione e non a qualsiasi disgregazione sia pure limitata dell'edificio o di elementi o manufatti accessori non riconducibili alla struttura medesima.

La titolarità dell'edificio

Accanto al presupposto di fatto della rovina dell'immobile, la fattispecie disciplinata dall'art. 2053 c.c. prevede quello della titolarità del diritto di proprietà sulla costruzione. In altre parole, si considera responsabile dei danni derivanti dalla rovina dell'immobile il proprietario dello stesso al momento dell'accadimento dannoso, senza che assumano alcuna rilevanza i trasferimenti di proprietà avvenuti prima o dopo la rovina della costruzione. Generalmente, la disposizione si ritiene applicabile, in via analogica, anche ai titolari di altri diritti reali di godimento sul bene soggetto a rovina, come, ad esempio, l'usufruttuario oppure l'enfiteuta.

Problematiche connesse ai rapporti tra proprietario e conduttore dell'edificio originante il danno

Più complessa è invece l'individuazione delle diverse responsabilità nell'ipotesi di locazione dell'immobile. In prima battuta, occorre osservare come il proprietario-locatore conservi il più ampio dovere di vigilanza sul bene locato in quanto la detenzione del conduttore non lo esime dall'obbligo di controllare l'efficienza del fabbricato e provvedere ad eliminare quelle situazioni che ne possano compromettere le strutture. Da ciò deriva evidentemente che la presunzione di responsabilità *ex* art. 2053 c.c. permane in capo al solo proprietario, superabile esclusivamente tramite la prova liberatoria prevista dalla norma, a nulla rilevando l'accertamento della concreta possibilità che egli abbia avuto di svolgere tale attività di controllo sul proprio immobile, trattandosi di una presunzione di responsabilità direttamente collegata alla mera qualità di proprietario del bene stesso. Ad ogni modo, le corti generalmente ritengono che il proprietario, unico responsabile ai sensi dell'art. 2053 c.c., possa eventualmente rivalersi, in un secondo momento e nell'ambito del loro rapporto interno, contro il conduttore soltanto nell'ipotesi in cui questi abbia violato il proprio specifico dovere di avvertirlo della situazione di pericolo in base all'art. 1577 c.c. Durante la locazione, però, incombe in via esclusiva sul conduttore o sull'affittuario dell'immobile la responsabilità per i danni da rovina delle addizioni eseguite sul bene locato, immediatamente dipendenti da difetto

Le addizioni eseguite dal conduttore

di manutenzione o da vizio di costruzione. Queste ipotesi, infatti, non rientrano nella previsione dell'art. 2053 c.c., dal momento che la causa specifica del danno è in diretto rapporto con l'attività del conduttore esplicata nell'ambito delle sue facoltà e dei relativi obblighi, mancando i presupposti sui quali si fonda la responsabilità del proprietario per colpa presunta.

La prova liberatoria

Per quanto concerne la prova liberatoria, il proprietario è esonerato da responsabilità soltanto se riesce a dimostrare che la rovina dell'immobile non può imputarsi a difetto di manutenzione o a vizio di costruzione. Evidentemente, vista la formulazione letterale della norma posta dal legislatore, il proprietario, al fine di liberarsi dalla responsabilità per i danni derivanti dalla rovina della costruzione, dovrà dimostrare che il danno sia indipendente da entrambe le cause, tanto dal difetto di manutenzione quanto dal vizio di costruzione. In effetti, mentre in relazione al difetto di manutenzione si discorre generalmente di responsabilità per colpa del proprietario, nel caso di vizio di costruzione si tratterà invece di una ipotesi di responsabilità oggettiva di questi. Nel primo caso, infatti, il proprietario sarà responsabile dei danni derivanti dalla rovina dell'edificio per il fatto di aver colposamente omesso di esercitare il dovuto controllo e le dovute riparazioni sull'immobile. Nella seconda ipotesi, invece, il proprietario è ritenuto responsabile a prescindere da ogni valutazione circa la colpevolezza, anche quando il vizio di costruzione non si sia in alcun modo manifestato prima della rovina e, dunque, il danno derivante dall'immobile fosse assolutamente imprevedibile ed inevitabile e fuori dalla sfera di controllo dell'ordinaria diligenza del proprietario.

L'assenza di difetti di manutenzione e di vizi di costruzione

Il diritto di rivalsa del proprietario in caso di vizi di costruzione

In ogni caso, secondo il dettato letterale della norma e l'interpretazione che ne ha offerto la giurisprudenza, in entrambe le ipotesi sussiste la presunzione di responsabilità del proprietario, anche se, qualora egli riesca a dimostrare che la rovina della costruzione dipende da vizio di costruzione addebitabile a coloro che progettarono, diressero o eseguirono la costruzione, ha diritto di rivalsa nei loro confronti.

In conclusione, la responsabilità del proprietario dell'edificio può essere vinta esclusivamente dalla prova, il cui onere dimostrativo grava sul proprietario stesso, che l'evento dannoso non sia da attribuire a vizio di costruzione o a difetto di manutenzione ma, al contrario, alla ricorrenza del caso fortuito, della forza maggiore o di altri fatti, posti in essere da un terzo o dallo stesso danneggiato, aventi un'efficacia causale del tutto autonoma rispetto alla condotta del proprietario medesimo, come, ad esempio, nel caso di crollo derivante da un terremoto o da un attentato dinamitardo.

11. *Circolazione di veicoli*

Nozione: l'art. 2054 c.c.

Tre fattispecie di responsabilità

L'art. 2054 c.c., norma rispondente all'evidente *ratio* del *favor victimae* ed alla prospettiva riparatoria, prende in considerazione tre diverse fattispecie di responsabilità connesse alla circolazione dei veicoli senza guida di rotaie: quella derivante dai danni cagionati a persone e cose (compresi altri veicoli) dal fatto del conducente, quella riconducibile a vizi di costruzione del veicolo ed, infine, quella attribuibile ad un difetto di manutenzione dello stesso.

I soggetti: il conducente ed il proprietario del veicolo

La responsabilità per tali danni è attribuita al conducente del veicolo ed al proprietario di esso (oppure, in vece di quest'ultimo, all'usufruttuario o all'acquirente con patto di riservato dominio), sebbene differente sia la natura della responsabilità di questi soggetti. Il conducente, infatti, *ex* art. 2054, 1° comma, c.c. risponde per un fatto proprio, essendo l'autore materiale del danno; al contrario, il proprietario, l'usufruttuario e l'acquirente risponderanno a titolo indiretto, in virtù del rapporto di matrice dominicale che vantano nei confronti del bene attraverso cui è stato realizzato l'illecito.

I veicoli senza guida di rotaie

Da un punto di vista generale, bisogna ancora osservare come la norma si riferisca esclusivamente ai danni cagionati da veicoli senza guida di rotaie, cioè quelli di trasporto terrestre a guida libera. Tale nozione finisce per essere coincidente con la definizione di veicolo offerta dal *Codice della strada*, che ricomprende i veicoli a braccia, quelli a trazione animale, i velocipedi, le slitte, i ciclomotori, i motoveicoli, gli autoveicoli, i filoveicoli, i rimorchi, le macchine agricole, le macchine operatrici ed, infine, genericamente i veicoli con caratteristiche atipiche, come ad esempio quelli anfibi. Al contrario, la speciale disciplina della responsabilità prevista dall'art. 2054 c.c. non si applica ai veicoli circolanti su rotaie (è il caso dei treni), sebbene evidentemente anche questi ultimi non possano sottrarsi all'obbligo di rispettare le norme di comune prudenza secondo il paradigma generale di cui all'art. 2043 c.c.

La nozione di "circolazione" di cui all'art. 2054 c.c.

Per quanto concerne, poi, la nozione di circolazione fatta propria dall'art. 2054 c.c., anche qui soccorrono le disposizioni del Codice della strada, ove è stabilito che per circolazione deve intendersi il movimento, la sosta e la fermata dei veicoli sulla strada. Ciò indipendentemente dalla natura, pubblica o privata, della strada ove tale circolazione avviene: la giurisprudenza in materia, infatti, piuttosto che rifarsi a criteri formalistici, ha scelto di adottare un metro di giudizio funzionale, fondato sulla verifica sostanziale dell'uso pubblico o privato dell'area oggetto di circolazione, in base alla pericolosità ed all'intensità del traffico di veicoli.

La responsabilità del conducente

L'art. 2054, 1° comma, c.c. indica quale primo soggetto responsabile dei danni prodotti a cose o persone dalla circolazione del veicolo il conducente del medesimo. Per conducente deve intendersi il soggetto che, anche in maniera occasionale, si trova alla guida del veicolo ed ha perciò l'effettiva disponibilità dei congegni meccanici atti a porre in movimento il veicolo stesso. In particolare, la qualità di conducente prescinde dal fatto che il veicolo sia oppur no in movimento, sicché si considera tale anche colui che lascia la vettura in sosta, come nell'ipotesi di danni arrecati da un veicolo che, sebbene parcheggiato, si muova per effetto di un guasto al sistema frenante. In coerenza con tale assunto, però, non sarà conducente colui che abbia ceduto ad altri la guida della vettura, seppure in via provvisoria e sotto il suo controllo, come nel caso tipico delle lezioni di guida.

La prova liberatoria tra responsabilità per colpa e responsabilità oggettiva

L'unica prova liberatoria offerta dal 1° comma dell'art. 2054 c.c. al conducente è la dimostrazione «*di avere fatto tutto il possibile per evitare il danno*», sebbene egli rimanga comunque responsabile (*ex* art. 2054, 4° comma, c.c.) dei danni riconducibili a vizio di costruzione o a difetto di manutenzione del veicolo. In tal senso, la posizione del conducente, in ordine alla responsabilità per i danni cagionati a seguito della circolazione della vettura, è complessa, dal momento che la fattispecie di cui al 1° comma risponde al sistema della responsabilità aggravata, mentre quelle di cui all'ultimo comma al paradigma della responsabilità oggettiva. Il conducente del veicolo, infatti, sarà ritenuto presuntivamente colpevole dei danni conseguenti alla circolazione del veicolo a meno che non riesca a provare la propria assoluta estraneità all'evento lesivo (art. 2054, 1° comma, c.c.); in ogni caso, però, indipendentemente da ogni valutazione circa la colpevolezza, egli risponderà dei danni derivanti da difetto di manutenzione e da vizio di costruzione (art. 2054, 3° comma, c.c.). In altre parole, secondo il sistema elaborato dall'art. 2054 c.c., sul conducente del veicolo grava sempre e comunque il rischio per i danni derivanti da vizio di costruzione e difetto di manutenzione, mentre per i danni riconducibili ad altre cause vige il regime della colpa presunta.

La diligenza richiesta al conducente del veicolo

Per quanto concerne lo *specificum* della prova liberatoria di cui all'art. 2054, 1° comma, c.c., generalmente si ritiene che il conducente sia tenuto a dimostrare di aver posto in essere ogni forma di cautela possibile, ma comunque entro i limiti della normalità, cioè della normale diligenza richiesta in relazione a quel veicolo ed a quella determinata situazione concreta. La giurisprudenza, in particolare, ha posto in evidenza come la prova liberatoria non debba essere necessariamente offerta in modo diretto, dimostrando cioè di avere tenuto un comportamento esente da colpa e perfettamente conforme alle regole del Codice della strada, ma può risultare anche dall'accertamento che il comportamento della vittima sia stato il fattore causale esclusivo dell'evento dannoso, comunque non evitabile da parte del conducente, attese le circostanze del caso concreto e la conseguente impossibilità di attuare una qualche idonea manovra di emergenza. In tal senso, vengono qui in rilevo le esimenti del caso fortuito e della forza maggiore o, ancora, del fatto del terzo.

Orientamenti giurisprudenziali circa la prova liberatoria richiesta al conducente

Sempre in ordine alla prova liberatoria offerta dall'art. 2054 c.c. al conducente, attualmente, in giurisprudenza esistono anche orientamenti estremamente restrittivi alla stregua dei quali il conducente, onde conseguire il proprio esonero, deve non soltanto dimostrare il proprio comportamento diligente, ma indicare e provare i fatti a lui non imputabili, imprevedibili ed inevitabili, ai quali va riconnessa la genesi dell'evento dannoso. A titolo esemplificativo, se un soggetto viene colpito da un malore (si pensi ad un infarto) mentre è alla guida del proprio veicolo e cagiona danni ad altri, evidentemente non può essere considerato responsabile; se, tuttavia, già sofferente di siffatta patologia, si è posto incautamente alla guida, non può invocare il fatto del malore, per lui né imprevedibile né inevitabile, al fine di essere tenuto indenne da responsabilità.

L'assicurazione obbligatoria ed il Fondo di garanzia per le vittime della strada

A queste tendenze interpretative restrittive e di *favor victimae* non è estranea la contemporanea evoluzione della legislazione sull'assicurazione della r.c.a. (responsabilità civile automobilistica). Con la legge n. 990 del 1969, infatti, è stato stabilito che ogni veicolo può essere posto in circolazione soltanto se la responsabilità del conducente sia garantita da una polizza assicurativa. Tale obbligo è stato via via ampliato sino a ricomprendere ogni categoria di veicoli, inclusi i motocicli. D'altronde, la giurisprudenza ha ripetutamente chiarito che le prestazioni del Fondo di garanzia per le vittime della strada, istituito sempre con la legge n. 990 del 1969 per ristorare le vittime di un sinistro stradale in cui il veicolo coinvolto si sia rivelato sprovvisto di assicurazione o sia rimasto sconosciuto, hanno natura risarcitoria e non meramente indennizzatoria.

La prova liberatoria: la circolazione *prohibente domino*

La responsabilità del proprietario del veicolo

Come osservato, accanto al conducente del veicolo, l'art. 2054 c.c., al 3° comma, indica quali responsabili solidali per i danni conseguenti alla circolazione del veicolo il proprietario dell'autovettura o, in alternativa, l'usufruttuario e l'acquirente con patto di riservato dominio della stessa. La disciplina codicistica prevede quale unica causa di esonero dalla responsabilità a favore del proprietario la dimostrazione che la circolazione del veicolo è avvenuta contro la sua volontà. La dottrina, in ordine alla prova liberatoria della c.d. circolazione *prohibente domino*, è divisa tra la necessità di una esplicita manifestazione di volontà da parte del proprietario, tesa a vietare la circolazione del veicolo, ed invece la sufficienza di una volontà implicita, desumibile dalle circostanze concrete del caso di specie. Dal canto suo, la giurisprudenza pare ormai aver consolidato l'indirizzo secondo cui, per vincere la presunzione di responsabilità stabilita dall'art. 2054, 3° comma, c.c., non è sufficiente dimostrare che la circolazione del veicolo sia avvenuta senza il consenso del proprietario (*invito domino*), ma è necessario che detta circolazione si sia realizzata contro la sua volontà (*prohibente domino*), la quale deve estrinsecarsi in un concreto comportamento, specificamente idoneo a vietare ed impedire la circolazione. In ragione di ciò, le corti generalmente ritengono tale circostanza soddisfatta qualora il proprietario della vettura abbia concretamente adottato tutte le opportune misure precauzionali volte ad impedire l'uso del veicolo da parte di terzi, altrimenti egli finisce per rispondere anche dei danni cagionati in occasione della circolazione del veicolo immediatamente successiva al furto dello stesso.

Una fattispecie di responsabilità oggettiva ed indiretta

È palese come la responsabilità, solidale con quella del conducente, del proprietario e delle altre figure di cui all'art. 2054, 3° comma, c.c. sia normativamente costruita come una ipotesi di responsabilità oggettiva ed indiretta, dal momento che l'obbligazione risarcitoria nasce in immediata connessione con una condotta illecita altrui, le cui conseguenze vengono legalmente imputate anche al proprietario. È bene chiarire che i veicoli, quali beni mobili registrati, sono iscritti nel P.R.A. (Pubblico Registro Automobilistico): le risultanze di tale registro, tuttavia, attestano la mera titolarità formale del veicolo, ma la relativa presunzione di proprietà può essere vinta con ogni mezzo di prova (ad esempio, anche tramite testimoni che attestino la o le alienazioni del bene e la perdita del possesso da parte dell'intestatario formale).

I danni (a persone o cose)

Di là dalla identificazione dei soggetti responsabili, per quanto riguarda i danni prodottisi l'art. 2054 c.c. discorre genericamente di danni arrecati a persone o cose.

Il problema del terzo trasportato

Relativamente ai danni alle persone, una ipotesi particolare è rappresentata dalle lesioni subite dal terzo trasportato. Rispetto a tale fattispecie, l'art. 2054 c.c. è stato generalmente interpretato restrittivamente, ritenendo dunque esclusi dalla sua sfera di applicazione (e dai conseguenti vantaggi di ordine probatorio) i danni subiti dalle persone o dalle cose trasportate, in quanto soggetti estranei alla circolazione stradale, a differenza, ad esempio, del conducente del veicolo danneggiato o del pedone. Bisogna ad ogni modo evidenziare che, rispetto alle tre ipotesi di trasporto conosciute dall'ordinamento (a titolo oneroso, a titolo gratuito ed a titolo di cortesia), sia quello gratuito sia quello oneroso sono disciplinati dall'art. 1681 c.c., secondo cui il vettore si impegna a trasportare cose o persone, rispondendo per ogni danno che essi subiscano in ragione della circolazione, a meno che non riesca a provare di aver adottato tutte le misure precauzionali idonee ad evitare il danno. Stante tale presunzione di colpa a carico del vettore propria del trasporto oneroso e di quello gratuito, esclusivamente rispetto alle ipotesi di trasporto di cortesia il trasportato non potrà giovarsi dell'inversione dell'onere probatorio a carico del conducente ed, al contrario, dovrà provarne la colpevolezza secondo i canoni generali di cui all'art. 2043 c.c.

La rilevanza del titolo del trasporto

La collisione tra veicoli e la presunzione di uguale concorso nella causazione dei danni

Per quanto concerne, poi, i danni cagionati alle cose, l'art. 2054 c.c., al 2° comma, prevede la specifica ipotesi della collisione tra veicoli, stabilendo che, fino a prova contraria, ciascuno dei conducenti si presume abbia concorso ugualmente a produrre il danno subito dai singoli veicoli coinvolti. La norma, dunque, introduce una presunzione *iuris tantum*, che può essere vinta soltanto tramite la dimostrazione che l'*eventus damni* è stato causato, in via esclusiva, dalla condotta di uno soltanto dei conducenti coinvolti nel sinistro. In particolare, la presunzione di eguale concorso di responsabilità posta dalla presente disposizione ha funzione sussidiaria rispetto al criterio di imputazione in capo al conducente di cui al 1° comma dell'art. 2054 c.c. Sicché, in caso di sinistro, al fine di rendere inoperante la presunzione in esame, non sarà sufficiente la dimostrazione dell'altrui colpa, ma risulterà necessario fornire la prova liberatoria di cui all'art. 2054, 1° comma, c.c. in ordine alla propria colpevolezza. Ad ogni modo, uno dei conducenti coinvolti nell'incidente, invece di provare la propria assoluta assenza di colpa *ex* art. 2054, 1° comma, c.c., può limitarsi a provare che l'altro conducente ha concorso alla produzione del danno in misura superiore alla metà, vincendo la sola presunzione di parità del concorso, di cui al secondo comma della disposizione.

La prescrizione biennale del diritto al risarcimento

Va infine sottolineato che, a norma dell'art. 2947, 2° comma, c.c., il diritto al risarcimento dei danni conseguenti alla circolazione dei veicoli si prescrive in soli due anni.

12. *Danno da prodotto difettoso*

La collocazione extracodicistica: il Codice del consumo (d.lgs. n. 206 del 2005)

Attualmente la disciplina della *responsabilità del produttore* è confluita, insieme alla maggior parte delle disposizioni di legislazione speciale concernenti i consumatori, nel *Codice del consumo* (precisamente agli artt. 114-127, d.lgs. n. 206 del 2005), con la conseguente abrogazione della disciplina previgente dettata dal d.p.r. n. 224 del 1988, attuativo della direttiva 85/374/CEE.

Nozione: art. 114, d.lgs. n. 206 del 2005

A norma dell'art. 114, d.lgs. n. 206 del 2005, «*il produttore è responsabile del danno cagionato da difetti del suo prodotto*». Da un punto di vista generale, la responsabilità del produttore, istituto di derivazione anglosassone (ove è indicata con la formula di *product liability*), rappresenta un particolare regime di responsabilità, specificamente destinato a disciplinare il risarcimento dei danni connessi alla circolazione sul mercato di prodotti che, a causa di un difetto di produzione, arrechino un danno a chi li utilizza e/o a terzi. In particolare, la responsabilità del produttore è costruita secondo il paradigma della responsabilità oggettiva, per cui il danneggiato, al fine di ottenere il risarcimento, è tenuto a provare esclusivamente l'esistenza del difetto, il danno ed il nesso di causalità tra difetto e danno subito, senza che assuma alcun rilievo la colpevolezza del produttore.

È nulla, peraltro, ogni pattuizione che escluda o limiti preventivamente tale specifico regime di responsabilità del produttore nei confronti del danneggiato (art. 124, d.lgs. n. 206 del 2005).

Nullità dei patti limitativi della responsabilità del produttore

L'art. 118 cod. consumo offre al produttore una serie di prove liberatorie tipizzate, concernenti non la sua assenza di colpevolezza in ordine al danno incorso al consumatore, bensì l'oggettiva estraneità del difetto o della circolazione del bene alla sua sfera di controllo e responsabilità. In tal senso, lo speciale regime della responsabilità da prodotto difettoso è escluso soltanto «*se il produttore non ha messo il prodotto in circolazione*» (art. 118, lett. a, cit.); «*se il difetto che ha cagionato il danno non esisteva quando il produttore ha messo in circolazione il prodotto*» (lett. b); «*se il produttore non ha fabbricato il prodotto per la vendita o per qualsiasi altra forma di distribuzione a titolo oneroso, né lo ha fabbricato o distribuito nell'esercizio della sua attività professionale*» (lett. c); «*se il difetto è dovuto alla conformità del prodotto a una norma giuridica imperativa o a un provvedimento vincolante*» (lett. d); «*se lo stato delle conoscenze scientifiche e tecniche, al momento in cui il produttore ha messo in circolazione il prodotto, non permetteva ancora di considerare il prodotto come difettoso*» (lett. e); «*nel caso del produttore o fornitore di una parte componente o di una materia prima, se il difetto è interamente dovuto alla concezione del prodotto in cui è stata incorporata la parte o materia prima o alla conformità di questa alle istruzioni date dal produttore che la ha utilizzata*» (lett. f).

Le prove liberatorie

Relativamente ai profili soggettivi della fattispecie, occorre precisare che, nel vigore della nuova disciplina introdotta dal Codice del consumo, per produttore bisogna intendere esclusivamente chi pone in essere il prodotto finito, con esclusione tanto del produttore di un singolo componente del prodotto finito tanto del produttore della materia prima. Sono equiparati al produttore, dal punto di vista del regime di responsabilità, sia l'importatore del prodotto, indipendentemente dalla successiva forma di distribuzione dello stesso, sia il fornitore, a meno che quest'ultimo non comunichi al danneggiato gli elementi idonei ad identificare il produttore entro tre mesi dalla relativa richiesta (art. 116, d.lgs. n. 206 del 2005).

La nozione di produttore

Per prodotto, invece, ai sensi dell'art. 115 cod. consumo, deve intendersi «*ogni bene mobile, anche se incorporato in altro bene mobile o immobile*», compresa l'elettricità, con implicita esclusione dunque degli immobili, dei servizi e delle opere dell'ingegno immateriali. L'art. 117, d.lgs. n. 206 del 2005, poi, precisa che il prodotto deve considerarsi difettoso «*quando non offre la sicurezza che ci si può legittimamente attendere tenuto conto di tutte le circostanze*», come, ad esempio, la sua presentazione, le sue caratteristiche palesi, l'uso al quale esso può essere ragionevolmente destinato o, ancora, il tempo in cui è stato mes-

La nozione di prodotto

so in circolazione. In sostanza, il Codice del consumo, al fine di valutare la potenziale difettosità del prodotto, fa riferimento al parametro (relativo) del livello di sicurezza che ci si può ragionevolmente attendere dal prodotto secondo l'esperienza del consumatore medio ed indipendentemente dalle aspettative soggettive e particolari del singolo utente.

I danni risarcibili e la franchigia di € 387

In ordine al danno risarcibile, l'art. 123, d.lgs. n. 206 del 2005 stabilisce che sono a carico del produttore, secondo il particolare regime di responsabilità oggettiva innanzi descritto, esclusivamente «*il danno cagionato dalla morte o da lesioni personali*» e «*la distruzione o il deterioramento di una cosa diversa dal prodotto difettoso, purché di tipo normalmente destinato all'uso o consumo privato e così principalmente utilizzata dal danneggiato*». Ad ogni modo, il danno alle cose è risarcibile soltanto nella misura in cui ecceda la somma di € 387: ciò al fine di evitare che i produttori siano travolti da una serie infinita di *trivial claims*, cioè di pretese risarcitorie di bassissimo valore. Il legislatore del d.lgs. n. 206 del 2005, peraltro, non menzionandolo tra i danni risarcibili, ha escluso che la responsabilità per prodotti difettosi si estenda anche al risarcimento dei danni non patrimoniali eventualmente cagionati al consumatore.

La prescrizione triennale del diritto al risarcimento

Per quanto concerne, ancora, la prescrizione del diritto al risarcimento, l'art. 125 cod. consumo prevede che il diritto al risarcimento del danno derivante da responsabilità oggettiva del produttore si prescrive in tre anni dal giorno in cui il danneggiato ha avuto o avrebbe dovuto avere conoscenza del danno, del difetto o dell'identità del responsabile. Tuttavia, secondo la dottrina, l'inutile decorso di tale termine prescrizionale, più breve rispetto a quello ordinario, comporta per il danneggiato rimasto inerte esclusivamente l'impossibilità di avvalersi del particolare regime di responsabilità oggettiva previsto a carico del produttore. Nonostante ciò, il danneggiato potrà far valere la propria pretesa risarcitoria nei confronti del produttore entro l'ordinario termine prescrizionale di cui all'art. 2947 c.c., con l'onere però di provare non soltanto il difetto del prodotto, il danno ed il nesso di causalità tra questi due elementi, ma anche la colpevolezza del produttore.

Il termine di decadenza decennale decorrente dalla messa in circolazione del prodotto

L'art. 126, d.lgs. n. 206 del 2005, infine, stabilisce espressamente che il produttore non è più tenuto a rispondere dei danni causati dal difetto del suo prodotto, quando siano trascorsi dieci anni dalla messa in circolazione dello stesso. Anche questo termine di decadenza decennale, in ogni caso, è relativo al solo regime di responsabilità oggettiva previsto dal Codice del consumo, sicché il danneggiato, provando anche la colpa del produttore, potrà agire per ottenere il risarcimento dei danni conseguenti a difetti di un prodotto immesso sul mercato da più di dieci anni, qualora non sia spirato il termine prescrizionale ordinario di cinque anni decorrenti dall'incidente (*ex* art. 2947 c.c.).

CAPITOLO 64

IL DANNO RISARCIBILE E LE TECNICHE RISARCITORIE

SOMMARIO: 1. Il nesso di causalità. – 2. La perdita di *chance*. – 3. La responsabilità solidale. – 4. Il concorso del danneggiato. – 5. Risarcimento per equivalente e reintegrazione in forma specifica. – 6. Il danno patrimoniale. – 7. Il danno non patrimoniale. – 8. (*segue*) I confini normativi del danno non patrimoniale. – 9. La quantificazione del danno. – 10. La prescrizione del diritto al risarcimento.

1. *Il nesso di causalità*

La "causa" del danno

Ai fini della configurazione della responsabilità aquiliana, non è sufficiente che si verifichi un fatto illecito, né di per sé basta che vi sia un pregiudizio: tra il fatto e il danno (ingiusto) deve intercorrere un *nesso di causalità*, nel senso che il secondo deve essere stato cagionato (secondo la dizione dell'art. 2043 c.c.) dal primo.

Ma quando un evento può dirsi "causa" del danno?

Nozione e funzioni della causalità

I principi di accertamento del nesso di causalità sono derivati, in sede civilistica, dall'elaborazione propria del diritto penale. Seguendo le varie teorie che si sono susseguite in materia, la prima risposta che può offrirsi all'interrogativo di cui sopra è questa: il nesso di causalità sussiste quando senza l'azione o omissione del responsabile l'evento dannoso non si sarebbe verificato.

La teoria condizionalistica

In effetti, questa definizione rispecchia la c.d. *teoria condizionalistica*, secondo cui la condotta è causa di un determinato evento quando risulti essere una *condicio sine qua non* del pregiudizio, cioè quando, cancellando la condotta mediante un procedimento di eliminazione mentale, si verifica che l'*eventus damni* non sarebbe accaduto. Attualmente, l'impostazione teorica della *condicio sine qua non*, pur trovando ancora eco in taluni interventi giurisprudenziali, deve ritenersi, tuttavia, superata dal criterio della c.d. *causalità adeguata*. Secondo quest'ultima ricostruzione, elaborata in ambito penale sulla base dell'interpretazione degli artt. 40 e 41 c.p., la teorica equivalenza di tutte le concause giuridicamente rilevanti rispetto ad un determinato danno è temperata dalla

La teoria della causalità adeguata

concreta idoneità di un fattore causale sopravvenuto a sganciarsi dalle concause anteriori e di assurgere, così, a causa determinante esclusiva.

In altre parole, il rapporto causa-effetto deve ritenersi sussistente allorché si verifichi nell'ambito di una sequenza costante, secondo un calcolo di regolarità statistica, in virtù del quale il danno si presenta quale conseguenza non già straordinaria, bensì normale della condotta.

La regola del "*più probabile che non*"

Il tema del giudizio di causalità riveste importanza centrale nell'applicazione concreta della regola aquiliana di cui all'art. 2043 c.c. e, non di rado, è oggetto di ripensamenti da parte del formante giurisprudenziale. Di recente, le corti hanno ritenuto di applicare, nel particolare ambito della responsabilità professionale (ed, in particolare, di quella sanitaria), non un criterio di probabilità statistica (quale è quello proprio della teorica della causalità adeguata), ma di probabilità scientifica, secondo la regola del "*più probabile che non*". Secondo questa ulteriore impostazione, non è la certezza degli effetti della condotta da verificare, ma la probabilità degli stessi, cioè l'idoneità della condotta a produrre determinati pregiudizi.

Dalla causalità materiale a quella giuridica

Accertato il rapporto di causalità materiale tra condotta e pregiudizio, v'è un'ulteriore fase dell'analisi del nesso di causalità, volta a stabilire il collegamento tra il fatto dannoso e le sue conseguenze e destinata a delimitare l'area del danno risarcibile (soprattutto al fine di contenere il novero delle pretese risarcitorie). Si discorre, in proposito, di giudizio di causalità giuridica (intesa come relazione tra l'evento di danno e le singole conseguenze dannose risarcibili prodottesi) per distinguere questa fase di verifica del nesso di causalità dal precedente giudizio di causalità materiale (intesa come relazione tra la condotta e l'evento di danno). Dunque, il giudizio di causalità giuridica logicamente segue quello inerente la causalità materiale ed ha la funzione precipua di distinguere quali danni siano effettivamente risarcibili in quanto ascrivibili giuridicamente alla condotta del danneggiante.

La teoria della causalità giuridica: il limite dei danni in immediata e diretta consequenzialità rispetto all'*agere* illecito

È questa la teoria della c.d. *causalità giuridica*: in relazione al verificarsi di un danno, dovranno considerarsi pregiudizi causalmente rilevanti dal punto di vista giuridico esclusivamente quelli legati all'evento dannoso da una relazione di immediata e diretta consequenzialità secondo la normale dinamica degli accadimenti (si discorre anche di criterio di regolarità causale). Questa nozione è immediatamente desumibile dalla lettura dell'art. 1223 c.c., disposizione dettata nell'ambito della disciplina della responsabilità contrattuale ed espressamente richiamata, insieme agli artt. 1225 e 1226 c.c., dall'art. 2056 c.c. Ebbene, l'art. 1223 c.c. stabilisce che il risarcimento del danno deve comprendere tanto la perdita subita dal creditore come il mancato guadagno, in quanto siano conseguenza immediata e diretta dell'illecito. Sicché tra tutti gli svariati pregiudizi in rapporto causale con un danno dal punto di vista materiale

Rilevanza dei pregiudizi mediati ed indiretti

dovranno selezionarsi, dal punto di vista della rilevanza giuridica, esclusivamente quelli il cui legame causale con il danno sia diretto ed immediato. Ciò non toglie che esistono orientamenti giurisprudenziali che non circoscrivono l'ambito del danno risarcibile ai soli pregiudizi immediati e diretti, ma prendono in considerazione anche quelli che sono mediati e indiretti, purché rientrino, secondo un giudizio di probabile verificazione rapportato all'apprezzamento dell'uomo di ordinaria diligenza, nella serie delle conseguenze normali ed ordinarie del fatto.

La causalità giuridica quale strumento di selezione dei pregiudizi risarcibili

Il concetto di causalità giuridica, dunque, non coincide con quello di causalità materiale, ma ha una diversa funzione, cioè la selezione dei pregiudizi effettivamente risarcibili nel caso concreto. Il discorso viene comunque ricondotto al nesso eziologico per il tramite dei principi fissati dall'art. 1223 c.c., nel senso che più ci si allontana dal fatto iniziale, che ha generato l'evento dannoso, e più si pone l'esigenza di fissare un limite al risarcimento dei danni: sono, pertanto, esclusi dal risarcimento i danni che siano da ricollegare ad eventi anomali sopravvenuti.

Pluralità di condotte dannose, concause e responsabilità solidale dei danneggianti

Può accadere che un danno sia teoricamente imputabile ad una pluralità di fatti (come le condotte di diversi agenti). In ipotesi del genere, nella prospettiva della rilevanza giuridica, ove l'evento dannoso si riveli essere la risultante di più condotte, attive ed omissive, si discorre di *concause*, che hanno cagionato il danno. Soccorre, al riguardo, l'art. 2055 c.c., per il quale «*se il fatto dannoso è imputabile a più persone, tutte sono obbligate in solido al risarcimento del danno*». È ovvio che colui che ha risarcito il danno ha diritto di regresso contro ciascuno dei coautori ed in questa sede viene determinata la misura percentuale della gravità del comportamento di ognuno dei coautori del fatto in relazione all'*eventus damni*.

La concausa sufficiente a produrre l'evento dannoso

Nondimeno, secondo l'insegnamento della giurisprudenza, al fine di individuare quali siano i fatti da considerare causali rispetto ad un determinato danno dal punto di vista giuridico non sarà necessario indagare quali siano tutti gli eventi causalmente legati a quel danno, ma sarà sufficiente risalire sino a quel fatto che può considerarsi concausa sufficiente a produrre l'accadimento dannoso sulla base di principi di esperienza nella regolarità delle situazioni concrete. In questo caso, sarà giuridicamente responsabile, *ex* art. 2043 c.c., il soggetto (o, eventualmente, i soggetti) cui sia ascrivibile la sola concausa sufficiente.

L'interruzione del nesso causale

Il nesso causale può dirsi interrotto – e, quindi, l'autore del fatto andrà tenuto indenne da responsabilità – quando nella sequenza causale si inserisce un altro evento, che prende il sopravvento nella genesi del danno. A titolo esemplificativo, un automobilista investe un passante, procurandogli alcune lesioni non mortali; la vittima, tuttavia, muore perché l'ambulanza, a bordo della quale veniva trasportata in ospedale, viene ulteriormente coinvolta in un sinistro. Non può dubitarsi che tra l'evento iniziale, cagionato dall'automobilista, e quello del decesso non c'è nesso di causalità, interrotto, appunto, dal fatto del terzo.

Il fatto del terzo ed il concorso del danneggiato

Quali sono i principali fattori interruttivi del legame di causalità? Si è già accennato al fatto del terzo; in realtà, può essere proprio la condotta del danneggiato a determinare l'evento dannoso: l'art. 1227 c.c., richiamato dall'art. 2056 c.c., prevede tale specifica ipotesi, con la conseguenza di escludere, in tutto o in parte, il risarcimento, a seconda del grado di partecipazione causale del comportamento della vittima. Va, tuttavia, chiarito che la valutazione sul concorso (o fatto esclusivo) della vittima non è univoca in giurisprudenza. Vi sono opinioni secondo le quali la condotta del danneggiato va presa in considerazione per quella che è, in relazione alla sua idoneità causale; altre che, viceversa, la collegano, comunque, al grado di prevedibilità ed evitabilità dell'evento da parte dell'autore del fatto. Ad esempio, se un bambino, che si trova sul marciapiede, improvvisamente taglia la strada ad un veicolo che sopraggiunge a velocità consentita, si verifica oppur no l'interruzione del nesso di causalità? La valutazione del fatto della vittima in termini di mera causalità materiale induce alla risposta affermativa; se, viceversa, si ritiene che il conducente avrebbe dovuto e potuto prevedere che un minore compia talora movimenti repentini, il fatto della vittima non ha di per sé efficacia di esonero di responsabilità. Il discorso rimanda, in realtà, alle cause che, per antonomasia, interrompono il nesso causale: *caso fortuito e forza maggiore*. Si tratta di cause naturali, che si producono, cioè, indipendentemente dalla volontà umana; la forza maggiore – o *vis cui resisti non potest*, come la definiva il diritto romano – consiste in un evento naturale (come un terremoto o un'alluvione) al quale è impossibile opporre resistenza per la sua peculiare imponenza. Il caso fortuito è, dal canto suo, un avvenimento imprevedibile ed inevitabile, che abbia determinato il danno, e sfugge ad ogni possibile controllo umano.

Il caso fortuito e la forza maggiore

Tendenze interpretative che sovrappongono caso fortuito e forza maggiore

Nella pratica, le due nozioni finiscono per sovrapporsi specie se il fortuito viene privato di connotazioni soggettive; più chiaramente, se è qualificato caso fortuito l'evento che, *in assoluto*, non poteva essere né previsto né evitato – e non soltanto quello che il singolo soggetto, nelle peculiari circostanze di spazio e di tempo, avrebbe potuto e dovuto prevedere – il confine con la forza maggiore si attenua, sin quasi a scomparire.

2. *La perdita di* chance

L'origine giurisprudenziale della figura

Sebbene il dibattito in materia possa dirsi tutt'altro che concluso, è oramai trascorso circa un ventennio dalla prima pronuncia della Cassazione relativa alla risarcibilità del danno da perdita di *chance* (Cass. n.

6909 del 1983), figura complessa e di difficile collocazione sistematica, situandosi al confine tra la teoria generale del danno risarcibile e delle situazioni giuridiche soggettive tutelabili *ex* art. 2043 c.c. e quella del nesso di causalità.

Il collegamento con la teorica della causalità giuridica

Pare preferibile la posizione che spiega tale tipologia di danno in termini di ampliamento del nesso di causalità, dal momento che il danno da perdita di *chance* è stato utilizzato – soprattutto dalle corti – al fine di aggirare il problema della ricostruzione del legame eziologico che può legare un fatto noto (la condotta pregiudizievole del danneggiante) ad uno ignoto (la perdita di un risultato utile astrattamente conseguibile dal danneggiato). *Apertis verbis*, con il riconoscimento del danno da perdita di *chance* si ha una sostanziale dilatazione dell'area del danno risarcibile, che copre la perdita non soltanto dell'utilità finale, ma anche dell'opportunità di conseguire tale utilità.

Orientamenti della giurisprudenza

In effetti, a partire dalle prime fattispecie concrete affrontate dalla giurisprudenza in materia di diritto del lavoro (perdita della possibilità di essere assunti o di ottenere una progressione di carriera), attualmente le corti – sebbene con non poche incertezze e contrasti – tendono a riconoscere il danno da perdita di *chance* anche in relazione all'attività professionale del medico e dell'avvocato (rispettivamente, perdita delle *chance* di salvezza o di vittoria della causa in collegamento con l'attività professionale posta in essere), alla seduzione con promessa di matrimonio (con riguardo alle perdute opportunità di sposarsi), alla perdita della *chance* di nascere sano, ai comportamenti illegittimi della P.A. o, ancora, alla sopravvenuta impossibilità di partecipare a concorsi o di sostenere esami. Sulla base di queste ipotesi, sebbene siano estremamente diversificate, una parte della dottrina ha giustificato la costruzione di una teoria unitaria della perdita di *chance*.

La nozione di perdita di *chance*

Generalmente, si discorre di perdita di *chance*, quale capo autonomo di danno, intendendo per esso – secondo autorevole dottrina – la perdita *attuale* di un miglioramento *futuro* e *possibile*. Come insegnato anche dalla giurisprudenza, la *chance* (*id est*, la concreta ed effettiva occasione favorevole di conseguire un determinato bene o risultato), allora, non è una mera aspettativa di fatto, ma un'entità patrimoniale a sé stante, giuridicamente ed economicamente suscettibile di autonoma valutazione, onde la sua perdita (cioè la perdita della consistente possibilità di conseguire il risultato utile del quale risulti provata la sussistenza) configura un danno concreto ed attuale.

L'emersione quale figura di danno autonoma

Originariamente, il danno da perdita di *chance* non era stato ritenuto autonomamente risarcibile, perché si qualificava la *chance* quale aspettativa di mero fatto, la cui lesione non integrava gli estremi del danno ingiusto di cui all'art. 2043 c.c. Soltanto con la progressiva svalutazione del dogma della riconducibilità dei soli diritti assoluti alla sfera di tutela *ex* art. 2043 c.c. ed anche grazie all'ulteriore spinta fornita dal moderno prevalere della funzione riparatoria della responsabilità civile, si è così potuti giungere all'attuale qualificazione, condivisa anche da gran parte della giurisprudenza, della perdita di *chance* quale danno autonomo, immediatamente riconducibile alla sfera di tutela di cui all'art. 2043 c.c. e suscettibile di una propria valutazione economica, in quanto perdita attuale di un miglioramento patrimoniale futuro e possibile.

La perdita del risultato utile finale

Non può non farsi menzione, ad ogni modo, del fatto che la ricostruzione del danno da perdita di *chance* in termini di danno presente ed attuale non può essere completamente svincolata dalla considerazione dalla perdita del risultato utile finale, altrimenti si finirebbe per legittimare l'ingresso alla risarcibilità di qualsivoglia lesione, collegata anche soltanto ad una mera *spes* e non soltanto a situazioni giuridicamente rilevanti *ex* art. 2043 c.c. Come visto, secondo l'impostazione dominante, infatti, il riconoscimento della risarcibilità della perdita di *chance* si traduce, in concreto, in una sorta di "allargamento" della sfera di incidenza del nesso di causalità, che andrebbe a coprire, quale conseguenza diretta dell'agire del danneggiante, non soltanto la perdita del bene finale (ad esempio, la vittoria della causa), bensì anche la perdita della mera probabilità di conseguire tale bene (nell'esempio, la possibilità di vincere la causa).

La perdita di *chance* nell'ambito della teoria del danno

Estremamente difficile e dibattuto è risultato essere anche l'inquadramento del danno da perdita di *chance* nell'ambito della generale teoria del danno, dal momento che parte della dottrina lo qualificava quale danno non patrimoniale, altra quale danno patrimoniale ed, ancora, in quest'ultima ipotesi, ci si divideva tra quanti discorrevano di lucro cessante e quanti di danno emergente. A fronte di tale complesso dibattito, bisogna dire che spesso siffatte difficoltà di collocazione dipendono immediatamente da incertezze circa la stessa nozione di danno da perdita di *chance*, non considerato in sé medesimo, quale perdita di una *opportunità* di conseguire un bene finale (patrimoniale o non patrimoniale), ma quale perdita dello stesso bene finale astrattamente conseguibile. Al contrario, qualificandolo correttamente quale perdita attuale di una utilità futura e possibile, il danno da perdita di *chance* innanzitutto non risulta essere più un danno futuro bensì presente (la *chance* è perduta nel momento stesso dell'illecito ed al più sarà il bene finale ad essere perduto in futuro), ma inoltre appare agevolmente inquadrabile nel novero del danno patrimoniale e, precisamente, del danno emergente.

La *chance*, infatti, rappresenta un bene, suscettibile di valutazione economica, esistente nel patrimonio del soggetto quale valore attuale che viene definitivamente compromesso dall'attività illecita del danneggiante.

Inteso in questo senso, il danno da perdita di *chance*, seguendo le ultime tendenze interpretative della dottrina e delle corti, dall'originaria formulazione in campo giuslavoristico, sta progressivamente ampliando la propria sfera di incidenza alla generalità dei diritti della personalità.

Il progressivo ampliamento della sfera di applicazione

È opportuno, infine, notare come il danno da perdita di *chance* venga generalmente liquidato dalla giurisprudenza in ragione di un criterio prognostico piuttosto complesso, fondato sulle concrete e ragionevoli probabilità che aveva il soggetto danneggiato di raggiungere un determinato risultato utile, assumendo quale parametro di valutazione proprio la *chance* venuta meno, ovvero il vantaggio economico complessivamente realizzabile dal danneggiato diminuito secondo l'effettiva riduzione del grado di possibilità di conseguirlo, come deducibile dagli elementi probatori addotti dalla parte circa la situazione giuridica concreta oppure con ricorso al criterio equitativo di cui all'art. 1226 c.c. In tal senso, al fine di conseguire tutela aquiliana, non è necessario che la *chance* di ottenere il risultato o il vantaggio fosse superiore o almeno pari al 50%, dal momento che anche la *chance* meno consistente è ritenuta generalmente risarcibile. Il ridotto grado di concretizzazione di essa inciderà, come visto, esclusivamente sull'entità (cioè sul *quantum*) del risarcimento.

Criteri di liquidazione del danno da perdita di *chance*

3. *La responsabilità solidale*

Come accennato nel primo paragrafo del presente capitolo, a norma dell'art. 2055 c.c., se il fatto dannoso è imputabile a più persone, tutte sono obbligate in solido al risarcimento del danno. Il vincolo di solidarietà che lega i coautori del fatto dannoso comporta che il danneggiato possa pretendere, da ciascuno dei coobbligati, la totalità della prestazione risarcitoria, senza che rilevi in alcun modo, nei rapporti con il soggetto leso, la diversa gravità delle rispettive colpe di ciascuno come la diseguale efficienza causale delle varie condotte.

Il vincolo di solidarietà *ex* art. 2055 c.c.

È evidente che la regola sancita dall'art. 2055 c.c. condivide la naturale funzione della solidarietà passiva e cioè quella di fornire una garanzia ulteriore al soddisfacimento dell'interesse del creditore. Quest'ultimo, infatti, vede notevolmente rafforzata l'efficacia propria del rimedio risarcitorio per il fatto che ciascuno dei coobbligati nei suoi confronti è tenuto a ristorare anche la parte di danno non immediatamente ascrivibile alla sua sfera di responsabilità ma imputabile agli altri corresponsabili.

La *ratio* della regola: il *favor victimae*

Presupposti della fattispecie in esame sono esclusivamente l'unicità del danno prodottosi e l'imputabilità dello stesso a più soggetti. In particolare, l'unicità del fatto dannoso richiesta dalla norma non deve essere intesa in senso assoluto, ma relativo alla posizione del soggetto leso, ricorrendo il vincolo di solidarietà anche se l'*eventus damni* sia derivato

Presupposti: l'unicità del danno e l'imputabilità ad una pluralità di soggetti da azioni e/o omissioni differenti, imputabili a diverso titolo ai vari autori di esse. Potrà dunque accadere che concorrano a produrre il medesimo danno condotte colpose e dolose, contrattuali ed extracontrattuali, attive ed omissive e così via, senza che – ai fini dell'applicabilità dell'art. 2055 c.c. – rilevi alcunché se non l'efficienza causale di ciascuna condotta rispetto alla produzione dell'unico danno.

In sostanza, allora, sussisterà un vincolo di solidarietà tra i diversi coobbligati ogni qual volta, in relazione al medesimo evento lesivo, sia individuabile una pluralità di responsabili.

Rapporti (esterni) tra danneggiato e corresponsabili

Tanto i rapporti esterni, tra danneggiato e corresponsabili, quanto quelli interni, tra i diversi corresponsabili, sono regolati dalle norme in tema di obbligazioni solidali. Dal punto di vista esterno, ciò determina che il danneggiato può rivolgersi ad uno qualunque dei danneggianti pretendendo la totalità del risarcimento del danno, imponendo così a ciascuno di questi ultimi l'obbligo di risarcire anche quella parte di danno ascrivibile ad altro coautore della lesione. Sempre in ordine ai rapporti esterni, è chiaro come ciascun responsabile non possa opporre al danneggiato né le cause di liberazione né quelle di esenzione di responsabilità proprie degli altri coobbligati.

Rapporti (interni) tra corresponsabili

Per quanto concerne il profilo interno dei rapporti tra i diversi corresponsabili, a norma del 2° comma dell'art. 2055 c.c., le quote del risarcimento complessivo dovute da ciascuno si determinano in virtù della gravità della rispettiva colpa e dell'entità delle conseguenze che ne sono derivate.

Azione di regresso e criteri di ripartizione del risarcimento

Colui che ha risarcito la totalità del danno, di conseguenza, ha la possibilità di agire in regresso contro ciascuno degli altri corresponsabili in ragione delle rispettive quote ed, in caso di dubbio circa tale ripartizione interna, le singole colpe si presumeranno uguali *ex* art. 2055, 3° comma, c.c. Rispetto alla esperibilità dell'azione di regresso ed, in particolare, alla problematica della determinazione delle quote di risarcimento sulla base del criterio soggettivo della gravità della colpa, in dottrina e giurisprudenza, si è posto il problema dell'applicabilità del dettato normativo all'ipotesi della responsabilità oggettiva di uno dei corresponsabili. Esempio tipico, in tal senso, è quello del proprietario dell'autovettura rispetto ai danni cagionati dal conducente. Generalmente, il problema della determinazione della quota di responsabilità del corresponsabile che non risponde a titolo di colpa si risolve, ad ogni modo, tramite il ricorso alle regole generali, tenendo fermo il principio della solidarietà tra coobbligati ed applicando il criterio dell'uguaglianza delle quote in caso di inapplicabilità di quello basato sul dato soggettivo della colpevolezza.

4. *Il concorso del danneggiato*

L'art. 2056 c.c. richiama espressamente anche l'art. 1227 c.c. che, in tema di responsabilità contrattuale, prescrive che «*se il fatto colposo del creditore ha concorso a cagionare il danno, il risarcimento è diminuito secondo la gravità della colpa e l'entità delle conseguenze che ne sono derivate*». Al 2° comma, la medesima disposizione sancisce, poi, che non è dovuta alcuna forma di risarcimento nell'ipotesi in cui il danneggiato avrebbe potuto evitare ogni lesione usando l'ordinaria diligenza.

Nozione: il richiamo all'art. 1227 c.c.

Ebbene, trasponendo tali principi dettati in materia di responsabilità contrattuale all'ambito della responsabilità aquiliana, bisogna evidenziare come il 1° ed il 2° comma dell'art. 1227 c.c. configurino due fattispecie assolutamente distinte. La prima ipotesi presuppone, infatti, il concorso colposo del danneggiato nella produzione dell'evento lesivo e, dunque, una sua condotta attiva. Nella seconda, al contrario, ciò che rileva è la mancata attivazione del soggetto leso, dal momento che la produzione del danno è causalmente imputabile al solo danneggiante, ma le conseguenze lesive del danno avrebbero potuto essere impedite o almeno attenuate tramite un comportamento diligente del danneggiato che però non si è attivato in tal senso.

Due fattispecie distinte: il 1° ed il 2° comma dell'art. 1227 c.c.

Ed allora, come insegnato anche dalla giurisprudenza, nel caso di concorso del fatto del danneggiato nella produzione dell'evento dannoso (art. 1227, 1° comma, c.c.), il risarcimento deve essere proporzionalmente ridotto in ragione dell'entità percentuale dell'efficienza causale del comportamento della vittima. Ciò in quanto il danno che un individuo arreca a sé medesimo non può essere posto a carico dell'autore della causa concorrente, sia per il principio secondo cui il risarcimento va commisurato all'entità della colpa di ciascun concorrente, sia per la necessità di evitare un indebito arricchimento in capo al danneggiato. Il principio in esame, peraltro, trova applicazione anche nell'ipotesi in cui il danneggiato sia un incapace e nel caso in cui il fatto colposo del danneggiato concorra con l'azione dolosa del danneggiante.

Il concorso colposo del danneggiato e l'incidenza sull'entità del risarcimento

Il principio dettato dal 2° comma dell'art. 1227 rappresenta immediata applicazione dei principi generali di correttezza e buona fede di cui all'art. 1175 c.c. In particolare, la norma non si limita ad imporre al danneggiato la mera inerzia o l'astensione da condotte aggravanti dinanzi all'altrui comportamento dannoso, ma gli impone addirittura una condotta attiva volta a limitare le conseguenze pregiudizievoli del comportamento dannoso posto in essere da altri. Si ritengono, perciò, generalmente riconducibili nell'ambito dell'ordinaria diligenza imposta al danneggiato, successivamente al verificarsi del pregiudizio, tutte quelle attività che non siano eccessivamente gravose o eccezionali o, ancora, tali da comportare notevoli rischi o rilevanti sacrifici (economici e non).

Il dovere del danneggiato di mitigare il danno secondo diligenza

Le condotte del danneggiato rilevanti *ex* art. 1227 c.c.

È evidente, allora, che mentre nella fattispecie di cui al 1° comma dell'art. 1227 c.c. vengono in considerazione tutti i comportamenti tenuti dal danneggiato, anteriori o posteriori che siano al pregiudizio arrecato dal danneggiante, nella fattispecie di cui al 2° comma, invece, l'ordinaria diligenza del danneggiato deve essere valutata esclusivamente alla luce della sua condotta successiva al verificarsi del danno, restando irrilevanti i comportamenti tenuti anteriormente allo stesso.

5. *Risarcimento per equivalente e reintegrazione in forma specifica*

Il ripristino della situazione giuridica lesa

Nella descrizione delle diverse tecniche di ristoro del danno conosciute dal nostro ordinamento ed alla luce delle osservazioni svolte, appare opportuno soffermarsi ora sulla nozione di risarcimento (nelle diverse accezioni del *risarcimento per equivalente, in forma specifica* ed *in forma di rendita*), distinguendola da quella di indennità.

Il risarcimento, come si è rilevato anche in precedenza, consiste nel ripristino della situazione giuridica lesa e costituisce l'essenza della funzione "riparatoria" della responsabilità civile.

Il risarcimento per equivalente: la "monetizzazione" del danno

Al danno, prodotto nelle sue diverse componenti e tipologie, va posto rimedio con la riparazione della lesione. Tale obiettivo, però, può essere raggiunto o mediante la "monetizzazione" del pregiudizio ovvero attraverso la reintegrazione in forma specifica. Nel primo caso, il giudice determina una somma di danaro, quantificata secondo molteplici criteri – che si vedranno nei prossimi paragrafi –, che funge da "equivalente" del danno patito. In altre parole, il risarcimento per equivalente ha la funzione di porre il patrimonio del danneggiato nello stato in cui si sarebbe trovato senza il verificarsi dell'evento lesivo e comporta, dunque, la traduzione in termini monetari delle conseguenze pregiudizievoli patite dal danneggiato in seguito all'illecita invasione della propria sfera giuridica da parte del terzo.

La reintegrazione in forma specifica: l'eliminazione dell'illecito e dei suoi effetti

L'art. 2058 c.c., però, attribuisce al danneggiato la facoltà di «*chiedere la reintegrazione in forma specifica, qualora sia in tutto o in parte possibile*». Con l'espressione "reintegrazione in forma specifica" ci si riferisce all'eliminazione materiale di quanto illecitamente compiuto e delle sue conseguenze. Nello specifico, la reintegrazione del danno in forma specifica (o, secondo una diversa dizione, la riparazione in natura del danno) si sostanzia nella obbligazione del responsabile di ricostituire la situazione di fatto antecedente alla lesione provocata, consentendo al danneggiato di realizzare il proprio interesse al ristoro del danno senza doversi accontentare del mero equivalente pecuniario.

Uno degli esempi più noti è il rimedio al danno ambientale, per il quale, anche ai sensi della legge n. 349 del 1986, istitutiva del Ministero per l'Ambiente, la regola è che l'autore dell'illecito provveda a sua cura e spese al ripristino della situazione ambientale lesa (bonifica di una cava abusiva, demolizione di un manufatto costruito senza concessione, pulizia di un tratto costiero e così via).

Possibile concorso tra le due formule risarcitorie

Il risarcimento per equivalente, ad ogni modo, benché subordinato all'impossibilità di ricondurre il bene della vita danneggiato nello stato primitivo, non si pone come alternativo al risarcimento in forma specifica, ben potendo le due modalità riparatorie integrarsi tra loro. Lo stesso art. 2058 c.c., tuttavia, prevede che il giudice possa stabilire di ricorrere esclusivamente al risarcimento per equivalente, «*se la reintegrazione in forma specifica risulta eccessivamente onerosa per il debitore*».

Il risarcimento in forma di rendita in ipotesi di carattere permanente del danno alla persona

L'art. 2057 c.c. prevede, in ogni caso, che qualora il danno alle persone abbia carattere permanente la liquidazione possa essere fatta dal giudice, tenuto conto delle condizioni delle parti e della natura del danno, sotto forma di una *rendita vitalizia*. L'invalidità permanente, cui la norma fa riferimento, consiste nella definitiva inettitudine, in conseguenza di postumi dell'evento dannoso, non eliminabili nel tempo, a conseguire (o a conseguire senza ulteriori spese o negativa incidenza di carattere economico) lo stesso reddito che sarebbe stato possibile realizzare ed utilizzare se il danno non si fosse verificato. Funzione del risarcimento del danno in forma di rendita, dunque, è quello di compensare il danneggiato della lesione patita durante tutto il corso della sua vita, man mano che il pregiudizio originario si riflette sull'intera sua esistenza, impedendogli di produrre il medesimo reddito che avrebbe ottenuto senza il danno permanente ed imponendogli spese che altrimenti non avrebbe sostenuto. La disposizione, inoltre, di là dal riferimento alle condizioni delle parti, subordina la concessione di tale forma di risarcimento alla valutazione, da parte del giudice, della "natura" del danno, intendendosi con ciò consentire alle corti di valutare non soltanto la gravità ed il tipo di lesione subita dal danneggiato, ma anche l'effettiva dipendenza di quest'ultimo dal risarcimento per la soddisfazione delle proprie esigenze di vita.

L'indennità

Dal risarcimento nelle sue diverse epifanie concrete va tenuta distinta la figura dell'indennità, che non mira alla compensazione integrale, in forma monetaria o specifica, del danno, bensì è diretta unicamente al ristoro patrimoniale del pregiudizio.

Di indennità – nel senso sopra indicato – discorre, ad esempio, l'art. 2045 c.c., che, a proposito del fatto dannoso cagionato per uno stato di necessità in cui si è trovato l'autore, prevede che «*al danneggiato è dovuta un'indennità, la cui misura è rimessa all'equo apprezzamento del giudice*».

Parimenti, si è avuto modo di notare, nell'ipotesi di danno cagionato da persona incapace d'intendere e di volere, la vittima, che non abbia potuto ottenere il risarcimento da chi è tenuto alla sorveglianza, può chiedere la condanna dell'autore al pagamento di «*un'equa indennità*» (art. 2047 c.c.).

6. *Il danno patrimoniale*

Il danno ingiusto (nei termini innanzi delineati), che è suscettibile di risarcimento, viene tradizionalmente distinto in due categorie principali: il *danno patrimoniale* e quello *extrapatrimoniale*.

Il danno emergente

Il primo incide sulla sfera economico-patrimoniale del soggetto leso. A sua volta, esso viene suddiviso nelle due varianti del *danno emergente* e del *lucro cessante*. Con la prima espressione si allude alla "perdita secca" o diminuzione patrimoniale patita dalla vittima: in altre parole, la diminuzione della sfera patrimoniale della vittima dell'illecito immediatamente conseguente all'attività del danneggiante. Con la seconda, invece, ci si riferisce al guadagno che la vittima ha perso in conseguenza della lesione subita e, per tale ragione, quello connesso al lucro cessante (o mancato guadagno) è un danno normalmente futuro, che richiede in ogni caso una ragionevole certezza in ordine al suo accadimento. Ad esempio, se un soggetto viene leso in un incidente automobilistico, il danno al proprio veicolo costituisce, tra l'altro, un danno emergente. Se egli, inoltre, a causa delle lesioni personali non può più – in via temporanea o addirittura per sempre, in tutto o in parte – attendere alla propria occupazione libero-professionale, tale conseguente danno costituisce lucro cessante.

Il lucro cessante

Concorso tra danno emergente e lucro cessante

Non è da escludere, poi, che un medesimo pregiudizio realizzi al contempo, un'ipotesi dell'una e dell'altra categoria: la perdita del veicolo è di per sé un danno emergente, ma costituisce, altresì, un lucro cessante se l'autovettura (come nel caso del tassista o dell'agente di commercio) sia anche uno strumento di lavoro.

Unitarietà della nozione di danno patrimoniale

La distinzione tra le due voci, riconducibili al danno patrimoniale, del danno emergente e del lucro cessante non è funzionale ad indicare, nel contesto dell'art. 1223 c.c., una differenza di disciplina che separi la risarcibilità dell'una dall'altra, bensì svolge soltanto una funzione descrittiva della generale nozione del danno patrimoniale risarcibile. In ragione di ciò, la differenziazione nominale delle due figure ha il solo scopo di identificare i pregiudizi relativi quali aspetti dell'unitario concetto di danno patrimoniale risarcibile.

Differenze tra danno emergente e lucro cessante

In effetti, bisogna evidenziare come la differenza tra questi due profili del danno patrimoniale consista essenzialmente nel fatto che il danno emergente, corrispondendo alle perdite immediatamente subite dal danneggiato in seguito all'illecito, viene in rilievo quale sottrazione di utilità già esistenti nel patrimonio del danneggiato, mentre il lucro cessante, coincidendo con la nozione di mancato guadagno, si riferisce a nuove utilità presumibilmente conseguibili dal danneggiato, qualora non si fosse verificato il fatto illecito.

In conclusione, il danno patrimoniale si specifica sempre nelle due espressioni del danno emergente e del lucro cessante, con l'importante differenza tra i due elementi – almeno dal punto di vista probatorio – della evidente maggiore difficoltà di accertamento relativa al lucro cessante, sicché questa voce di danno viene sovente rimessa alla valutazione equitativa delle corti.

Inapplicabilità, in materia di illecito aquiliano, del limite della prevedibilità del danno

Infine, dal momento che l'art. 2056 c.c., in ordine alla valutazione del danno, richiama esclusivamente gli artt. 1223, 1226 e 1227 c.c., tralasciando l'art. 1225 c.c., non è applicabile al risarcimento per la responsabilità extracontrattuale il limite della prevedibilità del danno, secondo quanto poteva prevedersi nel tempo in cui è stato compiuto l'atto illecito. Di conseguenza, in virtù del combinato disposto degli artt. 2043 e 2056 c.c., il danneggiante sarà tenuto a risarcire la vittima anche dei danni imprevedibili, cioè di quei danni che essa ha subito in ragione dell'illecito, ma che non erano in alcun modo preventivabili al momento della commissione del fatto illecito.

7. *Il danno non patrimoniale*

Nozione

Con la dizione *danno extrapatrimoniale*, di cui all'art. 2059 c.c., ci si riferisce ad una lesione che non incide sulla sfera patrimoniale della vittima, ma si identifica con il danno determinato dalla lesione di interessi inerenti la persona non connotati da rilevanza economica.

La rilevanza della natura del pregiudizio sofferto dalla vittima

La differenza tra le due categorie di pregiudizio, quella patrimoniale e quella non patrimoniale, non risiede nel diverso bene oggetto di tutela, ma nella natura del pregiudizio sofferto dalla vittima dell'illecito: vi può essere un danno ad un bene non patrimoniale, come la salute, che può dar luogo ad effetti patrimoniali negativi ed, all'opposto, si può verificare una lesione di natura economica (si pensi ad un reato di truffa che si realizzi mediante la sottrazione di una somma di danaro o di un bene) che giustifica il risarcimento del danno extrapatrimoniale in favore della parte lesa.

La centralità dell'art. 2059 c.c.

L'art. 2059 c.c. sancisce che «*il danno non patrimoniale deve essere risarcito solo nei casi determinati dalla legge*». La norma non identifica una distinta fattispecie di illecito produttiva del danno non patrimoniale, bensì consente la riparazione anche di pregiudizi non patrimoniali, nei casi determinati dalla legge e sempre nel presupposto della sussistenza di tutti gli elementi costitutivi della struttura dell'illecito aquiliano, come definiti dall'art. 2043 c.c. Secondo parte della dottrina, la cui opinione è, tuttavia, ormai ampiamente minoritaria, con l'art. 2059 c.c. il legislatore avrebbe inteso prevenire il rischio di un utilizzo speculativo della responsabilità civile, connesso a richieste risarcitorie per danni, la dimostrazione dei quali – trattandosi di sofferenze psicofisiche o patemi d'animo, come si usa dire – il più delle volte si rivelerebbe "presuntiva" o, comunque, assai poco oggettiva.

L'art. 2059 c.c. quale norma di rinvio

In realtà, l'art. 2059 c.c. ha natura di norma di rinvio, nel senso che essa rimanda alle disposizioni (codicistiche e non) che determinano le ipotesi di risarcibilità del danno non patrimoniale. L'ambito della risarcibilità del danno extrapatrimoniale si ricava, allora, tramite l'identificazione delle diverse norme che prevedono siffatta tutela.

Il principio della tipicità (o riserva legale) del danno non patrimoniale

Ne deriva che se il risarcimento del danno patrimoniale da fatto illecito è caratterizzato dalla atipicità, propria della clausola aperta dell'art. 2043 c.c., che può abbracciare la lesione di qualsivoglia interesse giuridicamente rilevante, al contrario, il risarcimento del danno non patrimoniale è connotato da tipicità (o riserva legale), dal momento che, come visto, tale danno è risarcibile soltanto nei casi determinati dalla legge.

Gli sforzi interpretativi volti a superare il limite imposto dall'art. 2059 c.c.

Ad ogni modo, dottrina e giurisprudenza hanno costantemente profuso il loro sforzo interpretativo con lo scopo di superare o, comunque, aggirare la "gabbia stretta" dell'art. 2059 c.c., mostrando una decisa insofferenza rispetto al principio di "riserva di legge" del danno morale, visto come indebita frantumazione del diritto all'*indemnisation integrale*, secondo una definizione propria di altra esperienza giuridica. Anzi, più di una volta è stata chiamata la Corte costituzionale a pronunziarsi sul sospetto di incostituzionalità della disposizione, tuttavia sempre con esito negativo: allo stato l'art. 2059 c.c., almeno nella sua formulazione letterale, resiste tenacemente.

La tripartizione del danno non patrimoniale nelle decisioni della giurisprudenza

La figura del danno non patrimoniale, allora, negli anni, è stata oggetto di numerosi ripensamenti e di diverse ricostruzioni, che (soprattutto dopo le c.d. "sentenze gemelle" nn. 8827 e 8828 del 31 maggio 2003 della Suprema Corte di Cassazione, confermate anche dalla Corte costituzionale con la decisione n. 233 datata 11 luglio 2003) avevano sostanzialmente condotto tale categoria dogmatica verso una tripartizione. Il danno non patrimoniale, infatti, veniva scisso, soprattutto nelle decisioni delle corti di merito, nel danno biologico in senso stretto (configurabile soltanto dinanzi ad un danno all'integrità psico-fisica secondo i canoni sanciti dalla scienza medica), nel danno morale soggettivo (il cui ambito esclusivo è quello proprio della mera sofferenza psichica e del patema d'animo), nonché nel danno esistenziale (ove confluivano tutti i pregiudizi, diversi ed ulteriori, costituenti conseguenza della lesione di un interesse costituzionalmente protetto).

Il danno biologico in senso stretto, il danno morale soggettivo ed il danno esistenziale

Proprio quest'ultima voce di danno, in ragione dell'uso propostone da una parte della dottrina e dal formante giurisprudenziale (in particolare dai giudici di pace), si era proposta negli ultimi anni quale categoria tendenzialmente generalizzante. La figura del danno esistenziale, infatti, nasceva dallo sforzo dottrinale volto ad ampliare la tutela risarcitoria per i pregiudizi di natura non patrimoniale incidenti sulla persona, svincolandola dai limiti dell'art. 2059 c.c. e, nel tempo, anche dall'originario confine della necessità di un riferimento costituzionale immediato. Questo processo di distorsione della categoria ha dato luogo, in anni recentissimi, al proliferare di controversie c.d. bagatellari, in relazione a prospettazioni fantasiose (spesso addirittura risibili) di pregiudizi ricondotti nel novero del danno esistenziale: la rottura del tacco di una scarpa da sposa, l'errato taglio di capelli, l'attesa stressante in aeroporto, il disservizio di un ufficio pubblico, il mancato godimento di una partita di calcio in TV a causa del *black-out* elettrico, l'intasamento della casella postale da troppa pubblicità e via enumerando.

L'uso distorto della categoria del danno esistenziale

Il proliferare di controversie bagatellari

La conseguenza ultima di tale processo di progressivo svilimento del riferimento alla Costituzione era rappresentata da un lento, ma ineluttabile "scivolamento" del danno non patrimoniale, proprio per il tramite del danno esistenziale, verso una atipicità assolutamente analoga a quella propria del danno patrimoniale, con una tacita abrogazione dell'art. 2059 c.c.

Verso il superamento del principio di tipicità del danno non patrimoniale

Visti i forti contrasti giurisprudenziali venutisi a creare ed i pericoli insiti nella proliferazione di vicende giudiziarie palesemente non meritevoli di tutela risarcitoria, le Sezioni Unite della Suprema Corte di Cassazione, con la fondamentale decisione n. 26972 del 2008 (accompagnata da una serie di sentenze identiche), pur riconoscendo la necessità di garantire una riparazione integrale dei danni cagionati alla sfera personale della vittima di un illecito, hanno riaffermato la centralità del principio di tipicità codificato dall'art. 2059 c.c. nella sistematica del danno non patrimoniale e, soprattutto, l'unitarietà di tale voce di danno. Di conseguenza, il danno morale soggettivo, quello biologico ed ancor più quello esistenziale non rappresentano più sottocategorie autonome, bensì meri riferimenti descrittivi della unica nozione di danno non patrimoniale.

Le Sezioni Unite della Corte di Cassazione del 2008: la riaffermazione del principio di tipicità sancito dall'art. 2059 c.c.

8. (segue) *I confini normativi del danno non patrimoniale*

Come detto, la risarcibilità del danno non patrimoniale è condizionata da un principio di tipicità, i cui confini sono indicati dall'art. 2059 c.c. Questa disposizione, infatti, rinvia alle diverse norme che fissano i casi in cui è ammesso il risarcimento del danno non patrimoniale, sicché l'individuazione dei confini del danno non patrimoniale è data, in primo luogo, dalle disposizioni che prevedono espressamente siffatta tutela.

Il rinvio all'art. 185 c.p.: il danno non patrimoniale da reato

Il rinvio, dunque, è innanzitutto all'art. 185 c.p., che prevede la risarcibilità del danno non patrimoniale conseguente a reato. Ciò significa che ogni reato, che abbia cagionato un danno patrimoniale o non patrimoniale, obbliga il colpevole (nonché le persone che, secondo i principi generali in tema di illecito aquiliano, debbono rispondere per il fatto di lui, come ad esempio i genitori, i precettori e così via) al risarcimento.

Il danno morale soggettivo dopo le S.U. del 2008

Nell'ipotesi in cui il fatto illecito si configuri anche come reato, allora, il danno non patrimoniale sarà risarcibile, tanto in favore della persona offesa tanto in favore degli ulteriori eventuali danneggiati. Come chiarito dalle S.U. nel 2008, tra i vari possibili pregiudizi non patrimoniali discendenti dalla fattispecie penalmente rilevante, vi è un tipo particolare di pregiudizio, costituito dalla sofferenza soggettiva cagionata dal reato in sé, rispetto al quale può discorrersi, a fini meramente descrittivi, di *danno morale soggettivo*. La nozione di danno morale soggettivo descrive, infatti, ciò che il diritto romano definiva *pretium doloris*, ovvero il patimento o il turbamento che il soggetto subisce in conseguenza del reato. La sofferenza è di natura psichica, sebbene essa possa consistere anche in un'alterazione fisica (c.d. *sofferenza somatica*), che non si risolva in un'alterazione di funzionalità organica, in una lesione del bene salute, la quale, viceversa, rimanda alla figura del danno biologico (che sarà esaminata *infra*). È chiaro, peraltro, che intensità e durata della sofferenza non assumono rilevanza ai fini della esistenza del danno, ma incidono esclusivamente sulla quantificazione del relativo risarcimento.

L'accertamento, in sede civile, della rilevanza penale della condotta lesiva

Per orientamento costante di dottrina e giurisprudenza, ad ogni modo, non occorre che il fatto dannoso sia qualificato come reato in un giudizio penale, autonomo da quello di responsabilità civile: è sufficiente – ed il relativo accertamento è rimesso al giudice investito della controversia in sede civilistica – che la condotta, anche in linea teorica, rinvii ad una fattispecie penalistica. Si dice, in tal senso, che il comportamento generatore del danno deve integrare, anche soltanto in via astratta, una fattispecie di reato. Questo orientamento si è consolidato nel trittico di sentenze della Cassazione (12 maggio 2003, nn. 7281-7282-7283), ove è stata riconosciuta la sussistenza del danno non patrimoniale anche in caso di "*colpa civilisticamente presunta*", se il fatto, ove la colpa sia provata, potrebbe qualificarsi come reato.

Il criterio della "colpa civilisticamente presunta"

Ambiti applicativi: il reato di lesioni

La casistica più frequente, in materia, attiene al reato di lesioni: ad esempio, nella causa concernente un sinistro stradale, che abbia prodotto lesioni personali, il giudice civile può disporre il risarcimento del danno morale, abilitato dal combinato disposto degli artt. 2059 c.c. e

185 c.p., anche se il danneggiato non abbia mai proposto querela e fatto instaurare il relativo giudizio penale.

Oltre l'art. 185 c.p.: altre disposizioni che prevedono espressamente la risarcibilità del danno non patrimoniale

Accanto al riferimento all'art. 185 c.p., esistono anche altri casi di risarcimento dei danni non patrimoniali previsti da leggi ordinarie in relazione alla compromissione di valori personali: si pensi all'art. 29, 9° comma, legge 31 dicembre 1996, n. 675 (c.d. disciplina sulla *privacy*: il precetto è oggi confluito nell'art. 15, 2° comma, d.lgs. 30 giugno 2003, n. 196, il c.d. *Codice in materia di protezione dei dati personali*) che ha espressamente sancito che il trattamento illecito dei dati personali legittima il risarcimento del pregiudizio extrapatrimoniale. Ancora, è il caso dell'art. 2 della legge 13 aprile 1998, n. 117, in relazione ai danni derivanti dalla privazione della libertà personale cagionati dall'esercizio di funzioni giudiziarie; quello dell'art. 44, 7° comma, d.lgs. 25 luglio 1998, n. 286, per l'adozione di atti discriminatori per motivi razziali, etnici o religiosi, o, ancora, quello dell'art. 2 della legge 24 marzo 2001, n. 89, in ragione del mancato rispetto del termine ragionevole di durata del processo.

Il collegamento con diritti inviolabili della persona di rango costituzionale

Si tratta di una serie di ipotesi, sempre riconducibili al rinvio dell'art. 2059 c.c., in cui il legislatore, tramite una specifica previsione normativa, ha selezionato quegli interessi che ritiene meritevoli di tutela anche nella prospettiva del risarcimento dei profili non patrimoniali. Il risarcimento del danno non patrimoniale, a ben vedere, è sempre collegato alla lesione di diritti inviolabili della persona, riconducibili a valori costituzionali: ad esempio, la riservatezza, la libertà personale, la non discriminazione. Eppure, come riconosciuto anche dalla Corte costituzionale (nella sent. n. 87 del 1979), nulla vieta che il legislatore possa, in futuro, ampliare il numero dei casi di risarcibilità del danno non patrimoniale determinati dalla legge ordinaria, riconoscendo siffatta tutela anche in ordine ad interessi inerenti la persona, ma non aventi il rango costituzionale di diritti inviolabili.

Il riconoscimento della discrezionalità del legislatore nella selezione degli interessi meritevoli di tutela *ex* art. 2059 c.c.

Letture restrittive dell'art. 2059 c.c.

Una lettura semplicemente letterale del disposto dell'art. 2059 c.c., dunque, dovrebbe indurre l'interprete a "circoscrivere" i confini della risarcibilità del danno non patrimoniale esclusivamente alle fattispecie riconducibili all'art. 185 c.p. ed ai diversi casi determinati direttamente dalle leggi ordinarie.

Il principio della tutela minima risarcitoria dei diritti costituzionali della persona

Questo orientamento restrittivo, tuttavia, è sempre stato contrastato tanto dagli studiosi, quanto dai giudici, in virtù del principio della tutela minima risarcitoria spettante ai diritti costituzionali inviolabili, secondo cui non può negarsi la risarcibilità del danno non patrimoniale prodotto dalla lesione di diritti inviolabili della persona riconosciuti dalla Costituzione.

Tale assunto è stato definitivamente recepito dalla Corte di Cassazione, prima, nel 2003 (sentenze nn. 8827 e 8828) e, poi, con le Sezioni

Il rinvio diretto, *ex* art. 2059 c.c., alle norme della Costituzione

Unite del 2008: ne deriva che il rinvio ai casi in cui la legge consente la riparazione del danno non patrimoniale di cui all'art. 2059 c.c. ben può essere riferito anche alle previsioni della Costituzione, ove si consideri che il riconoscimento nella Legge fondamentale dei diritti inviolabili inerenti alla persona e non aventi natura economica implicitamente, ma necessariamente ne esige la tutela. In altre parole, la menzione all'interno della Costituzione configura certamente una delle ipotesi cui l'art. 2059 c.c. rimanda, dal momento che la risarcibilità del danno non patrimoniale è qui sancita (sebbene soltanto implicitamente) dalla Legge posta al più alto livello del sistema delle fonti.

La lesione dei diritti inviolabili della persona e l'ingiustizia costituzionalmente qualificata

Dunque, in applicazione del principio di tipicità di cui all'art. 2059 c.c., fuori dai casi determinati dalla legge, il danno non patrimoniale è risarcibile quando venga accertata la lesione di un diritto inviolabile della persona riconosciuto dalla Costituzione: si discorre, a tal proposito, di *ingiustizia costituzionalmente qualificata*.

Ipotesi applicative: il danno biologico *ex* artt. 2059 c.c. e 32 Cost.

Per effetto di tale interpretazione estensiva, deve essere ricondotto nell'area applicativa dell'art. 2059 c.c., il danno da lesione del diritto inviolabile alla salute *ex* art. 32 Cost. Per identificare tale voce di danno non patrimoniale si può anche discorrere di *danno biologico*, figura molto nota ai giuristi italiani che studiano la responsabilità civile e, negli anni (anche prima della celebre sent. n. 186 del 1984 della Corte costituzionale che ne consacrò l'esistenza), diversamente collocata nell'universo della sistematica del danno.

Come detto per il danno morale soggettivo, tuttavia, anche il danno biologico non rappresenta una categoria di danno a sé stante, bensì una particolare epifania del danno non patrimoniale riconducibile alla lesione del bene-salute (dunque, frutto della applicazione di art. 2059 c.c. + art. 32 Cost.). Tale figura, peraltro, ha avuto anche un espresso riconoscimento normativo negli artt. 138 e 139 del d.lgs. 7 settembre 2005, n. 209 (il c.d. Codice delle assicurazioni), che identificano il danno biologico nella lesione (temporanea o permanente) all'integrità psicofisica che esplica un'incidenza negativa sulle attività quotidiane e sugli aspetti dinamico-relazionali della vita del danneggiato, indipendentemente da eventuali ripercussioni sulla sua capacità di reddito.

La nozione di danno biologico e la tutela del bene-salute

Il danno biologico, allora, deve essere inteso come la menomazione dell'integrità psico-fisica della persona in sé e per sé considerata, in quanto incidente sul valore uomo in tutta la sua dimensione, che non si esaurisce nella sola attitudine a produrre ricchezza, ma si collega alla somma delle funzioni naturali riguardanti il soggetto nel suo ambiente di vita ed aventi rilevanza non soltanto economica ma anche biologica, sociale, culturale ed estetica. All'interno della nozione di danno biologico, quindi, rientrano tutte le conseguenze pregiudizievoli che dalla lesione del bene-salute derivano alla complessiva qualità della vita del soggetto offeso, rimanendone esclusi tanto il danno patrimoniale in senso stretto quanto eventuali altri profili di danno non patrimoniale (ad esempio, il danno morale subiettivo).

La lettura dell'art. 2059 c.c. in combinato disposto con altre norme della Costituzione

Ora, così come si è fatto per il danno biologico, leggendo l'art. 2059 c.c. in combinato disposto con le altre previsioni della Costituzione possono identificarsi ulteriori ipotesi di lesione di diritti inviolabili della persona che danno origine a pregiudizi non patrimoniali risarcibili.

È il caso, ad esempio, dei diritti inviolabili della famiglia, di cui agli artt. 2, 29 e 30 Cost., per la lesione dei quali si può anche adottare la definizione di danni da perdita del rapporto parentale. Analogo discorso vale per i danni conseguenti alla violazione del diritto alla reputazione, all'immagine, al nome, alla tutela dei dati personali, tutti diritti inviolabili della persona riconducibili alla sfera della dignità, preservata dagli artt. 2 e 3 Cost.

La clausola aperta dell'art. 2 Cost. ed i diritti della persona non espressamente riconosciuti

Peraltro, come noto, il catalogo dei diritti inviolabili della persona costituzionalmente rilevanti non costituisce un *numerus clausus*, sicché la tutela, anche sotto il profilo della risarcibilità del danno non patrimoniale, non deve considerarsi limitata ai soli casi di diritti della persona espressamente riconosciuti dalla Costituzione in un dato momento storico. Al contrario, proprio in ragione della "clausola aperta" dell'art. 2 Cost., all'interprete (ed, in special modo, alle corti) sarà consentito identificare nuovi interessi emersi nella realtà sociale che, avendo superato la soglia della generica rilevanza normativa per assurgere a valori di rango costituzionale, si rivelino così suscettibili di originare, in caso di lesione, anche danni non patrimoniali risarcibili.

Il limite del dovere di tolleranza: la serietà del pregiudizio

Occorre pure tener conto che, nel caso di lesione di diritti costituzionalmente inviolabili (diversi dalla salute), la gravità dell'offesa costituisce un requisito ulteriore per l'ammissione a risarcimento dei danni non patrimoniali alla persona. Il diritto, infatti, deve essere inciso oltre una certa soglia minima, cagionando un pregiudizio serio, altrimenti si rimane nell'ambito di quei pregiudizi, di lieve entità, che il dovere di tolleranza, di cui all'art. 2 Cost., impone di sopportare. In altre parole, il risarcimento del danno non patrimoniale, in questi casi, è dovuto soltanto nel caso in cui sia superato il livello di tollerabilità dell'*agere* altrui, imposto in tutti i rapporti sociali, ed il pregiudizio non sia futile. È questo un canone ermeneutico volto a fungere da ulteriore filtro rispetto a tutte quelle istanze risarcitorie che, negli ultimi anni, hanno "ingolfato" le aule di giustizia (in specie, quelle minori), aventi ad oggetto intenti meramente speculativi e nessuna reale attinenza alla prospettiva della tutela integrale della persona (si pensi all'esasperazione della vicenda delle c.d. "*micro-esistenziali*").

La nozione di danno esistenziale dopo le S.U. del 2008

Al solo fine di riduzione ad unità ("*per mera sintesi descrittiva*", chiariscono le Sezioni Unite del 2008), queste figure di danno non patrimoniale, frutto dell'applicazione combinata dell'art. 2059 c.c. e delle previsioni della Costituzione in materia di diritti inviolabili della persona, attinenti tutte all'esistenza dell'individuo, possono essere descritte anche come *danni esistenziali*, senza che tuttavia possa configurarsi una autonoma categoria di danno.

In definitiva, può anche discorrersi di danno esistenziale, ma al solo fine di identificare una lesione costituzionalmente qualificata della personalità del soggetto nel suo modo di essere sia personale che sociale, che si traduca in una apprezzabile alterazione della qualità della vita consistente in un "*agire altrimenti*" o in un "*non poter più fare come prima*".

L'unitarietà del danno non patrimoniale e la funzione descrittiva delle figure identificate dalla giurisprudenza

Dunque, nell'ambito della categoria generale del danno non patrimoniale, questa tipologia di lesione rappresenta un'alterazione della qualità della vita, contrariamente al danno morale soggettivo (che costituisce la sofferenza psichica conseguente a reato) ed al danno biologico (conseguente alla lesione del solo bene-salute, inteso quale integrità psico-fisica). Resta inteso, però, che ognuna delle tre nozioni citate ha mera valenza descrittiva e non dignità di categoria autonoma.

9. *La quantificazione del danno*

Come è intuibile, la *quantificazione* del danno pone molteplici, complesse questioni.

Le disposizioni di riferimento richiamate dall'art. 2056 c.c.

L'art. 2056 c.c. (rubricato "*Valutazione dei danni*") stabilisce che al risarcimento dei pregiudizi causati in via extracontrattuale si applichino le disposizioni (artt. 1223, 1226 e 1227 c.c.) dettate, al riguardo, in tema di responsabilità contrattuale. Tanto equivale ad affermare che, secondo quanto chiarito, è dovuto il risarcimento tanto del *danno emergente* quanto del *lucro cessante*, in quanto vengano ricondotti al fatto come «*conseguenza immediata e diretta*» (art. 1223 c.c.).

La valutazione del danno emergente …

Generalmente il danno emergente (spese sostenute, perdite subite, ecc.) è suscettibile di una valutazione sufficientemente oggettiva, tanto che il danneggiato è tenuto a fornire un'analitica dimostrazione della sua entità. Il richiamo all'art. 1226 c.c., tuttavia, consente al giudice di apprezzare secondo equità i danni, la cui esistenza è certa, ma impreciso ne è l'ammontare.

… e quella del lucro cessante

L'art. 2056, 2° comma, c.c., invece, quanto al lucro cessante, rinvia espressamente all'equo apprezzamento, che il giudice è chiamato a compiere, «*delle circostanze del caso*»: in altre parole, l'onere della prova del lucro cessante, posto a carico della vittima, è attenuato, sebbene non del tutto eliminato. Chi, agendo in giudizio, sostiene di aver subito, in conseguenza di un fatto illecito, la perdita di un vantaggio o di un guadagno, è tenuto almeno ad indicare al giudice gli elementi (le «*circostanze del caso*», appunto), sui quali quest'ultimo possa fondare il proprio equo apprezzamento.

L'equo apprezzamento del giudice di cui all'art. 2056, 2° comma, c.c.

Tale apprezzamento è indubbiamente espressione del potere discrezionale attribuito al giudicante, in tema di responsabilità civile, in maniera più ampia che in altri settori del diritto. Esso va, comunque, sorretto da una motivazione logica e deve includere l'allegazione dei fattori che hanno condotto alla quantificazione, come, ad esempio, l'età della vittima, le sue condizioni economiche, le sue prospettive lavorative e così via. È, tuttavia, fuori discussione che la valutazione è sempre affidata ad un criterio probabilistico, che si risolve nella configurazione ipotetica (e, pertanto, non necessariamente realistica) dello scenario futuro della situazione della vittima; in queste ipotesi, il giudice deve ipotizzare che cosa avrebbe potuto realizzare il danneggiato se non avesse subito quel determinato pregiudizio.

La quantificazione del danno non patrimoniale

Assai più delicata (e controversa) è la quantificazione del *danno extrapatrimoniale*, se non altro perché, come l'espressione stessa indica, si tratta di ridurre ad entità economica situazioni che di per sé attengono ad una sfera estranea al patrimonio, quale ad esempio la sofferenza psichica. In questo ambito il potere equitativo del giudice è ancora più accentuato, sebbene nella decisione occorra in ogni caso dar conto dei criteri seguiti nella quantificazione.

Criteri di quantificazione adottati dalle corti in merito al danno morale soggettivo

Nel novero di una molteplicità di criteri adottati nel tempo dalle corti, tra i più importanti si segnalano la gravità del fatto, l'intensità del dolore inflitto, le condizioni di vita dei danneggiati, le circostanze nelle quali è maturato l'illecito. A titolo esemplificativo, il *pretium doloris* di un minore, che perde un genitore a causa di un fatto illecito, va maggiormente quantificato rispetto a quello di un soggetto già adulto, che si veda privato dell'anziano genitore.

Per quanto ciò possa apparire difficilmente accettabile sul piano etico, atteso che il dolore non ha età e non ha prezzo, allorché vada tradotto dal punto di vista monetario, è inevitabile procedere ad una graduazione della fattispecie – si ripete – non arbitraria, bensì basata su una serie di elementi di riferimento per il giudice.

L'importanza dell'accertamento medico-legale nella quantificazione del danno biologico

Sempre nel novero della unitaria categoria del danno non patrimoniale, la quantificazione del danno *biologico* condivide con il danno morale soggettivo la medesima difficoltà di valutazione oggettiva. Tuttavia, si è cercato di porvi rimedio con il richiamo all'accertamento medico-legale. Del resto, pure in mancanza di una definitiva espressa consacrazione legislativa, non mancano provvedimenti settoriali, che alludono esplicitamente alla nozione in esame.

È il caso dell'art. 13, d.lgs. n. 38 del 2000, che collega il danno biologico all'assicurazione contro gli infortuni sul lavoro, ma soprattutto dell'art. 3, d.lgs. n. 70 del 2000 per il quale è danno biologico «*la lesione dell'integrità psicofisica della persona, suscettibile di accertamento medico-legale*». Analoga definizione si rinviene nell'art. 5, 3° comma, della legge 5 marzo 2001, n. 57, ove si precisa, altresì, che il danno biologico «*è risarcibile indipendentemente dalla sua incidenza sulla capacità di produzione di reddito del danneggiato*».

Le disposizioni indicate tuttavia non risolvono il problema, fortemente avvertito soprattutto in giurisprudenza, della necessità di una legge-quadro in materia, che colmi il *vacuum* normativo e superi le incertezze che troppo spesso accompagnano le decisioni delle corti in ambito di identificazione e quantificazione del danno biologico (e del danno extrapatrimoniale, in genere). In particolare, gli interventi settoriali sono sovente oggetto di critiche, soprattutto perché tagliano fuori dall'area del danno biologico suscettibile di risarcimento tutti i pregiudizi che sfuggono ad una quantificazione medico-legale.

Il sistema delle tabelle medico-legali

Il richiamo al sistema delle tabelle medico-legali che traducono le lesioni dell'integrità psico-fisica in punti percentuali a seconda di quanto esse, *percentualmente*, incidano sul bene della salute – inteso quale benessere e non mera assenza di malattie – non ha del tutto dissipato dubbi, né evitato i contrastanti orientamenti delle corti di merito, spesso all'origine di sperequazioni tra un risarcimento ed un altro.

Proprio l'art. 5, 2° comma, legge n. 57 del 2001, rinviando ad una emananda «*disciplina organica del danno biologico*», introduce un complesso meccanismo di calcolo del risarcimento dei danni alla persona di «*lieve entità*» (postumi da lesioni pari o inferiori al 9%), allo scopo di prevenire le segnalate sperequazioni interpretative ed applicative.

È, comunque, tuttora aperto il dibattito su una soluzione legislativa che abbracci l'intera materia, anche per fare chiarezza su aspetti controversi: fra tutti va citato il problema della trasmissibilità agli eredi del diritto al risarcimento del danno biologico patito dal defunto.

Al riguardo, è prevalente l'indirizzo giurisprudenziale secondo il quale, se il soggetto non è morto all'istante, ma a distanza di tempo – più o meno ampio che sia – per lesioni patite, si è determinato un danno non patrimoniale, che gli eredi possono far valere *iure successionis* (si discorre, in proposito, di danno tanatologico).

Il c.d. danno tanatologico

La prova e la valutazione (equitativa) dei danni esistenziali

Per giurisprudenza costante, gli altri pregiudizi non patrimoniali, inquadrabili come *danno esistenziale* – o meglio i fatti in cui essi si sostanziano – devono sempre essere analiticamente provati dal danneggiato al fine di consentire al giudice una valutazione equitativa degli stessi: se il supporto probatorio offerto dalla vittima risulta insufficiente, il giudice non potrà dunque ritenere verificati fatti tali da integrare il danno esistenziale.

Apertis verbis, come chiarito di recente anche dalle Sezioni Unite della Cassazione (n. 6572 del 2006 e n. 26972 del 2008), i pregiudizi extrapatrimoniali etichettabili come danno esistenziale necessitano imprescindibilmente di precise indicazioni che soltanto il soggetto danneggiato può fornire, indicando le circostanze comprovanti l'alterazione delle sue abitudini di vita. D'altronde, se – come detto – la specifica dimensione del danno non patrimoniale definibile come danno esistenziale si fonda sulla natura non meramente emotiva ed interiore, ma oggettivamente accertabile, del pregiudizio esistenziale, in ordine ad esso vigerà un regime di assoluta libertà rispetto all'onere probatorio, che può assolversi attraverso tutti i mezzi che l'ordinamento processuale pone a disposizione dell'attore: dal deposito di documentazione alla prova testimoniale.

Indici di prova del danno esistenziale

Importante, a fini probatori dei danni esistenziali, potrebbe essere una consulenza tecnica di carattere psichiatrico, volta a definire quale sia lo stato psichico ed emotivo del danneggiato conseguente all'illecito: in giurisprudenza, in ogni caso, sono stati considerati indici fattuali rilevanti a tal fine, ad esempio, il disinteresse per attività prima piacevoli, lo stato di passività della vittima, il maggiore affaticamento, la chiusura in sé stessi, i disturbi del sonno, la riduzione dell'appetito o dell'attività sessuale.

La prova presuntiva

Come statuito anche dalle Sezioni Unite del 2008, inoltre, in materia di danno non patrimoniale particolare rilievo è destinato ad assumere il ricorso alla prova presuntiva, che potrà anche costituire l'unica fonte per la formazione del convincimento del giudice.

10. *La prescrizione del diritto al risarcimento*

Differenza di regime rispetto alla responsabilità contrattuale

Si è già rilevato come uno degli elementi principali di diversificazione tra la responsabilità contrattuale e quella aquiliana sia il termine di prescrizione della relativa azione. Alla responsabilità da contratto, infatti, si applica la prescrizione ordinaria decennale *ex* art. 2946 c.c.

Termine quinquennale

Per l'art. 2947 c.c., invece, il diritto al risarcimento del danno derivante da fatto illecito si prescrive in cinque anni decorrenti «*dal giorno in cui il fatto si è verificato*».

Termine biennale

Il diritto al risarcimento del danno cagionato dalla circolazione dei veicoli si prescrive in due anni (art. 2947, 2° comma, cit.).

La prescrizione del fatto illecito costituente reato

Tuttavia, se il fatto illecito è considerato dalla legge come reato, si applica al diritto al risarcimento la prescrizione prevista dal diritto penale per il relativo reato, se più lunga di quella dell'art. 2947 c.c.

La *ratio* della disposizione è di palese *favor* per il danneggiato e di prevalenza della disciplina penalistica, emanazione di un maggior interesse pubblico alla repressione del comportamento antigiuridico. Tant'è che, se il reato si estingue per una causa diversa dalla prescrizione o è intervenuta una sentenza irrevocabile nel giudizio penale, torna in vigore il termine dell'art. 2947, 1° e 2° comma, c.c., che decorre dalla data di estinzione del reato o dalla data in cui la sentenza sia divenuta irrevocabile.

PARTE X

LA SUCCESSIONE PER CAUSA DI MORTE E LA DONAZIONE

CAPITOLO 65

LA SUCCESSIONE PER CAUSA DI MORTE

SOMMARIO: 1. Generalità. – 2. La successione a titolo universale e la successione a titolo particolare. – 3. Le cc.dd. *successioni anomale*. – 4. (*segue*) Gli effetti della successione universale e particolare. – 5. Le fasi del fenomeno successorio. – 6. Il divieto dei patti successori. – 7. (*segue*) I patti di famiglia. – 8. I presupposti della successione: la capacità di succedere. – 9. L'indegnità a succedere. – 10. La perdita della vocazione ereditaria: la rinunzia all'eredità. – 11. (*segue*) La prescrizione e la decadenza. – 12. Perdita del legato. – 13. Trasmissione del diritto di accettazione.

1. *Generalità*

Successione tra vivi e *mortis causa*

I rapporti giuridici trasmissibili possono essere trasferiti dal loro titolare attuale (*dante causa*) ad altro soggetto (*avente causa*); e ciò può aversi per successione tra vivi o *mortis causa*.

Nel secondo caso il passaggio avviene soltanto se e in quanto muoia il soggetto cui il rapporto appartiene, considerandosi, in questo caso, la morte quale evento tipico caratterizzante la fattispecie traslativa.

I rapporti giuridici appartenenti ad una persona, con la morte di quest'ultima, perdono infatti il loro titolare e spesso, in conseguenza di ciò, si estinguono (ad es. i diritti della personalità). Ma vi sono situazioni giuridiche, sia attive sia passive (e cioè, in genere, quelle a contenuto patrimoniale), che sopravvivono alla morte del relativo titolare: esse, unitariamente considerate, sono chiamate *eredità* o anche *asse ereditario*.

I rapporti costituenti l'eredità, infatti, devono trovare necessariamente una nuova titolarità: non è pensabile che le proprietà o i crediti così come gli obblighi del defunto restino senza un soggetto cui facciano capo.

Con la successione *mortis causa* l'ordinamento assicura, dunque, la continuità nella titolarità dei rapporti ancora esistenti, consentendo che essi siano acquisiti dalle persone indicate dal defunto (detto anche *is de cuius successione agitur*, ovvero, ellitticamente, *de cuius*) o attribuendoli alle persone individuate da specifiche disposizioni di legge che, in ogni caso, garantiscono l'individuazione di un successore nei diritti come negli obblighi relitti: ed infatti, ove non vi siano persone che vogliano o possano accettare l'eredità, questa sarà acquisita dallo Stato il quale, dopo aver estinto (con i beni ereditari) le obbligazioni del defunto, potrà acquisire al proprio patrimonio l'eventuale residuo attivo (art. 586 c.c.).

La morte, nel fenomeno traslativo in questione, costituisce non soltanto il fatto giuridico in conseguenza del quale avviene il trasferimento di una massa di rapporti dal dante causa (il *de cuius* appunto) all'avente causa, ma anche la sua giustificazione: il decesso di un soggetto e la conseguente necessità di garantire che i diritti o gli obblighi da lui relitti siano comunque acquisiti da un altro soggetto di diritto, spiegano, infatti, perché si verifica la successione in esame; costituiscono la causa giustificatrice del passaggio di titolarità.

La successione *mortis causa* costituisce una fattispecie di acquisto a *titolo derivativo* perché integra un fenomeno di subentro di un soggetto nella titolarità dei medesimi rapporti appartenuti al precedente titolare (il defunto): e, come in tutti i casi di successione di tal genere, il trasferimento avviene se e nella misura in cui i diritti o gli obblighi trasferiti appartenessero, prima della morte, al dante causa.

Successione *mortis causa* e Costituzione

La successione per causa di morte è contemplata dalla Carta costituzionale (art. 42, 4° comma, Cost.) quale modo di acquisto della proprietà privata. Con ciò essa ha voluto, in primo luogo, garantire che la proprietà possa essere conservata dal suo titolare per essere attribuita, al momento della sua morte, alle persone da lui indicate con il suo tipico atto di ultima volontà (il testamento). Dunque, il potere del proprietario di disporre del suo diritto anche per il periodo successivo alla sua morte, viene riconosciuto e tutelato pure a livello costituzionale.

L'ordinamento, però, garantisce, al tempo stesso, gli interessi individuali dei componenti della famiglia e assicura, anche *post mortem*, l'adempimento dei doveri di contribuzione e solidarietà che caratterizzano i rapporti familiari. Esso, infatti, riconosce ai familiari del defunto il diritto di acquistare l'eredità relitta da quest'ultimo ove egli non abbia provveduto ad indicare, tramite il testamento, i suoi successori. Inoltre, la legge contempla il diritto di alcuni stretti familiari (i c.d. *eredi legittimari*) ad avere riservata, in ogni caso, una quota del patrimonio del *de cuius*, che costui non può liberamente attribuire a terzi.

Va, inoltre, osservato che con la disposizione di cui al 21° comma dell'art. 1 della legge 20 maggio 2016, n. 76 (Regolamentazione delle unioni civili tra persone dello stesso sesso e disciplina delle convivenze) il legislatore ha di fatto parificato il trattamento successorio della parte dell'unione civile a quello del coniuge. Pertanto, nelle pagine che seguiranno, tutti i riferimenti al coniuge possono essere estesi anche alla parte dell'unione civile.

2. *La successione a titolo universale e la successione a titolo particolare*

La successione per causa di morte può essere a *titolo universale* o *particolare*.

Eredità e legato

È a titolo universale quando all'avente causa sono devoluti tutti i rapporti già appartenenti al *de cuius* o una quota degli stessi. Si è già detto che l'insieme delle situazioni giuridiche lasciate dal defunto è chiamato *eredità* o anche *asse ereditario*. Se al successore viene dunque attribuita l'intera eredità o una quota di essa (ad es. la metà, un terzo o un'altra quota) si tratta di successione universale, detta anche successione *ereditaria*; ed il successore si chiama in tal caso *erede*.

La successione è invece a titolo particolare quando il successore subentra (non nell'eredità o in una quota di essa, bensì) in un singolo rapporto; in questa ipotesi il successore si chiama *legatario* e la disposizione tramite cui egli è investito del rapporto si chiama *legato*.

Istituzione ereditaria e legato si distinguono, in primo luogo, per la fonte da cui promanano.

L'erede può essere infatti istituito, oltre che dalla volontà del *de cuius* espressa nel testamento, anche dalla legge: se mancano valide ed efficaci disposizioni testamentarie che indichino i successori del defunto, questi sono investiti della successione ereditaria direttamente da specifiche previsioni del codice civile, le quali, come si preciserà di seguito, individuano quella che viene definita *successione legittima*.

Il legatario è, invece, indicato dal *de cuius*, e l'unico atto con cui può avvenire la sua designazione è il testamento. Egli riceve un diritto o un vantaggio in virtù di un atto di liberalità; è una sorta di «*donatario dell'ultima ora*» cui il testatore intende garantire un beneficio.

Può però capitare che il testatore, con il testamento, istituisca i suoi successori senza precisare se essi siano da considerare eredi o legatari, limitandosi ad attribuire loro singoli cespiti o rapporti. In tal caso, al fine di qualificare la successione come ereditaria o come legato, è necessario interpretare la volontà del *de cuius* medesimo.

Se al successore viene riservata l'intera eredità o quota parte della stessa (ad es. la metà, un terzo e così via), egli è senz'altro erede.

Qualora invece il *de cuius* gli abbia attribuito singoli beni, bisogna tener presente che il nostro codice, a differenza di quanto avveniva in diritto romano, ha stabilito che *l'indicazione di beni determinati* non esclude che la disposizione sia a titolo universale, quando risulta che il testatore abbia inteso assegnare quei beni come quota del patrimonio (art. 588, 2° comma, c.c.).

È dunque necessario accertare l'effettiva volontà del *de cuius*: se costui ha infatti considerato i beni determinati quale quota del suo intero patrimonio, il beneficiario è erede e si discorre di istituzione ereditaria *de re certa*. Nel caso in cui invece i beni non costituiscano una quota del patrimonio ereditario, ma rappresentino cespiti autonomamente considerati, che il defunto ha voluto lasciare al suo successore, si tratta allora di legato. Tale accertamento può essere effettuato con l'ausilio degli strumenti di interpretazione del testamento.

L'istituzione *de re certa*

Si pensi ad esempio al caso in cui il defunto sia stato titolare in vita di due immobili di eguale valore e, nel suo testamento, ne abbia lasciato uno per ciascuno dei suoi due figli: se dall'esame del testamento si può dedurre che, con le attribuzioni, egli abbia voluto dividere in parti uguali tra i figli, tutto ciò che aveva, e cioè la sua intera eredità, allora i successori, ancorché chiamati a succedere in singoli rapporti (la proprietà degli immobili), devono considerarsi eredi perché ad essi sono state riservate quote dell'intera massa dei beni appartenuti al defunto. Se i beni sono stati, invece, considerati individualmente e non come parte del tutto, allora si tratta di legato.

3. *Le cc.dd.* successioni anomale

I legati *ex lege*

La legge stabilisce che in taluni specifici rapporti, alla morte del titolare, succedano determinati soggetti, i quali però, non acquistando la qualità di erede, sono considerati successori a titolo particolare. Ciò è quanto avviene, ad esempio, nel caso disciplinato dall'art. 2122 c.c., che regola la successione nelle indennità dovute al lavoratore alla fine del rapporto di lavoro: si tratta, in particolare, della indennità di preavviso (art. 2128 c.c.) nonché del trattamento di fine rapporto e cioè di quella parte di retribuzione che il datore di lavoro corrisponde al suo dipendente, al momento della cessazione del rapporto lavorativo (art. 2120 c.c.).

Queste indennità sono attribuite al coniuge (o al soggetto civilmente unito), ai figli o, in mancanza, agli altri parenti (entro il quarto grado) e affini (entro il secondo grado) del *de cuius*, a condizione che, al momento della sua morte, costoro vivessero a suo carico.

La norma è chiaramente finalizzata a garantire la sussistenza dei beneficiari da essa individuati, come dimostra la circostanza che, in caso di concorso di più successori in ordine alle indennità in questione, le stesse vengono ripartite in base al bisogno di ciascun avente diritto (art. 2122, 2° comma, c.c.). Il beneficio è inoltre inderogabile, nel senso che il *de cuius* non può escluderlo né modificarlo, nemmeno col testamento: soltanto in caso di mancanza di beneficiari o anche di rinuncia da parte loro alla successione nell'indennità, questa viene attribuita agli eredi legittimi o testamentari e, dunque, rientra nella massa ereditaria per essere assoggettata all'ordinario fenomeno successorio.

Altra fattispecie di successione anomala è quella prevista dall'art. 6, legge 27 luglio 1978, n. 392, secondo il quale, alla morte del conduttore di un immobile ad uso abitativo, nel contratto di locazione succedono il coniuge o il soggetto civilmente unito (oltre che il convivente *more uxorio*) o altri parenti ed affini conviventi abitualmente col defunto.

Nei casi sopra indicati ci troviamo di fronte ad una successione che presenta molteplici caratteri particolari.

Si tratta pur sempre di una successione *mortis causa* perché essa è conseguenza della morte di un soggetto (il lavoratore, il conduttore, ecc.). I successori sono individuati dalla legge ma sulla base di criteri diversi da quelli in base ai quali la legge stessa individua gli eredi legittimi e cioè coloro che, in mancanza di testamento, sono chiamati a succedere nell'intera eredità; e proprio per questo si discorre, nelle fattispecie in esame, di *successione anomala*. Infine, i successori (pur essendo, come detto, individuati dalla legge e non dal *de cuius* tramite testamento) subentrano nei suddetti diritti a titolo particolare, sicché si parla anche di *legato ex lege*.

4. (segue) *Gli effetti della successione universale e particolare*

La successione universale

La successione *mortis causa*, a seconda che sia a titolo universale o particolare, produce conseguenze diverse sotto molteplici profili.

L'erede è tradizionalmente considerato continuatore della personalità del defunto; con ciò s'intende dire che egli subentra in tutti i rapporti relitti, sia attivi sia passivi, o in una quota degli stessi; ed assume, riguardo ai medesimi, l'identica posizione che aveva il suo dante causa. Ne consegue che, salvo gli effetti del beneficio di inventario di cui si tratterà in seguito, l'erede subisce normalmente la conseguenza della confusione del proprio personale patrimonio con quello ereditario, sicché risponde dei debiti ereditari anche con i propri beni ed anche al di là del valore di quelli oggetto dell'eredità (*ultra vires*). Ciò peraltro costituisce applicazione di un principio generale: il debitore, infatti, risponde di regola con tutto il proprio patrimonio, in quanto offre alla garanzia dei suoi creditori tutti i suoi beni presenti e futuri (art. 2740 c.c.). Allo stesso modo l'erede, allorché, subentrando in una quota ereditaria, diviene titolare anche di una corrispondente quota di debiti del defunto, risponde di questi ultimi anche con i beni personali e cioè con quei beni che già erano, prima della successione, nella sua propria titolarità.

L'erede inoltre *succede* nel possesso del *de cuius*, per cui unisce automaticamente al periodo di suo possesso personale quello del suo dante causa (art. 1146, 1° comma, c.c.), con tutte le caratteristiche che esso aveva con riferimento al defunto medesimo. Si pensi all'ipotesi in cui il *de cuius* fosse possessore di mala fede di un bene perché sapesse che la cosa su cui esercitava i poteri corrispondenti al diritto di proprietà, appartenesse ad altri: il suo erede, acquistando il possesso della cosa, indipendentemente dalla sua situazione psicologica e cioè anche se non sia personalmente a conoscenza che la cosa appartiene a terzi, diviene tuttavia possessore di malafede. Egli, infatti, acquisisce la medesima situazione del suo dante causa, assumendo la veste di continuatore della sua personalità: dunque subentra (o, come si dice, *succede*) nel medesimo possesso del *de cuius* con tutte le caratteristiche che esso aveva presso quest'ultimo. E ciò vale anche per tutti gli altri attributi che la situazione possessoria può avere, quali, ad esempio, la sua pubblicità o clandestinità, ovvero, ancora, il suo carattere violento o pacifico.

La successione particolare

Il legatario, invece, è beneficiario di un singolo rapporto che il *de cuius* gli ha voluto, con animo di liberalità, trasferire tramite il testamento. Egli pertanto non acquista i debiti ereditari e non ne risponde. I creditori del defunto, in particolare, potranno, osservando alcune regole che individuano l'istituto della separazione (di cui si tratterà in seguito), far valere le loro ragioni esclusivamente sul bene oggetto del legato: il defunto, infatti, non può effettuare liberalità prima di aver pagato tutti i suoi debiti; dunque, i suoi creditori potranno agire anche sul bene destinato al legatario, se non possono soddisfare le loro pretese su altri cespiti. Essi, però, non potranno mai chiedere al legatario di adempiere personalmente le obbligazioni del *de cuius*, e ciò perché il legatario non acquista, di regola, alcun debito ereditario e dunque non ne risponde col proprio patrimonio personale.

Il legatario inoltre può scegliere se unire a quello del *de cuius* il proprio possesso, che si considera comunque un nuovo possesso, con caratteristiche autonome (quanto ad es. alla buona o mala fede) da valutarsi esclusivamente in relazione alla persona del legatario. Si parla, in questi casi, di *accessione* nel possesso (art. 1146, 2° comma, c.c.), volendosi con ciò significare che inizia una nuova situazione possessoria, derivata e tuttavia diversa da quella del precedente possessore.

5. *Le fasi del fenomeno successorio*

Secondo una tradizionale impostazione, il fenomeno successorio, inteso quale fattispecie produttiva dell'effetto traslativo dal *de cuius* al successore, si articola in tre fasi.

Apertura della successione

a) La prima è costituita dall'*apertura della successione*: a norma dell'art. 456 c.c. la successione si apre al momento della morte e nel luogo dell'ultimo domicilio del defunto.

L'apertura è un fatto che coincide con l'evento della morte, la quale è l'indispensabile fatto giustificativo dell'effetto traslativo dei rapporti a favore dei successori.

Il luogo in cui si apre la successione è importante perché esso serve ad individuare una serie di competenze giurisdizionali.

Vocazione alla successione

b) La seconda fase è detta *vocazione-delazione*. I due momenti in cui essa si articola vengono tradizionalmente tenuti distinti.

La *vocazione* costituisce il titolo che dà diritto a succedere; essa è la fase attraverso la quale s'individuano coloro che sono chiamati alla successione, cui viene dunque offerto il diritto di acquistare l'eredità o il legato. Il concetto merita un chiarimento.

Nelle successioni *mortis causa* la morte rappresenta – come già detto – il principale fatto giustificativo dell'effetto traslativo: essa priva il defunto della capacità giuridica, sicché i rapporti relitti, se non estinti in conseguenza della morte medesima, devono trovare un nuovo titolare, che è appunto il successore. L'acquisto da parte di quest'ultimo rinviene la sua giustificazione esclusivamente nella morte del precedente titolare.

Ma l'identificazione del successore medesimo si può avere in modi diversi. La vocazione indica il titolo (e anche il criterio) in virtù del quale il successore viene scelto o, appunto, chiamato all'acquisto dei rapporti lasciati dal *de cuius*.

In base all'art. 457 c.c., l'eredità infatti si devolve per legge o per testamento: sono questi, dunque, i criteri di chiamata alla successione, in applicazione dei quali si distinguono tre tipi di vocazione:

– la *vocazione testamentaria*, quando lo stesso defunto, prima di morire, abbia provveduto a chiamare i suoi successori attraverso il tipico atto a ciò deputato: il testamento;

– la *vocazione legittima*, quando il *de cuius* non abbia fatto testamento, sicché gli eredi sono indicati dalla legge (artt. 565 ss. c.c.);

– ma l'art. 457, 3° comma, c.c., stabilisce anche che le disposizioni testamentarie non possono pregiudicare i diritti che la legge riserva ai legittimari, i quali sono alcuni familiari stretti del *de cuius* cui deve essere necessariamente attribuita una quota del patrimonio dello stesso. I legittimari, ove i loro diritti siano stati lesi, accettando l'eredità ad essi offerta dalla legge, possono, a dispetto della volontà del defunto, ottenere la quota ad essi riservata. Tale *vocazione* è detta *dei legittimari* o *nella legittima*. Essa si attua *contro* la volontà del testatore, a differenza di quanto avviene nel caso di successione legittima la quale, invece, si attua *in mancanza* della sua volontà.

Alla vocazione segue la *delazione*. Essa consiste nella concreta offerta al chiamato, indicato in base ai criteri su esposti, del diritto di acquistare l'eredità. Alla delazione conseguono una serie di effetti giuridici: il primo dei quali è senz'altro costituito dalla nascita, in capo al chiamato, del diritto potestativo di acquisire, attraverso un atto che viene detto accettazione, l'eredità e, dunque, di diventare vero e proprio erede. Ma alla delazione sono anche riconnesse conseguenze in un certo senso strumentali alla tutela del diritto del chiamato di accettare l'eredità: come vedremo, ad esempio, proprio il chiamato ha la possibilità di esercitare le azioni possessorie a tutela dei beni ereditari (art. 460, 1° comma, c.c.).

Acquisto dei rapporti relitti

c) *L'acquisto* è la fase che chiude il fenomeno successorio e che immette il successore nella concreta titolarità dei rapporti lasciati dal *de cuius*. Una volta individuati, alla stregua dei criteri sopra descritti, coloro che sono designati a succedere al defunto, essi possono acquisire i rapporti che sono stati loro lasciati. Nel caso di eredità l'acquisto non è automatico: la semplice vocazione ereditaria non attribuisce la titolarità dei rapporti relitti ai chiamati; è necessario, a tal fine, un atto con cui quest'ultimi dichiarino di voler acquistare l'eredità ad essi offerta, e tale atto viene chiamato *accettazione.* Il legato invece si acquista di diritto all'apertura della successione, ma è data al legatario la facoltà di rifiutarlo.

6. *Il divieto dei patti successori*

Il fenomeno successorio si apre con la morte di un soggetto: nella fase anteriore ad essa, nessuno può vantare un diritto alla successione e neppure ha al riguardo un'aspettativa giuridicamente rilevante e validamente disponibile.

Non è pertanto consentito precostituirsi, con apposita pattuizione, un diritto ad una successione non ancora aperta.

L'art. 458 c.c. stabilisce infatti che è nulla ogni convenzione con cui taluno dispone della propria successione. È del pari nullo ogni atto col quale taluno dispone dei diritti che gli possono spettare su una successione non ancora aperta, o rinuncia ai medesimi.

I patti successori istitutivi

Il divieto riguarda dunque tre *categorie di patti successori*: la prima di esse è rappresentata dai *patti istitutivi*, che sono quegli accordi bilaterali con cui una persona istituisce il suo successore d'accordo con quest'ultimo. La *ratio* del relativo divieto risiede nel fatto che un accordo istitutivo, per la sua bilateralità, sarebbe come tale irrevocabile da parte del disponente; sicché si violerebbe una delle regole cardine del nostro ordinamento successorio: quella dell'assoluta revocabilità dell'atto con cui si provvede alla propria successione (testamento), a sua volta espressione del principio di *libertà testamentaria*.

Gli altri due tipi di patti successori sono denominati rispettivamente *dispositivi* o *rinunciativi*. Con essi colui che aspetta una chiamata ereditaria, da parte ad esempio di un parente o di una persona che lo abbia già contemplato nel proprio testamento, dispone dei diritti ereditari ovvero rinuncia ad essi prima che la successione venga aperta. Simili atti sono nulli perché l'aspettativa di una successione, non essendo giuridicamente rilevante, non può costituire valido oggetto di un atto dispositivo; inoltre si ritiene immorale compiere atti giuridici sulla speranza della morte di un'altra persona (ciò infatti presuppone necessariamente il c.d. *votum captandae mortis*).

I patti dispositivi e abdicativi

La nullità comminata dall'art. 458 c.c., derivando direttamente dalla legge, preclude, siccome irrilevante, ogni indagine sulla buona o mala fede degli autori.

Essa colpisce non soltanto i patti successori con *effetti reali* (che determinano l'immediato effetto istitutivo, dispositivo o rinunziativo), ma anche quelli con *effetti obbligatori* (con cui l'interessato si obbliga ad istituire taluno suo erede ovvero a disporre di una successione non aperta o a rinunciarvi). In tali ultimi casi si ritiene, in prevalenza, che la nullità del patto obbligatorio istitutivo si estenda al successivo testamento, eventualmente posto in essere per dare esecuzione al patto stesso, mancando la necessaria spontaneità della disposizione testamentaria.

Salvo il caso della rinuncia, che può essere anche fatta con atto unilaterale, i patti successori sono in genere bilaterali ed a contenuto patrimoniale; la loro nullità può dunque esser normalmente regolata dalle norme relative alla nullità dei contratti *ex* artt. 1418 ss. c.c.

Pertanto essa può esser fatta valere da chiunque vi abbia interesse e può essere rilevata d'ufficio dal giudice. La relativa azione è imprescrittibile, salvi gli effetti dell'usucapione e della prescrizione delle azioni di ripetizione.

Il patto successorio non è suscettibile di convalida, salvi gli effetti della sanatoria eccezionale di cui in seguito.

La previsione dell'art. 458 c.c. è stata a lungo analizzata e soprattutto criticata dalla dottrina, la quale ha ad essa addebitato un effetto di freno alla trasmissibilità *mortis causa* della proprietà. Pertanto sono stati individuati molteplici percorsi interpretativi alla cui stregua dedurre la validità di atti contrattuali finalizzati, anche indirettamente, a regolare la successione per causa di morte di uno dei contraenti.

Tali atti sono stati anche denominati *contratti trans mortem* per significare che essi, pur producendo effetti dopo la morte del contraente, tuttavia non attuano una successione per causa di morte nel senso che la morte costituisce solamente il momento dal quale si produce l'effetto traslativo ovvero l'evento che ne condiziona la sua attuazione, senza rappresentare od integrare la causa giustificatrice della successione. Di tali figu-

I contratti *trans mortem*

re, una delle più importanti è costituita dal contratto a favore di terzo da eseguirsi dopo la morte dello stipulante: in tale fattispecie, la morte dello stipulante costituisce un termine dal quale gli effetti favorevoli al terzo iniziano a prodursi, ma non la causa e cioè la giustificazione della trasmissione, sicché non troverebbe ad essi applicazione il divieto in esame.

Alla categoria dei contratti *post mortem* va ascritta la donazione c.d. *si praemoriar*, in forza della quale i beni oggetto della donazione vengono trasferiti al beneficiario della stessa soltanto a condizione che quest'ultimo sopravviva al donante: in altre parole, a condizione che il donante premuoia al beneficiario della donazione. Anche qui la causa del trasferimento del bene donato è individuata nella donazione, ma il beneficio si produce a condizione che il donante muoia e, dunque, a partire dalla sua morte (piuttosto che a causa della sua morte).

Soprattutto tra gli imprenditori si è infine avvertita l'esigenza di garantire la validità di atti contrattuali che assicurino, nell'ipotesi di morte dell'imprenditore, la destinazione dell'azienda a ben individuati successori che sono, in genere, quei discendenti o parenti già impegnati nell'attività di gestione dell'impresa. La prassi contrattuale ha, a tal fine, elaborato specifiche clausole che consentono ai soci di una società di acquistare in prelazione le partecipazioni di un altro socio che deceda, in modo da garantire che la gestione, il controllo o la semplice partecipazione ad una impresa societaria resti nelle mani della compagine di soci preesistente. Tali pattuizioni, spesso inserite negli statuti societari sotto forma di specifiche clausole, sono anche dette *clausole di consolidamento*.

7. (segue) *I patti di famiglia*

Recentemente il legislatore è venuto incontro proprio all'esigenza da ultimo individuata, attraverso la previsione dei cc.dd. *patti di famiglia*, che sono regolati dagli artt. 768 *bis* ss. c.c. – introdotti dalla legge 14 febbraio 2006, n. 55 – e che sono espressamente dichiarati validi anche in deroga alla previsione di divieto dei patti successori, la quale, come stabilisce il novellato art. 458 c.c., non si applica a tali accordi.

Con essi l'imprenditore e il titolare di partecipazioni societarie possono attribuire rispettivamente la propria azienda o le proprie partecipazioni sociali ad un discendente. Dal punto di vista soggettivo, è necessario che il beneficiario della trasmissione sia discendente (figlio o nipote *ex filio*) del disponente. Dal punto di vista oggettivo, il patto deve riguardare partecipazioni in società (sia di persone che di capitali) ovvero aziende e cioè compendi di beni organizzati per l'esercizio dell'attività di impresa (art. 2555 c.c.).

I patti di famiglia possono avere natura di atti tra vivi o di atti *mortis causa*: la norma, infatti, non impone che essi siano necessariamente stipulati in vista della morte del disponente o per il periodo successivo alla stessa. Anzi, molto spesso, il ricambio generazionale nella guida dell'impresa di famiglia avviene ben prima della morte dell'imprenditore. Quando il patto di famiglia ha natura di atto tra vivi, esso si qualifica in termini di *atto a titolo gratuito*, nel quale la causa del trasferimento può essere individuata nell'interesse familiare alla definitiva ed efficiente allocazione della titolarità di imprese o di strumenti di partecipazione ad imprese societarie.

Natura dei patti di famiglia

Qualora, invece, il patto abbia natura di atto *mortis causa,* nel senso che esso regoli la successione nell'impresa per il periodo successivo alla morte del disponente, allora assume natura di vero e proprio patto successorio (istitutivo). Esso è tuttavia valido perché il legislatore, con l'inciso aggiunto all'art. 458 c.c. («*Fatto salvo quanto disposto dagli artt. 768* bis *e seguenti …*»), ha voluto tutelare l'interesse dell'imprenditore al trasferimento contrattuale, anche se *mortis causa*, della sua impresa, sì da garantirne la stabilità.

I patti di famiglia devono essere, a pena di nullità, stipulati per atto pubblico (art. 768 *ter* c.c.). Agli stessi devono anche partecipare tutti coloro che sarebbero eredi legittimari ove la successione fosse aperta alla data della conclusione del patto. Si è già avuto modo di chiarire (e sarà precisato anche di seguito) che gli eredi legittimari sono alcuni stretti congiunti del defunto cui è necessariamente riservata una quota del patrimonio di costui: il *de cuius* non può infatti disporre, con atti di liberalità (donazione o testamento), della parte di patrimonio ad essi riservata, la quale viene denominata anche *quota di legittima* o, ellitticamente, *legittima.* Le quote di legittima variano a seconda del numero e della tipologia di eredi legittimari e sono individuate dagli artt. 537 ss. c.c. Di norma, la quota di legittima rappresenta una frazione (la metà, un terzo, ecc.) dell'intero patrimonio netto appartenuto in vita al *de cuius*, che viene ricostituito alla stregua di specifiche disposizioni che saranno analizzate nei prossimi capitoli.

Forma e disciplina

Nel caso dei patti di famiglia, agli eredi legittimari deve essere immediatamente liquidata la quota di legittima che però è calcolata non sull'intero patrimonio del defunto ma sul solo valore dell'impresa o delle partecipazioni societarie oggetto di trasferimento. La liquidazione può avvenire in danaro o con altri beni. I legittimari, dunque, ricevono subito un beneficio e, ai sensi dell'art. 768 *quater*, 4° comma, c.c., possono anche rinunciarvi. La rinunzia, in tal caso, costituisce un vero e proprio patto successorio (di tipo abdicativo), che però è valido, in deroga al divieto dell'art. 458 c.c.

La novella al codice contempla anche la posizione degli eredi legittimari che non abbiano preso parte al patto di famiglia, perché divenuti tali in un secondo momento, come avviene nel caso dell'imprenditore che, successivamente alla stipula del patto, contragga matrimonio, sicché alla schiera dei legittimari preesistenti faccia sì che se ne aggiunga uno nuovo (il coniuge appunto). I legittimari sopravvenuti hanno infatti diritto di ottenere il beneficio previsto dall'art. 768 *quater* – e cioè una somma pari alla quota di legittima calcolata sul bene oggetto del patto – all'apertura della successione e con la maggiorazione degli interessi (art. 768 *sexies* c.c.).

8. *I presupposti della successione: la capacità di succedere*

Oltre alla morte del *de cuius*, per potersi dare luogo al fenomeno successorio, è necessario che sussistano alcuni presupposti che riguardano, specificamente, il successore. Quest'ultimo deve possedere la generale capacità di essere titolare dei rapporti trasmessigli, e non deve, inoltre, essere in condizioni di incompatibilità che gli impediscano di venire alla successione rispetto all'eredità alla quale sia stato chiamato.

La capacità di succedere della persona fisica

Il primo dei requisiti è anche tradizionalmente denominato *capacità di succedere* la quale si identifica, anche se con taluni profili di specialità, con la capacità giuridica. Se la successione *mortis causa* si giustifica in considerazione del fatto che il *de cuius*, con la morte, ha perso la capacità giuridica sicché è necessario provvedere alla sua sostituzione con un nuovo titolare, risulta addirittura scontato che quest'ultimo, e cioè il successore, debba a sua volta essere munito di capacità (giuridica) per poter acquistare i rapporti lasciati dal defunto.

Ma, come già anticipato, la capacità di succedere presenta alcuni profili di specialità rispetto alla disciplina della generale capacità.

Ai sensi dell'art. 462 c.c., in particolare, essa è attribuita, quanto alle persone fisiche, a tutti coloro che sono nati o almeno concepiti al tempo dell'apertura della successione: in tale ultimo caso, la successione è però condizionata alla nascita del beneficiario, il che peraltro costituisce applicazione del generale principio stabilito dall'art. 1, 2° comma, c.c. secondo il quale l'acquisto dei diritti riconosciuti ai concepiti è appunto condizionato alla loro nascita. I soggetti nati o almeno concepiti possono essere destinatari di qualunque tipo di vocazione: possono, dunque, essere contemplati in un testamento; se, poi, risultano essere parenti del *de cuius*, sono chiamati alla successione, anche in mancanza di testamento, direttamente dalla legge quali eredi legittimi; nel caso, infine, in cui i loro diritti di legittimari siano stati lesi, possono, sempre a condizione della loro nascita, agire per ottenere la quota di legittima ad essi spettante.

Ai sensi dell'art. 462, 3° comma, c.c., possono inoltre ricevere per testamento anche i figli di una persona vivente al momento della morte del *de cuius*, ancorché essi non siano stati ancora concepiti. Siamo qui in presenza di una disposizione palesemente eccezionale: nel solo caso di successione testamentaria, infatti, la capacità di succedere è riconosciuta anche ai c.d. *concepturi* e cioè a persone che non sono state nemmeno ancora concepite, e che, naturalmente, acquisteranno l'eredità se verranno ad esistenza.

… e della persona giuridica

Anche le *persone giuridiche*, sia riconosciute che non riconosciute, possiedono, infine, la capacità di succedere. Originariamente, il codice sanciva una serie di limitazioni alla successione delle persone giuridiche. Quelle riconosciute, infatti, potevano accettare l'eredità solo a condizione della preventiva autorizzazione amministrativa (art. 17 c.c., oggi abrogato); quelle non riconosciute, dovevano, entro un anno dal giorno in cui il testamento che le nominava fosse diventato eseguibile, chiedere il riconoscimento, e con ciò assoggettarsi al controllo pubblico, pena la perdita del beneficio (art. 600 c.c., oggi abrogato). La legge 22 giugno 2000, n. 192 ha però abrogato queste disposizioni sicché le limitazioni da esse imposte sono venute meno.

Tutte le persone giuridiche, tranne le società, hanno l'obbligo di accettare l'eredità con il beneficio dell'inventario, che è istituto di cui si tratterà più avanti.

Incapacità di ricevere per testamento

Gli artt. 596-598 c.c. disciplinano, inoltre, una serie di incapacità specifiche che riguardano le sole successioni testamentarie e che, per questo motivo, sono di regola denominate *incapacità di ricevere per testamento*. In particolare, sono nulle le disposizioni testamentarie fatte da un interdetto a favore del proprio tutore o protutore; sono altresì nulle le disposizioni fatte in favore del notaio o di altro ufficiale che ha ricevuto il testamento pubblico, dei testimoni o dell'interprete intervenuti all'atto, della persona che ha scritto il testamento segreto, od anche del notaio a cui il testamento è stato consegnato in plico non sigillato.

Queste disposizioni sono parimenti nulle anche se fatte a vantaggio dei predetti incapaci a ricevere, sotto nome di interposta persona: di regola il soggetto interessato (e cioè colui che vuole far valere la nullità della disposizione testamentaria) deve dare prova della interposizione. Ma essa è in alcuni casi presunta dalla legge: più in particolare, sono reputate persone interposte il padre, la madre, i discendenti ed il coniuge (o la persona unita civilmente) della persona incapace a ricevere, anche se chiamati congiuntamente con essa (art. 599 c.c.).

Diversamente da quanto avviene nei casi di assoluta mancanza di capacità di succedere, nei quali l'incapace non può ricevere alcuna eredità, da chiunque essa provenga, gli incapaci di ricevere per testamento indicati nelle disposizioni appena illustrate, sono impossibilitati ad assumere solo la particolare eredità proveniente da un determinato soggetto e proprio in considerazione dei loro specifici rapporti con lo stesso. Si tratta, dunque, di un'incapacità specifica e non generale, ed infatti, in tali ipotesi, si discorre anche di *inabilità giuridica occasionale*.

9. *L'indegnità a succedere*

Le cause di indegnità

Altra causa che impedisce la successione è costituita dalla *indegnità a succedere*. Essa è regolata dagli artt. 463-466 c.c., e non comporta, a carico dell'indegno, un'incapacità generale di acquistare in via ereditaria, ma è soltanto una causa di esclusione dalla successione in casi particolari e tassativi.

Questi consistono in ipotesi delittuose commesse in danno del *de cuius*. In particolare, deve trattarsi:

a) di atti che abbiano leso o tentato di ledere la vita o l'integrità fisica e morale del defunto, del coniuge (o della persona unita civilmente), di un discendente o ascendente del medesimo (art. 463, nn. 1, 2 e 3, c.c.);

b) di atti che abbiano determinato la decadenza dalla potestà di genitore nei confronti del *de cuius* (art. 330 c.c.): si tratta, chiaramente, di una causa che può verificarsi soltanto nel caso di successione del genitore nei confronti del figlio premorto e l'indegnità sussiste a condizione che il genitore non sia stato, al momento dell'apertura della successione, reintegrato nella sua posizione di potestà (art. 463, n. 3 *bis*);

c) di comportamenti che hanno inciso sulla libertà testamentaria del defunto (art. 463, nn. 4, 5 e 6, c.c.).

L'indegnità, diversamente dai casi di incapacità di succedere, ha carattere relativo, atteso che riguarda i soli rapporti tra l'indegno e la vittima dei fatti delittuosi; essa inoltre, secondo l'interpretazione ancora oggi ritenuta maggioritaria, non opera automaticamente e cioè *ipso iure*, ma deve essere pronunciata con sentenza del giudice, su istanza di qualunque interessato. Tale impostazione determina effetti abbastanza rilevanti: ed infatti, ai fini della produzione dell'effetto di escludere l'indegno dalla successione, risulta necessaria sempre la sentenza c.d. *costitutiva* del giudice, la quale, sulla base dei presupposti di legge, produce l'effetto di impedire la successione. Tale sentenza deve essere, però, richiesta dagli interessati e, se non viene richiesta entro gli ordinari termini di prescrizione, l'indegnità non potrà più operare come fatto impeditivo dell'acquisto della eredità da parte dell'indegno. Viceversa, per le altre forme di incapacità, operando esse automaticamente (o, come si dice, *ipso iure*), l'accertamento giudiziale potrà avvenire senza limiti prescrizionali.

La riabilitazione

L'indegnità è, infine, sanabile: l'indegno può essere riabilitato completamente, se il *de cuius*, con atto pubblico o con testamento, esprima la sua volontà in tal senso (art. 466 c.c.). In questo caso, l'indegno riacquista tutti i diritti successori; la riabilitazione espressa è inoltre considerata irrevocabile e, dunque, essa produce i suoi effetti anche se il testamento che la contemplava sia stata revocato dal testatore.

La riabilitazione è invece parziale se il testatore, pur essendo a conoscenza della causa di indegnità, abbia contemplato l'indegno nel testamento, riservandogli una chiamata ereditaria o a titolo di legato, senza tuttavia riabilitarlo espressamente: in tal caso, la riabilitazione è limitata alla sola disposizione testamentaria. Essa è dunque parziale, perché non conferisce all'indegno tutti i diritti successori ma solo i beni o le quote che gli siano stati attribuiti dal testatore. È inoltre revocabile insieme alla disposizione testamentaria che abbia contemplato l'indegno.

10. *La perdita della vocazione ereditaria: la rinunzia all'eredità*

La rinunzia all'eredità

Colui che abbia ricevuto la vocazione ereditaria diviene titolare, ove sussistano i presupposti, del diritto potestativo di acquistare l'eredità mediante l'accettazione. Il chiamato può però, con la *rinuncia all'eredità*, spogliarsi di tale diritto, così sottraendosi, peraltro in modo non irreversibile, al fenomeno successorio.

La rinuncia deve essere fatta prima che sia intervenuto, attraverso accettazione espressa o tacita, l'acquisto dell'eredità, atteso che la qualità di erede, una volta acquisita, non può più essere perduta (*semel heres semper heres*). Pertanto con l'espressione rinuncia all'eredità (artt. 519 ss. c.c.) il legislatore ha voluto in realtà designare quel fenomeno di rinuncia abdicativa alla mera qualità di chiamato, e quindi al diritto di far propria un'eredità non ancora acquisita, e non alla qualità di erede che invece si assume soltanto con l'accettazione e che, si ripete, una volta acquisita, non può più dismettersi.

Peraltro la rinuncia deve essere fatta dopo l'apertura della successione, perché quella fatta prima è nulla in quanto patto successorio.

Dalla rinuncia pura e semplice (e cioè *abdicativa*) va distinta quella denominata *traslativa*. Questa si verifica quando il chiamato rinuncia dietro un corrispettivo, oppure quando rinuncia a favore di alcuno degli altri chiamati, il quale viene così favorito perché potrà acquisire anche la quota del rinunciante in deroga alle regole che disciplinano la vocazione.

In tali casi, il rinunciante medesimo compie un atto che è incompatibile con l'intento di sottrarsi al fenomeno successorio, e quindi si può parlare di rinuncia soltanto impropriamente, poiché trattasi di un trasferimento, a titolo oneroso o gratuito, della quota ereditaria: se, infatti, il chiamato all'eredità ne dispone rinunciandovi dietro corrispettivo ovvero a favore di qualcuno, vuol dire che ritiene che l'eredità sia entrata nella sua titolarità atteso che nessuno dispone di un diritto se non lo considera suo proprio. Ed infatti, la rinuncia onerosa come quella *traslativa*, come sarà precisato anche nei prossimi paragrafi, comportano accettazione tacita dell'eredità da parte del rinunziante (art. 478 c.c.), con tutte le conseguenze che da ciò derivano. Colui che acquista l'eredità dal rinunziante diviene invece, rispetto alla stessa, un avente causa dal rinunciante medesimo e non dal *de cuius*, sicché non acquisisce nemmeno la qualità di erede.

Il negozio rinunciativo

La rinuncia *abdicativa* (e cioè quella che non implica accettazione) è negozio unilaterale non recettizio; essa deve essere ricevuta da notaio o dal cancelliere competente, ed inserita nel registro delle successioni (art. 519, 1° comma, c.c.).

Viene poi annoverata nella categoria dei cc.dd. *atti legittimi*, poiché non tollera, sotto pena di nullità dell'intero negozio, l'apposizione di condizione o termine (art. 520 c.c.); né può essere parziale, così come è stabilito anche per l'accettazione (art. 475, 2° e 3° comma, c.c.).

Il chiamato che abbia rinunziato può ancora revocare la rinunzia ed accettare l'eredità. La *revoca* può essere fatta fino a quando l'eredità non sia stata acquisita da coloro che sono stati chiamati in sostituzione del rinunciante. La revoca deve essere effettuata mediante accettazione: in altre parole il rinunziante non può tornare nella posizione cui ha abdicato e cioè in quella di semplice chiamato, come tale abilitato a far propria l'eredità, ma, se vuole revocare la rinuncia, deve direttamente accettare la chiamata diventando definitivamente erede.

La rinunzia può essere impugnata dal rinunziante soltanto per violenza e dolo e non per errore (art. 526 c.c.).

La tutela dei creditori del rinunciante

È possibile, inoltre, che essa rechi danno ai creditori del chiamato: costui, infatti, abdica al diritto di acquisire un possibile incremento patrimoniale impedendo il conseguente ampliamento della garanzia patrimoniale offerta, ai sensi dell'art. 2740 c.c., ai propri creditori. L'art. 524 c.c. abilita però questi ultimi a chiedere al giudice l'autorizzazione *ad accettare l'eredità in nome e in luogo del rinunziante*, allo scopo di soddisfarsi sui beni ereditari fino alla concorrenza dei loro crediti. L'autorizzazione può essere concessa solamente se i creditori dimostrino di avere effettivamente subìto, in conseguenza della rinuncia, un danno per le loro ragioni di credito, mentre non è necessaria la prova della frode da parte del debitore.

A dispetto dell'espressione utilizzata dal legislatore, l'autorizzazione prevista dall'art. 524 c.c. non abilita i creditori ad effettuare una vera accettazione in nome e in luogo altrui: essa legittima i creditori esclusivamente a soddisfarsi su beni che non vengono però acquistati dal rinunziante; costui, in conseguenza dell'azione dei creditori, non diviene erede, e l'eredità (o almeno ciò che residua dopo l'esecuzione promossa dai creditori) resta a disposizione dei chiamati in sua sostituzione.

L'azione prevista dall'art. 524 c.c. è soggetta al termine quinquennale di prescrizione, che decorre dalla data della rinuncia.

Quanto alla sua natura giuridica, essa costituisce un mezzo *sui generis* di conservazione della garanzia patrimoniale; differisce infatti dall'azione surrogatoria (art. 2900 c.c.), giacché non mira a far entrare i beni dell'eredità rinunziata nel patrimonio del debitore, e perché, inoltre, può essere esercitata per contrastare gli effetti di un positivo atto abdicativo del debitore, piuttosto che della sua inerzia.

L'azione in esame differisce altresì dalla revocatoria (art. 2901 c.c.), in quanto non mira a rendere inefficace un atto di disposizione di un bene del debitore, atteso che la semplice chiamata ereditaria non può appunto considerarsi un bene del patrimonio del chiamato; inoltre per l'impugnazione *de qua* non è richiesto alcun requisito di conoscenza o intenzionalità del danno provocato ai creditori, come invece avviene nel caso della revocatoria.

Occorre, pertanto, ammettere che l'azione *ex* art. 524 c.c. abbia caratteri suoi propri nonché natura eccezionale, poiché non è applicabile fuori del caso previsto né è sostituibile con i normali mezzi di conservazione della garanzia patrimoniale (surrogatoria, revocatoria, sequestro).

11 (segue) *La prescrizione e la decadenza*

La decorrenza del termine di prescrizione

Il diritto di accettare l'eredità si estingue anche per *prescrizione* e per *decadenza*. Ai sensi dell'art. 480 c.c., esso si prescrive nel termine di dieci anni dall'apertura della successione; se però l'istituzione è fatta sotto condizione sospensiva, in applicazione del principio secondo cui un diritto che non può essere esercitato, non è soggetto a prescrizione (*actio nondum nata non praescribitur*), il termine decorre da quando si è verificato l'evento posto in condizione.

Il termine di prescrizione è unico. Esso cioè decorre sia per i primi chiamati che per gli ulteriori, cui è devoluta la vocazione quando i primi non vogliano o non possano accettare.

Il termine può essere abbreviato in due casi particolari.

a) Il primo è disciplinato dall'art. 481 c.c., che consente agli interessati di rivolgersi al giudice affinché venga fissato al chiamato un termine, entro cui deve essere effettuata l'accettazione: si parla, in tale caso, di *actio interrogatoria*. Decorso il termine stabilito dal giudice, il chiamato, se non ha tempestivamente manifestato la volontà di accettare, perde la chiamata. Interessati alla fissazione del termine possono essere gli eventuali chiamati in sostituzione, i quali d'altronde, per l'inerzia del primo chiamato potrebbero perdere il diritto di acquistare l'eredità, atteso che il termine di prescrizione è unico per tutti.

L'*actio interrogatoria*

La redazione dell'inventario

b) Il secondo caso di abbreviazione dei termini in questione è disciplinato dall'art. 487, 3° comma, c.c. Il chiamato che, non essendo nel possesso dei beni, abbia fatto l'inventario degli stessi e cioè abbia avviato la procedura disciplinata dagli artt. 767 ss. c.p.c. finalizzata all'individuazione dei beni costituenti l'eredità, deve, nei quaranta giorni successivi al suo compimento, dichiarare di voler accettare. Decorso tale termine egli perde il diritto di accettazione. In questa ipotesi si presume che, all'esito dell'inventario, il chiamato abbia assunto la decisione di non acquistare l'eredità, sicché il termine viene abbreviato perché non è necessario aspettare il decorso di quello ordinario di prescrizione.

12. *Perdita del legato*

Il legato – che come sopra detto è un atto di disposizione a titolo particolare effettuato dal *de cuius* tramite il testamento – viene acquistato all'apertura della successione. Il legatario può rinunciare al legato già acquisito che, pertanto, uscirà dal suo patrimonio.

La rinuncia ha efficacia retroattiva fino al giorno dell'apertura della successione sicché l'acquisto si considera come mai avvenuto.

Il diritto di rinunciare al legato si prescrive nel termine ordinario di dieci anni. Anche tale termine può essere abbreviato attraverso l'esercizio, da parte degli interessati, dell'*actio interrogatoria* (art. 650 c.c.), a seguito della quale il giudice fissa al legatario un termine per dichiarare se intende rinunciare. Nel silenzio del legatario, al contrario di quanto accade nel caso in cui l'*actio interrogatoria* sia rivolta al chiamato alla eredità, il legato si considera definitivamente acquisito e il diritto di rifiutare il beneficio viene perso.

13. *Trasmissione del diritto di accettazione*

Il concetto di intrasmissibilità della vocazione

L'eredità si acquista soltanto con l'accettazione (art. 459 c.c.); prima di tale momento il chiamato non è ancora titolare delle situazioni e dei rapporti giuridici contenuti nell'eredità stessa, ma è titolare di una semplice aspettativa all'acquisto e del diritto potestativo di farla propria con l'accettazione.

La delazione, quindi, rappresenta già un valore facente parte del patrimonio del chiamato; essa però non può essere trasmessa per atto tra vivi ad altre persone. È necessario chiarire tale affermazione evidenziando che il chiamato ben può vendere o donare l'eredità offertagli per legge o testamento; ma con tale atto egli finisce con l'accettare l'eredità medesima, acquistando la qualità di erede (v. artt. 476-477 c.c.). Dire che la vocazione non è trasmissibile significa soltanto affermare che essa non può essere ceduta di per sé, perché la cessione a terzi implica la preliminare accettazione con tutte le conseguenze connesse e già osservate a proposito della rinuncia traslativa.

Il diritto di accettare costituisce pur sempre una posizione giuridica riferibile al chiamato; pertanto, alla sua morte, viene trasmesso ai suoi eredi.

Esso fa parte dell'eredità del chiamato; pertanto i suoi successori, per poterlo esercitare, dovranno prima accettare tale eredità (quella del chiamato). Una volta acquistata, per successione *mortis causa*, la vocazione spettante al loro dante causa, potranno decidere se accettarla o meno; ma ad essi sarà precluso di rinunciare all'eredità propria del chiamato ed accettare l'eredità cui lo stesso chiamato aveva diritto (art. 479, 3° comma, c.c.).

CAPITOLO 66

SOSTITUZIONE, RAPPRESENTAZIONE E ACCRESCIMENTO. LA CONSERVAZIONE DELL'EREDITÀ

1. *Generalità*

Rinuncia e perdita della vocazione

Come esposto nel capitolo precedente, la vocazione individua il chiamato, il quale, con l'accettazione, può acquistare l'eredità e la qualità di erede. La vocazione avviene in forza delle disposizioni testamentarie o in base alla legge. Una volta individuato il chiamato, gli è offerto il diritto di accettare l'eredità; e in tale offerta consiste la *delazione ereditaria*.

Capita però che il chiamato non possa o non voglia accettare l'eredità.

Più specificamente, il chiamato *non può accettare l'eredità* nei seguenti casi (di cui si è detto nel capitolo precedente):

a) quando sia incapace a succedere ovvero a ricevere per testamento;
b) quando sia indegno.

La vocazione cade poi nel nulla quando il chiamato perde il diritto in quanto *non voglia accettare*. Ciò avviene:

a) quando egli rinunzi all'eredità (purché la rinuncia sia *abdicativa* e vale al riguardo quanto già detto);
b) quando perda il diritto per prescrizione ovvero per decadenza a seguito dell'esercizio, da parte dei soggetti interessati, della c.d. *actio interrogatoria*;
c) negli altri casi previsti dalla legge (es., art. 487, 3° comma, c.c.; nel caso di avveramento della condizione risolutiva apposta al testamento).

La vocazione sostitutiva

In tutti questi casi l'ordinamento detta alcune regole per stabilire a chi spetti la vocazione in luogo del soggetto che non abbia potuto o voluto accettare l'eredità: si tratta degli istituti della sostituzione, della rappresentazione e dell'accrescimento. La loro funzione sta nel garantire che i rapporti relitti dal *de cuius* possano essere offerti ad ulteriori chiamati, e cioè ad ulteriori possibili successori.

È opportuno precisare che, qualora non sia possibile trovare un successore neanche per sostituzione, rappresentazione o accrescimento, saranno applicate le disposizioni sulla successione legittima, le quali contemplano chiamate a favore di varie schiere di parenti, in mancanza dei quali verrà definitivamente chiamato alla successione lo Stato, che, quale erede necessario in quanto privo del potere di rifiutare l'eredità, l'acquisterà *ipso iure* e cioè senza necessità di accettazione, ma col beneficio di inventario e cioè con quella cautela che, come vedremo, lo esonera dal rispondere con i propri beni dei debiti ereditari.

Si ricordi che anche la *morte del chiamato* costituisce un impedimento alla sua accettazione atteso che essa incide sulla sua capacità di succedere, ma ciò avviene solo se essa interviene prima dell'apertura della successione: in tal caso, dunque, troveranno applicazione gli istituti della sostituzione, della rappresentazione e dell'accrescimento in esame e, in luogo del chiamato premorto, succederanno i suoi *sostituti*. Se la morte del chiamato interviene, invece, dopo l'apertura della successione, e cioè quando la vocazione ereditaria sia già avvenuta, allora, come già detto, il diritto di accettare entra nella successione propria del chiamato e viene trasferito agli eredi propri di quest'ultimo piuttosto che ai suoi sostituti. Ciò assume un importante rilievo pratico. Nel primo caso, così come in ogni altra ipotesi in cui trovano applicazione gli istituti in esame, il sostituto è investito di una chiamata a lui direttamente rivolta. Nel secondo caso, invece, e cioè quando il chiamato muoia dopo l'apertura della successione, la vocazione è trasmessa ai suoi eredi i quali potranno accettarla soltanto a condizione di avere prima accettato l'eredità del loro dante causa e cioè del primo chiamato deceduto.

2. *Vocazione sostitutiva: la sostituzione ordinaria*

La sostituzione del testatore

Il primo istituto che regola l'ipotesi in cui il chiamato non voglia o non possa accettare l'eredità è la *sostituzione* c.d. *ordinaria* o *volgare*. Con essa è lo stesso testatore che, prevedendo dette ipotesi, indica un chiamato in sostituzione del primo.

La sostituzione comporta due o più vocazioni, ma una sola successione, dato che la chiamata del sostituto è sottoposta alla condizione sospensiva della rinuncia del primo; essa può avvenire soltanto in via testamentaria.

Il suo fondamento è da ricercare nella tutela accordata dalla legge innanzitutto alla libera volontà del testatore di disporre *mortis causa* delle sue sostanze, per impedire che, mancando il primo chiamato, si apra la successione legittima.

Il testatore è infatti libero di conformare la portata della sostituzione nel modo che più ritiene opportuno, sostituendo uno o più chiamati a quello che non voglia o non possa accettare, ovvero prevedendo sostituzioni reciproche, nel senso che ciascuno dei chiamati è anche sostituto dell'altro (artt. 688 ss. c.c.).

3. *Il fedecommesso*

La sostituzione fidecommissaria

Diversa dalla sostituzione ordinaria è quella c.d. *fidecommissaria* (o *fedecommesso*). Con la sostituzione ordinaria si hanno due o più vocazioni che sono alternative, in quanto si dà luogo a quella del sostituto solo se il primo chiamato non accetti; la successione, pertanto, sarà sempre e soltanto una perché o accetterà il chiamato ovvero il suo sostituto, ma non potranno accettare entrambi contemporaneamente o uno successivamente all'altro.

Nella sostituzione fidecommissaria invece si ha una duplice chiamata in ordine successivo nonché due successioni nel tempo dal medesimo originario *de cuius*.

In quest'ultima fattispecie, infatti, il primo chiamato, detto *istituito*, può acquistare l'eredità e la relativa qualità di erede, con l'obbligo però di conservare i beni, i quali verranno, alla sua morte, acquisiti da un nuovo erede (*sostituto*); il sostituto, in quanto chiamato direttamente dal testatore che ha previsto la sostituzione, sarà erede di quest'ultimo e non del primo istituito.

La sostituzione fidecommissaria, già conosciuta dal diritto romano e da quello medievale, è generalmente vietata perché comporta, per il primo chiamato, eccessivi limiti alla disponibilità dei beni ereditari; nel nostro ordinamento è infatti individuabile un *principio di unicità della successione* in virtù del quale, una volta acquistata l'eredità, il fenomeno successorio si esaurisce e l'erede diviene pieno titolare dei rapporti ereditari, potendoli trasferire, per atto tra vivi o a sua volta *mortis causa*, ai suoi diretti aventi causa.

Il fedecommesso costituisce una deroga a tale principio perché assicura una duplice successione o, in ipotesi, anche una infinita serie di successioni dallo stesso *de cuius* ed a favore dei vari sostituti che diverranno via via eredi alla morte del precedente.

Il fedecommesso assistenziale

Esso è però ammesso nella sola ipotesi del c.d. *fedecommesso assistenziale* (art. 692 c.c.), sicché i genitori, gli ascendenti o il coniuge (o il soggetto unito civilmente) di un interdetto possono istituire erede quest'ultimo con l'obbligo di conservare i beni per restituirli, alla sua morte, a coloro che di lui hanno avuto cura. I beni oggetto del fedecommesso entrano, dunque, nella titolarità dell'incapace ma di fatto costituiscono un suo patrimonio separato: essi possono essere alienati soltanto con l'autorizzazione del giudice e in presenza di un'evidente utilità (art. 694 c.c.); i creditori dell'istituito (e cioè dell'incapace) non possono soddisfarsi che sui frutti prodotti da questi beni che, dunque, devono essere conservati per essere attribuiti al sostituto.

La norma mira ad assicurare assistenza all'interdetto; ed infatti solamente coloro che si sono effettivamente presi cura dell'incapace hanno diritto alla sostituzione (arg. *ex* art. 692, 3° comma, c.c.).

Il fedecommesso assistenziale è valido soltanto entro i limiti della quota ereditaria disponibile e cioè di quella parte di patrimonio di cui (come si vedrà di seguito) il *de cuius* può liberamente disporre senza ledere i diritti degli eredi legittimari.

Ogni altro fedecommesso è nullo (art. 692, ultimo comma, c.c.); ma la nullità non travolge necessariamente le altre disposizioni testamentarie (*vitiatur sed non vitiat*), rimanendo valida la disposizione (eredità o legato) in favore del primo chiamato.

Non è ammissibile la sanatoria della disposizione fidecommissaria nulla, neanche nelle forme della conferma o sanatoria eccezionale. Essa è però assoggettabile ad un fenomeno di conversione; ed infatti, nel caso in cui il primo istituito non possa o non voglia accettare l'eredità, la clausola di sostituzione fedecommissaria si converte in clausola di sostituzione ordinaria, e il sostituto può essere chiamato in luogo del primo che rimane però estraneo al fenomeno successorio.

Invero, il fedecommesso rappresenta un istituto di applicazione rarissima; ciò è dovuto anche al fatto che può trovare applicazione soltanto in favore degli interdetti, e non di qualunque incapace o disabile, e soltanto se tra l'incapace e il *de cuius* esista un particolare legame familiare.

Recentemente, il legislatore ha però consentito la trascrivibilità su beni immobili e mobili registrati, di atti di destinazione finalizzati alla tutela di interessi meritevoli di disabili o di altre persone (art. 2645 *ter* c.c.). In altre parole: è possibile destinare uno o più beni alla realizzazione dell'interesse di una persona affetta da disabilità ovvero di qualunque altra persona, sicché la finalità perseguita attraverso il fedecommesso può essere attuata anche con tale tipo di istituto che, per molti versi, costituisce affermazione della legittima costituzione del *trust* nel nostro ordinamento. Nel caso di destinazione, però, non si verifica un fenomeno successorio: il bene destinato resta nella titolarità del soggetto che impone il vincolo ovvero viene trasferito ad altra persona che lo acquista non necessariamente per causa di morte. Esso viene però stabilmente utilizzato per l'attuazione dell'interesse del beneficiario, anche se la destinazione non può eccedere la durata di novanta anni ovvero la vita del beneficiario medesimo.

4. *La vocazione fiduciaria*

Caratteri ed effetti della vocazione fiduciaria

Diversa dal fedecommesso è la *vocazione fiduciaria*. Essa si ha quando il *de cuius* attribuisce, con testamento, beni, a titolo di eredità o di legato, ad un soggetto (detto *fiduciario*), a cui ha dato separatamente un incarico, fondato sulla fiducia e normalmente con un atto a parte, di trasmetterli ad un terzo, già indicato dal testatore medesimo o da scegliere dallo stesso beneficiario apparente. Qui si ha un'unica vocazione a favore del fiduciario; quest'ultimo acquista la titolarità dei rapporti relitti e la qualità di erede, ma si assume l'impegno verso il testatore di trasmettere i beni ricevuti all'effettivo beneficiario. Il quale, ove tale trasferimento avvenga, non acquista dal *de cuius* né diventa suo erede, ma assume la veste di successore a titolo particolare del fiduciario.

L'art. 627, 1° comma, c.c. non ammette azione in giudizio per far accertare che le disposizioni a favore di persona dichiarata nel testamento sono soltanto apparenti, e che in realtà riguardano altra persona, anche se le espressioni usate dal testatore possono indicare o far presumere che si tratti di istituzione fiduciaria.

L'esecuzione del relativo incarico è dunque lasciata unicamente al dovere morale o di coscienza del fiduciario, il quale, ove adempia l'incarico del testatore e trasmetta l'eredità all'effettivo beneficiario, non può agire, salva l'ipotesi di sua incapacità, per chiedere la restituzione dei beni spontaneamente trasferiti alla persona voluta dal testatore.

È necessario, perché operi la c.d. *soluti retentio*, che sussista e si provi una chiara volontà manifestata in vita dal testatore di far pervenire i beni a persona diversa dal chiamato, e che, inoltre, quest'ultimo li abbia trasferiti al destinatario effettivo con la consapevole e spontanea intenzione di eseguire così la predetta volontà del testatore. Soltanto in presenza di queste condizioni, il destinatario può legittimamente trattenere i beni a lui destinati.

La disposizione fiduciaria risponde a vari interessi del testatore; quello più frequente è costituito dall'esigenza di non far apparire quale sia la persona cui egli intende effettivamente trasferire i beni. A volte però essa viene utilizzata per l'esigenza di beneficiare una persona che non è capace di ricevere, perché colpita da uno dei divieti su analizzati. In tal caso la vocazione fiduciaria integra un'ipotesi di disposizione in frode alla legge. E pertanto, a norma dell'art. 627, 3° comma, c.c., è escluso l'effetto della *soluti retentio* nel caso in cui il patto fiduciario venga adempiuto e i beni ereditari vengano effettivamente trasferiti al beneficiario.

5. *La rappresentazione*

Ambito di applicazione del diritto di rappresentazione

Allorché il testatore non abbia previsto la sostituzione di un chiamato che non possa o non voglia accettare l'eredità, si applica l'istituto della *rappresentazione* (artt. 467 ss. c.c.).

Esso integra una fattispecie di vocazione indiretta, che si verifica quando un soggetto non è chiamato di per sé direttamente dal *de cuius*, ma al posto di un altro soggetto rispetto al quale la chiamata non ha avuto effetto.

La rappresentazione fa subentrare nella chiamata i discendenti legittimi o naturali (cosiddetti *rappresentanti*) al posto del loro ascendente che non abbia voluto o potuto accettare (cosiddetto *rappresentato*), quando però costui sia, a sua volta, figlio o fratello del *de cuius*: in pratica avvantaggia i nipoti (*ex filio* o *ex fratre*) del defunto.

La rappresentazione opera sia in relazione all'eredità che al legato (art. 467, 1° comma, c.c.); ed opera altresì tanto nella successione legittima e testamentaria (art. 467, 2° comma, c.c.) quanto in quella necessaria (art. 536, 3° comma, c.c.).

Essa non costituisce una vocazione mediata, derivante cioè da quella dell'ascendente o da lui trasmessa: si tratta in effetti di una chiamata diretta dei rappresentanti in luogo dei loro ascendenti. I rappresentanti, dunque, ove accettino l'eredità ad essi devoluta, diventano direttamente eredi del *de cuius* ed aventi causa dallo stesso, mentre non sono in alcun modo aventi causa dal primo chiamato. Ciò comporta che i discendenti possono succedere per rappresentazione, anche se non sono eredi del rappresentato o se hanno rinunciato alla sua eredità o, ancora, se sono incapaci o indegni di succedergli (art. 468, 2° comma, c.c.); e ciò perché essi, appunto, succedono direttamente al *de cuius* e non al rappresentato.

La rappresentazione si applica a favore dei discendenti (dei figli e dei fratelli del *de cuius*) all'infinito e per stirpi secondo le modalità dell'art. 469 c.c. Si applicano, al riguardo, principi simili a quelli che disciplinano la successione legittima. La regola fondamentale è che, nel caso di concorso di più discendenti, essi dividono per stirpi il diritto di rappresentazione: ciò significa che se colui che non ha potuto o voluto accettare l'eredità ha più di un figlio, l'eredità si divide in tante parti uguali quanti sono i figli, i quali sono tutti chiamati alla successione. Se uno dei figli non può o non vuole accettare, la sua quota viene offerta ai suoi eventuali discendenti. Ai discendenti che hanno pari diritto di rappresentazione, l'eredità viene offerta in parti uguali.

6. *La vocazione congiuntiva: il diritto di accrescimento*

Ove non sussistano i presupposti per la sostituzione e per la rappresentazione, si può applicare l'istituto dell'accrescimento.

Elementi costitutivi della vocazione congiuntiva

Esso riguarda le successioni testamentarie e presuppone la *vocazione congiuntiva* (o solidale) che, a norma degli artt. 674 e 675 c.c., si ha quando più soggetti sono chiamati insieme (appunto solidalmente) in un'eredità o in un legato od anche in una quota di essi; in tal caso, se taluno di loro non possa o non voglia accettare, la sua quota si accresce agli altri.

Nel legato, perché la chiamata possa qualificarsi come congiuntiva, è sufficiente che uno stesso oggetto (o quota di esso) sia attribuito a più persone congiuntamente (*coniuctio re*), anche se con due diversi testamenti.

Nell'eredità, invece, occorre anche l'unicità di testamento (quindi *coniuctio re et verbis*).

Il fondamento del diritto di accrescimento, radicato nella vocazione congiuntiva o solidale, viene in genere individuato nella presunzione di volontà del testatore; da altri nel concetto di vocazione solidale, che comporta l'effetto espansivo del diritto di ciascun chiamato su quello dell'altro, che non abbia potuto o voluto accettare.

L'accrescimento opera automaticamente; sicché se il chiamato accetta l'eredità, acquista direttamente anche la quota dell'altro chiamato solidale che non abbia voluto o potuto accettare. In altre parole non è possibile rinunciare all'accrescimento senza rinunciare alla propria chiamata.

L'effetto dell'accrescimento è escluso non solamente dalla possibilità della sostituzione e dalla possibilità di chiamata per rappresentazione ma anche dalla espressa volontà contraria del testatore.

7. *Strumenti di conservazione dell'eredità: amministrazione ed azioni possessorie*

L'amministrazione dell'eredità non accettata

Nel momento in cui il chiamato accetta l'eredità questa viene acquisita al suo patrimonio, sicché diventa suo onere provvedere alla relativa amministrazione.

Durante il periodo che va dall'apertura della successione al suo acquisto è però necessario provvedere alla gestione dell'asse relitto dal *de cuius*, principalmente a fini di conservazione dello stesso nell'interesse di colui che acquisirà la qualità di erede.

Dal punto di vista giuridico l'ordinamento assicura il principio di continuità nella titolarità dei rapporti appartenenti al defunto, attraverso l'efficacia retroattiva dell'accettazione, in virtù della quale l'accettante acquista l'eredità con effetto fin dal giorno dell'apertura della successione. Ciò consente all'erede medesimo di poter far propri tutti quegli effetti giuridici (positivi o negativi) che hanno riguardato i rapporti ereditari nel periodo di tempo effettivamente trascorso tra apertura della successione ed acquisto.

In via di fatto è però necessario assicurare la materiale conservazione ed amministrazione dei beni costituenti l'eredità, onde evitare eventuali effetti dispersivi cui non potrebbe ovviarsi nemmeno attraverso l'effetto retroattivo dell'accettazione.

L'ordinamento pertanto attribuisce al chiamato, e cioè alla persona che si presume maggiormente interessata alla salvaguardia del patrimonio relitto, una serie di poteri di amministrazione e di conservazione dell'asse. L'art. 460, 2° comma, c.c. stabilisce infatti che il chiamato può compiere atti conservativi, di amministrazione temporanea e di vigilanza a riguardo dei beni ereditari; può inoltre farsi autorizzare dall'autorità giudiziaria a vendere i beni che non sia possibile o che sia troppo oneroso conservare.

Occorre precisare che il chiamato, se vuole mantenere tale sua posizione giuridica senza diventare erede, non può compiere atti che non siano esclusivamente finalizzati alla mera conservazione dei beni; infatti, ove effettuasse atti di disposizione o di gestione *uti dominus*, cioè consistenti nell'esercizio di facoltà proprie dei diritti ereditari per la soddisfazione dell'interesse tipico da essi tutelato, automaticamente si verificherebbe l'acquisto ereditario per mezzo di accettazione tacita (art. 476 c.c.).

Le azioni possessorie del chiamato all'eredità

Il chiamato può inoltre esercitare, senza bisogno della materiale apprensione dei beni, le *azioni possessorie* a tutela dei diritti ereditari (art. 460, 1° comma, c.c.).

Si tratta di una legittimazione eccezionale (o, secondo parte della dottrina, di un particolare possesso: il possesso *animo vocati*) che gli consente di esercitare le azioni possessorie, pur senza essere effettivamente nel possesso dei beni.

Particolari disposizioni sono infine dettate per la conservazione dei beni ereditari nel caso in cui all'eredità sia chiamato un nascituro (art. 643 c.c.) o si tratti di istituzione sottoposta a condizione sospensiva (art. 641 c.c.). Esse consistono nella attribuzione all'eredità di un amministratore che provvede a curarne la gestione e la conservazione. Allo stesso modo, ove il testatore abbia nominato, ai fini dell'attuazione della volontà espressa nel testamento, un esecutore, il c.d. *esecutore testamentario*, a quest'ultimo compete, tra l'altro, il potere di gestire e conservare l'eredità (art. 703, 2° comma, c.c.).

8. *L'eredità giacente*

Il curatore dell'eredità giacente

È infine possibile che il chiamato non eserciti le azioni di cui dispone per la conservazione dell'eredità; ed allora si potrà ricorrere all'istituto dell'*eredità giacente*.

Con la sua apertura, che avviene con provvedimento dell'autorità giudiziaria su istanza di chiunque ne abbia interesse o anche d'ufficio, viene nominato un *curatore*, il quale gestirà ed amministrerà i beni relitti, dopo averne effettuato l'inventario (art. 528 c.c.).

Il curatore ha anche l'obbligo di pagare i creditori che ne facciano richiesta. In caso però di opposizione da parte anche di un solo creditore, dovrà procedere al pagamento contestuale di tutti gli aventi diritto (liquidazione concorsuale) secondo le regole previste in tema di accettazione beneficiata: in tal caso, il pagamento delle passività avverrà in modo da garantire la *par condicio creditorum*.

L'eredità giacente, secondo la dottrina, è un complesso di rapporti, un patrimonio autonomo a disposizione del chiamato, ma da lui non ancora acquistato. Non può considerarsi una *res nullius* (pertanto non sarebbe acquistabile per occupazione) né una persona giuridica, poiché, più che un soggetto, essa è un oggetto di rapporti giuridici in corso di amministrazione.

La giacenza cessa nel momento in cui l'eredità viene accettata; in tal caso il curatore, dopo aver reso il rendiconto, dovrà consegnare i beni all'erede.

La giacenza ha termine, per mancanza del sostrato oggettivo, anche nel caso in cui non vi siano più beni o rapporti da amministrare.

CAPITOLO 67
LA SUCCESSIONE TESTAMENTARIA

SOMMARIO: 1. Il testamento: nozione, natura giuridica, caratteri. – 2. Capacità di disporre per testamento. – 3. La forma del testamento. – 4. I testamenti speciali. – 5. Requisiti di efficacia del testamento: nozione ed aspetti principali. – 6. La condizione: pendenza e avveramento. – 7. Condizioni impossibili o illecite. – 8. Il termine. – 9. L'onere o *modus*: aspetti generali. – 10. Interpretazione del testamento: applicabilità delle norme interpretative dei contratti. – 11. L'inefficacia del testamento. – 12. Conferma ed esecuzione volontaria del testamento. – 13. Revoca del testamento o delle singole disposizioni.

1. *Il testamento: nozione, natura giuridica, caratteri*

Ai sensi dell'art. 587, 1° comma, c.c., il testamento è un atto revocabile con il quale taluno dispone, per il tempo in cui avrà cessato di vivere, di tutte le proprie sostanze o di parte di esse. Il 2° comma della stessa norma stabilisce inoltre che le disposizioni di carattere non patrimoniale, che la legge consente siano contenute in un testamento, se manifestate nelle forme previste per tale atto, hanno efficacia anche se, nell'atto stesso, manchino disposizioni di carattere patrimoniale.

I caratteri del testamento

Il testamento, pertanto, è negozio giuridico che consente al soggetto di esplicare la propria autonomia privata, principalmente per la successione *post mortem* dei propri diritti.

Esso ha i seguenti caratteri:

A) Trattasi di negozio *mortis causa*: infatti, non soltanto è destinato a produrre i suoi effetti dopo la morte del testatore ma realizza anche l'esigenza di regolare la sorte dei diritti e delle connesse situazioni del *de cuius*, in contemplazione di tale inevitabile evento. Inoltre, gli effetti che produce sono in un certo senso giustificati dalla morte stessa del suo autore.

Si ritiene peraltro che sia l'unico negozio attribuito per l'anzidetta funzione al soggetto, come si può desumere anche dalla statuizione di cui all'art. 457, 1° comma, c.c., per il quale l'eredità si devolve soltanto per legge o per testamento, nonché dall'espresso divieto, sotto pena di nullità, dei patti successori *ex* art. 458 c.c. Ma, come già notato in precedenza, la previsione dei cc.dd. *patti di famiglia* da parte degli artt.

768 *bis* ss. c.c., di recente introdotti, ha con tutta evidenza attenuato l'assolutezza della regola.

B) Il testamento è atto di *ultima volontà*, poiché, essendo destinato ad avere effetti *post mortem*, può essere revocato dal suo autore in ogni momento della propria vita (art. 587 c.c.).

C) È atto negoziale *unilaterale*, in quanto si perfeziona con la sola volontà del testatore ed ha rilevanza indipendentemente dall'accettazione del chiamato, la quale è un distinto atto negoziale che non integra un accordo tra accettante e testatore, essendo peraltro successiva alla morte di quest'ultimo. È inoltre atto *non recettizio*, poiché la sua efficacia non è subordinata alla comunicazione della disposizione al destinatario secondo lo schema dell'art. 1334 c.c.

D) Oltre che unilaterale, il testamento è anche atto *unipersonale*. È infatti nullo sia il *testamento congiuntivo*, con cui due o più persone dispongono *nel medesimo atto* a vantaggio di un terzo, sia il c.d. *testamento reciproco*, tramite il quale due testatori dispongono l'uno a favore dell'altro (art. 589 c.c.). La ragione di tale divieto risiede nell'esigenza di garantire la libertà testamentaria, contro il vincolo psicologico di una decisione adottata in comune da più volontà, ed assicurare la facoltà di revoca per il singolo testatore.

L'espressione nel *medesimo atto* utilizzata dall'art. 589 c.c., non significa però semplicemente testamento fatto da più persone su uno stesso foglio, che ben può contenere anche più testamenti autonomamente redatti dai rispettivi testatori: in tal caso, infatti, ricorrerà l'ipotesi del *testamento simultaneo*, che è perfettamente valido, poiché ogni disposizione potrà essere liberamente revocata dal suo unico autore. Perché ricorra la fattispecie del testamento congiuntivo o reciproco è invece necessario che il testamento sia effettuato da più persone *con* un unico negozio e cioè con un'unica manifestazione di volontà espressa, appunto congiuntamente, da tutti i testatori.

Anche un testamento completamente separato può essere parimenti nullo allorché risulti il suo collegamento con altro testamento mediante una *condizione di reciprocità*, in virtù della quale il testatore subordina l'efficacia della sua disposizione alla condizione di essere a sua volta avvantaggiato nel testamento dell'erede o del legatario (art. 635 c.c.): in questa ipotesi, nonostante la scheda testamentaria sia autonomamente ed unipersonalmente redatta, il legislatore ha ritenuto che, appunto con la condizione di reciprocità, si persegua un effetto equivalente a quello determinato dal testamento reciproco.

E) Il testamento ha inoltre carattere di *atto personalissimo*: ciò significa che la volontà testamentaria deve provenire necessariamente ed esclusivamente dal *de cuius*; non è dunque consentito il suo compimento per procura. Questa infatti sarebbe nulla, unitamente al testamento fatto in base ad essa dal rappresentante, essendo esclusa anche la possibilità di ratifica *ex* artt. 1398 e 1399 c.c.

Sempre in conseguenza del suo carattere personale e a differenza di quanto è consentito in genere per i contratti dall'art. 1349 c.c., non è inoltre ammesso che la determinazione della vocazione ereditaria o della quota sia rimessa ad un terzo. Deroghe a tale regola sono tuttavia previste in casi eccezionali ed in tema di legati: in particolare, è possibile che l'individuazione del legatario sia rimessa all'erede o anche ad un terzo, se però il testatore abbia predeterminato una cerchia di persone o enti tra i quali la scelta deve essere effettuata (art. 631, 1° comma, c.c.); anche la determinazione dell'oggetto del legato può essere rimessa ad un terzo, purché non sia assunta in base al mero arbitrio (art. 632, 1° comma, c.c.).

F) Il testamento è poi atto a *contenuto patrimoniale* come si evince dalla lettera dello stesso art. 587 c.c., secondo cui, per il suo tramite, il testatore dispone delle proprie *sostanze*. Al 2° comma della stessa norma è però previsto che in un atto avente la forma di testamento possano essere contenute anche *disposizioni di carattere non patrimoniale* (quali, ad esempio, il riconoscimento di un figlio naturale, la designazione di un tutore, l'istituzione di una fondazione), purché la legge consenta specificamente di inserirle in esso. Tali dichiarazioni negoziali sono idonee a produrre effetti (secondo le norme alle stesse relative) anche se manchino nel testamento medesimo disposizioni di carattere patrimoniale. Esse, pur essendo contenute in una scheda testamentaria, rimangono, salvo che per gli aspetti formali, assoggettate ai rispettivi regimi giuridici, come è ad esempio dimostrato dal fatto che la revoca del testamento in cui sono state espresse, non determina la caducazione di quelle disposizioni non patrimoniali che sono di per sé irrevocabili (ad es. riconoscimento del figlio naturale).

2. *Capacità di disporre per testamento*

La capacità di testare

A norma dell'art. 591, 1° comma, c.c., possono disporre per testamento coloro che non sono dichiarati incapaci per legge.

La stessa norma dichiara, poi, incapaci di testare coloro che non hanno compiuto la maggiore età, gli interdetti per infermità di mente e quelli che, sebbene non interdetti, si provi essere stati, per qualsiasi causa, anche transitoria, incapaci di intendere e di volere nel momento in cui fecero testamento (art. 591, 2° comma, c.c.).

L'incapacità non dichiarata rende annullabile il testamento anche se da esso non derivi pregiudizio al testatore, e ciò in deroga a quanto stabilito dall'art. 428 c.c.

La norma dell'art. 591 c.c. non contempla espressamente l'inabilitato, sicché si ritiene che il testamento fatto da quest'ultimo sia annullabile solamente a condizione che si provi la sua concreta incapacità di intendere e di volere al momento della relativa redazione.

Anche per la persona assoggettata ad amministrazione di sostegno il codice non detta disposizioni specifiche: deve, dunque, ritenersi che, salva l'ipotesi di incapacità naturale, la misura protettiva non privi il soggetto interessato della capacità testamentaria, a meno che tale conseguenza non sia espressamente sancita col provvedimento di nomina dell'amministratore, anche attraverso l'estensione delle limitazioni e decadenze previste dal codice per l'interdetto (art. 411, 4° comma, c.c.).

In tutti i casi di incapacità, il testamento può essere impugnato da chiunque vi abbia interesse, e l'azione si prescrive nel termine di cinque anni dal giorno in cui è stata data esecuzione alle disposizioni testamentarie (art. 591, 3° comma, c.c.).

… e di ricevere per testamento

La *capacità di ricevere per testamento* s'inquadra nel più generale istituto della capacità di succedere, attribuita dall'art. 462 c.c., già analizzata allorché si è parlato dei presupposti per la successione; e pertanto non resta che richiamare quanto già detto.

3. *La forma del testamento*

Il testamento, quale atto formale, richiede a pena di nullità la forma scritta, per di più da adottare esclusivamente in uno dei modi tipici e tassativi previsti dalla legge. Si distinguono dunque, con riferimento alla forma, i seguenti tipi di testamento: testamento olografo, testamento per atto di notaio, distinto in pubblico e segreto (art. 601 c.c.), testamenti speciali (artt. 609 ss. c.c.).

Dalla mancanza di scrittura consegue la nullità del testamento; in caso però di sua distruzione (non voluta dal testatore) o di smarrimento, è possibile provarne con testimoni l'esistenza ed il contenuto, trovando in tal caso applicazione le previsioni degli artt. 2724, n. 3 e 2725 c.c., dettate in materia di contratti.

Il testamento olografo

Il *testamento olografo* deve essere scritto per intero, datato e sottoscritto di mano dal testatore (art. 602, 1° comma, c.c.).

A parte la prescritta, completa olografia di tale fattispecie, assume in essa particolare funzione la data, che deve contenere l'indicazione del giorno, mese ed anno (art. 602, 3° comma, c.c.), sia per consentire la verifica della capacità del testatore al momento della redazione dell'atto, sia per determinarne l'anteriorità o la posteriorità rispetto ad eventuali altri testamenti del medesimo *de cuius*. Il testamento olografo può essere depositato presso un notaio: in tal caso esso mantiene tutti i caratteri propri del testamento olografo ed il deposito viene effettuato soltanto per finalità di sua conservazione, che non ne alterano però la natura.

Il testamento pubblico

Il *testamento pubblico* è ricevuto dal notaio, dinanzi al quale, in presenza di due testimoni, il testatore dichiara la sua volontà, che è poi ridotta in iscritto a cura del notaio stesso, che dà lettura dell'atto al testatore in presenza dei testimoni medesimi, facendo altresì in esso menzione di ciascuna di tali formalità (art. 603, 1° e 2° comma, c.c.).

Sono richieste l'indicazione del luogo, della data del ricevimento e dell'ora della sottoscrizione, nonché la sottoscrizione del testatore, dei testimoni e del notaio. In caso di impedimento o di grave difficoltà in ordine alla sua sottoscrizione, il testatore deve dichiararne la causa ed il notaio menzionerà questa dichiarazione prima della lettura dell'atto (art. 603, 3° comma, c.c.).

Norme particolari sono poi vigenti per il testamento del muto, sordo o sordomuto; e, qualora il testatore sia incapace anche di leggere, è richiesta la presenza di quattro testimoni (art. 603, 4° comma, c.c.).

Il testamento segreto

Il *testamento segreto*, a differenza di quello pubblico, non è redatto dal notaio, ma dallo stesso testatore o anche da un terzo; esso (a differenza del testamento olografo) non deve necessariamente essere scritto di pugno dal testatore ma deve essere comunque da lui sottoscritto (art. 604, 1° comma, c.c.). Il testatore, poi, in presenza di due testimoni, lo consegna personalmente al notaio in un plico sigillato in modo che non lo si possa aprire né estrarre senza rottura o alterazione. All'esterno del relativo involucro cartaceo il notaio scrive l'*atto di ricevimento* (nel quale dà atto della consegna e della dichiarazione del testatore che nella carta è contenuto il suo testamento) e appone l'impronta dei sigilli. L'atto di ricevimento – che è un atto distinto dal testamento nel quale si verbalizza unicamente la sua consegna al notaio – deve essere sottoscritto dal testatore, dai testimoni e dal notaio (art. 605 c.c.).

Il testamento segreto presenta i vantaggi di non far conoscere anticipatamente la volontà del testatore e di assicurare, allo stesso tempo, la conservazione della relativa scheda.

Altre dettagliate disposizioni circa le modalità di questa fattispecie sono dettate dai citt. artt. 604 e 605 c.c.

Sia il testamento segreto che l'olografo che sia stato depositato presso un notaio, possono essere dal testatore ritirati in ogni tempo dalle mani del notaio presso il quale si trovano con le modalità di cui all'art. 608 c.c.: il ritiro non determina la revoca delle disposizioni in essi contenute.

Alla notizia della morte del testatore, i testamenti olografi e segreti sono pubblicati, con le regole e formalità di cui agli artt. 620-623 c.c. La *pubblicazione* consiste nella trasposizione del contenuto del testamento in un verbale redatto dal notaio; essa non incide sulla validità o sull'efficacia dell'atto, ma esclusivamente sulla possibilità di chiederne giudizialmente l'esecuzione oltre che di iscriverlo o trascriverlo in pubblici registri.

Il testamento è sempre nullo se manca la forma scritta. Esso è nullo anche nei casi in cui:

a) manca l'autografia o la sottoscrizione nel caso di olografo;

b) manca la sottoscrizione del testatore o del notaio nel caso di testamento pubblico o segreto (art. 606, 1° comma, c.c.).

In tutti gli altri casi di vizi formali, la legge prescrive semplicemente l'annullabilità, che può essere dichiarata su istanza di qualsiasi interessato nel termine prescrizionale di cinque anni dal giorno in cui è stata data esecuzione alle disposizioni testamentarie (art. 606, 2° comma, c.c.). Ciò costituisce un'eccezione alla regola per cui i vizi di forma incidono sulla validità dell'atto in termini di nullità.

È inoltre possibile un fenomeno di c.d. *conversione formale* del testamento segreto: ove infatti esso sia nullo per vizi di forma (ad esempio perché manca o sia viziata la scheda di ricevimento), ma abbia i requisiti di sostanza e di forma del testamento olografo, e cioè sia stato interamente scritto e firmato di pugno dal testatore, potrà valere appunto come testamento olografo e potrà dunque produrre tutti i suoi effetti.

4. *I testamenti speciali*

Tipi di testamento speciale

Particolari testamenti pubblici, denominati *testamenti speciali*, sono previsti, per circostanze eccezionali, dagli artt. 609-619 c.c.

Si tratta:

1) del testamento in caso di malattie contagiose, calamità pubbliche o infortuni (artt. 609-610 c.c.);

2) di quello fatto a bordo di nave o di aeromobile (artt. 611-616 c.c.);

3) del testamento dei militari e delle persone al seguito delle forze armate dello Stato in circostanze belliche (artt. 617-618 c.c.).

In tutti questi casi, non essendo possibile o agevole procedere alla redazione di un atto pubblico nelle forme ordinarie, l'ordinamento ammette che la volontà testamentaria sia raccolta in modi più semplici. I testamenti speciali possono infatti essere ricevuti, in presenza di due testimoni e con altre modalità particolari, rispettivamente, nella prima ipotesi da un notaio, dal giudice di pace del luogo, dal sindaco o da chi ne fa le veci o da un ministro di culto; nella seconda, a bordo della nave o dell'aeromobile, dal comandante (il testamento di costui è invece raccolto da chi lo segue immediatamente in ordine di servizio); e nella terza ipotesi da un ufficiale o da un cappellano militare o da un ufficiale della Croce Rossa.

Essi perdono la loro efficacia tre mesi dopo la cessazione della situazione che ha impedito al testatore di ricorrere alle forme ordinarie, sempre che egli possa ancora valersi di queste ultime.

5. *Requisiti di efficacia del testamento: nozione ed aspetti principali*

Le disposizioni testamentarie possono essere assoggettate, con i limiti e le precisazioni che saranno specificati più avanti, ai cosiddetti elementi accidentali o requisiti di efficacia: essi sono la condizione, il termine e il *modus*.

Testamento e condizione

Com'è noto, la condizione è una clausola accessoria del negozio giuridico, in base alla quale si fa dipendere la sua efficacia, in senso sospensivo o risolutivo, da un evento futuro ed incerto (art. 1353 c.c.).

Ai sensi dell'art. 633 c.c., anche le disposizioni testamentarie a titolo universale o particolare possono farsi sotto condizione sospensiva o risolutiva.

Ciò rientra nell'ambito della libertà negoziale riconosciuta dall'art. 1322 c.c., così consentendosi al testatore di dare ai suoi interessi, per il tempo in cui avrà cessato di vivere, l'assetto più consono ai fini che egli intende raggiungere, purché siano possibili e leciti (art. 634 c.c.).

Peraltro, un limite di ordine generale all'apponibilità della condizione in materia testamentaria, è posto anche dall'art. 549 c.c., in base al quale il testatore non può imporre pesi o condizioni sulla quota spettante ai legittimari (artt. 536 ss. c.c.).

L'ambito di applicazione della condizione è, pertanto, limitato alla quota disponibile e cioè a quella parte di patrimonio di cui il *de cuius* può liberamente disporre (v. cap. 68).

Com'è noto, la condizione si distingue rispetto al termine per l'incertezza oggettiva del verificarsi dell'evento positivo o negativo. Ove manchi tale incertezza di carattere oggettivo, si tratterà di termine e non di condizione.

La distinzione è quanto mai importante in materia di testamento: infatti, le disposizioni a titolo universale, e cioè quelle che istituiscono gli eredi, non possono essere assoggettate a termine, né iniziale né finale; e nel caso in cui un termine sia stato previsto, esso si considera non apposto (art. 637 c.c.).

Testamento e termine

In definitiva, le disposizioni testamentarie a titolo universale tollerano solamente la condizione ma non il termine; quelle a titolo particolare sopportano invece sia la condizione che il termine.

La ragione della differente disciplina risiede nella necessità di assicurare l'applicazione dei principi di *continuità* e *unicità* della successione universale. Dette regole non sono infatti derogate ove l'istituzione di erede sia fatta sotto condizione (sia risolutiva che sospensiva), atteso che tale elemento accidentale produce effetti che retroagiscono alla data di apertura della successione.

Qualora una disposizione ereditaria sia dunque fatta sotto condizione sospensiva, il testamento non produce effetto fino a che l'evento non si verifichi; ove ciò accada, l'atto produce però effetti fin dal giorno dell'apertura della successione e, con l'accettazione dell'istituito (anch'essa dotata di efficacia retroattiva) si perfeziona l'acquisto dell'eredità proprio da tale giorno, sicché tra la titolarità del *de cuius* in ordine ai rapporti relitti e quella dell'erede non si registra soluzione di continuità. Analogamente, nel caso di istituzione sottoposta a condizione risolutiva, con l'apertura della successione il chiamato può acquistare l'eredità; ove l'evento posto in condizione si verifichi, egli però perde i diritti acquisiti, ma l'effetto risolutivo si produce, anche questa volta, retroattivamente, sicché l'acquisto si considera come mai avvenuto. Coloro che sono chiamati in sostituzione dell'erede contemplato nella disposizione divenuta inefficace, possono dunque acquistare l'eredità e, essendo anche la loro accettazione retroattiva, essi sono considerati unici acquirenti *mortis causa* dal defunto, con effetto fin dal giorno dell'apertura della successione. Anche qui, dunque, risulta garantita sia l'unicità che la continuità della successione medesima.

Le regole sarebbero invece derogate ove l'istituzione a titolo universale venisse sottoposta a termine, sia iniziale che finale. Tale elemento accidentale produce, infatti, effetti non retroattivi o, come si dice, *ex nunc*. Pertanto, nel caso di termine iniziale, si dovrebbe ritenere che l'istituito possa acquistare l'eredità soltanto dal giorno di scadenza del termine medesimo: dall'apertura della successione fino a tale momento, si dovrebbe quindi ritenere che, non potendosi configurare alcuna retroattività dell'acquisto, l'eredità non sia appartenuta né al *de cuius* (perché costui, con la morte, ha perso la capacità giuridica), né all'erede, che può acquistare soltanto dopo la scadenza del termine. La continuità della successione non sarebbe garantita e, *medio tempore*, l'asse relitto dovrebbe considerarsi *res nullius*.

Nel caso di apposizione di termine finale, dovrebbe poi ritenersi che l'istituito, alla scadenza del termine (ma soltanto da quel giorno in poi: *ex nunc*), perda l'eredità, la quale viene devoluta ai chiamati in sua sostituzione. Questi ultimi, con l'acquisto ereditario, diventerebbero aventi causa dal defunto, ma solamente dal giorno della scadenza del termine, mentre, tra l'apertura della successione e tale giorno, si dovrà ritenere che l'eredità sia appartenuta al primo chiamato. In questo caso verrebbe violata dunque la regola della unicità della successione, atteso che il testatore potrebbe, in tal modo, effettuare una duplice chiamata successiva, realizzando così lo stesso effetto di un fedecommesso vietato. Il primo chiamato inoltre perderebbe, con la scadenza del termine, la propria qualità di erede, in violazione del principio per cui *semel heres semper heres*.

La disposizione a titolo particolare e cioè il legato sopporta invece sia termine che condizione, non essendo necessario, nelle successioni a titolo particolare, ove il successore non rappresenta il continuatore della personalità patrimoniale del *de cuius*, garantire l'applicazione delle regole di continuità e unicità.

Testamento e *modus*

La condizione differisce inoltre dall'onere o *modus* (artt. 647-648 c.c.) di cui si parlerà oltre. Essa infatti incide sull'efficacia stessa, e cioè sull'*an*, della disposizione testamentaria; l'onere invece incide soltanto sulla portata utile della disposizione, e cioè sul *quantum* della stessa, poiché obbliga l'erede o il legatario ad impiegare in tutto o in parte i beni per l'adempimento delle prestazioni imposte dal testatore.

6. *La condizione: pendenza e avveramento*

Il codice disciplina sia la pendenza che l'avveramento della condizione apposta ad un testamento o ad una disposizione testamentaria.

a) *La pendenza della condizione*

Deve in primo luogo ritenersi sempre applicabile la norma dell'art. 1358 c.c., che impone, pendente la condizione, un generale obbligo di comportamento secondo buona fede a tutti gli interessati: si tratta, infatti, di un principio generale e non vi sono ragioni per escluderne l'operatività anche nel nostro caso.

La pendenza della condizione risolutiva

Come già anticipato, *in pendenza della condizione risolutiva*, l'erede o il legatario acquistano i diritti loro attribuiti; essi, essendone pieni titolari, possono, in applicazione dei principi generali dettati in materia di condizione di efficacia, esercitarli nel loro interesse, ma senza compiere atti pregiudizievoli per le aspettative degli eventuali differenti successori, cui l'eredità è destinata in ipotesi di avveramento della condizione. Gli istituiti possono anche disporre dell'eredità, ma con efficacia subordinata alla stessa condizione la quale, ove si verifichi, a causa della sua portata retroattiva, determina la sopravvenuta inefficacia dei negozi di disposizione, sicché cadono tutti i diritti costituiti dall'erede o dal legatario a favore dei terzi, senza distinzione fra atti onerosi o gratuiti (art. 1357 c.c.).

Tali atti dispositivi, essendosi ormai aperta la successione, non integrano mai ipotesi di patti successori.

Sino all'avveramento della condizione risolutiva, erede o legatario percepiscono, in quanto titolari dei diritti ereditari, frutti e interessi, e, in deroga al principio dell'effetto retroattivo della condizione, non sono tenuti a restituire quelli maturati se non dal giorno in cui questa si è verificata (art. 646 c.c.).

L'autorità giudiziaria, qualora ne ravvisi l'opportunità, può imporre all'erede o al legatario di prestare idonea garanzia a favore di coloro ai quali l'eredità o il legato dovrebbe devolversi se la condizione si avverasse; questi ultimi hanno infatti interesse a che l'asse non venga disperso da parte dell'istituito (art. 639 c.c.). Tale garanzia può essere prevista dallo stesso testatore. Se essa non è prestata, l'erede istituito, pur rimanendo titolare dei rapporti ereditari, ne perde l'amministrazione, essendo dato all'eredità un amministratore (art. 641, 2° comma, c.c.).

La pendenza della condizione sospensiva

In pendenza della condizione sospensiva, invece, sino al suo avveramento o al suo mancamento e salva l'efficacia retroattiva di tali eventi, i diritti ereditari non vengono acquisiti da nessun successore. È pertanto necessario provvedere all'amministrazione degli stessi. In forza dell'art. 641, 1° comma, c.c., è dunque dato all'eredità un amministratore che è generalmente colui al quale l'eredità si devolverebbe in caso di non avveramento della condizione; costui gestirà l'asse nell'interesse di chi spetta e cioè di chi lo acquisterà a seconda che la condizione si verifichi oppur no. A tale amministratore sono applicabili le norme sui curatori dell'eredità giacente i quali, come si vedrà, sono quei gestori che possono essere nominati quando l'eredità non è stata accettata da alcuno dei chiamati (art. 644 c.c.). L'amministratore può compiere atti di disposizione ma soltanto con l'autorizzazione del giudice.

L'amministrazione dell'eredità sotto condizione sospensiva non comporta il godimento dei frutti e degli interessi, da accantonare per colui al quale spetteranno in definitiva i beni oggetto della disposizione.

b) *L'avveramento della condizione*

L'avveramento della condizione risolutiva o il mancato avveramento di quella sospensiva, impedendo l'acquisto da parte dell'istituito, determinano l'applicazione delle regole della sostituzione, dell'accrescimento, e, in mancanza, della vocazione legittima (art. 642 c.c.), e cioè di quelle regole che disciplinano appunto il caso in cui la chiamata all'eredità non vada a buon fine.

7. *Condizioni impossibili o illecite*

a) *La condizione illecita*

Il regime delle condizioni illecite

In base alla norma generale dell'art. 1354 c.c., è nullo il contratto al quale è apposta una condizione, sospensiva o risolutiva, contraria a norme imperative, all'ordine pubblico o al buon costume.

Inoltre, la condizione impossibile rende nullo il contratto se è sospensiva; se è risolutiva si ha come non apposta.

Invece, per ciò che concerne specificamente il testamento, l'art. 634 c.c. dispone che «*nelle disposizioni testamentarie si considerano non apposte le condizioni impossibili e quelle contrarie a norme imperative, all'ordine pubblico o al buon costume, salvo quanto è stato stabilito dall'art. 626 c.c.*». Si applica, in tal caso, la antica regola di diritto romano (la c.d. *regula sabiniana*) secondo cui la condizione *vitiatur sed non vitiat* e cioè è invalida ma non travolge, con la sua invalidità, l'intero negozio testamentario.

La regola però non si applica, come detto, nel caso previsto dall'art. 626 c.c. Quest'ultima norma disciplina l'ipotesi di motivo illecito e stabilisce che è nulla la disposizione testamentaria, quando tale motivo risulta dal testamento ed è il solo che ha determinato il testatore a disporre. Essa si applica anche alla condizione. La condizione, infatti, non è altro se non uno strumento utile a dare rilievo, nell'ambito di un negozio, a motivi che altrimenti resterebbero ininfluenti: se l'autore di un testamento vuole attribuire rilevanza ad un motivo, può condizionare l'efficacia del negozio alla sua attuazione. Nei negozi *mortis causa*, l'illiceità del motivo (e, dunque, della condizione) rileva solamente se esso sia espresso (come peraltro avviene necessariamente in caso di condizione) e se risulta che sia stato l'unico motivo determinante; in caso contrario, se cioè il motivo non è determinante, si applica la generale regola sabiniana per cui la condizione *vitiatur sed non vitiat*.

Tali disposizioni si considerano attuazione del c.d. principio di *favor testamenti* e cioè di quella inclinazione dell'ordinamento a salvare, per quanto possibile, l'efficacia di disposizioni, quelle testamentarie, che non possono più essere ripetute.

In talune ipotesi, poi, la legge prevede specifiche fattispecie di condizioni illecite, disciplinandone gli effetti.

Ad esempio, a norma dell'art. 635 c.c., è nulla la disposizione a titolo universale o particolare fatta dal testatore a condizione di essere a sua volta avvantaggiato nel testamento dell'erede o del legatario (*condizione di reciprocità* di cui già si è detto).

In questa ipotesi, contrariamente a quanto disposto in via generale dall'art. 634 c.c., la condizione non solo è di per sé nulla ma travolge l'intero testamento (*vitiatur et vitiat*), poiché il legislatore l'ha qualificata senz'altro illecita ed ha presunto in modo assoluto, o come si dice *iuris et de iure*, il suo diretto collegamento con il motivo determinante della disposizione (v. artt. 634 c.c. e 626 c.c.).

A norma dell'art. 636 c.c. poi, è in via di principio illecita la condizione che impedisce le prime nozze o le ulteriori dell'erede.

L'illiceità di tale condizione si giustifica in ragione del fatto che essa tende a condizionare l'esplicazione del personalissimo diritto di libertà matrimoniale del beneficiario.

b) *La condizione impossibile*

... e impossibili

A differenza di quanto avviene per le fattispecie di negozi tra vivi, la *condizione testamentaria impossibile* – anche se sia sospensiva e non solamente quando sia risolutiva – si considera sempre come non apposta, sicché la disposizione cui inerisce rimane valida ed efficace. Anche questa regola viene ricondotta al già citato principio del *favor testamenti*. L'ordinamento asseconda infatti l'esigenza di evitare che la disposizione venga colpita da nullità per effetto di circostanze condizionanti rivelatesi impossibili, senza che ciò potesse essere a suo tempo previsto dal testatore.

8. *Il termine*

Ai sensi dell'art. 637 c.c., si considera non apposto a una disposizione a titolo universale il termine dal quale l'effetto di essa deve cominciare o cessare.

La ragione di tale disposizione è stata già sopra illustrata.

Può tuttavia precisarsi che la regola per cui il termine si considera non apposto (*vitiatur sed non vitiat*) può ritenersi derogata nel caso in cui si dimostri che esso abbia costituito il motivo unico determinante della relativa disposizione; il termine rappresenta infatti pur sempre un motivo cui può essere estesa la già descritta disciplina dell'art. 626 c.c.

9. *L'onere o* modus*: aspetti generali*

Caratteri del *modus*

Ai sensi dell'art. 647, 1° comma, c.c., tanto all'istituzione di erede quanto al legato può essere apposto un onere.

L'onere o *modus* è un elemento accessorio del negozio, per effetto del quale chi dispone gratuitamente in favore di taluno, pone a carico di costui un obbligo *ad faciendum*, a compiere cioè un qualsiasi fatto positivo o negativo, che può essere costituito da una prestazione o da un determinato comportamento.

È un requisito accidentale di efficacia del negozio giuridico, come la condizione od il termine; ma, a differenza di questi, che possono essere apposti a negozi sia gratuiti che onerosi, l'onere è compatibile soltanto con negozi a titolo gratuito, quali la donazione ed il testamento, non potendo trovare invece giustificazione in quelli a prestazioni corrispettive, nei quali ciascuna parte, in cambio del vantaggio che riceve, già sopporta il sacrificio di una controprestazione.

L'onere testamentario è, in particolare, una disposizione accessoria a carico dell'erede o del legatario (che sono detti anche onerati), che obbliga questi ultimi a devolvere in tutto o in parte i beni ricevuti per la finalità indicata dal testatore.

Peraltro, il testatore non può imporre oneri sulle quote spettanti ai legittimari (art. 549 c.c.), sicché l'ambito di applicazione dell'onere, nel campo degli atti *mortis causa*, risulta limitato alle disposizioni testamentarie che attengono alla quota disponibile (v. *infra*, cap. 68).

L'onere testamentario si distingue dalla condizione sospensiva, poiché esso, salvo che nei casi di risoluzione per inadempimento (di cui *infra*), non incide sull'efficacia della disposizione, ma soltanto sul suo valore economico.

Modus e legato

Il modo deve essere distinto anche dal legato. Entrambi gli istituti possono essere utilizzati dal testatore per beneficiare un terzo: in particolare, il *de cuius* può attribuire un beneficio al legatario, attraverso una diretta disposizione in suo favore (ad es., lasciandogli una somma di danaro); può, però, anche imporre, attraverso il *modus*, ad un erede (detto *onerato*) di effettuare una prestazione (ad. es. il pagamento della medesima somma di danaro), in favore del soggetto beneficiato (anche detto *onorato*). Pur sussistendo evidenti analogie, le due situazioni giuridicamente si distinguono perché, mentre il legatario è successore a titolo particolare del defunto ed è quindi suo diretto avente causa, il soggetto avvantaggiato dal modo è avente causa dall'onerato.

Il contenuto del *modus*

Il contenuto dell'onere si presenta in varia natura, poiché esso può soddisfare una finalità morale del testatore (es. erezione di un monumento in sua memoria), un interesse dello stesso onerato (es. impiego di una somma di denaro per proseguire gli studi) o un interesse di persona determinata (es. aiuto economico ad un certo parente) od anche un interesse diffuso (es. impiego di una somma per favorire l'istruzione professionale in una determinata zona).

L'onerato risponde del modo solamente entro i limiti di valore dell'attribuzione testamentaria: in caso contrario esso perderebbe la sua funzione di limitazione (*modus*) del vantaggio per divenire apertamente uno svantaggio e parificarsi in tal maniera alla diversa figura delle passività ereditarie.

Modus illecito e impossibile

A norma dell'art. 647, 3° comma, c.c., l'onere *impossibile* o *illecito*, si considera non apposto; rende tuttavia nulla la disposizione se ne ha costituito il solo motivo determinante.

Pertanto, come pure per la condizione (v. art. 634 c.c.), l'eventuale nullità (per impossibilità o illiceità) dell'onere non si comunica all'intera disposizione (*vitiatur sed non vitiat*), a meno che non sia a questa collegata da un nesso causale talmente intimo da costituirne l'unico motivo; il che si ha qualora il testatore abbia disposto l'assegnazione dell'eredità o del legato al solo scopo di realizzare l'interesse sotteso al modo.

Comunque la nullità anzidetta non travolge necessariamente l'intero testamento, ma, se possibile, riguarda la sola disposizione cui l'onere impossibile o illecito inerisce.

In base all'art. 648, 1° comma, c.c., per l'adempimento dell'onere può agire qualsiasi interessato.

Nella specie, l'interesse ad agire (v. art. 100 c.p.c.) è ravvisato non soltanto in colui che è direttamente avvantaggiato dall'onere ma in chiunque altro abbia una rilevante ragione non soltanto patrimoniale, ma anche solamente morale, di veder rispettata la volontà del *de cuius* (ad es.: il coerede; i parenti del *de cuius* anche se non eredi; l'esecutore testamentario; ed in genere i beneficiati indiretti).

A norma dell'art. 648, 2° comma, c.c., nel caso d'inadempimento dell'onere, l'autorità giudiziaria può pronunziare la risoluzione della disposizione testamentaria, soltanto se la risoluzione è stata prevista dal testatore, o se l'adempimento dell'onere ha costituito il solo motivo determinante della disposizione. Il modo, infatti, non costituisce la controprestazione dell'attribuzione in favore dell'erede o del legatario a cui esso è imposto; pertanto, nel caso di suo inadempimento, non si applicano le previsioni dettate dal codice in tema di risoluzione per inadempimento (le quali attengono unicamente ai contratti sinallagmatici).

La risoluzione della disposizione testamentaria per inadempimento del modo – nei due tassativi casi in cui è ammessa – presuppone che sia accertato un inadempimento imputabile all'onerato; al quale peraltro, trovando qui applicazione la regola generale in tema di obbligazioni in senso lato contrattuali, incomberà l'eventuale prova liberatoria della non imputabilità dell'inadempimento medesimo (art. 1218 c.c.). L'inadempimento dovrà essere inoltre di portata non lieve (art. 1455 c.c. applicabile per analogia al testamento).

10. *Interpretazione del testamento: applicabilità delle norme interpretative dei contratti*

Le regole ermeneutiche del contratto

In base all'art. 1324 c.c., salvo diverse disposizioni di legge, le norme che regolano i contratti si osservano, in quanto compatibili, per gli atti unilaterali tra vivi aventi contenuto patrimoniale.

Ne consegue che le disposizioni relative all'interpretazione del contratto (artt. 1362-1371 c.c.) non si applicano in via diretta ai negozi con contenuto non patrimoniale (matrimonio, riconoscimento di figli, adozione, ecc.) né a quelli che, pur essendo unilaterali ed a contenuto patrimoniale, siano *mortis causa*, com'è appunto il testamento.

Va tuttavia precisato che il fatto che le norme predette non si applichino al testamento, significa soltanto che esse non possono essere considerate regole legali di tale negozio, ma non impedisce che si possa ad esse ricorrere, se del caso, per applicazione analogica.

È pertanto da ritenere che, in virtù di analogia, possano estendersi al testamento l'art. 1362 c.c. (secondo cui nell'interpretazione si deve ricercare la reale intenzione dell'autore del negozio e non limitarsi al senso letterale delle parole); l'art. 1363 c.c. (per il quale le clausole si interpretano le une per mezzo delle altre, attribuendo a ciascuna il senso che risulta dal complesso dell'atto); nonché l'art. 1369 c.c. (in base al quale le espressioni che possono avere più sensi devono, nel dubbio, essere intese nel senso più conveniente alla natura e all'oggetto del contratto).

Ed infine la normativa dell'art. 1367 c.c. (che, per la conservazione del negozio, impone di interpretare le clausole, nel dubbio, in un senso in cui possano avere qualche effetto, anziché in quello secondo cui non ne avrebbero alcuno) risponde in sostanza al principio, unanimemente affermato in materia successoria, del *favor testamenti*.

In tutte le anzidette ipotesi si tratta di norme che riguardano un procedimento logico d'indagine, per le quali non vi sarebbe motivo di escludere l'applicazione analogica al testamento, poiché sussiste evidente identità di *ratio* e quindi di necessità di disciplina, e mancano per il testamento stesso norme apposite.

Parimenti può riconoscersi all'art. 1371 c.c. (nella parte in cui dispone che, nel persistente dubbio, deve ritenersi il senso meno gravoso per l'obbligato) possibilità di applicazione quando si tratti di interpretare le disposizioni che rechino un *modus*, atteso che tale criterio interpretativo risponde ad un principio equitativo applicabile anche al campo successorio.

Le regole ermeneutiche del testamento

Non mancano, però, per il testamento, norme specifiche di interpretazione, per esso espressamente previste, sia pure in relazione ad aspetti particolari e non sistematicamente raccolte.

Esse vengono utilizzate in primo luogo per superare ipotesi di erroneità o incompletezza testuale, onde pervenire alla individuazione della effettiva ed esatta volontà del testatore.

Infatti l'art. 625 c.c., in corrispondenza a quanto previsto dall'art. 1362 c.c., dispone che se la persona dell'erede o del legatario è stata erroneamente indicata, la disposizione ha effetto, quando dal contesto del testamento o altrimenti risulta in modo non equivoco quale persona il testatore voleva nominare, in favore di quest'ultima. E che inoltre la disposizione ha effetto anche quando la cosa che ne costituisce oggetto è stata erroneamente indicata o descritta, ma è certo a quale cosa il testatore intendeva riferirsi.

L'inesatta indicazione può essere infatti determinata da errori nella dichiarazione ovvero da designazione incompleta ed insufficiente. In tali casi, per interpretare il testamento, si può ricorrere ad elementi estranei all'atto, che possono consistere in prove testimoniali, che concorrano a chiarire la volontà del *de cuius* imperfettamente manifestata nel testamento, od anche in dichiarazioni del testatore tratte *aliunde* ovvero in presunzioni.

L'onere della prova al riguardo incombe su chi afferma che la disposizione testamentaria è inficiata da errore ostativo.

L'art. 625 c.c. rappresenta una deviazione dai principi generali, in quanto le disposizioni debbono risultare dal testamento, e, invece, in base ad esso, si può ricorrere anche ad elementi estranei al fine di individuarne il contenuto.

Qualora tuttavia non dovesse essere possibile, anche in virtù di tali elementi, individuare esattamente la persona o l'oggetto della disposizione, la stessa sarà nulla.

Regole di integrazione ermeneutica del testamento

Altre norme hanno precisa funzione integrativa del risultato ermeneutico, laddove l'espressione testuale dell'atto presenti delle lacune. Ed infatti:

– ai sensi dell'art. 630 c.c., le disposizioni a favore dei poveri ed altre simili, espresse genericamente, senza che si determini l'uso o il pubblico istituto a cui beneficio sono fatte, si intendono fatte in favore dei poveri del luogo in cui il testatore aveva il domicilio al tempo della sua morte, ed i beni sono devoluti all'ente comunale di assistenza. Tale disposizione si applica anche quando la persona incaricata dal testatore di determinare l'uso o il pubblico istituto non può o non vuole accettare l'incarico;

– secondo l'art. 659 c.c., se il testatore, senza fare menzione del debito, fa un legato al suo creditore, il legato non si presume fatto per soddisfare il legatario del suo credito, che dunque non si estinguerà ma potrà essere fatto valere nei confronti degli eredi;

– in base all'art. 660 c.c., il legato di alimenti, a favore di chiunque sia fatto, comprende le somministrazioni indicate dall'art. 438 c.c., salvo che il testamento abbia altrimenti disposto;

– in forza dell'art. 638 c.c., se il testatore ha disposto sotto la condizione che l'erede o il legatario non faccia o non dia qualche cosa per un tempo indeterminato, la disposizione si considera fatta sotto condizione risolutiva, salvo che dal testamento risulti una contraria volontà del testatore.

11. *L'inefficacia del testamento*

L'inefficacia del testamento può dipendere, oltre che da specifiche cause di tipo generale (alcune delle quali sono già state analizzate, ad es.: avveramento della condizione risolutiva), da eventuali motivi di invalidità, nelle forme della nullità e dell'annullabilità. Esse si distinguono in totali o parziali a seconda che riguardino l'intero atto testamentario o soltanto singole disposizioni. In via generale s'individuano i seguenti casi:

A) *Nullità integrale del testamento*

Vizi di forma che comportano nullità del testamento

1. Può essere dovuta innanzitutto a *difetto di forma*.

Dispone infatti l'art. 606, 1° comma, c.c., che il testamento olografo è nullo quando manca l'autografia o la sottoscrizione; la nullità si avrà anche quando l'autografia manchi soltanto in parte poiché la forma di tale testamento (artt. 601 e 602 c.c.) esige che la scheda sia interamente redatta di pugno dal testatore.

Il testamento pubblico è radicalmente nullo quando manca la redazione per iscritto ovvero la sottoscrizione del testatore o del notaio.

Non occorre, per la sua validità, che il notaio lo scriva personalmente, essendo sufficiente che la sua redazione avvenga sotto la direzione del notaio stesso a cura di persona di sua fiducia. È invece motivo di sua nullità l'omessa menzione per iscritto dell'eventuale dichiarazione del testatore di non sapere o di non poter firmare e del relativo impedimento (art. 603 c.c.).

Anche per il testamento segreto (artt. 604-605 c.c.) l'unico motivo formale di nullità assoluta è il difetto di sottoscrizione del testatore o del notaio.

Vizio di indipendenza del testatore

2. Il vizio relativo alla *mancanza di indipendenza del testatore* provoca nullità integrale del testamento nel caso che questo sia *congiuntivo* o *reciproco*.

Tali fattispecie sono state già analizzate e pertanto non resta che richiamare quanto sopra detto.

B) *Nullità delle singole disposizioni testamentarie*

In varie ipotesi, possono essere affette da nullità singole disposizioni di un testamento, senza che quest'ultimo sia necessariamente coinvolto nella nullità medesima.

Ciò può verificarsi per le seguenti cause:

1. *Per illiceità del motivo.*

L'illiceità del motivo

Sono nulle quelle disposizioni che abbiano per unico e determinante un motivo illecito, se questo risulti dal testamento (art. 626 c.c.).

Tale norma, come è evidente, rende necessario ribadire la distinzione tra causa e motivo di un negozio.

La prima è lo scopo pratico perseguito dalle parti con la conclusione dell'atto ed in esso oggettivato come sua funzione giuridico-economica, consistente nella sintesi degli effetti essenziali, voluti dalle parti; e già predisposti, come in altrettanti modelli dall'ordinamento, nel caso di negozi tipici.

Anche il testamento è un negozio tipico e la sua causa consiste nel disporre dei propri beni per il tempo che seguirà la morte del suo autore.

Invece il motivo è lo scopo ulteriore, di solito intimo e del tutto personale, che la parte intende realizzare attraverso la produzione degli effetti del negozio.

Esso è variabile, pur in relazione ad uno stesso tipo di negozio, ed è di solito giuridicamente irrilevante, tranne per espresse previsioni contrarie di legge (v. per i contratti art. 1345 c.c.).

Per *motivo* del testamento bisogna, quindi, intendere la ragione, la spinta che vale a determinare il testatore a disporre in favore di una determinata persona; ed esso va tenuto distinto dalla *causa* del testamento che è data dall'oggettiva attribuzione di beni e rapporti per il periodo successivo alla morte.

Il motivo inerente al testamento od a singole sue disposizioni, è giuridicamente rilevante (nel senso che provoca nullità) a tre condizioni: *a)* che sia illecito; *b)* che risulti dal testamento anche sotto forma di condizione o modo; *c)* che sia stato l'unico che abbia spinto il testatore a disporre (v. art. 626 c.c.).

2. *Per indeterminatezza dell'oggetto o del beneficiario della disposizione.*

La disposizione indeterminata

La disposizione testamentaria è altresì nulla se non ne può essere in alcun modo determinato il destinatario (art. 628 c.c.) o la sua determinazione è rimessa al mero arbitrio di un terzo (art. 631 c.c.); o ancora se all'arbitrio di un terzo – e in caso di legato anche all'arbitrio dell'onerato – è rimessa la determinazione della quota dell'eredità ovvero dell'oggetto o della quantità del legato (artt. 631-632 c.c.). La natura personale dell'atto testamentario impedisce infatti che la determinazione del suo contenuto sia rimessa appunto al mero arbitrio di un terzo, così come invece può avvenire, nei negozi tra vivi, in virtù della disposizione dell'art. 1349, 2° comma, c.c.

Ai fini della possibile determinazione del destinatario incerto, sono però ammessi tutti i mezzi di prova (altri scritti del testatore, testimoni, presunzioni semplici), purché si possa individuare in modo certo la persona che il testatore ha voluto beneficiare, salvando così la validità della disposizione.

È peraltro sufficiente, per escludere la nullità in argomento, che il beneficiario sia indicato, anche se non per nome, con riferimento ad univoci dati obbiettivi.

C) *Annullabilità integrale del testamento*

In alcuni casi il testamento, qualunque sia la sua forma e la sua specie (ordinario, speciale), è annullabile come tale. Ciò può avvenire:

1. *Per vizio di forma*.

A norma dell'art. 606, 2° comma, c.c., per i difetti di forma, diversi da quelli che in base al 1° comma provocano nullità, il testamento può essere annullato su istanza di chiunque vi ha interesse.

L'annullabilità per vizi di forma

L'azione di annullamento si prescrive nel termine di cinque anni dal giorno in cui è stata data esecuzione alle disposizioni testamentarie.

La norma è, per i testamenti speciali, richiamata dall'art. 619, 2° comma, c.c. Essa ha portata residuale, nel senso che ogni vizio di forma per il quale non sia prevista la nullità, comporta annullabilità. Così è, ad esempio, per la mancanza o insufficienza della data del testamento olografo oppure per il caso di lettura del testamento pubblico fatta in assenza dei testimoni.

2. *Per vizio di capacità del testatore*.

Come già visto in precedenza, a norma dell'art. 591 c.c., possono disporre per testamento tutti coloro che non sono dichiarati incapaci dalla legge. Sono incapaci di testare l'interdetto, il minore e l'incapace naturale.

… di capacità

Sempre in base al cit. art. 591 c.c., nei casi anzidetti il testamento può essere impugnato da chiunque vi ha interesse; e l'azione si prescrive in cinque anni dal giorno in cui si è data esecuzione alle disposizioni testamentarie.

Mentre la minore età e l'interdizione viziano sempre l'intero testamento, invece l'incapacità naturale, se localizzabile su una specifica disposizione (es. dovuta a monomania od eccesso d'ira contro una persona), può anche rendere annullabile solamente la stessa, sicché l'esecuzione di una disposizione diversa non farà in tal caso decorrere il relativo termine di prescrizione.

D) *Annullabilità delle singole disposizioni testamentarie*

L'annullabilità può infine riguardare singole disposizioni testamentarie. Ciò avviene:

1. *Per vizi della volontà.*

… e della volontà

A norma dell'art. 624 c.c., la disposizione testamentaria può essere impugnata da chiunque vi abbia interesse quando è l'effetto di errore, di violenza o di dolo.

L'azione si prescrive in cinque anni dal giorno in cui si è avuta notizia della violenza del dolo o dell'errore (3° comma).

Si tratta del regime dei vizi della volontà del negozio la cui conseguenza, come per la materia contrattuale (artt. 1427 ss. e 1441 ss. c.c.), è l'annullabilità.

Quest'ultima è forma d'invalidità che non impedisce che le disposizioni testamentarie producano i loro effetti fino a quando, su istanza di chi vi abbia interesse, non vengano annullati con sentenza costitutiva avente efficacia, però, *ex tunc*, cioè a decorrere dall'apertura della successione.

È importante sottolineare come, nel negozio testamentario, ai sensi dell'art. 624, 2° comma, c.c., l'*errore sui motivi*, sia di fatto che di diritto, è causa di annullamento della disposizione testamentaria quando il motivo risulta dal testamento ed è il solo che ha determinato il testatore a disporre. Ciò costituisce una deroga rispetto alle regole generali dettate in materia di contratti, nei quali invece tale tipo di errore, se di fatto, è normalmente irrilevante. La ragione dell'eccezione deve ricercarsi nel fatto che il testamento è atto di ultima volontà, sicché, se da un lato non sussistono esigenze di tutela dell'affidamento di altre parti contrattuali, dall'altro si tende a salvaguardare l'effettività della volontà del testatore, sul presupposto che, se quest'ultimo avesse saputo dell'erroneità dei motivi per lui determinanti, avrebbe provveduto a revocare la disposizione.

12. *Conferma ed esecuzione volontaria del testamento*

La *sanatoria eccezionale* del testamento nullo

A norma dell'art. 1423 c.c. il contratto nullo non può essere convalidato, se la legge non dispone diversamente. Il principio d'insanabilità emergente da tale disposizione, che però fa salva la diversa previsione di legge, risulta oggetto di deroga sia da parte dell'art. 799 c.c., che prevede infatti la conferma ed esecuzione volontaria delle donazioni nulle, sia per effetto del parallelo art. 590 c.c., relativo alla conferma ed esecuzione volontaria di disposizioni testamentarie nulle; il quale appunto stabilisce che la nullità della disposizione testamentaria, da qualunque causa dipenda, non può essere fatta valere da chi, conoscendo la causa della nullità, ha, dopo la morte del testatore, confermato la disposizione o dato ad essa volontaria esecuzione.

Pertanto ai sensi del cit. art. 590 c.c., non soltanto la semplice annullabilità (per la quale potrebbe già valere il generale principio ricavabile dall'art. 1444 c.c. in tema di convalida del contratto annullabile) ma anche la nullità del testamento ha la possibilità di essere superata.

Va al riguardo ritenuto che la conferma, detta anche *sanatoria eccezionale*, pur essendo un atto esterno e quindi accessorio rispetto all'atto nullo, ha la capacità di eliminare il vizio da cui lo stesso è affetto. Dunque, il fondamento dell'istituto in esame viene individuato in quello che è comune a tutti i fenomeni di convalida previsti dall'ordinamento.

L'assimilazione tra conferma e convalida influisce anche sulla forma e sulla struttura dell'atto confermativo. Il codice infatti contempla specificamente soltanto l'ipotesi della conferma tacita, che si verifica quando il soggetto, cui compete l'azione di nullità, abbia dato volontaria esecuzione alla disposizione, conoscendone il motivo di invalidità e ponendo comunque in essere un comportamento inconciliabile con la volontà di impugnarla. In questo caso la convalida opera indirettamente, per *facta concludentia*, e cioè attraverso un comportamento di attuazione della disposizione invalida, in modo da determinare volontariamente, rispetto ai beni ereditari, lo stesso mutamento della situazione giuridica che si sarebbe prodotto se il testamento fosse stato valido.

La giurisprudenza ritiene però che la conferma in argomento, appunto al pari della convalida del negozio annullabile, possa avere anche *forma espressa*: in tal caso, essa deve essere fatta per iscritto e l'autore dell'atto dovrà indicare, in modo esplicito, i vizi del testamento e dichiarare di rinunciare a farli valere, così convalidando l'atto nullo.

La *legittimazione* a confermare la disposizione testamentaria nulla compete soltanto a colui che, avendovi interesse, sarebbe anche legittimato a far valere la nullità stessa. E stante l'ampia dizione dell'art. 590 c.c., può ritenersi che il potere di conferma competa non solamente al vero e proprio erede, ma anche a colui che, pur non contemplato nel testamento, potrebbe essere erede, in virtù di successione legittima, qualora la nullità venisse dichiarata.

Quanto agli effetti della conferma, si evidenzia che al confermante è precluso il successivo esercizio dell'azione di nullità a riguardo della disposizione confermata, ma non anche delle disposizioni che non siano state oggetto di conferma. Peraltro non è precluso ad altri interessati di impugnare le stesse disposizioni oggetto della sanatoria eccezionale; sì che soltanto in caso di conferma da parte di tutti, il testamento può ritenersi sanato in modo assoluto.

13. *Revoca del testamento o delle singole disposizioni*

La revocabilità del testamento

Il testamento è un negozio illimitatamente revocabile fino all'ultimo momento della vita del testatore (art. 587 c.c.).

A questa facoltà non si può rinunciare né con atto unilaterale né mediante pattuizione. Peraltro dispone l'art. 679 c.c. che non si può in alcun modo rinunziare alla facoltà di revocare o mutare le disposizioni testamentarie. Tutti gli atti che contemplino tali rinunce sono nulli. Qualora essi siano incorporati, come clausola, in un testamento, la nullità della clausola non si estende all'intero negozio testamentario (*vitiatur sed non vitiat*).

Si afferma pertanto che l'unico modo di rinunciare alla facoltà di revoca è quello di astenersi in concreto dall'esercitarla, essendo questo un comportamento di fatto che non può esser impedito; ma che non si può in alcun modo assumere, validamente, l'obbligazione di non revocare od anche soltanto di non mutare il testamento già fatto o sue singole disposizioni.

Revoca e mutamento

Tra la *revoca* ed il *mutamento* la differenza sta in ciò: revoca significa ritiro della disposizione o del testamento senza immediata e contestuale sostituzione; *mutamento* significa modificazione della disposizione o del testamento, in guisa che al posto della precedente disposizione o del precedente testamento rimane una disposizione ovvero un testamento di contenuto diverso. Ed è chiaro che la revoca non comporta mutamento, ma il mutamento comporta una *revoca implicita* della disposizione modificata.

Il codice contempla varie fattispecie di revoca o modifica (artt. 680 ss. c.c.). Esse possono distinguersi in tre categorie:

Le modalità della revoca

1) *revoca espressa ex* art. 680 c.c., attuabile mediante dichiarazione contenuta in un nuovo testamento o in atto notarile;

2) *revoca* cosiddetta *tacita o implicita*, *ex* artt. 682 e 683 c.c., che si verifica cioè: *a*) per incompatibilità (quando il testatore abbia redatto un testamento di contenuto appunto incompatibile con altro preceden-

te senza però manifestare un'espressa volontà di revocarlo); *b)* a seguito della distruzione del testamento olografo o del ritiro del testamento segreto *ex* artt. 684 e 685 c.c.; *c)* ovvero per alienazione o trasformazione della cosa legata *ex* art. 686 c.c.;

3) peraltro, ai sensi dell'art. 687, le disposizioni a titolo universale o particolare fatte da chi al tempo del testamento non aveva o ignorava di avere figli o discendenti, sono revocate di diritto per l'esistenza o la sopravvenienza di un figlio. Tale ipotesi di inefficacia è detta *revoca presunta* (o *legale* o di *diritto*) perché appunto si presume che il testatore avrebbe revocato il testamento se avesse conosciuto l'esistenza o sopravvenienza di figli. Ed infatti ad essa non si fa luogo se il testatore medesimo abbia provveduto per tali evenienze.

La revoca del testamento si estende anche alle eventuali disposizioni non patrimoniali (art. 587, 2° comma, c.c.) in esso contenute, tranne che a quelle irrevocabili per legge, come ad esempio il riconoscimento di un figlio naturale (art. 256 c.c.); il quale, pertanto, potrà essere provato con testimoni ove la revoca del testamento sia avvenuta mediante sua distruzione *ex* art. 684 c.c.

Anche la revoca della confessione di un debito contenuta nel testamento è inefficace, salvo che si provi che la confessione medesima fu determinata da errore di fatto o da violenza (art. 2723 c.c.).

In base all'art. 681 c.c. la revocazione totale o parziale di un testamento può essere a sua volta revocata. In tal caso rivivono le disposizioni revocate.

La *revoca della revoca* deve sempre intervenire nelle forme richieste dall'art. 680 c.c.: deve cioè essere espressa, atteso che non è ammessa una revoca tacita della revoca espressa.

Essa pertanto deve esser unicamente desunta dal contenuto e dalle espressioni usate nella scheda testamentaria.

CAPITOLO 68

I LEGATI

SOMMARIO: 1. Funzione dell'eredità e del legato. – 2. La disciplina. – 3. Principali fattispecie di legato.

1. *Funzione dell'eredità e del legato*

La successione a titolo particolare

Tra vivi, la successione è sempre a titolo particolare, tranne in qualche fattispecie, quale ad es. la fusione o incorporazione di persone giuridiche (v. artt. 2501 ss., 2538 c.c.).

Mortis causa, invece, come già anticipato, la successione può essere a titolo universale e chiamarsi eredità, ovvero a titolo particolare e, in tal caso, è detta *legato*.

Funzione dell'eredità è quella di ottemperare ad esigenze oggettive o di interesse della comunità e cioè alla necessità di provvedere alla sistemazione della situazione giuridica di un soggetto dopo la sua morte, tenendo conto che con essa alcuni rapporti si estinguono, altri invece devono trovare un nuovo titolare; e ciò si attua facendo continuare tra i viventi la soggettività giuridica del *de cuius*, individuando all'uopo un altro soggetto che assuma la titolarità di quei rapporti che sopravvivono alla morte del loro precedente titolare.

L'erede, quindi, si dice sia il continuatore della personalità giuridica del defunto, perché subentra nella medesima posizione giuridica del suo dante causa; l'eredità forma dunque oggetto di successione, con le stesse caratteristiche, di fatto e di diritto, che aveva presso il *de cuius*.

Il legato, invece, serve a soddisfare esigenze soggettive dello stesso *de cuius*, il quale intende con esso attribuire un beneficio al destinatario della disposizione, così evitando che nel rapporto oggetto della stessa subentri l'erede. Al riguardo, viene evidenziato che esso non realizza, quindi, la continuazione della posizione giuridica del *de cuius*, ma provoca essenzialmente ed esclusivamente un acquisto (giammai una perdita); al quale consegue una successione a titolo particolare del legatario, soltanto nel singolo rapporto che è l'oggetto dell'attribuzione, rapporto che può anche costituirsi *ex novo*, come avviene, ad es., nel legato di usufrutto e cioè di quel legato tramite il quale il testatore costituisce direttamente in favore del legatario un usufrutto su beni ereditari che saranno acquisiti dagli eredi in nuda proprietà. Si parla, in questi casi, anche di *successione costitutiva* perché un rapporto giuridico, prima non esistente, si costituisce nel momento dell'apertura della successione ed in conseguenza del legato.

2. *La disciplina*

I requisiti di validità del legato

Il legato è disposto precipuamente per testamento.

Per la sua validità, di regola, occorre:

1) che siano determinati o oggettivamente determinabili la persona del legatario e l'oggetto del legato (v. al riguardo artt. 625, 628, 631, 632 c.c.);

2) che l'oggetto del legato appartenga al testatore al momento della sua morte (v. artt. 651, 652, 653, 654, 656, 658 c.c.);

3) che la disposizione abbia natura di liberalità e non finalità satisfattoria: infatti il legato fatto a favore di un creditore del *de cuius* si presume disposto non al fine di estinguere il debito, cui dovranno dunque adempiere gli eredi (v. art. 659 c.c.).

L'acquisto del legato

Il legato si acquista di diritto, all'apertura della successione, senza bisogno di accettazione, salva tuttavia la facoltà di rinuncia del legatario (art. 649 c.c.).

Trattasi di acquisto non negoziale, ma *ope legis*, subordinato alla condizione risolutiva della rinuncia (*invito beneficium non datur*); se il legatario non rinuncia, accetta il fatto compiuto, aderendo, così, in modo volontario, all'effetto acquisitivo già prodotto.

Per l'acquisto del legato non occorre, quindi, accettazione; ma se questa venga espressamente formulata, si produce l'effetto di rendere definitivo l'acquisto stesso, precludendosi la possibilità di successiva rinuncia. Peraltro, anche l'esercizio concreto del diritto oggetto del legato implica accettazione del medesimo.

Il diritto di rinunciare si può perdere, inoltre, a seguito della "*actio interrogatoria*" *ex* art. 650 c.c.: i soggetti interessati a conoscere le determinazioni del beneficiario in ordine all'acquisto del legato, possono chiedere che il giudice assegni allo stesso un termine entro cui deve essere presa la decisione. Se il legatario, entro il termine fissatogli dal giudice, non dichiara di rinunciare, l'acquisto diviene definitivo.

Anche dopo l'accettazione, il legatario può sempre rinunciare al diritto oggetto del legato; la differenza tra rinuncia al legato e rinuncia al diritto sta però nel fatto che nella prima ipotesi la disposizione testamentaria non avrà effetto e l'oggetto verrà acquisito dagli eredi o, nel caso di accrescimento, dai colegatari; nel secondo caso, invece, tale oggetto sarà acquisito dallo Stato o diverrà *res nullius* a seconda che si tratti di beni immobili o mobili.

3. *Principali fattispecie di legato*

Tipologie di legato

È utile analizzare alcune delle più importanti *fattispecie* di legati disciplinate dal codice.

a) *Legato di specie.* Il legato è di specie se la cosa legata è determinata ed è nel patrimonio del testatore al momento della sua morte. In tal caso il diritto oggetto del legato si trasmette o si costituisce direttamente dal *de cuius* al legatario, all'apertura della successione, ancor prima e senza bisogno di conseguire il possesso, che dovrà essere a lui trasferito dall'erede, il quale subentra di diritto anche nella situazione possessoria del *de cuius* (v. artt. 649, 3° comma e 1146 c.c.). In tali casi, in considerazione dell'effetto immediato prodotto, il legato è detto anche *traslativo* o ad *efficacia reale*.

b) *Legato di genere ed alternativo.* Se la cosa legata è indicata soltanto nel genere (ad es. un cavallo della scuderia del testatore) o deve essere scelta tra due o più cose appartenenti al *de cuius* (ad esempio un cavallo o un'automobile), il legatario acquista dal *de cuius* medesimo soltanto un credito alla prestazione della cosa; alla quale è tenuto, di conseguenza, l'erede (che sarà pertanto detto *onerato*), il cui adempimento farà acquistare la proprietà al legatario.

Sussiste, qui, a carico dell'erede, l'obbligo di prestare cose di qualità non inferiore alla media (artt. 664 e 1178 c.c.), a meno che nel compendio ereditario esista una sola cosa o tutte abbiano la stessa qualità.

In entrambi i casi in questione, di regola, la scelta, salva diversa volontà del testatore, spetta all'onerato e cioè all'erede (art. 665 c.c.).

Tali legati sono detti *obbligatori*, in considerazione del fatto che non producono effetto traslativo immediato del bene, ma pongono, a carico dell'onerato, unicamente un obbligo di trasferire il bene medesimo.

Se la prestazione spettante al legatario è divisibile, sono tenuti alla stessa tutti gli eredi *pro quota*, salva diversa disposizione del testatore (artt. 662 e 663 c.c.). Essi rispondono, salvo l'effetto dell'accettazione con beneficio di inventario (di cui *infra*), anche con il proprio patrimonio personale (*ultra vires*); la prestazione del legato non è, pertanto, subordinata all'esistenza di un attivo ereditario.

c) *Legato di cosa altrui*. Ai sensi degli artt. 651 e 652 c.c., il legato di cosa non appartenente al testatore al momento della sua morte è normalmente inefficace, salvo che dal testamento o da altra dichiarazione scritta risulti che il testatore sapesse che la cosa fosse di terzi. In tal caso il legato ha effetto ed obbliga gli eredi a procurare la cosa a vantaggio del legatario.

d) *Prelegato*. È un legato disposto a favore di uno dei coeredi ed a carico dell'eredità.

La sua peculiarità consiste nel fatto che la stessa persona risulta, per un verso, legatario e dunque beneficiario della disposizione, per l'altro erede e, dunque, onerato dalla stessa. In diritto romano il prelegato costituiva legato per la parte a carico degli altri coeredi ed eredità per la parte a carico dello stesso prelegatario (e quindi, ad es., tra quattro coeredi, il coerede legatario di 100 riceveva 75 dagli altri tre a titolo di legato, ma acquistava le restanti 25, che avrebbe dovuto rivendicare da se stesso, a titolo di eredità); invece, in base all'art. 661 c.c. del vigente codice civile, il prelegato si considera legato per l'intero ammontare, e dunque grava integralmente sugli altri coeredi.

e) *Sub-legato*. È un onere posto dal testatore a carico di altro legatario. Peraltro, il legatario (a differenza dell'erede) è tenuto all'adempimento del legato e di ogni altro onere a lui imposto, entro i limiti del valore della cosa legata (art. 671 c.c.).

Anche il sub-legatario acquista direttamente dal *de cuius* e non attraverso il primo legatario.

Altre fattispecie di legato sono poi disciplinate dagli artt. 651 ss. c.c.

CAPITOLO 69

LA SUCCESSIONE NECESSARIA

1. *Funzione e fondamento della successione necessaria*

I limiti alla libertà di disporre

Nel nostro sistema giuridico, titolo primario e assorbente della vocazione ereditaria è il testamento, considerato come suprema espressione della volontà umana; la successione legittima ha, dunque, funzione suppletiva, in quanto interviene là dove quella volontà manchi.

La successione *necessaria* o *dei legittimari* ha funzione limitatrice e correttiva della volontà del defunto: quest'ultimo, infatti, non può liberamente disporre, a titolo di liberalità, del suo intero patrimonio, ma deve necessariamente riservarne una parte ben determinata, detta *quota di legittima* o *indisponibile*, agli eredi legittimari. La restante parte del patrimonio, quella che può essere assegnata a chiunque, è invece detta *quota disponibile*. I beneficiari della successione c.d. necessaria sono detti *eredi legittimari* e la loro successione è detta *successione nella legittima*. Essi non devono essere confusi con i cc.dd. *eredi legittimi* che sono invece quelli indicati dalla legge in mancanza di testamento e che beneficiano di una successione che è detta *successione legittima*.

Il sistema della successione dei legittimari integra, dunque, un generale limite all'autonomia negoziale del *de cuius*; tale limite riguarda non soltanto la sua libertà di disporre *mortis causa* ma anche quella di effettuare donazioni che vadano ad incidere sulla quota di legittima. Ed infatti, la lesione dei diritti dei legittimari può essere attuata oltre che con le disposizioni testamentarie – allorché il testatore decida di escludere i legittimari dal novero dei suoi successori – anche con atti di donazione effettuati in vita, attraverso i quali vengano attribuiti a terzi beni per un valore superiore alla quota *disponibile*.

La vocazione necessaria prevale non soltanto su quella testamentaria, ma anche nei confronti di quella *ab intestato* (e cioè della successione legittima che avviene in mancanza di testamento), nel senso che, a favore dei legittimari, la legge riserva in ogni caso una porzione di eredità, per ottenere la quale possono ridursi anche le porzioni degli altri eredi legittimi (art. 553 c.c.). È possibile infatti che, a causa del concorso di numerose schiere di eredi legittimi, si finisca, anche nel caso di successione regolata dalla legge, per ledere la quota di spettanza degli eredi legittimari: costoro, anche in tale ipotesi, potranno dunque esercitare la tipica azione a tutela della loro posizione e cioè l'azione di riduzione.

Gli eredi necessari

I legittimari sono *eredi necessari* non nel senso che devono necessariamente acquistare l'eredità, ma nel senso che ad essi deve essere inderogabilmente riservata una parte del patrimonio del *de cuius*. Il diritto alla quota di legittima è però validamente disponibile e rinunciabile purché, naturalmente, l'atto di disposizione o di rinuncia sia stipulato dopo la apertura della successione, altrimenti esso integrerebbe una fattispecie di patto successorio vietato. La rinuncia preventiva è però valida se contenuta nell'ambito del c.d. *patto di famiglia* di cui si è parlato nei precedenti capitoli.

In definitiva spetta agli stessi legittimari, nel caso in cui siano stati lesi nella quota loro spettante e cioè siano stati, come si dice, *pretermessi*, decidere se far valere i propri diritti. Comunque, in caso positivo e cioè se decidano di far valere il loro diritto sulle quote di legittima, essi acquisteranno la qualità di erede con ogni conseguenza connessa.

Secondo la dottrina tradizionale, il fondamento della successione necessaria risiede sostanzialmente in un'obbligazione di carattere etico, in un *debito di natura*, che persiste a carico del titolare del patrimonio, di provvedere, anche per il tempo successivo alla sua morte, ai bisogni economici dei più stretti congiunti, cioè al loro sostentamento.

Altri ravvisano il fondamento dell'istituto *de quo* nell'interesse superiore della tutela dell'istituto familiare, in quanto giova indirettamente a rafforzarlo.

Più recentemente si è però affermato che la sua giustificazione risiede nell'esigenza sociale di un'inderogabile solidarietà tra i congiunti più stretti; esso è dunque strumento di tutela della famiglia, pur escludendosi che possa parlarsi della tutela di un interesse superiore di quest'ultima, poiché gli interessi familiari rilevano come interessi tipicamente individuali.

Prima di analizzare le specifiche disposizioni che regolano la successione in argomento, è opportuno ricordare che i diritti che il codice civile attribuisce al coniuge, competono anche a colui che sia legato da unione civile tra persone dello stesso sesso (art. 1, 21° comma, legge 20 maggio 2016, n. 76).

2. *Legittimari e quota di legittima*

L'art. 536, 1° comma, c.c., dispone che le persone a favore delle quali la legge *riserva* una quota di eredità o altri diritti nella successione, sono:

a) *il coniuge*;

b) *i figli legittimi, adottivi* e *naturali*; ad essi vanno aggiunti i discendenti dei figli legittimi e naturali che succedano per rappresentazione in luogo di questi ultimi ove essi non vogliano o possano accettare l'eredità (art. 536, 3° comma, c.c.);

c) gli *ascendenti* del *de cuius sia legittimi sia naturali*; la presenza di figli di qualunque tipo o di loro discendenti, esclude dalla successione nella legittima gli ascendenti, che possono dunque far valere diritti successori soltanto se non vi siano discendenti. Il coniuge, invece, concorre nella successione nella legittima anche con gli ascendenti oltre che con i figli.

La quota non disponibile

La quota indisponibile o legittima è costituita da una frazione aritmetica del patrimonio posseduto in vita dal defunto. L'entità di tale frazione è stabilita dagli artt. 537 ss. c.c. e varia a seconda del tipo e del numero di eredi necessari.

Si è già detto che la lesione della disponibile può avvenire, oltre che con disposizioni testamentarie, anche con donazioni effettuate in vita dal defunto; di conseguenza, la disponibile è costituita da una quota non dell'asse ereditario e cioè dei beni che il *de cuius* abbia lasciato alla sua morte, bensì del patrimonio di cui lo stesso sia stato titolare in vita, comprensivo anche delle donazioni che egli abbia fatto prima di morire.

Per determinare, in concreto, la quota disponibile si calcola, dunque, il valore della c.d. *massa*. Essa è costituita da tutti i beni che appartenevano al defunto al tempo della morte, detratti i debiti (art. 556 c.c.); a tale valore si somma, quindi, quello (determinato in base alle regole dettate negli artt. 747-750 c.c.) dei beni di cui il *de cuius* abbia disposto a titolo di donazione. Tale operazione è anche detta *riunione fittizia*, perché essa consiste in una mera valutazione e non in un'effettiva acquisizione dei beni alla massa.

La riunione fittizia

Il patrimonio ricostruito fittiziamente ai fini del già visto art. 556 c.c., che come detto è denominato anche *massa*, è quindi cosa diversa dall'eredità: l'eredità è, infatti, costituita soltanto dalle posizioni attive e passive facenti capo ancora al defunto al momento della morte; la *massa* (su cui si calcola la quota di legittima) è costituita dall'eredità (detta anche *relictum*) cui deve aggiungersi il valore delle donazioni (c.d. *donatum*).

Sulla massa così formata si calcola la quota di cui il defunto poteva disporre: essa è determinata dalla legge (artt. 537 ss. c.c.) e dipende anche dal numero dei legittimari e dal loro legame di parentela con il *de cuius*. La parte eccedente quella disponibile rappresenta la legittima.

La legittima non ha un valore qualitativo, nel senso di essere un diritto su determinati beni del defunto, ma soltanto quantitativo, essendo un diritto ad un certo *quantum* sul patrimonio ereditario e sui beni donati, cioè sulla massa.

Gli eredi legittimari, con l'accettazione della eredità, hanno diritto di ottenere una quantità di beni ereditari proporzionale alla quota di rispettiva spettanza.

3. *Legato in sostituzione di legittima*

La soddisfazione mediante legato delle aspettative dei legittimari

Le ragioni dei legittimari possono essere soddisfatte anche mediante atti di disposizione a titolo particolare.

A norma dell'art. 551 c.c., se «*a un legittimario è lasciato un legato in sostituzione della legittima, egli può rinunziare al legato e chiedere la legittima*».

Col *legato in sostituzione di legittima* all'erede legittimario è, dunque, attribuito un diritto di scelta. Egli può accettare il legato ma a condizione che rinunci a pretendere la quota di legittima, ancorché la stessa sia di valore superiore al legato medesimo; in alternativa, è abilitato a chiedere il riconoscimento della quota spettantegli, ma a condizione che rinunci al legato.

Tale legato, detto anche tacitativo della legittima, è una disposizione a titolo particolare sottoposta a condizione risolutiva, nel senso che la vocazione testamentaria rimane priva di efficacia nel caso di rinunzia dell'onorato. L'accettazione confermativa del legato non è vincolata alla osservanza di speciali formalità, sicché può essere effettuata, secondo i principi generali, sia in maniera espressa sia tacitamente, e con essa, in ogni caso, il legatario perde il diritto all'eventuale supplemento.

4. *Legato in conto di legittima e imputazione* ex se

Gli acconti sulla quota di legittima

Si è già detto che i legittimari hanno diritto di ricevere una quota calcolata sulla *massa* e cioè sull'eredità lasciata dal *de cuius*, cui deve essere aggiunto il valore delle donazioni da lui effettuate in vita. È però possibile che la pretesa dei legittimari venga soddisfatta dal testatore attraverso atti di liberalità *inter vivos* (donazioni dirette o indirette) di valore pari alla quota di legittima. Proprio per questo, per verificare se la quota di legittima spettante all'erede legittimario sia stata o meno lesa, è necessario accertare quali sono state le donazioni da lui ricevute: il valore delle stesse deve essere sottratto a quello della quota di legittima e l'erede avrà diritto solamente alla eventuale differenza. Questa operazione di imputazione delle donazioni alla quota di legittima è detta *imputazione ex se.*

Allo stesso modo, il legittimario deve imputare alla sua quota di legittima i legati di cui il testatore lo abbia reso beneficiario: anche i legati sono, infatti, liberalità capaci di soddisfare le pretese degli eredi necessari; anche il loro valore va dunque sottratto a quello della quota di legittima, residuando al legittimario esclusivamente il diritto di ottenere l'eventuale differenza. Proprio per questo motivo, tali legati si chiamano *legati in conto di legittima.* Essi si differenziano da quelli in sostituzione perché, con la loro accettazione, l'erede non perde il diritto di chiedere la legittima. Ove il testatore non preveda espressamente che il legato è in sostituzione di legittima, esso si considera legato in conto.

5. *La tutela dei legittimari*

Il codice appresta alla legittima strumenti di tutela giudiziale e non giudiziale.

La *tutela non giudiziale* si ha in forza di talune norme che impediscono che il legittimario subisca lesioni della sua quota, senza che occorra a tal fine esperire alcuna azione giudiziale. Il divieto di pesi o condizioni sulla quota dei legittimari attua, ad esempio, tale tipo di tutela (art. 549 c.c.).

L'azione di riduzione

La tutela giudiziale è esercitata nelle forme dell'*azione di riduzione.* Essa consente al legittimario di salvaguardare i suoi diritti col necessario ricorso al giudice, quale indispensabile mezzo per rimuovere il pregiudizio.

L'azione di riduzione è diretta a rendere inefficaci gli atti di disposizione testamentaria (art. 554 c.c.) o di donazione (art. 555 c.c.) effettuati dal *de cuius* a favore di altri beneficiari, nella misura in cui essi ledano il diritto dei legittimari. Tali atti non sono però invalidi (nulli o annullabili), ma sono invece validi anche se suscettibili di essere resi inoperanti, in tutto o in parte, entro i limiti in cui ciò sia necessario per l'integrazione della quota di legittima.

L'esercizio dell'azione comporta la contestuale riduzione di tutte le disposizioni testamentarie, le quali perdono efficacia in egual misura fino a soddisfazione delle pretese dei legittimari. I beneficiari delle disposizioni ridotte sono però tenuti alla restituzione dei beni ricevuti soltanto *pro quota*, e non sussiste tra essi vincolo di solidarietà.

Le donazioni invece vengono ridotte soltanto se la riduzione del testamento non è sufficiente; in tal caso si risale dalla donazione più recente fino a quella più risalente, fino a che non vengano soddisfatti i diritti dei legittimari, e la riduzione non è contestuale come per le disposizioni testamentarie. Sono però esclusi dall'azione di riduzione i patti di famiglia (art. 768 *quater*, 4° comma, c.c.). L'azione di riduzione non può essere esercitata nei confronti di donatari che non siano anche eredi, se l'eredità non sia stata accettata, da parte di chi agisce, col beneficio dell'inventario. La norma serve a garantire che il valore della massa ereditaria sia accertato tenendo conto di tutti i beni relitti dal *de cuius*.

L'azione in questione è incedibile, ma tuttavia rinunziabile dopo l'apertura della successione, essendo dopo tale momento rinunziabile lo stesso diritto di legittima.

Essa si prescrive nel termine ordinario decennale, che decorre di norma dal giorno dell'apertura della successione; ma se si tratta di disposizioni testamentarie, la prescrizione si fa decorrere dalla data di pubblicazione del testamento. L'azione di riduzione ha natura *personale* e viene prevalentemente inquadrata tra le impugnative negoziali.

L'azione di riduzione ha un'efficacia limitata al campo degli effetti giuridici in quanto essa si limita a rendere inefficaci le disposizioni e le donazioni lesive della legittima, ma non consente al legittimario di ottenere anche la consegna dei beni ereditari che ne costituiscono l'oggetto.

L'azione di restituzione

Per conseguire questo risultato, il legittimario deve esercitare un'ulteriore azione di tipo eminentemente restitutorio: l'*azione di restituzione*. Questa va esercitata direttamente in danno dell'erede testamentario e del donatario che abbiano subìto la riduzione.

L'azione di riduzione e quella di restituzione coinvolgono però anche gli interessi di terzi aventi causa. In particolare, i beni oggetto di atti assoggettati a riduzione, sono restituiti in natura e, di regola, la sentenza di riduzione produce anche l'effetto di liberarli da pesi ed ipoteche su di essi costituiti dal successore o dal donatario (art. 561 c.c.): ciò evidentemente significa che i diritti di coloro a cui favore i pesi o le ipoteche siano stati costituiti (ad es. l'usufruttuario, il creditore ipotecario e via discorrendo), vengono travolti e soccombono rispetto alle esigenze di tutela dei legittimari.

Ai sensi dell'art. 563, 1° comma, c.c., se il donatario che subisce la riduzione ha poi ceduto a terzi i beni ricevuti dal *de cuius* e non può restituirne il relativo valore in danaro, i legittimari possono chiederne la riconsegna direttamente ai terzi che lo hanno acquistato dal donatario medesimo; questi ultimi possono però liberarsi dall'obbligo di restituzione pagando una somma equivalente al valore del bene.

La posizione dei terzi aventi causa

Dunque, la tutela dei legittimari travolge anche la posizione dei terzi, i quali, nel solo caso di riduzione di donazioni e non anche di riduzione di disposizioni testamentarie, sono titolari esclusivamente della facoltà (alternativa) di liberarsi dall'obbligo restitutorio con una prestazione equivalente in danaro. La posizione dei terzi è fatta salva poi nel caso in cui l'azione di riduzione relativa a beni immobili sia trascritta dopo più di dieci anni dall'apertura della successione (art. 2652, 1° comma, n. 8, c.c.): trattasi di una fattispecie di sanatoria o di consolidamento della posizione del terzo, giustificata dal lungo lasso di tempo intercorso tra l'apertura della successione e la pubblicità della domanda di riduzione.

In ogni caso, l'effetto purgativo del bene da pesi ed ipoteche conseguente alla riduzione, non si verifica dopo venti anni dalla trascrizione della donazione e, allo stesso modo, il terzo acquirente del bene donato non è tenuto a restituirlo dopo venti anni dalla stipula della donazione (art. 563, 1° comma, c.c. nella sua attuale formulazione).

Il legislatore ha dunque stabilito, a tutela della posizione dei terzi, una decadenza dei legittimari dal diritto di far valere verso costoro le loro pretese. Bisogna infatti ricordare che l'azione di riduzione si prescrive nel termine di dieci anni dall'apertura della successione ovvero dalla pubblicazione del testamento; essa può dunque riguardare anche donazioni che il *de cuius* abbia fatto molti anni o decenni prima della sua morte. Con la previsione del termine decadenziale, il rischio dei terzi acquirenti di dover restituire i beni o di subire l'inefficacia dei diritti su essi costituiti, è dunque limitato ad un arco temporale ventennale. Il termine di decadenza può essere sospeso da un'iniziativa stragiudiziale dei legittimari che propongano, con atto debitamente trascritto (in danno del donatario e dei suoi aventi causa: arg. *ex* art. 2851 c.c.), l'*opposizione*. L'opposizione ha a sua volta durata ventennale ma può essere, prima della scadenza del ventennio, ulteriormente rinnovata.

CAPITOLO 70

LA SUCCESSIONE LEGITTIMA

SOMMARIO: 1. Premessa. – 2. La disciplina.

1. *Premessa*

Secondo l'art. 457 c.c., l'eredità si devolve per legge o per testamento e non si fa luogo alla successione legittima se non quando manca, in tutto o in parte, quella testamentaria.

La successione *ab intestato*

La successione legittima è detta anche *ab intestato* per indicare che essa non si attua per effetto e secondo il contenuto del testamento, ma direttamente secondo le disposizioni della legge nei casi in cui non operi un negozio giuridico *mortis causa*.

Essa presuppone che il *de cuius* non abbia fatto testamento, o che il testamento sia nullo o inefficace, ovvero che con esso il testatore abbia disposto soltanto di parte dei suoi beni. In quest'ultimo caso, peraltro, si avrà la coesistenza di successione testamentaria (per i cespiti oggetto di disposizione) e di successione legittima (per gli altri cespiti).

Gli eredi legittimi sono individuati dall'art. 565 c.c. Essi sono:
- il coniuge;
- i discendenti;
- gli ascendenti legittimi o naturali;
- gli altri parenti fino al sesto grado;
- lo Stato.

Essi succedono secondo l'ordine e le regole stabiliti nel Titolo II (artt. 565 ss. c.c.).

La natura della successione legittima

Si ritiene, generalmente, che la successione legittima costituisca un mezzo con il quale si afferma, da parte dell'ordinamento giuridico, il vincolo familiare e coniugale, per cui i beni del defunto sono devoluti innanzitutto al nucleo dei suoi parenti, quasi a riconoscimento che il legame tra il defunto e i familiari superstiti non si spezza con la morte; sicché questi sono i naturali destinatari dei beni che il *de cuius* ha adunato e conservato anche in favore della famiglia e principalmente dei discendenti.

In contrario senso, però, è stato anche rilevato che il dovere del defunto di provvedere anche *post mortem* ai bisogni dei familiari, è invece il fondamento della delazione a favore dei legittimari, com'è provato dal fatto che nella successione legittima possono anche esser chiamate persone verso le quali non sussiste, a carico del defunto, nemmeno l'obbligo alimentare, quali ad esempio i collaterali di sesto grado.

Pertanto, alla luce di tali osservazioni, più che d'un fondamento, sarebbe opportuno andare alla ricerca di un criterio di razionalità dell'attribuzione dei beni, che, considerata l'opportunità di dare comunque al defunto un continuatore (erede) della sua personalità patrimoniale, lo individua tra le persone che si presume il *de cuius* avrebbe voluto beneficiare se ne avesse avuto la possibilità, e cioè i suoi familiari.

La successione legittima si distingue da quella necessaria; la prima opera infatti in mancanza di testamento; la seconda opera, invece, contro il testamento, per determinarne l'inoperatività relativamente alle disposizioni lesive della quota riservata ai legittimari.

Anche in tal caso, prima di analizzare la disciplina dell'istituto, si rammenta che al soggetto parte di un'unione civile tra persone dello stesso sesso, competono gli stessi diritti successori che il codice riconosce al coniuge (art. 1, 21° comma, legge 20 maggio 2016, n. 76).

2. *La disciplina*

I presupposti della successione legittima

Perché possa operare la successione legittima, è innanzitutto necessario che, deceduto il *de cuius*, manchi, in tutto o in parte (457, 1° comma, c.c.), la successione testamentaria in quanto il defunto medesimo non abbia fatto testamento o perché lo stesso sia stato revocato, ovvero dichiarato invalido o inefficace. Peraltro con la successione legittima può coesistere quella testamentaria, nelle ipotesi in cui il testamento riguardi soltanto una parte dei beni del *de cuius* o contempli solamente disposizioni a titolo particolare.

Il rapporto tra le varie schiere di successori legittimi sopra indicate può essere:

1) di *concorrenza*, quando i successibili dell'una categoria sono chiamati insieme ai successibili dell'altra;

2) di *prevalenza*, quando la chiamata dei successibili dell'una esclude la chiamata dei successibili dell'altra; sicché la categoria successiva può subentrare soltanto in mancanza di subentro della precedente.

In particolare, i discendenti (figli legittimi, naturali, adottivi e loro discendenti) succedono in concorso col coniuge ed escludono dalla successione gli ascendenti e qualunque altro parente collaterale (art. 568 c.c.).

In mancanza di discendenti, succedono i genitori (o gli ascendenti) in concorso col coniuge e con i fratelli e le sorelle, anche naturali (art. 571 c.c.).

Gli altri parenti collaterali succedono solo in mancanza di parenti più prossimi (figli, ascendenti o fratelli) e del coniuge (art. 572 c.c.).

Infine, lo stato succede in mancanza di qualunque altro parente.

La successione tra *parenti naturali*

Sono state via via superate le tradizionali disposizioni legislative che assegnavano ai figli legittimi una posizione preferenziale rispetto a quelli naturali riconosciuti, e che (anche a fini successori) non assegnavano alcun diritto ai genitori naturali così come ai fratelli e alle sorelle naturali. Ai sensi dell'art. 580 c.c. tuttavia, per i figli c.d. *irriconoscibili* – e cioè per i figli incestuosi per i quali non sia stato autorizzato il riconoscimento – si prevede l'esclusione dalla successione legittima, fermo il diritto ad un vitalizio pari alla rendita della quota ereditaria che sarebbe loro spettata; diritto che ad essi è riconosciuto nel solo caso in cui avessero già diritto al mantenimento.

Nessun rilievo è invece attribuito – a fini successori – al vincolo di affinità.

La successione dello Stato

In mancanza di successibili in base alle suindicate situazioni familiari, ulteriore titolo a succedere *ab intestato* è, infine, il rapporto di cittadinanza del *de cuius* con lo Stato (art. 565 c.c.). Tale successione è vista, nel relativo sistema, con funzione suppletiva e di chiusura.

Lo Stato acquista l'eredità di diritto, senza bisogno di accettazione e senza possibilità di rinunzia, nonché con responsabilità *intra vires* per i debiti ereditari (art. 586 c.c.).

Il titolo per la successione legittima

Il titolo a succedere per vincolo familiare deve essere provato ed il relativo onere si ritiene esser soddisfatto mediante la produzione degli atti dello stato civile, dai quali si desume il rapporto di parentela con il *de cuius* a norma degli artt. 565 e 572 c.c. Si rammenta al riguardo che, nel caso di successione del figlio legittimo, la mancanza della prova della celebrazione del matrimonio, può essere surrogata dal possesso di stato che non sia in opposizione con le risultanze dell'atto di nascita (art. 240 c.c.).

Le *quote ereditarie* sono fissate per categorie e possono variare in caso di concorso tra le stesse (es. artt. 566 e 581 c.c.).

Si evidenzia altresì che, nell'ambito di ciascuna categoria, la quota legittima si divide generalmente in parti eguali tra concorrenti dello stesso grado (*per capi*); ma nella successione degli ascendenti la divisione avviene anzitutto *per stirpi* (art. 569 c.c.), sicché, nel caso di concorso tra ascendenti paterni e materni, si costituiscono due quote uguali, una per ciascuna stirpe (l'una materna, l'altra paterna); all'interno di ciascuna stirpe gli ascendenti succedono per capi.

Normalmente però, tra parenti della stessa schiera (ascendenti, discendenti, collaterali) il parente di grado più prossimo esclude dalla successione gli altri (salvo chiaramente gli effetti della rappresentazione).

CAPITOLO 71

L'ACQUISTO DELL'EREDITÀ

SOMMARIO: 1. Aspetti generali. – 2. L'accettazione dell'eredità. – 3. Altre fattispecie di acquisto. – 4. Effetti dell'acquisto. – 5. Il beneficio di inventario. – 6. La separazione dei beni ereditari. – 7. La tutela dell'acquisto. L'erede apparente.

1. *Aspetti generali*

Acquisto e accettazione

L'eredità si acquista con l'accettazione (art. 459 c.c.).

Sul presupposto di una valida vocazione, nonché della capacità a succedere (art. 462 c.c.) e dell'assenza dell'indegnità (artt. 463 ss. c.c.), il chiamato cui compete la delazione, e cioè in sostanza il diritto potestativo di acquistare l'eredità mediante accettazione, esercitando tale diritto passa dal suo *status* di chiamato a quello di erede.

L'accettazione può essere pura e semplice, ed in tal caso può essere fatta in forma espressa (artt. 474 e 475 c.c.) o tacita (artt. 474, 476 e 478 c.c.); ovvero può farsi con beneficio d'inventario, ma in questa ipotesi deve necessariamente essere espressa (artt. 484 e 511 c.c.).

Ai fini dell'acquisto, l'accettazione è sempre necessaria indipendentemente dal tipo di vocazione: pertanto, anche nella successione dei legittimari, costoro, per poter acquisire la quota loro offerta in forza della chiamata di legge, dovranno accettare l'eredità.

Eccezionalmente si può avere acquisto dell'eredità senza bisogno di accettazione ed a volte persino contro la volontà dell'interessato, nel caso della cosiddetta accettazione presunta del chiamato che è nel possesso dei beni ereditari (art. 485, 1° e 2° comma, c.c.), nonché nella ipotesi di sottrazione di beni ereditari (art. 527 c.c.), o nel caso di successione dello Stato (art. 586 c.c.).

2. *L'accettazione dell'eredità*

Accettazione espressa

L'atto tipico con cui l'eredità si acquista è costituito dall'accettazione. Secondo gli artt. 474 e 475 c.c., essa può essere espressa o tacita.

È *espressa* quando, in un atto pubblico o in una scrittura privata, il chiamato all'eredità ha dichiarato di accettarla oppure ha assunto il titolo di erede (si è cioè qualificato tale).

La dichiarazione di accettazione sotto condizione, a termine o parziale è nulla: si tratta dunque di *atto legittimo*. Non è però atto personale come il testamento e la riabilitazione dell'indegno; sicché può esser validamente fatta anche a mezzo di rappresentante, purché munito di idonea procura.

Al fine di non privare il chiamato del diritto di rinunziare all'eredità viene escluso che, in surrogatoria di quest'ultimo (art. 2900 c.c.), l'accettazione possa essere fatta dai suoi creditori; i quali, comunque, in caso di rinunzia all'eredità da parte del chiamato stesso, hanno pur sempre la possibilità di salvaguardare i loro interessi con la particolare impugnativa *ex* art. 524 c.c. di cui già si è detto.

Dal punto di vista della struttura l'accettazione è *negozio unilaterale non recettizio*, in quanto si perfeziona con la sola manifestazione di volontà del chiamato. Ed infatti, anche nelle ipotesi in cui la vocazione sia testamentaria, non può configurarsi un accordo tra testatore ed accettante. L'accettazione ha come oggetto unicamente la vocazione ereditaria; essa è accettazione dell'eredità non del testamento, il quale pertanto possiede analoga struttura unilaterale ed ha semplicemente la funzione di individuare i chiamati ma non costituisce una proposta rispetto ad un accordo sulla successione.

L'accettazione espressa è inoltre un *negozio formale*, poiché è per essa prevista la forma scritta (art. 475, 1° comma, c.c.); sicché non si può assegnare alcun valore ad una dichiarazione verbale di accettare l'eredità, non potendo la stessa essere intesa neanche come accettazione tacita, dal momento che una dichiarazione non può, per sua natura, integrare una fattispecie di negozio tacito.

Essa può essere impugnata per vizi della volontà nei soli casi, tassativamente previsti, in cui sia conseguenza di violenza e dolo (art. 482 c.c.).

L'*accettazione* è invece *tacita* quando il chiamato all'eredità compie un atto che presuppone necessariamente la sua volontà di accettare e che non avrebbe il diritto di fare se non nella qualità di erede (art. 476 c.c.). … e tacita

È richiesta, secondo la lettera del codice, la presenza di due condizioni: il compimento di un atto che presuppone necessariamente la volontà di accettare e la qualificazione di questo atto nel senso che ad esso non sia legittimato se non chi abbia la qualità di erede: come, ad es., nel caso di vendita o disposizione di un bene ereditario.

È però prevalente un'interpretazione della norma tendente ad attribuire al requisito della *volontà presupposta* un carattere precipuamente obiettivo, sostenendo che è dalla natura stessa dell'atto, indipendentemente dalla concreta volontà del soggetto, che si deve desumere l'acquisto o meno dell'eredità, non avendo rilievo accertare se il chiamato abbia in concreto inteso accettare.

Ciò significa che l'assunzione da parte del chiamato di un contegno che potrebbe tenere solamente un erede, determina l'accettazione: è dunque irrilevante il volere interno o l'intento soggettivo dell'accettante, il quale, anche se non volesse acquistare l'eredità e protestasse, con l'atto che compie, di non volere l'effetto acquisitivo, comunque non si sottrarrebbe allo stesso (*non valet protestatio contra factum*). In altre parole: se un chiamato vendesse un bene ereditario, così compiendo un atto che presuppone necessariamente l'accettazione, non potrebbe sottrarsi all'effetto acquisitivo affermando che, con quella vendita, egli non intende addivenire alla successione.

Allo stesso modo, l'accettazione tacita non può, secondo il prevalente orientamento, essere impugnata per vizi della volontà, nemmeno nei casi previsti dall'art. 482 c.c. (violenza e dolo). In definitiva, può dunque concludersi nel senso che l'accettazione tacita non condivida con l'accettazione espressa il carattere della negozialità, ma sia qualificabile in termini di mero atto giuridico, rilevante essendo, al fine della produzione dei suoi effetti tipici, esclusivamente la volontarietà dell'atto o del comportamento che presuppone la volontà di accettare, piuttosto che la volontà dell'effetto (acquisto della qualità di erede).

Il codice individua alcuni atti ai quali attribuisce il valore di accettazione tacita: essi sono in particolare costituiti dalla rinunzia effettuata verso corrispettivo o a favore di taluni soltanto degli eredi (c.d. *rinunzia traslativa*: art. 478 c.c.), nonché dagli atti di donazione, vendita e cessione dei diritti di successione del chiamato (art. 477 c.c.): in tali casi, infatti, quest'ultimo, disponendo del diritto di accettare, dispone in effetti dell'eredità sicché assume un comportamento che presuppone l'accettazione, atteso che soltanto chi ha accettato l'eredità medesima può anche porre in essere atti traslativi in ordine alla stessa.

L'accettazione, sia essa espressa o tacita, non può più essere revocata (*semel heres semper heres*), atteso che, pur in mancanza di un'espressa disposizione al riguardo, è da ritenere che, essendo la successione la continuazione dei rapporti giuridici che facevano capo al defunto, non si può ammettere interruzione o discontinuità in tale continuazione.

Ove l'eredità comprenda anche beni immobili, l'accettazione deve anche essere trascritta.

3. *Altre fattispecie di acquisto*

L'acquisto dell'eredità può conseguire anche ad altre specifiche fattispecie.

Il possesso dei beni ereditari

a) La prima di queste è quella regolata dall'art. 485 c.c. Il chiamato che sia nell'effettivo possesso di tutti o anche soltanto di alcuni beni ereditari, ha l'onere di compiere, entro tre mesi dall'apertura della successione o comunque da quando abbia avuto notizia della vocazione, l'inventario dei beni: deve cioè promuovere la procedura regolata dagli artt. 752 ss. c.p.c., che consiste nella individuazione ed elencazione di tutti i beni ereditari, preceduta dall'apposizione dei sigilli e cioè da una misura volta ad evitare che possano verificarsi atti di sottrazione. Su istanza del chiamato il termine per la effettuazione dell'inventario può essere però prorogato dal giudice di ulteriori tre mesi. L'imposizione di tale onere ha la funzione di garantire gli eventuali altri interessati alla successione, dai pericoli di materiale confusione dei beni ereditari con quelli del chiamato medesimo.

Una volta che sia stato effettuato l'inventario, il chiamato ha poi ulteriore termine di quaranta giorni per decidere se intende o meno accettare. Ove non compia l'inventario ovvero, pur avendolo fatto, non dichiari di accettare o rifiutare l'eredità nel successivo termine di quaranta giorni, il chiamato si considera erede a tutti gli effetti e, come si dice, puramente e semplicemente. In altre parole, egli acquista l'eredità perdendo contestualmente la possibilità di usufruire del beneficio di inventario.

In tal caso si parla anche di *accettazione presunta*. Perché essa si attui è però necessario che l'interessato sia consapevole della chiamata e della natura ereditaria dei beni posseduti.

La sottrazione di beni ereditari

b) Ai sensi dell'art. 527 c.c., se il chiamato sottrae o nasconde beni ereditari, decade dalla facoltà di rinunziarvi e si considera erede puramente e semplicemente. In tale caso l'accettazione ha quasi natura di sanzione: l'accettazione, infatti, comporta la automatica assunzione degli oneri e dei debiti ereditari che il chiamato, con la sottrazione delle sole attività, cerca verosimilmente di evitare. L'ordinamento, dunque, lo sanziona facendolo considerare erede puro e semplice, negandogli cioè la possibilità di usufruire del beneficio dell'inventario che, come si avrà modo di precisare *infra*, consente appunto all'erede di evitare la responsabilità, coi propri beni personali, in ordine alle passività ereditarie.

L'acquisto *ope legis* dello Stato

c) Infine lo Stato, quando sia chiamato alla successione legittima per mancanza di altri eredi (art. 586 c.c.), acquista *di diritto* l'eredità, usufruendo sempre del beneficio d'inventario, senza necessità di accettazione. Qui l'acquisto si verifica *ope legis*, ma deve ritenersi che la disposizione valga soltanto nell'ipotesi in cui lo Stato sia erede legittimo e non anche quando sia stato chiamato come erede testamentario.

4. *Effetti dell'acquisto*

La retroattività dell'acquisto dell'eredità

L'accettazione ha *effetto retroattivo*, poiché risale al momento dell'apertura della successione; sicché non si verifica alcuna soluzione di continuità nella titolarità dei rapporti giuridici che facevano capo al *de cuius*, poiché l'erede l'acquista fin dal momento della morte di quello, anche se l'accettazione sia avvenuta in un momento successivo: viene in tal modo garantito il *principio di continuità* nella titolarità dei rapporti relitti.

Gli effetti dell'acquisto

Gli eredi subentrano in tutti i rapporti attivi e passivi del *de cuius*, ad eccezione di quelli:

1) di per sé intrasmissibili (es. diritti personalissimi; uso, abitazione: art. 1024 c.c.);

2) che si estinguono con la morte per espressa disposizione di legge (es. usufrutto: artt. 979, 1014 c.c.; mandato: art. 1722, n. 4, c.c.).

In altri rapporti, l'erede subentra al *de cuius*, ma essi poi si estinguono per la confusione dei due rispettivi patrimoni; ciò si verifica al riguardo dei debiti e crediti del *de cuius* nei confronti dell'erede: in tal caso, l'erede subentra nel credito (o nel debito) del defunto nei suoi confronti e dunque il rapporto si estingue secondo le regole generali (artt. 1253-1255 c.c.).

In conseguenza dell'acquisto dell'eredità, si ha, di diritto, anche la continuazione a favore dell'erede della posizione possessoria del *de cuius* (art. 1146 c.c.), nonché della relativa tutela.

Oltre alle azioni possessorie, competono all'erede tutte le azioni petitorie a tutela dei singoli diritti acquisiti.

L'acquisto dell'eredità (in mancanza del beneficio di inventario) provoca la *confusione* dei patrimoni del *de cuius* e dell'erede: in pratica non si può più distinguere tra patrimonio del defunto e patrimonio dell'erede, ma entrambe le masse di rapporti giuridici diventano un solo patrimonio nella titolarità dell'erede, con tutte le conseguenze che da ciò derivano.

La conseguenza più rilevante è data dalla indiscriminata responsabilità dell'erede verso i creditori, sia propri che del *de cuius*, ed indiscriminata garanzia di costoro su tutti i beni del complessivo patrimonio. Ciò significa che, per un verso, i creditori del defunto possono soddisfarsi anche sui beni dell'erede, e che, per l'altro, i creditori personali dell'erede potranno soddisfarsi anche sui beni ereditari. Ciò avviene a meno che non ricorrano i rimedi della:

1) accettazione con beneficio di inventario (artt. 484 e 511 c.c.), di iniziativa dell'erede e nel suo interesse;

2) separazione dei beni del defunto da quelli dell'erede (artt. 512 e 518 c.c.), di iniziativa e nell'interesse dei creditori del defunto.

Tali istituti, più che evitare la confusione dei patrimoni, come correntemente si afferma, determinano soltanto una discriminazione di responsabilità o meglio della relativa garanzia (v. es. artt. 490, 2° e 3° comma e 512, ultimo comma, c.c.).

5. *Il beneficio di inventario*

Gli effetti del beneficio dell'inventario

A norma dell'art. 490 c.c., l'effetto del beneficio di inventario consiste nel tener distinto il patrimonio del defunto da quello dell'erede.

Il beneficio evita l'effetto della confusione dei patrimoni ereditario e personale dell'erede; ad esso quest'ultimo ricorre, normalmente, per evitare di dover rispondere con i propri beni personali dei debiti del *de cuius*, così scongiurando il pericolo che l'acquisto ereditario possa tramutarsi in un danno, quando l'eredità sia gravata da debiti esorbitanti l'attivo (c.d. *damnosa hereditas*). Si discorre in tal caso di separazione di patrimoni: l'erede, infatti, risulta, in conseguenza del beneficio, titolare di due masse patrimoniali (quella propria e quella ereditaria) che tuttavia restano separate. In sostanza si verifica un fenomeno di limitazione della responsabilità personale e patrimoniale in conseguenza del quale l'erede medesimo risponde dei debiti ereditari e cioè di quelli ereditati dal *de cuius* entro il valore dell'asse che quest'ultimo gli ha lasciato (*intra vires hereditatis*). I creditori del *de cuius* ed i legatari non possono infatti aggredire i beni personali del successore; il quale risponde con i propri beni soltanto quando sia in mora nel presentare il rendiconto.

I principali effetti pratici prodotti dal beneficio di inventario sono dunque i seguenti:

1) l'erede conserva verso l'eredità tutti i diritti e tutti gli obblighi che aveva verso il defunto; la relativa prescrizione rimane sospesa;

2) l'erede non è tenuto al pagamento dei debiti ereditari e dei legati oltre il valore dei beni a lui pervenuti;

3) i creditori dell'eredità ed i legatari hanno preferenza sul patrimonio ereditario di fronte ai creditori dell'erede. I creditori personali dell'erede non possono, dal canto loro, aggredire il patrimonio ereditario se non per la parte che residua dopo l'estinzione delle passività ereditarie.

La forma dell'accettazione beneficiata

Il beneficio d'inventario consegue alla specifica dichiarazione resa dinanzi a notaio o al cancelliere del tribunale nel cui circondario si è aperta la successione; la dichiarazione è inserita nel libro delle successioni presso la cancelleria del tribunale nel cui circondario si è aperta la successione ed è trascritta nei registri immobiliari (art. 484 c.c.).

L'accettazione con beneficio di inventario non produce però i suoi effetti se non viene concretamente effettuato l'inventario, se non viene cioè portata a termine quella procedura di individuazione dei beni ereditari regolata dalle più volte citate disposizioni del codice di procedura civile (artt. 769 ss. c.p.c.). In particolare, se non vi abbia già provveduto, l'erede deve, nei tre mesi successivi alla accettazione e salva proroga accordata dal giudice, compiere l'inventario a pena di decadenza dal beneficio (art. 487 c.c.).

Il beneficio di inventario è di norma caratterizzato dalla volontarietà, in quanto, di regola, esso dipende dalla scelta del chiamato accettante.

Tuttavia, in tassativi ed eccezionali casi e precisamente quando si tratta di eredità devoluta ad incapaci (minori, interdetti, inabilitati) ed a persone giuridiche diverse dalla società (artt. 471, 472 e 473 c.c.), è obbligatoria l'accettazione con beneficio d'inventario; la cui mancanza comporta la nullità dell'accettazione stessa.

L'erede che ha accettato con beneficio d'inventario deve pagare i creditori ereditari secondo le loro richieste. Se però vi è opposizione anche da parte di uno solo dei creditori, il pagamento avverrà contestualmente, secondo l'ordine delle rispettive prelazioni, e quindi, come si dice, nel loro concorso.

Oltre ai benefici sopra riassunti, l'accettazione in esame comporta anche vincoli per l'erede: costui non può compiere atti di disposizione di ben ereditari senza l'autorizzazione del giudice. La violazione di tali limiti comporta la decadenza dal beneficio (art. 493 c.c.); allo stesso modo, comporta decadenza dal beneficio la redazione di un inventario infedele o incompleto (art. 494 c.c.).

6. *La separazione dei beni ereditari*

La tutela dei creditori del *de cuius*

L'accettazione dell'eredità da parte del chiamato comporta la confusione e la conseguente formazione di un'unica massa patrimoniale, costituita dai rapporti (attivi e passivi) appartenenti al *de cuius* e da quelli dell'erede. Conseguentemente i creditori dell'eredità (e cioè del *de cuius*) concorrono con i creditori personali dell'erede nella soddisfazione delle proprie ragioni su tutti i beni facenti parte di detta massa patrimoniale.

Ciò può comportare, per i creditori ereditari medesimi, un danno allorché l'erede sia gravato da cospicui debiti, esuberanti il valore dei suoi beni personali, perché la garanzia offerta dal patrimonio del defunto verrà in parte assorbita dalle pretese dei creditori personali del successore.

Analogo rischio corrono poi i legatari tutte le volte in cui il beneficio ad essi attribuito consiste in un credito verso l'erede (c.d. legati ad efficacia obbligatoria, di cui si è già parlato); i legatari medesimi, in tal caso, hanno infatti una posizione del tutto simile a quella dei creditori ereditari.

A tutela dell'interesse di creditori e legatari il codice offre il rimedio della separazione dei beni del defunto (artt. 512 ss. c.c.). Essa evita, in favore dei *separatisti* (e cioè di coloro che si sono avvalsi della separazione), la confusione dei patrimoni, sicché questi ultimi potranno soddisfarsi, sui soli beni separati, con preferenza rispetto ai creditori dell'erede, cui rimane la possibilità di agire solamente sull'eventuale residuo.

La separazione si fa per mezzo di iscrizione (nei registri immobiliari) del credito sui singoli beni separati, se trattasi di immobili, e nelle forme della domanda giudiziale se invece si tratta di beni mobili.

Essa comunque non attribuisce un diritto di prelazione dei separatisti nei confronti dei creditori ereditari che non abbiano provveduto ad iscrivere o richiedere la separazione. Pertanto i non separatisti concorreranno, anche sui beni separati, con i separatisti, salvo che questi ultimi dimostrino che il valore dei beni non separati sarebbe stato sufficiente a soddisfare le ragioni dei non separatisti (art. 514 c.c.). In tal caso, evidentemente, l'ordinamento in un certo senso privilegia la diligenza di chi ha provveduto a cautelarsi con il mezzo in questione, rispetto a chi non lo abbia invece fatto.

In ogni caso, le ragioni dei creditori prevalgono su quelle dei legatari.

Infatti, come correntemente si dice, i legatari (a differenza degli eredi) rispondono delle obbligazioni di cui è gravata l'eredità solo entro i limiti del beneficio ricevuto e non con tutto il loro patrimonio. È il caso di chiarire tale affermazione.

L'art. 513 c.c. stabilisce infatti che i creditori possono esercitare la separazione anche rispetto ai beni che formano oggetto del legato di specie. Ai sensi dell'art. 514, 3° comma, c.c., quando la separazione è esercitata da creditori e legatari, i creditori sono preferiti ai legatari. Dal combinato disposto di tali norme si evince dunque che i creditori possono soddisfarsi anche sui beni lasciati dal testatore ai legatari e comunque con preferenza sugli stessi. Al fine però di ottenere tale prelazione, è necessario che essi procedano alla separazione.

In definitiva i legatari rispondono dei debiti ereditari con il bene legato nel senso che le loro ragioni soccombono rispetto a quelle dei creditori ereditari, ma a condizione che costoro abbiano adempiuto l'onere della separazione.

7. *La tutela dell'acquisto. L'erede apparente*

La petizione di eredità

Con l'accettazione, l'erede acquista i diritti ereditari ed è legittimato all'esercizio di tutte le azioni specificamente previste per la conservazione e tutela degli stessi (azioni possessorie e petitorie in genere).

Ma il codice prevede anche una specifica tutela della posizione di erede in sé considerata: questa è costituita dalla cosiddetta azione di *petizione dell'eredità*. Tale azione può essere esercitata dall'avente diritto per ottenere il riconoscimento della sua qualità di erede, contro chiunque possieda i beni ereditari a titolo di erede o senza alcun titolo (art. 533 c.c.).

Al vero erede sarà sufficiente dimostrare il proprio giusto acquisto ereditario, per ottenere la restituzione dei beni da parte di chi si affermi parimenti erede senza invece esserlo, ovvero non vanti alcun titolo, nemmeno ereditario, a giustificazione del suo possesso sui beni. In queste ipotesi, infatti, ciò che viene in contestazione e che dovrà dunque essere oggetto di dimostrazione, è appunto la successione ereditaria.

Nei casi in cui, invece, il possessore si affermi proprietario dei beni per titolo diverso da quello ereditario (ad es. perché vanti un acquisto da un terzo) all'erede non sarà sufficiente dimostrare la propria qualità, perché, in tali ipotesi, non viene in contestazione la successione ereditaria, ma si discute della titolarità del diritto di proprietà.

L'erede medesimo dovrà in tale ipotesi sperimentare l'azione di rivendica, fornendo tutte le prove che essa richiede (c.d. *probatio diabolica*), e dimostrando cioè non solo il proprio acquisto a titolo ereditario, ma anche la sussistenza del diritto di proprietà in capo al *de cuius*.

La petizione dell'eredità è azione reale che può essere esercitata nei confronti di qualunque possessore e dei suoi eventuali aventi causa.

Se il possessore ha alienato i beni in buona fede, perché riteneva di possedere effettivamente la qualità di erede, non sarà tenuto a restituire che il prezzo effettivamente incassato per l'alienazione; e nel caso in cui tale prezzo non sia stato ancora pagato, l'erede potrà decidere di subentrare nei diritti del possessore verso l'acquirente, salva però la possibilità di chiedere la restituzione del bene direttamente a quest'ultimo.

La tutela dell'acquisto dall'erede apparente

Ai sensi dell'art. 534, 2° comma, c.c. sono però fatti salvi i diritti di chi abbia acquistato, in buona fede e a titolo oneroso, dal cosiddetto *erede apparente*, cioè da chi, in base a circostanze oggettive, potesse essere considerato effettivo successore del *de cuius* benché non lo fosse.

Trattasi in tal caso di un'eccezionale ipotesi di rilevanza dell'apparenza, la quale supplisce, ai fini dell'acquisto, anche alla titolarità effettiva del diritto da parte dell'alienante, in deroga al principio secondo cui nessuno può cedere diritti che non siano suoi propri. L'acquisto in questione ha natura di acquisto *a non domino* perché l'alienante (l'erede apparente) non è titolare dello stesso; ma ha, contemporaneamente, anche natura di acquisto *a titolo derivativo*, in quanto il diritto si trasferisce se e nella misura in cui veramente apparteneva al *de cuius* rispetto al quale l'alienante appariva erede.

I terzi acquirenti sono però onerati di provare la loro buona fede, e ciò rappresenta disposizione eccezionale, atteso che l'esistenza di tale situazione soggettiva normalmente si presume.

CAPITOLO 72
LA COMUNIONE EREDITARIA

SOMMARIO: 1. La comunione. – 2. La divisione ereditaria. – 3. La collazione.

1. *La comunione*

Caratteri della comunione ereditaria

Quando alla successione addivengano più eredi, tra gli stessi si costituisce una comunione ereditaria in ordine ai beni ereditari; si tratta di una comunione involontaria (*communio incidens*) perché prescinde dalla volontà degli interessati.

Per la comunione ereditaria non occorre che vi sia vocazione congiuntiva; la quale è, invece, il presupposto del differente fenomeno dell'accrescimento (artt. 674 ss. c.c.).

Invero la mera successione di più eredi importa sempre comunione, siano le parti uguali o no, e tanto se avviene con più testamenti, tanto se in parte per legge ed in parte per testamento (art. 457, 2° comma, c.c.).

La comunione, infatti, è evitata soltanto dalla divisione prestabilita dal testatore (art. 734 c.c.). Se il *de cuius* abbia infatti chiamato i suoi eredi indicando direttamente in quali rapporti essi debbano succedere (c.d. *istituzione de re certa*), la comunione viene di fatto evitata atteso che i successori acquisteranno la piena ed esclusiva titolarità dei rapporti e cespiti ad essi riservati.

L'oggetto della comunione ereditaria

La comunione ereditaria in argomento riguarda, però, i soli rapporti di natura reale e non invece i debiti. Questi ultimi si ripartiscono *ipso iure* tra i coeredi in proporzione delle rispettive quote (artt. 752-754, 1295, c.c.), il che costituisce, per i debiti, un'eccezione alla regola generale secondo cui, nel caso di pluralità di debitori, questi rispondono, di norma, in modo solidale. I debiti vengono dunque ad essere ripartiti *pro quota* tra gli eredi. Ciò però non avviene quando:

1) il testatore abbia diversamente disposto (art. 752, ultimo periodo, c.c.);

2) i beni di un coerede sono vincolati a garanzia reale (ipoteca: art. 754 c.c.; od anche pegno);

3) l'oggetto del debito sia cosa determinata di pertinenza della quota di un solo coerede (art. 1315 c.c.);

4) si tratti di prestazione altrimenti indivisibile (artt. 1316-1318 c.c.).

La regola della divisione automatica non si applica invece ai crediti che, secondo recenti orientamenti giurisprudenziali (per altro contrastanti con risalente tradizione), cadono di regola in comunione e possono dunque essere esercitati finché dura la comunione da qualsiasi coerede, anche per l'intero, secondo le norme della solidarietà attiva.

La comunione ereditaria si distingue dall'ordinaria soltanto per la causa che la produce.

Il coerede ha anche qui la piena disponibilità della propria quota, salvo l'obbligo di rispettare il diritto di prelazione riconosciuto dalla legge agli altri coeredi. In altre parole, il coerede che intenda vendere la sua quota o parte di essa, deve preventivamente offrirla in vendita agli altri coeredi alle stesse condizioni che eventualmente gli estranei siano disponibili a praticare. Se i coeredi accettano la proposta, hanno diritto di acquistare con preferenza rispetto al terzo. A tal fine, il coerede che intende vendere deve notificare le condizioni di cessione agli altri coeredi; costoro, nel termine di due mesi dalla notifica, possono esercitare la prelazione; in mancanza dell'esercizio, il coerede è libero di vendere, alle condizioni notificate, la quota anche a terzi (art. 732 c.c.).

Il retratto successorio

Ove il diritto di prelazione venga violato, gli altri coeredi potranno riscattare la quota presso il terzo acquirente, alle stesse condizioni da esso praticate. Tale istituto è detto *retratto successorio* ed integra una fattispecie di diritto potestativo: esso, infatti, consente all'erede la cui prelazione sia stata violata, di acquistare, con una unilaterale manifestazione di volontà, la quota ereditaria allo stesso prezzo pagato dal terzo acquirente. La prelazione riguarda solo le ipotesi di vendita della quota ereditaria, non quella di vendita di singoli beni facenti parte dell'asse.

2. *La divisione ereditaria*

Il contratto di divisione

La comunione può sciogliersi in conseguenza di un accordo tra tutti i coeredi (*divisione contrattuale*) ovvero di una sentenza del giudice (*divisione giudiziale*). In entrambi i casi, la divisione opera lo scioglimento della comunione ereditaria con decorrenza *retroattiva*, dall'apertura della successione. Ha dunque natura *dichiarativa* e non carattere traslativo; sicché ciascun condividente deve essere considerato successore immediato del *de cuius* nei rapporti a lui attribuiti, con decorrenza dal giorno dell'apertura della successione.

Inventario e collazione

Quello di scioglimento della comunione ereditaria è un ordinario contratto cui il codice civile dedica alcune disposizioni speciali (artt.

761 ss. c.c.). In particolare, esso può essere annullato soltanto per violenza e per dolo, ma non per errore. La preclusione dell'azione di annullamento per errore è peraltro compensata dal fatto che, per il caso di iniquità della divisione e cioè quando un coerede abbia accettato beni ereditari di valore inferiore alla quota di sua spettanza, l'ordinamento prevede un eccezionale rimedio costituito dalla *rescissione per lesione* (art. 763 c.c.). Affinché la divisione sia rescissa è necessario che la sproporzione sia di entità superiore al quarto, nel senso che i beni ricevuti dal coerede devono avere un valore inferiore di almeno un quarto rispetto a quello corrispondente alla quota ereditaria. In presenza di tale lesione, il condividente può, nel termine di due anni dal contratto, chiederne la rescissione: trattasi di uno speciale rimedio che differisce da quello della *rescissione per lesione ultra dimidium* disciplinato dall'art. 1448 c.c., in quanto può essere sperimentato indipendentemente dalla sussistenza dello stato di bisogno dell'erede leso.

La rescissione per lesione oltre il quarto

La divisione giudiziale

In mancanza di accordo, ciascun coerede può sempre chiedere la divisione giudiziale della comunione (art. 713 c.c.); il relativo diritto ha natura di diritto potestativo che deve essere esercitato nei confronti di tutti gli altri coeredi: la divisione può infatti essere pronunciata dal giudice se nel giudizio siano stati evocati o siano comunque intervenuti tutti i coeredi; non è, invece, ammissibile una divisione relativa ad alcuni soltanto dei condividenti e la relativa sentenza sarebbe assolutamente inefficace.

Limiti allo scioglimento della comunione ereditaria

Limiti al diritto di chiedere la divisione giudiziale sussistono però per legge (art. 715 c.c.); possono essere altresì imposti dal testatore (art. 713 c.c.) o dall'autorità giudiziaria (art. 717 c.c.); e sono infine pattuibili per contratto (art. 1111, 2° comma, c.c.).

Ai sensi dell'art. 714 c.c., può domandarsi la divisione anche quando uno o più coeredi hanno goduto separatamente parte dei beni ereditari, salvo che, per effetto di possesso esclusivo, sia maturato a favore di tali possessori l'acquisto dell'usucapione.

A quest'ultimo effetto non occorre una vera e propria interversione del possesso (art. 1164 c.c.), ma basta l'estrinsecazione, per il tempo necessario ad usucapire, di atti del coerede, che dimostrino la sua intenzione di possedere in via esclusiva e non a titolo di compossesso, ad esempio facendo propri tutti i frutti e disponendo a suo piacimento del bene, sì da rendere inconciliabile tal regime con un eventuale godimento comune con gli altri coeredi.

Le quote di beni da attribuire ai condividenti dovranno essere composte secondo i criteri dettati dall'art. 727 c.c., in modo da comprendere una quantità di mobili, immobili e crediti di eguale natura e qualità, in proporzione al valore delle quote medesime. È però possibile che il testatore stabilisca criteri differenti. Le sue prescrizioni al riguardo vengono normalmente denominate *assegni divisionali*. Esse costituiscono solo regole da osservare nella formazione delle quote, che però va fatta per accordo tra i coeredi, in caso di divisione contrattuale, ovvero per decisione del giudice nel caso di divisione giudiziale. Gli assegni divisionali devono essere distinti dalla c.d. *divisione del testatore* e cioè da quel fenomeno di istituzione ereditaria c.d. *de re certa* che, come detto, impedisce la costituzione della comunione.

3. *La collazione*

Inventario e collazione

Per effettuare la divisione, occorre procedere ad inventario dei beni nonché a collazione (artt. 737 ss. c.c.). A tal fine, ai sensi dell'art. 737 c.c., i figli ed i loro discendenti nonché il coniuge, che concorrono alla successione, devono conferire ai coeredi (ma solo a coloro che siano a loro volta figli, discendenti o coniuge del *de cuius*) tutto ciò che hanno ricevuto dal defunto per donazione direttamente o indirettamente, salvo che il defunto non li abbia da ciò dispensati

La dispensa non produce effetto se non nei limiti della quota disponibile.

Inoltre il discendente che succede per rappresentazione deve conferire ciò che è stato donato all'ascendente, anche nel caso in cui abbia rinunciato all'eredità di questo (art. 740 c.c.).

Per effetto della collazione, tra i soggetti ad essa tenuti, la massa da dividere risulterà formata non solo dai beni lasciati dal *de cuius* (c.d. *relictum*) ma anche da quelli da lui donati in vita (c.d. *donatum*).

La collazione non va confusa con la riunione fittizia dei beni *ex* art. 556 c.c., che è un'operazione di valutazione effettuata ai soli fini del computo della disponibile e per accertare se siano stati lesi i diritti degli eredi legittimari, ma che non comporta, di per sé, alcun conferimento effettivo di beni alla massa ereditaria.

La collazione, invece, determina il rientro effettivo del bene donato (o del suo valore) nella massa da dividere. Con riguardo ai beni immobili infatti essa si fa col rendere il bene in natura o imputandone il valore alla propria porzione, a scelta di chi conferisce (art. 746 c.c.); quella dei mobili si fa soltanto per imputazione (art. 750 c.c.).

La collazione del danaro si fa prendendo una minore quantità del danaro che si trova nell'eredità (art. 751 c.c.).

I beni, oggetto di collazione in natura, rientrano, automaticamente e sin dal giorno dell'apertura della successione, nella massa ereditaria in virtù di una *condicio iuris* risolutiva, che accompagna la disposizione di cui sono stati oggetto.

Il *fondamento* dell'istituto della collazione, secondo la giurisprudenza, sta nella presunzione che il *de cuius* che abbia fatto le donazioni di cui all'art. 737 c.c., non abbia con ciò inteso alterare (salva l'espressa dispensa) il trattamento spettante ai propri discendenti ed al coniuge per testamento o per legge, sicché le donazioni stesse si presumono fatte come anticipo sulla futura successione; e non ha, in tal specie, rilevanza la distinzione fra donazioni in conto legittima o in conto disponibile, in quanto, per la collazione, il *donatum* deve in ogni caso essere aggiunto al *relictum* per formare una sola massa da dividere nelle proporzioni stabilite dal testatore o dalla legge.

Pertanto le norme sulla collazione tendono unicamente ad evitare disparità di trattamento tra eredi in conseguenza di donazioni ad essi effettuate dal *de cuius*.

Tali norme non hanno, però, carattere inderogabile; unico limite alla volontà del *de cuius* è tuttavia l'intangibilità dei diritti dei legittimari.

A norma dell'art. 737 c.c., sono tenuti a collazione i figli legittimi e naturali, i loro discendenti legittimi e naturali, nonché il coniuge del *de cuius*, in quanto siano coeredi; e cioè a condizione che vi sia stata la delazione ereditaria, legittima o testamentaria, per quote uguali o disuguali, e che i chiamati medesimi abbiano accettato.

Peraltro la collazione rileva soltanto a favore di coloro che siano tenuti ad essa; sicché le loro quote ereditarie hanno per oggetto l'asse ereditario incrementato dai conferimenti, mentre le quote degli altri coeredi hanno per oggetto i soli beni relitti, e cioè i soli beni del defunto al momento della morte.

Si ricorda, infine, che anche in tema di collazione si applicano al soggetto parte di un'unione civile tra persone dello stesso sesso le medesime disposizioni dettate dal codice per il coniuge.

Capitolo 73

LA DONAZIONE

Sommario: 1. Il contratto di donazione. – 2. La disciplina. – 3. Fattispecie particolari di donazione.

1. *Il contratto di donazione*

L'art. 769 del codice definisce la donazione come il contratto con cui una parte, per spirito di liberalità, arricchisce l'altra disponendo in suo favore di un diritto o assumendo nei suoi confronti un'obbligazione.

La causa del contratto di donazione

Caratteristica peculiare di tale negozio sta nel fatto che, in esso, la causa e cioè la giustificazione dell'attribuzione o della prestazione, è costituita proprio dallo *spirito di liberalità* e cioè dall'intento del donante di arricchire il beneficiario della donazione (donatario) senza alcun corrispettivo e al solo scopo di procurargli un beneficio. Di regola, i contratti hanno causa onerosa, nel senso che le prestazioni che da essi derivano a carico di una delle parti, trovano la loro ragione nelle controprestazioni e, dunque, si giustificano le une con le altre. Il nostro ordinamento ammette anche contratti a titolo gratuito, nei quali una sola parte assume oneri senza corrispettivi perché ha un proprio interesse ad effettuare la prestazione. Negli atti di liberalità, invece, chi si grava di un sacrificio economico (il donante) lo fa al solo scopo di beneficare l'altra parte, senza che, per giustificare la prestazione, si possa individuare un interesse ulteriore e diverso rispetto al mero *spirito di liberalità* e cioè al nudo intento di arricchire il beneficiario.

Nel contratto in questione, dunque, la distinzione tra l'elemento causale e i motivi, intesi nel senso di finalità individuali perseguite dal donante con il proprio atto, pur non venendo meno, senz'altro si attenua; ed infatti, secondo la giurisprudenza, proprio l'analisi delle motivazioni che hanno spinto il donante all'atto, consente di individuare l'aspetto causale e soprattutto di distinguere la donazione da altri tipi di contratto gratuiti che però non integrano una vera liberalità e che pertanto non sono assoggettati alle disposizioni che il codice detta per il contratto in questione.

Proprio perché l'intento del donante giustifica da solo il trasferimento di ricchezza al donatario, si capisce anche perché, pur essendo la donazione, dal punto di vista strutturale, un contratto e cioè un negozio bilaterale frutto dell'accordo del donante col donatario, in essa (come in tutti i negozi di liberalità) assumono particolare rilevanza (come peraltro già osservato) i motivi che hanno determinato il suo autore ad effettuarla.

Ed infatti, così come avviene anche per i negozi di liberalità *mortis causa* (testamento), l'errore sui motivi, che di norma è irrilevante negli altri contratti, determina invece l'annullabilità della donazione se sia stato determinante della volontà del donante e sia stato espresso nell'atto (art. 787 c.c.). Se il motivo determinante ed espresso sia poi illecito, esso comporta la nullità, per illiceità, dell'intero contratto (art. 788 c.c.).

Gli elementi accidentali della donazione

La donazione, quale negozio di liberalità, può essere assoggettata a *modus* (art. 793 c.c.). Il *modus* costituisce una limitazione della donazione atteso che il donatario, entro il limite di valore dei beni donati, deve adempiere una prestazione impostagli dal donante. Anche il modo integra, come ogni elemento accidentale del contratto, un motivo cui i contraenti attribuiscono una rilevanza giuridica che altrimenti esso non avrebbe. Proprio perché appartenente alla sfera dei motivi, l'obbligazione modale non entra in rapporto di sinallagmaticità con la donazione, non ne costituisce il corrispettivo. Ed infatti, se da un lato qualunque soggetto interessato può agire verso il donatario onde ottenere l'esecuzione della prestazione, dall'altro lato non possono, di norma, essere attivati gli strumenti di tutela contrattuale previsti, per il caso di inadempimento, dalla disciplina dei contratti sinallagmatici. In particolare, non può essere richiesta la risoluzione per inadempimento, salvo che nei casi in cui sia stata espressamente stabilita dal donante ovvero nel caso in cui il modo abbia costituito l'unico motivo che ha determinato la donazione.

La donazione può essere assoggettata anche a condizione e a termine iniziale; ove trattasi di donazione ad effetti obbligatori, essa sopporta anche il termine finale. Alla condizione illecita apposta alla donazione si applica il regime del motivo illecito (art. 788 c.c.), sicché essa è sempre nulla ma rende nullo il contratto soltanto se abbia costituito l'unico motivo per il quale il donante si è determinato alla liberalità.

2. *La disciplina*

Contenuto, consenso, forma

La donazione può avere effetti traslativi, quando consista nell'attribuzione di un diritto, ovvero obbligatori, quando il donante si assume l'obbligo di dare un bene al donatario. Non sono ammesse donazioni aventi ad oggetto beni futuri o di terzi (art. 771 c.c.); allo stesso modo non è ammesso il contratto preliminare di donazione, e ciò al fine di salvaguardare la libertà e la spontaneità dell'attribuzione da parte del donante che sono incompatibili con l'assunzione di un obbligo preliminare.

Essa è valida se fatta da persona capace di agire. Anche l'incapacità naturale ne determina l'annullabilità e ciò indipendentemente dall'esistenza di un pregiudizio per il donante incapace (art. 775 c.c.).

La donazione è un contratto e dunque si perfeziona di norma con il consenso delle parti. Tale consenso deve essere manifestato nelle forme dell'*atto pubblico* (art. 782 c.c.); proposta e accettazione possono anche non essere contestuali ma devono comunque rivestire entrambe la forma richiesta dalla legge. La forma pubblica serve a dare maggiore certezza in ordine alla effettività della volontà del donante da cui dipende il beneficio. Anzi, secondo alcuni indirizzi, essa servirebbe a surrogare la mancanza o comunque la minore intensità di un'effettiva causa giuridica. Ove l'oggetto della liberalità sia costituito da *beni mobili di modico valore* non è necessaria la forma pubblica ma il contratto diviene *reale* sicché per la sua conclusione è necessaria, oltre al consenso, anche la consegna dei beni donati al beneficiario (art. 783 c.c.). La proposta e l'accettazione sono normalmente revocabili.

Essa infine è revocabile, sicché l'autore della liberalità può ottenere la restituzione dei beni donati, in due casi: *a)* per *ingratitudine* (art. 801 c.c.), se il donatario abbia commesso gravi atti contro la persona, l'onore o il patrimonio del donante ovvero si sia reso colpevole di ingiuria grave o, infine, si sia rifiutato di prestare gli alimenti che, com'è noto, il donatario deve al donante medesimo nel caso in cui costui versi in stato di bisogno (artt. 433 e 436 c.c.); *b)* per *sopravvenienza dei figli*, quando il donante abbia un figlio che non aveva al momento della donazione o scopre di avere un figlio di cui, sempre al momento del contratto, ignorava l'esistenza.

3. *Fattispecie particolari di donazione*

Si è già sopra evidenziato come l'analisi dei motivi sia, nel contratto di donazione, particolarmente rilevante. Essa è peraltro importante anche ai fini della individuazione di particolari tipologie di donazione, che sono assoggettate a regimi particolari:

La donazione remuneratoria

a) La *donazione* c.d. *remuneratoria*. Quest'ultima si verifica allorché l'attribuzione al donatario è effettuata per riconoscenza o in considerazione di meriti del donatario medesimo o, infine, per speciale remunerazione (art. 770 c.c.). Caratteristiche distintive di tale tipo di donazione sono costituite dal sentimento di gratitudine che l'autore della liberalità nutre verso il destinatario della stessa e dall'intento di ricompensarlo. Proprio tali motivi non soltanto consentono di qualificare l'atto di liberalità in modo specifico ma lo assoggettano anche ad una disciplina peculiare rispetto a quella che regola la donazione vera e propria. Diversamente da quanto avviene di norma, il beneficiario di una donazione remuneratoria è, infatti, esonerato dall'obbligo di pagare gli alimenti al donante (art. 437 c.c.), è tenuto a garantire l'evizione del bene (art. 797, n. 3, c.c.), non subisce la revoca per sopravvenienza di figli o per indegnità (art. 805 c.c.).

La donazione in riguardo di matrimonio. Sanzioni

b) La donazione fatta *in riguardo di matrimonio* (art. 785 c.c.). Questa particolare donazione non produce effetto se il matrimonio non viene celebrato ed è nulla se esso viene annullato: la mancata realizzazione del motivo dunque incide sulla validità della donazione atteso che fa venir meno l'elemento causale che giustificava l'attribuzione.

Essa riveste inoltre una particolare struttura in quanto non ha bisogno di accettazione sicché si configura come negozio unilaterale. Il beneficio, che può naturalmente essere rifiutato dal donatario, è irrevocabile non appena la dichiarazione del donante giunge a conoscenza del beneficiario ma non acquista efficacia finché il matrimonio non venga perfezionato e, come detto, diviene inefficace nel caso in cui il matrimonio sia annullato.

Le liberalità d'uso

Diversa fattispecie è infine quella della c.d. *liberalità d'uso* e cioè di quelle attribuzioni che di solito vengono effettuate in occasione di servizi resi al donante o in conformità agli usi. Secondo il codice (art. 770, 2° comma, c.c.) essa non costituisce vera donazione, sicché non è assoggettata al suo regime tipico: ad esempio non è revocabile per indegnità o sopravvenienza di figli, non è assoggettata a collazione tra coeredi, non deve inoltre rivestire alcuna forma speciale. Perché sia qualificata in termini di liberalità d'uso, l'attribuzione deve però essere proporzionata al servigio reso nonché alle condizioni economiche del donante.

PARTE XI

IL DIRITTO DELL'IMPRESA E DELLE SOCIETÀ

CAPITOLO 74

L'IMPRENDITORE

SOMMARIO: 1. L'impresa. – 2. Lo statuto dell'impresa. – 3. L'imprenditore. – 4. L'organizzazione. – 5. I professionisti intellettuali. – 6. Il piccolo imprenditore. – 7. L'imprenditore agricolo. – 8. L'imprenditore commerciale.

1. *L'impresa*

L'impresa come fenomeno economico

Il Libro V del codice civile si intitola «*Del Lavoro*». L'espressione ha un senso ampio, ed infatti essa si riferisce ad ogni tipo di attività di rilievo economico e, principalmente, a quella imprenditoriale. Si potrebbe anzi dire che, per la sua porzione quantitativamente e qualitativamente preponderante, il Libro in questione costituisca una parte considerevole del *diritto dell'impresa* e cioè della disciplina giuridica di uno dei principali protagonisti della vita economica delle società industrializzate.

L'impresa è un fenomeno economico molto rilevante per il diritto, che necessita di una specifica regolamentazione. Essa consiste, dal punto di vista economico, in un'attività di approvvigionamento dei c.d. *fattori di produzione* e cioè di tutto quanto sia necessario per attivare un procedimento produttivo. Il primo fattore è di norma costituito dal *capitale*, e cioè dalle risorse finanziarie indispensabili per acquistare gli altri fattori di produzione quali, ad esempio, le prestazioni di lavoratori di differente genere e specializzazione, le materie prime e via discorrendo. I capitali impiegati nell'impresa sono (almeno di norma) propri del suo titolare e cioè dell'imprenditore: essi sono detti *capitali di rischio* nel senso che l'esito negativo dell'iniziativa economica può determinarne il completo assorbimento e dunque la perdita; di regola l'imprenditore assume, anzi, su di sé la responsabilità delle obbligazioni sorte per l'esercizio della sua attività, rispondendone con tutti i suoi beni (art. 2740 c.c.), che dunque vengono esposti al rischio di perdita.

I mezzi finanziari dell'impresa

Di norma un'impresa è però finanziata, oltre che con *mezzi propri* dell'imprenditore, anche con *mezzi di terzi* e cioè con risorse che vengono fornite all'imprenditore medesimo in cambio di una remunerazione. Se la remunerazione è stabilita in modo indipendente dal risultato dell'attività economica, allora tali capitali vengono detti *capitali di credito*; i finanziatori hanno, in questo caso, diritto di ottenere la restituzione delle somme erogate, in una con la relativa remunerazione, indipendentemente dall'esito dell'attività di impresa, di cui non si assumono dunque il rischio.

È possibile che la restituzione e la remunerazione dei capitali forniti dai terzi sia, invece, condizionata dall'esito positivo dell'impresa e cioè dalla realizzazione effettiva di utili. In tal caso il finanziatore partecipa al rischio di impresa e, pertanto, il capitale da lui fornito sarà pur esso qualificabile in termini di capitale di rischio; il finanziatore, però, a differenza dell'imprenditore, non risponde mai, con tutto il suo patrimonio, delle obbligazioni assunte da quest'ultimo, ma corre al massimo il pericolo di perdere le somme impiegate, sicché la sua responsabilità sarà in un certo senso limitata. Sia però fin da ora chiaro che anche i fornitori di capitale di credito (e cioè gli ordinari finanziatori dell'imprenditore), allorché finanziano un'impresa, si assumono un rischio ben preciso: quello che il debitore non riesca a restituire le somme ricevute e diventi, come si dice, *insolvente*. La differenza tra capitale di rischio e capitale di credito fornito dai terzi sta però nel fatto che il primo può essere restituito ai finanziatori solo dopo che sia stato integralmente restituito il secondo; coloro che si sono assunti il rischio dell'impresa saranno, infatti, remunerati solo dopo il pagamento di tutti i fattori di produzione e, quindi, anche dopo la restituzione dei capitali presi in prestito dall'imprenditore. Molti sono gli strumenti utilizzabili per convogliare capitale di rischio di terzi in un'impresa: quello fondamentale è costituito dalla società di capitali, ma ad essi si accennerà di seguito.

Il ciclo dell'attività d'impresa

Una volta acquisiti, i fattori di produzione vengono organizzati in un ciclo produttivo. Questo può essere di varia natura: può consistere in una trasformazione fisica dei fattori, sì che viene a prodursi un nuovo bene prima inesistente; ma può anche consistere in un mero servizio; nella vendita di beni prodotti da terzi (attività commerciale in senso stretto); nel trasporto di beni o persone da un posto ad un altro e via discorrendo. I servizi e i beni prodotti sono poi offerti, a titolo oneroso, ad altre imprese, che li utilizzeranno per le loro rispettive attività economiche; possono infine essere ceduti a consumatori e utenti che sono detti *finali* perché, con la cessione ad essi, il bene o il servizio esce da un circuito produttivo. La somma ricavata dalla relativa vendita va, dunque, a coprire i costi della produzione e dovrebbe, infine, anche remunerare i capitali di rischio.

2. *Lo statuto dell'impresa*

I rapporti e gli atti connessi all'impresa

Il fenomeno economico dell'impresa, sopra sommariamente delineato, è di particolare rilievo per il diritto privato. Intorno all'impresa, infatti, si sviluppano una serie di interessi, a volte contrapposti, che hanno bisogno di specifica disciplina: anzi, nel campo in esame, tali interessi appartengono, di norma, ad una schiera estesa di soggetti titolari, i quali finiscono per costituire vere e proprie categorie (i lavoratori dipendenti; il ceto bancario; i consumatori e via discorrendo). Proprio per tale motivo, nel descrivere, sotto il profilo giuridico, l'attività imprenditoriale, spesso si evoca l'immagine di un *intreccio di rapporti* che hanno nell'impresa medesima il loro punto di confluenza. Ad essi sono sottesi interessi che sono a volte concomitanti e altre volte contrastanti. Al diritto privato è assegnata, in generale, la funzione di disciplinare i conflitti di interessi: dunque, esso si occupa anche di quelli innescati dall'impresa con disposizioni che assumono carattere spesso peculiare.

L'attività imprenditoriale si svolge, poi, attraverso una massa di atti contrattuali che consentono l'afflusso dei fattori di produzione e, successivamente, la cessione di beni e servizi a terzi. Anche tali atti sono, per molteplici motivi, assoggettati ad una disciplina a volte speciale.

La disciplina del mercato

Esistono poi specifici interessi pubblici alla regolamentazione del fenomeno imprenditoriale, che sono connessi ai profili di governo dell'economia. Se il codice del '42 sanciva un controllo autoritario sull'impresa, attraverso disposizioni oggi del tutto abrogate, l'attuale *costituzione economica* – e cioè i principi fondamentali che disciplinano il rapporto tra Stato ed economia – appunta più specificamente l'attenzione sulla regolazione della struttura del *mercato* e cioè di quel complesso fenomeno di incontro della domanda e dell'offerta; la vigente costituzione economica, alla stregua dei principi sanciti dai Trattati dell'Unione e delle Comunità europee, è ispirata, infatti, a regole che garantiscono la libertà di iniziativa economica e degli scambi, in un mercato di tipo concorrenziale. Anche la disciplina del mercato incide sovente sulla regolazione degli atti e dei rapporti privati posti in essere dalle singole imprese.

Le disposizioni che regolano i rapporti e gli atti dell'impresa integrano, spesso, una disciplina *speciale,* perché applicabile soltanto ai rapporti di impresa o all'imprenditore; essa contribuisce a costituire un vero e proprio *statuto giuridico* dell'impresa.

3. *L'imprenditore*

Il codice civile non definisce l'impresa bensì il suo titolare e cioè l'imprenditore che, alla stregua dell'art. 2082, è colui che «*esercita professio-*

nalmente una attività economica organizzata al fine della produzione o dello scambio di beni o servizi». In effetti, lo statuto dell'impresa è organizzato dal nostro ordinamento come statuto dell'imprenditore e cioè come una serie di disposizioni che si applicano ai rapporti giuridici e contrattuali posti in essere dal soggetto che risponde alla definizione del codice.

L'imprenditore è, in primo luogo, colui che esercita un'attività economica diretta alla produzione o allo scambio di beni e servizi, e cioè un'attività che abbia i caratteri di massima sopra già riassunti (v. par. 1): egli organizza i fattori di produzione al fine di realizzare un prodotto destinato ad essere ceduto a terzi a titolo oneroso. È necessario che il prodotto dell'impresa sia destinato alla vendita o che sia comunque messo a disposizione di terzi che ne sostengono il relativo corrispettivo: colui che produce per se stesso e cioè al fine di consumare o di utilizzare in altro modo i beni prodotti (il c.d. *imprenditore per conto proprio*), non è un imprenditore in senso tecnico (giuridico ed economico) ma solamente un produttore.

La qualità di imprenditore

La qualità di imprenditore spetta a qualunque soggetto di diritto che eserciti attività di tal genere; può trattarsi anche di una persona giuridica e, in tal caso, a nulla rileva quale sia la natura della stessa e cioè se si tratti di ente pubblico piuttosto che privato, ovvero di ente morale piuttosto che di società commerciale. Qualunque ente gestisca un'attività economica finalizzata alla produzione o allo scambio di beni o servizi è, dunque, imprenditore. Lo possono essere anche gli enti pubblici che esercitino, in via principale, attività di impresa: in questo caso l'ente viene (ma sarebbe più corretto dire *veniva*) denominato *ente pubblico economico* per evidenziare che esso, ancorché qualificabile come soggetto appartenente alla Pubblica Amministrazione, esercita attività essenzialmente o esclusivamente imprenditoriale. Tali enti sono stati di recente assoggettati ad un procedimento di privatizzazione, essendo stati, in pratica, quasi tutti trasformati in società private alle quali prende parte, in qualità di socio e in misura più o meno significativa, anche la P.A. Esistono poi enti pubblici che esercitano attività d'impresa in modo non assorbente od esclusivo, e cioè, come si suole dire, a titolo non principale: essi si definiscono *enti pubblici non economici*. Agli enti pubblici economici si applica, salvo differente previsione, lo statuto dell'imprenditore; a quelli non economici lo statuto si applica soltanto per la parte di attività che può qualificarsi come imprenditoriale (art. 2093 c.c.): in altre parole, l'ente non economico non assume la qualità di imprenditore; resta un ente pubblico assoggettato alla sua specifica regolazione giuridica, ma, per la parte di attività costituente attività economica (e solo per quella), trova applicazione lo statuto giuridico dell'impresa.

Possono essere imprenditori anche le *fondazioni* o le *associazioni* e cioè le persone giuridiche che perseguono finalità di tipo morale (artt.

14 ss. c.c.). Anche quando svolgono attività imprenditoriale, gli enti morali non cessano di essere tali, cioè non ne viene necessariamente snaturata la loro finalità. È però indispensabile, a tal fine, che essi esercitino l'impresa senza fine di lucro, senza cioè porsi come obiettivo quello di distribuire gli utili e cioè di remunerare il capitale di rischio.

Il requisito dell'economicità e lo scopo di lucro

In effetti, la circostanza che enti morali ed enti pubblici possano esercitare attività di impresa consente di dedurre che l'imprenditore è tale anche se non si pone, tra i suoi obiettivi, lo scopo di produrre o di distribuire utili. La mera attività di produzione e scambio, e cioè di organizzazione dei fattori al fine di produrre beni e servizi da offrire a terzi a titolo oneroso, costituisce impresa anche in mancanza del c.d. *scopo di lucro*.

Ai sensi dell'art. 2082 sopra riportato, l'attività imprenditoriale deve però essere caratterizzata dal requisito della *economicità*. Economicità e scopo di lucro sono due concetti differenti. Con il primo si intende significare che l'obiettivo dell'impresa è quello di remunerare i fattori di produzione con gli utili realizzati dall'impresa; di coprire, in altre parole, almeno i costi coi ricavi. Lo scopo di lucro consiste, invece, nella remunerazione anche del capitale di rischio: consiste nel perseguimento dell'obiettivo di realizzare utili e cioè guadagni ulteriori, che vadano a retribuire l'imprenditore. Un'attività di impresa deve essere economica, ma non deve necessariamente perseguire lo scopo di lucro.

La professionalità

L'imprenditore è tale se esercita l'impresa *professionalmente*, anche se non a titolo esclusivo. Non è professionale l'attività svolta a titolo occasionale: una persona che, nel ricostruire un proprio edificio demolito, realizzi uno o più appartamenti e li venda, non è per ciò stesso imprenditore. Il proprietario di un bene può infatti, ai sensi dell'art. 832 c.c., godere e disporre in modo pieno ed esclusivo del bene oggetto della sua proprietà: se egli, dunque, lo utilizza per attività di tipo giuridico, ancorché occasionalmente speculative, ciò costituisce esercizio della proprietà e non avvio di un'impresa. Per avviare un'impresa è necessario, invece, che le operazioni economiche siano poste in essere con stabilità e si inseriscano in un disegno di utilizzazione economica di fattori di produzione, organizzati da un soggetto che li gestisce (l'imprenditore appunto).

L'impresa è esercitata professionalmente anche se essa si svolge soltanto in alcuni mesi dell'anno, come avviene per le *attività stagionali*.

4. *L'organizzazione*

Nozione e contenuto del requisito organizzativo

Come detto, l'imprenditore è colui che esercita un'attività *organizzata* per la produzione e lo scambio di beni o servizi (art. 2082 c.c.). Dalla lettera della disposizione si ricava che, per configurarsi un imprenditore e, dunque, un'impresa, sia di norma necessaria l'esistenza di *un'orga-*

nizzazione. Quest'ultima risulta costituita da tutti i fattori di produzione strumentali all'esercizio dell'attività economica. Secondo un'interpretazione di tipo tradizionale, dell'organizzazione dovrebbe indefettibilmente fare parte anche la forza lavoro, sicché un'attività di produzione di beni e servizi in cui non figurino dipendenti dovrebbe qualificarsi come qualcosa di differente dall'impresa e, più specificamente, come *lavoro autonomo* (art. 2222 c.c.). In effetti, l'interpretazione troverebbe conferma in molteplici disposizioni del codice: l'art. 2086, ad esempio, nel sancire che l'imprenditore è il capo dell'impresa e che da lui dipendono gerarchicamente i suoi collaboratori, evoca proprio il concetto di organizzazione di uomini (e cioè di forza lavoro); l'art. 2083 definisce il piccolo imprenditore (v. par. successivo) come colui che svolge l'attività *prevalentemente col lavoro proprio*, indicando, ai fini della distinzione rispetto all'imprenditore non piccolo, un parametro fondato su quello che sembra un giudizio comparativo tra impiego di lavoro, rispettivamente, dell'imprenditore e dei suoi dipendenti.

Lavoratori dipendenti e autonomi, e imprenditori

In tale ottica, si distinguono, sotto il profilo giuridico, tre grandi categorie di protagonisti del mondo economico: i *lavoratori dipendenti*, che sono coloro che prestano la loro attività appunto alle dipendenze altrui, dietro corrispettivo; *i lavoratori autonomi*, che prestano attività senza vincolo di subordinazione e cioè senza doversi attenere alle direttive di un datore di lavoro ma che, essendo privi di un'organizzazione, non sono imprenditori; e, infine, *gli imprenditori* che sono coloro che organizzano il lavoro altrui (e gli altri fattori) al fine dell'esercizio di un'attività di produzione e scambio di beni e servizi.

Ma, più di recente, in giurisprudenza è prevalsa l'idea secondo cui non può escludersi che l'organizzazione imprenditoriale sia costituita da fattori di produzione meramente materiali e che, dunque, possa sussistere un'impresa senza dipendenti.

Peraltro, il requisito dell'organizzazione si ritiene che sussista anche nell'ipotesi in cui la stessa sia costituita da un apparato minimo di mezzi e beni strumentali: ciò, evidentemente, crea difficoltà a distinguere in concreto un lavoratore autonomo da un imprenditore.

5. *I professionisti intellettuali*

Esclusi dal regime giuridico proprio dell'impresa sono, invece, i *professionisti intellettuali*. Essi sono lavoratori autonomi che effettuano in favore di terzi (i propri clienti) prestazioni a contenuto intellettuale, nel senso che le stesse non consistono in attività di tipo fisico o materiale, bensì nel prodotto della creatività e dell'intelligenza, ovvero nell'applicazione di concetti e principi di ordine culturale.

Le professioni intellettuali sono di due differenti tipologie a seconda che per il loro esercizio sia necessaria o meno l'iscrizione in un apposito *albo*, e cioè in un elenco di soggetti abilitati, cui il prestatore accede a seguito di un esame pubblico di idoneità. Nel caso in cui l'iscrizione ad un albo sia necessaria, le professioni si dicono *protette:* sono tali quelle dell'avvocato, del medico, del commercialista e via discorrendo. Negli altri casi, esse sono *non protette*.

Professioni protette e non protette

La prestazione di servizi intellettuali è regolata dagli artt. 2229 ss. c.c., i quali dettano una speciale disciplina del contratto che lega il professionista al suo cliente e che viene denominato contratto di *prestazione d'opera intellettuale*. Le previsioni più rilevanti relative al contratto d'opera intellettuale sono: quella che riguarda il compenso (che deve essere adeguato al decoro della professione e che, se non pattuito o fissato da tariffe e usi, è determinato dal giudice: art. 2233 c.c.); quella che disciplina la responsabilità per il caso di negligenza professionale (responsabilità che, per le prestazione di particolare difficoltà, è prevista nei soli casi di dolo e colpa grave: art. 2236 c.c.); e, poi, quelle che regolano il recesso, il regime delle spese e degli acconti, il diritto di ritenzione (che è, in questo caso, vietato: art. 2235 c.c.).

Il professionista intellettuale, per espressa previsione dell'art. 2238 c.c., non è imprenditore. Egli non lo diventa nemmeno se la dimensione della sua attività sia particolarmente estesa e se la stessa sia stata organizzata in forma di società. E infatti, alla stregua delle disposizioni della legge 12 novembre 2011, n. 183 (art. 24), è possibile per i professionisti intellettuali costituire società per l'esercizio in comune della loro attività professionale: anche in tal caso, però, essi non si trasformano in imprenditori e, dunque, non trovano per loro applicazione le disposizioni che costituiscono il c.d. *statuto dell'imprenditore* e cioè quelle previsioni speciali che riguardano soltanto coloro che esercitino attività di impresa ai sensi dell'art. 2082 c.c.

Professionista e imprenditore

L'aspetto quantitativo e l'eventuale utilizzazione di strutture associative sono, almeno di regola, irrilevanti ai fini della qualificazione del professionista quale imprenditore; ma ciò solo a condizione che l'organizzazione strumentale, e cioè l'impiego degli altri fattori di produzione, non acquisisca un valore preponderante rispetto all'attività intellettuale in sé considerata. In tale ultimo caso, quando ad esempio l'organizzazione di capitali o di dipendenti risulti, qualitativamente, predominante rispetto all'apporto dato dal professionista, l'attività di quest'ultimo si trasforma in impresa (art. 2238, 2° comma, c.c.). È il caso tipico del medico analista che sia titolare di un laboratorio di analisi e del chirurgo titolare di una clinica: in questi casi, l'attività intellettuale del professionista costituisce un elemento di una più ampia organizzazione di capitali e uomini che fornisce servizi per il mercato e che, dunque, ha sostanza di impresa; sicché tale professionista diviene imprenditore ed è assoggettato alle disposizioni che costituiscono il relativo statuto, tra cui, principalmente, quelle che disciplinano il fallimento e cioè quella particolare procedura applicabile al titolare di un'impresa che non sia in grado di pagare i propri debiti essendo, come si dice, *insolvente*.

6. *Il piccolo imprenditore*

Definizione generale di piccolo imprenditore

Si è già detto nei precedenti paragrafi che la dimensione dell'organizzazione imprenditoriale è irrilevante ai fini della qualificazione di un'attività come impresa: anche un apparato minimo di strumenti e capitali può costituire il sostrato materiale che l'imprenditore organizza ai fini della sua attività economica.

Essa rileva, invece, ai fini di un'altra distinzione: quella tra imprenditore piccolo e non piccolo. Ai sensi dell'art. 2083 c.c., infatti, «*sono piccoli imprenditori i coltivatori diretti del fondo, gli artigiani, i piccoli commercianti e coloro che esercitano un'attività professionale organizzata prevalentemente con il lavoro proprio e dei componenti della famiglia*».

La previsione normativa individua, dunque, una piccola impresa tutte le volte in cui il rapporto tra l'attività dell'imprenditore e dei suoi familiari, da un lato, e gli altri fattori di produzione dall'altro, sia sbilanciato a favore della prima. Se l'impiego di dipendenti o anche di capitali è tale da doversi considerare, nell'ambito dell'impresa, prevalente rispetto al lavoro dell'imprenditore, quest'ultimo è imprenditore non piccolo. La valutazione deve essere fatta *caso per caso* e non sussistono parametri predeterminati. È il giudice che valuta se l'attività dell'imprenditore sia prevalente o meno rispetto al numero di dipendenti impiegati o alla quantità di capitali utilizzati. È peraltro imprenditore non piccolo anche chi non abbia alcun dipendente, ma utilizzi, per la sua attività professionale, costosi macchinari. In altre parole, affinché si abbia piccola impresa, il lavoro del titolare e dei suoi familiari deve prevalere su ogni altro elemento organizzativo, sia personale (dipendenti) che materiale (macchinari, strumenti, ecc.).

Come detto, la disposizione dell'art. 2083 c.c. individua, insieme alla categoria generale da ultimo descritta, anche tre specifiche figure di piccolo imprenditore: e cioè quella dell'*artigiano*, del *piccolo commerciante* e del *coltivatore diretto* del fondo. Bisogna evidenziare che anche questi imprenditori sono piccoli soltanto a condizione che l'impiego del loro lavoro nell'impresa sia prevalente rispetto a quello di dipendenti e capitali. Il rapporto tra i due elementi presi in considerazione dalla norma deve, dunque, essere sempre rispettato: in caso contrario, l'imprenditore non potrà considerarsi né artigiano né piccolo commerciante né coltivatore diretto, e sarà, invece, un imprenditore non piccolo.

Il piccolo imprenditore è assoggettato ad un regime che è semplificato e meno rigido rispetto a quello previsto per gli altri imprenditori: ad esempio, egli è esonerato dalla tenuta delle scritture contabili (2214 c.c.).

Definizioni speciali di piccolo imprenditore

È possibile individuare, nel nostro ordinamento, anche definizioni di piccolo imprenditore ulteriori rispetto a quella del codice. Ad esempio, la legge n. 443 del 1985 (*Legge quadro sull'artigianato*) stabilisce una serie di requisiti, anche relativi al numero massimo di dipendenti, che un imprenditore deve possedere per essere considerato artigiano.

In giurisprudenza si ritiene, però, che le definizioni delle disposizioni speciali valgano ai soli fini previsti da quelle leggi e non a fini generali; in pratica, non esiste un rapporto di genere a specie tra la previsione dell'art. 2083 e quelle delle leggi speciali in questione, sicché un imprenditore che osservi i parametri della legge sull'artigianato e possa considerarsi, alla stregua della stessa, artigiano, potrebbe però anche non risultare imprenditore piccolo ai sensi dell'art. 2083, se, in concreto, non si possa ritenere che il suo lavoro e quello della sua famiglia sia prevalente rispetto all'impiego degli altri fattori di produzione.

Anche la legge fallimentare – il r.d. n. 267 del 1942 – definiva il piccolo imprenditore al fine di esonerarlo dal fallimento e dalle altre procedure concorsuali, in osservanza di quanto peraltro già previsto dall'art. 2221 c.c. L'art. 1 di tale legge, nel suo testo originario, stabiliva anche specifici parametri per la individuazione dell'imprenditore piccolo che, però, erano stati tacitamente abrogati nel corso degli anni, sicché, alla fine, si era ritenuto che fosse escluso dal fallimento soltanto l'imprenditore che possedesse i requisiti stabiliti dall'art. 2083 c.c., così conformandosi la definizione di piccolo imprenditore della legge fallimentare a quella del codice civile. Il legislatore ha però modificato tale disposizione normativa stabilendo che sono esclusi dalle disposizioni sul fallimento gli imprenditori che dimostrino di non aver superato taluni parametri massimi relativi agli investimenti (€ 300 mila), ai ricavi (200 mila) e all'indebitamento (500 mila). Si tratta di un criterio definitorio non più fondato sul rapporto tra lavoro proprio dell'imprenditore e impiego di altri fattori di produzione; esso, dunque, individua un'ulteriore fattispecie di piccolo imprenditore valevole ai soli fini della legge fallimentare.

Recentemente, il d.lgs. 12 gennaio 2019, n. 14 (recante il c.d. *Codice della crisi di impresa e dell'insolvenza*, che alla data di ultimazione del presente volume non è ancora entrato in vigore) proprio al fine di precisare che la definizione ha valore esclusivamente ai fini della applicazione delle disposizioni dettate in materia di insolvenza, ha infatti qualificato l'impresa che non raggiunga i parametri dimensionali sopra detti come *impresa minore*, abbandonando dunque, nel campo in questione, la definizione di piccolo imprenditore. L'insolvenza dell'imprenditore minore (che è denominata *sovraindebitamento*) è assoggettata alle medesime regole che disciplinano l'insolvenza c.d. *civile*, e cioè quella che riguarda i soggetti che non sono affatto imprenditori.

7. *L'imprenditore agricolo*

L'impresa è regolata da un suo specifico statuto di norme che sovente assumono carattere speciale. Alcune di tali norme riguardano tutti gli imprenditori (ad esempio, la disciplina della concorrenza: artt. 2595 ss. c.c.). Esistono poi, come evidenziato nel precedente paragrafo, disposizioni che riguardano il piccolo imprenditore e che assecondano, attesa la dimensione limitata dell'organizzazione di impresa e, verosimilmente, della portata economica degli interessi da essa gestiti, un'esigenza di semplificazione.

L'imprenditore agricolo e il c.d. *rischio biologico*

Lo statuto dell'impresa risulta poi differenziato anche a seconda del tipo di attività economica che essa esercita: più in particolare, l'ordinamento assoggetta le *imprese agricole* ad uno statuto differente rispetto a quello imposto alle imprese non agricole, che sono dette *imprese commerciali*. La ragione di questo peculiare trattamento è, tradizionalmente, individuata sia nella più limitata dimensione degli interessi coinvolti dall'attività agricola, sia nel fatto che l'imprenditore agricolo è esposto ad un rischio peculiare, il c.d. *rischio biologico*, e cioè al pericolo che il risultato della sua attività economica possa essere compromesso da fattori naturali o biologici incontrollabili (ad es., siccità o alluvioni, malattie infettive degli animali e così via). Proprio per tali ragioni l'ordinamento ha riservato (e in parte riserva tuttora) all'imprenditore agricolo uno statuto meno rigoroso, escludendolo, ad esempio, dalle procedure fallimentari ovvero esonerandolo dall'obbligo di tenere le scritture contabili (si veda *infra*).

Oggi, invero, le logiche che giustificavano tale specifico trattamento sono per molti versi venute meno. La dimensione delle imprese agricole, in un mercato globalizzato e regolato da accordi commerciali internazionali, può essere molto grande; lo sviluppo delle tecnologie (e soprattutto delle cc.dd. *biotecnologie*) consente spesso il controllo dei fattori climatici e biologici che incidono sull'esito dell'attività. Anche il diritto si è in parte adeguato all'attuale realtà riducendo, senza tuttavia annullarla, la differenza tra gli statuti delle imprese agricole e non agricole. Il che non ha però impedito che una disciplina dettata da leggi speciali (e cioè non dal codice) si occupi di nuovi aspetti dell'impresa agricola che il legislatore ha ritenuto di dover disciplinare: si pensi ai problemi della sicurezza alimentare e, dunque, dei consumatori; all'interesse alla valorizzazione del *territorio* che, oltre ad essere l'ambito naturale in cui l'impresa agricola si sviluppa, può costituire una risorsa economica utilizzabile (si vedano, in particolare, i dd.llgs. nn. 226, 227 e 228 del 2001).

Definizione di imprenditore agricolo

La definizione dell'imprenditore agricolo è data dall'art. 2135 c.c., la cui riformulazione (nuova rispetto a quella originaria del 1942) risente proprio delle esigenze e degli interessi sopra menzionati. Secondo tale disposizione «*È imprenditore agricolo chi esercita una delle seguenti attività: coltivazione del fondo, silvicoltura, allevamento di animali ed attività connesse*» (1° comma).

Attività agricole c.d. *primarie*

La disposizione individua, in primo luogo, le *attività agricole* cosiddette *primarie* che sono quelle: *a*) della *silvicultura* e cioè della coltivazione e sfruttamento del bosco e della foresta; *b*) della *coltivazione del fondo* per la produzione di qualunque tipo di prodotto; *c*) dell'*allevamento di animali* e cioè della cura del ciclo di riproduzione e/o di crescita di animali di qualsiasi genere. Anche la pesca, benché non integri attività di allevamento, è considerata attività agricola (art. 2, d.lgs. n. 226 del 2001).

In ogni caso, quella agricola è pur sempre un'impresa sicché per la sua configurazione è necessario che essa consista nell'organizzazione di vari fattori, naturali e non, per la produzione di beni.

Fino a pochi anni fa, la giurisprudenza riteneva necessaria, per la qualificazione in termini agricoli dell'impresa, l'inerenza al fondo della sua attività produttiva: sicché venivano escluse dalla categoria in esame quelle imprese che ricreano in un ambito diverso dal fondo (ad esempio, un fabbricato industriale) attività di coltivazione o di allevamento di animali (come nel caso della pollicultura in batteria).

Il 2° comma dell'art. 2135 c.c., recentemente riformulato, ha invece precisato che per attività agricole si intendono quelle che sono «*dirette alla cura e allo sviluppo di un ciclo biologico o di una fase necessaria del ciclo stesso, di carattere vegetale o animale, che utilizzano o* possono *utilizzare il fondo, il bosco, o le acque dolci, salmastre o marine*». Sono, dunque, ricomprese tra le attività agricole anche quelle che, pur essendo astrattamente attività inerenti al fondo, siano svolte in un diverso contesto; sono inoltre agricole anche le attività relative a cicli biologici che si svolgono in acqua e, dunque, oltre alla pesca, anche le produzioni cosiddette in acquacultura e cioè l'allevamento di pesci in vasca.

... e attività *connesse*

Oltre a quelle primarie, sono considerate agricole anche le *attività connesse*. Si tratta di attività che non sono oggettivamente agricole ma che lo diventano appunto in conseguenza del rapporto funzionale che le lega a quelle primarie. Perché esista tale legame è necessario, in primo luogo, che esse siano svolte da un imprenditore che esercita un'attività agricola primaria ascrivibile a quelle indicate dal 1° comma dell'art. 2135. Si considerano poi connesse all'impresa agricola due specifiche ma ampie categorie di attività e cioè:

a) le attività commerciali che riguardano i prodotti dell'attività agricola primaria: si tratta delle attività di commercializzazione organizzata in negozi o centri di distribuzione, ovvero di trasformazione e manipolazione dei prodotti agricoli provenienti, in prevalenza, dall'impresa agricola del medesimo imprenditore (art. 2135, 3° comma, I parte);

b) le attività commerciali che vengono esercitate con i mezzi strumentali utilizzati per l'esercizio di un'attività agricola: si tratta, ad esempio, delle attività di valorizzazione del territorio (bonifiche) effettuate da un imprenditore agricolo con i mezzi della sua azienda; di quelle di ospitalità di turisti in aziende agricole (c.d. *agriturismo*).

Le attività ricomprese nelle dette categorie sarebbero di per sé commerciali (v. par. successivo): il fatto che esse riguardino i prodotti dell'azienda agricola del medesimo imprenditore ovvero siano svolte con i beni aziendali dell'impresa agricola, le fa diventare attività agricole connesse.

L'impresa agricola può essere svolta anche da una società sia di persona che di capitali.

Come sopra accennato, il regime dell'impresa agricola è in parte differente da quello delle imprese non agricole. Ad esempio, ai sensi dell'art. 2126 c.c., all'imprenditore agricolo non si applicano le disposizioni sul registro delle imprese e cioè su quel registro pubblico cui devono iscriversi tutti gli altri imprenditori: recentemente, questa disposizione sembra però essere stata tacitamente abrogata dall'art. 2 del d.lgs. n. 228 del 2001, il quale ha imposto l'iscrizione anche dell'imprenditore agricolo in apposita sezione del registro imprese, con le medesime conseguenze stabilite per gli imprenditori commerciali. Alla stregua dell'art. 1 della legge fallimentare, anche nella sua nuova formulazione introdotta nel 2006, l'imprenditore agricolo è tuttora escluso, invece, dal fallimento che è riservato, infatti, ai soli imprenditori esercenti una attività commerciale. Anche per l'imprenditore agricolo il Codice della crisi di impresa e dell'insolvenza approvato col già citato d.lgs. n. 14 del 2019, prevede l'applicazione delle disposizioni relative al c.d. *sovraindebitamento* che, come detto, è la situazione di insolvenza che riguarda il debitore civile (e cioè colui che non è imprenditore). Per le ulteriori differenze di regime si rinvia ai prossimi paragrafi.

8. *L'imprenditore commerciale*

Definizione di impresa commerciale

Le imprese che non sono agricole sono definite *commerciali*: la definizione di impresa commerciale è contenuta, in positivo, nell'art. 2195 c.c.; essa risulta, però, talmente larga da comprendere qualunque attività che non può essere annoverata tra quelle di tipo agricolo. Il che in sostanza significa che le imprese, in relazione al tipo di attività esercitata, possono essere di tipo agricolo o commerciale, escludendosi che possa configurarsi un terzo tipo di impresa, non agricola ma nemmeno commerciale, e pertanto definita *civile*.

Come anticipato, l'art. 2195 c.c. individua tutte le attività che si considerano commerciali. Bisogna subito evidenziare che il termine ha un significato giuridico più ampio di quello che usualmente gli viene attribuito. Attività di commercio è, nel linguaggio comune, quella di semplice intermediazione nella circolazione di beni: è, infatti, commerciante colui che acquista prodotti per rivenderli all'ingrosso o al dettaglio. Già in tempi oramai non recenti, il termine ha però assunto una più vasta portata andando ad individuare anche le attività produttive in senso stretto.

Tipologie di attività commerciali

Attività commerciali sono, dunque, sia quelle di commercio in senso proprio, sia quelle produttive o altrimenti dette industriali. Ciò emerge con chiarezza dalla previsione dell'art. 2195 c.c., secondo cui sono ascritte alla categoria in questione:

1) Le *attività industriali dirette alla produzione di beni o di servizi*: e cioè, appunto, quelle che consistono nella creazione di un prodotto (bene o servizio) prima inesistente, che viene venduto ai clienti dell'imprenditore.

2) Le *attività di intermediazione nella circolazione dei beni*: e cioè le attività di commercio in senso proprio, nella quali l'imprenditore non produce ma semplicemente acquista e rivende un bene o un servizio prodotto da altri.

Sono considerate attività commerciali anche:

3) Le *attività di trasporto per terra, per acqua o per aria*: il trasporto è assimilabile ad un'attività di tipo produttivo. Lo spostamento di un bene da un luogo all'altro, ancorché non modifichi il bene trasportato nella sua consistenza fisica o giuridica, comunque apporta allo stesso un incremento di valore, rendendolo disponibile anche là dove esso non è stato prodotto e, dunque, alla portata di persone che sono lontane dalla sua zona di origine.

4) L'*attività bancaria o assicurativa.* Quella bancaria è un'attività di intermediazione che ha ad oggetto il danaro: il banchiere raccoglie ri-

sorse finanziarie (danaro appunto) presso coloro che hanno disponibilità in *surplus*, e le mette a disposizione di coloro che ne hanno bisogno e che, naturalmente, diano garanzia di restituirle. Questa attività di intermediazione, attuata attraverso la *raccolta* e gli *impieghi*, ha un'importanza molto consistente nel sistema economico, e, infatti, è assoggettata a specifiche disposizioni ed a particolari controlli (si veda il d.lgs. n. 385 del 1993: c.d. testo unico bancario). Analogo discorso vale anche per l'attività assicurativa, la quale pure si fonda su un meccanismo di raccolta: l'imprenditore riscuote i premi versati da tutti gli assicurati e, con le somme ricavate, fa fronte all'indennizzo dei danni provocati dai sinistri oggetto di assicurazione (assicurazione per danni) ovvero paga il capitale o la rendita spettante a colui che abbia contratto l'assicurazione sulla vita (art. 1882 c.c.). Anche l'impresa assicurativa è assoggettata a controlli e a speciali regimi.

5) Sono infine imprese commerciali quelle che esercitano *attività ausiliarie delle precedenti*. Sono queste le imprese di coloro che offrono principalmente servizi agli altri imprenditori commerciali al fine di coadiuvarli nell'esercizio della rispettiva attività: tra tutte, si ricorda quella dell'agente di commercio che abbia un'organizzazione di tipo imprenditoriale (si veda il precedente par. 4).

Come già più volte detto, all'impresa si applica uno speciale regime che risulta differenziato a seconda che essa sia piccola o meno, ovvero che sia agricola o commerciale. Nei successivi capitoli si analizzeranno i principali caratteri di tali statuti dell'impresa, riferendosi, in particolare, a quegli aspetti di specialità che essi dimostrano rispetto agli istituti generali privatistici.

CAPITOLO 75

L'ATTIVITÀ CONTRATTUALE DELL'IMPRENDITORE

SOMMARIO: 1. La capacità di agire dell'imprenditore: l'impresa dell'incapace. – 2. (*segue*) L'impresa dell'inabilitato, dell'emancipato, della persona assoggettata ad amministrazione di sostegno, dell'incapace naturale. – 3. I contratti civili e i contratti commerciali. – 4. (*segue*) I contratti con i consumatori e i contratti tra imprenditori. – 5. (*segue*) La diffusione dei modelli contrattuali commerciali. – 6. La rappresentanza dell'imprenditore commerciale. – 7. (*segue*) I poteri di rappresentanza dell'institore, del procuratore e del commesso. – 8. (*segue*) La rappresentanza nelle società.

1. *La capacità di agire dell'imprenditore: l'impresa dell'incapace*

Requisiti necessari all'esercizio dell'impresa

Per l'esercizio dell'impresa è necessario che venga posta in essere una complessa attività di tipo giuridico orientata, per un verso, all'acquisizione dei fattori di produzione e, sul versante opposto, alla cessione dei beni e servizi prodotti. Tale attività giuridica consiste, dunque, in una serie di contratti che l'imprenditore pone in essere con diverse categorie di soggetti.

La capacità di agire

Appare evidente che, per la valida gestione della sua impresa, l'imprenditore deve essere munito della capacità di contrarre e cioè della capacità di agire (art. 2 c.c.): in caso contrario, in applicazione della regola generale, i contratti da lui posti in essere risulterebbero annullabili sicché, in definitiva, l'attività di impresa sarebbe esposta al rischio di diventare impraticabile. È noto che il nostro ordinamento contempla differenti fattispecie di incapacità e, rispetto a ciascuna di esse, si pone il problema dell'esercizio dell'impresa. In particolare:

Fattispecie di incapacità: soggetti assolutamente privi di capacità

I) I *soggetti assolutamente privi di capacità di agire* (minori ed interdetti) sono sottoposti ad istituti di protezione e rappresentanza (potestà dei genitori e tutela) che assicurano l'amministrazione e la gestione del loro patrimonio. Tali istituti sono, in via di principio, finalizzati alla mera conservazione dei rapporti patrimoniali dell'incapace piuttosto che alla loro utilizzazione per finalità imprenditoriali o speculative: gli amministratori del patrimonio dell'incapace sono, infatti, abilitati a compiere – quali rappresentanti dell'incapace medesimo e, dunque, in sua sostituzione – solo gli atti di ordinaria amministrazione, che per loro natura non alterano la consistenza e la originaria destinazione dei rapporti patrimoniali gestiti; possono poi compiere anche atti di straordinaria amministrazione, a condizione però che si muniscano delle debite autorizzazioni del giudice (giudice tutelare o tribunale), il quale, di regola, stabilisce anche in quale modo debbano essere reimpiegati i beni o le somme ricavati dagli atti autorizzati, così garantendo la salvaguardia della consistenza patrimoniale dell'incapace.

Il codice esclude, invece, che l'amministratore dei beni dell'incapace possa essere autorizzato ad *intraprendere* un'attività imprenditoriale di tipo commerciale. Tale esclusione non è sancita espressamente dalla legge, ma essa si ricava dalle disposizioni del codice che contemplano solo il diverso caso della *continuazione* di un'impresa già avviata. La continuazione è, infatti, ammessa in due ipotesi specifiche: *a*) quando l'incapace (minore o interdetto) succeda *mortis causa* in un'impresa costituita da altri ovvero l'acquisti per donazione; *b*) quando egli diventi incapace dopo aver validamente avviato, prima della sua incapacità, l'impresa: chiaramente, questa seconda ipotesi riguarda solo l'interdetto che fosse imprenditore già prima della pronunzia di interdizione. In entrambi i casi è possibile che il tribunale, previa l'acquisizione del parere del giudice tutelare, autorizzi la continuazione dell'attività imprenditoriale se ciò risponde all'interesse dell'incapace (artt. 320, 5° comma, e 371 c.c.).

Ove l'autorizzazione sia concessa, si registra una scissione tra titolarità e gestione dell'impresa: quest'ultima, infatti, appartiene all'incapace – che è, dunque, l'imprenditore – ma viene gestita dai suoi rappresentanti (genitori, tutore).

In sostanza, dalle disposizioni del codice si ricava che il legislatore non ritiene conforme all'esigenza di conservazione del patrimonio dell'incapace, autorizzarlo ad avviare una nuova impresa commerciale, e ciò in considerazione dei rischi che essa normalmente comporta, compreso quello del fallimento per l'ipotesi di insolvenza. Viceversa, la continuazione di un'impresa già esistente può essere autorizzata onde evitare che se ne disperda il valore col conseguente pregiudizio per gli interessi economici dell'incapace medesimo. Per motivazioni analoghe, ai sensi dell'art. 2294 c.c., l'interdetto e il minore possono essere autorizzati soltanto a subentrare nella posizione di socio di una società in nome collettivo, se tale posizione venga loro trasferita per donazione o *mortis causa*, mentre non possono essere autorizzati a partecipare alla costituzione di una società di tal genere. Ciò perché, come si vedrà *infra*, i soci di una collettiva assumono il relativo rischio imprenditoriale, estendendosi gli effetti del fallimento della società anche nei loro riguardi (art. 147 legge fall.), sicché valgono, per la partecipazione dell'incapace alla costituzione della società, regole del tutto simili a quelle che disciplinano l'avvio di un'attività commerciale individuale.

Le disposizioni ora analizzate riguardano esclusivamente l'impresa commerciale; si ritiene, dunque, che l'incapace possa, con l'autorizzazione del tribunale e col parere del giudice tutelare, essere autorizzato, oltre che alla continuazione, anche all'avvio di un'*impresa agricola*, e ciò in quanto l'imprenditore agricolo, pur rispondendo con tutto il proprio patrimonio delle obbligazioni contratte per l'impresa, non è soggetto al fallimento.

2. (segue) *L'impresa dell'inabilitato, dell'emancipato, della persona assoggettata ad amministrazione di sostegno, dell'incapace naturale*

Soggetti con capacità attenuata: inabilitati e minori emancipati

II) Le *persone con capacità attenuata* e cioè gli inabilitati e i minori emancipati sono assoggettati ad istituti di assistenza: essi possono compiere atti negoziali a contenuto patrimoniale, ma devono, in alcuni casi, essere assistiti dal curatore; per la straordinaria amministrazione, devono anche essere autorizzati dal tribunale. In generale, il regime giuridico relativo agli atti compiuti rispettivamente dall'emancipato e dall'inabilitato è praticamente lo stesso. Quanto all'esercizio dell'impresa commerciale, invece, esso si dimostra non omogeneo. L'art. 425 c.c. stabilisce, per l'inabilitato, una previsione del tutto identica a quella dettata per interdetto e minore: anche l'*inabilitato* può essere autorizzato soltanto a *continuare* un'impresa commerciale, che potrà esercitare con l'assistenza del curatore, mentre si esclude che possa essere autorizzato ad avviarla. Viceversa, per il *minore emancipato*, l'art. 397 c.c. prevede l'autorizzazione all'*esercizio* dell'impresa commerciale e, dunque, anche al suo avvio: l'emancipato, se autorizzato, può inoltre gestire l'impresa anche senza l'assistenza del curatore e può, in tal caso, compiere da solo atti sia di ordinaria che di straordinaria amministrazione del suo patrimonio, ancorché estranei all'esercizio dell'impresa.

Differenze tra emancipazione ed inabilitazione

Il regime dell'emancipazione differisce da quello dell'inabilitazione per motivi abbastanza evidenti. Inabilitato ed emancipato versano in una situazione analoga, ma partono da condizioni per certi versi opposte: l'inabilitato è un soggetto che, a causa di un *deficit* intellettivo o comunicativo, viene limitato nella sua capacità che, altrimenti, sarebbe piena; l'emancipato è, invece, un minorenne che, essendo autorizzato al matrimonio, viene dotato di una (seppure attenuata) capacità che altrimenti non avrebbe. Pertanto, all'emancipato che abbia qualità intellettuali sufficienti, può essere concesso, con l'autorizzazione all'esercizio dell'impresa, un ulteriore incremento della capacità di agire; all'inabilitato, invece, tale facoltà non può essere riconosciuta perché, se si accertasse che è in possesso di capacità sufficiente ad esercitare da solo l'impresa, allora dovrebbe essere riabilitato, e ciò in quanto la sua condizione dovrebbe considerarsi tale da non giustificarsi più la limitazione di capacità indotta dall'inabilitazione.

Sia il minore emancipato che l'inabilitato possono essere autorizzati ad avviare, oltre che a continuare, un'*impresa agricola*.

Soggetti sottoposti ad amministrazione di sostegno

III) Il codice non disciplina l'esercizio dell'attività di impresa della persona assoggettata ad *amministrazione di sostegno*. In effetti, questo istituto riguarda persone affette da incapacità sia fisica che psichica (art. 404 c.c.); i poteri dell'amministratore sono, inoltre, stabiliti dal giudice col relativo decreto di nomina e, a differenza di quanto avviene per le altre forme di incapacità legale, essi non sono regolati secondo un regime di tipicità, potendo il giudice determinarli nel modo che ritiene più aderente alla concreta situazione dell'incapace. Da ciò consegue che, in via di principio, non si può escludere che la persona assoggettata all'amministrazione di sostegno sia autorizzata non soltanto a continuare ma anche ad avviare un'impresa commerciale.

Incapaci naturali

IV) Infine, se un'attività di impresa è avviata o continuata da un *incapace naturale*, trova semplicemente applicazione la disposizione dell'art. 428 c.c.: gli atti compiuti per l'esercizio dell'attività sono singolarmente annullabili a condizione che siano pregiudizievoli per la sua posizione patrimoniale, e sempre che la controparte abbia approfittato dell'incapacità.

3. *I contratti civili e i contratti commerciali*

Contratti civili e commerciali: disciplina anteriore al codice del '42

Anteriormente all'entrata in vigore del Codice del 1942, si distingueva tra *contratti commerciali* e *contratti civili*: i primi erano costituiti dai cosiddetti *atti di commercio* e cioè da una serie di operazioni attinenti all'attività dell'imprenditore e, come allora si diceva, del *commerciante*; essi erano regolati da un apposito codice (il *codice di commercio*). I *contratti civili* erano, invece, quelli non attinenti al commercio ed erano disciplinati dal codice civile. Anche contratti con la medesima funzione venivano, a seconda della loro natura civile o commerciale, regolati in modo diverso: sicché esisteva, ad esempio, una compravendita civile e una commerciale. Il Codice civile del '42, e cioè quello tuttora vigente,

La disciplina codicistica

ha unificato la disciplina dei contratti, sicché oggi non è più possibile distinguere tra contratti civili e commerciali. Esso si è, per gran parte, ispirato ai principi commercialistici già contemplati dal codice di commercio, e regola la materia alla stregua di previsioni che assecondano le esigenze di speditezza e certezza dei rapporti contrattuali, le quali sono particolarmente avvertite proprio dagli imprenditori.

Ad esempio, la previsione relativa alle *condizioni generali di contratto* (art. 1341 c.c.) attua senza dubbio un bisogno particolarmente sentito dal titolare dell'impresa: quello di uniformare il contenuto dei suoi rapporti contrattuali (con altri imprenditori o con i clienti). L'art. 1341 c.c. stabilisce, infatti, che le clausole predisposte unilateralmente dall'imprenditore per la generalità dei suoi contratti sono efficaci purché conosciute o semplicemente conoscibili da parte dell'aderente: non si richiede, dunque, ai fini della loro efficacia, l'accettazione di quest'ultimo; è sufficiente semplicemente la conoscibilità. La norma consente all'imprenditore di programmare la sua attività, di prevedere gli effetti dei negozi posti in essere e, allo stesso tempo, di evitare la contrattazione singola, che si rivelerebbe addirittura impossibile per imprese con enormi volumi di rapporti contrattuali. Tale norma, pensata per assecondare esigenze degli imprenditori, è stata però estesa a tutti i rapporti nei quali una parte predisponga clausole per la generalità dei suoi contratti e, dunque, pure ai professionisti intellettuali o alle pubbliche amministrazioni.

Anche le disposizioni che regolano le cc.dd. *clausole abusive* – e cioè quel fenomeno di abuso delle condizioni generali di contratto, in virtù del quale il predisponente stabilisce regole negoziali che comportano un significativo squilibrio a danno del consumatore (artt. 33 ss., d.lgs. n. 206 del 2005) – sono riferite non all'imprenditore bensì al professionista e cioè ad una categoria più ampia di quella dell'imprenditore ma che, comunque, la ingloba in sé. Dunque, sotto il profilo della regolamentazione generale del contratto, la distinzione tra contratti civili e commerciali appare oggi non più sostenibile, perché anche le norme che sono state pensate per regolare rapporti di impresa, filtrano, per così dire, nel tessuto del diritto civile per essere applicate anche a rapporti non di impresa.

Ciò non significa che, però, non esistano regole che valgono soltanto per i contratti dell'imprenditore. Ad esempio, ai sensi dell'art. 1330 c.c., la proposta contrattuale, che normalmente perde efficacia a seguito della morte del proponente, rimane invece efficace se fatta da un imprenditore nell'esercizio della sua attività. Si tratta di una previsione che asseconda un principio di stabilità del rapporto contrattuale d'impresa, giustificato proprio dal fatto che il contratto si riferisce ad un'entità oggettiva, l'impresa o l'attività economica in sé considerata, che sopravvive al suo titolare. Altre previsioni speciali, applicabili solo ai rapporti di impresa, riguardano, inoltre, la cessione del contratto, la rappresentanza, la pubblicità. Esse saranno analizzate nei prossimi capitoli. Ma, per la maggior parte, le regole relative alla struttura del contratto – il perfezionamento, la validità, l'efficacia e via discorrendo – sono le stesse sia che si tratti di contratto d'impresa sia che si tratti di contratto civile: dunque, la distinzione non è più sostenibile nei termini tradizionali.

Si discorre ancora di *contratti di impresa* per indicare, invece, alcuni tipi negoziali che sono propri di una specifica attività imprenditoriale: ad esempio, taluni contratti bancari e assicurativi; e ancora, i contratti di distribuzione e cioè quelli attraverso i quali viene assicurata la vendita di beni, generalmente di consumo, prodotti da un'impresa (ad es., il *franchising*).

4. (segue) *I contratti con i consumatori e i contratti tra imprenditori*

Le nuove previsioni: i rapporti *business to consumer* ed i rapporti *business to business*

Più di recente, si può invece individuare un nuovo fenomeno che, su un tronco comune di disposizioni generali che disciplinano il contratto in generale e che dunque si applicano a qualunque rapporto (civile o commerciale), sta innestando una serie di previsioni particolari le quali si riferiscono, per un verso, ai rapporti tra *professionista* e *non professionista* o *consumatore* (rapporti, questi, che sono anche detti *business to consumer*, *B2C*), e, per l'altro, invece, ai rapporti tra due o più *professionisti* (detti anche rapporti *business to business*: *B2B*).

Il Codice del consumo (d.lgs. n. 206 del 2005)

Alla prima categoria appartengono, ad esempio, quasi tutte le previsioni che oggi sono riversate nel c.d. *Codice del consumo* (d.lgs. n. 206 del 2005): molte di esse sanciscono obblighi di informazione scritta al consumatore in ordine a molteplici aspetti del rapporto contrattuale, il cui inadempimento è sanzionato con forme di nullità di tipo relativo che possono, cioè, essere fatte valere solo nell'interesse del consumatore (si veda, ad es.: l'art. 70 in materia di contratti di acquisto della multiproprietà; l'art. 86 in materia di vendita di pacchetti turistici); altre consentono al consumatore medesimo di esercitare il recesso nei casi di contratti stipulati fuori dei locali commerciali ovvero di contratti conclusi a distanza (art. 64 del cit. d.lgs.).

La *ratio* delle disposizioni che regolano il rapporto tra professionista (anche imprenditore) e consumatore è quella di evitare che le inefficienze del primo siano in un certo senso *scaricate* sul secondo: un imprenditore che può vendere prodotti di scarsa qualità approfittando, ad esempio, della situazione di minore informazione in cui versa il consumatore (c.d. di *asimmetria informativa*) ottiene, a danno di quest'ultimo, un indebito vantaggio competitivo su quegli altri imprenditori che dell'asimmetria informativa, invece, non approfittino. Si tratta, dunque, di norme che seguono uno schema di tutela del c.d. *contraente debole*

Tutela del c.d. *contraente debole*

(il consumatore) ma che servono ad attuare (anche) quell'esigenza di regolazione del mercato concorrenziale cui si faceva riferimento nel precedente capitolo (v. par. 2).

Imprenditori e forza contrattuale

I contratti tra imprenditori (*B2B*) sono, invece, improntati, almeno di regola, ad un principio di parità formale. Recentemente stanno però trovando attuazione numerose innovazioni che tutelano l'imprenditore che versi in stato di minore forza contrattuale nei confronti di altri imprenditori. Si pensi alla norma dell'art. 9 della legge che disciplina la subfornitura nelle attività produttive (la legge n. 192 del 1998), secondo la quale: «*è vietato l'abuso da parte di una o più imprese dello stato di dipendenza economica nel quale si trova, nei suoi o nei loro riguardi, una impresa cliente o fornitrice*». La disposizione, che si applica quando «*una impresa sia in grado di determinare, nei rapporti commerciali con un'altra impresa, un eccessivo squilibrio di diritti e di obblighi*», sancisce un principio di giustizia sostanziale tra le prestazioni dei contratti stipulati tra imprenditori di differente forza contrattuale, la cui violazione da parte del *contraente forte* è sanzionata con la nullità, che può far valere solo quella *debole*.

Analoga disposizione è quella sancita dall'art. 7 del d.lgs. n. 231 del 2002, alla cui stregua sono nulli gli accordi di dilazione nei pagamenti delle forniture commerciali, ove gli stessi siano gravemente iniqui per il creditore: in altre parole, un imprenditore che ha forza contrattuale non può pretendere che il proprio creditore attenda un termine eccessivo per il pagamento di forniture regolarmente consegnate. Anche nei rapporti tra imprenditori si possono, dunque, individuare disposizioni che tutelano il contraente debole e che, allo stesso tempo, garantiscono il corretto funzionamento del mercato concorrenziale, impedendo che i *contraenti forti*, con abuso della loro forza economica, scarichino le loro inefficienze su altre imprese o comunque realizzino utili a danno di queste ultime.

5. (segue) *La diffusione dei modelli contrattuali commerciali*

I moduli negoziali

I rapporti contrattuali tra imprenditori sono caratterizzati anche da un altro specifico fenomeno: essi sono molto spesso disciplinati da regole che vengono stabilite dagli imprenditori medesimi attraverso la predisposizione di moduli negoziali che costituiscono contratti atipici. Questi contratti, i quali sovente vengono predisposti dalle imprese di più grande dimensione, che occupano posizione di rilievo se non di monopolio nei mercati, facilmente trovano diffusione soprattutto in conseguenza del fenomeno della globalizzazione degli scambi commerciali. A volte essi sono poi recepiti dal legislatore oppure vengono trasferiti in ambiti economici differenti da quelli nei quali sono nati.

Ad esempio, il contratto c.d. di *leasing* è nato per finanziare l'acquisto (in proprietà o godimento) di strumenti di produzione. Esso consiste, infatti, in un finanziamento: una parte (una società finanziaria) mette a disposizione di un'altra parte (un imprenditore) le somme necessarie per acquistare un bene produttivo che interessa a quest'ultima. Con tali somme, il bene viene comprato presso un terzo soggetto che lo vende (il fornitore). Il bene produttivo diviene di proprietà del finanziatore il quale lo concede in godimento all'imprenditore. Costui, in cambio, paga un canone per un periodo di tempo stabilito dal contratto ma può, alla fine del rapporto, decidere anche di acquistare la proprietà del bene esercitando un diritto di opzione e pagando eventualmente un canone finale. Il *leasing*, nato in un contesto di rapporti tra imprese, viene oggi normalmente utilizzato quale schema di finanziamento per l'acquisto di beni di consumo, sicché esso ha esteso il suo campo di applicazione a rapporti che coinvolgono anche i consumatori.

Spesso, i contratti atipici diffusi in campo commerciale pongono problemi di conformità rispetto a norme inderogabili che regolano contratti simili. Altre volte, può capitare che la loro diffusione e la valorizzazione delle esigenze economiche ad essi sottese induca una modifica nella interpretazione di disposizioni del codice civile (un esempio potrebbe essere dato dalla torsione che l'interpretazione della norma sul divieto del patto commissorio, l'art. 2744 c.c., ha subìto a seguito della circolazione di modelli contrattuali quali il *sale and lease back*). In altre parole, tra i principi civilistici e i modelli contrattuali commerciali esiste da sempre, e continua ad esistere tuttora, una dialettica che risponde ad una dinamica di reciproca influenza.

6. *La rappresentanza dell'imprenditore commerciale*

Con l'approvazione del Codice civile del '42, come già detto, la distinzione tra contratti civili e commerciali è stata eliminata. Le disposizioni sul contratto si applicano indipendentemente dalla qualità delle parti che lo concludono e dalla sua eventuale riferibilità ad un'impresa. Ciò vale sia per le disposizioni sul contratto in generale e cioè per quelle che ne disciplinano la struttura e la validità, (artt. 1321 ss. c.c.), sia per le previsioni relative ai singoli contratti.

Esistono alcune disposizioni sul contratto – ad es., le condizioni generali di contratto – che sono state pensate per regolare rapporti commerciali, ma esse, come già detto, sono direttamente applicabili ad ogni vicenda contrattuale anche se non relativa ad un imprenditore.

Le norme codicistiche sulla rappresentanza: la rappresentanza commerciale

In materia di rappresentanza, però, il codice detta talune norme – gli artt. 2203 ss. – che sono espressamente riferite all'impresa e, in particolare, a quella commerciale; e che, dunque, ad essa soltanto si applicano. Proprio per questo, tali disposizioni individuano l'istituto detto della *rappresentanza commerciale*.

La rappresentanza è uno strumento che consente la sostituzione nella conclusione di atti negoziali: il rappresentante è colui che è autorizzato a concludere contratti produttivi di effetti non nella sua sfera giuridica, bensì in quella di un'altra persona, detta rappresentato o anche *dominus*. Perché si abbia quest'effetto di rilevanza diretta del contratto sul patrimonio del *dominus*, è necessario che il rappresentante agisca in nome e per conto di quest'ultimo. Ove il rappresentante agisca nell'interesse altrui ma in nome proprio, allora si verifica quel fenomeno che è detto di *rappresentanza indiretta*, sicché il contratto spiega i suoi effetti nella sfera del rappresentante, che è però obbligato a trasferirli al rappresentato. Se, invece, il rappresentante agisca spendendo il nome del *dominus* ma non ne curi l'interesse (perseguendo cioè l'interesse proprio o altrui), il contratto risulta annullabile su istanza del *dominus* medesimo (v. artt. 1394 e 1395 c.c., in tema di *conflitto di interessi*).

La rappresentanza indiretta

Di regola, i poteri rappresentativi sono conferiti dal rappresentato con un atto negoziale tipico che si chiama *procura*. Tale atto costituisce la fonte e, allo stesso tempo, anche lo strumento di prova dell'esistenza del potere di rappresentanza, nel senso che il documento che contiene la procura può essere esibito ai terzi con cui il rappresentante contratta al fine di dimostrare l'esistenza e l'estensione delle sue facoltà rappresentative.

La procura

L'imprenditore commerciale esercita la sua attività attraverso molteplici relazioni contrattuali; per poterle allacciare egli deve, spesso, far ricorso alla rappresentanza di varie persone e, in primo luogo, dei collaboratori e dipendenti interni all'organizzazione imprenditoriale. È ben possibile che i rappresentanti siano esterni all'impresa e cioè non siano legati all'imprenditore da alcun rapporto stabile: in tal caso, devono essere investiti dei poteri di rappresentanza in forza di normale procura e si applicano le regole generali dettate dal codice per la rappresentanza negoziale (artt. 1387 ss. c.c.). Ma, di regola, i soggetti che concludono contratti in nome e per conto dell'imprenditore sono i suoi collaboratori. L'ordinamento regola questo fenomeno che viene definito *rappresentanza commerciale* stabilendo, in via di principio, che l'esistenza di un rapporto di dipendenza e collaborazione tra l'imprenditore e il suo ausiliario comporta, quale *effetto naturale*, il conferimento a quest'ultimo di specifici poteri rappresentativi. In altre parole, l'integrazione dell'ausiliario nell'impresa determina, automaticamente e senza bisogno di specifica procura, l'attribuzione di poteri rappresentativi

La rappresentanza commerciale

in suo favore. Ciò rende più scorrevole l'attività economica, evitando all'imprenditore di dover munire, con i relativi costi, i suoi ausiliari di specifiche procure; allo stesso tempo, conferisce sicurezza e stabilità ai suoi rapporti, perché i terzi che contrattano con gli ausiliari possono contare sul fatto che questi ultimi, in quanto appunto ausiliari, sono dotati di potere rappresentativo sicché, si elimina la necessità della relativa dimostrazione.

I poteri rappresentativi quale *effetto naturale* del rapporto di dipendenza imprenditore-collaboratore

La portata dei poteri rappresentativi è maggiore per gli ausiliari con compiti più importanti e generali; è ridotta per i collaboratori cui l'imprenditore affidi incombenze di più limitata estensione. Essa, come si è detto, è stabilita dalla legge e costituisce *effetto naturale* della costituzione del rapporto di dipendenza tra imprenditore e collaboratore; è però derogabile nel senso che il titolare dell'impresa può ampliarla o limitarla. In tal caso deve però essere adeguatamente pubblicizzata nei modi previsti dalla legge (v. par. successivo); in mancanza di pubblicità, essa non è opponibile ai terzi, sicché, ad esempio, il contratto concluso dall'ausiliario si considera efficace anche se l'ausiliario medesimo non possa concluderlo in conseguenza di una limitazione dei suoi poteri, che non sia però stata pubblicizzata.

7. (segue) *I poteri di rappresentanza dell'institore, del procuratore e del commesso*

Definizione di institore

Come detto, i poteri di rappresentanza sono maggiori in quegli ausiliari cui l'imprenditore affidi incombenze di tipo generale. La più ampia capacità rappresentativa è riconosciuta, dal codice, all'*institore.* Costui è, ai sensi dell'art. 2203 c.c., il soggetto *preposto dal titolare all'esercizio dell'impresa.* Per accertare se un ausiliario sia institore è, dunque, necessario verificare, indipendentemente dalla qualificazione che le parti abbiano dato al rapporto, quali siano i compiti affidatigli. L'institore è, in particolare, colui che, dipendendo esclusivamente e direttamente dall'imprenditore, sia incaricato di compiere tutti gli atti dell'impresa: deve trattarsi di un incarico generale. Esso può però riguardare, se l'impresa è più grande, anche solo un ramo, e cioè un settore ben individuato di essa, ovvero una sua specifica sede.

I poteri

L'institore può compiere, di norma, tutti gli atti inerenti l'attività imprenditoriale ad eccezione delle vendite immobiliari o delle concessioni di ipoteche. Può anche stare in giudizio per i rapporti che abbia posto in essere in nome e per conto dell'imprenditore (art. 2204 c.c.), ma, in tal caso, il conferimento del potere deve essere fatto per iscritto (art. 77 c.p.c.). Per rendere conoscibili ai terzi i nomi degli institori, la legge prevede obbligatoriamente la pubblicazione della loro nomina in un apposito registro (v. cap. successivo).

Perché gli atti compiuti dall'institore siano efficaci nella sfera del preponente – e cioè dell'imprenditore – è necessario che siano conclusi, secondo la regola generale, in nome di quest'ultimo (*contemplatio domini*). Se l'institore agisce in nome proprio senza spendere il nome dell'imprenditore, gli effetti del contratto si producono nel suo patrimonio (*rappresentanza indiretta*) fermo l'obbligo di trasferimento al *dominus*; ma, in deroga alla regola generale, se l'atto attiene all'impresa, per le obbligazioni assunte dall'institore, il creditore può agire anche nei confronti diretti dell'imprenditore (art. 2208 c.c.): la sostanza, dunque, prevale sull'aspetto formale della *contemplatio domini*; l'imprenditore, oggettivamente avvantaggiato dell'attività dell'institore, se ne assume la responsabilità patrimoniale. Ciò, come detto, costituisce una vera eccezione ai principi generali, secondo cui, invece, il rappresentato indiretto può avvantaggiarsi solo di taluni effetti positivi dell'agire del suo rappresentante, ma non viene toccato da quelli negativi (art. 1707 c.c.).

La *contemplatio domini* e la rappresentanza indiretta

I poteri dell'institore possono essere limitati: la limitazione deve risultare da un apposito atto e cioè da una procura che deve essere iscritta nel registro delle imprese (v. cap. successivo). L'iscrizione è una pubblicità di tipo generale che incide sull'opponibilità dei limiti apposti ai poteri di rappresentanza; in mancanza di essa, il contratto concluso dall'institore con eccesso di poteri è, infatti, efficace e obbliga comunque l'imprenditore, salvo che quest'ultimo non dimostri che i terzi fossero a conoscenza della limitazione ancorché non pubblicizzata. Anche la revoca dei poteri deve essere pubblicizzata per la sua opponibilità ai terzi (artt. 2206, 2207 c.c.).

I limiti

Le norme sulla pubblicità della procura nel registro delle imprese si applicano anche ai *procuratori* e cioè a quei collaboratori (in genere dipendenti) che sono *stabilmente incaricati* di compiere atti pertinenti all'esercizio dell'impresa senza esserne tuttavia preposti (art. 2209 c.c.): si tratta cioè di collaboratori con compiti più o meno generali e che trattano con i terzi, ma che non occupano una posizione apicale nell'impresa. Essi, esattamente come l'institore, traggono le loro facoltà rappresentative dal ruolo che occupano nell'organizzazione imprenditoriale. Anche le limitazioni e la revoca dei poteri dei procuratori sono opponibili ai terzi soltanto a condizione che siano pubblicizzate con l'iscrizione nel registro, salva, naturalmente, la possibilità di dimostrare che i terzi medesimi le conoscessero.

I procuratori

Dotati di naturali poteri di rappresentanza sono, infine, i *commessi* e cioè i dipendenti dell'imprenditore cui siano demandati compiti esecutivi e che agiscono sotto il controllo del gestore dell'impresa (imprenditore o institore). Costoro, per legge, rappresentano l'imprenditore per gli atti relativi alle mansioni loro affidate (art. 2210 c.c.).

I commessi

Non possono però esigere il prezzo delle merci che non consegnano né possono concedere sconti e dilazioni; se sono preposti alla vendita, possono poi esigere il prezzo e quietanzare il pagamento solo nei locali dell'impresa, a meno che non consegnino, fuori degli stessi, quietanza sottoscritta direttamente dall'imprenditore; non possono derogare alle condizioni generali di contratto e ciò perché la predisposizioni di tali condizioni (di cui si è discorso sopra) costituisce atto organizzativo dell'impresa, sicché essa compete solo a chi abbia il compito di gestirla. Anche i poteri del commesso possono essere ampliati o limitati; le limitazioni non sono assoggettate ad uno specifico regime di pubblicità, non essendo prevista la loro iscrizione nel registro delle imprese. Valgono, dunque, in tal caso, le regole generali sicché, per l'opponibilità delle limitazioni, queste ultime devono essere portate a conoscenza dei terzi con mezzi idonei – quali, ad esempio, l'affissione di un avviso nei locali aziendali, una lettera a tutti i clienti o fornitori, un annuncio sul giornale –; è fatta però salva la possibilità per l'imprenditore di dimostrare che il terzo, nonostante la mancanza di pubblicità, fosse a conoscenza delle limitazioni (art. 1396 c.c.).

Le disposizioni in esame si riferiscono soltanto all'imprenditore commerciale. Anche l'*imprenditore agricolo* può giovarsi di ausiliari i cui poteri devono essere definiti per iscritto; in mancanza, essi sono individuati secondo gli usi (art. 2138 c.c.). In caso di revoca o di limitazione dei poteri attribuiti al rappresentante, si applica la disposizione generale sulla revoca della procura, sicché essa è opponibile ai terzi se portata a loro conoscenza con adeguati mezzi (art. 1396 c.c.).

8. (segue) *La rappresentanza nelle società*

Come si avrà modo di chiarire *infra*, le società sono enti che esercitano attività di impresa. Essi si distinguono in: *società di persone*, le quali, pur essendo dotate di soggettività giuridica, non godono dell'autonomia patrimoniale, sicché dei loro debiti rispondono anche i soci; e *società di capitali* che, invece, godono di piena personalità giuridica e, conseguentemente, di completa autonomia patrimoniale.

La rappresentanza organica

Le società ricorrono, per porre in essere i propri contratti, a quel particolare tipo di *rappresentanza* che è detta *organica* perché, in essa, il rappresentante non esprime una volontà propria che produce effetti in un'altra sfera giuridica; egli è piuttosto un organo dell'ente che, allorché esprime la sua volontà negoziale, la esprime come volontà direttamente imputabile all'ente.

Gli amministratori e la gestione imprenditoriale

Il potere di rappresentanza nelle società è attribuito agli amministratori e cioè a coloro che sono incaricati della gestione imprenditoriale. Esso si estende a tutti gli affari inerenti all'oggetto sociale e cioè relativi all'attività d'impresa esercitata dalla società. Nel caso in cui sussistano limitazioni ai poteri, esse sono opponibili se portate a conoscenza dei terzi. Dunque, se si tratta di società soggette a registrazione, devono essere adeguatamente pubblicizzate con l'iscrizione nel registro delle imprese. Se si tratta di società che svolgono attività agricola – e cioè, solo nel caso della società semplice di cui si parlerà più avanti –, è necessaria la pubblicità con i mezzi adeguati secondo la regola dell'art. 1396 c.c. Ciò però vale solo per le società di persone. Per quelle di capitali, al fine di assicurare maggiore certezza degli atti giuridici, le limitazioni, ancorché derivanti da atto iscritto nel registro delle imprese, sono efficaci solo nei confronti dei terzi che si dimostri abbiano agito a danno della società (artt. 2384, 2475 *bis* c.c.).

Capitolo 76

LA PUBBLICITÀ DEGLI ATTI DELL'IMPRENDITORE: IL REGISTRO DELLE IMPRESE

Sommario: 1. Il registro delle imprese e gli atti assoggettati a registrazione. – 2. Efficacia della registrazione.

1. *Il registro delle imprese e gli atti assoggettati a registrazione*

Pubblicità e certezza dei rapporti commerciali

La pubblicità dei principali atti dell'impresa asseconda, in generale, un'esigenza di certezza dei rapporti giuridici commerciali. È, in particolare, interesse di coloro che contrattano con l'imprenditore conoscere le notizie essenziali e le principali vicende relative all'impresa, quali, tra le altre, il nome e i dati anagrafici del suo titolare oppure la sua sede. Ma è anche interesse dell'imprenditore pubblicizzarle al fine di renderle, come si dice, *opponibili* ai terzi e cioè per poter ottenere che i terzi ne rispettino le conseguenze. Già si è visto, ad esempio, che gli ausiliari dell'imprenditore sono dotati di specifici poteri di rappresentanza che, però, possono anche essere limitati o modificati. Chiaramente, l'imprenditore ha interesse a che le limitazioni siano efficaci verso i terzi, di modo che gli atti compiuti dal rappresentante con eccesso dei suoi poteri siano, in conseguenza della limitazione stessa, inefficaci nei suoi confronti. La pubblicità dell'atto che incide sul potere di rappresentanza ha proprio la funzione di rendere efficaci verso i terzi – e dunque a loro opponibili – le restrizioni da essa indotte, e di far sì che i terzi siano tenuti a rispettarle, sì che non possano pretendere che l'atto compiuto dal rappresentante senza poteri sia per essi efficace.

Per la pubblicità degli atti dell'imprenditore commerciale è previsto un regime speciale di iscrizione in un apposito registro che è il *registro delle imprese*. Esso è, chiaramente, un registro pubblico sicché tutti possono accedere alle notizie pubblicate. È aperto presso le Camere di commercio dei capoluoghi di provincia e alla sua vigilanza è delegato un giudice del tribunale del circondario in cui ha sede.

L'iscrizione nel registro può essere sia obbligatoria che facoltativa. Quando è *facoltativa* – come avviene, ad esempio, nel caso di limitazione della procura dell'institore sopra già analizzato – essa costituisce un vero e proprio onere che l'imprenditore deve adempiere se vuole ottenere il risultato favorevole dell'opponibilità ai terzi dell'atto pubblicato. Essa, però, è sovente *obbligatoria*: in tal caso, la mancata registrazione può determinare, oltre all'inopponibilità dell'atto e all'irrogazione di sanzioni a carico del soggetto obbligato ad effettuarla, anche una procedura di *iscrizione d'ufficio* che viene disposta con decreto dal giudice (art. 2190 c.c.). Allo stesso modo, possono essere, sempre con provvedimento del giudice, cancellati gli atti indebitamente registrati. I provvedimenti del giudice del registro sono poi reclamabili dinanzi al tribunale che decide in composizione collegiale.

La circostanza che l'iscrizione sia, in alcuni casi, obbligatoria è indice del fatto che alla pubblicità degli atti delle imprese è sotteso anche un interesse di tipo pubblico: la sicurezza dei traffici non solo attua istanze ed esigenze degli imprenditori e di coloro che con essi contrattano, ma è funzionale, in definitiva, al più efficiente funzionamento del mercato.

Atti e notizie soggetti a pubblicazione

L'art. 2196 c.c. elenca le notizie e gli atti che devono essere obbligatoriamente pubblicati: essi sono costituiti dai dati essenziali dell'impresa, quali:

a) il nome, i dati anagrafici del titolare;

b) la *ditta*, e cioè il nome che viene utilizzato dall'imprenditore nei rapporti d'affari;

c) l'*oggetto* dell'impresa;

d) i *dati anagrafici di institori e procuratori*;

e) la *sede dell'impresa* e cioè il luogo dove l'imprenditore svolge la sua attività. Essa ha importanza perché è proprio presso l'ufficio del registro della Provincia in cui ha sede l'impresa che deve essere effettuata la pubblicità. L'impresa può anche avere una o più *sedi secondarie* che devono essere iscritte sia presso l'ufficio della sede principale che presso quella della sede o delle sedi secondarie (art. 2197 c.c.).

Vanno registrati anche i provvedimenti di autorizzazione degli incapaci alla continuazione di un'impresa commerciale e le relative revoche (art. 2198 c.c.).

Il codice stabilisce, poi, quali sono gli altri atti che devono essere iscritti in via facoltativa o obbligatoria.

La pubblicità nel registro è prevista, in via di principio, per le sole imprese commerciali anche se esercitate da enti pubblici: anzi, l'art. 2195 c.c. elenca le attività che costituiscono attività commerciale proprio al fine di sancirne l'obbligatorietà dell'iscrizione. Sono, inoltre, assoggettate al regime della pubblicità le cc.dd. *società commerciali* e cioè tutti i tipi di società ad eccezione della società semplice (v. i capitoli seguenti): le società commerciali sono soggette al regime della registrazione anche se esercitino attività agricola.

Il codice civile esclude dalla registrazione i piccoli imprenditori (art. 2202 c.c.) e gli imprenditori agricoli (art. 2136 c.c.). Per tali imprese è però prevista l'iscrizione, con funzione di mera pubblicità notizia e di certificazione, in sezioni speciali del registro delle imprese le quali costituiscono parte integrante del registro medesimo (art. 7, d.p.r. n. 581 del 1995). Il d.lgs. n. 228 del 2001 (art. 2) ha però previsto che la pubblicità degli atti delle imprese agricole e delle società semplici produca i medesimi effetti previsti, dall'art. 2193 c.c., per la registrazione degli atti delle imprese commerciali; sicché ha equiparato, quanto al regime della pubblicità, i due tipi di impresa.

2. *Efficacia della registrazione*

Natura della pubblicità nel registro delle imprese

Alla pubblicità degli atti giuridici possono essere attribuiti dall'ordinamento differenti effetti. A seconda del tipo di conseguenze prodotte la pubblicità si distingue, tradizionalmente, in: *a*) *pubblicità costitutiva*, quando essa sia condizione per l'efficacia dell'atto; *b*) *pubblicità dichiarativa*, quando incida sulla opponibilità e, dunque, sull'efficacia dell'atto rispetto ai terzi; *c*) *pubblicità sanante*, quando essa appunto sani l'invalidità di un atto; *d*) *pubblicità notizia*, quando serve unicamente a rendere conoscibile un atto senza ulteriori conseguenze sul piano giuridico.

La registrazione degli atti di impresa incide, di norma, sull'opponibilità degli effetti e, dunque, essa ha natura di *pubblicità dichiarativa*. In particolare, l'art. 2193 c.c., disciplina gli effetti della registrazione e della mancanza di registrazione.

Effetti della mancata pubblicazione

1) *Se la registrazione non è stata effettuata*, i fatti per i quali è prescritta non possono essere opposti ai terzi a meno che l'interessato non provi che gli stessi ne abbiano avuto conoscenza. Ciò significa che l'imprenditore non può pretendere che i terzi rispettino gli effetti dell'atto non registrato. Si pensi alla revoca della procura conferita all'institore o al trasferimento di sede. Ove tali atti non siano registrati, i terzi potranno comportarsi come se l'institore fosse ancora munito di poteri di rappresentanza e come se la sede non fosse mai stata trasferita. Ciò significa che gli atti compiuti dal rappresentante revocato saranno efficaci e impegneranno l'imprenditore; che la notifica di un atto effettuata alla vecchia sede sarà valida.

Il regime di inopponibilità dell'atto non registrato ha però un limite: se l'imprenditore dimostra che il terzo fosse a conoscenza dell'atto, lo stesso, ancorché non registrato, risulterà a lui opponibile. La prova della mala fede del terzo deve essere data dal titolare dell'impresa. Questo aspetto vale a distinguere gli effetti della pubblicità degli atti d'impresa rispetto a quelli prodotti dalla trascrizione nei registri immobiliari, il cui regime non consente che sia data dimostrazione della conoscenza dell'atto non trascritto.

Effetti della pubblicazione

2) *Se la registrazione è stata effettuata*, l'atto è senz'altro opponibile ai terzi, ai quali è preclusa la possibilità di dimostrarne l'ignoranza (art. 2193/2 c.c.). Pertanto, per tornare all'esempio cui sopra si accennava, la comunicazione effettuata alla vecchia sede dell'impresa è inefficace se il trasferimento è stato pubblicizzato, anche se l'autore della comunicazione non ne abbia avuto conoscenza.

In alcuni casi, poi, la pubblicità può avere efficacia costitutiva o sanante: è quanto avviene, ad esempio, per i contratti di costituzione delle società di capitali, di cui si parlerà *infra*.

Il *deposito* di atti presso il registro delle imprese

Infine, alcuni atti sono assoggettati ad una speciale pubblicità nel registro delle imprese che è detta *deposito*. Ad esempio, i bilanci delle società per azioni sono depositati entro trenta giorni dalla relativa approvazione da parte dell'assemblea dei soci (art. 2435 c.c.). Il deposito è obbligatorio e la relativa previsione è spesso corredata da sanzioni di tipo amministrativo (art. 2630 c.c.); esso ha però funzione di mera *pubblicità notizia*.

CAPITOLO 77

LA PROVA DEGLI ATTI DELL'IMPRENDITORE: LE SCRITTURE CONTABILI

SOMMARIO: 1. Le scritture contabili dell'imprenditore commerciale. – 2. L'efficacia probatoria delle scritture contabili.

1. *Le scritture contabili dell'imprenditore commerciale*

La funzione delle scritture contabili

Le *scritture contabili* sono registri e documenti nei quali l'imprenditore annota tutti i dati relativi alla sua situazione patrimoniale e tutte le operazioni che compie nell'esercizio della sua attività economica. Esse hanno la funzione di:

a) *rappresentare la consistenza del patrimonio dell'imprenditore*: nelle scritture, infatti, tutti i rapporti economici facenti capo a quest'ultimo, sia attivi che passivi, vengono stimati ed esposti in modo da determinare un saldo che è indicativo del loro valore netto. Tale valore viene poi aggiornato con cadenza annuale sicché, oltre ad una *rappresentazione statica* della situazione patrimoniale – e cioè riferita ad una determinata data –, le scritture sono in grado di fornirne anche una *rappresentazione dinamica* che tiene conto dell'evoluzione dei conti dell'impresa: il che, in prospettiva, consente anche di pronosticarne gli ulteriori sviluppi;

b) *registrare*, sotto il profilo appunto contabile, *tutte le operazioni giuridiche che l'imprenditore effettua nell'esercizio dell'attività economica* (vendite, acquisti, mutui e via discorrendo), in modo da dare evidenza anche ai rapporti giuridici che da esse conseguono e, principalmente, ai crediti e ai debiti che pure concorrono a costituire il patrimonio dell'imprenditore.

Le scritture assecondano in primo luogo un interesse dell'imprenditore: quello di avere chiari, per un verso, la sua situazione finanziaria e patrimoniale, e, per l'altro, tutti i rapporti giuridici di cui egli è titolare: dalle scritture l'imprenditore può individuare i sintomi della crisi o dell'insolvenza (e cioè del disastro finanziario) della sua iniziativa; può avere evidenza e contezza dei crediti che vanta e delle obbligazioni che ha assunto con i vari contratti stipulati.

Ma le notizie che le scritture forniscono sono interessanti anche per i terzi: per i creditori, ad esempio, che prima di concedere credito all'imprenditore sono interessati a sapere quale sia la consistenza del suo patrimonio e l'andamento dell'impresa per valutarne l'affidamento; per il fisco, che dalle scritture individua quale sia il reddito dell'impresa a fini impositivi e di controllo.

L'obbligo di tenuta delle scritture contabili

Le scritture contabili sono parte integrante dell'organizzazione dell'impresa; per l'impresa commerciale esse poi sono rese obbligatorie dalla legge. In particolare, l'art. 2214 c.c. stabilisce che l'imprenditore commerciale deve tenere il *libro giornale* e il *libro degli inventari*; deve poi tenere tutte le altre scritture richieste dalla natura e dalla dimensione dell'impresa. Le *scritture* cc.dd. *obbligatorie* sono, dunque, di due tipi: 1) quelle *obbligatorie per tutti gli imprenditori*; 2) quelle *richieste dalla natura e dalla dimensione dell'impresa*: queste ultime sono obbligatorie al pari delle prime, ma non sono tipizzate, nel senso che il legislatore non le indica, rinviando, per la loro individuazione, alla miglior prassi ragionieristica e contabile.

Sono obbligatori per tutti gli imprenditori:

Le scritture obbligatorie

a) il *libro giornale*: in cui vengono annotate tutte le operazioni compiute dall'imprenditore secondo un indice cronologico e cioè giorno per giorno;

b) il *libro degli inventari*: in cui sono, invece, annotate le attività e le passività, anche personali – e cioè estranee all'impresa – dell'imprenditore. Esso si chiude con il *bilancio*, che fornisce una rappresentazione complessiva, ad una certa data, del patrimonio dell'imprenditore, nonché con il *conto profitti e perdite*, il quale registra il valore di tutte le operazioni economiche poste in essere nell'*esercizio* e cioè in un dato periodo di tempo (determinato in un anno: art. 2217 c.c.).

Gli altri libri obbligatori per la natura o la dimensione dell'impresa sono poi il *libro mastro*, il *libro di cassa* o il *libro magazzino*.

Gli imprenditori possono anche adottare libri non imposti dall'ordinamento e, dunque, *facoltativi*.

I libri fiscali

Altri libri sono, infine, richiesti da leggi fiscali e servono a diversi fini, tra cui principalmente quello di consentire l'individuazione e il controllo del reddito di impresa o delle operazioni soggette ad imposte (ad es., il registro IVA): essi non sono propriamente libri contabili bensì *libri fiscali*.

Le scritture contabili devono essere tenute in modo regolare e cioè devono essere redatte secondo le norme dell'ordinata contabilità (art. 2219 c.c.); devono inoltre essere vidimate in modo da impedirne l'alterazione (art. 2215 c.c.). Il libro degli inventari, e cioè quel libro in cui è esposta la situazione patrimoniale dell'imprenditore, deve poi rappresentare i dati con *evidenza* e *verità* e cioè in modo chiaro e rispondente alla realtà (art. 2217, 2° comma, c.c.).

Particolari disposizioni sono previste, invece, per la redazione dei bilanci delle società di capitali, i quali, peraltro, sono assoggettati anche ad una specifica pubblicità (il *deposito* nel registro delle imprese), che non è prevista per gli altri imprenditori.

Le norme sulla tenuta delle scritture contabili non si applicano ad imprenditori agricoli e a piccoli imprenditori; si applicano, invece, a tutte le società soggette a registrazione qualunque sia il loro oggetto sociale (art. 2302 c.c.). Le scritture devono essere conservate per dieci anni. L'imprenditore deve anche conservare tutta la corrispondenza e le fatture ricevute nonché le copie di quelle inviate.

2. *L'efficacia probatoria delle scritture contabili*

L'efficacia probatoria delle scritture nei rapporti tra imprenditori

Quello della tenuta delle scritture contabili è un obbligo il cui inadempimento, di norma, non comporta, di per sé, alcuna sanzione. Rileva però a diversi fini: ad esempio, in caso di fallimento dell'imprenditore (ma solo in questo caso), la mancata o non corretta tenuta dei libri è considerata reato. Dal punto di vista civilistico, le scritture hanno rilievo a fini eminentemente probatori. Il legislatore, sempre con l'obiettivo di rendere più agile la tutela dei diritti dell'imprenditore, attribuisce ai documenti in questione particolare capacità dimostrativa dei fatti costitutivi di rapporti giuridici attinenti all'impresa. È noto che la prova costituisce lo strumento attraverso il quale il soggetto interessato dimostra in giudizio l'esistenza di un fatto giuridico a sé favorevole onde ottenere, di conseguenza, l'accertamento e la tutela dei diritti che tale fatto ha prodotto. Chi vuole far valere nel processo il diritto deve dare dimostrazione del relativo fatto costitutivo e cioè della vicenda giuridica dalla quale esso ha avuto origine (art. 2697, 1° comma, c.c.). Specularmente, il titolare della situazione giuridica passiva (ad es., il debitore), se vuole ottenere che sia accertata l'estinzione del diritto fatto valere in suo danno, deve dare prova del fatto estintivo o, almeno, di quello modificativo o impeditivo (art. 2697, 2° comma, c.c.).

Di regola, salvo che in ipotesi eccezionali (come nel caso del giuramento), nessuno può precostituire una prova a suo favore. Ad es., i documenti provenienti da un soggetto integrano prova soltanto *contro* di lui: se qualcuno dichiara in un atto di essere debitore, tale dichiarazione costituisce prova a suo danno; non costituisce, invece, prova in suo favore la dichiarazione di essere creditore o di essere titolare di un qualunque altro diritto.

Le scritture contabili, come sopra detto, oltre a fornire una rappresentazione della situazione economica dell'imprenditore, danno anche evidenza, sotto il profilo contabile, di tutti gli atti che lo stesso abbia posto in essere: ad esempio, nelle scritture vengono annotate le vendite e i relativi crediti verso gli acquirenti; così come vengono annotati gli acquisti e i conseguenti debiti verso il fornitore. Le scritture sono però atti provenienti dall'imprenditore e, dunque, esse, di regola, non possono costituire prova che in suo danno: possono, ad esempio, dimostrare i suoi debiti ovvero i pagamenti che egli abbia ricevuto e che, dunque, hanno estinto i suoi crediti, ma non costituiscono prova delle posizioni attive. Tale regola è confermata dalla disposizione dell'art. 2709 c.c., la quale, però, si applica soltanto nei rapporti tra imprenditori e non imprenditori. Viceversa, nei rapporti tra due imprenditori, le scritture contabili, purché regolarmente tenute, possono costituire prova anche a favore dell'imprenditore che le abbia redatte. Ciò si giustifica, oltre che per esigenze di snellimento dei rapporti giuridici e processuali, anche per una ragione di tipo logico: nei rapporti tra imprenditori, entrambe le parti interessate hanno scritture che possono far valere a loro favore, sicché le risultanze di quelle di una parte vengono, in qualche modo, compensate con quelle della controparte. In alcuni casi, però, le scritture fanno prova a favore dell'imprenditore anche contro soggetti non imprenditori. Ad es., sulla scorta delle risultanze dei libri contabili, un imprenditore può chiedere che il giudice emetta, in danno del suo debitore, un'ingiunzione di pagamento (art. 633 c.p.c.): ai fini dell'emissione di tale ingiunzione – che, se non opposta, diventa definitiva – i libri dell'impresa costituiscono prova anche a favore di colui da cui provengono. Se però il soggetto intimato (e cioè colui che risulta dalle scritture essere debitore) si opponga all'ingiunzione, allora l'imprenditore dovrà dare dimostrazione del suo credito con i normali strumenti di prova (contratti, testimoni, confessione, ecc.) e le scritture non avranno più efficacia.

… e nei rapporti con soggetti non imprenditori

L'art. 2711, 2° comma, c.c., stabilisce, poi, che il giudice può, d'ufficio, disporre l'*esibizione* dei libri e delle scritture dell'imprenditore relative ad un rapporto controverso: ciò costituisce deroga alle regole generali nella misura in cui tale ordine può essere disposto anche *d'ufficio*. Di norma, infatti, il giudice non può ammettere prove di sua iniziativa: nel processo civile (quello nel quale si fanno valere i diritti soggettivi e le altre posizioni civilistiche) vige il principio *dispositivo della prova*, il che significa che sono ammesse solo le prove richieste dalle parti. La norma in esame costituisce, invece, un'eccezione. Diversa dalla *esibizione* è la *comunicazione delle scritture*: essa consiste in un ordine del giudice che riguarda tutti i libri dell'impresa e può essere disposto soltanto quando oggetto del giudizio è costituito, piuttosto che da un singolo rapporto, da tutte le posizioni facenti capo all'impresa, come nel caso della successione *mortis causa* dell'imprenditore ovvero di scioglimento delle società o delle comunioni.

Esibizione e comunicazione delle scritture contabili

CAPITOLO 78
L'AZIENDA E LA SUA CIRCOLAZIONE

SOMMARIO: 1. L'azienda. – 2. La circolazione dell'azienda.

1. *L'azienda*

Il concetto economico di azienda

L'art. 2555 c.c. definisce l'azienda come «*il complesso dei beni organizzati dall'imprenditore per l'esercizio dell'impresa*». L'azienda, dunque, non si identifica con il patrimonio dell'imprenditore; non è, cioè, costituita da tutti i beni che a lui appartengono: di essa fanno parte solo quei beni, cosiddetti *strumentali*, che l'imprenditore abbia, con un proprio *atto di destinazione*, stabilmente assegnato all'esercizio imprenditoriale. Affinché tale destinazione possa avvenire, è necessario che il titolare dell'impresa abbia la disponibilità dei beni aziendali: ciò può avvenire perché, ad esempio, egli ne sia proprietario, oppure perché sia titolare, a loro riguardo, di un altro diritto reale (ad. es., l'usufrutto) ovvero di un diritto personale di godimento, come accade nei casi in cui li conduca in locazione ovvero li detenga in forza di un contratto di *leasing*. Se dunque, sotto un profilo materiale e forse anche economico, l'azienda è costituita da *beni*, e cioè dalle cose che formano l'organizzazione dell'impresa, sotto il profilo giuridico essa, in definitiva, si identifica con i diritti che consentono all'imprenditore di disporre di tali beni e, dunque, di poterli organizzare e cioè destinare all'attività economica. In tal senso l'azienda si configura come un complesso di rapporti giuridici (proprietà, diritti reali, locazioni e via discorrendo) che sono caratterizzati dalla comune destinazione all'impresa dei beni che ne costituiscono l'oggetto.

Rapporti aziendali e rapporti commerciali

Fanno certamente parte dell'azienda tutti i diritti che assicurano all'imprenditore la disponibilità di beni strumentali e, dunque, la proprietà o i diritti di godimento su beni materiali – mobili e immobili – ovvero su beni immateriali (ad es. la proprietà industriale e cioè il diritto di utilizzare in modo esclusivo il risultato di un'invenzione a carattere industriale). Si discute, invece, se ne facciano parte anche altri rapporti giuridici che non hanno ad oggetto beni bensì prestazioni di altro genere. In effetti, non sembra che si possano escludere dall'azienda i rapporti relativi a prestazioni che sono finalizzate a consentire l'esercizio dell'attività economica e che, dunque, sono oggetto di un atto di destinazione all'impresa da parte dell'imprenditore, come ad esempio le prestazioni dei lavoratori e dei collaboratori. È l'atto di destinazione che accomuna i rapporti di tal genere a quelli relativi ai beni strumentali; sicché essi, tutti insieme, vengono definiti *rapporti aziendali*.

Diversi dai rapporti aziendali sono, invece, i rapporti commerciali che l'imprenditore intrattiene con i suoi clienti o con i suoi fornitori; tali rapporti non sono destinati all'esercizio dell'impresa ma ne sono, in un certo senso, il frutto; proprio per questo vengono denominati *rapporti d'impresa*, per sottolineare che non sono parte integrante dell'organizzazione aziendale in sé considerata, ma sono la conseguenza dell'esercizio dell'attività economica. Un diritto di proprietà su un capannone industriale è rapporto aziendale perché serve all'organizzazione; il rapporto contrattuale con cui viene venduto il bene prodotto in quel capannone (e le prestazioni da esso scaturenti) è, invece, un semplice rapporto d'impresa, conseguenza dell'esercizio dell'attività economica. Nonostante la differenza, tra rapporti aziendali e rapporti di impresa esiste una stretta correlazione: la cessione dell'azienda, ad esempio, comporta, salvo diversa volontà delle parti, anche la cessione dei rapporti di impresa. L'imprenditore che vende i beni organizzati per l'esercizio della sua attività economica, cede, allo stesso tempo, anche i crediti verso i propri clienti oppure i contratti stipulati con i fornitori e via discorrendo.

L'avviamento

I beni aziendali, proprio perché organizzati per l'esercizio di un'attività produttiva, hanno, di regola, un valore maggiore di quello che avrebbero singolarmente considerati: essi sono, infatti, capaci di creare un reddito; sono produttivi di frutti che, senza la destinazione all'impresa, non genererebbero. Tale maggior valore è denominato *avviamento* e fa sì che, da un punto di vista economico, l'azienda sia considerata in modo unitario e cioè come un unico compendio il cui valore complessivo differisce (ed è normalmente maggiore) dalla somma dei valori dei singoli cespiti.

Natura giuridica dell'azienda

Dal punto di vista giuridico si discute, invece, se l'azienda sia da considerare come bene unico che sia oggetto di un unico diritto (la proprietà dell'azienda piuttosto che dei beni che la compongono), ovvero se essa sia costituita dall'insieme di vari rapporti che restano pur sempre autonomi. La prima impostazione viene denominata *teoria unitaria,* mentre la seconda viene detta *teoria atomistica*. Non mancano teorie intermedie che evocano il fenomeno della *universalità di diritto*.

Non v'è dubbio che l'azienda sia costituita da singoli rapporti, come dimostra il fatto che essi possono anche essere oggetto di autonome vicende: nulla impedisce, infatti, che l'imprenditore venda tutti i beni aziendali separatamente oppure che disponga dell'azienda senza alcuni di essi che non siano essenziali allo svolgimento dell'attività economica. Ciò nonostante, sotto molti profili, l'azienda è considerata, anche nel campo giuridico, in modo unitario. E così, ad esempio, i contratti che riguardano l'azienda (ad es., la sua vendita) producono effetti su tutti i rapporti destinati all'esercizio dell'impresa anche se non indicati in modo specifico: il concetto di azienda è infatti capace di sintetizzare e comprendere tutti i singoli elementi che la compongono, sicché l'atto di disposizione a suo riguardo coinvolge tutti i rapporti e i beni che si dimostrino essere destinati all'attività economica. Ed ancora: l'art. 2556 c.c. stabilisce che i contratti che hanno per oggetto il trasferimento della proprietà o del godimento dell'azienda devono essere provati per iscritto, salvo l'obbligo di osservare le forme previste per il trasferimento dei singoli beni che la costituiscono. Ciò significa che tali atti sono assoggettati ad un duplice regime di forma: il primo riguarda l'azienda in sé (e cioè unitariamente considerata) e impone la forma scritta *ad probationem*; il secondo riguarda i suoi singoli beni e segue le regole ordinarie, sicché se, ad esempio, dell'azienda fanno parte anche beni immobili, la cessione di questi ultimi dovrà essere fatta per iscritto. La disposizione dell'art. 2556 c.c. – che riguarda solo le aziende delle imprese soggette a registrazione – dimostra come, anche sotto il profilo giuridico, l'azienda sia considerata sia come un'unica entità (la cui cessione va provata per iscritto) sia come la *somma* di singoli rapporti che mantengono la loro autonomia e il loro regime specifico.

2. *La circolazione dell'azienda*

Circolazione dell'azienda e tutela dell'avviamento

Il codice dedica all'azienda alcune disposizioni che regolano, in modo particolare, la sua circolazione e cioè gli effetti dei contratti in virtù dei quali essa passa dalla titolarità di un imprenditore a quella di un altro. Tali disposizioni sono finalizzate a conservare l'avviamento dell'azienda e cioè quel valore aggiunto costituito dalla sua capacità di produrre reddito. L'obiettivo viene perseguito, a volte, in modo diretto: ad esempio, ai sensi dell'art. 2557 c.c., l'alienante dell'azienda non può, nei cinque anni successivi alla cessione, cominciare un'attività di impresa che, per l'oggetto, l'ubicazione o per altre circostanze, sia capace di sviare la clientela dell'acquirente. Si tratta di un *obbligo di non concorrenza* che viene imposto a colui che vende un'azienda e che si configura come un *effetto naturale* del contratto di cessione dell'azienda; esso consegue anche alla costituzione dell'usufrutto ovvero all'affitto della stessa. L'adempimento di tale obbligo è funzionale a conservare la redditività dell'azienda, la quale, in definitiva, si identifica con la capacità di attirare clienti.

Altre disposizioni, poi, perseguono l'obiettivo di conservazione dell'avviamento in modo indiretto, e cioè garantendo la continuità nei rapporti giuridici che costituiscono l'azienda in modo da preservarne la funzionalità e, in definitiva, la produttività. Il codice regola, in particolare, la sorte:

1) *Dei contratti relativi all'azienda.* Ai sensi dell'art. 2558 c.c., essi – e qui si intende sia quelli strettamente aziendali che quelli di impresa (v. par. precedente) – vengono automaticamente trasferiti al cessionario dell'azienda, se entro tre mesi dalla registrazione dell'atto di cessione nel registro delle imprese, il terzo ceduto (e cioè l'altro contraente) non dichiari di recedere. Si tratta di una disposizione che, evidentemente, costituisce deroga ai principi generali che disciplinano la cessione del contratto e che stabiliscono che quest'ultima non sia efficace senza il consenso del contraente ceduto (art. 1406 c.c.). Nel caso di contratti relativi all'azienda, invece, il consenso non è necessario, ma il terzo può recedere nel termine indicato. La norma – che non si applica ai *contratti personali* e cioè a quelli nei quali il contenuto della prestazione è strettamente collegato alle qualità personali delle parti (c.d. *contratti intuitu personae*) – è derogabile. La sua funzione è, come detto, quella di garantire la funzionalità dell'organizzazione: se, ad esempio, col trasferimento dell'azienda cessasse il rapporto di locazione degli immobili in cui viene svolta l'attività d'impresa, oppure si interrompessero i contratti con i fornitori, ne deriverebbe un effetto negativo sull'avviamento aziendale, che allontanerebbe, con molta probabilità, i clienti.

2) *dei contratti di lavoro.* Anche i rapporti con i lavoratori seguono l'azienda e si trasferiscono al cessionario, il quale, ai sensi dell'art. 2112 c.c., deve applicare i trattamenti già praticati in precedenza, compresi quelli relativi all'anzianità. La norma in questione tutela i lavoratori stabilendo anche che la cessione dell'azienda non costituisce motivo che ne giustifichi il licenziamento.

Circolazione dell'azienda e tutela dei terzi

Altre regole sono poi dettate a riguardo dei crediti e dei debiti relativi all'azienda. In particolare:

1) *I crediti.* Con la cessione dell'azienda vengono, salvo patto contrario, ceduti anche i crediti ad essa relativi. L'art. 2559 c.c. ne agevola il trasferimento attraverso la semplificazione delle regole per l'opponibilità ai terzi dell'effetto traslativo. Di norma, infatti, la cessione di un credito è opponibile ai terzi solo dopo la sua notifica al debitore o l'accettazione da parte di quest'ultimo: ciò significa che, in mancanza, i terzi medesimi non sono tenuti a rispettarne gli effetti. Prima della noti-

fica o dell'accettazione, infatti, il debitore che paga in buona fede al cedente (e cioè al precedente creditore, che tale più non è) è liberato come se avesse pagato al vero creditore; nel caso di pluralità di cessioni del medesimo credito, prevale, poi, colui che per primo l'abbia notificata o abbia ottenuto l'accettazione del debitore (art. 1265 c.c.). Nel caso di cessione dell'azienda, invece, l'opponibilità del trasferimento dei crediti ad essa inerenti consegue alla semplice iscrizione dell'atto nel registro delle imprese. Ciò rende, chiaramente, più agile la vicenda circolatoria dei crediti e, conseguentemente, dell'azienda stessa.

2) *I debiti*. L'art. 2560 c.c. stabilisce, al suo 2° comma, che dei debiti relativi all'azienda, se risultanti dalle scritture contabili, risponde anche l'acquirente della stessa (art. 2560, 2° comma, c.c.). La cessione dell'azienda comporta, quale effetto naturale, il trasferimento dei debiti in capo al cessionario. Si tratta di un effetto inderogabile che le parti non possono validamente escludere. L'inderogabilità è stabilita a tutela dei creditori: con la vendita dell'azienda, l'imprenditore si spoglia dei beni aziendali e della relativa capacità di produrre reddito, sicché potrebbe con ciò compromettere la garanzia patrimoniale offerta appunto al ceto creditorio (art. 2740 c.c.). L'ordinamento stabilisce, dunque, una sorta di principio di *ambulatorietà dei debiti di impresa,* i quali seguono l'azienda nel senso che si trasferiscono con essa. Dei debiti dell'impresa contratti prima della cessione, continua a rispondere, insieme all'acquirente, anche il venditore dell'azienda. In altre parole, l'imprenditore non può liberarsi delle proprie obbligazioni attraverso la cessione dell'azienda. Ciò, come detto, risponde alla regola generale secondo la quale in tutti i casi di modifica del lato soggettivo passivo di un'obbligazione (delegazione, espromissione e accollo), l'effetto liberatorio del debitore originario non si verifica se non vi acconsenta il creditore.

La tesi dell'ambulatorietà dei debiti aziendali non è però condivisa dalla giurisprudenza, secondo la quale la cessione dell'azienda non determinerebbe alcuna vicenda circolatoria degli stessi: alla stregua di tale impostazione, l'art. 2560 c.c. imporrebbe dunque all'acquirente dell'azienda un mero obbligo di garanzia di debiti che resterebbero pur sempre nella titolarità del cedente.

Capitolo 79

LA LIBERTÀ DI INIZIATIVA ECONOMICA E I SUOI LIMITI

Sommario: 1. L'iniziativa economica pubblica e privata. – 2. I limiti alla libertà di iniziativa economica. – 3. Il monopolio e l'abuso di posizione dominante. – 4. I limiti contrattuali alla libertà di iniziativa economica.

1. *L'iniziativa economica pubblica e privata*

L'iniziativa economica nella Costituzione

L'art. 41 Cost. sancisce la libertà di *iniziativa economica privata*. Ciò significa che ogni cittadino ha il diritto di avviare un'attività di impresa e cioè di organizzare i fattori per la produzione o lo scambio di beni e servizi allo scopo di trarne profitto. La nostra Costituzione, dunque, disegna un modello economico di tipo *liberale*, nel quale, a differenza da quanto sancito in altri sistemi politici, è ammessa la proprietà privata dei mezzi di produzione ed è considerata legittima l'appropriazione del *profitto*.

L'intervento pubblico nell'economia

Come emerge dal 3° comma della citata previsione costituzionale, le imprese possono appartenere ad enti pubblici ovvero ad imprenditori privati. Il regime economico disegnato dal nostro testo fondamentale, e cioè quella che viene definita *costituzione economica*, contempla la coesistenza di imprese pubbliche e private, sicché integra un *sistema misto* nel quale le dinamiche economiche sono affidate non soltanto al gioco della concorrenza tra imprenditori privati, ma anche all'intervento pubblico nell'economia. Invero, tale intervento avviene anche attraverso altri strumenti: attraverso la *leva fiscale* e cioè quella attività di prelievo sui redditi prodotti da imprese o da normali cittadini, che poi viene impiegato anche a fini distributivi della ricchezza; attraverso la *leva monetaria* e cioè quelle politiche di controllo della quantità di moneta messa in circolazione (la c.d. *base monetaria*) ovvero dei tassi di interesse; e, infine, attraverso *la spesa e gli investimenti pubblici* che incidono in modo rilevante sui dati macroeconomici, atteso che contribuiscono ad aumentare la *domanda aggregata* e cioè la richiesta di beni e servizi prodotti dalle imprese, in modo da sostenerne i risultati economici.

Ma la *mano pubblica* interviene nell'economia anche mediante la creazione di imprese interamente pubbliche ovvero mediante società con privati. L'iniziativa pubblica non soltanto si dirige verso settori (spesso di interesse generale) in cui si avverte la mancanza di iniziativa privata e nei quali spesso agisce quale monopolista; essa può operare anche in concorrenza e in regime di parità con le altre imprese.

Il tramonto della programmazione economica

Ai sensi dell'art. 41, 3° comma, Cost., la legge determina i programmi e i controlli perché l'attività pubblica e privata sia indirizzata e coordinata a fini sociali. Le leggi di *programmazione economica* previste da tale norma avrebbero dovuto rappresentare il principale limite alla libertà di iniziativa economica. Esse avrebbero dovuto individuare le finalità e gli obiettivi di interesse generale cui si sarebbero dovute conformare tutte le imprese pubbliche e private. Tale modello è stato, però, del tutto abbandonato. In effetti, per molti anni, l'intervento diretto dello Stato ha caratterizzato l'economia di gran parte dei Paesi occidentali ed è stato addirittura massiccio nel nostro Paese. Negli ultimi decenni, si è invece registrata, anche sotto la spinta della disciplina europea, la tendenza a privatizzare le imprese pubbliche – soprattutto quelle che operavano in regimi di monopolio – e a liberalizzare i mercati, sì da aprirne l'accesso a competitori privati e da consentire – con i controlli finalizzati all'attuazione e alla garanzia di interessi pubblici – di cogliere i benefici effetti della concorrenza. Ciò ha ridotto il peso dell'iniziativa economica pubblica e delle partecipazioni statali; e tale nuova conformazione della *costituzione economica*, in una realtà oramai globalizzata in cui l'intervento di uno Stato avrebbe anche scarsa incisività, ha segnato il definitivo tramonto della *programmazione*.

2. *I limiti alla libertà di iniziativa economica*

Espropriazione di impresa e riserva originaria

La riduzione del ruolo dello Stato come imprenditore o come programmatore e regolatore dell'economia non significa però che la libertà di iniziativa economica sia priva di limiti e vincoli. Questi ultimi esistono, sono previsti a livello costituzionale e possono giungere fino ad impedire in modo assoluto la titolarità o l'esercizio di un'attività economica in determinati settori. Tali limiti sono elencati dall'art. 43 Cost. e consistono:

i) nella possibilità di *espropriare* un'impresa o un intero settore economico trasferendoli allo Stato o ad un altro ente pubblico ovvero a comunità di lavoratori o di utenti (in questo ultimo caso si parla di *socializzazione*): il trasferimento deve essere disposto con legge e deve anche prevedersi un indennizzo in favore del soggetto espropriato;

ii) nella possibilità di vietare che i privati avviino iniziative imprenditoriali in determinati settori che sono perciò riservati allo Stato, agli enti pubblici ovvero a comunità di lavoratori o utenti; in questo caso non si configura un fenomeno espropriativo ma una *riserva originaria* dell'impresa ai detti beneficiari, sicché non si prevede la corresponsione di alcun indennizzo.

Espropriazione e riserva originaria possono essere disposti solo con legge e a condizione che sussista un concreto interesse pubblico al controllo del settore economico oggetto del provvedimento, in quanto lo stesso si riferisca a servizi pubblici essenziali, a fonti di energia ovvero a situazioni di monopolio.

Il limite dell'utilità sociale

Se l'art. 43 Cost. stabilisce vincoli che incidono direttamente sul diritto dell'imprenditore di avviare ovvero di esercitare un'attività economica in un determinato settore, altri limiti riguardano invece le modalità con cui l'iniziativa imprenditoriale deve essere condotta. Già l'art. 2595 c.c. stabilisce che essa non può ledere gli interessi dell'*economia nazionale*. L'art. 41, 2° comma, Cost. prevede, inoltre, che non può svolgersi in contrasto con l'*utilità sociale* o in modo da recare danno alla sicurezza, alla libertà e alla dignità umana.

L'iniziativa economica nei Trattati europei

La disposizione costituzionale da ultimo citata individua una sorta di gerarchia di valori fondamentali alla cui stregua quelli che ineriscono alla persona, alla sua dignità e alla sua sicurezza, prevalgono rispetto ai diritti di libertà economica, quale pur sempre è il diritto di iniziativa imprenditoriale. Il limite dell'*utilità sociale* è oggi interpretato come limite esterno; esso si rivolge al legislatore nel senso che legittima limitazioni alla libertà in questione, finalizzate al raggiungimento di obiettivi di carattere sociale. A livello europeo la libertà di iniziativa economica è espressamente sancita dall'art. 16 della *Carta dei Diritti Fondamentali* (la c.d. *Carta di Nizza*): ma, anche in quel contesto, essa deve essere contemperata con l'esigenza di tutelare interessi primari, come i diritti di eguaglianza, di solidarietà, di tutela dell'ambiente e dei consumatori che pure la Carta contempla.

Impresa, mercato, consumatori

Invero, tali vincoli si sono, nella legislazione nazionale come in quella europea, concretizzati in normative che hanno avuto riguardo soprattutto alla tutela della concorrenza e del mercato concorrenziale nonché dei consumatori. Le due discipline sono, in effetti, congruenti col modello di economia di mercato attualmente dominante. La prima garantisce che la *struttura di mercato* sia concorrenziale e cioè aperta a più competitori e che la competizione si svolga in modo corretto: ciò consente la riduzione dei prezzi e, dunque, assicura un vantaggio per i consumatori (la c.d. *rendita del consumatore*), stimolando, allo stesso tempo, gli imprenditori a migliorare e rendere più efficiente la loro attività onde poter, come appunto si dice, *battere la concorrenza*. La disciplina che tutela i consumatori ha, invece, una duplice finalità: per un verso, protegge direttamente gli interessi economici e personali del c.d. *contraente debole,* sicché si iscrive a pieno titolo nell'ambito di quei limiti di *utilità sociale* previsti dall'art. 41, 2° comma, Cost. nonché dai Trattati europei (art. 143 Trattato CEE; art. 38 *Carta di Nizza*); per l'altro, protegge proprio gli imprenditori e la concorrenza, penalizzando quelle pratiche sleali con le quali le imprese inefficienti riescono, scaricando le proprie inefficienze sui consumatori, a superare quelle imprese che, invece, della debolezza (contrattuale o informativa) dei consumatori medesimi non approfittino.

Come si vede, si tratta di normative non solo complesse – spesso avversate soprattutto da chi le considera *lacci* che imbrigliano l'attività dell'imprenditore rendendolo vulnerabile alla concorrenza internazionale di quei competitori che sono, invece, liberi da vincoli o limitazioni –, ma anche caratterizzate dalla molteplicità degli interessi coinvolti e dei piani sui quali si snoda la relativa tutela. Tale complessità è conseguenza del fatto che un'impresa, come già notato nei precedenti capitoli, è un coacervo di rapporti che sottendono vari interessi che fanno capo a specifici soggetti o schiere di soggetti (imprenditori, lavoratori, consumatori, creditori e via discorrendo). I limiti alla libertà di iniziativa economica sono spesso finalizzati a tutelare o a regolare interessi che possono essere contrapposti o concorrenti: pertanto regole che sono nate per attuare talune finalità, possono anche essere estese alla garanzia di posizioni differenti. Si pensi, ad esempio, alla disciplina della *pubblicità commerciale* che, nata per tutelare l'impresa da pratiche sleali di altri imprenditori (art. 2598, n. 3, c.c.), è stata poi caricata *anche* di finalità di protezione dei consumatori dalla c.d. *pubblicità ingannevole.*

3. *Il monopolio e l'abuso di posizione dominante*

Il monopolio nel codice civile

Come detto, molte previsioni normative hanno la funzione di assicurare la struttura concorrenziale del mercato e cioè la sua permeabilità rispetto all'ingresso di nuovi competitori. Altre, invece, stabiliscono limiti alla libertà di iniziativa economica delle imprese che operino in mercati la cui struttura non sia aperta e nei quali, in altre parole, non vi sia concorrenza.

Già il codice civile contempla, infatti, disposizioni che riguardano il *monopolio* e cioè quel particolare tipo di mercato in cui esiste un solo imprenditore. L'art. 2597 c.c. stabilisce a carico del monopolista, due obblighi: *a*) quello di contrarre e, dunque, di fornire i beni e i servizi prodotti a chiunque gliene faccia richiesta; *b*) quello di osservare la parità di trattamento. Deve poi ricordarsi che l'art. 1679 c.c., relativo ai servizi di trasporto pubblico di linea, ribadisce, a carico del relativo concessionario, sia l'obbligo legale di contrarre, limitandolo però alla compatibilità con i mezzi ordinari dell'impresa, sia l'obbligo inderogabile di osservare la parità di trattamento. La disposizione dell'art. 2597 c.c. si applica esclusivamente ai cc.dd. *monopoli di diritto* e cioè a quelli imposti per legge, non invece ai *monopoli di fatto* e cioè a quelli formatisi naturalmente. Essa costituisce una delle più risalenti disposizioni a tutela dei consumatori e, infatti, non si applica ai rapporti tra monopolista e altri imprenditori. La violazione degli obblighi imposti dall'art. 2597 c.c. comporta il risarcimento dei danni a carico del monopolista; inoltre, nel caso di violazione dell'obbligo legale a contrarre, il consumatore può, secondo l'orientamento principale, chiedere anche l'attuazione in forma specifica del contratto ai sensi dell'art. 2932 c.c.

Il monopolio nella legislazione *antitrust*

Alle previsioni del codice si sono, più recentemente, aggiunte altre disposizioni sia di rango comunitario che nazionale, le quali disciplinano l'*abuso di posizione dominante*. I riferimenti normativi sono costituiti dall'art. 82 Trattato CEE e dall'art. 3 della legge n. 287 del 1990 e cioè della *legge a tutela della concorrenza e del mercato* (la c.d. *Legge Antitrust*): le due normative sono di fatto identiche; esse hanno però un campo di applicazione differente perché la legge antitrust nazionale riguarda solo la concorrenza nel mercato interno; le previsioni del Trattato CEE attengono, invece, al mercato europeo.

Un'impresa si trova in una *posizione dominante* allorché è capace, a causa della mancanza di competitori, di controllare il mercato in cui opera; il concetto di posizione dominante è, dunque, più ampio di quello di monopolio perché non postula la presenza nel mercato di un solo imprenditore. Le previsioni nazionali ed europee vietano alle imprese che si trovino in tale posizione di approfittarne attraverso l'imposizione, ai consumatori come agli altri imprenditori, di condizioni che siano ingiustificatamente gravose o svantaggiose. Come si vede, anche il contenuto del divieto è sensibilmente più ampio di quello sancito dall'art. 2597 del codice, perché esso riguarda non solo l'*an* della contrattazione e cioè il mero obbligo a contrarre, ma anche le condizioni della contrattazione medesima, le quali, infatti, non devono essere ingiustificatamente gravose. Inoltre, le disposizioni in questione tutelano non soltanto il consumatore ma anche gli altri imprenditori danneggiati dagli abusi del concorrente dominante, sicché esse hanno un'estensione ampia anche sotto il profilo soggettivo.

Le sanzioni previste per il caso di violazione del divieto in questione sono di due tipi. In primo luogo, l'autore dell'abuso è assoggettato a sanzioni di tipo pecuniario che possono essergli inflitte dalle Autorità Garanti per la Concorrenza e per il Mercato rispettivamente nazionali o comunitarie, a seconda della dimensione del mercato in cui l'impresa opera. In secondo luogo, i consumatori o gli imprenditori danneggiati potranno chiedere, ai sensi dell'art. 2043 c.c., il risarcimento dei danni.

4. *I limiti contrattuali alla libertà di iniziativa economica*

Le limitazioni alla concorrenza fin qui analizzate sono tutte imposte dal legislatore. Esse, come visto, sono finalizzate a realizzare interessi generali ovvero a garantire i consumatori e il mercato concorrenziale. Altre limitazioni sono stabilite in funzione della repressione delle pratiche di concorrenza sleale e di esse si tratterà nei prossimi capitoli.

I patti di non concorrenza

Vincoli alla iniziativa economica privata possono, inoltre, essere stabiliti per contratto: la libertà in questione è, infatti, pur sempre di tipo economico sicché il relativo titolare può, con proprio atto di autonomia, validamente disporne.

Il potere di disposizione del diritto di iniziativa non è però assoluto: l'ordinamento pone dei limiti abbastanza rilevanti che sono finalizzati ad attuare differenti esigenze. L'art. 2596 c.c. regola, infatti, i cc.dd. *patti di non concorrenza* e cioè quegli accordi con i quali un imprenditore, limitando la propria libertà di iniziativa economica, si obbliga ad astenersi dall'avviare e dall'esercitare un determinato tipo di attività di impresa. La norma impone a tali patti vincoli di varia natura che, in particolare, attengono:

a) *al contenuto*: il patto non può essere generale e cioè non può riguardare ogni tipo di iniziativa, dovendo essere circoscritto ad una determinata attività. In altre parole, non si può validamente disporre della libertà di iniziativa economica in sé, ma solamente della sua proiezione in un settore circoscritto;

b) all'*ambito geografico*: il patto deve riguardare una determinata zona la cui estensione deve chiaramente essere individuata alla stregua del tipo di attività che esso contempla;

c) alla *durata*: i patti non possono avere durata superiore a cinque anni.

Nel caso in cui vengano superati i limiti di contenuto e geografici, il patto è nullo per violazione di norma imperativa (art. 1418 c.c.); nel caso di violazione dei limiti di durata ovvero in mancanza della previsione di una durata, essi sono validi ma durano cinque anni, sicché, in attuazione di un fenomeno di integrazione del contratto (art. 1339 c.c.), l'eventuale clausola nulla è sostituita di diritto con la clausola legale. In ogni caso, il patto deve essere *provato per iscritto*.

La disposizione del codice persegue una duplice finalità: essa tutela la libertà economica individuale, e dunque costituisce un presidio all'esercizio del diritto soggettivo di iniziativa imprenditoriale; allo stesso tempo, garantisce il corretto funzionamento del mercato impedendo che il suo sviluppo possa essere bloccato o comunque condizionato da una sorta di programmazione privata attuata attraverso i patti in esame.

Intese limitative della concorrenza

Ulteriori limitazioni ai patti di non concorrenza sono previste, a livello nazionale ed europeo, dall'art. 2 della già citata *Legge antitrust* n. 287 del 1990 nonché dall'art. 81 Trattato CEE. Tali previsioni riguardano, invero, tutte le intese tra imprenditori che abbiano per *oggetto* o per *effetto* la restrizione della concorrenza in un determinato mercato. Sono, in particolare, vietati tutti quegli accordi attraverso i quali imprese che non sono, da sole, in posizione dominante nel mercato, si alleino allo scopo di: 1) limitare la concorrenza; 2) attuare abusi in danno dei consumatori o di altri imprenditori; 3) impedire lo sviluppo della produzione e, in definitiva, dei mercati. Intese di tal genere sono nulle e, ove abbiano provocato danni ai soggetti tutelati, generano anche l'obbligo risarcitorio *ex* art. 2043 c.c. Oltre alle sanzioni civilistiche da ultimo indicate, gli imprenditori che le hanno stipulate sono assoggettati a sanzioni amministrative irrogate dalle Autorità garanti nazionali ovvero europee. A differenza della previsione dell'art. 2596 c.c., quelle antitrust in esame non hanno una funzione di tutela della libertà individuale di iniziativa economica; esse perseguono una mera finalità di salvaguardia del mercato concorrenziale in generale. Conseguentemente, mentre l'art. 2596 si applica a qualunque patto limitativo dell'iniziativa economica, le norme antitrust riguardano solo le intese che abbiano, per le dimensioni dei relativi contraenti e per l'importanza che essi abbiano nel mercato di riferimento, la capacità di limitare effettivamente la concorrenza.

CAPITOLO 80
LA CONCORRENZA SLEALE

1. *Concetto e funzioni del divieto di concorrenza sleale*

Il divieto di concorrenza sleale come limite all'iniziativa economica

Anche il divieto di concorrenza sleale costituisce un limite al diritto di iniziativa economica: esso, in particolare, impone all'imprenditore di condurre la propria attività nel rispetto delle regole di correttezza e ha, pertanto, natura di vincolo *qualitativo* atteso che non incide sulla possibilità stessa di avvio di un'impresa ma solo sulle sue modalità di esercizio.

Il contenuto di tale limite è stabilito da una serie di disposizioni particolari (ad es., quelle in materia di marchi e segni distintivi) nonché da talune clausole generali. Queste sono contenute, in primo luogo, nell'art. 2598, n. 3, c.c. secondo cui compie atti di concorrenza sleale l'imprenditore che si vale di qualunque mezzo «*non conforme ai principi della correttezza professionale e idoneo a danneggiare l'altrui azienda*»; più di recente, poi, l'art. 39 del c.d. *Codice del consumo* (d.lgs. n. 206 del 2005) ha stabilito che le attività commerciali devono essere «*improntate al rispetto dei principi di buona fede, di correttezza e di lealtà, valutati anche alla stregua delle esigenze di protezione delle categorie di consumatori*».

La lettura congiunta delle due disposizioni è interessante perché permette di cogliere un fenomeno di evoluzione delle norme in materia di concorrenza sleale. Esse, infatti, nascono in funzione di tutela dell'imprenditore e dell'avviamento della sua azienda. L'avviamento di un'azienda è, come già si è detto, costituito dalla capacità che essa ha di collocare i prodotti e i servizi presso la propria clientela. È evidente che gli imprenditori che operano nel medesimo mercato si contendono la clientela, nel senso che cercano di acquisirla a scapito delle altre imprese: concorrenza significa, in definitiva, proprio questo. Ma la competizione deve avvenire nel rispetto delle regole della correttezza. Un imprenditore non può cercare di conquistare, come si dice, la sua *fetta di mercato* attraverso pratiche che ingannino, con qualsiasi mezzo, i clienti condizionandoli nella scelta dei prodotti o dei servizi offerti dalle varie imprese in concorrenza. Proprio per questo, la legge impone a tutti gli imprenditori di comportarsi in modo corretto e cioè di astenersi dal compiere atti che possano incidere sulla libera formazione del *giudizio del mercato*. Come si nota, il divieto di pratiche sleali integra un limite alla iniziativa economica sancito a tutela degli interessi degli altri imprenditori: esso è, al tempo stesso, un limite e un baluardo a difesa della libertà di impresa.

Il divieto di concorrenza sleale come presidio della struttura di mercato

Ma le disposizioni sulla concorrenza sleale hanno anche un altro destinatario. Il funzionamento del mercato postula che sia tutelata la libertà di scelta e di giudizio della clientela. Soprattutto, l'ordinamento si fa carico di tutelare la libertà di giudizio di coloro che, non essendo professionisti, più difficilmente sono capaci di individuare le pratiche scorrette che li attirano, ingiustamente e a volte inconsciamente, verso talune imprese piuttosto che verso altre. Costoro sono, in definitiva, i consumatori. Dunque, il divieto di concorrenza sleale finisce per tutelare la concorrenza tra le imprese attraverso la tutela dei consumatori: più questi ultimi sono messi a riparo dalle pratiche aggressive degli imprenditori scorretti, più si tutela la loro capacità di scelta e, dunque, la libera concorrenza e il mercato. Proprio per questo assume importanza la seconda delle disposizioni sopra citate e cioè quella dell'art. 39 cod. consumo: essa costituisce il sintomo di un'evoluzione della disciplina in esame la quale, da strumento di tutela diretta delle imprese e del loro avviamento, è diventata strumento di tutela dei consumatori e, indirettamente, della concorrenza.

2. *La tutela dei segni distintivi: la ditta e l'insegna*

Le pratiche confusive

Come già detto, il divieto di concorrenza sleale si sostanzia di una serie di previsioni. Alcune di esse sono a contenuto aperto; sono cioè costituite da *clausole generali* che sanciscono l'illegittimità di ogni atto che contrasti con i principi della correttezza e che sia capace di ledere gli interessi degli altri imprenditori ovvero dei consumatori.

Altre, invece, hanno un contenuto specifico nel senso che individuano particolari pratiche che sono da considerare sleali e, come tali, vietate.

Una delle più importanti tipologie di pratiche sleali è data dagli *atti confusivi,* i quali sono costituiti dall'appropriazione, da parte di un imprenditore, di attributi capaci di individuare un'azienda o un prodotto riferibile ad altro imprenditore. È evidente, infatti, che tali pratiche, proprio perché creano confusione tra prodotti e imprese, sono potenzialmente capaci di sviare la loro clientela e, dunque, di danneggiarle.

La tutela dei segni distintivi: la ditta

La repressione degli atti confusivi è attuata attraverso una serie di misure: in primo luogo, attraverso la tutela dei c.d. *segni distintivi* e cioè di tutti gli elementi idonei a distinguere un'impresa e i suoi prodotti. Ad ogni imprenditore è, infatti, attribuito un diritto di utilizzare tali segni in modo esclusivo e, dunque, di poter impedire che altri imprenditori ne facciano parimenti uso. Trattasi di diritti che, sotto molti profili, assomigliano alla proprietà o ai diritti della personalità perché essi hanno natura di *diritti assoluti* da far valere verso chiunque (*erga omnes*), e perché, al pari appunto della proprietà, il loro contenuto è dato dal c.d. *ius escludendi alios* e cioè dal diritto di opporsi all'utilizzazione da parte di terzi, dei segni distintivi tutelati. La loro *ratio* è però quella di assicurare correttezza nelle relazioni tra imprese, il che giustifica anche la loro specifica disciplina.

Tra i segni distintivi tutelati vi è, in primo luogo, il nome utilizzato dall'imprenditore nei suoi rapporti commerciali, che si definisce *ditta*. La ditta può coincidere con il nome personale dell'imprenditore, ma può anche essere costituita da parole o espressioni indicative dell'attività esercitata ovvero di fantasia; in quest'ultimo caso, essa, ai sensi dell'art. 2563 c.c., deve però contenere il cognome o almeno la sigla dell'imprenditore individuale. Tale obbligo riguarda solo gli imprenditori individuali e non le società. Anche le società hanno infatti un nome: esso è detto *ragione sociale* per le società di persone e *denominazione* per le quelle di capitali (v. paragrafi successivi); le società possono poi avere una c.d. *ditta sociale* e cioè un nome utilizzato nei rapporti commerciali e, principalmente, in quelli con i clienti. La *ditta sociale* può essere anche diversa dalla denominazione e dalla ragione sociale e, in tale ipotesi, non deve necessariamente contenere riferimenti alle stesse.

Come già detto, la ditta è oggetto di un diritto soggettivo del suo titolare. Trattasi di un diritto che si costituisce, a titolo originario, con l'uso. In pratica, l'imprenditore che per primo adotti un determinato nome commerciale può impedire che altri facciano parimenti uso dello stesso nome o di un nome soltanto simile ma che possa creare confusione. L'estensione di tale diritto è però limitata: il titolare della ditta non può pretendere di esercitare sempre e in ogni caso le sue prerogative: lo può pretendere solo se l'uso che altri faccia della sua ditta sia, per l'*oggetto* dell'impresa o per il *luogo* in cui è esercitata, idoneo a creare confusione. Ciò significa che ben può un imprenditore utilizzare ditte simili a quelle di altri imprenditori che operino in settori merceologici o in ambiti territoriali diversi: in questi casi, infatti, non vi può essere pericolo di sviamento della clientela. Come si vede, le previsioni di tutela dei segni distintivi si giustificano in funzione della repressione della concorrenza sleale: infatti, esse non tutelano la ditta in modo assoluto, ma la tutelano solo se vi sia il rischio di sviamento di clientela.

Il diritto sulla ditta, come detto, si acquisisce, a titolo originario, con l'uso. Esso può essere anche trasmesso a titolo derivativo nel senso che può essere ceduto ad altri imprenditori. La cessione, non può, però, avvenire se non insieme all'azienda cui la ditta inerisce (art. 2565 c.c.): la previsione tutela, in definitiva, i clienti, garantendo che ad una data ditta corrispondano i prodotti di una determinata azienda. Il trasferimento a titolo derivativo può avvenire sia per atto tra vivi che *mortis causa*.

Le ditte delle imprese commerciali vengono, con la registrazione dell'imprenditore nel registro delle imprese, anch'esse *registrate*. L'ufficio del registro deve rifiutare registrazioni di ditte simili o analoghe a quelle di altri imprenditori già registrati (art. 2566 c.c.). La registrazione non ha però funzione costitutiva del diritto sulla ditta che, come detto, si costituisce con l'uso prioritario: ciò significa che l'imprenditore titolare di una ditta non registrata ha un diritto che prevale su quello del titolare di una identica ditta registrata, a patto però che dimostri il suo uso anteriore.

L'insegna

Le disposizioni che riguardano la ditta si applicano anche all'*insegna* che è costituita dai segni distintivi dell'azienda, intesa come luogo fisico nel quale vengono prodotti o distribuiti i beni di un'impresa (art. 2568 c.c.).

3. *La tutela del marchio*

Il marchio

La tutela della ditta e dell'insegna interessa principalmente quegli imprenditori che hanno un rapporto diretto con la loro clientela. Esistono però imprese che collocano beni e servizi attraverso canali di distribuzione e senza entrare in relazione immediata con i consumatori o con i clienti finali. La differenziazione dei prodotti di tali imprese rispetto a quelli dei loro concorrenti avviene, dunque, attraverso l'utilizzazione di segni distintivi che sono impressi direttamente sui prodotti ovvero sugli strumenti utilizzati per la distribuzione: proprio in virtù di tali segni, il cliente riesce ad individuare la provenienza del prodotto ed è, dunque, messo in condizioni di preferirlo rispetto a quelli di altre imprese.

I segni distintivi del prodotto sono i *marchi* che, alla stregua dei segni distintivi dell'azienda, sono oggetto di tutela. In particolare, l'art. 2569 c.c. stabilisce che colui che abbia registrato un marchio nelle forme stabilite dalla legge, ha il diritto di utilizzarlo in modo esclusivo per i beni e i servizi per i quali è stato registrato.

Il marchio registrato e il marchio noto

Il tenore letterale della disposizione individua la fattispecie costitutiva del diritto sul marchio nella sua *registrazione*, la quale deve avvenire presso un apposito ufficio brevetti e marchi e, dunque, è cosa diversa dalla registrazione nel registro delle imprese di cui si è detto nei precedenti paragrafi. La disciplina della registrazione è contenuta in leggi speciali che, di recente, sono state trasfuse nel c.d. *Codice della Proprietà Industriale* approvato con d.lgs. n. 30 del 2005.

In effetti, la registrazione non rappresenta l'unica fonte costitutiva del diritto sul marchio. Oltre che al *marchio registrato*, l'ordinamento accorda tutela anche al c.d. *marchio di fatto* e cioè al marchio non registrato che sia però *noto* perché diffuso e capace di individuare, in una parte rilevante del mercato – e cioè su tutto il territorio nazionale o su parte cospicua di esso – i prodotti di un imprenditore: la *notorietà* del marchio, al pari della registrazione, integra una fonte costitutiva del relativo diritto. In effetti, il marchio registrato si distingue dal marchio di fatto, perché quest'ultimo è oggetto di tutela solamente se *noto* e cioè diffuso tra i consumatori e gli utenti; viceversa, il marchio registrato è tutelato di per sé, ancorché sia, al momento della sua registrazione, praticamente sconosciuto.

Anche per il marchio, così come per la ditta, vale la regola della priorità temporale. Ha diritto di utilizzare in modo esclusivo il marchio colui che per primo lo abbia acquistato con la registrazione ovvero con la notorietà. E infatti, ai sensi dell'art. 12 del *Codice della Proprietà Industriale*, non può essere effettuata e, comunque, è nulla la registrazione di un marchio che sia identico o simile al marchio o ai segni distintivi (compresa la ditta) già utilizzati da un altro imprenditore, quando da tale identità o similitudine può derivare un pericolo di confusione.

Marchio locale

È possibile che il marchio non registrato abbia una diffusione limitata e sia, cioè, conosciuto solo in una limitata zona. Il *marchio locale* così come il *marchio non noto* sono sì tutelati, ma in misura limitata rispetto al marchio noto. Il loro titolare non può infatti impedire che un marchio identico o simile sia registrato e trovi, con la registrazione, piena tutela. Egli, però, se riesce a dimostrare l'uso precedente del suo marchio, non ha l'obbligo di dismetterlo e può continuare ad avvalersene con le modalità e nei limiti di estensione territoriale precedenti (art. 2571 c.c.).

In definitiva: il *marchio registrato* e il *marchio noto* hanno una tutela assoluta. Il relativo titolare ha il diritto di impedire che altri li registrino o li utilizzino per beni o servizi uguali o analoghi a quelli per i quali è stato registrato. Il *marchio locale* o *marchio non noto* ha una tutela limitata perché il relativo titolare può semplicemente continuare ad utilizzarlo, con le medesime modalità precedenti, nonostante che altri lo abbia legittimamente registrato.

La capacità distintiva del marchio

I marchi possono essere costituiti da parole, da disegni, da lettere o cifre, da suoni purché abbiano capacità distintiva: devono cioè individuare non il tipo di prodotto, ma l'imprenditore che lo produce. Non è, pertanto, possibile chiedere la registrazione o la tutela di un marchio costituito da una *denominazione generica.* Non si può, ad esempio, registrare la parole *caffè* come marchio distintivo di una particolare marca di caffè: una tutela accordata in tale ipotesi attribuirebbe un diritto di fabbricazione al suo titolare, il quale sarebbe l'unico a poter produrre il caffè chiamandolo con il suo nome. Cosa differente sarebbe, però, se la parola *caffè* venisse utilizzata per individuare altri beni (ad esempio abbigliamento sportivo): in tal caso, la denominazione sarebbe, in effetti, di fantasia e potrebbe costituire marchio. Una denominazione generica può però, col tempo e con la diffusione, diventare un marchio tutelato se essa, nell'uso comune, finisca con l'individuare, oltre che un tipo di bene, anche un particolare prodotto di una specifica azienda: in questo caso, la parola generica acquisisce un ulteriore significato (il c.d. *secondary meaning)* che può essere tutelato in quanto marchio: è il caso del quotidiano *Il Giornale* la cui denominazione generica, riferibile in genere a tutti i quotidiani, è capace di individuare anche *un* particolare quotidiano.

Marchi forti e marchi deboli

I marchi si distinguono in *marchi forti*, se sono costituiti interamente da nomi di fantasia, e in *marchi deboli* se sono parzialmente di fantasia perché fatti anche di parole generiche oltre che di simboli di fantasia. I marchi deboli hanno una tutela minore perché altri imprenditori possono utilizzarli purché vi apportino leggere modifiche atte a determinare una distinzione.

I marchi possono individuare il produttore del bene (*marchi di produzione*), ma possono anche essere indicativi del distributore (*marchi di distribuzione*). Il distributore può aggiungere al prodotto il suo marchio, ma non può sopprimere quello di produzione (art. 2572 c.c.).

Il marchio è tutelato principalmente con l'attribuzione al relativo titolare di uno *ius escludendi alios* in virtù del quale può essere impedita la registrazione o l'utilizzazione di marchi identici ovvero di marchi simili dotati di capacità confusiva (art. 15 del *Codice della Proprietà Industriale*). Tale tutela, che per i marchi registrati dura dieci anni salvo la rinnovazione, riguarda soltanto i prodotti per i quali il marchio è stato registrato nonché quelli affini. Così come per la ditta, la tutela del marchio si giustifica in funzione della repressione delle pratiche di concorrenza sleale sicché essa non è accordata qualora competizione non possa esservi: infatti, il diritto al marchio può farsi valere solo per i prodotti per i quali è stato registrato, e non per altri.

Nel caso di utilizzo abusivo del marchio altrui, il titolare può ottenere che sia ordinata l'inibitoria dello stesso oltre che la distruzione dei beni contraffatti; può inoltre domandare anche il risarcimento del danno. La contraffazione, così come la violazione dei diritti tutti di proprietà industriale, costituisce poi illecito penale e amministrativo (art. 127 del *Codice della Proprietà Industriale*).

4. *La tutela della proprietà industriale*

Il diritto di utilizzazione delle invenzioni industriali

La proprietà industriale è quel diritto di utilizzazione esclusiva che l'ordinamento accorda alle c.d. *invenzioni industriali* e cioè a quelle particolari *opere dell'ingegno* che possono avere applicazione nel campo produttivo. Le opere dell'ingegno sono tutte le creazioni originali compiute attraverso attività intellettuale o tecnica: l'autore dell'opera ha diritto di utilizzarla in modo esclusivo, anche sotto il profilo economico, nonché di ottenere che sia riconosciuta la sua paternità. Tali facoltà costituiscono il contenuto, patrimoniale e morale, del *diritto d'autore* (artt. 2575 ss. c.c. e legge n. 633 del 1941).

L'opera dell'ingegno può avere anche un'applicazione industriale: essa può cioè essere costituita dall'invenzione di un processo produttivo originale; da una macchina o da uno strumento che facilita una lavorazione; da un particolare prodotto della tecnica prima non esistente; da un'idea scientifica di immediata utilizzazione industriale (ad es., la scoperta di un principio attivo da utilizzare come farmaco): in tutti questi casi l'opera si definisce *invenzione industriale* ed essa è oggetto di quel particolare diritto che è appunto la *proprietà industriale*, la quale è disciplinata dagli artt. 2584 ss. c.c. oltre che dal *Codice della Proprietà Industriale* (v. par. precedente).

Anche all'autore dell'invenzione industriale l'ordinamento accorda diritti a carattere patrimoniale che consistono nella facoltà di utilizzare direttamente l'opera ovvero di concedere ad altri, normalmente dietro corrispettivo, lo sfruttamento della stessa (art. 2584 c.c.). All'inventore è riconosciuto, in ogni caso, il diritto morale alla paternità sull'invenzione (art. 62 del *Codice della Proprietà Industriale*).

È evidente che le disposizioni sulla proprietà industriale tutelano, in primo luogo, l'autore dell'invenzione e la sua pretesa di fare propri i frutti del suo lavoro e della sua creatività. Esse, sotto tale profilo, non attengono al sistema di regolazione della concorrenza e, in particolare, di repressione di quella sleale. Deve però osservarsi che le invenzioni industriali possono essere il diretto risultato di un'attività di ricerca finanziata da un'impresa (v. art. 64 *Codice della Proprietà Industriale*); in ogni caso, anche se compiute da singoli inventori ovvero da ricercatori universitari o di altri istituti, sono poi di regola cedute (con il *contratto di licenza*) alle imprese, le quali acquistano il diritto alla loro utilizzazione: insomma, in un modo o nell'altro, esse finiscono per confluire nel patrimonio tecnologico di un'impresa. Pertanto, l'uso abusivo che di esse faccia un imprenditore, che non ha titolo di sfruttamento, costituisce comunque atto di concorrenza sleale nella misura in cui integra appropriazione della tecnologia sviluppata o comunque acquistata da un'altra impresa. Il che costituisce pratica sleale di tipo *appropriativo*, che può però produrre effetti anche di tipo *confusivo*.

Proprio per tali motivazioni, la tutela del marchio e quella della proprietà industriale vengono, oggi, regolate, oltre che dal codice civile, da un unico testo normativo che è il *Codice della Proprietà Industriale* più volte nominato.

La brevettazione

Il diritto di proprietà industriale si costituisce con la *brevettazione* che si richiede agli *Uffici Marchi e Brevetti* individuati dalla legge. Esso compete a chi sia effettivo autore dell'invenzione. In caso di usurpazione, l'effettivo inventore può infatti esercitare un'azione di rivendica (art. 118 *Codice della Proprietà Industriale*) e chiedere che sia dichiarata la nullità del brevetto. Per poter ottenere la brevettazione è necessario, inoltre, che l'invenzione abbia i requisiti della *novità* – non sia cioè già conosciuta dallo stato attuale della tecnica – nonché della *industrialità* e cioè della utilizzabilità per fini produttivi anche di tipo agricolo.

Il brevetto, che ha efficacia costitutiva dei diritti di sfruttamento esclusivo dell'opera, ha durata ventennale.

Possono essere, inoltre, brevettati anche i c.d. *modelli di utilità* e cioè quelle invenzioni atte a conferire ad uno strumento già esistente particolare efficienza o utilità (art. 2592 c.c.); la loro brevettazione ha durata decennale.

Gli strumenti di tutela del diritto di proprietà industriale sono i medesimi previsti per il marchio e sono cioè costituiti dall'inibitoria, dalla distruzione dei beni contraffatti e dal risarcimento del danno. La violazione del diritto di proprietà industriale comporta applicazione anche di sanzioni penali e amministrative.

5. *Le altre pratiche sleali a contenuto confusivo*

Il divieto di pratiche confusive come clausola generale

La repressione degli atti di concorrenza sleale attuati attraverso *condotte confusive* è affidata infine ad una clausola generale contenuta nell'art. 2598, n. 1, c.c., secondo cui compie atti di concorrenza sleale colui che «*usa nomi o segni distintivi idonei a produrre confusione con i nomi e i segni distintivi legittimamente usati da altri, o imita servilmente i prodotti di un concorrente, o compie con qualsiasi altro mezzo atti idonei a creare confusione con i prodotti e con l'attività di un concorrente*». Appare evidente che la maggior parte degli atti di confusione indicati dall'art. 2598, n. 1, integra, già di per sé, violazione dei diritti di uso esclusivo della ditta e dei marchi oltre che della proprietà industriale. La norma trova, dunque, applicazione nei casi residuali in cui non possano farsi valere tali diritti.

Perché si configuri una condotta confusiva vietata è necessario, in primo luogo, che il nome o il prodotto di un'impresa sia già diffuso e conosciuto nel mercato; occorre poi che il concorrente sleale compia atti che siano effettivamente in grado di sviare la clientela. Ciò avviene, ad esempio, attraverso la c.d. *imitazione servile* che sussiste quando un prodotto viene presentato con caratteri estrinseci tali da non potersi facilmente distinguere dal prodotto di altra impresa. È evidente che il ricorso alla disposizione in esame, anche in questo caso, è possibile quando non vi sia una privativa discendente dall'acquisto di diritti di proprietà industriale.

6. *Il divieto di denigrazione e la pubblicità*

Le pratiche sleali fin qui analizzate si concretizzano in comportamenti che tendono a confondere un'impresa o i suoi prodotti con le imprese e i prodotti dei concorrenti. Esistono anche altri atti di concorrenza sleale che invece consistono nella diffusione di notizie e giudizi che, pur non ingenerando alcuna confusione, sono comunque idonei a sviare la clientela di un imprenditore a vantaggio di altri. La diffusione di una notizia può, infatti, danneggiare un'azienda. Ciò può avvenire in due differenti modi:

La denigrazione dell'altrui impresa

a) in primo luogo attraverso la *denigrazione* dell'azienda medesima e dei suoi prodotti, e cioè attraverso la diffusione di giudizi che sono finalizzati ad evidenziarne, in modo scorretto, i caratteri negativi. In effetti, la legge non vieta che un imprenditore si esprima a riguardo della natura e delle qualità dei beni e servizi offerti dai suoi concorrenti: l'esercizio della critica è, infatti, espressione di una libertà e di un diritto riconosciuto anche dalla costituzione (art. 21 Cost.). Esso diviene, però, atto di concorrenza sleale se consiste in giudizi che siano falsi o che comunque siano espressi in modo scorretto, sì da ingenerare nella clientela convinzioni erronee e diffamanti a riguardo del concorrente (art. 2598, n. 2, c.c.). In questi casi, la pratica sleale, che sussiste solo se gli apprezzamenti vengano effettivamente diffusi, danneggia direttamente l'imprenditore denigrato, al quale, dunque, l'ordinamento riconosce il diritto di tutelarsi chiedendo la cessazione degli atti e il risarcimento del danno;

La pubblicità sleale

b) in secondo luogo, la *pubblicità* e le *notizie commerciali* diffuse da un imprenditore possono riguardare i suoi stessi prodotti. Quando ciò avviene in modo scorretto, perché l'imprenditore attribuisca ai suoi beni e ai suoi servizi caratteristiche che essi non hanno o che sono, invece, possedute dai prodotti di altri imprenditori, si configura un atto di concorrenza sleale. L'autore della pubblicità scorretta acquisisce, infatti, un ingiusto vantaggio competitivo sui suoi concorrenti perché illude la clientela che i suoi prodotti siano, per qualità e caratteristiche, eguali o superiori a quelli messi in commercio da altri imprenditori. Il divieto di *pubblicità sleale* tutela, dunque, proprio gli imprenditori, Esso, però, attua questa finalità anche attraverso la tutela dei consumatori e cioè dei destinatari della pubblicità ingannevole o scorretta. Proprio nel campo della pubblicità si apprezza, infatti, quel carattere bidirezionale delle norme che vietano la concorrenza sleale, le quali, come già detto, assicurando diritti ai consumatori, finiscono per tutelare anche le imprese leali e, in definitiva, il mercato concorrenziale.

La pubblicità è, infatti, uno strumento capace di incidere sui comportamenti del consumatore e sulle sue scelte, inducendolo a preferire, a volte in modo irrazionale, un prodotto o un servizio rispetto ad altri. Il codice civile tutela colui che, a seguito della diffusione di informazioni decettive, si sia indotto a concludere un contratto, solo se egli sia, in conseguenza di ciò, caduto in errore. In tal caso, infatti, il contratto si considera annullabile per dolo (art. 1439 c.c.). Ma, spesso, la pubblicità scorretta non incide sulla effettiva decisione del consumatore di concludere il contratto e, inoltre, essa non consiste in veri e propri raggiri operati a danno di una persona determinata, sicché la disciplina sul dolo non è applicabile. Dunque, in questi casi – che sono già conosciuti dalla nostra tradizione giuridica e sono annoverati nella categoria del c.d. *dolus bonus* il quale, come si ricorderà, è irrilevante per il nostro ordinamento –, il consumatore o, in generale, il contraente meno informato resta privo di tutela.

La diffusione degli scambi di massa, l'affinamento delle tecniche persuasive e la loro massiccia diffusione attraverso lo sviluppo dei mezzi di comunicazione, ha, dunque, indotto i legislatori dei Paesi maggiormente industrializzati ad introdurre la tutela del consumatore rispetto agli atti di pubblicità scorretta, nell'ambito di più specifiche ed efficaci normative. Nel nostro Paese ciò è avvenuto, sulla spinta della regolazione europea, con la disciplina della pubblicità ingannevole e comparativa, attualmente contenuta negli artt. 18 ss. del *Codice del Consumo* approvato con d.lgs. n. 206 del 2005.

In pratica, tale disciplina si fonda su due specifiche previsioni: vieta, per un verso, la *pubblicità ingannevole*, e disciplina, per l'altro, la *pubblicità comparativa*.

Pubblicità ingannevole e pubblicità comparativa

1) La *pubblicità* è *ingannevole* quando in qualsiasi modo, anche attraverso le forme in cui essa è presentata, sia in grado di trarre in errore i suoi destinatari sì da condizionarne il comportamento economico o comunque da ledere gli interessi dei concorrenti (art. 20, lett. b), *Codice del Consumo*).

2) La *pubblicità* è *comparativa* quando mette a raffronto i caratteri di prodotti e servizi di due o più concorrenti. Essa non è di per sé vietata ma deve soddisfare le condizioni e i requisiti sanciti dall'art. 22 del *Codice del Consumo*. In pratica deve riguardare prodotti simili e per quantità corrispondenti e non deve essere ingannevole.

In effetti, il divieto di pubblicità scorretta è già contenuto nella disposizione dell'art. 2598, n. 2, c.c., alla cui stregua è considerato atto di concorrenza sleale l'*appropriarsi di pregi dei prodotti o dell'impresa di un concorrente*. La differenza tra la disposizione del codice civile e quelle contenute oggi nel *Codice del Consumo* sta però nel fatto che, come già accennato, queste ultime tutelano direttamente il consumatore oltre che le altre imprese. Inoltre, per il caso della loro violazione, è prevista anche una tutela di tipo amministrativo. Un'*Autorità indipendente* e cioè l'*Autorità Garante per la Concorrenza e il Mercato*, su sollecitazione dei consumatori e delle loro associazioni ovvero degli altri imprenditori concorrenti, può infatti emettere motivati provvedimenti con i quali inibisce la pubblicità ingannevole e irroga sanzioni amministrative a danno dei relativi autori. È fatta comunque salva la possibilità, per i concorrenti danneggiati, di chiedere il risarcimento del danno ai sensi delle previsioni del codice civile (art. 2600 c.c.).

Occorre, infine, evidenziare che le recenti legislazioni consumeristiche sembrano fare affidamento, oltre che su strumenti repressivi della pubblicità ingannevole, su misure atte a rendere i consumatori informati e capaci, in un certo senso, di resistere alla seduzione o al condizionamento della pubblicità altrui. Si tratterebbe, in effetti, di una forma di tutela preventiva basata sulla diffusione della c.d. *cultura consumeristica* (v. art. 4 *Codice del Consumo*).

7. *Le altre pratiche di concorrenza sleale*

Ai sensi del n. 3 dell'art. 2598 c.c., infine, compie atti di concorrenza sleale colui che «*si vale direttamente o indirettamente di ogni altro mezzo non conforme ai principi della correttezza professionale e idoneo a danneggiare l'altrui azienda*». Si tratta, come sopra già detto, di una clausola generale che la giurisprudenza si è fatta carico di riempire di contenuto specifico.

Lo storno di dipendenti

Tra le fattispecie ascrivibili a tale previsione generale vi è, in primo luogo, quella del c.d. *storno di dipendenti* che si verifica quando un imprenditore induca i lavoratori altrui a lasciare la propria occupazione presso il concorrente per assumerli alle sue dipendenze. In tal modo, il patrimonio costituito dall'esperienza e dall'affiatamento dei collaboratori di un imprenditore viene di fatto sottratto a quest'ultimo e acquisito dal competitore sleale. Deve evidenziarsi che, in questo caso, vengono in gioco due libertà fondamentali: oltre quella di iniziativa economica dell'imprenditore che compie lo storno, anche quella lavorativa dei dipendenti i quali hanno comunque il diritto di scegliere il proprio datore di lavoro e, eventualmente, di cambiarlo. Sicché il semplice fatto che uno o più lavoratori abbiano lasciato un imprenditore per essere assunti da altro non costituisce atto di concorrenza sleale. Quest'ultimo si configura solo se lo storno sia dolosamente preordinato a produrre un danno al concorrente attraverso distrazione del suo patrimonio di uomini ed esperienza.

La sottrazione di notizie

Anche la *sottrazione di notizie riservate* dell'impresa concorrente costituisce un evidente atto di concorrenza sleale: essa è oggi espressamente contemplata dalle previsioni del *Codice della Proprietà Industriale* e, precisamente, dagli artt. 98 ss.

8. *Gli strumenti di tutela*

Tutela giudiziale e amministrativa

Gli strumenti di tutela degli imprenditori danneggiati dagli atti di concorrenza sleale, oltre che dei consumatori, sono stati sommariamente descritti nei paragrafi precedenti, Essi sono costituiti da previsioni specifiche, quali ad esempio quelle stabilite dal *Codice del Consumo* (art. 26) ovvero dal *Codice della Proprietà Industriale* e, in tal caso, si riferiscono alle particolari fattispecie regolate da tali testi normativi. Peraltro, spesso trattasi di tutela di tipo amministrativo ovvero di tutela giurisdizionale – accordata cioè dal giudice ordinario piuttosto che da un'autorità garante – che però segue particolari regole anche sotto il profilo della procedura.

Esistono poi strumenti di tutela a carattere generale che sono tutti disciplinati dal codice civile. In particolare, sono previste misure di eliminazione degli effetti della concorrenza sleale (art. 2599 c.c.), oltre che risarcimenti del danno (art. 2600 c.c.). La responsabilità per danni da ultimo accennata ha evidente natura di responsabilità extracontrattuale (art. 2043 c.c.), che però si caratterizza per la presunzione di colpa sancita dal medesimo art. 2600 c.c. In sostanza, provata l'esistenza dell'atto di concorrenza, la colpa si presume, sicché grava sull'autore della pratica l'onere di dimostrarne l'insussistenza.

Quando gli atti di concorrenza sleale ledano, poi, interessi dei consumatori, deve evidenziarsi che anche le associazioni più rappresentative dei loro interessi a livello nazionale possono ottenere una tutela inibitoria; possono cioè chiedere al giudice provvedimenti attraverso cui venga ordinata la cessazione dell'atto e la eliminazione dei suoi effetti (art. 139 *Codice del Consumo*). Tali provvedimenti sono anche soggetti a forme di pubblicità particolari.

CAPITOLO 81

LA RESPONSABILITÀ CIVILE DELL'IMPRENDITORE

SOMMARIO: 1. La natura della responsabilità d'impresa. – 2. La responsabilità d'impresa nel codice civile. – 3. Il danno da prodotto.

1. *La natura della responsabilità d'impresa*

La responsabilità contrattuale

L'attività dell'imprenditore può, al pari di ogni altra attività umana, provocare danni ingiusti a terzi; costoro possono essere sia partecipi del processo di produzione e distribuzione dei beni o dei servizi (ad es., i dipendenti dell'imprenditore) sia estranei ad esso (terzi in generale: ad es., consumatori finali dei beni e dei servizi).

Quando sussiste tra l'imprenditore e il danneggiato una relazione diretta, questa spesso si sostanzia di un vero e proprio rapporto contrattuale il quale contempla, a volte in virtù di specifiche previsioni di legge, un obbligo di protezione a carico dell'imprenditore. Così, ad esempio, ai sensi dell'art. 2087 c.c., il datore di lavoro è tenuto ad adottare le misure che sono necessarie a tutelare l'integrità fisica e la personalità morale dei suoi dipendenti. Ogni imprenditore, in effetti, si assume il rischio della sua attività economica e, proprio per questo, fa propri gli eventuali utili. Appare evidente, però, che ciò non può avvenire a danno di coloro che collaborino, dietro corrispettivo, all'attività produttiva. Sicché il datore di lavoro garantisce che l'organizzazione della sua impresa non sia dannosa per i dipendenti e, conseguentemente, deve risarcire i danni da questi subiti nello svolgimento delle loro mansioni. La giurisprudenza valuta peraltro l'osservanza di tale obbligo alla stregua di criteri particolarmente severi.

… e aquiliana

È però possibile che tra l'imprenditore e il soggetto danneggiato dall'attività di impresa non esista alcuna relazione contrattuale che obblighi il primo a garantire l'incolumità del secondo. Sicché, in tal caso, troveranno applicazione i principi generali della responsabilità civile c.d. *extracontrattuale* e cioè quei principi che ruotano intorno alle previsioni degli artt. 2043 ss. c.c.

Occorre evidenziare che quello della responsabilità dell'impresa è stato da sempre, almeno nel diritto civile moderno, uno dei principali motori di sviluppo del sistema della responsabilità civile in generale. La nascita delle imprese, fin dai tempi delle rivoluzioni industriali, ha costituito fattore della crescita economica e del benessere collettivo ma ha, allo stesso tempo, determinato un forte aumento delle *occasioni* di danno: basti pensare ai pericoli innescati dalla meccanizzazione dei processi produttivi. Il conflitto tra le esigenze della produzione e quelle della protezione (dei terzi) è stato, già nel XIX secolo, risolto, almeno in Occidente, attraverso un compromesso: il danno è sopportato non da chi lo ha subito ma da chi lo ha provocato, a condizione però che quest'ultimo abbia tenuto un comportamento (almeno) colposo e cioè caratterizzato da negligenza, imperizia e imprudenza: è la colpevolezza, intesa quale colpa o dolo, a giustificare il processo di allocazione del danno a carico dell'autore dell'illecito.

Già prima dell'entrata in vigore del codice civile vigente, il nostro legislatore ha però sentito l'insufficienza, nel settore dell'attività imprenditoriale, di tale compromesso e il suo squilibrio a danno del danneggiato. In effetti, l'imprenditore è colui che, come detto, dall'attività di impresa trae profitto: se i danni che ha provocato nel suo esercizio restano – come pure si è detto che debbano restare – là dove sono caduti, e allora si deve ammettere che il profitto di impresa sia determinato anche dalla deduzione dei costi che vengono sopportati dai terzi danneggiati; in altre parole, proprio questi ultimi sostengono dei costi di produzione (i danni prodotti dall'attività di impresa) e li assorbono, sicché liberano dal relativo peso l'imprenditore, consentendogli di accumulare profitti.

L'internalizzazione del costo sociale dell'impresa

È da tempo che, dunque, si pone il problema della c.d. *internalizzazione del danno* e cioè della individuazione degli strumenti necessari per far sì che il costo sociale dell'impresa (e cioè i danni che essa provoca a terzi) sia assunto, indipendentemente dalla colpa, dall'imprenditore. L'opportunità di tale operazione è sostenuta sulla scorta di noti ragionamenti: l'imprenditore è colui che è messo nella condizione di valutare meglio se sia conveniente o meno affrontare i costi necessari ad evitare il rischio di danni, e sa, proprio perché controlla l'attività di impresa, su quali leve operare per ottenere il miglior risultato; egli, inoltre, può più facilmente assorbire il danno e ciò non solo perché ha, come si dice, una *tasca profonda,* essendo dotato di maggiori risorse economiche, ma anche perché può *spalmare* il costo del danno su tutti i suoi clienti aumentando il prezzo dei suoi prodotti. Sulla scorta di tali ragionamenti si è sostenuta la necessità di affrancare dal requisito della colpa la responsabilità di impresa, per conformarla ad un modello di *responsabilità oggettiva* secondo il quale l'imprenditore risponde dei danni provocati dalla sua attività, per il solo fatto di aver innescato il rischio della loro verificazione, anche se non è dimostrata la sua colpevolezza.

In senso opposto, si è però obiettato che un sistema generalizzato di responsabilità oggettiva determinerebbe effetti di *ultradeterrenza* e cioè indurrebbe gli imprenditori ad astenersi dall'avviare iniziative economiche, sì da deprimere l'andamento dell'economia. Su questo annoso dibattito e sulle soluzioni al problema della responsabilità d'impresa pesa, come è evidente, anche l'andamento del ciclo economico: il sistema della responsabilità dimostra spesso un'elasticità che lo porta naturalmente a contrarsi quando l'andamento dei mercati evidenzia sintomi di sofferenza. Inoltre, la globalizzazione e l'apertura della concorrenza ad imprese che operano in sistemi giuridici che non adottano criteri di sicurezza e di responsabilità analoghi a quelli dei Paesi occidentali, pone un problema di *concorrenza delle regole* che incide anche sulla soluzione del problema in esame – e cioè di *preferenza* per gli ordinamenti meno rigidi e più convenienti per l'imprenditore –.

2. *La responsabilità d'impresa nel codice civile*

I modelli della responsabilità di impresa: la responsabilità di padroni e committenti

Il nostro codice civile contiene due disposizioni che attengono al problema della responsabilità dell'impresa. Esse sono l'art. 2050 che disciplina la responsabilità da attività pericolose, e l'art. 2049 che riguarda la responsabilità dei padroni e dei committenti.

Nel rimandare, per l'analisi particolare della disciplina, ai capitoli dedicati in generale alla responsabilità civile, conviene forse analizzare, per prima, la rilevanza della previsione dell'art. 2049. Questa, nel prevedere che il padrone e il committente rispondono dei danni arrecati dal fatto illecito dei loro dipendenti, evoca un principio di responsabilità oggettiva. L'imprenditore è responsabile dei pregiudizi provocati dall'organizzazione di uomini della sua impresa e cioè dai suoi lavoratori. Non si tratta di una responsabilità per colpa nella scelta (*culpa in eligendo*) o nel controllo (*culpa in vigilando*) dei dipendenti da parte dell'imprenditore, e ciò perché non è possibile per quest'ultimo dimostrare di aver adottato ogni idonea misura per individuare i migliori collaboratori ovvero per vigilare su essi: non è, in effetti, ammessa alcuna prova liberatoria. Dunque, siamo in presenza di una *responsabilità di tipo oggettivo* e di una *responsabilità per fatto altrui* perché essa si fonda sulla esistenza di un atto illecito del dipendente. In altre parole, se l'atto di quest'ultimo è caratterizzato per la presenza di tutti i presupposti dell'art. 2043 c.c. (integri cioè la lesione di un diritto altrui, effettuata con colpa o dolo da parte del dipendente medesimo), il datore di lavoro ne risponde anche se non abbia in alcun modo concorso, con proprio comportamento altrettanto colpevole, alla produzione del danno.

In base alla previsione dell'art. 2049, sull'imprenditore grava dunque il costo di tutti i danni provocati dai suoi lavoratori nell'esercizio delle loro mansioni: tale costo è considerato un costo di impresa ed è, come si dice, *internalizzato*. Bisogna evidenziare che la giurisprudenza non ritiene necessario che il danneggiato provi, ai fini della imputazione di responsabilità al datore di lavoro, l'identità del dipendente che ha provocato il danno: ciò significa che l'imprenditore risponde dei danni della sua *organizzazione* di uomini; la sua è una responsabilità per l'esercizio dell'impresa. Peraltro, proprio perché egli si assume tale responsabilità, è anche posto in una posizione di sovraordinazione gerarchica rispetto ai suoi dipendenti che devono, infatti, osservare le sue direttive (art. 2086 c.c.).

Se il codice ha di fatto accolto un criterio obiettivo di imputazione della responsabilità all'imprenditore per i fatti dannosi posti in essere dai suoi collaboratori, altrettanto non è avvenuto per quei danni che siano provocati non dai dipendenti ma dall'attività in sé considerata.

… e da attività pericolose

L'attività d'impresa può, in genere, essere qualificata come attività pericolosa ai sensi del già richiamato art. 2050 c.c. È noto che, secondo detta previsione, l'esercente tale tipo di attività risponde se non prova di aver *adottato tutte le misure idonee ad evitare il danno*. L'espressione utilizzata dalla norma, confermata peraltro dalla Relazione al codice, fa capire che il legislatore ha voluto, per i danni da attività, sancire soltanto un regime di responsabilità aggravata dall'inversione dell'onere della prova piuttosto che una responsabilità obiettiva. La differenza, come è noto, sta nel fatto che, nel primo caso (quello della *responsabilità aggravata*), il soggetto autore dell'atto illecito risponde pur sempre per colpa, la quale si presume ma solo fino a prova contraria (*iuris tantum*); nel secondo caso, invece, (quello della *responsabilità oggettiva*) la sussistenza della colpa è del tutto irrilevante nel senso che essa non contribuisce a produrre l'obbligo risarcitorio, il quale si costituisce anche senza colpa dell'autore dell'atto. La norma dell'art. 2050 sembra ispirarsi al primo modello. È noto, però, che la dottrina ha proposto anche interpretazioni in virtù delle quali la prova liberatoria (e cioè quella di aver *adottato misure idonee ad evitare il danno*) sia in effetti costituita non dalla mancanza di colpa (nel senso di mancanza di negligenza o imprudenza) bensì dal *caso fortuito* e cioè dalla dimostrazione che il danno è riconducibile ad una causa del tutto autonoma rispetto all'attività di impresa; causa che spezza ogni nesso di causalità tra quest'ultima e il danno. In tale ottica, la responsabilità sarebbe oggettiva perché l'imprenditore risponderebbe anche senza colpa, sempre che non dimostri che (per così dire) la colpa è di qualcun altro o di qualche fattore non riferibile alla sua attività (appunto il c.d. *caso fortuito*). Tale interpretazione, che accomunerebbe, sotto il profilo dell'elemento c.d. soggettivo (la colpevolezza), le due fattispecie degli artt. 2049 e 2050, non è però seguita sempre dalla giurisprudenza, la quale però non manca di mostrare timide o chiare aperture a suo riguardo.

3. *Il danno da prodotto*

Natura e limiti della responsabilità da prodotto difettoso

Tipica responsabilità d'impresa è quella per i danni provocati da prodotto difettoso. Pur rinviando per l'analisi della sua disciplina ai capitoli dedicati in generale alla responsabilità civile, occorre in questa sede evidenziare come l'imputazione del danno da prodotto al fabbricante sia stata, già alcuni decenni orsono, al centro di contrastanti orientamenti. Il problema che in sostanza si poneva era duplice. Per un verso esso era collegato alla mancanza di una relazione contrattuale diretta tra produttore e consumatore finale: quest'ultimo, di regola, acquista da un rivenditore al dettaglio, sicché, nel caso di danni provocati dal prodotto, non può rivolgersi con azione di garanzia verso il produttore perché non legato a lui da contratto. Per altro verso, la prova del difetto del prodotto e, soprattutto, della colpa del fabbricante è particolarmente onerosa per il consumatore, sicché vi è il rischio che quest'ultimo resti privo di tutela.

In attuazione di una direttiva comunitaria, la disciplina sulla responsabilità del produttore – oggi contenuta negli artt. 114 ss. del *Codice del Consumo* approvato con d.lgs. n. 206 del 2005 – ha, in sostanza, attuato un nuovo compromesso. Per un verso essa ha sancito la responsabilità diretta del produttore per i danni provocati dal prodotto che egli ha volontariamente messo in commercio. Si tratta di una responsabilità di tipo tendenzialmente *oggettivo*: il danneggiato ha infatti l'onere di provare esclusivamente il difetto, il danno e il nesso di causalità tra difetto e danno: anche in mancanza di dimostrazione della colpa del produttore, quest'ultimo risponde dei danni provocati. Occorre però evidenziare che tale tendenziale oggettività della responsabilità diretta del produttore è attenuata da una particolare previsione: ai sensi dell'art. 117, 1° comma del *Codice del Consumo*, il prodotto si considera difettoso, e dunque obbliga il produttore a risarcire i danni che ha contribuito a provocare, solo «*quando non offre la sicurezza che ci si può legittimamente attendere tenuto conto di tutte le circostanze*». Dunque, il produttore può dimostrare che, secondo le circostanze, un prodotto che pure abbia provocato un danno sia, ciò nonostante, sicuro. E, ai sensi dell'art. 118, lett. e), la mancanza di pericolosità può anche essere dimostrata dal fatto che «*lo stato delle conoscenze scientifiche e tecniche, al momento in cui il produttore ha messo in circolazione il prodotto, non permetteva ancora di considerare il prodotto come difettoso*». In pratica, l'aver osservato tutte le buone tecniche costruttive e di sicurezza che, al tempo della fabbricazione, potevano considerarsi, in base allo stato delle conoscenze, sufficienti, esonera il produttore da responsabilità.

Anche in questo caso, si tratta di una disciplina – che peraltro la Corte di Giustizia europea considera non modificabile in senso più sfavorevole all'imprenditore – nella quale la tendenza verso un'imputazione obiettiva (e dunque, anche in mancanza di colpa) della responsabilità, è attenuata dalla possibilità di prove contrarie che pure consistono in una valutazione, sotto il profilo della diligenza, del comportamento del produttore.

In effetti, la tutela dei consumatori per il danno da prodotti è, nel panorama europeo, affidata anche a strumenti di tipo preventivo e soprattutto a controlli sulla sicurezza dei prodotti e al divieto, sanzionato anche da misure penali, di immettere sul mercato prodotti non conformi agli standards legali di affidabilità (artt. 102 ss. *Codice del Consumo*).

In definitiva, la responsabilità d'impresa sembra ispirarsi ad una molteplicità di paradigmi piuttosto che ad uno solo: essi, in ogni caso, tendono, ma non in modo assoluto, verso un modello di responsabilità obiettiva e cioè senza colpa, senza però integrarlo mai completamente.

CAPITOLO 82

LA RESPONSABILITÀ PATRIMONIALE DELL'IMPRENDITORE: LE PROCEDURE CONCORSUALI

1. *La responsabilità patrimoniale dell'imprenditore e le sue limitazioni*

La responsabilità patrimoniale del debitore

È noto che, ai sensi dell'art. 2740 c.c., il debitore risponde delle sue obbligazioni con tutti i propri beni presenti e futuri. La previsione si ispira ad un principio universalistico: *tutti* i beni del debitore sono offerti alla garanzia di *tutti* i creditori. Tendenzialmente, essa assicura, salve le legittime cause di prelazione, la parità tra i creditori e, dunque, si ispira a quella regola di eguaglianza formale che, nel campo della responsabilità patrimoniale, è riassunta dal concetto della *par condicio creditorum*.

Il fatto, poi, che il debitore risponda con i suoi beni futuri, oltre che con quelli presenti, fa anche capire che, in via di principio la responsabilità patrimoniale, in sé considerata, non può estinguersi; la temporanea incapienza del patrimonio del debitore e cioè la sua insufficienza a soddisfare i creditori non è, di norma, causa della sua liberazione dai debiti e cioè della sua *esdebitazione*.

Tali principi si applicano, naturalmente, anche all'imprenditore il quale risponde dei debiti dell'impresa con tutti i suoi beni. Essi però dimostrano, proprio con riferimento al campo del diritto dell'impresa, limitazioni e deroghe di un certo rilievo.

La separazione patrimoniale nel campo commerciale

Nel campo commerciale, la regola della estensione della responsabilità a tutto il patrimonio del debitore subisce, ad esempio, una evidente attenuazione. È noto che dei debiti delle imprese appartenenti ad una società di capitali (società per azioni e società a responsabilità limitata) risponde soltanto il patrimonio della società. Tale effetto di limitazione di responsabilità consegue al fatto che dette società sono munite di personalità giuridica sicché sono dotate di *autonomia patrimoniale*, costituendo cioè autonomi centri di imputazione dei debiti: questi ultimi entrano nella loro diretta titolarità e non in quella dei soci o degli amministratori della società, che pertanto non ne devono rispondere. Deve però evidenziarsi che la società di capitali, che originariamente poteva costituirsi solo con una molteplicità di soci e che manteneva la propria autonomia patrimoniale solo a condizione che tale pluralità permanesse nel corso della vita sociale, oggi può essere anche, come si dice, *unipersonale*, nel senso che può essere direttamente costituita da un unico socio e che la sopravvenuta mancanza di pluralità dei soci non comporta alcuna conseguenza sulla sua autonomia patrimoniale, non incidendo affatto sul profilo della limitazione di responsabilità. Si consideri poi che, ai sensi degli artt. 2447 *bis* ss. c.c., le società per azioni (ma solo esse) possono costituire *patrimoni destinati ad uno specifico affare* i quali sono dotati di autonomia rispetto al patrimonio generale della società. In pratica, tali patrimoni costituiscono un coacervo di beni che vengono destinati ad una particolare finalità di tipo imprenditoriale, e che sono offerti alla garanzia solo dei creditori che hanno concesso credito o effettuato prestazioni per quella particolare finalità, e cioè a favore del patrimonio. Si crea, in tal modo, una vera e propria area patrimoniale separata: la società non risponde col proprio patrimonio generale dei debiti contratti nell'interesse del patrimonio separato, e viceversa. È evidente che il patrimonio separato e la società unipersonale sono sintomo di un processo di erosione dei principi di universalità della responsabilità del debitore in base ai quali egli risponde delle obbligazioni assunte con *tutto* il suo patrimonio. E tale erosione, visibile in modo evidente nel campo commerciale e della responsabilità patrimoniale dell'imprenditore, sembra oggi investire anche il campo del diritto civile in generale come dimostra la recente introduzione dell'art. 2645 *ter* c.c. il quale consente, di fatto, una generalizzata possibilità di destinare beni ad uno scopo, facendo sì che essi non siano offerti alla garanzia dei creditori, se non per le obbligazioni contratte per il perseguimento di quel fine: si tratta, anche in questo caso, di limitazioni alla regola della responsabilità universale.

L'esdebitazione

Allo stesso modo, ai sensi dell'art. 142 della *legge fallimentare* attualmente ancora vigente, l'imprenditore assoggettato a fallimento (v. par. successivo) può, con la chiusura della procedura a suo carico, essere liberato dai debiti: tale effetto di *esdebitazione* determina una deroga evidente al principio per cui il debitore risponde delle obbligazioni anche con i beni futuri. Il beneficio dell'esdebitazione è però concesso solo agli imprenditori che siano stati, sussistendone i presupposti, dichiarati falliti, e a condizione che se ne siano rivelati meritevoli e che i creditori siano stati, almeno in minima parte, soddisfatti: sicché l'esdebitazione avrà luogo per la parte di credito non già estinta.

2. *Le procedure concorsuali: il fallimento*

La *par condicio creditorum* e le sue deroghe

Come già detto, in via di principio l'imprenditore risponde dei propri debiti con tutto il suo patrimonio. Tutti i creditori hanno pari diritto di soddisfarsi e, in caso di incapienza del patrimonio del debitore, essi possono esigere il loro credito solo per una percentuale (il 20%, il 30% e così via), che è eguale per tutti.

Deroghe al principio della *par condicio* sono previste dalla legge solo quando sussistano cause legittime di prelazione (art. 2741 c.c.) e cioè quando un credito sia assistito da privilegio, da pegno o da ipoteca: in questi casi, nei limiti delle somme ricavate dalla vendita coattiva dei beni oggetto della garanzia, il creditore può soddisfarsi prima degli altri e integralmente.

Ma, oltre alle ipotesi di causa legittima di prelazione, deroghe striscianti al principio della *par condicio* possono essere anche determinate in conseguenza della frantumazione delle procedure esecutive, avviate in danno del medesimo debitore dai vari creditori. Ogni creditore, per soddisfare il proprio credito, può, infatti, agire in via esecutiva su singoli beni del soggetto obbligato; può, in altre parole, sottoporre a vendita coattiva il bene e soddisfarsi sulla somma ricavata. Nella procedura da lui avviata possono intervenire anche altri creditori i quali, come si dice, *concorrono* con il creditore che ha iniziato l'esecuzione – che si chiama *creditore procedente* – e hanno diritto di soddisfarsi insieme a lui. Ma se l'intervento non viene proposto o se avviene dopo la scadenza dei termini stabiliti dalla legge – e in tal caso esso viene definito *tardivo* – essi resteranno senza soddisfazione; e il creditore procedente, che abbia fatto proprie tutte le somme ricavate dalla vendita, non avrà l'obbligo di restituirle: si dice che coloro che giungono tardi ad un banchetto trovano le ossa, e di quelle devono accontentarsi.

Il concorso dei creditori come strumento di attuazione della *par condicio*

Per evitare tale strisciante deroga al principio della *par condicio*, l'ordinamento prevede talora delle procedure che si definiscono *concorsuali*. Esse sono, ad esempio, previste in tema di accettazione dell'eredità con beneficio dell'inventario (artt. 503 ss. c.c.); ma, soprattutto, sono previste per la soddisfazione dei creditori dell'impresa e consistono, in particolare, nella procedura fallimentare.

Il fallimento è una procedura concorsuale perché attua in modo assoluto il principio della universalità della responsabilità del debitore e cioè quel principio secondo cui il debitore medesimo risponde di *tutti* i debiti con *tutti* i beni. Ciò avviene per mezzo di una procedura che ha ad oggetto, contemporaneamente e contestualmente, l'intero patrimonio responsabile e che avvantaggia tutti i creditori. In tal modo è evidente che si evita il rischio – e anche i costi – connessi alla frantumazione delle procedure esecutive individuali.

Sono soggette al fallimento solo le imprese commerciali e non, dunque, quelle agricole. Sono inoltre soggette al fallimento solo le imprese non piccole: come già anticipato, la legge fallimentare (e cioè il r.d. n. 267 del 1942) contempla, ai suoi soli fini, un concetto di impresa piccola differente e autonomo rispetto a quello dell'art. 2083 c.c. Sono infatti considerati piccoli imprenditori quelli che hanno fatto registrare volumi di investimenti e ricavi lordi inferiori a determinati limiti stabiliti in € 300.000,00 per gli investimenti e in € 200.000,00 (accertati nella media dei tre anni precedenti al fallimento) per i ricavi e che comunque abbiano debiti inferiori ad € 500.000,00. Il fallimento, può, inoltre essere dichiarato sulla scorta di un indefettibile presupposto oggettivo che è costituito dall'insolvenza dell'imprenditore: *insolvenza* significa che l'imprenditore medesimo non è più in grado di adempiere regolarmente alle proprie obbligazioni perché non ha a disposizione risorse finanziarie (e cioè soldi liquidi) sufficienti, e perché comunque non è in grado di procurarsene né di ottenere credito con cui estinguere i debiti.

La procedura di fallimento

La procedura fallimentare è aperta con una decisione (sotto forma di *sentenza*) del tribunale che è emessa a seguito di un'istanza proposta dai creditori e anche del Pubblico Ministero (che è un organo facente parte dell'ordine giudiziario con funzioni di indagine e di promozione dell'azione penale). Dopo la sua apertura viene nominato un *Curatore* e cioè un organo che procede, con l'assistenza o l'autorizzazione di un comitato formato da rappresentanti dei creditori (il *Comitato dei Creditori*), a formare un *piano di liquidazione* – e cioè di vendita – dei beni appartenenti al debitore. Tale piano, dopo la sua approvazione da parte dei creditori, viene attuato attraverso la vendita, in blocco o per singoli beni, di tutto il patrimonio del debitore oggetto di espropriazione. Ogni attività del Curatore è soggetta, oltre che, nei casi richiesti dalla legge, all'approvazione del Comitato dei Creditori, anche al controllo degli organi giudiziali: essi sono, in particolare, il *Giudice delegato*, che è nominato dal tribunale con la sentenza di fallimento, e il tribunale stesso che è organo collegiale costituito da tre giudici. Durante la procedura fallimentare, per assicurare l'universalità della stessa, non sono ammesse – salvo specifiche eccezioni – azioni esecutive individuali da parte dei singoli creditori (art. 51 legge fall.). Essi, se vogliono partecipare alla assegnazione delle somme ricavate dalla vendita dei beni effettuata dal curatore, devono intervenire nella procedura attraverso un'istanza c.d. di *insinuazione al passivo*, a seguito della quale il Giudice delegato, verificata l'esistenza e l'ammontare dei crediti fatti valere, li ammette consentendo loro di prendere parte alla distribuzione dell'attivo.

La distribuzione ha luogo attraverso un piano – che è detto *piano di riparto* – dopo la liquidazione dei beni ed essa consiste nel pagamento, nel rispetto delle legittime cause di prelazione, dei creditori nelle percentuali che l'attivo liquido realizzato consente.

La procedura fallimentare, oltre che all'attuazione della responsabilità universale del debitore, è finalizzata anche a consentire la migliore soddisfazione possibile per i creditori, atteso che essa permette anche la cessione dell'intera azienda del debitore: si è detto che l'azienda, se produttiva, possiede un valore che è maggiore di quello dei singoli beni che la compongono; questo valore, che consiste nella sua capacità di produrre reddito, viene detto *avviamento*. La vendita dell'azienda può, dunque, consentire ai creditori di ricavare più di quanto essi otterrebbero se vendessero, separatamente e senza un progetto, i singoli beni aziendali. Per favorire la continuazione dell'attività e il mantenimento del valore aziendale, il Curatore viene, con la sentenza di fallimento, immesso nel possesso di tutto il patrimonio del debitore fallito (si parla al riguardo di *spossessamento*); egli può decidere di continuare – a spese come si dice della *massa* e cioè pagando in pronti contanti tutte le prestazioni che riceve – i contratti stipulati dall'imprenditore in modo da portare a termine i relativi affari; può anche – sempre a spese della *massa* – continuare provvisoriamente l'esercizio dell'attività di impresa in modo da evitare la dispersione della clientela e l'obsolescenza dei macchinari.

Dopo la liquidazione e il riparto delle somme ricavate, la procedura ha termine. Essa può però terminare anche con un *concordato fallimentare*, e cioè con un accordo tra i creditori che può essere proposto dal debitore o anche da un creditore ovvero da terzi. Tale accordo deve contemplare la ristrutturazione dei debiti o il loro pagamento attraverso qualsiasi mezzo; esso è sottoposto all'approvazione dei creditori che però vengono, sia ai fini dell'approvazione medesima che del trattamento riservato dalla proposta, divisi in classi a seconda della loro posizione giuridica e degli interessi economici omogenei. Il concordato può infatti prevedere trattamenti diversi per le varie *classi di creditori* a seconda del loro interesse alla definizione della procedura. Se approvato, il concordato, come detto, chiude il fallimento.

3. *Il sovraindebitamento del debitore civile e il Codice della crisi di impresa e dell'insolvenza*

Come sopra detto, l'insolvenza dell'imprenditore commerciale è stata per molti anni regolata con una disciplina speciale (contenuta principalmente nella c.d. *Legge fallimentare* del 1942) la quale contemplava (come contempla tuttora perché ancora in vigore) una procedura idonea ad attuare pienamente il concorso dei creditori; inoltre, l'imprenditore insolvente poteva (come può) accedere al beneficio della esdebitazione.

Già da alcun anni in Italia (sulla scia di quanto avvenuto in gran parte delle esperienze giuridiche occidentali) si è però avvertita l'esigenza di predisporre procedure di cui possano beneficiare anche i debitori non assoggettati al fallimento (e cioè, in primo luogo, i consumatori e i professionisti, oltre che gli imprenditori agricoli e i piccoli imprenditori) in modo da consentire ad essi di soddisfare (per quanto possibile) le pretese di tutti i loro creditori e di potere, all'esito, fruire del beneficio della esdebitazione, sì da poter scongiurare il rischio di una loro sostanziale esclusione dal mondo economico e lavorativo, conseguente alla durata tendenzialmente illimitata della responsabilità patrimoniale (già evidenziata sopra).

Il legislatore ha introdotto, pertanto, con la legge 27 gennaio 2012, n. 3, una serie di procedure finalizzate a consentire a detti debitori di superare la crisi o la insolvenza (che ha denominato, per distinguerla da quella dell'imprenditore, *sovraindebitamento*).

Si tratta di procedure che presuppongono l'accordo con la maggioranza dei creditori e si svolgono sotto il controllo giudiziario; nel corso delle stesse il debitore si avvale dell'ausilio di appositi organismi costituiti nelle forme di legge.

Il più volte mentovato Codice della crisi d'impresa e dell'insolvenza, approvato col d.lgs. n. 14 del 2019 (che non è ancora entrato in vigore), ha profondamente riformato il diritto fallimentare (abrogando la *legge fallimentare* del 1942) e ha inserito in un unico testo normativo tanto la disciplina concorsuale applicabile all'imprenditore (peraltro denominando in modo diverso le originarie procedure ed eliminando ogni riferimento al fallimento) tanto quella applicabile a tutti gli altri debitori insolventi (o, più correttamente, *sovraindebitati*), che come detto sono i c.d. *debitori civili* (che non esercitano attività di impresa) oltre che gli imprenditori tradizionalmente esclusi dal fallimento (imprenditore minore e agricolo) cui è stata aggiunta la figura, di nuovo conio, della cd. *start up innovativa*.

Come si vede, si registra un certo avvicinamento tra le disposizioni che regolano l'insolvenza (dell'imprenditore) da un lato e il sovraindebitamento (di tutti gli altri debitori) dall'altro; e tuttavia, restano forti differenze non soltanto procedurali ma anche sostanziali. Tra esse, quella che attiene all'azione revocatoria.

4. *L'azione revocatoria fallimentare*

Uno degli istituti che caratterizzano di più la procedura fallimentare è costituito dalla c.d. *azione revocatoria fallimentare.* Essa si configura come un'azione differente da quella prevista dall'art. 2901 c.c., e ciò giustifica anche la diversa disciplina cui è assoggettata.

Revocatoria fallimentare

L'azione revocatoria ordinaria ha, come è noto, la funzione di tutelare i creditori rispetto agli atti di disposizione del debitore che determinino un assottigliamento della garanzia generica loro offerta dal debitore. Se costui, infatti, si spoglia dei beni in modo da impedire la soddisfazione del ceto creditorio, i creditori medesimi possono agire per ottenere che l'atto di disposizione sia reso inefficace nei loro confronti. L'azione revocatoria giova esclusivamente al creditore che l'ha proposta. Essa determina, ove accolta, un effetto di inopponibilità dell'atto e cioè di sua inefficacia relativa verso il creditore che ha agito in revocatoria: l'atto, pur rimanendo efficace tra le parti e verso tutti gli altri terzi, non può essere opposto al creditore, sicché costui (e solo costui) potrà comportarsi come se esso non fosse mai stato perfezionato e potrà, di conseguenza, sottoporre ad espropriazione i beni oggetto dell'atto revocato. Se un debitore vende un bene danneggiando, con ciò, il creditore, costui, ove esperisca vittoriosamente la revocatoria, può ritenere mai conclusa la vendita ed espropriare il bene venduto come se fosse ancora del debitore che lo ha alienato, anche se così in effetti non è. Per ottenere la revoca, è necessario, infine, che il creditore che agisce dimostri, oltre al pregiudizio subìto e cioè alla riduzione della garanzia generica, anche la mala fede del debitore che ha posto in essere l'atto di disposizione e del terzo acquirente, salvo che si tratti di atto a titolo gratuito.

Revocatoria ordinaria

L'azione revocatoria fallimentare (prevista dall'art. 67 della ancora vigente legge fall. e, in termini del tutto analoghi, dall'art. 166 del non ancora entrato in vigore Codice della crisi di impresa e dell'insolvenza già citato) ha caratteri differenti da quelli propri dell'azione ordinaria. In primo luogo, essa è proposta dal curatore fallimentare e, dunque, nell'interesse e a vantaggio di *tutti* i creditori (nell'interesse, come si dice, della *massa dei creditori*).

Essa, in secondo luogo, risulta facilitata, sotto il profilo probatorio, quando riguardi atti che siano particolarmente lesivi della garanzia patrimoniale dei creditori perché effettuati a condizioni *anormali*, come avviene nel caso dei contratti in cui la prestazione ricevuta dal fallito sia significativamente inferiore (di oltre un quarto) rispetto a quella che il fallito stesso abbia effettuato. In questo caso – così come negli altri casi di simili atti anormali elencati nell'art. 67, 1° comma della *legge falli-*

mentare – se l'atto è stato compiuto entro l'anno precedente alla dichiarazione di fallimento (e cioè nell'imminenza dello stesso), la mala fede del terzo si presume, ed è il terzo che, se vuole evitare la revoca, deve, dunque, dimostrare che non conosceva la situazione di insolvenza in cui versava il debitore.

Ma, ciò che più rileva, è che l'azione revocatoria fallimentare ha una funzione che non è solo quella di tutelare la garanzia generica offerta dal debitore ai creditori, ma anche quella di ampliare il campo di applicazione del principio della *par condicio*. Questo, di regola, si estende ai soli creditori che siano ancora tali, non anche ai creditori le cui pretese siano state in tutto (o anche in parte) soddisfatte dal debitore. Costoro possono, infatti, trattenere quanto ricevuto e non hanno alcun obbligo di restituirlo agli altri creditori affinché venga ripartito tra tutti. Nel fallimento, invece, tale regola viene ampliata: anche i creditori che abbiano ricevuto un pagamento nell'imminenza del fallimento – e cioè nei sei mesi precedenti alla sentenza che lo dichiara – sono assoggettati a revoca: ancorché siano beneficiari di un atto legittimo (anzi dovuto) da parte del debitore, che si è limitato ad adempiere alle sue obbligazioni verso di loro, essi devono restituire quanto ricevuto perché sia nuovamente distribuito, in regime di parità, tra tutti i creditori. In tal modo, la *par condicio* si estende ad una schiera più ampia di creditori e, conseguentemente, il danno prodotto dall'insolvenza si ripartisce su un maggior numero di soggetti, in modo da diventare meno oneroso per ciascuno.

Revocatoria ed estensione soggettiva del peso dell'insolvenza

Ma non è tutto. La revocatoria fallimentare estende il peso dell'insolvenza non solo ai creditori che siano stati soddisfatti prima dell'apertura del fallimento, ma anche a coloro che abbiano avuto comunque rapporti commerciali col fallito nel c.d. *periodo sospetto* e cioè nei sei mesi precedenti la relativa dichiarazione: sono, infatti, revocati gli atti di vendita a giusto prezzo (che dunque non sono di per sé dannosi) e anche le garanzie costituite per crediti contestuali, le quali alterano la *par condicio* perché creano preferenze "*dell'ultimo momento*" a favore dei creditori garantiti.

Tutti i casi di revoca da ultimo analizzati (la revoca dei pagamenti di debiti scaduti, delle vendite a giusto prezzo e delle garanzie contestuali) sono previsti dall'art. 67, 2° comma, legge fall., e il Curatore, per poterle vittoriosamente esperire, deve però dimostrare che il terzo (acquirente, creditore soddisfatto o garantito) fosse a conoscenza dello stato di insolvenza in cui versava il debitore.

L'azione revocatoria fallimentare è soggetta ad un termine di prescrizione di tre anni che decorre dalla apertura del fallimento; essa, in ogni caso, non può essere promossa dopo cinque anni dal compimento dell'atto; tale ultimo termine ha evidente natura decadenziale.

Infine, sono considerati automaticamente inefficaci, sicché non v'è bisogno nemmeno della sentenza di revoca, atti particolarmente lesivi della *par condicio* come gli atti a titolo gratuito effettuati nel biennio anteriore al fallimento (art. 64 legge fall.) e il pagamento di debiti con scadenza successiva alla dichiarazione di fallimento (art. 65). Gli atti inefficaci

CAPITOLO 83

LE SOCIETÀ

SOMMARIO: 1. Il contratto di società. – 2. Società di persone, società di capitali e società cooperative. – 3. Altre distinzioni in tema di società.

1. *Il contratto di società*

La società come contratto e come ente

Quello di società è, almeno nel panorama normativo attuale, un termine che ha una pluralità di significati. Per un verso individua quel determinato tipo contrattuale definito dall'art. 2247 c.c. secondo cui: «*Con il contratto di società due o più persone conferiscono beni o servizi per l'esercizio in comune di un'attività economica allo scopo di dividerne gli utili*». Per altro verso, invece, indica l'ente, dotato di soggettività giuridica e, a volte, anche di piena autonomia patrimoniale, titolare dell'impresa societaria.

È bene distinguere il concetto di società inteso come contratto, da quello di società inteso come ente: infatti, non tutte le società sono costituite con un contratto di società; il che significa che non tutte le società sono costituite per perseguire lo scopo pratico individuato dall'art. 2247 c.c.

Per chiarire il concetto bisogna evidenziare che la definizione della norma sopra citata si attaglia, senza deroghe, solamente a quelle particolari società che sono definite *società di persone*: sono queste la *società semplice* e la *collettiva* (v. capitolo successivo), le quali effettivamente integrano un modello di attività economica avviata coi conferimenti dei soci, e che viene da questi ultimi esercitata in comune. Elementi caratterizzanti tale contratto sono i seguenti:

Il contenuto tipico del contratto di società

a) *I conferimenti*. Si è già detto che un'attività economica viene di regola avviata con l'impiego di capitali. Questi sono utilizzati per acquistare i fattori di produzione. La misura dei capitali varia, chiaramente, a seconda della dimensione e della natura dell'impresa e può anche essere ridotta ad un importo minimo. I conferimenti effettuati dai soci per la costituzione della società integrano la dotazione patrimoniale iniziale per l'avvio dell'attività. Essi possono consistere in beni (compreso il danaro) che vengono trasferiti, in proprietà o in godimento, alla società, ovvero in prestazioni di altro genere, anche di servizi vari, poste a carico dei soci. Una volta effettuati, i conferimenti vengono acquisiti alla società ed entrano nella sua specifica titolarità, essendo ogni società, ancorché sfornita di autonomia patrimoniale perfetta, dotata comunque di soggettività giuridica: il socio perde la disponibilità dei beni che ha conferito e il suo diritto sugli stessi si trasforma in diritto ad una *quota di partecipazione* alla società, che viene individuata in relazione al valore del conferimento. Tale quota dà diritto al socio di partecipare alla gestione dell'impresa e alla distribuzione degli utili prodotti.

b) *L'esercizio comune di un'attività economica*. L'impresa di una società appartiene a quest'ultima: come detto, i conferimenti vengono acquisiti al patrimonio societario, così come alla società appartiene e viene imputata la titolarità dell'impresa; ai soci residua un diritto ad una semplice quota. La gestione dell'impresa, invece, compete, almeno in via di principio, a tutti i soci. Essi la possono esercitare direttamente, divenendo amministratori della società, e anche indirettamente, e cioè limitandosi a controllare l'attività altrui.

c) *Lo scopo di lucro*. Si è già detto nei precedenti capitoli, allorché si è individuato il concetto di imprenditore, che l'attività d'impresa non deve necessariamente perseguire lo scopo di lucro (e cioè la produzione e l'acquisizione del profitto da parte del titolare), ma è sufficiente che sia condotta nel rispetto di criteri di *economicità* e cioè al fine (almeno) di coprire i costi con i ricavi. La previsione dell'art. 2247 c.c., invece, riferendosi alla società, evoca direttamente il fine di lucro. Gli utili realizzati dalla società possono, infatti, essere distribuiti, alla fine dell'esercizio, tra i soci in ragione della rispettiva partecipazione; possono, in alternativa, essere anche reinvestiti nell'impresa: ciò peraltro non contraddice il principio stabilito dall'art. 2247 c.c. perché, se reimpiegati nell'attività sociale, gli utili vanno ad incrementare il valore dell'impresa e, di conseguenza, quello della quota dei soci, la quale, anche se perde in termini di *redditività* (e cioè in termini di capacità di produrre frutti), ne guadagna però in termini di *valorizzazione*.

La causa del contratto di società

Quello di società è un *contratto* e, dunque, è costituito dall'accordo di due o più parti. Esso ha una *causa* che è definita *di scopo* perché consiste, appunto, nell'esecuzione di prestazioni (conferimenti) che hanno come finalità quella di consentire il raggiungimento di un obiettivo comune alle parti (l'esercizio dell'attività di impresa e la distribuzione degli utili).

2. *Società di persone, società di capitali e società cooperative*

La limitazione della responsabilità patrimoniale

Come detto, il paradigma contrattuale individuato dall'art. 2247 c.c. si attaglia, senza deroghe, solo alle società di persone. Esso, invece, non si riscontra necessariamente nelle società di capitali che, come vedremo, sono principalmente le *società per azioni* e a *responsabilità limitata*, e che possono essere costituite in virtù di atti che non perseguono lo scopo pratico e cioè la causa tipica del contratto di società.

Per capire la ragione di tale differenza di regime occorre premettere che le società di capitali sono dotate di personalità giuridica e, conseguentemente, di autonomia patrimoniale perfetta. Si è già detto che tutte le società possiedono una certa *soggettività giuridica* e sono idonee ad essere autonomi centri di imputazione di rapporti: ciò significa che ogni società, indipendentemente dal tipo sotto cui è costituita, può essere titolare di diritti e di obblighi in genere. Le società di capitali sono però dotate di un'ulteriore qualità, sono infatti munite anche di *autonomia patrimoniale*: la conseguenza immediata dell'acquisto della autonomia è data dal fatto che delle obbligazioni da esse assunte nell'esercizio dell'attività d'impresa, risponde soltanto il patrimonio della società e non quello personale dei soci. Cosa che, invece, non accade nelle società di persone dei cui debiti sono responsabili anche i soci con tutti i loro beni, secondo la regola dell'art. 2740 c.c.

La limitazione di responsabilità di cui godono le società di capitali ha giustificazione e origine risalenti: essa risponde ad una particolare esigenza pratica che è quella di favorire l'impiego di capitali nelle iniziative economiche. Molti imprenditori hanno interesse ad avviare un'impresa, solo se però riescono a limitarne il rischio ad un determinato importo; allo stesso modo, vi sono investitori (e anche semplici risparmiatori) disponibili ad impiegare i propri capitali in attività di rischio (e cioè in attività imprenditoriali che remunerano il capitale solo se e in quanto l'impresa produca utili), ma non intendono, chiaramente, mettere a repentaglio il loro intero patrimonio. La società di capitali consente, in effetti, di raggiungere questo risultato perché essa permette ai soci di partecipare all'iniziativa economica limitando il rischio al solo conferimento: il che significa che se l'impresa dovesse produrre perdite o diventare addirittura insolvente, essi perderebbero al massimo i capitali investiti, ma nulla di più.

Il beneficio della responsabilità limitata è stato, per molto tempo, concesso solo a società costituite per il raggiungimento dello scopo pratico individuato dall'art. 2247 c.c., e cioè solo a società formate da due o più soci e che perseguissero lo scopo della *divisione degli utili* attraverso l'esercizio di un'*attività d'impresa comune*: il venir meno della pluralità di soci (e dunque della *comunanza* dell'impresa), infatti, faceva perdere anche il beneficio della limitazione di responsabilità. Quindi, in definitiva, con le società di capitali si perseguivano due differenti finalità: quella tipicamente societaria (esercizio comune di un'attività per la distribuzione degli utili) oltre che quella della limitazione della responsabilità. Tali finalità risultavano, però, tra loro inscindibili nel senso che non si poteva cogliere il beneficio determinato dalla seconda senza perseguire la prima. A seguito di riforme attuate negli ultimi anni, invece, sia la società per azioni che quella a responsabilità limitata possono essere costituite da un solo socio e vengono, in tal caso, definite *unipersonali* (artt. 2328, 1° comma, 2463 c.c.); il socio unico – anche se sia divenuto tale a seguito del venir meno della pluralità dei soci – non risponde delle obbligazioni della società e mantiene il beneficio della limitazione di responsabilità, a condizione che abbia versato integralmente il capitale sottoscritto e che adempia a specifici obblighi di pubblicità dettati dall'art. 2325, 2° comma, c.c.

Le società unipersonali

Ciò significa che i due scopi che le società di capitali possono perseguire non sono più necessariamente collegati, e che le si può ben costituire con l'unico obiettivo di ottenere la limitazione della responsabilità e al di fuori del paradigma dell'art. 2247 c.c.: e cioè senza che sia necessario perseguire anche la funzione dell'esercizio comune di un'attività economica, onde distribuire gli utili tra i soci.

Infine, esistono anche altre società che fanno registrare, sotto il profilo della causa perseguita, uno scostamento rispetto al modello individuato dall'art. 2247 c.c.: esse sono le società cooperative. Queste sono società *non lucrative*: non perseguono l'obiettivo speculativo di realizzare profitti sotto forma di utili da distribuire o di aumento della valorizzazione della quota (v. par. precedente). Le cooperative svolgono attività d'impresa direttamente a favore dei soci; questi ultimi ottengono vantaggi nel senso che possono, in quanto soci, spuntare condizioni, nell'acquisto di beni e servizi, più vantaggiose di quelle di mercato. Proprio in quanto non persegue lo scopo di lucro, nel corrispettivo che la cooperativa richiede per le proprie prestazioni non è ricompresa la remunerazione del capitale investito dai soci e cioè l'utile ad essi destinato, sicché il corrispettivo medesimo può essere minore. A causa della mancanza della finalità lucrativa, le cooperative, tutelate anche dalla costituzione (art. 45) e destinatarie di benefici fiscali, non rispondono integralmente allo schema dell'art. 2247 c.c.

3. *Altre distinzioni in tema di società*

Le società sono assoggettate ad un regime di *tipicità*. Al di fuori dei modelli che la legge individua e regola non è possibile costituire società differenti e cioè *società atipiche*: la autonomia privata (art. 1322 c.c.) è,

Il principio di tipicità delle società

al riguardo, assoggettata ad un evidente limite. L'ordinamento individua precise forme societarie e detta la relativa disciplina. Coloro che intendono costituire una società possono solo scegliere tra i modelli. Essi hanno, però, una certa libertà di modifica del modello: libertà, questa, i cui confini sono stati, di recente, ampliati soprattutto con riferimento alle società di capitali c.d. *chiuse* e cioè con un numero limitato di soci (art. 2325 *bis* c.c.).

È stata già illustrata, nel paragrafo precedente, la rilevante distinzione tra società di capitali e di persone. Si distinguono inoltre:

Società commerciali e non commerciali

a) *Le società commerciali e quelle non commerciali.* Queste ultime sono legittimate ad esercitare solo attività di tipo, appunto, non commerciale e cioè agricolo (art. 2135 c.c.): unica fattispecie di società non commerciale è quella costituita dalla *società semplice*. Tutte le altre società sono invece definite *commerciali* e possono esercitare qualunque attività, commerciale (art. 2195 c.c.) e non, purché si tratti di attività d'impresa. Non sono infatti ammesse, nel nostro ordinamento, le *società civili* e cioè quelle che siano costituite per l'esercizio di iniziative non economiche. Unica eccezione è data dalle *società tra professionisti* che possono avere ad oggetto l'esercizio associato di professione intellettuale (e non, dunque, imprenditoriale), giusta la previsione dell'art. 24 della legge n. 266 del 1997, che però si applica, allo stato, solamente alle società costituite tra avvocati (v. d.lgs. n. 96 del 2001).

Società irregolari, società di fatto e società occulte

b) *Le società di fatto.* Sono quelle che non sono costituite in modo formale, e cioè con un contratto espressamente concluso tra le parti, bensì con semplici atti concludenti. Perché esse si configurino è necessario che tali atti siano significativi dello stabile esercizio di un'attività economica: non possono, infatti, integrare società gli accordi, di qualunque genere, posti in essere per l'avvio di attività occasionale. La società di fatto è disciplinata dalle norme sulla *società semplice* (v. cap. successivo).

c) *Le società irregolari.* Sono quelle società commerciali e di persone (in pratica la collettiva: v. cap. successivo) che sono state costituite con normale contratto ma che non sono state registrate. Le società commerciali sono, infatti, soggette ad iscrizione nel registro delle imprese. In mancanza della stessa, sono considerate irregolari. Ad esse si applica il regime delle società semplici (art. 2297 c.c.). Ciò vale solo per le società di persone; le società di capitali, infatti, si costituiscono solo con l'iscrizione che ha, per esse, efficacia costitutiva. Dunque, in mancanza di detta pubblicità, l'atto costitutivo perde efficacia e la società non viene nemmeno ad esistenza (art. 2331, 4° comma, c.c.).

d) Le *società occulte*. Sono quelle che sono state espressamente costituite ma in segreto. Ove se ne accerti l'esistenza, sono assoggettate al regime delle società irregolari.

CAPITOLO 84
LE SOCIETÀ DI PERSONE

SOMMARIO: 1. I caratteri generali delle società di persone. – 2. La società semplice. – 3. La società in nome collettivo. – 4. La società in accomandita semplice.

1. *I caratteri generali delle società di persone*

Come si è avuto già modo di accennare nel capitolo precedente, nelle società di persone si riscontrano tutti gli elementi caratterizzanti il contratto di società così come definito dall'art. 2247 c.c. Esse, dunque, sono costituite con l'accordo di due o più parti, le quali si obbligano ad effettuare conferimenti al fine di esercitare un'attività economica comune e dividerne gli utili. Sono propriamente società di persone la *società semplice* e la *società in nome collettivo.* Esse sono dotate di caratteri comuni che possono essere così riassunti.

L'immodificabilità del contratto di società

a) *L'immodificabilità del contratto.* Nelle società di persone la natura contrattuale dell'atto costitutivo determina conseguenze assolutamente coerenti. È noto che, ai sensi dell'art. 1372 c.c., il contratto ha forza di legge tra le parti. Da ciò consegue che esso non può essere né modificato né risolto senza il consenso di tutti i contraenti. Tale regola, in via di principio, si applica anche alle società di persone: pertanto, le modifiche del contratto (art. 2252 c.c.), così come lo scioglimento (art. 2272 c.c.) e la proroga, non possono essere adottate se non col consenso unanime di tutti i soci. La caratterizzazione personale della società in esame, a differenza di quanto avviene nelle società di capitali (v. cap. successivo), impedisce, almeno in via di principio, di configurarla come un'entità del tutto autonoma che assume decisioni per il tramite di propri organi e che, con tali decisioni, può giungere fino a modificare la regola fondamentale (e cioè il contratto) stabilita con la sua fondazione, mutando l'oggetto della sua attività d'impresa, il termine previsto per la sua scadenza e così via. Tale principio unanimistico può però essere modificato con l'accordo (sempre unanime) delle parti, le quali possono anche stabilire che ogni modifica dei patti originari sia rimessa ad una decisione della maggioranza.

La responsabilità illimitata dei soci

b) *La responsabilità illimitata dei soci.* Come già detto, le società di persone sono dotate di *soggettività giuridica* – e, dunque, possono essere autonomi titolari di rapporti giuridici attivi e passivi – ma non di *autonomia patrimoniale* perfetta. Sicché delle obbligazioni assunte nell'esercizio dell'attività sociale rispondono, di regola, tutti i soci. La previsione può però essere derogata in quella particolare società di persone che è la società semplice e che, come vedremo, può avere ad oggetto solo l'attività agricola. Dei debiti assunti da tale società rispondono, inderogabilmente, solo coloro che, agendo per conto della società, abbiano assunto l'obbligazione; rispondono, inoltre, gli altri soci ma tale regola può essere derogata con patto assunto all'unanimità. Il patto è, però, efficace nei confronti dei creditori (e cioè, è a loro opponibile) solo se sia stato opportunamente portato a loro conoscenza. Analoga deroga non può essere stabilita per l'altro tipo di società di persone che è la società collettiva, in cui, dunque, la responsabilità illimitata e personale dei soci è ineludibile.

Il potere di gestione

c) *L'attribuzione ai soci del potere di amministrazione.* Si è già detto che la comunanza di attività economica cui fa riferimento l'art. 2247 c.c., si sostanzia nel diritto dei soci di gestire – direttamente o indirettamente – l'impresa sociale. Tale carattere è ben individuabile nelle società di persone, mentre si attenua molto in quelle di capitali, soprattutto in quelle con grande numero di soci, nelle quali la gestione è attribuita ad amministratori esterni e professionisti. Ai sensi dell'art. 2257 c.c., *nella società semplice*, la gestione societaria compete, di norma, a tutti i soci *disgiuntamente*: ciò significa che ciascun socio può porre in essere atti di amministrazione da solo ed è, conseguentemente, dotato di potere di *rappresentanza* e cioè della legittimazione ad agire, in nome e per conto della società, con atti negoziali che producono direttamente effetti nel patrimonio della stessa (artt. 2257 e 2266 c.c.). Tali previsioni sono però derogabili, nel senso che l'amministrazione può essere attribuita soltanto ad uno o ad alcuni soci, così come può essere stabilita una regola di gestione congiuntiva per la quale tutti gli amministratori devono agire insieme.

Anche *nelle società in nome collettivo* l'amministrazione e la rappresentanza compete ai soci. Diversamente da quanto avviene nella società semplice, però, essa non è attribuita automaticamente agli stessi, ma deve essere loro specificamente conferita con l'atto costitutivo o con le sue successive modificazioni; l'atto costitutivo può, naturalmente, attribuirla anche ad alcuni soltanto dei soci e regolarne i relativi poteri di gestione e di rappresentanza.

I soci che non gestiscono direttamente la società, hanno il diritto di controllare gli amministratori che devono adempiere ai loro obblighi con diligenza e che, in mancanza, rispondono dei danni provocati alla società (art. 2260, 2° comma, c.c.).

d) *Il diritto agli utili.* Ogni socio ha diritto di percepire, dopo il rendiconto degli amministratori (e cioè, al massimo, alla fine di ogni anno di attività: art. 2261 c.c.) gli utili prodotti dall'impresa. Gli utili competono in misura proporzionale alla quota detenuta da ciascun socio. La quota, come detto, è determinata in proporzione ai conferimenti effettuati, sicché, in definitiva, la misura del conferimento indica la misura dell'utile. È però possibile che i soci decidano, sempre all'unanimità, di derogare a tali principi: essi possono cioè stabilire che gli utili non vadano divisi, ma vengano reinvestiti, totalmente o parzialmente, nell'impresa sociale; possono poi decidere che vengano distribuiti secondo quote differenti (art. 2262 c.c.).

La distribuzione degli utili

Anche le perdite vengono sopportate dai soci in proporzione alla quota da essi detenuta e anche in questo caso sono ammesse deroghe pattuite all'unanimità.

L'autonomia privata in materia di ripartizione di utili e perdite non è però assoluta: è, infatti, vietato prevedere che alcuni soci siano totalmente esclusi dal diritto agli utili o dall'obbligo di sopportare le perdite. Patti di tal genere sono denominati *patti leonini* e sono espressamente vietati dall'art. 2265 c.c.

e) *La pluralità dei soci.* Tutte le società di persone sono caratterizzate dalla pluralità dei soci. Ove essa venga meno, la società si scioglie; tale effetto non avviene immediatamente ma solo se, entro sei mesi, la pluralità dei soci non viene ricostituita (art. 2272, n. 4, c.c.).

La pluralità dei soci

2. *La società semplice*

La società semplice è una società di persone, che può esercitare soltanto attività agricola. Essa costituisce il prototipo di società di persone nel senso che la sua disciplina si applica, salvo deroga, anche alle altre.

Caratteri e oggetto della società semplice

Ai sensi dell'art. 2251 c.c., la società semplice si costituisce senza formalità ad eccezione di quelle imposte dalla natura dei beni conferiti: ciò significa che se alla società vengono conferiti, ad esempio, beni immobili, sarà necessaria la forma scritta per la validità del conferimento. Si è già accennato al fatto che la legge (d.lgs. n. 228 del 2001, art. 2) ha imposto anche agli imprenditori agricoli l'iscrizione nel registro delle imprese; il che rende necessario che anche le società semplici, ai soli fini dell'iscrizione, vengano costituite con atto scritto.

La società semplice è stata pensata dal legislatore come una piccola società nella quale il capitale investito è limitato. Proprio per questo l'art. 2253 c.c. stabilisce che, se non sono espressamente determinati i conferimenti, si presume che tutti i soci debbano conferire, in parti uguali, quanto necessario per l'esercizio dell'attività di impresa.

La disciplina

Il codice detta poi, con riferimento alla società semplice, regole che riguardano lo scioglimento del rapporto sociale, il quale può riguardare l'intera società o anche un solo socio. Nel primo caso – e cioè, ove si verifichi una delle cause di scioglimento previste dall'art. 2272 c.c. –, la società cessa di esercitare l'attività d'impresa e viene assoggettata ad una procedura – detta di *liquidazione* – che comporta il pagamento dei debiti sociali e la distribuzione del residuo attivo tra i soci. Nel secondo caso – che si verifica per morte, recesso o per esclusione di un socio (artt. 2284 ss. c.c.) – viene liquidata solo la quota del socio uscente: costui avrà diritto a ricevere una somma di danaro pari al valore della stessa ma non a prelevare singoli beni dal patrimonio sociale.

3. *La società in nome collettivo*

L'attività della società collettiva

I caratteri fondamentali della società in nome collettivo sono stati già indicati nei paragrafi precedenti. Resta solo da ricordare che tale tipo di società può esercitare anche attività di tipo commerciale, sicché essa è assoggettata al regime della iscrizione nel registro delle imprese.

Proprio perché assoggettato a registrazione, l'atto costitutivo della società collettiva deve essere stipulato per iscritto con sottoscrizione autenticata o in altra forma equipollente. La mancanza di atto scritto non determina la nullità o l'inefficacia della costituzione, ma ne impedisce semplicemente l'iscrizione. La società, dunque, potrà efficacemente costituirsi ma, non potendo essere registrata, sarà considerata una *società irregolare* (v. capitolo precedente). Da ciò si deduce che la forma, in questo specifico caso, non è richiesta per la validità ma semplicemente per la *regolarità* del contratto.

Il contenuto dell'atto costitutivo di una società collettiva è indicato nell'art. 2295 c.c. In esso devono, a differenza di quanto previsto per la società semplice, essere espressamente indicati i conferimenti. Questi possono essere in danaro e possono consistere anche in beni conferiti in natura; possono poi essere costituiti da prestazioni d'opera effettuate direttamente da taluni soci i quali, proprio per questo, si definiscono *soci d'opera*. Il coacervo dei conferimenti costituisce il *capitale* e cioè la dotazione che la società si procura per l'avvio dell'attività imprenditoriale.

L'atto costitutivo indica anche la *ragione sociale* e cioè il nome con cui agisce la società collettiva, il quale deve, data la natura appunto personale della società, recare il nome di almeno uno dei soci che l'hanno costituita.

La disciplina della responsabilità patrimoniale dei soci

Come detto, la società in nome collettivo non è dotata di autonomia patrimoniale sicché delle sue obbligazioni rispondono anche i soci. Ai sensi dell'art. 2304 c.c., però, la loro responsabilità è sussidiaria, nel senso che essi possono far valere il c.d. *beneficio della preventiva escussione* e pretendere che il creditore della società assoggetti ad espropriazione prima i beni societari e solo successivamente – sempre che non si sia già soddisfatto – quelli dei soci.

Alla società in nome collettivo sono poi applicabili le disposizioni sulla società semplice.

4. *La società in accomandita semplice*

La società in accomandita semplice (artt. 2313 ss. c.c.) sintetizza i caratteri delle società di persone con taluni attributi tipici della società di capitali, di cui costituisce, in effetti, l'archetipo. La sua peculiarità è data dal fatto che in essa possono distinguersi due tipi di soci che sono detti rispettivamente accomandanti e accomandatari.

Gli *accomandanti* sono a tutti gli effetti soci di capitali. Essi si obbligano esclusivamente ad effettuare i conferimenti stabiliti nell'atto costitutivo, ma non hanno alcun potere di gestione diretta e, dunque, di amministrazione della società. Gli accomandanti si limitano, in pratica, a fornire i capitali (in danaro o in natura); possono poi prestare attività in favore della società, ma non possono in alcun caso occuparsi della sua gestione: non possono cioè compiere atti organizzativi dell'impresa sociale e rappresentare la società nei confronti dei terzi. In cambio di ciò, essi beneficiano della responsabilità limitata; infatti, delle obbligazioni sociali non rispondono se non – chiaramente – entro i limiti del conferimento effettuato e cioè del capitale che hanno rischiato nell'impresa. Il divieto di interferire nell'amministrazione della società è, in effetti, un vero e proprio onere che gli accomandanti devono osservare nel loro esclusivo interesse: e infatti, ove contravvengano ad esso, la conseguenza è costituita dal fatto che essi perdono il beneficio della limitazione di responsabilità in ordine alle obbligazioni sociali.

Gli accomandatari sono invece i soci che gestiscono l'impresa societaria e che, in conseguenza di ciò, sono illimitatamente responsabili delle obbligazioni sociali.

Nella *ragione sociale* della società in accomandita, e cioè nel nome che ad essa è stato attribuito dai soci, deve essere indicato non solo il tipo di vincolo sociale (appunto di accomandita semplice), ma anche il nome di almeno un accomandatario. Se un accomandante acconsente ad inserire il suo nome nella ragione sociale, perde il beneficio della responsabilità limitata (art. 2314 c.c.).

CAPITOLO 85

I CARATTERI FONDAMENTALI DELLE SOCIETÀ DI CAPITALI

SOMMARIO: 1. La costituzione delle società per azioni. – 2. I soci e i loro diritti. – 3. (*segue*) I diritti amministrativi dei soci, l'assemblea e le modifiche del contratto di società. – 4. Società chiuse e società aperte al mercato del capitale di rischio. I patti parasociali. – 5. L'organizzazione finanziaria della società: il capitale, le obbligazioni, gli strumenti finanziari. – 6. L'amministrazione della società per azioni. – 7. I controlli. – 8. I sistemi alternativi di amministrazione e controllo. – 9. La società a responsabilità limitata. – 10. Scioglimento, trasformazione, fusione e scissione delle società di capitali. – 11. Le società in accomandita per azioni.

1. *La costituzione delle società per azioni*

La venuta ad esistenza della società per azioni

Come già evidenziato, le società di capitali sono dotate di personalità giuridica e, dunque, di assoluta autonomia patrimoniale: esse attribuiscono ai soci il beneficio della responsabilità limitata, sicché delle obbligazioni societarie risponde solo la società col proprio patrimonio e non rispondono, invece, i soci medesimi.

Tale attributo mette le società di capitali in condizioni di perseguire funzioni ulteriori rispetto a quelle individuate dall'art. 2247 c.c. Soprattutto, facilita l'afflusso di capitali all'impresa societaria perché consente agli investitori – e anche ai risparmiatori – di partecipare all'iniziativa economica senza doversene assumere il rischio con tutto il patrimonio personale.

La società per azioni acquista la personalità giuridica – e con essa l'autonomia patrimoniale perfetta – solo all'esito di un procedimento di costituzione che si conclude con l'iscrizione nel registro delle imprese. Se la società è fondata da due o più soci, l'atto costitutivo ha natura di contratto perché risponde allo schema tipico individuato dall'art. 1321 c.c., secondo cui, appunto, un contratto è un accordo stipulato da due o più parti. La spa, al pari della società a responsabilità limitata, può essere anche *unipersonale*: in tal caso, il suo atto costitutivo ha natura e struttura di negozio unilaterale.

In ogni caso, la costituzione deve essere fatta, a pena di nullità, con *atto pubblico* e cioè con atto rogato da un notaio. Essa può essere *contestuale*, se l'atto viene stipulato contemporaneamente da tutti i soci fondatori. Può poi conseguire al completamento di un articolato procedimento detto di *costituzione per pubblica sottoscrizione*: in tal caso, l'iniziativa della fondazione della società è assunta dai c.d. *promotori* che redigono un programma di costituzione in cui indicano, principalmente, il tipo di attività imprenditoriale che la società dovrà esercitare (*oggetto*) e l'ammontare dell'investimento necessario (*capitale*). In forza di tale programma, i promotori sollecitano la sottoscrizione del capitale sociale e cioè l'effettuazione dei conferimenti da parte dei soggetti interessati; se la sollecitazione della sottoscrizione sortisce esiti sufficienti alla costituzione della società, questa viene perfezionata con un atto assunto dai sottoscrittori che, all'uopo, si riuniscono in apposita assemblea (art. 2335 c.c.).

L'atto costitutivo di una società – sia essa fondata (come di solito avviene) in modo contestuale ovvero col procedimento della pubblica sottoscrizione – deve avere il contenuto stabilito dall'art. 2328 c.c.: in particolare, oltre al *capitale* – e cioè all'investimento impiegato – e all'*oggetto* – e cioè all'attività esercitata – esso deve indicare la *denominazione*, la *sede*, il *sistema di amministrazione e controllo* (di cui si parlerà nei prossimi paragrafi). Costituisce parte integrante dell'atto costitutivo, lo *statuto* il quale integra una sorta di regolamento in cui, di norma, vengono stabilite le modalità di funzionamento degli organi della società (organo amministrativo, assemblea dei soci, organi di controllo), nonché le regole che disciplinano la circolazione delle azioni e cioè la cessione della qualità di socio.

La sottoscrizione del capitale sociale

Perché una società possa essere costituita, è necessario che il capitale sia interamente sottoscritto: in altre parole, i soci devono, appunto con la sottoscrizione, obbligarsi a versare le somme di danaro corrispondenti all'investimento che intendono effettuare. Non è necessario che il conferimento sia integralmente versato; basta, perché una società per azioni si costituisca, un versamento di almeno il 25% della quota sottoscritta (art. 2342 c.c.), fermo restando l'obbligo per i soci, da adempiersi quando gli amministratori della società ne facciano richiesta, di versare il restante 75%. I conferimenti sono, di regola, effettuati *in danaro*; se consistono nella cessione di beni o crediti alla società, sono detti, invece, *conferimenti in natura*: in tal caso devono essere stimati da un perito nominato dal presidente del tribunale, secondo le disposizioni dell'art. 2343 c.c.

La costituzione della società si completa con l'*iscrizione nel registro delle imprese* che deve essere effettuata a cura degli amministratori: essa è requisito di efficacia dell'atto costitutivo e deve essere compiuta inderogabilmente entro novanta giorni dalla stipula dell'atto (art. 2331, 4° comma, c.c.). L'iscrizione attribuisce alla società la personalità giuridica e, dunque, ha natura di *pubblicità costitutiva* perché incide sull'efficacia dell'atto pubblicizzato; possiede, però, anche funzione di *pubblicità sanante*, perché, dopo la sua effettuazione, vengono sanate le cause di nullità dell'atto costitutivo ad eccezione di quelle, più gravi, indicate dall'art. 2332 c.c.

2. *I soci e i loro diritti*

Funzione e natura giuridica delle azioni

Con la sottoscrizione del capitale, i soci acquisiscono una serie di diritti che vengono incorporati nelle *azioni*. Il capitale sociale – e cioè l'investimento complessivo effettuato – viene, in pratica, diviso in un certo numero di quote di pari importo, le quali sono, poi, assegnate ai soci in numero corrispondente alla parte di capitale sottoscritta da ciascuno di essi: le quote di partecipazione sono rappresentate dalle *azioni* che hanno natura di titolo di credito. È noto che i *titoli di credito* sono *chartulae* e cioè documenti rappresentativi di un credito, il quale circola insieme al documento. Ciò significa che il credito e, in genere, i diritti incorporati nel titolo vengono *mobilizzati*, divengono cioè beni mobili: di conseguenza, la cessione del titolo implica la cessione dei diritti che esso incorpora. Le azioni rappresentano tutti i diritti che, in base alla legge e all'atto costitutivo, appartengono al socio, sicché, con la trasmissione dell'azione, viene anche ceduta la qualità di socio di una determinata società e i diritti ad essa conseguenti. Ciò facilita la circolazione della posizione di socio: se, nelle società di persone, la partecipazione può essere ceduta solo col consenso di tutti gli altri soci e attraverso uno specifico atto di modifica del contratto di società; nelle società per azioni, il socio può, invece, cedere autonomamente la sua partecipazione con il semplice trasferimento dell'azione.

Tipologia di azioni

Le azioni possono essere di diverse tipologie a seconda della regola che disciplina la loro circolazione (art. 2355 c.c.). Esse possono essere: *a*) *azioni al portatore*: in tal caso si trasferiscono con la semplice consegna del documento e cioè del c.d. *titolo azionario*; *b*) *azioni nominative*: in esse è indicato il nome dell'azionista che può cederle attraverso la *girata* e cioè per il tramite della sottoscrizione apposta direttamente sul titolo e autenticata dal notaio; *c*) per le *azioni quotate in mercati regolamentati* (ad es. in borsa) vigono invece disposizioni speciali: esse sono, come si dice, *de materializzate*, nel senso che non sono costituite da un titolo azionario; la loro circolazione è regolata attraverso l'annotazione in un conto tenuto da una società che si occupa della loro gestione accentrata, sicché le risultanze del conto indicano anche il titolare delle azioni.

Con la consegna, con la girata ovvero con l'annotazione in conto – a seconda del tipo di azione – l'atto di trasferimento dell'azione medesima si perfeziona e produce effetti tra le parti, sicché il cessionario potrà esercitare tutti i diritti connessi alla qualità di socio. Il trasferimento deve essere poi annotato nel libro dei soci a cura degli amministratori che, dietro presentazione del titolo da parte del nuovo socio, ne annotano le generalità in un elenco (il *libro soci*, appunto). Di regola, l'annotazione non condiziona l'esercizio dei diritti di socio.

La titolarità delle azioni attribuisce ai soci il diritto di fare propri gli utili prodotti dall'impresa societaria. Gli utili effettivamente prodotti e accertati alla fine dell'esercizio sono distribuiti ai soci in proporzione delle rispettive partecipazioni. Essi possono però essere anche reinvestiti: in tal caso, evidentemente, il patrimonio della società aumenta e i soci ottengono risultati positivi sotto il profilo della c.d. *valorizzazione* della loro partecipazione, perché le azioni varranno, appunto, di più. Il diritto agli utili costituisce il principale diritto patrimoniale del socio.

3. (segue) *I diritti amministrativi dei soci, l'assemblea e le modifiche del contratto di società*

I cc.dd. *diritti amministrativi dei soci*

I soci hanno anche diritti che vengono tradizionalmente definiti *amministrativi*. Bisogna subito chiarire che, nella spa, l'amministrazione in senso stretto compete esclusivamente agli amministratori i quali sono nominati dall'assemblea dei soci. Il socio non ha, di per sé, alcun compito di gestione dell'impresa societaria, nemmeno indiretto. Gli amministratori gestiscono in modo autonomo l'impresa e se ne assumono le conseguenti responsabilità. I soci, che sono i diretti interessati all'impresa, conservano però talune funzioni di controllo sulla gestione dell'organo amministrativo.

L'assemblea dei soci

I diritti amministrativi degli azionisti, oltre che nel controllo dell'organo di gestione, si sostanziano anche nel potere di assumere importanti decisioni che incidono sulla organizzazione e sulla vita stessa della società. L'atto tipico con cui essi decidono si chiama *deliberazione* ed è adottato nell'ambito delle riunioni dell'organo societario denominato *assemblea*. Nell'assemblea i soci deliberano a maggioranza secondo un principio capitalistico, nel senso che ogni socio vota in ragione del numero di azioni possedute e, dunque, della porzione di capitale sottoscritto. Lo statuto e, in mancanza, la legge (artt. 2368 ss. c.c.) stabiliscono quali maggioranze sono necessarie per la valida deliberazione assembleare: si parla, al riguardo, di *quorum deliberativo* per indicare la quota di capitale col cui voto può essere presa una decisione. Il *quorum* deliberativo si distingue poi da quello c.d. *costitutivo* che, invece, indica quale quota di capitale deve essere presente in assemblea perché la stessa possa deliberare: in mancanza di soci che rappresentino almeno tale quota minima, le delibere non possono essere assunte e l'assemblea deve essere riconvocata. Per consentire la funzionalità dell'organo è poi previsto che, se la *prima convocazione* è andata deserta per mancanza di quorum costitutivo, l'assemblea viene riconvocata in *seconda convocazione*: in tal caso i *quorum* costitutivi, così come quelli deliberativi, sono eliminati oppure abbassati.

L'assemblea decide sui principali argomenti che riguardano la vita della società. Quando gli argomenti su cui delibera attengono alla normale gestione, essa si chiama *assemblea ordinaria* (art. 2364 *bis* c.c.). Quest'ultima, infatti, ha il potere di nominare (e anche di revocare) gli amministratori e, soprattutto, ne valuta l'operato attraverso l'approvazione del bilancio. Quest'ultimo è un atto contabile che indica lo stato economico e patrimoniale della società nonché l'andamento dell'attività economica: deve essere predisposto dagli amministratori e sottoposto, alla fine dell'esercizio annuale, al vaglio dell'assemblea la quale può approvarlo oppur no. L'assemblea ordinaria, se valuta in senso negativo la gestione degli amministratori, può anche avviare verso di loro l'azione di responsabilità chiedendo il risarcimento dei danni derivanti dalla loro cattiva gestione.

La modifica del contratto di società per azioni

Ma i soci possono anche assumere decisioni che modificano l'atto costitutivo e lo statuto della società. A differenza di quanto accade nelle società di persone, nella spa la regola contrattuale – quella per cui il contratto può essere risolto o modificato solo col consenso unanime dei contraenti – è fortemente attenuata ed è, in sostanza, lasciata alla decisione di una maggioranza di soci la possibilità non solo di statuire le modalità di attuazione del fine sociale, ma anche di modificare i patti originari intervenuti tra i soci o cui i soci avevano aderito attraverso l'acquisto delle azioni. Le modifiche dell'atto costitutivo e dello statuto possono essere assunte in una particolare *assemblea* che è detta *straordinaria* e che si caratterizza non solo per il fatto che la verbalizzazione delle sue delibere è affidata a un notaio ma anche perché i quorum costitutivi e deliberativi sono più alti di quelli previsti per l'ordinaria.

È evidente che, nel caso di modifica dell'atto costitutivo, si pone un problema di tutela della minoranza e cioè di quei soci che siano dissenzienti rispetto alla modifica medesima: essi hanno sottoscritto o acquistato azioni di una società perché intendevano partecipare ad una determinata iniziativa; la modifica dell'atto costitutivo può, invece, giungere fin a stravolgere l'oggetto della società o le regole che ne disciplinano il funzionamento. La legge, nei casi di modifiche più importanti, tutela i soci di minoranza attribuendo ad essi il *diritto di recesso* dalla società e cioè il diritto di aver rimborsata, da quest'ultima, una somma di danaro pari al valore delle azioni da essi possedute (art. 2437 c.c.). In sostanza, il regime societario tutela l'interesse e il diritto della maggioranza di modificare l'atto costitutivo in modo da consentirne l'adeguamento alle nuove esigenze che, nel corso della vita della società, vengono a manifestarsi: quello di società è un contratto c.d. *relazionale* nel senso che esso innesca, appunto, una relazione tra soci il cui contenuto può (e a volte deve) essere *completato* da decisioni successive alla stipula dell'atto contrattuale. L'ordinamento asseconda tali esigenze ma, allo stesso tempo, tutela, col recesso, anche i soci di minoranza che, pur non avendo diritto di impedire le modifiche, hanno almeno una facoltà di recupero dell'investimento e di *exit* dalla società.

L'invalidità delle delibere assembleari

I soci, nell'assumere le deliberazioni assembleari, devono rispettare la legge e lo statuto. In mancanza, l'atto deliberativo è *annullabile*. Deve al riguardo rilevarsi che la violazione di legge, a dispetto di quanto normalmente capita, determina non la nullità del deliberato secondo le regole ordinarie dell'art. 1418 c.c., ma semplicemente l'annullabilità che deve essere fatta valere da soci che rappresentino una particolare frazione del capitale sociale (art. 2377 c.c.). Solo in casi eccezionali, la violazione di legge determina nullità e cioè quando manchi la convocazione o il verbale assembleare o quando il deliberato abbia oggetto illecito. Ma, anche in tali casi, l'impugnativa deve essere proposta entro tre anni dalla delibera, salvo che essa non contempli l'avvio di attività illecite (art. 2379 c.c.). Si tratta di una disciplina evidentemente derogatoria rispetto a quella generale della nullità del contratto perché prevede la possibilità di sanatoria; essa è giustificata dall'esigenza di stabilità degli atti che, nel campo commerciale (e in quello societario in particolare), è fortemente avvertita.

4. *Società chiuse e società aperte al mercato del capitale di rischio. I patti parasociali*

La raccolta di capitale di rischio

Una società per azioni è capace di stimolare l'investimento produttivo attraverso il beneficio della responsabilità limitata di cui già si è detto. Essa può, dunque, essere uno strumento attraverso il quale i promotori dell'attività economica raccolgono capitali di investitori o anche di semplici risparmiatori, per impiegarlo in iniziative di rischio e cioè in attività imprenditoriali che possono anche determinare la perdita delle somme investite. In tal modo, l'emissione e la collocazione delle azioni della società ha la funzione di drenare capitali da utilizzare nell'impresa sociale. Spesso la raccolta avviene tra un numero molto ampio di azionisti che detengono partecipazioni relativamente modeste del capitale sociale, il quale, in tal caso, si dice che sia *frantumato*, nel senso che esso appartiene a numerosi, piccoli azionisti. Le società che drenano capitali presso i risparmiatori sono dette *aperte*: esse, se il loro capitale è diffuso tra il pubblico in misura rilevante – e cioè abbiano più di 200 soci che detengano almeno il 5% del capitale ovvero abbiano gli altri requisiti indicati dall'art. 116 del d.lgs. n. 58 del 1998 – sono assoggettate ad uno specifico regime che assicura, per un verso, regole di funzionamento dell'assemblea più elastiche e, per l'altro, maggiore tutela ai soci di minoranza. Se poi le azioni di una società sono quotate in mercati regolamentati (e cioè sono *quotate in borsa*) si applicano, a tutela dei risparmiatori, le ulteriori regole e soprattutto i controlli stabiliti dal T.U. della finanza e cioè dal cit. d.lgs. n. 58 del 1998. In pratica le società, a seconda del grado di diffusione delle loro azioni, si distinguono in società chiuse, società aperte al mercato del capitale di rischio e società con azioni quotate in mercati regolamentati (art. 2325 *bis* c.c.): a mano a mano che la società si apre al pubblico, l'ordinamento adegua le regole di funzionamento in modo da consentirne la gestione anche a chi abbia una quota relativamente modesta di capitale, tutelando, allo stesso tempo, i diritti dei piccoli azionisti che della gestione non si occupano.

Soci imprenditori e soci finanziatori

Nelle società aperte, infatti, esistono due categorie di soci. Da un lato, vi sono quelli che si interessano della vita della società e concorrono alla sua gestione (detti anche *soci di controllo* o *soci di riferimento*); dall'altro, vi sono numerosi (a volte migliaia) di piccoli azionisti che sono solo interessati a preservare o incrementare la valorizzazione o la redditività delle azioni, e che intendono l'investimento in azioni come una forma di risparmio e di rendita piuttosto che come uno strumento per gestire un'iniziativa economica. La prima categoria è definita di *soci imprenditori*, l'altra di *soci investitori*. Il legislatore, se da un lato cerca di consentire ai primi di gestire proficuamente la società – e a tal fine rende più semplice la formazione delle maggioranze assembleari –, dall'altro lato tutela la posizione degli investitori che sono, di norma, esclusi da ogni ruolo nella società.

I patti parasociali

I soci c.d. imprenditori spesso si accordano su come gestire la società attraverso degli accordi collaterali detti *patti parasociali*, con i quali stabiliscono in quale modo votare in assemblea (*sindacati di voto*) o gestire la titolarità delle azioni (*sindacati di blocco*).

Questi patti, che possono naturalmente essere stipulati in qualsiasi tipo di società, sono comunemente considerati validi e hanno efficacia obbligatoria tra le parti; essi devono, ai sensi dell'art. 2341 *ter*, essere pubblicizzati in modo da renderli conoscibili agli altri soci.

La distinzione tra soci in ragione del loro (differenziato) interesse alla gestione societaria comporta, poi, un'altra conseguenza recentemente contemplata dal legislatore: possono, infatti, essere emesse azioni con diritti (sia patrimoniali che amministrativi) differenti: ad esempio, possono emettersi azioni con minori diritti gestori e con maggior diritto agli utili; oppure azioni che producono utili solo in correlazione con un particolare ramo dell'impresa (artt. 2348 ss. c.c.); o, infine, azioni con voto multiplo e cioè con un maggiore *peso* in assemblea. In altre parole, l'autonomia privata può plasmare il regolamento della società a seconda della tipologia dell'interesse dei singoli soci che partecipano all'iniziativa.

5. *L'organizzazione finanziaria della società: il capitale, le obbligazioni, gli strumenti finanziari*

Il capitale sociale e la sua effettività

La dotazione finanziaria iniziale attribuita all'impresa societaria è costituita dal *capitale* che, nella spa, non può essere inferiore ad € 120.000,00 (art. 2327 c.c.). Esistono molte disposizioni che sono finalizzate a garantire l'*integrità* e *l'effettività del capitale* e del suo ammontare. La società per azioni gode, infatti, del beneficio della responsabilità limitata: i creditori, non potendo contare, per la soddisfazione delle loro pretese, sul patrimonio dei soci, hanno interesse a monitorare la situazione patrimoniale della società. Tale monitoraggio viene assicurato, in primo luogo, attraverso le previsioni che disciplinano il bilancio il quale, come detto, è un atto contabile che rappresenta la situazione patrimoniale e l'andamento economico della società. La sua redazione deve essere effettuata, ogni anno, sì da tratteggiare in modo *chiaro*, *veritiero e corretto* i dati della società, e consentire ai soci, ai creditori e a qualunque interessato di conoscere e valutare la sua affidabilità e le sue prospettive (art. 2423 c.c.). Il bilancio deve essere depositato presso il registro delle imprese e la sua falsità, ove provochi danno a terzi, costituisce reato a carico degli amministratori.

Capitale e patrimonio

Il capitale sociale si distingue dal *patrimonio societario* che, al pari del patrimonio di qualunque soggetto, è costituito da tutti i rapporti attivi e passivi che fanno capo alla società. È possibile che il patrimonio registri valori negativi, nel senso che le passività inizino a prevalere sulle attività, in modo da erodere o addirittura azzerare l'investimento iniziale effettuato dai soci e cioè il capitale: in tal caso, la società, se non ripiana le perdite, deve immediatamente ridurre il capitale medesimo e cioè dare adeguata notizia al pubblico che l'investimento iniziale (e dunque l'affidabilità della società) è diminuito. Se poi il capitale scende al di sotto del minimo legale di € 120.000,00, la società lo deve ricostituire lanciando una nuova sottoscrizione; in mancanza deve immediatamente sciogliersi (art. 2447 c.c.). Tutte le disposizioni qui riassunte, tutelano l'integrità del capitale; ve ne sono poi altre che ne garantiscono l'effettività, come ad esempio quelle che impongono che i conferimenti in natura siano stimati da un perito indipendente, nominato dal presidente del tribunale (art. 2343 c.c.): queste ultime hanno la funzione di assicurare che la valutazione del capitale sia corretta e, appunto, effettiva.

Capitale di rischio, capitale di credito e obbligazioni

La società per azioni viene, in primo luogo, finanziata con gli apporti dei soci sotto forma di capitale sottoscritto: tale apporto finanziario è anche definito *capitale di rischio* perché, come già più volte detto, la sua restituzione ai soci è subordinata all'esito dell'iniziativa economica; i soci, in altre parole, hanno diritto alla sua restituzione solo se, allo scioglimento della società e dopo il pagamento delle passività societarie, residui liquidità sufficiente al rimborso. La società può poi finanziarsi anche con mezzi di terzi e cioè con somme prese a mutuo e che costituiscono, dunque, un suo debito verso i finanziatori. Tali somme sono definite *capitale* c.d. *di credito* perché su esso non grava il rischio imprenditoriale, nel senso che dovrà essere restituito (sempre che la società sia solvibile) anche se l'iniziativa dovesse avere esito negativo.

Esistono, poi, forme di finanziamento che assumono caratteri intermedi. Una di esse è costituita dal prestito obbligazionario. Gli amministratori possono decidere di lanciare la sottoscrizione di un prestito da parte di terzi in favore della società. Ai sottoscrittori (e cioè coloro che lo accordano) vengono rilasciati dei titoli che si chiamano *obbligazioni* e che possono circolare come i titoli di credito. L'obbligazione dà diritto alla restituzione del capitale e alla remunerazione sotto forma di interesse. La caratteristica del prestito obbligazionario è data dal fatto che esso può avere una natura mista di capitale di credito e capitale di rischio. Infatti, la sua restituzione può essere sottoposta a determinate condizioni tra cui anche l'andamento economico della società di cui, dunque, gli obbligazionisti si assumono il rischio (art. 2411, 2° comma, c.c.); altre volte, può essere prevista la convertibilità delle obbligazioni in azioni sicché gli obbligazionisti possono diventare soci e trasformare il loro capitale di credito in capitale di rischio a tutti gli effetti (art. 2420 *bis* c.c.). I titolari di obbligazioni sono rappresentati da un *rappresentante comune* che è nominato dall'*assemblea degli obbligazionisti*: quest'ultima è organo deliberativo che ha competenze in ordine alle iniziative a tutela dei diritti degli obbligazionisti medesimi nonché alle modifiche delle condizioni di prestito (art. 2415 c.c.).

Gli altri strumenti finanziari

Infine, la società può finanziarsi anche attraverso l'emissione di altri *strumenti finanziari*. Si tratta di titoli emessi a fronte di un apporto (in danaro) da parte di terzi e che possono anche attribuire, ai relativi possessori, diritti amministrativi quale ad esempio il voto su argomenti specifici (art. 2349 c.c.).

6. *L'amministrazione della società per azioni*

L'autonomia dell'organo di gestione

La gestione dell'impresa sociale compete esclusivamente agli amministratori (art. 2380 *bis* c.c.). Essi sono nominati con l'atto costitutivo e durano in carica al massimo per tre esercizi. La nomina degli amministratori successivi è demandata all'assemblea ordinaria. Il numero degli amministratori è stabilito dallo statuto, il quale può anche rimettere all'assemblea la facoltà di precisarlo. Possono, dunque, esservi società gestite da un amministratore unico oppure da una pluralità di amministratori i quali formano il *consiglio di amministrazione*. A sua volta, il consiglio può, se autorizzato dallo statuto, delegare talune sue funzioni ad un amministratore ben individuato (l'*amministratore delegato*) ovvero ad alcuni amministratori che formano il *comitato esecutivo*. Gli amministratori delegati operano con competenze subordinate rispetto a quelle del consiglio che può, in ogni momento, modificare e revocare le decisioni del delegato o del comitato esecutivo.

Il consiglio di amministrazione è presieduto da un presidente che, oltre ad avere competenze organizzative dei lavori del consiglio, garantisce che tutti i componenti dello stesso siano informati sull'attività e sull'andamento della società.

Le decisioni degli amministratori sono prese con criteri collegiali e cioè con *delibere* assunte a maggioranza; queste, ove siano contrarie alla legge o allo statuto, sono annullabili ai sensi dell'art. 2388, 4° comma, c.c.

La diligenza degli amministratori

Gli amministratori compiono le operazioni necessarie al raggiungimento dell'oggetto sociale e, dunque, gestiscono l'impresa; essi devono impiegare la diligenza richiesta dalla natura dell'incarico e dalle loro specifiche competenze (art. 2392 c.c.). In altre parole, tra società e amministratori si instaura un rapporto contrattuale assimilabile al mandato, in virtù del quale gli amministratori sono obbligati a profondere le loro attività nell'impresa sociale. Essi, come ogni mandatario, devono adempiere le prestazioni a loro carico con la dovuta diligenza (art. 1176 c.c.); ma lo standard di diligenza richiesto è adeguato alle esperienze e alle competenze del singolo amministratore: dunque, si tratta di uno standard *curriculare*, tarato cioè sul profilo della persona dell'amministratore e non valutato secondo indici uguali per tutti.

La responsabilità degli amministratori

Ove l'obbligo di adempimento diligente sia stato violato, la società può proporre azione di responsabilità nei confronti degli amministratori e chiedere il risarcimento dei danni. Tale azione può essere proposta dalla società stessa e anche dai singoli soci, purché essi rappresentino almeno un quinto del capitale sociale (art. 2393 *bis* c.c.): in tal caso, i soci esercitano un diritto al risarcimento non proprio, ma della società, sicché la loro azione, al pari di quella proposta dalla società medesima, viene definita *azione sociale di responsabilità* e comporterà che gli amministratori debbano risarcire i danni a favore delle casse sociali e non dei singoli soci che hanno agito. Anche i creditori possono agire in responsabilità verso gli amministratori se la *mala gestio* di costoro ha ridotto il patrimonio societario in modo da frustrare le loro aspettative di realizzo: è evidente che il contenuto dell'azione sociale di responsabilità è più ampio di quello proprio dell'azione dei creditori, in quanto, nel primo caso, oggetto della richiesta di risarcimento è costituito da tutti i danni sofferti dalla società mentre, nel secondo caso, è limitato solo all'importo necessario alla soddisfazione dei creditori. Questi ultimi, peraltro, possono esercitare l'azione solo se la cattiva gestione abbia effettivamente ridotto il patrimonio sociale in misura tale da renderlo totalmente o parzialmente incapiente.

L'azione di responsabilità può essere esercitata entro cinque anni dalla cessazione dell'incarico dell'amministratore.

Infine, ai sensi dell'art. 2395 c.c., gli amministratori rispondono verso i soci e verso qualunque terzo per i danni che abbiano provocato, con propri atti colposi o dolosi assunti nel corso della gestione, agli interessi di questi ultimi: la previsione contempla ipotesi di atti illeciti che abbiano leso diritti dei soci e dei terzi diversi dalla partecipazione societaria o dal credito verso la società.

7. *I controlli*

Controllo di gestione

L'attività di gestione degli amministratori è assoggettata a controlli. Il *controllo sulla gestione* spetta, in primo luogo, ad un organo, detto *collegio sindacale*, composto da tre o da cinque membri. Questi sono nominati con l'atto costitutivo e durano in carica tre esercizi. Non possono essere revocati se non per giusta causa e con decisione confermata da decreto del tribunale (art. 2400 c.c.). Dopo la prima scadenza, i sindaci successivi sono nominati dall'assemblea. I sindaci partecipano alle riunioni del consiglio di amministrazione e alle assemblee dei soci. Essi vigilano sull'osservanza, da parte degli amministratori, dei doveri di legge e di statuto e, a tal fine, hanno poteri ispettivi degli atti societari e possono, anche singolarmente, chiedere informazioni agli amministratori.

Ove accertino violazioni, devono immediatamente attivarsi per chiederne la cessazione e l'eliminazione degli effetti. In mancanza, rispondono con gli amministratori dei danni che non si sarebbero prodotti senza la loro omissione (art. 2407 c.c.).

Oltre che ai sindaci, poteri di controllo sono attribuiti anche ai singoli soci. Essi, se accertano violazioni di legge o di statuto, possono farne denunzia al collegio sindacale (art. 2408 c.c.).

Infine, un controllo sulla società per azioni compete al tribunale. I soci che rappresentino almeno il 10% del capitale ovvero i sindaci – e, nelle *società aperte al mercato dei capitali*, anche il Pubblico Ministero – possono denunziare al tribunale gravi irregolarità compiute dagli amministratori. Il Tribunale, se ritiene *prima facie* fondata la denunzia, può disporre un'ispezione della società e, all'esito della stessa, assumere i provvedimenti opportuni, compresa la sostituzione degli amministratori con un amministratore giudiziale, il quale gestisce la società per il tempo stabilito dal tribunale, propone, eventualmente, l'azione di responsabilità contro gli amministratori revocati e, all'esito di ciò, convoca l'assemblea dei soci per le opportune determinazioni (art. 2409 c.c.).

Controllo contabile

Oltre al controllo sulla gestione, la legge impone anche il *controllo contabile* che è affidato ad una persona specificamente autorizzata, che sia cioè iscritta nel registro dei *revisori dei conti*, cui accedono solo le persone munite di particolare qualificazione. Il controllo può essere affidato anche ad una *società* che è detta *di revisione* e, se i sindaci sono revisori contabili, può essere affidato anche al collegio sindacale (art. 2409 *bis* c.c.). Il controllo contabile riguarda la veridicità delle scritture e la correttezza della loro tenuta. Si è già detto quale rilevanza abbia, nella società per azioni, la corretta rappresentazione dei dati di bilancio, a *tutela* degli interessi dei creditori e dei soci medesimi. È evidente che il controllo contabile è funzionale al raggiungimento di tale obiettivo.

8. *I sistemi alternativi di amministrazione e controllo*

Il c.d. *modello latino di gestione*

Il sistema di amministrazione e controllo delineato nei paragrafi precedenti – salvo che per la separazione tra il controllo di gestione e il controllo contabile che originariamente erano entrambi attribuiti al collegio sindacale – corrisponde al modello tradizionale del nostro codice ed è quello largamente utilizzato nella quasi totalità delle società per azioni. Esso si configura, inoltre, come modello *naturale*, nel senso che si applica in mancanza di espresse disposizioni contrarie di statuto.

Il codice, di recente, ha però introdotto due modelli alternativi a quello tradizionale, che prevedono una differente distribuzione, tra gli organi societari, dei vari ruoli di gestione e di controllo pur sempre necessari alla corretta organizzazione societaria. Bisogna evidenziare che, nonostante la differente articolazione dei poteri, i modelli alternativi – che valgono solo se oggetto di esplicita scelta compiuta dai soci – non si differenziano in modo sostanziale da quello tradizionale; e ciò perché, a differenza di quanto avviene nelle esperienze straniere da cui sono mutuati, non contemplano l'apertura degli organi societari alla partecipazione di categorie di interessati – o di controinteressati – nuove rispetto a quelle tradizionali.

Il modello c.d. *renano*

Così, ad esempio, il primo modello alternativo è quello c.d. *dualistico* di derivazione germanica: esso prevede la costituzione, oltre che dell'assemblea e dell'organo amministrativo, di un *consiglio di sorveglianza* (art. 2409 *duodecies* c.c.). Quest'ultimo svolge talune funzioni che, nel sistema tradizionale, sono attribuite all'assemblea, quali quella di nominare e revocare gli amministratori, di approvare il bilancio; inoltre, attua un raccordo tra l'amministrazione e l'assemblea medesima, le cui funzioni sono ridotte, in pratica, alle competenze proprie dell'assemblea straordinaria, e cioè alla assunzione delle più importanti decisioni in materia di modifica dell'atto costitutivo e dello statuto (art. 2409 *terdecies* c.c.). Il consiglio di sorveglianza esercita poi le funzioni di controllo sulla gestione che, nel regime ordinario, competono al collegio sindacale. Sicché costituisce un organo in un certo senso *ibrido* se confrontato con quelli del modello tradizionale. In effetti, nell'esperienza tedesca esso serve a dare rappresentanza a controinteressati ben individuati, quali ad esempio i lavoratori che, secondo il modello economico proprio di quella regione (e che viene detto appunto *renano*), svolgono storicamente un ruolo partecipativo nell'organizzazione societaria.

Il modello c.d. *anglosassone*

Il secondo modello alternativo è, invece, di derivazione anglosassone ed è detto *monistico* perché contempla l'esistenza di un unico organo e cioè il consiglio di amministrazione, che svolge le normali funzioni amministrative. Almeno un terzo dei suoi membri deve essere in possesso di requisiti di indipendenza. Al suo interno è nominato un *comitato per il controllo sulla gestione* che esercita funzioni analoghe a quelle del collegio sindacale (art. 2409 *sexiesdecies* c.c.).

Qualunque sia il modello di amministrazione prescelto, il controllo contabile è sempre assoggettato alle regole sopra già descritte.

9. *La società a responsabilità limitata*

La caratterizzazione personale della srl

Anche la società a responsabilità limitata è una società di capitali; essa, rispetto alla società per azioni, si caratterizza perché ai soci sono attribuiti maggiori poteri e perché il suo funzionamento è più snello e meno procedimentalizzato. Ciò è dovuto al fatto che la srl – come giustamente è stato scritto – individua un modello di società di persone a responsabilità limitata, poco incline, e poco attrezzata anche sotto il profilo giuridico, a drenare capitale di rischio presso investitori e risparmiatori. Da ciò discende che le esigenze di tutela della minoranza, e cioè dei soci che non sono incaricati o interessati alla gestione, sono attenuate. La srl, infatti, è un modello societario che si attaglia a quelle realtà economiche in cui i soci effettivamente si interessano della amministrazione e del controllo dell'impresa sociale; sicché, nel suo caso, non sono necessari quegli organi di controllo e quelle procedure tendenti a garantire la correttezza di gestione, previste, invece, per la spa, così come non ne risulterebbero giustificati i costi a volte molto elevati.

La caratterizzazione personale della srl si apprezza sotto vari profili. In primo luogo, nel momento costitutivo della società, per il fatto che i conferimenti possono essere rappresentati, oltre che da danaro ovvero da beni e crediti, anche da prestazioni di servizi rese dai soci; cosa che, invece, è vietata nella spa (art. 2464 c.c.). In tal caso, il valore delle prestazioni deve essere garantito da una polizza fidejussoria assicurativa o da una fidejussione bancaria prestate fino a concorrenza della quota di capitale sottoscritta.

Il capitale sociale – costituito dal valore dei conferimenti e che può essere di fatto anche soltanto simbolico – viene poi diviso in *quote* che sono assegnate ai sottoscrittori. Il capitale non può avere, naturalmente, un valore complessivo superiore a quello dei conferimenti sottoscritti. È però possibile che le quote siano attribuite ai soci in misura non proporzionale al valore effettivo dei loro conferimenti. Ciò consente, evidentemente, una distribuzione delle quote attuata in base all'importanza che i soci attribuiscono, nel caso concreto, al singolo conferimento, piuttosto che in base al valore economico oggettivo dello stesso.

Testimonia il rilievo che, nella srl, assume l'identità e la persona del socio, il fatto, poi, che possono essere previste cause di sua esclusione dal sodalizio, esattamente come avviene nelle società di persone (art. 2473 *bis* c.c.).

La partecipazione dei soci – che, come già detto si chiama quota – non può essere costituita da azioni, il che evidentemente esclude che essa possa circolare secondo le regole proprie dei titoli di credito. La cessione delle quote, che può essere limitata da previsioni dell'atto costitutivo, deve essere effettuata per scrittura con sottoscrizione autenticata da notaio che, ai fini della sua opponibilità alla società, deve essere iscritta nel registro dei soci: del trasferimento deve poi essere data, a cura degli amministratori, pubblicità nel registro delle imprese (art. 2470 c.c.).

La gestione societaria

Anche le regole di amministrazione sono ispirate, salvo diversa disposizione dell'atto costitutivo, ad un criterio di valorizzazione del ruolo dei soci: la gestione societaria, se non diversamente previsto, è affidata, in forza di una espressa nomina, ad uno o più soci (art. 2475 c.c.). Ove siano nominati più amministratori, essi costituiscono il consiglio di amministrazione e si applicano le regole già illustrate in materia di spa; l'atto costitutivo può, però, prevedere che agli amministratori siano riconosciuti, esattamente come nelle società di persone, poteri di amministrazione disgiunta: in tal caso essi gestiscono la società senza seguire quel metodo collegiale – che postula che le decisioni siano assunte con delibere approvate da specifiche maggioranze – che, invece, regola necessariamente il funzionamento del consiglio di amministrazione. Infine, l'atto costitutivo può attribuire specifici poteri di gestione ad uno o più soci: in tal caso, la previsione della gestione da parte di questi ultimi resta cristallizzata nel contratto fondativo della società e può essere modificata soltanto col consenso unanime di tutti i soci (art. 2468, ultimo comma, c.c.): è possibile che l'atto costitutivo preveda anche la modifica a maggioranza ma, in tal caso, il socio i cui poteri amministrativi siano modificati, ha diritto di recedere dalla società (art. 2473 c.c.).

Nella srl, inoltre, è riconosciuta un'ampia autonomia ai soci in ordine alla individuazione delle regole che disciplinano l'assunzione delle loro decisioni. Le materie su cui essi deliberano sono, infatti, stabilite dall'atto costitutivo; compete in ogni caso ai soci il potere di nominare amministratori e sindaci, di approvare il bilancio e di modificare, direttamente o indirettamente, l'atto costitutivo e l'oggetto societario (art. 2479, 2° comma, c.c.). All'autonomia contrattuale è lasciata la possibilità di stabilire le formalità con cui devono essere assunte le *decisioni dei soci*: in pratica, è ammessa la deroga al principio assembleare sicché le decisioni medesime possono essere prese anche senza la convocazione formale di un organismo deliberante, quale appunto è l'assemblea: ad es., attraverso una semplice consultazione scritta o con un consenso espresso, fuori da una convocazione simultanea di tutti i soci, da ciascuno di essi. Il procedimento assembleare è, invece, obbligatorio per le decisioni che comportano modifica dell'atto costitutivo o dell'oggetto societario.

Il regime dei controlli nella srl

I *controlli sulla gestione* e il *controllo contabile* non sono sempre obbligatori nella srl. In effetti, la nomina del *collegio sindacale* è obbligatoria solo se la srl abbia un capitale superiore al minimo previsto per la spa (€ 120.000,00) o se superi i limiti dimensionali stabiliti dall'art. 2435 *bis* c.c.; in tal caso, si applicano le disposizioni previste in tema di società per azioni.

Anche il controllo contabile è facoltativo; quando però la srl ha l'obbligo di istituire il collegio sindacale, esso diventa obbligatorio ed è affidato, se l'atto costitutivo non prevede diversamente, al collegio sindacale medesimo.

La minore intensità dei controlli interni alla società – cui fa riscontro anche la impossibilità di attivare il controllo giudiziario previsto, per la sola spa, dall'art. 2409 c.c. (v. §. precedenti) – è compensata dalla possibilità, attribuita a ciascun socio, di effettuare un controllo diretto sull'amministrazione – a cui è funzionale il diritto di chiedere informazioni all'organo amministrativo e di estrarre copie dei libri sociali e dei documenti relativi a singoli affari – nonché di proporre direttamente, nell'interesse sociale, l'azione di responsabilità verso gli amministratori, indipendentemente dalla consistenza della partecipazione posseduta e cioè senza che sia necessaria la titolarità di una quantità minima di quote (art. 2476 c.c.).

Infine, sempre a causa della ridotta rilevanza dei controlli, le società a responsabilità limitata non possono sollecitare l'investimento presso il pubblico (art. 2468, 1° comma, c.c.).

10. *Scioglimento, trasformazione, fusione e scissione delle società di capitali*

Scioglimento e liquidazione delle società di capitali

Il codice regola, infine, con una disciplina unitaria per tutte le società di capitali, lo scioglimento della società e alcune sue vicende straordinarie.

Le cause di *scioglimento* sono elencate nell'art. 2484 c.c. Alcune di esse sono volontarie, nel senso che sono conseguenza di una delibera assembleare. Altre sono invece legali, come nei casi di: scadenza del termine; conseguimento dell'oggetto sociale o impossibilità del suo raggiungimento; impossibilità di funzionamento della società; perdita del capitale sociale cui non segua la sua ricostituzione. In questi casi, l'assemblea della società deve pur sempre assumere una delibera con efficacia puramente dichiarativa, con la quale prende atto dell'avvenuta verificazione della causa di scioglimento e provvede alla nomina dei liquidatori. In mancanza di assunzione della delibera da parte dell'assemblea, gli amministratori – anche singolarmente – ovvero l'organo di controllo e i singoli soci sono legittimati a chiedere la nomina del liquidatore al presidente del tribunale.

I *liquidatori* sono incaricati di vendere i beni societari al fine di realizzare le somme necessarie a pagare i creditori; infine, se residua attivo liquido, può essere rimborsato anche il capitale. I liquidatori possono essere autorizzati dall'assemblea anche all'*esercizio provvisorio* dell'impresa, e cioè alla continuazione dell'attività economica al fine di consentire, ad esempio, la vendita delle scorte ovvero la conservazione della produttività del compendio aziendale per la sua migliore collocazione.

Lo scioglimento non fa estinguere la società: l'*estinzione* consegue solo alla ultimazione della liquidazione e alla cancellazione dal registro delle imprese che può conseguire solo all'approvazione del bilancio finale di liquidazione (art. 2495 c.c.).

Le operazioni straordinarie

Il codice regola, poi, agli artt. 2498 ss. c.c., le operazioni di: *a*) *trasformazione:* che si verifica quando una società passi da un tipo ad un altro (ad es., una srl che diventi spa); *b*) *fusione*: si tratta di un'operazione straordinaria per cui due società si uniscono per formarne una sola; *c*) *scissione*, che, all'inverso della fusione, determina, con lo smembramento di una società, la nascita di una o più società.

11. *Le società in accomandita per azioni*

Caratteri e disciplina della s.a.p.a.

Solo un breve accenno è possibile alle società in accomandita per azioni (artt. 2452 ss. c.c.): in esse esistono, come per le società in accomandita semplice, i *soci accomandanti*, che sono soci che si limitano ad apportare capitali, e i soci *accomandatari* che invece gestiscono la società e che sono, di diritto, amministratori della stessa. Questi ultimi rispondono col proprio patrimonio e illimitatamente delle obbligazioni sociali.

La differenza con la società in accomandita semplice sta nel fatto che il capitale sottoscritto dagli accomandanti è rappresentato da azioni e si applicano, in quanto compatibili, le disposizioni della spa.

CAPITOLO 86

LE COOPERATIVE E I CONSORZI

SOMMARIO: 1. I caratteri fondamentali delle società cooperative. – 2. I consorzi.

1. *I caratteri fondamentali delle società cooperative*

Lo scopo mutualistico

Come già detto, le società cooperative non perseguono scopo di lucro sicché esse si pongono l'obiettivo non di remunerare il capitale investito nell'impresa, bensì di offrire ai propri soci beni e servizi a condizioni migliori di quelle che offre il mercato: la cooperativa gestisce un'impresa come qualunque altra società; ma, proprio perché essa non deve *staccare* dividendi e utili in favore dei soci che hanno impiegato i loro capitali, può praticare condizioni migliori delle altre imprese lucrative. E ciò essa fa direttamente, attraverso la riduzione del prezzo di vendita del bene o del servizio offerto ai soci; o indirettamente, e cioè attraverso la restituzione ai soci, attraverso i c.d. *ristorni*, del *surplus* realizzato dalla vendita dei propri prodotti a prezzo di mercato.

La finalità perseguita dal cooperativismo nell'economia è tutelata anche a livello costituzionale (art. 45 Cost.); e, proprio in funzione di ciò, a tale tipo di società sono assicurati benefici vari, costituiti soprattutto da sovvenzioni e favori fiscali. Se è vero che le società cooperative si pongono l'obiettivo di praticare condizioni favorevoli, non è però ad esse precluso di offrire i propri prodotti anche a terzi. Ove però la cooperativa fosse costituita al solo scopo di contrattare con i terzi e, comunque, senza una estesa base societaria a cui assicurare i benefici tipici del cooperativismo, evidentemente ci troveremmo dinanzi ad una società che, pur godendo dei benefici di legge, non sarebbe però qualificabile, nella sostanza, come vera cooperativa. Proprio per evitare tali conseguenze irrazionali, l'ordinamento impone, in primo luogo, che le cooperative siano costituite da un numero minimo di soci e cioè da almeno nove persone, salvo diversa previsione delle leggi speciali. È poi possibile costituire anche una cooperativa con non più di tre soci e che, proprio per questo, viene definita *piccola cooperativa* (art. 2522 c.c.).

Si è detto che una cooperativa resta tale anche se contratta con i terzi. Se però la contrattazione con i terzi supera di gran lunga quella con i soci, la finalità cooperativistica, pur presente, si attenua. Proprio per questo, il codice distingue le cooperative a mutualità prevalente da quelle a mutualità non prevalente. Le *cooperative a mutualità prevalente* sono quelle che appunto svolgono la loro attività *prevalentemente* a favore dei soci ovvero che si avvalgono *prevalentemente* dell'attività lavorativa o di beni dei soci. Solo queste cooperative possono godere di benefici fiscali ma esse, di converso, non possono distribuire gli utili né remunerare prestiti ricevuti in misura superiore a quanto stabilito dall'art. 2514 c.c. e cioè per importi maggiori rispetto a quelli che sono determinati sulla scorta dei rendimenti dei buoni fruttiferi postali. In altre parole, i benefici sono riconosciuti solo a quelle società nelle quali non si individui una – seppur latente – finalità di tipo lucrativo e che, quindi, non si allontanano in modo sensibile dallo schema tipico della cooperativa.

Le cooperative hanno una struttura societaria che presenta alcune peculiarità rispetto a quella delle società lucrative. Ove non sia disposto diversamente, alle cooperative si applica la disciplina delle società per azioni, ma per società con meno di venti soci lo statuto può prevedere anche l'applicazione delle regole della srl, le quali si applicano poi necessariamente alle piccole cooperative.

Il capitale variabile

I tratti più rilevanti delle cooperative sono costituiti dal fatto che esse sono società a *capitale variabile*, nel senso che possono essere ammessi nuovi soci, i quali effettuano nuovi conferimenti, senza che sia necessario modificare l'atto costitutivo attraverso un aumento di capitale. Esistono poi limiti massimi all'acquisto di azioni o quote da parte dei soci. Infine, nell'assemblea societaria, vige una regola democratica per cui ogni socio ha diritto ad un voto, indipendentemente dall'estensione della sua partecipazione.

2. *I consorzi*

Nozione e disciplina del consorzio

Solo un breve accenno è possibile, infine, dedicare alla figura del consorzio per evidenziare che esso è il contratto con cui due o più imprenditori istituiscono un'organizzazione comune per la disciplina o lo svolgimento di determinate fasi delle rispettive imprese (art. 2602 c.c.). Il consorzio è dunque costituito con un contratto cui prendono parte gli imprenditori. Si distinguono:

a) I consorzi costituiti per la *disciplina* di talune fasi delle imprese dei consorziati: hanno una funzione regolatrice e generalmente di tipo anticoncorrenziale. Pertanto, in quanto intese che possono avere per oggetto o per effetto la restrizione della concorrenza, sono assoggettati alle previsioni e ai limiti stabiliti dalle leggi *antitrust* (v. capitoli precedenti).

b) I consorzi costituiti per lo *svolgimento* delle fasi delle imprese dei consorziati. Questi consorzi costituiscono strutture organizzative cui le imprese affidano lo svolgimento di una fase della loro attività: si può trattare di organizzazioni che curano l'acquisto accentrato di materie prime necessarie ai vari consorziati; che si interessano di attività di pubblicità, promozione e vendita di prodotti; che svolgono una qualunque attività funzionale all'iniziativa economica dei consorziati. Dunque, attraverso questo tipo di consorzio, non si viene a costituire una nuova impresa collettiva, bensì viene separata dalle singole imprese consorziate, per essere gestita in modo comune, una fase dei rispettivi cicli di produzione.

Il consorzio è caratterizzato dall'esistenza di un'organizzazione che può assumere anche le forme della società commerciale.

I consorzi possono poi essere *consorzi con attività esterna*: in tal caso possono instaurare relazioni contrattuali con i terzi.

INDICE ANALITICO

E

F

N

O

P

Q

R

U

V

INDICE

pag.

PARTE I
L'ORDINAMENTO GIURIDICO

CAPITOLO 1
L'ORDINAMENTO GIURIDICO E LE NORME

CAPITOLO 2
LE FONTI DEL DIRITTO

PARTE II

STRUTTURA E CONTENUTO DEL RAPPORTO GIURIDICO

CAPITOLO 3

IL RAPPORTO GIURIDICO

CAPITOLO 4

I SOGGETTI DEL RAPPORTO GIURIDICO: LA CAPACITÀ GIURIDICA

CAPITOLO 5

LA CAPACITÀ DI AGIRE

PARTE IV
IL CONTRATTO

CAPITOLO 12
AUTONOMIA CONTRATTUALE

CAPITOLO 13
IL PERFEZIONAMENTO DEL CONTRATTO: LA FASE DELLE TRATTATIVE

CAPITOLO 14
L'ACCORDO E LA SUA FORMA

pag.

pag.

PARTE V
I RAPPORTI NON PATRIMONIALI

CAPITOLO 27
I DIRITTI DELLA PERSONALITÀ

CAPITOLO 28
DIRITTO PRIVATO E NUOVE TECNOLOGIE

CAPITOLO 29
I RAPPORTI FAMILIARI

CAPITOLO 30

IL MATRIMONIO

CAPITOLO 31

IL SISTEMA DELLE INVALIDITÀ MATRIMONIALI

CAPITOLO 32

IL MATRIMONIO CONCORDATARIO ED IL MATRIMONIO RELIGIOSO CON EFFETTI CIVILI

CAPITOLO 33

I RAPPORTI PERSONALI TRA I CONIUGI

pag.

CAPITOLO 43
LA COMUNIONE E LA MULTIPROPRIETÀ

CAPITOLO 44
LA PROPRIETÀ INTELLETTUALE

CAPITOLO 45
GLI ALTRI DIRITTI REALI DI GODIMENTO

CAPITOLO 46
LE SERVITÙ PREDIALI

pag.

CAPITOLO 47

IL POSSESSO

CAPITOLO 48

I MODI DI ACQUISTO DELLA PROPRIETÀ E DEGLI ALTRI DIRITTI REALI

CAPITOLO 49

LA TUTELA DEI DIRITTI PATRIMONIALI ASSOLUTI

PARTE VII

I RAPPORTI PATRIMONIALI: L'OBBLIGAZIONE

CAPITOLO 50

IL RAPPORTO OBBLIGATORIO: STRUTTURA E CARATTERI

pag.

CAPITOLO 62

LA STRUTTURA DELL'ATTO ILLECITO: ATTO ED INGIUSTIZIA DEL DANNO

CAPITOLO 63

L'ELEMENTO SOGGETTIVO

CAPITOLO 64

IL DANNO RISARCIBILE E LE TECNICHE RISARCITORIE

PARTE X
LA SUCCESSIONE PER CAUSA DI MORTE E LA DONAZIONE

CAPITOLO 65
LA SUCCESSIONE PER CAUSA DI MORTE

CAPITOLO 66
SOSTITUZIONE, RAPPRESENTAZIONE E ACCRESCIMENTO. LA CONSERVAZIONE DELL'EREDITÀ

CAPITOLO 75

L'ATTIVITÀ CONTRATTUALE DELL'IMPRENDITORE

CAPITOLO 76

LA PUBBLICITÀ DEGLI ATTI DELL'IMPRENDITORE: IL REGISTRO DELLE IMPRESE

CAPITOLO 77

LA PROVA DEGLI ATTI DELL'IMPRENDITORE: LE SCRITTURE CONTABILI

CAPITOLO 78

L'AZIENDA E LA SUA CIRCOLAZIONE

pag.

Capitolo 83

LE SOCIETÀ

Capitolo 84

LE SOCIETÀ DI PERSONE

Capitolo 85

I CARATTERI FONDAMENTALI DELLE SOCIETÀ DI CAPITALI

Capitolo 86

LE COOPERATIVE E I CONSORZI